上海市级专志

曙光医院志

上海市地方志编纂委员会 编

上海科学技术文献出版社

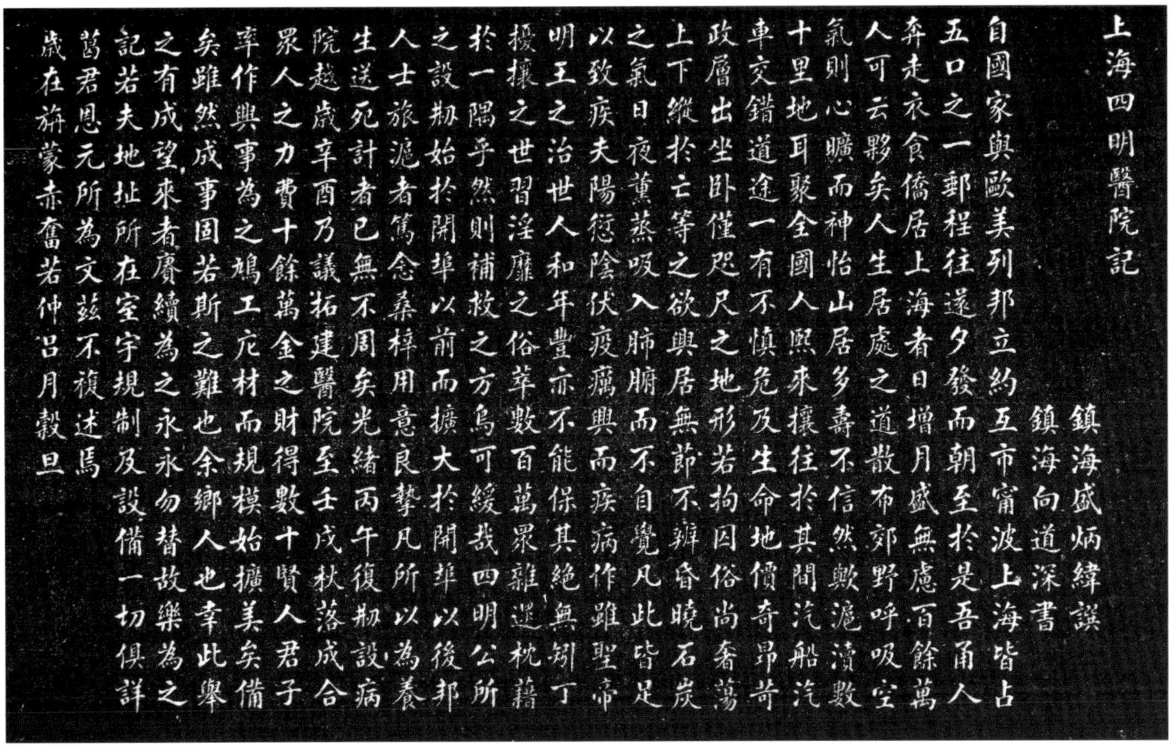

上海四明醫院記

鎮海盛炳緯譔

鎮海向道深書

自國家與歐美列邦立約互市甯波上海皆占五口之一郵程往還夕發而朝至於是吾甬人奔走衣食僑居上海者日增月盛無慮百餘萬人可云夥矣人生居處之道散布郊野呼吸空氣則心曠而神怡山居多壽不信然歟滬瀆數十里地耳聚全國人熙來攘往於其間汽船汽車交錯道途一有不慎危及生命地價奇昂苛政層出坐卧僅咫尺之地形若拘囚俗尚奢蕩上下縱於亡等之欲興居無節不辨昏曉石炭之氣日夜薰蒸吸入肺腑而不自覺凡此皆足以致疾夫陽衰陰伏疫癘興而疾病作雖聖帝明王之治世人和年豐亦不能保其絶無矧丁擾攘之世習淫靡之俗萃數百萬衆雜遝枕藉於一隅乎然則補救之方烏可緩哉四明公所之設剏始於開埠以前而擴大於開埠以後邦人士旅滬者篤念桑梓用意良摯凡所以為養生送死計者已無不周矣光緒丙午復剏設病院越歲辛酉乃議拓建醫院至壬戌秋落成合衆人之力費十餘萬金之財得數十賢人君子率作興事為之鳩工庀材而規模始擴美矣備矣雖然成事固若斯之難也余鄉人也幸此舉之有成望來者賡續為之永永勿替故樂為之記若夫地址所在室宇規制及設備一切俱詳葛君恩元所為文茲不複述焉

歲在旃蒙赤奮若仲呂月穀旦

1925年勒石《上海四明医院记》

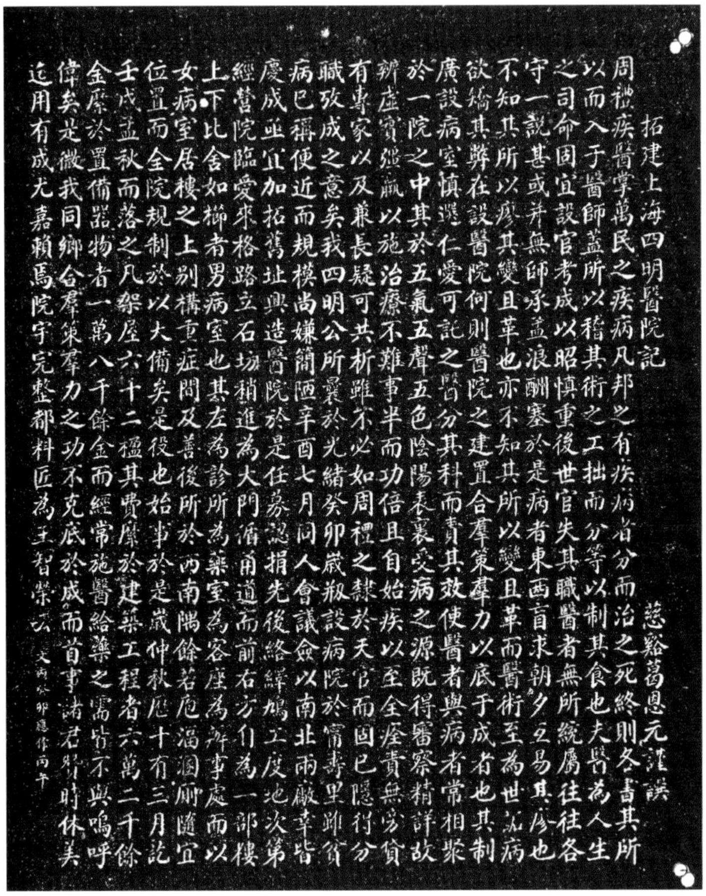

拓建上海四明醫院記

慈谿葛恩元謹譔

周禮疾醫掌萬民之疾病凡邦之有疾病者分而治之死終則各書其所以而入于醫師蓋所以稽其術之工拙而分等以制其食也夫醫為人生之司命固宜設官考成以昭慎重後世官失其職醫者無所統屬往往各守一說甚或并無師承孟浪酬塞於是病者東西盲求朝夕互易其瘳也不知其所以瘳其變且革也亦不知其所以變且革而醫術至為世詬病欲矯其弊在設醫院何則醫院之建置合羣策羣力以底于成者也其制廣設病室慎選仁愛可託之醫分其科而責其效使醫者與病者常相聚於一院之中其於五氣五聲五色陰陽表裏受病之源既得審察精詳故辨虛實強羸以施治療不難事半而功倍且自始疾以至全痊責無旁貸有專家以及兼長疑可共析雖不必如周禮之隸於天官而固已隱符分職攷成之意矣我四明公所曩於光緒癸卯歲剏設病院於甯壽里雖貧病已稱便近而規模尚嫌簡陋辛酉七月同人會議僉以南北兩廠幸皆慶成亟宜加拓舊址興造醫院於是任募認捐先後絡繹鳩工度地次第經營院臨愛來格路立石場稍進為大門循甬道而前右方作為一部樓上下比舍如櫛者男病室也其左為診所為藥室為客座為辦事處而以女病室居樓之上別構重症間及善後所於西南隅餘若庖湢溷廁隨宜位置而全院規制於以大備矣是役也始事於是歲仲秋歷十有三月訖壬戌孟秋而落之凡築屋六十二楹其費靡於建築工程者六萬二千餘金靡於置備器物者一萬八千餘金而經常施醫給藥之需皆不與焉嗚呼偉矣是微我同鄉合羣策羣力之功不克底於成而首事諸君躬時休美迄用有成尤嘉賴焉院宇完整都料匠為王智棠云

1925年勒石《拓建上海四明医院记》

首任院长朱葆三（1848—1926）

方式如

1937年，四明公所董事会成员合影（第一排左起，孙衡甫、葛虞臣、方樵苓、洪贤舫、虞洽卿、陈良玉、乐俊宝、方式如、李咏裳；第二排左起，袁履登、朱子奎、秦润卿、张继光、孙梅堂、方椒伯）

1942年8月1日，吴涵秋（第一排左八）院长、张竺生副院长、谢凤鸣总主任就职典礼留影

1
2
3

1. 1929年，全国医药团体代表大会选派代表进京请愿，张赞臣（第二排左二）为代表之一
2. 1946年9月，四明护士学校第一届加冠典礼留影
3. 1947年4月，四明医院同仁欢送外科主任张光汉（第一排左三）、医生胡云仙（第一排左四）出国合影

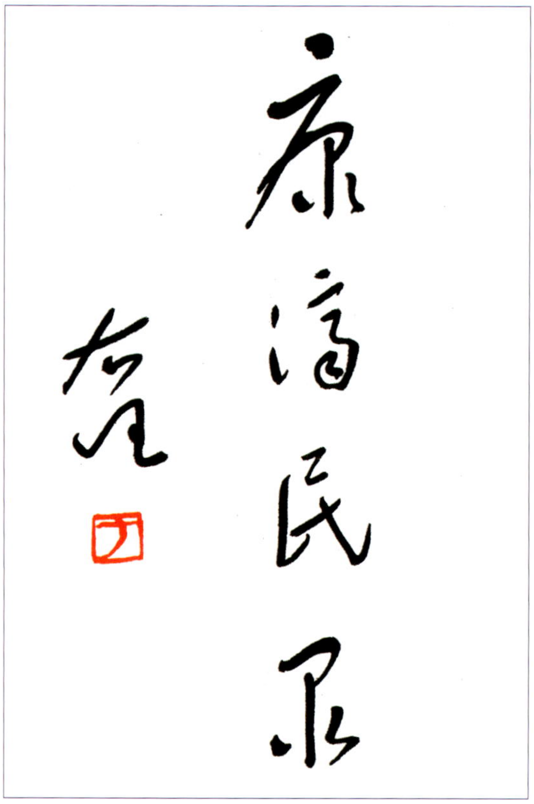

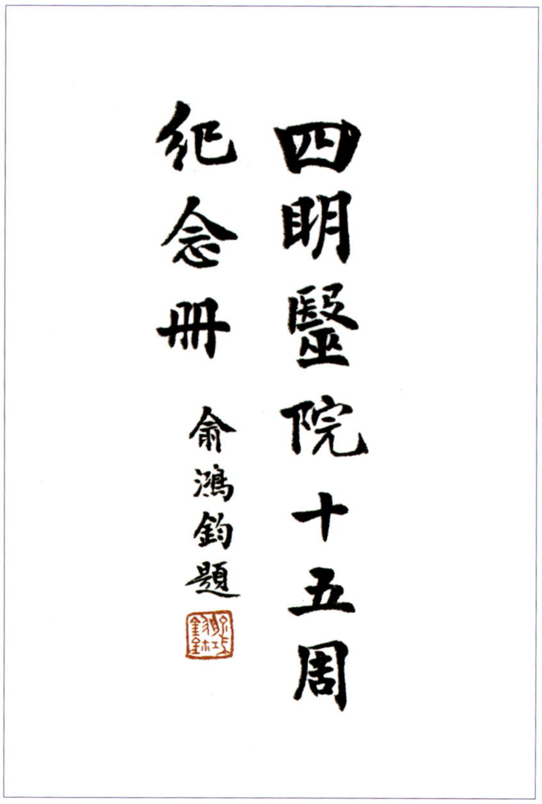

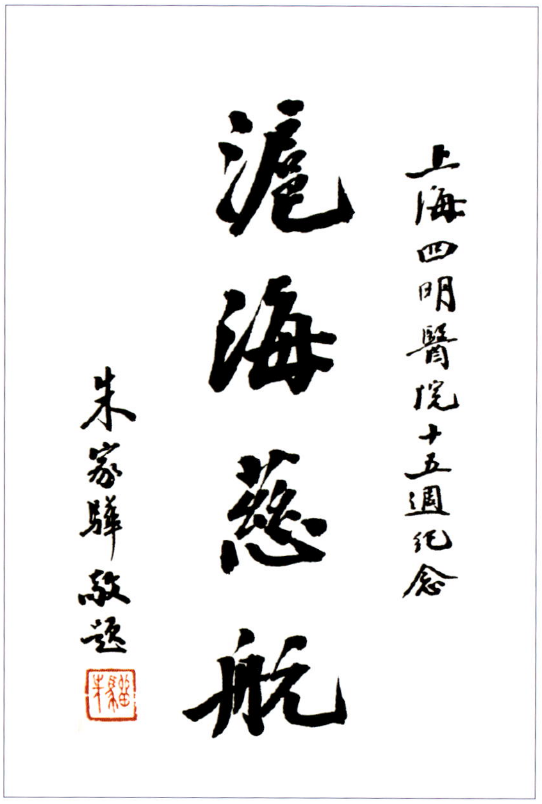

1 2
3 4

1. 1937年，中国近代书法家于右任为四明医院新院建院十五周年题词
2. 1937年6月，董事会核准刊印四明医院十五周年纪念册，封面由上海市市长俞鸿钧题词
3. 1937年，中央国医馆馆长焦易堂为四明医院新院建院十五周年题词
4. 1937年，上海医事事业董事会董事朱家骅，为四明医院新院建院十五周年题词

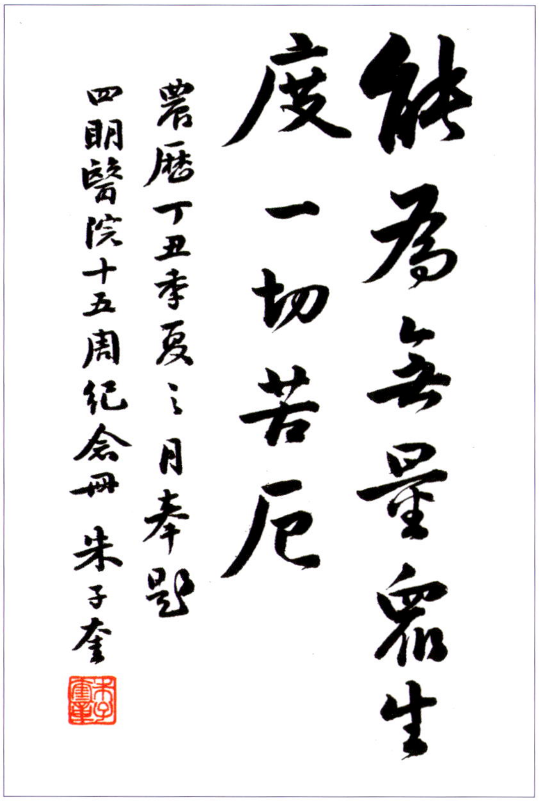

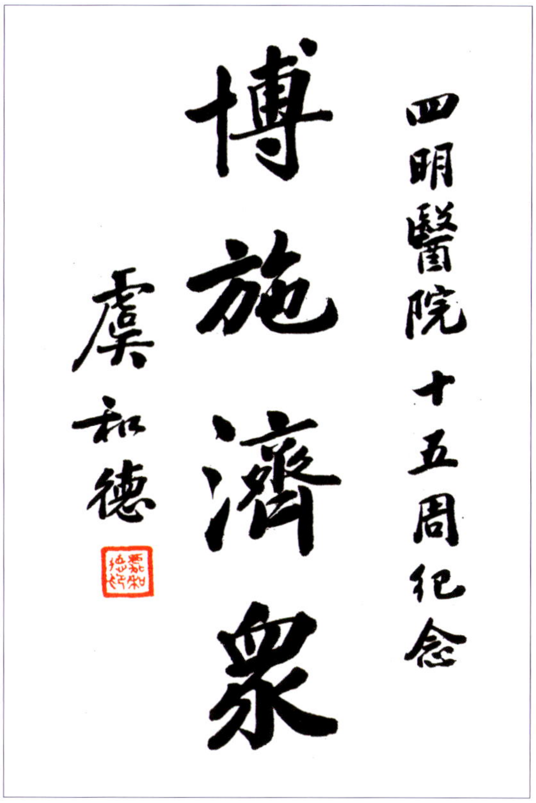

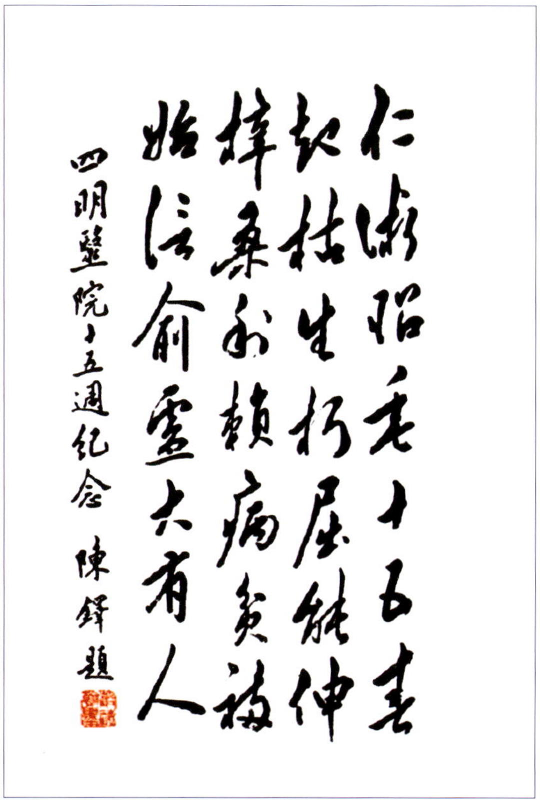

1 2
3

1. 1937年，中华商业储备银行董事长朱子奎为四明医院新院建院十五周年题词
2. 1937年，上海总商会会长、四明医院董事虞和德（字洽卿），为四明医院新院建院十五周年题词
3. 1937年，宁波籍画家陈铎为四明医院新院建院十五周年题词

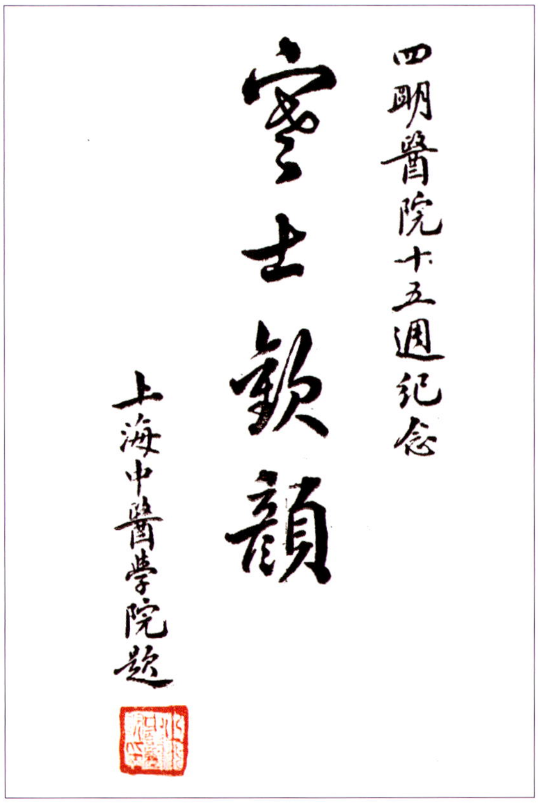

1
2 3

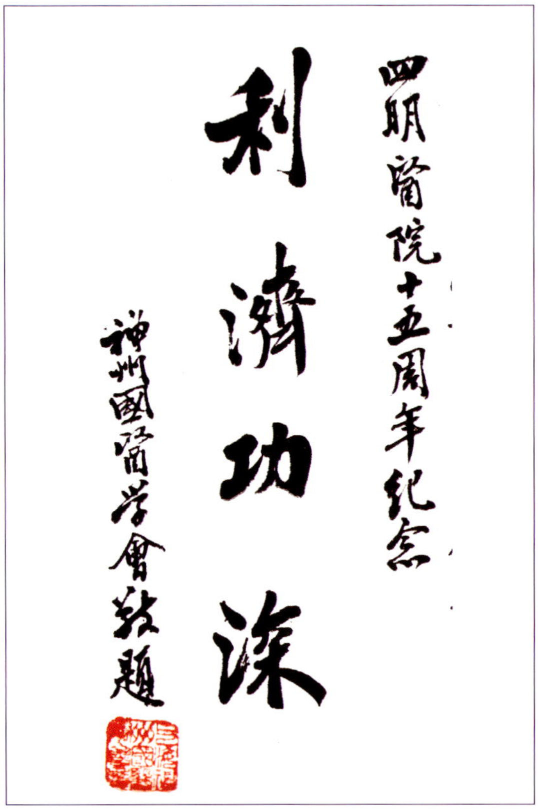

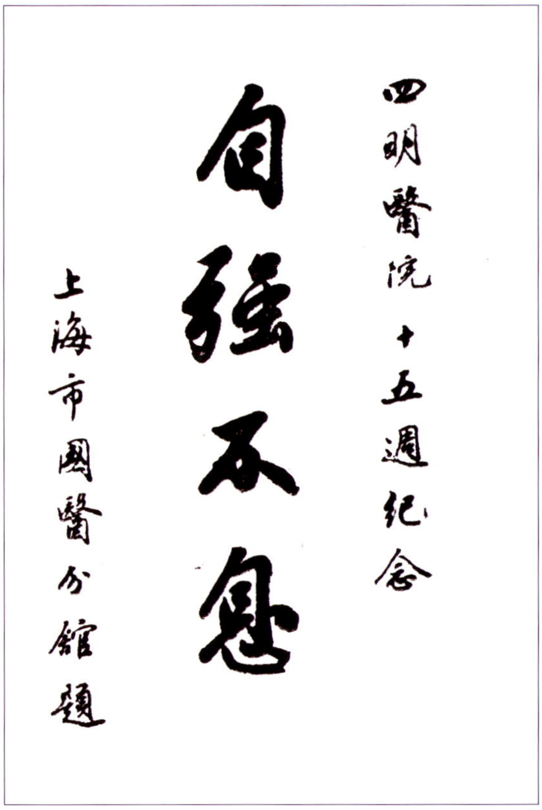

1. 1937年，上海中医学院为四明医院新院建院十五周年题词
2. 1937年，神州国医学会为四明医院新院建院十五周年题词
3. 1937年，上海市国医分馆为四明医院新院建院十五周年题词

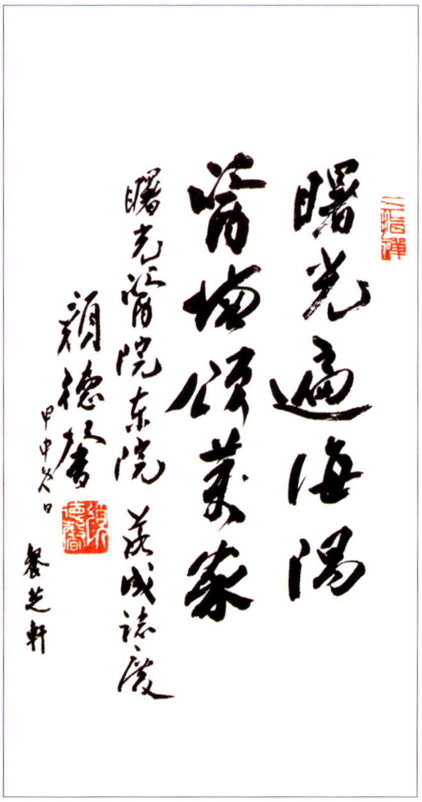

1. 2004年12月，张镜人（2009年被评为国医大师）为医院东部试运行赠送字画
2. 2005年4月，裘沛然（2009年被评为国医大师）为医院东部开业典礼题词
3. 2004年冬，颜德馨（2009年被评为国医大师）为医院东部试运行题词

1/2

1. 1922年，四明医院院门
2. 四明医院早期大门牌坊

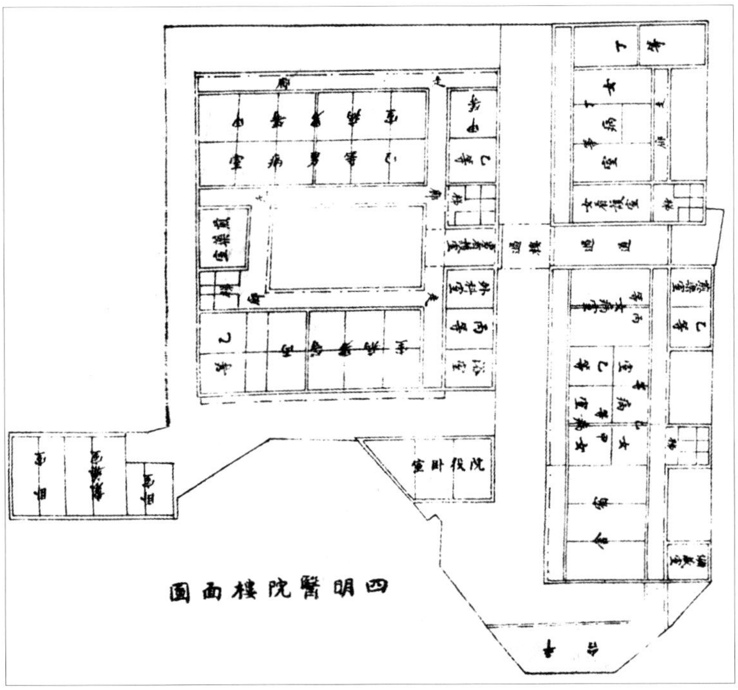

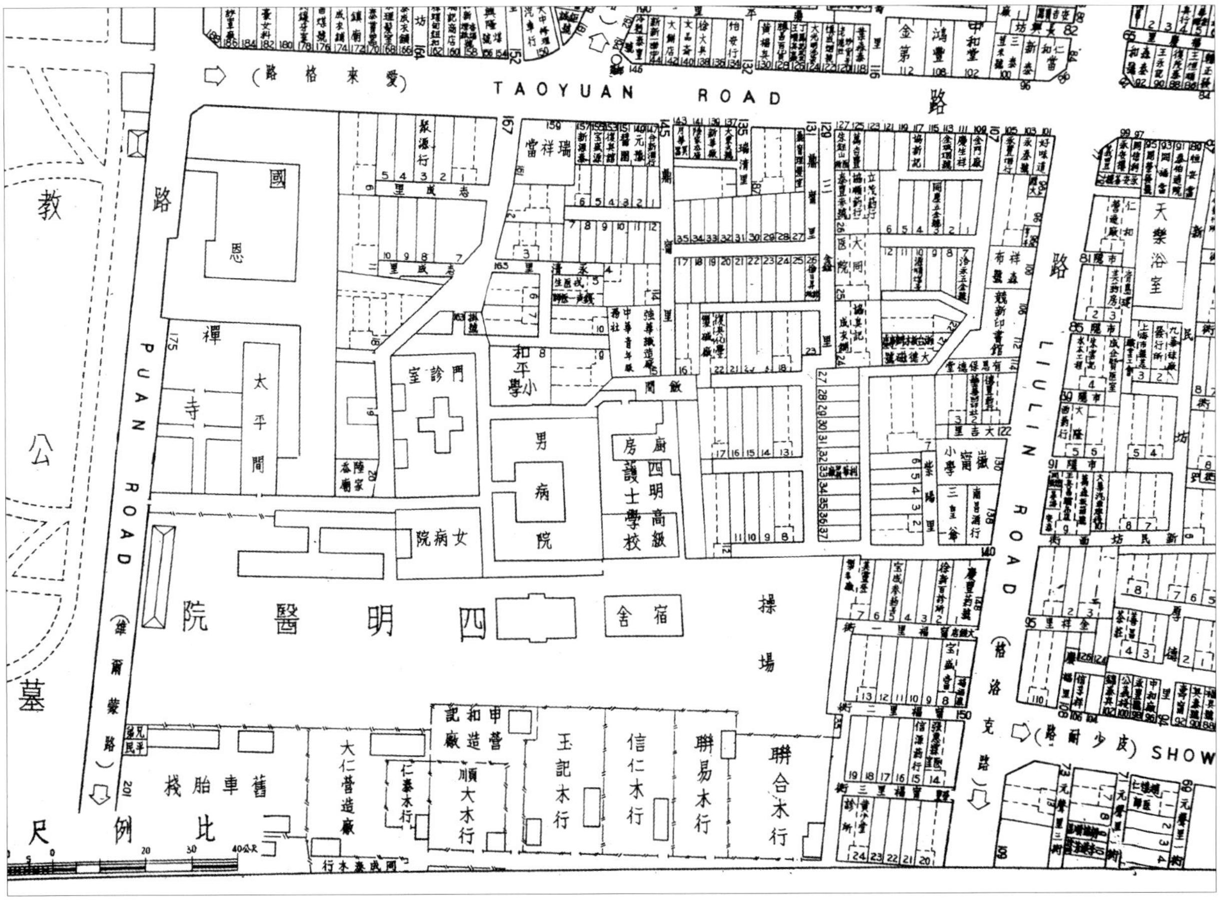

1/2

1. 1937年，四明医院平面图
2. 1947年，四明医院地理位置

四明医院内景

1
3 2
4

1. 院长室

2. 门诊大厅旁的行政办公室

3. 议事客厅为董事、监理以及院务会议之场所

4. 议事客厅

1
2 3
4
5

1. 四明医院账房间　　2. 门诊候诊大厅
3. 四明医院厨房　　4–5. 中药房

四明医院病房

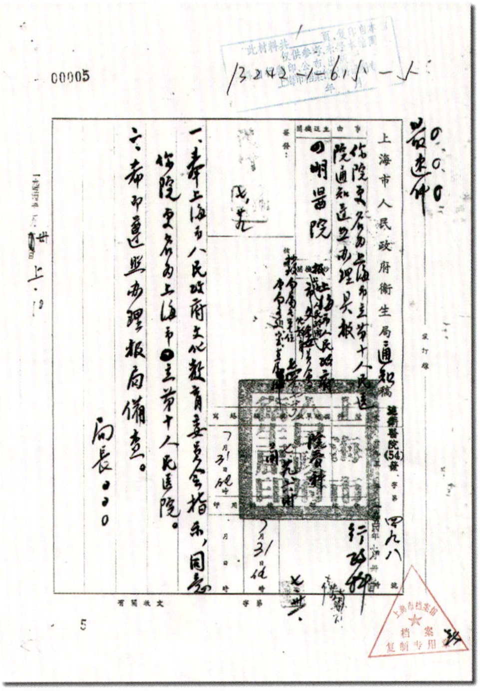

上海市人民政府衛生局通知稿

衛醫院(54)字第四九八號

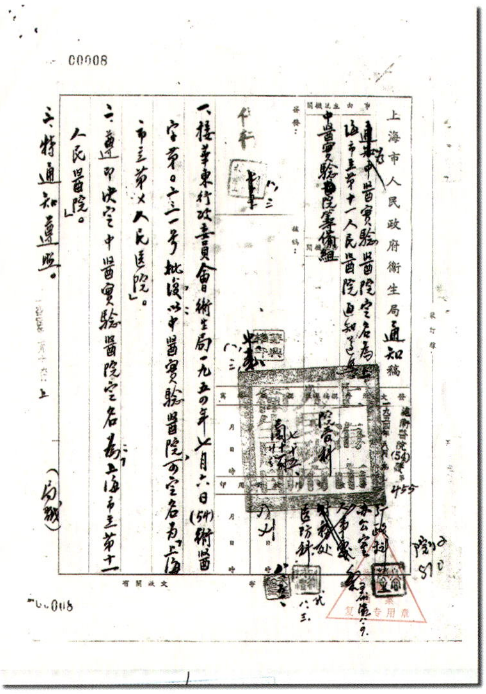

上海市人民政府衛生局通知稿

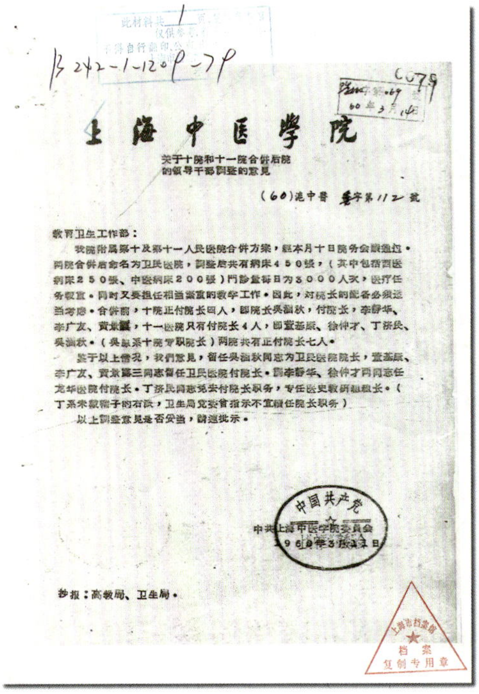

上海中医学院

关于十院和十一院合併后院的領导干部調整的意見

(60)滬中醫 黨字第112號

教育卫生工作部：

我院附属第十及第十一人民医院合併方案，經本月十日院务会議通过。两院合併后命名为卫民医院，調整后共有病床450張，(其中包括西医病床250張、中医病床200張)門診量每日为3000人次，医疗任务較重。同时又要担任相当繁重的教学工作。因此，对院长的配备必須适当考虑。合併前，十院正付院长四人，即院长吳涵秋，付院长，李静华、李广友、黄家麒，十一医院只有付院长4人，即董基康、徐仲才、丁济民、吳涵秋。(吳原系十院专职院长)两院共有正付院长七人。

鉴于以上情况，我們意見，留任吳涵秋同志为卫民医院院长，董基康、李广友、黄家麒三同志留任卫民医院付院长。調李静华、徐仲才两同志任龙华医院付院长。丁济民同志免去付院长职务，专任医史教研組組长。(丁系未戴帽子的右派，卫生局党委曾指示不宜擔任院长职务)

以上調整意見是否妥当，請速批示。

中共上海中医学院委員会

1960年3月13日

抄报：高教局、卫生局。

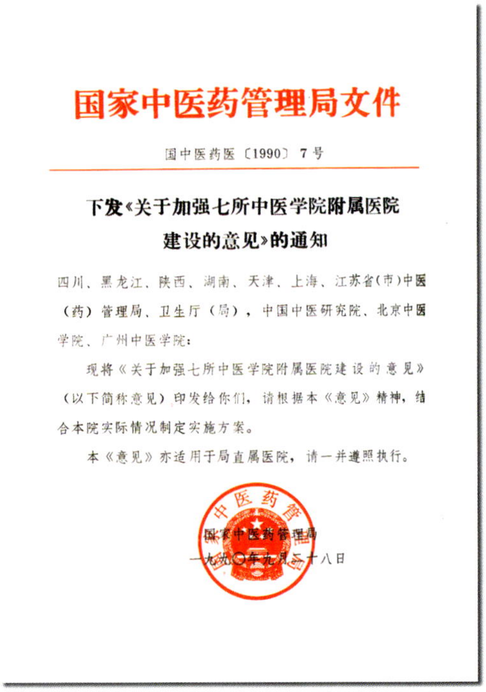

国家中医药管理局文件

国中医药医〔1990〕7号

下发《关于加强七所中医学院附属医院建设的意见》的通知

四川、黑龙江、陕西、湖南、天津、上海、江苏省（市）中医（药）管理局、卫生厅（局），中国中医研究院、北京中医学院、广州中医学院：

现将《关于加强七所中医学院附属医院建设的意见》（以下简称意见）印发给你们，请根据本《意见》精神，结合本院实际情况制定实施方案。

本《意见》亦适用于局直属医院，请一并遵照执行。

国家中医药管理局

一九九〇年九月二十八日

1. 1953年，四明医院更名为上海市立第十人民医院的批文
2. 1954年，上海市立第十一人民医院成立的批文
3. 1960年，上海市立第十人民医院、上海市立第十一人民医院请示合并报告
4. 1990年，医院入选国家中医药管理局七所中医学院附属医院建设单位之一

夏曆甲午年八月大 初三日 第三版

上海市第一所市立中醫院

市立第十一人民醫院昨日開幕

市立中醫門診部開幕典禮合併舉行

【本報訊】上海市立第十一人民醫院（中醫院）及市立中醫門診部，昨天（廿九日）上午舉行了隆重的開幕典禮。參加大會的有華東衛生局、上海市人民政府文化教育委員會、上海市中醫學會、中華醫學會上海分會、上海第一、第二醫學院、各市立醫院、各區衛生科、中醫師代表以及內科、小兒科等專家共八百多人。

上海市衛生局王聿先局長在會上指出：市立第十一人民醫院和中醫門診部的成立，是貫徹第三屆全國衛生行政會議的一項重要措施，它將進一步發揮中醫力量，整理、提高和發揚中醫醫學。這是上海醫務界特別是中醫界的一件大事，希望得到各方面的重視和支持。

中央衛生部辦公室譚主任、華東衛生局闔毅副局長、上海文教委員會張映吾秘書長在發言中一致指出：中醫是中國偉大的民族文化遺產，有着豐富的內容和經驗，希望通過門診和臨床研究，使中醫學獲得進一步提高和發揚，並希望中西醫加强團結，互學互用所長，互去所短，為建立新中國的統一醫學而奮鬥。

上海中醫學會陸淵雷醫師、中華醫學會上海分會蘇祖斐醫師、上海衛生工作者協會陳邦典醫師、中國醫學會上海分會王紹鼎醫師、上海第一醫學院李文副院長、第二醫學院倪葆春副院長、市立第二人民醫院曾耀仲院長等在發言中，對中醫院和中醫門診部一致表示支持，並要加强團結，互相交流經驗，提高技術，共同為人民的保健事業服務。

第十一人民醫院陳育鳴院長在講話中對黨和人民政府的關懷和重視中醫工作表示無限的感謝，表示今後要通過門診和臨床，把祖國醫學的寶藏和成就逐步整理出來，充實現代醫學，為保護勞動人民的健康而努力。

會後，招待參觀新建成的醫院房屋和該院舉辦的「祖國醫藥文物展覽會」。

市立第十一人民醫院在嵩山區普安路一八五號，設有內科（包括婦科）、小兒科和針灸科。每日接受門診一百五十到二百人，時間暫定下午；另外接受住院治療，目前設有病床五十張，今後將繼續增設。院內還設立了研究部，主要是搜集疑難病例，結合臨床診斷進行研究。從臨床實驗中肯定經驗，作出正確的統計，並研究它的科學根據，以總結和發展中醫的治療，逐步提高到科學理論水平。在設備上採用西醫醫療和檢驗設備，如聽診器、體溫表、血壓計、愛克斯光透視以及化驗室。門診部定於九月六日開始，住院治療部將延至兩月以後開放。

市立中醫門診部設榆林區惠民路七〇二號，設有內科和針灸科（內分男女治療室），九月一日正式開始，門診時間每日上午九至十二時，下午二至六時。

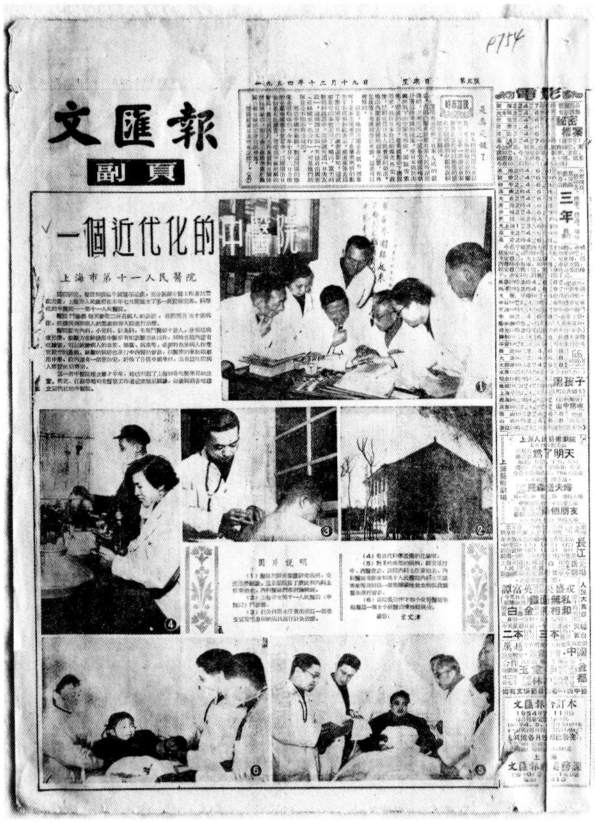

文匯報

副頁

一個近代化的中醫院

上海市第十一人民醫院

·2· 文 匯 報

中医在世界医学上放出异彩

上海第十一人民医院治疗乙型脑炎、高血压、腎臟炎、小兒麻痹症等疾病的疗效已超过国际先进水平

針灸疗法医好不治“眼病”

南京医学院附属医院蔡丰英医师学習祖国医学遺产获得成績

南京市医藥衛生界成立科学研究机构

上海向腫瘤展开全

創造了多項診断和治疗

1 | 2 / 3

1. 1954年8月30日，《文汇报》第三版报道上海市立第十一人民医院开幕
2. 1954年12月19日，《文汇报》第五版有关医院的报道
3. 1958年8月8日，《文汇报》第二版有关医院的报道

1	2
	3
4	

1. 1956年，上海市立第十人民医院和上海市立第十一人民医院联合门诊楼
2. 20世纪60年代，医院院门
3. 20世纪90年代，医院门诊部
4. 20世纪70—80年代，医院院门

1
—
2

1. 1992年5月，住院部大楼落成
2. 20世纪90年代，医院全景俯瞰图

2015年，医院西部俯瞰

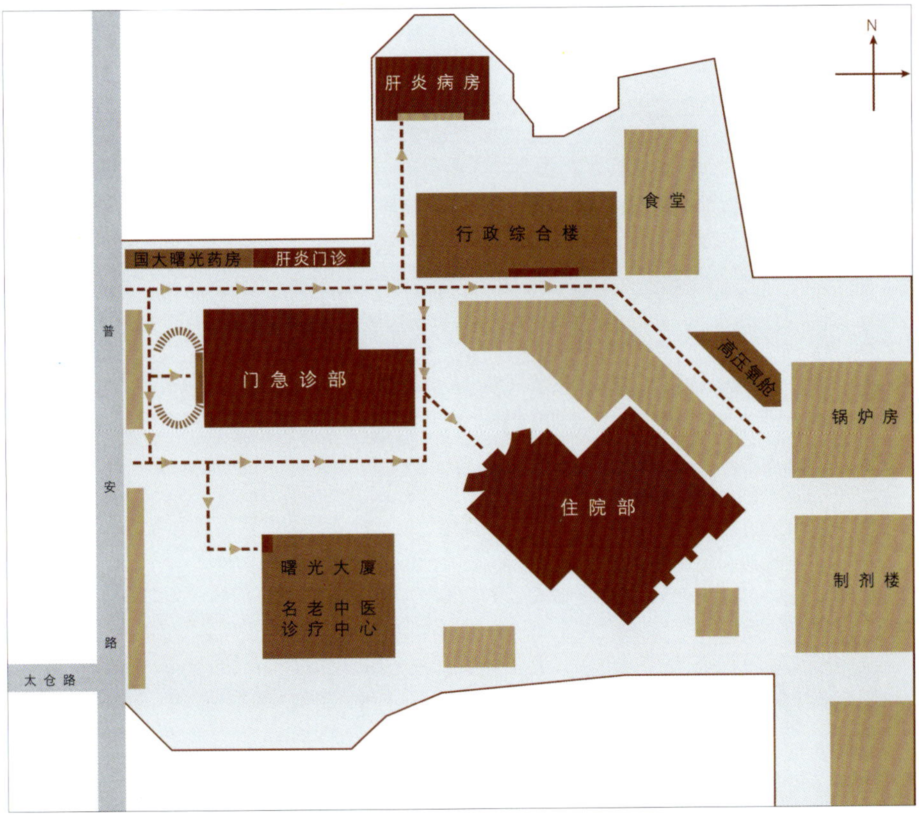

1
2

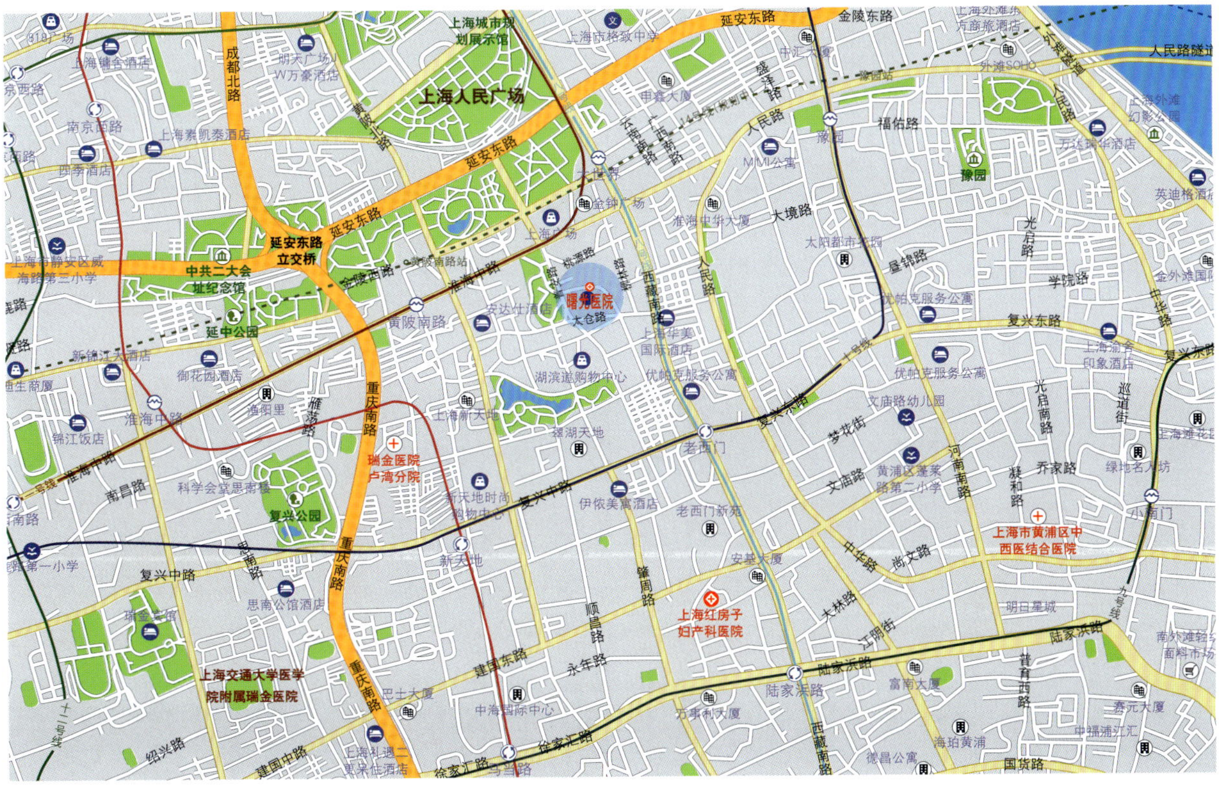

1. 2015年，医院西部平面图
2. 1960—2015年，医院西部地理位置

1	
2	3
4	5

1. 程门雪教授（左一）为患者诊疗
2. 黄文东教授（左一）为患者诊疗
3. 1954年，秦伯未教授（第一排中）与上海市立第十一人民医院护士合影
4. 张赞臣教授（第二排右二）带教学生
5. 严苍山名中医（第一排中）与学生合影

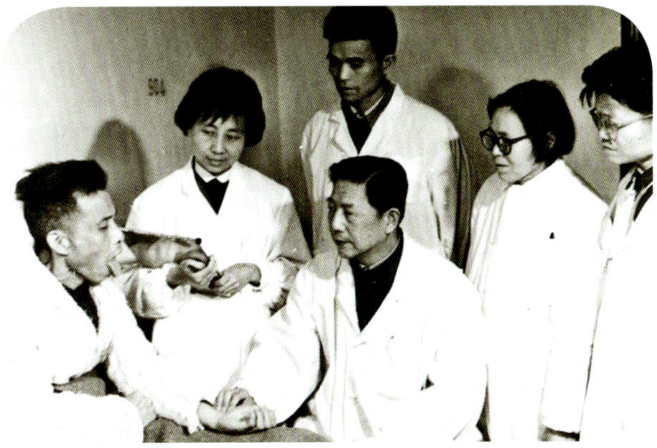

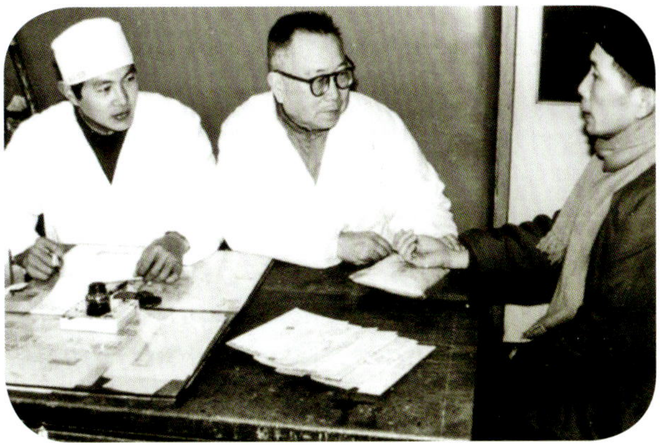

1. 1985年，张伯臾教授（右一）在冠心病专科门诊带教学生
2. 丁济民教授（中）为患者诊疗
3. 徐仲才教授（右三）在病房带教学生
4. 杨永璇主任在阅读文献资料
5. 张羹梅主任（中）为患者诊疗

1	
2	3
4	5

1
2
3

1. 王玉润教授（左一）带教学生
2. 张伯讷教授（后左）带教学生
3. 庞泮池主任（左二）为患者诊疗

1
2
3
4

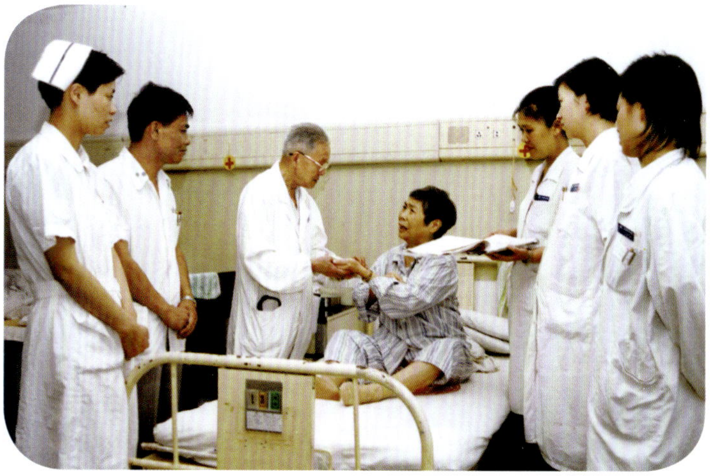

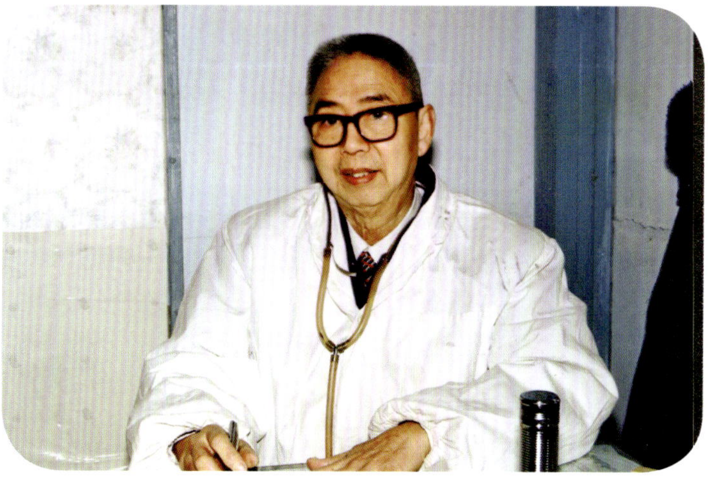

1. 石光海主任（第一排左三）与科室同仁学习业务
2. 何宗德主任为患者诊疗
3. 吴翰香主任（左三）病房查房
4. 朱瑞群主任为患者诊疗

1 | 2
3

1. 1987年2月，上海中医学院首届博士生毕业留影
2. 2012年5月，上海中医药大学2012届临床医学院首批新疆、港澳台班五年制学生毕业留念
3. 1998年3月，上海中医药大学1998届全体毕业生（含曙光临床医学院首批七年制毕业生）合影留念

上海中医药大学2012届曙光临床医学院毕业生留影 2012.5

上海中医药大学附

2004年，医院东部

1
2
3
4 5

1. 医院东部图腾
2. 医院东部综合楼
3. 医院东部门诊大厅
4. 医院东部住院大厅
5. 医院东部急诊大厅

1
2
3

1. 医院东部贵宾楼
2. 医院东部贵宾楼大厅
3. 医院东部肝病楼

1 | 2
3
4

1. 医院东部一期药物试验病房
2. 医院东部传统中医科门诊
3. 医院东部内镜中心
4. 医院东部新增产科病房

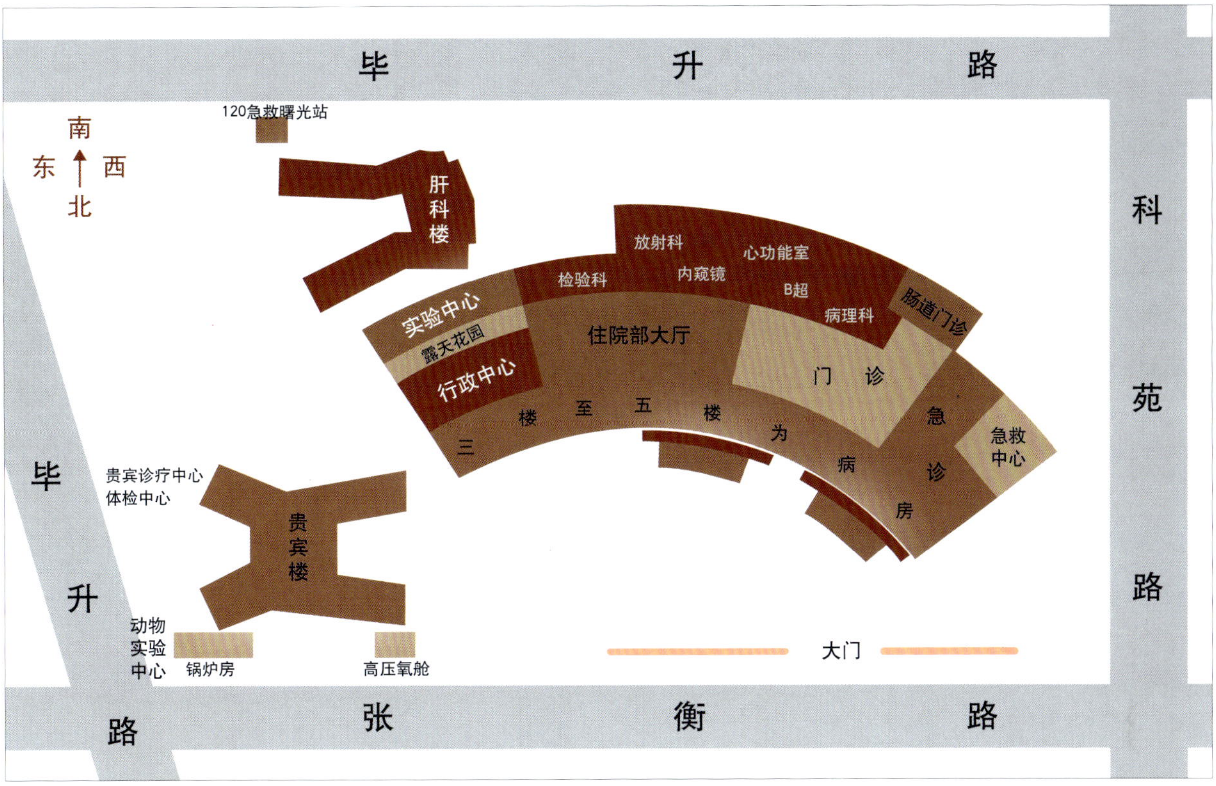

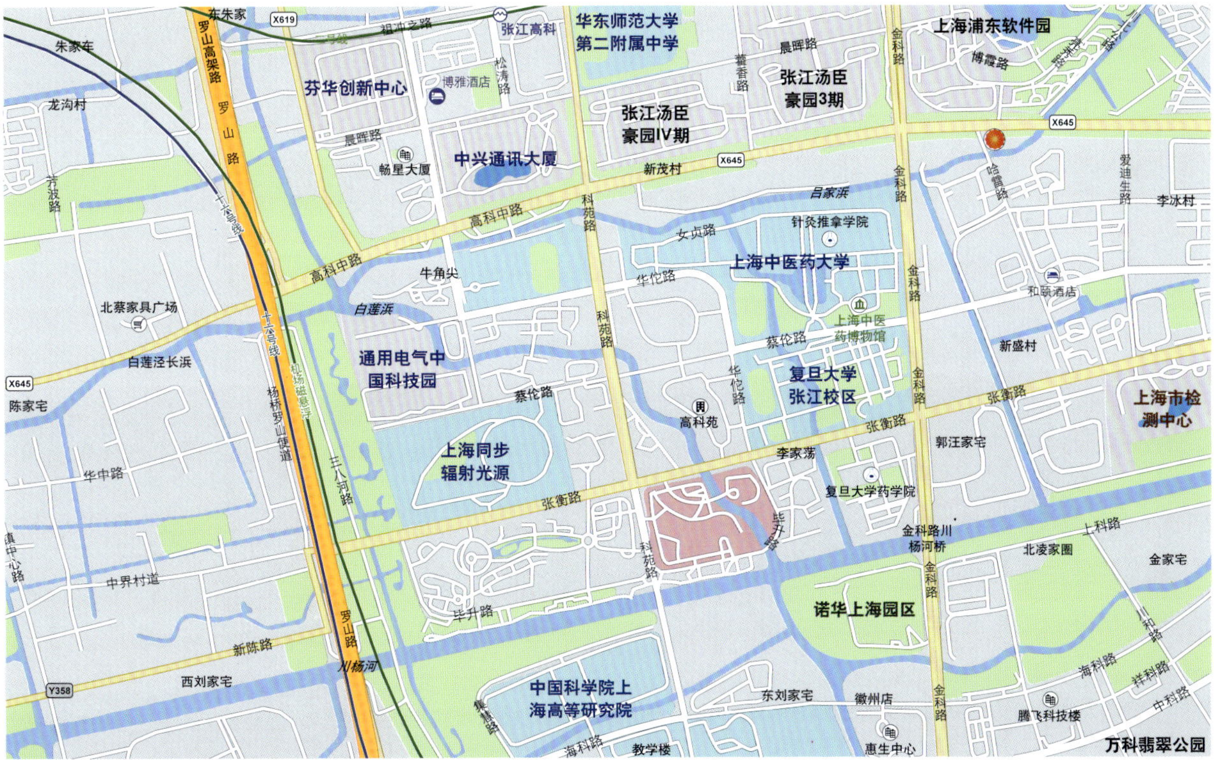

1. 2015年，医院东部平面位置图
2. 2004年，医院东部地理位置

1. 国家中医药管理局中医传染病重点研究室（2009—2013年）、国家中医药管理局中医传染病学（2010—2015年）、上海市肝病临床医学中心（2013—2015年）医务人员合影
2. 教育部中医骨伤学（2007—2011年）、上海市中医骨伤学（2005—2010年）医务人员合影

1/2

1
2

1. 国家中医药管理局中医肾病学（2001—2015年）医务人员合影
2. 国家中医药管理局重点研究室（2009—2013年）、国家中医药管理局中医肝胆病学（2010—2015年）医务人员合影

享受国务院政府特殊津贴的专家、上海市名中医、上海市领军人才

王　左　1991 年起享受国务院政府特殊津贴
1995 年被评为上海市名中医

刘　平　1991 年起享受国务院政府特殊津贴
2004 年被评为上海市名中医

王灵台　1992 年起享受国务院政府特殊津贴
1995 年被评为上海市名中医

任家滩　1992 年起享受国务院政府特殊津贴

刘　成　1993 年起享受国务院政府特殊津贴

胡婉英　1993 年起享受国务院政府特殊津贴

享受国务院政府特殊津贴的专家、上海市名中医、上海市领军人才

严世芸　1995 年被评为上海市名中医

石印玉　2001 年起享受国务院政府特殊津贴
1995 年被评为上海市名中医

蔡　淦　2005 年起享受国务院政府特殊津贴
1995 年被评为上海市名中医

庞泮池　1995 年被评为上海市名中医

夏少农　1995 年被评为上海市名中医

朱瑞群　1995 年被评为上海市名中医

享受国务院政府特殊津贴的专家、上海市名中医、上海市领军人才

柏连松　1995 年被评为上海市名中医

郑平东　2004 年被评为上海市名中医

蔡定芳　2004 年被评为上海市名中医

胡义扬　2005 年起享受国务院政府特殊津贴
2007 年上海市领军人才

刘成海　2005 年起享受国务院政府特殊津贴
2011 年上海市领军人才

徐列明　2005 年起享受国务院政府特殊津贴

享受国务院政府特殊津贴的专家、上海市名中医、上海市领军人才

詹红生　2007 年起享受国务院政府特殊津贴
2009 年上海市领军人才

陈建杰　2014 年起享受国务院政府特殊津贴
2009 年上海市领军人才
2011 年被评为上海市名中医

丁学屏　2011 年被评为上海市名中医

吴正翔　2011 年被评为上海市名中医

程家正　2011 年被评为上海市名中医

黄吉赓　2011 年被评为上海市名中医

享受国务院政府特殊津贴的专家、上海市名中医、上海市领军人才

唐为勇　2011 年被评为上海市名中医

何立群　2009 年上海市领军人才

高月求　2015 年入选国家“百千万人才”工程
2011 年上海市领军人才

蒋　健　2014 年上海市领军人才

周　华　2015 年上海市领军人才

1
2
3 4

1. 1979年4月工会恢复工作，召开首届职工代表大会
2. 1985年11月，新住院大楼举行开工奠基仪式（右三为院长余志鼎）
3. 1994年5月27日，首届中医文化节开幕
4. 1998年10月9日，首届科技节开幕

1 2
3
4

1. 2000年5月21日，“强生—曙光中药研究中心”揭牌仪式
2. 2001年9月28日，医院终身教授受聘仪式
3. 2002年12月，医院东部开工奠基典礼
4. 2002年12月，曙光医院集团成立仪式

1 | 3 2 | 4

1. 2005年4月，医院东部开业庆典
2. 2006年12月10日，医院百年庆典
3. 2006年12月10日，医院百年庆典文艺演出
4. 2010年10月，石幼山先生百年诞辰纪念会

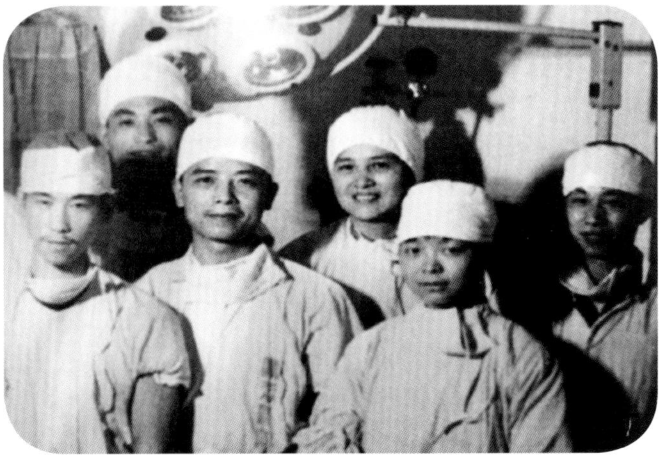

	1
2	3
4	

1. 1954年，上海支援安徽防汛工作医防第十大队全体同志合影
2. 1967年10月，医疗队参与防治血吸虫病的活动（摄于奉贤卫生所）
3. 1976年8月，唐山大地震医疗队员在简易手术室合影
4. 1976年8月，唐山大地震医疗队员在帐篷前合影

1. 1998年8月，赴湖南抗洪救灾医疗队员
2. 1998年8月，赴湖南抗洪救灾医疗队队长沈远东（右一）在帐篷为灾民宣传防病知识
3. 2003年5月7日，余小萍作为上海中医界第一位中医专家赴上海传染病医院非典病房工作

4. 2003年5月7日，院领导为赴上海传染病医院非典病房工作的中医专家余小萍举行欢送仪式

1
2 3
4

1 | 2
3
4

1–2. 2008年5月12日，四川汶川地震发生后，急赴灾区的护士胡晓颖（图1）、医生郭慰（图2）

3. 2008年，第一批援助都江堰医疗队

4. 2002年5月，医院第一位国际志愿者沈晓红（右五）赴老挝开展为期半年的志愿者服务工作

	1
2	
	3
4	

1. 1993年8月，美国强生公司总裁威廉（右三）来院访问
2. 2001年9月20日，新加坡总统纳丹(左)来院访问
3. 2003年11月，奥地利社会保障部部长、自由党主席、副总理赫伯特·豪普特（左一）来院访问
4. 2008年4月12日，美国卫生与公共服务部部长迈克尔·莱维特（前排中）来院访问

1
2
3 4

1. 2011年4月15日，新加坡卫生部副秘书长郭鸿盛（左一）来院访问
2. 2013年8月，捷克卫生部部长马丁·赫尔查（前排右八）来院访问
3. 2015年6月15日，捷克卫生部副部长罗曼·普利穆拉为中捷中医中心揭牌
4. 2015年11月，捷克总理博胡斯拉夫·索博特卡（左三）、卫生部部长斯瓦托普卢克·涅麦切克（左二）等来院访问

《上海市级专志·曙光医院志》编纂委员会

《上海市级专志·曙光医院志》编纂办公室

主　任：王见义
副主任：徐美琴（执行主编）
成　员：（以姓氏笔画为序）
姚嘉文　郭啸笑　黄文祺　章诚杰

《上海市级专志·曙光医院志》参加编纂人员

（以姓氏笔画为序）

马　欣	王之通	王友强	王建东	王　珮	王　莹	王　菲
王　琴	邓　琳	孔令春	毛旻航	石荣华	石　磊	平　健
吕　敏	吕　婵	汤　洁	汤雪峰	朱玉光	刘丽燕	许丽莉
阮晓芬	孙　燕	余志红	余松轩	陆晓菁	李巧妹	李俊燕
李　莉	李　曼	杨　红	杨　婕	吴玉云	何旻颖	陈文佳
陈佳俊	陈　萌	陈清光	陈　璇	张一乐	张　云	张文冬
张　华	张昕贤	张俞莹	严　骅	沈　莺	沈　超	沈佩佳
郑玥琪	郑　珂	郑　超	郑　霞	林评兰	周利红	周　静
胡啸明	姜春雷	徐　民	徐晓婷	郭晨洁	郭啸笑	钱智臻
桂轶伦	顾坚毅	高晴倩	夏泽华	唐　睿	秦秀芳	黄兰英
黄齐雯	黄　恺	黄　鹏	曹　康	梅祖兵	龚捷文	董惠琳
傅慧婷	童秋瑜	谭文莉	熊　进	蔡　铮	滕　磊	瞿玮颖

《上海市级专志·曙光医院志》评议专家

组　长：方秉华

成　员：（以姓氏笔画为序）

过永明　朱　凡　乔丽华　刘　华　闵建颖　汪志星　张玉君

郑　莉　俞　军　舒　静

《上海市级专志·曙光医院志》审定专家

组　长：施荣范

成　员：（以姓氏笔画为序）

王庆华　王昊宁　王　蕾　朱　亮　朱慧华　周礼明　高　晞

唐靖一

《上海市级专志·曙光医院志》验收单位和人员

验收单位：上海市地方志办公室

验收人员：洪民荣　王依群　过文瀚　黄晓明　黄文雷

业务编辑：赵明明　肖春燕

序　言

黄浦江畔，岐黄明珠。从四明到曙光，医院从艰苦创立、砥砺奋进到走向辉煌，而今当之无愧成为海派中医发展的名片。作为上海市级专志，历经三年余，《曙光医院志》定稿付梓，这既是医院和曙光人的荣耀与幸事，更是祖国繁荣发展、中医药事业不断进步的缩影。

盛世修史，史存院荣。医院历来高度重视修史编志工作，《曙光医院志》是医院建院以来时间跨度最长的一部院志，从 1906 年到 2015 年，全面客观地记录了医院百余年建设与发展的历程，展现医院在医疗业务、科教人才、国际合作、基本建设、党建宣传等方面取得的累累硕果，是一部珍贵的曙光医院专志。

百年栉风沐雨，风卷云舒。1906 年，宁波同乡们在四明公所内辟屋数间，设立简陋病院，诞生了上海第一所中医医院；1922 年，海上中医前辈吴涵秋先生迁址扩建四明医院，不久后就面临国民党政府当局废止中医的威胁，但在吴涵秋先生及中医同仁的艰辛努力斗争下，得以生存下来；1949 年后，国家提倡“中西医并重”，四明医院改为“上海市立第十人民医院”；1960 年，与上海市立第十一人民医院合并，正式更名为“曙光医院”，成为上海中医学院的附属医院。新世纪初，曙光东院新建于浦东张江，与西院联动运作。十余年来医院坚持以医疗业务为核心，坚持教学、科研齐头并进的发展理念，坚持以研究型医院建设为抓手，服务规模与医疗质量取得双丰收，已成为一所集医疗、教学、科研、管理于一体的现代化研究型综合性中医医院，在上海乃至全国的影响力与日俱增。

百余年来，医院名称和建制几经变迁，但始终不变的是医院创建的初心。四明医院建立的初衷是“慈善”，曙光医院更是将“大医德泽、生命曙光”一以贯之。历代曙光人薪火相传，始终秉承甘于奉献、自强不息的精神。海上中医名家程门雪、庞泮池、张伯臾等人辛勤耕耘，无私奉献，呕心沥血，哺育后学；西医专家们不计得失、竭诚配合，都为曙光医院各临床学科的创建与发展奠定了坚实基础。在历任领导班子和一代代医务人员的殚精竭虑、共同努力之下，形成了中医肝病、中医肾病、中医骨伤、中医肛肠、中医急诊等临床疗效、学术水平领先全国的重点学科和特色专科。2015 年，门急诊量达到 321 万人次，出院 6.5 万人次，平均住院天数 6.8 天。越来越多的患者感受到来自曙光医院的福祉。国家自然基金项目数曾位列全国中医院之首；院长绩效考核连年优秀；西部肝病楼立项、东部科教楼即将动工；“中国—捷克中医中心”成为中医在欧洲发扬光大的桥头堡，得到习近平总书记、李克强总理的高度关注。种种成绩都激励着曙光人继往开来、再创佳绩，为把医院建设成全国顶尖、亚洲一流的综合性中医院不懈努力。

以史为鉴，可知兴替，可明心智，可昭未来。《曙光医院志》是全院上下同心协力、共同完成的巨作，必将在医院发展的长河中留下浓墨重彩的一笔。

院长： 党委书记：

2019 年 10 月

凡　例

一、本志以马克思列宁主义、毛泽东思想、邓小平理论、“三个代表”重要思想、科学发展观、习近平新时代中国特色社会主义思想为指导，坚持实事求是，力求思想性、资料性、科学性的统一，准确、客观地记述上海中医药大学附属曙光医院110年的发展历史。

二、本志记述时间上限自1906年四明公所创办诊所、医院，下限至2015年12月底。

三、本志采用述、记、志、传、图、表、录等体裁，表随文设，图照取卷首集中与串文分散结合形式。卷首列图照、序、凡例、总述、大事记；正文共8篇，篇下设章、节、目，横排门类、纵写史实；卷末设专记、附录、索引、编后记。

四、本志采用规范语体文记述，直叙其事。文字力求严谨、简练。人物称谓直书姓名，必要时冠以职务。

五、本志设人物传、人物简介。遵循“生不立传”的原则，人物传按卒年排序，人物简介按生年排序。

六、本志中“医院”通常特指“四明医院(1906—1953年12月)”“上海市立第十人民医院(1953年12月—1960年4月)”“上海市立第十一人民医院(1954年8月—1960年4月)”“上海中医学院附属曙光医院(1960年4月—1993年12月)”“上海中医药大学附属曙光医院(1993年12月—2015年12月)”。

七、本志所用资料，以档案、报刊、图书为主，口碑资料为辅，一般不注明出处。

八、本志纪年，大事记采用历史纪年括注公元纪年，各篇章正文一律采用公元纪年。

目　录

CONTENTS

总述

上海中医药大学附属曙光医院创建于清朝光绪三十二年(1906),由宁波同乡会创办,在宁寿里爱来格路(现为桃源路)四明公所内设有病房。1921年,由四明公所董事发起募捐,在四明公所病房原址建造医院。1922年秋,医院建造完成,取名为"四明医院";1953年,更名为上海市立第十人民医院。1954年,成立上海市立第十一人民医院;1960年,上海市立第十人民医院与上海市立第十一人民医院合并,成立上海中医学院附属医院,取名为"曙光医院",是一所三级甲等综合性中医院。

2015年,医院职能部门24个;临床科室47个,其中临床二级科室29个、医技科室15个。医院分东、西两部。东部位于浦东新区张衡路528号(东为毕升路,与盛大网络相邻;南为毕升路川杨河;西与科苑路浦东国际人才城酒店相邻;北为张衡路)。西部位于黄浦区普安路185号(东为柳林路,与上海市邮政公司龙门路投递支局毗连;南为崇德路;西为普安路,与淮海公园相邻;北为桃园路,与淮海晶苑、十方大厦毗连)。医院占地面积189亩(其中东部160亩、西部29亩);建筑面积13.6万平方米,其中东部8.6万平方米、西部5万平方米;核定床位1 200张,实际开放床位1 320张;职工总数1 880人(在编人数1 546人,在岗人数1 516人);高级职称240人,其中正高86人、副高154人;床护比1∶0.76,医护比1∶1.66;医疗设备共3 847台(件),总价值为36 797万元人民币。

1984—2015年,医院连续16次获得上海市文明单位称号;1986、2004年,分别获全国卫生先进集体;1991年,获全国百佳医院;2010年,获国务院颁发的上海世博会先进集体。

一、四明医院时期(1906—1953)

(一)办院初期

自1842年上海开埠后,随着商业的兴起与发展,浙江四明山区原宁波府所属的鄞县、奉化、慈溪、镇海、象山、定海、石浦7个县来沪经商的人日益增多。宁波籍来沪商人在商界崭露头角并具有一定的影响力,考虑到来沪宁波籍人员不断增加,大量宁波籍贫民生老病死没有保障,特别是病死之后无葬身之处,商界精英们集集体之力量,于1779年创办了"四明公所"。公所的主要业务包括教育、医药卫生和殡葬业等公益事业,系一所接济贫病兼行医、带有慈善性质的机构。

光绪三十二年(1906),经四明公所董事会决定将公所东、西两厂房改造建设成医院。但考虑到经费和宁波籍在沪人员集中居住等因素,董事会决定在原"四明公所"爱来格路(现桃源路)宁寿里开设医院。医院以慈善为宗旨,对那些经济困难的宁波籍同乡、因病来院治疗的患者,其药费和伙食一律免费。医院日常工作由"四明公所"董事会和医院董事会负责管理。

(二)扩建时期

由于小型医院仅有几间旧式的病房,满足不了百姓的需求,1921年,由四明公所董事朱葆三、葛虞臣、方式如等人提议，经宁波同乡会发起，以集资募捐的方式扩建医院。地址选在原来公所内的医院，当时的法租界爱来格路125号(现桃源路167弄15号)。筹集资金共10万余两(银)，用于建筑费6.2万余(金)，置备费1.88万余(金)。新院历经13个月建造，1922年6月28日正屋落成，董事会正式接收，医院取名为“四明医院”。同年的9月15日正式开诊；10月26日举行开幕典礼，中外来宾数百人参会并留影纪念。

1922年，扩建后的四明医院占地五亩，三幢洋房。设有男病床180张，分布于45间；女病床70张，分布于24间，分内、外、肺、骨、妇产、小儿、放射、检验等科及中西药房。建院之初，医生只有14人，其中中医师11人，西医师3人。曾以考试方式招收上海市医学院校完成5年制学业的学生为实习生，一年实习期满后择优聘用，补充医生的不足。同时，陆续通过推荐、考试等方式招聘医生。开院之初，正式护士1人，其余是助产士或助理护士。

医院初办时是一所中医院，1942年起，先后增设X线室、西药室、病理化验室、大小手术室及消毒室，并分设各科门诊。随着医疗业务的发展，护士需求增加，经董事会决定创办护士学校，1945年7月，成立“上海市私立四明高级护士职业学校”(简称“四明护校”)。1949年，四明公所停办。1951年，四明医院平均住院患者200余人，门诊患者为25.52万人次，社会福利医药费计划内21 086 757元。1952年11—12月，“四明公所”董事会向上海市人民政府提出公私合营。1953年初，由监董会再次推荐董事长赉延芳和院长吴涵秋为代表，向上海市人民政府卫生局申请接办医院。上海市人民政府卫生局于1953年3月10日发文，同意接管四明医院，改为“市立四明医院”。1953年12月，上海市人民政府将“市立四明医院”更名为“上海市立第十人民医院”。

二、上海市立第十、第十一人民医院时期(1953—1960)

(一) 上海市立第十人民医院

1953年12月，上海市立第十人民医院正式挂牌。由于国民政府长期以来对中医的不重视，从四明医院顺留下来的医生大多已是西医医生，改建后的医院招聘大量医师和医技人员，西医临床及医技各科人员为187人，行政公务人员为128人，全院职工数为315人。病床总数增至282张。市立第十人民医院历经7年，医院业务不断发展，门诊每日500人次。1960年，与市立第十一人民医院合并，取名为“曙光医院”。

挂牌不久，成立了以院长为主、各科室主任参加的院务委员会，定期召开院务会议，安排医院工作及讨论决定各种医疗、基建和人事任免等重大事项。

在业务发展方面，组织各级医务人员进修、自学，邀请外院的高级医师来科室辅导及技术交流，不断提高业务质量。西医方面与上海第一医学院建立教学协作关系，由中山医院派教学小组常驻医院的内科分管一组病房。上海第一医学院内科教研室的消化、血液、心血管等系统有专长的高级医师每2周来院查房1次，起到了扶植、培养医务人员和交流业务技术经验的作用。临床科室每半年为一期，派遣主治医师去中山医院临床进修，各科室则逐步建立了业务学习、病例讨论、三级查房及制定医疗操作常规等制度。

此外，业务范围也有了扩展。除日常门急诊任务大量增加外，还担任了原邑庙区第一、第二区医院的会诊、转诊任务；分批组织医务人员参加郊区农村的血吸虫病防治工作；承担了医院附近的“三星”“兰香”两个居委居民的预防保健工作。

外科从普通外科常见病扩大到甲状腺、乳房及脾切除手术；开展了膀胱镜检查及泌尿系统常见疾病的手术。妇产科从处理急腹症发展到能熟练地开展子宫肌瘤、盆腔恶性肿瘤等疾病的手术。

1956 年，结合医疗业务，开展临床科学研究；同时，开展了西医学中医的工作。西药室、放射科、皮肤、口腔、五官及检验等科也都在这一时期先后开设或逐步壮大。1958 年，根据业务的需要，建立了“第十人民医院护校”，办了两届后，1960 年，更名为“曙光医院护校”；1961 年，医院护校停办。

（二）上海市立第十一人民医院

1949 年 10 月 1 日中华人民共和国成立之后，党和人民政府对中医药事业非常重视。上海市成立了“中医实验医院”筹备组，筹备第一所中医医院。1954 年 6 月 8 日，上海市人民政府卫生局向华东行政委员会卫生局报告，华东行政委员会卫生局于 7 月 8 日批复：“中医实验医院可定名为‘上海市立第×人民医院’”。上海市人民政府卫生局于 8 月 9 日发布通知，“决定中医实验医院定名为‘上海市立第十一人民医院’”。选址与市立第十人民医院相毗邻。总床位 150 张，职工总数 200 人。1956 年，市立第十人民医院与市立第十一人民医院联合门诊大楼建成，两院同门出入。市立第十一人民医院中医师阵容强大，沪上著名中医陆渊雷、丁济民、徐仲才、杨永璇、黄羡明、章巨膺、秦伯未等都是医院首批中医师，之后王玉润、程门雪、顾伯华、党波平、殷震贤等来院工作。中医骨干的加盟使医院业务迅速发展，1958 年，门诊每日达 2 000 多人。

中医专科门诊的建立。第十一人民医院的患者多且病种较为集中，因此逐步自然形成了各种专科门诊，如中医内科有高血压、肾炎、血液病、肿瘤等专科门诊；针灸科有聋哑、小儿麻痹症、卒中后遗症及精神病等专科门诊。1955 年，中医儿科开展了“冬病夏治”的哮喘敷贴疗法。此外，还有乙型脑炎（包括后遗症在内）、肝炎、消渴病（糖尿病）等专科门诊；中医外科还开设了以中药治疗急性阑尾炎、救治毒蛇咬伤及甲状腺等专科门诊。

开展中医科研工作。1955 年成立高血压小组；1957 年，《二仙汤、臭梧桐治疗高血压病的中医理论和治疗》一书出版。1958 年，成立了血液病小组，对两例再生障碍性贫血应用中药治疗获得缓解。内科肾炎小组结合临床开展了科研工作，先后发表了《61 例慢性肾炎的辨证论治的研究》《慢性肾炎氮质血症的临床研究》《关于慢性肾炎辨证论治的客观指标与“阳损及阴”转化规律探讨》等论文。1958 年起，针灸科开展聋哑病例的研究，并承担中医教学工作，慢性肾炎、高血压研究及儿科乙型脑炎急性期的中药治疗研究，分别获卫生部颁发的国家科技成果奖。1959 年，编写出版了《慢性肾炎的中医理论和治疗》一书。1961 年，医院设立血液病病房，同时成立专科实验室。

1956 年 7 月，上海市第一届西学中研究班开班，接待上海警备区第一届西医学习中医班及中医学院首届毕业生等来院临床实习。上海市立第十一人民医院提供师资讲课，并承担了编写教材的任务。1958 年，先后编写了内、妇、外科的临床手册及《外感热病的理论与治疗体系》。由于上海市立第十一人民医院与上海市立第十人民医院毗邻的有利条件，在教学与科研的过程中，中西医经常相互交流学术，共同撰写中医论文。在带教上海中医学院 1962 年级同学时，指导同学整理撰写出一本理、法、方、药都较完整的医案，是中华人民共和国成立后上海市第一本刊印发行的中医集体医案。

三、曙光医院时期(1960—2015)

(一)两院合并更名为曙光医院

1960年初,上海中医学院邀集沪上著名老中医商酌医院的院名,一致同意定名为"曙光医院",意为中医事业在党的中医政策指导下,将如凌晨的曙光,随旭日东升而日益光大。后经上海市人民政府卫生局批准,1960年3月21日,由上海中医学院发函至上海市卫生局,要求将市立第十人民医院与市立第十一人民医院合并;4月8日,上海市卫生局批复同意更名为曙光医院,成为上海中医学院附属医院。合并之后,中医科室设置有内、外、痔、伤、针灸、推拿、喉、儿、肿瘤、妇等科,医院设有病床450张,其中西医病床237张、中医病床213张。全院工作人员502人,其中医师127人。

加强专科建设。新增设中医内科急症、肾病、肝病、血液等专科。同时,为适应中医临床业务发展,成立中药制剂研究室,着手开展中药剂型的改革工作,"感冒退热冲剂"获国家银质奖。中医内科在西学中医师和西医医师的配合下,先后成立了肾炎、血液、肝炎等专题小组。探索中医治疗急性病的方法,1956年,安排4位中医师加入急诊的治疗。在西医医师的协助下,选择病种,试探性地开展了中医药对热性病及其他急症的治疗。针灸科在继续保持上海市立第十一人民医院时开展的聋哑、小儿麻痹症、卒中后遗症、精神分裂症等专科门诊的同时,又新增高血压、遗尿症等临床针灸的科研工作。1964年,与外科合作开展了针刺麻醉科研工作,并成功完成第一例在针刺麻醉下的胃切除手术。中医外科在上海市立第十一人民医院的基础上除原有的急性阑尾炎、蛇咬伤及甲状腺等专科门诊以外,开展骨结核、神经性皮炎、慢性湿疹、海绵状血管瘤、乳瘘等慢性顽固性疾患的研究。中医儿科开展婴儿泄泻、哮喘、肾炎、血液等病症治疗和冬、春两季开设中医麻疹病房。妇科对多发病如盆腔炎、功能性出血、流产、宫外孕等运用中医中药开展临床和科研工作。

1960年4月,苏联友人、著名的基辅医学教授、苏联第一个研究针灸者巴拉明来院访问,了解耳针及敷贴疗法等。同年5月,保加利亚索非亚医科大学基础内科一级助教安得烈夫与药学系一级助教分沙也夫来医院了解中医辨证论治和中药研究工作情况。

(二)"文化大革命"时期

1966年12月9日,在组织体制上实行"医、护、公一条龙",将皮肤科、眼科、耳鼻喉合并为"综合科",实行中西医结合,中医中药使用率大幅度下降。病房以中药加西药及西医西药为主,门诊以中医中药为主。"文化大革命"后期,医护人员坚持针麻、中药麻醉、血液病、慢性肾炎、老年慢性支气管炎、中医急症、心血管、肿瘤、甲亢、中草药抗菌药物的研制,以及医学电子、肾移植等方面的科研活动,并取得成果。如人工合成了中草药抗菌药物鹿蹄草素治疗再生障碍性贫血、中草药治疗原发肝癌提高存活率,以及阻抗心动图用于心脏输出量等。

1976年7月28日,河北省唐山地区发生大地震。医院组织医疗队伍,赴唐山抢救治疗伤员。

(三)恢复发展时期

1976年10月,"文化大革命"结束,医院工作发生重大转折。1978年9月,中共中央文件批转了卫生部党组《关于认真贯彻党的中医政策,解决中医队伍后继乏人问题的报告》后,特别是在党的十一届三中全会以后,中医工作重新回到党的正确路线上来。医院认真贯彻党的中医政策,调整了中西医病床的比例,以中医内科急诊和中医制剂型改革作为重点突破口,发扬中医特色,办好中医医院。

在开展中医药科研和继承老中医经验、培养中医专科人才等方面展开工作,1977 年,取得卫生科技成果奖 28 项。1978 年,中医妇科开展妇科恶性肿瘤、输卵管阻塞性不孕症、内膜异位症、肌瘤、闭经等 5 个专科。同年,开展激光技术治疗肛肠疾病。1979 年,中医外科下设的痔科研究的“消痔灵”注射液获卫生部重大科技成果奖。1983 年 8 月,在原来中医内科急诊工作的基础上成立了中医内科急诊研究室,研究人员 20 余人,还聘请中医教授和中、西医主任医师各一人为顾问,定期开展作热、厥症重点病例的讨论及急诊科研方案的技术指导。

中医内科设立专科课题,以研究中医中药治疗各科病种的规律和效验。如重点研究“再生障碍性贫血”和白血病的血液病研究室、运用中医补脾肾的治法和中西医结合方法治疗慢性型“再生障碍性贫血”;1981 年,中医肾炎专科在慢性原发性肾小球疾病的临床研究获得中西医结合科研成果二等奖;冠心病专科,采用养心补益药麦冬来调整和恢复“心”支配气血循环的功能,为中医治疗冠心病开辟了一个新途径。肝炎科以补肾法为主、用中医中药治疗乙型肝炎,并应用核糖核酚聚合酶(DNA. P)的测定,发现对抑制乙肝病毒的复制及调节机体的免疫功能亦具有一定的效果。中医肿瘤小组从 1979—1983 年,对中医中药治疗恶性肿瘤进行临床分析。1977 年,“中草药治疗晚期原发性肝癌存活一年以上 50 例临床分析”被评为上海市重大科技成果奖。

(四) 改革开放时期

改革开放以来,医院在硬件建设和医疗业务等方面发展十分明显。1985 年 11 月,经国务院、国家卫计委批准,在“七五”期间对医院进行重点扩建。1992 年 3 月,医院提出综合目标管理试点工作,先在七病区试行,然后全院铺开。考核内容包括医疗质量、护理质理、床位使用率、周转率、中医中药治疗率、经济收入等。在综合目标管理过程中,院领导放权,强调科主任负责制。1992 年 5 月 28 日,17 层病房大楼落成,每间病房设立独立卫生间,住院环境发生了质的改变。1993 年,医院提出了“能中不西,先中后西”建设目标,提高中医治疗率,建设全国示范性中医院。1994 年,医院建筑面积达 37 754 平方米,是建院初期(1964 年)的 3. 14 倍。病床 600 张,比建院初期增加了 33%。增添了大批现代化医疗设备,仅万元以上的设备达 229 台。1994 年,设备的固定资产总值为 2 453 万元,比 1986 年增加 7. 4 倍。

1994 年 12 月,全院正式职工有 1 076 人,比建院初期增加一倍。正、副教授及正、副主任医师 78 人,讲师、主治医师 239 人。配合业务发展的需要,在科室设置上更为细腻,设有临床、医技、药剂科室 33 个,各具特色并颇有声誉的中医专病门诊达 72 个,其中有 9 个被定为上海市的专业医疗协作中心,中医内科急诊与中药制剂室被定为全国协作中心。门急诊量 589 612 人次,住院 5 660 人次。1995 年 6 月 15 日,新建 11 层门急诊大楼正式启用。同年,组建“曙光医院集团”;开通全国首家中西医远程会诊和医疗护理系统;成立“曙光健康之友俱乐部”“名老中医诊疗中心”“康复理疗中心”“名中医工作室”等特色服务。

随着卫生改革进一步发展,1996 年,试行主任医师年度工作报告制度,制定《曙光医院自主聘任条例》,完成了首届自主聘任工作。1997 年,推行定编、定岗、定员的院科二级全员上岗合同制,实行副高职称以上的年度报告制度。2000年，职代会通过《曙光医院聘用合同制实施方案》，全面推行医院的劳动人事制度改革；2001年，兑现以岗位工资为主的“结构薪金制”，体现“重实效、重业绩”的原则。在医疗服务过程中坚持“质量是医院工作的核心”的宗旨，并将国际标准ISO质量管理体系引入管理。2001年12月28日，通过上海市质量体系审核中心“关于曙光医院医疗开展服务全过程”的ISO 9001 2000质量体系认证工作，成为上海市第一家通过此类认证的中医院。

2002年，医院原创性地提出了“高级中医师”的人才培养模式，制订了曙光高级中医师的选拔和评估方法，同年10月，遴选出了首批高级中医师。2004年，医院专家委员会对高级中医师进行评估，其中8名高级中医师中4人获得A级，自然入选曙光名中医；3人获B级，保持高级中医师称号；1人因健康原因未入选。2006年10月，制定《曙光医院“十一五”人才发展规划》《曙光医院进一步加强人才工作的实施意见》《曙光医院引进优秀人才实施办法》《曙光医院优秀青年人才培养计划》等一系列规章制度，从工作理念、体制、机制、制度上推进战略布局，按照现代化综合性标志性中医院的要求，加大人才队伍的建设。2009年，医院决定在“十五”期间实施“曙光人才工程”，在全院选拔一批优秀中青年，通过“曙光人才工程”，作为传承型人才、创新型中医人才和发展型人才，重点加以扶植和培养，打造具备丰厚文化素养、具有发展优势和创业潜能的中青年骨干。

1981—1994年，每年接待国际来访者10多批次，约100～300人次。1995—2015年，共接待58个团队，每年接待人数约200人次。20世纪80年代，主要开展医疗领域的合作项目，开设外宾门诊。1992年，开设外宾病房。1992—1995年，开展了中医药国际快车活动，主要是每二周进国际社区，为外宾开设用英语进行中医养身、防病治病等健康讲座。

2003年4月，院长沈远东传达上海市政府关于防治非典型肺炎工作的精神，医院组织医护人员，建立专门非典型肺炎的门诊与病房，要求全院职工全力以赴，夺取抗击非典型肺炎工作的全面胜利。

医院领导从医院长期发展的角度出发，决定在浦东张江高科技园区新建一所医院。经大量调研考察，选址为浦东张江高科技园区张衡路528号。新院建设项目被上海市政府纳入上海市政府重点实施项目，同时，也被上海市卫生局纳入“十五”期间标志性工程之一。2004年12月28日，医院建设落成并投入试运行。2005年2月27日，在新院行政中心二楼会议室召开了第一次科主任会议。院长沈远东在会上提出医院发展的新目标是“励精图治，努力打造亚洲中医临床医、教、研中心”，并决定新院为东部，普安路185号老院为西部。同年4月23日，正式启用对外接待患者。医院总投资5.5亿元人民币，占地160亩，医疗用房总面积83 000平方米，绿化率大于47%。新院由3幢楼组成：综合楼共有6个层面，集门诊、急诊、住院、行政管理于一体；三层楼的肝病楼独立设置，由天然河道与其他各楼自然分开；四层楼的贵宾楼通过廊桥与综合楼相连。医院积极寻找医疗业务新的增长点，医疗业务发展迅猛。2005年，医院年门急诊量110万人次，出院1.4万人次，平均住院天数19天。

2006年，医院决定实施东、西两部联动发展的战略思想，并提出了“以三个研究所为支撑、以国家级重点学科为基础、以重点实验室为平台，把握东西联动新机遇，谋取医院发展新业绩”的改革思路，把实施创新驱动发展战略放在第一位。通过创新培育新动力，形成医疗改革向纵深推进的良好态势。在临床教学方面首创“专业思想教育、理想信念教育、就业竞争能力培养、职业规划教育”德育模块教育，塑造医学生“实践、感恩、诚信、健康”的健全人格。率先建立中医专业七年制学生毕业临床技能多站式考核(OSCE)体系；2006—2015年，临床医学院共培养医学毕业生1 100余人，受上海中医药大学针推、中药等学院委托培养毕业生600人。

2007 年，是医院东、西两部联动发展战略进入稳定协调发展的一年，医院西部稳定发展，东部迅速增长，并积极融入浦东新区医疗卫生建设和中医药发展规划，初步实现了东、西两部协调发展的新局面。医院领导组织全院职工认真学习 2006 年国家科技部牵头十六部委联合发文《中医药创新发展规划纲要》，根据医院的实际情况，制定实施建设研究型中医院的初步规划，对研究型中医院的定义、特征、目标、具体做法做出明确的诠释。

2008 年 10 月，上海市卫生局发文，同意保留西部，正式确立了医院东、西两部联动发展的格局。2009 年 11 月，完成领导班子换届。

2010 年，领导班子以“三个代表”重要思想为指导，紧紧围绕“全面落实科学发展观、加强医院的内涵建设、不断提高全面推进卫生改革与发展的能力”中心工作，以“世博”为契机，突出重点，理清职能，打破固有藩篱，敢于动真碰硬。2010 年 2 月，完成行政职能科室干部的聘任工作。在这次行政职能科室干部聘任中大胆改革，取消了行政科室主管级管理人员的设置，临床的中层干部由原来的 88 人缩减至 73 人，45 岁以下的临床科主任、教研室主任及研究室主任的人数比例由 36.36% 上升至 41.10%；硕士、博士的比例由 35.23%上升至 39.73%。医院经营管理理念越来越清晰，核心竞争力得到进一步提高。为了使西部的医疗环境更加优美与舒适，2010 年 11 月院务会决定，对西部住院部、门诊部进行全面改建。医疗业务得到进一步发展，2010 年门急诊量 220 万人次，出院 3.73 万人次，平均住院天数 10.9 天。

为满足广大患者的需求，创新与传统同步推进，在原有基础上开发新技术与新项目。2010—2015 年，先后增设脑外科、心胸外科、乳腺外科、肝胆外科、骨科、治未病中心、周围血管病科、生殖中心、胃肠外科、产科、胰胆外科、医学美容科、骨关节科、肿瘤介入科、核医学科等学科。2015 年，门急诊量达到 321 万人次，出院 6.5 万人次，平均住院天数 6.8 天。

在学科建设方面，重视内涵建设。“十一五”期间，医院有国家重点学科 2 个（中医内科学、中医骨伤科学），国家省部共建实验室 1 个；国家中管局重点研究室 3 个，重点学科 1 个；上海市重点学科 3 个，上海市临床医学中心 1 个；国家中医药管理局三级实验室 5 个，上海市中医药研究院研究所 3 个。中标各类科研项目共 188 项，其中国家科技部重大传染病专项 4 项、国家级 25 项、部市级 51 项，资助经费达 9 785.86 万元；获各级各类成果奖励 13 项，其中上海市科技进步奖 3 项、中华中医药科技成果奖 2 项；获专利授权 22 个。

“十二五”建设期间，医院拥有全国临床重点专科 6 个；国家中医药管理局重点专科 12 个；上海市中医临床优秀专科（专病）3 个；全国名老中医药专家传承工作室 7 个，上海市名中医工作室 13 个；医院入选国家中医药管理局中药剂型改革基地、中医急诊基地、中西医结合传染病基地；形成了 106 个中医单病种诊疗规范，12 个优势病种和 53 项中医特色诊疗技术。科研综合能力大幅度提升，承担国家重大科技计划“863”项目 2 项，国家重大传染病专项课题 4 项，国家重大新药创制计划 4 项，国家自然科学基金项目 86 项。2010—2015 年科研经费每年近 1 亿元（人民币）。新增国家中医药管理局重点学科 6 个，上海市教委一流学科 2 个，上海市临床医学中心 1 个，承担 7 项海派中医流派建设项目。

人才是医院发展之根本，人才强则事业强，人才兴则医院兴。2006 年，医院正高级职称 61 人、副高级以上职称 139 人，博士生导师 25 人、硕士生导师 92 人；2011 年，正高级职称 100 人、副高级职称 179 人，博士生导师 41 人、硕士生导师 102 人；2015 年正高级职称 102 人、副高级以上职称 102 人，博士生导师 49 人、硕士生导师 189 人。至 2015 年 12 月，医院拥有国家科技部“863”首席科学家 2 人，科技部“973”科学家 1 人，国家人事部“百千万人才”2 人，国家杰出青年基金 1 人，国家教育部高等学校骨干教师2人，国家教育部“新世纪优秀人才”2人，卫生部有突出贡献中青年专家1人，上海市“领军人才”6人，“东方学者”2人，省部级各类人才143人；享受国务院津贴专家人数达13人；上海市名中医15人，担任全国和上海市专业委员会副主委以上专家108人；曙光名中医40人，曙光高级中医师47人。

为了培养继承型人才，2011年9月6日，医院召开“传承岐黄、凝聚合力”主题会议，会上强调人才队伍建设与学术创新是医院全面发展的核心动力。会议指出，在建设研究型中医院的过程中，要充分体现学科团队和梯队化的培养，鼓励跨学科、跨医院、跨系统融合。增加政治意识、大局意识、核心意识，用真情和智慧，勇于承担新时代的责任、有担当，增加服务效能，为人才队伍建设注入新的内容和使命。

集团医院不断壮大。2009年4月，《国务院关于深化医药卫生体制改革的意见》出台。上海市卫生局相应出台相关建设实施方案。在区域卫生行政主管部门的组织协调下，本着各医院(医疗机构)自愿参加原则，医疗联合体与区域内的二级医院、社区卫生中心签订合作协议，设立管理委员会。管理委员会(董事会)是联合体的权力机构，各参加单位遵守章程并承担相应协议与条款义务，做到服从决议、资源共享，同时协商议事、各负其责。管理委员会设主席(董事长)1名，由医院院长担任，委员由每个联合体医院推荐1～2人，任期2年，另设秘书1人。医院对下属医疗联合体的成员不定期派管理干部和业务骨干，指导帮助成员单位在管理、医、教、研等方面有所提升。技术扶持的形式有“从上到下”，也有“从下到上”。2010年，中医医疗联合体对管理模式进行调整。调整以后各成员单位保持法人独立治理结构的同时，以集团委员会为平台，进行集体决策。确立“遵循政府主导、互惠互利，只求所在、不求所有，上下联动、服务于民”的宗旨。并将中医医疗联合体更名为集团医院，集团成员单位根据自身的实际情况，选择紧密型、松散型、全面托管型等不同的个性化参与模式，使集团医院管理模式“落地开花”，能够被复制和推广。作为集团医院创新实践的典范医院——上海市宝山中西医结合医院(原上海市宝山区宝山中心医院)成为曙光集团医院成员之后，医院综合实力不断提升，从原二级医院，通过卫生部等级评审之后，成为三级甲等中西医结合医院。

2015年，集团医院包括一级、二级、三级医院，覆盖浙江省、江苏省、安徽省。集团共有成员单位18家，床位总数6 557张，职工总数达8 677人，门急诊量1 100万人次，出院患者达17.4万人次，总收入47.1亿元。

医院加强对外合作。2010年10月，与法国巴黎比提耶-萨尔贝提耶尔(Pitie-Salpetriere)医院在糖尿病和肥胖症等疾病上进行合作。2010—2015年，医院与跨国健康管理公司合作，主要以中药、针灸、推拿等治疗方法，为外宾服务。2015年，国家卫生计生委《关于推进“一带一路”卫生交流合作三年实施方案》指出：中医药作为我国独特的卫生资源，将在“一带一路”沿线积极推动中医药“走出去”。国家中医药管理局将这一重任委托医院。项目名称是“中国—捷克中医中心”，中心设在捷克赫拉德茨-克拉洛韦大学医院，2015年9月起正式对外接待患者。中国—捷克中医中心为捷克及中东欧国家民众提供中医药卫生保健和医疗服务。

110年的历史是曙光发展重要的里程碑，更是迈向未来的历史新起点。今天我们撰写历史，就是为了更好地致敬先贤，以启将来。“大医德泽、生命曙光”的院训，引领曙光人走上了求真务实的高质量的发展之路。历史的荣耀凝结着一代代曙光人的心血，未来的梦想承载着时代赋予的重托。以薪火相传、发扬特色、崇尚创新、追求质量为前进的动能，曙光人将不忘初心，牢记使命，写好曙光的故事，绘就曙光画卷，向着崭新的未来阔步前行。

大事记

光绪三十二年(1906)

四明公所董事会决定撤销东、西厂房来改造市区房的计划,而用来建设医院,西到宁寿里,东到宁福里。在宁寿里内设医院,凡是同乡既穷且病的人被保送来医院治疗,药费和伙食全部免费提供。

民国十年(1921)

6月13日　为创办四明医院,在宁商总会召开协商会议。朱葆三邀请邬志豪、楼恂名、严康懋、何梅轩、薛文泰、陆竹坪、李咏裳、邵雨康、董杏生、张云江、洪承祁、冯芝汀、边文锦、孙衡甫、秦润卿、周金箴、周湘云、葛虞臣、方樵苓、方式如、洪贤钫、张延钟、乐根葆、陈良玉、陈文鉴、方株伯、孙梅堂、石连乾、陈蓉馆等人参加。主要商议事宜:地点、捐款总数、名称、发起人、发起人将来如何发展医院、捐款是否限于宁波人、募捐方法、推荐主任。与会者就以上事宜进行讨论。讨论结果:医院设于北四川路底还是打铁浜需进一步商榷;捐款总数先募20万银元;名称定名四明医院;推荐朱葆三为总主任,葛虞臣、周湘云先生为副主任。

7月3日　在四明公所召开发起人会议,商量建造医院之事。参加者有朱葆三、葛虞臣、张继光、方樵苓、孙梅堂、方式如、洪贤钫、陈蓉馆、周湘云、冯芝汀、何绍庭。会议决定:北四川路底拟造之医院暂缓;在爱来格路宁寿里旧址建造四明中医院,依照原绘略微增删图样,择日动工;等中医院建成之后,再建造北四川路底之四明中西医院;先募捐20万银元。

民国十一年(1922)

5月11日　召开医院筹备会议。参加者有葛虞臣、周湘云、周肖鹏、黄筱堂、陶辉庭。讨论有关诊室分配和浴室、厕所等建造事宜。并讨论决定科室名称,分别是院长室、主任室、会计室、文牍室、视察室、煎药室、外科室、牛痘室、储藏室、浴室、厕所、门房、厨房、挂号室。

5月16日　召开医院筹备会议,参加会议的有葛虞臣、周湘云、周肖鹏、黄筱堂、陶辉庭。讨论决定住院医生内科2人、外科1人,内科医生李钦杨、余云岫,外科张慕龄。工资每人每月30元;另请内外科医生各1人每日到院帮诊,月工资内科16元,外科14元。另外,请眼科1人,月工资14元,加贴药成本14元,合28元;小儿科女医生1人,月工资14元。会议决定每年正月十五起、秋季八月十五止,每季3个足月增加牛痘科。

8月20日　医院主楼正式落成,由董事会正式接收。

是日　召开临时董事会,董事会推荐并决定朱葆三为正院长,葛虞臣、周湘云为副院长。并推荐决定余云岫、张继光、周肖彭、何绍庭、黄筱堂等5人部署一切工作。

8月24日　余云岫、张继光、何绍庭、周湘云、黄筱堂来医院共同商讨工作，布置有关事宜，并商定每逢星期日下午三时至五时到院联合办公。

10月1日　开董事会，并接收余屋。推荐并决定院董盛筱珊、朱哲甫为查账员，周湘云、孙梅堂、洪贤钫三董事为开幕筹备主任。请稽道尹、黄涵之任名誉院长，另外聘任丁甘仁(内外科)、夏荫堂(内科)、张骧云(伤寒)、张星若(伤寒)、朱少坡(内科)、余伯陶(内科)、张衡山(伤寒)、葛子诒(内妇科)、戴菊溪(内外科)、朱子琴(幼科)、包识生(伤寒)、余云岫(西医)、龚元炳(西医)、刁信德(西医)等14位任名誉顾问医生。

10月29日　医院隆重召开落成开幕大会，参加开幕式有中外来宾共百人并留影以资纪念。

11月3日　正式开诊，发门诊数十号，并接收老病房移交患者30人，院长及董事均来医院参观。

民国十二年(1923)

1月20日　召开冬季董事会常务会议，因监察朱哲甫病故，董事会推荐曹兰彬接任。

10月21日　召开秋季董事会常务会议，提议大门通道改柏油路。

民国十三年(1924)

1月6日　开冬季董事会常务会议，决定自当年2月起，各同事加薪二成。

2月28日　开董事会年会讨论，患者病愈后酬谢医生，禁止送匾，以免日久增多挤占院宇，有碍观瞻。另外，患者有疑难杂症，必须由西医医生确认后方可转送仁济医院及红十字会医院。

6月12日　开春季董事会，参加会议的董事有葛虞臣、盛竹书、虞洽卿、方椒伯、周湘云，另有义联会董事参加，他们是孙梅堂、张延钟、楼恂如、陈良玉。会议由副院长葛虞臣报告上两个月住院、门诊的情况，并报告住院患者遇有疑难杂症，拟商请仁济医馆、红十字会。医院酌情补贴常年经费，转送医治等应经周湘云、黄筱堂二位主任确认，同时也要请仁济医馆医生确认。

9月2日　召开夏季董事会，出席会议的董事有朱葆三、葛虞臣、方式如、严子均，义联会董事有洪贤钫、乐根葆、楼恂如、秦润卿、陈良玉。会议由副院长葛虞臣报告四五月份医院住院、门诊数，全体参会董事签字通过。

10月12日　举行新院建院2周年纪念会。

是日　开秋季董事会，院长朱葆三，副院长葛虞臣、周湘云任期已满，同时监察员任期也满，董事会讨论推荐姜炳生、袁庆云为监察员。医药主任黄筱堂辞职，讨论决定聘任郑云仲为医药主任。同时修改四明医院章程第20、42、49条。

民国十四年(1925)

1月2日　召开冬季董事会。参加会议的董事有朱葆三、葛虞臣、盛竹书、方式如、方椒伯，公义联合会董事参会者有洪贤钫、陈蓉馆、孙梅堂、秦润卿。会议由副院长葛虞臣报告9月至11月医院院诊、门诊数据，全体参会者通过报告并签字。

2月14日　召开年会。参加会议的董事会董事有朱葆三、葛虞臣、盛竹书，义联会董事有陈蓉馆、石连乾、陈良玉。会议由副院长葛虞臣报告自1922年开诊至1924年底,院诊、门诊人数的数据,参会者全体通过。

5月25日　补开春季董事会常务会议,参会董事会董事有葛虞臣、方樵苓,公义联合会董事参会有陈蓉馆、秦润卿、乐根葆(代洪贤钫)、孙梅堂(代陈良玉)。由副院长葛虞臣报告2月至3月院诊、门诊人数情况,与会者全体通过。

7月29日　召开夏季董事会常务会议。参会董事会董事有葛虞臣、方椒伯,义联会董事有洪贤钫、陈良玉。葛虞臣主席报告上届议案,通过并签字。报告内容是4月至6月院诊、门诊人数。

10月7日　开秋季董事会,到会董事会董事有方椒伯、盛竹书、朱子衡(代朱葆三)、葛尉平(代葛虞臣)、方式如(并代周湘云),义联会董事有洪贤钫、陈良玉、秦润卿、石连乾、楼恂如、陈蓉馆(并代孙梅堂)。因葛虞臣有事未到会,由方椒伯代表主席报告上届议案,通过并签字,报告内容为7月至8月院诊、门诊人数。

民国十五年(1926)

4月7日　召开春季董事会常务会议。由于物价飞涨,董事会通过第二次加薪议案。由周湘云、郑云仲、陶辉庭三位主任拟定加薪名单,请院长定夺。

7月21日　召开夏季董事会常务会议。洪贤钫董事汇报,跑马总会派外国人前来本院参观,称赞医院并口头承诺愿意经常拨款,董事会决定先用信函方式与该会接洽,促成此事。

9月2日　首任院长朱葆三去世。

10月8日　召开秋季董事会常务会议。由于院长朱葆三于9月病故,任期已满,经推荐葛虞臣为正院长,盛竹书、周湘云为副院长。同时推荐姜炳生、刘星耀为监察员。

民国十六年(1927)

2月1日　召开冬季董事会常务会议,先前由董事洪贤钫劝跑马总会捐助之事已经落实,医院已经收到春季跑马总会捐助250洋元,自本年秋季起,每年分春秋两季,每季认定捐助给医院500洋元。

3月13日　召开第一期临时董事会。副院长盛竹书因病去世,讨论推荐方式如为副院长。

5月1日　召开春季董事会常务会议。到会者有董事会董事虞洽卿、方式如、方椒伯、秦润卿,义联会董事陈良玉、楼恂如、孙梅堂、洪贤钫。会议由方椒伯代表主席报告上会议案,并通过签字。内容包括:方式如就职副院长,报告3—4月份院诊、门诊人数;报告前医药主任郑云仲来函辞职是否挽留等事项。

6月18日　开临时董事会。到会者有董事会董事葛虞臣(并代虞洽卿)、方樵苓、方式如、方椒伯、秦润卿,义联会董事有石连乾、姜炳生、孙梅堂、陈蓉馆、楼恂如、袁履登、洪贤钫。会议由葛虞臣主席报告上会议案,并通过签字。报告内容包括5月院诊、门诊人数;报告方式如代表董事会挽留医药主任郑云仲来函请辞,郑云仲本人还是要求辞职并同意担负名誉至本年9月为止。

7月16日　开夏季董事会。到会者有董事会董事葛虞臣(并代虞洽卿)、方式如(并代秦润卿),义联会董事有袁履登、洪贤钫、孙梅堂(并代陈良玉)、石连乾(并代楼恂如)、姜炳生(并代陈蓉馆)。会议由葛虞臣主席报告上会议案并通过签字。主要报告6月院诊、门诊人数。

10月17日　召开秋季董事会常会。医药主任郑云仲一再请辞，董事会多次挽留无果。经决议在主任尚未聘定期间，暂由院医戎明士代理。

12月25日　召开冬季董事会常务会议。聘定盛逊伟担任四明医院医药主任，于12月26日就职。

民国十七年(1928)

2月26日　召开第一期临时董事会，到会者有董事会董事方樵苓(并代葛虞臣)、方椒伯(并代方式如)，义联会董事有乐根葆、陈蓉馆、陈良玉、洪贤钫、孙梅堂、袁履登、石连乾、楼恂如、姜炳生(代陆汉延)。会议由葛虞臣主席报告上年冬季会议案并通过签字。主要内容有报告1月院诊、门诊人数，1922年10月到1927年终院诊、门诊总人数以及膳宿费，对甲乙丙丁病房同乡及相关人员收费标准，并对同乡以及同乡雇佣人员入住丁等病房都将给予相应的补助，上海跑马总会年捐千元洋元并请相关人员劝其在万国体育会中国赛马会同乡捐助。

3月19日　召开临时董事会。四明医院庶务主任陶辉庭因病缺席，院长提出聘任沈相甫为庶务主任，董事会通过。

4月24日　召开春季董事会常务会议，到会者有董事会董事秦润卿、葛虞臣(并代方樵苓)、方椒伯，义联会董事陈蓉馆、陈良玉、洪贤钫(并代乐根葆)、孙梅堂(并代袁履登)。会议由葛虞臣主席报告上会议案并通过签字，内容主要汇报2月至3月院诊、门诊人数。

5月28日　开临时董事会，到会者有董事会董事葛虞臣、方式如，义联会董事陈蓉馆、袁履登、陈良玉、孙梅堂(并代洪贤钫)。会议由葛虞臣主席报告上会议案并通过签字。内容包括报告4月院诊、门诊人数，以及城内水仙宫前市房四幢开设香烛店起火之后的有关赔偿、估价事宜。

6月18日　召开临时董事会，到会者有董事会董事葛虞臣、秦润卿、朱子奎(代朱宝三)、方椒伯(并代方式如)、方樵苓(并代周湘云)，义联会董事有陈蓉馆、袁履登、洪贤钫、石连乾、孙梅堂、陈良玉(代乐根葆)。会议由葛虞臣主席报告上会议案并通过签字。主要议题是城内水仙宫前市房四幢火灾重建一案，由何茂道木作设计公司绘图估价的各类文件已送请产业董事阅核，订造价银元三千二百五十两，立即拟具章程订立合同，由市政府工务处批准，即日开工。

8月9日　召开夏季董事会常务会议。到会者有董事会董事葛虞臣(并代方樵苓)、方椒伯(并代方式如)，义联会董事陈蓉馆、楼恂如、袁履登、洪贤钫、孙梅堂、石连乾、谢衡窗。会议由葛虞臣主席报告上会议案并通过签字。内容主要通报6月院诊、门诊人数。

10月29日　召开秋季董事会常会。院长任期已满，董事会讨论决定葛虞臣连任正院长，方式如、周湘云为副院长。届时监察员任期也满，讨论决定曹兰彬、姜炳生为监察员。

民国十八年(1929)

1月15日　召开冬季董事会常务会议。到会者有董事会董事葛虞臣、方式如、方樵苓、方椒伯(代秦润卿)，义联会董事楼恂如、陈蓉馆、洪贤钫、乐根葆、孙梅堂，会议由葛虞臣主席报告上会议案并通过签字。主要内容报告12月院诊、门诊人数。

4月16日　开春季董事会常务会议。到会者有董事会董事葛虞臣、秦润卿、方椒伯，义联会董事楼恂如、洪贤钫、袁履登、石连乾(代陈良玉)，报告3月门诊人数。

7月16日　召开夏季董事会常务会议。由于女病房床位不够用，不能够满足需求，董事会决定将医院西首重症间原有平房5间，翻改为楼房，作为普通女病室之用，楼下仍作重症间。

9月23日　召开秋季董事会常务会议。到会者有董事会董事葛虞臣、虞洽卿、严子均、葛虞臣（并代方式如）、方椒伯（并代秦润卿），义联会董事有洪贤钫、楼恂如、袁履登、乐根葆、孙梅堂（代谢衡窗）、石连乾。会议由葛虞臣主席报告上半年冬季会议案通过签字，报告6月、7月院诊、门诊人数。

9月25日　召开第一期董事会。到会董事有葛虞臣、秦润卿、方式如、方樵苓，义联会董事有楼恂如、洪贤钫、袁履登、陈良玉、孙梅堂。会议报告1929年12月院诊、门诊人数，1922年9月至1928年终院诊和门诊总人数以及全年收支账。

10月5日　召开临时董事会。到会者有董事会董事葛虞臣、虞洽卿、方式如、秦润卿、方椒伯、朱子奎，义联会董事有袁履登、乐根葆、秦润卿（代楼恂如）、石连乾（代孙梅堂）。会议由葛虞臣主席报告上半年冬季会议案并通过签字。院长葛虞臣在会上汇报自1922年任医长7年来在医院工作中所碰到问题以及针对问题如何按照章程行事，目前有许多要解决的事情，是否有其他办法和章程，请各位董事指示。与会董事决议，院长葛虞臣可以根据章程作相应变化，不需要另议其他办法。另外，会上报告9月院诊、门诊人数。

11月10日　召开冬季董事会常会。本院总主任周肖彭以年老力衰，多次请求辞职。董事会决定自下年起，改聘为院务顾问，每年送公费200洋元。总主任一职，由于无相当人选，暂不补聘。庶务主任一职，需要常驻医院负责办公，原任主任沈相甫担任四明公所经理兼职庶务主任，难免顾此失彼，董事会讨论决定改聘为庶务总稽，庶务主任一职由邵永源接任。

民国十九年(1930)

5月22日　召开春季董事会。到会者董事会董事有葛虞臣、方式如、秦润卿（并代虞洽卿）、方椒伯（并代方樵苓），义联会董事有楼恂如、孙梅堂、陈良玉、洪贤钫（并代乐根葆）、陈良玉（并代袁履登）。会议由葛虞臣主席报告上年冬季会议案并通过签字，另外报告3月、4月院诊、门诊人数。

6月5日　召开临时董事会会议。同乡贫困患者在院病故，除赊材席兜被等件，由公所及义会帮助，而附身衣服与被子仍由亲属代为办理。议定于义会余款项下，每年拨1 000洋元，专门为贫困患者病故后，用于购衣、帽、鞋、袜、被褥等件之用。

7月11日　召开夏季董事会常务会议。到会者有董事会董事虞洽卿、方椒伯、秦润卿、葛虞臣（并代方式如）、方樵苓（代周湘云），义联会董事有洪贤钫、袁履登、孙梅堂、姜炳生、陈良玉。会议由葛虞臣主席报告上会议案并通过签字，同时报告7月院诊、门诊人数。

10月31日　召开秋季董事会常务会议，院长任期届满。经公开推荐葛虞臣连任正院长，方式如、周湘云连任副院长，又监察员任期届满，推荐项松茂、胡甸荪为监察员。

民国二十年(1931)

8月28日　医院组织救护队，并准备就诊场地，接收伤员。

民国二十一年(1932)

3月2日　医院一部让出，作为收容伤病员诊疗所用。

6月1日　召开春季董事会常务会议。讨论因医院经费较上年有所增加，拟于送药等项目采取变通的办法，达到节资、减少开支的目的，并与院长商妥办理。

7月23日　召开临时董事会。决议将病房原有甲、乙、丙、丁四等，改为特、甲、乙、丙、丁五等，膳宿药资等费依次订定。

12月11日　召开秋季董事会常务会议。因院长任期届满，请董事会推荐。董事会一致推荐葛虞臣连任正院长，方式如、周湘云连任副院长；另外监察员也任期已满，董事会一致推荐盛筱珊、胡甸荪为监察员。

民国二十三年(1934)

6月21日　召开临时董事会。由于四明医院经费照预算不到7 000元，由董事会认募每人各500元，以试办一年为限。又议决修改院章程第六条，下届院长改由董事会聘请，由各董事物色人选。葛正院长因病请假6个月。

8月4日　召开临时董事会，因院长葛虞臣病逝，副院长方式如、盛逊伟、邵永源主任均提辞函，经董事会讨论决定同意。由秦润卿、方式如、洪贤钫、张继光四董事提议，聘请戎明士为院长兼医药主任，顾锦华为总主任兼庶务主任，经全体董事一致通过并决定于8月1日就职。同时，董事会一致推荐秦润卿、方式如、张继光、洪贤钫四董事代表董事会监理四明医院一切事宜。

11月27日　召开秋季董事会常务会议。推荐决定韩孝先、倪荣泰为查账员，分别备函敦请；又讨论1935年度预算案决议，依照提出之原案年贴33 578洋元，但必须在预算限度内力争节约。

民国二十四年(1935)

3月13日　召开举行义殡会纪念碑成立典礼。

9月11日　医院作为上海市卫生局中医考试临诊试验场所。

民国二十五年(1936)

1月　门诊号金(挂号券)改章。

3月28日　召开春季董事会常务会议，院长戎明士、顾锦华总主任汇报宁波籍女子出嫁外籍后因患病入院的人，是否加倍交费。董事会讨论决定，女性外籍来院交费按照宁波籍计算，男性外籍不能按宁波籍计算。

5月　增设伤科门诊。

6月　增设针科门诊。

9月12日　召开夏季董事会，因常会监理董事方式如去世，经董事会推荐决定方哲嗣为常务会议监理董事。

11月4日　召开秋季董事会常务会议，讨论决定监察员韩孝先、倪荣泰连任。

民国二十六年(1937)

6月　董事会核准刊印医院十五周年纪念册。

8月18日　召开夏季董事会，决定门诊号金以铜元计算不方便，准许改为每号铜币四分。

民国三十一年(1942)

8月1日　董事会任命吴涵秋为院长、张竹生为副院长、谢鸣凤为总主任。

8月3日　院长吴涵秋上任之后，召集全体职工开谈话会，提出医院改革创新事宜，与职工进行互动。

9月2日　在宁波同乡会召开第一次劝募大会。医院为充实设备，特在四明公所常务委员会提出劝募捐款。经四明公所常务委员会讨论决定，聘请旅沪绅商为委员，并由宁波同乡会主持日常工作，设立办事处。

9月22日　四明公所为四明医院改建进行募捐活动。第二次劝募大会在宁波同乡会举行，到会有同乡会正副会长秦润卿、李咏裳、袁履登，及各劝说常委与各委员200余人募捐，由主席袁履登致开会辞、方椒伯报告劝募成绩以及认募情况，该次共募捐资金达922 815银元。

10月20日　医院筹募基金第三次劝募大会在宁波同乡会举行。出席会议共有80人，同时推荐袁履登、李咏裳、秦润卿为主席团成员，袁履登为主席团主席。袁履登作致辞，方椒伯报告本次共募资金达1 470 045元。

12月13日　病理检查室成立。

民国三十二年(1943)

2月2日　医院与标准医疗器械股份有限公司签署订购合同，以14 400元购买手术台1台，自签订合同起2月内交货。

5月5日　社会服务科成立，主要是与患者家属进行沟通，并宣传卫生知识。

5月10日　经四明公所董事会决议，除原有秦润卿、方椒伯、张莲舫、丁方源4位监董外，加进张继光、乐汝成为医院监理董事。原查账委员倪荣泰辞职，另推荐刘敏齐、应信森继续担任查账员。

7月1日　聘任黄景霞为西医部主任。

8月2日　聘任钟志和为肺痨科主任。

10月10日　新病房(即重症室)对外开放，专收重症患者。

10月27日　召开首次常务董事会议。参加会议讨论的有赉延芳、黄振世、葛永祺、周一星、吴涵秋等20余人，监理董事方椒伯、张莲舫列席会议。大家一致推荐赉延芳为董事长，邵树华、黄振世、傅隆才、孙性之、葛永祺、周一星、江兆祖、郑子琳、陈炳云、吴涵秋等10人为基金会保管董事。另外推荐范桂馥、徐松生为稽核董事。会上讨论决定常务董事会每月第一或第二个星期四下午，各开常务会一次，并议定11月9日召开第一次基金保管董事会，协商基金管理办法。

11月21日　X光室成立。

民国三十三年(1944)

2月25日　产妇科成立。产妇科病房分甲、乙、丙三种。

4月1日　医院假座大舞台举行改造门诊室及待诊室筹募经费的义演。

4月3日　创设医药顾问处。医院为旅沪同乡所创设,旨在为家庭、商号、工厂、学校及其他机关、团体服务。

7月9日　增设耳鼻喉科,并聘请耳鼻喉科专家吴曜医师来院工作。

9月6日　由吴涵秋院长主持召开院务会议,主要讨论加强恢复月会制度。

10月16日　增设齿科,聘请乐璜牙医师来院工作。

民国三十四年(1945)

1月28日　按照医院章程,董事会议全体大会每年召开两次,定于1月或7月举行。该次董事会议在医院礼堂举行,除报告院务,全年经济、患者统计外,并讨论重要事宜。宣读了四明公所董事会于21日临时会议决议,凡同乡人士认领医院建筑、捐款在5万元以上者,均推为院董。

7月6日　医院附设高级护士职业学校招生。

8月16日　召开庆祝和平与新院开幕筹备委员会,决定庆祝日本投降及新病房正式使用。决定庆祝大会于9月1日晚在医院大礼堂及大草场举行。

9月15日　医院招待新闻界,由副院长黄景霞陪同各报记者参观医院各部门诊疗设施,并详细阐释。院长吴涵秋报告,医院本着为平民服务之精神,再扩充三四等病室。

民国三十五年(1946)

12月19日　上海市卫生局委托医院开展预防伤寒、天花、急性传染病等接种工作。

民国三十六年(1947)

2月13日　召开同人会,要求同人们必须参加,主要内容为加强团契精神。

6月19日　举行护校新校舍落成典礼暨第二期护士加冠礼。参加落成典礼的有校董事长蒉延芳、董事秦润卿及来宾数十人。

11月1日　增开儿科病房,聘请倪吴升女医师主持工作。

12月3日　聘请唐惠民为儿科主任、俞松文为内科主任。

民国三十七年(1948)

1月19日　医院更换电话。电话号码更改为88650、88659。

5月26日　医院高校护士职业学校招收新生,接受考生报名。

8月13日　院长吴涵秋任职6年,共捐款3.6亿元给医院。

民国三十八年(1949)

4 月 1 日　医院成立泌尿科,并聘请马永江为泌尿科主任。

4 月 28 日　医院与大元管造厂签订合同,在黄浦区 11 图云字圩 5 号 19 丘地上增建 2 层病房 1 所,预期 4 个月完成。

1950 年

3 月 6 日　嵩山区防空委会分设各区救护站,医院纳入并设立救护站。

4 月 20 日　医院减低收费标准。住院病房费降低 20%～40%,手术费、人工气胸等收费亦一律降低。为推行防痨工作,印有 X 线检查优待券,每券收费 1 万元,包括荧光透视、肺部检查及挂号等费。

7 月 23 日　上海《新民晚报》报道医院改革前后情形。同时着重介绍院长吴涵秋奋斗 8 年,医院从没有医疗设备到现在具有先进科学设备的发展过程。

1951 年

10 月 14 日　医院被华东东北区高等学校统一招生委员会指定为考生体格检查医院。

11 月 25 日　医院决定利用星期日停诊时间,为工人兄弟提供便利。

1952 年

2 月 26 日　四明医院护士学校三年级同学要求参加反细菌战的斗争决心书在新闻报上刊登。参加人有四明护士学校三年级全体同学,他们是蒋素珍、倪翠珍、童汝宝、王遵生、王秀成、张利亚、周国英、吴菊清、沈露、邬裴霞等。

1953 年

12 月 8 日　医院召开病员座谈会,各病房派代表参加。病员代表提出许多积极的意见。

12 月　上海市立第十人民医院正式挂牌。

1954 年

3 月 1 日　正式成立保健科,主要工作职能:卫生教育、预防接种、体格检查、传染病报告。

7 月 1 日　医院(四明医院)全院实行复诊患者预约制。

8 月 29 日　上海市立第十一人民医院正式挂牌。

12 月 19 日　《文汇报》第五版报道:“一个近代化的中医院——上海市立第十一人民医院”。

1955 年

4 月 18 日　医院召开集体办公会议。由总务部谢凤鸣主任报告关于节约粮食的工作，检查浪费情况，并提出改进办法。（上海市立第十人民医院）

7 月 9 日　医院在文娱室召开新建门诊部第一阶段小结会议，参加会议的有卫生局董旭初、严宽；设计公司丁子棵、朱培文；安装公司王宽政；第二建筑公司建筑十院工地黄云表；市立第十一人民医院吴涵秋、王钟林；市立第十人民医院屈彦章、黄景霞、王永贵、李广友、王爵。会议由主席黄景霞主持。会议主要了解施工以来的工作和配合情况，提出困难和需要解决的问题，互相交换意见，得出结论，保证工程的顺利进行。（上海市立第十一人民医院）

12 月 5 日　医院制订完成各项规则和制度，并报送上海市卫生局。内容包括组织规程、研究委员会组织规程、工作计划、门诊规则、住院规则、中药室工作制度、化验室工作制度、住院病史管理规则、病员服务室工作制度、营养室工作制度、会诊暂行办法、会议制度、财产管理实施细则、收费备核条例、文书处理及档案保管办法、工作人员会客实行规则。（上海市立第十一人民医院）

1956 年

9 月 16 日　上海市卫生局同意医院将行政各股改为科的编制。

1958 年

8 月 8 日　《文汇报》第二版报道医院治疗乙型脑炎、高血压、肾炎、小儿麻痹等疾病的疗效已超过国际先进水平。

12 月 27 日　将财务、总务两科合并改为行政科。

1959 年

7 月 13 日　印度尼西亚华侨司徒赞及其夫人由上海市人委交际处殷永胜陪同来院参观。副院长董基康陪同，并介绍医院基本情况。

7 月 14 日　上海市第二妇婴保健院院长朱介瑾率领中医师杨春保及行政和护理人员共 5 人来院参观病房，副院长徐仲才、护理部副主任冯淑型、中医师周保康分别做介绍。

是日　医院成立建制小组并由院长作提高医疗质量及厉行节约的报告大会。建制会下设 3 个小组：门诊建制组（召集人顾君娴）；病房建制组（召集人蒋纯儒）；行政建制组（召集人成德余）。同时，召开全院职工大会，并由副院长董基康作报告，内容包括提高医疗质量的主要意义、安排各种学习时间（政治和业务）、动员大家厉行节约。

7 月 15 日　卫生部药政司杨岱、上海市卫生局药政处孙景坚来院了解有关萝芙木治疗高血压的情况。副院长徐仲才、中医师周保康、西医蒋纯儒接待，并汇报服用萝芙木降压疗效情况。

7 月 16 日　全国性经络会议在上海锦江饭店召开，医院有董基康、杨永璇、黄文东、顾伯华、党波平、陈幼铭、金舒白等列席，并有 16 篇论文在会上展出。

8月15日　召开两院（市十、市十一）成立庆祝国庆筹备委员会。主任委员吴涵秋，副主任委员李静华、丁济民，委员周保康、许迺珊、路肇基、王曰末、钱汉忠、俞鸿钧、夏涵。设立办公室，主任钱汉忠，下设文娱体育组，组长王曰末、俞鸿钧，环境宣传组路肇基、夏涵。

8月18日　北京中医学院院长葛夷武等6人来医院参观。副院长徐仲才介绍医院发展情况及科学上的成就，随后参观门诊部及病房等。

8月28日　上海中医学院召开院务委员会第三次全体会议，通过干部任免，丁济民为市立第十一人民医院副院长兼医史教研组组长；黄文东任内科教研组组长兼市立第十一人民医院内科主任；王玉润任儿科教研室组组长兼市立第十一人民医院小儿科主任；杨永璇任针灸研究所附属第一门诊部主任兼市立第十一人民医院针灸科主任及针灸教研组副组长；顾伯华任伤科教研组副组长兼市立第十一人民医院外科主任；党波平任针灸研究所附属第一门诊部副主任兼市立第十一人民医院针灸科副主任；刘鹤一被提升为市立第十一人民医院内科副主任；周彦任市立第十一人民医院药剂室主任；成德余调任市立第十一人民医院人事科副科长，免去原中医学院人事科副科长职务；俞士芳调任针灸研究所行政秘书，免去原市立第十一人民医院人事科副科长职务。

9月7日　支部改选，选出董基康、马彦、成德余、周保康、刘惠英为医院支部委，并上报上海中医学院党委。

9月8日　医院召开全市性讨论中医病史会议，出席人员有上海市卫生局中医处处长张赞臣、上海中医学院院长程门雪、医院副院长丁济民、各大医院中医师以及医院各科主任等26人。

9月9日　医院与寄生虫研究院联合召开有关中医中药治疗全国血吸虫病防治会议。王玉润、周保康出席。讨论内容：检查1959年科学研究题目的完成数目以及1960年全国性科学研究的题目。

9月19日　召开跃进大会，科室完成1959年计划，并且提出各项目向国庆节献礼。

9月25日　医院邀请上海中医学院马列主义教研组组长林海在医院饭厅作主题报告。报告建国十年来的成就。

9月28日　举行庆祝建国十周年系列活动。9月28—29日举行文娱晚会。

10月6日　董基康为民兵连指导员，刘凤世为连长，周保康为副指导员，王曰末、钱志英为副连长。

是日　经上海中医学院党委批准，董基康为医院党支部书记兼统战委员，马彦为副主任兼监察委员，成德余为组织委员，周保康为宣传委员，刘惠英为青年委员。

10月13日　上海市工业先进大会邀请医务界9名代表出席会议，上海中医学院有1个名额，经上海中医学院党委讨论决定由医院产生。医院为此召开党、政、工、团各民主党派，各科室主管民主协商，结果推选庞泮池为特约代表。

10月24日　江西医学院由党委书记马徒率领参观团一行9人来医院参观。医院副院长丁济民、徐仲才接待。

10月28日　内蒙古自治区医学院代表团3人在院长包文雅率领下来医院参观。副院长丁济民接待。

11月12日　上海市中医理论研究中心组成立。由上海市卫生局指定丁济民、张伯讷参加。上海中医学院院长程门雪任组长，夏仲芳、姜春华任副组长，张伯讷任学术秘书。

是日　长春市卫生局局长及中医院院长刘希成等5人来院参观，由副院长徐仲才、秘书汪汝杏接待。

11月19日　上海中医学院院务委员会第四次会议通过扩大科学研究委员会名额。医院有丁济民、王玉润、徐仲才、黄文东、杨永璇、董基康、顾伯华出席。丁济民和黄文东为常务委员。

12月7日　上海中医学院(63级)学生20人来外科见习。上海市推拿学校第一届毕业班20人到医院内科实习。

12月30日　成立评优委员会19人,董基康为主任,丁济民、徐仲才、周保康为副主任;下设办公室,主任成德余、副主任汪汝杏。

1960年

1月3日　医院43人在上海中医学院领导带领下参观闵行建设。上午参观闵行一条街,下午参观马桥人民公社。

2月6日　副院长徐仲才、医师张伯讷出席上海市科学技术规划座谈会(2月6日至2月14日),讨论和修订上海市八年规划、三年规划以及1960年科学技术规划。

2月12日　医院召开第一次科学研究工作经验交流会,由副院长徐仲才主持。高血压专题组医师张伯讷讲慢性肾炎,专题组医师黄吉赓介绍科研工作经验。

2月19日　医院召开两院(上海市立第十、第十一人民医院)全体职工大会,由支部书记董基康传达上海市委教育工作、卫生会议精神,并宣布成立两院(上海市立第十、第十一人民医院)科学研究委员会及相关人员的名单。

2月20日　王玉润赴广西出席广西壮族自治区全国性的寄生虫病经验交流会。

2月21日　召开两院(上海市第十、第十一人民医院)科学研究委员会第一次会议。讨论内容有两院专题科研工作组经验介绍;两院重点掌握1959年科研项目及1960年的科研工作;科学研究委员会具体分工与工作规划。

2月28日　组织两院(上海市立第十、第十一人民医院)支部、行政77人,前往嘉兴参观嘉兴第一、第二人民医院的技术革新等先进经验。

3月8日　上海中医学院党委书记林其英来院作总路线第一讲上半段报告。

3月9日　河南省中医学院卫生参观团由中医学院院长带领下,一行15人来医院参观并学习临床、教学、科研等方面。由副院长徐仲才、丁济民以及张伯讷医师接待。

3月15日　北京军区医药代表团、中国医学科学院代表团、内蒙古医药代表团等3个单位共20人来医院参观,由副院长丁济民接待。

是日　上海中医学院党委书记林其英来院作总路线第一讲下半段报告。

3月21日　召开全院合并大会。上海中医学院院长程门雪、副院长唐志炯、党委书记林其英作指示。院长吴涵秋代表全院向上海中医学院领导作今后做好工作的保证,并由副院长董基康向同志们作嘱咐。

4月1日　苏联友人、著名基辅医学教授、苏联第一个针灸研究者巴拉明来院访问,副院长徐仲才与张伯讷接待,并介绍了耳针及敷贴疗法等。

4月2日　召开欢送大会。欢送副院长李静华、徐仲才调往龙华医院,并且欢送丁济民调往上海中医学院。

4月5日　医院乔仰光出席在天津召开的全国血液学会议。会上,乔仰光医生宣读有关再生障碍性贫血论文一篇。

4月8日　医院改选支部委员，选出董基康等7人为支部委员。

4月15日　上海中医学院宣布上海市卫生局4月8日决定，将上海市立第十、第十一人民医院合并，更名为曙光医院，仍由上海中医学院领导。吴涵秋任院长，董基康、李广友、黄景霞任副院长，同时建立医院党支部。

4月21日　江西省九江市人民医院院长等8人前来医院参观，了解中医政策、中西医结合等方面的情况。

4月23日　召开全体职工大会，选出周何康、俞鸿锦等11人为工会委员。

5月5日　保加利亚索非亚医科大学基础内科一级助教安得烈夫与药学系一级助教分沙也夫来医院了解中医辨证论治和中药研究工作情况。

是日　老真兴饭店因锅炉爆炸，烫伤5人，被送来医院，其中4人情况比较严重。在支部书记、副院长董基康领导下立即成立抢救小组。

5月14日　医院有11人参加上海市（文教系统）群英大会，其中先进工作者3人（张伯讷、赵蕴胄、董遐龄），上海市人民代表1人（庞泮池），集体代表3人，邀请列席代表4人。

是日　中医小儿科朱瑞群参加上海市卫生局继承老年医师经验、临床观察钩虫病的工作。

5月24日　上海中医学院技术革新、技术革命检查组一行共22人来医院检查技术革新情况，由董基康、丁乃时、汪汝杏接待，并由各科室汇报技术革新以来的情况。检查组到各科室进行现场检查。

6月30日　召开内、外、儿、妇产、化验、药房等6个大科的科主管会议，讨论加强急诊室的抢救工作，同时成立抢救小组，并由院部统一安排。

7月8日　宣布吴涵秋任医院院长，董基康、李广友、黄景霞任医院副院长。

7月25日　经上海中医学院1960年7月22日第五次院务委员会通过，周保康被提升为中医内科副主任、张光正为西医外科主任、徐长生为西医外科副主任、何宗德为耳鼻喉科副主任、丁乃时为放射科主任、钱娴为护理部副主任、赵蕴胄为西药室副主任、徐修荣为护理部主任。

8月25日　召开门诊工作跃进大会，各科室代表介绍跃进过程及跃进的内容，最后由副院长董基康作了三点指示：每人政治挂帅作好人民的勤务员；发扬共产主义风格，相互支持；门诊改善三长一短（挂号排长队、拿药排长队、候诊排长队、就诊时间短）现象。

11月23日　召开全院性学术活动，讨论题目是“回肠淋巴瘤全身转移”，上海中医学院副院长唐志炯参加。

1961年

1月11日　经上海市工业局和有关单位研究决定，同意将崇德路124号厂房调拨给医院使用（面积约360平方米）。

1962年

5月12日　上海中医学院向卫生部报告学院及附属医院的基本情况。医院设有病床450张，其中西医病床237张、中医病床213张。全院工作人员502人，其中医师127人。

1963 年

1 月 2 日　经上海中医学院院领导研究决定，同意医院撤销出入院管理科，设立门诊部办公室。

4 月 3 日　为规范外宾接待工作，医院成立接待小组，由董基康、吴涵秋、李广友、周保康、庞泮池、张光正等 6 位组成。接待小组组长为董基康，联系人为张伯讷。

4 月 13 日　党总支委员会成立，董基康任党总支副书记。

1964 年

5 月 23 日　组织中西内科、外科、门诊办公室、财务科、保健科有关同志，参观徐汇区中医医院、南市区医院公费管理工作。

6 月 20 日　召开全院妇女大会，传达上海市妇代会精神，评选妇女先进工作者。布置住院医师考核计划，参加社会主义教育、干部劳动等。

10 月 20 日　召开住院医师考核工作小组会议，研究各科政治考核的进度及具体做法等。

10 月 28 日　召开院领导及相关行政部门负责人会议，讨论医院改进门诊工作、公费劳保患者优先照顾等问题。

11 月 11 日　卢湾区人民代表团检查医院爱国卫生工作。

12 月 8 日　上海市爱国卫生检查团来医院检查爱国卫生工作。

1965 年

5 月 20 日　医院召开全体干部和基干民兵会，由刘树梓传达民兵工作会议报告，并讨论备战计划。

6 月 19 日　医院第一届党总支委员的补选工作于 6 月 16 日完成。选举结果：总支书记刘树梓，副书记董基康，宣传委员丁乃时，统战委员张光正、周保康，武装委员羔萍；委员侯建然，组织委员陈文明，监察委员倪翠玲。

1966 年

4 月 28 日　上海中医学院召开学习毛主席著作经验交流大会。

1968 年

6 月 14 日　经上海中医学院革委会全体常委讨论，批准医院革委会成立。

6 月 24 日　医院革委会成立之后下设组织组、政宣组、行政组。

10 月 14 日　工宣队进驻医院。

1969 年

12 月 医院组织医疗队共 10 名医护人员赴云南通海抗震救灾。

1972 年

1 月 13 日 经驻上海中医学院工宣队、驻上海中医学院军宣队、上海中医学院革委会讨论，调整教研组。郑平东、许迺珊、吴正翔、张天、朱瑞群为内、儿科教研组曙光医院小组成员。

11 月 30 日 经医院党总支委员会讨论决定，对医院进行体制改革，行政方面设后勤组、医教组、政宣组、组织组、革委会办公室、门急诊办公室；业务方面设内科、外科、儿科、妇产科、伤骨科、五官皮肤科、检验科、放射科含针灸科、中药室、西药室、中心供应室、小药房等共 12 个科室；另设医训班。

12 月 上海中医学院派出检查组，检查医院以中医为主体、中西结合工作的贯彻情况。

1973 年

2 月 8 日 门诊大楼急诊室、行政办公大楼进行改建。

5 月 2 日 上海中医学院决定设立基础医学部、医学系、药学系。医学系采取院系合一形式，医院为医学系二部。

6 月 20 日 组成中共曙光医院总支委员会。任天洛任总支书记，陆世章、董基康任总支副书记。

8 月 24 日 上海市卫生局革命委员会与主管医学院有关部门研究批准同意，医院核定计划病床为 450 张。

1974 年

8 月 5 日 医训班干校学习结束，医院组织部分领导、职工迎接。

1975 年

1 月 18 日 组成中共曙光医院总支委员会，由任天洛任总支书记，陆世章、董基康任总支副书记。

3 月 31 日 赴贵州医疗队成立，队员有上官步荣、王鹤岐、徐昌泰、严文佳、温大妹、吴银屏、蒋纯儒、吴培华、戴春棣、倪素心、张鑫荣、黄英英、丁培英、李茹、顾曼华、邵青福、王宝训、夏华娟、常金技、陈燕萍、蔡玉芹、吴仲琴、蔡美华、胡振邦、周知红、邬惠霞。

5 月 6 日 教育革命组成立，组长由李广塘兼任，朱冠文、沙诵芬任副组长。

1976 年

1 月 23 日 上海中医学院召开卫生工作会议，总结卫生革命的成绩和经验。医院主要成绩是在南汇县配合公社逐步建立卫生村,开展农村常见病、多发病的防治研究工作。

6月5日　增补盛其业为党总支副书记。

7月29日　赴唐山抗震救灾医疗队成立,由40名医护人员组成。指导员钱明、副指导员刘惠美,队长姚洁明(男)、副队长刘福官。

1977年

6月4日　上海中医学院举办第七期外国医生针灸学习班并组织座谈会,座谈会上卢森堡的霍夫曼医生提出参观医院,经上海中医学院领导同意并参观了医院的病房、手术室。

6月6—17日　医院党支部书记以上干部,参加了上海中医学院举办的学大庆学习班,并对"工宣队"去留问题进行讨论。

7月28日　第一批工宣队撤离医院。

1978年

1月29日　医院公章由"上海中医学院附属曙光医院革委会"更改为"上海中医学院附属曙光医院"。

3月15日　张赞臣任上海中医学院附属医院顾问。

5月14日　在停止活动12年之久的上海中医学会恢复活动的学术会议上,医院关于针麻胃大部切除术中辨证分型的研究、关于中西医结合治疗急腹症的研究的相关论文受到关注。

6月　院领导要求各科室重新制定各项规章制度及岗位责任制,恢复主任、主治医师、护士长职称,重新建立"三级查房制""晨会制""交接班制""疑难死亡病例讨论"等制度。

11月2日　谢田夫、李广塘、胡振康任副院长,羔萍任副院长兼医教科科长。

是日　王星光任党总支副书记;李广塘任医疗系二部主任兼副院长;王清波任医院总支副书记;陈文明任医院党总支副书记。

1979年

8月22日　谢田夫任党总支书记;王清波、陈文明任党总支副书记。

1980年

1月8日　成立中共曙光医院纪委检查小组。由谢田夫、沙涌芬、倪征组成,谢田夫任组长。

4月22日　医院调资升级工作启动。分三个阶段进行,第一阶段训练骨干和摸清内部情况,进行测算;第二阶段思想发动,宣传教育,普遍考核;第三阶段择优检查总结。

5月13日　预防保健科成立。

6月10日　任家濰任副院长。

7月28日　医院调资升级工作结束,经过复核,全院940人中属于升级范围者为836人。

1981 年

3—6 月 根据中宣部、教育部、文化部、卫生部和公安部联合发出的《关于开展文明活动的通知》以及上海中医学院相关精神，医院开展了以五讲（讲文明、讲礼貌、讲秩序、讲卫生、讲道德）四美（心灵美、语言美、行为美、环境美）为主要内容的文明礼貌活动。

6 月 门诊部实行老中医挂牌门诊。

9 月 为贯彻执行中共中央、国务院、中央军委文件精神，结合医院实际情况，制订《机动车辆管理使用办法》，明确了业务用车、生产用车、行动用车等用车范围。

1982 年

3 月 9 日 组成新的总支委员会。由谢田夫任总支书记，王清波、沙诵芬、王仁士任总支副书记。

是日 纪检小组成立，由谢田夫、沙诵芬、徐绥祉组成。谢田夫任纪检小组组长。

3 月 开展“假如我是患者”活动讨论，改进医疗作风。

11 月 医院牵头召开“全国针麻胃大部切除”协作组会议。

12 月 24 日 张仲景立像在医院庭园落成。

1983 年

4 月 30 日 余志鼎任院长。

4 月 医院与卫生部签订合同，承担卫生部重点科研项目——针麻胃大部切除术的临床研究任务。

5 月 31 日 沈明群任后勤副院长。

5 月 汤仁智任党总支副书记。

8 月 中医内科急诊研究室成立。

10 月 28 日 由农工民主党上海市委组织的“智力支边”医疗咨询服务队 15 人，8 月 20—10 月 15 日在云南楚雄彝族自治州城乡开展服务工作。医院主治医师金义成帮助楚雄福利按摩医疗所开办中医推拿按摩培训班，授课 110 小时。

10 月 24 日 皮肤科创新鼻赘治疗方法。

1984 年

3 月 14 日 卫生部基购司何鸣宏、基购处处长杨燕门、中医司司长陈友邦等卫生部领导来医院实地考察有关筹建医院为现代化中医院事宜，院长余志鼎陪同。

3 月 20 日 全国“厥脱症”协作组第一次会议在上海召开，来自全国中医急诊第一线的天津、四川、湖南、辽宁、陕西、江苏、内蒙古、上海等 8 个省市自治区的 11 名代表出席了会议。院长余志鼎主持会议，上海市卫生局顾问张镜人参加会议并作发言。

6月6日　余志鼎兼任医疗系二部(医院)主任。

7月21日　皮肤科主任医师石光海率领代表团赴美进行访问。

9月10日　皮肤科主任石光海当选为上海市台湾同胞联谊会名誉会长。

10月30日　日本富山医科药科大学大浦彦吉、寺泽捷年等4名友人来医院参观,院长余志鼎参加接待。

11月3日　日本大阪市田口铁男来肿瘤科参观,院长余志鼎参加接待,双方进行学术交流。

11月21日　全院职工佩戴院徽和工号牌上岗。

12月11日　卫生部、中央新闻电影制片厂来医院为张赞臣、张羹梅两位名老中医拍摄新闻片,电影片名为《杏林春色——名老中医荟萃》。

12月16日　医院研发的电子计算机模拟张羹梅老中医诊治胃脘痛经验通过鉴定。

12月17日　医院组成整党工作班子。由党总支副书记王清波负责全面工作,沙诵芬负责抓整党工作,汤仁智负责日常工作。

12月28日　医院举行著名老中医张伯臾、张赞臣教授从医60周年纪念大会。

1985年

1月8日　召开整党动员大会,党总支副书记王清波作动员报告,上海中医学院党委副书记洪嘉禾,上海中医学院整党办公室副主任谢田夫、是全富出席会议,出席会议的有全体党员、各民主党派负责人和部分党外积极分子。

3月5日　经上海中医学院批准,中医心血管病、肾病、肝病研究室成立。聘任张伯臾、许迺珊为中医心血管研究室顾问,胡婉英为中医心血管研究室主任,雷德培、顾双林为中医心血管研究室副主任;张鸿祥为中医肝病研究室顾问,王灵台为中医肝病研究室兼职主任,季文煌为中医肝病研究室副主任;余志鼎为中医肾病研究室兼职主任,钟念文、郑平东为中医肾病研究室副主任。

3月17日　医院全面推行定编工作。

4月6日　由卫生部组织的全国省级中医工作检查组来医院检查。检查组由湖南中医学院张孝娟带队,共30名专家,分6个组(领导＋管理、教学、门急诊、科研、护理、药房),对医院管理、医疗、教学、科研、护理等方面进行检查。

4月22日　上海市教卫办来医院召开基建论证会,来自同济大学的专家、民用设计院专家、医院领导参加会议,专家一致同意西南设计院的方案。

4月24日　书记、院长会议决定医院扩建方案启用西南设计院设计方案。

4月　计算机组设计的在苹果机上实现中药库房管理系统已顺利完成,正式投入中药库房使用。

是月　西医外科首次通过腹壁皮肤穿刺窦道,利用纤维胆道镜以网篮取出结石。

8月26日　医院劳动服务公司(曙光综合服务公司和卢湾烟糖公司合作)正式开张,设在普安路大门的左侧。

8月30日　发放书报费,范围为全体职工;干部编制每人40元,工人编制每人20元。

9月2日　恢复8小时工作制。(上午8:00—12:00;下午1:30—5:30)

9月26日　中医外科搬迁至江宁路地段医院。

10月22日　因医院扩建的原因,伤骨科、中医外科、眼科暂停急诊。

11月13日　经国务院、国家计委批准，在“七五”期间对医院进行重点扩建，医院也是上海“七五”期间重点扩建的4所医院(市六、中山、瑞金、曙光)之一。

11月15日　伤骨科病房搬入一病区一楼。眼科停止收住院患者。

12月7日　生理实验室沈幼棠以博士后研究员身份赴美国哈佛大学医学院从事研究工作，是医院首位赴美博士。

是年　开始新建18层病房及行政、教学、宿舍等楼房。

1986年

1月9日　由医院和上海中医学院制药厂协作研制的新药“消痔锭”通过科研成果鉴定。

2月15日　针灸科主治医师王世惠受聘为日本大阪医科大学麻醉科日中医学交流委员会顾问。

3月14日　上海市副市长谢丽娟率上海市委宣传部、上海市“五四三”办公室负责人来医院检查“两个文明”建设的开展情况。院长余志鼎汇报医院开展“两个文明”建设情况。

4月14日　沈远东任副院长。

4月17日　《解放日报》刊登《春风吹拂中医院——曙光医院的整党成果看得见摸得着》，介绍医院围绕领导班子的党风战斗力、党员的先锋模范作用等方面，进行“回头看、找差距”等工作开展情况。

4月30日　在上海市总工会、解放日报、文汇报、上海人民广播电台联合举办的纪念五一一百周年“上海工人之歌”星期广播音乐会上，医院主任医师合唱团参加演出。

5月6日　中华传统医学仪器学会上海分会成立，大会选举产生中华传统医学仪器学会上海分会第一届理事会，共有31名理事。医院成为理事会成员之一。

5月17日　卫生部委托医院举办的首届全国中医护理研讨班开学。来自全国27个省市49名学员参加了该次研讨班。

5月23日　《新民晚报》报道联邦德国第一位女医生巴巴赫(中国名字肖芭)，拜推拿科主任周慧琳为师，学习小儿推拿手法。

6月9日　住院部(二道门以内)的病房全部关闭，进行基建阶段。

7月24日　医院与江苏省昆山县玉山医院联合建立伤骨科诊疗部，挂牌仪式在玉山医院举行。

8月30日　国家中医药管理局委托上海中医学院举办第一届全国中医医院管理研讨班，来自全国中医学院的学员共19人参加，院长余志鼎任班主任。

9月　制定《住院医师培养与管理条例》。

11月15—17日　由上海市总工会主办、在上海市工人文化宫举行“巾帼颂——上海妇女十年成果展览”，医院8名护士精心护理病员的事迹在展览中被详细介绍。

12月31日　住院部大楼破土动工，此项目是国家“七五”期间重点项目。上海市副市长谢丽娟主持揭幕仪式并为奠基石揭幕。

1987年

2月　由医院中医外科副主任柏连松和上海跃进医疗器械一厂协作，研制成功DZ－1肛肠疾病治疗仪通过鉴定。

5 月 15 日　上海市卫生局决定聘请吴翰香、余志鼎为上海市卫生局药品审评委员会委员。

5 月 18 日　聘任余志鼎为院长兼中医系二部主任，羔萍、姚明群、沈远东为副院长，蔡淦为中医系二部副主任兼副院长。

5 月　昆山县玉山医院成为医院医疗联合体成员。

12 月 31 日　医院与五四农场职工医院合作开办协作病房。上海市卫生局讨论同意并作出协作病房按市级综合性医院收费标准收取住院费，自费每天 2 元，公费劳保每天 7 元。

1988 年

3 月 21 日　党总支改建为党委，级别不变，党委正副书记由原总支正副书记改任。

3 月 23 日　石印玉任院长，任期 3 年。

4 月 26 日　石印玉、雷德培担任上海市七届政协委员，石印玉当选为常委会委员。

5 月　技术经营服务部成立，服务部由副院长羔萍兼任主任。

6 月 18 日　皮肤科副主任医师徐昌泰当选为上海市九三学社市委委员。

8 月 16 日　经上海市编制委员会研究同意，医院增加编制 87 人，连同原定 991 人，共为 1 078 人。

8 月 23 日　免去沙诵芬医院党委书记职务；王元洪任医院党委书记。

10 月 5 日　院部召开历届毕业研究生人员会议，院长石印玉主持会议。该次会议主要听取各届毕业研究生在医院发展过程中特别是医疗、科研方面想法和新思路，为医院发展出谋划策。出席会议人员有李文、董耀荣、季小蓉、应平平、张晓一、唐仲伟、虞坚尔、吴大正、李玲、王惠、章晓鹰。

10 月 14 日　院部召开部分专家座谈会，听取各位专家就医院基本建设完成后医院发展的方向和如何提高医疗质量的建言。院长石印玉主持，党委书记王元洪，各学科专家丁乃时、薛之祥、吴志清、赵蕴曹、吴翰香、唐为勇、任翰华、胡婉英、何宗德、许迺珊、上官步荣、徐正、倪征参加会议。

12 月　国家中医药管理局医政司司长詹文涛来医院视察工作。

1989 年

3 月 27 日　国家中医药管理局田景福副局长视察了解医院基建工作进展情况。

4 月 20 日　医院召开建院 30 周年暨第二临床研究所成立大会。

6 月 16 日　召开全院职工大会，院长石印玉进行动员，从 6 月 16 日到 9 月底，全面开展百日病竞赛活动，迎接建国 40 周年。

10 月 19 日　全国 18 所重点医院在上海举行基本建设经验交流会。副院长姚明群在大会上作基建经验交流。

12 月 1 日　医院实行病员接待日制度，每周五上午有一名党政领导负责接待。

12 月　上海市卫生系统 1989 年在全市范围内进行检查，检查结果揭晓，医院总平均得分为 80.1 分，在上海市十大市级医院中排名第二。

1990 年

3 月　召开第五届二次职代会。职工代表们就沐浴、夜餐津贴、住房分配等问题提出了 20 项提案及建设性意见。

4 月 7 日　召开建院 30 周年庆典大会。

5 月 21 日　石印玉任上海市第二届医疗事故鉴定委员会委员。

11 月 17 日　在第五届第三次职工代表大会上通过《职工住房条例》，并成立房调委员会。

1991 年

1 月 13 日　上海中医学院少数民族联谊会成立，雷德培任会长。

3 月 14 日　石印玉任院长，蔡淦、沈远东、汤仁智任副院长。

4 月　心血管病研究室主任胡婉英教授被国家科委“七五”攻关心血管协作组聘为《心血管病研究新进展》副主编。

5 月 3 日　上海中医学院红十字会成立，医院为团体会员。

6 月 26 日　新落成的住院部大楼外墙上新增“曙光医院”4 个大字。

7 月 23 日　太湖流域发生洪水灾害，18 个省市受影响，院领导传达上海市卫生局相关精神，组织两支医疗服务队整装待命。在职工中开展募捐活动，职工捐款达到 10 322.19 元，捐物 3 600 件。同时决定开展为期两天义诊活动，260 名医护人员参加义诊活动，共诊治患者 4 700 人次。

9 月 17 日　国家中医药管理局常务副局长朱杰等领导，在上海中医学院党委书记洪嘉禾、副院长严世芸等的陪同下，视察医院并参观新病房大楼。

11 月 15 日　上海市针灸学会和医院联合举办“纪念中医针灸学家杨永璇九十诞辰暨学术思想交流会”，并出版纪念专辑。

1992 年

2 月 8 日　康正祥任副院长。

4 月 1 日　职工佩戴新的工号牌。

4 月　医院被列为国家“八五”中医急症医疗中心建设单位。

5 月 2 日　经院部讨论决定，正高级职称的专家门诊挂号由原来的 3 元改为 5 元。

5 月 28 日　医院扩建工程竣工。

6 月　徐志璋当选为民进上海市第十一届委员会常务委员。

11 月 30 日　医院与日本北本端病院正式签约，结成友好医院。

1993 年

1 月 28 日　上海中医学院专家委员会名誉主任、医院顾问，中国中医药学会耳鼻喉科学会名誉主任张赞臣教授逝世。

2月5日　石印玉、雷德培任上海市第八届政协委员，石印玉任上海市第八届政协常委会委员。

3月6日　医院在上海市卫生局组织的等级评审中，通过三级甲等中医医院的评审。

6月4日　党委邀请民进中央副主任社会学家邓伟志来医院作“知识分子在改革开放中的地位和作用”的主题报告。

6月11日　中国台湾台北和平医院访问团一行19人来医院参观访问。

7月27日　副院长汤仁智被聘为中医药技术开展公司董事长。

8月15日　美国强生公司总裁威廉（William）在强生中国公司总经理等人的陪同下，专程来医院访问，院长石印玉介绍了医院的发展现状。

8月31日　康复大楼筹建工作启动。医院与上海市城市建设投资开发公司正式签订《联合建房协议书》。由双方合作扩建医院康复综合大楼（曙光医院二期改扩建工程），总建筑面积为20 000平方米。

8月　国家中医药管理局医政司司长陈友邦、处长潘小秦来医院听取如何落实提高中医治疗率的情况。

是月　医院引进以色列产CT，并于8月下旬安装调试完毕，进入正常运转阶段。

9月29日　美国强生有限公司首席执行主席拉夫·拉森先生一行10人访问医院，院长石印玉陪同。

10月18日　王灵台任院长。

10月19日　中医急诊、中药制剂改革分别被列为全国中医急诊医疗中心、中药制剂和剂型改革基地建设单位。

10月20日　卫生部副部长、国家中医药管理局局长张文康，副局长诸国本等视察医院。

10月28日　郑平东兼任副院长，沈远东任副院长，康正祥任教学、科研副院长，汤仁智任行政副院长。

11月25日　由卫生部原副部长郭子恒率领的卫生部医德医风检查团，抽查医院医德医风建设工作开展情况。

11月30日　调整沪港合资曙康口腔医院的董事会成员，委派沈远东任曙康口腔医院董事长，阮龙德为董事会董事。

1994年

1月4日　医务科、人事科、财务科、总务科分别更名为医务处、人事处、财务处、总务处。更名后其级别、待遇及编制均不变动。

2月28日　经上海市卫生局批准，成立中西结合心血管医疗协作中心、脾胃病中医医疗协作中心。

3月28日　沪港合资“曙康口腔医院”正式成立。

4月2日　国家中医药管理局医政司司长陈佑邦率领全国示范中医院专家验收团一行8人，对医院3年来开展全国示范中医院工作进行检查，医院被评定“全国三级甲等示范中医院”。

5月27日　首届文化艺术节开幕。

6月8日　全国政协常委王绵智率全国政协代表团视察医院。

8月10日　上海中医药大学曙光临床医学院成立。

8月16日　撤销医院中医系二部办公室，成立教育处。

8月25日　委派沈远东、阮龙德任曙康口腔医院董事会董事，撤回原董事长康正祥、原董事汤仁智的任命。

9月23日　在上海市卫生系统精神文明建设委员会对全市医院综合考评中，医院名列第二，急诊考查评分名列全市第一。

9月28日　医院有线电视台正式开播。

11月15日　曙光临床医学院外语教研室成立，分英语部和日语部。

1995年

1月1日　石光海教授捐资10万元人民币，设立石光海科研奖励基金。

1月18日　中医肝病学列入上海市14个医学领先专业建设重点学科。

2月　普外科完成首例腹腔镜行胆囊切除术。

3月30日　国家中医药管理科教司副司长何惠宇来医院视察科研工作。

4月11日　首届"曙光发展奖励基金"获奖者有王灵台、张丽英、董惠芳。

5月24日　石印玉任骨伤研究所所长。

5月30日　中医学术经验教研室成立，聘任郑平东为教研室主任。

9月7日　上海市卫生系统对63所市级综合性医院、专科医院、部分区中心医院开展精神文明建设评比，医院医疗服务质量综合满意率为94.8%，位列第二名。

11月7日　淮海中路上海广场工地临时房倒塌，12名工人受伤，被送医院抢救，经治疗脱离危险并痊愈出院。

1996年

6月15日　新建门急诊大楼正式启用。

7月10日　普外科首例急症腹腔镜胆囊切除术获得成功。

7月　郑平东、蔡淦、戴德英、项立敏、唐为勇、丁学屏被评为1996年上海中医药大学业务专家。

10月7日　王灵台任院长兼临床医学院院长，郑平东、沈远东、康正祥、汤仁智任副院长兼临床医学院副院长。

10月12日　伊朗卫生部副部长萨那伊(Sanaei)一行6人来医院访问。

11月6日　瑞典首相代表团一行40人来医院参观访问。

11月19日　由国家中医药管理局司长陈士奎带领专家组来医院就全国中医急诊中心、全国剂型改革中心进行验收，同时为全国中医医院检测中心揭牌。

12月16日　丁不凡获上海市卫生系统第二届高尚医德奖。

12月17日　成立全国中医医院医疗质量监测中心办公室。

12月20日　汤仁智为上海中医药技术开发公司董事长、法人代表。

1997 年

3 月 19 日　卫生部副部长兼国家中医药管理局局长张文康视察医院，国家中医药管理局副局长任德权等陪同。

4 月 28 日　医院举行建院 75 周年庆典活动。

5 月 30 日　中医临床脾胃病研究室、中医临床糖尿病研究室成立。

7 月 17 日　医院向社会作出“七不”承诺：不收受红包；不搭车开药费；不私自收费；不收受回扣；不推诿患者；不发假冒药物；不开伪假证明。

7 月 30 日　院长王灵台代表医院与韩国东国大学校附属庆州韩方病院院长蒋春中（译音）共同签署姐妹医院协定书。

8 月　中医、中西医结合远程会诊中心正式开通。

9 月 1 日　医院实行内科总住院医师制度。

10 月 31 日　举行支援云南、重庆灾区的募捐活动，全院共捐献棉衣裤等各类衣物 340 件。

11 月　第一位博士后（王暴魁）出站并通过专家考核。

12 月 26 日　蔡淦教授主编的“高等中医院校教学参考丛书”之《中医内科学》获 1997 年度国家科技进步奖三等奖。

1998 年

2 月 9 日　原中医内科、西医内科合并成立大内科，为一级科室。增设内分泌科、心血管科为二级科室。

5 月 12 日　由国家中医药管理局、中央电视台组织“百佳医院”展示摄制组来医院拍摄，并在中央电视台播放。

6 月 18 日　上海市人大常委会主任陈铁迪一行 40 人来医院召开有关《上海市发展中医条例（草案）》的审议工作会议。

6 月 25 日　上海市副市长左焕琛代表市政府来医院慰问高温坚持工作的一线医护人员。上海市卫生局局长刘俊陪同。

8 月 12 日　医院成立抗洪抢险医疗队赴湖南灾区，为当地受灾群众防病治病。队长沈远东，副队长虞坚尔、陈宝生，联络员黄国毅。队员有内科陈宝生、董耀荣、朱梅萍、陈晓宏、王琛、吴丽英；外科薛志祥、许文捷；妇科束兰娣；儿科虞坚尔、潘新；皮肤科杨希鏸；伤骨科徐震球；药剂科徐敏芳；护理部武颖辉、严小蓓、徐俊歆、史晓卿、钱中佳。

是日　医院组织“尽一份力、献一片心”捐款活动，全院职工共捐 16 673 元人民币，捐款由上海市卫生局统一捐给湖北、湖南、江西等地受灾灾民。

8 月　成立临床药学科，作为药剂科所属二级科室。聘任沈传钧为临床药学科主任。

9 月 8 日　医院举行“曙光人心系灾区”捐赠活动，个人捐款总计 50 982 元。

9 月 9 日　由副院长沈远东带领陈宝生、竺炯、王耀、顾明达、薛志祥等共 6 人组成的医疗队赴抗洪救灾第一线，开展医疗援助工作。

9 月 15 日　成立白衣天使奖励基金会。

10月9日　首届科技节大会在梯形教室举行。

是日　青年医学专家联谊会成立。何立群副主任医师为该会会长，董耀荣副主任医师为副会长，张怀琼副主任医师为秘书长，任期3年。

11月20日　医院与内蒙古赤峰市中蒙医院合作，首次引进内蒙古医生并在医院开设门诊。

12月13日　由国家中医药管理局召开的"加强医疗机构如何适应医疗体制改革座谈会"在医院门诊十一楼杏林厅举行。卫生部副部长、国家中医药管理局局长朱德生，国家中医药管理局副局长李振生，医政司副司长许志仁，政策法规司副司长阎树红，办公室主任兼计财司司长李大宁等出席了会议。上海市卫生局副局长张明岛、中医处处长张仁以及全国各中医医院院长共30人参加了会议。

12月18日　医院与国际著名眼科机构雷纳公司合作成立上海曙光雷纳眼科中心，中心设在医院眼科。

1999年

2月23日　康复理疗科成立(属骨伤科二级科室)，同时成立临床介入科(属肿瘤科二级科室)。

3月3日　档案管理工作通过市级标准评审。

是日　医院评选出胡婉英、顾惠芳、陈建杰、方正龙、刘莹、支惠萍、石林娟、唐静芬、吴丹、黄史亮为首届"优秀曙光人"。

3月21日　肾病科何立群获"董廷瑶中医药基金奖"。

4月23日　内蒙古医生专病门诊开诊仪式在医院门诊四楼举行。国家中医药管理局医政司副司长许志仁参加了揭牌仪式。

5月31日　马秋元(援疆干部)任阿克苏地区第一人民医院副院长，确定为副处级。

6月8日　朱抗美任医院党委书记兼副院长。郑平东不再担任医院党委书记兼副院长职务。

2000年

1月21日　医院推出整形美容服务，石光海、石重明教授负责此项目。

3月28日　在医院门诊十一楼会议室召开关于成立上海中医药大学附属医院浦东分院论证会。上海浦东新区社会发展局局长黄震宇，卫生处处长王家瑜、副处长范金成，上海市卫生局医政处处长颜世洁，中医处处长张仁、副处长方松春，上海中医药大学党委书记张建中，医管处处长张秋娟以及医院党政领导、职能科室负责人参加了论证会。

4月28日　全国中医系统首家绿色通道在急诊科正式成立。绿色通道医务人员由中级职称以上医务人员和多年临床实践的护理人员组成。

5月21日　由美国强生公司与医院合作建立的"强生—曙光中药研究中心"正式挂牌成立。院长王灵台担任中心管理委员会主席，强生公司亚太地区研究发展副总裁吴人伟担任中心管理委员会副主席，上海中医药大学中药学院副院长、医院中药研究室主任徐德生兼任中心主任。

6月16日　院报正式创刊，《曙光医院报》报名由院长王灵台书写，党委书记朱抗美致创刊词。

6月　由医院中西结合脑科副主任顾国山主刀完成国内首例幼儿二处脑瘤切除术和同期颅骨修补术。

7月10日　上海中医药大学后勤集团正式成立，集团由上海中医药大学后勤实业发展中心和校分部(原上海医学高等专科学校)、东安校区和曙光医院、龙华医院、岳阳医院整体剥离出来的原后勤部门共同组成。医院后勤部门从医院正式剥离。

7月　由医院青年医师自己设计并制作的“中医曙光2000”网页正式开通。网页有特色专科、著名专家、特色中医、养生园地、求医问药、医学常识等6个栏目。

8月7日　医院中西医结合远程医疗中心与新疆阿克苏地区第一人民医院远程会诊医疗中心正式开通。

8月17日　医院后勤实业发展中心正式成立。

9月21日　朝鲜卫生部部长崔昌植一行3人来医院访问。院长王灵台负责接待并陪同参观。

10月1日　上海市副市长左焕琛、上海市卫生局局长刘俊来医院慰问节日值班的工作人员。上海中医药大学党委书记张建中、校长严世芸以及医院党政领导参加慰问。

10月20日　巴林卫生部副部长阿卜拉·巴哈曼·阿卜杜拉·布拉里一行5人来医院参观。副院长沈远东负责接待。

10月21日　医院与黑龙江中医药大学附属第二医院建立友好医院，并在门诊十一楼举行签约仪式。

2001年

1月31日　虞坚尔任松江区方塔中医医院(医院松江分院)院长。

2月8日　医院与松江方塔中医院松江分院合作，成立松江分院。

2月28日　在门诊十一楼会议室举行中美合作骨质疏松与骨关节疾病诊疗中心成立大会。美国哥伦比亚大学圣路克医院人体结构实验室主任斯蒂芬(Stephen)与医院伤骨科主任石印玉在会上发言，双方将在骨质疏松与骨关节疾病的治疗与研究方面开展合作。

3月8日　骨关节病中心医患俱乐部成立。

3月15日　中国台湾台北市政府卫生局副局长及中国台北市立中医院院长陈春发一行6人来医院参观，院长王灵台接待。

4月11日　比利时罗文大学医院一行92人来医院参观，主要了解中医中药发展现状。副院长沈远东接待。

4月16日　澳大利亚亚洲基金会代表一行34人来医院参观。副院长沈远东接待。

4月　制定《曙光才俊奖评选条例》，并于4月下旬正式启动评选工作。

5月11日　中国台湾医师代表团一行7人来医院参观，党委书记朱抗美接待并陪同参观。

5月25日　医院迁建浦东张江用地签字仪式在浦东张江高科技园区内举行。张江高科技园区开发公司总经理与院长王灵台代表双方签字。

6月22日　第四届中医文化节开幕暨针灸专家杨永璇诞辰100周年纪念大会在医院行政四楼梯形教室举行。

7月14日　众仁曙光医疗保健中心成立。

7月20日　上海中医药大学党委书记张建中、校长严世芸、副校长刘平等领导到医院参加有关肾病研究所、肝病研究所的转制论证会。副院长沈远东、周华、蒋健作为转制工作小组成员。

7月30日　聘用合同制工作正式启动，决定由内科系统及护理部作为试点科室。

8月9日　医院与江西省鹰潭市中医院结为友好医院。

8月15日　干部人事档案以98.74分顺利通过国家一级标准的验收。

8月16日　由卢湾区、黄浦区率先实行“上海市社会保障卡、医疗保险卡”两卡合一试点工作正式启动，医院成为首批试点单位。

8月　肾内科成为全国重点建设学科。

9月20日　新加坡总统纳丹偕夫人一行40人来医院参观，院长王灵台陪同。

9月28日　首批终身教授受聘仪式于9月28日在医院行政三楼大礼堂(食堂)举行。院长王灵台向裘沛然、张镜人、颜德馨、石光海、朱瑞群、胡婉英等6位教授颁发证书。

10月1日　上海市副市长杨晓渡在上海市政府副秘书长姜光裕，上海市卫生局局长刘俊、副局长刘国华陪同下，来医院慰问节日坚守工作的医务人员。

10月19日　在医院行政四楼梯形教室举行了中医药大学肝病研究所、骨伤研究所与医院合并转制的签约仪式。上海中医药大学党委书记张建中、校长严世芸、副校长刘平以及医院院长王灵台、党委书记朱抗美等领导出席签约仪式。

12月12日　崇德路居民毛宗定无偿捐赠“四明医院开幕摄影”黑白照片1张。

12月26日　广州市卫生局局长黄炯烈一行34人来医院参观。

12月28日　上海市质量体系审核中心正式向医院颁发ISO 9001 2000(GB/T19001－2000)的认证证书和铜牌。

是日　上海市名老中医诊疗中心正式揭牌，首批名中医诊疗中心的名医有严世芸、王左、蔡淦、石印玉、朱瑞群、柏连松、王灵台、陆德铭。

2002年

1月20日　上海市副市长韩正来医院慰问正在住院的88岁上海劳动模范吴文泉。上海市卫生局副局长刘国华、医院党政领导陪同参加。

1月23日　医院和江西省赣州市中医医院建立医疗技术协作医院。

3月7日　上海市副市长杨晓渡，上海市卫生局副局长陈建平，上海中医药大学党委书记张建中、副校长余小明在院长王灵台、副院长汤仁智的陪同下，视察浦东张江新院(即医院东部)新址。

3月28日　上海市副市长杨晓渡来医院专题调研医院劳动人事制度改革和分配制度改革工作。院长王灵台、党委书记朱抗美、副院长沈远东分别汇报。

4月3日　上海中医药大学党委副书记谢建群、人事处处长管雄飞等大学领导来医院进行调研，对劳动人事制度改革，肝病研究所、骨伤研究所转制后工作进行调研。

4月26日　医院举行建院80周年庆典。

6月2日　沈远东任院长；周华、蒋健、肖臻任副院长；朱抗美兼任副院长。

6月21日　聘任王灵台为医院顾问。

6月28日　土耳其卫生部部长杜马斯一行9人来医院参观，院长沈远东向来宾介绍医院发展情况并陪同参观。

7月5日　上海市卫生局党委书记陈志荣、副书记李忠尧及纪风办、宣传处等领导来医院就医院精神文明建设和行风建设工作进行调研。医院党委书记朱抗美、院长沈远东汇报医院精神文明建设和行风建设工作。

7月9日　康正祥任上海市松江区方塔中医医院(医院松江分院)院长。

9月4日　肝科会同瑞金医院教授吴云林,对肝硬化伴食管静脉曲张患者施行内窥镜结扎术,这是医院首次施行此类手术。

9月6日　“曙光医院玉环中医院”正式揭牌。

9月13日　医院迁建工程项目可行性研究报告得到正式确认。迁建项目总占地面积为106 560平方米,总建筑面积80 653平方米,设置床位600张,主要建设内容包括急诊楼、病房楼、医技楼、行政办公楼和教学等相关辅助用房和设施。项目总投资41 148万元,其中上海市卫生局贴息投资5 750万元,上海市建设财力投资13 000万元,其余建设资金由医院现有房产土地资源置换收入和自筹资金解决。

10月22日　卫生部副部长、国家中医药管理局局长佘靖来医院召开座谈会,主要听取关于组建医疗集团和医院自制制剂等工作汇报。院长沈远东就医院内部改革思路及组建医院医疗集团的情况进行了汇报,上海市5家中医院院长参加了座谈会。

10月　医院被列为上海市卫生局改革试点单位。

12月17日　陈建杰为曙光医院肝病专科医院院长。

12月22日　“曙光医院集团”成立。上海市松江区方塔医院、黄浦区中西医结合医院、浦东新区传染病医院及浙江玉环县中医院成为首批集团成员单位。

12月29日　浦东新院建设工程开工典礼在浦东张江工地举行。上海市人大常委会主任陈铁迪、副市长杨晓渡以及上海市卫生局领导、上海中医药大学领导、医院领导班子成员出席了奠基仪式。

2003年

1月3日　医院与上海众仁老年公寓合作,建立“众仁曙光老年医疗中心”,全面承担其医疗保健工作。

2月8日　医院集团成员之一的浦东新区传染病医院冠名挂牌仪式在该院举行。医院肝病科主任、临床医学中心副主任陈建杰任首任院长,原质控办主任杨敏为院长助理。同时该院被冠名为“曙光医院肝病专科医院”。

2月17日　医院与德国贝朗公司共同创建的“上海曙光—蛇牌”高级腹腔镜培训中心成立。

2月28日　医院与上海第七建筑公司举行浦东新院参建合同的签字仪式。上海中医药大学校长严世芸、上海市卫生局规建处处长诸葛立荣、医院党政领导班子以及上海建工集团总裁助理林锦胜、上海市七建公司部分领导出席签字仪式。签字仪式后,双方法人代表与浦东新区检察院预防处共同签订了廉洁协议。

3月6日　郑舜华当选为卢湾区第十三届人大代表。

4月7日　院长沈远东主持召开紧急会议,传达上海市卫生局召开全市医院院长会议精神,布置抗击非典的防病工作,宣布建立“发热门诊”,全院中层干部以上人员参加会议。

4月9日　王灵台不再担任上海中医药大学曙光医药研究发展有限公司副董事长,由沈远东任上海中大曙光医药研究发展有限公司副董事长。

4月25日　医院成立临时防治非典型肺炎(SARS)治疗科,主任毕小利、副主任熊旭东。

5月8日　余小萍赴上海市传染病总院支援非典防治的临床工作,是上海中医系统首位中医专家赴非典第一线参与临床工作。

5 月 12 日　第二批防治 SARS 治疗小组进入发热科工作。医师组组长熊旭东。

5 月 26 日　第三批防治 SARS 治疗小组进入发热科。医师组组长陈晓宏。

6 月 10 日　脑病中心主任魏江磊赴抗非典第一线(上海市传染病总院)工作,是医院第二位中医专家参与 SARS 治疗工作。

6 月 18 日　名老中医诊疗中心暨中医疑难杂症会诊中心、外宾中医诊疗中心在曙光大厦三楼正式开业。

7 月 8 日　卢湾区区委副书记丁海椒、副区长王丽华在卢湾区卫生局党委书记陈守正、民政局聂元华的陪同下来医院慰问医护人员并送上慰问金 10 万元。卢湾区区委副书记丁海椒代表区政府对医院抗非典工作给予肯定。

7 月 21 日　上海市副市长杨晓渡一行来医院迁建项目工地慰问施工第一线的建设者。

7 月 29 日　医院(东部)门诊部开始试营业。

9 月 2 日　胸外科主任沈家宜为来自江西的 9 岁患儿朱宇奇进行心内直视手术,这是医院第一例心内直视手术。

9 月 13 日　人事处更名为人力资源部。

9 月 15 日　中国台湾台北市立中医医院院长陈春发访问医院,院长沈远东、党委书记朱抗美、副院长周华参加了接待。

9 月 18 日　院长沈远东、副院长周华、医院办公室主任张婷婷出席了在北京人民大会堂举行的“百强中医医院院长高级论坛”。会上院长沈远东作题为“中医医院发展战略的理论探讨和实践”的报告并接受中央电视台记者专题采访。

9 月 23 日　余志鼎像落成仪式在门诊十一楼院史陈列室举行。

9 月 28 日　西部急诊改建工程顺利完工。

11 月 1 日　巴基斯坦卡拉奇市市长尼玛塔尔汗(Niamatullah khan)来医院访问,院长沈远东参加接待。

11 月 13 日　法国里昂大学和上海电视台到医院采访中医学术和文化,副院长蒋健负责接待。

11 月 16 日　上海市副市长杨晓渡、上海市重大办领导、申康医院投资公司、上海电视台以及新闻媒体 25 人到医院西部视察急诊工程。院长沈远东、副院长肖臻参加接待。

11 月 22 日　奥地利社会保障部部长、自由党主席、副总理赫伯特·豪普特(Herbert Haupt)来医院访问。陪同访问的有奥地利驻华大使汉斯·迪特马尔(Hans Dietmar)、国家民政部外事司副司长康鹏、上海市民政局副局长高菊兰等一行 16 人。医院党委书记朱抗美接待。

12 月 2 日　詹红生获由上海市教育委员会和上海市教育发展基金会主管的“曙光计划”(上海市人才培养计划项目之一)。

12 月 18 日　周华任松江分院(松江区方塔中医医院)院长;康正祥任松江分院(松江区方塔中医医院)副院长。

2004 年

1 月 8 日　医院东部迁建工程结构工程全面封顶。

2 月 12 日　成立东部建设 8 个筹备小组(人力资源配置规划小组、医疗设备配置、运行规划、学科建设规划、新院开办准备、形象设计及医院物品配置、开办费申报、医疗资源重组)。

2月18日　医院发展战略咨询研讨会在门诊十一楼(西部)举行。上海中医药大学校长严世芸、党委副书记谢建群、副校长黄文龙以及上海中医药大学职能部门、医院党政领导和中层干部出席研讨会。会上,院长沈远东作“曙光医院发展战略”的主题报告,参会领导对医院发展战略提出了建设性的意见。

是日　浦东张江高科技园区泰克尼亚(Teknia)首席执行官汉努尔(Hannul)一行5人参观医院(东部)。上海中医药大学国际交流处处长尚力、医院副院长肖臻接待。

3月10日　耳鼻喉科成功进行首例经鼻窦进路、鼻内窥镜下“垂体瘤”的手术。这是医院首次运用该技术。

3月17日　聘任肝硬化科刘成为医院终身教授。

3月23日　成立上海中医药大学、上海市中医药研究院肾病研究所,何立群任研究所所长。

3月26日　院长沈远东当选为上海市中医药学会副会长。

4月9日　国家中医药管理局医政司杨荣臣处长、北京市大兴区卫生局副局长杨福祥、北京市大兴区中医院院长等一行5人参观医院(东部)。院长沈远东、副院长周华参加接待。

4月16日　医院中西医结合心血管病、中医糖尿病诊疗中心成立。

4月19日　联合国论坛(The International Forun)代表团一行32人到医院(西部)参观,成员包括美国、德国、日本、瑞士、加拿大等9个国家的企业和银行的高管,双方进行交流。

是日　甘肃省宁夏市中医药管理局王忠和及银川市中医医院一行6人在上海市卫生局中医处处长季伟苹的陪同下参观医院西部。院长沈远东、副院长周华参加接待,双方就学科建设、人事制度改革等热点问题进行交流。

4月22日　德国卫生与社会保障部国务秘书克劳斯·特奥·施罗德(Klaus Theo Schroder)、国务私人秘书约阿西姆·贝克尔(Joachim Becker)、德国卫生与社会保障国际卫生与社会政策司司长乌多·朔尔腾(Udo Scholten)、德国卫生与社会保障部礼宾处处长彼得·蓬佩等一行7人来医院参观,院长沈远东接待并向客人介绍医院发展概况以及中医药事业发展的现状、中医药的国际化进程。

是日　台湾中医药大学副校长张永赞一行6人来医院参观。院长沈远东、副院长蒋健向来宾介绍医院的发展情况并陪同参观。

4月28日　方正龙任松江分院(松江区方塔中医医院)副院长。免去康正祥医院松江分院(松江区方塔中医医院)副院长职务。

5月19日　医院浦东新院发展战略咨询会在门诊十一楼会议室举行。瑞金医院院长李宏为、仁济医院院长范关荣、华山医院院长徐建光、上海市第六人民医院院长何梦乔、儿童医院院长方秉华、新华医院院长徐卫国以及第二医科大学医院管理处处长邬惊雷参加咨询会并作主题发言。院长沈远东,党委书记朱抗美,副院长周华、蒋健、肖臻以及党委副书记马俊坚参加了咨询会。

5月20日　德国汉堡市科技和卫生部副部长、文化部副部长罗兰·索尔乔(Roland Salchow)以及汉堡市驻德联邦政府全权代表、负责欧盟事务和涉外事务的部长莱因哈德·施图(Reinhard Stuth)等一行7人来医院西部参观。院长沈远东、副院长周华接待并陪同参观。

5月21日　菲律宾参议院副议长(医疗卫生委员会主席,曾任菲律宾卫生部部长)李松年偕夫人率菲律宾代表一行8人来医院参观。院长沈远东接待。

6月24日　聘任高建东为上海中医药大学、上海市中医药研究院肾病研究所副所长。

6月25日　第四届科技节开幕式暨中医肾病研究所成立仪式在行政楼四楼梯形教室举行。

7月29日　徐列明任上海中医药大学、上海市中医药研究院肝病研究所所长，詹红生任上海中医药大学、上海市中医药研究院骨伤研究所所长。

8月5日　摩洛哥卫生代表团一行7人由卫生部秘书长夫阿德·哈马迪带队参观医院。副院长蒋健接待访问团。

8月19日　美国华人医师会会长、纽约州针灸局委员鲁兵一行4人参观医院，院长沈远东接待。

9月14日　上海市中医医疗质量控制中心在医院成立。

9月17日　世界卫生组织(WHO)西太区委员会委员第五十五届会议的部分代表一行11人参观医院，其中有汤加、文莱、柬埔寨等国家的卫生部长和卫生行政部门官员。

9月22日　江苏省宜兴市十里牌医院成为医院集团成员。

10月15日　台湾中医药大学及附属医院访问团一行17人参观访问医院。团长张成国(董事、教授，前卫生署中医药委员会主任委员)，名誉团长王迁辅(董事、教授，前医院院长、名誉院长)，顾问陈志成，副团长陈光伟(中医研究所所长)、陈建仲(医院中医部主任)。院长沈远东参加接待。

10月20日　上海市中医药学会和医院联合举办的国家级继续教育项目"名中医谈医籍经典的临床应用经验"学习班在医院门诊部十一楼会议室举行。出席本次学习班的有裘沛然、任继学、颜德馨、夏翔、凌耀星、蔡淦、彭培初等10位上海市及全国有名的中医大师。

10月26日　肝胆外科主任罗运权为49岁男性患者实施全麻情况下肝左叶肿瘤切除、脾切除、贲门周围血管离断术。这是医院首次开展此类手术。

10月27日　上海市卫生系统医学伦理查房现场交流会在医院举行。上海市卫生局党委副书记李忠尧、上海中医药大学党委书记张建中等领导出席会议。会议由上海市卫生局文明办主任、上海市医学伦理学会副会长、秘书长王彤主持，医院党委书记朱抗美作《倡导人文关怀医学伦理查房的实践体会》主题演讲。

10月　森光中医发展有限公司在澳大利亚注册成立并正式运作。这是医院首家在海外注册的公司，主要开展传统中医的推广与应用。

11月1日　新加坡中医学院院长赵英杰一行3人参观医院。院长沈远东参加接待。

11月2日　医院组建感染性疾病科，包括发热门诊、肠道门诊、肝病科和传染病科。

是日　聘请全国名中医任继学为医院终身教授。

11月12日　院长沈远东当选为上海中医药学会医院管理分会常务副主任。

11月30日　中央电视台第一套节目《焦点访谈》播出医院关于伦理查房开展的情况。

12月14日　波兰滨海省长简·柯兹洛夫斯基、波兰滨海省议长布朗诺·辛纳克、革但斯克市市长鲍威尔·阿丹姆维兹等一行5人参观医院。院长沈远东陪同参观。

12月16日　胡义扬、刘成海、陈建杰(兼)任上海中医药大学、上海市中医药研究院肝病研究所副所长，王灵台(兼)任上海中医药大学、上海市中医药研究院肝病研究所顾问，石印玉(兼)任上海中医药大学、上海市中医药研究院骨伤研究所顾问。

12月23日　由上海市卫生局党委书记陈志荣、副局长刘国华带队的一行7人来医院东部视察工作，上海中医药大学党委书记张建中等领导参加会议，并听取了沈远东院长关于医院东部建设战略规划的报告，实地考察东部的建设情况。

12月27日　在医院东部住院部大堂举行东部试运行仪式。浦东新区副区长张恩迪，浦东新区社会发展局、上海中医药大学校领导以及医院全体领导参加了试运行剪彩仪式。

2005 年

1月11日　高月求获2004年度上海市“曙光学者”“优秀曙光学者”称号。

是日　詹红生、刘成海入选2005年教育部“新世纪优秀人才支持计划”。

1月18日　肝病科病房整体搬迁至东部肝病楼。肝病楼北部为肝病病房、南部二楼为肝硬化科、三楼为肿瘤科。肝病病房设有核定床位46张，肝硬化科23张。第一天共有24位患者入院，其中肝病科患者18人、肝硬化科患者6人。

1月22日　北京中医药研究院中科院院士陈可冀、全国名老中医辽宁省中医学院任继学参观医院东部。院长沈远东、党委副书记马俊坚陪同参观。

1月24日　名医诊疗中心开业。

1月30日　上海市政府副秘书长李良园到医院东部指导工作。院长沈远东作了新院战略发展规划的汇报，李良园对医院东部下一步工作作了重要指示，医院党政领导全体成员和相关职能部门参加会议。

2月17日　上海市卫生局中医处组织的“2005年上海市中医工作会议”在医院东部召开。上海市副市长杨晓渡，上海市卫生局党委书记、局长陈志荣，副局长刘国华、陈建平等领导参加会议。

2月22日　副院长周华在松江方塔中医院代表医院与松江方塔中医院签订合作补充协议。松江方塔中医院2001年加入医院集团，是集团最早的成员单位之一。本次签约是在2004年第二期合同的基础上续签补充协议。

3月4日　意大利众议院社会事务委员主席朱塞佩·帕隆博(Giuseppe Palumbo)等一行7人参观东部，院长沈远东作题为“前进中的曙光医院”的介绍。

3月8日　肿瘤科整体搬迁至东部肝病楼南部三楼，核定床位52张。当日接洽住院患者15人。

3月15日　针灸科住院部全部搬迁至东部综合楼3楼C病区。同时成立中医康复科，床位由原来的11张增加到25张。党委书记朱抗美、副书记马俊坚、副院长周华亲临现场指挥协调。

4月7日　中共上海市委常委、副市长冯国勤，中共上海市委常委、副市长周禹鹏，中共上海市委常委、浦东新区区委书记杜家毫，上海市政府副秘书长李良园，浦东新区区委副书记等领导来医院东部视察工作。上海中医药大学党委书记张建中、校长陈凯先以及医院党政领导陪同。

是日　波兰卢布林省卫生厅长雅努什·奇谢莱夫斯基(Janusz kisielewski)带队的一行5人参观东部针灸科、推拿科、中药房等部门，副院长孙荇陪同参观。

4月18日　美国国际联合通信(Joint Commission International)医疗咨询公司常务董事来东部进行管理培训，院长沈远东全程参与，职能部门负责人、经营管理公司职工参加培训。

4月21日　卫生部副部长、国家中医药管理局局长佘靖率队来医院东部调研。国家中医药管理局医政司司长孙塑伦、科教司副司长苏钢强、上海市卫生局副局长刘国华、上海市卫生局中医处处长季伟苹同行。院长沈远东、副院长周华，龙华医院院长陆金根，岳阳医院院长张秋娟，上海市中医医院院长虞坚尔等参加调研会。会上医院院长沈远东就“传统中医病房建设发展思路和高级中医师的培养模式”作了主题发言。会后全体调研组成员在卫生部副部长、国家中医药管理局局长佘靖带领下参观传统中医病房。

4 月 22 日　卫生部副部长、国家中医药管理局局长佘靖在医院院长沈远东、党委书记朱抗美、副院长周华的陪同下参观了医院名中医王左工作室和柏连松工作室。

4 月 23 日　投资 6 亿元人民币、占地 160 亩的医院东部经过 6 个月的试运行正式对外接待患者。同时举行大型的落成典礼。典礼由医院党委书记朱抗美主持，院长沈远东致辞。上海中医药大学校长陈凯先，上海市卫生局党委书记局长陈志荣，卫生部副部长、国家中医药管理局局长佘靖等领导先后讲话。本市和外省市卫生局领导、兄弟医院领导、名中医、医院老领导、离休干部以及中层以上干部和学生代表共 506 人参加了庆典仪式。

是日　医院与上海市中医药学会中医医院管理分会联合举办全国中医医院内涵建设研讨会，为期 3 天。

是日　庆祝东部开业暨第六届“曙光中医文化艺术节”开幕式晚会在上海美琪大戏院隆重举行。国家中医药管理局医政司司长沈塑伦以及来自全国各地的中医医院院长代表、医院职工 1 300 人参加了晚会。

5 月 16 日　全国人大常委会副委员长、上海中医药大学名誉校长吴阶平参观东部。上海中医药大学、医院党政领导班子全体成员陪同参观。

5 月 18 日　奥地利迪柯尼森医院院长、教授约瑟夫・马赫，迪柯尼森医院中医部主任、教授陈安福一行 3 人参观东部，党委书记朱抗美陪同参观。

5 月 19 日　芬兰泰克尼亚(TEKNIA)—张江高科技园区首席执行官汉努尔(Hannul)一行 4 人参观医院东部，副院长蒋健陪同参观。

5 月 24 日　国家中医药管理局科教司副司长李大宁来医院东部参观。上海中医药大学校长严世芸、院长沈远东、党委副书记马俊坚、副院长肖臻陪同参观。

5 月 30 日　上海市浦东新区建设局、上海市浦东新区房屋土地资源管理局书记、局长闵师林，上海市浦东新区建设局副局长于勇，综合交通处处长胡荣，浦东新区陆上运输管理署署长戴星，浦东张江集体团公司副总经理陆方舟等一行 20 人来医院现场办公，落实公交线路延伸等交通问题，医院副院长肖臻以及行政职能部门负责人参加了会议。

6 月 2 日　阿曼苏丹国卫生部计划事务大臣穆罕默德・哈桑・阿里(副部长级)等一行 4 人参观了医院东部。副院长肖臻接待并陪同参观传统中医诊疗中心。

6 月 3 日　法国巴黎新闻工会主席劳伦特・迪布瓦(Laurent Dubois)、法国 RICOBONO 印刷集团董事长里科(Rico)夫妇一行 3 人参观医院东部，院长沈远东陪同参观。

6 月 13 日　瑞士诺华集团诺华生物医学研究所(NIBR)高级副总裁、首席运营官杰夫・埃尔顿(Jeff Elton)一行到医院东部洽谈医药研究方面的工作，副院长蒋健参加接待并陪同参观。

6 月 23 日　上海中医药大学校长陈凯先、常务副校长谢建群来医院东部调研。院长沈远东，党委书记朱抗美，副院长周华、蒋健、肖臻，党委副书记马俊坚参加了调研。会上，院长沈远东、校长陈凯先、常务副校长谢建群作专题发言。

6 月 29 日　美国针灸东方医学国家考试委员会主席丹尼尔・焦(Daniel Jiao)、针灸东方医学国家考试委员会主席爱丽丝・麦考密克(Alice McCormick)、针灸东方医学国家考试委员长会首席执行官华德库克(Kory Ward-Cook)一行 3 人参观医院东部，副院长肖臻接待并陪同参观。

7 月 13 日　上海中医药大学医院管理处在医院召开传统中医病房建设会议。原上海中医药大学校长施杞、医院管理处处长阮龙德、教务处长胡鸿毅、医院院长沈远东、副院长周华以及附属医院的分管领导参加了会议。传统中医科余小萍介绍了科室的运作情况。副院长周华介绍医院成立传统中医科的背景。

8月1日　电子阅览室正式启用，设在东院综合楼二楼图书馆内。

8月12日　由德国汉堡博恩特·罗德议长率领的德国汉堡议会代表团一行15人，参观医院西部。医院院长沈远东介绍医院概况及中医药特色项目，并陪同参观。

8月16日　东部ICU成功实施第一例微创气管穿刺置管术。

8月25日　东部急救中心正式启动运作。新成立的急救中心有主任1人、副主任1人，其他医生12人。

9月　骨科成功完成医院首例双膝关节、双髋关节置换术。

10月2日　美国华裔、共和党联盟主席苏丽凤访问医院东部。上海中医药大学校长陈凯先、党委书记张建中、校办主任顾攸美等上海中医药大学领导以及医院党委书记朱抗美陪同参观。

10月20日　东部创伤急救中心成功抢救第一例Ⅴ级肝损伤患者。

11月1日　医院设立首席医疗官制度，从2005年11月1日起执行。胡婉英、王左、许环应3位教授被聘为首批首席医疗官。

11月4日　上海中医药大学附属医院骨伤专业第一届临床学术交流会在医院东部举行。上海中医药大学医管处、科教处负责人，各附属医院、研究所以及医院党政领导共65人参加该次会议。骨伤科老前辈施杞、石印玉作专题演讲。

11月24日　柬埔寨卫生部部长努索尼昆一行5人参观医院，院长沈远东陪同参观。

11月29日　上海市政协委员"十五"期间公立医院建设情况专题视察组来医院东部视察。上海市政协副主席左焕琛，上海市政协教科文卫体委员会主任周鹤龄，上海市政协教科文体委员会常务副主任、中华医学会副会长、上海市医学会会长刘俊等81名委员参观了医院东部。

12月23日　沈远东任院长，周华、蒋健、肖臻、孙荇任副院长，朱抗美兼任副院长。

12月29日　东部心血管科主任王肖龙成功实施医院第一例冠状动脉腔内成形术(PTCA)。

2006年

1月5日　由心血管内科主办的PCI研讨会暨心血管内科心导管室开机仪式在医院东部举行，来自全市各大医院心血管内科的主任参加了会议。医院原心血管科主任、终身教授胡婉英参加该次会议。

1月21日　院长沈远东率陈建杰、郑舜华、詹红生、张婷婷等专家参加了在上海展览馆举行的、上海市慈善基金会医务义工大队组织的百名名医义诊大型活动。

2月9日　乳腺外科主任赵春英与她的团队完成了一例罕见的乳腺大肿瘤切除手术。该肿瘤直径40厘米，重量6.6千克，病理诊断为分叶状囊肉瘤。手术历时3小时。经检索，该例肿瘤为目前国内外最大乳腺肿瘤。

2月21日　2006年度精神文明建设大会暨中心组会议在医院东部梯形会议室举行。上海市科教党委精神文明办公室主任张伯安、上海中医药大学党委副书记何星海、宣传部部长徐强出席会议。张伯安向医院颁发了"全国精神文明建设工作先进单位"的铜牌及证书。党委书记朱抗美，院长兼党委副书记沈远东，副院长周华、蒋健、肖臻，党委副书记马俊坚及获奖代表、职工代表参加了会议。

2月27日　聘张悦兼任肾病研究所副所长。

3月2日　全国中医、中西医结合急诊临床基地建设工作会议在医院东部举行。国家中医药管理局医政司司长孙塑伦、上海市卫生局中医处处长季伟苹以及来自全国部分省市专家参加会议。院长沈远东、急诊科王左教授应邀参加了该次会议。

3月6日　越南卫生部副部长、越南传统医药学院院长黎玉仲(Le Ngoc trong)教授等一行10人来医院东部参观，上海市卫生局中医处处长季伟苹和院长沈远东陪同参观。

3月17日　成立临床药理科，下设药理临床研究评价研究室Ⅰ期临床病房、药代动力实验室、数据管理中心等3个部门。

3月23日　民革上海中医药大学支部换届大会在医院东部召开。民革上海市副主委王卓贤、组织部部长金伟，上海中医药大学党委副书记何星海、组织部部长戚兆建、统战部副部长金霞以及民革上海中医药大学支部全体会员和九三学社等部分民主党派代表参加了会议。会议选出了第十届民革上海中医药大学支部委员，蒋健任主任委员。

4月1日　医院西部曙光大厦三楼(原中医大世界)进行改造，改造后更名为伤科门诊。

4月10日　马其顿卫生部部长费拉迪米尔·迪莫夫(Vladinir Dimov)一行12人来医院东部参观，主要了解传统中医人才的培养、临床发展等工作，院长沈远东陪同参观。

4月21日　《上海市中医院管理评价实施细则》培训班在医院东部举行。来自全市三级、二级中医院的院长和从事医院质量管理的170名领导和专家参加了培训。院长沈远东、副院长周华作专题讲座。

4月26日　医院与牡丹江市中医院签订合作协议。

4月27日　美国俄亥俄州托力多大学校长约翰逊(Johnson)率托力多市经济发展贸易代表团一行17人参观医院东部，院长沈远东陪同参观。

5月10日　医院召开国际健康中心正式启用暨网络医生会议。院长沈远东、党委书记朱抗美等院领导及部分临床科主任、行政部门负责人参加了启用仪式。

5月17日　陈建杰兼任浦东新区传染病医院(曙光医院浦东肝病专科分院)院长。

5月30日　石氏伤科中心在医院西部曙光大厦三楼正式揭幕。上海中医药大学党委书记张建中、上海市卫生局中医处处长季伟苹、上海中医药大学医院管理处处长阮龙德及全体院领导出席了新闻发布会。

6月5日　韩国南首尔大学校长孔贞子一行5人参观医院东部，院长沈远东陪同参观并详细介绍了医院在医教研等方面的工作。

6月6日　墨西哥代表团一行7人参观医院东部。墨西哥代表有墨西哥杜兰戈州公共卫生秘书帕特利夏·埃雷拉(Patricia Herrera)、传统医学与多元文化发展处处长何塞·亚历格德罗·阿尔马格尔·冈萨雷斯(Jose Alejandro Almaguer Gonzalez)，副院长肖臻陪同参观并详细介绍医院发展情况。

6月10日　上海市卢湾区卫生局、曙光医院合作发展社区卫生服务签约仪式在卢湾区政府机关会议室举行，院长沈远东和卢湾区卫生局局长金如颖代表双方签约。卢湾区区长沙海林、上海中医药大学副校长刘平、上海市卫生局中医处处长季伟苹出席签约仪式并讲话。

6月30日　美国通用电气公司(GE)集团全球副总裁兼首席市场官吉恩·米歇尔(Jean Michelle)博士一行5人来医院西部参观，院长沈远东陪同参观。

7月3日　马来西亚卫生部传统医药局局长一行4人参观了医院东部，主要了解医院文化建设及传统中医诊疗特色等工作。医院党政领导及相关职能部门参加了接待。

7月19日　教育部副部长张保庆一行4人参观医院东部，院长沈远东、副院长肖臻陪同参观。

8月6日　国家中医药管理局副局长李振吉来医院指导工作，院长沈远东、副院长周华陪同。

8月15日　心胸外科主任周嘉实施的第一例针刺麻醉心脏直视手术取得成功。

8月17日　美国国会议员香农·康拉德(Shannon Conrad)来医院洽谈有关中医教学合作事宜，院长沈远东参加。

8月18日　医院Ⅰ期临床实验室与藤泽药品(中国)有限公司签订第一个国外项目——他克莫司人体药代动力学实验协议。

8月21日　针刺麻醉研究室成立。

9月6日　上海市"211"工程专家评审团来医院视察工作。上海中医药大学校长陈凯先，党委书记张建中，常务副校长谢建群，副校长刘平、余小明，副书记何星海等校领导和原上海中医药大学校长施杞陪同。检查组参观了医院门急诊、传统中医科病房、GCPⅠ期病房、肝病研究所等部门。院长沈远东、党委书记朱抗美、副院长蒋健等参加接待。

9月8日　国家中医药管理局副局长于文明来医院东部视察工作，重点参观了肝病研究所、中心实验室等部门，院长沈远东、党委书记朱抗美、副院长蒋健和肖臻参加了接待。

9月11日　新加坡医疗卫生工业企业代表团部长李奕贤一行50人来医院东部参观，上海市申康医院发展中心副主任高解春陪同，院长沈远东、副院长肖臻向参观者介绍了医院中西医结合、环境建设、文化建设等方面的工作。

9月20日　由上海市卫生局、上海市卫生监督所组织的医院管理年督察组专家一行40人来医院东部检查、指导"医院管理年"相关工作。

9月30日　为期4天的《实用中医内科学》再版编委会会议在医院东部举行。来自京、津、沪、蓉、穗等地著名中医内科学教授、专家30人参加会议，王永炎、张伯礼院士参加了此次会议。在30名编委中，医院蔡淦教授为副主编之一，朱抗美、蒋健、蒋梅先、余小萍参加该书的编写工作。

10月9日　芬兰赫尔辛基市副市长帕亚·科科宁(Pauia Kokkonen)一行5人参观了医院东部，院长助理唐靖一陪同参观并详细介绍了医院在医、教、研等方面的工作。

10月19日　医院与上海中医药大学针推学院建立医教研全面合作关系签约仪式在医院东部学术报告厅举行。医院院长沈远东、党委书记朱抗美、副院长蒋健，上海中医药大学针推学院院长褚立希，党总支书记、副院长夏国荣，副院长沈雪勇等双方领导及部分教研室主任出席了签约仪式。

11月17日　医院"悬壶堂"开张仪式在医院西部曙光大厦三楼中医大世界举行。党委副书记马俊坚主持，副院长周华致辞，全国名老中医颜德馨教授作重要讲话，上海市中医药行业协会会长徐锦柏到会祝贺，全市名老中医、专家50余人参加开张仪式。

12月8日　卫生部原部长张文康等2人参观医院东部，院长沈远东、副院长周华陪同参观。

是日　"柏氏肛肠科启用仪式"在医院东部贵宾楼一楼大厅举行，上海市名中医颜德馨、原上海中医药大学校长施杞等专家出席了启用仪式，副院长周华致辞，全体院领导及相关职能部门负责人参加了会议。

12月10日　"曙光医院百年庆典暨首届传统医学国际论坛"在医院东部梯形会议室举行。

12月12日　医院党委副书记马俊坚当选为卢湾区第十四届人大代表，副院长蒋健当选为浦东新区人大代表。

12月22日　卫生部副部长、国家中医药管理局局长佘靖视察医院东部，上海中医药大学党委副书记何星海，院长沈远东，副院长周华、蒋健、肖臻，党委副书记马俊坚陪同参观。佘靖与医院领导班子就传统中医诊疗中心、中药新药临床研究开发中心、国际健康中心等中心建设问题进行了探讨。

2007年

1月10日　临床输血科成立。

1月17日　法国外交部部长特使吉勒·亨利(Gilles Henri)、驻华大使馆科技合作处副参赞克里斯蒂(Christine)等一行5人来医院东部参观并商讨中法中医药合作的具体项目，院长沈远东参加洽谈。

是日　东部骨科成功完成医院首例断指再植术。

1月18日　芬兰科沃拉市市政厅主席利波·孔图拉(IIpo Kontula)、科沃拉市市长阿·轮(Aimo Ahti)等一行14人参观医院东部，副院长周华陪同。

是日　医院与张江社区卫生服务中心签订合作项目。项目内容包括医院专家不定期到张江卫生院对疑难杂病进行会诊，帮助张江卫生服务中心提高确诊疾病的能力，免费接收该院医护人院来医院进修。

1月24日　德国电视二台6人制作组来医院进行为期2天的拍摄，主题是“发现亚洲——新的挑战”。该片反映亚洲近年来科学、教育、经济和文化特别是中医中药的发展，并展望亚洲的发展前景。医院是全国医药行业入选的5家被拍摄单位之一。

2月27日　上海中医药大学曙光新中药研究中心成立。

3月1日　卫生部、国家中医药管理局在北京召开“中法中医药合作论坛”。卫生部部长高强与法国外交部部长杜斯特·布拉奇分别代表两国政府签署了《中华人民共和国政府和法兰西共和国政府关于在中医药领域合作的协议》，院长沈远东应邀参加协议签订仪式。会议期间，院长沈远东向卫生部副部长兼国家中医药管理局局长王国强汇报医院中法合作项目近期工作。

3月7日　泰国卫生部官员文梦贤带领第十七期泰国医师针灸培训班一行46人来医院东部参观。

3月9日　新加坡保健服务集团中央医院医务局主席吴汉升教授一行4人来医院东部参观，院长沈远东陪同。

3月12日　法国国际健康研究中心主任克里斯蒂·伯瑞切特(Christine Brechot)、法国驻沪总领事馆科技随员朱俪等一行6人来医院东部参观，院长沈远东陪同。

3月22日　“师承名方博士门诊”开诊典礼暨拜师大会在医院西部曙光大厦三楼名医诊疗中心举办，名医诊疗中心首批邀请的专家有中医乳腺病专家陆德铭，中医脉管病专家奚九一，针药结合专家秦亮甫，中医妇科专家蔡小荪、曹玲仙、李超荆，“药棒叩击”综合疗法专家王粤珍，中西结合肝病专家王灵台，石氏伤科传人石印玉，中医脾胃病专家蔡淦，中医内科专家李庚和、王左，中医呼吸病专家黄吉赓等。

3月28日　感染管理科成立。

3月31日　美国华盛顿州急救专家来医院东部开展为期5天的急救医学理论和实践培训。参加人员有美国华盛顿州哥伦比亚大学急救学斯奈德(Snyder)等5名急救专家和3名医院工作人员。4 月 3 日下午在医院东部急诊室开展急救演习，院长沈远东亲临现场指挥急救演习，中外专家观摩演练并进行点评。

4 月 16 日　为期 3 天的国家重点基础研究发展计划（“973”计划）中医理论专项“中医病因病机的理论继承与创新研究”项目启动会在医院东部召开。项目首席科学家刘平教授、项目专家组顾问陈可冀院士、“973”计划中医理论基础研究专项专家组副组长李振吉、上海中医药大学校长陈凯先等出席会议。院长沈远东在会上致辞，副院长蒋健出席会议。

4 月 23 日　上海中医药大学专家组对医院本科教学评估工作进行了检查，上海中医药大学教学评估办公室主任、党委副书记何星海及大学本科教学评估的相关人员陪同检查，院长沈远东，党委书记朱抗美，副院长蒋健、周华、孙荇，以及科教处工作人员、各临床教研室主任、教学干事参加了评估检查。

4 月 26 日　医院与浦东巴士大桥六线车队签署精神文明共建协议。

5 月 4 日　上海中医药大学历届团委书记座谈会在医院东部学术报告厅举行，中共上海市委常委、统战部部长杨晓渡，上海中医药大学党委书记谢建群，上海中医药大学党委副书记王群、何星海出席会议。医院副院长周华、院党委副书记马俊坚参加会议。

5 月 10 日　卫生部副部长、国家中医药管理局局长王国强一行 7 人来医院调研。上海中医药大学校长陈凯先、校党委书记谢建群，以及医院院长沈远东，医院党委书记朱抗美，党委副书记马俊坚，副院长周华、蒋健、肖臻、孙荇陪同参观并参加了座谈会。

5 月 25 日　上海中医药学会肾病专业委员会学术交流会议在医院东部召开，副院长周华出席会议并为《中国中西医结合肾病杂志》南方采编部成立揭牌。

6 月 18 日　石氏伤科被列入上海市首批非物质文化遗产。

6 月 19 日　赵士斌、李骥作为国家教育部本科教学水平评估专家来医院检查。上海中医药大学党委副书记何星海陪同检查，医院全体领导班子成员和教研室主任参加了该次检查。医院院长沈远东首先向专家组汇报了医院的基本情况和教育工作特色。检查组通过看资料、现场观察、与部分教师和学生座谈等形式，进行评估督查。

6 月 27 日　院长沈远东应邀赴意大利参加中国政府与欧盟联合举办的中欧高层中医药发展与合作研讨会，并代表中国中医医院院长作题为“中国传统医学的理论特点与临床优势”的发言。

7 月 2 日　“曙光医院中医热线”（8008200399、4008200399）试运行，热线接听队伍由医院医疗专家顾问团及医护人员志愿者组成，主要为患者提供中医药预防、保健、康复、治疗等健康问题的答疑和指导，同时将医院的中医特色诊疗、方法介绍给市民。

7 月 5 日　成立医院海派中医研究所（筹），由朱抗美担任所长。医院海派中医研究所（筹）将以曙光名中医诊疗中心、曙光雷允上名中医学术俱乐部和传统中医诊疗中心为平台，整合上海中医药大学系统内资源及整个上海市卫生系统的资源，开展海派中医的学术研究与传承，并适时申报上海中医药研究院院属研究所。

7 月 19 日　上海市卫生局召开上海市卫生系统知识产权工作会议，医院成为上海市卫生系统知识产权 12 家试点单位之一。

7 月 27 日　泰国卫生部代表团一行 18 人参观医院东部，团长为泰国卫生部副常务秘书长玛尼・提拉丹迪卡农特（Manit Teeratantikanont），主要参观针灸科、传统中医诊疗中心等中医特色鲜明的科室，副院长周华陪同参观。

8 月 21 日　台湾长庚纪念医院副院长张恒鸿一行 15 人来医院东部参观，上海中医药大学党委副书记何星海、统战部副部长金霞、医院党委书记朱抗美、副院长肖臻陪同参观。

8月23日　受浦东社会发展局委托，召开医院管理浦东新区传染病医院和肺科医院的正式签约仪式。

9月26日　医院第七届中医文化节在东部开幕。该届中医文化节的主题是“传承创新、和谐发展”。在开幕式上，曙光健康热线正式开通、中医临床特色诊疗方法研究所（筹）成立、中医经典研修班学员拜师以及新建院史陈列室揭幕等。

10月10日　国家中医药管理局原局长佘靖来医院调研，院长沈远东，党委书记朱抗美，党委副书记马俊坚，副院长周华、蒋健、孙荇陪同调研。

10月12日　国家中医药管理局医政司副司长查德忠、科技司副司长苏钢强专程到医院，就上海市开展中医“治未病”试点工作进行调研。参加调研的还有上海中医药大学党委书记、常务副校长谢建群，北京中医药大学校长郑守曾等。

10月17日　医院组织专家参加申康医院发展中心启动的“2007年市级医院中医特色专科（专病）建设项目”申报，肛肠病专科最终入选5个专科项目之一。

10月25日　世界卫生组织（WHO）世界脊椎指压疗法联合会秘书长戴维·查普曼-史密斯（David Chapman-Smith）来医院参观，院长沈远东、骨伤科主任詹红生、推拿科主任程英武陪同。

11月6日　杨敏任浦东新区肺科医院院长。

是日　朱惠蓉任党委书记兼副院长，朱抗美不再担任党委书记、副院长职务。

11月20日　西班牙卡斯第亚-拉曼查大区卫生厅厅长罗伯特·沙布里多·贝尔姆德斯博士一行11人来医院东部参观，主要了解中医药的运用、中西医结合现状以及中医院运行模式。院长沈远东、副院长肖臻陪同。

11月22日　卫生部副部长、国家中医药管理局局长王国强，医政司司长许志仁到医院东部视察“曙光治未病中心”，并参加医院与浦东新区疾控中心关于中医治未病工作的合作签约仪式。浦东新区副区长张恩迪，上海中医药大学党委书记、常务副校长谢建群等陪同视察并参加签约仪式。

12月21日　上海市医院协会成立，院长沈远东当选为副会长，副院长周华当选为理事。

2008年

1月5日　“亲和源战略联盟签约仪式暨新闻发布会”在上海康桥凯莱酒店举行。院长沈远东、党委书记朱惠蓉、副院长周华等应邀出席了该次签约仪式。院长沈远东代表医院与各战略合作伙伴共同签署“亲和源战略联盟合作协议”并致辞。“亲和源”作为医院集团项目之一，由医院公司管理。

1月8日　由国家发展改革委员会、科技部、财政部、卫生部联合组织的防治传染病重大科技专项论证专家组一行11人，在科技部社会发展司处长邹建强带领下，到医院现场调研开展中医药防治重大传染病工作基础和工作计划。上海中医药大学党委书记、常务副校长谢建群，上海中医药大学校长陈凯先，上海中医药大学科技处处长蔡贞贞等领导陪同视察，医院全体院领导参加。专家组听取医院关于中医药防治重大传染病工作的汇报，并视察肝病科、肝病研究所、教育部重点实验室、中医内科公共实验室等。

1月11日　由国家中医药管理局、上海市卫生局主办的上海市开展“治未病”试点工作座谈会暨"治未病健康工程"启动仪式在医院东部学术报告厅举行。卫生部副部长兼国家中医药管理局局长王国强、上海市副市长杨定华出席，中华医学会副会长白书忠、名老中医颜德馨及院士陈凯先、沈自尹、胡之璧等10位著名专家参加启动仪式。上海市卫生局局长徐建光在会上对上海市开展"治未病"试点工作、实施"治未病健康工程"进行介绍，院长沈远东代表上海"治未病"试点单位进行汇报。

1月25日　为期两天由国家中医药管理局主办的首届"治未病"高峰论坛在北京钓鱼台国宾馆芳菲苑举行。医院是全国最早参与中医"治未病"试点工作单位之一，院长沈远东、副院长周华出席了此次会议，院长沈远东作为唯一的试点医院代表，受邀在此次高峰论坛上作"'治未病'在中医院的实践"的主题发言。

2月26日　英国伦敦大学国王学院干细胞实验室主任斯蒂芬·明格(Stephen Minger)等一行5人来医院参观，院长沈远东陪同。

3月7日　针刺麻醉手术在中央电视台播出。

3月8日　上海市副市长沈晓明来医院调研上海市中医药工作。

3月11日　法国皮尔法伯制药公司副总裁庭·德雷尼奥古(Tean Deregnaucourt)一行3人来医院开展关于中药研发合作方面的洽谈，院长沈远东及相关院领导、部门负责人参加。会上签署了《关于中医药科研的合作意向书》。

4月3日　美国生活合作伙伴(Partners for Life)急救医学专家团由哥伦比亚大学急救学斯奈德(Snyder)先生带领来医院开展学术交流活动。来自上海浦东新区医疗急救中心、红十字会等医疗卫生单位的200名医护人员参加交流。副院长周华出席会议。

4月4日　国际著名干细胞专家、中欧中医药合作框架协议指导专家、英国伦敦大学国王学院斯蒂芬·明格(Stephen Minger)教授访问肝病研究所，与肝病研究所进行"中医药与干细胞"的小型学术交流会，上海中医药大学副校长刘平、医院刘成海教授等参加了会议。

4月12日　美国卫生部部长迈克尔·莱维特(Michael Levitt)率队一行25人到医院进行参观访问。国家中医药管理局国际司司长张奇、副司长任明辉，上海中医药大学校长陈凯先，校党委书记、常务副校长谢建群以及医院党政领导全体成员陪同参观。美国卫生部部长迈克尔·莱维特一行参观了医院东部中药房、针灸科、传统中医诊疗中心，并到二楼学术报告厅听取院长沈远东和针刺麻醉专家汇报针刺麻醉在临床运用中的相关事宜。

4月22日　医院入选国家中医药管理局国际交流合作基地。

5月10日　医院儿科主任顾明达作为卫生部上海医疗队成员之一赴安徽阜阳，为当地感染手足口病的患儿进行诊治。

5月18日　心血管内科副主任医师郭蔚随第二批上海市卫生局重症监护专家组医疗队赶赴四川德阳参加抗震救灾。

5月19日　血透室护士长胡晓颖随上海市卫生局第三批救援医疗队赶赴四川参加抗震救灾。

5月27日　医院与巴士公司杨高分公司续签精神文明共建协议，浦东巴士党委书记曹舜华等参加，医院党委书记朱惠蓉、副院长唐靖一出席会议并发言。

5月28日　四川地震灾区10位伤员由上海救护大队送来医院。上海中医药大学医管处处长阮龙德、副处长王珏、院长沈远东、党委书记朱惠蓉等院领导与创伤急救中心的医护人员一起等候患者并送上鲜花。医院为此专门腾出3A病房作为灾区伤员专用病区；同时成立以副院长周华为组长的救治领导小组，下设专家治疗组、护理组和综合保障组，确保灾区伤员在医院得到最好的治疗。骨科主任匡勇连夜为一名重症患者进行了手术。

是日　第十一届全国人大常委会委员长吴邦国一行来医院驻四川德阳医疗队看望队员。

5月30日　上海市人大常委会主任刘云耕到医院东部看望四川转移来沪的灾区伤员，陪同的领导有上海市人大常委会副主任胡炜，上海市卫生局局长徐建光，上海申康医院发展中心主任陈建平，上海中医药大学常务副校长谢建群等，院长沈远东，党委书记朱惠蓉，副院长周华、唐靖一，副书记马俊坚陪同领导到病区看望灾区伤员。

6月2日　东部行政管理部更名为医院办公室、东部医务管理部更名为医务管理处、东部后勤保障部更名为总务处，东、西两部三个部门统一管理东西两院的相关工作。

6月5日　西外科副主任医师葛茂军、骨科副主任医师郑昱新跟随新一批“上海赴川抗震救灾中医系统医疗队”从上海浦东机场出发飞往四川。

6月7日　第二届中泰传统医学论坛在医院东部召开。泰国驻沪总领事差利·玛尼雅坤，泰国卫生部泰医和替代医学发展司司长吕差·瓦纳拉特，国家中医药管理局国际合作司司长张奇、上海市卫生局局长徐建光出席开幕式并发言。院长沈远东、党委书记朱惠蓉、副院长唐靖一出席论坛。

6月18日　医院与浦东社会发展局“中医进社区合作签约仪式”在医院东部举行，浦东新区社会发展局副局长范金成和院长沈远东分别在会上发言。

是日　由四川转沪的灾区伤员谢正英、余世香经过医护人员三周的精心治疗、细心护理，康复出院。当晚在医务管理部主任胡宗德等4人陪同下送上由上海至成都的列车，踏上重建家园的征途。

6月20日　全体共产党员、共青团员、各民主党派成员、离退休人员等为四川灾区进行募捐，共捐款人民币381 379元。

6月27日　医院被卫生部认定为国际急救(SOS)网络医院。

7月7日　印度卫生与家庭福利部国务部副部长安妮塔·达斯(Anita Das)、印度驻沪总领事等一行3人来医院东部参观访问。院长沈远东陪同。中印专家就中医传统医学与现代医学如何相结合、传统医学标准化等问题进行探讨。

7月26日　呼吸科宋秀明副主任医师作为上海市第六批援疆干部赴阿克苏工作。上海中医药大学组织部部长张志枫和医院党委书记朱惠蓉参加欢送仪式。

8月1日　“蔡氏书屋”正式揭牌，蔡淦教授被聘为医院终身教授。上海中医药大学党委书记、常务副校长谢建群，校长助理施建蓉，上海市卫生局中医处处长季伟苹，院长沈远东，党委书记朱惠蓉出席，蒋健副院长主持揭牌仪式。

8月22日　在医院东部学术报告厅举行成立教育部(省部共建)肝肾疾病病证重点实验室学术委员会会议。出席会议的专家有中国中医科学院临床基础研究所常务副所长吕爱平、中国工程院院士张伯礼、广州中医药大学副校长陈蔚文、上海中医药大学副校长刘平、原上海中医药大学校长严世芸、原医院院长王灵台以及医院院长沈远东、党委书记朱惠蓉等参加会议。

是日　浦东新区中医质控中心启动仪式在医院东部梯形会议室召开，浦东新区卫生处副处长王杰宁出席仪式。院长沈远东、副院长周华参加会议。

9月8日　骨伤科医生庞坚作为卫生局康复医疗队成员赴成都参加地震伤员救治工作，周华副院长到机场送行。

9月11日　中国台湾铭传大学校长李铨、师资培育中心主任陈佩蒂等一行7人来医院东部参观。院长沈远东、副院长唐靖一陪同参观。

9 月 25 日　骨科副主任医生包朝鲁作为赴四川都江堰对口支援医疗队队长先行出发，党委书记朱惠蓉到机场送行。

9 月 28 日　上海市卫生系统第二批支援都江堰医疗队队员郑德、王波、程鑫等赴都江堰市中医医院，开始为期 3 个月的援建工作。

10 月 1 日　医院援建都江堰医疗队成员全部抵达都江堰市中医医院，并开通“上海曙光人在都江堰”的博客(网址：http：//sgdjy. blog. 163. com)。

10 月 17 日　医院中西医结合名医工作室揭牌。

是日　医院与宝山区卫生局签订协议成立曙光医院宝山社区卫生服务集团。院长沈远东担任集团理事长。

10 月 25 日　为期两天的由医院承办的“治未病”高峰论坛系列专题讲坛在上海国际会议中心举行，卫生部副部长、国家中医药管理局局长王国强，上海市卫生局局长徐建光以及医院党政领导出席了本次论坛。

10 月 29 日　中共上海市委副书记殷一璀到都江堰市中医医院临时板房视察，医生包朝鲁向市领导汇报工作。

10 月 30 日　院长沈远东当选为上海市医疗服务标准化技术委员会首届委员。

11 月 5 日　“第二届曙光传统医学国际论坛”在东郊宾馆举行。此次论坛的主题是“新世纪传统医学现代化、国际化和标准化”。国家中医药管理局国际合作司司长张奇、上海市卫生局副局长李卫平和上海中医药大学校长陈凯先参会并致辞。大会由院长沈远东主持。世界整脊联盟主席斯塔西·派彼派特利娃(Stathis Papadopoulos)、巴尔马学院(西)院长威廉·米克(William Meeker)等 120 名中外专家参加。

是日　德国博世基金会理事长英格丽·哈姆(Ingrid Hamm)、国际合作部部长约阿希姆·罗根(Joachim Rogall)，中国项目主任马克·伯曼(Marc Bermann)等一行 4 人来医院东部参观。学术部主任朱抗美陪同参观。

11 月 7 日　高炬任副院长。

11 月 25 日　第六届科技节开幕式在医院西部行政楼梯形会议室举行。上海中医药大学副校长刘平出席会议并为本次科技节开幕式致辞，医院全体院领导参加会议。本次科技节以“科研创新、科学发展”为主题。

12 月 3 日　“医院针刺麻醉创下中医药的神话”获改革开放 30 周年“健康上海”十大成果(事件)之一。

12 月 11 日　医院捐赠的“曙光爱心图书馆”在都江堰市中医院内成立，院长沈远东、四川省中医药管理局冯兴奎副局长同为爱心图书馆揭牌。

12 月 18 日　医院与宝山区卫生局在宝山区人民政府签署合作协议。医院受宝山区卫生局委托，对宝山区中心医院和宝山中医院进行全面管理，冠名为“曙光医院宝山分院”，院长沈远东与宝山区卫生局局长李士华签署合作协议，宝山区副区长李原与上海中医药大学党委书记、常务副校长谢建群为“曙光医院宝山分院”揭牌。

2009 年

1 月 22 日　中共上海市委统战部部长杨晓渡来医院东部特需病房探望患病中的谈家桢夫人邱

蕴芳。

2月9日　上海市市长韩正在成都市委书记、都江堰市委书记等陪同下，到都江堰人民医院板房医院，看望上海对口支援都江堰的全体医疗队。医院派出的第二批医疗队窦丹波等队员受到市长韩正和相关领导接见。

是日　石印玉教授入选上海文史馆馆员。

2月　中药制剂研究室研制的“荆银颗粒”获得国家药监局颁发的新药证书和药品注册批件，填补了上海中医医疗单位拥有中药新药证书的空白。

3月23日　英国伦敦大学国王学院干细胞生物实验室主任斯蒂芬·明格教授与医院肝病研究所刘成海教授签署合作协议。

3月25日　上海第四批对口支援都江堰市医疗队(医院支援都江堰第三批医疗队)出发，医务管理处副处长陈拥担任队长。

3月30日　伤科陈东煜、麻醉科李连红、护理部赵彤芳作为医院支援都江堰第三批医疗队队员赴都江堰市中医医院，副院长周华到机场送行。

6月19日　由上海中医药大学组织的急救演练在医院(东部)急诊室进行。参加本次观摩的有上海中医药大学医管处处长阮龙德、副处长王珏，本次演练总指挥由副院长周华担任，副总指挥由东部医务管理处处长胡宗德、副处长王跃担任。院办、医务管理处、科教处、护理部、总务处、保卫处等部门负责人参加。

6月23日　由医院发起，经上海市卫生局、上海市民政局批准成立的“上海曙光中医药研究发展基金会”在医院西部门诊十一楼会议室举行揭牌仪式。同时举行石印玉荣获上海市文史研究馆馆员称号庆贺仪式。会议由副院长周华主持，朱抗美教授作为基金会理事长在会上介绍基金会筹备情况。上海中医药大学党委书记、常务副校长谢建群，上海市文史研究馆馆长吴孟庆，上海市卫生局副局长、上海中医药发展办公室主任沈远东，上海市中医药学会会长严世芸，医院副院长孙荇、党委副书记马俊坚等领导参加会议。

7月6日　“肝硬化腹水治疗药物‘消胀贴膏’的新药技术转让”签约仪式在医院西部多功能会议室举行。该新药由医院肝病研究所副所长刘成海教授设计辨证敷脐的处方，并联合上海中医药大学中药学院冯年平教授、医院护理部主任张雅丽等组成课题组，进行5年多的探索研究而完成。该项目获得国家发明专利1项。蒋健副院长代表医院与常熟雷允上制药有限公司吕梁总经理签订合同。

7月　中共中央政治局委员、上海市委书记俞正声、市长韩正等市领导在四川省委书记刘奇葆和都江堰援建总指挥薛潮陪同下，到都江堰医疗中心慰问所有援建医疗队。参加慰问的上海市各级领导还有刘云耕、冯国勤、杨晓渡、丁薛祥、胡延照、徐建光、韩慰军。医院第四批援建都江堰医疗队队长石瑛受到上海市委书记俞正声、市长韩正等领导接见。

8月　医院西部的门、急诊大厅全面改造基本完成。

9月25日　第五批赴四川都江堰对口支援医疗队由心内科副主任医师崔松担任队长先行赴都江堰中医院。

9月29日　第五批赴四川都江堰对口支援医疗队队员麻醉科郭峰、护士长袁培琼赴都江堰中医院。

11月　医院主办“国家重大新药创制项目中药新药临床评价研究技术平台研讨会”暨“中药临床研究和评价高级培训班”，会议为期3天，来自全国及上海市各家医院的200位专家学者参加会议。国家中医药管理局科技司王思成、上海市卫生局副局长沈远东出席开幕式并致辞，医院副院长、临床药理科主任蒋健及各研究所、临床科室主任出席会议。

12月3日　肝病、肾病、骨伤、脾胃、糖尿病、慢性心衰、针刺麻醉共7个专科（专病）项目，通过国家中医药管理局“十一五”重点专科（专病）建设项目的中期评估，其中6个项目评估结果为“优”。

12月8日　院长、副院长任命宣布会在医院东部举行。周华任院长兼党委副书记，朱惠蓉兼任副院长，周嘉、蒋健、胡义扬、高炬任副院长，孙荇不再担任副院长职务。

12月23日　国家中医药管理局医政司司长许志仁及孙志广、崔咏梅来医院检查中医医院管理年活动，上海市卫生局副局长沈远东出席了会议，院长周华作工作汇报。

12月　骨伤科詹红生获2007—2009年上海市医务职工科技创新新人奖。

2010年

1月26日　“中医药标准化国际研讨会”专家代表团来医院东部参观，代表团成员有来自澳大利亚、加拿大、日本、韩国等25个国家近60位国际标准化官员及业界专家。上海市卫生局副局长沈远东，医院副院长高炬、周嘉陪同参观。

1月　国家中医药管理局医政司司长许志仁率队一行10人来到医院东部对医院开展中医医院管理年活动情况实施督查，重点进行中医医院发挥中医药特色优势的督促检查和评价。院长周华对医院开展中医医院管理年活动进行汇报，党委书记朱惠蓉等院领导以及职能部门负责人、临床科室负责人参加。

2月1日　医院顺利完成新一届行政职能科室干部聘任工作。共聘任行政职能科室干部33名，其中正职12名、副职21名。此次新聘任的干部共有11名。

2月12日　医院被国家中医药管理局确定为中医药防治传染病重点研究室建设单位。

3月5日　拉脱维亚卫生部部长罗婕塔列一行5人参观医院东部，上海市卫生局国合处处长乔荟竑、院长周华、副院长周嘉等陪同参观。

3月23日　由上海市科委副主任陆晓春带队，市科委研发基地建设与管理处、生物医药处、基础研究处等一行领导及专家对医院“研究型中医院建设方案”进行调研。副院长胡义扬作了关于“上海中医药大学附属曙光医院研究型中医医院建设的思路与探索”报告，上海中医药大学刘平副校长、科技处处长蔡贞贞、院长周华、院党委书记朱惠蓉等领导，科技处及医院科研临床骨干专家出席调研会。

4月15日　世博园区医院医疗站点正式开始运行，医疗站在世博园区C片区，沈晓明副市长到现场指导工作，院长周华陪同。

4月16日　“2010上海世博会医学实验室国家认可颁证仪式”在复旦大学附属中山医院举行。医院检验科获得国家医学实验室认可，标志着医院检验质量管理能力达到国际认可标准。

4月20日　医院世博会医疗保障和志愿者工作誓师动员大会在医院东部梯形会议室举行。上海中医药大学党委副书记何星海，医院院长周华、医院党委书记朱惠蓉、医院副院长周嘉、医院党委副书记马俊坚等领导出席会议。医院2010年世博会医疗保障队队员、志愿者以及部分党员代表与会。

5月25日　图书馆由医院西部住院部三楼搬迁至医院东部综合楼二楼。

6月12日　马来西亚卫生部部长达托斯里利奥蒂翁格莱（Dato’Sri Liow Tiong Lai）、保健旅游理事会总裁达托伊赛川(Dato'Ooi Say Chuan)、保健旅游理事会顾问委员会委员达托雅各布索马斯(Dato' Jacob Thomas)、卫生部特别官员旺卡姆霍尔(Wong Kam Hor)在国家中医药管理局副局长于文明,司长洪净,处长李亚婵、肇红等陪同下来医院参观,副院长周嘉陪同参观院史陈列室、治未病中心、临床Ⅰ期(GCP)试验病房、体检中心、传统中医科、中草药房等相关科室。

6月21日 由世界卫生组织主办,医院作为承办方之一的“第二次世界卫生组织传统医药服务运行与监测研讨会”在上海亚龙国际酒店召开。卫生部副部长、国家中医药管理局局长王国强到会作重要讲话。上海市卫生局副局长、上海市中医药发展办公室主任沈远东致辞,世界卫生组织(WHO)卫生系统管理与服务运行司司长威姆·凡·乐博格(Wim Van Lerberghe)作了专题报告。

7月15日 由国家中医药管理局医政司司长许志仁带队的推进医院管理年活动第八检查组一行8人,在上海市中医药发展办公室领导的陪同下,到医院进行督查,全体院领导参加。

7月22日 卫生部部长陈竺在新加坡出席“中国—东盟卫生部长会议”前夕,参观新加坡中央医院,并视察设在该院的“宝中堂”中医药中心。正在“宝中堂”驻诊的医院推拿科王建伟、血液科胡琪祥2位医师受到陈竺部长的接见。

7月30日 马俊坚任上海市中医医疗质量控制中心主任;艾静任上海市中医医疗质量控制中心常务副主任;黄国毅任上海市中医医疗质量控制中心副主任(兼)。

9月1日 医院中医肾病学、中医内分泌病学、中医外科肛肠病学、中医骨伤科学获国家中医药管理局中医药优势学科继续教育基地。

9月3日 聘任王灵台为医院终身教授。

10月14日 法国巴黎比提耶-萨尔贝提耶尔(Pitite - Salpetriere)医院院长雅克·利格利斯(Jacques Leglise)一行6人来医院东部会谈并就双方合作事宜进行磋商。会上院长周华介绍医院整体情况,双方签订合作意向书。双方将在医疗、科研、教学和学术会议等诸多方面进行国际合作和交流。

10月16日 医院召开石幼山先生百年诞辰纪念会暨石氏伤科学术思想研讨会。全国政协常委、上海市政协副主席蔡威到会致辞,国家中医药管理局领导等到会祝贺,国医大师颜德馨教授参会。石印玉教授作为石氏伤科的第四代传人之一,在会上展示和交流继承石氏伤科及创新成果。

11月2日 朱抗美任特色诊疗技术研究所所长。

11月10—17日 卫生部大型医院巡查督导组一行19人来医院检查督导。上海市卫监所副所长李力达率队参加督导工作。医院全体院领导,相关临床、职能科室负责人出席会议。

11月14日 医院肝硬化科副研究员成扬赴新疆喀什地区第二人民医院开展为期一年半的对口支援活动,党委书记朱惠蓉到机场送行。

11月17日 周华任全国中医医院医疗质量监测中心主任;马俊坚兼任全国中医医院医疗质量监测中心副主任;王见义任全国中医医院医疗质量监测中心副主任。

是日 曹月龙任中医骨伤研究所副所长、张华任中医肝病研究所副所长、高建东任中医肾病研究所副所长。

12月13日 医院获国家中医药管理局第一批中医药标准研究推广基地(试点)建设单位。

12月25日 国家中医药管理局科技司副司长李昱率领国家中医药管理局中医临床研究基地督导专家组来院督导中医药防治肝病临床研究联盟工作的进展情况,督导专家组组长张华强主持汇报会。院长周华汇报研究型中医院建设方案。上海市卫生局副局长、上海市中医药传承发展办公室主任沈远东,上海中医药大学校长陈凯先,上海市中医药发展办公室中医药传承发展处处长张怀琼，上海中医药大学副校长刘平，医院副院长胡义扬、周嘉等参加会议。

12月27日　中国2010年上海世界博览会总结表彰大会在北京人民大会堂举行。经国家中医药管理局推荐，医院被中共中央国务院授予“上海世博会先进集体”荣誉称号。党委书记朱惠蓉参加表彰大会并上台领奖。

12月28日　医院与瑞金医院、组建科研联合体签约仪式在瑞金医院礼堂举行。党委书记朱惠蓉主持，院长周华与瑞金医院院长朱正纲分别致辞。上海市科委领导施强华、卢湾区副区长程霄玉发表讲话，上海市卫生局副局长沈远东、上海中医药大学副校长刘平、上海交通大学医学院副院长陈红专等领导参加签约仪式。会后，医院副院长胡义扬、瑞金医院副院长宁广作学术报告。

12月30日　成立肝胆外科。

2011年

1月16日　由解放日报与上海市卫生局联合主办，新闻晚报、上海市健康教育所承办的“上海市健康大讲堂暨解放健康讲坛”正式开讲，崔松作为名中医继承人走上“解放健康讲坛”。

2月22日　放射科实行胶片自助打印。

2月　上海申康医院发展中心院长绩效考核成绩公布，医院获2010年度市级医院院长效绩考核等级A级。

3月18日　荷兰王国驻上海总领事馆波什克(Astride Boschker)副领事陪同荷兰斯-赫托根博斯(S－Hertogenbosch)市政府代表团一行20人来医院东部交流访问。

4月15日　由新加坡卫生部副秘书长郭鸿盛、卫生部主席吴汉昇、新加坡宝中堂中医药中心总裁江弘毅等一行8人组成的新加坡卫生部学术交流代表团赴医院东部参观，院长周华、党委书记朱惠蓉陪同参观。

4月22日　国家中医药管理局副局长马建中一行在上海市卫生局副局长沈远东、上海中医药大学党委书记谢建群的陪同下来医院东部调研考察，院长周华、党委书记朱惠蓉、副院长胡义扬、党委副书记马俊坚陪同。

6月1日　中共上海市委组织部、市教委党委、申康医院发展中心领导一行12人在上海市教委党委书记李宣海带领下来医院进行党建工作调研。上海中医药大学党委书记谢建群，党委副书记何星海、王群出席会议。医院党委书记朱惠蓉作“牢记宗旨、心系群众、服务大局、创新争优”的主题汇报。

6月27日　由国家中医药管理局医政司组织专家督导组来医院进行2010年医院管理年活动督查。全体院领导及相关职能科室、临床科室负责人参加会议。院长周华向评估专家分别从医院概况、学科建设、发挥中医药特色优势、中医药人员配备、临床科室建设、重点专科建设、中药药事管理、中医药文化建设等方面进行汇报。检查组采取听汇报、查资料、看现场、访谈等形式进行实地评估。

6月　程家正、黄吉赓、吴正翔、丁学屏、唐为勇、陈建杰等6名专家入选上海市名中医。

7月29日　院长周华率职能部门负责人、科主任、援建队员代表来到灾后重建的四川省成都市都江堰市中医院，参加医院成为都江堰市中医医院的指导医院的启动和授牌仪式。四川省中医药管理局、成都市卫生局、都江堰市卫生局领导以及都江堰市中医医院领导和职能科室人员参加了启动和授牌仪式。

8 月 10 日　由上海广播电视台、宁夏广播电视总台联合举办的“沪宁携手、共促健康”活动周大型义诊公益活动在宁夏回族自治区的银川市光明广场举行。医院党委书记朱惠蓉参加活动的开幕式，传统中医科主任窦丹波参加大型义诊活动。

8 月 21 日　在美国权威心脏病学综合性杂志《国际心脏病杂志》上刊登副院长周嘉率领医学团队共同完成的《当代中国针刺麻醉心脏直视手术》论文。由于该杂志的影响力达到 6.802 分，该篇论文成为近 5 年来 SCI 收录论文中关于针刺麻醉临床型研究排名第一的文章。

8 月 29 日　聘任内分泌科丁学屏、血液科吴正翔、儿科唐为勇、呼吸科黄吉赓、儿科程家正为医院终身教授。

是日　成立医院第二批名老中医工作室建设项目，从 2011 年 9 月起，为期 3 年。名老中医工作室分别为刘平、毕小利、朱炜敏、陈建杰、郑昌雄、姜兴俊、唐为勇、程家正、蒋梅先、蔡定芳。

8 月 30 日　医院在医院东部梯形会议室举行了 ISO 质量管理体系实施 10 周年庆祝大会，全体院领导、科室主任、ISO 内审员参加会议。医院院报专刊报道医院质量管理体系运行情况，并评选出葛茂军、何峥、金磊、李屹、陆灏、汤慧敏、邢枫、徐民、胥晓芳、杨敏、尹建鹏、赵燕燕、周俭美、章诚杰、庄俊嵘 15 名优秀内审员。

9 月 6 日　“传承岐黄、凝聚合力”人才工作会议在医院西部行政中心四楼梯形会议室召开。上海市卫生局副局长沈远东，上海中医药大学党委书记、常务副校长谢建群，上海市中医药学会会长严世芸，上海中医药大学副校长余小明与刘平等领导出席会议，医院党政领导，各临床科室、教研室和研究所(室)负责人，职能部门负责人及护士长共 200 人参加会议。

9 月 14 日　医院党委副书记马俊坚当选为黄浦区第一届人大代表。

9 月 20 日　上海市文明办、新民晚报、黄浦区文明委共同举办的首届“上海好心人节”活动中，医院成为首批“上海好心人公益服务接力队”之一，北蔡镇社区服务中心、川沙施湾社区成为医院首批助医点并作为长期志愿者服务点。

10 月　15 个项目获 2011 年度国家自然科学基金立项资助，立项经费 644 万元，是医院历年来立项数及经费数最多的一年。

11 月 27 日　医院东部增设周日门诊，工作时间为上午 8:00 至下午 15:00。主要临床和辅助科室全部开放。

11 月　党委在医院局域网、外网开通《党务公开》专栏。

是月　伦理委员会通过国际认证。

12 月 26 日　周华任院长，周嘉任副院长。

12 月 27 日　决定成立住院医师规范化培训办公室。教育处、人事处负责人参与基地办公室的管理工作。

是日　设备处更名为“医学装备处”。

2012 年

1 月 31 日　医院举行伦理查房视频首发仪式。

1 月　医院西部特需病房改造完毕并正式投入使用。

2 月 22 日　医院开设不孕不育专科门诊。

3 月 5 日　东部门诊试行一站式服务，赴医院就诊患者可以通过一站式服务机自助挂号、付费。

3月12日　以色列卫生部副部长拉比·雅科夫·利兹曼一行16人赴医院东部参观访问，院长周华等陪同接待。

是日　医院实行《优秀规范化培训住院医师预录取制度》。

3月21日　全国人大常委会副委员长桑国卫视察医院东部。

3月22日　由上海市中西医结合学会主办、医院承办的上海市中西医结合学会循证医学专业委员会成立大会在医院东部梯形会议室举行。院长周华当选为主任委员。

4月2日　调整部分临床科室名称，神经内科为脑病科，消化科为脾胃病科，风湿免疫科为风湿病科，呼吸科为肺病科，创伤外科更名为创伤科，神经外科为外一科，普外科为外三科，乳腺外科为外四科，肝胆外科为外五科，泌尿外科为外六科，中医外科为外八科。

5月17日　医院接受国家中医药管理局委托江苏省常州市中医院院长张琪为组长的来自江苏省、重庆市、上海市的20名专家对医院开展为期2天的三级中医医院的试评审。经过2天的评审，医院符合三级甲等中医院评审标准(讨论稿)的各项核心指标，顺利通过此次试评审。

5月20日　医院集团召开工作会议。该次会议对医院集团管理委员会进行了改选，沈远东任名誉主任委员，院长周华任主任委员，新增部分副主任委员和委员。会上主任委员周华对集团工作进行了总结，同时对集团章程进行修订。

6月27日　全国政协常委会委员、教科文卫体委员会副主任、中国宋庆龄基金会副主席、卫生部原部长张文康为组长的全国政协教科文卫体委员会专题调研组一行就“三级医院改革中的问题与对策”到医院东部进行实地考察调研。

是日　余小萍任特色诊疗技术研究所所长。

7月9日　在全国总工会国际部副部长朱斌及上海市总工会有关领导的陪同下，美国变革谋胜利工会联合会副主席托马斯·伍德拉夫等一行13人来医院东部参观交流，医院工会主席、党委副书记马俊坚等领导陪同接待。

7月20日　肝肾疾病病证教育部重点实验室验收会在医院东部学术报告厅举行。传染病诊治国家重点实验室院士李兰娟、中科院上海药物所院士丁健等组成的“肝肾疾病病证教育部重点实验室”验收专家组一行7人来医院现场调研。上海中医药大学校长陈凯先，“肝肾疾病病证教育部重点实验室”主任、上海中医药大学副校长刘平，学科建设办公室主任杨永清，上海市教委科技处蒋皓等领导出席会议。会议由教育部科技处处长明媚主持，陈凯先致欢迎辞，刘平就实验室建设情况作汇报。验收专家组一致同意通过验收。

9月14日　中国台湾台南市副市长颜纯左一行4人来医院参观访问，院长周华陪同参观。

9月18—19日　由上海市质量协会、美国质量协会主办的第三届上海服务质量国际论坛在上海举行，院长周华代表国内唯一一家医疗机构作大会主题演讲，发言内容引起国际同仁的关注。

9月28日　上海市科委组织专家组在医院东部二楼学术报告厅主持召开了由医院承担的“上海市中医临床重点实验室筹建”项目验收会，上海中医药大学副校长施建蓉、学科办公室主任杨永清、医院党委书记朱惠蓉、副院长胡义扬等领导出席会议。验收组专家在听取实验室建设总结报告和典型成果汇报并现场考察实验室情况后，一致同意通过验收。

10月3日　第一位接受体外受精移植试管婴儿的患者成功受孕，成为医院生殖中心首例成功的试管婴儿。

10月22日　医院与上海烟草(集团)公司签约“中华—曙光科研发展与奖励基金”协议。

11月5日　医院与上海中医药大学基础医学院签约“深化合作、协同发展”协议。

11月9日　医院首次聘任临床研究护士共13人。

11月27日　聘任中医骨伤科石印玉为医院终身教授。

12月31日　地铁12号线在建项目发生坍塌事故，15名伤员送至医院，医院立即启动绿色通道接收伤员。院长周华、副院长周嘉现场指挥，中共上海市委常委、浦东新区区委书记徐麟，浦东新区副区长谢毓敏，上海市卫生局副局长瞿介明，浦东新区卫生局局长孙晓明、副局长范金成等领导现场指导。

2013年

1月18日　护理部主任张雅丽被推选为中华护理学会中医、中西医结合专业委员会副主任委员。

是日　医院被命名为上海市志愿者服务基地。

2月22日　国际标准化组织(ISO)秘书长罗布·斯蒂尔(Rob Steele)偕夫人苏珊·斯蒂尔(Susan Steele)，国家标准化管理委员会副主任于欣丽、上海市质量技术监督局副局长沈伟民、国家标准化管理委员会国际部处长郭晨光等一行10人前来医院东部参观访问。上海中医药大学副校长余小明、ISO/TC249秘书处秘书长沈远东、院长周华陪同接待。双方就标准化工作进行交流。

3月8日　国家中医药管理局中医药临床研究伦理审查平台评估小组前来医院进行为期2天的审查评估及培训工作。评估小组由国家中医药管理局科技司副司长李昱带队，国家中医药管理局科技司副处长王思成、国家中医药管理局中医药伦理专家委员会主任委员熊宁宁等专家组成。在首日培训会议上，副司长李昱发表重要讲话，上海市卫生局副局长、上海市中医药发展办公室主任郑锦向与会领导和专家介绍上海中医医疗机构伦理工作的情况。院长周华、党委书记朱惠蓉等院领导及相关职能部门负责人出席培训会，同时，医院还接受现场评估。

3月18日　成扬担任浦东新区传染病医院(集团医院成员)副院长。

3月21日　浙江省金华市人民政府副市长林丹军等一行7人前来医院东部参观。院长周华，党委书记朱惠蓉，副院长周嘉、胡义扬等陪同接待。

3月23日　北京中医药大学校长徐安龙一行3人来医院东部参观交流，院长周华、上海中医药大学校办副主任向延卫等全程陪同。

3月27日　沪上首家"爱肝一生健康管理中心"在医院西部十一楼会议室举行成立仪式并揭牌。中国肝炎防治基金会理事长兼秘书长杨希忠、医院党委书记朱惠蓉出席仪式并为中心揭牌。

3月31日　丁氏内科传人严苍山临床传承研究基地启动会在医院西部门诊十一楼会议室召开。医院终身教授、上海名中医严世芸出席启动会并作重要发言。出席会议的还有潘华信、范华敏、严力等专家以及严世芸全国名老中医工作室成员。

4月22日　英国威斯敏斯特大学生命科学院院长简·路易斯(Jane Lewis)、传统医学系主任安妮·布莱(Annie Bligh)来医院东部参观访问。

是日　在中国驻法大使的见证下，卫生部副部长、国家中医药管理局局长王国强与巴黎台立医院管理局总裁签署了以新一轮中医药临床对西医治疗疾病的补充作用为总体目标，就医疗、培训和研究三个方面提出了纲领性意见。院长周华作为中方实施本项目的主要医疗单位负责人，与法国巴黎比提耶-萨尔贝提耶尔医院院长文森特·尼古拉斯(Vincent Nicolas)签署医院间的合作谅解备忘录，为期5年，中法医院双方将共同实施发展中医药的国际项目。

4 月　院长周华随同国家中医药管理局局长王国强代表团一行赴法国巴黎参加中法两国政府在中医药领域共同发展的合作会议。

5 月 24 日　美国佐治亚金斯大学校长里卡多 · 阿裁兹(Ricardo Azziz)、副校长罗曼 · 斯伯卡(Roman Cibirka)、脑病研究所所长钱卓一行 3 人在上海中医药大学校长陈凯先、副校长施建蓉等领导的陪同下来医院东部参观,党委书记朱惠蓉参加接待。

6 月 4 日　由同济大学法学院组织的 10 名来自德国、日本、韩国等国家的专利审查员赴医院东部参观访问。

6 月 16 日　窦丹波、高月求、林江、刘成海、陆灏、沈卫东、徐燕、詹红生、张炜、李琦等医师入选海上名医传承高级研修班并参加系列培训。

7 月 2 日　宣布周华任院长,朱惠蓉兼任副院长,周嘉、蒋健、胡义扬、高炬任副院长。

是日　宣布周华任临床医学院院长,朱惠蓉兼任临床医学院副院长,周嘉、蒋健、胡义扬、高炬任临床医学院副院长。

8 月 1 日　医院成为科普健康教育基地。

8 月 7 日　医院成为上海市脑卒中救治中心。

8 月 15 日　捷克卫生部部长马丁 · 赫尔查率队一行 18 人到医院参观访问,上海中医药大学副校长施建蓉、院长周华、党委书记朱惠蓉等陪同。

9 月 9 日　美国斯坦福大学医学院杰弗里 · S. 格伦(Jeffrey S. Glenn)教授来医院作主题为"针对肝纤维化病因与效应机制的治疗研究"的报告,肝病研究所刘祖龙主持主题报告会,上海中医药大学副校长刘平、肝病研究所所长刘成海以及院内外专业人士 30 人参加报告会。

9 月 10 日　马俊坚担任上海市中医医疗质量控制中心主任,尹建鹏、汤慧敏为副主任。

9 月 16 日　任命沈远东为医院研究型建设首席顾问兼研究型医院建设推进办公室名誉主任。

是日　任命新一届曙光科技发展中心董事会。董事会成员为周华、周嘉、孙荇、杨敏、王跃、佟栩,董事长为杨敏,监事为马俊坚。

9 月　脑外科成功实施首例针麻下脑室镜微创手术。

10 月 9 日　国家财政部专员办一行 3 人在上海市财政局、上海市卫计委有关处室领导陪同下,对医院近 3 年中央转移支付的卫生事业项目资金开展监督检查。院长周华等全体院领导及相关职能部门负责人、项目负责人出席。

10 月 17 日　王灵台、丁学屏名医工作室获 2013 年全国名老中医药专家传承工作室建设项目。

11 月 7 日　上海申康医院发展中心办公室主任宋国明带领香港医院管理局一行 6 人来医院东部实地考察医院建设发展情况,院长周华、副院长蒋健等陪同参观。

11 月 8 日　护理部主任张雅丽当选为护理专业委员会副会长兼秘书长。

11 月 27 日　周华任全国中医医院医疗质量监测中心主任,马俊坚兼任全国中医医院医疗质量监测中心副主任。

是日　马俊坚兼任医院副院长。朱惠蓉不再兼任医院副院长。

2014 年

1 月 17 日　科研处开展首次科研查房。科研查房选择神经外科(外一科)、神经外科主任费智敏汇报科室科研、临床试验的工作情况。科研查房将纳入管理部门的日常工作中,每月一次、每次一个科室，定期总结、分析并提出改进措施。

2月19日　由普外科副主任医师韩刚、妇产科副主任医师钱麟、急诊科主治医师尹成伟、主管护师阴霄飞组成的第二批援滇医疗队正式启程，将在云南陆良人民医院开展为期半年的援建工作。

2月22日　神经内科秦保锋作为上海市第八批援疆干部人才，赴新疆喀什地区第二人民医院，开展为期一年半的对口援建工作。

3月17日　捷克查理大学医学院皮肤病系教授、捷克皮肤病及性病研究会会长、知名皮肤病专家佩特拉·阿伦伯格(Petra Arenberger)博士等一行3人前来医院东部参观访问。

3月28日　浙江奉化中医院正式加入曙光集团。

4月10日　中国中医科学院中医基础理论研究所调研组一行18人在副所长胡镜清的带领下前来医院交流访问，院长周华、副院长胡义扬陪同接待。

4月21日　姚政任医院党委副书记、纪委书记。

4月22日　法国资深骨伤专家菲利普·德康(Philippe Descamps)一行来医院参观访问。上海中医药大学原校长陈凯先、副校长施建蓉、国际交流处处长郑林赟、医院副院长胡义扬陪同。

4月26日　温州市中医院成为医院分院，冠名为"曙光医院温州分院"。

5月5日　英国布拉德福德(Bradford)大学校长及其学校管理层等一行来医院参观访问。副院长胡义扬等陪同。

5月13日　医院与中国人民武装警察部队上海市消防总队水上支队共建签约。

5月16日　产科在医院东部贵宾楼一楼重新开诊。上海中医药大学医管处副处长王珏，医院院长周华，副院长周嘉、胡义扬、高炬，党委副书记姚政以及相关职能部门负责人和产科医务人员出席开诊仪式。

5月29日　捷克健康与社会政策委员会主席米洛斯·亚内切克(Milos Janecek)率捷克健康与社会政策委员会参议会代表团一行来医院参观访问。

6月10日　医院和上海市宝山区卫生计生委第二轮托管合作签约仪式在宝山区中西医结合医院举行。上海中医药大学校长徐建光、副校长施建蓉，宝山区区委书记汪泓、副区长陶夏芳，宝山区卫生计生委、宝山区中西医结合医院的相关领导，以及医院院长周华，副院长周嘉、胡义扬等出席签约仪式。

6月13日　沈远东当选为新一届中华中医药学会糖尿病分会主任委员，陆灏当选为副秘书长。

6月　周华、周嘉、蒋健、王肖龙、詹红生、余小萍、忻耀杰、张雅丽、万华、齐聪等10名专家受聘为国家卫生和计划生育委员会中医类、中西医结合类规范化培训"十二五"规划教材主编、副主编。其中7名入选主编、3名入选副主编。

7月5日　由医院和上海市中医药标准化技术委员会共同主办的医院标准化管理成果信息发布暨项目启动会在医院东部召开。解放日报、文汇报、中国中医药报、上海中医药报参会并报道。

7月11日　自医院恢复产科之后，第一个"曙光宝宝"出生。院长周华、副院长周嘉到病房探望。

7月12日　全国政协副主席韩启德在上海中医药大学校长徐建光，原校长陈凯先院士，党校办主任蔡贞贞、副主任向延卫的陪同下前来医院参观访问。院长周华，副院长周嘉、胡义扬、高炬，党委副书记姚政等领导陪同参观。

7月18日　医院舟山分院签约揭牌仪式在舟山市中医骨伤联合医院大会议室举行。舟山市副市长徐燕峰、浙江省中医药管理局副局长陈学奇、舟山市卫生和计划生育局局长徐良波、舟山医院副书记陈海平以及医院院长周华、副院长周嘉出席签约揭牌仪式。

8月15日　国家自然科学基金委员会公布了2014年度国家自然科学基金申请项目评审结果，医院2014年获资助数达29项，比2013年增加26.1%，其中面上项目10项、青年基金19项。居全国中医医院自然基金立项数首位。

9月23日　加拿大大不列颠哥伦比亚大学医学院院长加文·斯图尔特(Gavin Stuart)和医学院教授贾韦国在上海中医药大学副校长胡鸿毅的陪同下前来医院进行参观交流活动。上海中医药大学研究生院常务副院长陈跃来、上海中医药大学国际交流处处长郑林赟、医院副院长周嘉、医院党委副书记姚政陪同接待。

10月9日　针灸科崔花顺赴摩洛哥穆罕默迪亚医院进行为期2年的援助医疗任务。

12月9日　中国台湾慈济大学校长王本荣一行在上海中医药大学统战部副部长徐敏的陪同下前来医院参观访问。院长周华、党委副书记姚政陪同接待。

12月11日　捷克药监局局长兹德涅克·布拉胡塔(Zdenek Blahuta)、捷克卫生部特使杨·卢什卡(Jan Ruzicka)等一行前来医院参观。院长周华陪同参观。

12月12日　为期2天的世界中医药学会联合会标准建设委员会换届大会暨第二届中医药国际标准化研讨会在上海华亭宾馆举行，来自中外60个单位和组织共120名代表参加会议。大会选举国际标准化组织、中医药技术委员会(ISO/TC249)秘书长。原医院院长沈远东当选为新一任会长、院长周华为秘书长，同时产生14名副会长、49名常务理事和61名理事。理事会成员分别来自英国、法国、德国、美国以及中国香港、澳门等10个国家和地区。世界中医药学会联合会副主席兼秘书长李振吉出席会议并做重要发言，上海中医药大学校长徐建光出席会议并致辞。

12月23日　成立肾病中心，下设肾病一科、肾病二科。

2015年

1月16日　何立群当选为世界中医药学会联合会医案专业委员会副会长。

1月30日　陆灏当选为第一届世中联内分泌专业会副主任委员。

2月17日　胰胆外科成立。

3月12日　内镜中心成立。

4月22日　院长周华与捷克赫拉德茨-克拉洛韦大学医院院长罗曼·普利穆拉教授在上海市人民政府一号贵宾厅共同签署了《中捷传统中医药领域合作谅解备忘录》。该备忘录是以中华人民共和国国家卫生和计划生育委员会、捷克卫生部《关于两国医疗卫生战略合作的谅解备忘录》为基础，将传统中医药在捷克扩大传播，并在治疗、预防、教育及科研等方面进行合作。

是日　由捷克卫生部对华事务专员杨·卢什卡、捷克赫拉德茨-克拉洛韦大学医院院长罗曼·普利穆拉教授带领的捷克卫生部代表团一行来医院西部参观。院长周华陪同。

6月5日　中医药国际标准化研究所成立。

6月17日　医院与捷克赫拉德茨-克拉洛韦大学医院合作建立的中国—捷克中医中心举行揭牌仪式。国务院副总理刘延东、国家卫生和计划生育委员会主任李斌、捷克副总理别洛布拉代克、捷中友好合作协会主席德沃吉克、捷克卫生部部长涅麦切克等领导出席揭牌仪式。世界卫生组织总干事陈冯富珍到会并表示祝贺。医院党委书记马俊坚在揭牌仪式上致辞并与两国副总理共同为中医中心揭牌。

6月29日　核医学科成立。

是日　骨二科成立。

7月5日　医院作为2015年医师资格考试中医基地之一，进行中西医执医类别及中西医执助类别的实践技能考试，共接待中西医执医194人，中西医执助10人。上海市中医药发展办公室副主任、中医药传承发展处处长张怀琼一行来到医院东院督察，院长周华陪同。

7月16日　捷克赫拉德茨-克拉洛韦市大学医院副院长安托斯(Antos)等一行4人前来医院进行中国—捷克中医中心工作讨论。院长周华、党委书记马俊坚、副院长周嘉、财务总监孙苻及相关职能部门负责人出席会议。双方对医院派出的中医专家在捷克的执业、医疗科研的方向、工作的流程、经济成本核算、中医师的交通住宿，以及双方医务人员进修、科研合作、人员培训等事宜进行协商并达成共识。

7月31日　医院医学装备处郭晨洁作为上海市第八批援疆干部，赴新疆喀什地区第二人民医院开展为期一年半的对口支援工作，党委副书记姚政前往机场送行。

8月18日　国家自然科学基金委员会公布2015年国家自然科学基金中标名单。医院中标重点项目2项，面上项目13项，青年项目10项，成为全国获重点项目最多的中医医院。

8月28日　党委书记马俊坚、副院长蒋健当选为第一届世界中医药联合会伦理审查委员会副会长，高月求当选为常务理事。

9月21日　医院与捷克赫拉德茨-克拉洛韦市大学医院合作建立的中捷中医中心门诊部开张剪彩仪式于捷克当地举行。国家中医药管理局规划财务司司长苏刚强、国家中医药管理局国际合作司处长刘嵚、捷克卫生部副部长伦卡·普塔奇克娃·麦利赫洛娃、捷克卫生部中国事务特命专员杨·卢什卡及医院副院长高炬出席仪式。

10月23日　医院党委与中共一大会址纪念馆党总支共建签约仪式在中共一大会址纪念馆会议室举行。中共一大会址纪念馆党总支书记赵绵池、馆长张黎明以及医院党委书记马俊坚、党委副书记姚政出席签约仪式。

11月8日　马来西亚管理与科技大学(MSU)校长丹斯里拿督威拉一行5人来医院东部访问。

11月24日　捷克总理博胡斯拉夫·索博特卡、卫生部部长斯瓦托普卢克·涅麦切克、中捷友好合作协会会长雅罗斯拉夫·德沃吉克、中捷中医中心共建方捷克赫拉德茨-克拉洛韦市大学医院院长罗曼·普利穆拉率领捷克代表团一行40余人来到医院东部参观。中国驻捷克大使马克卿、中国外交部欧洲司副司长王顺卿、上海中医药大学校长徐建光、上海市外事办公室副主任范宇飞、上海市卫生计生委副主任郑锦以及院长周华、医院党委书记马俊坚陪同参观。

11月27日　在国务院总理李克强、捷克总理索博特卡的共同见证下，捷克卫生部、赫拉德茨-克拉洛韦大学医院与曙光医院在人民大会堂签署《捷克共和国卫生部、赫拉德茨-克拉洛韦大学医院与上海中医药大学附属曙光医院关于全面支持中国传统医药在捷克发展的合作谅解备忘录》(简称《谅解备忘录》)。院长周华和捷克合作者代表双方签署《谅解备忘录》。两国两家公立医院与中国企业共同合作，推动在捷克建设中医中心项目。

12月3日　在医院东部举行石光海教授学术思想研讨暨百年诞辰纪念会。上海中医药大学党委副书记何星海、上海中医药大学原校长陆德铭、中华医学会皮肤性病学分会主任委员郑捷、中国中西医结合学会皮肤性病专委会主任委员温海、九三学社上海中医药大学支社主委郎铁成、上海市台盟副秘书长庄振文、院长周华出席会议。

12 月 12 日　中国女医师协会肛肠专业委员会成立大会在北京召开。杨巍当选为首任会长。

12 月 18 日　医院武义分院揭牌仪式在武义县中医院举行。浙江省中医药管理局副局长吴建锡，武义县领导钟关华、张新宇、骆瑞生、姚美芬，以及医院院长周华，副院长周嘉、胡义扬出席仪式。

第一篇 组织

概　述

1906年，医院的所有院务事宜都由四明公所董事会负责管理。1922年9月，四明医院新院落成开幕。医院成立董事会，负责指导、监督及决定全院院务之使命。四明医院组织系院长制，初为董事兼任，一正二副；1934年7月，改为聘任制。院长之下设总主任、医药主任及庶务主任各一员，分掌所属各项事宜。同年，医院恢复设立常任监管机构监理董事会，监理董事会每月来院开会一次，执掌聘任或辞退院长、总主任之权，管理经济及议决有关医院重大革新事件。监理董事会下设监察员、药事委员会、调查团。

1942年8月，吴涵秋被聘任为院长，张竺生为副院长，谢凤鸣为总主任，力推医院改革。1943年，医院成立组织改进委员会，委员21人，分组办事。正副院长与总主任以下设总管理处，内分人事、文牍、调查统计、社会服务四科。事务部设会计、出纳(挂号室附之)、庶务(储藏室附之)三科；其他如煎药室、炉房、厨房、善后所即太平间、门房等，归庶务科。至此，一所中西医结合的综合性医院的组织系统得以初步建立。

1953年，由监理董事会推荐董事长与院长为代表，申请上海市人民政府卫生局接办医院，改为上海市立第十人民医院。1954年，上海市立第十一人民医院(即中医院)建成。1956年，上海市立第十、第十一人民医院两院联合门诊大楼建成。1960年，两院合并归上海中医学院领导，取名“曙光医院”。医院设立了院办、人事、医教办公室、护理部、财务科、总务科等职能部门。

1968年3月，曙光医院成立革委会，同年10月工宣队、军宣队进驻医院。1969年2月，医院成立连队政治领导小组(共分4连)，每连组长均由工宣队担任。1972年，医院行政体制方面设有革委会办公室、后勤组、政宣组、医教组、组织组、门急诊办公室；同年12月又对革委会进行调整充实，共有19人组成(其中工宣队2人、军宣队1人、干部5人)；1976年，陆续恢复原来的行政领导体制，并逐步调整充实。1978年起医院实行党总支领导下的院长负责制，明确了院长和副院长的职责，并恢复科主任、主治医师、护士长等职称；明确科主任是行政职务，负责本科的行政管理工作，科内的主治医师在科主任领导下负责本科室业务技术工作。医院行政职能科室为院长办公室、医务科、教学办公室、人事科、总务科、财务科、护理部、门诊办公室等；1981年增加了防保科、保卫科，以后又陆续成立了设备科、统计信息科、科研办公室等。1987年6月起，医院改为院长负责制。

随着上海中医学院更名为上海中医药大学，1993年12月，曙光医院将医务科、人事科、财务科、总务科相应改为医务处、人事处、财务处、总务处，但原级别待遇不变。1996年，医院对职能部门、业务科室人员进行聘任，通过竞争上岗，完成中层干部换届工作。2000年，根据定岗、定编、定员的原则，医院进行行政职能部门的机构改革。院办、党办合并为办公室；医务处、门诊办公室、质控办、防保科、社会事务部合并为医务管理处；科研办、教育处、继续教育科合并为科教处。划出业务性较强的信息科、业务图书馆作为业务科室，职能部门从原有的19个精简到11个。2001年9月，继续教育科从科教处划出，归并人事处。2004年，医院成立东部行政管理部、医务管理处、后勤保障部。

2006年，医院内设机构改革，一些处室之间有合并有拆分。2007年3月，医院成立绩效考核办公室。2008年6月，东、西两部行政科室实行统一管理，东部行政管理部更名为医院办公室，东部医务管理部更名为医务管理处，东部后勤保障部更名为总务处。2008—2015年，行政机构没有变化。

20 世纪 60 年代，由上级党委审批成立医院党支部。1963 年，成立党总支。1982 年 2 月，恢复党总支工作；1988 年 3 月，成立医院党委会。2008 年 6 月，召开第一次党员代表大会，有 158 名党员代表参加会议。2011 年 6 月，医院召开第二次党员代表大会，200 名党员代表出席大会。2015 年 6 月，召开第三次党员代表大会，有 139 名党员代表参加会议。医院党委加强基层党组织建设，做到两个"做好"，一是做好党员的教育、管理和发展等工作；二是做好干部考察、培养、教育工作，参与干部管理、考核、任免工作。基层党组织从 1963 年党总支下设两个支部，到 2015 年 10 月已发展到党委下辖 7 个党总支 20 个党支部。

1982 年，成立医院党的纪律检查小组。1988 年，设纪律检查委员会。1988—2015 年，党委（总支）共换届 7 次。

党委办公室主要负责党建、统战、纪检、纠风等工作的具体落实，自 2001 年起，按医院机构改革方案与医院办公室合并。2013 年 9 月，党委办公室独立设置。

1997 年 1 月，正式成立宣传科，隶属于党办。2002 年，宣传科并入医院办公室。2013 年 9 月，单独成立宣传处，同时与团委合署办公。主要开展政治理论学习、院报、对内对外宣传报道等工作，同时兼管医院精神文明建设和医院文化建设工作。

1960 年 4 月，工会成立。当时设工会主席 1 人及工会专职干部 1 人，有工会会员 491 人。经过 55 年发展与变化，医院有部门工会 7 个，工会小组 152 个，会员已达 1 924 人。工会换届 12 次。1980 年 5 月召开第一届职工代表大会，到 2012 年 3 月，已经召开第十一届职工代表大会。医院工会经审委员会于 1991 年成立，至 2011 年，已完成 6 次换届。

1953 年，成立团支部，下设 3 个团小组，有团员 21 人。1963 年，成立团总支。1988 年，成立团委。2015 年，团委下设团总支 3 个。

1979 年，医院妇女委员会成立，围绕医院中心工作，开展多项具有妇女特点的活动。2012 年 4 月，已召开 8 次妇女代表大会。

1986 年 7 月，成立退休职工管理委员会并设立办公室，和工会办公室合署办公。2010 年 2 月，成立离退休办公室，与党委共同管理离休干部并开展工作。

第一章　管理架构

1906年，医院建院之初不设院长，由院董事会直接管理医院日常事务。1922年，医院扩建后，设院长、副院长。1953年，四明医院更名为上海市立第十人民医院。1954年，上海市立第十一人民医院成立，“两院”院长、副院长、党组织负责人、中层干部由上海市卫生局任命。1960年，“两院”合并，取名为“曙光医院”，是上海中医学院附属医院。院长、副院长、党组织负责人由上海中医学院任命。

第一节　正、副院长

1922年，经董事会推荐朱葆三为院长。1926年，由于朱葆三年事已高且多病，经董事会推荐葛虞臣为院长。1934年8月—1942年，由戎明士任院长。1942年，由吴涵秋接替戎明士任院长。1953年12月，上海市立第十人民医院成立，吴涵秋任院长。1954年6月，上海市立第十一人民医院成立，陆渊雷任院长，任职不到一年调往北京。1954年12月，由陈育鸣任院长，任职一年后调往北京，由吴涵秋兼任院长。1960年，上海市立第十人民医院、上海市立第十一人民医院两院合并，更名“曙光医院”，吴涵秋任院长。1983年，余志鼎任院长；1988年，院长余志鼎由于心脏病突发去世，上海中医学院任命石印玉任院长。1993年，王灵台任院长。2002年，沈远东任院长。2009年，沈远东调任上海市卫生局任副局长、上海中医药发展办公室主任，由周华担任院长。

表1-1-1　1922—2015年历任正、副院长情况表

医院名称	任职时间	院长	任职时间	副院长
四明医院	1922年9月—1926年7月	朱葆三	1922年9月—1926年7月	葛虞臣
	1926年7月—1934年7月	葛虞臣	1922年9月—1934年7月	周湘云
	1934年8月—1942年7月	戎明士	1926年9月—1927年4月	盛竹书
	1942年8月—1953年	吴涵秋	1927年2月—1934年7月	方式如
			1942年8月—1944年8月	张竺生
			1944年9月—1953年	黄景霞
第十人民医院	1953—1960年	吴涵秋	1953—1960年	黄景霞
			1953—1960年	李广友
			1953—1960年	李静华
第十一人民医院	1954—1954年	陆渊雷	1954—1960年	董基康
	1954—1955年	陈育鸣	1954—1960年	丁济民
	1955—1960年	吴涵秋	1954—1960年	徐仲才

（续表）

医院名称	任职时间	院长	任职时间	副院长
曙光医院	1960年7月—1976年	吴涵秋	1960年7月—1966年	黄景霞
	1983—1988年	余志鼎	1960年7月—1963年	李广友
	1988年3月—1993年10月	石印玉	1960年7月—1966年	董基康
	1993年10月—2002年6月	王灵台	1978—1982年	胡振康
	2002年6月—2009年11月	沈远东	1978—1979年	王星光
	2009年11月—	周 华	1978—1983年	李广塘
			1978—1989年	羔 萍
			1978—1985年2月	王清波
			1980—1983年	任家潍
			1983年5月—1991年	姚明群
			1984—1993年	蔡 淦
			1986年4月—1992年 1993—2002年6月	沈远东
			1988年8月—2002年6月	汤仁智
			1992年2月—2002年6月	康正祥
			1993—1999年	郑平东(兼)
			1999—2007年11月	朱抗美(兼)
			2002年6月—2009年11月	周 华
			2002年6月—	蒋 健
			2002年6月—2007年11月	肖 臻
			2007年11月—2008年11月	唐靖一
			2008年11月—	高 炬
			2005年4月—2009年12月	孙 荇
			2007年11月—2013年11月	朱惠蓉(兼)
			2009年12月—	周 嘉
			2009年12月—	胡义扬
			2013年7月—	马俊坚(兼)

说明："文化大革命"中医院成立革委会，革委会主任分别是刘树梓（1968—1970年），周长智（1970—1972年），任天洛（1973—1978年）；副主任分别是张泰勤（1968—1970年），王国银（1968—1970年），陆世章（1973—1978年）（工宣队），董基康（1973—1978年），李广塘（1973—1978年）。

第二节 党组织负责人

1953年，四明医院由上海市人民政府接管，正式成立党支部。之后的上海市立第十人民医院、第十一人民医院及曙光医院成立初期，均设党支部。1963年，中共上海中医学院附属曙光医院总支委员会设立。1970年9月，医院成立“整党建党领导小组”。1971年6月，经选举产生新一届党总支委员会。“文化大革命”结束后，设置党总支办公室。1993年12月，更名为中共上海中医药大学附属曙光医院委员会，隶属中共上海中医药大学委员会领导。

表1-1-2 1953—2015年历任党组织负责人情况表

任职党组织	任职时间	书记	任职时间	副书记
四明医院党支部	1953—1954年	李广友		
第十人民医院党支部	1954—1960年	李广友	1956—1960年	崔顺卿
第十一人民医院党支部	1954—1956年	陈育鸣		
	1956—1959年	俞七芳		
	1959—1960年	董基康		
曙光医院党支部	1960—1963年	董基康	1960—1962年	孙　励
曙光医院党总支	1964—1967年	刘树梓	1963—1966年	董基康
	1971—1972年	关成理	1966—1966年	胡振康
	1972—1979年	任天洛	1972—1976年	董基康
	1979—1982年	谢田夫	1972—1977年	陆世章
	1985—1988年	沙诵芬	1976—1978年	盛其业
			1978—1981年	陈文明
			1978—1979年	王星光
			1978—1985年	王清波
			1981—1985年	王仁士
			1981—1985年	沙诵芬
			1983—1988年	汤仁智
曙光医院党委	1988—1992年	王元洪	1988—1992年	汤仁智
	1992—1999年	郑平东	1987—1992年	蒋琴芳
	1999—2007年	朱抗美	1992—1992年	沈远东
	2007—2013年	朱惠蓉	1992—1992年	郑平东
	2013年—	马俊坚	1992—2000年	周展红
			2000年—2013年11月	马俊坚
			2014年4月—	姚　政

第三节 院长助理

1984年6月，医院设立院长助理。于1984年7月、1991年10月、2002年7月、2008年1月，分别设立院长助理。

表 1-1-3 1984—2009 年历任院长助理情况表

职 务	任职时间	姓 名
院长助理	1984 年 6 月—1986 年 1 月	沈远东
	1984 年 7 月—1986 年 1 月	林志勇
	1991 年 10 月—1995 年 1 月	李家榕
	2002 年 7 月—2005 年 4 月	孙 荇
	2006 年 1 月—2008 年 12 月	唐靖一
	2006 年 1 月—2008 年 12 月	程宗超
	2008 年 1 月—2009 年 4 月	姚 政
	2008 年 1 月—2009 年 4 月	竺 炯
	2008 年 7 月—2009 年 4 月	高月求

第二章　内 设 机 构

1906—2015 年，在不同时期、不同阶段，医院领导者从医院发展的需要考虑，不断调整、增设科室，使科室设置更趋完善。

1906 年，由四明公所建议建造四明医院时，院务工作由四明公所董事会决定。1922 年，任命朱葆三为院长，成立医院董事会和监理董事会，负责管理医院工作。

1960 年，上海市立第十人民医院与上海市立第十一人民合并之后，成为上海中医学院附属医院，医院工作包括医疗、教学、科研等方面。1981 年 3 月，医院成立学术委员会。1983—2015 年，根据工作需要，先后成立职称评定委员会、药事委员会、病案管理委员会、爱国卫生委员会、消毒隔离领导小组、计划生育领导小组、公费医疗领导小组、控制院内感染委员会、成人教育人才培养领导小组、医疗事故处理小组等院级委员会。

第一节　科 室 设 置

1906 年，院务工作由四明公所董事会决定。1922 年秋，四明医院新院开张，组织系院长制；1934 年起，改为聘任制；1943 年，成立组织改进委员会，委员 21 人，分组办事。正副院长与总主任以下设总管理处，内分人事、文牍、调查统计、社会服务四科。事务部分设会计、出纳（挂号室附之）、庶务（储藏室附之）三科，其他如煎药室、炉房、厨房、善后所即太平间、门房等也归庶务科。

1942 年，医院共有行政职能科室 7 个，临床、医技、药剂科室 14 个。职能科室：人事科、秘书室、医务部、护理部、总务室、财务室、病史室。临床、医技、药剂科室：保健科、内科、肺痨科、外科、妇产科、小儿科、X 光室、检验室、西药室、中医内科、中药室、手术室、供应室、营养室。

1994 年，医院共有行政职能科室 14 个，临床科室 20 个，二级临床分科 10 个，医技、药剂科室 13 个。职能科室：党委办公室、院长办公室、医务处、人事处、财务处、总务处、教育处、护理部、保卫科、门诊办公室、科研办公室、统计信息科、防保科、药剂科。临床科室：急诊科、中医内科、西医内科、中医外科、肛肠科、西医外科、妇科、小儿科、针灸科、骨伤科、皮肤科、眼科、口腔科、耳鼻咽喉科、推拿科、肿瘤科、麻醉科、老年病科、气功科、康复科。二级临床分科：肝炎科、血液科、肾炎科、心血管科、脾胃病科、神经科、胆道科、泌尿科、乳房科、男性病科。医技、药剂科室：手术室、检验部、放射科、超声诊断室、同位素室、病理科、脑电图室、内窥镜室、制剂中心、中药室、西药室、供应室、营养室等。

2000 年，第一次机构改革，医院共有行政职能处室 11 个，临床科室 21 个，二级临床分科 31 个，医技科室 9 个，药剂科室 4 个，其他专业技术科室 1 个。行政职能处室：医院办公室、医务管理处、科教处、人事处、群众工作部、工会、护理部、财务处、保卫处、总务设备处、审计室。临床科室：急诊科、内科、中西医结合脑病中心、中医外科、肛肠科、西医外科、泌尿外科、妇科、儿科、骨伤科、干保科、针灸科、皮肤科、眼科、耳鼻喉科、推拿科、口腔科、肿瘤科、麻醉科、手术室、特诊部。二级临床分科：急诊室、ICU、肠道科、消化科、内分泌、肝科、肝硬化科、肾炎科、血液科、呼吸科、心血管科、神经内科、神经外科、胆道科、中医外科、肛肠科、泌尿外科、妇科、儿科、骨伤科、干保科、功能理疗室、皮肤科、眼科、耳鼻喉科、推拿科、口腔科、肿瘤科、麻醉科、手术室、特诊部。医技科室：放射科、超声波室、心电图室、脑肌电图、内窥镜室、检验部、病理科、营养室、高压氧科。药剂科室：西药室、中药室、制剂中心、临床药学科。其他专业技术科室有信息中心。

2006 年，医院第二次机构改革，改革后职能部门 21 个，临床科室 45 个，其中临床二级科室 17 个、医技科室 14 个。

2010 年，医院第三次机构改革，改革后职能部门 18 个，临床科室 49 个，其中临床二级科室 24 个、医技科室 12 个。

2013 年，医院第四次机构改革，改革后职能部门 24 个，临床科室 47 个，其中临床二级科室 29 个、医技科室 15 个。

2006 年 4 月—2010 年 2 月，行政职能部门、临床科室进行第二次调整。2010 年 2 月—2013 年 9 月，行政职能部门、临床科室进行第三次调整。2013 年 9 月，行政职能部门、临床科室进行第四次调整。

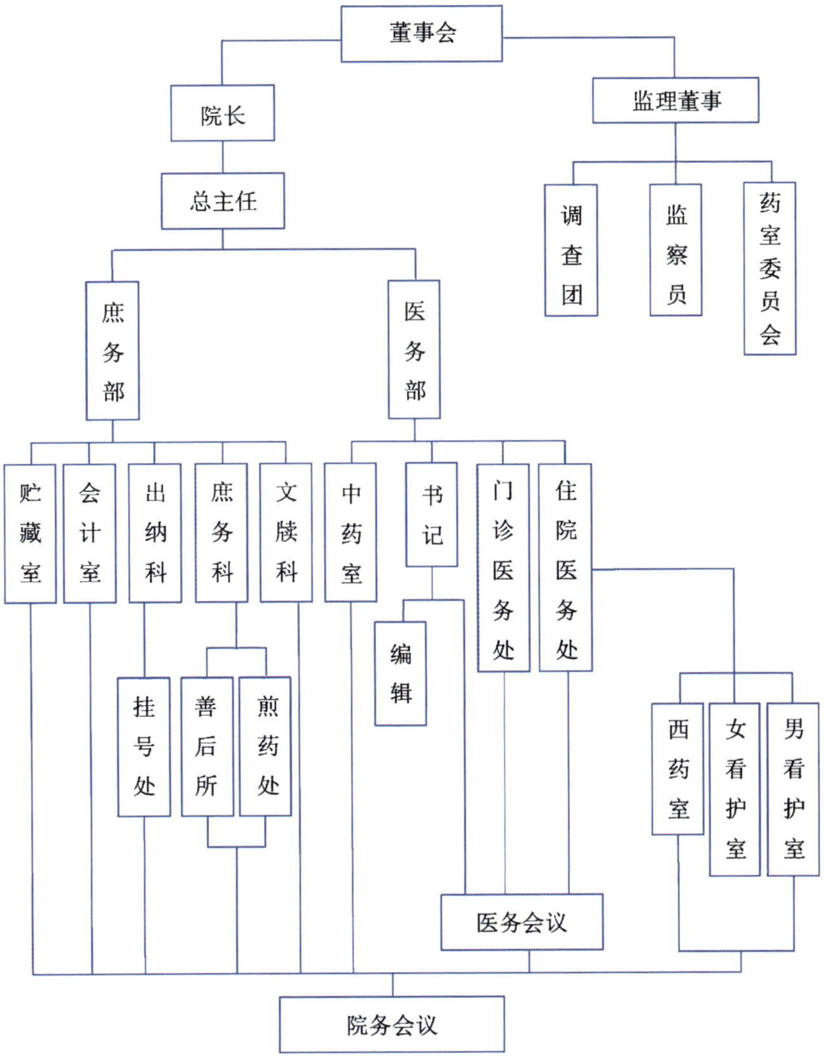

图 1－2－1　1943 年四明医院组织结构图

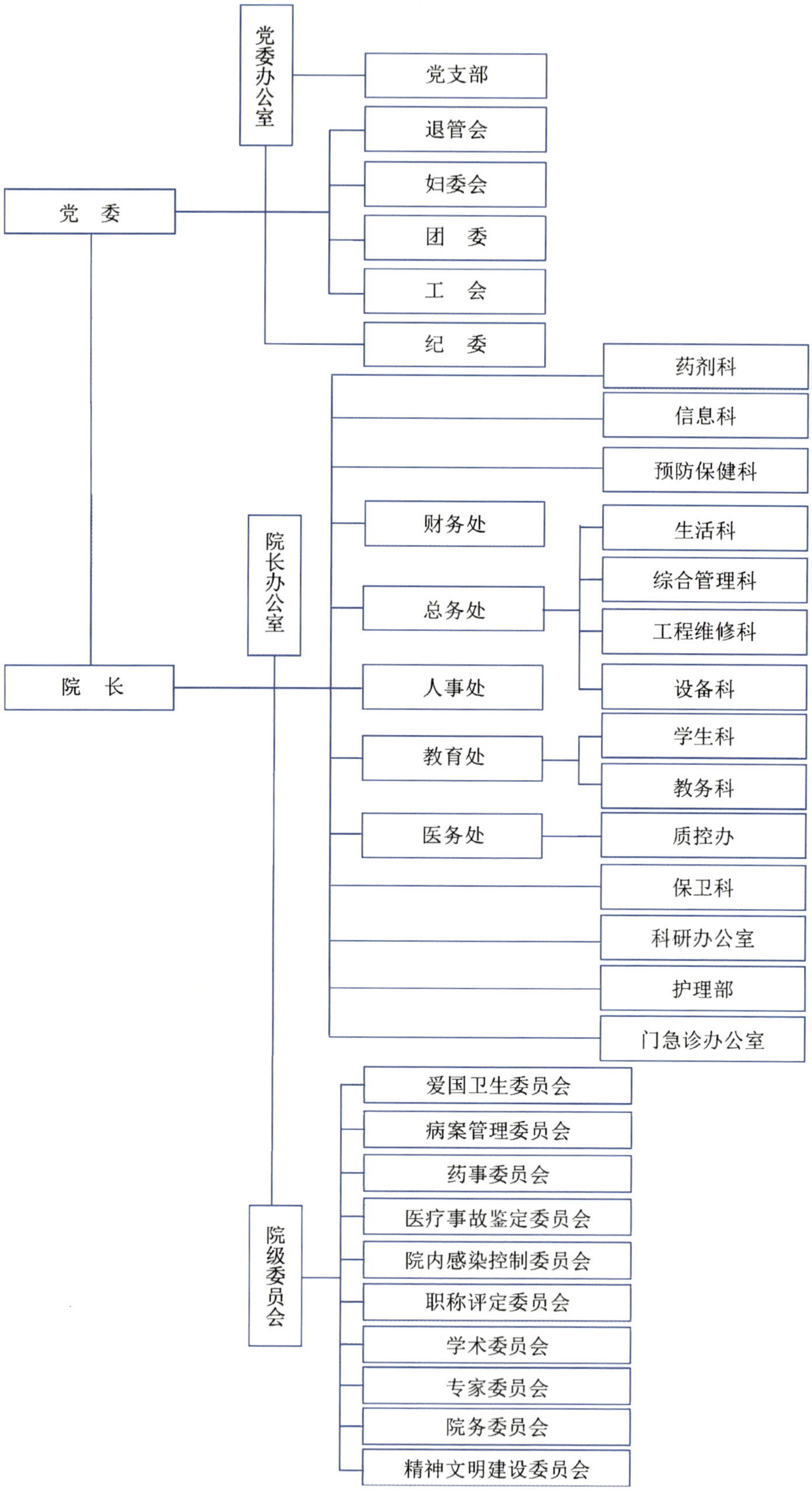

图 1-2-2 1994 年医院组织结构图

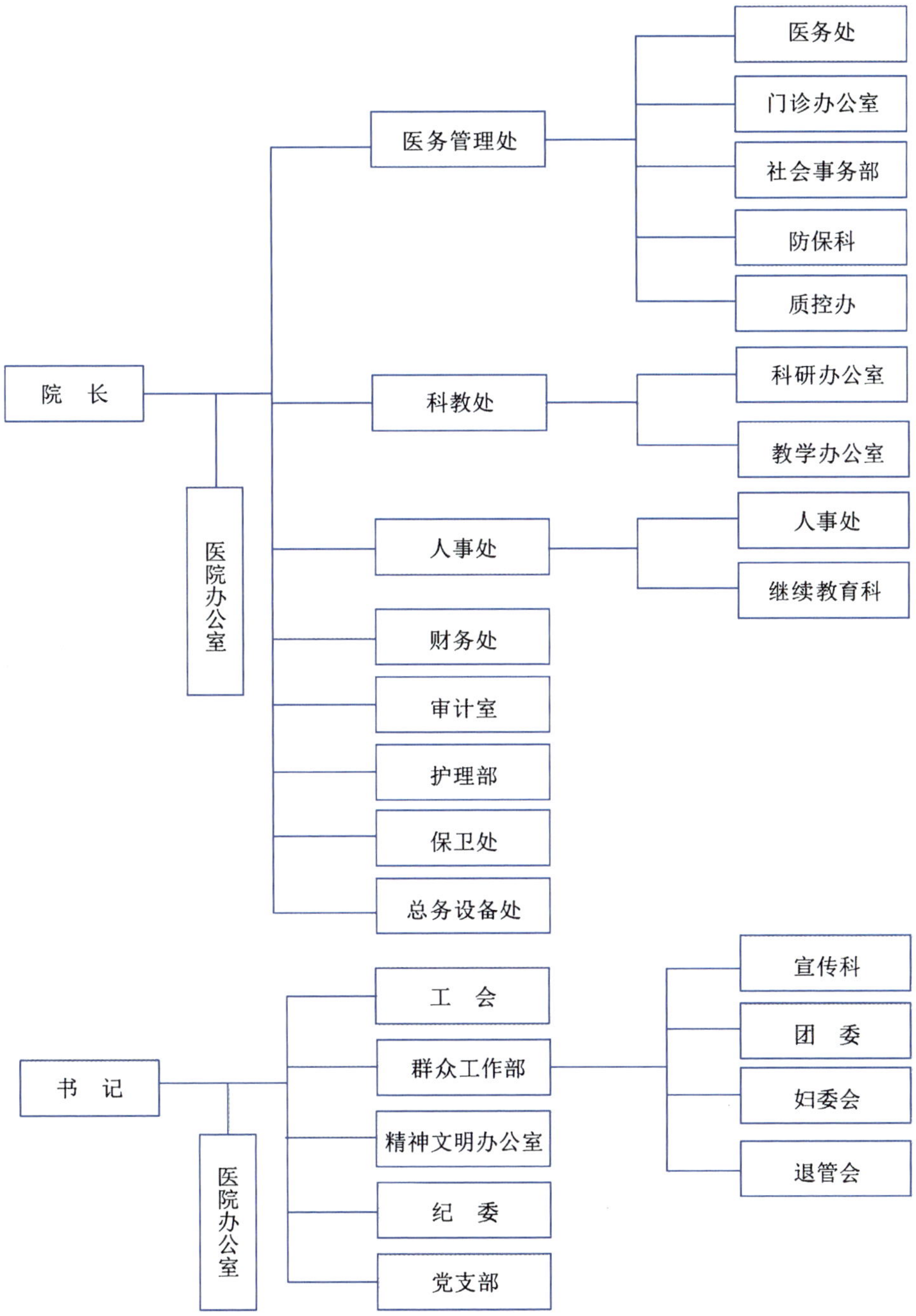

图 1－2－3　2001 年医院组织结构图

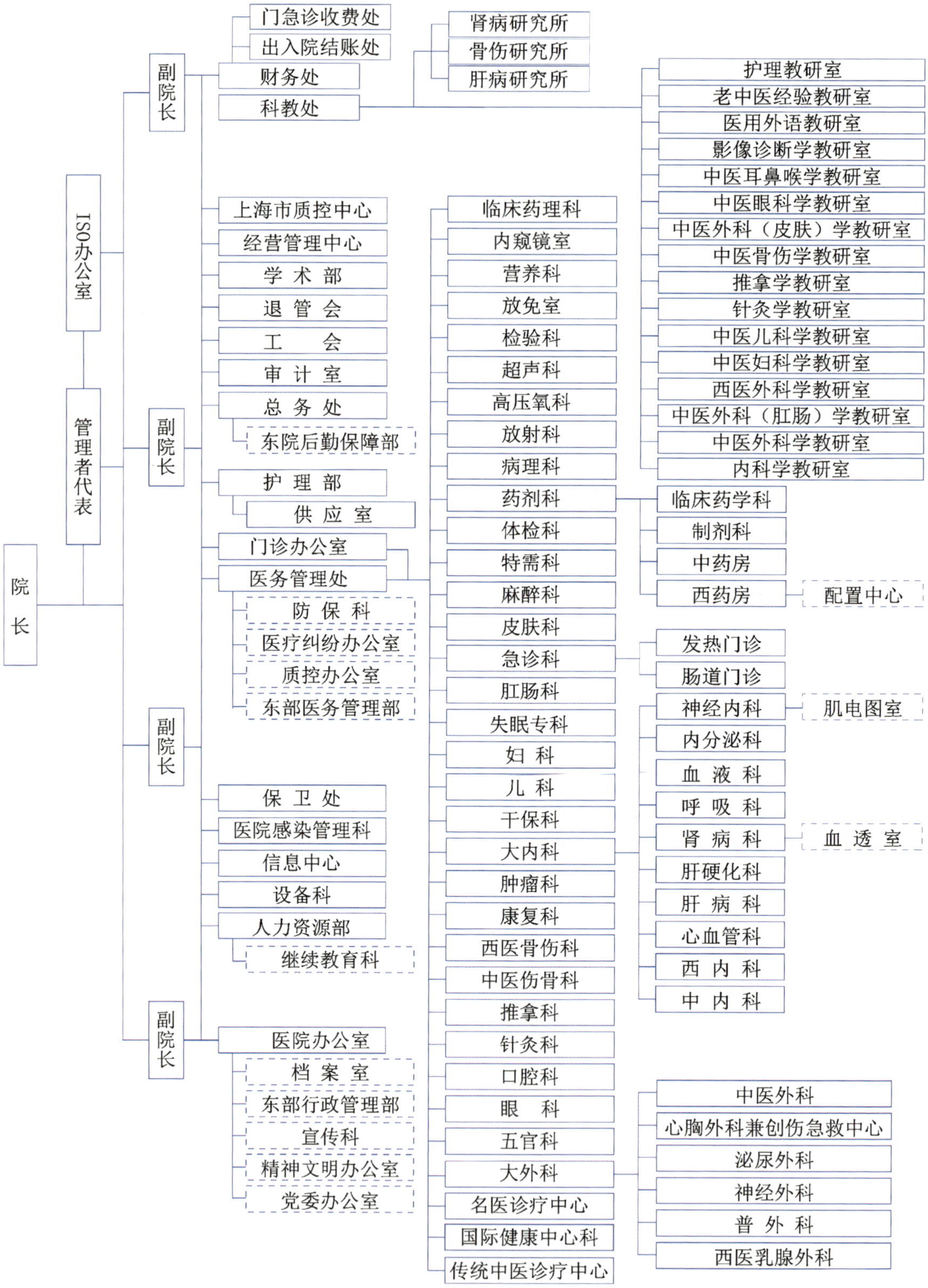

图 1-2-4 2006 年医院组织结构图

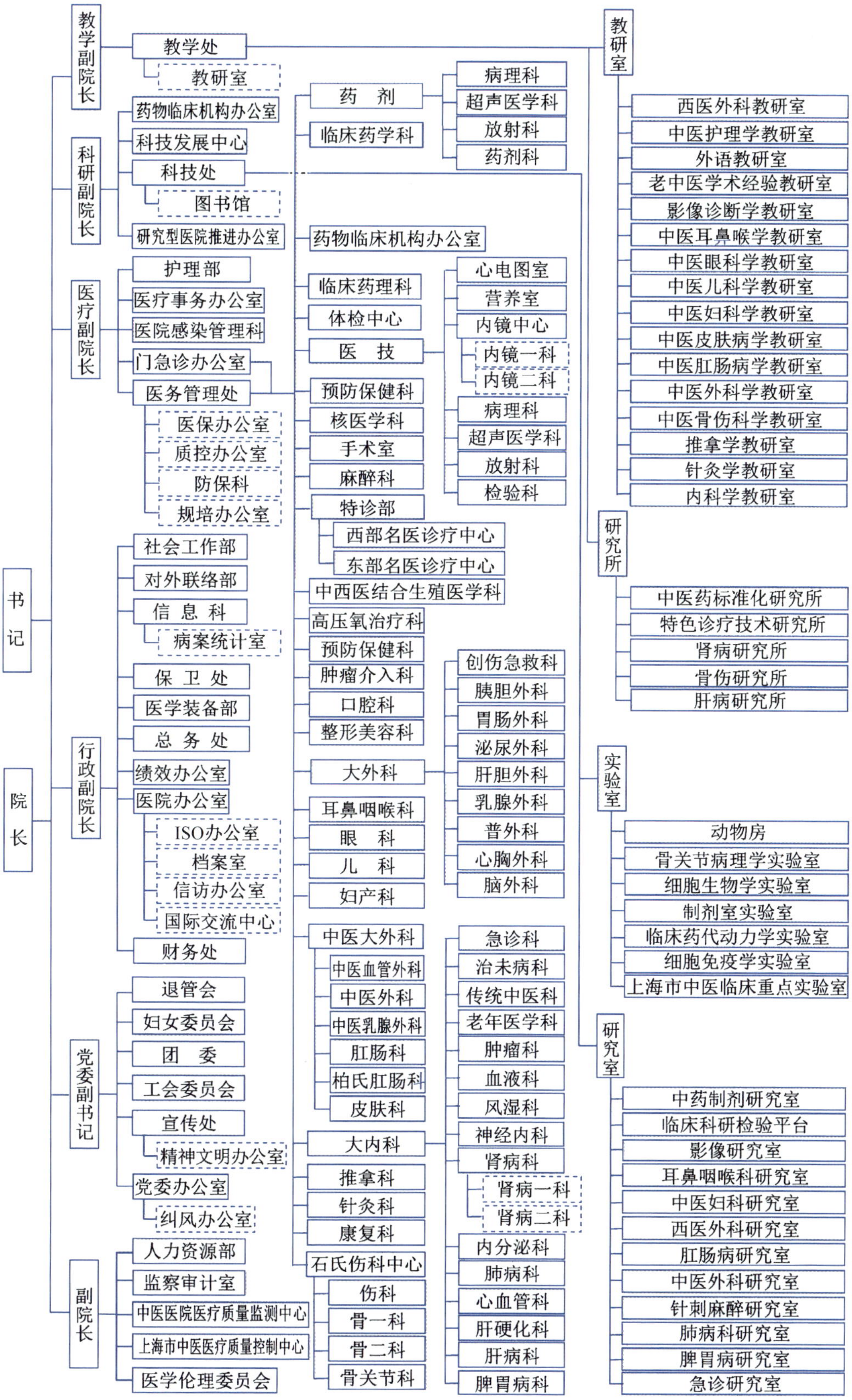

图 1－2－5　2015 年医院组织结构图

表 1-2-1　2006 年 4 月—2010 年 2 月行政科室和临床科室变更情况表

时　间	科　室			
	行政科室	临床科室		
2006 年 4 月—2010 年 2 月	医院办公室	大内科	肛肠科	心胸外科兼创伤急救中心(东部)
	东部行政管理部(2008 年 6 月更名为医院办公室)	中内科	大外科	超声科
	学术部	西内科	神经外科	病理科
	医务管理处	心血管	普外科	放射科
	东部医务管理部(2008 年 6 月更名为医务管理处)	急诊科	泌尿外科	检验部
	门诊办公室	肝病科	妇　科	检验科
	科教处	肝硬化科	儿　科	放免室
	护理部	肾病科	西医骨伤科	药剂科
	人力资源部	呼吸科	中医伤骨科	制剂科
	保卫处	血液科	皮肤科	中药房
	财务处	糖尿病中心	眼　科	西药房
	审计室	内分泌科	五官科	名医诊疗中心药房
	总务处	神经内科	口腔科	临床药学科
	后勤保障部(2008 年 6 月更名为总务处)	干保科	麻醉科	高压氧科
	设备处	名医诊疗中心	传统中医诊疗中心	内窥镜室
	退管会	康复科	综合内科(东部)	营养科
	经营管理中心	针灸科	体检科(东部)	国家中医药管理局中医医院
	信息中心	推拿科	特需科(东部)	医疗质量检测中心办公室
	上海市中医质控中心	失眠专科(原心理咨询科)	国际健康中心(东部)	周围血管病专科(中医脉管病专科)(2007 年 4 月成立)
	医院感染管理科	肿瘤科	西医乳腺外科	—
	绩效考核办公室(2007 年 3 月成立)	中医外科	普外科(东部)	临床药理科

表 1-2-2 2010 年 2 月—2013 年 9 月行政科室和临床科室变更情况表

时 间	科 室			
	行政科室	临床科室		
2010 年 2 月—2013 年 9 月	医院办公室	大内科	石氏伤科中心	口腔科
	医务处	急诊科	骨伤科	麻醉科
	绩效考核办公室	消化科(2012 年 4 月更名为脾胃病科)	中医外科	体检科
	科技处	风湿科(2012 年 4 月更名为风湿病科)	中医乳腺外科	治未病中心
	教学处	心血管科	中医血管外科(2012 年 4 月更名为外七科)	中医特色传承中心
	护理部	肝病临床中心	肛肠科	名医诊疗中心(西)
	人力资源部	肝病科	柏氏肛肠科	名医诊疗中心(东)
	财务处	肝硬化科	皮肤科	放射科
	监察审计室	肾病科	医学美容科	超声科
	总务处	呼吸科(2012 年 4 月更名为肺病科)	大外科	检验科
	设备处	血液科	普外科(2012 年 4 月更名为外三科)	临床输血科
	保卫处	糖尿病中心	乳腺外科(2012 年 4 月更名为外四科)	内镜室
	医院感染管理科	内分泌科	心胸外科(2012 年 4 月更名为外二科)	病理科
	信息中心	神经内科(2012 年 4 月更名为脑病科)	泌尿外科(2012 年 4 月更名为外六科)	营养科
	离退休办公室	肿瘤科	神经外科(2012 年 4 月更名为外一科)	药剂科
	产业办公室	干保科	创伤急救科(2012 年 4 月更名为创伤科)	生殖医学中心(2011 年 2 月成立)
	药物临床试验机构办公室	特需科(2012 年 7 月更名为治未病科)	肝胆外科(2011 年 1 月成立,2012 年 4 月更名为外五科)	制剂室
	研究型中医院建设推进办公室(2012 年 8 月成立)	传统中医科	妇 科	中药房
	住院医师规范化培训基地办公室(2012 年 7 月成立)	针灸科	儿 科	西药房
		推拿科	眼 科	临床药学科
		康复科(含高压氧室)	五官科	临床药理科

表 1-2-3　2013 年 9 月—2015 年 12 月行政科室和临床科室变更情况表

时　间	科　室			
	行政科室	临床科室		
2013 年 9 月—	医院办公室	大内科	骨　科	麻醉科
	党委办公室	急诊科(兼感染性疾病科)	中医大外科	治未病中心
	宣传处	消化科	中医外科	名医诊疗中心(西)
	医务处	风湿科	中医乳腺外科	名医诊疗中心(东)
	医院感染管理科	心血管科	中医血管外科	放射科
	门急诊办公室	肝病科	肛肠科	超声一科兼二科
	医疗事务办公室	肝硬化科	柏氏肛肠科	检验科
	绩效管理办公室	肾病科(2014 年 12 月成立肾病中心,下设肾病一科、肾病二科)	皮肤科	内镜二科
	科技处		大外科	病理科
	研究型医院建设推进办公室	呼吸科	普外科	营养科
	药物临床试验机构管理办公室	血液科(兼临床输血科)	肝胆外科	药剂科
	教学处	内分泌科	胃肠外科	制剂室
	护理部	神经内科	乳腺外科	中药房
	人力资源部	肿瘤科	心胸外科	西药房
	财务处	肿瘤介入科	泌尿外科	临床药学科
	监察审计室	老年医学科	神经外科	内镜一科
	总务处	传统中医科	创伤急救科	整形美容科
	医学装备部	针灸科	妇产科	胰胆外科(外十科,2015 年 2 月成立)
	保卫处	推拿科	中西医结合生殖医学科	内镜中心(2015 年 3 月成立)
	信息中心	康复科	儿　科	核医学科(2015 年 6 月成立)
	对外联络部	高压氧治疗科	眼　科	骨二科(2015 年 7 月成立)
	社会工作部	骨伤科	耳鼻咽喉科	—
	离退休办公室	石氏伤科	口腔科	—
	产业办公室			—

第二节　四明医院董事会

1922年，四明医院新院建成之后，成立院董事会，成员组成有四明公所和公义联合会的成员。

表1-2-4　1922—1940年四明医院历年董事会情况表

任职时间	董事会名录	备　注
1922年 （民国十一年）	四明公所董事：周全箴　朱葆三　葛虞臣　周湘云　严子均 方式如　方樵苓　严渔三　虞洽卿 义联会董事：洪贤钫　乐根葆　陈文鉴　孙梅枣　石连乾 方椒伯　陈蓉馆　张延钟　秦润卿	首任董事会董事
1923—1925年 （民国十二—十四年）	四明公所董事：盛竹书　朱葆三　葛虞臣　周湘云　严子均 方式如　方樵苓　方椒伯　虞洽卿 义联会董事：洪贤钫　乐根葆　陈文鉴　孙梅枣　石连乾 楼恂如　陈蓉馆　张延钟　秦润卿	—
1926年 （民国十五年）	四明公所董事：盛竹书　朱子奎　葛虞臣　周湘云　严子均 方式如　方樵苓　方椒伯　虞洽卿 义联会董事：洪贤钫　乐根葆　陈文鉴　孙梅枣　石连乾 楼恂如　陈蓉馆　袁履登　秦润卿	—
1927年 （民国十六年）	四明公所董事：秦润卿　朱子奎　葛虞臣　周湘云　严子均 方式如　方樵苓　方椒伯　虞洽卿 义联会董事：洪贤钫　乐根葆　陈文鉴　孙梅枣　石连乾 楼恂如　陈蓉馆　袁履登　姜炳生	—
1928年 （民国十七年）	四明公所董事：秦润卿　朱子奎　葛虞臣　周湘云　严子均 方式如　方樵苓　方椒伯　虞洽卿 义联会董事：洪贤钫　乐根葆　陈文鉴　孙梅枣　石连乾 楼恂如　陈蓉馆　袁履登　谢蘅牕	—
1929年 （民国十八年）	四明公所董事：秦润卿　朱子奎　葛虞臣　周湘云　严子均 方式如　方樵苓　方椒伯　虞洽卿 义联会董事：洪贤钫　乐根葆　陈文鉴　孙梅枣　孙衡甫 楼恂如　陈蓉馆　袁履登　谢蘅牕	—
1930年 （民国十九年）	四明公所董事：秦润卿　朱子奎　葛虞臣　周湘云　李咏裳 方式如　方樵苓　方椒伯　虞洽卿 义联会董事：洪贤钫　乐根葆　陈文鉴　孙梅枣　孙衡甫 楼恂如　楼其樑　袁履登　谢蘅牕	—
1931年 （民国二十年）	四明公所董事：秦润卿　朱子奎　葛虞臣　周湘云　李咏裳 方式如　方樵苓　方椒伯　虞洽卿 义联会董事：洪贤钫　乐根葆　陈文鉴　孙梅枣　孙衡甫 楼恂如　邬志豪　袁履登　谢蘅牕　项松茂	—
1932年 （民国二十一年）	四明公所董事：秦润卿　朱子奎　葛虞臣　周湘云　李咏裳 方式如　方樵苓　方椒伯　虞洽卿 义联会董事：洪贤钫　乐根葆　陈文鉴　孙梅枣　孙衡甫 张继光　邬志豪　袁履登　谢蘅牕	—

（续表）

任职时间	董事会名录	备注
1933 年 （民国二十二年）	四明公所董事：秦润卿　朱子奎　葛虞臣　周湘云　李咏裳 方式如　方樵苓　方椒伯　虞洽卿 义联会董事：洪贤钫　乐根葆　陈文鉴　孙梅枣　孙衡甫 张继光　邬志豪　袁履登　金廷荪	—
1934 年 （民国二十三年）	四明公所董事：秦润卿　朱子奎　洪贤钫　周湘云　李咏裳 方式如　方樵苓　方椒伯　虞洽卿 义联会董事：郑赞臣　乐根葆　陈文鉴　孙梅枣　孙衡甫 张继光　邬志豪　袁履登　金廷荪	—
1935 年 （民国二十四年）	四明公所董事：秦润卿　朱子奎　洪贤钫　周湘云　李咏裳 方式如　方樵苓　方椒伯　虞洽卿 义联会董事：盛筱珊　乐根葆　陈文鉴　孙梅枣　孙衡甫 张继光　邬志豪　袁履登　刘鸿生	—
1936 年 （民国二十五年）	四明公所董事：秦润卿　朱子奎　洪贤钫　周湘云　李咏裳 方瞻园　方樵苓　方椒伯　虞洽卿 义联会董事：盛筱珊　乐根葆　陈文鉴　孙梅枣　孙衡甫 张继光　金廷荪　袁履登　刘鸿生	—
1937—1939 年 （民国二十六—二十八年）	董事会董事：虞洽卿　方樵苓　洪贤钫　方椒伯　秦润卿 朱子奎　李咏裳　周湘云　方瞻园 义联会董事：乐根葆　陈良玉　袁履登　张继光　孙衡甫 孙梅枣　盛筱珊　金廷荪　刘鸿生	—
1940 年 （民国二十九年）	董事会董事：虞洽卿　方樵苓　王仁鉴　方椒伯　秦润卿 朱子奎　李咏裳　周湘云　方瞻园 义联会董事：魏廷荣　陈良玉　袁履登　张继光　孙衡甫 孙梅枣　盛筱珊　金廷荪　刘鸿生	—

说明：1940—1949 年无法寻找。

第三节　院级委员会及工作小组

1981 年 3 月，医院成立学术委员会，主要任务是协助院长评议各级医务技术干部的业务水平，并提出关于晋升、降级等事项的意见；讨论严重医疗事故，组织院内学术活动，开展院外学术交流，审查医院重要科研项目及鉴定科研成果等。1983 年 7 月，医院根据《科学技术干部技术业务职称评定委员会组织法》的规定，设立医院职称评定委员会，开展对主治（管）医、护、药、技师以上的技术职称评定和职务晋升的评审工作。1984 年，为继续发挥退居二线的老专家、老教授、老主任的作用，医院成立了专家咨询小组；1991 年 3 月，正式成立专家委员会，开展了多种形式的业务活动。1985 年，根据上海市人民代表大会常务委员会《上海市医疗事故处理暂行规定》，医院成立了医疗事故处理小组。1989 年，根据院长负责制的有关规定，为加强医院行政工作的集体领导，医院成立了院务委员会。1990—1994 年，根据医院发展和业务工作的需要，又逐步成立了药事委员会、病案管理委员会、爱国卫生委员会、消毒隔离领导小组、计划生育领导小组、公费医疗领导小组、控制院内感染委员会、成人教育人才培养领导小组等。

1995年，医院成立新药开发领导小组，落实新药开发基金；同年，为适应医疗保险制度出台，成立医疗保险管理委员会。1997年，医院成立中医诊疗常规指导小组，制定了医疗质量标准。1998年，成立医疗质量督查小组。1998年，成立学位工作委员会；2000年，医院成立教育评估小组，对授课质量进行监测、评估和汇总。1998年，医院成立医院医学伦理委员会。2002年，医院成立药品临床研究基地评估工作领导小组，指导医院迎接卫生部和国家药品食品监督管理局对药品临床研究基地建设工作的评估。为加强医院经营管理、降低成本、提高效益，2003年，医院成立采购工作管理委员会，负责全院医疗设备、药品和其他物品的采购与管理。2003年，医院成立东部筹备小组，包括人力资源配置规划小组、医疗设备配置小组、运行规划小组、学科建设规划小组、东部开办准备小组、形象设计及医院物品配置小组、开办费申报小组、医疗资源重组预案小组等8个小组，全面筹备张江新院开张运营工作。2004年，医院成立东部信息化建设领导小组，全面规划新院信息化建设工作。2004年，配合上海市卫生系统"纠建工作"，医院成立纠建领导小组；同年，医院麻醉、精神药品管理领导小组、医院药品不良反应监测领导小组成立。2005年，医院成立医院管理年领导小组，全面落实医院管理年工作在医院的开展。2005年，医院实验室建设与管理领导小组成立。

表1-2-5　1981—2015年院级委员会及工作小组情况表

序号	委员会/工作小组	主任/组长	副主任/副组长	委员/成员	发文时间	备　注
1	学术委员会	石光海	丁乃时 任家潍 庞泮池 羔　萍	马光彦　王惠芬　李传祺　许迺珊 朱瑞群　沈幼棠　杨永璇　陈剑飞 何宗德　杜振邦　张伯臾　张赞臣 吴翰香　郭　汾　赵蕴肓　夏少农 夏德馨　钱　娴	1981.3	秘书：王灵台 余志鼎　张景虹
2	医院职称评定委员会	石光海	丁乃时 余志鼎 庞泮池 羔　萍	朱瑞群　许迺珊　吴翰香　赵蕴肓 夏德馨　夏少农　郭　汾　黄瑞熙	1983.7.26	顾问：张赞臣 张伯臾 秘书：康正祥 崔业珍
3	医疗事故处理小组	许迺珊	黄瑞熙 顾双林	—	1985.6.6	
4	院务委员会	—	—	丁乃时　王元洪　王榆坚　石印玉 汤仁智　沈远东　吴正翔　吴志清 吴金良　庞泮池　李雅琴(护) 姚明群　徐　正　徐昌泰　蒋琴芳 蔡　淦	1989.5.12	
5	药事委员会	沈远东	赵蕴肓	沈远东　赵蕴肓　沈传钧　王水林 徐德生　雷德培　姚洁明(男) 潘嘉珍　王　左　上官步荣　阮龙德 徐　菱　周必才	1989.5.12	干事：周必才
6	专家委员会	丁乃时	吴翰香 夏少农	朱寿椿　许迺珊　王惠芬　赵蕴肓 何宗德　孙洛中　张鸿祥　朱瑞群 程家正　杜振邦	1991.3.18	秘书：李家榕
7	学术委员会	胡婉英	庞泮池 石印玉	徐　菱　上官步荣　顾双林　章经坤 蔡　淦　柏连松　雷德培　项立敏 姚洁明(男)　王元洪　王　左	1993.11.23	秘书：章淑萍

（续表）

序号	委员会/工作小组	主任/组长	副主任/副组长	委员/成员	发文时间	备　注
8	专家委员会	丁乃时	庞泮池 夏少农	吴翰香　朱寿椿　王惠芬　何宗德 张鸿祥　程家正　朱瑞群　杜振邦 任家潍　石印玉　蔡　淦　吴正翔	1993.11.23	秘书：章淑萍
9	药事委员会	沈远东	沈传钧	徐德生　阮龙德　上官步荣　王　左 姚洁明(男)　徐　菱　雷德培 章经坤　陈莲芳　戴德英	1993.11.30	
10	医疗事故处理小组	雷德培	上官步荣 顾双林	沈远东　蔡　淦　李家榕　阮龙德 张秋娟　李雅琴(护)　王　左 章经坤　柏连松　戴德英　梁尧堃 沈传钧　吴志清　徐德生　董惠芳	1993.11.30	
11	门、急诊领导小组	沈远东	—	蔡　淦　李家榕　阮龙德　俞兴样 周展红　崔业珍　李雅琴(护) 张秋娟	1993.11.30	
12	病案管理委员会	沈远东	吴银屏 蔡　淦	吴培明　李家榕　阮龙德　章淑萍 张秋娟　徐　民　郭玉凤　顾双林 戴德英　丁不凡　于翰民　刘福官 顾明达	1993.11.30	
13	计划生育领导小组	沈远东	—	周展红　李雅琴(护)　崔业珍 张培珍　梁尧堃　叶静雯　顾群文	1993.11.30	
14	公费医疗领导小组	沈远东	梁尧堃	董耀光　周金娣　阮龙德 姚洁明(男)　沈传钧　何红梅 江国雄　顾群文	1993.11.30	
15	爱国卫生委员会	—	—	沈远东　梁尧堃　曹民怡　贾申妹 朱家宝　张培珍　周必才　钱乐安	1993.11.30	
16	消毒隔离领导小组	沈远东	—	阮龙德　李雅琴(防)　沈传钧 应春跃　吴金娣　梁尧堃　董惠芳	1993.11.30	
17	控制院内感染委员会	沈远东	蔡　淦 蒋绍芳 梁尧堃	李家榕　阮龙德　董惠芳　上官步荣 姚洁明　章经坤　陈建杰　崔业珍 黄伟珍　董惠吟	1993.11.30	
18	成人教育人才培养领导小组	王灵台	—	郑平东　沈远东　康正祥　俞兴祥 阮龙德　崔业珍　奚益群	1993.11.30	
19	治理三乱领导小组	汤仁智	—	童卫平　王　强　董耀光　董安定 姚洁明(女)	1993.11.30	
20	安全防火委员会名单	汤仁智	王榆坚 殷志澄	黄史亮　张伟民　沈家根　董惠芳 李　文　袁来恩	1993.11.30	
21	治安综合治理领导小组	汤仁智	殷志澄	童卫平　俞兴祥　李巧妹　张培珍	1993.11.30	
22	新药开发领导小组	王灵台	康正祥 徐德生	陈莲芳　吴志荣　阮龙德	1995.3.20	

（续表）

序号	委员会/工作小组	主任/组长	副主任/副组长	委员/成员	发文时间	备　注
23	学术委员会	胡婉英	庞泮池 王灵台 石印玉	徐昌泰　许环应　顾双林　唐为勇 蔡　淦　王　左　柏连松　雷德培 项立敏　姚洁明(男)　王元洪	1995.8.24	秘书：张怀琼
24	专家委员会	丁乃时	庞泮池 夏少农	吴翰香　朱寿椿　王惠芬　何宗德 张鸿祥　程家正　朱瑞群　杜振邦 任家濰　石印玉　蔡　淦　吴正翔	1995.8.24	秘书：章淑萍
25	药事委员会	沈远东	沈传钧	徐德生　阮龙德　许环应　王　左 姚洁明(男)　徐昌泰　雷德培 唐为勇　陈莲芳　戴德英	1995.8.24	秘书：曹妹芳
26	医疗质量管理委员会	王灵台	沈远东 阮龙德	顾双林　许环应　石印玉　吴志清 潘嘉珍　许蓓华　李雅琴(护) 王　左　章淑萍　唐建业　戴德英 柏连松　龚开泰　董惠芳　沈传钧	1995.8.24	
27	病案质量管理委员会	沈远东	阮龙德 潘嘉珍	许蓓华　章淑萍　顾双林　朱燕俐 顾明达　沈卓君　丁不凡　俞锡铮 黄国毅	1995.8.24	
28	门急诊领导小组	沈远东		阮龙德　李家榕　俞兴祥　周展红 史荣盛　李雅琴(护)　许蓓华	1995.8.24	
29	爱国卫生委员会	汤仁智		梁尧堃　曹民怡　贾申妹　何红梅 张培珍　应春跃　何　轩　王　珏 陈　为	1995.8.24	专职干部：曹民怡
30	消毒隔离领导小组	沈远东		阮龙德　李雅琴(防)　沈传钧 应春跃　赵建华　梁尧堃　董惠芳	1995.8.24	
31	控制院内感染委员会	沈远东	梁尧堃 王　珏	阮龙德　董惠芳　许环应 姚洁明(男)　赵建华　许蓓华 贾申妹　严小蓓　李丽蓉	1995.8.24	
32	成人教育人才培养领导小组	王灵台		郑平东　沈远东　康正祥　俞兴祥 阮龙德　崔业珍　奚益群	1995.8.24	
33	治理三乱领导小组	汤仁智		史荣盛　孙　荇　陆伟敏　董安定 姚洁明(女)	1995.8.24	
34	计划生育领导小组	沈远东		周展红　李雅琴(护)　崔业珍 张培珍　梁尧堃　叶静雯　顾群文	1995.8.24	
35	设备管理委员会	王灵台	汤仁智	沈远东　阮龙德　姚洁明(男) 史荣盛　董惠芳　丁不凡　徐德生 李家榕　孙伟国　胡婉英　孙　荇 许环应　张善生	1995.8.24	
36	分房委员会	汤仁智	郑平东	张培珍　夏德颐　曹妹芳　蒋绍芳 贾申妹	1995.8.24	分房办公室主任：袁来恩
37	治安综合治理领导小组	郑平东 汤仁智		顾惠芳　俞兴样　王　晨　何红梅 张培珍　章淑萍　汪砺生　孙　荇 殷志澄	1995.8.24	

（续表）

序号	委员会/工作小组	主任/组长	副主任/副组长	委员/成员	发文时间	备注
38	安全防火委员会	汤仁智	王榆坚 殷志澄	黄史亮 张伟民 张善生 董惠芳 袁来恩	1995.8.24	
39	职业道德建设领导小组	郑平东	王灵台 周展红	顾惠芳 俞兴样 阮龙德 吴金良 许蓓华 李雅琴(护) 梁尧堃 殷志澄 王晨 孙荇 史荣盛 应春跃 陈为 蔡冠球	1995.8.24	
40	纠风监督小组	殷志澄	周珊珊 蔡冠球	阮龙德 崔业珍 许蓓华 吴银屏 徐昌泰	1995.8.24	
41	保密工作小组	何红梅		周珊珊 凌文芳 殷志澄 陈莲芳	1995.8.24	
42	出国政审领导小组	郑平东	王灵台	蔡冠球 周珊珊 崔业珍	1995.8.24	
43	干部考核小组	郑平东		顾惠芳 何红梅 崔业珍	1995.8.24	
44	医疗保险管理委员会	沈远东	汤仁智	梁尧堃 阮龙德 许蓓华 陆伟敏 董惠芳 吴培明 姚洁明(男) 许环应 沈传钧 何红梅 孙超	1995.8.24	办公室：许蓓华 梁尧堃 陆伟敏 吴培明 黄国毅 李晓梅 孙超
45	科室分级管理评委会	王灵台	沈远东	郑平东 汤仁智 康正样 徐昌泰 顾惠芳 阮龙德 俞兴样 姚洁明(男) 许环应 唐为勇 董惠芳	1996.1.26	
46	行政监察小组	周展红		何红梅 姚洁明(女) 汪励生 曹妹芳	1998.4.21	
47	本科教学评优建优工作领导小组	王灵台	郑平东 康正样 汤仁智	顾惠芳 朱梅如 马俊坚 陈莲芳 史荣盛	1998.7.1	
48	学位工作委员会	王灵台	康正样 郑平东	李家榕 奚益群 张怀琼 马俊坚	1998.7.21	
49	专家委员会	胡婉英	庞泮池 王灵台 石印玉 丁乃时	徐昌泰 许环应 顾双林 唐为勇 蔡淦 王左 柏连松 姚洁明(男) 吴翰香 王惠芬 何宗德 朱瑞群 吴正翔 郑平东	1998.8.17	秘书：章淑萍 张怀琼
50	医疗质量管理委员会	王灵台	沈远东 许蓓华	许环应 汤荣光 吴志清 潘嘉珍 俞兴样 李雅琴(护) 王左 章淑萍 唐建业 孙卓君 柏连松 龚开泰 董惠芳 周华 姚洁明(男) 徐德生 虞坚尔	1998.8.17	
51	病案质量管理委员会	沈远东	许蓓华	章淑萍 蒋梅先 朱燕俐	1998.8.17	办公室主任：潘嘉珍

（续表）

序号	委员会/工作小组	主任/组长	副主任/副组长	委员/成员	发文时间	备注
52	医疗保险管理委员会	沈远东	汤仁智	许蓓华 陆伟敏 董惠芳 吴培明 姚洁明(男) 许环应 沈传钧 何红梅 俞兴祥 李雅琴(防) 徐德生	1998.8.17	办公室：许蓓华 李雅琴(防) 陆伟敏 吴培明 李晓梅
53	门急诊领导小组	沈远东		俞兴祥 许蓓华 李家榕 周展红 李雅琴(护) 史荣盛	1998.8.17	
54	药事委员会	沈远东	徐德生	许蓓华 许环应 王 左 姚洁明(男) 徐昌泰 沈传钧 胡婉英 虞坚尔 陈莲芳 吴志荣 孙卓君 薛慈民	1998.8.17	秘书：曹妹芳
55	医学药事伦理委员会	沈远东	周展红	沈传均 徐德生 许蓓华 陈莲芳 何红梅	1998.8.17	
56	科室分级管理评委会	王灵台	沈远东	郑平东 汤仁智 康正祥 虞坚尔 顾惠芳 许蓓华 俞兴祥 姚洁明(男) 许环应 董惠芳 朱聘倬	1998.8.17	办公室：顾惠芳 许蓓华 赵燕燕 黄国毅
57	技术职务评审小组	王灵台		郑平东 石印玉 蔡 淦 徐昌泰 姚洁明(男) 王 左 唐为勇 胡婉英 戴德英 柏连松 沈传钧 沈远东 许环应 董惠芳	1998.8.17	秘书：李家榕
58	技术职务评定考核小组	郑平东		何红梅 顾惠芳 李家榕 李雅琴(护) 陈建杰 许蓓华 陈宝生 陆伟敏	1998.8.17	
59	成人教育及人才培养领导小组	王灵台		郑平东 沈远东 康正祥 李家榕 许蓓华 李雅琴(护) 陈莲芳 余志红 奚益群	1998.8.17	
60	干部考核小组	郑平东		顾惠芳 何红梅 崔业珍 毕小利	1998.8.17	
61	出国政审领导小组	郑平东	王灵台	何红梅 周珊珊 崔业珍	1998.8.17	
62	“医学领先专业建设”领导小组	王灵台	康正祥	顾惠芳 陈莲芳 俞兴祥 许蓓华 孙 荇	1998.8.17	秘书：陈莲芳
63	语言文字规范化工作小组	周展红	康正祥	顾惠芳 何红梅 朱梅茹	1998.8.17	
64	保密工作小组	何红梅		周珊珊 凌文芳 殷志澄 陈莲芳	1998.8.17	
65	信访工作小组	何红梅		费燕娥 赵燕燕 沈素珍 吴金良 余志红 张伟民	1998.8.17	
66	爱国卫生委员会	汤仁智		李雅琴(护) 曹民怡 贾申妹 何红梅 张培珍 应春跃 何 轩 王 珏 陈 为	1998.8.17	专职干部：曹民怡

（续表）

序号	委员会/工作小组	主任/组长	副主任/副组长	委员/成员	发文时间	备　注
67	计划生育领导小组	沈远东		周展红　李雅琴(护)　崔业珍　张培珍　李雅琴(防)　孙卓君　顾群文　赵建华　梁尧堃　董惠芳	1998.8.17	
68	控制院内感染委员会	沈远东	李雅琴(防)　王　珏	许蓓华　董慧芳　许环应　姚洁明(男)　俞兴祥　赵建华　贾申妹　严小蓓　李丽蓉	1998.8.17	
69	设备管理委员会	王灵台	汤仁智	沈远东　许蓓华　姚洁明(男)　史荣盛　董惠芳　丁不凡　徐德生　佟　栩　胡婉英　孙　荇　许环应　张善生	1998.8.17	
70	分房委员会	汤仁智	郑平东	张培珍　金为群　李祖衍　叶如美　贾申妹	1998.8.17	办公室：钱林元
71	综合治理领导小组	郑平东　汤仁智		顾惠芳　俞兴祥　王　晨　何红梅　张培珍　章淑萍　汪砺生　孙　荇　殷志澄	1998.8.17	
72	安全防火委员会	汤仁智	王榆坚　殷志澄	黄史亮　张伟民　张善生　董惠芳	1998.8.17	
73	防台防汛领导小组	汤仁智		周　华　史荣盛　王榆坚	1998.8.17	
74	本科教学评优建优工作领导小组	王灵台	郑平东　康正样　汤仁智	顾惠芳　朱梅如　马俊坚　陈莲芳　史荣盛	1998.8.17	
75	计算机领导小组	汤仁智		顾惠芳　吴培明　刘　珉　佟　栩　孙　荇	1998.8.17	
76	后勤服务社会化工作领导小组	王灵台	朱抗美　汤仁智	史荣盛　马俊坚　孙　荇	2000.4.3	
77	医院制剂质量管理小组			沈远东　徐德生　刘　力　李世芳	2000.7.12	
78	医院药事委员会	沈远东	徐德生	胡婉英　王　左　许蓓华　张怀琼　郑舜华　张建元　薛志祥　孙卓君　虞坚尔　杨希鏸　薛慈民　曹妹芳　金培琪	2000.7.12	秘书：刘　力
79	药品质量管理小组			沈远东　周　华　徐德生　刘　力　曹妹芳　金培琪　李世芳	2000.7.12	
80	专家委员会	胡婉英	王灵台　石印玉　丁乃时	徐昌泰　许环应　顾双林　唐为勇　蔡　淦　王　左　柏连松　姚洁明(男)　吴翰香　王惠芬　何宗德　朱瑞群　吴正翔　郑平东	2000.8.25	秘书：张怀琼

（续表）

序号	委员会/工作小组	主任/组长	副主任/副组长	委员/成员	发文时间	备　注
81	医疗质量管理委员会	王灵台	沈远东 许蓓华	薛志祥　汤荣光　方正龙　杨　敏 余兴祥　王　珏　王　左　朱梅萍 蒋梅先　孙卓君　柏连松　付国强 董惠芳　周　华　郑舜华　徐德生 虞坚尔	2000.8.25	
82	病案质量管理委员会	沈远东	许蓓华	朱梅萍　蒋梅先　朱燕俐	2000.8.25	办公室：杨　敏
83	医疗保险管理委员会	沈远东	汤仁智	许蓓华　陆伟敏　董惠芳　刘　珉 郑舜华　薛志祥　曹姝芳　何红梅 俞兴祥　徐德生　黄国毅	2000.8.25	办公室：许蓓华 黄国毅　陆伟敏 刘　珉　李晓梅 杨　敏
84	门急诊领导小组	沈远东		俞兴祥　许蓓华　马俊坚　王　珏 贾申妹	2000.8.25	
85	药事委员会	沈远东	徐德生	许蓓华　薛志祥　王　左　郑舜华 杨希鏸　胡婉英　虞坚尔　张怀琼 金培琪　孙卓君　薛慈民　曹姝芳	2000.8.25	秘书：刘　力
86	医学药事伦理委员会	沈远东	朱抗美	曹姝芳　徐德生　许蓓华　张怀琼 王　晨	2000.8.25	
87	科室分级管理评委会	王灵台	沈远东	朱抗美　汤仁智　康正祥　顾惠芳 许蓓华　俞兴祥　郑舜华　薛志祥 董惠芳　朱聘倬	2000.8.25	办公室：顾惠芳 许蓓华　赵燕燕 黄国毅
88	院级技术职务评定考核小组	朱抗美		何红梅　顾惠芳　马俊坚　王　珏 陈建杰　许蓓华　陈宝生　陆伟敏	2000.8.25	
89	成人教育及人才培养领导小组	王灵台		朱抗美　沈远东　康正祥　马俊坚 许蓓华　王　珏　张怀琼　奚益群 唐靖一	2000.8.25	
90	干部考核小组	朱抗美		顾惠芳　王　晨　崔业珍	2000.8.25	
91	出国政审领导小组	朱抗美	王灵台	王　晨　赵燕燕　崔业珍	2000.8.25	
92	“医学领先专业建设”领导小组	王灵台	康正祥	顾惠芳　张怀琼　马俊坚　许蓓华 孙　荇	2000.8.25	秘书：张怀琼
93	职工公费医疗管理委员会	沈远东	许蓓华 黄国毅	郑舜华　蒋梅先　薛志祥　齐　聪 周荣耀　熊旭东　崔业珍　吴金良 陆伟敏　刘　珉	2000.8.25	
94	语言文字规范化工作小组	朱抗美	康正祥	顾惠芳　何红梅　朱梅如	2000.8.25	
95	保密工作小组	何红梅		赵燕燕　凌文芳　殷志澄　陈莲芳	2000.8.25	
96	信访工作小组	赵燕燕		费燕娥　沈素珍　吴金良　张伟民 季美凤　缪　晓　唐靖一	2000.8.25	

（续表）

序号	委员会/工作小组	主任/组长	副主任/副组长	委员/成员	发文时间	备　注
97	爱国卫生委员会	汤仁智		黄国毅　曹民怡　贾申妹　何红梅　应春耀　何　轩　王　珏　陈　为	2000.8.25	专职干部：曹民怡
98	临床用血管理委员会	沈远东		许蓓华　董惠芳　邱仲川　徐惠君(血库)	2000.8.25	
99	计划生育领导小组	沈远东		崔业珍　何红梅　王　珏　董惠芬　孙卓君　许红梅　黄国毅	2000.8.25	
100	控制院内感染委员会	沈远东	黄国毅　王　珏	许蓓华　董惠芳　薛志祥　郑舜华　俞兴祥　许红梅　叶如美　严小蓓　李丽蓉	2000.8.25	
101	后勤服务社会化工作领导小组	王灵台	朱抗美　汤仁智	史荣盛　马俊坚　孙　荇	2000.8.25	
102	设备管理委员会	王灵台	汤仁智	沈远东　许蓓华　郑舜华　贾申妹　董惠芳　汤荣光　徐德生　佟　栩　胡婉英　孙　荇　薛志祥　张闵光	2000.8.25	
103	分房委员会	汤仁智	朱抗美	金为群　李祖衔　叶如美　贾申美	2000.8.25	
104	综合治理领导小组	朱抗美　汤仁智		顾惠芳　俞兴祥　王　晨　何红梅　贾申妹　孙　荇　殷志澄	2000.8.25	
105	安全防火委员会	汤仁智	殷志澄	黄史亮　张伟民　张闵光　董惠芳	2000.8.25	
106	计算机领导小组	汤仁智		顾惠芳　吴培明　刘　珉　佟　栩　孙　荇	2000.8.25	
107	医学伦理委员会	朱抗美	张怀琼　王　晨	石印玉　鲍培伦(律师)　俞美梅(社区代表)　郑舜华　李财宝　许蓓华　刘　珉　陈莲芳　刘　力	2000.10.31	秘书：奚益群
108	药品集中公开采购领导小组	沈远东	马俊坚	周　华　曹妹芳　金培琪　刘　力　孙　荇	2001.5.8	
109	医院医疗器械采购领导小组	汤仁智	马俊坚	佟　栩　贾申妹　周　华　孙荇	2001.7.9	
110	基建监督领导小组	马俊坚		孙　荇　姚洁明(女)	2001.9.25	
111	医院七年制教育教学评估检查领导小组	王灵台	康正祥	蒋　健　朱梅如　周家俊　张晓天　樊建开　薛志祥　齐　聪　石印玉　李国安　朱盛国　吴荫梅　关　鑫	2001.11.6	
112	专家委员会	胡婉英	王灵台　石印玉　丁乃时	徐昌泰　许环应　顾双林　唐为勇　蔡　淦　王　左　柏连松　姚洁明(男)　吴翰香　王惠芬　何宗德　朱瑞群　吴正翔　郑平东	2002.9.13	秘书：詹红生

（续表）

序号	委员会/工作小组	主任/组长	副主任/副组长	委员/成员	发文时间	备　注
113	医疗质量管理委员会	沈远东	周　华 方正龙	薛志祥　汤荣光　熊旭东　杨　敏 俞兴祥　叶如美　朱梅萍　蒋梅先 孙卓君　杨　巍　付国强　董惠芳 郑舜华　徐德生　朱盛国　徐列明	2002.9.13	
114	病案质量管理委员会	周　华	方正龙 杨　敏	朱梅萍　蒋梅先　何立群	2002.9.13	办公室：张澄宇 庄美芬
115	职称评审考核推荐领导小组（学术委员会）	沈远东		朱抗美　周　华　蒋　健　马俊坚 王灵台　胡婉英　蔡　淦　石印玉 徐德生　薛志祥　董惠芳　詹红生	2002.9.13	秘书：竺　炯
116	精神文明建设委员会	朱抗美	沈远东 马俊坚	王灵台　周　华　蒋　健　肖　臻 赵燕燕　何红梅　方正龙　唐靖一 叶如美　孙　荇　贾申妹　周晓波 俞兴样　陆伟敏　金培琪　黄美琴 毕小利　朱聘倬　吴丽英　陈宝生 吴荫梅　曹菊香　朱梅萍　季美凤 徐美琴	2002.9.13	文明建设办公室主任：赵燕燕
117	医疗保险管理委员会	周　华	方正龙 杨　敏	朱梅萍　陆伟敏　刘　珉　董惠芳 郑舜华　薛志祥　熊旭东　蒋梅先 齐　聪　周荣耀　崔业珍　曹妹芳 何红梅　俞兴样　金培琪	2002.9.13	办公室：朱梅萍 陆伟敏　刘　珉
118	门急诊领导小组	周　华	方正龙 俞兴祥 赵燕燕 叶如美 贾申妹		2002.9.13	
119	药事委员会	周　华	徐德生	方正龙　薛志祥　王　左　郑舜华 杨希鑢　胡婉英　朱盛国　詹红生 刘　力　金培琪　孙卓君　薛慈民 曹妹芳	2002.9.13	秘书：王　琴
120	医学伦理委员会	朱抗美	马俊坚 詹红生	鲍培伦　樊民胜　张洪芬　石印玉 郑舜华　李财宝　刘　珉　方正龙 陈莲芳　刘　力　张雅丽　唐靖一 奚益群	2002.9.13	秘书：唐靖一
121	科室分级管理评委会	沈远东	周　华	朱抗美　肖　臻　蒋　健　马俊坚 顾惠芳　方正龙　俞兴样　郑舜华 薛志样　董惠芳　朱聘倬	2002.9.13	办公室：顾惠芳 赵燕燕　王　跃
122	成人教育及人才培养领导小组	沈远东		朱抗美　周　华　蒋　健　马俊坚 唐靖一　竺　炯　詹红生　叶如美	2002.9.13	
123	干部考核小组	朱抗美		顾惠芳　周晓波　崔业珍	2002.9.13	
124	出国政审领导小组	朱抗美	沈远东	唐靖一　赵燕燕　崔业珍	2002.9.13	

（续表）

序号	委员会/工作小组	主任/组长	副主任/副组长	委员/成员	发文时间	备注
125	医学领先专业建设领导小组	沈远东	蒋　健	顾惠芳　詹红生　方正龙　唐靖一　孙　荇　徐列明	2002.9.13	秘书：詹红生
126	院内合作项目管理小组	沈远东		朱抗美　肖　臻　周　华　孙　荇　方正龙　姚洁明(女)　奚益群	2002.9.13	
127	曙光医院经济管理小组	沈远东		肖　臻　马俊坚　顾惠芳　孙　荇　方正龙　佟　栩　奚益群　刘　珉	2002.9.13	
128	曙光医院语言文字规范化工作小组	朱抗美	马俊坚	顾惠芳　周晓波　朱梅如	2002.9.13	
129	曙光医院保密工作小组	顾惠芳		赵燕燕　凌文芳　殷志澄　陈莲芳	2002.9.13	
130	曙光医院信访工作小组	赵燕燕		费燕娥　沈素珍　何红梅　张伟民　陈晓敏　缪　晓　崔业珍	2002.9.13	
131	曙光医院放射防护管理小组			周　华　方正龙　张闽光　朱梅萍　张　忠	2002.9.13	
132	曙光医院爱国卫生委员会	肖　臻		朱梅萍　曹民怡　贾申妹　何红梅　应春耀　何　轩　叶如美　钱黎清	2002.9.13	专职干部：曹民怡
133	临床用血管理委员会	周　华		方正龙　董惠芳　邱仲川　徐惠君(血库)	2002.9.13	
134	曙光医院计划生育领导小组	周　华		崔业珍　何红梅　叶如美　董惠芳　孙卓君　许红梅　朱梅萍	2002.9.13	
135	控制院内感染委员会	周　华	朱梅萍　叶如美	方正龙　董惠芳　薛志祥　郑舜华　俞兴祥　许红梅　严小蓓　李丽蓉	2002.9.13	
136	后勤服务社会化工作领导小组	沈远东	朱抗美　肖　臻	史荣盛　马俊坚　孙　荇	2002.9.13	
137	设备管理与采购论证委员会	沈远东	肖　臻	周　华　马俊坚　方正龙　郑舜华　董惠芳　詹红生　程宗超　徐德生　佟　栩　孙　荇　薛志祥　张闽光　王肖龙	2002.9.13	
138	分房委员会	肖　臻	朱抗美	金为群　叶如美　贾申妹	2002.9.13	办公室：何　轩
139	综合治理领导小组	朱抗美　肖　臻		顾惠芳　俞兴祥　唐靖一　何红梅　佟　栩　孙　荇　殷志澄	2002.9.13	
140	安全防火委员会	肖　臻	殷志澄	黄史亮　张伟民　张闽光　董　惠	2002.9.13	
141	防台防汛领导小组	肖　臻		方正龙　佟　栩　史荣盛　王榆坚	2002.9.13	
142	计算机应用管理领导小组	肖　臻		周晓波　刘　珉　佟　栩　孙　荇	2002.9.13	

（续表）

序号	委员会/工作小组	主任/组长	副主任/副组长	委员/成员	发文时间	备 注
143	医院劳动人事改革领导小组	朱抗美	沈远东	周 华 肖 臻 蒋 健 马俊坚 马秋元 方正龙 孙 荇 唐靖一	2003. 1. 8	顾问：王灵台 秘书：崔业珍
144	人力资源配置规划小组	朱抗美		沈远东 张婷婷 唐靖一 詹红生 朱梅萍 桑 珍 郑舜华 蒋梅先 薛志祥 张闽光 齐 聪 张雅丽 史荣盛	2003. 8. 19	
145	医疗设备配置小组	沈远东		周 华 程宗超 詹红生 朱梅萍 熊旭东 王肖龙 张如明 付国强 张闽光 张 珏 章晓鹰 何 峥 郑舜华 薛志祥 张雅丽	2003. 8. 19	
146	运行规划小组	周 华		肖 臻 马俊坚 孙 荇 张婷婷 方正龙 佟 栩 奚益群 崔业珍 俞兴祥 金培琪 顾惠芳 史晓卿 史荣盛 黄国毅 李 泉	2003. 8. 19	
147	学科建设规划小组	蒋 健		周 华 康正祥 方正龙 詹红生 唐靖一 程宗超 熊旭东 陈建杰 魏江磊 徐德生 郑舜华 石关桐 何立群 薛志祥	2003. 8. 19	
148	新院开办准备小组	肖 臻		马秋元 佟 栩 姚 政 张雅丽 李 泉 刘 珉 黄国毅 贾申妹 史荣盛 王榆坚	2003. 8. 19	
149	形象设计及医院物品配置小组	马俊坚		肖 臻 姚 政 缪 晓 沈 轶 朱梅萍 佟 栩 孙 青 叶如美 徐美琴 汪 瑾 严荣兴	2003. 8. 19	
150	开办费申报小组	孙 荇		张婷婷 佟 栩 程宗超 黄国毅 刘 珉 张雅丽	2003. 8. 19	
151	医疗资源重组预案小组	沈远东		孙 荇 张婷婷 方正龙 佟 栩 奚益群 沈 轶	2003. 8. 19	
152	专家委员会	王灵台	沈远东 胡婉英 石印玉	朱抗美 许环应 顾双林 唐为勇 蔡 淦 雷德培 王 左 柏连松 姚洁明(男) 汤荣光 孙卓君 吴正翔 郑平东	2003. 9. 22	秘书：詹红生
153	医疗质量管理委员会	周 华	方正龙	薛志祥 石关桐 熊旭东 杨 敏 赵燕燕 俞兴祥 张雅丽 朱梅萍 蒋梅先 齐 聪 杨 巍 付国强 张 珏 郑舜华 徐德生 朱盛国 徐列明	2003. 9. 22	
154	医疗服务质量监控部	周 华	方正龙 赵燕燕	程宗超 俞兴祥 朱梅萍 张雅丽 郑舜华 蒋梅先 熊旭东 薛志祥 石关桐 齐 聪 张 珏 张闽光	2003. 9. 22	

（续表）

序号	委员会/工作小组	主任/组长	副主任/副组长	委员/成员	发文时间	备注
155	病案质量管理委员会	周　华	方正龙 赵燕燕	朱梅萍　蒋梅先　李财宝	2003.9.22	办公室：张澄宇 庄美芬
156	职称评审考核推荐领导小组（学术委员会）	沈远东		朱抗美　周　华　蒋　健　马俊坚 王灵台　胡婉英　蔡　淦　石印玉 徐德生　薛志祥　张　珏　詹红生 方正龙　郑舜华　唐靖一　孙卓君	2003.9.22	秘书：桑珍
157	医疗保险管理委员会	周　华	方正龙 赵燕燕	朱梅萍　陆伟敏　刘　珉　郑舜华 薛志祥　熊旭东　蒋梅先　齐　聪 周荣耀　崔业珍　曹妹芳　马秋元 俞兴祥　金培琪	2003.9.22	办公室：朱梅萍 陆伟敏　刘珉
158	门、急诊领导小组	周　华	方正龙 俞兴祥 李丽蓉 贾申妹		2003.9.22	
159	药事委员会	周　华	徐德生	方正龙　薛志祥　王　左　郑舜华 潘祥龙　胡婉英　朱盛国　詹红生 刘　力　齐　聪　薛慈民　曹妹芳	2003.9.22	秘书：王　琴
160	医学伦理委员会	朱抗美	马俊坚 詹红生	鲍培伦　樊民胜　张洪芬　石印玉 郑舜华　李财宝　刘　珉　方正龙 陈莲芳　刘　力　张雅丽　唐靖一 奚益群	2003.9.22	秘书：唐靖一
161	科室分级管理评委会	沈远东	周　华	朱抗美　肖　臻　蒋　健　马俊坚 张婷婷　方正龙　俞兴祥　郑舜华 薛志祥　张　珏　朱聘倬	2003.9.22	
162	人才培养领导小组	沈远东		朱抗美　周　华　蒋　健　马俊坚 唐靖一　张雅丽	2003.9.22	
163	干部考核小组	朱抗美		张婷婷　缪　晓　崔业珍	2003.9.22	
164	出国政审领导小组	朱抗美	沈远东	唐靖一　姚　政　崔业珍	2003.9.22	
165	医学领先专业建设领导小组	沈远东	蒋　健	张婷婷　詹红生　方正龙　唐靖一 孙　荇　徐列明	2003.9.22	秘书：詹红生
166	院内合作项目管理小组	沈远东		朱抗美　肖　臻　周　华　孙　荇 方正龙　姚洁明（女）　奚益群	2003.9.22	
167	经济管理小组	沈远东		肖　臻　马俊坚　张婷婷　孙　荇 方正龙　佟　栩　奚益群　刘　珉	2003.9.22	
168	语言文字规范化工作小组	朱抗美	马俊坚	姚　政　缪　晓　竺　炯	2003.9.22	
169	保密工作小组	张婷婷		姚　政　凌文芳　李　泉　马德娴	2003.9.22	
170	信访工作小组	姚　政		费燕娥　崔业珍　何红梅　张伟民 陈晓敏　林　勋	2003.9.22	

（续表）

序号	委员会/工作小组	主任/组长	副主任/副组长	委员/成员	发文时间	备 注
171	爱国委员会	肖 臻		朱梅萍 曹民怡 贾申妹 何红梅 应春耀 何 轩 张雅丽 钱黎清	2003.9.22	专职干部：曹民怡
172	临床用血管理委员	周 华		方正龙 张 珏 邱仲川 徐惠君(血库)	2003.9.22	
173	计划生育领导小组	周 华		崔业珍 何红梅 张雅丽 张 珏 齐 聪 朱梅萍	2003.9.22	
174	控制院内感染委员会	周 华	朱梅萍 熊旭东	方正龙 张 珏 薛志祥 郑舜华 俞兴祥 许红梅 严小蓓 李丽蓉	2003.9.22	
175	后勤服务社会化工作领导小组	沈远东	朱抗美 肖 臻	史荣盛 唐靖一 孙 荇	2003.9.22	
176	设备管理与采购论证委员会	沈远东	肖 臻	周 华 马俊坚 方正龙 郑舜华 章晓鹰 詹红生 程宗超 徐德生 佟 栩 孙 荇 薛志祥 张闽光 王肖龙	2003.9.22	
177	分房委员会	肖 臻	朱抗美	金为群 张 珏 贾申妹	2003.9.22	办公室：何 轩
178	综合治理领导小组	朱抗美 肖 臻		张婷婷 俞兴祥 唐靖一 何红梅 佟 栩 孙 荇 李 泉	2003.9.22	
179	安全防火委员会	肖 臻	殷志澄	黄史亮 张伟民 张闽光 张 珏	2003.9.22	
180	防台防汛领导小组	肖 臻		方正龙 佟 栩 史荣盛 王榆坚	2003.9.22	
181	计算机应用管理领导小组	肖 臻		缪 晓 刘 珉 佟 栩 孙 荇	2003.9.22	
182	职工公费医疗管理委员会	周 华	何红梅 朱梅萍	郑舜华 蒋梅先 薛志祥 齐 聪 周荣耀 熊旭东 崔业珍 陆伟敏 刘 珉	2003.9.22	
183	试剂采购小组	佟 栩		方正龙 孙 荇 程宗超 张 珏	2003.9.22	
184	新院信息化建设领导小组	沈远东	朱抗美 肖 臻	周 华 蒋 健 马俊坚 刘 珉 孙 荇 张婷婷 方正龙 张雅丽 俞兴祥 黄国毅 唐靖一 詹红生	2004.2.27	
185	上海曙光医院集团管理委员会	沈远东	朱抗美 周 华 王宪英 陈良献	康正祥 陈 杰 陈建杰 余志红 许蓓华 周胜利	2004.3.1	
186	药品临床研究基地评估工作领导小组	沈远东 朱抗美	蒋 健 周 华 肖 臻	张婷婷 方正龙 佟 栩 唐靖一 张雅丽 张 珏 徐德生 詹红生 马德娴	2004.3.4	秘书：马德娴

（续表）

序号	委员会/工作小组	主任/组长	副主任/副组长	委员/成员	发文时间	备　注
187	药品临床研究基地管理委员会	沈远东	蒋　健	王灵台　石印玉　蔡　淦　朱抗美 周　华　詹红生　方正龙	2004.3.4	
188	药品临床研究基地技术委员会	王灵台	胡婉英 蒋　健	石印玉　蔡　淦　王　左　柏连松 郑平东　徐德生　熊旭东　何立群 孙卓君　叶伟成　陈建杰　周荣耀 康正祥　詹红生　高月求	2004.3.4	秘书：马德娴
189	纠建领导小组	朱抗美	沈远东 马俊坚	王灵台　周　华　蒋　健　肖　臻	2004.4.11	
190	纠建工作小组	马俊坚		马秋元　孙　荇　方正龙　姚　政 赵燕燕　唐靖一　张雅丽　佟　栩 徐美琴	2004.4.11	
191	上海曙光医院集团管理委员会	沈远东	朱抗美 周　华 王宪英 赵天杰	方正龙　陈　杰　陈建杰　余志红 许蓓华　周胜利	2004.8.26	
192	麻醉、精神药品管理领导小组	周　华	徐德生	朱梅萍　赵燕燕　俞兴祥　张雅丽 金培琪　曹妹芳　李　泉	2004.11.18	专管员：朱　琰
193	医院药品不良反应监测领导小组	周　华	徐德生 赵燕燕	熊旭东　毕小利　曹康裕　刘　力 曹妹芳　金培琪　胡　静	2004.12.21	
194	医学伦理委员会	朱抗美	马俊坚	鲍培伦　樊民胜　张洪芬　石印玉 郑舜华　李财宝　刘　珉　朱梅萍 刘　力　张雅丽　唐靖一 奚益群　张　宇	2005.4.13	秘书：唐靖一
195	继续医学评估专家组	朱抗美	周　华 蒋　健	唐靖一　朱梅萍　詹红生　桑　珍	2005.5.30	
196	药事管理委员会	周　华	徐德生	王　左　刘　力　朱梅萍　朱盛国 朱　琰　陈建杰　金培琪　杨　敏 郑舜华　周荣耀　赵燕燕　胡婉英 高月求　曹妹芳　詹红生　潘祥龙 熊旭东　薛慈民　薛志祥	2006.7.21	秘书：王　琴
197	药品不良反应监测领导小组	周　华	朱梅萍 徐德生	毕小利　刘　力　朱　琰　金培琪 胡　静　曹康裕　熊旭东	2006.7.21	秘书：胡　静
198	麻醉、精神药品管理领导小组	周　华	徐德生	朱梅萍　朱　琰　张伟民　张雅丽 金培琪　杨　敏　赵燕燕	2006.7.21	专管员：卢文菁
199	药品集中公开采购领导小组	周　华	马俊坚 孙　荇	刘　力　朱梅萍　朱　琰　金培琪 赵燕燕　姚洁明（女）　徐德生	2006.7.21	药品采购工作小组：刘　力 朱　琰　金培琪 徐德生

（续表）

序号	委员会/工作小组	主任/组长	副主任/副组长	委员/成员	发文时间	备 注
200	药品质量管理小组			周 华 朱梅萍 赵燕燕 徐德生 刘 力 朱 琰 金培琪 李世芳	2006.7.21	
201	精神文明建设委员会	朱抗美	沈远东 马俊坚	周 华 蒋 健 肖 臻 孙 荇 赵燕燕 唐靖一 张雅丽 佟 栩 缪 晓 金培琪 张 炜 朱聘倬 吴丽英 崔 松 吴荫梅 练 慧 朱梅如 朱梅萍 徐美琴 何红梅 王继兰 贾申妹 葛茂军 竺 炯 史晓卿 邹 菁	2006.7.28	文明建设办公室主任：缪 晓
202	语言文字规范化工作小组	朱抗美	马俊坚	缪 晓 练 慧 林 勋 王继兰 徐美琴	2006.7.28	
203	医疗质量管理委员会	周 华	朱梅萍 杨 敏	薛志祥 熊旭东 蒋梅先 齐 聪 杨 巍 郑舜华 朱盛国 黄建平 吴金良 余志红 赵燕燕 张雅丽 付国强 詹松华 张 珏 徐德生 毕小利 程宗超 邱仲川 方正龙 魏江磊 曹康裕 张如明 詹红生 何立群 胡宗德 罗运全 匡 勇 王肖龙	2006.7.28	
204	预算委员会	沈远东	朱抗美 孙 荇	马俊坚 朱抗美 孙 荇 沈远东 周 华 肖 臻 蒋 健	2006.7.28	
205	预算管理工作小组	孙 荇	姚洁明（女）	朱梅萍 杨 敏 刘 珉 佟 栩 唐靖一 徐德生 高月球 姚 政 薛淑平	2006.7.28	姚洁明（女）兼任预算管理办公室主任，陈黎华为预算管理专职人员
206	医疗服务质量监控部	朱梅萍 杨 敏	赵燕燕 王 跃	程宗超 薛志祥 熊旭东 蒋梅先 齐 聪 郑舜华 吴金良 余志红 张雅丽 詹松华 张 珏 张如明 张澄宇 冯 铮	2006.7.28	
207	病案质量管理委员会	周 华	朱梅萍 杨 敏 赵燕燕 王 跃	冯 铮 张澄宇 张 琼 钮宏文 严惠萍 卫晓恩 林 江 方宏均 龚航军 窦丹波	2006.7.28	
208	医疗纠纷处理办公室	吴金良	朱梅萍 杨 敏 赵燕燕 王 跃	蒋海平 赵 钢 丁 宁 胡 峻 费燕娥	2006.7.28	
209	医疗保险管理委员会	周 华 孙 荇	朱梅萍 姚洁明（男）	赵燕燕 杨 敏 王 跃 薛志祥 陈建杰 朱 琰 金培琪 程宗超 佟 栩 刘 珉 张雅丽	2006.7.28	办公室： 赵钢 王文浩 黄鹤凤

（续表）

序号	委员会/工作小组	主任/组长	副主任/副组长	委员/成员	发文时间	备 注
210	门、急诊领导小组	周 华	赵燕燕 季 萍 佟 栩		2006.7.28	
211	科室分级管理评委会	沈远东	周 华	朱抗美 肖 臻 蒋 健 马俊坚 姚 政 朱梅萍 赵燕燕 郑舜华 薛志祥 张 珏 朱聘倬	2006.7.28	办公室：俞兴祥 陈 洁
212	放射防护管理小组	周 华	余志红	曹民怡 詹松华 李 晨 石林娟 张 忠	2006.7.28	
213	临床用血管理委员会	周 华	朱梅萍	余志红 张 珏 邱仲川 薛志祥 黄建平 张如明 齐 聪 徐惠君 曹民怡 罗运全 匡 勇 金 磊	2006.7.28	
214	计划生育领导小组	周 华	余志红	曹民怡 汪 瑾 何红梅 张雅丽 齐 聪 姚洁明（女）	2006.7.28	
215	控制院内感染管理委员会	周 华	余志红 熊旭东	朱梅萍 杨 敏 赵燕燕 张雅丽 薛志祥 黄建平 付国强 张 珏 毕小利 齐 聪 张如明 胡宗德 陈晓宏 张黎华 许红梅 龚捷文 季 萍	2006.7.28	
216	职工公费医疗管理委员会	周 华	何红梅 朱梅萍	郑舜华 蒋梅先 薛志祥 齐 聪 周荣耀 熊旭东 崔业珍 刘 珉	2006.7.28	
217	防治禽流感领导小组	沈远东	周 华 朱抗美 朱梅萍 杨 敏	余志红 姚 政 赵燕燕 张雅丽 熊旭东 曹康裕 毕小利 张黎华 王 跃 龚捷文 季 萍 计高荣	2006.7.28	
218	合作项目管理小组	沈远东		朱抗美 肖 臻 周 华 孙 荇 朱梅萍 姚洁明（女） 奚益群	2006.7.28	
219	经济管理小组	沈远东		肖 臻 马俊坚 孙 荇 姚 政 佟 栩 奚益群 刘 珉 姚洁明（女） 朱梅萍	2006.7.28	
220	后勤服务社会化工作领导小组	沈远东	朱抗美 肖 臻 孙 荇	程宗超 唐靖一 姚洁明（女） 唐靖一 史荣盛	2006.7.28	
221	学科建设领导小组	沈远东	朱抗美 蒋 健	王灵台 郑平东 石印玉 严世芸 姚 政 朱梅萍 唐靖一 高月求 姚洁明（男） 程宗超 张婷婷	2006.7.28	
222	保密工作小组	姚 政		练 慧 汪 瑾 张伟民	2006.7.28	
223	爱国卫生委员会	肖 臻		朱梅萍 曹民怡 贾申妹 何红梅 应春耀 严荣兴 张雅丽 朱建宇	2006.7.28	专职干部： 曹民怡
224	综合治理领导小组	朱抗美 肖 臻		孙 荇 姚 政 俞兴祥 唐靖一 王继兰 佟 栩 张伟民	2006.7.28	

（续表）

序号	委员会/工作小组	主任/组长	副主任/副组长	委员/成员	发文时间	备 注
225	安全防火委员会	肖 臻	张伟民	黄史亮 李 泉 詹松华 张 珏	2006.7.28	
226	防台防汛领导小组	肖 臻		朱梅萍 佟 栩 严荣兴 史荣盛 王榆坚 张伟民	2006.7.28	
227	计算机应用管理领导小组	肖 臻		孙 荇 缪 晓 刘 珉 佟 栩	2006.7.28	
228	消防安全委员会			法人：沈远东；防火负责人：肖 臻；消防监控负责人：李 泉 吴金宝；管道、电负责人：沈荣明 黄史亮；消防设备、防火负责人：张伟民；监控室负责人：吴金宝 宋 韬 范正毅 孙永福	2006.7.28	
229	住房津贴工作小组	肖 臻	朱抗美	金为群 张 珏 贾申妹	2006.7.28	办公室：何 轩
230	人才培养领导小组	沈远东		朱抗美 周 华 蒋 健 马俊坚 唐靖一 高月求 张雅丽 朱梅萍	2006.7.28	
231	干部考核小组	朱抗美		马俊坚 姚 政 练 慧 唐靖一	2006.7.28	
232	出国政审领导小组	朱抗美	沈远东 马俊坚	唐靖一 姚 政 张伟民	2006.7.28	
233	劳动人事改革领导小组	朱抗美	沈远东	周 华 蒋 健 肖 臻 马俊坚 孙 荇 唐靖一 朱梅萍 姚洁明（女） 王继兰	2006.7.28	顾问：王灵台 秘书：汪 瑾
234	人事争议调解小组	王继兰		汪 瑾 吴金良 史晓卿 严荣兴 王静予 黄天祖 庄俊嵘	2006.7.28	
235	岗位聘用领导小组	朱抗美 沈远东		周 华 蒋 健 肖 臻 马俊坚 孙 荇 王灵台 孙卓君 徐德生 唐靖一 朱梅萍 高月求 姚 政	2006.7.28	
236	岗位聘用工作小组	唐靖一		姚 政 汪 瑾 朱梅萍 李 屹 凤 磊	2006.7.28	
237	采购工作管理委员会			沈远东 周 华 肖 臻 马俊坚 孙 荇 程宗超 佟 栩 奚益群	2006.8.1	秘书：姚 政
238	医疗设备采购论证管理委员会	沈远东		周 华 马俊坚 孙 荇 朱梅萍 程宗超 佟 栩 姚洁明（女） 高月求 张 珏 陈建杰 薛志祥 詹松华 王肖龙	2006.8.1	
239	药品采购论证管理委员会	周 华		马俊坚 徐德生 朱 琰 金培琪 刘 力 姚洁明（女） 朱梅萍	2006.8.1	
240	其他物品采购论证管理委员会	肖 臻		马俊坚 孙 荇 佟 栩 姚洁明（女） 姚 政 朱梅萍 张雅丽 薛淑平	2006.8.1	

（续表）

序号	委员会/工作小组	主任/组长	副主任/副组长	委员/成员	发文时间	备　注
241	专家委员会	王灵台	沈远东 胡婉英 石印玉	朱抗美　蔡　淦　王　左　柏连松 蒋　健　陈建杰　薛志祥　周　嘉 齐　聪　郑平东　徐德生　徐列明 詹红生　何立群	2006.8.28	顾问：严世芸 秘书：张婷婷
242	上海市中医肝病临床医学中心领导小组	沈远东	朱抗美 蒋　健	周　华　肖　臻　姚　政　高月求 唐靖一　姚洁明(男)　杨　敏 朱梅萍	2006.12.25	
243	上海市中医肝病临床医学中心管理小组	王灵台	陈建杰	肝炎专科：陈建杰；肝硬化专科：徐列明；肝病肿瘤专科：周荣耀	2006.12.25	专职秘书： 李巧妹
244	采购工作管理委员会			沈远东　周　华　肖　臻　马俊坚 孙　荇　杨　敏　佟　栩　奚益群	2006.12.25	秘书：姚　政
245	医疗设备采购论证管理委员会	沈远东		周　华　马俊坚　孙　荇　朱梅萍 杨　敏　佟　栩　姚洁明(男) 高月求　张　珏　陈建杰　薛志祥 詹松华　王肖龙	2006.12.25	
246	药品采购论证管理委员会	周　华		马俊坚　徐德生　朱　琰　金培琪 刘　力　姚洁明(女)　朱梅萍	2006.12.25	
247	其他物品采购论证管理委员会	肖　臻		马俊坚　孙　荇　佟　栩 姚洁明(女)　姚　政　朱梅萍 张雅丽　薛淑平	2006.12.25	
248	办事公开领导小组	沈远东 朱抗美		周　华　蒋　健　肖　臻　马俊坚 孙　荇	2006.12.25	
249	办事公开工作小组	肖　臻	马俊坚	姚　政　竺　炯　朱梅萍　胡宗德 赵燕燕　唐靖一　姚洁明(女) 杨　敏　练　慧　王姿英　佟　栩 张伟民　刘　珉	2006.12.25	
250	精神文明建设委员会	朱惠蓉	沈远东 马俊坚	周　华　蒋　健　唐靖一　孙　荇 姚　政　竺　炯　王姿英　徐美琴 练　慧　朱梅萍　赵燕燕　李　屹 邹　菁　张雅丽　佟　栩 姚洁明(女)　刘　珉　张伟民 杨　敏　高月求　王继兰　唐　燕 贾申妹　金培琪　葛茂军　张　炜 朱聘倬　缪　晓　崔　松　史晓卿 吴丽英　窦丹波　金　磊　吴茵梅 朱梅如	2007.12.30	精神文明建设办公室主任： 王姿英

（续表）

序号	委员会/工作小组	主任/组长	副主任/副组长	委员/成员	发文时间	备 注
251	医疗质量管理委员会	周 华	朱梅萍 胡宗德	薛志祥 熊旭东 蒋梅先 齐 聪 杨 巍 郑舜华 朱盛国 黄建平 吴金良 余志红 赵燕燕 张雅丽 付国强 詹松华 张 珏 徐德生 毕小利 陈建杰 邱仲川 方正龙 曹康裕 张如明 詹红生 何立群 罗运全 匡 勇 王肖龙 何 峥	2008.7.1	
252	医疗纠纷处理办公室	吴金良		朱梅萍 胡宗德 赵燕燕 王 跃	2008.7.1	办公室：赵 钢 王景潇
253	医疗服务质量监控部	朱梅萍	吴金良 陈 拥	赵 钢 王景潇 张澄宇 冯 铮 陈 静 张 慰	2008.7.1	
254	医疗保险管理委员会	周 华 孙 荇	朱梅萍 姚洁明（男）	胡宗德 陈 拥 赵燕燕 王 跃 薛志祥 陈建杰 朱 琰 金培琪 佟 栩 刘 珉 张雅丽	2008.7.1	办公室：赵 钢 陈 静 王文浩 黄鹤凤
255	药事管理委员会	周 华	徐德生	王灵台 张 敏 刘 力 朱梅萍 朱盛国 朱 琰 陈建杰 金培琪 郑舜华 周荣耀 赵燕燕 胡婉英 胡宗德 周 嘉 高月求 曹妹芳 詹红生 潘祥龙 熊旭东 薛慈民 薛志祥	2008.7.1	秘书：王 琴
256	药品不良反应监测领导小组	周 华	朱梅萍 徐德生	毕小利 刘 力 朱 琰 陈晓宏 金培琪 胡宗德 胡 静 曹康裕 熊旭东	2008.7.1	秘书：胡 静
257	临床用血管理委员会	周 华	朱梅萍 张 珏	胡宗德 余志红 陈 拥 邱仲川 薛志祥 黄建平 张如明 齐 聪 余洲海 罗运全 匡 勇 曹民怡 金 磊	2008.7.1	
258	控制院内感染管理委员会	周 华	余志红 熊旭东	朱梅萍 胡宗德 赵燕燕 王 跃 张雅丽 薛志祥 黄建平 付国强 张 珏 毕小利 齐 聪 张如明 陈晓宏 张黎华 许红梅 龚捷文 季 萍	2008.7.1	
259	病案质量管理委员会	周 华	朱梅萍 胡宗德 陈 拥 赵燕燕 王 跃	冯 铮 张澄宇 张 琼 钮宏文 王 倩 卫晓恩 林 江 方宏均 龚航军 窦丹波 张 慰	2008.7.1	
260	爱国卫生委员会	周 华	姚 政	余志红 曹民怡 贾申妹 王继兰 应春耀 严荣兴 张雅丽 朱建宇 谢晓蓉	2008.7.1	专职干部： 曹民怡
261	生物安全管理委员会	周 华 唐靖一		朱梅萍 胡宗德 余志红 佟 栩 张伟民 许红梅 龚捷文 张 珏 乔 昀	2008.7.1	

（续表）

序号	委员会/工作小组	主任/组长	副主任/副组长	委员/成员	发文时间	备　注
262	采购工作管理委员会			沈远东　周　华　唐靖一　马俊坚 孙　荇　杨　敏　佟　栩　缪　晓	2008.7.1	秘书：姚　政
263	医疗设备采购论证管理委员会	沈远东		周　华　马俊坚　孙　荇　朱梅萍 杨　敏　佟　栩　姚洁明(男) 高月求　张　珏　陈建杰　薛志祥 詹松华　王肖龙	2008.7.1	
264	药品采购论证管理委员会	周　华		马俊坚　徐德生　朱　琰　金培琪 刘　力　姚洁明(女)　朱梅萍	2008.7.1	
265	其他物品采购论证管理委员会	唐靖一		马俊坚　孙　荇　佟　栩 姚洁明(女)　姚　政　朱梅萍 张雅丽　薛淑平	2008.7.1	
266	办事公开领导小组	朱惠蓉	沈远东 马俊坚	周　华　蒋　健　唐靖一　孙　荇 姚　政	2008.7.1	
267	办事公开工作小组	沈远东	朱惠蓉 周　华 蒋　健 唐靖一 孙　荇 姚　政	李　屹　朱梅萍　高月求　杨　敏 佟　栩　张雅丽　姚洁明(女) 张伟民　王唯坚　王姿英　徐美琴	2008.7.1	
268	奥运信访维稳工作领导小组	沈远东	朱惠蓉 周　华	蒋　健　马俊坚　唐靖一　孙　荇	2008.7.29	
269	奥运信访维稳工作工作小组	周　华	姚　政 竺　炯 朱梅萍	胡宗德　王唯坚　张雅丽　李　屹 赵燕燕　张伟民　王　跃　吴金良 练　慧　王继兰　高月求　佟　栩 王景潇	2008.7.29	
270	信息公开领导小组	朱惠蓉	沈远东 马俊坚	周　华　蒋　健　唐靖一　孙　荇 姚　政	2008.7.29	
271	信息公开工作小组	唐靖一	姚　政 竺　炯	王唯坚　王姿英　徐美琴　李　屹 朱梅萍　佟　栩　杨　敏　高月求 张雅丽　姚洁明(女)　张伟民 王继兰　刘　珉	2008.7.29	
272	纠风工作领导小组	沈远东	朱惠蓉 马俊坚	周　华　蒋　健　唐靖一　孙　荇	2008.7.29	
273	纠风工作工作小组	马俊坚	姚　政 竺　炯	练　慧　王姿英　朱梅萍　佟　栩 杨　敏　张雅丽　胡宗德 姚洁明(女)　高月求　徐德生 赵燕燕　薛淑平　徐美琴　李　屹	2008.7.29	
274	采购工作管理委员会			沈远东　周　华　唐靖一　马俊坚 孙　荇　杨　敏　佟　栩　缪　晓	2008.8.11	秘书：姚　政

（续表）

序号	委员会/工作小组	主任/组长	副主任/副组长	委员/成员	发文时间	备 注
275	医疗设备采购论证管理委员会	沈远东		周 华 马俊坚 孙 荇 朱梅萍 杨 敏 佟 栩 姚洁明(男) 高月求 张 珏 陈建杰 薛志祥 詹松华 王肖龙	2008.8.11	
276	药品采购论证管理委员会	周 华		马俊坚 孙 荇 徐德生 朱 琰 金培琪 刘 力 姚洁明(女) 朱梅萍 赵燕燕	2008.8.11	
277	其他物品采购论证管理委员会	唐靖一		马俊坚 孙 荇 佟 栩 姚洁明(女) 姚 政 朱梅萍 张雅丽 薛淑平	2008.8.11	
278	劳动人事改革领导小组	朱惠蓉	沈远东	周 华 蒋 健 唐靖一 马俊坚 孙 荇 姚 政 朱梅萍 李 屹 姚洁明(女) 王继兰	2008.8.11	顾问：王灵台 秘书：汪 瑾
279	医疗器械安全管理委员会	周 华		周 嘉 马俊坚 孙 荇 朱梅萍 竺 炯 张雅丽 葛茂军 詹松华 张 珏 熊旭东 黄建平 王肖龙 费智敏 匡 勇 池 浩 杨 敏 郭晨洁 周 玥	2009.12.16	
280	专家委员会	王灵台	周 华 胡婉英 石印玉	柏连松 蔡 淦 陈建杰 高月求 何立群 胡义扬 蒋 健 刘 成 齐 聪 徐德生 徐列明 薛志祥 詹红生 张雅丽 周 嘉 朱惠蓉 朱抗美	2010.1.18	顾问：严世芸 沈远东 秘书：王唯坚
281	采购工作管理委员会			周 华 周 嘉 高 炬 马俊坚 孙 荇 王唯坚 朱梅萍 杨 敏 竺 炯 徐德生	2010.3.1	
282	医疗设备采购论证管理委员会	周 华	孙 荇	周 嘉 高 炬 马俊坚 杨 敏 王唯坚 朱梅萍 竺 炯 徐德生 吴 丹 赵咏芳 张 珏 陈建杰 薛志祥 詹松华 王肖龙	2010.3.1	
283	药品采购论证管理委员会	周 华	周 嘉	高 炬 马俊坚 孙 荇 徐德生 王唯坚 朱梅萍 杨 敏 竺 炯 朱 琰 金培琪 刘 力 吴 丹	2010.3.1	
284	其他物品采购论证管理委员会	周 华	周 嘉	高 炬 马俊坚 孙 荇 竺 炯 王唯坚 朱梅萍 杨 敏 徐德生 张雅丽 徐东升	2010.3.1	
285	制剂质量管理小组	周 嘉	徐德生	刘 力 李世芳	2010.7.19	
286	医学伦理委员会	朱抗美	马俊坚	鲍培伦 樊民胜 张洪芬 石印玉 郑舜华 王姿英 刘 珉 朱梅萍 刘 力 张雅丽 高月求 何立群 张 宇 周 嘉 关 鑫	2010.8.9	秘书：唐晓兰

（续表）

序号	委员会/工作小组	主任/组长	副主任/副组长	委员/成员	发文时间	备注
287	“无烟医院”领导小组	周　华 朱惠蓉	周　嘉 马俊坚 高　炬	王唯坚　徐美琴　朱梅萍　赵燕燕 王　跃　葛茂军　赵　钢　王姿英 竺　炯　陈　拥　张雅丽　孙　青 崔　屹　李　屹　汪　瑾　张伟民 李　泉　王继兰	2010.4.28	
288	感染管理委员会	周嘉	葛茂军	朱梅萍　赵燕燕　王　跃　张雅丽 孙　青　崔　屹　熊旭东　王肖龙 张　炜　高月求　何立群　陈晓宏 邱仲川　黄建平　匡　勇　池　浩 傅国强　赵建华　钮宏文　殷岫琦 徐汉文　岑　戎　赵　鋆　张　珏 徐德生　杨　敏　竺　炯	2010.7.30	
289	临床用血管理委员会	周　嘉	朱梅萍	葛茂军　张　珏　邱仲川　黄建平 齐　聪　匡　勇　卫晓恩　陈　珮 罗运全　龚航军　池　浩　周捷波 范　瑾	2010.6.1	
290	生殖医学伦理委员会	周　华	周　嘉 马俊坚	齐　聪　樊民胜　朱抗美　鲍培伦 张雅丽　关　鑫　张洪芬	2010.9.28	秘书：唐晓兰
291	病案质量管理委员会	周　嘉	朱梅萍 刘　珉 尹建鹏 赵燕燕 王　跃	冯　铮　张澄宇　张　慰　孙　蓉 张　琼　王　倩　吴瑶瑶　郑昱新 张正利　江淳娟　徐　燕　俞晓飞 许文捷　徐　民　赵明新	2010.11.28	
292	精神文明建设委员会	朱惠蓉	周　华 马俊坚	周　嘉　蒋　健　高　炬　胡义扬 王唯坚　王姿英　徐美琴　练　慧 朱梅萍　李　屹　仇　菲　赵咏芳 张雅丽　竺　炯　吴　丹　刘　珉 张伟民　杨　敏　徐东升　葛茂军 王继兰　唐　燕　张　炜　吴丽英 崔　松　窦丹波　金培琪　詹松华 匡　勇　吴雪卿　张　弢　崔　屹 吴荫梅　史晓卿　汪砺生　赵　钢	2010.9.1	精神文明建设办公室主任：王姿英
293	药事管理委员会	周　嘉	徐德生	王灵台　刘　力　朱盛国　朱梅萍 朱　琰　何立群　张　敏　陈建杰 周荣耀　金培琪　郑舜华　赵咏芳 赵燕燕　胡婉英　黄建平　詹红生 熊旭东　潘祥龙　薛慈民	2010.6.22	秘书：王　琴
294	信息化管理领导小组	周　华	朱惠蓉 高　炬	周　嘉　胡义扬　蒋　健　马俊坚	2010.3.6	
295	信息化管理工作小组	高　炬	王唯坚 刘　珉	朱梅萍　张雅丽　李　屹　竺　炯 杨　敏　赵咏芳　仇　菲　孙　荇	2010.3.6	

（续表）

序号	委员会/工作小组	主任/组长	副主任/副组长	委员/成员	发文时间	备 注
296	药物临床试验机构突发事件处置领导小组	周 华	蒋 健 周 嘉 朱惠蓉	沈晓红 朱梅萍 竺 炯 杨 敏 李 屹 吴 丹 王 巍 熊旭东 王 跃	2011.1.10	
297	药物临床试验机构突发事件处置工作小组	沈晓红	朱梅萍 竺 炯 熊旭东	张雅丽 林 江 王肖龙 俞晓飞 张 炜 高月求 薛慈民 何立群 齐 聪 陆 灏 周荣耀 杨 巍 张 珏 杨 敏 张伟民 詹松华	2011.1.10	
298	药物临床试验机构管理委员会	周 华	蒋 健	王灵台 石印玉 蔡 淦 朱惠蓉 周 嘉 胡义扬 高 炬	2011.1.10	
299	药物临床试验机构技术委员会	王灵台	胡婉英 蒋 健	石印玉 蔡 淦 柏连松 徐德生 熊旭东 何立群 孙卓君 陈建杰 周荣耀 詹红生 高月求	2011.1.10	秘书：沈晓红
300	临床用血管理委员会	周 嘉	朱梅萍 张 珏	王 跃 赵燕燕 黄建平 池 浩 匡 勇 詹红生 钮宏文 邱仲川 陈 佩 齐 聪 高月求 罗运权 熊旭东 傅国强 刘承海 徐金龙 范 瑾 葛茂军	2011.5.6	
301	抗菌药物管理领导小组	周 华	周 嘉 马俊坚	朱梅萍 徐德生 张雅丽 王 跃 赵燕燕 赵 钢 尹建鹏 葛茂军 熊旭东 黄建平 朱 琰 张 珏	2011.5.24	秘书：关 溪
302	抗菌药物临床应用管理工作小组	朱梅萍		王 跃 赵燕燕 尹建鹏 葛茂军 赵 钢 徐德生 朱 琰 关 溪 张 珏 乔 昀 陈君灏 熊旭东 陈晓宏 张 炜 黄建平 刘 珉 张雅丽	2011.6.28	
303	生物安全管理委员会	周 华	高 炬	朱梅萍 余志红 竺 炯 赵咏芳 张伟民 裘福荣 许红梅 张 珏 乔 昀	2011.8.1	
304	药事管理和药物治疗委员会	周 嘉	徐德生	刘 力 朱盛国 朱梅萍 朱 琰 何立群 张 敏 陈建杰 周荣耀 金培琪 郑舜华 赵咏芳 赵燕燕 胡婉英 高月求 黄建平 詹红生 熊旭东 潘祥龙 薛慈民	2011.8.1	秘书：王 琴
305	麻醉、精神药品管理领导小组	周 嘉	徐德生	朱梅萍 朱 琰 张伟民 张雅丽 金培琪 赵 钢 赵燕燕	2011.8.1	专管员：卢文菁
306	药品不良反应监测领导小组	周 嘉	朱梅萍 徐德生	关 溪 刘 力 朱 琰 张 炜 张慧敏 陈晓宏 金培琪 曹康裕 熊旭东	2011.8.1	秘书：关 溪

（续表）

序号	委员会/工作小组	主任/组长	副主任/副组长	委员/成员	发文时间	备　注
307	抗菌药物临床应用管理小组	朱梅萍		尹建鹏　朱　琰　关　溪　余志红 张　珏　张　炜　罗运权　赵燕燕 徐德生　黄建平　葛茂军　熊旭东	2011.8.1	
308	药品质量管理小组	周　嘉		朱　琰　朱梅萍　刘　力　李世芳 金培琪　赵燕燕　徐德生	2011.8.1	
309	专家委员会	王灵台	周　华 胡婉英 石印玉	柏连松　蔡　淦　陈建杰　高月求 何立群　胡义扬　蒋　健　刘　成 齐　聪　徐德生　徐列明　薛志祥 詹红生　张雅丽　周　嘉　朱惠蓉 朱抗美	2011.8.1	
310	采购工作管理委员会			周　华　周　嘉　高　炬　马俊坚 孙　荐　王唯坚　朱梅萍　杨　敏 竺　炯　徐德生	2011.8.1	
311	医疗设备采购论证管理委员会	周　华	孙　荐	周　嘉　高　炬　马俊坚　杨　敏 王唯坚　朱梅萍　竺　炯　徐德生 吴　丹　赵咏芳　张　珏　陈建杰 黄建平　詹松华　王肖龙	2011.8.1	
312	药品采购论证管理委员会	周　华	周　嘉	马俊坚　孙　荐　徐德生　朱梅萍 杨　敏　朱　琰　金培琪　刘　力	2011.8.1	
313	其他物品采购论证管理委员会	周　华	高　炬	马俊坚　孙　荐　竺　炯　王唯坚 朱梅萍　杨　敏　张雅丽	2011.8.1	
314	临床用血管理委员会	周　嘉	朱梅萍 张　珏	王　跃　赵燕燕　黄建平　池　浩 匡　勇　詹红生　钮宏文　邱仲川 陈　佩　齐　聪　高月求　罗运权 熊旭东　傅国强　刘成海　徐金龙 范　瑾　葛茂军	2011.8.1	
315	科研指导委员会	周　华		王灵台　石印玉　胡义扬　朱抗美 陈建杰　徐列明　詹红生　何立群 刘成海　高月求	2011.8.1	秘书：赵咏芳
316	医疗质量管理委员会	周　华	周　嘉	朱梅萍　熊旭东　齐　聪　杨　巍 赵　鋆　黄建平　余志红　赵燕燕 赵　钢　尹建鹏　张雅丽　付国强 詹松华　张　珏　徐德生　陈建杰 邱仲川　窦丹波　曹康裕　詹红生 何立群　罗运全　匡　勇　王肖龙 何　铮	2011.8.1	
317	预算委员会	周　华	孙　荐	朱惠蓉　周　嘉　胡义扬　蒋　健 高　炬　马俊坚	2011.8.1	

（续表）

序号	委员会/工作小组	主任/组长	副主任/副组长	委员/成员	发文时间	备　注
318	医疗器械安全管理委员会	周　华		周　嘉　马俊坚　孙　苻　杨　敏 朱梅萍　竺　炯　张雅丽　葛茂军 詹松华　张　珏　熊旭东　黄建平 王肖龙　费智敏　匡　勇　池　浩 郭晨洁　周　玥	2011.8.1	
319	医疗保险管理委员会	周　华	周　嘉 孙　苻	朱梅萍　赵　钢　赵燕燕　王　跃 杨　敏　竺　炯　刘　珉　吴　丹 黄建平　陈建杰　熊旭东　朱　琰 金培琪　张雅丽	2011.8.1	专职委员： 尹建鹏　王文浩
320	生殖医学伦理委员会	周　华	周　嘉 马俊坚	齐　聪　樊民胜　朱抗美　鲍培伦 张雅丽　关　鑫　张洪芬	2011.8.1	秘书：纪文利
321	爱国卫生委员会	周　嘉		王唯坚　余志红　葛茂军　张雅丽 竺　炯　许红梅　谢晓蓉　朱建宇 应春耀	2011.8.1	专职委员： 许红梅
322	生物安全管理委员会	周　华	高　炬	朱梅萍　余志红　竺　炯　赵咏芳 张伟民　裘福荣　许红梅　张　珏 乔　昀	2011.8.1	
323	防火领导小组	周　华	高　炬	张伟民　王唯坚　李　屹　朱梅萍 张雅丽　竺　炯　赵咏芳　杨　敏 仇　菲　刘　珉　李　泉　王　跃 陈　拥　吴　丹　孙　青	2011.8.1	
324	治安保卫领导小组	高　炬		张伟民　王唯坚　李　屹　朱梅萍 张雅丽　竺　炯　赵咏芳　杨　敏 仇　菲　刘　珉　李　泉　王　跃 陈　拥　吴　丹　孙　青	2011.8.1	
325	护理质量管理委员会	周　嘉	张雅丽 崔　屹 孙　青	孙　苻　王唯坚　朱梅萍　徐德生 李　屹　竺　炯　杨　敏　刘　珉 徐美琴　王姿英　瞿惠燕　周俭美 吴继萍　秦秀芳　陆　泳　徐玉萍	2011.12.16	
326	节能工作领导小组	周　华		朱惠蓉　周　嘉　高　炬　蒋　健 胡义扬　马俊坚	2011.12.20	
327	节能工作小组	高　炬		王唯坚　竺　炯　朱梅萍　张雅丽 赵咏芳　杨　敏　王继兰　仇　菲	2011.12.20	
328	医学伦理委员会	朱惠蓉		鲍培伦　樊民胜　张洪芬　石印玉 赵咏芳　王姿英　刘　珉　朱梅萍 刘　力　张雅丽　高月求　何立群 张　宇　周　嘉　关　鑫	2012.2.21	秘书长：关鑫（兼） 秘书：纪文利
329	抗菌药物临床应用管理小组	朱梅萍		徐德生　熊旭东　黄建平　费智敏 钮宏文　朱　琰　陈晓宏　张　炜 张　珏　葛茂军　赵燕燕　王　跃 尹建鹏　赵　钢　许红梅　龚捷文	2012.3.22	秘书：张　磊 关　溪

（续表）

序号	委员会/工作小组	主任/组长	副主任/副组长	委员/成员	发文时间	备注
330	医疗质量管理委员会	周　华	周　嘉	朱梅萍　熊旭东　齐　聪　杨　巍 赵　鋆　黄建平　余志红　赵燕燕 赵　钢　尹建鹏　张雅丽　付国强 詹松华　张　珏　徐德生　陈建杰 邱仲川　窦丹波　詹红生　何立群 罗运权　匡　勇　王肖龙　何　铮 冯　煜　王　跃　胡婉英　许怀应 沈家宜	2012.3.22	
331	信息化领导小组	周　华	朱惠蓉 高　炬	周　华　朱惠蓉　周　嘉　胡义扬 蒋　健　高　炬　马俊坚	2012.3.3	
332	信息化建设工作小组	高　炬	王唯坚 刘　珉	高　炬　孙　荇　王唯坚　刘　珉 朱梅萍　张雅丽　李　屹　竺　炯 杨　敏　赵咏芳　仇　菲　瞿惠燕	2012.3.3	
333	维稳工作领导小组	周　华 朱惠蓉	周　嘉 高　炬	王唯坚　朱梅萍　王　跃　赵燕燕 冯　煜　赵　刚　赵咏芳　仇　菲 张雅丽　孙　青　竺　炯　陈　拥 张伟民　李　泉　杨　敏　刘　珉 李　屹　汪　瑾　吴　丹	2012.7.24	
334	处方点评管理小组	朱梅萍	徐德生	王　跃　王　琴　关　溪　沈智彼 赵　钢　赵燕燕　费雯轶　蒋菊琴 葛茂军	2012.1.10	
335	科研用药与检测项目招标委员会	周　华	胡义扬 马俊坚	徐德生　朱　琰　金培琪　陈建杰 高月求　张　珏　竺　炯　赵咏芳 徐东升　孙　荇	2012.10.18	秘书：赵咏芳
336	档案鉴定销毁委员会	周　华 朱惠蓉	高　炬 周　嘉 蒋　健 胡义扬 马俊坚	王唯坚　徐美琴　练　慧　朱梅萍 李　屹　杨　敏　竺　炯　孙　荇 徐东升　赵咏芳　仇　菲　元唯安 余小萍　詹红生　刘成海　何立群	2012.4.10	秘书：徐美琴
337	海派中医流派传承基地建设领导小组	周　华		朱惠蓉　胡义扬　周　嘉　蒋　健 高　炬　马俊坚　孙　荇　王唯坚 朱梅萍　赵咏芳　李　屹　仇　菲 竺　炯　王　巍　王姿英　赵　钢 张雅丽　刘　珉	2012.11.20	秘书：赵咏芳
338	生殖医学伦理委员会	周　华	周　嘉	齐　聪　朱梅萍　张雅丽　蒋海平 关　鑫　樊民胜　鲍培伦　张洪芬 袁蕙芸	2013.4.10	秘书：纪文利
339	信息安全领导小组	周　华	高　炬 刘　珉	朱惠蓉　周　嘉　胡义扬　蒋　健 马俊坚　孙　荇　王唯坚　朱梅萍 张雅丽　李　屹　竺　炯　杨　敏 赵咏芳　仇　菲　瞿惠燕	2013.7.1	

（续表）

序号	委员会/工作小组	主任/组长	副主任/副组长	委员/成员	发文时间	备　注
340	信息安全工作小组	刘　珉	卢欣然	徐　平　金　铁　徐铖斌　殷亦超 姚　迪　熊　进　林　震　严永杰 张习艺	2013.7.1	
341	放射防护管理小组	周　华	周　嘉 高　炬	朱梅萍　竺　炯　杨　敏　葛茂军 张伟民　詹松华　张　珏　周捷波 程瑞新　陈建中	2013.5.17	
342	高职晋升考核小组			周　华　朱惠蓉　周　嘉　蒋　健 胡义扬　高　炬　马俊坚　王灵台 沈远东　陈建杰　何立群　詹红生 齐　聪　徐德生　黄建平　朱盛国 李　屹	2013.9.2	
343	教师资格聘任小组	周　华		朱惠蓉　周　嘉　蒋　健　胡义扬 高　炬　马俊坚　王灵台　沈远东 石印玉　胡婉英	2013.9.12	
344	教师思想品德考查小组	朱惠蓉		练　慧　朱梅萍　李　屹　赵咏芳 仇　菲	2013.9.12	
345	教师教育教学考查小组	蒋　健		王灵台　沈远东　石印玉　蔡　淦 胡婉英　陈建杰	2013.9.12	
346	节约型公共机构示范单位工作领导小组	周　华 朱惠蓉	高　炬 周　嘉 蒋　健 胡义扬 马俊坚	王见义　竺　炯　孙　荇　李　屹 赵咏芳　刘　珉　仇　菲　张雅丽 赵燕燕　王继兰　谢晓蓉	2013.10.14	
347	节约型公共机构示范单位工作小组	高　炬	竺　炯 王见义	孙　荇　李　屹　赵咏芳　刘　珉 仇　菲　张雅丽　赵燕燕　王继兰 张伟民　王姿英　陈　拥　胡　峻 谢晓蓉	2013.10.14	
348	高级岗位聘任考核小组			周　华　周　嘉　胡义扬　蒋　健 高　炬　马俊坚　陈建杰　熊旭东 黄建平　龚航军　王肖龙　何立群 詹红生　余小萍　刘成海　张雅丽 李　屹　赵咏芳　仇　菲　朱梅萍	2013.11.1	
349	中级岗位聘任考核小组			陈建杰　熊旭东　黄建平　龚航军 曹月龙　詹松华　张　珏　刘　力 王见义　胡　峻　练　慧　王姿英 李　屹　沈知彼　赵咏芳　顾翠峰 仇　菲　王继兰　朱梅萍　汪　瑾 张雅丽　崔　屹　孙　青	2013.11.1	

（续表）

序号	委员会/工作小组	主任/组长	副主任/副组长	委员/成员	发文时间	备　注
350	医师定期考核委员会	周　华		马俊坚　周　嘉　蒋　健　胡义扬 高　炬　王见义　练　慧　王姿英 李　屹　赵　钢　冯　煜　朱梅萍 赵咏芳　仇　菲　陈建杰　熊旭东 黄建平　龚航军　万　华　马庆良 殷岫绮　朱盛国　詹红生　詹松华	2014.1.10	顾问：沈远东
351	人体研究保护委员会	周　华	马俊坚 周　嘉 蒋　健 胡义扬	李　屹　赵咏芳　关　鑫　元唯安 仇　菲　高月求　何立群	2014.1.10	秘书：纪文利 汤　洁　柴　琼
352	专家委员会	沈远东	周　华	陈建杰　高月求　黄建平　何立群 胡义扬　蒋　健　刘成海　刘　力 马俊坚　万　华　熊旭东　余小萍 周　嘉　詹红生　张雅丽	2014.4.18	顾问：柏连松 蔡　淦　胡婉英 刘　成　刘　平 石印玉　王灵台 严世芸 秘书：王见义
353	院务公开领导小组	马俊坚	周　华	周　嘉　蒋　健　胡义扬　高　炬	2014.4.18	
354	院务公开工作小组	周　华	马俊坚 周　嘉 蒋　健 胡义扬 高　炬 王见义	李　屹　朱梅萍　赵咏芳　赵燕燕 竺　炯　张雅丽　孙　荇　张伟民 胡　峻　王姿英	2014.4.18	
355	院务公开监督小组	马俊坚	王继兰	冯　煜　崔　松　朱旭莹　朱盛国 吴丽英　练　慧	2014.4.18	
356	医疗质量管理委员会	周　华	周　嘉	李　屹　熊旭东　马庆良　杨　巍 赵　鋆　黄建平　余志红　沈知彼 赵　钢　尹建鹏　张雅丽　傅国强 詹松华　张　珏　徐德生　陈建杰 陈　珮　窦丹波　詹红生　何立群 罗运权　匡　勇　王肖龙　何　铮 冯　煜　胡婉英　许怀应　沈家宜	2014.4.18	
357	临床用血管理委员会	周　嘉	李　屹 陈　珮	沈知彼　余志红　黄建平　陈彤宇 匡　勇　詹红生　钮宏文　马庆良 高月求　罗运权　傅国强　徐金龙 范　瑾　葛茂军	2014.4.18	

（续表）

序号	委员会/工作小组	主任/组长	副主任/副组长	委员/成员	发文时间	备 注
358	感染管理委员会	周 嘉	葛茂军	李 屹 赵 钢 沈知彼 余志红 张雅丽 孙 青 崔 屹 熊旭东 王肖龙 张 炜 高月求 何立群 陈晓宏 陈 珮 黄建平 匡 勇 陈彤宇 傅国强 赵建华 钮宏文 马庆良 徐汉文 岑 戎 赵 鋆 张 珏 徐德生 赵燕燕 竺 炯 郑 霞 赵丽娜	2014.4.18	
359	毕业后医学教育委员会	周 华	周 嘉 马俊坚 蒋 健 孙 荇	李 屹 朱梅萍 仇 菲 冯 煜 陈建杰 熊旭东 余小萍 窦丹波 张晓天 何立群 王肖龙 万 华 杨 巍 黄建平 马庆良 朱盛国 詹红生 沈卫东 缪晚虹 忻耀杰	2014.4.18	秘书：王景潇
360	制剂质量管理小组	周 嘉	徐德生	刘 力 李世芳	2014.4.18	
361	药事管理与药物治疗学委员会	周 华	周 嘉 刘 力	万 华 王肖龙 朱 琰 朱盛国 李 屹 李世芳 何立群 张慧敏 张雅丽 陈建杰 赵 钢 赵咏芳 高月求 徐德生 殷岫绮 黄建平 詹红生 熊旭东	2014.4.18	秘书：王 琴
362	麻醉、精神药品管理领导小组	周 嘉	刘 力	朱 琰 李 屹 张伟民 张雅丽 赵 钢	2014.4.18	专管员：卢文菁
363	处方点评管理小组	李 屹 赵 钢	刘 力	王 琴 关 溪 朱 琰 沈知彼 费文轶 徐德生 常昕楠 葛茂军	2014.4.18	
364	药品不良反应监测领导小组	周 嘉	李 屹 刘 力	关 溪 朱 琰 张 炜 张慧敏 陈晓宏 徐德生 熊旭东	2014.4.18	
365	抗菌药物临床应用	周 华	周 嘉	刘 力 刘 珉 李 屹 张 珏 张雅丽 赵 钢 葛茂军 熊旭东	2014.4.18	
366	抗菌药物临床应用管理工作小组	李 屹		尹建鹏 刘 力 刘 珉 朱 琰 张 珏 张雅丽 沈知彼 赵 钢 徐德生 黄建平 葛茂军 熊旭东	2014.4.18	秘书：关 溪 张 亮
367	药品质量管理小组	周 嘉		刘 力 庄俊嵘 朱 琰 李 屹 李世芳 徐德生	2014.4.18	
368	医疗保险管理委员会	周 华	周 嘉 孙 荇	李 屹 赵 钢 沈知彼 尹建鹏 赵燕燕 竺 炯 刘 珉 吴 丹 黄建平 陈建杰 王 倩 朱 琰 张雅丽	2014.4.18	专职委员：尹建鹏 王文浩
369	病案质量管理委员会	周 嘉	李 屹 刘 珉 尹建鹏 沈知彼 余志红	冯 铮 张澄宇 张 慰 孙 蓉 张 琼 王 倩 吴瑶瑶 郑昱新 张正利 江淳娟 徐 燕 俞晓飞 许文捷 徐 民 赵明新	2014.4.18	

（续表）

序号	委员会/工作小组	主任/组长	副主任/副组长	委员/成员	发文时间	备注
370	爱国卫生委员会	周嘉		李屹 余志红 葛茂军 张雅丽 竺炯 王姿英 许红梅 朱建宇	2014.4.18	专职委员：许红梅
371	放射防护管理小组	周华	周嘉 高炬	李屹 赵刚 竺炯 赵燕燕 葛茂军 张伟民 詹松华 张珏 周捷波 程瑞新 陈建中 张安君	2014.4.18	
372	药物临床试验机构技术委员会	蔡淦	蒋健	石印玉 柏连松 刘力 何立群 陈建杰 詹红生 高月求	2014.4.18	秘书：元唯安
373	药物临床试验机构突发事件处置小组	周华	蒋健 周嘉 马俊坚	元唯安 朱梅萍 竺炯 赵燕燕 李屹 吴丹 王巍 熊旭东 沈知彼	2014.4.18	
374	药物临床试验机构突发事件处置工作小组	元唯安	李屹 竺炯 熊旭东	张雅丽 林江 王肖龙 俞晓飞 张炜 高月求 薛慈民 何立群 马庆良 陆灏 李琦 杨巍 张珏 赵燕燕 张伟民 詹松华	2014.4.18	
375	药物临床试验机构管理委员会	周华	蒋健	石印玉 蔡淦 马俊坚 周嘉 胡义扬 高炬	2014.4.18	
376	科研用药与检测项目招标委员会	周华	胡义扬 马俊坚	刘力 朱琰 李世芳 陈建杰 高月求 张珏 赵咏芳 徐东升 孙荇	2014.4.18	秘书：赵咏芳
377	海派中医流派传承基地建设领导小组	周华		马俊坚 胡义扬 周嘉 蒋健 高炬 孙荇 王见义 朱梅萍 赵咏芳 李屹 仇菲 竺炯 王巍 王姿英 赵钢 张雅丽 刘珉	2014.4.18	秘书：赵咏芳
378	科研指导委员会	周华		胡义扬 蒋健 余小萍 陈建杰 徐列明 詹红生 何立群 刘成海 高月求	2014.4.18	秘书：赵咏芳
379	岗位设置领导小组			周华 马俊坚 周嘉 胡义扬 蒋健 高炬	2014.4.18	
380	岗位设置工作小组			朱梅萍 赵咏芳 仇菲 王见义 练慧 李屹 汪瑾 张雅丽 孙荇 竺炯	2014.4.18	
381	信息安全领导小组	周华	高炬 刘珉	马俊坚 周嘉 胡义扬 蒋健 孙荇 王见义 朱梅萍 张雅丽 李屹 竺炯 赵燕燕 赵咏芳 仇菲 瞿惠燕	2014.4.18	
382	信息安全工作小组	刘珉	卢欣然	徐平 金铁 徐铖斌 殷亦超 姚迪 熊进 林震 严永杰 张习艺 张伟民	2014.4.18	

（续表）

序号	委员会/工作小组	主任/组长	副主任/副组长	委员/成员	发文时间	备 注
383	节能工作领导小组	周 华		马俊坚 周 嘉 高 炬 蒋 健 胡义扬	2014.4.18	
384	节能工作工作小组	高 炬		孙 荇 王见义 竺 炯 李 屹 张雅丽 赵咏芳 赵燕燕 仇 菲	2014.4.18	
385	节约型公共机构示范单位工作领导小组	周 华 马俊坚	高 炬 周 嘉 蒋 健 胡义扬	王见义 竺 炯 孙 荇 李 屹 赵咏芳 刘 珉 仇 菲 张雅丽 赵燕燕 王继兰	2014.4.18	
386	节约型公共机构示范单位工作小组	高 炬	竺 炯 王见义	孙 荇 李 屹 赵咏芳 刘 珉 仇 菲 张雅丽 赵燕燕 王继兰 张伟民 王姿英 陈 拥 胡 峻 谢晓蓉	2014.4.18	
387	维稳工作领导小组	周 华 马俊坚	周 嘉 高 炬	王见义 李 屹 朱梅萍 沈知彼 冯 煜 赵 钢 赵咏芳 仇 菲 张雅丽 崔 屹 竺 炯 陈 拥 张伟民 李 泉 胡 峻 刘 珉 汪 瑾 吴 丹 赵燕燕	2014.4.18	
388	防火领导小组	周 华	高 炬	张伟民 王见义 李 屹 朱梅萍 张雅丽 竺 炯 赵咏芳 赵燕燕 仇 菲 刘 珉 李 泉 陈 拥 吴 丹 孙 青	2014.4.18	
389	治安保卫领导小组	高 炬		张伟民 王见义 李 屹 朱梅萍 张雅丽 竺 炯 赵咏芳 赵燕燕 仇 菲 刘 珉 李 泉 沈知彼 陈 拥 吴 丹 孙 青	2014.4.18	
390	预算委员会	周 华	孙 荇	马俊坚 周 嘉 胡义扬 蒋 健 高 炬	2014.4.18	
391	采购工作管理委员会			周 华 马俊坚 周 嘉 高 炬 孙 荇 王见义 李 屹 赵燕燕 竺 炯 刘 力	2014.4.18	
392	医疗设备采购论证管理委员会	周 华	孙 荇	马俊坚 周 嘉 高 炬 赵燕燕 王见义 李 屹 竺 炯 刘 力 吴 丹 赵咏芳 张 珏 陈建杰 黄建平 詹松华 王肖龙	2014.4.18	
393	药品采购论证管理委员会	周 华	周 嘉	马俊坚 孙 荇 徐德生 李 屹 王见义 朱 琰 刘 力	2014.4.18	
394	其他物品采购论证管理委员会	周 华	高 炬	马俊坚 孙 荇 竺 炯 王见义 李 屹 赵燕燕 张雅丽	2014.4.18	

（续表）

序号	委员会/工作小组	主任/组长	副主任/副组长	委员/成员	发文时间	备　注
395	无烟医院领导小组	周　华 马俊坚	周　嘉 高　炬	王见义　章诚杰　朱梅萍　沈知彼 余志红　葛茂军　赵　钢　王姿英 竺　炯　陈　拥　张雅丽　孙　青 崔　屹　李　屹　汪　瑾　张伟民 李　泉　王继兰	2014.4.18	
396	精神文明建设委员会	马俊坚	周　华	周　嘉　蒋　健　高　炬　胡义扬 王姿英　王见义　练　慧　章诚杰 朱梅萍　李　屹　仇　菲　赵咏芳 张雅丽　竺　炯　吴　丹　刘　珉 张伟民　赵燕燕　徐东升　葛茂军 瞿惠燕　王继兰　张　炜　吴丽英 赵　钢　崔　松　窦丹波　匡　勇 吴雪卿　张　弢　庄俊嵘　詹松华 崔　屹　吴荫梅　史晓卿　王　巍 高月求　陆　灏	2014.4.18	
397	档案鉴定销毁委员会	周　华 马俊坚	高　炬 周　嘉 蒋　健 胡义扬	王见义　章诚杰　练　慧　朱梅萍 李　屹　赵燕燕　竺　炯　孙　荇 徐东升　赵咏芳　仇　菲　元唯安 余小萍　詹红生　刘成海　何立群	2014.4.18	秘书：章诚杰
398	生物安全管理委员会	周　华	高　炬	李　屹　竺　炯　赵咏芳　张伟民 裘福荣　葛茂军　张　珏　乔　昀	2014.4.18	
399	医疗器械安全管理委员会	周　华		马俊坚　周　嘉　孙　荇　李　屹 赵燕燕　竺　炯　张雅丽　葛茂军 詹松华　张　珏　王　倩　黄建平 匡　勇　陈彤宇　郭晨洁　李定国 麦爱丽　王肖龙　费智敏	2014.4.18	
400	护理质量管理委员会	周　嘉	张雅丽 崔　屹 孙　青	孙　荇　王见义　朱梅萍　徐德生 李　屹　竺　炯　赵燕燕　刘　珉 章诚杰　王姿英　瞿惠燕　周俭美 吴继萍　秦秀芳　陆　泳　徐玉萍	2014.4.18	
401	产科安全办公室	周　华	周　嘉 马庆良	付国强　冯　煜　葛茂军　蒋国静 李　屹　刘　珉　王　倩　赵　钢 赵　鋆　赵燕燕　张雅丽　竺　炯	2014.3.25	专职人员：许乐宜　胡　丽
402	产科质控小组	周　嘉	尹建鹏 葛茂军 马庆良	胡　丽　蒋国静　龚捷文　孙　蓉 徐樱丹　郁怡婷　朱　婷	2014.3.25	
403	产科危重孕产妇抢救小组	周　嘉	李　屹 马庆良	付国强　何立群　胡　丽　蒋国静 刘　力　王　倩　王肖龙　徐樱丹 俞晓飞　张　珏　张　炜　张晓沁	2014.3.25	
404	教师资格聘任小组	周　华		马俊坚　蒋　健　周　嘉　胡义扬 高　炬　姚　政　沈远东　陈建杰 余小萍　詹红生	2014.9.15	

（续表）

序号	委员会/工作小组	主任/组长	副主任/副组长	委员/成员	发文时间	备　注
405	教师思想品德考察小组	马俊坚		练　慧　朱梅萍　李　屹　赵咏芳 仇　菲	2014.9.15	
406	教师教育教学考察小组	蒋　健		余小萍　熊旭东　杨　巍　齐　聪 詹松华　张雅丽	2014.9.15	
407	维稳工作领导小组	周　华 马俊坚	周　嘉 高　炬	王见义　李　屹　沈知彼　赵燕燕 冯　煜　赵　刚　赵咏芳　仇　菲 张雅丽　崔　屹　孙　青　竺　炯 陈　拥　张伟民　李　泉　刘　珉 朱梅萍　汪　瑾　吴　丹	2014.9.16	
408	争创平安单位领导小组	周　华	高　炬	王见义　朱梅萍　李　屹　沈知彼 冯　煜　赵　钢　张雅丽　孙　青 竺　炯　陈　拥　赵燕燕　张伟民 李　泉　赵咏芳　仇　菲　刘　珉 吴　丹	2014.9.16	
409	处置突发事件应急领导小组	周　华 马俊坚	周　嘉 高　炬	王见义　李　屹　沈知彼　朱梅萍 汪　瑾　冯　煜　赵　钢　赵咏芳 仇　菲　张雅丽　竺　炯　陈　拥 张伟民　李　泉　赵燕燕　刘　珉 王继兰　吴　丹	2014.9.16	
410	综合治理领导小组	马俊坚 周　华	周　嘉 高　炬	王见义　朱梅萍　李　屹　沈知彼 冯　煜　赵　钢　张雅丽　孙　青 竺　炯　陈　拥　赵咏芳　吴　丹 张伟民　李　泉　仇　菲　王继兰	2014.9.16	
411	制剂质量管理小组	周　嘉	刘　力	李世芳　刘　瑾	2015.10.28	
412	感染管理委员会	周　嘉	赵　聪	李　屹　赵　钢　沈知彼　余志红 张雅丽　孙　青　崔　屹　熊旭东 王　倩　王肖龙　张　炜　高月求 何立群　陈晓宏　陈　珮　黄建平 匡　勇　陈彤宇　傅国强　赵建华 钮宏文　马庆良　徐汉文　岑　戎 潘亚敏　赵　鋆　张　珏　徐德生 赵燕燕　竺　炯　郑　霞　赵丽娜	2015.11.18	
413	抗菌药物临床应用管理领导小组	周　华	周　嘉	刘　力　刘　珉　李　屹　张　珏 张雅丽　赵　钢　赵　聪　熊旭东	2015.11.18	
414	抗菌药物临床应用管理工作小组	李　屹		尹建鹏　刘　力　刘　珉　朱　琰 张　珏　张雅丽　沈知彼　赵　钢 徐德生　黄建平　赵　聪　熊旭东	2015.12.18	秘书：关　溪 张　亮

第三章　中国共产党上海中医药大学附属曙光医院委员会

第一节　党员代表大会

20世纪60年代，医院党支部、党总支换届改选，先由支委会酝酿候选人，然后召开党员大会选举产生总支委员和纪检委员，并报上级党委审批。1964年12月18日、1982年2月13日，召开两次中共上海中医学院附属曙光医院总支委员会的党员大会，完成换届工作。1988年3月，中共上海中医学院附属曙光医院委员会成立，并于同年8月30日召开全体党员大会。1992年11月27日、1996年11月8日、2000年12月22日，召开党员大会，选举产生党委委员和纪委委员。2004年12月3日，召开党员大会改选产生第七届党委。至2004年，医院共召开7次全体党员大会，完成7届党委、纪委的换届工作。2008年，医院筹备第八次党员大会时，医院正式党员数已超过500人。为确保大会顺利召开，党委结合医院实际工作情况，根据《中国共产党章程》和《中国共产党基层组织选举工作暂行条例》有关规定，经党委会讨论，决定召开曙光医院党员代表大会，并根据上级党委指示，将此次大会命名为"中共上海中医药大学附属曙光医院第一次党员代表大会"。

一、中共上海中医药大学附属曙光医院第一次党员代表大会

2008年6月27日，医院召开第一次党员代表大会，158名党员代表参加会议。上海中医药大学党委副书记何星海到会并讲话，上海中医药大学党委副书记王群、党委组织部部长张志枫出席大会。医院党委副书记、院长沈远东主持大会。上海市政协委员、民革中央委员、民革市委常委、民革浦东新区委员会主任委员、副院长蒋健同志代表曙光医院各民主党派致贺词。会上，党委书记朱惠蓉代表医院第七届党委会作题为"牢记宗旨，心系群众，全面贯彻落实科学发展观，为曙光和谐发展提供有力保证"的工作报告；党委副书记、纪委书记马俊坚代表医院第七届纪委作题为"从严治党，惩防并举，为构建和谐医院保驾护航"的工作报告。

大会选举产生医院第八届党委会委员和第八届纪委委员会委员，审议通过大会决议。会上宣读《告全体共产党员书》，向大会汇报。大会前夕，经医院党员提议，党委讨论决定，在以往捐款的基础上，再次捐助特殊党费3.5万元，作为该次大会向地震灾区的爱心奉献。

会后，第八届党委、纪委的第一次会议在上级党委领导的主持下分别召开，会议选举产生党委书记、副书记以及纪委书记。

医院第八届党委会和纪委会组成人员，经中共上海中医药大学委员会于2008年7月批复同意，由朱惠蓉任党委书记，马俊坚任党委副书记兼纪委书记，沈远东兼任党委副书记。

二、中共上海中医药大学附属曙光医院第二次党员代表大会

2011年6月28日，医院召开第二次党员代表大会，200名党员代表出席大会。上海中医药大

学党委书记谢建群到会并讲话，上海中医药大学党委副书记何星海、上海中医药大学党委副书记兼纪委书记王群、党委组织部部长张志枫、专职纪委副书记兼纪检监察审计室主任夏文芳出席会议。医院党委副书记、院长周华主持大会。上海市政协常委、民革中央委员、民革市委常委、民革浦东新区委员会主任委员、副院长蒋健代表曙光医院各民主党派致贺词。会上，党委书记朱惠蓉代表医院第八届党委会作题为“牢记宗旨，心系群众，服务大局，创先争优，为曙光新一轮的可持续发展提供有力保证”的工作报告；党委副书记、纪委书记马俊坚代表医院第八届纪委作题为“反腐倡廉，标本兼治，从严治党，惩防并举，为构建和谐医院保驾护航”的工作报告。

大会选举产生医院第九届党委会和第九届纪委委员会，审议通过大会决议。同时，医院举行庆祝中国共产党成立 90 周年大会，为荣获医院“两优一先”的集体和个人颁奖，部分获奖集体作交流；向离休干部代表颁发纪念章。会上宣读《告全体共产党员书》。

会后，第九届党委、纪委的第一次会议在上级党委领导的主持下分别召开，会议选举产生党委书记、副书记以及纪委书记。

医院第九届党委会和纪委会组成人员，经中共上海中医药大学委员会于 2011 年 7 月批复同意，由朱惠蓉任党委书记，马俊坚任党委副书记兼纪委书记，周华兼任党委副书记。

三、中共上海中医药大学附属曙光医院第三次党员代表大会

2015 年 6 月 30 日，医院召开第三次党员代表大会，139 名党员代表参加会议。上海中医药大学党委副书记何星海到会并讲话，上海中医药大学党委副书记兼纪委书记朱惠蓉、组织统战部部长夏文芳出席大会。医院党委副书记、院长周华主持大会。上海市政协常委、浦东新区政协副主席、民革中央委员、民革市委常委、民革浦东新区主委蒋健副院长代表曙光医院各民主党派致贺词。会上，党委书记马俊坚代表医院第九届党委会作题为“牢记宗旨，加强党建，服务群众，求真务实，为推动医院科学发展提供有力保证”的工作报告；党委副书记、纪委书记姚政代表医院第九届纪委作题为“反腐倡廉，从严治党，监督执纪，惩防并举，为医院改革发展提供坚强纪律保障”的工作报告。

大会选举产生医院第十届党委会委员和第十届纪委委员会委员，审议通过大会决议。

会后，第十届党委、纪委的第一次会议在上海中医药大学党委副书记何星海主持下先后召开。会议分别选举出党委书记、副书记以及纪委书记。上海中医药大学组织统战部部长夏文芳出席会议。

医院第十届党委会和纪委会组成人员，经中共上海中医药大学委员会于 2015 年 7 月批复同意，由马俊坚任党委书记，周华兼任党委副书记，姚政任党委副书记兼纪委书记。

表 1-3-1 1964—2015 年医院历届党员(代表)大会和组织机构情况表

日　期	会议名称	党总支/党委书记	党总支/党委副书记	党委委员
1964 年 12 月 18 日	党总支会议	刘树梓	—	李广友　陈文明　张光正 丁乃时　周保康　倪翠珍
1982 年 2 月 13 日	党总支会议	谢田夫	—	—
1988 年 8 月 30 日	党员大会	王元洪	—	—
1992 年 11 月 27 日	党员大会	郑平东	周展红	汤仁智　康正祥　顾惠芳 江国雄　蒋绍芳

（续表）

日　期	会 议 名 称	党总支/党委书记	党总支/党委副书记	党 委 委 员
1996年11月8日	党员大会	郑平东	王灵台　周展红	沈远东　顾惠芳　徐德生　蒋绍芳
2000年12月22日	党员大会	朱抗美	马俊坚　王灵台	沈远东　徐德生　虞坚尔　王　晨
2004年12月3日	党员大会	朱抗美	沈远东　马俊坚	周　华　吴丽英　张婷婷　唐靖一
2008年6月27日	第一次党员代表大会	朱惠蓉	沈远东　马俊坚	吴丽英　唐靖一　高月求　周　华　姚　政　张　炜
2011年6月28日	第二次党员代表大会	朱惠蓉	周　华　马俊坚	李　屹　吴丽英　张　炜　陆　灏　高　炬　高月求
2015年6月30日	第三次党员代表大会	马俊坚	周　华　姚　政	周　嘉　胡义扬　高　炬　李　屹　吴雪卿　张　炜　陆　灏　高月求

第二节　基层党组织

一、组织工作

党委组织工作主要有加强基层党组织建设；做好党员的教育、管理和发展等工作；做好干部考察、培养、教育工作，参与干部管理、考核、任免工作。

二、基层党组织结构

1963年，医院刚成立党总支，下设三个分支部：第一分支部包括院长办公室、人事科、营养室、病史统计室、财务科、总务科；第二分支部包括中医内科、西医内科、中医儿科、西医儿科、中药室、西药室、保健科、科教办公室、针灸推拿科、放射理疗科、检验科；第三分支部包括中医外科、西医外科、妇产科、五官科、口腔科、皮肤科、急诊室、门诊办公室、供应室、挂号室、眼科。同年3月向上海中医学院党委提交分支组织方案的请示报告，根据上海中医学院党委批复，成立中西医内科联合支部、中西医外科联合支部以及行政支部。1972年7月21日、8月2日、8月4日三次党总支会议，讨论关于医院成立党的支部和支委人选问题，经党员酝酿和群众建议，决定成立5个党支部。

随着医院党员人数的增加、管理体制的变更，并根据医院发展和党建工作的需要，基层党组织设置又有较大变化。医院党委按照《中国共产党章程》的规定，按期进行医院基层党组织的换届选举。通过换届选举，对基层党组织负责人进行调整、充实，优化党的基层组织结构。医院共有11个党支部。2005年，为做好东、西两部共同发展新形势下的党建工作，党委在5—6月间进行党员情况调研，结合医院东、西两部工作及人员配置情况，在党员座谈会、党委会讨论基础上进行支部调整，产生第十二党支部——东部综合支部。2006年1月，上海中医药大学附属曙光医院党委下辖12个党支部。2006年6月，成立第十三党支部（由当时的第十党支部研究生党员组成）；2006年9月，成立教学党总支、离退休党总支，并根据当时工作需要成立浦东党总支，同时，对部分党员数较多的党支部进行调整，新成立4个党支部。2008年8月，取消东部党总支，新成立内科、外科、医技、护理、行政5个党总支，并再次对部分党员数较多的党支部进行调整，新成立2个党支部。2009年，后勤党支部11位党员组织关系由上海中医药大学后勤集团党总支转入医院党委，为第二十党支部。2011年8月，党员编入有关党支部。同年8月成立第二十一党支部，由住院医师规范化培训基地学员党员组成，于2011年8月更名为第十四党支部，纳入教学党总支。2010年6月，按照“在世博局党委的统一领导下，世博园区建立紧密型基层党组织管理体系，入驻园区的办展单位、服务团队，凡有3名以上正式党员的，都要建立临时党组织”的具体要求，经医院党委讨论决定，成立“曙光医院世博园区医疗站临时党支部”，任命赵钢兼任临时党支部书记，直至完成世博保障任务。2015年10月，上海中医药大学附属曙光医院党委下辖7个党总支20个党支部。

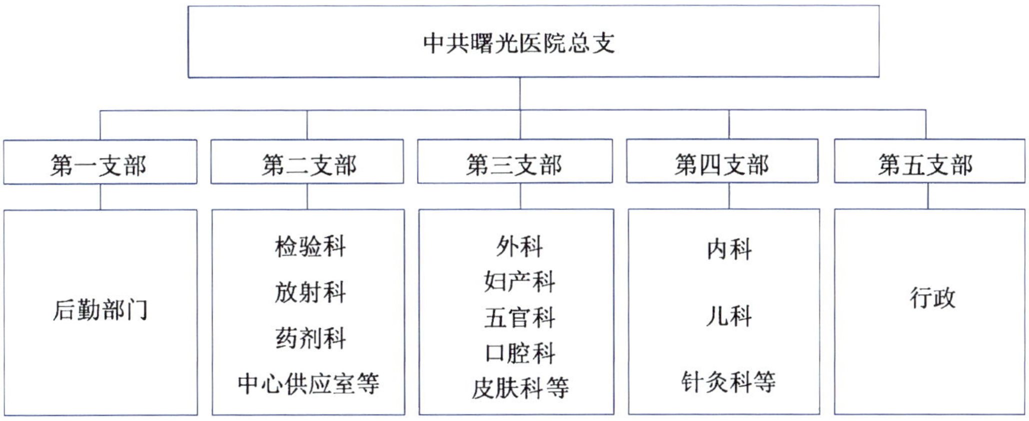

图1-3-1　1972年中共曙光医院总支委员会架构图

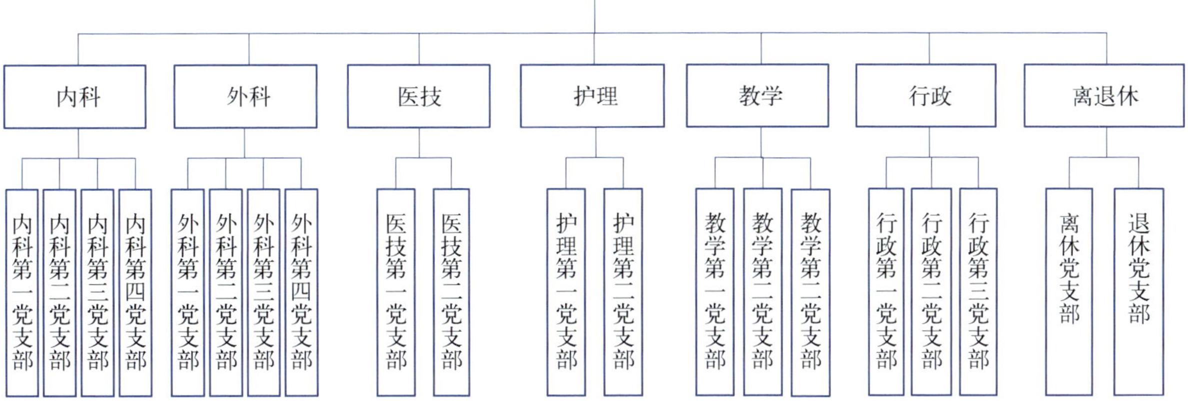

图1-3-2　2015年中共上海中医药大学附属曙光医院委员会架构

表 1-3-2　2006 年 2 月—2016 年 2 月党支部变动情况表

党支部名称	党支部书记	备　注
内科一支部	张　炜(2003 年 6 月起任职)	原四支部(2008 年 8 月前)、一支部(2008 年 8 月—2015 年 10 月)
内科二支部	吴丽英(1999 年 9 月起任职)	原七支部(2008 年 8 月前)、二支部(2008 年 8 月—2015 年 10 月)
内科三支部	崔　松(2003 年 6 月起任职)	原八支部(2008 年 8 月前)、三支部(2008 年 8 月—2015 年 10 月)
内科四支部	窦丹波(2009 年 12 月离任) 吴　欢(2015 年 12 月起任职)	原十四支部(2006 年 9 月—2008 年 8 月)、四支部(2008 年 8 月—2015 年 10 月)
外科一支部	周　嘉(2009 年 12 月离任) 匡　勇(2009 年 12 月起任职,2015 年 12 月离任) 王树强(2015 年 12 月起任职)	原五支部(2008 年 8 月—2015 年 10 月)
外科二支部	黄美琴(2006 年 2 月离任) 葛茂军(2006 年 2 月起任职,2010 年 5 月离任) 吴雪卿(2010 年 5 月起任职)	原三支部(2008 年 8 月前)、六支部(2008 年 8 月—2015 年 10 月)
外科三支部	朱聘倬(2008 年 10 月离任) 张　彧(2008 年 10 月起任职)	原五支部(2008 年 8 月前)、七支部(2008 年 8 月—2015 年 10 月)
外科四支部	王以东(2015 年 12 月起任职)	2015 年 10 月成立
医技一支部	金培琪(2011 年 10 月离任) 庄俊嵘(2011 年 10 月起任职)	原二支部(2008 年 8 月前)、八支部(2008 年 8 月—2015 年 10 月)
医技二支部	金　磊(2008 年 10 月离任) 詹松华(2008 年 10 月起任职)	原十五支部(2006 年 9 月—2008 年 8 月)、九支部(2008 年 8 月—2015 年 10 月)
护理一支部	张雅丽(2015 年 12 月离任) 孙　青(2015 年 12 月起任职)	原十支部(2008 年 8 月—2015 年 10 月)
护理二支部	曹菊香(2006 年 2 月离任) 史晓卿(2006 年 2 月起任职,2010 年 5 月离任) 崔　屹(2010 年 5 月起任职)	原九支部(2008 年 8 月前)、十一支部(2008 年 8 月—2015 年 10 月)
教学一支部	邹　菁(2011 年 4 月离任) 仇　菲(2011 年 4 月起任职)	原十三支部(2006 年 6 月—2008 年 8 月)、十二支部(2008 年 8 月—2015 年 10 月)
教学二支部	吴荫梅(2015 年 12 月离任) 王之通(2015 年 12 月起任职)	原十支部(2008 年 8 月前)、十三支部(2008 年 8 月—2015 年 10 月)
教学三支部	赵　钢(2015 年 12 月离任) 沈知彼(2015 年 12 月起任职)	原二十一支部(2010 年 8 月—2011 年 8 月)、十四支部(2011 年 8 月—2015 年 10 月)
行政一支部	何红梅(2007 年 3 月离任) 缪　晓(2007 年 3 月起任职,2008 年 10 月离任) 姚　政(2008 年 10 月起任职,2010 年 8 月离任) 李　屹(2010 年 8 月起任职)	原六支部(2008 年 8 月前)、十四支部(2008 年 8 月—2011 年 8 月)、十五支部(2011 年 8 月—2015 年 10 月)
行政二支部	竺　炯(2006 年 6 月起任职)	原十二支部(2008 年 8 月前)、十五支部(2008 年 8 月—2011 年 8 月)、十六支部(2011 年 8 月—2015 年 10 月)2011 年 8 月,原 20 支部(后勤支部,党支部书记汪砺生)编入

（续表）

党支部名称	党支部书记	备　注
行政三支部	贾申姝（2008年10月离任） 缪　晓（2008年10月起任职，2010年8月离任） 吴　丹（2010年8月起任职）	原一支部（2008年8月前）、十六支部（2008年8月—2011年8月）、十七支部（2011年8月—2015年10月）
退休支部	朱梅如（2010年5月离任） 史晓卿（2010年5月起任职）	2006年9月前为十一支部（朱梅如任支部书记）；2006年9月分为十一、十六支部，2008年8月分别更名为十七、十八支部（期间由朱梅如、曹菊香分别担任支部书记）；2010年5月由史晓卿兼任十七、十八支部书记；2011年8月两支部合并为十八支部，2015年10月更名为退休支部
离休支部	朱　玲（2015年12月离任），由离退休总支书记史晓卿主持工作	原十七支部（2006年9月—2008年8月）、十九支部（2008年8月—2015年10月）

三、党员队伍

四明医院建院之始建立地下党组织，有2名党员。1958年，党员数目37人，而后随着医院不断发展，1978年党员数目达到145人。2015年党员人数达到830人。

表1-3-3　1958—2015年2月党员、党总支、党支部数统计表

时　间	党员人数	党总支数	党支部数
1958年	37	0	2
1963年	47	0	3
1966年	64	1	6
1978年	145	0	9
1981年	122	0	6
1986年	193	0	10
1990年	203	0	10
1993年	220	0	10
1994年	230	0	10
2002年	311	0	11
2003年	339	0	11
2004年	380	0	11
2005年	428	0	12
2006年1—6月	461	0	12
2006年6—8月	468	0	13
2006年8—12月	475	3	17
2007年	519	3	17

（续表）

时 间	党员人数	党总支数	党支部数
2008年1—8月	558	3	17
2008年8—12月	560	7	19
2009年	593	7	19
2010年1—3月	592	7	19
2010年4—8月	630	7	20
2010年8—12月	652	7	21
2011年1—6月	674	7	21
2011年7—12月	713	7	19
2012年	743	7	19
2013年	772	7	19
2014年	802	7	19
2015年	830	7	19

第三节 纪律检查委员会

为严肃党的纪律，监督党组织的工作，1982年，成立医院党的纪律检查小组。1988年，设纪委会，王元洪任纪委书记。1995年以来，医院在纪检方面先后制定与完善《党风廉政建设若干规定》《重大事件通报制度》《议事决策规定》《关于干部任期经济责任审计的实施办法》等条规。1997年，在全院职工充分讨论的基础上，郑重地向社会推出以“不收受红包、不搭车开药、不私自收费、不推诿患者、不收受回扣、不发假冒药物、不开伪假证明”等为主要内容的曙光医疗服务“七不”承诺。1998年，医院组织党员干部开展对《中国共产党纪律处分条例》《上海市高校领导干部党风廉政建设若干规定》《廉政准则》等党纪条规的学习，开展党员干部警示教育活动，通过反面教材开展警示教育，从中吸取教训，警钟长鸣，使广大党员干部增强拒腐防变的自觉性。

表1-3-4 1982—2015年纪委历任负责人情况表

任职时间	组织名称	书记/组长	委员/组员
1982—1986年	纪检小组	谢田夫	沙诵芬 徐绥让
1986—1988年	纪检小组	沙诵芬	林志勇 殷志澄
1988—1992年	纪检委员会	王元洪	顾双林 殷志澄
1992—1996年11月	纪检委员会	顾双林	殷志澄 顾惠芳
1996年11月—2000年12月	纪律检查委员会	葛林宝（1997年8月离任） 周展红（1997年8月起任职）	葛林宝 许蓓华 毕小利 殷志澄 徐德生

（续表）

任职时间	组织名称	书记/组长	委员/组员
2000 年 12 月—2002 年	纪律检查委员会	马俊坚	马俊坚 毕小利 顾惠芳 殷志澄 许蓓华
2002—2004 年	纪律检查委员会	马俊坚	顾惠芳 姚洁明(女) 殷志澄 毕小利
2004 年 12 月—2008 年 6 月	纪律检查委员会	马俊坚	马秋元 姚洁明(女) 毕小利 熊旭东
2008 年 6 月—2011 年 6 月	纪律检查委员会	马俊坚	马秋元 姚洁明(女) 竺 炯 练 慧 崔 松 缪 晓(2010 年 7 月离任)
2011 年 6 月—2015 年 6 月	纪律检查委员会	马俊坚(2014 年 4 月离任) 姚 政(2014 年 4 月起任职)	吴 丹 朱旭莹 竺 炯 练 慧 崔 松 窦丹波
2015 年 6 月—	纪律检查委员会	姚 政	王以东 吴 丹 朱旭莹 仇 菲 练 慧 崔 松

第四节 党委工作机构

一、党委办公室(纠风办公室)

党委办公室是医院党委和纪委的日常办事机构，主要负责党建、统战、纪检、纠风等工作的具体落实。自 2001 年起，按医院机构改革方案与医院办公室合并。2013 年 9 月，中层干部换届时，按医院职能部门调整方案，党委办公室独立设置。

表 1-3-5 1978—2015 年党委办公室历任负责人情况表

任职时间	主 任	任职时间	副主任
1978—1981 年	陈文明	1984—1987 年	蒋琴芳
1978—1981 年	倪 征	1989—1997 年	何红梅
1990—1996 年	蔡冠球		
1997 年—2000 年 4 月	何红梅		
2000 年 5 月—2002 年	顾惠芳(院办、党办合并)		
2002 年—2006 年 3 月	张婷婷(院办、党办合并)		
2006 年 3 月—2010 年 2 月	姚 政(院办、党办合并)		
2010 年 2 月—2013 年 9 月	王唯坚(院办、党办合并)		
2013 年 9 月—	练 慧(党办独立设置)		

二、宣传处

1997年1月，正式成立宣传科，隶属于党办。宣传科包括医学摄影室和电化教室，主要围绕医院中心工作，开展对外宣传并配合党委做好医院职工的思想教育工作。

2002年，宣传科并入医院办公室，宣传科科长由办公室副主任兼任。2013年9月，单独成立宣传处，宣传处处长兼任文明办主任，同时与团委合署办公。

表1-3-6　1997—2015年宣传科历任负责人情况表

任职时间	科长/主任/处长
1997年1月—2000年3月	王　晨(科长)
2000年4月—2002年	周晓波(宣传科科长)
2002—2003年2月	周晓波(宣传科科长兼办公室副主任)
2003年3月—2006年4月	缪　晓(宣传科科长兼办公室副主任)
2004年6月—2010年3月	徐美琴(东部行政管理部副主任兼东部宣传、精神文明工作)
2006年4月—2007年4月	缪　晓(办公室副主任兼宣传科科长、文明办主任)
2007年4月—2013年9月	王姿英(医院办公室副主任兼宣传科科长、文明办主任)
2013年9月16日—	王姿英(宣传处处长兼文明办主任)

【政治理论学习】

1997—2002年，医院宣传科抓好全院干部的中心组学习，职工的政治学习、思想教育、理论研究工作。结合形势、任务组织各类报告会、讲座、交流会等。开展每月一次科以上干部中心组学习，配合党委加强干部素质教育。结合医院中心任务，组织全院职工的班组学习，做到年有计划、月有安排，切实提高医院职工的整体素质。积极开展政治思想理论研究，每年组织一定数量的论文参加上海中医药大学党建、纪检、统战、卫生、高校思研会。荣获一等奖5篇、二等奖6篇、三等奖5篇，先后获上海中医药大学思研会先进集体3次，上海中医药大学思研会先进个人10人，并积极参加上海中医药大学、上海市卫生局组织的各类知识竞赛、演讲比赛，均取得优异成绩。

为提高医院职工整体素质，1995年起，组织两年一届的“曙光医院中医文化节”。通过知识竞赛、病史书写、报告会、读书交流会、大型文艺演出等形式提高医院的文化氛围。为医院实现科技兴院目标，协助举办两年一届的“曙光医院科技节”，通过博士后出站、院士报告会、硕士论文交流会、成果展示等，提高医院医务人员科研水平。

2002年起，逐步转变为党委办公室、宣传科、各党支部、工会、团委以及行政科室等多部门联合，开展形式多样的思想政治教育。医院宣传以“三个代表”重要思想为指导，以学习贯彻十六大以来的会议精神为主要内容，分层次、有重点、有侧重地组织党政班子、中心组成员、中层干部和全体职工，进行政治理论学习、形势政策教育、素质培训，较好地完成先进性教育理论学习和宣传工作，进一步解放思想，提升职工的思想和政治素质。根据医院“四五”普法内容，结合医院改革和发展的实际，运用报告会、读书会、交流会、观看录像、外出参观、知识竞赛等生动活泼的形式，开展《医疗事故处理条例》《中华人民共和国中医药条例》《执业医师法》《工会法》《中华人民共和国教师法》《中华人民共和国高等教育法》《献血法》《消毒管理办法》等法律法规的学习，提高职工学法用法、依法行政、依法治院的水平。

【宣传报道】

用正确的舆论引导，及时宣传上级单位和医院的重大决策和发展思路。如2003年在医院防治“非典”的工作中，宣传科深入防非第一线，拍摄全院动员防治“非典”的资料照片600多张，编写抗非纪实文章3万余字。2005—2006年，在保持党员先进性教育活动、医院管理年活动、上海市卫生系统的“双优”工作中，充分发挥立体宣传功能，对外树形象，对内聚人心，进一步起到引导、激励、凝聚的作用。2008年，汶川地震抗震救灾；2010年，世博医疗服务、构建中医医疗联合体、海派中医流派、研究型中医院、中医药标准化建设等内容的集中宣传报道工作。2010年，由国家中医药管理局组队，中央电视台、新华社、中国中医药报、光明日报等9家中央主流媒体组成的调研团赴医院实地采访调研，使医院在全国的影响力进一步扩大。2015年，在“一带一路”倡议下，医院中捷中医中心建设在中央电视台新闻联播、新华社、光明日报等平台或媒体进行报道。

运用新闻策划思路，寻找新闻点，树立良好医院形象。多年来，坚持有规划、有步骤地推出临床科室、各学科带头人和中青年骨干，重点突出医院优势学科和特色专科，抓住新项目、新技术的推广和最新的科研成果、工作亮点、先进典型，通过各种途径宣传专家的诊疗特长和优势病种。医院与新闻综合类报刊、健康专业类报刊、电视台、广播电台等各类媒体建立长期的合作关系，架构立体宣传渠道。

积极与各新闻媒体的健康版面和健康类杂志合作，结合时令，特别是“三伏天敷贴”“冬令进补”时节等特点宣传临床科室的优势特色，积极普及中医药预防保健知识。如上海电视台《名医话养生》健康专栏、《新民晚报》社区健康周周讲，参加《新闻晨报》膏方节系列活动，组织各类义诊、巡展、讲座等。通过积极宣传推广，取得良好的社会效益和经济效益。

【宣传载体】

院报　2000年6月，《曙光医院报》正式创刊。院报每期印制800份，遇重要节日时，采用套红印刷。每逢医院出台重大改革措施，院报也充分发挥宣传的作用，将院领导的想法和职工的心声反映出来。院报也通过主题征文的形式，将职工的观点进行全院交流。确定“以《曙光医院报》为抓手，整合医院资源，构建医院文化传播平台”的发展目标。2003—2005年，先后扩充25名兼职通讯员，组建核心撰稿小组，报道医院医疗、教学、科研、管理新动向和经验。2003年3月起，院报成功改版，由原来5号字改为6号字，扩充版面的栏目，新闻量大大增加。确定4版的内容定位，并落实版面编辑负责制，文章质量得到提高。组织院报编辑人员参加市记协举办的企业报记者和主编培训班，新闻工作的理论水平、文书能力和策划思路有了新的提高和发展。近年来组织举办“城市精神和医院发展大讨论”“我和世博”“党员先进性教育”等相关主题的征文活动，开辟专栏刊登入选征文，激发职工的写作和投稿热情。每月一期的《曙光医院报》工作基本已实现稿源丰富、覆盖面广、期期有亮点、重大活动有彩版等。每月底按期完成《曙光医院报》的采编、印刷、发放工作。根据医院中心工作开设新春联欢会、护士节、教师节等专版，先后开辟《院史回眸》《曙色》《医院管理经验交流》等新专栏。2011年，在市卫计委举办的第二届院报刊评选活动中，《曙光医院报》获得“优秀院报”的荣誉称号，并在全市卫生系统进行经验交流。

东部简讯 2005年1月创刊，每月一期，A4纸，印100份分发到临床科室和职能部门。主要栏目有《院长寄语》《医院管理》《医疗直通车》《护理园地》《后勤管理》等。2008年1月停刊。

医院官网 2001年，医院官网建立。2007年，对医院网站进行改版升级，通过招标的方式选定软件公司为医院网站实施全新改版，网址为 http：//www. sgyy. cn。版面设计几经修改和征求意见后，搜集20个板块、近千条信息录入网站。2008年，改版后网站正式开通登录。2009年，在上海中医药大学开展的医院网站评比活动中，获得网站建设优秀单位奖。网站在日常维护中除定期更新医院动态、最新医讯、科普文章外，在线健康咨询的数量也不断增长，网上咨询回复超过3万条。同时，落实上海市卫监所和电信管理部门对网站的备案和审查要求。

新媒体平台 2010年，医院与新兴媒体“数字电视 IPTV”达成协议，开辟《中医瑰宝》栏目。累计上线节目30余个，设置《专家专病》《特色诊疗》《治未病推广》等多个栏目。2011年，医院与全国最大的医院信息网络平台“好大夫网站”达成合作协议，发布医院专家门诊信息，鼓励医生开通个人网页，加强医院在互联网上的推广。2011年起，与“科室网”合作，截至2015年，已为30多个临床科室建立网站。2013年起，与东方网、电信天翼诊聊室合作，开展网络健康教育直播节目。2014年7月9日，正式开通曙光医院微信公众订阅号，下设3个一级子菜单、10个二级子菜单。同时医院每天向用户群发新闻、科普知识、义诊讲座信息等。

印刷品及宣传栏 医院各部门的版面介绍，包括业务科室、职能科室、科普知识的介绍，随着信息技术的发展，由原来的木板糊纸加毛笔的制作方式转化成彩色喷绘、雕刻制作、大型灯箱、电子屏等多种形式，版面内容丰富、色彩悦目、图案多样、整洁大方，取得较好的宣传效果。2008年起，每年编印《医院年报》和《媒体刊发汇编手册》，先后更新医院宣传册。配合医院各类会议完成背景墙、导引牌、欢迎牌的设计和制作。同时，配合业务科室需要，制作膏方、治未病中心健康教育、中药合理用药、生殖医学中心等各类宣传册。完成日常制作和维护更新医院宣传栏工作。2012年，根据中管局医院管理年要求，全面增加门诊和病区健康教育宣传栏数量，增加中医装饰画、病区宣传栏、门诊宣传栏。2013年，西部住院部完成改造，新制作科室介绍和科普知识宣传栏、优质护理服务介绍。2014年西部门诊完成环境改造，重新制作各科室宣传栏。

影像 持续做好医院重大活动的摄影、摄像工作，落实活动影像资料的登记存档工作。对医院锦旗、奖状、奖牌进行拍摄、登记、保存。根据医院各类活动需要，每年制作多个视频，先后拍摄、制作世博批量伤员应急演练、医管处总结大会、检验科 ISO 认证、中药房小包装介绍、科技节开幕、大学诗朗诵比赛、伏天敷贴、非遗项目申报等各类视频。

【加强形象建设】

2003年，为配合东部建设，医院成立浦东新院形象设计及医院物品配置小组。主要工作由宣传科牵头，负责医院整体形象的塑造，包括制定医院视觉识别系统（VI）手册，确定新院标识导向系统工程，新院床单元、办公家具等配置用品的选型，确定东、西两部配备物品的样式、颜色，以及有关医院文化建设的形象资源整合和设计制作。2004年，形象设计小组参加东部建设的整体装修方案设计讨论，在各病区整体风格、色调、软装饰上提出大量意见并得以实施，很好地体现医院内涵和文化。同年，负责完成医院东部标识系统、医院主题雕塑“悬壶济世、寿福于民”的设计征集和制作，以及医院东部传统中医诊疗中心的装饰。为进一步落实国家中医药管理局中医医院环境形象建设要求，2004年自东部建成到2015年，医院持续实施文化装饰工程，已制作名医廊、肝病楼环境形象装饰工程、改造院史陈列室、开展病区中医药文化装饰评比活动，在病区增加木雕、中药展示柜、拳操角等装饰。随着医院业务工作的不断扩展，医院先后新开设传统医学诊疗部、生殖医学中心、产科等部门，配合总务处审定相关设计稿。同时对新改造后的西部住院部、门急诊部标识系统的设计稿进行审定。2015 年 6 月，为配合医院完成捷克中医中心揭牌仪式，携带展板和展品赴捷克赫拉德茨-克拉洛韦市附属医院进行布置装饰。

第四章 群众组织

第一节 工会委员会

1960年4月成立。当时设工会主席1人及工会专职干部1人，有工会会员491人。1963年，工会设立二届。“文化大革命”时期，工会遭到破坏，工会工作停止。1978年，医院的各项管理工作逐渐恢复；1979年4月，工会工作恢复。1979年下半年，由工会会员选举并经上级批准，选举成立第三届工会委员会，由13名委员组成。之后，按工会章程规定每3—5年选举下一届工会委员会。1982年，工会专职干部增加到2人。1986年12月，成立6个部门工会，以后增加到10个。1990年，又增加1名工会专职干部。1991年3月，选举成立第七届工会委员会的同时，选举首届经费审查委员会；并设立工会办公室，设主任1人。1994年12月，第八届工会有正、副主席3人，专职干部3人，工会会员1 076人。1997—2001年，第九届工会有正、副主席各1人，人数1 095人。2001—2006年，第十届工会有正、副主席3人，至2006年底人数1 601人。2007—2015年，第十一至十二届工会，其中：第十一届工会委员17人，主席1人、副主席2人；部门工会10个，工会小组146个，会员2 026人；第十二届工会委员19人，主席1人、副主席1人；部门工会7个，工会小组152个，会员1 924人。

表1-4-1 1960—2015年历任工会主席、副主席情况表

届次	姓名	工会职务	任职时间
1	周保康	主席	1960年4月—1963年4月
2	张光正	主席	1963年5月—1966年
	赵蕴胄	副主席	1963年5月—1966年
	商东泉	副主席	1963年5月—1966年
3	严明新	主席	1979—1984年
	王仁士	副主席	1979—1984年
	赵薑胄	副主席	1979—1984年
4	沙诵芬	主席	1984年—1986年2月
	严明新	副主席	1984年—1986年2月
	汤仁智	副主席	1984年—1986年2月
5	徐昌泰	主席	1986年2月—1988年12月
	蒋琴芳	副主席	1986年2月—1988年12月
	徐正	副主席	1986年2月—1988年12月

（续表）

届　次	姓　名	工会职务	任　职　时　间
6	徐昌泰	主　席	1988 年 12 月—1991 年 3 月
	徐　正	副主席	1988 年 12 月—1991 年 3 月
	蒋琴芳	副主席	1988 年 12 月—1991 年 3 月
	张培珍	副主席	1988 年 12 月—1991 年 3 月
7	徐昌泰	主　席	1991 年 3 月—1994 年
	吴金良	副主席	1991 年 3 月—1994 年
8	徐昌泰	主　席	1995—1997 年
	吴金良	副主席	1995—1997 年
9	虞坚尔	主　席	1997 年 11 月—2001 年 12 月
	吴金良	副主席	1997 年 11 月—2001 年 12 月
10	马俊坚	主　席	2002 年 1 月—2006 年 4 月
	马秋元	副主席	2002 年 8 月—2006 年 4 月
	何红梅	副主席	2002 年 1 月—2006 年 4 月
11	马俊坚	主　席	2006 年 4 月—2011 年 12 月
	马秋元	副主席	2006 年 4 月—2011 年 12 月
	王继兰	副主席	2006 年 4 月—2011 年 12 月
12	马俊坚	主　席	2011 年 12 月—2015 年 7 月
	王继兰	副主席	2011 年 12 月

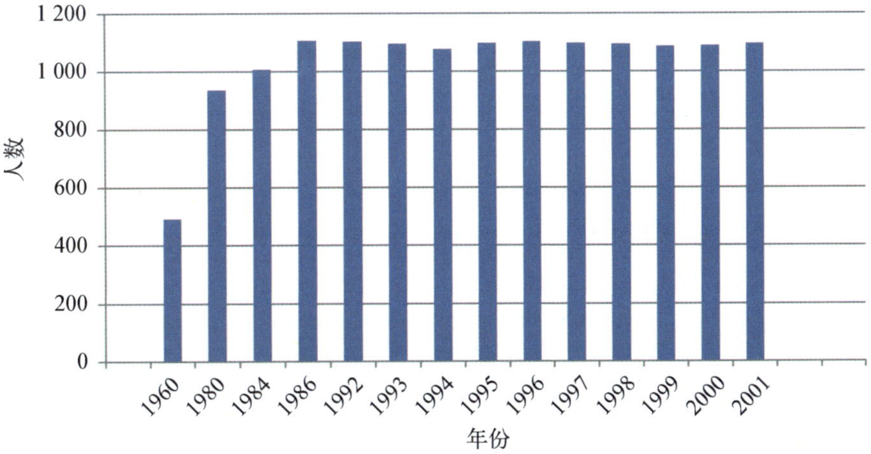

图 1－4－1　1960—2001 年主要年份工会会员人数

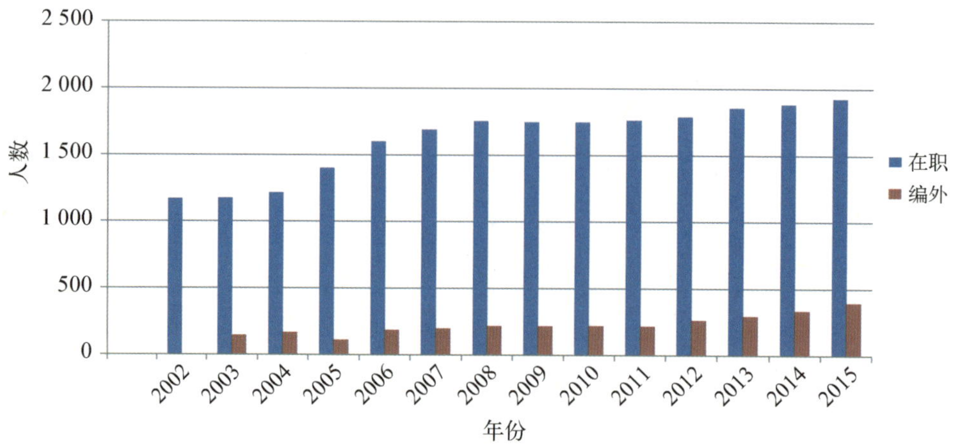

图 1-4-2　2002—2015 年主要年份工会会员人数

一、历届工会

【第一、二届(1960—1966 年)】

工会于 1960 年 4 月成立,第一届工会时间为 1960—1963 年;第二届工会时间为 1963—1966 年。在这期间制订工会工作制度,评选出工会积极分子、先进工作者。关心日常福利工作,举办食堂、托儿所,组织职工去外地疗养,成立工会互助储金会;建立医院篮球队和排球队;加强宣传教育,出版工会简报;开展向优秀服务员桑钟培学习活动,动员职工改善服务态度、提高医疗质量。

【第三届(1979—1984 年)】

1979 年 4 月工会恢复。配合医院的中心工作,参加 1980 年、1982 年两次调资的考评、考核;开展"双好流动红旗"竞赛活动;配合团组织在团员青年中开展"三学三心、四无"竞赛活动,并评出市积极分子 1 人;参加评选上海市第一届优秀护士活动;组织 30 岁以下青年参加业余文化补习班达 251 人次;首次为医院 3 对夫妇举办集体婚礼;协助 1981 年职工住房分配工作,调查走访 100 多户家庭;组织职工到杭州、无锡、宜兴旅游;为方便职工,设立缝纫组、洗衣组,恢复职工互助金;举办医院首届运动会。1980—1982 年连续 3 年,医院乒乓球队获市医务系统女子团体冠军;1980 年,医院象棋队获市医务工会男子团体第三名;1981 年,医院工会被评为市医务系统先进集体,1 名工会委员当选为上海市第七届工代会代表。

【第四届(1984—1986 年)】

在医院加强精神文明建设、创建文明医院中,先后开展"五讲四美三热爱""三优一学""文明行医创先进"等竞赛活动,并发动和组织各科室职工制订便民措施、设立便民台,工会编印的《简讯》还增设《光荣台》《新风台》《评议台》等栏目。组织 35 岁以下青年参加青工政治文化轮训班,使之获得相当于高中程度的结业证书;之后又举办"振兴中华"职工读书班,人数达全院职工的 62%,并开展"振兴中华"征文竞赛活动,被卫生系统评为先进集体。参加中医学院系统春季运动会以及市医务工会举行的各类文艺活动和体育比赛,医院游泳队获市医务系统女子团体冠军,毽球队获市女子团体第六名，乒乓队获市医务系统男子个人第一名、第三名，参加并获得上海市青年朗诵大奖赛二等奖，上海市卫生系统“振兴中华”演讲比赛二等奖，上海市卫生系统文艺会演一、二等奖。1985 年，经市医务工会从思想建设、组织建设和参与民主管理等方面考核验收，被首批授予合格“职工之家”证书。

【第五届（1986—1988 年）】

克服大规模基建工程带来的困难，组织职工参加冬春季每天 10 分钟小型体育锻炼活动，被评为卢湾区群体活动优胜单位；并根据职工多种兴趣和分散的情况，建立职工兴趣爱好小组 10 个，定期活动，不定期举办讲座。为配合党政关于提高医护质量的部署，分别开展中医知识、急症护理、会计收费、病史书写等竞赛活动，并在敬老日组织青年职工为行医 50 年的老中医献词、献歌献舞、献礼。1987 年，“五一”节组织主治医师合唱队代表全市医务人员参加全市庆“五一”百周年歌咏大会，演唱自己创作的歌曲《迎着曙光向前方》，获全国总工会创作奖。

【第六届（1988—1991 年）】

独立开展工作和增强基层工会活动，专门培训工会组长。围绕医院中心任务，开展一系列宣教活动，编印《本院动态》共 23 期。举办全院性的医德系统学习和大型知识比赛。在庆祝中华人民共和国成立 40 周年之际组织职工分别参加市卫生系统、卢湾区顺昌街道举办的艺术博览会和文娱会演，获上海市卫生系统艺术节集体奖、卢湾区黑板报比赛三等奖等；组织医院小型秋季运动会、国庆征文及编结比赛等一系列活动。配合党政，组织职工学习白求恩，举办 4 次大型义务诊疗活动，到工厂、农村、街道为群众服务。进一步发动职工参加集体储蓄和订阅各类报刊，参加的人数均比往年递增 30%～40%。还为职工办理到期国库券兑付工作，总金额达 5 万元。对生活困难的职工给予经济补助达 483 人次，金额 2 万余元。为解决职工困难，坚持举办职工子女暑托班。此外，还调解职工中的各类纠纷百余次。1988 年，1 名副主席当选为上海市总工会第八届代表大会代表。

【第七届（1991—1994 年）】

为提高职代会质量，先后两次对当届职工代表进行培训，并参加上级工会统一部署的考试，均取得合格成绩。成立劳动保护监督小组，组织职工代表察看全院的防暑降温工作。组织食堂职工参加市卫生系统二、三级厨师技术操作竞赛。在丰富职工业余生活方面，开办租借录像带业务及举办美容、棋类知识讲座。参加上海市卫生系统第七届运动会并获得拔河团体赛第五名，又获卢湾区“职工形象讨论活动”论文一等奖、卢湾区象棋赛团体第四名及围棋团体赛第六名。参加中医学院系统时装表演获一等奖。1993 年，工会办公室主任当选为上海市总工会第九届工代会代表。

【第八届（1994—1997 年）】

在医院上等达标工作中，工会积极配合，加强宣传，先后编写 40 多期专栏，组织医德知识竞赛、廉洁行医先进事迹演讲，运用通信、电化教育等方法，介绍好人好事、先进经验。注意积累，及时总结，获上海市医务工会新闻发布竞赛二等奖、市医务工会理论年会二等奖、部级优秀科研成果三等奖。全心全意依靠职工群众不断完善和发展民主管理，职代会已成为职工群众参政议政、实行民主管理的重要载体之一。定期对工会组长、职工代表进行培训，并形成制度。送温暖工作也制度化，慰问职工近 800 人次，定期对有困难和重病住院职工进行补助，共计 300 多人次，总金额 8 万元以上。组织近 600 位职工疗休养，职工生日送生日蛋糕。代为职工办理申能法人股认购，完成三次分红、一次增配股工作。为职工调解劳动人事、婚姻家庭、住房动迁等纠纷，共计400余人次。1997年，职工活动室建成，共205平方米，可放映录像、举行舞会和卡拉OK演唱会，恢复文艺阅览、图书杂志借阅及棋牌活动，增添健身器材，并举办集邮、美容、礼仪知识讲座及交谊舞培训班。举办健身系列活动，参加人数超过300人，被评为卢湾区和上海市体育活动先进单位。1995—1997年，举办两届文化艺术节，活动覆盖面广，形式多样，深受职工欢迎。每逢过节都要组织开展职工喜闻乐见的活动，并利用电化设备编排有线电视节目。获上海中医药大学合唱比赛第一名、上海市卫生系统男女小组唱第二名、上海市卫生系统党政工领导卡拉OK大赛第三名等。工会有2位分管负责人被评为市卫生系统先进工会工作者，10位职工被评为上海市卫生系统工会积极分子。工会财务获市医务工会评比一等奖。

图1-4-3 首届艺术节闭幕式

【第九届(1997—2001年)】

第九届工会刚建立时，就遇上行政机构改革、后勤社会化、分房货币化、人事制度改革等一系列重大改革步骤启动。工会围绕这些中心任务，开展调研，将职工思想动态、上级领导指示精神结合工会工作思路及时向党委汇报。工会主席每周参加党政联席会议，就日常工作中涉及全院性的具体事项，直接向党政汇报以取得指示及支持，配合人事改革，参与筹办"众仁曙光医疗中心"。参与医院的管理工作，在开展"班组创建活动"中，工会提出的将这项工作与《A级科室管理制度》相结合的方案，获上海市医务工会特色成果三等奖。创建学习型工会，开展职工素质教育工程，主要运用举办艺术节、中医文化节、科技节，成立民族乐器乐队，开展健身运动和节日的庆祝活动等来沟通职工思想。同时，编写报告剧《杏林魂》、群口快板《曙光的明天更美好》等节目，起到宣传作用。2000—2001年，举办两期读书活动，采用新形式开展职工素质教育工程，举行"实话实说""读书与成才"活动。重视理论研究，撰写出《转型期医院改革与工会定位初探》，参加市卫生系统理论年会交流，获上海市医务工会颁发的二等奖，《论工会定位》一文获优秀论文奖。在上海市卫生系统第五届文化艺术节上总成绩排名第六，上海市卫生系统第八届职工运动会上获优秀组织奖，在上海中医药大学第五届体育运动会上夺得总分第一名。1997—2001 年，开展送温暖工程，共慰问职工 800 余人次；对困难职工（包括重病住院）补助 600 人次，总金额 50 余万元；送清凉 4 000 人次，总金额 3 万余元。春节、中秋发放礼品 65 万余元，组织职工疗休养（包括献血人员）704 人次，解决职工家庭纠纷等 270 余起。为职工办理申能股份分红 4 次；增设花店。

图 1 - 4 - 4　1997 年 10 月金秋歌会

图 1 - 4 - 5　1997 年 10 月“曙光杯”香港知识大赛

【第十届(2001 年 12 月—2006 年 4 月)】

2001 年,经职代会通过《曙光医院院务公开施行办法》。2005 年,职代会上通过《曙光医院关于院务公开的实施办法(修改稿)》,使院务公开工作更扎实、更规范。2002 年,工会创建每月一次的员工沙龙。同年,医院获上海市职业道德先进单位,中医外科樊建开获上海市读书先进个人。2001 年 12 月—2006 年 4 月,工会共组织召开 9 次职代会。经职代会先后审议通过议案 10 项。2002 年,建立健全部门工会(医疗、护理、医技、行政、后勤),同年 10 月,经民主程序,增补马秋元为第十届工会委员、常务副主席。2002 年,医院组建一支由 20 人参加,院长任队长的男子合唱队。同年,医院组建曙光民乐队。

【第十一、十二届(2006 年 4 月—2015 年 12 月)】

第十一届工会为 2006 年 4 月—2011 年 12 月,第十二届工会为 2011 年 12 月—2015 年 12 月。

图 1-4-6　2006 年 10 月百年院庆音乐会现场

2012—2015 年，工会拨专款奖励利用业余时间完成学历深造的职工。对参加与专业相关的学历深造并完成学历考试、获得学历证书的工会会员给予 500 元奖励。至 2015 年，已奖励 230 余位职工。2008 年，工会在每年年初为当年退休的职工过集体生日，送上医院领导的慰问和祝福；截至 2015 年，共有 200 位退休职工参加此活动。关心职工心理健康，举办“巴林特小组”活动，为职工减压。工会主席、副主席慰问世博医疗队及援滇、援疆、援摩医疗队，并组织他们疗休养。2006 年 10 月，医院成功举办百年院庆活动。

2007 年，医院组建一支女子鼓乐队，由 13 位青春靓丽的女生组成，代表医院先后多次参加市卫生局、兄弟医院、中医药大学以及南京路市民巡演的演出。2014 年 12 月，为更好地学习和贯彻党的十八大精神，推进培育和践行社会主义核心价值观，在全院范围内开展评选曙光“百花奖”活动，共有 100 位职工获得此殊荣。认真做好推荐上海市十三届工代会、市医务工会八届工代会代表人选工作。党委副书记、工会主席马俊坚代表上海市卫生系统参加上海市十三届工代会，马俊坚、王继兰、张珏、计高荣代表医院参加市医务工会八届工代会。参加上海市中医药事业发展三年行动计划(重大研究)“研究型中医院建设”项目二级子课题(管理类)活动，撰写论文《研究型中医院职工的压力管理》，获得上海市医务工会理论研究年会一等奖。

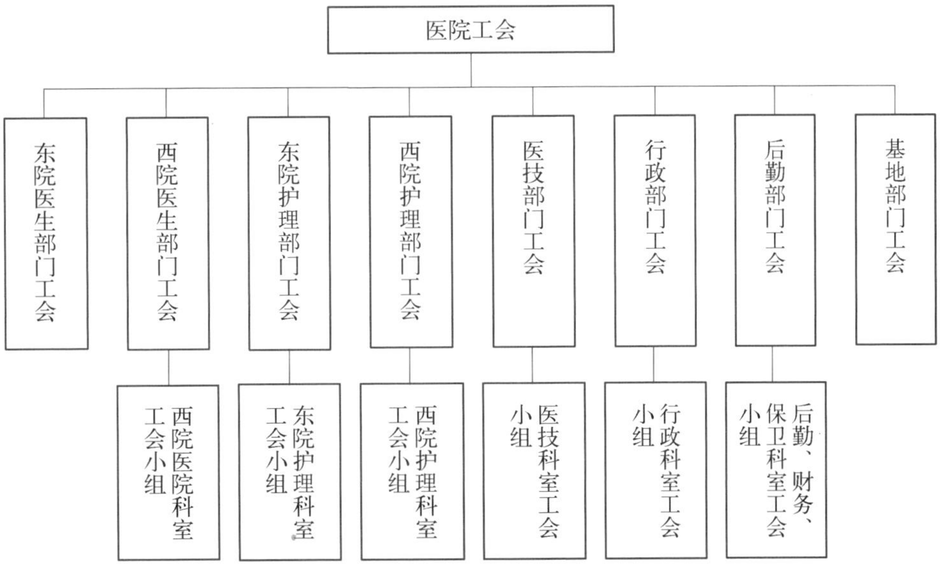

图 1-4-7 2015 年医院工会组织架构图

二、职工代表大会

1980 年，为加强医院的民主管理，维护和体现职工在医院中的主人翁地位，遵照国家制定的有关法规，医院建立职工代表大会制度，至 2015 年，已是第七届。每届职工代表大会，均由全体职工民主选举出占职工总数 8%～9%的代表，定期召开大会，行使法定的审议、监督全院重大事务的民主权利，并在实践过程中，逐步建立和完善、落实职代会的 5 项职权，不断提高职代会参政议政质量。2002—2005 年，通过各类医疗改革、办院方向、职工福利等各类制度、方案 10 项。2006 年起，医院在人事、分配制度等重大方案出台前，党政领导与工会一起，通过召开各种类型座谈会、交心会、个别谈心等形式，广泛听取意见、建议，对方案的分配原则、内容、方法也逐一进行认真讨论、修改，经职代会审议通过后才具体实施。2006—2015年，通过各类医疗改革、办院方向、职工福利等各类制度、方案7项。

【第一届职代会】

1980年5月召开，并于1980、1981、1982年各召开一次会议，主要是审议医院上一年的工作总结及当年的工作计划。

【第二届职代会】

1983年2月3日召开，并从这一届开始选举并成立大会主席团。完成的议题是审议医院1982年工作总结及1983年工作计划；通过医院职工代表大会暂行条例；审议和通过医院奖惩条例。该届代表提案共18件，其中有关医院管理提案8件；有15件提案经行政采纳并实施。

【第三届职代会】

召开3次全体会议。1985年7月10日召开第一次会议，审议有关医院改扩建规划和主要措施；通过《关于继续努力创建文明医院的意见》《善于贯彻改草精神，办好技术开发公司的意见》《关于违反创文明活动的处罚条例》以及《关于实行住房困难补贴房租的规定》等4项涉及医院建设和管理重大措施的条规。此外还推举5位代表出席上海中医学院第二届教工代表大会。该次会议有代表提案36条，经由行政主管院长和职能科室负责人作解答，其中10项措施落实改进。1986年3月，召开第二次会议，审议医院“七五”规划及改建工作安排；率先在全市市级医院中实行由代表民主评议院级行政领导，在沟通职工与行政领导的相互理解和增强全院凝聚力等方面，产生积极作用。该次会议收到代表提案80件，落实提案71件。同年7月4日，召开第三次会议，专题审议有关职工住房分配问题。

【第四届职代会】

召开3次会议。1987年1月24日召开第一次会议，审议医院1986年工作总结和1987年工作要点；通过《关于院长负责制条例的意见》和《坚持四项基本原则，继续努力建设两个文明的决议》。代表提案共46件，实施33件。同年5月24日，召开第二次会议，审议本年度医院增收节支计划的报告和前一阶段分房工作汇报；通过《继续努力建设文明医院，厉行双增双节的决议》。1988年6月，召开第三次会议，审议财务经费收支与奖金发放情况；通过《1988年度职工住房分配条例》。代表提案11件，均采纳并实施。

【第五届职代会】

召开3次会议。1989年4月7日，召开第一次会议，选举分房、奖金分配、筹建第三产业等3个小组，进一步从组织制度上保证民主参与权的落实。代表提案共9件，实施5件。1990年2月19日，召开第二次会议，讨论通过《医院职工守则实施细则》《职工奖惩条例》《考勤请假制度》《奖金分配暂行办法》以及《关于执行义务献血条例的办法》等修改方案，使之更符合医院发展中的需要。代表提案有28件，都被采纳实施。1990年11月17日，召开第三次会议，再次专题讨论职工住房问题，并审议通过新成立的房调委员会名单以及本届职工住房分配条例。

【第六届职代会】

召开三次会议。1991年3月29日召开第一次会议，审议财务预决算报告及医院“八五”规划。代表提案18件，实施18件。第二次会议于1992年1月16日召开，通过《奖金分配原则的改革方案》并成立奖金分配监督小组。代表提案20件，实施17件。第三次会议于1993年4月29日召开，听取党委关于“深化改革，转变观念，转换机制，转移工作重点，适应市场经济需要”的报告；审议通过建立劳动人事制度改革小组的决议；同时将原奖金分配监督小组改名为生活福利小组；通过《医院职工公费医疗制度改革办法》。该会议代表提案25件，实施22件。

【第七届职代会】

召开4次会议。1995年2月21日至3月4日召开第二次会议，审议王灵台院长作的医院工作报告，并审议《劳动人事制度改革补充意见》《关于1994年度财务决算和1995年度财务预算报告》《关于以收抵支方法核算奖金的说明》《关于加强公费医疗管理意向书》及《曙光医院临床科室的管理暂行条例》。第三次会议于1996年3月26日至4月3日召开，会议审议王灵台院长作的工作总结和1996年度工作计划与“九五”发展规划，投票通过《副高以上医技人员非本院医疗服务活动的有关规定》及《关于离、退休高级卫技人员参加院内门诊的有关规定》。会议号召全院职工再接再厉，在各级党组织领导下，求真务实，谱写医院工作新篇章。第四次会议于1997年3月4日至11日召开，会议审议王灵台院长作的1996年度工作总结和1997年度工作计划，审议《财务预决算报告》，听取郑平东书记关于加强医院精神文明建设的报告。讨论和通过《曙光医院奖惩条例》《公费医疗制度改革试行办法》《职工保健制度具体执行办法》《医疗困难补助试行办法》《曙光医院分房条例》。会议号召全院职工团结一致，为实现医院“九五”规划作出新的贡献。

【第八届职代会】

召开8次会议。第一次会议于1998年3月3日至11日召开，选出“民主评议”“提案管理”“生活福利”和“劳动人事争议仲裁”4个专门小组并对分房委员会人选进行推荐，通过《曙光医院奖金分配条例》《分房条例》和《关于整顿医疗秩序的管理条例》，提案共40余件。第二次会议于1999年3月2日至12日召开，大会审议院长们所作的工作报告、财务预决算报告、献血专项费用的使用说明等等，投票通过《1990年货币分房条例》《关于以收抵支方法核算奖金的条例》和《职工公费医疗规章制度的补充条例》。该次职代会上，医院领导首次向职工代表进行述职报告，代表们与院领导直接对话，并进行书面评议。该次大会共收到提案29件，其中27件已得到解答和落实，首次设立“最佳提案奖”。第三次会议于2000年3月3日至17日召开，通过《行政机构改革方案》《后勤改革方案》《公费医疗制度改革试行办法》。第四次会议于2000年6月16日至23日召开，代表们听取和审议王灵台院长所作的“曙光医院‘十五’发展规划”、朱抗美书记作的“医院人事改革的工作情况说明”和汤仁智副院长作的“医院后勤社会化”报告，并对院领导的述职报告进行书面评议。会议以无记名投票方式通过《曙光医院十五发展规划》，同时以无记名投票方式否决《中医大后勤发展总公司曙光分公司人事管理办法》，认为该办法还存在不完善的地方，有待完善后提交职代会讨论。第五次会议于2001年1月9日召开，会议主要研讨医院人事制度改革的问题，通过《曙光医院实行聘用合同制实施方案》和人事争议调解小组人员名单。大会号召全院职工积极参与医院人事改革，为建设新曙光而共同努力。第六次会议于2001年3月2日至9日召开，会议通过《曙光医院2000年度工作总结》《2001年度工作计划》等报告，并以无记名投票的方式表决和通过《职工医疗保险补充基金管理条例》。在该次大会上，王灵台院长授权人事处长与全院职工签订聘用合同，使医院的人事制度改革进入新阶段。第七次会议于 2001 年 7 月 3 日至 6 日召开，大会通过《实行聘用合同实施方案补充条例》《关于职工自动离院赔偿的规定》《内部提前退岗休养管理办法》《待岗职工管理办法》及《关于内部实行结构薪金制的办法》。第八次会议于 2001 年 12 月 20 日召开，院长们作了述职报告，并接受与会代表的民主评议。大会通过院务公开若干规定，代表们还投票评选浦东新院模型。

【第九届职代会】

召开 9 次会议。医院九届一次职代会于 2002 年 3 月 12 日至 21 日召开。会议通过院长王灵台作的工作报告和常务副院长沈远东作的财务预决算报告及《职工医疗保险补充办法修改意见》；审议通过《曙光医院效益薪金分配办法》，在分配制度上进行较大幅度的改革，改变以往分配不公问题，切实做到奖勤罚懒，与工作实绩挂钩，调动职工积极性。九届二次职代会于 2002 年 12 月 17 日召开，对院领导 2002 年度的工作进行民主评议，新一届院领导的辛勤工作得到全院职工的肯定，满意度为 90.76%。九届三次职代会于 2003 年 3 月 27 日至 4 月 4 日举行，审议通过《职工医疗补助保障办法》，使医院职工在上海市城镇职职工医疗保险的基础上，医院提供第二道防线。审议通过《医务人员注册行医管理条例》，在医疗改革逐步深化的形势下，为规范医院医务人员的行医提供可遵循的法则。九届四次职代会于 2003 年 10 月 21 日至 23 日举行。审议通过《曙光医院补充养老、个人意外保险实施方案》，推荐产生“曙光医院补充保险管理委员会”。从 2003 年 12 月 17 日起，医院又为全院在职职工购买上海市职工保障互助会的在职职工住院补充医疗保险，在原有上海市和医院医疗保障的基础上，为全院职工提供更为完善的保障。九届五次职代会于 2003 年 12 月 25 日至 30 日召开，审议通过《曙光医院职工住房津贴发放方案》。九届六次职代会于 2004 年 2 月 24 日举行，审议通过《〈曙光医院职工住房津贴发放方案〉的补充规定》。工会主席马俊坚向大会作了述职报告，代表对工会工作的满意率为 98%，对工会主席的信任度为 97.9%。九届七次职代会于

图 1－4－8　2005 年 3 月 15 日院长沈远东在作工作报告

2004年12月28日举行。院长沈远东，党委书记兼副院长朱抗美，副院长周华、蒋健、肖臻认真地作了述职报告。经职代会代表民主评议，2004年，院行政领导"德、能、勤、绩"的综合评价结果满意率为92.75%。九届八次职代会于2005年3月15日至23日举行。会议审议通过《曙光医院关于院务公开的实施办法(修改稿)》《曙光医院职工救急济难基金管理章程》。九届九次职代会于2005年12月13日至16日举行。会议审议通过《曙光医院职工奖惩条例(修订稿)》。代表们认为,《曙光医院职工奖惩条例》的修订比较详细、合理，奖惩分明，与时俱进，符合医院两个文明建设的新要求。大会对院领导进行民主评议，院长沈远东，副院长(党委书记)朱抗美、周华、蒋健、肖臻作述职报告。经职代会代表民主评议，2005年，院行政领导"德、能、勤、绩"的综合评价结果满意率为89%。工会主席马俊坚向大会作述职报告，代表们以无记名的方式对院工会工作及对工会主席的信任度进行了评议。代表们对院工会工作的满意度为96.2%，对工会主席的信任度为96.2%。

【第十届职代会】

召开14次会议。十届一次职代会于2006年4月20日至25日召开。听取沈远东院长作的2005年度工作总结、2006年度工作计划及《曙光医院"十一五"发展规划》的报告，听取孙荇副院长作的2005年度财务决算和2006年度财务预算报告，表决通过《曙光医院关于职工疗休养的实施办法(草案)》。十届二次职代会于2006年11月7日至17日举行。院长沈远东向代表们作院务公开专题报告《医院近期工作通报》;听取副院长孙荇作《曙光医院奖金分配方案》的说明，人力资源部主任唐靖一对《曙光医院实施专业技术职务评聘分离后有关专业技术人员工资待遇管理条例》的说明。表决通过《曙光医院奖金分配方案》及《曙光医院实施专业技术职务评聘分离后有关专业技术人员工资待遇管理条例》。十届三次职代会于2007年1月12日举行。院领导进行述职报告，代表们进行民主评议，整体满意率为96.75%。十届四次职代会于2007年3月27日至29日举行。代表们听取院长沈远东作的2006年度工作总结、2007年度工作计划，副院长孙荇作的2006年度财务决算和2007年度财务预算的报告。代表们还听取民主评议专门小组组长张珏汇报的2006年民主评议领导干部情况、提案专门小组组长姚政汇报的提案征集及落实情况、生活福利专门小组组长唐梅芳汇报的2006年度疗休养情况和劳动安全专门小组组长严荣兴汇报的2006年安全检查及培训情况等。十届五次职代会于2007年12月18日举行。代表们听取院长沈远东，副院长周华、蒋健、孙荇的述职报告。听取工会主席马俊坚的述职报告及副院长孙荇作的曙光医院2008年财务预算报告，并举手表决通过。领导班子整体满意率96.75%，工会主席信任度100%，工会工作满意度99%。十届六次职代会于2008年3月24日至31日举行。代表们认真听取沈远东院长作的曙光医院2007年度工作总结、2008年度工作计划报告，副院长孙荇作的2007年度财务决算、2008年度财务预算的报告。代表们还听取民主评议专门小组汇报的2007年民主评议领导干部情况、提案专门小组汇报的提案征集及落实情况、生活福利专门小组汇报的2007年度疗休养和困难补助情况及劳动安全专门小组汇报的2007年安全工作情况等。十届七次职代会于2008年12月16日举行。院领导进行述职报告，代表们进行民主评议，整体满意率为94.6%。十届八次职代会于2009年3月24日至27日举行。代表们认真听取曙光医院2008年度工作总结、2009年度工作计划报告、2008年度财务决算、2009年度财务预算的报告;听取民主评议专门小组汇报的2008年民主评议领导干部情况;提案专门小组汇报的提案征集及落实情况;生活福利专门小组汇报2008年度疗休养和困难补助情况;劳动安全专门小组汇报的2008年安全工作情况。十届九次职代会于2009年12月22日举行。院领导进行述职报告，代表们进行民主评议，整体满意率为94.74%。十届十次职代会于2010年3月23日至26日举行。代表们认真听取院长周华作的曙光医院2009年度工作总结、2010年度工作计划报告,副处级调研员孙荇作的曙光医院2009年度财务决算、2010年度财务预算报告;听取民主评议专门小组汇报2009年民主评议领导干部情况;提案专门小组汇报的职代会提案征集及落实情况;生活福利专门小组汇报的2009年度疗休养和困难补助情况;劳动安全专门小组汇报的2009年安全工作情况。十届十一次职代会于2010年9月21至28日举行。代表们认真听取院长周华作的曙光医院"十二五"发展规划报告和副院长(党委副书记)朱惠蓉对《曙光医院员工手册》的介绍。代表们以无记名投票方式表决通过《曙光医院员工手册》。十届十二次职代会于2011年1月11日举行。院领导进行述职报告,代表们进行民主评议,整体满意率为97.19%。十届十三次职代会于2011年4月12至15日举行。代表们认真听取院长周华作的曙光医院2010年度工作总结、2011年度工作计划报告;财务总监孙荇作的曙光医院2010年度财务决算、2011年度财务预算报告。代表们听取民主评议专门小组汇报的2010年民主评议院领导情况;提案专门小组汇报的职代会提案征集及落实情况;生活福利专门小组汇报2010年度疗休养和困难补助情况;劳动安全专门小组汇报2010年安全工作情况。十届十四次职代会于2011年12月12日举行。院领导进行述职报告,代表们进行民主评议,整体满意率为94.97%。

【第十一届职代会】

召开8次会议。十一届一次职代会于2012年3月27至29日举行。代表们听取院长周华作曙光医院2011年度工作总结、2012年工作计划报告,财务总监孙荇作曙光医院2011年度财务决算、2012年财务预算报告,副院长高炬作曙光医院2011年度院务公开工作报告。十一届二次职代会于2012年12月25日举行。院领导进行述职报告,代表们进行民主评议,整体满意率为95%。十一届三次职代会于2013年4月16至19日举行。代表们认真听取院长周华作的曙光医院2012年工作总结、2013年工作计划报告,财务总监孙荇作的2012年度财务决算、2013年度财务预算报告,副院长高炬作的曙光医院2012年院务公开报告和副院长(党委副书记)朱惠蓉作的《曙光医院专业技术人员岗位聘任办法》说明。听取民主评议专门小组汇报的2012年民主评议领导干部情况;提案小组组长汇报十一届一次职代会提案征集和落实情况;生活福利小组组长汇报2012年疗休养工作和困难补助情况。表决通过《曙光医院专业技术人员岗位聘任办法》。十一届四次职代会于2013年7月29日举行,表决通过《曙光医院绩效考核方案》。十一届五次职代会于2013年12月24日举行。院级领导进行述职报告,代表们进行民主评议,整体满意率为95.75%。十一届六次职代会于2014年4月1日至3日举行。代表们认真听取院长周华作的曙光医院2013年工作总结、2014年工作计划报告,财务总监孙荇作的2013年度财务决算、2014年度财务预算报告,副院长高炬作的曙光医院2013年院务公开报告。代表们听取民主评议专门小组汇报的2013年民主评议领导干部情况;提案小组组长汇报十一届六次职代会提案征集和十一届三次职代会提案落实情况;生活福利小组组长汇报2013年疗休养工作和困难补助情况。十一届七次职代会于2015年1月13日举行。院领导进行述职报告,代表们进行民主评议,整体满意率为97.34%。十一届八次职代会于2015年3月25日至4月10日举行,代表们认真听取院长周华作的曙光医院2014年工作总结、2015年工作计划、曙光医院"十三五"发展规划报告,财务总监孙荇作的曙光医院2014年度财务决算和2015年度财务预算报告,副院长高炬作的曙光医院2014年院务公开工作报告及工会常务副主席王继兰对《曙光医院职工疗休养办法(修改)》作的说明。大会表决通过《曙光医院"十三五"发展规划》,并以无记名投票方式通过《曙光医院职工疗休养办法(修改)》。

表 1-4-2　1980—2015 年历届职代会主席团名单

届　数	主席团成员
2	王清波　沙诵芬　羔　萍　胡振康　张赞臣　严明新　夏少农　赵蕴青　徐昌泰　丁不凡　吴　霞　李益其　孙　荇　李仁庆
3	余志鼎　汤仁智　陆善林　羔　萍　徐昌泰　徐志璋　王　左　沙诵芬　严明新　吴翰香　薛之样　雷德培　吴金良　毛君玲　李雅琴(护)
4	余志鼎　汤仁智　羔　萍　姚明群　徐昌泰　徐志璋　王　左　顾双林　陆善林　徐　正　王秀兰　严小蓓　陈宝生　项立敏　王元洪
5	石印玉　汤仁智　沈远东　王元洪　蒋琴芳　徐昌泰　徐　正　夏德颐　孙卓君　吴银屏　朱聘倬　李雅琴(护)　陈秀娣　吴志清　王榆坚
6	王元洪　蒋琴芳　石印玉　汤仁智　蔡　淦　徐昌泰　丁学屏　蔡益芳　杨希鏕　马秋元　李雅琴(护)　袁来恩　王榆坚 第三次会议调整为：石印玉　汤仁智　蔡　淦　郑平东　周展红　徐昌泰　丁学屏　杨希鏕　袁来恩　马秋元　王榆坚　蔡益芳　李雅琴(护)
7	王灵台　郑平东　汤仁智　沈远东　周展红　康正祥　徐昌泰　王世惠　严小蓓　李家榕　李雅琴(护)　杨希鏕　袁来恩　贺明珠　顾明达
8	王灵台　郑平东　沈远东　汤仁智　虞坚尔　郑舜华　杨希鏕　俞兴祥　蒋绍芳　应春耀　殷志澄　曹妹芳(第二次会议增补)　朱抗美(第三次会议增补)
9	王灵台　沈远东　朱抗美　马俊坚　周　华　蒋　健　肖　臻　薛慈民　金培琪　曹菊香　张婷婷　马秋元　郑舜华
10	朱抗美　沈远东　周　华　蒋　健　马俊坚　肖　臻　孙　荇　马秋元　姚　政　崔　松　葛茂军　张雅丽　金培琪　吴丽英　竺　炯
11	周　华　马俊坚　姚　政　周　嘉　胡义扬　蒋　健　高　炬　王继兰　万　华　崔　松　吴丽英　徐　民　龚航军　徐玉萍　孙　青　孙　杰　张　珏　何　峥　王唯坚　王见义　练　慧

表 1-4-3　2002—2015 年历次职工代表大会、工会委员代表大会情况表

届　次	预备会时间	正式会议时间	正式代表数	主　要　议　题
九届一次	2002 年 2 月	3 月 12—21 日	121	《职工医疗保险补充办法修改意见》《曙光医院效益薪金分配办法》
九届三次	2003 年 3 月	3 月 27 日—4 月 4 日	121	《职工医疗补助保障办法》《医务人员注册行医管理条例》
九届四次	2003 年 10 月	10 月 21—23 日	121	《曙光医院补充养老、个人意外保险实施方案》
九届五次	2003 年 12 月	12 月 25—30 日	121	《曙光医院职工住房津贴发放方案》
九届六次	2004 年 2 月	2 月 24 日	128	《〈曙光医院职工住房津贴发放方案〉的补充规定》
九届七次	2004 年 12 月	12 月 16—28 日	128	民主评议工作
九届八次	2005 年 3 月	3 月 15—23 日	136	《曙光医院关于“院务公开”的实施办法(修改稿)》

（续表）

届　次	预备会时间	正式会议时间	正式代表数	主　要　议　题
九届九次	2005 年 12 月	12 月 13—16 日	136	《曙光医院职工救急济难基金管理章程》《曙光医院职工奖惩条例(修订稿)》
十届一次	2006 年 4 月 20 日	4 月 20—25 日	139	《曙光医院关于职工疗休养的实施办法》
十届二次	2006 年 11 月 7 日	11 月 7—17 日	139	《曙光医院奖金分配方案》《曙光医院实施专业技术职务评聘分离后有关专业技术人员工资待遇管理条例》
十届三次	2007 年 1 月 12 日	1 月 12 日	142	民主评议领导干部
十届四次	2007 年 3 月 27 日	3 月 27—29 日	148	审议工作计划总结、财务预决算
十届五次	2007 年 12 月 18 日	12 月 18 日	148	民主评议领导干部
十届六次	2008 年 3 月 24 日	3 月 24—31 日	152	审议工作计划总结、财务预决算
十届七次	2008 年 12 月 16 日	12 月 16 日	162	民主评议领导干部
十届八次	2009 年 3 月 24 日	3 月 24—27 日	162	审议工作计划总结、财务预决算
十届九次	2009 年 12 月 22 日	12 月 22 日	169	民主评议领导干部
十届十次	2010 年 3 月 23 日	3 月 23—26 日	163	审议工作计划总结、财务预决算
十届十一次	2010 年 9 月 21 日	9 月 21—28 日	163	曙光医院员工手册
十届十二次	2011 年 1 月 11 日	1 月 11 日	162	民主评议领导干部
十届十三次	2011 年 4 月 12 日	4 月 12—15 日	162	审议工作计划总结、财务预决算
十届十四次	2011 年 12 月 12 日	12 月 12 日	160	民主评议领导干部
十一届一次	2012 年 3 月 27 日	3 月 27　29 日	168	审议工作计划总结、财务预决算
十一届二次	2012 年 12 月 25 日	12 月 25 日	168	民主评议领导干部
十一届三次	2013 年 4 月 16 日	4 月 16—19 日	163	《曙光医院专业技术人员岗位聘任办法》
十一届四次	2013 年 7 月 29 日	7 月 29 日	163	《曙光医院绩效考核方案》
十一届五次	2013 年 12 月 24 日	12 月 24 日	173	民主评议领导干部
十一届六次	2014 年 4 月 1 日	4 月 1—3 日	173	审议工作计划总结、财务预决算
十一届七次	2015 年 1 月 13 日	1 月 13 日	179	民主评议领导干部
十一届八次	2015 年 3 月 25 日	3 月 25 日—4 月 10 日	179	《曙光医院职工疗休养办法(修改)》说明

三、工会经审工作

工会经审委员会于 1991 年成立，至 2011 年已完成 6 届工作。在上海市医务工会经审会和曙光医院党政工的领导下，认真贯彻《工会法》和有关财务审计规定，坚持“为群众服务，为工会建设服务，为两个文明建设服务”的方针，代表广大会员群众对工会在收好、管好、用好工会经费方面，发挥管理和监督职能，独立地行使审查监督职权，始终把审计本级工会财务活动作为工作重点。经审委本着工会经费“统筹兼顾、突出重点、量入为出、略有结余”的原则，对每年工会经费预算编制和决算执行情况进行审计。经审委每年开展对同级工会财务收支审计，并向工会主席、工会委员会报告，同时向上级工会经审会报告。经审委加强对工会财务业务上的指导，对医院工会每月报送上级工会的《工会经费收支报表》仔细审核，每月向群众公布，使工会经济活动、经费使用状况受到全体会员的监督。经审委每两年对工会固定资产进行审计。在经审委和工会财务人员的共同努力下，医院经审、财务在历年工作评比中获得好成绩，并在2000年度医务工会经审、财务评比中获得一等奖。2002—2015年，先后荣获上海市医务工会经审、财务评比一、二、三等奖。

表1-4-4 1994—2015年工会历任经审主任情况表

届 次	姓 名	任职时间
2	袁来恩	1994—1997年
3	姚洁明(女)	1997—2001年
4	姚洁明(女)	2002—2006年
5	姚洁明(女)	2006—2011年
6	王 巍	2011年—

四、工会办“三产”

1991年12月11日，筹办“曙光百货经营部”。1992年7月，正式营业。经营部设立董事会，由15名工会委员组成，聘请1名退休职工为该店负责人，聘任工作人员6人。2005年2月，在东部住院部底楼开设80平方米的罗森加盟店。

第二节 共青团上海中医药大学附属曙光医院委员会

一、概况

1953年，四明医院改建为上海市立第十人民医院，成立团支部，下设3个团小组，有团员21人。1960年4月，医院更名为曙光医院，团支部同时延续。1963年，成立团总支。1988年，成立团委。2015年，团委下设团总支3个，分别为护理团总支、规培医生团总支、学生团总支；团支部5个，分别为医生团支部、医技团支部、药剂团支部、行政团支部、财务团支部。

表1-4-5 1960—2015年团委历届正副书记情况表

任职时间	书 记	任职时间	副书记
1960—1962年	倪 征(团支部)	1972—1978年	梁尧堃(团总支)
1963—1964年	倪 征(团总支)	1978—1982年	林志勇(团总支)

（续表）

任职时间	书记	任职时间	副书记
1964—1966 年	陈申姝(团总支)	1982—1983 年	孙　荐(团总支)
1966—1969 年	杨家瑾(团总支)	1983—1985 年	孙　燕(团总支)
1969—1972 年	顾元贞(团总支)	1988—1989 年	黄建平(团委)
1972—1973 年	刘祥瑞(团总支)	1989—1994 年	余志红(团委)
1973—1978 年	蒋琴芳(团总支)	1990—1991 年	李巧妹(团委)
1978—1981 年	何红梅(团总支)	1994—2001 年	黄国毅(团委)
1981—1983 年	金培琪(团总支)	1994—2001 年	吴峥男(团委)
1983—1985 年	顾攸美(团总支)	2003 年 6 月—2007 年 5 月	蒋梦穗(团委)
1985—1987 年	王秀兰(团总支)	2007 年 5 月—2011 年 9 月	彭文波(团委)
1989—1991 年	黄建平(团委)	2011 年 9 月—2013 年 4 月	吴　欢　张莎莎
1991—1994 年	李巧妹(团委)	2013 年 4 月—	张莎莎
1994—2000 年	王　晨(团委)		
2000—2003 年	周晓波(团委)		
2003 年—2007 年 5 月	关　鑫(团委)		
2007 年 5 月—2013 年 4 月	唐　燕(团委)		
2013 年 4 月—	吴　欢		

二、主要工作

1963—1987 年，开展革命传统教育，组织团员参观“一大”会址，提高他们对党的认识；号召向南京路上好八连学习，向雷锋同志学习，向吕士才同志学习；教育团员要“树理想、立大志”，举办“歌颂青年一代更比一代强”“社会主义新生事物”诗会等。加强团课教育，开展医德医风教育以及法制教育；为提高团干部的管理水平和组织能力，开设团干部学习班，并建立“三会一课”制度。围绕医院中心工作，先后组织团员青年参加医院义务劳动和植树造林活动，组织团员战高温支援门、急诊医疗第一线等。开展文艺和体育活动，分别参加中医学院和卢湾区组织的运动会，并多次获得打破医院纪录的良好成绩。

1988—1993 年，教育团员、青年树立良好的医德医风，发扬无私奉献精神；在团员中开展党史教育，举办团干部党史学习小组，邀请医院内的老同志讲历史、讲传统，先后多次开展青年文明服务竞赛活动；组织青年服务队，走出医院到工厂、农村、学校，为群众义务咨询；到幼儿园、托儿所为小朋友体检和宣传卫生知识；上门为退休孤老服务。1989 年，参加中医学院系统纪念“五四”运动 70 周年知识竞赛，召开青年医务工作者座谈会，举办卡拉 OK 比赛、交谊舞培训班，参加中医学院交谊舞比赛和艺术节等。1990 年，组织门急诊各窗口参加市卫生系统“青年文明服务竞赛活动”，制定和落实便民措施，使门急诊服务质量明显提高，消除“三长一短”现象。在此期间，急诊预检、注射室、门诊检验室获得“青年文明窗口”称号，4 名青年荣获“青年服务标兵”称号，曙光医院团委获“青年文明服务竞赛活动优秀组织者”称号。在迎接东亚运动会召开的日子里，按照团市委的部署，开展“宝得利杯”青年服务竞赛活动，为展现上海青年良好风貌作出努力。1993 年，开展由上海市卫生系统组织的“天赐福杯”医务青年优质服务竞赛活动，全院参赛科室 9 个，做到人人挂牌服务、微笑待患者、有请必到、有问必答，落实便民措施，不断提高医疗和服务质量。在此活动中，曙光医院十四病区荣获“共青团号”佳称和“新长征突击队”称号。开展多种形式的活动，提高团组织的吸引力，组织团员青年学习新团章。

1994—2005 年，曙光医院团委取得一系列的成绩和多项荣誉，在市卫生系统产生一定的影响，得到团市委、市卫生局团委、中医大团委的肯定，医院团的工作也进一步提升，带领全院青年走入充满活力的新世纪。2001 年 5 月，在支部改选中调整，将原来按科室编排支部，改为按楼层病区划分，以便各团支部更好地开展基层工作。

2006—2015 年，团委加强自身组织建设，完善工作机制，增强团的凝聚力和号召力；坚持党建带团建，党有号召、团有行动，提升团的思想性和战斗力；发挥先进集体榜样辐射作用，塑造“青年文明号”为代表的集体品牌；搭建优秀青年风采平台，彰显朋辈标杆力量，引导全院青年岗位成才；服务人民大众需求，服务青年成才需要，弘扬社会文明新风；促进文化建设，拓展活动项目，服务青年的多样化需求。2015 年，曙光医院共有各级“青年文明号”集体 15 个，其中全国“青年文明号”集体 2 个，上海市“青年文明号”集体 8 个。作为医院先进青年组织的代表，“青年文明号”的团员青年们积极发挥典型引领作用，在迎办特奥会、世博会等大型活动中展现风采，积极参加都江堰援建、援滇等各类对口援建项目。先后有检验科门急诊窗口、糖尿病诊疗中心和东部中药室等集体参加上海市“青年文明号”(共青团号)优质服务示范行动。2007 年，检验科门急诊窗口被评为“办特奥、迎世博”上海市“青年文明号”(共青团号)优质服务示范集体。“‘青年文明号’健康快车”开进社区公益活动，多年来一直活跃在社区、福利院，服务社区居民和弱势群体，此项目还入选首届上海市卫生计生系统“十大公益项目”。同年，医院团委被评为上海市“五四红旗团委”。护理团总支第五、第六支部被评为上海市“五四红旗团组织”。内分泌科青年团队、检验科门急诊窗口青年团队被评为上海市“青年五四奖章集体”。2011 年 9 月，临床医学院学生团员组织关系由大学团委转至曙光医院团委。曙光医院团员青年由青年职工、住院医师规范化培训学员及曙光临床医学院学生团员三类成员组成。医院团委在保持临床医学院团工作相对独立的同时，以职业道德教育为抓手，不断强化在职青年及学生团员“大医德泽、生命曙光”的文化认同感和身份归属感。

2006—2015 年，广大团员青年开拓创新、立足岗位、勤奋工作，涌现出一大批优秀典型，先后有 2 人获得银蛇奖三等奖，3 人获提名；2 人获上海市青年五四奖章个人；2 人获上海市优秀团干部；1 人获上海市优秀团员；2 人荣获上海市“岗位能手”称号。吴欢获“上海市杰出青年志愿者”“云南省优秀志愿者”等称号。

第三节　妇女委员会

一、概况

1979 年，成立曙光医院妇女委员会。1979—1994 年，有 168 人次被评为医院“三八红旗手”；54

人次被评为上海中医药大学“三八红旗手”；5 人获上海市“三八红旗手”称号；三个科室（班、组）获上海市“三八红旗集体”称号。

1995—2002 年，有 149 位职工被评为院级先进。其中 20 人被评为医院“三八红旗手”，10 人被评为优秀曙光人，119 人被评为院级个人先进，91 人获校、局级以上先进个人（其中校级先进 38 人、局级先进个人 43 人），市级以上先进个人 10 人。获得院级先进集体 16 个，校级先进集体 12 个，市级先进集体 4 个。其中预检服务台、检验科先后获得上海市巾帼文明岗。妇委会获上海市“三八红旗集体”光荣称号。2011 年起，连续 4 年获上海市医务工会女职工委员会考核“优秀妇女组织”称号。

表 1-4-6　1979—2015 年妇委会历任主任情况表

任职时间	主　任	任职时间	副 主 任
1979—1984 年	钱　娴（护理部主任）	1984—1988 年	吴　霞（护理部主任）
1984—1989 年	倪　征（党办主任）	1984—1989 年	戴德英（妇科主任）
1989—1991 年	崔业珍（总务科科长）	1989—1991 年	李雅琴（护理部主任）
1991—1997 年	蒋绍芳（护士长）	1989—1997 年	孙卓君（妇科医师）
1997—2000 年	张培珍（工会办公室主任）	1995—1997 年	张培珍（工会办公室主任）
2000—2005 年	何红梅（群众工作部部长）	1997 年—	吴丽英（肿瘤科副主任）
2006 年—	王继兰（工会副主席）		

二、主要工作

1984 年，曙光医院开展创建文明单位活动，妇委会即在全院职工中进行动员，并在宣传板报上开设《妇女园地》栏目，积极宣传女职工在“创文明”活动中涌现的好人好事，树立 80 年代女医务人员的形象，鼓励她们为医院的各项工作献计出力。

1985 年，妇委会与工会一起联合组织以“振兴中华，曙光妇女做了什么？”为题的演讲活动，体现医院女职工热爱曙光、奋发向上，为振兴中华努力工作的精神风貌。

1989 年，妇委会动员全院女职工积极参加“中华女子爱国储蓄活动”。1990 年，曙光医院新病房大楼初步完工，新病房启用在即，妇委会向女职工提出“振兴曙光，为新大楼启用多做贡献”的口号，并配合护理部积极开展职业道德教育和技术比武活动。同年，在参加地区“双文明建设”活动中，组织女职工投入“我为济南街道办一事、献一计、立一功”活动，受到地区的奖励和好评。

1991 年，组织学习英雄孟丽昭先进事迹，鼓励妇女以英雄为榜样，立足本职勤奋工作。当年，在我国部分地区发生水灾后，妇委会积极动员女职工投入支援灾区的活动，提出“向灾区人民献上一份爱心”口号，短短几天就收到捐物 839 件以及一定数量的捐款，受到上级妇委会的通报表扬。在计划生育工作上，多年来，妇委会协助防保科积极开展检查落实各种措施，组织计划生育的知识学习和考查等活动。

1995 年，举办“女性形象”“木兰拳”“插花”“新世纪如何处理社会、家庭、事业关系”“面对挑战做四自女性"等讲座；开展"21 世纪怎样做母亲"的征文和进行"新世纪新女性""我与中医"演讲比赛等活动，不断提高曙光女性的整体素质。在各项比赛中分别获得"我与中医"演讲比赛一等奖；"新世纪女教师女医师形象大赛"二、三、四等奖；"中医大 21 世纪医务人员形象大讨论演讲比赛"一等奖；"上海市卫生系统 21 世纪医务人员形象大讨论征文"三等奖。为培育祖国的花朵，医院每年组织职工子女开展"庆六一"儿童朗诵会，10 岁以下的小朋友担任节目主持人，他们自己当演员、自己作安排，从小接受锻炼，促其成长。

1997 年，开展"双文明立功竞赛"活动，通过三学、三岗、三赛相结合的方法，树立良好窗口形象。

1998 年，组织妇女组长以上人员进行干部培训，学习贯彻全国妇代会和上海市妇联会议精神，明确肩负的职责和任务。1999 年以来，开展"巾帼创新业"和"双文明立功竞赛活动"，全院妇女积极投入争创巾帼文明岗活动，不断提升窗口文明形象。

2000 年，举办"塑造 21 世纪女性整体素质""新时期社交礼仪"等讲座，开展"百句英语学习竞赛"，参加新世纪女职工形象礼仪大赛，评选"曙光女性新形象代表"等，提高曙光女性整体素质，塑造 21 世纪女性新形象。1999—2000 年，开展"比翼双飞模范佳侣"评比活动，鼓励女职工家庭、事业双丰收。胡婉英夫妇、朱抗美夫妇分别被评为上海市、中医大"比翼双飞模范佳侣"。

2002 年来，组织妇女代表、妇女干部学习党的"十六大"精神，聆听《工会法》辅导报告，开展时事形势教育等。邀请上海市一级作家黄允来院作"女性、人生、感悟"讲座，举办"女教师女医师联谊会沙龙"和"沟通的艺术讲座"。邀请上海锦江集团培训部的老师、海运学院鲍日新教授等作"服务礼仪讲座"。邀请上海市插花协会老师作"插花讲座"，举行女职工插花比赛等。开展"百万市民百万树 为园林城市出份力"活动，认购 10 株"母亲林"。与崇明县妇委会签订帮困协议，2002—2003 年，为崇明特困儿童姚定亮提供 1 000 元助学金。

2003 年初，面对非典型肺炎(SARS)的袭击，曙光医院妇委会支持一线医务人员的"抗非"战斗，与工会一起开展预防保健工作自查，为发热门诊的同志送上羽毛球、跳绳、飞镖等健身用品，给每一位发热门诊的同志送去提高免疫力的多种维生素泡腾片。在"六一"国际儿童节前夕，给每位预备班以下的小朋友送去多种维生素泡腾片。认真总结和撰写"抗非"先进事迹，其中，编入《上海市卫生系统女职工"抗非"先进事迹》专辑两篇，余小萍被评为全国和上海"抗非"先进个人。

2005—2015 年，曙光医院妇委会紧紧围绕党委工作中心，坚持将妇委会工作与医院中心工作相结合、与女工工作特点相结合、与改革开放的形势相结合，开展创建"巾帼文明岗"活动。围绕医院两个文明建设中心，积极参与"上海市文明单位"创建活动。开展女性人才建设，推进女性人才工程，建立以高级知识女性和市劳动模范为主体的"医院女性人才库"。关注女性人才的培养与发展，做好优秀女性发现、宣传和推荐工作。选送中青年女职工参加上海市总工会组织的"上海职工网络知识普及培训"，培养网络人才。组织医务人员参加卫生系统电脑知识竞赛。组织女职工参加复旦"托业"英语知识培训，为迎接"世博会"召开而培训外语人才做准备。组织护理人员英语沙龙，为医院东进张江和迎接"世博会"培养外语人才。

每年的"六一"国际儿童节前后，举办各种庆祝活动，集中组织职工子女参加诗歌、绘画、唱歌、舞蹈等集体活动，每年暑假都配合行政及工会开办职工子女暑托班。每年暑期，对个别长期患病、住院、双胎、残疾、丧偶等特困家庭，进行 2～4 次的慰问，给予经济和物质补助。

三、组织工作

2002年8月，召开曙光医院妇女代表大会，产生新一届妇委会，完成换届改选工作，成立首届曙光医院女工委员会。新一届妇委会，提高知识层次，有首届“博士委员”。降低年龄结构，原平均年龄48.7岁，降低为41.7岁，整个班子年轻，有朝气，有开拓精神。由于妇委会委员王怡、程蓉崎同志工作调动，妇委会通过民主程序，及时增补史晓卿、施春眉为曙光医院妇委会委员，健全妇委会组织。

2006年12月15日，举行第七次妇女代表大会。由全院妇女推选的88名代表和有关领导参加，各妇女小组组长及部分嘉宾列席会议。

大会首先听取马俊坚副书记作的“上海中医药大学附属曙光医院第七次妇女代表大会资格审查报告”和工会副主席王继兰作的“大会筹备情况汇报”。第六届妇委会主任何红梅向大会作“上海中医药大学附属曙光医院第六届妇委会工作报告”。上海中医药大学党委副书记王群和医院党委书记朱抗美向吴雪卿、赵咏芳颁发“优秀青年女医师、女教师成才资助金”，鼓励女职工岗位成才、岗位建功。

大会按照民主程序，通过无记名投票选举产生上海中医药大学附属曙光医院第七届妇委会，大会表决通过《上海中医药大学附属曙光医院第七次妇女代表大会决议》。大会表彰在医疗、科研工作中做出贡献的优秀青年女医师。

2012年4月26日，举行第八次妇女代表大会。院党委书记朱惠蓉、工会主席马俊坚、妇代会正式代表及列席代表等100余人参加大会。上届妇委会副主任吴丽英同志主持会议。会议认真听取上届妇委会主任王继兰作的“曙光医院第七届妇委会工作报告”。报告回顾医院妇委会五年来紧紧围绕党委工作中心，坚持将妇委会工作与医院的中心工作相结合、与妇女工作特点相结合、与改革开放的形势相结合，开展形式多样的创新活动，在建设和谐社会、和谐医院工作中，作出应有的贡献。随后，由工作人员介绍妇委会候选人，代表们表决通过选举办法及选举工作组名单。汪瑾作为总监票人主持选举工作。经过82名妇女代表无记名投票，差额选举产生11名新一届妇委会委员。大会自始至终充满团结、民主、奋进的气氛，圆满完成各项议程。选举结束后，党委书记朱惠蓉代表医院领导班子对当选的新一届妇委会委员表示热烈祝贺。妇委会要紧紧围绕党委工作中心，坚持将妇委会工作与医院中心工作相结合、与女工工作特点相结合、与改革开放的形势相结合，开展创建“巾帼文明岗”活动。医院各大窗口、病区、班组，围绕医院两个文明建设中心，积极参与“上海市文明单位”创建活动。五年中，为弘扬先进，开展“三八”红旗手、“三八”红旗集体评选活动。发挥妇女组织作用，求真务实，开拓发展，为建设现代化综合性中医院作出应有的贡献。深入学习科学发展观，认真贯彻落实党的十七大会议精神，发扬“巾帼不让须眉”的进取精神和与时俱进的创新精神，再创辉煌佳绩。

四、女教师、女医师联谊会

2001年12月，成立“医院女医师女教师联谊会”。2001—2015年，参加三下社区为浦东张江新区居民服务，每年举办“科学母爱、育儿成长”、巾帼沙龙、交流科研工作经验、开展形象教育等活动，发挥知识女性半边天作用。

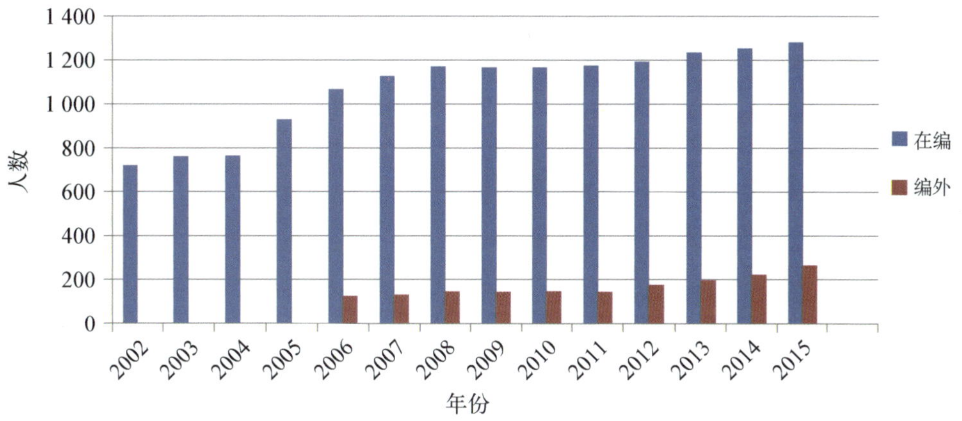

图 1-4-9　2002—2015 年女职工人数

第四节　退休职工管理委员会

一、概况

1986 年 7 月 5 日，成立退休职工管理委员会。成员由医院党、政、工会、人事、总务、防保等各科负责人和退休职工代表组成，设主任 1 人、副主任 3 人。同时，成立退休职工办公室，并设专职人员 1 人。退管会下设 15 个块，推举 15 名退休职工担任块组长，在退管会与退休职工中起到联络沟通作用。

1995—2002 年，根据退休职工居住的地区不同，下设 13 个块组，推荐 13 名退休职工担任块组长，起到桥梁作用。

2006—2015 年，退休职工管理委员会由行政、后勤副院长兼任主任，设副主任和专职人员各 1 人，负责日常工作，由党办、院办、工会、人事、财务、防保等职能部门参加，退休职工代表组成退休职工管理委员会，定期召开会议。下设 12 个块组，每块组设组长 1 人，负责本块组日常工作，块组长一般年龄不超过 70 岁，块组长津贴每季度发放一次，并每年赠阅《老年报》一份、《上海退休生活》一份。定期召开块组长会议，要求块组长与分管块内的退休职工电话沟通形成网络，互通信息。退休职工管理委员会自 1986 年成立之日起，与工会在同一个办公室办公。

2010 年 2 月，成立离退休办公室，与党委共同管理离休干部并开展工作。依据中共中央及中共上海市科技教育工作委员会关于离休干部的政策原则，落实离休干部的各项待遇。

表 1-4-7　1986—2015 年退管会历任主任和副主任情况表

任职时间	职　务	任职期间其他职务	姓　名
1986 年 6 月—1991 年 7 月	主　任	副院长	姚明群
1986 年 7 月—1989 年 8 月	副主任	党办主任	倪　征
1986 年 7 月—1990 年 3 月	副主任	人事科副科长	崔业珍
1986 年 7 月—1990 年 3 月	副主任	工会副主席	张培珍

（续表）

任职时间	职　务	任职期间其他职务	姓　名
1990 年 3 月—1999 年 10 月	副主任	党支部书记、专职干部	周必才
1991 年 7 月—1993 年 10 月	主　任	院　长	石印玉
1993 年 10 月—1997 年	主　任	工会主席	徐昌泰
1997—2001 年	主　任	副院长	汤仁智
1997 年—2003 年 3 月	副主任	党支部书记、专职干部	梁尧堃
2002 年—2005 年 5 月	主　任	副院长	肖　臻
2003 年 3 月—2010 年 2 月	副主任	党支部书记、专职干部	朱梅如
2005 年 5 月—2009 年 11 月	主　任	副院长	孙　荇
2009 年 12 月—2017 年	主　任	副院长	高　炬
2010 年 2 月—	副主任	党支部书记、专职干部	史晓卿

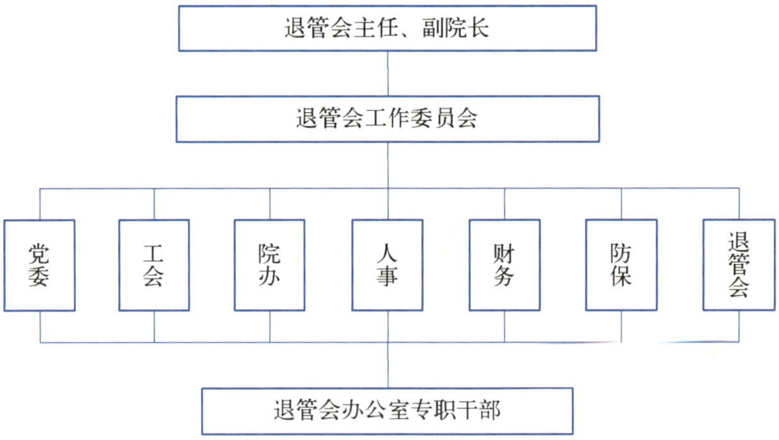

图 1-4-10　2015 年退休职工管理委员会组织结构图

二、离休干部

【待遇与补贴】

2010 年 2 月，根据中共上海市委组织部、中共上海市委老干部局、上海市财政局、上海市人力资源和社会保障局下发的各类文件通知，保障离休干部的待遇。

2013 年 6 月，8 名离休干部享受护工费补贴。

2014 年 1 月，提高离休干部护理费标准，8 人享受。同年 6 月，根据中医大离休干部办公室《关于 2014 年调整本市离休人员补贴费标准》的精神，规定从 2012 年 1 月 1 日起执行。医院符合文件规定标准的离休干部共计 10 人（2 人已故，8 人在世），按照要求 6 月份补发到位，7 月份开始正常发放。

2015 年，为纪念“抗日战争胜利 70 周年”，根据文件精神，为符合条件的 4 位参加抗日战争的离休老干部发放一次性慰问金 5 000 元及纪念章，上门送到他们手中。

【日常管理】

2010—2015 年，实行离休干部每月 1 次“回娘家”(即回医院)工作，每月一次开展离休党支部活动。对于不能前来参加的老干部，通过其他渠道，让其及时知晓文件精神和信息。离休干部参与医院职工代表大会、党代会等，为离休干部订阅报纸与杂志。每年组织 1 次离休干部体检。为离休干部购买“社区高龄养老保险”。离休干部住院期间，及时上门探望、慰问，并做好离休干部住院特殊医疗费支出的报销工作。逢重大节日，医院领导上门看望慰问离休干部。对生活确实有困难者，予以相应的补助。

2010 年，世博会期间，带领离休干部一行参观世博园。

2011 年 10 月，“纪念辛亥革命 100 周年”，特别邀请离休干部来医院参加活动，同时为他们每人颁发金质奖章 1 枚。

2012 年，为纪念“离退休制度建立 30 周年”，为每位离休干部颁发生肖纪念品。

2006—2013 年，组织离休干部，参加观看医院的年终庆典。

2013—2015 年，经医院党委同意，将非干保对象的离休干部归到医院干保，参加年度健康体检。

2006—2015 年，做好离休干部最后关怀工作，10 年期间，为 3 位离休干部最后一程提供服务。

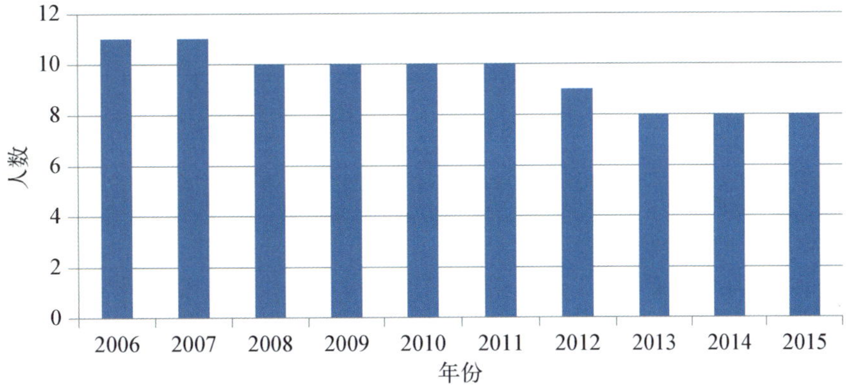

图 1－4－11 2006—2015 年离休干部人数

三、退休职工

医院退休职工 1986 年 195 名，2015 年 762 名，待退休人员从 30 名减少到 2015 年的 3 名。

【关爱服务老同志】

1986 年，开始在退休职工领工资日实行“一条龙”服务。由工会、退管会负责同志到现场接待，设有发放工资、福利政策咨询、供应糕点、理发、洗澡、裁剪等一系列服务项目，使退休职工能一次性享受到以上方便，感受到医院的温暖。此外，每逢春节和敬老节，院党、政、工、团及退管会均邀请全体退休职工举行庆祝联欢活动，召开座谈会、举行文艺表演、为退休职工献歌献礼、为 70 岁以上的老年职工集体祝寿并赠送礼品等。为照顾老年职工行动不便，1993—2006 年，对 80 岁以上老人上门祝寿。

1995—2001 年，退管会坚持每月一次退休职工"回娘家"活动，开展"一条龙"服务，为退休职工排忧解难。每年"敬老节"开展大型活动；为 70、80、90 岁高龄老人祝寿，向每位退休职工赠送一份慰问金和慰问品等，深受退休职工欢迎。每年春节，医院党政领导和退管会一起请孤老吃年夜饭，让孤老感受到党和组织的温暖。

2002—2005 年，退管会坚持每两月一次退休职工"回娘家"活动，并编写离退休信息，及时将信息发送或邮寄到每位退休职工手中。

2006—2015 年，离退办每年敬老节为 70 岁、80 岁退休职工举办集体祝寿活动，为 90 岁高龄老人上门祝寿。两月一次的退休职工"回娘家"活动，并编写离退休信息，及时将信息发送外网，并邮寄到每位退休职工手中，让退休职工了解医院的建设和发展。同时组织退休职工参加各类市级组织的活动，并获得相应的荣誉。

图 1-4-12　院长周华(左二)、副院长高炬(左一)为 100 岁的王春德主任过生日

【保障退休职工合法权益】

1986—1994 年，为 32 户退休职工调房、分房，总面积达 552 平方米。1995—2001 年，解决 64 户退休职工的住房困难问题。2000—2001 年，医院参加《上海市退休职工住院补充医疗互助保障计划》的保险工作，为每位退休职工办理住院和门诊大病的保险手续，保险理赔每年 180 人次左右，报销金额达到 8 万元左右。2012 年，根据沪职保规定，退休职工前往各街道(镇)工会服务点办理"退休住院保障计划"保障金的申报手续。2012—2015 年，每年为 700 名左右退休职工办理续保，医院投保支出金额 13 万元左右。在政府医保和市总工会住院补充保险的基础上，建立起医院的第三道防线，即医药费用进入共负段后超过 1 000 元以上部分医院报销 70%，每年申请报销 90 人次左

右，金额 10 万余元。

2003—2013 年，对患肿瘤职工重点补助 12 人，每人补助 2 000 元。2014 年第三季度，补助金额从 2 000 元提高为 3 000 元。2014—2015 年，每季度补助 300 元，上海市卫生系统退管会补助 1 000 元，共计 4 000 元。2006—2015 年，每年通过救济急难基金补助退休大病的困难职工 20 余人次，补助金额 4.5 万余元。

【冬送温暖，夏送清凉】

1986—1993 年，开展“冬送温暖，夏送清凉”活动。在退休职工中，70 岁以上有 100 多人，孤老 10 人，一老养一老 21 人，生活不能自理 3 人。为此，开展一系列送温暖活动。除每年普遍给予 2～3 次的经济补助外，对特别困难的，采取多次补助；对患病住院的做到有难必补；每年发慰问信，并定期给予经济补助；对病故退休职工的家属给予一定的补助。每年补助资金达 8 000～9 000 元。春节期间，发给全体离退休人员一次性补贴及赠送食品等，欢度新春佳节。

1994—2005 年，继续开展送温暖、送清凉活动。对长期患病、生活不能自理，退休工资相对较低，一老养一老生活有困难的退休职工实行每月一次的定期补助。慰问人次从 1994 年每年慰问约 50 人次，发展到 2005 年每年慰问约 140 人次。退管会对患病住院的退休职工主动关心、及时探望，每年探望约 130 人次患病退休职工。

2006—2015 年，继续沿袭优良传统，每年慰问送温暖、送清凉人次增至 200 人次。对患病住院的退休职工主动关心，及时探望。每年探望患病退休职工约 150 人次。主动关心患病住院退休职工及困难退休职工，生活困难补助每年约 130 人次，金额 3 万余元。

2003—2015 年，医院为退休职工进行一年一次的健康体检。

【组织活动】

1986—1993 年，每年分期分批组织退休职工去北京、无锡、宁波、杭州等地旅游，共举办 10 余次，参加者达 500 余人次。此外，参加市疗养 37 人次。还组织 40 余人参加不同类型的老年大学。

1994—2001 年，每年分批组织退休职工到江浙皖等景点旅游，组织老年舞蹈队，参加上海市卫生系统甩手操比赛和戏曲大赛等，鼓励退休职工发挥余热，为社会作贡献。

2002—2005 年，组织退休职工舞蹈队开展活动。组织退休职工参加上海市第七届老年运动会。离退休职工代表作为职代会特邀代表参加医院职代会；西医内科退休副主任医师吴心兰同志

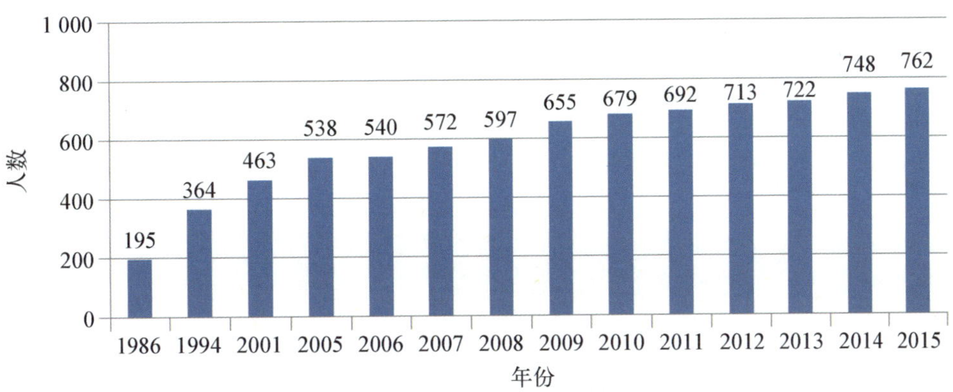

图 1-4-13 1986—2015 年退休职工人数

作为上海市第二期“银龄行动”志愿者，赴新疆阿克苏地区开展4个月智力援助行动。鼓励退休职工参加老年大学学习。

四、管理制度

为加强退休职工的管理，根据医院实际情况，1986年制定《退管会暂行条例》9条。1991年，又重新修订《关于退休职工暂行管理条例》18条。1998年3月，新修订《曙光医院退休职工管理委员会管理条例》17条。2010年8月，新修订《曙光医院退休职工管理委员会管理条例》14条。2010年4月，制定《帮困补助签收制度》；5月，制定《离退休办公室服务流程》。2012年3月制定《退管会印鉴管理制度》。2013年制定《院领导与离退休职工联系制度》。

第五章　民 主 党 派

1978—1984 年，医院为一大批知识分子落实党的政策，包括平反昭雪，退赔抄家物资，恢复高级知识分子职称、待遇等。在新时期，统一战线是党的重要工作之一，医院党委认真贯彻统战工作的方针，落实有关统战政策，与各民主党派建立良好的合作关系，调动无党派人士的积极性，共为医院的发展和改革出力。积极做好高级知识分子、民主党派、少数民族和台港澳同胞的工作，在政治、思想、工作、生活上主动关心，发挥他们在医院工作中的参政议政作用。坚持召开由各民主党派领导参加的双月座谈会，定期向民主党派人士通报上级党组织的方针政策和医院重要工作，并倾听民主党派对医院重大问题及医、教、研、管、后勤诸方面工作的意见和建议。

20 世纪 80 年代，皮肤科教授、台盟上海名誉主任石光海，在侨居海外期间向医院捐赠 10 万元人民币，设立"光华科研奖励基金"，由此荣获 1994 年度中共上海市委统战部颁发的"爱国奉献奖"。

第一节　中国国民党革命委员会上海中医药大学支部

2001 年 12 月，蒋健担任支部主任委员。2002—2005 年，民革支部发展的新党员，半数以上为高级职称，其中包括 2 名从海外归来的博士和 2 名硕士。2006—2015 年，民革曙光小组共有成员 5 人，其中在职职工 4 人，均为高级职称。其间蒋健同志任民革中央第十一、十二届委员，民革上海市第十一届委员会委员，民革上海市第十二、十三届常务委员，民革浦东新区主任委员等。

表 1-5-1　2001—2015 年医院民革组织历任负责人情况表

任职时间	职　　务	姓　名
2001 年 12 月—2009 年 3 月	民革中医大支部第八、九届主任委员	蒋　健
2002 年 7 月—2007 年 5 月	民革上海市第十一届委员会委员	蒋　健
2003 年 1 月—2008 年 2 月	上海市第十届政协委员	蒋　健
2007 年 5 月	民革上海市第十二、十三届委员会常务委员	蒋　健
2008 年 1 月	民革中央第十一、十二届委员	蒋　健
2008 年 2 月—2013 年 1 月	上海市第十一届政协委员、常委(2010 年起)	蒋　健
2008 年 6 月	民革浦东新区第三、四届委员会主任委员	蒋　健
2009 年 3 月	民革上海中医药大学第九届委员会支部副主任委员、上海市浦东新区第五届委员会政协委员	万　华
2011 年 12 月	浦东新区第五届政协副主席	蒋　健

（续表）

任职时间	职　　务	姓　名
2013年	上海市浦东新区第五届委员会政协委员	万　华
2013年1月	上海市第十二届政协常委	蒋　健

第二节　中国民主同盟曙光医院支部

1956年11月，成立民主同盟曙光医院小组，有小组长1人、成员8人。1988年，中医学院成立民主同盟总支，小组改建为曙光医院支部，到1994年，有成员24人。1995—2001年，支部成员共28人，成员中高级职称为100%，中青年占成员人数40%。从2004年度起，曙光民盟支部由浦东新区盟委直接领导，其组织活动及学习、参政议政活动更为丰富。盟员中有全国老中医药专家学术经验继承工作指导老师2人，上海市名老中医3人，担任科主任工作者12人，其他盟员大多是科内骨干。至2005年，民盟曙光支部共有盟员37人，其中，在职18人、退休19人，在职人员中高级职称100%、中青年40%。2002—2005年，新发展盟员7人。石印玉教授长期担任上海市民盟副主委，盟员中有上海市名老中医2人，担任科主任工作者7人。至2015年，曙光民盟支部成员有66人。

表1-5-2　1956—2015年医院民盟组织历任负责人情况表

任职时间	职　　务	姓　名
1956年11月	民主同盟曙光医院小组长	夏德馨
1988年11月—1995年	民主同盟曙光医院支部委员	石印玉　蔡　淦 吴银屏　孙卓君
1992年8月	民盟上海市第十届市委委员	石印玉
1992年8月	民盟上海市第十届市委委员	丁不凡
1993年6月	民盟上海市第十届妇女委员会副主任	
1995—1996年	民盟中医大委员会委员	
1993年8月	民盟上海市第十届医药卫生委员会副主任	蔡　淦
1995—2003年	民盟曙光医院支部主委	吴志荣
1998—2006年	民盟中医大主任委员、市民盟副主委	石印玉
	民盟中医大委员会委员	孙卓君
	民盟中医大委员会委员	樊建开
2000—2001年	民盟曙光医院支部主委	余小萍
2006年—2015年10月	民盟曙光医院支部主委、市民盟常委，医药卫生委员会副主任，民盟浦东新区委员会副主委，民盟中医大委员会主任委员	余小萍
2015年10月	民盟上海中医药大学副主委	卫晓恩

第三节 中国民主建国会曙光医院小组

中国民主建国会上海中医药大学支部建立于2001年11月23日，有会员16人。2012年9月18日，成立中医大委员会，分设曙光医院、龙华医院、岳阳医院、大学本部4个支部，有会员43人。2005年，民主建国会曙光医院小组人数为2人，均为高级职称。经发展新会员，曙光医院支部目前有会员7人，其中高级职称5人、中级职称2人。担任民建中医大委员会副主任委员1人。

表1-5-3 2004—2015年医院民建组织历任负责人情况表

任职时间	职务	姓名
2004年—2006年1月	民建中医大支部委员	郑舜华
2006年1月—2010年12月	民建中医大支部副主委	郑舜华
2011年1月—2012年9月	民建中医大支部主委 民建中医大支部委员	郑舜华 陈 珮
2012年9月—2015年7月	民建中医大委员会主委 民建中医大委员会委员	郑舜华 陈 珮
2015年7月	民建中医大委员会副主委兼曙光支部主委	陈 珮

第四节 中国民主促进会曙光医院支部

“文化大革命”以前，院内曾有民进会员2人，“文化大革命”期间停止活动。1980年，恢复组织生活，并在院内逐步发展新成员。1986年，成立民进曙光医院支部时，有会员22人。1994年，曙光医院民主促进会会员为40人。1997年，成立民进曙光医院总支。到2001年，会员已发展到74人。2002—2005年，民主促进会曙光医院总支委员会因部分会员出国定居、工作调离、过世等原因，有会员62人，其中在职有33人，具有高级职称者占会员总数的77.4%，中青年会员占48.4%。2006年，民主促进会上海中医药大学委员会曙光医院总支有会员63人，其中在职有33人，具有高级职称者占会员总数的77.4%，会员中担任民进市委委员1人、民进市委专委会委员3人，其中2名担任民进市委专委会副主任，担任黄浦区、浦东新区政协委员共计4人。2011年共发展会员4人，参加市委党校和社会主义学院学习培训11人次。在履职方面，共撰写市、区政协提案11篇，社情民意5篇，其中3篇获区政协优秀提案。积极参加大学和医院的“双月座谈会”，献言献策。

表1-5-4 1992—2015年医院民进组织历任负责人情况表

任职时间/届数	职务	姓名
第一、二届	曙光医院支部主任委员	程家正
第三、四届	曙光医院支部主任委员	许怀应
1992年6月	上海市第十一届民进市委常委	徐志璋
1992年6月	民进中央第七次代表大会代表	柏连松

（续表）

任职时间/届数	职　务	姓　名
1992 年 8 月	上海市民进医药卫生委员会委员	蒋有倩
1993 年 1 月	民进第九届中央候补委员	柏连松
1995—1997 年	民进曙光医院支部主任委员	许怀应
1995—2000 年	民进曙光医院支部主任委员	黄天祖
1995—2000 年	民进曙光医院支部主任委员	忻耀杰
1997—2002 年	民进第二十届市委委员 民进上海中医药大学委员会副主任委员 民进曙光医院总支主任委员	蒋有倩
1997—2003 年	民进第十届中央委员 民进上海中医药大学委员会主任委员	柏连松
2002—2004 年	民进曙光医院总支副主任委员	王运律
2002—2005 年	民进曙光医院总支副主任委员	叶伟成
2002—2006 年	民进市委妇女专委会副主任 民进上海中医药大学委员会副主任委员 民进第二十一届市委委员	蒋有倩
2002—2006 年	民进曙光医院总支委员兼支部主任	忻耀杰　李财宝
2002—2006 年	民进上海中医药大学委员会主任委员 民进上海中医药大学委员会委员 民进市委医卫专委会副主任 民进第二十一届市委委员	柏连松 叶伟成
2002—2010 年	民进曙光医院总支主任委员	方正龙
2002—2010 年	民进曙光医院总支委员	黄天祖
2006—2010 年	民进曙光医院总支主任委员	蒋有倩
2006—2010 年	民进曙光医院总支副主任委员 民进上海中医药大学委员会委员	顾明达
2006—2010 年	民进上海中医药大学委员	方正龙
2006—2010 年	民进曙光医院总支副主委	沈卫东
2006—2010 年	民进曙光医院总支委员	殷岫绮　忻耀杰 李财宝
2006—2012 年	民进上海第十三、十四届中青年联谊会委员	杨　巍
2006 年	民进上海第十三、十四、十五届市委委员 民进上海第十四、十五届医药卫生委员会副主任 民进上海第十五届市委监督委员会委员 民进上海中医药大学委员会副主任委员	叶伟成
2006 年	卢湾区第十一、十二政协委员，黄浦区第一届政协委员	叶伟成

（续表）

任职时间/届数	职　　务	姓　名
2007 年	民进上海第十四、十五届医药卫生委员会委员 民进上海中医药大学委员会秘书	张卫刚
2007 年	浦东新区第三、四、五届政协委员	杨　巍
2009 年	卢湾区第十二届、黄浦区第一届政协委员	朱盛国
2010—2015 年	民进曙光医院总支副主委	朱盛国
2010 年	民进上海中医药大学委员会委员 民进曙光医院总支主委 民进上海十五届妇女儿童专委会副主任	殷岫绮
2010 年	民进上海中医药大学委员会委员	沈卫东
2010 年	民进曙光医院总支副主委	何　峥
2010 年	民进曙光医院总支委员	忻耀杰　龚航军
2012 年	浦东新区第五届政协委员	沈卫东
2015 年	民进曙光医院总支副主委	杨　巍
2015 年	民进曙光医院总支委员	黄天祖　陈　静 王静予

第五节　中国农工民主党曙光医院支部

农工曙光支部于 1987 年 7 月成立，到 1994 年有 17 人，其间支部多次组织学习中国共产党的文件和邓小平著作，开展社会考察活动，并培养和发展农工民主党新成员。2001 年，曙光支部委员总人数为 5 人，其中高级职称占 40%、中青年委员占 60%。2005 年，农工民主党曙光医院支部在职 15 人，支部委员总人数为 3 人，全部为高级职称，中青年委员占 100%。

2007 年，农工党上海中医药大学曙光医院支部换届，顺利实现曙光医院支部新老班子交替，工作交接平稳过渡。中国农工民主党曙光医院支部共有成员 30 余人。在该届支部发展的农工党党员 8 人，中青年已经成为全院党员干部队伍的主体力量。目前支部内有近 6 位成员担任医院各职能科室主任，何立群担任浦东新区政协委员、农工党上海市委委员、农工党上海中医药大学委员会副主任委员，担任国家级和上海市级学术团体专业分会主任委员和副主任委员，被各级政府部门聘为国际科技合作计划评价同行专家、国家发展改革委员会药品价格评审专家、国家 FDA 药品评审专家、上海市政府采购咨询专家等。陈晓宏担任农工党上海中医药大学委员会委员。

表 1-5-5　1987—2015 年医院农工党历任负责人情况表

时　间	职　　务	姓　名
1987 年 7 月—1990 年 4 月	农工民主党曙光支部主任委员	薛之祥
	农工民主党曙光支部委员	龚志康　潘嘉珍

（续表）

时　间	职　务	姓　名
1990 年 4 月—1993 年	农工民主党曙光支部主任委员	薛之祥
	农工民主党曙光支部委员	龚志康　孙玉花
1993 年	农工民主党曙光支部主任委员	孙玉花
	农工民主党曙光支部委员	陈　权　张怀琼
1994—1998 年	农工民主党曙光支部负责人	孙玉花
1998—2001 年	农工民主党曙光支部负责人	张怀琼
2001—2006 年	农工民主党曙光支部负责人	何立群
2006—2007 年	农工民主党曙光医院支部主任委员	孙玉花
2007 年—	农工民主党曙光医院支部主任委员、农工党市委委员、中医大委员会副主任委员、浦东新区政协委员	何立群

第六节　九三学社曙光医院小组

九三学社曙光医院小组建立于 1958 年 12 月，当时有社员 10 人，组长、副组长各 1 人，并于 1961、1980 年两次改选。1984 年，上海中医学院九三支社成立时，医院曾有 3 位同志分别担任主任委员、副主任委员和支委。之后，有 2 名同志当选为九三学社上海卢湾区分社 5 届代表大会代表，并先后当选为九三学社上海市第十一届、十二届市委委员。到 2015 年，九三学社曙光医院小组由 1995 年前的 4 人，迅速发展到 2015 年的 26 人。其中，高级职称占 85%以上，中青年社员人数也由原先的 25%上升到 65%，33%为硕博以上学历，是九三学社中医药大学支社的主力军。2015 年 11 月，九三上海中医药大学委员会成立，同时，成立九三学社上海中医药大学委员会曙光医院支社。

2006 年以来，发展新社员 6 人，4 名博士学历、2 名硕士学历；同时，积极推荐年轻社员参加九三市委中青年干部培训班学习，提高青年社员的政治素质和理论水平。

表 1-5-6　1958—2015 年医院九三组织历任负责人情况表

时　间	职　务	姓　名
1958 年 12 月—1980 年	九三学社曙光医院小组组长	商文彝
	九三学社曙光医院小组副组长	石光海
1980—1984 年	九三学社曙光医院小组组长 九三学社曙光医院小组副组长	孙济中
1984—1986 年	上海中医学院九三支社主任委员 上海中医学院九三支社副主任委员 上海中医学院九三支社支委	徐昌泰 杨祖秝
1986—1990 年	上海中医学院九三支社主任委员	徐昌泰
	上海中医学院九三支社秘书	徐　菱

（续表）

时　间	职　务	姓　名
1992 年 6 月—1995 年	九三学社上海市第十二届市委委员	徐昌泰
1995—2001 年	九三学社上海中医药大学支社副主委	徐昌泰
2001—2002 年	九三学社上海中医药大学支社副主委	齐　聪
2002—2006 年	九三学社市委委员 九三学社上海中医药大学委员会副主任	齐　聪
2006 年—2015 年 11 月	九三学社市委委员、九三学社上海中医药大学支社副主委，2015 年 11 月起，任九三中医大委员会副主委	齐　聪
2015 年 11 月—	九三学社上海中医药大学支社委员；2015 年 11 月起，任九三中医大委员会委员、九三曙光支社主委	朱梅萍

第七节　中国致公党上海中医药大学支部曙光医院小组

2006 年，曙光医院有致公党成员 1 人，经过发展，到 2016 年共有成员 6 人。致公党委员会上海中医药大学支部成立于 2010 年 7 月 7 日，由曙光医院张慧敏担任主任委员。

支部党员每年积极参加由致公党市委举办的爱心义卖活动，将义卖善款捐给组织。此外，支部参与市委举办的捐助贫困地区儿童购买学习用品的活动。2010 年，张慧敏受聘担任上海中医药大学纪委的监察员工作，建言献策，协助致公党中央调研上海中医药大学留学生教育情况。

表 1-5-7　2010—2015 年医院致公党组织负责人情况表

任职时间	职　务	姓　名
2010 年 7 月—	致公党上海中医药大学支部主委	张慧敏

第二篇 行政部门

概　　述

1906—1922年，医院行政管理工作由四明公所负责管理。1922年9月，四明医院新院建成，设有总主任，辅助院长管理医院的行政工作。1944年，医院进行改革，设总主任，下设总管理处，内分人事、文牍、调查统计、社会服务四科。职能科室有人事科、秘书室、医务部、护理部、总务室、财务室、病史室。事务部分设会计、出纳(挂号室附之)、庶务(储藏室附之)三科，煎药室、炉房、厨房、善后所即太平间、门房等归庶务科。1953年，四明医院更名为上海市立第十人民医院；1954年，上海市立第十一人民医院成立；1960年两院合并，取名为曙光医院。医院设立了院办、人事、医教办公室、护理部、财务科、总务科等职能部门。1972年，医院设有革委会办公室、后勤组、政宣组、医教组、组织组、门急诊办公室。1978年，医院行政职能科室为院长办公室、医务科、教学办公室、人事科、总务科、财务科、护理部、门诊办公室等。1981年，医院增加了防保科、保卫科，以后又陆续成立了设备科、统计信息科、科研办公室等。1994年，医院共有行政职能科室14个，临床科室20个，将医务科、人事科、财务科、总务科改名为医务处、人事处、财务处、总务处。2000年，医院行政职能处室有医院办公室、医务管理处、科教处、人事处、群众工作部、工会、护理部、财务处、保卫处、总务设备处、审计室等11个。院办、党办合并为医院办公室；医务处、门办、质控办、防保科、社会事务部合并为医务管理处；科研办、教育处、继续教育科合并为科教处，职能部门从原有的19个精简到11个。2004年，医院成立东部行政管理部、东部医务管理部、东部后勤保障部。2006年，医院第二次机构改革，改革后职能部门21个。2007年，东部行政管理部、医务管理部、后勤保障部分别归入医院办公室、医务处和总务处。2010年，医院第三次机构改革，改革后职能部门18个。同年2月，科教处拆分为科技处和教学处，门急诊办公室划入医务管理处，新设产业办公室。2012年8月，研究型中医院建设推进办公室成立。2013年，医院第四次机构改革，改革后职能部门24个。同年9月，医院办公室中的党务、宣传、社工条线分出，分别成立了党委办公室、宣传处、社会工作部。医务管理处中的门急诊、医疗纠纷条线分出，分别设立门急诊办公室、医疗事务办公室。另外，还设立对外联络部，负责医院集团、特需门诊、名中医诊疗中心的管理，体检中心纳入对外联络部统一管理。

第一章 医院办公室

1942 年，四明医院设秘书室。1960 年，更名曙光医院时，设立院长办公室。“文化大革命”期间，医院由革委会领导，院长办公室停止工作，至 1978 年重新恢复。1994 年，院长办公室设正副主任各 1 人、工作人员 2 人，下辖科技档案室、打字室、电话间，共有工作人员 11 人。院长办公室作为院长的办事机构，其主要职能是协助院长处理日常事务。

2000 年 4 月，行政机构改革，医院党委办公室和院长办公室合并为医院办公室，在院长、党委书记、副院长、副书记的直接领导下，负责全院文秘、行政管理和机关协调工作，并负责对党的组织、宣传、统战、监察、纪检、文书等各项工作的具体实施。2004 年 6 月，东部成立行政管理部，主要分管东部的行政、党务、宣传、统战、精神文明、信访工作，同属于医院办公室。

2000 年，医院办公室为党办、院办合署办公。医院办公室主管条线有行政、党务、纪委、宣传、文明、ISO、档案、信访等。2004 年，总体分为东、西两部，西部位于曙光西院行政楼三楼，东部位于曙光东院行政区一楼，其中东部为行政管理部。2008 年 6 月起，医院办公室东部行政管理更名为“医院办公室”。2010 年 2 月 1 日起，医院办公室东、西两部合并管理，行政重心东移，国际交流工作并入医院办公室职能。西部的办公室地点迁至门急诊楼 11 楼明轩厅。2012 年 9 月，医务社会工作纳入医院办公室职能。2013 年 9 月，党务、宣传、医务社会工作三个条线从医院办公室分出，不再归属医院办公室管理。

2006—2010 年 1 月，医院办公室西部设主任 1 人，另设党务、宣传、行政副主任(兼 ISO 办公室主任)各 1 人，分别管理党务和纪委、宣传和精神文明、行政和 ISO 及档案工作。东部设主任 1 人，另设副主任 1 人，综合管理办公室各条线事务(包括行政、行政、党务、宣传、统战、精神文明、信访等工作)。西部下设科员 3 人(行政、党务和宣传、ISO)，档案室科员 1 人，内勤办事员 1 人，外勤办事员 1 人，2008 年 7 月起，新增科员 1 人(宣传)；东部下设科员 1 人，办事员 1 人。2010 年 2 月—2013 年 9 月(2013 年 9 月党、院办分开)，随着医院行政重心东移，医院办公室西部常驻副主任 1 人、科员 1 人、办事员 1 人，其余人员均常驻东部。同时，增设副主任 1 人，管理国际交流工作，增设科员 1 人(国际交流)。同年 10 月，分管国际交流工作的副主任负责管理信访工作。2013 年 9 月，医院办公室设主任 1 人，另设副主任 2 人，其中一名副主任负责行政、信访和国际交流工作，另一名副主任兼任 ISO 办公室主任，负责行政、ISO、档案工作。下设科员 5 人(行政 2 人，ISO、国际交流 1 人，档案室科员 1 人，办事员 1 人)。2014 年起，新增档案室科员 1 人。

第一节 行政管理

医院办公室协助院长负责日常行政管理工作，协调临床科室和管理部门之间各类行政管理事务；负责组织起草医院综合性行政工作报告、总结、规范和决议等文件，组织拟定全院性规章制度，负责处理日常行政公文、以医院名义发布有关行政事项的通知和通告等；组织安排院长办公会议和行政办公会议，做好记录，根据需要发出会议纪要，并检查督促会议决定的贯彻执行情况；组织协调几个部门以上共同办理的综合性工作；根据院长指示，代表医院行政领导进行对外联系，接待上级领导机关和兄弟单位关于行政方面的检查、来访等工作；负责医院行政公文的收发工作，包括收发、打印、传递、传阅、立卷归档等工作；负责公章、医院介绍信和院长印章的管理与使用；负责管理医院总值班，安排节假日及夜间职能部门工作人员的总值班，编排每周会议日程。

表 2-1-1　1942—2015 年院长办公室、医院办公室负责人情况表

任职时间	主　任	任职时间	副主任
1942 年—不详	谢岐山	1942 年—不详	应子平
1978—1981 年	胡振康	1981—1982 年	王灵台
1981—1986 年	曹梅心	1984 年 3 月—1987 年 5 月	毛君玲
1988 年 1 月—1991 年 4 月	施晓霖	1991 年 4 月—1999 年 9 月	周珊珊
1991 年 5 月—1992 年 7 月	康正祥	2000 年 4 月—2002 年 12 月	赵燕燕
1992 年 7 月—2003 年 3 月	顾惠芳	2000 年 4 月—2003 年 3 月	王　晨
2003 年 3 月—2006 年 4 月	张婷婷	2002 年 7—9 月	唐靖一
2006 年 4 月—2010 年 1 月	姚　政	2002 年 9 月—2003 年 3 月	周晓波
2004 年 6 月—2010 年 1 月	竺炯(东部行政管理部主任)	2003 年 3 月—2006 年 4 月	姚　政
2010 年 2 月—2013 年 9 月	王唯坚	2003 年 3 月—2007 年 2 月	缪　晓
2013 年 9 月—	王见义	2004 年 6 月—2013 年 9 月	徐美琴
		2006 年 4 月—2008 年 5 月	俞兴祥
		2008 年 5 月—2010 年 1 月	王唯坚
		2006 年 4 月—2013 年 9 月	练　慧
		2007 年 4 月—2013 年 9 月	王姿英
		2010 年 2—8 月	关　鑫
		2010 年 11 月—	胡　峻
		2013 年 9 月—	章诚杰

第二节　ISO 办公室

一、概况

ISO 办公室 2001 年成立，是负责医院 ISO 质量管理体系日常管理的主管部门，设置在医院办公室，有专职工作人员 1 人。2001 年 12 月，医院通过 ISO 9001 质量管理体系认证。2010 年 4 月、2010 年 9 月医院检验科和临床药理科又分别通过了 ISO 15189 医学实验室质量和能力的专用要求、ISO 17025 检测和校准实验室能力的通用要求两项认可。

表 2-1-2　2001—2015 年医院 ISO 工作历任最高管理者、管理者代表情况表

任职时间	最高管理者	管理者代表
2001—2002 年	王灵台	赵燕燕
2002—2009 年	沈远东	周　华
2009 年—	周　华	周　嘉

表 2-1-3　2002—2015 年 ISO 办公室历任负责人情况表

任职时间	职　务	姓　名
2002 年 9 月—2003 年 4 月	主　任	杨　敏
2003 年 4 月—2006 年 4 月	主　任	姚　政
2006 年 4 月—2008 年 8 月	主　任	俞兴祥
2008 年 5 月—2010 年 2 月	主　任	王唯坚
2010 年 2 月—2013 年 9 月	主　任	徐美琴
2013 年 9 月—	主　任	章诚杰

二、ISO 9001 运行体系

【基本构架】

2001 年，ISO 9001 质量管理体系分为以下 8 个部分：范围、引用标准、定义、质量管理体系、管理过程、资源管理、医疗服务的实现、测量分析和改进。这些内容通过建立质量手册、程序文件、通用作业指导书、专用作业指导书、通用质量记录、专用质量记录加以实现。2015 年 12 月，医院拥有

图 2-1-1　2001 年 1 月医院质量管理体系第三方审核首次会议

质量手册1册，程序文件18个，医院管理制度33个，人事管理制度9个，医务管理制度112个，医院感染管理制度3个，临床药学管理制度4个，护理管理制度文件汇编6册，总务管理制度5个，设备管理制度14个，财务管理制度35个，保卫管理制度27个，信息管理制度11个，各种质量记录表单800余份。ISO办公室每年实时更新各类文件，每三年修订一次ISO体系文件，每次修订后版本号相应更新；2010、2013年共两次新修了体系文件，2010年版本为C版，2013年版本为D版。

医院ISO 9001质量管理体系的最高管理者由院长担任，管理者代表由院领导或者资深中层干部担任，ISO办公室主任由医院办公室副主任兼任，下设ISO办公室科员1人。此外，每个科室均设有ISO文件编写员1人，负责各科室日常ISO管理工作。医院的质量方针是大医精诚、以仁为本、继承创新、精益求精。

【内部审核】

医院为维持ISO 9001质量管理体系运行的有效性，按照ISO 9001标准要求，每年策划组织内部审核，通过聘请内审员，组成内审队伍，对ISO 9001质量管理体系覆盖的所有部门、科室进行符合性检查。

内部审核周期为每年一次，在2011年之前，常规安排三天时间进行内部审核。其中，第一天上午进行首次会议，最后一天下午进行末次会议，会议时间一般为半小时。参会人员为ISO 9001质量管理体系覆盖的各科室负责人，由管理者代表主持会议，首次会议内容主要为重申内部审核要求、分组情况及计划安排等；末次会议内容主要为通报内部审核情况、反馈不符合项目等。2011年开始，ISO办公室根据上海市质量体系审核中心专家建议，针对集中审核时间较短、审核深度不足的缺陷，采用了长时间跨度的内部审核方案，内审时间由原先的3天增加至3个月。

ISO 9001内审员来自医院各科室，包括临床科主任、临床业务专家、职能部门负责人、职能部门骨干科员等，遴选的内审员统一安排在上海市质量体系审核中心进行内审员资质培训，取得内审员资质后正式成为医院ISO 9001内审员。ISO办公室每年再从各科室挑选业务或管理能力较强的青年人员1～2人，充实内审员队伍。

2015年12月，医院具备ISO 9001 2008质量管理体系内审员资质的人员如表2-1-4所示，共47人。

表2-1-4 具备ISO 9001 2008质量管理体系内审员资质的人员情况表

姓名	部门	姓名	部门	姓名	部门
周嘉	院部	王永强	麻醉	王思平	总务
马俊坚	院部	孙学华	肝病	许红梅	防保科
姚政	院部	徐隽斐	内分泌	徐民	病史
王唯坚	外联部	胥晓芳	风湿	熊进	信息
徐美琴	社工部	金培琪	中药房	陈琦	设备
章诚杰	ISO	庄俊嵘	中药房	庞辉群	老年科
何峥	超声	朱琰	西药房	尹建鹏	医务
张安君	放射	邢枫	肝硬化	王景潇	医务

（续表）

姓　名	部　门	姓　名	部　门	姓　名	部　门
周俭美	护　理	乔　昀	检　验	张雅丽	护　理
赵燕燕	设　备	吴继萍	护　理	崔　屹	护　理
朱梅萍	人　事	徐玉萍	护　理	瞿惠燕	绩　效
杨　敏	产业办	苏艳伟	外联部	余松轩	院　办
陆　灏	内分泌	季　萍	护　理	季晶俊	老年科
葛茂军	院　感	吴　丹	财　务	柴　妮	院　办
汤慧敏	质　控	李泽民	病　理	张海阳	外　五
李　屹	医　务	黄　鹏	保　卫		

【管理评审】

医院根据 ISO 9001 质量管理体系要求，每年组织实施一次管理评审，时间节点一般为 8—10 月份，实施管理评审的目的是为了综合回顾一年来医院 ISO 9001 质量管理体系运行情况，通过搜集各类数据和综合分析，评价衡量医院 ISO 9001 质量管理体系运行的有效性。

医院 ISO 管理评审为会议形式，参会人员包括最高管理者、管理者代表、各科室负责人以及全体内审员，会上由管理者代表作管理评审报告，参会人员共同审议，评价一年内医院 ISO 9001 质量管理体系运行的有效性，决议是否能够迎接第三方的外部审核，并由 ISO 办公室形成最终的年度管理评审文件。

管理评审报告分为管理评审输入和管理评审输出两个部分。管理评审输入的数据资料来源包括患者满意度、患者投诉情况、各科室质量目标完成情况、内部审核情况、各类不符合项目和纠正预防措施、新技术新项目的申报、万元以上医疗设备的更新、药品的合格率以及前一年提出的改进措施完成情况等。管理评审输出包括对下一年度的改进计划和体系运行情况的总结评估。

患者满意度数据由精神文明办公室提供，ISO 办公室加以汇总、进行同比分析；患者投诉情况数据由门急诊办公室和医务管理处共同提供，包括门急诊患者有效投诉处理，以及住院患者有效投诉处理，ISO 办公室对患者投诉进行分类，分析有效投诉权重因素，测算患者总体投诉率；各科室质量目标完成情况由各部门科室提供，总结一年来各自 ISO 运行情况，突出医疗服务中的亮点，分析不足，并提出翌年计划；内部审核数据（含不符合项目）来源于内部审核报告，主要分析本年度内审总体情况；纠正预防措施来源于医院各部门，分为纠正措施和预防措施（纠正措施是针对已经发生的不符合项目采取的措施，预防措施是针对可能发生的不符合项目采取的措施，两者通过形成纠正预防措施报告，经验证后备案）；新技术新项目由医务处提供，临床各科室通过填写新技术新项目申请表，报上级部门审批；万元以上新增设备清单由设备处（医学装备处）提供，为当年度医院新进的万元以上医疗设备，反映该年度医院医用设备的更新情况；药品合格率由药剂部门（中药房、西药房）提供，反映本年度医院药品的质量情况；历年改进措施来源于上一年度的管理评审输出，跟踪改进结果，分析取得的成效。

【外部审核】

外部审核为医院委托第三方机构对医院ISO质量管理体系运行情况进行审核,评价其有效性,并出具审核报告。医院委托第三方外部审核机构是上海质量体系审核中心,外部审核周期为每年一次,时间一般为每年的10—11月份。外部审核分为监督审核与复评审,其中监督审核为每年一次,复评审为每三年一次。

外部审核日程由上海质量体系审核中心负责安排,并在正式审核前一周书面通知医院。外部审核组由组长和组员构成,根据审核任务量一般为5~7人,分为4组(行政、内科、外科、医技)。复评审为全覆盖式审核,监督审核则抽查ISO 9001质量管理体系覆盖科室的三分之二,但重要科室必审。审核第一天上午由ISO办公室召集全体科室负责人召开外部审核首次会议,外部审核组组长在会上宣读审核要求和保密承诺。审核过程主要由审核员在现场查阅文件、病史、各类记录,或与科室负责人沟通,院方安排相关人员陪同见证。审核最后一天下午,审核组汇总讨论后与院领导沟通反馈审核过程中发现的问题,并开具不符合项目。最后在末次会议上由审核组向全体科室负责人反馈审核情况并公布审核结果。外部审核开具的不符合项目,需在开具日起一个月内予以关闭,ISO办公室负责指导相关科室完成对外部审核不符合项目的整改。

表2-1-5 2006—2015年外部审核相关事件情况表

年份	事件	年份	事件
2006	监督评审	2011	监督评审
2007	复评审,东部纳入ISO	2012	监督评审
2008	监督评审	2013	复评审
2009	监督评审,转版2008版	2014	监督评审
2010	2008版复评审	2015	监督评审

表2-1-6 2011年ISO认证10周年优秀内审员情况表

姓名	部门	姓名	部门	姓名	部门
葛茂军	院感	汤慧敏	质控	尹建鹏	医务
何峥	超声	邢枫	肝硬化	赵燕燕	设备
金磊	检验	徐民	病史	周俭美	护理
李屹	医务	胥晓芳	风湿	章诚杰	ISO
陆灏	内分泌	杨敏	产业办	庄俊嵘	中药房

第三节 国际交流办公室

一、概况

医院建立初期,开展外事工作,由院长办公室分管,设专人负责,制定了外事工作规章制度、留学生带教老师和医院涉外工作规范以及外籍进修生守则。

“文化大革命”期间，医院国际交流几乎没有，1976年下半年，开始恢复接待国际友人。2005—2009年，分别与日本、新加坡、加拿大、韩国、法国、澳大利亚等国家和中国香港地区合作设立康复中心，并开展互聘客座教授、缔结友好医院等项目。在此期间，医院多次派相关人员赴国外进修学习。2010年，医院为更好地适应对外合作交流工作，专门成立国际合作交流中心，设工作人员1人，负责医院对外的医疗工作和协调教学、科研的国际合作交流事务。

表2-1-7　2006—2015年国际交流办公室历任负责人

任职时间	职　　务	姓　名
2006年4月—2010年2月	院办主任	姚　政
2010年2月—2013年9月	院办副主任兼国际交流中心主任	关　鑫
2013年9月—	院办副主任兼国际交流中心主任	胡　峻

二、外事接待

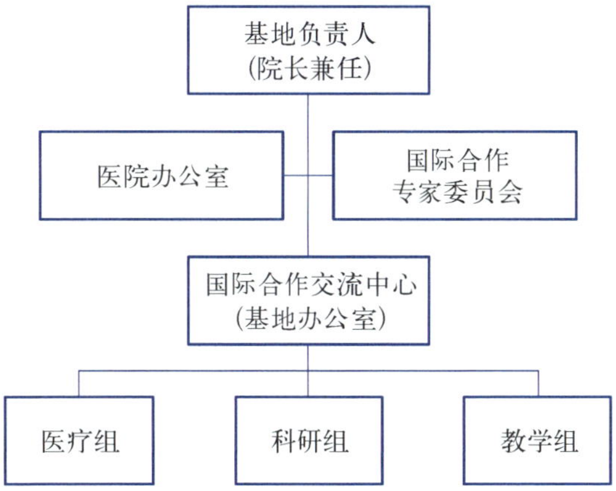

图2-1-2　国际交流外事工作组织构架图

20世纪60年代，来医院参观的外国朋友500余人。1960年4月，苏联著名医学教授、苏联第一个研究针灸者巴拉明来医院参观，医院为他介绍耳针疗法及敷贴疗法等情况。1960年5月，接待保加利亚索非亚医科大学基础内科一级助教安得烈夫与药学系一级助教分沙也夫，介绍中医辨证论治和中药研究工作情况。

“文化大革命”期间，外来参观人员甚少，1976年，对外窗口打开，外来参观人员又逐渐增多。1981—1983年，医院共接待49批外国友好参观团，达287人次；1984—1994年，平均每年接待10批参观团，约100～300人次，包括来自美国、日本、联邦德国、加拿大、韩国、英国、新西兰等国及中国香港地区的朋友。其间，日本神奈川县康复医院院长1982年来院参观时，为医务人员作“全髋骨换术的基础研究和临床实践”的学术讲演，并为患者做2次全髋置换手术。日本大阪大学教授田口铁男于1984年来院进行学术交流。同年，美国旧金山中医基金会会长来院了解针灸工作情况，为派出9名留学生来院实习针灸作了安排。1987、1990年，医院分别接待了日本神奈川县友好访问团和以副会长渡边格先生为首的日本学术会议访华团，并进行学术交流。1994年，医院接待了巴林国卫生部大臣、美国强生公司总裁、美国澳顿商学院、日本大阪府护士洋上研修代表团来院参观。

1995—1997年，医院接待美国、日本、加拿大、英国、德国、比利时、瑞典、澳大利亚等十几个国家代表团约700人次；1998年，接待美国“中医历史文化考察团”、马来西亚卫生部、墨西哥众议院、伊朗卫生部等代表团来院参观交流共30余批200多人次；1999年，参加中美和海峡两岸的医院管理研讨会，接待外宾来访166人次；2000年，接待美国“中国历史文化考察团”、巴林卫生部阿里次大臣、美国传统医学代表团、朝鲜保健省副相崔植昌代表团等共186人次；2001年接待新加坡纳丹总统、拉脱维亚议长、希腊船王以及各国参观访问团体共30余批442人次。

2002—2005年接待美国、加拿大、德国、英国、比利时、挪威、瑞典、澳大利亚、奥地利、芬兰、巴基斯坦、法国、瑞士、荷兰、柬埔寨、菲律宾、摩洛哥、汤加、文莱、波兰、日本、土耳其、萨摩亚、俄罗斯、罗马尼亚、新加坡、韩国等30个国家代表团参观,共接待891人次。2002年,接待土耳其卫生部部长、萨摩亚卫生部部长、俄罗斯圣彼得堡对华外交代表团、罗马尼亚卫生与家庭部长等代表团18批次,共接待168人;2003年,接待奥地利社会保障部长、自由党主席、前总理赫伯特·豪普特(Herbert Haupt),巴基斯坦卡拉奇市市长等代表团共17批次120人。2004年,接待菲律宾参议院副议长李松年和世界卫生组织(WHO)西太区委员会第55届会议、德国卫生与社会保障部、摩洛哥卫生代表团等36批次429人;2005年,接待柬埔寨卫生部部长、意大利众议院社会事务委员会、波兰卢布林省卫生厅、阿曼苏丹国卫生部、荷兰南荷兰省副省长等代表团20批次174人。

2006—2015年,医院共接待外宾团队28个,其中元首级团队1个,部长级团队9个,包括马其顿卫生部部长、美国卫生和人类服务部部长、拉脱维亚卫生部部长、马来西亚卫生部部长、以色列卫生部副部长、印度卫生与家庭福利部副部长、新加坡卫生部副秘书长、ISO全球副主席等外国领导和嘉宾。

三、国际与港澳台交流合作

【医疗领域】

外宾门诊 20世纪80年代,随着外宾来院参观人数增多,医院的中医特色诊疗及痔科手术等逐渐在北美、西欧、日本和东南亚等国家享有一定的声誉,慕名而来就诊的外籍人员及港澳同胞日渐增多,每年达300余人次。为更好地开展这项工作,医院专门设立外宾门诊,并于1986年通过上海市卫生局医政处验收。对外籍人员前来就诊,采取"三优先"方式,指定名老中医、专家、教授为他们诊治,并有专人陪同就诊。1992年,在新建的住院大楼开设了外宾病房,实施以针灸、推拿、浴疗等一系列具有中医药特色的康复疗法。

友好往来 1992年8月,医院与日本北本医院缔结为友好医院,并派出医务人员到该院进修学习;同年在新加坡设立康复中心;与中国香港康美琳签署合资开设"沪港合资曙康口腔医院"的协议,后因医院进行基建致合作中断。1993年,曙康口腔医院由医院接管。1994年,医院派遣医师参加市卫生局组织的赴摩洛哥医疗队。同年,聘请日本吉祥寺中医诊疗所张陇美院长为儿科客座教授。1995年,医院与韩国圣玫医疗财团缔结为友好医院。1996—2000年,共完成3批赴摩洛哥医疗队的组建工作并胜利完成任务。1997年,与加拿大温哥华国际中医学院、英国莫少仙中医推拿跌打诊所等国外医疗机构签订合作项目;同年,与韩国东国大学附属韩方病院缔结为友好医院。2000年,与美国强生公司合作建立"强生-曙光中药研究中心"。2001年,沈晓红作为全国首批赴老挝志愿者,到老挝开展为期半年的志愿者服务活动。2003年,与香港中医药科技学院签订合作项目。2005年,与法国杵针中医学院、法国少阳中医学院签订合作项目。2003年,"澳光"中医保健中心在澳大利亚墨尔本落成,医院派出2名医师和1名护士赴澳大利亚,拓展海外医疗市场。2002—2005年,医院共有21人次的医护人员作为人才培养对象被送至国外、境外进修学习,92人次参加国际学术会议,6人次到国外、境外讲学。

"中医药国际快车"项目 2009年4月,医院与上海国际社区中心(Shanghai International Community Center)合作,开展了名为"中医药国际快车"的活动。此项活动还被列入浦东新区中医服务体系项目计划之一的"特殊人群中医保健服务"。该活动每两个月举行一次,旨在普及中医养生、防病治病知识。活动内容主要包括中医健康评估、中医保健知识宣教、中医药博物馆及中医院参观等。

曙光医院—法国巴黎 Pitie - Salpetriere 医院合作项目　2010 年 10 月，法国巴黎比提耶-萨尔贝提耶尔（Pitie - Salpetriere）医院的院长雅克·利格利斯（Jacques Leglise）来院，与医院签订合作意向书，目前双方合作聚焦在糖尿病和肥胖症领域。

曙光医院—跨国健康管理公司合作项目　2010—2015 年医院与多家跨国健康管理公司合作，以中药、针灸、推拿多管齐下的方式，吸引欧美、澳大利亚以及日韩等国的患者前来就诊。

中捷中医中心建立　捷克卫生部积极与中方合作，在捷克建立中国传统中医中心，为整个中东欧地区提供治疗、预防、保健等服务的健康中心，同时在教育和科研领域发挥作用。捷克是中国“一带一路”倡议中重要的合作国家之一。该中心是由中国国家卫计委李斌主任和捷克卫生部涅麦切克部长 2014 年共同签署的《关于两国医疗卫生战略合作的谅解备忘录》中的内容之一。2015 年 4 月 22 日，医院院长周华与捷克赫拉德茨-克拉洛韦大学医院院长罗曼·普利穆拉教授共同签署《中捷传统中医药领域合作谅解备忘录》。上海市政府副秘书长宗明，市卫计委、市教委及上海中医药大学领导共同见证。2015 年 6 月 17 日，刘延东副总理出访捷克时两国领导人共同见证中医中心成立，并为中医中心揭牌。

【科研领域】

中丹合作课题项目　医院与丹麦国家癌症研究中心达成科研合作意向，共同设计科研方案，运用高科技手段（PET - CT）来观测和验证中药对肿瘤的干预抑制作用。双方在 2011 年世界分子医学大会（WMIC）上发表实验结果摘要。2011 年，医院派遣一位肿瘤专家作为访问学者前往丹麦哥本哈根癌症研究中心，进行为期半年的研究工作，对进一步加深双方的交流和合作起到积极推动作用。

中英合作课题项目　英国著名干细胞研究学家史蒂芬·明格教授是中英政府中医药合作项目的牵头人，在史蒂芬·明格教授和医院刘成海教授的推动下，2011 年，医院肝病研究所和英国伦敦国王学院签署了科研合作协议。医院提供以植物为基础的中草药提取物作为英方胚胎细胞实验的样本，以期探索中草药在干细胞分裂和发育中的作用和机制。该合作项目获得英国政府方面约 5 万美元的启动经费。目前双方正努力申请更多的经费支持，以便开展进一步的深入研究。

中法合作项目　医院作为中法政府中医药合作成员单位，2008 年与法国最大的制药企业——法国皮尔·法伯制药有限公司在中药研发方面达成合作意向，并签订保密协议书，对医院经验方单味药制剂“尿感方”进行研究开发。

中韩合作项目　2011 年 3 月 16 日，医院与韩国大邱天主教大学医学院、韩医大学医学院签订现代整合医学项目（Comprehensive and Integrative Medicine Institute，CIMI）。中韩双方在开展临床医疗领域的合作、开展医教研和管理方面的人员交流项目、共同举办高层次的广泛学术研讨、共同组建学术团体和专业委员会等 9 个方面达成一致意见。

【学术研讨】

参与 ISO/TC249 秘书处的工作　2009 年 12 月，国际标准化组织中医药技术委员会（ISO/TC249）秘书处落户上海。办公室主要成员均由医院派出，处理秘书处大量事务。

参与世卫组织（WHO）的传统医学事务　医院积极参与世卫组织（WHO）各类传统医学事务。例如疾病分类第 11 版（ICD - 11）的工作。

“曙光传统医药国际论坛”项目　2006 年 12 月，医院创办曙光传统医学国际论坛，每两年一次，至2015年,已成功举办4届。

创办英文学术期刊 2004年,医院成立英语学术期刊编辑部,出版英文学术期刊,一年两期。刊登医院中医药学术成果,便于专家学者进行学术交流,对医院医务人员英文文章的撰写水平、外文文献检索能力的提高起到很好的推动作用。

第四节 信访办公室

一、概况

2005年8月,信访办公室成立,设置在医院办公室,医院办公室副主任兼任信访办负责人,有工作人员1人。

表2-1-8 2005—2015年信访办公室历任主任情况表

任职时间	主任
2005年8月—2010年2月	姚政
2010年2—11月	徐美琴
2010年11月—	胡峻

二、制度建设

2005年,医院制定《信访条例实施细则》,在信访工作中严格遵照有关政策法规,从受理、转交、办理、答复、复查复核、归档等程序规范操作。2013年,完成《信访条例实施细则》的再修订工作,并按此细则严格执行。同时,信访办联合医疗事务部、门急诊办公室等部门一起加强来信、初访时期的化解力度,从源头上化解纠纷,落实首办责任制。强化依法信访思维,完善分级分责解决信访矛盾工作机制。信访办每次在收到信访件后,及时请相关部门调查、处理,并在信访条例规定时间内予以回复,做到信访办结率100%。

三、信访工作

党的"十七大""十八大"召开,每年的全国"两会",2008年北京奥运会、2010年上海世博会、2014年上海亚信峰会、北京APEC等会议期间,为确保社会大局和谐稳定,避免极端个人事件、群体事件的发生,全院开展不稳定事件排查工作。各部门联合加强医疗质量、医疗流程、医疗服务态度等方面的时时监察,不足即改,同时确保投诉流程畅通。对已排查出的重点人员,医疗事务部积极联合医调委尽量将矛盾化解或者缓解。

2010年,医院成立信访维稳工作小组,在分管院长的带领下,与上海市卫生计生委信访办、徐汇区相关街道积极沟通,协调做好上访老户的维稳工作。信访办曾先后多次主动慰问其所属街道居委参与维稳的工作人员,对上访户本人进行多次劝解与沟通,并完成每日对重点人员行踪的传报工作。

2014 年，医院开展以“医疗安全”为主题的系列讲座，每月一次邀请院内外专家对医院医务工作者进行相关法律法规的培训；同时，对医疗纠纷高发的重点科室召开专题会议。另外，医疗事务部还组织院内顶级专家每季度对所发生的医疗赔付事件进行评定，并对医务管理作出指导性建议。

医院由党委书记带领各职能部门负责人参加每月一次精神文明查房，每季度一次病友座谈会，并通过患者满意度问卷调查及医院多处设“院长信箱”的方式，及时发现问题，不断提高服务质量。

四、“12345”市民服务热线

2012 年 10 月起，上海市成立“12345”市民服务热线。为配合做好“12345”热线回复工作，信访办公室设专人负责“12345”工单回复工作，收到工单及时请相关部门调查、处理，并在规定时间内予以回复，做到办结率 100%。

第五节　档 案 室

一、概况

1989 年以前，医院科技档案一律由人事部门集中统一管理；1989 年，为加强科技档案管理工作，成立科技档案室。20 世纪 90 年代，档案室直属院长办公室，由院长分管、院办主任兼管，有 2 名专职工作人员，实施综合管理各类档案。1997 年 12 月，医院档案室成立，并聘请 2 名工作人员担任专职档案管理员。2015 年，档案室隶属医院办公室，由行政副院长负责领导，医院办公室副主任兼任档案室负责人，有专职工作人员 2 人。综合档案室负责集中统一管理医院全部档案（人事、病史

图 2-1-3　1999 年 4 月，召开医院档案工作晋升市级先进考评会议

档案除外),对各科室的档案工作进行业务指导与督促,并对档案的利用进行统计,同时接受上级卫生管理部门及本区档案局的监督、检查和指导。

档案室原位于西部行政楼 4 楼,有 1 个办公室、3 个库房,占地面积 75 平方米。2009 年,档案室办公室搬迁至东部门诊 2 楼,库房迁至行政中心 1 楼。

1999 年 4 月,经上海市档案局有关考评组评审,档案管理已达到科技事业单位档案管理市级先进标准,批准医院为市级先进档案管理单位。2012 年,上海市卫生局对医院进行三级医院档案管理考核,档案室以高分通过考核。

表 2-1-9 1992—2015 年档案室历任负责人情况表

任职时间	负责人
1992 年 7 月—2003 年 3 月	顾惠芳
2003 年 3 月—2006 年 4 月	张婷婷
2006 年 4 月—2008 年 5 月	俞兴祥
2008 年 5 月—2010 年 2 月	王唯坚
2010 年 2 月—2013 年 9 月	徐美琴
2013 年 9 月—	章诚杰

二、室藏档案

1989 年,已存各类档案 102 卷;1993 年,1 478 卷。2015 年,共有室藏档案 5 884 卷,其中文书档案 3 242 卷(包括党群、行政、教学、外事类),科研档案 748 卷,基建档案 932 卷,设备档案 699 卷,出版档案 75 卷,照片档案 142 卷(纸质照片档案 24 卷 957 张,电子照片档案 118 卷),实物档案 46 件,死亡人事档案 351 卷。

三、档案人员培养

【队伍建设】

1995 年,档案工作由院长分管、院办主任兼管,档案室配备 2 名专职档案管理人员负责日常管理,各职能科室设 1 名兼职档案人员负责本部门的档案工作。档案工作保持相对稳定,并形成自上而下的档案管理网络。1998 年,医院共有兼职档案员 23 人。20 余年来,医院先后多次充实调整部门兼职档案员,进一步完善、巩固档案工作网络。2015 年,共有兼职档案员 32 人。

【人员培训】

为使档案网络的兼职档案员做好档案工作,熟悉档案管理业务,医院定期组织兼职档案员培训,包括组织赴兄弟医院学习取经,或是邀请院外专家、业务骨干来院开展讲座、培训等。2014 年 5 月起,组织全院职能部门兼职档案员召开档案工作会议,对档案管理工作进行培训,并布置归档任务。档案室专职工作人员不断加强自身业务素质的提升,定期参加上海市档案局继续教育培训以及其他相关培训、讲座。

四、档案管理制度与信息化建设

【管理制度】

1956 年，上海市立第十一人民医院修订《医院规章制度》，其中《文书处理及档案保管办法》中规定，“档案由秘书室统一保管；收发人交来文稿，并将各科室交来的收文夹在一起归档；编卷、制案卷分类目录及总目；整理、装订后，分类归档保存”，对档案的收集归档、整理、保管等有初步的规定。1996 年，医院根据《档案法》《档案法实施办法》，国家档案局和国家科委、建设部《关于科技档案、医药卫生档案管理暂行办法》等有关规定和要求，为加强医院档案的收集、整理、有效保护和利用，更好地为医院各项工作服务，结合医院实际，制定《曙光医院档案工作实施细则》。1998 年 10 月，医院完成《曙光医院档案工作实施细则》的修订，并编制《曙光医院档案工作制度汇编（修订本）》，汇编包含《曙光医院档案工作实施细则》《曙光医院公文处理实施细则》《档案网络人员工作职责》《档案室工作职责》《档案工作考核细则》《档案统计制度》《档案借阅制度》《档案保密制度》《曙光医院会计档案管理办法》等 20 项制度。2012 年 2 月，在原有档案管理制度的基础上，制订《曙光医院档案管理制度汇编》。2014 年，综合档案室结合各部门实际工作情况，对部分规章制度进行修订，包括《曙光医院档案工作组织结构图》《曙光医院档案归档范围和保管期限表》《曙光医院档案管理制度》《曙光医院档案归档制度》等。

【信息化建设】

20 世纪 90 年代，医院档案管理工作开始实行计算机辅助管理。2015 年 3 月，医院开展档案信息化建设。2015 年 6 月，医院购买了“南大之星”档案管理系统。

第二章　绩效管理办公室

医院绩效管理办公室成立于 2010 年 2 月 1 日，设有主任 1 人、副主任 1 人、科员 1 人。2015 年随着业务发展的需要增设 1 名科员，2015 年底有主任 1 人、科员 2 人。办公室 1 间，在行政一楼 C 区，面积 11.88 平方米。

绩效管理办公室主要负责医院内各科室和部门的绩效考核工作、申康院长绩效考核、职工年收入统计与分析以及参与医院中层干部年终考核和科室等级评审工作。

表 2-2-1　2010—2015 年绩效管理办公室历任负责人情况表

任职时间	主　任	任职时间	副主任
2010 年 2—9 月	姚　政	2010 年 2 月—2011 年 3 月	瞿惠燕
2011 年 3 月—	瞿惠燕		

第一节　制度建设

2010、2014 年绩效管理办公室先后编制两版《曙光医院绩效管理文件汇编》，对全院各级各类人员的绩效管理条例逐类进行整理、归纳和总结。汇编包括六大章十六节，分别为财务篇、医政篇、科研篇、教学篇、人事篇等，涵盖医院绩效考核体系中绩效发放的各个部门相关考核制度。

第二节　绩效考核

2010 年 2 月起，根据当月医院整体绩效情况以及科室绩效情况，编制第一期《曙光医院绩效月报》，每月一期。月报针对性地提出绩效改进建议，为分管院长提供决策参考。每年底对全院职工年收入进行统计，作为职工缴纳社保的基数；通过数据分析为下一年度合理调整医院各级各类人员绩效水平提供依据；同时，参与上海申康医院发展中心工资年报和上海中医药大学工资年报的填写。

结合公立医院改革，在医院绩效考核工作中体现公立医院公益性，注重质量、特色，提升服务能力，是医院发展的原动力。为在绩效考核工作中灵活性地运用经济杠杆，结合自身学科发展的战略，医院于 2012 年下半年起，启动绩效基础数据的采集、构思以及数据测算等前期工作，2013 年 5 月起，在临床科室先行试点。2013 年 7 月 29 日，医院召开十一届四次会议审议并通过《曙光医院绩效考核方案》，并在医院全面实施。《曙光医院绩效考核方案》切断科室经济收入指标与医务人员收入分配之间的直接挂钩关系；切断医务人员收入与处方、检查、耗材等收入之间的直接挂钩关系。转变成以科室收减支结余提成分配为核心思想的新模式，形成“工作量、工作质量、患者满意、成本控制、费用控制、医德医风、科研教学、病种难易度和风险程度、中医特色考核”的“8＋1”考核模式。在考核过程中注重内涵质量和运行效率，牢牢坚持“向临床一线倾斜、向关键岗位倾斜”的分配原则，对“成本控制”重点考核。2013 年 12 月，在“8＋1”考核模式的基础上，自创了“九星绩效评估法”（以下简称“九星法”）。“九星法”主要考核成本效率和成本效益两大方面，内容包括每医师门诊人次、每医师出院人次、每医师手术人次、每医师门诊人次同比增减率、每医师出院人次增减率、每医师手术人次增减率、万元绩效收入人员成本支出、万元绩效收入床位成本支出、万元业务收入卫生材料成本支出等 9 项考核指标，故命其为“九星绩效评估法”。“九星绩效评估法”是对传统收减支核算的取代，能更合理、更全面、更科学、更公平地评估医院各临床科室绩效表现。

2015 年 12 月，医院的绩效考核单元增加至 66 个，其中包括临床 51 个、医技 14 个和护理 1 个（包含临床各护理考核单元）。

第三节　信息化建设

2013 年，为推进《曙光医院绩效考核方案》新方案的实施，由绩效办公室牵头，信息科根据绩效考核方案的内容，自行研发系列绩效考核软件，包含 SGJX－9STAR－M 曙光绩效考核管理程序（Manage）、SGJX－FOX－C 曙光绩效核算程序（Count）、SGJX－FOX－A 曙光绩效应用程序（Apply）等。其中绩效应用程序（Apply）从绩效分配权限上拥有人事人员库维护端口、职能科室奖励录入端口、临床科室绩效分配端口等，从登录界面区分各职能科室的应用权限，保障了数据的安全性与私密性；从模块组成看，拥有科室绩效录入、科室绩效查询、个人绩效查询、绩效分析等，内容全面多样。

第四节　市级医院院长绩效考核工作

自 2010 年 2 月科室成立之后，全面负责申康医院发展中心院长绩效考核的资料整理和报送工作。资料涵盖了“社会满意”“管理有效”“资产运营”“发展持续”“职工认可”等多个方面，每年汇总

图 2－2－1　2015 年 7 月，绩效办公室全体工作人员（中间为主任瞿惠燕）

成册,2015 年 12 月,已经编制完成 6 册。

申康医院发展中心每年对全市市级以上综合性医院进行评估,从定性考核(办院方向、平安建设)、定量考核(社会满意、职工认可、管理有效、资产运营、发展持续)、结果运用(年度绩效奖惩、医院工资总额、院长任免提拔)等三个方面进行考核。由于全院职工表现突出、领导层科学管理,医院在申康医院发展中心市级医院院长绩效考核中成绩优异,2010—2015 年荣获申康院长绩效考核优秀(A 级)单位。

表 2-2-2　2010—2015 年市级医院院长绩效考核成绩情况表

年　份	总　分	等　级	年　份	总　分	等　级
2010	87.18	A	2013	89.52	A
2011	88.92	A	2014	90.08	A
2012	85.68	B	2015	89.9	A

第三章　人力资源部

四明医院建院初期，人事工作由医院总管处代理，张菊卿兼任，邬式唐作为人事秘书。1954年，上海市立第十人民医院设立人事科。1960年，上海市立第十医院与上海市立第十一医院合并时，成立曙光医院人事科。“文化大革命”开始，人事科改名为组织组。1978年，改为政工科。1979年，改为人保科（人事、保卫合署办公）。1981年，恢复为人事科。1993年，人事科有正、副科长各1人，工作人员3人。1994年1月，人事科更名为人事处。2003年9月，人事处更名为人力资源部。至2015年，人力资源部共7人，分别是主任1人、副主任1人、科员5人。

表2-3-1　1931—2015年人保科、人事科、人力资源部历任负责人情况表

任职时间	主　任	任职时间	副主任
1931年—不详	张菊卿	1931年—不详	邬式唐
1968年4—9月	陈淑娇	1954—1956年	龙毅英
1968年10月—1972年	郑昌和	1956—1959年	潘　卫　俞士芳 李长发
1972—1977年	吴悦影	1959—1962年	孙　励
1977—1978年	陈文明	1963—1966年	陈文明
1979—1981年	沙诵芬	1978—1981年	曹梅心
1981—1984年	徐绥祉	1984—1987年	崔业珍
1984—1989年	康正祥	1988—1993年	朱维红
1989—1992年	顾惠芳	1992—1993年	周展红
1993—1996年	俞兴祥	1994—2001年	崔业珍
1997年—2000年3月	李家榕	2003—2005年	崔业珍
2000年3—12月	马俊坚	2003年3月—2005年	桑　珍
2001年—2002年9月	许蓓华	2006年4月—2010年2月	汪　瑾
2002年9月—2007年12月	唐靖一	2006年4月—2007年12月	李　屹
2008年5月—2013年9月	李　屹	2007年12月—2008年5月	李　屹（主持工作）
2013年9月—	朱梅萍	2010年2月—2013年9月	汪　瑾
		2013年9月—2015年4月	汪　瑾
		2015年5月—	江　云

第一节　管理职能

四明医院期间，人事科工作主要有人员的进出、职工信息登记、各津贴的发放、奖惩等。配有员工薪级登记本，记录职工每月生活费指数，有基薪、家庭津贴、年功俸儿部分内容。凡服务足 3 年，每月津贴 3 元；凡服务足 4 年，每月津贴 6 元。家属津贴除本人外，直系家属每满 5 人，每人每月贴 2 元。所有标准均折作米计算。建立考核机制，将全院职工分成医务部、护士及技术部、事务部、工人四大类，从层级和等次两个维度进行考核，不同的层级和等次对应不同的基薪。为每位职工制作服务证(相当于现在的工作证)，工作证内容包括(职工的姓名、字号、性别、年龄、籍贯、担任职务、薪额、任职日期、卸任日期)。同时，为每位职工建立一人一表的信息登记表，除了服务证上的内容，还添加了资历、通信地点、奖惩记录、升调经过、工作成绩、考试备注等内容，更加全面了解职工的综合情况。

20 世纪 50—90 年代，人事科职责是做好职工的录用、培训、奖惩、调配、人事档案的管理、劳动纪律检查和考勤，以及职工离退休、退职等方面的工作。2003 年 9 月，更名为人力资源部，在职能、工作任务性质上实现逐步转变，由传统人事管理逐步向现代人力资源管理、开发转变，并肩负起医院人才战略规划到职工培训开发、从绩效管理到员工激励的系统性功能。

第二节　员工的结构与规模

四明医院建院初期，有 17 名医师，多为中医师，正式护士仅 1 人，其余为助产士或助理护士。1932 年，医院在职职工为 106 人。1942 年，除保留中医中药部分并设立若干中医中药治疗以外，逐步添设西医科目。医院由单纯的中医内、外科，增为内科、外科、妇产科、肺痨科、儿科、眼科、耳鼻喉科、齿科等，各科咸备。随着医院不断壮大，职工人数不断增加，1953 年，在职职工人数达到 228 人。

20 世纪 60 年代初，医院即拥有一批经验丰富、知名度高的老中医。为继承和发扬中医事业，医院从培养下一代中医人才着手，举办了多期中医培训班，并采取带徒方法，鼓励医生学习中医。1960 年，医院有职工近 500 人，其中有中医医师 47 人、西医医师 59 人。1965 年，医院有卫技人员 399 人，其中主任医师 21 人、主治医师 17 人、住院医师 134 人。1973 年，中医医师 66 人、西医医师 75 人。“文化大革命”时，医护工一条龙，人员结构紊乱。

1978 年，开始恢复并提升主任医师、主治医师等职称。1980 年，中医学院毕业的大学生逐渐分配入院，充实了中医医师队伍；同时，对西医院校毕业的医师，进行西学中进修学习。1983 年，中医师增加到 183 人，其中，副主任中医师 11 人、主治中医师 36 人；西医师 95 人，其中，正、副主任西医师 15 人，主治西医师 50 人；中西医结合正、副主任医师 4 人。1989 年，医院达到三级甲等医院及示范医院标准。1990 年，为适应等级医院及示范医院的需要，医院采取各种方法加速中医人才培养和引进。1993 年底，医院有医师 273 人，其中，中医师 204 人(正副主任中医师 26 人、主治中医师 79 人、医师 99 人)，中西结合医师 13 人，西医师 56 人。中医师占医生总数 74.7%，中医、中西医师占医生总数 79.4%，符合三级甲等医院及示范医院标准。另外，根据医院的需要，加强医技人员的梯队建设。2015 年，医院在职职工人数达到 1 925 人，其中行政 115 人，医师 542 人，医技 311 人，护理 749 人，工勤 208 人。

表 2-3-2　1932—2015 年医院员工人数统计表　　单位：人

时　间	职工总数	行　政	医　师	医　技	护　理	其　他
1932 年	106					
1953 年	228	60	30	48	90	

（续表）

时　间	职工总数	行　政	医　师	医　技	护　理	其　他
1960 年	491	61	319			111
1964 年	557	58	129	162	90	118
20 世纪 70 年代初	777	79	500			198
1977 年	894	98	601			195
1982 年	976	123	636		217	235
1985 年	989	82	297	161	237	212
1987 年	976	89	324	146	244	173
1989 年	1 114	97	475		260	282
1990 年	1 106	114	488		291	213
1991 年	1 097	118	462		301	216
1992 年	1 102	106	281	196	304	215
1993 年	1 095	110	273	190	307	215
1994 年	1 076	125	290	217	291	153
1995 年	1 097	78	276	212	311	220
1996 年	1 102	78	278	211	320	215
1997 年	1 097	79	278	203	329	208
1998 年	1 094	79	269	198	332	216
1999 年	1 086	78	273	197	325	213
2000 年	1 087	72	280	192	327	216
2001 年	1 125	76	294	176	336	243
2002 年	1 173	77	303	184	340	269
2003 年	1 178	79	327	182	369	221
2004 年	1 217	85	342	198	378	214
2005 年	1 410	88	395	229	467	231
2006 年	1 600	105	440	272	559	224
2007 年	1 689	110	469	283	618	209
2008 年	1 756	111	474	288	640	243
2009 年	1 748	105	469	296	646	232
2010 年	1 749	116	450	307	660	216
2011 年	1 763	117	452	311	668	215
2012 年	1 788	116	456	307	695	214

（续表）

时　间	职工总数	行　政	医　师	医　技	护　理	其　他
2013年	1 854	114	488	311	728	213
2014年	1 881	116	512	308	738	207
2015年	1 925	115	542	311	749	208

说明：1932年只有职工总数的数据。

第三节　队伍建设

一、人才培养

1983年，技术职称评审委员会成立。1984年，医院在认真酝酿全面考核、听取意见、集体讨论决定的基础上，对中层领导班子进行调整，任命一批职能科室和业务科室负责人。同年，为提高科室管理水平和工作效率，加强干部责任感，实行干部聘任制，即各科科长、主任由院长聘任，副职由正职提名、院长聘任，聘期均为1年；同时制定各级人员聘任合同制的规则，对于未被聘用的富余人员也作出有关规定。1989年，拟订和实施主治医师的实绩考核。1990年，对副主任职称以上的人员进行考核。1994年，医院进行劳动人事制度改革试点，对干部的聘任进行改革，改变以往由组织任命的方法，通过公开招聘、竞争上岗、择优录用，聘任一批职能部门干部。又通过组织推荐与本人自愿相结合的方式，聘任一批业务科室主任，并为每个业务科室配备素质好、年纪轻的副主任，使干部梯队的形成得到保证。

二、人才引进

2004—2005年，医院东部建立开张，随着床位数和编制数的增加，引进大量人才，如骨科匡勇、泌尿科赵建华、乳腺外科赵春英、五官科张治军等。2006年，医院进入新一轮的快速发展，着眼薄弱环节。面对医院空白领域，及时引进专业人才，加强医院各学科建设，2006—2015年，共引进学科带头人22人，分别属于周围血管病科、妇产科、心胸外科、治未病中心、肝硬化科、皮肤科、内分泌科、中医内科实验室、药代动力学实验室、生殖医学中心、肿瘤科、医学美容科等部门。

表2-3-3　2004—2015年医院引进人才情况表

引进时间	姓　名	性　别	学　历	学　位	专业技术职务	从事专业
2004年4月	张治军	男	研究生	博　士	主任医师	五官科
2004年7月	匡　勇	男	研究生	博　士	主任医师	骨　科
2005年4月	赵春英	女	本　科	学　士	主任医师	乳腺外科
2005年5月	赵建华	男	研究生	博　士	主任医师	泌尿科
2005年10月	詹松华	男	研究生	博　士	主任医师	放射科

（续表）

引进时间	姓　名	性　别	学　历	学　位	专业技术职务	从事专业
2006 年 6 月	柳国斌	男	研究生	博　士	主任医师	周围血管病
2006 年 7 月	周　嘉	男	大学本科	学　士	主任医师	心胸外科
2008 年 7 月	裘福荣	男	研究生	博　士	副主任药师	药代动力实验室
2010 年 6 月	费智敏	男	大学本科	学　士	副主任医师	脑病科
2010 年 9 月	谌兵来	男	研究生	博　士	副主任医师	妇　科
2011 年 4 月	谢光柏	男	大学本科	学　士	副主任医师	康复医学
2012 年 4 月	杨　帆	女	研究生	硕　士	主任医师	生　殖
2012 年 8 月	童国庆	男	研究生	博　士	副主任医师	生　殖
2012 年 12 月	李　琦	男	研究生	博　士	主任医师	肿　瘤
2013 年 8 月	马庆良	男	大学本科	学　士	主任医师	妇产科
2013 年 10 月	潘亚敏	女	大学本科	硕　士	副主任医师	内　镜
2013 年 10 月	朱华锋	男	研究生	硕　士	副主任医师	整形美容
2014 年 10 月	吴丽莉	女	研究生	硕　士	主任医师	病　理
2014 年 11 月	宋建钢	男	研究生	博　士	副主任医师	麻　醉
2014 年 11 月	王　萍	女	研究生	博　士	主任医师	妇产科
2015 年 3 月	张晞文	男	研究生	博　士	副主任医师	外　科
2015 年 7 月	陈　涛	男	研究生	博　士	副主任医师	核医学科

第四节　人才建设成效

一、学术地位与荣誉

1990 年，党中央、国务院决定，给做出突出贡献的专家、学者、技术人员发放政府特殊津贴。这是党中央、国务院为加强和改进党的知识分子工作，关心和爱护广大专业技术人员而采取的一项重大举措。这对于进一步营造“尊重知识、尊重人才”的良好社会环境，加强高层次专业技术人才队伍建设发挥了重要作用。截至 2015 年，医院有 13 位专家获此殊荣。

为实施《上海卫生系统百名跨世纪优秀学科带头人培养计划实施办法》，陈建杰、何立群成为首批“百人计划”的培养对象。1994 年，为顺应建立全国一流的中医药大学的发展趋势，上海中医药大学“三五”系统工程学术梯队建设，确定医院王左、王灵台、朱瑞群、庞泮池、胡婉英、柏连松、夏少农、黄吉赓、石印玉医师为首批业务专家。1996 年陈建杰、董耀荣、齐聪、葛林宝为中医药大学第一批后备学科带头人。1998 年，熊旭东、虞坚尔、周荣耀、刘爱武、蒋梅先、王珏为中医药大学第二批后备学科带头人。2001 年，医院制定《关于实行医院终身教授的规定》，首批聘任胡婉英、朱瑞群、石光海、裘沛然、张镜人、颜德馨为医院终身教授。

表 2-3-4　1991—2014 年医院获得全国人才建设项目情况表

年　份	人才建设成果	获　得　者	颁发部门
1991	享受国务院政府特殊津贴	王　左	国务院
1992		任家濰　王灵台	
1993		胡婉英　刘　成	
2001		石印玉	
2005		蔡　淦　胡义扬　刘成海　徐列明	
2007		詹红生	
2014		陈建杰	
2012	卫生部有突出贡献中青年专家	胡义扬	卫生部

二、入选人才计划

20 世纪 90 年代至 21 世纪初，随着国家对人才培养的重视，设立并出台多项人才计划，针对这些人才计划的主要任务和目标，医院对各学科人才结构进行详细分析和部署，按年龄层次分批申报，学科内部遴选，院内专家评选、申报、答辩材料审核，医院先后获得 10 项国家级、8 项省部级、53 项局级及多项院级人才计划项目。

2006—2015 年，医院新增国家"百千万人才"工程 1 人，卫生部有突出贡献中青年专家 1 人，"新世纪百千万人才"工程国家级人选 1 人，全国百名杰出青年中医 1 人，国家中医药管理局优秀中医临床人才研修项目 9 人，全国中医药行业会计领军(后备)人才(第二期)1 人，国家中管局全国中医骨干人次培训项目 2 人。新增上海市领军人才 8 人，上海市医学领军人才 4 人，上海市卫生系统优秀学科带头人 2 人，上海市名中医 6 人，上海市文献馆馆员 6 人，上海市中医药领军人才建设项目——海上名医传承高级研修班 10 人。

表 2-3-5　1997—2015 年医院获得全国人才项目情况表

年　份	获　得　者	项　目　名　称
1997	张赞臣　夏少农	全国名老中医药专家学术继承工作导师
1997	张剑华　张志洪　蔡益芳	全国名老中医药专家学术继承工作导师
2000	黄吉赓	全国名老中医药专家学术继承工作导师
2000	万　华　陈晓宏　许　良	全国名老中医药专家学术继承工作导师
2003	石印玉　蔡　淦　柏连松　严世芸　奚九一	全国名老中医药专家学术继承工作导师
2003	沈卫东　朱梅萍　林　江　张雅明　张卫刚　徐　燕　陈　珮　张　明　王　怡　宋知理	全国老中医药专家学术经验继承工作继承人
2004	詹红生　刘成海	教育部新世纪优秀人才支持计划

（续表）

年 份	获 得 者	项 目 名 称
2004	詹红生	国家中医药管理局优秀中医临床人才研修项目
2008	胡义扬	“新世纪百千万人才”工程国家级人选
2008	詹红生	全国百名杰出青年中医
2008	高建东	国家中医药管理局优秀中医临床人才研修项目
2008	严世芸 蔡 淦 柏连松 石印玉	全国名老中医药专家学术继承工作导师
2008	窦丹波 赵长青 张 雯 王见义 崔花顺 葛茂军 石 瑛 崔 松 钟 薏 杜 炯 潘 新	全国老中医药专家学术经验继承工作继承人
2012	胡义扬	卫生部有突出贡献中青年专家
2012	陆 灏 钟 薏 张正利 高月求 沈卫东 张 炜 刘国斌	国家中医药管理局优秀中医临床人才研修项目
2012	石印玉 蔡 淦 柏连松 王灵台	全国名老中医药专家学术继承工作导师
2012	袁继丽 严 骅 蒋海平 金 涛 邵命海 曹和欣 胡祺祥 夏泽华 郑 德 许文捷 陈 静 陈东煜 王建伟 孙学华	全国老中医药专家学术经验继承工作继承人
2014	刘 瑾	全国中药特色技术传承人才培训项目
2015	高月求	国家“百千万人才”工程
2015	梅 花 刘小飞	国家中医药管理局全国中医骨干人次培训项目
2015	荀培军	全国中药特色技术传承人才培训项目
2015	吴 丹	全国中医药行业会计领军(后备)人才

表 2-3-6 1993—2015 年医院获得省市级人才项目情况表

年 份	获 得 者	项 目 名 称
1993	余小萍 刘爱武	上海市名老中医学术经验继承高级研修班
1995	王 左 王灵台 石印玉 柏连松 蔡 淦 朱瑞群 夏少农 庞泮池 严世芸	上海市名中医
1997	陈建杰	上海市卫生系统百名跨世纪优秀人才培养计划
1997	邹 菁 宋知理 竺 炯 高月求 李春芳	上海市优秀青年中医师(希望之星)
1998	姜兴俊	四川省名中医
1998	胡义扬	上海市曙光学者
1999	何立群	上海市银蛇奖(一等奖)
1999	刘成海	上海市曙光学者

（续表）

年　份	获　得　者	项 目 名 称
1999	余小萍	上海市高层次中医临床人才
1999	沈卫东　王肖龙	上海市医苑新星
2000	龚航军	上海市高层次中西医结合临床科研人才
2001	何立群	上海市卫生系统百名跨世纪优秀人才培养计划
2001	忻耀杰　潘雅婕	上海市中医紧缺专科临床人才
2001	杨　巍	上海市老年病学科优秀中青年骨干
2003	詹红生	上海市曙光学者
2003	高建东	上海市医苑新星
2004	刘平　郑平东　蔡定芳	上海市名中医
2004	高月求	上海市曙光学者
2005	陈建杰　何立群	上海市医学领军人才计划
2005	王肖龙　唐梅芳　罗运权　张治军	上海市高级西学中研修班
2005	刘印文　周　静　王建伟　刘希茹	上海市高层次针推伤临床人才
2005	唐靖一　周　飞　张正利　陆　灏　窦丹波	上海市优秀青年医学人才培养计划
2006	胡义扬	上海市优秀学科带头人
2006	练　慧　张　炜　王　昱	上海市名老中医学术经验继承高级研修班
2007	胡义扬	上海市领军人才
2007	高建东	上海市银蛇奖(提名奖)
2008	张慧敏	上海市浦江人才计划
2008	刘成海	上海市优秀学科带头人
2009	陈建杰	上海市领军人才
2009	何立群	上海市领军人才
2009	詹红生	上海市领军人才
2009	潘卫东	上海市浦江人才计划
2009	曹月龙	上海市银蛇奖(三等奖)
2009	何立群	上海市优秀学科带头人
2009	周里钢	东方学者
2010	高月求　刘成海	上海市医学领军人才计划
2010	高月求	上海市优秀学科带头人
2010	聂红明　姚成增	上海市优秀青年医学人才培养计划

（续表）

年　份	获　得　者	项　目　名　称
2011	程家正　黄吉赓　丁学屏　吴正翔　唐为勇　陈建杰	上海市名中医
2011	高月求	上海市领军人才
2011	刘成海	上海市领军人才
2011	周里钢	上海市浦江人才计划
2011	赵咏芳（三等奖）	上海市银蛇奖
2011	詹红生　童国庆　李　琦	上海市优秀学科带头人
2011	杨凯翔（Yang K. Xiang）	东方学者
2011	滕　磊	中医紧缺专科、特色诊疗技术传承人才培养
2012	窦丹波　高月求　林　江　刘成海　陆　灏　沈卫东 徐　燕　詹红生　李　琦　张　炜	上海市中医药领军人才建设项目——海上名医传承高级研修班
2012	费智敏　刘永明　沈沛成　詹松华　张治军　周里钢	上海市高级中西医结合人才培养项目
2012	俞　莹　顾逸梦　周绍荣　杨　红　顾　伟	上海青年医师培养资助
2013	孙学华	上海市银蛇奖（提名奖）
2013	李　曼	上海市卫生系统优秀青年人才培养计划
2013	李熠萌　商斌仪　陶乐维　朱晓骏　冯佳梅　陆　宏 周　华　元唯安　俞　莹	上海市“杏林新星”计划
2014	蒋　健	上海市领军人才
2014	柏连松　蔡　淦　石印玉　王灵台　丁学屏　黄吉赓	上海市中医文献馆馆员
2014	池　浩　葛茂军　王　倩　张　旭　童国庆　郭咏梅	上海市高级中西医结合人才培养项目
2014	郑玥琪　赖优莹　张红智	上海青年医师培养资助
2014	刘宁宁　丁佩军　马　文　沈明洁　张红智　彭景华	上海市“杏林新星”计划
2014	李　屹　傅慧婷　王　波　沈　健　高晴倩　石晶琳 关　溪　朱蕾蕾　关　鑫　李熠萌	上海市中医药专门人才
2014	李　琦　张晓天　沈卫东　赵春英	中医专家社区师带徒项目
2015	周　华	上海市领军人才
2015	李　琦	上海市医学领军人才计划
2015	邵命海　孙玄厷　孙学华　张　怡　张　雯　慕永平 王　波　李熠萌　张　琥　陈　麒　李　屹	上海中医药领军人才建设项目学术共同体成员
2015	韩　丹　高宁阳	上海青年医师培养资助
2015	龚礼敏	上海青年护理人才培养资助计划

表 2-3-7　1996—2015 年医院获得校局级人才项目情况表

年份	获得者	项目名称
2002	葛茂军　耿　坚　郑昱新　吴　海	上海中医药大学后备业务专家(旁系)
2002	陆　灏　高月求　张　炜　窦丹波　高建东　王　怡	上海中医药大学后备业务专家及优秀青年护理人才(第一批)
2005	赵　鋆　吴雪卿　桑　珍　章丽丽　秦秀芳	上海中医药大学后备业务专家及优秀青年护理人才(第二批)
2008	朱蕾蕾　元唯安　庞　坚　周　华　王　庆　关　溪　刘　瑛	上海高校选拔培养优秀青年教师科研专项基金
2008	张勤华　陶　枫　聂红明　沈晓红　李熠萌　崔花顺　刘小红　黄齐雯　程　鑫	上海中医药大学后备业务专家及优秀青年护理人才(第三批)
2008	詹红生	浦东新区中医人才(领军人才)
2008	陈　刚	浦东新区中医人才(青年骨干)
2008	戴德英	浦东新区中医人才(名中医工作室)
2008	肿　瘤	浦东新区中医人才(重点专病专科)
2008	何立群	杨浦区"名医师"建设工程导师
2009	孙明瑜　杨雪军　张正利　曹月龙	上海中医药大学杏林学者
2009	高月求　陆　灏	上海中医药大学优秀学科团队
2009	高月求	浦东新区中医人才(领军人才)
2009	俞晓飞	浦东新区中医人才(青年骨干)
2009	王　波　蒋海平	浦东新区中医人才(继承型人才)
2009	朱抗美　李国安　蒋有倩	浦东新区中医人才(名医工作室)
2009	中医乳腺	浦东新区中医人才(重点专病专科)
2010	刘鲁炯　徐光临　李绍军　徐　菲　高晴倩　赵　亮	上海高校选拔培养优秀青年教师科研专项基金
2010	张　磊	中医大师传承人才培养计划
2010	周　华	卢湾区自主创新领军人才
2010	陆　灏	浦东新区中医人才(领军人才)
2010	沈卫东	浦东新区中医人才(领军人才)
2010	姚成增	浦东新区中医人才(中青年骨干)
2011	张蕴佳	上海市高校国际课程师资国外研修项目计划
2011	沈晓红　陶　枫　张勤华　曹月龙(高级研究者)　孙明瑜(高级研究者)	上海高校教师国外访学进修(访问学者)

（续表）

年　份	获　得　者	项　目　名　称
2011	冯　琴　俞晓飞　彭景华　陈方蕾　龚礼敏　黄　凤	上海中医药大学后备业务专家及优秀青年护理人才（第四批）
2011	陈　旋	上海中医药大学中青年教师外语培训计划
2012	黄　燕　陈高峰	上海高校实验技术队伍建设计划
2012	王英杰　张　怡　冯　琴　彭景华　李　曼	上海高校教师国外访学进修（访问学者）
2012	沈　健	上海市教委国内访学进修
2012	施　荣　李　曼　张明才　郭海玲　华金骏　周亚芹　孙绿铭	上海高校选拔培养优秀青年教师科研专项基金
2012	慕永平　曹和欣	上海中医药大学杏林学者
2012	沈卫东（针麻）	上海中医药大学优秀学科团队
2012	张昕贤	上海中医药大学中青年教师外语培训计划
2013	赖优莹　吕　佳　张艺宝　蒋式骊　陈　博　张　珏　梅　花　唐海燕　尹　萍　曹雪冬	上海高校青年教师培养资助计划
2013	葛　文　俞晓飞　汪庆明　刘　慧　郑　德	上海高校教师国外访学进修（访问学者）
2013	刘永明　潘　新	上海高校教师国外访学进修（高级研究学者）
2013	李俊燕　汪小东　丁道芳　纪文利	上海高校选拔培养优秀青年教师科研专项基金
2014	张　华　冯佳梅　陆　宏　陈　博	上海市高校国际课程师资国外研修项目计划
2014	龚志刚	上海高校实验技术队伍建设计划
2014	戎靖枫　周利红　张　珏　沈明洁　何　翔　沈　莺　段晨光　邵海波　汪小冬	上海中医药大学后备业务专家及优秀青年护理人才（第五批）
2014	徐晓婷　陈　旋　王慧颖	上海中医药大学杏林学者——外向型人才
2014	李　曼　孙学华	上海中医药大学杏林学者
2014	林　江	上海中医药大学优秀学科团队
2014	曹月龙	上海中医药大学杏林跟踪
2014	张　巍　宋璟璟	上海中医药大学中青年教师外语培训计划
2015	戎靖枫　顾逸梦　何　翔	上海市高校国际课程师资国外研修项目计划
2015	王依屹	上海高校实验技术队伍建设计划

表 2-3-8　2002—2013 年医院院级人才项目情况表

年　份	获　得　者	项目名称
2002	薛慈民　沈卫东　张晓天　余小萍　蒋梅先　徐中伟 李　刚	曙光高级中医师
2004	丁学屏　万希文　任家潍　孙世道　孙卓君　朱燕俐 何宗德　李　刚　沈丽君　余小萍　吴正翔　吴翰香 张丽英　张鸿祥　季文煌　陈建杰　姚洁明(男) 姚嘉康　顾双林　唐为勇　徐小洲　曹康裕　黄吉赓 程家正　蒋梅先　戴德英　魏江磊	曙光名中医
2005	方正龙　张卫刚　张婷婷　张晓一　施　海　王　琛 朱炜敏　吴丽英　郑舜华　应平平	曙光高级中医师
2007	张正利　窦丹波　钟　薏　薛金贵　邹　菁　吴雪卿 王文海　崔花顺　沈卫东　张婷婷　高建东　俞晓飞 宋秀明　黄仕荣　柳国斌　陆　灏　高月求	师承名方博士传承计划
2007	余安胜　孙玄厷　张勤华　赵长青　武明东　沈晓红 徐佩英　俞晓飞　高建东　邵命海　林　江　胡祺祥 艾　静　张婷婷　陈　拥　赵　钢　束家和　钟　薏 汪庆明　石　瑛　江淳涓　葛茂军　唐　英	中医经典研修班
2008	王琛　方正龙　沈卫东　朱炜敏　薛慈民	曙光名中医
2008	高建东　潘　新　窦丹波　王耀萍　徐佩英	曙光高级中医师
2008	艾　静　石　瑛　万　华　宋知理　余安胜	曙光高级中医师
2012	王波　刘永明　孙学华　沈沛成　葛茂军	曙光医院高层次人才培养计划
2012	刘丽艳　邵海波　庄俊嵘　杨烁慧　胡祺祥　郑　德 冷　伟　范茹捷　唐　燕　章诚杰　张　磊　沈知彼 江　云　嵇　瑛	曙光医院综合类人才培养计划
2013	万　华　齐　聪　周荣耀　柳国斌　殷岫绮　詹红生 缪晚虹	曙光名中医
2013	王见义　史苗颜　孙玄厷　刘希茹　杜　炯　张　磊 郑　德　赵长青　胡祺祥　黄仕荣	曙光高级中医师

第五节　员　工　培　训

医院一直高度重视对员工的培训，每年投入大量资金和配置，取得良好的成效。将培训工作纳入 ISO 管理，做到全员培训，每年以科室为单位进行培训需求的统计并加以汇总分析，制定出全年的培训计划，主要落实新职工培训、上岗证、学历教育、第二语言的学习、精英论坛等培训。

专业能力的培训由科室二级管理，年末按照培训记录评估当年培训计划的具体落实情况，做到培训有目标、有计划、有考核。随着医院对培训工作的重视，人力资源部将医生、护士、药师、医技、后勤全部纳入各自的培训体系中，使得医院各方面的业务水平都有很大提高。根据医院的特殊性，充分考虑到临床一线工作人员工作繁忙的特点，医院的培训模式丰富多样，除了讲座、外出学习等形式，还利用下班时间一小时，开展学术交流讲座。医院内网还开通了学习园地，将培训内容直接放上网，请员工利用自己的空余时间和需求点击学习，大大提高了培训效果，节约培训成本，效果显著。

个性化培养是出人才的重要手段。为了培养各级人才，尤其是强化中医药学术继承和科研能力，医院选拔一些优秀医师参加多种类型的特殊培训。1997 年，医院有 3 位医师完成了老中医继承培养学习；对 6 位医师进行脱产一年的中医英语培训；有 10 位医师入选上海市“希望之星”和“医苑新星”培养；5 位医师入选上海市高层次中医临床和中西医结合临床科研人才培养；作为教学医院完成青年医师教学理论培训 30 人次；有 36 位专家分别成为上海市领先学科带头人、上海中医药大学学科和后备学科带头人及医院学科和后备学科带头人。

同时在员工培训方面也鼓励职工通过与国外、境外高等院校、医疗机构建立合作与联系，将国外先进的技术和成功经验、理念带回医院，真正应用于科研和临床，为患者提供更高质量的服务。2006—2015 年，医院出国(境)学术交流达 887 人次，其中长期出国、出境进修达 58 人次，短期学术交流达 773 人次，援外医疗达 16 人次，并在近几年呈明显上升趋势。地点不再局限于亚洲地区，开始远赴欧美等地，范围遍及全球。医院培养更多更优秀的高端人才，扩大团队培养的力度。这种进修培养模式，为引进和培养一批更高水平、更高层次的中青年专业技术人才，为医院的可持续发展奠定了基础。

表 2-3-9　2006—2015 年医院出国(境)进修人员情况表

序　号	姓　名	起 止 日 期	进 修 单 位
1	王　琛	2006 年 10 月至 2007 年 10 月	美国加州大学
2	耿　坚	2006 年 11 月至 2007 年 10 月	韩国金南大学校
3	周　飞	2006 年 3 月至 2007 年 3 月	澳大利亚
4	何立群	2006 年 6 月至 9 月	美国拜耳医学院
5	关　鑫	2006 年 7 月至 2007 年 1 月	美国哈佛大学
6	桑　珍	2007 年 7 月至 2008 年 6 月	美国耶鲁大学
7	徐莲薇	2007 年 8 月至 2008 年 3 月	德国波恩大学
8	吴雪卿	2007 年 7 月至 2008 年 7 月	日本东京癌研有名病院
9	杨雪军	2007 年 8 月至 2008 年 7 月	美国拜耳医学院
10	赵　鋆	2007 年 9 月至 2008 年 8 月	美国耶鲁大学
11	王文海	2008 年 2 月至 2009 年 3 月	美国加州大学戴维斯临床免疫学系
12	陶艳艳	2008 年 3 月至 9 月	美国加州大学
13	陈　刚	2008 年 12 月至 2010 年 5 月	美国拜耳医学院
14	钟　薏	2009 年 1 月至 2010 年 1 月	美国田纳西州大学
15	崔花顺	2010 年 7 月至 2011 年 6 月	美国哈佛医学院
16	平　键	2010 年 12 月至 2011 年 6 月	法国国家健康与医学研究院实验室
17	王英杰	2011 年 6 月至 2013 年 5 月	美国辛辛那提大学心脏病中心
18	张勤华	2011 年 7 月至 2012 年 12 月	美国纽约新希望助孕中心

（续表）

序 号	姓 名	起止日期	进修单位
19	沈晓红	2011年6月至2012年3月	参加2011年欧洲药学科技论坛
20	曹月龙	2011年12月至2012年11月	澳大利亚塔斯马尼亚大学(孟席斯)骨科研究中心
21	陶 枫	2011年11月至2012年10月	法国巴黎比提耶-萨尔贝提尔医院
22	李熠萌	2012年1月至7月	WHO传统医学项目组
23	汪庆明	2012年5月至2013年5月	美国克里夫兰诊所
24	葛 文	2012年7月至2013年7月	法国斯特拉斯堡大学医学院附属市立医院
25	俞晓飞	2012年8月至2013年8月	美国路易斯维尔大学高级神经外科中心
26	黄晓燕	2012年10月至12月	瑞士伯尔尼大学附属医院
27	高俊杰	2012年10月至2013年9月	美国纽约州立大学布法罗分院
28	顾新丰	2012年11月至12月	加拿大伦敦西安大略大学附属健康科技中心
29	冯 琴	2013年5月至2014年7月	美国纽约州立大学儿科学消化疾病和营养中心
30	孙明瑜	2013年5月至2014年5月	美国加州大学洛杉矶分校微生物、免疫和分子遗传学系
31	刘永明	2013年6月至2015年5月	美国加州大学戴维斯分校
32	刘 慧	2013年6月至2014年6月	美国匹兹堡大学
33	张 怡	2013年7月至2014年12月	美国休斯敦MD安德森肿瘤研究中心
34	陈 旋	2013年8月至11月	澳大利亚青年骨干教师出国研修项目
35	缪锦浩	2013年10月至11月	美国肯塔基州路易斯威尔莱泽曼脊柱中心
36	李 曼	2014年3月至2015年3月	美国国立卫生研究所(NIH)肝病实验室
37	陈彤宇	2013年9月至12月	美国哈特福德医院
38	袁 岚	2013年9月至12月	美国哈特福德医院
39	张蕴佳	2013年9月至2014年9月	瑞士苏黎世大学
40	潘 新	2014年3月至2015年3月	美国MD安德森风湿免疫科
41	隋 华	2014年5月至2015年4月	美国圣约翰大学药学与健康学院
42	陈 博	2014年5月至2015年5月	美国塔夫茨大学
43	俞仲翔	2014年3月至4月	美国华盛顿大学附属港景医院
44	彭景华	2014年10月至2015年10月	美国约翰·霍普金斯医学院
45	曹月龙	2014年6月至2015年10月	澳大利亚塔斯马尼亚大学孟席斯研究所
46	郑 德	2014年6月至8月	美国克里夫兰临床医学中心
47	赵长青	2014年9月至2015年8月	美国斯坦福大学
48	俞 莹	2014年6月至8月	英国伦敦菲尔德眼科医院
49	龚礼敏	2014年8月	新加坡中央医院

（续表）

序　号	姓　名	起 止 日 期	进 修 单 位
50	黄　凤	2014 年 8 月	新加坡中央医院
51	书国伟	2014 年 7 月至 10 月	日本藤田保健卫生大学神经外科
52	顾新丰	2014 年 10 月至 12 月	香港大学
53	张　华	2015 年 1 月至 2016 年 1 月	美国加州大学洛杉矶分校公共健康学院肿瘤分子流行病学系
54	陆　宏	2015 年 5 月至 2016 年 4 月	英国圣马克医院肛肠专业
55	戎靖枫	2015 年 7 月至 2016 年 7 月	美国哈特福德医院
56	王学宗	2015 年 9 月至 2016 年 8 月	香港浸会大学骨与关节疾病转化研究所
57	朱蕾蕾	2015 年 12 月至 2016 年 11 月	洛杉矶雪松西奈医学中心

第六节　医务员工管理

一、定编与聘用

1995 年，医院七届二次职代会通过《劳动人事制度改革的补充意见》，根据精神先对肿瘤科、西医内科、急诊等 13 个科室进行定编定岗定员工作。1996 年，对用工制度进行改革，制定《新进大中专毕业生实行聘用合同制办法》，新进职工一律实行聘用合同制。

1997 年，配合后勤机构改革，制定上海中医药大学后勤实业发展集团曙光医院后勤发展中心

图 2-3-1　2000 年 10 月，召开“深化人事制度改革推行聘用合同制”大会

人事管理的相关办法，做好后勤人员编制、工资福利的测算工作，使后勤工作走向社会化。2000年，对行政职能部门进行机构改革，行政人员由原有的95人精简到56人，并妥善安排好转岗分流人员。2001年，医院实行全院全员聘用合同制，最后由职代会通过医院人事分配制度改革的实施方案和配套文件，职工与医院的人事关系契约有4种形式：聘用合同制、挂编流动协议、待聘待岗协议和待退休协议。坚持双向选择、竞争上岗的原则，加强聘后管理、严格考核制度。2002年，建立健全全院岗位职责，明确权利、职责，注意绩效管理，通过定编定岗、挂编流动、集团内流动等工作，降低医院人力资源成本；坚持"按劳分配、优劳优酬"原则，向技术含金量高、责任风险大的岗位倾斜，最大限度调动医务人员积极性。拓宽分流渠道，妥善安置好分流人员，完成"三转岗"（学历为中专、大专的医生由临床转入辅助科室，转入二级医院和一级医院）人员的转岗、安置工作，采用挂编流动的方式使他们在新的岗位充分发挥自己的专业特长。2004年，在完成全员聘用合同制的基础上，完善契约管理，规范招录用、解聘工作；试行人才派遣的用工形式，降低医院人力成本，减少用人风险，探索"事业留人，感情留人，待遇留人"的新机制。

1988年，医院首次定编，编制人数为1 078人；1989年，调整至1 158人；2004年，人员编制数增加至1 180人。2007年，随着医院东部的开张、职工与床位的增加，经上海市机构编制委员会批准，人员编制数增加至1 680人，此编制数一直沿用至今。

二、晋升与聘任

2000年，根据上海市卫生局关于《临床医学专业技术资格考试暂行规定》和2001年《预防医学、全科医学、药学、护理、其他卫生技术等专业技术资格考试暂行规定》文件规定，经国家有关部门批准的医疗卫生机构内从事医疗、预防、保健、药学、护理、其他卫生专业技术工作的人员，凡符合报名条件者，均可报名参加相应级别和专业类别的考试。每年，医院人力资源部配合上海市卫生专业技术资格考试领导小组进行士升师以及中级职称的考试报名工作。

2007年，根据上海市局关于《上海市卫生系列高级专业技术职务任职资格评审工作办法》文件规定，经过几次较大的改革，从资格审核上进行严格规定。每年，由上海市人力资源和社会保障局组织，上海市卫生系列高级专业技术职务任职资格评审委员会具体实施，医院积极配合并做好资格审核、院内评议、院内公示、统一送审等各项工作。

三、教师系列专业技术职务聘任

2006年，上海中医药大学下发《2006年学校临床医学院高校教师职务聘任实施意见》文件，根据文件精神，对临床医学院教师职务聘任的任职条件进行详细说明。同时，对临床医学院的教师职务聘任的编制进行规定，临床医学院严格按照编制进行教研室的教师职务聘任工作。三年聘期结束后，经过文件的修改和补充，上海中医药大学下发《上海中医药大学2010年临床医学院高校教师职务聘任工作的实施意见》文件，对教师职务聘任的聘任范围、岗位设置、任职条件、聘任程序、材料要求、聘期等进行更具体的规定。根据上海中医药大学对曙光临床医学院编制数的核定，共有编制数130人，其中，教授26人、副教授52人、讲师52人。2015年9月30日，临床医学院共聘任教授25人，副教授47人，讲师46人，共计118人。

四、非卫生系列专业技术职务评聘

医院非卫生系列职称主要包括会计、统计、馆员、工程、翻译、编辑、经济系列专业技术岗位，《医技的聘任条件》参照《曙光医院专业技术人员岗位聘任办法》(2010年颁发)。

五、技术工人等级聘任

1991年，上海市卫生局下发《关于开展评聘首批工人技师的通知》，明确首批评聘的工人技师工种为水电工、汽车驾驶员、制冷维修工、机械钳工，为充分调动工勤人员的积极性，不断提高医院后勤保障综合水平。

初级工：具备中专或大专以上学历，在相应技术岗位工作满1年以上，取得相应专业技术资格证书；具备相关专业本科及以上学历，直接进入曙光医院院内聘任程序。特殊工种必须具备上岗资格。

中级工：具备中专或大专以上学历，聘任初级工岗位满3年以上，取得相应专业技术资格证书；具备相关专业本科学历，聘任初级工岗位满1年以上，取得相应专业技术资格证书；具备相关专业研究生学历，聘任初级工岗位满6个月以上，取得相应专业技术资格证书，进入曙光医院院内聘任程序。

高级工：具备中专或大专以上学历，聘任中级工岗位满5年以上，取得相应专业技术资格证书；具备相关专业本科学历，聘任中级工岗位满2年以上，取得相应专业技术资格证书；具备相关专业研究生学历，聘任中级工岗位满1年以上，取得相应专业技术资格证书，进入曙光医院院内聘任程序。

第七节　员工管理与定级

一、员工转正定级

医院对新入院员工展开转正定级工作，经国家统一分配至医院工作的高等学校毕业生，经一定的见习期后确定为助教、住院医师或研究实习员。2009年，制定《曙光医院专业技术职务岗位聘任实施意见》，规范医师系列、教学系列、研究系列、卫技系列(技、药)、护理系列、会计系列、工程系列等各级各类人员岗位聘任条件。2014年，进一步完善各级各类人员岗位聘任条件。

二、考核与奖惩

【新职工考核】

2001年医院开始实行聘用制合同，正式完善新职工考核工作。新职工试用期为6个月，试用期将满时，根据不同岗位由科主任对其专业技能、综合素质、工作态度等多方面进行考核，考核合格者正式转正；不合格者，人力资源部将与其进行谈话，考虑换岗；仍不符合要求则解除聘用合同。

新职工考核的工作持续至今，考核表内容由粗到细，逐渐完善。2015年起，新职工考核表再次经过修改，将科主任一人考核更改为由考核小组考核，考核小组由科主任、党员、群众等三人以上组成。临床、医技、科研人员的考核还需医务处、教学处、科技处的考核意见，行政人员还需院办、党办的考核意见。

【年度考核】

年度考核为人力资源部每年底针对卫生专技人员的考核工作。2006—2015 年，年度考核的评分标准经过多次修改。

2002 年，制定《曙光医院专业技术人员年度考核方案》，一直沿用至 2008 年，考核标准按照初级、中级、副高级、正高级职称划分，并按照医师、药师、技师分别进行考核，主要以科内考核占较大比例，加上医务、院办、人力资源部的分数，采取百分制进行考核。2009 年，基于当时的考核方案已经显现出弊端，并不能真实反映专业技术人员的业绩水平，故经过改革会议讨论，对年度考核标准进行修改和细化，考核由职能科室按照素质档案、临床技能、教学科研、培训发展进行评分。

经过两年的原年度考核标准(2009 年)的实施，2011 年，人力资源部再次组织各职能科室进行年度考核标准的修改制定，规定不同职称的考核模块、考核分数是相同的。科主任考核模块主要体现卫生专业技术人员的科内综合表现，实现二级管理，对承担援外等特殊医疗任务的人员，不纳入当年的年度考核，根据其在特殊医疗工作期间的表现，由考核小组确定相应考核等级。每一模块的具体细则及分值由各职能部门拟定。2012 年，在 2011 年考核标准基础上，纳入了科研人员的年度考核，至此，对于专业技术人员的年度考核的覆盖更加全面。2014 年，因各部门分管工作的细化，就专业技术人员年度考核标准再次进行划分，增加宣传处精神文明方面的考核，而临床能力的考核由医务处、门急诊办公室、医院感染管理科共同考核。考核部门的细化使得年度考核的工作更加便于开展，对于专业技术人员的考核要求也进一步提高。

【考勤】

为加强全院职工劳动纪律性，严格实施考勤管理，1977 年，制定《医院考勤请假制度》。1984 年，医院开展创文明单位活动，人事科着重加强劳动纪律的管理，要求职工上下班时间准时，并检查职工在岗情况，以建立正常的工作秩序。为提高各科室考勤员的工作责任感，1989 年，召开 3 次全院考勤会议，强调要加强职工劳动纪律性，严格考勤。2015 年，正式启用网上考勤申报。

三、人员流动

【入院】

1996 年，对用工制度进行改革，制定《新进大中专毕业生实习聘用合同制办法》，新进职工一律实行聘用合同制。2004 年，随着医院东部的发展，临床各科室对人员的需求也大幅度增加，人力资源部采用传统的参加大型招聘会，向各大院校发放需求情况的方式，并通过尝试网上招聘的形式，在社会上广招专业人才，收到简历近万余份，取得明显的成效，进一步突出吸引人才、强调竞争的人员流动方式。

【离院】

离院主要包括辞职、退职、退休等。部门逐渐规范人员离职手续，首先提交书面离职申请，科主任或主管部门审批同意后才可办理离职手续。1992 年，根据上级部门规定，对职工离、退休开始实行到时即办的方法，改变过去每年分上半年、下半年两次的做法，并及时做好退休职工的思想工作，解决退休职工的福利问题。也可申请因工因病完全丧失劳动能力鉴定，鉴定为完全丧失劳动能力可提前办理退休手续。

四、人事档案建设

1980 年，建立卫生人员技术档案。人事档案工作是一项政策性、专业性、服务性及保密性较强的工作，根据中共中央组织部《关于印发〈干部人事档案工作目标管理暂行办法〉和〈干部人事档案工作目标管理考评标准〉的通知》等文件精神，在院领导和科主任的大力支持下，本着"立足收集整理、狠抓基础建设、提高管理水平、确保提供利用"的原则，从档案内容是否真实、材料是否齐全、填写是否规范、手续是否完备、整理是否符合要求几个方面着手开展工作。1992 年，根据《中国共产党上海市委组织部关于查阅干部档案的规定》，为使干部档案工作更好地为党的干部工作服务，人事档案室形成一套严格的查(借)阅制度，对查阅人事档案人员的身份、手续、流程、借阅时间等作出规定并严格执行。1997 年，医院干部人事档案管理实行等级考评。2005 年，医院把人事档案工作从偏重档案整理转变到充实档案内容，围绕干部人事档案审核工作标准，开展干部人事档案的收集、鉴别、整理工作。2008 年，通过一级管档单位审核。新的形势要求不断拓宽计算机应用范围，提高科学管理水平，优化管理软件，不断探索干部人事档案管理的科学化，为干部队伍建设和人才资源开发提供咨询服务，力创一流的管理、一流的服务。

第八节　工 资 福 利

一、员工的工资与奖金

在劳动工资管理方面，1989 年，医院完成部分职工的工资调整工作，全院有 45％的人员增加工资。同时，根据《上海市机关、事业单位护士提高 10％的工资》文件精神，为全院护士增加工资，提高护士的工作积极性。1994 年，根据《国务院关于机关和事业单位工作人员工资制度改革问题的通知》精神，对全院职工进行工资改革。2006 年 7 月，改革事业单位工作人员收入分配制度，建立岗位绩效工资制度。绩效工资由岗位工资、薪级工资、绩效工资和津贴补贴 4 部分组成，其中岗位工资和薪级工资为基本工资。事业单位在编人员于 2014 年 10 月进行绩效基本工资标准调整，同时事业单位在编人员开始实行缴纳职业年金：事业单位在编人员单位缴纳职业年金的比例为 8％；个人缴纳职业年金的比例为 4％。

1995 年，根据《上海市事业单位工作人员考核试行意见》的精神，医院对全院职工进行年度考核，个人完成书面总结并填写《年度考核登记表》，考核结果分为优秀、合格、不合格三个等次，工作人员年度考核确定为合格及以上等次的，按国家规定可晋升一级薪级工资，5 年合格晋升一级职务岗位津贴档次。

绩效奖金方面坚持"按劳分配、优劳优酬"原则，向技术含金量高、责任风险大的岗位倾斜，最大限度调动医务人员积极性，改革新职工进院三月无奖金的规定。为了打破原护理人员奖金平均分配原则，2004 年，推行护理部奖金改革，试行以奖金系数比例相对固定的减员增效、医院护理部和病区护理部二级分配的办法,奖金向风险大、工作忙、效益大、翻班的科室及人员倾斜,充分调动和发挥护理人员工作的积极性。

二、员工津贴与福利

员工津贴方面主要包括车贴、饭贴、卫生津贴、护贴、独生子女津贴、牛奶费、房贴、托费、粮油费等。医院根据各个工种的工作性质、接触有毒有害工种时间的长短、有害身体健康的程度对卫生津贴进行调整。

在员工福利方面,包括医疗保健、员工疗休养、困难补助等均按照国家有关规定办理。

在社保方面,与国家规定保持一致。医院执行“五险一金”,包括养老保险、医疗保险、失业保险、工伤保险、生育保险和住房公积金。

图 2-3-2　2015 年,人力资源部工作人员合影(第一排右一为副处长江云、右二为处长朱梅萍)

第四章 财务管理处

四明医院时期的财务科下设门急诊收费处及出入院处，有工作人员 6 人，其中科本部 3 人、门急诊收费 1 人、出入院结账 2 人。

1960 年，曙光医院建立后，由原上海市立第十人民医院和第十一人民医院财务科合并成立财务科，人员增加到 15 人，包括科本部 4 人、门急诊收费 5 人、出入院结账 6 人。以后随着医院业务量的扩大，财务管理人员也逐渐增加，到 1993 年底，财务科共有工作人员 44 人，其中科本部 13 人、门急诊收费处 19 人、出入院结账 12 人。

1994 年，财务科更名为财务处。2001 年 12 月，财务处共有财务人员 56 人，纳入财务处编制内 43 人，其中处本部 10 人、门急诊收费处 20 人、出入院处 13 人、其他财务人员 13 人（包括审计 1 人，西药室 1 人，中药室 2 人，制剂室 2 人，设备科 1 人，后勤中心（食堂）2 人，后勤中心（总务）2 人，科技发展中心 2 人）。

2004 年，医院东部投入运营，财务处分东、西两部设置，有工作人员 68 人。其中西部财务处本部 9 人，东部财务处本部 3 人；西部门急诊收费处 19 人，东部门急诊收费处 7 人；西部出入院处 10 人，东部出入院处 6 人。科室其他财务人员 14 人，其中审计 2 人、中西药房 3 人、总务处 2 人、科技发展中心 2 人、制剂楼 2 人、食堂 2 人、设备 1 人。2005 年，门诊挂号室 7 名人员并入财务处管理，财务处有财务人员 75 人。

2010 年 2 月，围绕新一轮医药体制改革和公立医院改革要求，医院单独成立绩效办，工作人员也从财务处分离出来。2015 年 12 月，财务处有 111 人：处本部 14 人，收费处 58 人，出入院处 23 人，其他财务人员 16 人。

表 2-4-1 1942—2015 年财务处负责人情况表

任职时间	负责人	任职时间	副科长/副处长
1942—1950 年	周维新（主任）	1950—1957 年	陆传书 赵福奎（副科长）
1950—1960 年	屈彦璋（科长）	1957—1960 年	候建勳（副科长）
1960—1985 年	陆传书（科长）	1978—1985 年	曾慧才（副科长）
1988—1990 年	周志明（科长）	1985—1986 年	沈保松（副科长）
1990—1992 年	王　强（科长）	1984—1988 年	李素洁（副科长）
1994—2005 年	孙　荇（处长）	1984—1986 年	周玉霞（副科长）
2005—2006 年	陆伟敏（处长）	1986—1988 年	王　强（审计员副科级）
2006—2010 年	姚洁明（女，处长）	1988—1990 年	王　强（副科长）
2010 年—	孙　荇（财务总监）	1988—1990 年	董耀光（负责审计副科级）
		1988—1994 年	孙　荇（副科长）
		1990—1994 年	姚洁明（女，审计员副科级）

（续表）

任职时间	负责人	任职时间	副科长/副处长
		1992—1994年	陆伟敏（副科长）
		1993—1994年	孙　荇（副科长）
		1994—2005年	陆伟敏（副处长）
		2002—2010年	沈　轶（副处长）
		2006年—	吴　丹（副处长）
		2010年—	王　巍（副处长）

第一节　财务管理与会计核算工作

一、财务管理

从四明医院开始就有严格的财务管理制度，经过不断完善，逐渐建立一系列的财务管理制度和各级财会人员的岗位责任制，制定科主管、物价员、现金出纳员、中西药制剂核算人员、填制记账凭单人员、财务档案、发票及收据保管人员、复核查访人员、审核人员、出入院人员、记账人员、外汇管理人员、收费人员等工作职责。

为加强财务管理，建立财务现金和资金安全管理制度，包括财产物资管理、财务管理、财务科安全管理、经济独立核算单位财务管理、合同管理等。医院有关经费报销的若干规定，包括专项大修理、业务小杂费、物资采购、差旅费、专项经费、培训进修费、讲课费等的报销规定。其中对物资采购方面实行分级管理，根据物资价格的多少，分别由科室、总务或设备、财务科以及分管院长和设备管理委员会审批。上述一系列财务管理制度，对促进医院如实的收入、合理节约使用资金、发挥资金最大效果起到保证作用。

自1995年以来，进一步完善一系列财务管理制度和各级财会人员的岗位责任制，制定处长、副处长、出纳、工资、公积金核算人员、记账人员、科室损益评估人员、审核人员、出入院处人员和收费人员等工作职责。为了加强财务管理，还建立关于收据管理的规定、会计档案的管理办法、有关各类经费支出报销的规定、关于财产清查制度、关于合同的管理制度、关于加强投资项目与独立实体的财务管理规定、关于进一步开展增收节支的决定、关于收费核价的管理制度、关于加强维修费支出审计的规定等各项规章制度。经过不断完善与补充，2002—2005年财务处已建立一整套财务工作运行机制。根据《会计法》《医院会计制度》《医院财务管理》《会计基础工作规范》整理修订《曙光医院财务管理制度汇编》，从会计机构设置、会计人员设置、会计人员管理、会计核算、会计监督的强化等方面，较系统、全面地作出财务管理上的规定。财务处按"统一领导、分级负责"原则，设置有财务副院长、财务副处长、审核、出纳、工资养老金核算、科室损益评估、财产物资核算、往来核算、药品卫生材料核算、物价管理、出入院处、收费处等岗位，形成分工明确、密切协作的工作机制。

随着医疗卫生体制改革的进一步深化，医院的内外部环境发生深刻的变化，各类经济活动呈现出复杂多样的形式，医院自身迫切需要进一步规范财务活动，更新财务核算与管理制度。2006—

2015年财务处相继制定对外投资管理办法、财务人员年度考核条例和评定标准、全成本核算细则，修订医疗服务收费方面的系列规章制度、财务收费退费等制度。

二、会计核算

1989年，医院属于由政府财政拨款的事业单位，医院财务属预算会计范畴，需执行当时的《预算会计制度》，即以“收”“付”为记账符号，以“收付实现制”为会计基础；科目分为资金占用类和资金来源类；收支科目为简单的“经费收入”“经费支出”等。职工工资由财政拨款，实行经费包干制度，不要求成本核算，财务管理“以收定支”。

1989年1月—1998年12月，医院作为差额预算拨款单位，会计制度类似于当时的企业会计制度，即以“借”“贷”为记账符号，以“权责发生制”为会计基础；科目分为资金占用类和资金来源类；收支科目为六大类，除医疗收支、制剂收支、其他收入外，增加管理费用、医疗支出和药品支出。在低值易耗品管理办法上，实行“一次摊销法”“五五摊销法”；按收入提取修购基金，探讨成本核算；利用收支结余提取事业发展基金、福利基金、职工奖励基金、院长基金专项资金，收支自成体系，业务支出不得挤占专项资金。

1999年，随着新的医院会计制度的施行，确定新的会计要素，即资产、负债、净资产、收入、支出五要素；以“资产＋收入＝负债＋净资产＋支出”为平衡公式；取消制剂支出，制剂增加值计入药品进销差价，避免制剂虚收虚支；改革医院结余分配办法，结余除提取职工福利基金外，其余一律转入事业基金；增加了按固定资产账面价值计提修购基金；按应收计提坏账准备；增设对外投资、无形资产、开办费等科目；取消专项资金部分的支出科目和结存类科目。

2010年12月，财政部、卫生部经过研究并在广泛征求意见的基础上，制定新的医院财务制度，并于2010年12月印发《医院会计制度》。新制度对会计科目进行了全面梳理，补充并完善会计科目定义，同时为了保证医院的日常核算更为准确，对入账计量标准也重新做出界定。新制度设置了52项一级会计科目，其中调整12项，新增11项，删除1项。为准确反映医院承担的科研教学任务等相关收支，新制度专设科教项目收支和科教项目结转(余)予以单独核算。为配合医药分离改革，新制度将药品收入归入医疗收支统一进行核算。应收及预付款项内增设财政应返还资金科目。专用基金中取消修购基金，新增医疗风险基金、待冲基金等。

三、预算管理

从2006年起，申康医院发展中心按照市级医院“办公立、办公益、办基本、办杠杆、办主导”功能定位，贯彻执行部门预算管理改革要求，推行市级医院全面预算管理。在医院的统一领导下，财务处根据医院自身的实际情况，探索建立有效的预算工作组织体系，明确相应的职能部门和人员落实工作责任，制定工作方案，加强内部协调，建立预算管理制度，细化管理工作程序，积极稳妥地实施全面预算管理，并且不断总结全面预算管理工作中的经验，调整完善相关配套制度和办法，使部门预算和全面预算管理融为一体。

申康医院发展中心于2011年制定《市级医院全面预算管理办法》，在强化上下级管理衔接的前提下，财务处积极探索适合医院特点的预算管理方式，围绕“双控双降”关键指标预算管理导向，深化全面预算管理，合理控制医疗收入、医疗成本和工资总额增幅，有效控制医药费用不合理增长，充分发挥预算的约束和激励作用，努力提升医院经济运行质量和效率，推动预算管理工作逐步向更规范、更全面、更有效方向发展。

四、成本管理

2008年医院成为上海申康医院管理中心在“医院成本质量信息管理系统研究”项目中的试点单位，医院成立财务处牵头，由人事、总务、设备等相关部门参与的成本核算小组。财务处具体负责项目的实施，组织人员完成成本核算项目的报表数据校验和报表基本框架，建立医院全成本核算分析系统，形成基于全成本核算下的人力资源、固定资产、物流、中西药库等信息管理系统，与HIS系统、财务核算系统及办公自动化系统构成医院完整的信息系统框架。

2008年8月，试产出成本报表数据，为医院的运营管理提供丰富的实践数据，也为医院进行人事改革、资源配置、运营分析奠定良好的理论和实践基础，使财务管理工作实现由“核算型”到“核算管理型”的质的飞跃，也使医院经济工作实现跨越式发展。2014年上海市财政局和卫计委联合制定《上海市医院成本管理暂行办法》(沪财社〔2014〕49号文件)，进一步规范医院成本管理工作，为医院成本管理提出指导性、规范性的依据。

五、内部控制

为了贯彻行政事业单位内部控制规范实施意见要求，根据财政部印发的《行政事业单位内部控制规范(试行)》的规定，申康医院发展中心统一部署建立健全医院内部控制制度，加强风险防控机制建设的工作。经过反复论证，在专业咨询公司的协助下，2012年，医院制定了《内控建设项目实施方案》。该方案明确了对单位层面、业务层面进行内控风险评估，包括单位层面内部控制工作的总体情况，以及业务层面内部控制的6个方面，即预算业务控制、收支业务控制、采购业务控制、资产控制、建设项目控制、合同控制。在项目方案实施过程中，医院梳理相关业务流程，查找管理风险点，制订相应的风险防控措施。

六、电算化管理

1992年，门急诊收费处开始实行电脑收费；1993年，出入院处实行入院办理和出院结账的电脑化；处本部在1993年，使用邮电部编制的会计软件。除现金、银行日记账外，全部实行会计电算化。1999年，改为使用金蝶财务软件(行政事业版)。2001年，处本部的出纳日记账电脑化后，所有岗位全面实现会计电算化。

2004年起，财务处会计软件全面升级，由原来的金蝶行政事业版升级为K3版，并实现东西联网，使财务数据和财务信息能够在第一时间提供给使用者。2005年底，收费和出入院处电脑结账程序也进行全面升级，确保医院处方电子化工作的开展。恰逢2011年7月1日起医院开始执行新的《医院财务制度》《医院会计制度》，为实现市级医院财务数据集中实时展现，申康中心建立财务实时数据信息系统。根据申康医院发展中心统一部署，医院启用金蝶EAS系统作为财务管理和会计核算软件。

七、出入院结账管理

出入院结账日常工作基本包括三大部分：一是入院登记，主要负责患者的预约登记，通知收治住院患者、办理住院登记手续、收取住院预缴款等；二是结账，主要负责患者在住院期间费用记账、核对及患者出院结账，并做好住院患者跨月的统计工作；三是社会服务，主要负责患者住院期间欠费及出院后欠费的催收工作。

为规范医疗服务行为和医疗收费行为，卫生局、物价局发布《关于本市各级各类医疗单位实行住院费用"一日清"制度的通知》，并在出入院门口外增设"一日清"查询机，供患者查询住院期间的各项医疗费用。同时，为出院患者提供住院费用清单，杜绝医疗收费"打闷包"现象，进一步提高医疗单位收费的透明度，更好地接受广大患者和社会的监督。

自20世纪90年代中期起，摆脱陈旧的手工记账模式，开始采用计算机系统（DOS）的记账模式，既提高患者住院费用的结算准确率，也减轻操作人员的工作强度。2001年起，随着医疗保险制度的推进，住院患者的欠费状况大幅减少。2004年起，医院启用计算机管理系统（HIS），通过对住院登记、住院划价收费、出院结算等信息的处理，实现对住院的全面管理。

八、门急诊收费管理

20世纪90年代中期，门急诊收费同样也摆脱陈旧的手工开具收据模式，逐步采用计算机系统（DOS）的记账模式。2004年起，医院上线计算机管理系统（HIS），借助信息化手段优化就医流程，一线收费人员的工作效率大幅提高，广大患者获得更多的就医便利。患者挂号后，信息直接传送至医生工作站，医生根据病情开具各类检查、处方等项目，患者持医保卡至收费窗口进行交费，收费人员直接读取医保卡收费项目信息后进行结算并出具收据，收费票据显示患者在医院消费的所有收费项目。

随着移动扫码支付方式的逐渐流行，为了满足患者多种渠道便捷缴费、结算的需求，2015年，医院联系结算银行更新POS设备，开通了支付宝、微信等支付功能。患者使用移动扫码支付方式进行缴费，不仅减少了患者取钱、收钱、排队等候的时间，同时避免工作人员验钞、找零等烦琐的工作环节。除人工窗口以外，医院已经投入使用加载移动支付方式的自助挂号缴费机，患者只需持就诊卡、身份证、医保卡，按照屏幕上的提示操作，就可以完成挂号、缴费等业务，系统支持微信及支付宝扫码支付，实现人工窗口排队人群的分流，明显减少患者等候挂号缴费的时间。

第二节　财务概况

1960—1994年，医院的经济来源，除一部分业务收入外，主要依靠国家经济补助。随着医疗事业的发展，财务管理也日趋完善。20世纪50年代以后，医院实行"差额补助"即业务收入和支出之间的差额由政府补助。1980年以后，经市政府批准，医院实行两种收费标准，医院的收入有所增加，医院的设备条件和院容院貌有所改善。1983年，上海市卫生局提出了经济补助预算分配的改革方案，业务补助金额则与医院业务的数量和质量挂钩，从而促进医院的医疗业务提高。通过合理调整收费标准，以及病房改扩建后业务量的扩大，医院的经济效益有了提高。根据业务收支统计表分析，医院的收入和固定资产一年比一年增加，而差额预算补助逆差下降，减轻了国家财力负担，职工福利和工资水平也逐年提高。

表 2-4-2　1968—1994 年主要年度业务收支情况表　　单位：元

年　份	固定资产	业务收入	差额预算补助	业务支出	收支结余
1968	3 047 707.91	1 518 590.60	266 025.70	1 596 701.03	187 915.27
1978	3 287 416.64	1 747 940.09	511 508.92	2 207 029.92	52 419.09
1988	6 549 075.16	9 421 359.09	3 619 000.00	11 147 071.09	1 893 288.41
1990	10 483 078.27	14 766 883.37	2 864 000.00	14 715 048.52	2 588 834.85
1991	14 503 861.16	18 992 553.88	3 092 000.00	18 945 875.71	2 910 678.17
1992	20 841 443.77	49 003 053.70	2 678 000.00	42 144 843.19	9 950 210.51
1993	27 450 971.16	81 981 638.24	2 678 000.00	71 486 721.41	13 172 916.83
1994	30 200 606.65	98 067 083.34	3 010 000.00	87 014 742.95	14 062 340.39

1994—2001 年医院的经济来源，除一部分由国家拨款补助，主要依靠医院业务收入。随着门急诊大楼改扩建以及实行医保制度改革后业务量的扩大，医院业务收入的逐年增长，国家差额预算

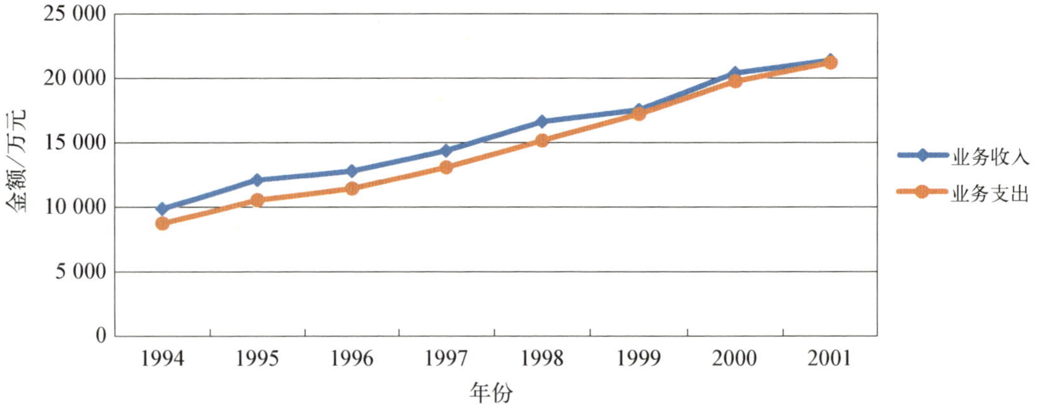

图 2-4-1　1994—2001 年业务收支图

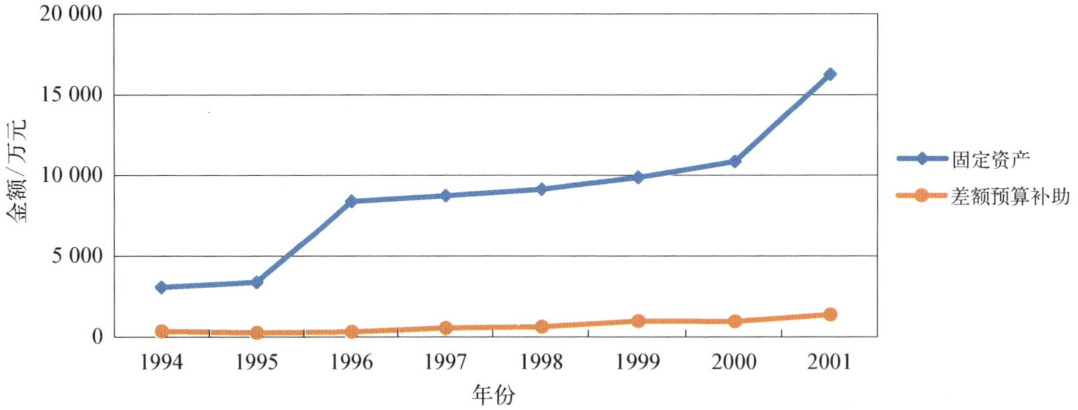

图 2-4-2　1994—2001 年固定资产、差额预算补助图

补助所占比重逐年递减，减轻了国家财力负担。根据统计显示，医院的固定资产随着事业的发展与财力的增强而逐年递增。1990年，医院财务会计制度改革，把医院会计要素确定为资产、负债、净资产、收入和支出五大要素，建立了“大收入、大支出”的概念，实行内部成本核算，统一药品核算方法，因而与以往年度相比，主要是业务支出方面有了较大变化。

2001—2005年医院的经济来源分为两部分，一是国家拨款补助，二是自身的业务收入。随着投入的不断增多，业务量的不断增长，医院业务收入也是逐年攀升。国家的差额预算补助所占比重逐年递减。统计显示，医院2005年的业务收入自2001年来翻了将近一番，绝对数增加达17 484万元，2005年的业务支出与2001年相比增加了16 712万元。由于东部的建设，2005年的固定资产与2001年相比增加47 292万元，固定资产随医院事业发展和财力的增强而快速递增。而2005年国家的差额预算补助(经常性补助)与2001年相比只增加了844万元。

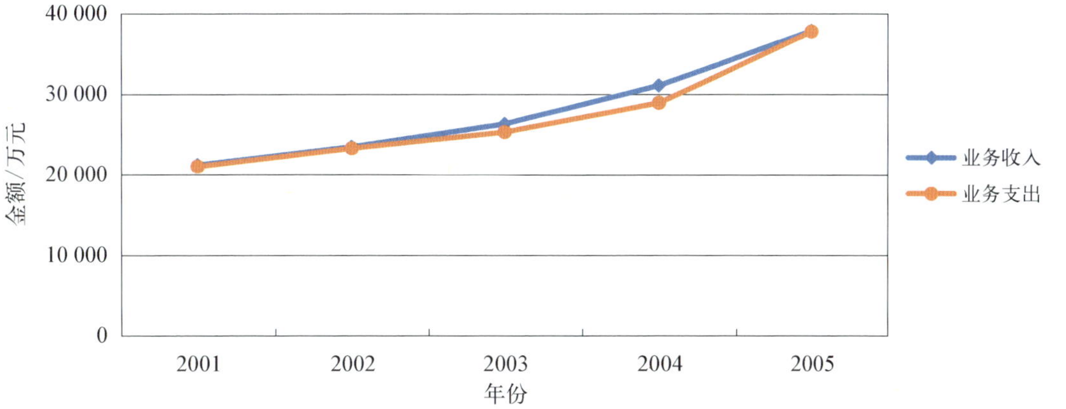

图2-4-3　2001—2005业务收支图

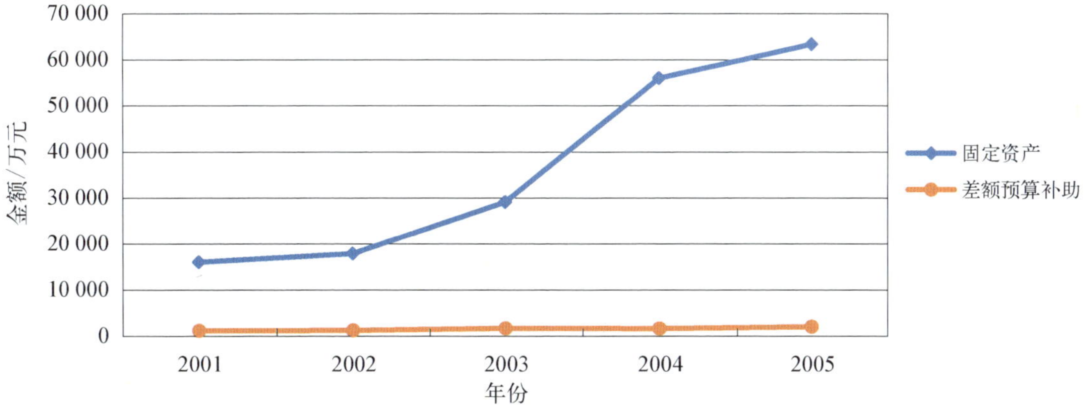

图2-4-4　2001—2005年固定资产、差额预算补助图

2006—2015年医院的经济来源主要是医院业务收入和财政补助收入，在业务量迅速上升的情况下，医院的业务收入逐年增加，从2006年的46 165万元上升到2015年的196 018万元，翻了两倍还有余。2011年7月起，实施新的《医院财务制度》和《医院会计制度》，收入支出核算口径发生较大变化，对医院收支结余产生重大影响。2011年12月收到用于医院基本投资建设(曙光东部迁建项目)的化债资金2.45亿元，医院财务状况得到明显改善。除每年固定资产的持续投入以外，2009年，曙光东部迁建项目5.54亿元登记入账，医院拥有的固定资产总额大幅增长。

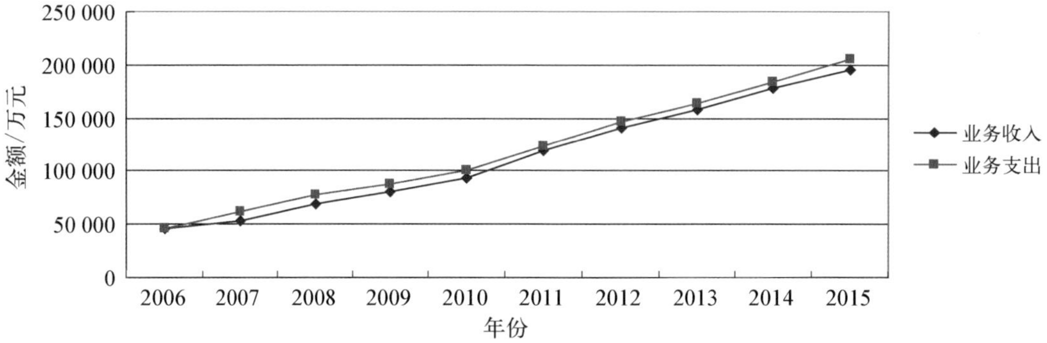

图 2-4-5　2006—2015 年业务收支对比图

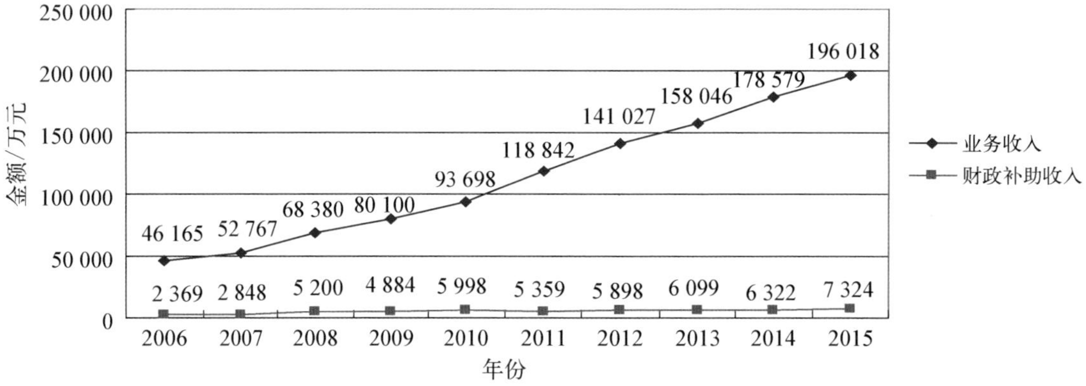

图 2-4-6　2006—2015 年业务收入、财政补助收入对比图

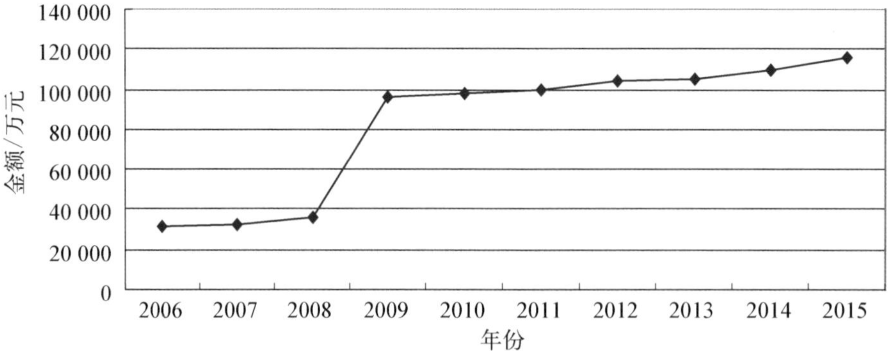

图 2-4-7　2006—2015 年固定资产趋势图

图 2-4-8　2014 年 11 月，医院西部财务处部分工作人员合影（第一排右四为财务总监孙荇）

第五章　监察审计室

1986 年，医院设立专职审计员 1 人，由分管院长领导，独立行使审计职权。审计员在上海中医学院审计室的领导和业务指导下开展工作，审查和评价医院财务收支的会计记录是否正确合法、会计报表是否反映真实的财务状况和经营成果、会计制度是否健全以及单位业务经营管理活动。实施事前事后审计，发挥审计监督作用，促使单位改善经营管理。2002 年，医院正式建立审计室，设专职审计员 1 人。2010 年 2 月，更名为监察审计室。调整之后的科室有监察与审计两项职能。2007 年审计室位于西部行政楼二楼，2011 年行政整体搬迁，从西部搬至东部。东、西两部均设办公室，东部办公室位于行政楼 1 楼、西部办公室设在行政楼 2 楼。2013 年，西部办公室取消。2015 年，监察审计人员 2 人。

表 2－5－1　2002—2015 年（监察）审计室负责人情况表

任职时间	主　任	任职时间	副主任
2006 年 4—7 月	陆伟敏	2002—2006 年	姚洁明（女）
		2006 年 7 月—2010 年 2 月	薛淑平
		2010 年 2 月—	徐东升

第一节　监察、审计职责与范围

1986 年起，医院设立专职审计员，设在财务科，由院长直接领导。2003 年起，由纪委书记分管。监察、审计两个职能同属于行政监督工作，监察的职责就是使监察事项按照政府和医院有关规定执行。监察范围主要包括合同审查与备案监察，社会捐赠审查与备案监察，经济项目的投标开标、评标监察，建设工程项目监察等。审计的范围主要是根据政府有关规定和医院有关审计制度进行，包括对基本建设项目审计，对医院中层干部进行经济责任审计，对科室奖金二级分配情况进行专项审计与绩效审计，对部分经济问题进行专项审计调查，配合申康医院发展中心委托审计及事后的审计整改工作等。审计的职责按照政府、审计协会和医院有关规定进行，发现经济问题并提出改进建议。

一、经济合同管理监察

对外签订的经济合同，根据管理需要，或进行事前审计，或实行合同备案制度。2007—2015 年共计 2 239 项（经济合同登记开始日为 2007 年 5 月 8 日），涉及金额为 5 864 235 万元，提出修改建议 112 项（合同会签 2014 年 3 月 31 日起）。

二、接受社会捐赠资助项目监察

2011—2015 年，完成医院接受社会捐赠资助项目登记与管理的监察工作 118 项（社会捐赠登记开始日为2011年1月1日),金额共计558.64万元。

三、建设工程审计

2006—2015年,完成审计项目共计327项。送审工程总价5 789.08万元,审定金额4 922.21万元,经审价核减金额866.87万元,平均核减率14.97%。

送审价在1万元以上、5万元以下的项目由医院监察审计室完成工程竣工结算审计;送审价在5万元以上的项目委托社会审计审价。

委托外审的工程审价工作,内审人员与外审人员一起去现场勘察,丈量施工工程,直接掌握并检测工程现场签证单与结算书的客观性。同时,监察审计室还做好审价公司与施工单位的配合沟通协调工作,以提高审价工作质量,确保医院利益。

四、任期经济责任审计

2008—2015年,对部分中层干部任期中进行经济责任审计和整改,共7人次。

表2-5-2 2008—2010年领导干部任期经济责任审计及整改情况表

时 间	项 目 名 称
2008年11月	上海曙光医院院长沈远东同志任期经济责任审计报告
2008年11月	上海曙光科技发展中心及其控股企业经济责任审计报告
2009年1月	曙光医院10位中层领导干部任期经济责任审计
2009年3月	上海曙光科技发展中心陈莲芳同志任期中经济责任审计报告
2009年3月	上海国大曙光药房有限公司和上海曙光医院管理有限公司缪晓同志任职经济责任审计报告
2009年3月	上海曙康口腔门诊部余志红同志任职经济责任审计报告
2010年7月	关于对上海国大曙光药房、医院管理公司、曙康口腔门诊部缪晓离任经济责任审计报告

五、财务决算审计整改

根据上海申康医院发展中心的要求,分别于2008—2009年、2012—2013年,对医院全面实施财务决算审计与整改工作,并将审计整改报告上报申康医院发展中心。按照上海申康医院发展中心的工作安排,配合对院办经济实体近年来的财务决算进行审计,并进行相关审计档案归档工作。

六、备用金使用情况专项审计

2015年,对院职工从财务处借入的业务用备用周转金进行抽查,并出具抽查结论《关于备用金抽查情况的说明》。

第二节　制 度 建 设

2006—2015 年，逐步形成了监察审计制度体系，共计 27 项。具体涵盖合同审查、备案、社会捐赠等监察制度，包括财务审计、基建修缮、领导干部经济责任审计等审计制度以及处室本身的管理制度。建立第一批内部审计工作底稿格式。

一、院级制度

2015 年，根据医院内部审计制度，推出开展审计工作的基本制度，包括《上海中医药大学附属曙光医院关于签订经济合同的管理办法》《上海中医药大学附属曙光医院合同备案工作流程》《上海中医药大学附属曙光医院合同文件会签单》《上海中医药大学附属曙光医院工程项目审计工作流程》《上海中医药大学附属曙光医院接受社会捐赠工作流程》《上海中医药大学附属曙光医院接受社会捐赠资助项目审批表》《上海中医药大学附属曙光医院接受社会捐赠资助协议、意向书》等 8 项制度。

二、部门制度

内部审计工作底稿格式有：审计报告（工程类）、审计意见书、工程类审计通知书、审计情况表、财务专项审计调查报告、工程审价审定单、审计工作通用底稿等 7 项。2015 年，根据医院内部审计制度，制定审计部门层面制度，包括《上海中医药大学附属曙光医院监察审计室工作安全制度》《上海中医药大学附属曙光医院监察审计室工作例会制度》《上海中医药大学附属曙光医院内部审计人员职业道德规范》《上海中医药大学附属曙光医院监察审计档案管理制度》《上海中医药大学附属曙光医院监察审计室考勤管理制度》《上海中医药大学附属曙光医院监察审计室档案管理员岗位职责》《上海中医药大学附属曙光医院监察审计室考勤员职责》《上海中医药大学附属曙光医院监察审计室主任职责》《上海中医药大学附属曙光医院监察审计室审计员职责》《上海中医药大学附属曙光医院委托审计管理实施细则》10 项制度。

第六章　总 务 处

1906 年，四明医院建设之初便设立庶务部，并议定庶务部的办事规定，当时主要负责四明医院募捐及建院时的一切杂物。1922 年扩建之后，庶务部主要负责医院煤炭、自来水、电灯、电话、印刷簿籍、家具及杂项，并筹建了食堂、太平间等。1947 年，庶务部为四明医院添建新病房内衍生工程进行招标，工程内容为新病房浴室 4 间、盥洗室 4 间、内部所有冷热水工程及全部电器设备。

1954 年，上海市立第十一人民医院总务科根据工作情况，制定关于总务科各种规章制度，包括《宿舍管理规则》《水电煤气电话管理规则》《电话间工作制度》《使用电话收费办法》《园地管理规划》《财产管理规则》《办公用品发放数量表》等 10 个方面，正式确立医院总务科的工作内容，规范服务内容。1960 年，上海市立第十人民医院与第十一人民医院合并，医院设立总务科，主要管理勤杂人员、库房、采购、食堂、水电维修、锅炉房等。以后，随着医院的发展，人员和设备逐渐增加，其管理工作也有了很大变化。管理范围包括食堂（营养食堂、职工食堂）、钢炉房、物资库房、洗衣房、驾驶室、电梯、绿化、动力设备维修、托儿所、工务员等。“文化大革命”期间，后勤工作受到一定冲击，直到 1978 年逐步恢复，科室调整，总务科下成立了设备科与基建科，分别建立相关的工作制度。1994 年，总务科改为总务处，下设设备、生活、工程维修、综合管理等 4 个科。1995 年，总务科主要承担采购、动力设备、水电维修、食堂、锅炉房、驾驶班、电梯、绿化、卫生员等管理工作。1995—1996 年，总务科下设综合管理科、生活管理科、修理科。1997—2000 年 3 月，下设工程维修科、综合管理科、生活管理科。

2000 年 8 月，成立总务设备处，下设工程维修科、物业管理、设备科。为了配合后勤改革社会化进程，曙光医院后勤实业发展中心于 2000 年 8 月 17 日正式挂牌成立，后勤实业中心隶属于上海中医药大学后勤集团，实行统一管理、统一财务、独立核算、自主经营、自负盈亏。医院内部后勤仍设总务设备处，副处长 2 人，下设工作人员 4 人。2001 年，总务处主要承担库房、采购、动力设备、水电维修、食堂、锅炉房、驾驶班、电梯、绿化、卫生员等管理工作。为配合医院人事制度的改革，总务后勤的组织机构变化较大。2001—2003 年 3 月，总务设备处下设工程维修科、物业管理。2003 年 3 月，设立后勤实业发展中心，负责全院的后勤服务工作，推进后勤社会化，逐步与医院剥离。2004 年 7 月 1 日，东部后勤保障部开始筹备并逐步运作。2004 年 12 月，东部试运行，工作人员逐步到位，设副主任 1 人，科员 2 人，工程人员 5 人，主要承担采购、库房、强电、弱电、天然气、水电维修、食堂、锅炉房、中央空调系统、给排水系统、污水处理站、驾驶班、电梯、绿化、保洁、配送、电话总机等直接或间接的管理工作。2015 年，有处长 1 人，副处长 2 人，科员 9 人。

总务处主要承担了后勤、采购、维修和外包服务管理等工作，其管理范围主要有库房、采购、食堂、水电维修、锅炉房、冷冻机房、洗衣房、驾驶班、电话间、电梯、绿化等工作。

表 2-6-1　1922—2015 年总务处负责人情况表

任职时间	主　任	任职时间	副主任
1922—1928 年	陶辉庭	1922—1930 年	鲍旭照
1928—1930 年	沈相甫	1960—1965 年	崔顺卿

（续表）

任职时间	主　任	任职时间	副主任
1930—1934 年	邵永源	1964—1978 年	侯建勳
1934—1941 年	顾锦华(总主任兼)	1965—1978 年	陆传书
1941 年—不详	赵晓泉	1965—1971 年	王兴昌
1960—1965 年	谢凤鸣	1978—1984 年	钱汉忠
1978—1979 年	陆传书	1978—1986 年	陈茂利
1984—1988 年	吴金良	1979—1985 年	姚思聪
1988—1992 年	崔业珍	1984—1985 年	石重德
1992—1993 年	李家榕	1985—1988 年	佟　栩
1994 年—2001 年 7 月	史荣盛	1988—1993 年	崔业珍
2001 年 8 月—2010 年 3 月	佟　栩	1988—1992 年	王榆坚
2010 年 4 月—	竺　炯	1992—1993 年	吴秀珍
		1992—1996 年	贾申妹
		1994—1996 年	王榆坚
		1994—1996 年	汪砺生
		1995—1996 年	应春跃
		1995—1996 年	孙卫国
		1995 年—1997 年 1 月	李家榕
		1997 年 1 月—2000 年 4 月	佟　栩
		1997 年 1 月—2000 年 8 月	王榆坚
		1997 年 1 月—2000 年 8 月	贾申妹
		1997 年 1 月—2000 年 8 月	应春跃
		2000 年 5 月—2002 年 8 月	佟　栩
		2000 年 4 月—2010 年 4 月	贾申妹
		2001 年 8 月—不详	王榆坚
		2001 年 8 月—不详	应春跃
		2004 年 6 月—2011 年 11 月	严荣兴
		2010 年 4 月—	陈　拥
		2013 年 7 月—	谢晓蓉

第一节　工程部

1960 年，设立技工组，职责管理范围：负责全院的氧气、水、电、煤等维修工作；电话间、锅炉房、洗衣房、缝纫、木匠、漆匠、白铁匠等。“文化大革命”后期，技工组管理条线逐步明确，其中一部分工作渐渐分离出去。电话间最先独立，接着锅炉、洗衣、缝纫先后成立班组。

随着医院规模及各项设备的不断扩大、更新和发展，1993 年，技工组更名为工程维修科。设备科的 4 名维修人员及医疗设备维修工作一并划入维修科，承担了医院全部的维修工作。管理范围包括电梯、送配电、管道施工、机修、木工、漆工、电梯、冷作、制冷、医疗设备维修、后勤设备、通信及其他设备等。建科后逐步制定并完善一系列管理制度；明确科长、副科长、监督员等工作职责；有岗位职责、请购、审批、验收、领发、使用保管、报废、安全保卫等制度。1994 年，成立由 7 人组成的维修工程专家管理委员会，以提高维修质量和管理水平。1995 年 6 月，为配合医院实施电脑管理，工程维修科将修理单、领料、工时计算、医院大修、保养所需的经费计算及修理材料入库和支出均纳入电脑管理。

2004 年 12 月，东部试运行，工程人员 3 人，主要负责东院的水、电、煤及维修等工作。2005 年 1 月签约物业公司，将房屋设备的巡视、保养、维修工作外包给物业，东部工程部主要负责技术指导与监督。2015 年 12 月，有 2 名主管。西部维修组现有高压配电、低压电和木工 3 个工种，其中高压配电有 3 人，实行 24 小时值班制；低压电有 1 名正式职工，主要负责电线电灯、会议音响和弱电等工作；木工现有 1 人，负责日常木工维修。

第二节　冷 冻 机 房

1995—2003 年，西部冷冻机房主要负责溴化锂机组、氟利昂机组，医院的空调设备、风机盘管和冷库等的维护保养。2004 年，东部建院时，有 3 台水冷螺杆机组和 3 台热交换器，由专业单位进行保养，工程部负责质量验收。2015 年 4 月，西部合同能源管理项目顺利竣工，3 台溴化锂机组拆除，更新为 2 台水冷螺杆机组、2 台燃气真空热水锅炉、2 台风冷螺杆式热泵机组和 2 台模块式风冷热泵机组。

第三节　电 话 总 机

电话总机前身为技工组。1954 年，总务科为其制定了电话间工作制度。20 世纪 60 年代独立成立电话间。1995 年，有 5 名话务员通过了中级工的培训考试。SSV－12 数字型程控交换机伴随着医院的业务拓展，从原来的 240 门增加到 274 门，同时承担院内 100 多只 BB 机的传讯服务。

2001 年上半年，电话总机安装“电脑话务员”，开通了 127 自动台呼叫，增设 110 报警系统，加强重要部门的防卫。西部电话间原先设在行政三楼，采用阿尔卡特公司设备。东部开张后，东院总机设立在综合楼 6 楼，使用的是西门子公司设备，之后由于业务和技术发展，更新为中国电信设备。2010 年 6 月，东西两部总机合并，全部迁至东院综合楼 6 楼。总机的主要工作是进行通话的对接，在使用阿尔卡特和西门子设备时，有部分科室通过总机沟通外线，更新为中国电信设备后此功能回归科室。2006 年，消防和 110 报警功能从总机移除。2015 年，中医热线电话咨询归到总机。

第四节　锅 炉 房

1960 年，曙光医院建立后，锅炉房使用的是德国 0.5 吨小型康克令锅炉。1970 年，开始使用 1.5 吨的手烧炉，有司炉工 5 人。1980 年，拆除了原来的手烧炉，安装了 2 吨快装锅炉和 4 吨卧式快装锅炉各 1 台，司炉工增到 7 人，并有水处理员 1 人。1990 年，新锅炉房建成，房屋面积 580 平方米，并更新设备，新装了 3 台 4 吨锅炉，附有机械化操作台、用煤计量表、除氧器等，年平均耗煤量 1 000 多吨，供应用气量 6 000 余吨。

2000 年，为符合环保要求，淘汰了 3 台煤锅炉，投资引进了德国产 Twvbomot - Rv - HD 油炉 2 台，同时，水处理设备全部采用自动化电脑控制，供气量每年 2.5 万吨，年耗油量 1 800 多吨，主要供应膳食科、供应室消毒、开刀间消毒、冷冻机房冷热供气、职工和患者淋浴、洗衣房洗衣供气等。随着医院合同能源管理项目的顺利竣工，2015 年 4 月，西部的锅炉房拆除，锅炉间功能取消。东部建院后使用 3 台燃气(燃油)锅炉，由物业公司负责日常运行管理，专业单位进行保养，工程部负责质量验收。

第五节 驾驶室

1960 年，医院仅有 2 吨卡车 1 辆、司机 1 人，主要用于运输货物。1972 年，增加轿车及三轮卡车各 1 辆，并增加 3 名司机。以后随着医院的发展，各种外出任务的增多，车辆也不断增加和更新。1994 年 12 月，共有各种机动车 9 辆，包括面包车 2 辆(其中 1 辆专门接送名老中医专家上下班)、轿车 3 辆、卡车 3 辆、大客车 1 辆，司机 8 人，实行 24 小时值班制。车辆由医院办公室统一管理，驾驶室统一调度，并逐步报废 3 辆货车。1995 年，新增 3 辆大巴车，用于职工上下班，驾驶室主要负责医院内的客运工作，保证院内的各项客运工作正常化。1995 年，驾驶员原先的 8 人增加到 10 人，车辆从客货车辆混合逐步调整为客车一类。随着医院发展，驾驶室从原来承担部分货运和客运的工作转变为只承担客运工作。2006 年，共有大小车辆编制 10 辆。随着医院后勤编制的减少和驾驶员退休，2015 年，驾驶室有 6 名驾驶员，其中高级工 2 人、中级工 3 人、初级工 1 人，负责东、西两院的客运工作。

第六节 电梯

1985 年，医院仅在外科大楼设有一台老式手动式两用电梯，操作工 1 名。医院进行改扩建后，新病房大楼及制剂楼相继建成，共有电梯 8 台，其中病房大楼 5 台(包括客运梯 3 台、污物梯 1 台、消防梯 1 台)，行政楼 1 台，制剂楼 2 台。电梯均具有手动、半自动和全自动功能，且带有 PC 机的电脑设备。制剂楼 2 台 DS 电梯则为全部自动化。2000 年，共有电梯司机 15 人，均持有上海市劳动局颁发的上岗操作证书，实行 24 小时轮流工作制。2001 年，医院进行病房电梯更换、更新 VEG150JRB/TX - 2KS 医梯 2 台，客梯 1 台。2010 年，对西部门诊大楼和住院大楼重新装修翻新工程，与此同时，逐步更换已经老化的电梯。2014 年，医院对西部门急诊大楼进行改造时，增加 4 台自动扶梯。2015 年，西部有电梯 24 台，其中垂直梯 20 台、自动扶梯 4 台。

2004 年 12 月，东部 OTIS 电梯 38 台，其中自动扶梯 2 台，具体分布为特需楼 5 台、肝科楼 4 台，其余都在综合楼，维修保养工作由 OTIS 维修保养部门负责。2014 年，东部对肝科楼进行改造后增加了 1 台垂直电梯；2015 年，东部电梯共有 39 台。

2011 年，东西两部的电梯维保均由外包单位统一进行，负责院方通过年检，并承担年检中发生的整改工作。外包单位定期对电梯进行常规检查和例行保养，按照国家标准对电梯进行全面维护保养，确保电梯正常运行，并记录在册。

第七节　食　　堂

1906 年，四明医院成立时，由庶务处筹建了饭房。1960 年，食堂的设备极为简陋，面积也只有 160 平方米，只能容纳 200 多人分批次就餐。随着医院的扩建，至 2000 年，食堂面积已经扩展到 1 216 平方米，工作人员 29 人，并对设备进行了更换和添置，相继增加了不锈钢碗橱、切配台、调理台、蒸汽隔层锅、绞肉机、切片机、和面机、烤箱、打蛋机、制冰机、消毒箱、磨浆机、酒精炉、不锈钢热菜台等。食堂拥有专门的厨房间、点心制作间、配菜间、卤味间、蔬菜间、仓库、冷库。职工就餐场所有大餐厅、中餐厅、小餐厅，均进行现代化装修，配备了冷暖空调，就餐环境舒适。同年，餐厅管理方式由原来使用饭菜票发展到使用 IC 卡销售系统，职工就餐方式由原来自带餐具变成自助就餐形式，餐具由食堂统一供应，使用经严格消毒的不锈钢就餐盘，中午免费供应大众汤，职工也可以在中餐厅享受饭店式服务。小餐厅面向高级知识分子，为他们提供特别套餐，收费低廉，服务到位。全方位为职工服务，食堂还为不方便来餐厅就餐的职工提供送饭上门的服务项目。为上夜班的职工送夜点心上门，每天有中西点心 20 种供应职工，另设小卖部方便职工购买生活用品。

2004 年 12 月，东部食堂开张，食堂设立在综合楼 6 楼，建设面积约 2 000 平方米。职工就餐场所主要分职工餐厅和专家餐厅，均采用 IC 卡销售系统；餐具由食堂统一提供，有面食、套餐、小炒、点心等多样菜系；专家餐厅面向高级专家，为他们提供特制小炒。2014 年，对东部食堂进行了重新装修，并优化了购餐就餐的流程。

第八节　洗 衣 房

1960—1990 年，医院洗衣房条件简陋、设备差，大部分洗涤衣物均送外洗涤。以后随着洗衣房条件改善，洗涤衣物不再外送，洗衣房承担全院所有各类被服、制服的洗涤、烘晒、折叠、熨烫、修补以及收发工作。为加强全院制服的管理，实行按收入减去支出、以量和质定分的分配方法，不断提高服务质量。2000 年，医院共有洗衣机（100 公斤）2 台，烘干机（50 公斤、100 公斤）2 台，脱水机 1 台；工作人员 11 人。逐步改善洗衣房条件，在原有设施基础上，增添洗衣机 1 台、烘干机 1 台、脱水机 1 台，蒸汽熨斗及自吸风真空熨台各 4 台；工作人员 12 人。2010 年 9 月，外包专业清洗单位为全院提供医护人员工作服、患者衣裤、床单被套枕巾、手术室开刀织物等清洗业务，保证洗涤物品的保洁完好，按月根据洗涤量结算费用。

第九节　绿　　化

1960—1985 年，医院内仅有一处草坪和一个小花园，由 3 名花匠负责管理总共 1 400 平方米的绿化面积。随着医院逐步扩建，1995 年，在原有 1 400 平方米绿化基础上平均每年增加 550 平方米的屋顶绿化，绿化面积达 3 000 平方米，墙面绿化 240 平方米。随着医院文明建设对环境文化的需要，一年四季安排不同的花卉，对病房走廊和主要部门进行长年花卉摆设，美化医疗环境。1997 年，医院每年通过绿化合格单位的审查。绿化工被评为绿化区先进、市先进，在上海市卫生局插花大赛中获得三等奖。2011 年 10 月，东、西部绿化外包给养护单位，其主要职责为确保绿化带清洁、整齐，无死树、无缺棵、无枯枝烂头、无病虫害。在医院的指导下，做好绿化植被的整修、修剪，合理使用农药和化肥，保证院内植物的存货。2015 年 7 月，对医院内部绿植采用租赁方式外包，由外包单位根据院方要求提供内部的绿化装饰。

第十节 物资库房

四明医院时期，医院物资库房有工作人员 4 人，房屋条件差、面积小。1990 年后，物资库房搬进新大楼，分为被服类库房、印刷品库房以及办公用品等杂货库房，均有专人负责保管。工作人员增到 6 人，包括组长 1 人、采购 1 人、记账员 1 人。库房建立了物品管理制度及采购制度，每月盘货一次，年终全面清点，各科室须持领物簿领用所需物品。2009 年，与上海康德莱国际商贸有限公司签订《医疗用品(耗材)物流配送合作协议书》。2015 年，与国药控股医疗器械有限公司签订《体外诊断试剂及配套耗材整体供应服务协议》，实行医疗耗材和检验试剂“零库存”库房模式，大大减少了医疗耗材的库存。库房的管理程序照旧，验收、发放、账物相符，定期对第三方进行监管和抽查，杜绝第三方私自更换医疗耗材和检验试剂产品。

第十一节 采 购

1906 年，四明医院庶务处成立时，负责医院印刷簿籍、家具及杂项等事宜。1960 年曙光医院成立，总务处负责医院采购，一直延续这个模式，全面负责采购医院医疗材料、消耗品、试剂及办公用品固定资产的审批、采购、验收和管理工作。随着管理理念逐步现代化，根据总务处采购项目，监理完善采购制度与流程，总务处逐步制定相关的采购制度，如招标制度、大宗物资询比价制度、新进医疗物资审批流程、网上审批采购验收流程管理、固定资产管理报废流程制度、库房管理制度、采购员管理制度等。

表 2-6-2 2010—2015 年总务处重要采购项目情况表

采购类别	采购年份	采购项目
信息采购	2010	网络设备国际公开竞争性招标采购
		西部 Visual Studio Premium with MSDN 升级续订服务
	2011	GCP 非进口硬件设备及软件采购
	2012	曙光医院影音录制同步传送系统、观摩室同步传送接收系统采购项目
		曙光医院核心服务器采购项目(一)
		曙光医院核心服务器采购项目(二)
		医院血库软件招标项目
		曙光医院网络存储及核心交换机采购项目
	2013	曙光医院等级保护信息安全集成项目
		曙光医院反统方设备采购项目
		曙光医院协同办公平台项目
		医院科室级远程会诊平台建设项目

（续表）

采购类别	采购年份	采　购　项　目
信息采购	2013	医院光纤存储交换机及网络交换机采购项目
		医院心电电生理网络系统项目
		中医脉象及舌面诊训练考试系统项目
	2014	Ⅰ期临床信息化系统项目
		临床试验项目管理及临床数据采集与管理系统项目
		曙光医院产科临床管理系统建设项目
		医院医疗质量管理系统建设项目(一)
		医院医疗质量管理系统建设项目(二)
		曙光医院国家“863”课题科研计算机硬件采购项目
		交换机、防火墙及安全无线准入设备采购项目
		医院桌面管理系统项目
		东部 Mcafee 企业杀毒软件项目
		电子病历系统改造项目
	2015	教学视频课件制作项目
		生物样本库招标项目
		机架式服务器项目
		石氏伤科远程视频系统项目
		石氏伤科视频同步传输系统项目
		杀毒软件招标项目
车辆采购	2010	丰田考斯特
	2012	车辆更新
外包服务	2011	东、西两部被服洗涤
	2012	东部物业管理招标
		东部门诊装饰设计
	2013	医院建筑设计服务
		医院被服洗涤服务
		西部门头字标识设计制作
	2015	委托临床检验项目
		西部楼顶大字标示项目
		东部安保服务项目
		东部外总体整修及装饰工程一期工程项目设计合同
家具采购	2010	西部病房配套设备采购项目

（续表）

采购类别	采购年份	采购项目
家具采购	2013	西部检验科实验室家具设备
	2014	西部病史室密集架采购项目
特种设备	2010	东部门诊自动扶梯更换工程
	2012	市级医院后勤智能化管理平台项目(一期)
		医院后勤智能化管理平台项目(二期)
	2013	曙光医院扶梯采购及安装项目
	2014	曙光医院后勤智能化管理系统建设项目(三期)
		东部肝科楼电梯采购及安装项目
工程项目	2011	东部停车场改建
	2012	东部门诊扩建消防工程
	2013	东部模拟 ICU 工程
		东部骨伤科门诊改建工程
		医院裸光纤链路工程招标
		西部食堂外楼梯拆建安装项目
		东部特需楼专家门诊诊室改造工程项目
		东部特需楼产科新建工程项目
		产科新增空压泵、汇流排、设备带及管道项目
		地埋式油水分离处理工程项目招标
	2014	东部 DSA 机房改建项目
		东部门诊手术室扩建改造项目
		东部污水处理站大修项目
		西部食堂货梯改造项目
		西部厨房油烟治理设施设计方案项目
		西部钢结构连廊施工项目
		西部门急诊楼门厅土建装饰项目
		西部门急诊楼门厅幕墙改造项目
		西部门急诊楼十一楼改造项目
		西部名医诊疗中心改造项目
		东部食堂改建项目
		东部肝科楼改造项目
		东部 MRI 机房新建项目
		东部捉漏维修工程项目

（续表）

采购类别	采购年份	采　购　项　目
工程项目	2014	西部连廊与锅炉房拆除及相关装修改造项目
		西部地面沥青铺设项目
	2015	东部病理科 PCR 实验室项目
		东部急诊 ICU 改建项目
		东部图书馆迁建及改建项目
		东部母婴超市改造项目
		脑电屏蔽室改造项目
		肌电屏蔽室改造项目
		东部急诊大道改建项目
		东部 128 排 CT 防护改建项目
		手术室流程改造项目
		东部 PETCT 土建
维保采购	2012	西部电梯设备维护
	2013	医院电梯维护
		医院污水处理维护管理
		医院消防系统维护保养
	2014	污水处理维护保养项目
		东部绿化养护项目
	2015	空调维修保养项目
设备采购	2013	门诊 LED 显示屏改造招标
	2014	机房精密空调采购及安装项目
		西部肝科病房容积式电热水器项目
		西部食堂及宿舍热水器项目
		放射科专业医用显示器采购项目
	2015	监控室 UPS 备用电源采购项目
		西部门诊预检台二楼 LED 屏采购项目
食品采购	2013	医院食堂原材料招标项目

第七章　基建办公室

1984年，曙光医院被列为全国“七五”期间重点建设医院单位，并于1985年成立基建领导小组，同年，成立基建办公室，直至1993年工程结束后归入总务处。2001为建设张江新院，成立基建办公室，并于2005年竣工后重新归入总务处。

表2-7-1　1985—1993年基建办公室负责人情况表

任职时间	主　任	任职时间	副主任
1985年—1987年12月	余志鼎(组长)	1985—1986年	陆传书(副组长)
1986年4月—1991年10月	姚明群	1991年10月—1993年	汤仁智
1987年10月—1988年	童莲芳	1985年—1987年10月	童莲芳
1988—1991年	吴金良	1987年—1992年6月	钱乐安
1992年7月—1993年	钱乐安		

表2-7-2　2001—2005年基建办公室负责人情况表

任职时间	主　任	任职时间	副主任
2001年11月—2005年12月	黄国毅	2002年12月—2005年4月	郭　玲

第一节　一期改扩建工程项目

一期改扩建工程于1986年正式动工，到1992年全部结束，建成17层病房大楼和7层制剂大楼，以及行政综合楼。整个工程共投资4 626万元。此外，同时完成了肝炎病房、中心供应室等的改造任务。新建食堂、锅炉房、污水处理站、二道门卫等建筑。医院建筑总面积达37 754平方米。

一、基建前期阶段

1986年4月，开始进行住院部旧房拆除工作，二道门以内的病房全部关闭。1986年12月31日，第一幢大楼(病房大楼)工程举行奠基仪式，上海市副市长谢丽娟及市卫生局、中医学院有关领导参加了奠基典礼。随着病房大楼的开工，制剂楼也于1987年3月开始打桩；11月行政综合楼也接着开工，改扩建工程进入全面施工阶段。第一期改扩建工程实际投入总资金为4 626万元，其中，中央投资2 150万元，市财政拨款1 887万元，医院自筹资金589万元。

二、基建后期阶段

一期改扩建工程总共经过6年时间。1989年初，行政综合楼首先全面完工，同年5月投入使用。1991 年 8 月病房大楼部分楼面开始向病员开放，大楼进入试运转。制剂楼 1990 年春完成土建工程，1993 年初正式完工投入使用。1992 年 5 月 28 日，新病房大楼隆重举行落成典礼，上海市副市长谢丽娟和国家中医药管理局、市卫生局、中医学院以及 100 多家兄弟单位的领导，共 400 多位嘉宾前来祝贺。

第二节　二期改扩建工程项目

继一期改扩建工程之后，曙光医院开始筹划二期改扩建工程。1994 年 3 月，开始项目建设前期工作。整个二期工程包括建造门急诊楼、康复综合楼各 1 幢，总建筑面积为 36 164 平方米，总投资概算为 11 395 万元。分管副院长担任二期工程负责人，并与上海市城市建设投资开发总公司联合设置筹建处，负责具体事宜。1994 年 10 月开始施工，1996 年春竣工。新建的现代化门急诊楼安排 1 层为急诊，2—7 层为门诊，9—11 层为学生宿舍。康复综合楼建于原门诊楼处，楼高 22 层，建筑面积 22 801 平方米；另有地下室 1 层，1 331 平方米，为医院与上海市城市建设投资开发总公司联合建造，建造资金由城投公司承担。

第三节　张江新院项目建设

医院迁建工程项目通过设计方案招投标程序，由美国建筑设计事务所史密斯集团（Smith Group）与上海现代设计集团联合设计的方案中标。医院迁建工程项目作为上海市政府重大建设工程和上海市卫生系统的标志性医院建设项目，于 2002 年 12 月在张江高科技园区举行奠基仪式，2003 年 2 月 18 日正式施工，2004 年 11 月底竣工。

医院迁建工程项目总投资 60 567.094 万元（市财力 13 590 万元、贴息 5 750 万元、其余自筹）；基地占地面积 108 531 平方米，总建筑面积 83 897 平方米；设计床位数 720 张；主体建筑高度 30 米，容积率为 0.68；绿化率 47%以上。基地内有景观河道白莲泾河穿越，将之分为东、西两个部分：西部为门急诊综合楼、肝炎楼、污水处理站和主广场；东部为中医保健干部特需楼、动物房与锅炉房、变电所与高压氧舱以及百草园。设置大门、急救、特需、污物、消防、肝炎等 6 个出入口。

第八章　医学装备部

1984年，设备管理小组成立。1988年，设备科成立，有科长1人、工作人员6人，其中负责电脑管理2人、设备维修2人、采购1人、会计1人，同时成立了设备管理委员会。电脑管理人员从1991年起划归为统计信息科管理；1993年，医院成立工程维修部，4名维修人员调出。2000年，将工程维修人员2人划归设备科管理。

2001年，总务设备处成立，将总务处和设备处合并。2003年，将总务设备处进行拆分，设总务处和医疗设备处。2006年1月，东部建立一年后迎来高速发展，医疗设备处特设1名设备管理人员常驻东部，以更好地配合医院的发展及日常工作的开展。2007年，增设医疗设备资产管理员1人。2009年，医院管理重心向东部转移，医疗设备处整体搬迁至东部办公，西部设1名管理人员和1名维修人员常驻。2014年，医疗设备处改名为医学装备部。2015年，东、西两部设有办公室成员共有7人，包括处长1人、科员2人、计量管理人员1人、设备维修人员2人、财务外派人员1人。学历均为大学专科以上，共有6人大学本科学历，1人大学专科学历。

表2-8-1　1988—2015年医学装备处负责人情况表

任职时间	科长/处长	任职时间	副科长/副处长
1988—1992年	佟　栩	1990—1992年	孙卫国
1992年—1997年1月	李家榕		
1997年1月—2003年3月	佟　栩		
2003年3月—2006年10月	程宗超		
2006年10月—2013年9月	杨　敏		
2013年9月—	赵燕燕		

第一节　业务发展

2008年，根据《医疗器械监督管理条例》和有关法律法规，成立医疗器械管理委员会，并制定章程。2010年，对全院高值耗材开始执行招标采购方式。同年5月，医院被指定为2010年上海世博会定点医院，并且在世博园区设立医疗点，医疗设备处配合医院完成医疗点的设立工作和定点医院的医疗设备保障工作。2010年7月，对全院高值耗材开始执行招标采购方式，并做到常态化，每年进行一次招标。2011年3月，生殖中心组建，医疗设备处配备了生殖中心实验室全套设备和临床检查设备，保障生殖中心顺利开展临床业务。同年，产科重新设立，医疗设备处配合产科建设项目及时配备一系列的医疗设备和设施，保障产科顺利重建。2011年11月，引入植入医疗器械信息追溯系统，实行植入医疗器械扫码进出库，实现实时管理，对器械的各种信息进行追溯管理。东、西两部西药房全自动发药机4组安装并投入使用。

2014年，医疗设备处改名为医学装备部。医学装备部负责人与院长签署行政干部廉政建设责任书。根据医务管理处临床业务科室的发展需求，肿瘤介入科设备迁至东部。同年4月，根据医务管理处要求，关闭西部高压氧舱，医学装备处对特种设备进行申报处置。为进一步规范市级医院医用耗材的管理，参加上海申康医院发展中心召开的市级医院植介入类医用耗材采购信息公示平台建设启动会议。完成《市级医院植介入类医用耗材采购情况统计表》及《市级医院医用耗材相关情况调查表(2013年)》。6月，制订《曙光医院医疗设备绩效考核办法》《曙光医院医技科室医疗设备绩效考核办法(试行稿)》。7月，市级医院植介入类医用耗材采购信息公示平台正式建立，医学装备处做好平台的日常维护工作。9月，完成医学装备处"十二五"医院建设回顾、"十三五"医院建设规划的撰写。11月，新增DSA大型医疗设备(西门子，内含Syngo DynaCT功能)安装至东部，并试运行。

2015年1月，胰胆外科成立，医学装备部配备其科室开展工作所需全套设备，保障科室临床工作顺利开展。3月，新增东、西部中成药全自动发药机(各2组)设备进场安装调试，并试运行。新增1.5T MRI(联影)大型医疗设备1台安装至东部，并投入使用。同年6月，医院移动医疗项目——心电网络系统上线。7月，参加国家中医药管理局医政司召开的中医诊疗设备研讨会。8月，医学装备处选派郭晨洁同志作为上海市第八批援疆干部赴新疆援建。9月，派专人赴捷克参加"中国—中东欧国家卫生部长论坛"的中医药展览会。10月，新建核医学科项目，医学装备处配合建设项目及时配备一系列的医疗设备和设施，保障核医学科顺利建设；东部急诊ICU成立，完成设备安装调试，并试运行。11月，上海市卫生和计划生育委员会监督所召开大型医用设备物联网监管平台建设工作会议，医院已被列入第一批参与系统建设和使用单位名单。12月，西部新增1台64排CT机。

第二节　医疗设备管理

医学装备部全面负责全院的医疗设备的管理工作；负责全院的医疗设备购置前的计划、组织、论证采购工作，到货后的安装、验收、管理、计量、维修、保养、更新、报废工作；负责全院医用材料的供应和管理工作；负责特种设备安全使用管理工作；负责医疗设备的档案管理工作；负责医疗设备的调拨与培训考核工作；负责大型医疗设备的效益分析工作；负责医疗器械不良反应事件监测报告工作，确保临床医疗器械使用的质量与安全。

医疗设备管理主要分为设备计划论证、设备采购、设备保养、设备维修、计量管理、设备报废、设备更新等几个方面。2015年，配备了3.0T磁共振仪、128排螺旋CT机、全数字X线摄片机、全数字乳腺钼靶成像系统、骨关节成像仪、数字减影血管造影机DSA、四杆联动液相质谱联用仪、高内涵药物筛选系统、基因芯片扫描仪、发光免疫分析仪、全自动模块式生化仪、全自动发药机、全自动包药机、荧光定量PCR检测仪、高清电子胃肠镜、高清腹腔镜手术系统、钬激光手术系统、四维彩色多普勒超声波诊断仪、高压氧舱、手术导航系统、脊柱微创手术系统等大型医疗设备。

一、质量目标

2014年，医学装备处制订质量目标，内容包括：仪器设备出现故障能及时维修；设备完好率≥90%；强制检定的计量器具周期受检率100%(对流动频繁的器具如血压计、氧气表、压力表等，为临床使用受检率 100%);医疗器械不良事件上报率 100%;临床科室对医疗器械质量满意度≥90%。

二、管理范围

主要负责全院的仪器设备管理工作,负责审定仪器设备的购置计划,了解仪器设备的使用情况,协调与其他部门之间的关系。凡属医学、教学、科研所需要的仪器设备,均由设备科负责采购、调配、供应、管理,包括医疗仪器、设备、器械、机械仪器、电子仪器、医用材料、放射材料、检验材料、仪器的专用消耗品等。职责包含设备采购预算、设备信息采集、设备论证比较、设备采购执行、设备管理统计、设备维护管理、设备成本核算、设备计量检测,设备报废处置,医用材料的采购及管理等工作。

三、管理制度

1988—2015 年,逐步制定并完善了一系列管理制度,有科室岗位责任制和设备的请购、审批、验收、领发、使用保管、报废及安全保卫、强检管理等制度。各科室申请购买医疗设备,必须按价值分别填写各类请购单,万元以上的医疗设备申请必须由主管院长签字;10 万元以上大型医疗设备的购置,要通过医学装备管理委员会进行适用性和可行性的投资效益论证。采购物品严格掌握符合质量、价格、售后服务等购物三要素。各种大型精密仪器设备发到科室时,必须由医学装备部、使用科室和厂方或经营单位三方有关成员在场,共同开箱验收,随机原始资料由档案室统一保管。对医疗设备的管理建立二级网络,各科室设备保管员负责管理仪器设备。医学装备部建立固定资产分类账、分户账,使用科室建立固定资产分户账。同时还建立了维修、保养制度。

四、维修保养

加强医疗设备维修保养,在医疗设备维修工作方面引入市场机制,对"第三方维修"方式进行充分论证及对比,已有部分医疗设备维修引入"第三方维修",充分利用多方竞争的方式使医疗设备维修打破厂家垄断,从而降低设备维修成本。2015 年度维修总预算 880 万元,维修总支出 476 万元。在设备保养方面加强对重要科室(如检验科、放射科、ICU 病区等)日巡视及对急救设备每月一次的巡检,对重点科室的重点设备进行每年定期两次和节假日前的巡检,对全院设备按周期进行二级保养,开展并完成了大型医疗仪器(如 CT、MR、DSA 等)的预防性维护工作。对大型医疗设备进行年度成本效益分析。重视医疗设备常规及重点保养工作,通过每年定期的厂家保养,对常规易损件及可能损坏的部件进行更换,将医疗设备故障隐患降至最低,从而提高医疗设备使用率,减少因医疗设备故障对临床工作的影响。2015 年,完成医疗设备二级保养 1 256 台件。在设备维修保养工作中,重点加大重大医疗仪器(如 CT、DR、MR、彩超等)的维修管理工作;重视大额维保合同谈判和管理工作;提高突发事件的处置管理能力。

五、计量

医院通过 ISO 9001 质量管理体系认证,将计量医疗器具的受检率作为质量目标之一。医学装备处作为计量医疗器具的主管部门，严格按照 ISO 9001 相关管理规定，对计量医疗器具做到全覆盖检定，并由专门的计量管理人员负责所有计量医疗器具的受检工作，且由各相关临床、医技科室的负责人及各病区护士长作为兼职计量管理人员，对计量医疗器具按照科室分布做日常管理，做到全面受检零遗漏。自从实行 ISO 9001 质量管理体系至今，计量器具的检定率均为 100%，均达到管理体系所要求的质量目标。

对新购置计量医疗器具采取先受检再使用的措施，保证在使用之前进行检定，完全符合检定标准后才用于患者的检查和治疗，保证检查、治疗结果的准确性。对于一些重要的、抢救性质的非强制检定计量医疗器具进行自行规定周期性检定，以保证计量器具的稳定性和准确性，也保证患者的治疗安全性和有效性。

六、报废

对于性能落后、无配件修复且一次维修费用比例过高的医疗设备，或失准的医疗设备，未达国家计量标准、超过使用年限的医疗设备作报废处理。由各科室填写《曙光医院设备报废申请单》或者《曙光医院十万元以上设备报废申请单》，经维修工程师现场确认，同意报废后，报医学装备处、财务处、院领导审核批准。批准之后，采集报废设备图像信息。报废的医疗设备由医学装备处统一处理。

七、医用材料

加强对一次性植入医疗器械的管理，进一步规范医疗行为，特制定一次性植入医疗器械的准入制度。严格审核供应商资质及产品资质，充分进行价格谈判，严格按照物价局规定制定收费项目。与医保处和财务处紧密合作，对收费及进医保项目严格审查，以做到无疏漏且当价格有新规定时进行及时维护。2010—2015 年，全面实行公开招标采购方式，采购价格公开、透明。目前针对植入性医疗器械进行执行植入医疗器械追溯管理系统，严格控制医疗器械流通环节，仔细审核产品资质及质量，与临床科室共同合作对其进行严密管理，核对收费及使用情况，保障植入医疗器械在临床的安全使用。

第三节 内 部 管 理

1988—2015 年，每年对部门的管理制度进行修订或增订。2015 年，执行的管理制度有 4 章共 44 条。医学装备处负责人与分管院长签署《曙光医院行政干部廉政建设责任书》，并将党风廉政建设和公立医院廉洁风险防控工作的有关规定，及时传达至部门每一位成员，并与党办共同对 10～100 万元医疗设备采购的流程实施网上监督。根据法律法规要求及上级部门管理要求，结合本部门的实际情况，每年修订或增订管理制度，并接受 ISO 内审和外审，以及医疗器械质控中心对医学装备处的专业质控检查。

加强医院医疗设备的使用，提升临床医师的专科技术，发挥临床医师一医多技的能力，积极鼓励临床医师参与医技部门的专科检查与治疗。2013 年，制订《曙光医院医技科室医疗设备绩效考核办法》。

1988—2015年，加强科内人员的专业培训，每年参加各级各类的培训与讲座。2015年，开展业务培训讲座12次，外送参加学会和质控学习18人次。

第四节 设备更新与总价值

1931年，四明医院成立病理检查室和化验室。1932年，成立X光室，有X线透视装置可以进行透视检查。1986年12月，医院设备固定资产总值为331万元。1991—1993年，住院部新大楼投入使用，每年有计划地添置一些精密医疗设备。1994年12月，医疗设备固定资产总值达2 453万元，增添一批大型设备，如全身CT机、大型生化分析仪、经颅多普勒测定仪、血液透析机、中心监护系统及心腹彩超仪等。在添置设备中，优先考虑具有中医特色的设备，引进中医经络诊断仪、中医经络治疗仪、多功能理疗仪、舒肝仪、气功信息治疗仪、频谱治疗仪等。对医院重点科室急诊科，配备多功能床边监护仪、遥控生命监护仪、除颤器、呼吸机、心电心音记录仪及动物心功能检测系统、电生理刺激器等设备，价值达70多万元。为中药制剂中心配备目前国内较少的生药提取电脑控制系统等，总投资200多万元。

1997—2001年，为建设与全国一流的现代化综合性中医院相匹配的中医院，购置大型设备有X线机、彩超、尿动力分析仪、呼吸器、中央监护仪、全自动生化分析仪、液相色谱仪等；同时新项目所需的设备也相应地购置：脑循环动力检测仪、骨密度仪、多相投影显微镜、高压氧舱以及脑外科的手术设备。2001年12月，全院医疗设备总价值5 080万元，1 419台(医疗设备总值是1994年2 453万元的2.08倍)。医院2004年单价万元以上设备共327台，设备总价值4 817万元；单位万元以下设备共1 092台，设备总价值263万元；单价100万元以上大型设备共8台，设备总价值1 624万元；制剂设备34万元，计215台；二手设备41万元，计113台。2003年，购置的大型设备有CT机、X线机、彩超、尿动力分析仪、呼吸器、中央监护仪、全自动生化分析仪、液相色谱仪等，同时也相应地购置了新项目所需的设备：脑循环动力检测仪、骨密度仪、多相投影显微镜、高压氧舱以及脑外科的手术设备。2004年，在东部添置了具有领先水平的1.5T双梯度磁共振仪、16排螺旋CT、心脏血管造影X线系统、蛋白组学成像系统等设备，使临床科室能够顺利开展各项医疗业务和科研工作。

2005年12月，全院医疗设备总价值14 806万元，医疗设备2 213台，医疗设备总价值是1994年2 453万元的6.03倍，是2001年5 080万的2.9倍。医院单价万元以上设备共761台，设备总价值14 417万元；单价万元以下设备共1 452台，设备总价值389万元；单价100万元以上大型医疗设备共21台，设备总价值5 748万元；单价50万元至100万元医疗设备共31台，设备总价值2 114万元。

2006年，业务量逐月增加，为保障临床工作的顺利开展，开展新的业务，购置了高内涵药物筛选系统、高压氧舱、等离子低温灭菌系统、X线骨密度仪、眼科手术显微镜、全自动生化分析仪、高清胃镜、彩色多普勒超声诊断仪、白内障手术摘除系统、钬激光手术系统、四杆联动液相质谱联用仪、数字平板X线成像系统等设备。

2009年9月，因临床业务高速发展，医院决定将管理重心向东部转移，日常管理以东部为主，购置等离子低温灭菌系统、全自动细菌培养箱、全自动尿液分析仪、数字平板X线成像系统、64排螺旋CT机、高清胃肠镜系统、全自动微生物分析仪、激光美容工作站、肺功能功能仪、全高清腹腔镜手术系统、移动式C型臂、关节镜手术系统、流式细胞仪、数字化乳腺钼靶成像系统、全高清宫腔镜手术系统等设备。

2011 年 3 月，生殖中心开始组建，医学装备处配备生殖中心实验室全套设备和临床检查设备，保障生殖中心顺利开张，购置全自动生化分析仪、3.0T 磁共振成像系统（MRI）、光学相干断层扫描系统（OCT）、射频消融肿瘤治疗系统、彩色多普勒超声诊断仪等设备。

2013 年 11 月，产科重新设立。医学装备处配合产科建设项目及时配备一系列的医疗设备和设施，保障产科顺利重建，购置了实时细胞分析仪、全自动生化分析仪、脊柱微创手术系统、电外科工作站、全高清腹腔镜手术系统、全高清鼻窦镜手术系统、多功能颈柱测试评价系统、四维超声多普勒诊断仪、骨关节成像系统、全高清腹腔镜手术系统、眼科手术系统、多功能数字 X 线诊断系统、心脏血管造影系统、感觉神经定量检测仪、胶囊灌装机、湿法制粒机、挤出滚圆机、旋转压片机等设备。

2015 年 1 月，胆胰外科成立。医学装备处配备科室开展工作所需全套设备，保障科室临床工作顺利开展，购置 1.5T 超导磁共振成像系统、手术导航系统、全自动生化分析仪、紫外线治疗机、流式细胞仪、128 排研究型 CT 机、中央监护系统等设备。2015 年 12 月，医院医疗设备共 3 847 台（件），总价值为 36 797 万元。其中单价 1 万元以下医疗设备 1 927 台（件），设备总价值 769 万元；单价 1～50 万元医疗设备 1 782 台，设备总价值 15 662 万元；单价 50～100 万元医疗设备 82 台（件），设备总价值 5 541 万元；单价 100 万元以上设备 56 台（件），设备总价值 14 826 万元。

表 2-8-2　1953—1984 年放射设备统计情况表

年　份	医院名称	设备名称	数　量	品　牌	价　值
1953	四明医院	100 mA X 线机	1	—	1 万元以上
1953	四明医院	30 mA X 线机	1	—	1 万元以下
1960	曙光医院	300 mA X 线机	1	飞利浦	1 万元以上
1960	曙光医院	100 mA X 线机	1	吉浦斯	1 万元以下
1973—1984	曙光医院	200 mA X 线机	1	国　产	1 万元以上
1973—1984	曙光医院	钼钯 X 线机	1	国　产	1 万元以下
1973—1984	曙光医院	400 mA X 线机	1	罗马尼亚	1 万元以上
1973—1984	曙光医院	800 mA 电视遥控机	1	日本岛津	1 万元以上

表 2-8-3　1991 年新大楼投入使用时单价 1 万元以上放射设备统计情况表

设 备 名 称	数　量	品　牌
400 mA X 线机	1	罗马尼亚
800 mA 电视遥控 X 线机	1	日本岛津
1 000 mA 电视遥控 X 线机	1	日本岛津
500 mA X 线摄片机	1	日本岛津
200 mA 移动式摄片机	1	日本岛津
2 400 Elect CT	1	Lscint
30 mA 移动式摄片机	1	国　产
50 mA 电透 X 线机	1	国　产

表 2-8-4　1993 年全院设备统计情况表

名　称	1 万元以上		1 万元以下		合　计	
	台(件)	总计金额/元	台(件)	总计金额/元	台(件)	总计金额/元
诊断设备	65	12 382 978. 34	307	507 744. 64	372	12 890 723. 48
治疗设备	29	2 694 040. 78	279	277 092. 08	308	2 971 140. 86
通用设备	25	837 660. 12	308	321 379. 25	333	1 159 339. 37
制剂楼	51	1 616 902. 61	170	559 906. 70	221	2 176 809. 31
二手设备	—	—	—	—	603	2 206 991. 55
其他设备	—	—	—	—	277	85 346. 19
电脑	14	405 910. 20	22	120 850. 00	36	526 760. 20
空调	44	776 623. 33	80	314 293. 36	124	1 090 916. 69
冰箱	1	12 700. 34	84	170 630. 34	85	183 330. 68
合　计	229	18 726 824. 22	1 250	2 272 196. 37	2 359	23 291 328. 33

表 2-8-5　1993 年单价 1 万元以上设备统计情况表

设 备 名 称	台(件)	金额/元
X 线诊断仪	7	1 955 091. 3
CT 机	1	4 279 804. 75
DNA 扩增仪	1	46 865. 33
万能显微镜	1	24 711. 38
超声波仪	4	783 348. 62
四道生理仪	2	27 300. 00
肌电图	1	13 246. 00
心电动态监护系统	1	219 968. 15
结肠镜	1	17 261. 30
纤维十二指肠镜	2	83 580. 04
纤维支气管镜	1	20 368. 9
胆道镜	1	66 419. 24
腹腔镜	1	37 955. 20
膀胱镜	1	44 811. 89
液相层析仪	1	19 584. 64
二氧化碳培养箱	3	111 468. 54
酶标测定仪	2	168 555. 34
电解质测定仪	1	162 772. 67

（续表）

设 备 名 称	台(件)	金额/元
尿九联分析仪	1	38 500.00
冰冻切片机	2	133 514.59
血黏度计	1	17 420.00
脑电图机	1	110 534.93
放免血球计数器	1	31 500.00
多普勒经颅诊断仪	1	169 553.36
全自动生化分析仪	1	601 393.91
冰冻离心机	2	29 100.00
彩　超	1	1 600 000.00
关节镜	1	266 856.22
手术显微镜	1	12 725
心电图机(三 4 道)	1	14 176.16
全自动血气分析仪	1	73 135.35
肺功能仪	1	16 901.41
分光光度计(720)	1	21 866.19
红白细胞计数仪	2	194 163.69
液体闪烁计数仪	1	50 000.00
光密度计	2	150 626.01
红外分光光度计	1	44 793.46
紫外分光光度计	2	33 110.00
高压液相色谱仪	1	109 558.39
气相色谱仪	1	57 036.42
薄层色谱扫描仪	1	50 676.02
电子分析天平	1	10 448.39
合　计	47	12 382 978.84

表 2－8－6　1993 年单价 1 万元以上治疗设备统计情况表

设 备 名 称	台(件)	金额/元
手提式呼吸机	1	30 609.70
心电监护仪	12	1 120 758.61
除颤器	1	33 063.31
冷凝器	1	54 715.65

（续表）

设备名称	台(件)	金额/元
高频离心铸造机	1	11 335.07
间歇牵引床	1	24 080.19
经皮髓核摘除器	1	58 234.00
眼底照相机	1	43 894.22
电动多功能手术床	1	13 100.00
人工肾、纯水设备	4	594 247.01
麻醉机	1	193 751.83
输液泵	1	16 659.19
内腔激光治疗仪	1	25 000.00
氩气刀	2	474 600.00
合　计	29	2 694 048.78

表 2-8-7　1993 年单价 1 万元以上通用设备资产情况表

设备名称	台(件)	金额/元
电　脑	14	405 910.20
摄录一体机	1	13 465.00
广播器材	1	18 092.98
中英文打字机	1	13 398.00
复印机	1	24 980.00
油印机	1	14 500.00
电视共用天线	1	84 841.25
BP 机	1	146 300.00
蒸卧不锈钢消毒锅	1	12 680.00
热空气消毒箱	1	19 692.69
脉动消毒柜	1	68 500.00
激光打印机	1	15 300.00
合　计	25	837 660.12

表 2-8-8　1994、2001 年单价 1 万元以上主要设备情况表

设备名称	1994 年台数	金额/万元	2001 年台数	金额/万元
X 线诊断仪	7	196	12	657
DNA 仪	1	4.6	2	9

（续表）

设备名称	1994年台数	金额/万元	2001年台数	金额/万元
超声波仪	5	238	6	432
肌电图仪	1	1.3	1	41
支气管镜	1	2	2	23
冰冻切片机	2	13.3	2	20
全自动生化分析仪	1	60	3	200
X线洗片机	1	9	3	30
冰冻离心机	2	3	4	16
关节镜	1	27	2	43
全自动血气分析仪	1	7.3	1	24
红白细胞计数仪	2	19.4	3	107
液相色谱仪	1	10.9	3	66
监护仪	12	112	32	640
除颤器	1	3.3	5	44
电动手术床	1	1.3	5	37
麻醉机	1	19.3	4	81
输液泵	1	1.3	6	29

表 2-8-9　2005 年单价 100 万元以上设备统计情况表

设备名称	型　号	厂　家	价格/元	科　室	产　地
超声多普勒诊断仪	HP5500	HP	1 650 173.54	超声波	美　国
CT机	SELECT/SP	飞利浦	429 804.75	放射科(东)	以色列
超声多普勒诊断仪	HP8500	HP	1 675 928.37	超声波	美　国
X线机(1000 mA)	VH	GE	3 016 601.14	放射科	美　国
全自动生化分析仪	AEROSET	雅　培	1 564 186.64	检验科	美　国
中央监护系统	M3105A	HP	2 015 846.92	7病区ICU	美　国
计算机放射成像系统	ACR2000	—	1 019 469.8	放射科	美　国
C型臂数字减影机	BVPLUS	飞利浦	2 228 963.14	放射科	荷　兰
多导心电生理记录仪	4 000	GE	1 161 393.99	CCU病区	美　国
超声多普勒诊断仪	LOGIQ5	GE	1 173 000	肝病中心	韩　国
体外循环仪	SIII	—	1 065 700	手术室(东)	德　国
超声多普勒诊断仪	HDI5000	飞利浦	1 408 500	超声波室(东)	美　国
中央监护仪	90387-1700	太　空	1 535 772	中心ICU	美　国

（续表）

设备名称	型号	厂家	价格/元	科室	产地
超声多普勒诊断仪	VIVID7	GE	1 913 643.94	超声波室东	挪威
模块组合生化分析系统	LX20	贝克曼	1 964 197	检验科(东)	美国
磁共振成像系统	1.5T	飞利浦	11 421 103.58	放射科(东)	美国
X线机(数字胃肠)	900MA	飞利浦	2 446 236.69	放射科(东)	美国
X线机(直接数字平板)	850MA	飞利浦	2 193 177.73	放射科(东)	美国
CT机	BRILLANCE	飞利浦	6 194 391	放射科(东)	以色列
蛋白组学成像系统	PROXPRESS2D	PE	1 321 977.98	肝病中心	美国
心脏血管造影X系统	FD10	飞利浦	6 231 068.32	放射科(东)	荷兰

表2-8-10　2005—2015年医疗设备总值增长率情况表

年份	设备增加值/元	医疗设备总值/元	增长率/%
2005	—	98 321 896.46	
2006	27 543 274.49	125 865 170.95	28.01
2007	16 491 498.22	142 356 669.17	13.10
2008	16 326 205.72	158 682 874.89	11.47
2009	20 322 975.35	179 005 850.24	12.81
2010	8 490 867.29	187 496 717.53	4.74
2011	22 833 605.78	210 330 323.31	12.18
2012	33 166 563.58	243 496 886.89	13.62
2013	24 567 285.50	268 064 172.39	10.09
2014	49 947 142.36	318 011 314.75	18.63
2015	51 288 375.76	367 975 883.03	2.68

表2-8-11　2006—2015年医疗设备购置情况表

年份	总台数	总金额/万元	1 500元～1万元		1～50万元		50～100万元		100万元以上	
			台数	金额/万元	台数	金额/万元	台数	金额/万元	台数	金额/万元
2006	1 305	12 586	671	272	588	5 467	28	1 888	18	4 958
2007	1 469	14 235	735	298	679	6 335	35	2 361	20	5 240
2008	1 670	15 868	869	351	739	6 861	37	2 481	25	6 174
2009	1 958	17 900	1 032	422	859	7 752	40	2 652	27	7 073
2010	2 095	18 749	1 096	450	929	8 356	43	2 869	27	7 073
2011	2 336	21 033	1 193	489	1 062	9 489	52	3 509	29	7 544

（续表）

年　份	总台数	总金额/万元	1 500 元～1 万元		1～50 万元		50～100 万元		100 万元以上	
			台数	金额/万元	台数	金额/万元	台数	金额/万元	台数	金额/万元
2012	2 694	24 349	1 376	556	1 231	10 703	55	3 733	32	9 356
2013	3 006	26 806	1 521	612	1 387	12 127	64	4 348	34	9 717
2014	3 399	31 801	1 684	676	1 600	14 287	72	4 889	43	11 947
2015	3 847	36 797	1 927	769	1 782	15 662	82	5 541	56	14 826

表 2-8-12　2006—2015 年大型医疗设备购置情况表

设备类型	设备名称	规 格 型 号	购置日期	制造商	购置价值
乙　类	1.5TMRI	INTER ACHIEVA 1.5T	2005 年 3 月	飞利浦	1 245.11 万元
乙　类	3.0TMRI	MAGNETOM VERIO	2012 年 11 月	西门子	1 501.12 万元
乙　类	16 排 CT 机	BRILLANCE 16	2005 年 10 月	飞利浦	619.44 万元
乙　类	64 排 CT 机	LIGHT SPEED VCT	2009 年 11 月	GE	717.61 万元
乙　类	DSA	ALLURA XPER FD10	2006 年 2 月	飞利浦	623.11 万元
乙　类	DSA	ARTIS ZEE CEILING	2014 年 12 月	西门子	451.57 万元
乙　类	1.5TMRI	UMR560	2014 年 12 月	联　影	650 万元
乙　类	128 排 CT	BRILLANCE ICT	2015 年 4 月	飞利浦	93.8 万美元

表 2-8-13　截至 2015 年 12 月医院单价 100 万元以上设备情况表

序号	仪 器 名 称	型　号	单价/元	使用部门	产　地
1	中央监护系统	M3105A	2 015 846.92	ICU	美　国
2	多导心电生理记录仪	4000	1 161 293.99	CCU 病区	美　国
3	体外循环仪	SIII	1 065 700.00	手术室(东)	德　国
4	超声多普勒诊断仪	VIVID7	1 913 643.94	超声波室(东)	挪　威
5	磁共振成像系统	1.5T	12 451 103.58	放射科(东)	美　国
6	蛋白组学成像系统	PROXPRESS 2D	1 321 977.98	肝病研究室(东)	美　国
7	心脏血管造影 X 系统	FD10	6 231 068.32	放射科(东)	荷　兰
8	高内涵药物筛选系统	HCS READER2.2.0	2 876 596.23	肝病研究室(东)	美　国
9	直接数字平板 X 光机 DR	DIGITAL DIAGNOST	1 858 030.44	放射科(东)	德　国
10	X 线骨密度仪	PRODIGY ADVANCE	1 063 139.87	骨密度室(东)	美　国
11	彩色超声波诊断仪	512	1 756 673.95	超声波	美　国
12	钬激光手术系统	100W	2 700 000.00	泌尿科(东)	以色列
13	液质联用仪	4000/1200	2 204 188.53	药物代谢实验室	美　国

（续表）

序号	仪器名称	型号	单价/元	使用部门	产地
14	直线数字化X线摄片机	VX	1 365 255.93	放射科	德国
15	彩色多普勒超声诊断仪	IE33	1 534 605.00	超声波室(东)	美国
16	彩色多普勒超声诊断仪	VOLUSON 730	1 534 605.00	超声波	奥地利
17	全身X线计算机断层扫描系统	VCT	7 176 128.75	放射科(东)	日本
18	数字化X线摄影系统DR	8000	1 813 434.55	放射科(东)	美国
19	彩色超声诊断仪	SSD-410	1 332 851.85	超声波室(东)	日本
20	数字乳腺钼靶X射线系统	MAMMOMAT INSPIRATION	3 382 064.45	放射科(东)	德国
21	彩色超声波诊断仪	HI VISION PRERUS	1 613 149.04	超声波室(东)	日本
22	彩色超声波诊断仪	E6	1 489 414.57	生殖中心	奥地利
23	磁共振成像系统	3.0T	15 011 748.00	放射科	德国
24	高效液相串联四级质谱仪	4000	2 317 560.68	药物代谢实验室	新加坡
25	脊柱微创手术系统	FS63421810	1 300 000.00	伤科	德国
26	超声诊断仪	GE-E8	1 719 676.00	产科住院(东)	奥地利
27	骨关节成像系统	G-SCAN	6 606 212.85	伤科	意大利
28	彩色超声诊断系统	ELITE	1 838 092.00	超声波室(东)	美国
29	多功能数字X线诊断设备	luminos select	1 070 000.00	放射科	中国
30	旋转压片机	xl100	2 074 000.00	制剂	德国
31	湿法制粒机组	TMG&GSF100	1 506 000.00	制剂	德国
32	挤出滚圆机	IPS5(E100/S250)	1 507 000.00	制剂	英国
33	超声诊断系统	ACUSON S2000	1 457 378.72	体检中心(东)	美国
34	医用血管造影X线机DSA	ARTIS ZEE CEILING	4 515 716.63	放射科(东)	德国
35	超导磁共振成像系统	umr560	6 500 000.00	放射科(东)	中国
36	手术导航系统	S7	2 485 000.00	3A病房	美国
37	全自动生化分析仪	AV-5821	1 405 412.04	检验科(东)	日本
38	超声电子内窥镜系统	EU-ME2	1 700 000.00	胃镜室(东)	日本
39	高清电子胃肠镜系统	CV-290	2 700 000.00	胃镜室	日本
40	全自动荧光定量PCR检测系统	COBAS AMPLIPREP+TAQM	1 530 194.00	肝病中心	美国
41	全高清腹腔镜系统	PV460	1 380 000.00	外九科	德国
42	高清电子内镜系统	CV-190	3 500 000.00	外十科	日本

（续表）

序号	仪器名称	型　号	单价/元	使用部门	产　地
43	电外科超级工作站	V10300 APC2 ENDO CUT	1 780 000.00	外十科	德　国
44	肝功能剪切波量化超声诊断仪	FIBROSCAN 502	1 276 089.10	肝病研究室(东)	法　国
45	超声诊断系统	Mylab twice	1 683 652.93	超声波室(东)	意大利
46	椎间孔径手术系统	1002 - TS001	1 500 000.00	手术室(东)	德　国
47	超声诊断系统	MYLAB CLASS C	1 346 013.67	超声波	意大利

第九章　保卫处

“文化大革命”期间，由武保组承担保卫工作。1979 年，医院成立人保科，当时人事和保卫合在一起工作。1982 年 6 月，保卫科成立，设科长 1 人、工作人员 2 人。下属机构有警卫室 9 人，消防监控室 5 人，并建立义务消防队、院夜间巡逻队。设有综合治理领导小组、治保委员会、消防委员会。1994 年，保卫科更名为保卫处。2004 年，兼管武装部工作。2000 年 8 月，总务处实行后勤社会化后，警卫室、消防监控工作人员均与医院剥离，由后勤实业公司统一管理，保卫处在业务上给予指导督促检查，治安管理由保卫处直接领导和管理。2005 年，有 3 支治安队伍：门卫保安 17 人，社区保安 6 人，以退伍军人为主体的应急治安员 5 人。2015 年，有 2 支治安保卫队伍：门卫保安 95 人（东、西两部），以退伍军人为主的应急治安员 24 人（东、西两部）。

表 2－9－1　1982—2015 年保卫处历任负责人情况表

任职时间	处　长	任职时间	副处长
1982 年 6 月—1994 年	殷志澄（科长）	1981 年 6 月—1982 年 6 月	殷志澄（副科长）
1994 年—2003 年 3 月	殷志澄	2003 年 3 月—	李　泉
2006 年—	张伟民	2004 年 12 月—2006 年	张伟民

第一节　安全防范与消防

1982—1987 年，每月进行安全普查 1 次，每周末巡查 1 次，节假日及重大日加强检查。此外，还根据季节气候的变化特点进行检查。1988 年，制定《消防工作 10 项标准的具体要求》，发至各科室并组织认真学习，同时为提高本院职工的灭火自救能力分期分批向职工介绍 5 种灭火器材的性质、用途和使用方法，并组织观看防火录像。1989 年，修订医院的《治安保卫责任制考核评分标准》《治安保卫责任制及奖惩试行条例》《月安全值日检查表》。同年，对行政楼 6 个重点部位安装防盗报警装置，添置铁皮档案柜 26 只和 2 套保险箱。

1990 年 1 月，在医院进行大规模基建期间，为加强工地的安全管理，与施工单位签订《外包工程防火安全、治案承包协议书》，并制定《防火管理制度》《动员明火规定》《吸烟规定》等。1995 年，建立治安联络网，有治保会、防火委员会、义务消防队。设有夜间巡逻专职人员。

2004 年，保卫处部分同志因工作需要调到东部工作，对治保会、防火委员会、义务消防队做了适当的调整和充实。院内包括大楼设有巡逻机制，备有巡检棒采集输入电脑进行跟踪检查。2003 年 6 月—2005 年 6 月，两次开展院主管领导与处室负责人就治安防火综合治理责任书的签约。2005 年，对院治保会、防火委员会、义务消防队做了适当的调整和充实。

2010 年，对院内包括大楼设有巡逻机制，备有巡检棒，采集输入电脑进行跟踪巡查。2005—2015 年，每两年开展院主管领导与处科室负责人就治安、防火综合治理工作责任书的签约。对重点要害部门根据公安部门的要求，先后两次投资 200 余万元对东、西两部技防设施进行改建，基本完善东、西两部的技防设施。2014 年，结合西部病房大楼和门诊大楼的改建，分别对西部的消防设施进行改造。加强对易燃易爆、剧毒化学危险品的管理，制订《曙光医院应急处置各类恐怖事件预案》《曙光医院发生爆炸事件的应急预案》《曙光医院发生投毒事件的应急预案》《曙光医院处置各类恐怖事件应急预案流程图》《曙光医院发现爆炸物品事件处置流程图》《曙光医院发生劫持人质事件处置流程图》《曙光医院风机房发现气体投毒事件处置流程图》《曙光医院水泵房、食堂及水箱发现投毒事件处置流程图》《曙光医院火灾应急预案流程图》《曙光医院重点部位火灾应急预案流程图》《曙光医院重特大火灾的指挥处置流程》《曙光医院一般火警处置流程图》等管理制度，每年组织员工进行实战演习。

2012 年 4 月 1 日，在上级公安机关的支持下，张江高科技园区治安派出所进驻医院，医院警务工作室正式挂牌成立，由专职民警每天 8 小时常驻医院，维护医院正常医疗秩序。2012—2015 年，医闹参与的医疗纠纷事件呈逐年下降。2012 年 5 起、2013 年 2 起、2014 年 1 起、2015 年 0 起。

第二节　重要事件安全与保卫

1982—2015 年，每年协助院办外事组做好上海市委、市府、市人大、市政协领导来院视察及重要外宾、国家元首来院参观访问的安全保卫工作；完成医院重大庆典活动的安保工作，管理好集体户口；完成院党政领导批示交办的有关举报、投诉的调查处理工作；完成公安机关、安全局交办清查、调查、取证、了解情况等工作。

第三节　业务建设与制度管理

1988 年，加强防盗、禁赌的宣传，重新修改《禁赌通告》。1989 年，为配合上海市消防宣传周活动，组织 67 名职工参加了消防与保险知识竞赛活动，190 余人参加医院实地消防演习。1990 年，将运输化学危险品的驾驶员、押运员派往市有关部门专门培训。同年，根据卢湾分局消防科《关于加强企事业单位基层防火工作的意见》，在调整充实义务消防队的基础上，与上海市消防总队第 5 支队进行实战演习。同年，开展扫“六害”专项工作，对上报情况进行调查分析，确立重点人物，寻找突破口，查出参赌者 21 人，并根据治理管理处罚的有关条例和当事人交待态度分别给予处理，其中 3 人处以行政拘留，追缴非法所得；11 人处以不同程度的罚款，达 3 000 余元；其他人员以教育为主，并按医院奖惩规定扣发奖金。1992 年，完成《医院保卫目标展示图》《政治、治安动态情况表》的制作，使消防安全的重点部位、危险部位及一般部位更为醒目，有利于在事件发生时进行统一、及时、有效的指挥。为加强信息的传递反馈，维护医院内部的稳定，建立信息网络系统，同年，实施保卫档案、资料等电脑化管理，并在春秋二季反盗活动中，开展宣传工作。病区每日广播 2 次，发动群众举报，查实情况。抓获一批案犯，其中 5 起较严重，盗窃物品总值达万元以上。另外，破获诈骗案 1 起，诈骗金额达 6.5 万余元。1995—2004 年，2 次调整充实信息网络系统，调整充实院治保委员会、院防火委员会、院消防队，并加强对义务消防队的建设，每年组织 1 次义务消防队员储气火灾的灭火演练活动。2005—2015 年，根据《企事业单位内部治安保卫条例》规定，修订完善门卫、值班、巡逻等制度；制定医院公共场所的安全管理制度；现金、票据、印鉴、液晶屏电脑等重要物品使用、保管、储存、运输的安全管理制度；单位内部消防、交通安全管理制度；治安防范教育培训制度；单位内部发生治安案件、刑事案件的报告制度；治安保卫工作检查、考核及奖惩制度；申请、购买、存放放射性、剧毒化学危险品的安全管理制度；对基干民兵进行重新登记造册上网。

第十章　信息中心

统计信息科成立于1991年3月，设科长1人、副科长1人，下辖计算机室、病案统计室、图书情报室(业务图书室、文艺图书室、医学情报室)。随着业务发展，2000年，统计信息科更名为信息中心，设主任1人、副主任1人，下辖计算机室、病案统计室和业务图书馆。2005年，业务图书馆独立，成立图书馆室，统计信息科辖计算机室、病案统计室。

2015年，信息中心设有主任1人、行政主任1人，下辖计算机室和病案统计室。其中，计算机室有软件工程师、数据库管理员、网络工程师等专业技术人员10人；分东、西两部，东部有2间办公室和1间中心机房，西部有1间办公室和1间中心机房。病案统计室共有工作人员7人，文员2人，分东、西两部，各有1间办公室。

计算机室主要负责医院信息化建设、医疗相关软件的研发与维护工作。病案统计室负责全院门急诊和住院等医疗工作业务量的收集和汇总，审核、分析和生成全院各类医疗信息统计报表，负责各类各级医疗统计报表的上报工作，以及病案的收取、整理、装订，病史首页的核对、录入，病案的上架归档。

表2-10-1　1991—2015年统计信息科、信息中心历任负责人情况表

任职时间	职　务	姓　名
1991—1992年	科　长	康正祥
1991—1996年	副科长	吴培明
1992—1996年	科　长	佟　栩
1997—2000年	科　长	吴培明
1997—2000年	副科长	刘　珉
2000年—	主　任	刘　珉
2000—2002年	副主任	吴培明
2006年5月—2007年2月	信息主管	张美峰
2007年2月—2010年2月	信息主管(东部)	卢欣然
2007年2—7月	信息主管(西部)	姜　婷
2007年2月—2010年2月	信息主管(病史)	赵明新
2007年7月—2010年2月	信息主管(西部)	熊　进
2015年10月—	行政主任	王见义

第一节　计算机室

计算机室成立于1984年，当时由设备组领导，有工作人员3人。随着业务发展，1991年起属于综合信息科。

一、设备

从20世纪80年代成立计算机室开始，仅有Apple、IBM-PC/XT各1台。随着业务快速发展，在20世纪90年代后，全院实行计算机管理网络，购入的计算机设备数量迅速增长。截至2015年，东西两部共有核心服务器、网络交换机、信息安全、工作站端PC等各类设备1 000余台。

表2-10-2　2006、2010、2015年主要核心设备情况表

年　份	主核心服务器	主应用服务器	主存储	主交换
2006	Strtus 6600，HP IA2660	Dell Poweredge 2950，HP Blade C620G6	EMC CX3-20	Cisco 4510
2010	Fujitsu PQ1800E	HP Blade，DELL Blade	EMC CX4-240 Fujitsu DX440	Force 10 1200E
2015	Fujitsu PQ2800	Cisco Blade	Fujitsu DX 200	Cisco 6810

二、应用系统

计算机室从20世纪90年代初开始开发门急诊收费等管理软件。20世纪90年代中期，搭建医院局域网络。2003年，联合三家软件开发商升级医院管理信息系统，开发临床信息系统（HIS）。2006年起，先后上线手术麻醉系统、检验系统（LIS）、影像诊断系统（PACS）、临床药理管理信息系统（GCP）、数据平台等多个系统，建成一个覆盖全院区域，实现东、西部互联互通的安全稳定的信息系统。

表2-10-3　2005—2015年应用系统建设情况表

序　号	系　统　名　称	系统厂商	建设年份
1	门诊医生站	颐　圣	2005
2	住院医生站	颐　圣	2005
3	护理工作站	颐　圣	2005
4	病案系统	颐　圣	2005
5	检验信息系统	奇　效	2005
6	RIS系统/临床影像档案信息系统	东　软	2005
7	医院信息系统(HIS)	复　高	2006
8	手术麻醉监测系统	麦迪斯顿	2008
9	临床药理管理信息系统临床药物试验工作站	颐　圣	2008

（续表）

序　号	系 统 名 称	系统厂商	建设年份
10	病理系统	东　软	2010
11	心电信息管理系统	数创医疗	2013
12	物资管理	康德莱	2013
13	OA 办公系统	互联网软件	2013
14	科研管理系统	互联网软件	2013
15	863 临床信息化子项目	复　高	2013
16	体检信息系统	勤方信息	2014
17	门诊医生站	复　高	2015
18	住院医生站	复　高	2015
19	护理工作站	复　高	2015

三、信息安全

随着业务的开展，医院信息系统已从单一的门急诊收费系统，发展为拥有 HIS、LIS、PACS 多个需要 24 小时×7 天连续运行，外部连接着互联网、医保网和高校网等复杂系统。科室不断地健全信息系统安全管理制度，完善安全技术防护体系。2004 年，通过《上海市医院计算机信息网络系统安全监测》。2009 年，通过《上海市医疗机构信息系统安全等级保护基本要求》二级增强要求。2013 年，医院通过《上海市医疗机构信息系统安全等级保护基本要求》三级安全保障能力要求。

第二节　病 案 统 计 室

病案统计室于 1960 年正式建立，1996 年 4 月以前，归属于质控办管理。1996 年 5 月起，根据原上海市卫生局的有关文件，归入统计信息科统一管理。

病案统计室负责医院纸质病案归档、入库的管理工作，病案首页填报质量管理以及生成医院常规日报、月报、季报、半年报、年报，及时向上海卫生和健康委员会报送《医疗机构门急诊工作量日报表》[沪卫计统 1－12]，《医疗机构月报表》[沪卫计统 1－10]，《中医出院患者调查表》[卫统 4]，《卫生机构年报表》[沪卫计统 1－1 表]，《上海市计划生育技术服务数量和质量情况季报表》[沪卫计统 29]，《上海市婴儿(新生儿)死亡、死胎、死产一览表》[沪卫统 16]，《上海市干部门诊、病房医疗工作质量分析月报表》，《上海中医药大学部分数据报表》，《全国中医药服务监测年报》等工作。

同时，病案统计室还承担医院病案首页编码培训工作，作为主要合作单位协助举办多次市级培训，有上海市卫生资源与医疗服务调查制度专项培训、上海市中医医疗机构中医病案编码培训、ICD－11 传统医学章节分类与应用培训班、病案首页规范与质量管理培训等，曾获上海市医院协会病案管理专业委员会第一届病案管理知识竞赛组织奖。

2000 年，作为世界卫生组织 ICD－11TM 项目组主要合作单位，参加“ICD－11 传统医学章节分类”的课题研究，并对分类初稿进行测试。

第十一章　对外联络部

2013 年 9 月，对外联络部成立，设立主任 1 人、兼职科员 1 人。2013—2015 年，王唯坚任主任。

第一节　职责范围

2013 年 9 月，医院根据业务发展的需求，成立对外联络部，全面负责特诊部、体检中心、名医诊疗中心工作的对外联络和管理工作，负责了解、分析特诊部、体检中心、名医诊疗中心患者的需求和满意度，为相关工作的发展规划和决策提供研究依据；负责起草特诊部、体检中心、名医诊疗中心的整体工作目标和总结，定期对各项指标完成情况作出分析、提出对策；定期走访相关单位与部门，征求意见，加强特色宣传，落实相关协调与服务工作。完成院领导交办的其他工作。

第二节　业务拓展

2013—2015 年，对外联络部先后对各分管部门的规章制度进行梳理，制定、修订规章制度；加强对名医诊疗中心护士、导医培训，提升服务质量。2014 年 4 月，开始对高端客户实行一对一诊疗服务。同时，每年新增保险公司和中介平台 10 余家。特诊部、名医诊疗中心、体检中心的业务量，每年以 20%～30%的幅度增长。

第十二章　社会工作部

2012年3月1日，医务社工部成立，医务社工部为医院办公室内设部门，由医院办公室行政副主任兼任负责人，1名专职人员，1名兼职人员。2013年9月，更名为社会工作部，成为独立的行政职能部门。办公室设在门诊部二楼传统中医科综合诊疗部区域，面积35.52平方米。

表2-12-1　2012—2015年社会工作部历任负责人情况表

任职时间	主　任
2012年9月—2013年9月	徐美琴(负责人)
2013年9月—	徐美琴

第一节　医务社会工作

2012年3月，医院成立医务社工部，建立之初科室没有专业的医务社会工作背景人员，2名工作人员均为行政管理人员。2013年9月，徐美琴、余松轩(院办兼职)参加上海市卫生计生委、上海市民政局联合举办的第二期上海市医务社会工作岗位培训班(基础班)课程学习，经考核合格，成为正式医务社工。2014年9月，徐美琴、苏艳伟、余松轩参加第三期"上海市医务社会工作岗位培训班暨专科临床社会工作实务继续教育培训班"，获结业证书。2012—2015年，开展专业医务社会工作，包括个案工作、小组工作、社区工作及病房探视等。

一、个案工作

2014年1月，社会工作部开始选择在3A病区(脑外科)开展个案工作，共开展8例。2015年1月，在5C病区即中医周围血管病科开展个案工作，共开展12例。

二、小组工作

2013年11月，在儿科诊室开展"秋冬送暖，陪伴候诊儿童"主题小组活动，制定小组活动的工作目标。2014年6月，在特需楼二楼肛肠科，开展"关爱肛肠健康"的小组活动。运用马斯洛的需求层次论，采取互惠模式，制定使患者克服手术恐惧、积极治疗早日康复、实现组员自我成长方案。同年12月，在4B病区乳腺外科，开展"关爱乳房，呵护自己"的主题小组活动。采取增能理论和社会支持网络理论，干预策略采用互惠模式。2015年6月，开展"轻松减压、共同成长"的小组活动，运用体验分享、培养抗压能力、增强组员信心、自我价值感手段，帮助医务人员抗压减压，舒缓其不良情绪，并学会运用自身的社会支持能力，提升抗压能力。

三、社区工作

社会工作部依靠专家团队的力量，参与社区工作，通过制订计划、服务评估以及专业反思来完成社区工作。2012—2015 年，与治未病科合作，到社区开展社区工作 16 次。

四、病房探访

2012—2015 年，每天有一名医务社会工作者到病房开展病房探访工作，主要通过主任查房、医生查房、护士查房以及医务社工查房等方法寻找需求帮助的对象，通过倾听、同理、安慰、鼓励、解释、宣传、指导、建议、沟通等技巧来开展病房探视工作。2014 年 1 月，选择 3A 病区（脑外科）开展病房探访。2015 年月 1 月，选择 5C 病区（中医周围血管外科）开展病房探访工作。

第二节　志 愿 者 管 理

2012 年 12 月 28 日，经上海市志愿者协会批准同意成立上海中医药大学附属曙光医院志愿者服务基地。成为上海市志愿者基地之后，医院将志愿者管理纳入社会工作部统一管理。

2011 年，院外志愿者 21 人，院内志愿者 1 269 人（其中中共党员 716 人、团员 511 人、民主党派及群众 42 人）。开展项目：科普宣传 19 次，服务 9 638 人次；义诊咨询 4 次，服务 180 人；健康大讲堂 19 次，服务 1 010 人次；社区宣教 25 次，服务 2 610 人次。

2012 年，院外志愿者 42 人，院内志愿者 1 341 人（其中中共党员 722 人、团员 554 人、民主党派及群众 65 人）。开展项目：科普宣传 7 次，服务 2 619 人次；义诊咨询 3 次，服务 634 人次；健康大讲堂 3 次，服务 260 人次；社区宣教 5 次，服务 900 人次。

2013 年，上海市志愿者协会规定每个志愿者年服务时间超过 30 小时以上方可注册成为上海市志愿者，社会工作部严格按上海市志愿者协会要求进行服务时间的登记。2013 年，医院上海市注册志愿者 504 人，院外志愿者 55 人，院内志愿者 1 231 人，共开展项目 74 项，服务 28 053 人次。

2014 年，院外志愿者 42 人，院内志愿者 1 341 人（其中中共党员 722 人、团员 554 人、民主党派及群众 65 人），上海市注册志愿者 558 人。开展项目：科普宣传 7 次，服务 2 619 人次；义诊咨询 3 次，服务 634 人次；健康大讲堂 3 次，服务 260 人次；社区宣教 5 次，服务 900 人次。

2015 年，院外志愿者 103 人，院内志愿者 1 472 人（其中中共党员 848 人、团员 556 人、民主党派及群众 68 人），上海市注册志愿者 921 人。开展项目：科普宣传 41 次，服务 2 261 人次；义诊咨询 72 人次，服务 6 475 人次；健康大讲堂 14 次，服务 1 015 人次；社区宣教 57 次，服务 4 518 人次。

2012—2015 年，社会志愿者中有上海中医药大学在校学生、上海理工大学的在校学生、复旦大学的在校学生，以及张江地区企业职工、社区居民等。

2014 年，获得上海市志愿服务公益基金会志愿服务公益项目资助，资助资金 2.5 万元，项目名称是“one hour，one day”的志愿者服务公益项目。2015 年，获得上海市志愿服务公益金会志愿服务公益项目资助，资助资金 2.5 万元，项目名称是“曙光健康俱乐部援助社区困难家庭志愿服务”。

第三节　中医热线

2007年，中医热线正式成立，由文明办管理，办公室设在特需楼二楼；2010年2月，由门诊办公室管理，办公室搬至综合楼二楼传统中医科过道旁；2013年9月，成为社会工作部下设部门，办公室搬至综合楼六楼C区，面积18.55平方米。2015年5月，中医热线电话咨询由总机工作人员兼任，网上咨询由社会工作部工作人员承担。

第四节　学生带教

2014年起，接受上海中医药大学公共卫生管理学院的本科生带教任务。2014年，带教3名本科生；2015年，带教5名本科生。同时接受上海大学社会学院社会工作系本科生及硕士生的带教任务：2014年，带教1名本科生、1名硕士生；2015年带教1名硕士生。

第五节　公益基金

社会工作部与上海志愿服务公益基金会下属专项基金（兰基金）合作，开展关注女性健康的公益项目。2015年12月19日，在静安嘉里中心举行成立仪式。“兰基金”主要是以女性为对象的公益项目，为女性构建一个平台，帮助广大职场女性预防身心疾病，社会工作部参与并推动职业女性疾病预防与救治公益项目，安排专家讲座、咨询、女性分享交流等。

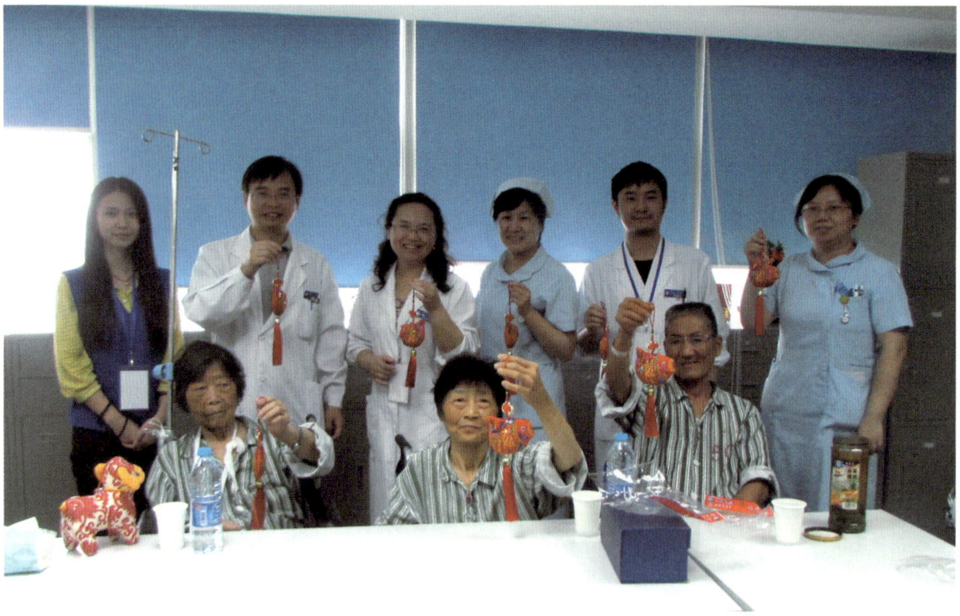

图2-12-1　2015年1月，在5C病区（中医周围血管外科）开展病房探访工作（第二排左三为主任徐美琴）

第十三章　产业办公室

医院的卫生三产机构于1984年10月成立，命名为“上海神州中医药技术开发中心曙光公司”。1986年6月因上海神州中医药技术开发中心与上海中医学院脱钩，公司与神州分开，归属于医院，定名为“上海曙光中医药技术开发公司”。1996年10月，公司更名为“上海曙光科技发展中心”。2003年6月，筹建由曙光科技发展中心和上海国大药房连锁有限公司合资的上海国大曙光药房有限公司，且负责日常经营管理。随着医院东部开张，作为医院配套服务，浦东分公司也已于2005年4月成立。2008年8月被卢湾区药监局评为AAA级医疗器械经营单位。2010年2月，医院设立“产业办公室”，是医院行政职能部门，地址设在曙光大厦7楼B座，与上海曙光科技发展中心共同办公，共有5间办公室、1间会议室；产业办公室设主任1人、副主任1人。

表2-13-1　1984—2015年医院产业历任负责人情况表

任职时间	职　务	姓　名
1984—1993年	曙光科技发展中心总经理	徐志璋
1993—2003年	曙光科技发展中心总经理	李更强
2003—2010年	曙光科技发展中心总经理	陈莲芳
2010年—	曙光科技发展中心总经理	佟　栩
2010—2013年	产业办主任	佟　栩
2013年—	产业办主任	杨　敏
2013年—	产业办副主任	王　跃

表2-13-2　2002—2015年下属控股公司历任负责人情况表

任职时间	职　务	姓　名
2002—2006年	国大曙光药房及医院管理公司总经理	奚益群
2006—2009年	曙广商务总经理	陈莲芳
2007—2009年	国大曙光药房及医院管理公司总经理	缪　晓
2010年—	国大曙光药房总经理	孙　荇
2010—2012年	医院管理公司总经理	孙　荇
2010年—	曙港商务总经理	佟　栩
2013年—	医院管理公司总经理	王　跃

表 2-13-3　1984—2015 年医院产业董事会历任董事长、董事、监理情况表

任职时间	董事长	董事	监理
1984—1993 年	汤仁智	石印玉　郑平东　孙　荇　阮龙德	
2003—2010 年	佟　栩	沈远东　孙　荇　周　华　陈莲芳	马俊坚
2010—2013 年	王唯坚	周　华　周　嘉　孙　荇　王唯坚　佟　栩	马俊坚
2013—2014 年	杨　敏	周　华　周　嘉　孙　荇　王　跃　佟　栩	马俊坚
2014—2015 年	杨　敏	周　华　周　嘉　孙　荇　王　跃　佟　栩	姚　政

第一节　上海神州中医药技术开发中心曙光公司

1984 年 10 月成立，设总经理 1 人，工作人员 4 人。企业的性质为集体所有制；注册资金 5 万元。采取自筹资本、独立核算的经营原则；年盈利 30～40 万元，其中 1/3 上交医院，1/3 用于发展基金，另 1/3 提供医院发放职工奖金。主要经营中医技术开发和技术服务。

第二节　上海曙光中医药技术开发公司

1986 年 6 月因上海神州中医药技术开发中心与上海中医学院脱钩，故曙光公司与神州公司分开，归属于曙光医院，并更改工商登记，定名为上海曙光中医药技术开发公司，企业的性质也改为全民所有制。公司采取独立核算、自负盈亏的经营方式，并成立公司董事会，分管副院长为公司董事长和法人代表；设有正、副经理各 1 人，工作人员 3 人，其中 2 名财务人员、1 名业务员。

曙光中医药技术开发公司的经营目的是以医为主，为医院改革探路，开发中医潜在优势。经营范围为中医药的技术开发和技术服务、科技成果转让及技术咨询。具体工作为开设特色门诊、业余门诊、专科门诊，开办各种短期培训班，并为解决患者看病难、住院难开设了家庭病房。公司还先后筹建了中日合作上海天马山中医国际康复中心、中外合作上海四明保健食品有限公司、联营昆山玉山医院联合病房、天马山老年病房，以及开展上海科器公司的医疗器材经销、宝山药膳保健品开发和在大世界游乐中心设置人体健康信息测试。与上海手表厂、摩力手表集团共同合作开发摩力手表等业务。

第三节　上海曙光科技发展中心

1996 年 10 月，上海曙光中医药技术开发公司更名为“上海曙光科技发展中心”（以下简称“中心”）。“中心”新增经营范围有医疗器械、办公楼租赁、物业管理等。

1999 年开拓物业管理和租赁业务。“中心”承担曙光大厦院产业部分的租赁经营，同时根据曙光大厦联建协议有关规定，与上海城投物业管理有限公司、上海中诚物业有限公司一起，共同投资组建独立注册经营的上海弘安物业管理有限公司，负责整个大厦的物业管理及一楼的租赁经营服务。

2000 年“中心”与上海强基贸易实业公司、北京易利华商贸有限公司合作，开展以中医为特色

的医疗旅游咨询服务项目——曙光医院“中医大世界”。该项目租用曙光大厦三楼(建筑面积 1 452 平方米)作为经营场地,设立中医展览馆、中医为特色的医疗咨询服务、中医保健茶、针灸、推拿、中药足浴等服务项目。中医展览馆以图片、照片和实物形式向游客介绍中医发展史,古今名医、中草药、中医器具、文献资料等,共由 100 余幅图片、10 余件实物和 40 余种中草药标本组成。“中医大世界”聘请有关专家对游客进行中医专科专病、针灸、气功、推拿保健咨询服务,介绍和供应 10 种中医保健茶,并自行设计中药足浴方 5 个,可根据游客身体状况选用不同药方进行足浴和足部保健按摩。年创利润已从 1993 年的三四十万元增加到 2001 年的数百万元,员工已达 20 余人。根据业务需要,“中心”先后两次用自有资金增加注册资金,从 1993 年的 30 万元增加到了目前的 200 万元。

2003 年“中心”成立上海曙安商务服务有限公司,享受再就业优惠税收政策,三年后关闭曙安。新建上海曙广商务服务有限公司,享受南汇工业园区优惠;2009 年关闭曙广商务服务有限公司,新开上海曙港商务服务有限公司。

2003 年 6 月,筹建由“中心”和上海国大药房连锁有限公司合资的上海国大曙光药房有限公司,且负责日常经营管理。根据国家药品监督管理的有关要求,公司于 2004 年 4 月通过 GSP 验证。

“中心”参与筹划医院与澳洲奥森国际有限公司的合作。双方于 2004 年 4 月在澳大利亚墨尔本注册成立了“澳洲森光国际有限公司(CMRC)”。同时,为更好地向当地居民及游客推介中医历史和文化,提供中医综合医疗和保健服务,“中心”参与策划、筹建的公司首个项目“澳洲中医康复中心”于 2004 年 12 月开张,2005 年 1 月正式接待顾客,主要业务包括针灸、推拿、中医内科及中药、保健食品、药茶销售等。

“中心”负责筹建上海曙光医院管理有限公司,并于 2004 年 8 月正式注册成立。公司依托曙光医院品牌、技术、管理等方面的优势,在充分借鉴国内外医院管理公司成熟的运作模式和先进的管理经验基础上,运用科学管理理论,广泛开展医院委托经营管理、项目开发、管理咨询、培训、技术和品牌输出等多领域的业务合作。

2006 年 1 月成立上海四明中医门诊部,专业开展针灸减肥医疗。自 2011 年 5 月起,根据《关于开展市级医院对外投资全面清理工作的通知》的文件精神,“中心”对各所属企业着手展开全面清理工作,并参照上海申康医院发展中心对《关于曙光医院对外投资清理计划》的意见,结合医院实际召开董事会,决议及操作进展如下:对四明中医、曙康口腔进行产权转让。2012 年 9 月底两家门诊部经由上海申康医院发展中心批准通过上海联合产权交易所对外公开挂牌转让,最终受让方为自然人林国瑞。上海四明中医门诊部本次 90%产权公开转让价格为 100 万元,上海曙康口腔门诊部本次 90%产权公开转让价格为 350 万元,均为溢价转让。产权转让后上海曙光科技发展中心对两家门诊部由全资变参股,减持后股份降低到 10%。

2012 年“中心”参股企业上海时光整形外科医院注册资金由 300 万增加至 1 000 万,根据申康公司严格控制再融资的文件规定,决定不再对时光整形追加投资,经协商,“中心”仍占 15%投资比例,每年享受的固定投资回报在原有基础上增加 50%。东部停车场设备改造工程于 2012 年 2 月底竣工,对原有三进四出的设备全部予以更新,并增加了毕升路一进一出两个口。

2013 年底“中心”将其持有的上海中医大致和堂医药有限公司 6.52%的股权,以不低于投资金额的价格在上海联合产权交易所挂牌,以确认受让方,最终于 2014 年初完成转让工作。

2014 年医院产科正式成立,国大曙光药房积极和临床沟通,增加经营品种,如婴儿脐带消毒液、光疗用眼罩等。2015 年对浦东门店进行布局改造,设立母婴用品专柜,以满足母婴用品的销售需求。

表 2-13-4　上海曙光科技发展中心控股子公司投资情况表

成立时间	公 司 名 称	投资金额/万元	出资比例/%
1993 年 1 月	上海曙康口腔门诊部	249.0	75.00
1999 年 3 月	上海弘安物业管理有限公司	21.5	43.00
2003 年 5 月	上海国大药房有限公司	75.0	75.00
2003 年 6 月	上海曙安商务有限公司	45.0	90.00
2004 年 8 月	上海曙光医院管理有限公司	45.0	90.00
2005 年 11 月	上海曙广商务有限公司	47.5	95.00
2006 年 1 月	上海四明中医门诊部	100.0	100.00

表 2-13-5　上海曙光科技发展中心参股子公司投资情况表

成立时间	公 司 名 称	投资金额/万元	出资比例/%
2001 年 10 月	上海中医大致和堂医药有限公司	30.0	6.67
2002 年 10 月	上海市时光整形外科医院有限公司	45.0	15.00

表 2-13-6　上海曙光科技发展中心投资情况

投资日期	投 资 项 目	原始投资金额/万元	股权比例/%	股权变动日期	现投资金额/万元
2006 年 1 月	上海曙广商务有限公司	47.5	95.00	2012 年 2 月	0
2006 年 1 月	上海四明中医门诊部	100	100.00	2013 年 1 月	10
2010 年 7 月	上海曙港商务服务有限公司	50	100.00	—	50

表 2-13-7　2002—2015 年上海曙光科技发展中心产值及利润情况表

年 份	产值/万元	利润/万元
2002	2 204.6	497.7
2003	2 137.1	439.3
2004	3 333.1	899.7
2005	3 043.9	794.9
2006	1 398	390
2007	1 730	496
2008	2 059	432
2009	2 327	371
2010	1 152	464
2011	535	252
2012	763	295

（续表）

年 份	产值/万元	利润/万元
2013	1 127	394
2014	1 394	387
2015	8 389	1 006

第十四章　伦 理 委 员 会

伦理委员会成立于1998年，于2000、2001、2002年进行人员调整，2005、2008、2012年和2014年进行伦理委员会换届。2014年1月，将原医学伦理委员会分成三个分会：医疗伦理委员会、研究伦理委员会和生殖医学伦理委员会。伦理委员会委员包括临床业务骨干、伦理学教授、社会人士和法律专家等。伦理委员会设有独立的办公室，1999年办公室设在西部门诊11楼，2005年搬至东部行政中心二楼C2011室。2014年起，伦理委员会设专职秘书1人。伦理委员会工作内容主要包括项目审查、伦理查房、讲座培训和学术交流等。

表2－14－1　2000—2014年伦理委员会成员情况表

时　间	主任委员	副主任委员	委　员	秘　书
2000年10月	朱抗美	张怀琼 王　晨	石印玉　郑舜华　李财宝　陈莲芳　刘　珉 许蓓华　刘　力　樊民胜　鲍培伦　余美梅	奚益群
2001年12月	朱抗美	马俊坚 蒋　健	石印玉　郑舜华　李财宝　陈莲芳　刘　珉 许蓓华　刘　力　周　华　樊民胜　鲍培伦 张洪芬	奚益群
2002年	朱抗美	马俊坚 詹红生	石印玉　郑舜华　李财宝　陈莲芳　刘　珉 刘　力　方正龙　张雅丽　唐靖一　奚益群 樊民胜　鲍培伦　张洪芬	唐靖一
2005年4月	朱抗美	马俊坚	石印玉　郑舜华　李财宝　刘　珉　刘　力 朱梅萍　张雅丽　唐靖一　奚益群　樊民胜 鲍培伦　张洪芬	唐靖一
2008年7月	朱抗美	马俊坚	石印玉　郑舜华　王姿英　刘　珉　刘　力 朱梅萍　张雅丽　唐靖一　奚益群　周　嘉 关　鑫　樊民胜　鲍培伦　张　宇　张洪芬	唐晓兰
2010年8月	朱抗美	马俊坚	石印玉　郑舜华　王姿英　刘　珉　刘　力 朱梅萍　张雅丽　高月求　何立群　周　嘉 关　鑫　樊民胜　鲍培伦　张　宇　张洪芬	唐晓兰
2012年2月	朱惠蓉	—	石印玉　赵咏芳　王姿英　刘　珉　刘　力 朱梅萍　张雅丽　高月求　何立群　周　嘉 关　鑫　樊民胜　鲍培伦　张　宇　张洪芬	唐晓兰
2014年1月 （医疗伦理委员会）	马俊坚	关　鑫	周　嘉　李　屹　张　宇　赵咏芳　张雅丽 何立群　石印玉　王姿英　元唯安　鲁　琳	纪文利
2014年1月 （研究伦理委员会）	马俊坚	关　鑫	周　嘉　刘　珉　朱惠蓉　鲍培伦　刘　力 张洪芬　樊民胜　高月求　朱梅萍	纪文利
2014年1月 （生殖医学伦理委员会）	马俊坚	关　鑫	李　屹　鲍培伦　张洪芬　袁蕙芸　张雅丽 樊民胜　蒋海平　马庆良	纪文利

第一节 业务发展

一、主要职能

医疗伦理委员会主要负责伦理查房、医疗新技术的伦理审查等。研究伦理委员会主要负责GCP新药、器械和各类科研项目的伦理审查。生殖医学伦理委员会负责临床开展运用人类辅助生殖技术的伦理审查。

二、制度建设

《伦理委员会工作手册》于2006年4月发布。2010年7月，修订并发布《伦理委员会标准操作规程2.0》。2014年4月，发布《伦理委员会标准操作规程3.0》，制定《伦理审查申请/报告指南》。

表2-14-2 2006—2014年各类伦理制度汇总表

序号	制度
1	曙光医院关于建立伦理审查体系的通知
2	曙光医院关于制定临床研究伦理审查管理相关规定的通知
	附件：曙光医院临床研究沟通、质量以及利益冲突管理的相关规定
	曙光医院关于伦理审查经费管理的规定
	曙光医院关于加强临床科研项目伦理审查管理的规定
3	曙光医院关于规范设计人的医学研究伦理审查的通知
4	曙光医院关于临床研究合同管理的规定

表2-14-3 2006—2014年各类标准操作规程汇总表

序号	标准操作规程及附件
1	制定伦理委员会标准操作规程
	附件1：伦理委员会标准操作规程列表
	附件2：标准操作规程模板
	附件3：标准操作规程沿革表
	附件4：标准操作规程分发签名表
	附件5：标准操作规程修订申请表
2	伦理委员会的组建
	附件1：伦理委员会工作制度
	附件2：伦理委员会委员职责
	附件3：伦理委员会办公室职责

（续表）

序　号	标准操作规程及附件
2	附件 4：委员声明
	附件 5：委员与秘书通讯录
3	伦理审查的保密
	附件 1：保密协议
4	利益冲突的管理
	附件 1：利益冲突政策
	附件 2：利益冲突声明
5	委员与秘书的培训
	附件 1：培训计划
	附件 2：培训资料目录
	附件 3：培训会议签到表
6	独立顾问的选聘
	附件 1：独立顾问聘请书
	附件 2：顾问审查报告
	附件 3：独立顾问通讯录
7	研究项目的预审/主审
8	会议审查与紧急会议审查
9	加快审查
10	伦理审查的受理
	附件 1：送审文件清单
	附件 2：送审材料登记表
	附件 3：伦理审查申请表
11	伦理审查的处理
12	伦理审查的会议管理
	附件 1：会议议程
	附件 2：会议签到表
	附件 3：会议投票单
13	会议记录与审查决定
	附件 1：会议记录
	附件 2：伦理审查意见
	附件 3：伦理审查批件
14	初始伦理审查

（续表）

序　号	标准操作规程及附件
14	附件 1：初始审查工作表
	附件 2：安慰剂对照审查参考
15	按审查意见修正方案的再次审查
	附件 1：按审查意见修正方案的再次审查工作表
	附件 2：复审申请表
16	修正方案审查
	附件 1：修正方案审查工作表
	附件 2：修正方案伦理审查申请表
17	（年度/定期）跟踪审查
	附件 1：（年度/定期）跟踪审查工作表
	附件 2：（年度/定期）跟踪审查报告
18	严重不良事件与非预期事件报告审查
	附件 1：严重不良事件审查工作表
	附件 2：严重不良事件报告
19	研究者不依从/违反研究方案的审查
	附件 1：研究者不依从/违反方案审查工作表
	附件 2：研究者不依从/违反方案报告
20	提前终止研究报告审查
	附件 1：提前终止研究审查工作表
21	处理受试者投诉
	附件 1：受试者投诉记录表
22	现场检查
	附件 1：现场检查清单
23	结题报告审查
	附件 1：结题报告审查工作表
	附件 2：结题报告
24	沟通交流记录
	附件 1：沟通交流记录表
25	接受稽查/视察
	附件 1：稽查/视察准备工作清单
26	文件的保存与归档
	附件 1：伦理审查项目档案文件目录
	附件 2：伦理委员会办公室文件夹目录

（续表）

序　号	标准操作规程及附件
27	伦理委员会文件的保密
28	研究项目文件的查阅与复印
	附件1：查阅/复印文件申请表
	附件2：文件原件复印记录

第二节　监 督 管 理

研究伦理委员会依法对涉及人的生物医学研究进行伦理审查，研究项目一经受理，将接受持续审查至项目结题。持续审查包括修正案审查、（年度/定期）跟踪审查、严重不良事件审查、研究者不依从/违反方案审查、提前终止研究审查和结题审查。

第三节　伦 理 查 房

2003年，开展医学伦理查房。通过伦理查房，委员会及时、有效地发现和纠正医疗活动中的伦理学问题，加深医护人员对伦理学的认识。在医疗实践中对医护人员的伦理道德起到监督、约束和指导作用，并进一步保证患者的权利。

伦理查房由医院伦理委员会组织实施，查房人员为医疗伦理委员会的组成人员，包括医院的临

图2-14-1　2013年9月，主任朱惠蓉（右四）、委员石印玉（右三）等参加在西部肝病病房医生办公室进行查房后的汇总

床业务骨干、资深教授、社会人士、法律专家、科研和管理人员，从不同的专业背景和角度来实施查房。

查房的对象不但包括病区，还深入医院各部门的实际工作中，在护理部的查房、在医院信息化的设计和实践中，都从伦理学的角度检查，来改善医患关系、保护患者的权益。伦理查房的主要程序包括：伦理委员随机抽取一组病区，查房前先开预备会；旁听病房医师查房；观察医护人员治疗、检查等医疗行为及病区的医疗环境。分组进行访谈：伦理委员会委员分成与医务人员访谈组、与患者及其家属沟通交流组、查看病史资料文本组三组，根据各组的评价表分别进行查房，从不同角度详细了解医患双方对于伦理问题的认知度及具体做法。各组委员根据查房汇总各组发现的优缺点，针对问题提出改进措施；发出伦理查房的评价和建议通知单。

2004—2015 年，多家报刊相继刊登伦理查房的文章；东方电视台专访伦理查房。2004 年 11 月 30 日，中央电视台一台《焦点访谈》栏目播出了曙光医院伦理查房的专题采访。2006 年，伦理查房获上海市卫生系统精神文明创新奖、上海市社科学会特色活动奖；2009 年 12 月，伦理委员会的建设成果在全国首届人文医学发展高峰论坛向全国成功展示。

第四节　学 术 活 动

伦理委员会注重委员伦理相关知识的培训以及对外伦理知识的普及，定期组织委员参加伦理学术活动，并于 2012—2015 年举办国家级继续教育学习班。

表 2-14-4　2012—2015 年举办国家级继续教育学习班情况表

举办时间	项目名称	项目编号
2012 年 9 月 26—29 日	传统医学与现代伦理研讨会暨伦理审查国家级继续教育学习班	2012-12-05-1080
2013 年 9 月 11—14 日	“规范伦理审查流程，提升伦理审查能力”国家级继续教育学习班	2013-15-02-250
2014 年 11 月 14—15 日	医学新技术发展下的生命法律与伦理前沿问题研讨会暨伦理审查国家级继续教育学习班	2014-15-01-026
2015 年 11 月 10—13 日	临床研究中的伦理与诚信建设研讨会国家级继续教育项目增强伦理审查能力，注重全过程管理学习班	2015-15-02-078

第五节　认 证 认 可

2010 年 11 月，伦理委员会接受国际 SIDCER/FERCAP（WHO 发起的伦理战略项目）认证现场检查，2011 年通过认证，医院成为上海首家通过该认证的中医医院，并于 2014 年顺利通过复核。2015 年，成为全国首批通过世界中医药学会联合会中医药研究伦理审查体系 CAP 现场认证中医院。

图 2-14-2　2015 年 8 月，主任马俊坚（左七）领取 CAP 认证证书

编号：CAP20150004

中医药研究伦理审查体系

认证证书

上海中医药大学附属曙光医院

地址：上海市张衡路528号　邮编：201203

中医药研究伦理审查体系

符合CNCA/CTS 0008-2014标准的要求

认证范围：涉及人的生物医学研究（中医药研究）

有效时间：2015年9月1日至2018年8月31日

认证机构：世界中医药学会联合会

签发人：

发证日期：2015年8月29日

图 2-14-3　2015 年 8 月 CAP 认证证书

第十五章　上海市中医医疗质量控制中心、全国分中心、浦东中心

2004年，根据上海市中医工作会议精神，为进一步规范全市各级中医（中西医结合）医院和综合医院中医科的医疗行为，提高中医临床医疗质量，上海市卫生局中医药管理处决定成立“上海市中医医疗质量控制中心”（以下简称“中心”），作为上海市卫生局下设第三方管理机构，负责全市各级中医医院和综合型医院中医科的医政督查。通过招标，“中心”最终挂靠在医院，设在西部行政楼二楼，有主任1人、副主任1人、常务副主任1人、秘书1人。2015年，上海市中医医疗质量控制中心常驻办公地点在东部，“中心”拥有办公室2间、资料室1间和能容纳20个人开会的会议室，办公面积达到80平方米。“中心”有主任1人，副主任2人，秘书1人，兼职人员4人。质控单位22家，其中上海市三级中医、中西医结合医院8家，二级中医、中西医结合医院14家。除此之外，还担任全国监测中心任务上海分中心、浦东新区中医医疗质量控制中心的工作。

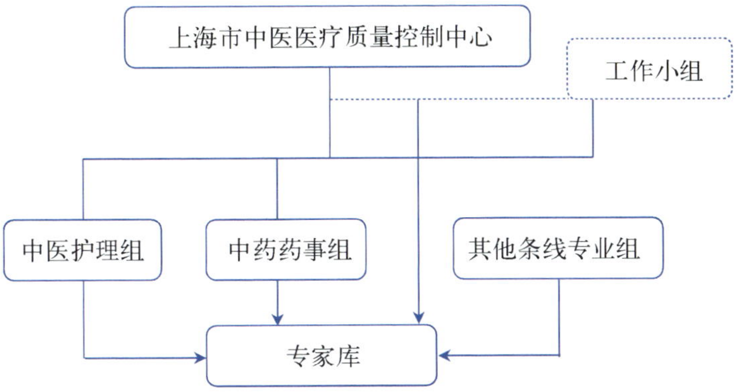

图2-15-1　质控中心组织构架

表2-15-1　2006—2015年上海市中医医疗质量控制中心历任负责人情况表

任职时间	主任	任职时间	副主任
2006年	沈远东	2006年	周　华
2006年—2010年5月	周　华	2006年	赵燕燕（常务）
2010年5月—	马俊坚	2006年—2010年5月	黄国毅（常务）
		2010年5月—2013年9月	黄国毅
		2010年5月—2013年9月	艾　静（常务）
		2013年9月	汤慧敏　尹建鹏

第一节　上海市中医医疗质量控制中心

一、质控管理

建立健全科学、客观、准确的质控标准、监测体系，实施中医各类质控工作的统一管理，对上海市医疗机构中医药相关专业和服务内容进行业务指导和质量管理的组织。“中心”的主要职能是拟定和落实中医质控工作计划和管理规章制度，落实相关工作部署。根据需要，2007 年，成立质控专家委员会；组织制定中医质控标准(除已成立专业质控组的有关专业以外)，经市卫生计生委行政部门批准后公布实施；组织开展相关人员中医质控培训和其他中医医疗管理相关工作培训；制定实施中医质控督查方案，反馈督查结果并督促医疗机构落实整改工作。2013 年，“中心”开始精细化管理模式，下设中医质控组，按照《管理办法》和中医医政管理要求，具体承担中医相关专业质控组的各项管理和业务指导工作，做好与其他专业质控组织的协调沟通和工作联动；组织开展中医质控工作相关研究；做好上海市卫生计生委行政部门交办的其他任务。2014 年，上海市中医药发展办公室成立上海市中医医疗质量管理与控制工作指导委员会，监督和指导中医质量控制工作的具体实施，以及中医质量控制重大策略和相关政策咨询等。2014 年，“中心”与市医疗质量控制管理事务中心联系，把上海市 4 家新升三级中西医结合医院以及所有二级中医医院的非中医质控工作纳入全市专业质控中心管理。

表 2－15－2　2006—2015 年实施上海市 24 家中医、中西医结合医院质控单位情况表

医院等级	医院名称
三级甲等中医、中西医结合医院	上海中医药大学附属曙光医院
	上海中医药大学附属龙华医院
	上海市中医药大学附属岳阳中西医结合医院
	上海市中医医院
	上海市中西医结合医院
	宝山区中西医结合医院
	上海市光华中西医结合医院
	上海市第七人民医院
二级甲等中医、中西医结合医院	黄浦区中西医结合医院
	黄浦区香山中医医院
	长宁区天山中医医院
	普陀区中医医院
	闸北区中医医院
	杨浦区中医医院
	浦东新区中医医院
	浦东新区光明中医医院

（续表）

医院等级	医院名称
二级甲等中医、中西医结合医院	闵行区中医医院
	金山区中西医结合医院
	嘉定区中医医院
	松江区方塔中医医院
	奉贤区中医医院
	青浦区中医医院
	金山区中医医院
	普陀区中心医院

表 2－15－3　2007 年上海市中医医疗质量控制中心专家委员会名单

职　务	姓　名	单　　位
主　任	沈远东	上海中医药大学附属曙光医院
主　任	季伟苹	上海市卫生局中医药管理处
委　员	孙行军	上海市卫生局中医药管理处
委　员	阙华发	上海中医药大学附属龙华医院
委　员	姜之炎	上海中医药大学附属龙华医院
委　员	曹永清	上海中医药大学附属龙华医院
委　员	许　能	上海中医药大学附属龙华医院
委　员	周文琴	上海中医药大学附属龙华医院
委　员	陆静波	上海中医药大学附属岳阳中西医结合医院
委　员	薛　鸾	上海中医药大学附属岳阳中西医结合医院
委　员	李　斌	上海中医药大学附属岳阳中西医结合医院
委　员	张桂波	上海中医药大学附属岳阳中西医结合医院
委　员	熊旭东	上海中医药大学附属曙光医院
委　员	余小萍	上海中医药大学附属曙光医院
委　员	陈建杰	上海中医药大学附属曙光医院
委　员	张　珏	上海中医药大学附属曙光医院
委　员	徐德生	上海中医药大学附属曙光医院
委　员	张雅丽	上海中医药大学附属曙光医院
委　员	朱建平	上海市中医医院
委　员	张闽光	上海市中医医院
委　员	来　婷	上海市中西医结合医院

（续表）

职　务	姓　名	单　位
委　员	余　桦	上海市中西医结合医院
委　员	赵国定	上海市中西医结合医院

表 2－15－4　2015 年中医专业质控组挂靠单位及质控组长名单

质控组专业	挂靠单位	组　长
中药药事	上海中医药大学附属曙光医院	徐德生
中医护理	上海中医药大学附属曙光医院	张雅丽

表 2－15－5　2015 年上海市中医医疗质量管理与控制工作指导委员会成员名单

职　务	姓　名	单　位
主　任	郑　锦	上海市卫生计生委副主任、市中医药发展办公室主任
副主任	张怀琼	上海市卫生计生委中医药传承发展处处长
副主任	赵致平	上海市卫生计生委中医药服务监管处处长
副主任	张　炜	上海市卫生计生委医政管理处处长
委　员	孙行军	上海市卫生计生委中医药服务监管处调研员
委　员	黄陶承	上海市闵行区卫生计生委主任
委　员	郁东海	上海市浦东新区卫生计生委中医药发展与科教处处长
委　员	赵　蓉	上海申康医院发展中心医疗事业部主任
委　员	唐靖一	上海中医药大学医管处处长
委　员	伍　蓉	复旦大学医管处处长
委　员	倪卫杰	交通大学医学院医管处处长
委　员	丁国伟	同济大学医管处副处长
委　员	韩先梅	中福会事业发展与研究部部长
委　员	方松春	上海市中医、中西医结合医院综合评价（评审）中心主任
委　员	谭申生	上海市医疗质量控制管理事务中心主任
委　员	马俊坚	上海市中医医疗质量控制中心主任
委　员	谢建群	上海市中医药学会会长
委　员	王文健	上海市中西医结合学会会长
委　员	吴焕淦	上海市针灸学会会长
委　员	周　华	上海中医药大学附属曙光医院院长
委　员	肖　臻	上海中医药大学附属龙华医院院长
委　员	房　敏	上海中医药大学附属岳阳中西医结合医院院长

（续表）

职　务	姓　名	单　　位
委　员	徐　建	上海市中医医院院长
委　员	舒志军	上海市中西医结合医院院长
委　员	王　炜	上海市黄浦区香山中医医院院长
委　员	任秋生	上海市嘉定区中医医院院长

表 2-15-6　2015 年中医专业质控组挂靠单位及质控组长名单

质控组专业	挂靠单位	组　长
中医骨伤	上海中医药大学附属曙光医院	詹红生
中医肛肠	上海中医药大学附属龙华医院	曹永清
针灸推拿	上海中医药大学附属岳阳中西医结合医院	沈国权
综合医院中医药工作	复旦大学附属中山医院	蔡定芳
治未病和社区中医药服务	上海市长宁区天山中医医院	马恰怡

二、质控督查

“中心”负责组织专家每年对上海市二级以上中医、中西医结合医院开展中医医疗质量工作督查，2004 年，对上海市 23 家(包括两块牌子一套班子的医院共计 23 家)中医医院开展医疗质量调研，主要涉及中医临床诊疗水平、中医护理质量、中药饮片质量。

2005 年，对全市 24 家二级和三级中医医院进行了“医院管理年”督查工作，主要涉及医院管理、医疗质量与持续改进、医疗安全、医院服务、医院绩效五大方面，涵盖依法执业、组织机构、管理体制、人力资源、医疗护理、医技药事以及财务设备、信息后勤等项目。

2006—2011 年，对全市 24 家二级和三级中医医院开展“以患者为中心，以提高医疗服务质量为主题”“以患者为中心，以发挥中医药特色优势为主题”中医医院管理年活动。督查内容包括发挥中医药特色优势的措施、人员配备与培训、临床科室建设、重点专科建设、中药药事管理、中医护理、中医药文化建设、中医预防保健服务等 8 个部分。

2014 年，对全市 17 个临床重点专科(中医)、40 个国家中医药管理局“十二五”重点专科、33 个上海市第三批中医临床优势专科(专病)以及 20 个上海市中西医结合重点病种，共计 110 个项目的建设情况开展针对性督导。

2014—2015 年，对全市 24 家二级和三级中医医院开展上海市中医质控督查，内容包括医院临床科室核心制度落实情况、临床科室落实中医诊疗规范的相关情况、医院中医治疗及中医病历质量考核评价质控情况。

三、编制行业规范

2004年，"中心"成立初，制定医疗、护理、药品和中医治疗率标准；统一辨病辨证依据内容、专科表格式病历内容、中医护理记录格式、抢救记录单内容和出院记录，编制《上海市中医医疗质量控制标准》。

2005年，以国家中医药管理局《中医医院管理评价指南(试行)》为依据，由上海市中医药学会中医医院管理分会组织，"中心"牵头以上海中医药大学附属曙光医院为主体的专家团队组成编写组，编制《上海市中医医院管理评价实施细则》(简称《细则》)。《细则》评估内容包含国家中医药管理局的《中医医院管理评价指南(试行)》《上海市卫生局33个专业质控标准要求》《上海市中医病证诊疗常规》《上海市中医病证护理常规》和《上海市中医医疗质量控制标准》。

2014—2015年，依据《中医医院中医药服务综合评价指标体系》，制定《上海市中医质控督查标准》，内容包括医院临床科室核心制度落实情况、临床科室落实中医诊疗规范的相关情况、医院中医治疗及专业质控情况。

2015年7月，依据国家中医药管理局《中医病历书写基本规范》《关于修订中医住院病案首页的通知》，制定《上海市中医病历质量考核评价标准实施细则》。

四、培训与交流

"中心"定期组织开展相关人员中医质控培训和其他中医医疗管理相关工作培训，负责外省市中医质控交流的接待任务。

表2-15-7　2005—2015年组织培训情况表

时　间	培训内容	培训对象
2005年	上海市中医医院管理评价实施细则	全市二级和三级中医医院管理部门
2006—2011年	"以患者为中心，发挥中医药特色优势提高中医临床疗效"为主题的持续改进活动方案实施细则	全市二级和三级中医医院管理部门
2013—2015年	与中药药事质控组联合举办"中药的合理应用培训班"	全市二级和三级中医医院药剂科
2014年	中医药临床研究基础知识培训班	全市中医重点专科负责人和管理人员
2014—2015年	上海市中医质控督查标准	全市二级和三级中医医院管理部门
2015年	上海市中医病历质量考核评价标准实施细则	全市二级和三级中医医院管理部门

2015年6月4—5日，北京市中医管理局组织二十余名专家来上海考察学习，"中心"向兄弟省市介绍中医医疗质量控制管理及重点专科建设管理经验。

图 2-15-2　2014 年 6 月，举办“中医药临床研究基础知识培训班”

图 2-15-3　2015 年 9 月，举办《上海市中医病历质量考核评价标准实施细则》培训

图 2-15-4　2015 年 7 月，北京市中医管理局来医院参观

第二节 全国中医医院医疗质量监测中心上海分中心

全国中医医疗质量监测中心要求各省市每年在全国监测平台上报中医院医疗质量监测数据，“中心”于2005年下半年开始负责全市二级及以上中医医院的数据监测上报工作。

2008年，在国家中医药管理局的统一部署和指导下，决定各省成立中医医疗监测中心。上海市卫生局中医药管理处决定，曙光医院作为挂靠单位，承担起国家中医药管理局中医医疗质量监测中心上海分中心的工作。

中医医疗质量监测中心上海分中心的主要任务如下。

1. 组织、协调、实施本省(自治区、直辖市)中医院(含中医、中西医结合)监测，农村中医药服务监测，社区中医药服务监测等工作；负责所辖区监测点的人员培训，业务指导，监测信息的收集、校验、整理和统计分析。建立健全规章制度、数据备份方法和工作程序。

2. 按时(每年)向中医医院医疗质量监测中心提供本省(自治区、直辖市)的监测数据，并做好有关监测项目的数据收集、审核、统计和上报工作。

3. 定期向本省级中医药管理部门和中医医院医疗质量监测中心报送有关监测分析报告。

4. 负责对各监测单位的监测工作情况进行评估，并提交评估报告，作为管理考核的依据之一。

表2-15-8　2008—2015年医疗质量监测工作情况表

时　间	监测及审核内容	上 报 对 象
2008—2015年	中医院监测、农村、社区中医药服务监测	全市中医医疗机构、部分社区卫生服务中心和乡村卫生室(站)
2015年	国家中医重点专科建设	全市75个重点专科项目

第三节 浦东新区中医医疗质量控制中心

2008年，为进一步规范浦东新区内各级中医医院和中医科的医疗行为，提高中医临床医疗质量，保持可持续发展能力，新区卫生管理部门开始全面推行“中医医疗质量控制中心”管理模式。2008年8月22日，由浦东新区社发局卫生处直接指导，并由上海中医药大学附属曙光医院为牵头单位的“浦东新区中医医疗质量控制中心”(以下简称“浦东中心”)在曙光医院东部正式挂牌启动。

一、质控管理

“浦东中心”组织架构，接受浦东新区社发局卫生处的管理和委托，主要任务是建立健全科学、客观、准确的质控标准，实施中医各类质控工作的统一管理，对浦东新区医疗机构中医药相关专业和服务内容进行业务指导和质量管理的组织。“浦东中心”的主要职能是拟定和落实中医质控工作计划和管理规章制度，落实相关工作部署；2008年，浦东新区中医医疗质量控制中心成立以后，立即筹建新区质控理事会、专家库、质控员“三支队伍”建设工作；组织制定《浦东新区中医医疗质量控制标准》，组织开展相关人员进行中医质控培训；制订实施中医质控督查方案，反馈督查结果并督促医疗机构落实整改工作。2013 年，“浦东中心”开始精细化管理模式，下设 5 个中医质控分中心，其在“浦东中心”的管理、协调和指导下开展工作。

2008 年，“浦东中心”的质控单位为原浦东新区范围内 11 家社区服务中心。

2009 年，“浦东中心”质控单位为原浦东新区范围内 31 家社区服务中心。

2010 年，“浦东中心”质控单位为原浦东新区 1 家二级中医医院（浦东新区中医医院）、7 家二级以上综合性医院（东方医院、第七人民医院、公利医院、浦南医院、华山南汇分院、九院周浦分院、浦东新区人民医院）中医科及 31 家社区卫生服务中心。

浦东、南汇合并后，“浦东中心”从 2011 年起逐步将原浦东新区二级中医医院、二级以上综合性医院中医科、专科医院中医科及社区卫生服务中心，全部纳入质量控制网点之列。2014—2015 年，对浦东新区质控单位新增 27 家社会办医疗机构。

表 2－15－9　2011—2013 年浦东新区实施质控的单位情况表

医院（科室）类别	质　控　单　位
二级及以上中医、中西医结合医院	上海市第七人民医院、浦东新区中医医院、浦东新区光明中医医院
综合性医院（中医科）	浦南医院、公利医院、周浦医院、浦东新区人民医院、浦东医院、东方医院
专科医院中医科	浦东新区精神卫生中心、浦东新区传染病医院、浦东新区肺科医院、浦东新区老年医院、浦东新区南华医院、浦东新区妇幼保健院、南汇精神卫生中心
社区卫生服务中心	花木、沪东、浦兴、唐镇、周浦、金杨、金桥、大团、三林、上钢、万祥、合庆、康桥、洋泾、惠南、祝桥、周家渡、航头、迎博、东明、南码头、北蔡、老港、机场、塘桥、川沙、黄楼、六灶、潍坊、书院、陆家嘴、新场、宣桥、张江、泥城、孙桥、王港、高桥、高东、曹路、凌桥、高行、江镇、芦潮港、联洋

表 2－15－10　2003 年浦东新区中医质控分中心专家委员会成员名单

中医质控分中心	组　长	专　家　成　员
第一分中心	尹建鹏	葛茂军　王唯坚　李　屹　刘　力　庄峻嵘　张雅丽　周俭美
第二分中心	周卫东	史竞懿　夏根华　徐丽雯　林　桢　谷　敏　吴定中　奚　燕
第三分中心	都乐亦	吴昆仑　张春燕　张　彤　李文艳　何志高
第四分中心	张卫国	曲晓璐　周庆华　田　俊　潘菊香　张立超
第五分中心	朱　江	胡爱红　赵春燕　唐海明　潘国良　徐春巍

二、编写质控标准、组织质控督查

2008 年“浦东中心”成立后，主要针对社区卫生服务中心医疗质量制定《2008 年浦东中医医疗质量控制督查标准》，涵盖管理、医疗、护理、药剂。并在 2008 年 10 月下旬，对辖区内东明、沪东、金杨、陆家嘴、南码头、浦兴、上钢、塘桥、潍坊、洋泾、周家渡等 11 家社区卫生服务中心进行了抽样摸底与督查。

2009 年，编制《浦东新区中医医疗质量控制实施细则及评价考核评分方法（征求意见稿）》；编制《浦东新区社区卫生中心中医医疗质量控制标准》，督查范围扩展至原新区范围内 31 家社区服务中心。

2010 年，编制浦东新区社区卫生服务中心、卫生室（站）、二级综合医院中医科、二级中医医院四套中医工作质量控制标准，涵盖管理、科研教育、医疗、护理、药剂、中医文化等方面，并开展对浦东新区 44 家社区卫生服务中心、7 家二级综合医院中医科、2 家二级中医医院的督查。

2011 年，编制《浦东新区专科医院中医科质量控制标准》，并开展对浦东新区 44 家社区卫生服务中心、7 家二级综合医院中医科、5 家专科医院、2 家二级中医医院的督查。

2014 年，编制《浦东新区社会办医疗机构中医质量控制标准》，增加对浦东新区社会办医疗机构的督查。

每年对前一年的各级各类标准做修订，同时运用到当年的督查工作中。

第十六章　中医医院医疗质量监测中心

中医医院医疗质量监测中心(简称“监测中心”)是国家中医药管理局于1996年委托上海中医药大学组建的,主要工作职能是对全国中医药服务情况进行全面、动态、科学、适时监测的专门机构。监测中心办公地点设在上海市普安路185号,上海中医药大学附属曙光医院行政楼四楼,于2010年迁至行政楼二楼。监测中心成立初期有工作人员5人,其中兼职人员2人。监测中心设有专家委员会,由医院管理、卫生统计、卫生经济、信息管理、医疗保险等方面的专家组成。至2015年底共有工作人员6人,包括兼职人员2人,其中正高3人、副高1人、中级2人;博士2人、硕士1人、本科3人。

第一节　业务发展

监测中心成立初期,在调查研究、构建监测指标体系、全国专家认证工作方案基础上,于2000年启动全国中医医院医疗质量监测,按照“整群分层、随机抽取”的统计学原则,抽取全国(除台湾、香港、西藏、青海、宁夏等地外)100家中医医院作为监测对象,对其住院病案首页资料、人力资源情况、医院基本情况等进行动态监测,并推动“一网多用、项目相融”的监测方案在国家中医药管理局的重大建设项目管理中付诸实施。

2003年,监测中心开始对国家中医药管理局165个“十五”重点专科(专病)进行建设监测。2004年,开始对第一批国家中医药管理局10所重点中西医结合医院建设单位实施监测。2007年,启动农村医疗机构中医特色专科(专病)建设及针理康项目监测。2008年以监测中心为主体成功申请国家中医药管理局重点研究室建设项目。2009年,研究室正式命名为“中医医疗服务评估重点研究室”,并于2012年通过国家中医药管理局重点研究室建设项目验收。2015年底,研究室以中医服务监测技术与方法研究、中医服务评估方法研究、中医服务相关标准研究为3个主要研究方向。同时,2009年监测中心开始对农村、社区的基层中医药服务情况进行监测。2012年9月,由国家中医药管理局、卫生部、发改委、药监局、总后勤部等五部委联合下发的《关于实施基层中医药服务能力提升工程的意见》,明确将监测中心的监测工作作为该政策落实的四大保障机制之一,这是中医医院医疗质量监测信息首次在国家中医药管理局重大政策中独立立项提出。同年,监测中心协助曙光医院信息中心申请成为国家中医药管理局中医药信息学重点学科,并开展中医药信息学重点学科中医临床质控标准的信息技术研究方向的相关研究。

监测中心监测范围覆盖全国,拥有专门的信息采集和分析平台,有在国家互联网备案管理支撑中心备案的专用网址,积累庞大的数据库,有严格的数据质量管理体系,并且定期或不定期召开培训会议,进行全国范围内巡查,为开展全国范围的各类监测和研究奠定了基础。

2007年,实行中医医院医疗质量监测系统。2009年,实行中医医疗服务监测网络直报系统、中医药重点监测单位申报系统、社区中医药服务监测数据申报软件、农村中医药监测数据申报软件、中医药工作重点监测相关软件。2000年,实行基本情况管理系统、住院病案管理系统、重点中西医结合医院基本情况管理系统。2011年,实行“十一五”重点专科(病)监测软件。2014年,实行国家中医重点专科建设监测直报系统、国家中医药管理局中医优势病种疗效评价监测系统。

第二节　主要指标体系

2007年，制定中医医院医疗质量监测指标、重点中西医结合医院医疗质量监测指标、农村医疗机构中医特色专科专病建设、农村医疗机构针灸理疗康复特色专科建设监测指标等体系。

2009年，制定中医医院中医药服务监测、全国基层医疗卫生机构中医药服务监测、农村中医药服务监测、社区中医药服务监测等指标。2011年，制定国家中医药管理局"十一五"重点专科（专病）项目建设监测指标体系。

第三节　主要数据库

全国中医类医院中医药服务数据库（2012—2015年）；全国基层医疗卫生服务机构中医药服务数据库（2009—2015年）；国家中医药管理局国家中医重点专科建设监测数据库（2014—2015年）；全国100家中医医院的住院病史首页数据库（2000—2012年）。

表2-16-1　2006—2015年中医医院医疗质量监测中心负责人情况表

任职时间	主　任	任职时间	常务副主任/副主任
2006—2008年	王灵台	2006—2010年	竺丽明（常务）
2008—2010年	沈远东	2006—2008年	沈远东
2010年—	周　华	2010—2013年	王见义（常务）
		2010年—	马俊坚
		2013年—	沈晓红

一、中医药服务监测

监测工作是在一定范围内，针对关注的主题，以时间为单位进行连续相关数据的采集、统计、分析和评价，提供状态、过程、趋势的一项基础性工程。通过中医药监测可以全面了解中医药服务现状，掌握中医医改政策落实情况，也是推进中医药发展规划实施的需求，是中医药管理部门制定政策、进行宏观决策和科学管理的重要依据。中医药服务监测根据监测机构区分可分为中医类医院监测和基层医疗卫生机构监测。

中医类医院是中医医疗服务体系中的重要组成部分，包括中医综合医院、中医专科医院、中西医结合医院、民族医院。开展中医类医院监测能及时了解关于中医类医院建设和改革的各项政策落实情况，了解中医类医院建设现状和存在的问题，能通过综合分析，为科学制定促进中医类医院发展的方针政策提供依据，推进中医医疗服务体系建设。

2000—2012年，监测中心根据"整群分层、随机抽样"的统计学原则，对全国（除台湾、香港、西藏、青海、宁夏等地外）100家中医医院进行动态监测，包括住院病案首页、人力资源情况、医院基本情况等信息，并且对重点指标进行每月监测汇总，为保证年度监测数据的准确性提供了复核依据。

2007 年，监测中心完成第一批国家中医药管理局 10 所重点中西医结合医院建设单位连续 4 年的监测任务，建立了中西医结合医院信息数据库。

2012 年，监测中心根据医政管理需求，大幅调整和修订监测指标体系，从中医医院管理角度，以满足医疗卫生改革需求为目标，把监测指标体系分为 8 大类 45 个小项进行监测，并将监测范围扩增至各级各类中医医院。

2013 年，监测中心制定《全国中医医疗管理统计报表制度》，该统计报表制度是国家统计局目前批准实施的国家中医药管理局唯一的部门统计调查项目，具有法定统计意义，非常重要，成为各级中医药管理部门了解掌握情况、科学决策的重要依据。同时该报表制度首次将中医类医院和基层医疗卫生机构的中医药服务监测合为一体，形成法定文件。

2014 年，监测中心开始严格执行《全国中医医疗管理统计报表制度》，对国内 31 个省（省、自治区、直辖市）县级以上公立中医类医院开展中医药服务数据监测，升级监测软件，并形成规范的年度报告。同时每年开展中医药服务监测工作问卷调查，并深入中医类医院督导监测工作。

2015 年，监测中心在广泛征求意见的基础上对《全国中医医疗管理统计报表制度》进行修订，并再次获得国家统计局的批准。

基层医疗卫生机构是中医医疗服务体系中的另一个重要组成部分，包括社区卫生服务中心、社区卫生服务站、乡镇卫生院和村卫生室。

2007 年，监测中心根据国家中医药管理局开展农村医疗机构中医特色专科（专病）建设项目及农村医疗机构针灸理疗康复特色专科建设项目监测工作要求，针对该项目的特点制定了监测指标并经专家论证，研制监测软件，实行监测单位、省（市）中医药管理部门和监测中心三级监测管理方法。

2009 年，根据国家中医药管理局农村、社区监测工作部署，监测中心收集农村、社区试运转期的基层中医药服务监测数据，2010 年对监测数据进行初步统计分析。

2010—2012 年监测中心每年在进行数据监测的同时，根据国家中医药管理局的统一安排和工作部署，为进一步加强农村和社区监测工作的开展，促进监测工作为政府决策提供数据支撑，对监测指标体系进行修订，使修订后的监测指标体系全面反映农村和社区卫生体制改革的内容。

2012 年经国家中医药管理局医政司同意，监测中心大幅扩增监测的基层医疗机构，以省为单位：农村监测每个省随机抽取 10%的县（区）为监测单位，选取的监测县（区）下辖的所有乡镇卫生院和村卫生室全部上报监测数据；社区监测每个省随机抽取 15%的市辖区为监测单位，选取的监测市辖区下辖的所有社区卫生服务中心和社区卫生服务站全部上报监测数据，监测点扩增近 6 万家。

2013 年监测中心制定《全国中医医疗管理统计报表制度》的基层医疗卫生机构监测表，采用整群随机抽样方法，重新抽取国内 30 个省 383 个县（区）作为基层中医药服务监测县域，其所辖的所有基层医疗卫生机构都将纳入监测范围，包括乡镇卫生院、村卫生室、社区卫生服务中心和社区卫生服务站，监测点达到近 8 万家。

2014 年监测中心开始严格执行《全国中医医疗管理统计报表制度》，开展基层医疗卫生机构中医药服务监测，升级监测软件，并形成规范的年度报告。同时每年开展中医药服务监测工作问卷调查，并深入基层医疗卫生机构督导监测工作。

2015 年监测中心对《全国中医医疗管理统计报表制度》进行修订，基层医疗卫生机构仍沿袭原整群随机抽样方案，但因区划变更，监测县域达到 395 个。

二、国家中医药管理局国家中医重点专科监测

国家中医重点专科建设水平是衡量中医药医、教、研能力的重要标志之一，对于持续改进中医医疗服务质量、提升服务能力、增强核心竞争力具有重要作用。国家中医药管理局高度重视、积极推进国家中医重点专科建设。2007年监测中心参与完成"十一五"重点专科专病建设项目的遴选，协助国家中医药管理局制定《国家中医药管理局"十一五"重点专科（专病）项目建设管理办法》和《国家中医药管理局"十一五"重点专科（专病）项目建设目标与要求》，并在项目建设遴选过程中编制上报分析软件，制定各个建设项目的编号，直接参与建设项目的遴选事宜。

2013年，为科学、客观地明确中医治疗疾病的有效性，为以后优化诊疗方案提供依据，为重点专科（病）提供多中心量化诊疗依据，监测中心接受国家中医药管理局委托，研发中医优势病种疗效评价监测软件。该监测软件是以304个中医优势病种的中医诊疗方案为依据，对304个中医优势病种结合临床路径进行疗效评价监测，并于2014年进行了软件试运行。

2014年，监测中心在协助国家中医药管理局制定国家中医重点专科建设监测指标体系的同时，根据国家中医重点专科建设监测指标体系研发国家中医重点专科建设监测直报系统，并开始开展国家中医重点专科建设指标监测网络直报，每年两次。通过网络直报动态收集国家中医重点专科建设信息，从而不仅依据相关评分标准，对国家中医重点专科建设进行评估和考核，而且形成监测报告，全面反映国家中医重点专科建设情况。

2015年，监测中心研发的"国家中医重点专科建设监测直报系统V1.0"成功申请软件著作权，并完成部级、市级以上课题共13项。

表2-16-2　2005—2015年历次监测分析报告情况表

时　间	监测分析报告
2005年1月12日	"100家"中医医院监测统计分析报告
2005年1月12日	中西医结合数据及统计分析报告
2006年1月6日	"100家"中医医院监测统计分析报告
2006年1月6日	中西医结合数据及统计分析报告
2006年1月12日	"100家"中医医院监测统计分析报告
2006年1月12日	中西医结合数据及统计分析报告
2007年1月6日	"100家"中医医院监测统计分析报告
2007年1月6日	中西医结合数据及统计分析报告
2007年1月12日	"100家"中医医院监测统计分析报告
2007年1月12日	中西医结合数据及统计分析报告
2008年1月6日	"100家"中医医院监测统计分析报告
2008年1月12日	"100家"中医医院监测统计分析报告
2009年1月6日	"100家"中医医院监测统计分析报告

（续表）

时　间	监测分析报告
2009 年 1 月 12 日	“100 家”中医医院监测统计分析报告
2010 年 1 月 6 日	“100 家”中医医院监测统计分析报告
2010 年 1 月 12 日	“100 家”中医医院监测统计分析报告
2010 年	农村中医药服务监测(2009 年试运转)统计分析报告
2010 年	社区中医药服务监测(2009 年试运转)统计分析报告
2011 年	2010 年度农村中医药服务监测统计分析报告
2011 年	2010 年度社区中医药服务监测统计分析报告
2012 年	2011 年度农村中医药服务监测统计分析报告
2012 年	2011 年度社区中医药服务监测统计分析报告
2013 年	2012 年度基层提升工程报告
2013 年	2012 年度农村中医药服务监测统计分析报告
2013 年	2012 年度全国中医医院监测报告
2013 年	2012 年度社区中医药服务监测统计分析报告
2014 年	2013 年度基层提升工程报告
2014 年	全国中医医疗管理统计报表制度 2013 年度报告
2014 年	全国中医医疗管理统计报表制度 2013 年度报告摘要版
2015 年	全国中医医疗管理统计报表制度 2014 年度报告
2015 年	全国中医医疗管理统计报表制度 2014 年度报告精简版
2015 年	2014 年上半年国家中医药管理局国家中医重点专科建设监测报告
2015 年	2014 年上半年国家中医药管理局国家中医重点专科建设监测报告精简版
2015 年	2014 年下半年国家中医药管理局国家中医重点专科建设监测报告
2015 年	2014 年下半年国家中医药管理局国家中医重点专科建设监测报告精简版
2015 年	2015 年上半年国家中医药管理局国家中医重点专科建设监测报告
2015 年	2015 年上半年国家中医药管理局国家中医重点专科建设监测报告精简版

第三篇 医疗

概　　述

1906 年，四明医院建院，开设内、外、妇、幼等科。1922 年，四明医院扩建，医院内常驻医生一般聘有 5 人，聘任医师 9 人，主要是中医内科、中医外科医师，还有一名驻院西医医师。1942 年起，服务对象从宁波同乡扩大到上海各界，此后医院发展迅速，开设多个临床科室，并聘请多位临床医生担任各科主任，四明医院由一所中医院蜕变为中西医结合的现代化医院。科室也由单纯的中医内外科，增加了内科、外科、妇产科、肺痨科、儿科、眼科、耳鼻喉科、齿科等。

1960 年，上海市立第十人民医院与上海市立第十一人民医院合并，并更名为“曙光医院”。由于医院地处市区中心，上海市、外省市及境外前来求医者日众，历年门急诊和住院患者的数量均居全市医疗机构前列。

从 20 世纪 80 年代开始，医院加快中西医结合步伐，科室设置进行调整，至 1994 年底，医院拥有以中医为主体、门类齐全的 20 个临床一级科室与 10 个二级分科，医技、药剂科室共 13 个。肝炎、肾炎、肛肠、心血管、脾胃病等专科作为上海市医疗协作中心，在全市具有较高的知名度，并且承担组织医疗协作中心成员单位的医疗及学术活动的任务。

21 世纪初期，医院依托研究型医院建设，不断加强重点专科的培育工作。截至 2015 年，拥有卫生部国家中医临床重点专科 6 个，“十二五”国家中医药管理局重点专科 14 个，初步建立一批在国内外具有学术引领作用的重点专科团队。

第一章 医疗管理

第一节 医务管理处

1906年(光绪三十二年),四明公所董事会决定在宁寿里设病院,门诊、病房齐备,并有专业医务人员管理,供医药食宿,已经具备现代医院的雏形。随着业务量的不断增多,1922年,四明公所董事又集资扩建四明医院。四明公所董事会为了规范四明医院的管理,1943年制定《四明医院章程(修正)》,其中明确相关医疗管理规定。

四明医院时期,管理医疗工作的部门称医务部。1960年,曙光医院刚成立时名称为医务部,1965年,改称医教办公室,分管医、教、研工作。1978年起,成立医务科,1994年为医务处,具体管理医疗工作、医技队伍培养、联合病房建设、医疗专科建设及其他相关工作。

1985年,成立院医疗事故鉴定委员会和医疗质量检查小组,对院内的各项医疗工作进行全面质量管理,并对医疗活动过程中发生的各种差错事故作出鉴定。1990年,全国卫生系统颁布医院分级管理标准及等级评定标准。为促进和力争医院等级达标,医务科按三级甲等中医医院标准,对医技科室及病房强化实施规范化管理。1994年2月,建立质量控制办公室。

2000年5月,机构改革成立医务管理处,把门急诊办公室、医疗纠纷办公室、质量控制办公室、社会事务部、防保科合并,加强中医单病种质量控制,完善院内科室分级管理体系、医疗质量管理组织,制定医疗质量管理标准,建立医疗规章制度、诊疗技术操作规范。

医务管理处在2006—2015年,根据医院发展需要在机构设置上有两次变动。2004年,东部成立之后,东部医务管理部成立,下设门急诊办公室,2008年2月,东部医务管理处更名为医务管理处,东、西两部医务工作统一管理。2013年9月,门急诊办公室、防保科、社会事务部、质量控制办公室、医疗纠纷事务部与医务管理处分离,医务管理处恢复为医务处,东、西两部统一管理。具体分管医疗、医师医技队伍培养、对口援建的建设、医疗专病专科建设、住院医师及专科医师规范化培训、干部保健、继续教育及其他相关工作。

表3-1-1 1922—2015年医务管理处历任负责人情况表

任职时间	负责人	任职时间	负责人
1922—1925年	黄筱堂(医药)	1972—1975年	林水淼(副组长)
1925—1928年	郑云仲(医药)	1975—1978年	陈友仁(副组长·工宣队)
1928—1935年	盛逊伟(医药)	1978—1981年	钱 娴 朱冠文(兼)
1935—1942年	戎明士(院长·兼)	1981—1986年	严明新(副科长)
1942年—不详	张竺生(副院长·兼)	1986—1989年	阮龙德(副科长)
1961—1965年	张伯讷	1986—1991年	陈莲芳(副科长)
1965—1972年	羔 萍(组长)	1987—1992年	周展红(副科长)

（续表）

任职时间	负责人	任职时间	负责人
1972—1974年	屈玉池(军宣队)	1995年1月—1999年1月	章淑萍(副处长)
1975年	李广塘(组长·兼)	1998年4月—2000年12月	周　华(副处长)
1975—1978年	林水淼(组长)	2000年4月—2005年	俞兴祥(副处长)
1978—1982年	羔　萍(科长)	2002—2005年	余志红(副处长)
1982—1984年	张景虹(科长)	2003年3月—2005年	赵燕燕(副处长)
1984—1986年	沈远东(科长)	2003年3月—2005年	吴金良(副处长)
1986—1989年	沈远东(科长·兼)	2005年	黄国毅(副处长)
1989—1994年	阮龙德(科长)	2004年6月—2005年	王跃(东部医务管理部副主任)
1995年1月—1996年12月	阮龙德(处长)	2006年4月—2010年2月	胡宗德　吴金良　赵燕燕　杨　敏　王　跃　余志红　陈　拥(副处长)
1997年1月—2000年4月	许蓓华(处长)	2010年4月—2013年9月	赵燕燕　王　跃　赵　钢　冯　煜　余志红　尹建鹏　葛茂军(副处长)
2001年1月—2003年4月	周　华(处长)	2013年9月—	冯　煜　余志红　尹建鹏　沈知彼
2003年4月—2004年5月	方正龙(处长)		
2004年6月—2005年	朱梅萍(处长)		
2004年5月—2013年9月	杨　敏(东部医务管理部主任)		
2013年9月—	李　屹		

一、科室变动

1906年，四明医院建院，开设内、外、妇、幼等科。1922年，四明医院扩建，扩建后的医院规模扩大，病床数达200余张，增设女病室。医院内常驻医生一般聘有5人，主要是中医内科、中医外科医师，还有一名驻院西医医师。门诊还聘请10余位院外私人挂牌门诊的医生，到医院来为患者服务，这些门诊外聘医师多为中医内科、中医外科医师。此后随着患者诊疗需求的增加，又逐步增设了幼科、伤科、针科、推拿科和种痘医生。1942—1949年，由于受民国政府废除中医的政策影响，引进大量西医医生，西医力量雄厚，四明医院由一中医院蜕变为中西医结合的现代化医院；由单纯的中医内外科，而增加内科、外科、妇产科、肺痨科、儿科、眼科、耳鼻喉科、齿科等。1942年12月，聘金溶医师主持内科；1943年，聘任美国密歇根大学医学博士、前北平协和医院内科教授兼心脏科主任董承琅为特约医师；1943年1月聘朱决向医师为驻院外科主任。1943年7月，由医务部主任、副院长黄景霞兼任，成立眼科；8月聘钟志和医师主持肺痨科。1944年3月，成立妇产科，由董珊云医师主持；7 月再成立耳鼻喉科，以吴曜医师为主任；10 月成立齿科，聘乐璜医师主持。1945 年 7 月，聘倪吴行医师主持儿科，至 1947 年，就诊者日趋增多。于 1947 年 11 月 1 日起，增开小儿科病房，聘请唐惠民医师任儿科主任，倪吴升医师任主治。1942 年底，设置病理检验室，1945 年夏季，加以扩充，正式成立化验室，每月化验工作平均在 2 000 人次以上。1943 年 4 月，成立手术室，有手术间 2 间，手术床 2 张，可同时进行 2 台手术，每月平均使用手术室在 80 次以上。1943 年 4 月成立西药室。1943 年 12 月成立 X 光室。

1960 年，原上海市立第十人民医院西医科室与原上海市立第十一人民医院的中医科室合并组成，设有中医内科、西医内科、中医外科、西医外科、妇产、针灸、伤科、皮肤、西儿、中儿、眼科、耳鼻咽喉、口腔共 13 个临床科室。1966—1968 年，上海市中医推拿门诊部归属医院领导，后设立曙光医院推拿门诊部，为临床科室之一。"文化大革命"中后期，中西医内、外科被合并为内外二科，皮肤、眼、耳鼻咽喉、口腔科被合并为综合科，临床科室减少至 7 个。

从 20 世纪 80 年代开始，遵照全国中医和中西医结合工作会议的精神和部署，为有利于祖国医学的继承和发扬，有利于中医、西医、中西医结合三支力量的发展，加快中西医结合的步伐，医院重新分设中西医内、外科及皮肤、眼、耳鼻咽喉、口腔科。继后又陆续设立推拿、肿瘤、麻醉、康复、急诊、老年病、气功、肛肠 8 个科。1994 年底，医院拥有以中医为主体的、门类齐全的 20 个临床一级科室与 10 个二级科室，其中西内科分为心血管一室、二室。与之配套的医技、药剂科室达 13 个。

1996 年 7 月，成立呼吸科，设有门诊和病房。1998 年 2 月，将原中内、西内科合并成立大内科及内科学教研室，同时撤销心血管二室，由西内科组成心血管科。在原中医内科基础上分成专科，包括消化科、神经内科专科、风湿病专科和心理咨询专科。1998 年，成立内分泌科，设有门诊和病房。2000 年将大内科管理变为各科室自行管理，同年 7 月，急诊病房改建之后，重新建立了重症监护中心（ICU）。

2001 年，内科二级临床科室有消化科、内分泌科、肝科、肝硬化科、肾炎科、血液科、呼吸科、心血管科等 8 个科室。其他临床科室为急诊科（含急诊室、ICU、肠道科）、中西医结合脑病中心、中医外科、肛肠科、西医外科（含胆道科）、泌尿科、妇科、儿科、骨伤科、干保科、针灸科（含功能理疗室）、皮肤科、眼科、耳鼻喉科、推拿科、口腔科、肿瘤科、麻醉科、手术室、特诊部共 20 个科室。与之配套的医技科室 9 个，药剂科 4 个部分。2001 年 6 月，将内科下属二级科室归属于大内科即一个部门统一管理；7 月，成立神经内科，并与脑外科、急诊科共同组成中西医结合脑病中心；11 月，将上海中医药大学肝病研究所肝硬化科迁入九病区。2006 年 5 月，聘任薛志祥为大外科主任，沈家宜为心胸外科督导员。大外科涵盖科室有神经外科、心胸外科、普外科、肝胆外科、泌尿外科、胃肠外科、胆胰外科、创伤急救科等临床一级科室。2010 年 12 月，聘任顾国山为脑外科督导员、沈家宜为普外科督导员。

2012 年，根据国家中医药管理局《关于规范中医医院与临床科室命名的通知》的文件精神，临床科室调整命名。

表 3-1-2　2012 年临床科室更名情况表

更　名　前	更　名　后
神经内科	脑病科
消化科	脾胃病科
风湿免疫科	风湿病科

（续表）

更 名 前	更 名 后
呼吸科	肺病科
创伤外科	创伤科
神经外科	外一科
心胸外科	外二科
普外科	外三科
乳腺外科	外四科
肝胆外科	外五科
泌尿外科	外六科
周围血管外科	外七科
中医外科	外八科

2013年，设立中医大外科，涵盖中医血管外科、中医外科、中医乳腺外科、肛肠科、柏氏肛肠科、皮肤科等临床一级科室。

二、业务发展

1922年，四明医院扩建后初开诊时，由老病房移交30多位患者，规定常驻医生每日查房2次，重症患者随时诊察。常驻医生早上7点在男病房查房，9点开始门诊；下午在女病房查房，晚饭后还要开医务会议，对疑难病例进行讨论。1923年，住院患者已经增加到167人。四明医院自建院以来，主要以中医治疗为主，如有疑难杂症须请西医诊疗者，则转送仁济医院及红十字会医院治疗。随着医疗业务的发展，增设西医1人，并设西医顾问数人。但就整个医院设施来说，仍是纯粹的中医院。1942年，经四明公所推荐吴涵秋为院长之后，又邀请黄景霞任副院长，进行改革。除保留中医中药部分并设立若干中医中药的诊所以外，逐步添设西医科目。1942年起，服务对象从宁波同乡扩大到全上海各界，1942—1949年，医院已由中医院变为中西医结合的现代化医院，门诊人数由每日100号增至每日400号。医院性质为综合医院。分科有内、外、妇产、肺、X光、小儿、五官、中医。床位282张（另有20张婴儿床），门诊（日平均）364人次。内、外、小儿、肺、妇门诊均为全天，五官科半天门诊，门诊量最多时每天有600多号。

表3-1-3 1922—1937年四明医院每年治疗患者总数统计表

年 份	住院诊疗/人
1922	300
1923	1 274
1924	1 804
1925	1 797
1926	2 306

（续表）

年　　份	住院诊疗/人
1927	2 260
1928	2 281
1929	2 571
1930	2 664
1931	2 786
1932	1 945
1933	1 951
1934	1 940
1935	1 766
1936	2 128
1937	1 038
总计	31 487

表 3-1-4　1935 年 1 月—1936 年 3 月四明医院住院患者分区统计情况表(进院人数)

时　间	沪市区	法租界	公共租界	其　他
1935 年 1 月	20	22	35	9
1935 年 2 月	24	24	32	16
1935 年 3 月	28	28	47	23
1935 年 4 月	37	24	53	18
1935 年 5 月	52	34	71	12
1935 年 6 月	54	46	72	12
1935 年 7 月	61	56	83	8
1935 年 8 月	54	55	76	15
1935 年 9 月	64	43	75	5
1935 年 10 月	51	42	70	3
1935 年 11 月	32	30	45	5
1935 年 12 月	21	20	48	11
1936 年 1 月	32	24	43	5
1936 年 2 月	52	30	68	4
1936 年 3 月	44	56	96	10

中华人民共和国成立后，医院业务得到进一步发展，1954 年，比照指标病床周转率完成 123%，病床使用率完成 101.5%，门诊工作量完成 106.6%，使得医院业务超额完成。1958 年，上海中医学

院附属第十一人民医院门诊由上下午两班制变更为三班制，增加了30张病床，同时加速病床的使用率和周转率。门诊治疗人数由每天745人增加到每天平均2 000人。1959年，全年平均门诊诊疗人数从原来1958年每天平均1 447人次，增加到2 370.9人次，比1958年提高了63.85%，完成计划数104.7%。全年平均病床使用率为105.8%，周转率为7.87%。内科室从第四季度起实行门诊、病房分开负责制，老年医师、专科医师轮流病房指导治疗工作，在病史上充实中医辨证论治内容，写成中医、西医相结合的病史模式。

由于医院地处市区中心，上海市、外省市及境外前来求医者日众，历年门急诊和住院患者的数量均居全市医疗机构前列。20世纪80年代中期的年门急诊量突破100万人次。20世纪90年代初期，年均60万人次，是建院初期的150%。1994年，全院医护人员比建院初期增长了150%，达798名；病床增长了33.3%，达600张，并开设了外宾病房。具有中医特色的专科专病门诊72个；住院急、危、重、难病种占总数的71.73%，住院中医治疗率达45%。医院在运用中药为主、中西医结合方法治疗各科疾病方面，逐步树立自己的中医特色。20世纪90年代初，由国家中医药管理局批准为"全国厥脱症协作中心"和"全国中药制剂和剂型改革建设单位"，肛肠科、肾炎科等9个专科相继被上海市卫生局批准成立上海市中医、中西医结合医疗协作中心；肝炎学科被评为"上海市医学领先专业"。

1994—2001年，门急诊和住院患者的数量，年均60万人次，2000年达70万人次，住院中医治疗率达39.34%。医院在运用中药为主、中西医结合方法治疗各科疾病方面，逐步形成自己的特色。2005年，门急诊量达到106万人次，出院人数达到14 462人次；2010年，门急诊量2 206 165人次，出院患者37 328人次；2011年，门急诊量2 503 372人次，出院患者41 704人次；2012年，门急诊量2 830 418人次，出院患者47 891人次；2013年，门急诊量295万人次，出院患者5.39万人次；2014年，门急诊量309.4万人次，出院患者6.1万人次；2015年，门急诊量达到321万人次，出院人次6.5万人。

三、制度建设

1953年，医院从第十人民医院起，医务科即建立病例讨论制度、三级教学查房制度及医疗操作常规。1960年，建立住院医师住院制度和24小时负责制；规定由主任医师和高年资医师负责查房，对诊断、治疗、病史进行把关；推行床边分析和晨夜查房制度，着重抓病史质量，对常见病规定疗程，对内科患者实行计划治疗；同时建立患者来信登记及答复制度。为加强病房管理，进一步严格执行三级医师负责制、三级查房、晨夜查房和危重患者床边交班等制度。

1985年，医院成立医疗事故鉴定委员会和医疗质量检查小组，对院内的各项医疗工作进行全面质量管理，并对医疗活动过程中发生的各种差错事故作出鉴定。20世纪80年代末期，建立中医病史书写规范化制度。

1990年，全国卫生系统颁布医院分级管理标准及等级评定标准。为促进和力争医院上等级达标，医务科按三级甲等中医医院标准，对医技科室及病房强化实施规范化管理。协助各医技科室制定《各级医师、技师工作制度》和《各项仪器操作制度》，并对制度执行情况定期进行检查。病房规范化管理方面，对原有差错登记病史、晨夜交班、主任查房记录、业务学习、各级医师职责、科室自查及会诊等制度，均重新制定，又建立院内感染监察登记制度。为提高中医治疗率，制定上消化道出血等十几种病种的中医诊疗常规；通过对出院患者的疾病分析，掌握中医诊治危重疑难患者的比例。同时，采取定期出版《医疗简讯》、建立病区负责医师例会制和总住院医师例会制等措施，进一步加强医务科与临床科室沟通。坚持重大手术三级审批制度、疑难危重患者报告制度。完善检验单、会诊单等签收制度，建立住院总、三班值班制度，坚持三级医师查房制度、各种病例讨论和危重抢救患者床旁交班制度。

1994年，制定内科系统三班值班制、主任医师教学查房质量考核制，成立以院长为主的主任查房考评小组。

2005年，医务管理处修订《曙光医院医疗规章制度》，健全医院的医疗制度，逐步规范医务人员外出管理制度、首诊负责制度及查房制度。在病房管理方面，明确规定各级医生查房制度。同年11月，推行“首席医疗官”制度；特聘医院终身教授胡婉英教授、上海市名中医王左教授和外科退休老专家许环应教授作为医院首批“首席医疗官”，对全院范围内的各临床科室医疗质量进行指导，对现有的学科带头人进行扶持，对医疗事件进行评审。建立每月由门急诊大组长、住院总与各相关部门参加的联席会议制度，及时通报情况，沟通并解决存在的问题。

2006年，组织进行全院各临床科室ISO制度修订，至2008年形成ISO制度汇编。汇编制度包括：首诊负责制度；查房制度；医嘱制度；查对制度；会诊制度；病例讨论制度；医师值班；交接班制度；手术审批制度；麻醉访视制度；危重患者抢救制度；重大抢救应急处理程序；医疗知情告知制度；保护性医疗制度和保护患者隐私制度；请示报告制度；新技术、新项目申请审批制度；药物不良反应监控制度；临床输血管理制度；辅助检查项目互认制度；介入检查及治疗临床管理制度；关节置换手术管理制度；植入医疗器械管理规章制度；院内感染报告制度；消毒隔离工作制度；恶性肿瘤及死亡病例登记报告制度；传染病及14岁以下残疾儿童报告制度；“居民死亡医学证明书”管理规定；病历书写管理制度；住院病案管理制度；处方管理制度；麻醉、精神药品使用及处方管理规定；ICU、CCU管理制度；手术室工作制度；医疗证明文件管理制度；进修人员管理制度；实习医生管理制度；外出进修人员管理制度；医师外出会诊管理制度；受聘外院医学技术顾问管理制度；在职医务人员外出执业管理规定；外籍医师来院行医管理制度；干部保健工作制度；医疗保险管理制度；医疗质量公示制度；摄片借阅制度；环节医疗质量管理制度；首席医疗官制度；防范和处理医疗事故预案；抗菌药物临床应用实施细则；医疗质量评价考核制度；规范临床检查、诊断、治疗管理规定；感染暴发事件处置预案；医疗技术临床应用管理办法；麻醉操作主治医师负责制；手术分级管理制度；处方点评管理制度和实施细则；员工继续教育管理条例；手术安全核查与风险评估制度实施细则；手术部位识别标示制度及流程；手术资格准入制度及再授权机制；出院标准及制度；单病种质量管理制度；患者病情评估制度和流程；医院患者身份识别制度；急诊手术管理制度；医院临床路径实施流程图；医院临床路径试点工作实施方案；入院制度；手术过程管理规范；危急报告制度；医师资格准入制度；医务用章管理制度；新技术新项目准入管理制度；医疗技术风险预警机制；医疗技术临床应用分级管理制度；医疗技术损害处置预案；医院医疗安全（不良）事件与隐患缺陷主动报告制度；重大医疗过失行为、医疗事故处理预案；重大医疗过失行为和医疗事故报告制度的规定；重大医疗过失行为和医疗事故的防范预案；重症患者抢救协调制度和流程；转院、转科及交接制度。

第二节　专科与名中医工作室

一、专科专病

1952—1960年，上海市立第十一人民医院时期，由于患者多而且较为集中，逐渐形成各种专科门诊，如中医内科有高血压、肾炎、血液病、脾胃病及肿瘤等专科门诊。针灸科有聋哑、小儿麻痹症、卒中后遗症及精神病等专科门诊。儿科有哮喘敷贴、蛲虫病、乙型脑炎、肝炎、消渴病等专科门诊。中医外科有急性阑尾炎、毒蛇咬伤、疔疮走黄及甲状腺肿等专科门诊。西医外科有泌尿专科门诊。

1960年,曙光医院成立后,除原有的专科大部分继续开设外,又新设置中医皮肤科门诊(皮肤科)、冠心及高血压门诊(西内科)和肿瘤专科等。其中较有影响的有以下9个专病门诊:高血压、肾炎、晚期血吸虫病、血液病、肿瘤专科、冠心、胰腺炎、胆道、胃病。之后的30年,医院加紧各专病专科建设,使原有的专科得到进一步发展,新的专科又纷纷成立,较有影响力的包括甲状腺疾病专科、慢支专科、针灸科新医门诊、胆病专科、小儿反复呼吸道感染防治专科、乳房病专科、医学美容专科、子宫内膜异位症专科、中医男性病专科、消渴专科,专科数量已突破80个。

1991年,医院对专科进行整顿,确定72个专科,取消部分已萎缩的专科。对继续开设的专科,明确梯队继承关系,并规定做好专科专病疗效统计工作,使专科建设更加扎实,保证专科的量和质。其间开设的一系列新型特色门诊,如四季调理门诊、心理咨询门诊、医疗饮食门诊等,它们共同的特点是将医学与其他学科相结合,促使中医学的发展进入一个更广阔的天地,并拓展为患者服务的范围。

表3-1-5　1993年曙光医院专病专科情况表

设置科室	专病专科	诊治范围
中医内科	呼吸专科	哮喘、支气管扩张症
	脾胃病	溃疡病、慢性胃炎、萎缩性胃炎、慢性结肠炎、肠功能紊乱
	痹症专病	类风湿关节炎、风湿性关节炎、痛风性关节炎
	消渴	糖尿病
	冠心	冠心病、心律失常
	心理咨询	
	失寐	
	心脑专病	肺动脉硬化、卒中后遗症、心血管疾病、高脂血症
西医内科	心血管	风心、冠心、高心
	呼吸专科	急慢性支气管炎、肺气肿、肺心病、支扩咯血、肺炎、支气管哮喘
中医外科	男性病	男性生殖器疾病、男子不育症、男性功能障碍
	乳房病	乳腺囊性增生、乳房纤维瘤、急性乳腺炎、男性乳房发育、乳腺癌、乳房管内乳头状瘤
	疖病	体表感染性疾病
	甲状腺	甲状腺瘤、囊肿、慢性甲状腺炎、甲状腺功能亢进
	肝血管瘤	肝血管瘤、毛细血管瘤
	红斑狼疮	红斑狼疮、皮肌炎
西医外科	泌尿专科	泌尿系统疾病、结石、不育、前列腺疾病
	胆道	胆囊炎、胆石症
	肿瘤术后随访	消化道癌、乳腺癌、甲状腺肿瘤
	乳房专病	乳腺小叶增生,乳房纤维瘤,男、幼乳发育,溢乳症

（续表）

设置科室	专病专科	诊治范围
神经科	面肌痉挛	中医中药治疗面瘫、面肌痉挛
	垂体肿瘤	中医中药治疗脑垂体肿瘤
妇　科	肿瘤专科	卵巢癌、宫颈癌、宫体癌、乳腺癌、术后及化疗期间、化疗后
	不孕症	
	子宫肌瘤	
	内异症	子宫内膜异位症
	闭经	
	功血	功能性子宫出血
骨伤科	骨质疏松	
	骨折专科	
	肩关节病	肩周炎
	膝关节病	退行性膝关节炎、半月板损伤
	长皮骨	褥疮、脉管炎、皮肤溃疡
针灸科	视神经萎缩	视神经萎缩、青光眼、白内障、近视眼
	脑瘫	视力、运动、语言障碍
	风心、慢支	风湿性心脏病、老年慢性支气管炎
	痹痛	漏肩风、坐骨神经痛
小儿科	哮喘敷贴	支气管哮喘、哮喘性支气管炎
	腹泻	急慢性腹泻
	佝偻病	小儿佝偻病
	厌食	小儿厌食
	呼吸道感染	小儿呼吸道反复感染
推拿科	脑瘫	先天性脑发育不全引起四肢运动障碍不能行、立、坐
	神经性头痛、颈性晕眩	颈源性脑发育不全引起脑供血不足出现头痛症状
血液科	血液病专科	再生障碍性贫血、血小板减少性紫癜、血细胞减少症、急慢性白血病、骨髓增生性疾病
肿瘤科	乳房专科	乳腺癌（为主）、乳房肿块
	胃癌	
	肺癌	
	肝癌	
眼　科	眼底出血	各种眼底出血
	斜视、弱视	儿童斜视、弱视
	葡萄膜炎	葡萄膜、脉络膜炎

（续表）

设置科室	专病专科	诊治范围
皮肤科	医学美容	双眼皮、隆鼻术、除皱术、除雀斑
	性病	各种性病
	中医皮肤	银屑病、血管炎、水泡性疾病、结缔组织疾病
	酒渣鼻	酒渣鼻、毛囊虫皮炎、痤疮
	红斑狼疮	红斑狼疮、色素性疾病
耳鼻喉科	声带小结	
	喉乳头状瘤	
	副鼻窦炎	
口腔科	口腔黏膜病	
老年科	老年病专科	老年人各系疾病，动脉硬化导致心、肺、脑、肾等疾病
康复科	减肥	各种肥胖症
肝炎科	慢性肝病	各种肝病
	肝硬化	代偿期及失代偿期肝硬化
	乙肝表面抗原	
	无症状携带者	
	肝炎相关性疾病	
肾炎科	肾类专科	急、慢性肾病，痛风性肾病，血尿，夜尿频多，尿失禁
急诊科	肠道感染	急性肠道感染
综　合	食疗专科	糖尿病、胃肠病及各种内科疾病
	四季调理	

1994—2015 年，医院的专科专病门诊在数量、等级、规模、设施、特色、医疗指标、科研水平诸方面均取得较大的成绩。血液、心血管、肛肠、肝炎、肾炎、胆道专科还先后建立临床研究室。肿瘤科、肛肠科分别从专科(肿瘤专科、痔科)成为医院 20 个临床医疗科室之一；肝炎、血液、肾炎、心血管、脾胃、神经、胆道、泌尿、乳房、男性病专科也构成医院二级临床分科体系。肝炎、肾炎、肛肠、心血管、脾胃病等专科作为上海市医疗协作中心，在全市具有较高的知名度，并且承担了组织医疗协作中心成员单位的医疗及学术活动的任务。

表 3-1-6　2001—2002 年曙光医院重点专病专科情况表

通过验收时间	专病专科	授予单位
2001 年 1 月	痔疮专病、骨关节病专病、卒中专病	上海市卫生局中医处
2001 年 1 月	糖尿病专病、甲状腺病专病	上海市卫生局中医处
2001 年 10 月	肾病专科	国家中医药管理局
2002 年 1 月	肝病专科、骨伤专科、脾胃病专科	国家中医药管理局

（续表）

通过验收时间	专病专科	授予单位
2002年1月	脑病专病、中医急诊专科、血液病专科、中医肿瘤专科、针灸卒中专病、妇科专科、儿童性早熟专病、心血管专科、肛肠专科、儿科呼吸专科、呼吸专科、男性病专病	上海中医药大学医管处

表3-1-7　2003—2005年曙光医院重点专病专科情况表

等级	专病专科
国家中医药管理局医政司“十五”重点专病专科	肝病专科、骨伤专科、脾胃病专科
上海市卫生局中医处中医特色专病专科	肝病专科、骨伤专科、痔疮专病、骨关节病专病、卒中专病、糖尿病专病、甲状腺病专病
上海中医药大学医管处A级专病专科	中医肝病、中医肾病、中医骨伤、中医脾胃病、中医肛肠、中医肿瘤、中医急诊、中医心血管、中医呼吸、中医妇科、中医血液病、中医糖尿病、中医甲状腺病、中医男性病、中医脑病、针灸卒中专病、儿科呼吸专科、儿童性早熟专病、肝硬化、痤疮专病、失眠专科

表3-1-8　1995—2005年曙光医院专病专科情况表

科别	专病专科名称
中医内科	风湿专科、心理咨询、失眠
骨伤科	骨质疏松、股骨头坏死、骨折专科
儿科	消化专科
肾病科	慢性肾炎、痛风肾病、IgA肾病、糖尿病肾病
耳鼻喉科	复发性口疮、耳鸣、耳聋、咽喉病
妇科	子宫内膜异位症、青春期功血、妇科恶性肿瘤、不孕症、更年期综合征、痛经
肝科	乙肝、丙肝、肝纤维化、脂肪肝
泌尿科	泌尿专科
皮肤科	银屑病、痤疮、脚病、性病
中外科	乳房病
肿瘤科	肿瘤介入、癌性疼痛
推拿科	腰腿痛、颈源性眩晕、痛经
口腔科	修复
西外科	胆道专科、肿瘤术后随访、乳房病、血管病、脑外专科、胸外专科
心血管科	高血压病、冠心病、心衰
针灸科	妇科杂证、面瘫
眼科	白内障术后随访、眼底视网膜疾病
神经内科	神经专科

（续表）

科 别	专病专科名称
内分泌科	减肥专科
肝硬化科	肝硬化
中医内科	慢性胃炎、消化性溃疡、功能性胃肠疾病、乙肝、丙肝、脂肪肝、肝纤维化、再生障碍性贫血、慢性粒细胞性白血病、早中期慢性肾衰、IgA 肾病、慢性间质性肾病、哮喘慢性支气管炎、糖尿病、肥胖病、肝硬化、高血压、心脏介入、心力衰竭、风湿专科、失眠专科
急诊科	肺心病、胰腺炎
脑病中心	中风、周围神经病、运动神经元病、脑膜瘤
骨伤科	骨质疏松、股骨头坏死、骨折专科、膝关节炎
儿科	消化专科、哮喘病、性早熟
耳鼻喉科	耳鸣、耳聋、咽喉病、声带疾病
妇科	计划生育、子宫内膜异位症、青春期异常子宫出血、妇科恶性肿瘤、不孕症、更年期综合征
皮肤科	银屑病、痤疮、脚病、性病
中外科	乳房病、男性病、甲状腺、皮肤病
肿瘤科	肿瘤介入、乳腺癌、肺胃癌
推拿科	颈椎病、椎间盘突出、斜颈、斜视
口腔科	修复
西外科	胆道专科、血管病、胸外专科、乳房病、泌尿专科、消化道肿瘤、脑外专科
针灸科	卒中、妇科杂证、脑瘫
眼科	白内障术后、斜视、眼底视网膜疾病、中医眼病
肛肠科	顽固性痔疮、复杂性肛瘘

2002 年以来，医院肝病、骨伤、肾病、卒中、糖尿病、肛肠、甲状腺 7 个专病专科通过上海市卫生局的验收；肝病、骨伤、脾胃 3 个国家中医药管理局重点专病专科通过中期验收；上海中医药大学 21 个 A 级专病专科完成建设周期；医院心血管内科入选上海市中西医结合重点学科建设，肾病内科荣获国家中医药管理局重点学科建设，中医肝病为上海市领先学科。2003 年，成立“曙光名老中医诊疗中心”，后经过改建扩建，2005 年，更名为“曙光名医诊疗中心”，由上海市名中医王左教授任中心主任。名医诊疗中心荟萃近百名上海和全国的名医、著名教授和著名专家，他们在内、外、妇、儿等学科领域各成一家，临床经验丰富。2003 年和 2005 年，分别组织申报第五、第六届临床医疗成果奖，肝病科“丙肝中医诊断标准”和脑病中心“颅骨牵拉复位术”进入上海市评审。经最终评审，肝病科“慢性病型肝炎中医辨证分型建立”获第五届上海市临床医疗成果三等奖；骨伤科詹红生主任申报的“拔伸位手法治疗颈椎病”获得第六届临床医疗成果三等奖。

2006 年，医院依托研究型医院建设不断加强重点专科的培育工作。截至 2015 年，肝病科、骨伤科、肾病科、心血管科、内分泌科、临床药学科等 6 个重点专科入选卫生部国家中医临床重点专科。肝病科、骨伤科、肾病科、心血管科、内分泌科、临床药学科、肺病科、妇科、脾胃病科、针灸科、肛肠科、急诊科、重症医学科、中医护理学科等 14 个重点专科入选“十二五”国家中医药管理局重点专科，初步建立一批在国内外具有学术引领作用的重点专科团队。

二、卫生部国家中医临床重点专科

2010年起，卫生部在全国范围内设立国家临床重点专科建设项目，2011年，首次纳入中医临床重点专科。医院肝病科、骨伤科2011年入选首批国家中医临床重点专科，分别获得中央财政经费资助300万元。2012年起，心血管科、肾病科、内分泌科、临床药学科等4个重点专科先后入选卫生部国家中医临床重点专科，共获得中央财政经费资助1 050万元。

【肝病科】

2011年，肝病科入选首批国家中医临床重点专科、国家中医药管理局中医肝病重点专科，并担任重点专科协作组组长单位，是国家中医药防治慢性乙型肝炎、中医药防治自身免疫性肝病临床协作中心；也是国家"十一五"重点学科（中医内科学）、国家中医药管理局重点学科（中医肝病、中医传染病）、国家中医临床研究基地中医药防治肝病临床研究联盟组长单位、全国中医药防治传染病示范基地、上海市中医肝病临床中心、上海市重中之重临床医学中心、上海市中医肝病临床基地建设单位、上海市首批医学领先专业。拥有王灵台全国名老中医药专家传承工作室、陈建杰上海市名中医工作室两个名中医工作室。

肝病科主要开展中医中药、中西医结合防治急慢性病毒性肝炎、脂肪性肝病、自身免疫性肝病、肝硬化、肝癌等各种肝病的临床和科研工作，以中医为主、中西医结合治疗急慢性病毒性肝炎和危急重症肝病特色明显，疗效卓著。研究开发了慢性肝病治疗的特色院内中药制剂5种，开展外敷制剂治疗慢性肝病肝区疼痛、难治性腹水的腹水回输和中药敷贴治疗、中药灌肠治疗慢性肝病内毒素血症、中药熏洗治疗肝病失眠、穴位敷贴、远红外照射等特色技术。

肝病科运用补肾健脾利湿方法治疗慢性乙型肝炎、健脾利湿祛痰方法治疗非酒精性脂肪性肝炎、补肾健脾祛瘀方法治疗乙肝后肝硬化、健脾清热利湿治疗原发性胆汁性肝硬化，均有显著的临床疗效，患者病死率和并发症发生率逐年降低。

作为国家临床重点专科、国家中医药管理局"十一五""十二五"中医肝病重点专科，在长期临床实践中，形成中医药防治肝病诊疗方案共10个，包括急性病毒性肝炎、慢性病毒性肝炎、肝衰竭、肝硬化（代偿期）、肝硬化（失代偿期）、非酒精性脂肪性肝病、酒精性脂肪性肝病、自身免疫性肝炎、原发性胆汁性肝硬化、原发性肝癌等。牵头负责慢性乙型肝炎、原发性胆汁性肝硬化两个优势病种诊疗方案和中医临床路径的修订和疗效验证工作。负责起草全国《慢乙肝中医药诊疗专家共识》《中医肝病科建设与管理指南》，均作为中医肝病重点专科协作组的共识诊疗方案进行临床验证。在诊疗方案中，以中医药为主要治疗手段，融合了中医特色疗法、中医诊疗设备、适宜技术、现代技术，充分体现中医药优势和服务能力。

【骨伤科】

2011年，入选首批国家中医临床重点专科。2015年，骨伤科成为全国骨伤重点专科协作组组长单位，卫生部国家临床重点专科，国家中医药管理局国家中医重点专科，国家中医药管理局"十五""十一五""十二五"国家重点专科，全国膝关节骨性关节炎协作组组长单位，全国骨质疏松症协作组副组长单位；国家级和上海市"石氏伤科"非物质文化遗产保护单位；全国流派传承石氏伤科流派传承研究工作室,上海海派中医流派石氏伤科传承研究基地;上海市中医骨与关节疾病特色专科,上海市股骨头坏死特色专科,上海市"中医药发展三年行动计划"中西医结合重大项目(颈椎病)建设单位;全国名中医石印玉教授传承工作室、上海市名中医石印玉工作室;上海市医师协会中医师分会骨伤专业组(筹)组长挂靠单位。

在继承、发扬中医骨伤科学理论和技术的基础上,充分利用现代科学技术,开展对骨、关节和软组织伤病的基础和临床研究,特别是以骨伤科常见病、多发病、疑难病为主攻方向,从理论、基础和临床多方面对中医骨伤科的核心理论(主要包括肾主骨、肝主筋、筋出槽、骨错缝等)进行研究,将中医骨伤科学学术理论推向新的高度。

【心血管科】

2012 年,心血管科入选卫生部国家临床重点专科。科室为国家教育部重点学科中医内科学组成学科、国家中医药管理局"十一五"心衰专病建设单位、国家中医药管理局"十一五"心衰专病副组长单位、国家中医药管理局"十二五"心血管病重点专科、上海市重点学科中医内科学组成学科、上海市中西医结合心血管病重点学科、全国名医严世芸工作室挂靠单位;同时还是中医、中西医结合硕博士培养点和博士后流动站。专科先后承担国家科技部"七五"攻关、国家重大科技专项"十二五"项目、"863"及重大新药专项、国家自然科学基金等重大课题 40 余项;先后研制了"复方血竭胶囊""麦冬注射液""双龙丸""鹿角方""坎离颗粒""强心饮"等院内制剂。

中医药防治慢性心衰一直是学科的主攻方向和特色之一。在中医药治疗胸痹心痛病方面的研究已有 30 余年历史,主要特色是注重活血通络、标本兼治。张伯臾教授认为冠心病的中医药诊疗,应结合现代医学知识,在辨病的基础上辨证,临床治疗要充分吸收中西医药最新临床科研成果。

中医药防治眩晕病是心血管学科的主攻方向之一,在继承张伯臾教授学术思想的同时,其传人对眩晕病的诊治进一步提出了"平衡阴阳、调整气血""平肝潜阳"等重要学术思想。

【肾病科】

2012 年,成为国家重点学科和教育部重点实验室的核心成员、国家中医药管理局重点专科、国家中医药管理局"十五""十一五""十二五"国家重点专科、上海市重点学科、上海市中医临床重点实验室、上海市教委肾病创新团队牵头单位、上海市中医药发展三年行动计划慢性肾病基地,拥有上海市名中医郑平东工作室,获上海市卫生系统先进集体、上海市卫生局肾病优势学科、上海市卫生局中医特色专病专科称号。先后领衔承担了国家科技"十一五"支撑计划、国家自然基金和科技部中医药行业专项慢性肾病示范性临床研究项目。

在慢性肾衰、慢性肾小管间质病变、糖尿病肾病、IgA 肾病等方面形成了独特的优势和特色。专科建设期间,围绕"慢性肾衰、慢性肾小管间质疾病、糖尿病肾病"的中医药防治基础和临床研究方向,培养和形成了目前的学术团队。专科成立以来,在学科带头人何立群教授的带领下,围绕三个重点病种慢性肾衰(早中期慢性肾衰)、肾痨(慢性肾小管间质病变)和消渴肾病(糖尿病肾病),开展中医临床及相关的实验研究工作。

【内分泌科】

2012 年,内分泌专科入选卫生部国家中医临床重点专科,国家中医药管理局"十一五"糖尿病重点专病、"十二五"内分泌重点专科,上海市中医糖尿病临床优势专科,上海市教委重点学科中西医结合临床专业及上海市科委中医临床重点实验室的组成学科，上海市浦东新区中医糖尿病重点学科群牵头学科。建立丁学屏名中医工作室，该工作室为上海市、全国的名老中医药专家传承工作室建设项目。

内分泌专科以消渴病（糖尿病）及其慢性并发症为主攻目标，尤其是对消渴病痹证（糖尿病周围神经病变）、消渴病坏疽（糖尿病足）、消渴病肾病（糖尿病肾病）等常见的糖尿病慢性并发症开展了较为深入的研究，形成了自己的中医特色诊疗技术，并拥有如灵芪参口服液、参蝎止痛胶囊（灵异胶囊）、黄芪胶囊、“DM120”、健胰方、温通散、糖肾方、糖神方等多种自制制剂和协定方，临床应用获得了较好的疗效。

【临床药学科】

2012年，临床药学科成为国家中医药管理局临床药学重点专科培育单位。2013年，成为国家临床重点专科（中医专业）建设项目以来，作为协作组组长兼牵头单位，是国家中医药管理局中药特色技术传承人才培训基地、国家中医药管理局中药制剂和剂型改革基地、国家中医药管理局中药制剂三级实验室；教育部重点学科（中药学）和上海市重中之重学科核心成员，教育部和上海市重点实验室的组成成员，上海中医药大学中药学博士点之一。2010—2013年上海市临床药事管理优秀单位，制定临床药学重点专科全国协作组工作规划（6个协作分组），牵头负责中药饮片处方应付和特色中药疗法两个协作分组的工作实施，负责慢乙肝中医临床路径中药用药指导方案的撰写工作。

完成国家“十一五”新药重大创制专项“复方鹿角颗粒治疗慢性心衰的新药临床前研究”。发表论文2篇，申请发明专利1项。

作为国家中医药管理局临床药学重点专科协作组大组长单位（牵头单位），本学科初步奠定了本专业在全国同行中的领头地位，并在国家中管局医政司的领导下开展工作，制定了协作组建设目标和工作规划（6个专题），组建了6个协作分组：中药饮片处方应付；小包装中药饮片管理；特色中药疗法；中药煎药质量管理；临床路径用药指导方案；调剂质量管理。在6个协作分组中临床药学科具体担任了其中2个协作分组组长（中药饮片处方应付和特色中药疗法协作分组），制定体例，指导各成员单位开展工作。2015年，完成协作组特色中药疗法临床药学服务方案的搜集，并上报国家中管局。

三、国家中医药管理局重点专科

“十一五”期间，医院国家中医药管理局有重点专科12个，包括肝病科、肾病科、骨伤科、心血管科、内分泌科、肛肠科、针灸科、中医妇科、急诊科、重症医学科、脾胃病科、肺病科。“十二五”期间，医院临床药学科、中医护理学入选国家中医药管理局重点学科培育项目。其中肝病科为国家中医管理局中医肝病重点专科协作组组长单位、骨伤科为中医骨伤重点专科协作组副组长单位。

【肺病科】

肺病科是国家中医药管理局“十一五”“十二五”国家重点专科，国家中医药管理局中医呼吸病重点专科协作组成员单位，教育部和上海市重点学科“中医内科学”成员单位，国家食品药品监督管理局临床药理研究机构呼吸病专业点，上海市卫生系统先进集体。

2015年，肺病科主要诊治疾病范围涵盖了所有的《中医医院临床科室建设与管理指南》中肺病科诊治病种，也涵盖了所有的肺病科8个中医重点优势病种，即肺胀病、咳嗽（慢性咳嗽）、肺痿病、自发性气胸、哮病、风温肺热病、咳嗽(感染后咳嗽)、鼾症。科室主攻优势病种为肺胀病、咳嗽病、肺痿病和肺热病。有多项医院院内特色制剂,如复方龙星片、泽漆片、蝉芩颗粒、竹桔化痰口服液、荆银合剂、宣肺合剂、寒咳合剂等。

肺病科作为国家中管局呼吸病重点专科协作组成员,参加了肺间质病和慢性阻塞性肺疾病的攻关协作工作,进行了临床诊疗方案的梳理、验证以及临床路径的设计工作,以及咳嗽病、肺胀病、肺痿病等临床路径验证工作,并针对慢性阻塞性肺疾病开展攻关协作研究工作。

【中医妇科】

妇科是国家中医药管理局"十一五""十二五"国家重点专科,上海市中医妇科肿瘤特色优势专科。学科以治疗妇科肿瘤为特色,自 20 世纪 70 年代起,学科就在上海市名老中医庞泮池教授的带领下开展以中医药治疗妇科肿瘤为特色的临床研究,先后创制了益气养阴煎、增免抑瘤颗粒、白花肌瘤片、养血止崩煎等自制制剂,在临床广泛使用。

2012 年,医院中医妇科肿瘤专科被批准为"十二五"国家中管局重点专科建设项目。成为中管局的重点专科以来,中医妇科肿瘤专科通过名中医经验整理、挖掘和继承及经典文献的学习,寻找治疗肿瘤的思路与方法。

中医妇科肿瘤专科以提高中医药防治妇科良恶性肿瘤水平为核心,从肿瘤发生病机、药物起效机制等方面进行科研攻关,先后申报了 3 个国家自然基金项目及 2 个卫生局级科研项目进行研究,2 名专科成员先后报考博士研究生进行相关自制药剂基础研究。

专科自 2011 年起,设计制定门诊子宫肌瘤、子宫内膜异位囊肿、卵巢癌术后等单病种诊疗方案后,每年对该诊疗方案进行临床疗效的总结分析,并在此基础上不断优化方案。2013 年起,对盆腔炎、胎动不安、卵巢恶性肿瘤术后等住院病种制订单病种诊疗方案。

【肛肠科】

肛肠科是国家中医药管理局"十二五"国家重点专科、上海市中医重点专科、上海市中医临床优势专科。

2015 年,专科制订了混合痔、肛漏、肛痈、肛裂病、慢性结肠炎、慢性功能性便秘等常见疾病的诊疗方案,完善了混合痔、肛漏、肛痈等优势病种的中医临床疗效评价,开展了对口切开旷置结合垫棉法治疗高位复杂性肛瘘、内套外剥齿状线保留术治疗混合痔、药线引流治疗肛周脓肿等中医药特色疗法。

专科拥有十余种系列中药自制制剂,临床疗效显著,已有 2 项成果。作为临床药物试验机构的中医肛肠专业,2006 年,通过 SFDA 的现场认证,科室 9 人通过 GCP 培训,参加药物临床试验 5 项。

【护理学】

自 20 世纪 90 年代开始,在国内开展"中医专科特色护理技术",逐步形成了完整的具有中医特色的整体护理模式(主要包括中医护理评估、辨证分型、中医护理诊断、临证护理、特色护理、现代技术护理、舒适护理、并发症护理和护理效果评价)。专科疾病护理中,遵循中医临床思维及规范,以中医临证施护为主体,融合了传统特色护理技术方法、中成药、现代技术和科研成果创新,充分体现了中医护理专科的优势和服务能力。护理学为国家中医药管理局"十二五"国家重点专科。

【急诊科(重症医学科)】

科室为国家中医药管理局“十二五”中医重点专科培育项目急诊科建设单位、组长单位，脓毒症暴喘协作组牵头单位，国家中医药管理局中医急诊建设基地，上海市卫生局中西医结合急诊临床基地，上海市优势学科中医内科学(中医急诊)，国家教育部重点学科中医内科学(中医急诊)单位，上海市卒中特色专病专科。拥有上海市二级实验室。专科在20世纪80年代是国家中医药管理局全国厥脱协作组组长单位，带领全国急症厥脱协作组制定了厥脱症诊治规范，曾承担“八五国家攻关”、国家自然基金课题、上海市卫生局等各级课题。上海市名中医王左教授提出了“扶正祛邪治疗厥脱症”的学术思想，研制了参附青注射液，用于临床，治疗厥脱疗效显著，曾获卫生部甲级成果奖。1991年，开展了肺动脉高压的临床和实验研究，创制了“复方葶苈注射液”。

【脾胃病科】

2002年，脾胃病科被批准成为国家中医药管理局重点专科建设单位之一。由全国名老中医脾胃病专家蔡淦教授为学科带头人，并于2006年通过验收，成为首批国家中医药管理局脾胃病重点专科建设完成单位之一。专科为国家中医药管理局“十五”“十一五”“十二五”国家重点专科。

2015年，专科收治患者涵盖的优势病种数有12种，分别为胃脘痛病(慢性胃炎)、泄泻病(腹泻型肠易激综合征)、胃痞病(功能性消化不良)、胃脘痛(胃癌前病变)、吐酸病(胃食管反流病)、久痢(溃疡性结肠炎)、大肠息肉(结肠息肉病)、胃疡(消化性溃疡)、鼓胀病(肝硬化腹水)、肠结病(肝硬化腹水)、便秘病(便秘型肠易激综合征)、呕吐病(急性胃炎)。脾胃病重点专科中医治疗率大于90%，优势病种中医药治疗率达95%以上。

专科应用的医疗机构中药制剂品4种(莪连颗粒、清胃合剂、连芙胃和口服液、黄杏润肠片)。

【针灸科】

针灸科承担国家“十一五”重点专病项目，是中医药管理局“十二五”重点专科，曾拥有杨永璇、陆瘦燕等一代针灸名师临床应诊。专科以颈肩腰腿痛、周围神经病变、各型痛证、耳鸣病为门诊研究方向，在治疗卒中病、各型腰腿痛、颈椎病、骨关节病、耳鸣病及各种软组织损伤方面均取得了较好的疗效。科室以针灸治疗为主，根据病情配合综合治疗，如艾灸、药熏、热敷、定向透药等治疗以提高疗效。

“十一五”期间，被国家中医药管理局列为重点专病专科建设，同时，担任肩凝症分组副组长。专科已初步形成卒中病(脑梗死)、腰痹病(腰椎间盘突出症)、项痹病(颈椎病)的诊疗方案，制定并执行卒中病(脑梗死)、面瘫病(周围性面神经瘫痪)、耳鸣耳聋病(耳鸣)、肩凝症(肩关节周围炎)(门诊)等4个病种的临床路径。专科将持续优化重点病种工作，每年对优势病种中医诊疗方案进行总结分析，对疾病难点进行深入总结，并在第二年形成对面瘫病、卒中病、肩凝症等疾病的新的诊疗方案，2015年，该方案推广至相关医院的针灸科。

四、上海市中医优势专科

针对具有显著临床优势和特色诊疗技术的专科，医院不断加强上海市中医优势专科建设。肿瘤科、脑病科、皮肤科和儿科先后入选上海市中医优势专科建设项目。

【肿瘤科】

2008年9月，肿瘤科以“中医治疗结直肠癌”成为上海市中医临床优势专病建设第二批项目中的重要组成部分，同时也是上海市浦东新区社发局中医特色重点＋专科、医院中医结直肠癌特色专病专科。

中医肿瘤科以治疗结直肠癌的中医治疗、中西医结合治疗为特色，如结直肠癌肝转移行介入治疗等方面。2010—2015年，年平均门诊量达6.5万人次，出院患者1 100人次，年介入手术量超过100台，其中结直肠癌肝转移等介入手术量逐年提高。

【脑病科】

2003年，设立独立的脑病科。脑病科主攻病种（急性脑卒中、帕金森病、肌萎缩侧索硬化症）优势显著。建立中西医结合卒中单元，制定《中国中西医结合卒中指南（参考）》，广泛开展内科领域中西医结合临床研究。中西医结合神经内科建设以卒中为中心（包括出血性卒中），逐步加大至对帕金森病、重症肌无力、运动神经疾病、多发性肌炎、糖尿病周围神经病变、睡眠障碍等研究力度，提高我国目前缺血性卒中临床疗效。

2013年，专科已与华山、长海一起率先成为第一批国家卫生计生委脑卒中筛查与防治基地、上海市脑卒中临床救治中心，全面开展脑卒中筛查、预防、急性期救治、恢复期康复指导、二级预防等各项工作，促进中医药在防治重大疾病中的参与能力和参与度。

【皮肤科】

作为上海市中医优势专科，坚持开展中医皮肤科的特色诊疗，多次获得科研基金的资助研究。源于夏少农教授的诸多临床验方被卫生局授予批号，例如祛风利湿合剂、清热解毒合剂、花参合剂等6种。其中的临床经验方（狼毒方）申请发明专利。

酒渣鼻病的手术治疗由科室首任皮肤科主任石光海教授首创，其本源为中医皮肤科的割治疗法，获卫生部科技进步成果乙等奖、上海卫生局科技进步成果二等奖。其中治疗酒渣鼻病总有效率为90%、鼻赘型酒渣鼻总有效率为100%。

科室20世纪70年代开始应用耳背静脉割刺放血治疗扁平疣，至今作为皮肤科中医特色的首选治疗方法。

【儿科】

儿科是国家中医药管理局“十二五”重点专科协作单位、上海市中医临床优势专科、海派徐氏儿科临床基地，有2个上海市名老中医工作室。以中医为主、中西医结合治疗各种小儿疾病。特色专科有性早熟专科、矮小症专科、抽动多动症专科、小儿脾胃专科、小儿遗尿专科、心理咨询及评测门诊、小儿呼吸专科、伏天敷贴门诊等。

专科擅长性早熟、矮小症、抽动症、多动症专科、小儿脾胃、小儿遗尿、智力行为评测及儿童心理、儿童肥胖、小儿呼吸、伏天敷贴等方面。

性早熟专科为国家“十二五”重点专科协作组成员、上海市中医特色专科，研制了早熟方、早熟2号方、早熟5号方等多个方剂，配以耳穴治疗、个性化饮食指导以及必要的心理疏导，形成了有中医特色的诊疗方案。

专科以反复呼吸道感染、哮喘、肺炎、慢性咳嗽为主攻方向，研制出一系列的中药制剂，内服如宣肺合剂、寒咳合剂、银八方、热喘方等，外敷如敷贴 2 号方、敷贴 5 号方、镇咳方、痰咳方等。

五、专科基地建设项目

【上海市“治未病”示范基地】

2008 年 2 月，成为国家中医药管理局第一批治未病预防保健服务试点单位。中心汇集了心血管、老年病、呼吸、杂病、针灸、推拿、手法导引等多学科专家提供健康咨询指导和干预。

根据国家中医药管理局制定的项目文件要求以及临床服务需求，结合医院实际，治未病中心组织制订并实施了 6 种慢病高危人群中医预防保健服务技术指南；实施康复科相关疾病临床路径及诊疗方案，其中包括《高血压病高危人群中医预防保健服务技术指南》《糖尿病高危人群中医预防保健服务技术指南》《慢性支气管炎高危人群中医预防保健服务技术指南》《肿瘤病高危人群中医预防保健服务技术指南》《血脂异常状态高危人群中医预防保健服务技术指南》《颈椎病前期高危人群中医预防保健服务技术指南》等。按照指南要求确定 6 种高危人群的具体范围，根据不同类型人群的体质及辨证分型，通过健康宣教、社区中医健康管理，以及保健按摩、功法锻炼、食疗药膳、针灸推拿等中医预防保健技术进行系统的、多样化的干预方案。

中心为二级医疗机构及社区卫生服务中心提供人才、技术支持，建立协作指导关系，开展“治未病”工作并提供业务培训、技术指导，提升社区卫生服务中心中医药预防保健临床服务水平。同时对社会性独立中医养生保健服务机构从业人员开展中医预防保健调理师培训工作。

【国家中医药管理局传染病基地】

2010 年 2 月，获得国家中医药管理局传染病基地建设项目。基地有效整合资源，应用中西医结合方法治疗各类传染病，建成集临床、科研、教学、培训于一体的传染病临床基地。

临床基地建立慢性乙型肝炎、慢性丙型肝炎、感染性腹泻、新发突发传染病的中医、中西医结合诊疗方案；应用中医、中西医结合治疗方案，提高重点研究病种的临床疗效，缩短患者住院床日，减少患者的医药费用支出。建设传染病（肝病）实验室。引进人工肝支持系统、中医药结肠透析仪等。

【中医药标准研究推广基地】

2010 年，医院成为国家中医药管理局第一批中医药标准化研究推广基地（试点）建设单位。为推进中医药标准化建设，落实中医药标准研究推广基地（试点）建设任务，医院开展了中医临床诊疗指南应用评价工作。2015 年底，医院已完成了 4 个病种的中医临床诊疗指南的修订，并有 6 个病种的中医临床诊疗指南修订及 3 个治未病技术指南制定进行中。

按照国家中医药管理局和上海市中医药发展办公室关于推广应用中医临床指南的总体部署，医院开展了中医药标准临床技术培训工作。参加培训的总人次达 3 000 余人次，全市各级医院中医、中西医结合医师及部分护理人员均得到了培训。

【卫生部脑卒中筛查和防治基地】

2013 年，成为国家卫生计生委脑卒中筛查与防治基地医院，也是上海市脑卒中临床救治中心之一。以神经内外科、心内科、内分泌科、急诊科、康复科、超声、影像科等为主，构建脑卒中筛查与防治的多学科合作团队，包括心脑血管病、内分泌（糖尿病及相关代谢性疾病）以及血管超声、放射影像、临床检验、介入、康复、护理、健康教育等专业技术人才。

基地制订了急性缺血、出血性脑卒中临床诊疗指南，或常规、临床路径与操作规程。具备承担脑卒中筛查任务的能力，具备专业的脑卒中及其危险因素干预能力，能够开展脑卒中的一二级预防。具有动脉瘤夹闭术、颈动脉血管成形术和支架置入术、去骨瓣减压术、脑室引流术、颅内血肿清除术、动脉瘤介入治疗的技术能力并已开展实施，具备开展脑卒中康复治疗条件和技术能力。

六、名老中医学术经验传承工作室

2003 年起，医院启动了医院老中医工作室的建立。同年，进行曙光高级中医师的选拔和培养，共有两批 18 人，经过层层选拔被命名为曙光高级中医师，其中有 4 人经过 2 年的培养和个人的努力被提升为曙光名中医。医院给予名中医工作室以极大的支持，2005 年，建立了“名医苑”，为名老中医工作和学术经验传授提供了良好的场所。同时对名中医工作室予以相应的考核，定期对所有工作室的建设工作进行定期检查，2005 年，顺利通过上海中医药大学和上海市卫生局对工作室的中期检查。2015 年，医院有 7 个全国名中医工作室、6 个上海市名中医工作室。

【全国名老中医药专家传承工作室】

柏连松名老中医药专家传承工作室 2011 年，列入国家中管局全国名老中医药专家传承工作室建设项目。2012 年 5 月，成立海派名医夏式外科研究基地，建立肛周脓肿的临床路径，并且每年完善肛瘘、混合痔、肛周脓肿的诊疗规范。在全国名中医柏连松工作室建设期间，工作室成员比较系统地整理和归纳了柏连松教授的学术思想和临证经验。肛肠科手术强调疾病治疗和肛门功能保护并重等理念。

工作室根据柏连松教授的学术思想和临证经验，总结了他日常诊疗过程中的诊疗特色，制定了柏氏肛肠科有中医特色的诊疗技术，如中药熏洗、坐浴，中药湿热敷疗法、内痔注射疗法、高位肛瘘双线切挂法、高位肛瘘的隧道疗法、肛痈中药保留灌肠法、混合痔“四联疗法”等富有名中医柏连松教授学术特点的诊疗技术。

工作室通过名中医培养的研究生、名中医药学术经验传承学习班的学员、参与名中医指导的各种高级人才培养项目、聘请名中医为学术顾问的肛肠学科等单位，将柏连松名中医的学术思想、优势病种诊疗方案和特色诊疗技术应用于临床，并在各类课题中进行临床研究和实验研究，使其学术经验和诊疗技术得到推广和应用。

工作室学术继承人在工作室建设期间根据名中医的学术经验积极申报课题。其中省部级 1 项，国际级课题 1 项，局级课题 4 项，上海市中医药事业发展三年行动计划创新性研究项目 3 项，专利申请 1 项。

蔡淦名老中医药专家传承工作室 蔡淦名老中医工作室成立于 2002 年。2003 年 6 月，首批列入上海中医药大学名老中医工作室建设项目。2004 年 9 月，首批列入上海市卫生局名老中医工作室建设项目。2010 年，列入国家中管局全国名老中医药专家传承工作室建设项目。

蔡淦教授首先提出了诊治疾病的“三观”理论。其次根据东垣“内伤脾胃，百病由生”的理论，在治疗内科杂病时以脾胃为核心调摄五脏，并研制出院内制剂“莪连颗粒”。对于反复发作难以治愈的肠易激综合征，提出抑木扶土、柔肝缓急、酸敛收涩的治则，已成为中医治疗该病的基本法则；并研制了治疗该病的专方“肠吉泰”，其临床疗效可达 87%，该药在院内肠易激综合征患者中使用率已超过 95%。

建设期间，发表论文 28 篇，主编、主审论著 2 部，大会交流论文 3 篇，主持国家自然科学基金 2 项，主持省部级临床研究科研课题 3 项。

丁学屏名老中医药专家传承工作室 2006 年，成立丁学屏上海名老中医药专家传承工作室。2012 年，列入国家中管局全国名老中医药专家传承工作室建设项目。丁学屏教授从事中医工作 50 年，总结历代消渴名方，结合多年临床实践，明察病因病机，标本虚实，阴阳气血津液、脏腑经络虚实，探索出治疗糖尿病的一系列有效的治疗方法。

工作室成员共 12 人，有 2 人进入 3 项人才计划：第四批全国老中医药专家丁学屏学术经验继承人、第三批全国优秀中医临床人才研修班学员 1 人，上海市中医药领军人才建设项目学员 1 人，上海市杏林新星计划 1 人。主编传承丁学屏老中医学术思想专业著作《张耀卿学术经验集》《陈道隆学术经验集》《分类颖川医案》等共 8 部，发表论文共 15 篇，主持体现丁学屏学术思想的国家级、省部级、厅级科研课题共 9 项，获省级科研、教研成果奖 2 项。

黄吉赓名老中医药专家传承工作室 黄吉赓名老中医工作室于 2005 年成立，同年，被列入上海市卫生局名老中医工作室建设项目；2010 年，列入国家中管局全国名老中医药专家传承工作室建设项目。

黄吉赓教授为上海市名中医，重视肺脾肾及三焦气化的作用，在治疗中根据阴阳互根理论补肾益气治其本。擅用泽漆汤，并制成院内制剂“泽漆片”。活用射干麻黄汤，并将“平喘定哮二方”制成院内制剂“息喘冲剂”。擅用虫类药治疗顽咳，以“蝉衣、僵蚕”祛风止咳，配合小柴胡汤、止嗽散加减，制成院内制剂“蝉芩颗粒”，2010 年，获“浦东新区名方”称号。并研制“仙灵合剂”“地黄合剂”应用于临床。

工作室培养传承人 35 人；接收进修医师 17 人，实习医师 500 多人次。

石印玉名老中医药专家传承工作室 石印玉名老中医工作室于 2002 年成立，2012 年被列入国家中管局全国名老中医药专家传承工作室建设项目。工作室主要研究方向为骨质疏松症、骨关节病、颈椎病、股骨头坏死、腰椎间盘突出症和急性筋骨损伤及石氏伤科学术思想整理。先后承担世卫组织(WHO)委托研究项目，国家“973”、“863”、科技攻关/支撑计划，国家自然科学基金项目等数十项。研究成果获得部市级科技奖励一等奖 1 项、二等奖 2 项、三等奖 14 项，上海市临床医疗成果三等奖 2 项。工作室所制定的膝关节骨性关节炎的诊疗方案由全国近 30 家医院得到验证，该诊疗方案和临床路径被国家中医药管理局作为指导性文件向全国推广。

工作室完成骨质疏松症、骨关节病、颈椎病、股骨头坏死、腰椎间盘突出症和急性筋骨损伤等诊疗方案的整理和优化，并应用于工作室临床中，诊治率达 80%以上，疗效达到国内先进水平。开设了骨质疏松症、骨关节病、颈椎病、股骨头坏死与骨折专科等特色专科，诊治了大量病患。

王灵台名老中医药专家传承工作室 王灵台教授是上海市名中医、享受国务院特殊津贴专家。通过 50 余年防治慢性肝病的临床及科研实践，在慢性肝病的认识、治法、用药等方面积累丰富的经验。积极开展中西医结合治疗慢性肝炎的临床及科研工作，从 20 世纪 80 年代起，培养硕士、博士、博士后等中医高级人才 40 余人。1995 年成立王灵台上海市名中医工作室，学术继承人为高月求、赵钢、张斌，2009 年该工作室被评为全国先进名中医工作室。2012 年 6 月，被确定为第五批全国名老中医学术经验继承班指导老师，学术经验继承人为孙学华、祝峻峰。2013 年 9 月王灵台名中医工作室入选全国名老中医药专家传承工作室，其学术继承人中有 20 余人具有正高级职称、担任肝病科主任、博士生导师及入选省级领军人才等人才培养项目。

严世芸名老中医药专家传承工作室 严世芸名老中医药专家传承工作室于 2010 年成立，2003 年 6 月，首批入选上海中医药大学严世芸名医工作室。其间又进行了上海市严世芸名中医传承工作室建设。2011年,列入国家中管局全国名老中医药专家传承工作室建设项目。主要总结、整理、继承、发扬和创新严世芸教授的临诊经验和学术经验,并搭建网络信息平台,促进严世芸教授学术思想的继承与交流。2015年,工作室成员12人:高级职称8人、中级职称4人;负责人为徐燕教授。严世芸名中医传承工作室曾荣获全国首届先进名医工作室,发表相关论文论著200余篇,出版学术专著30余部,获奖30余项,申请专利10余项。

【上海市名老中医学术经验研究工作室】

郑平东名老中医学术经验研究工作室 郑平东为上海市名中医。在20世纪80年代,郑教授从事慢性肾功能衰竭的研究。20世纪90年代,他创立的运用扶正降浊法研制肾衰冲剂改善尿毒症毒素和肾纤维化,倡导健脾补肾渗湿利水法治疗慢性肾炎、运用化瘀排石汤治疗上尿路结石,自拟益气养阴通络法治疗气阴两虚型IgA肾病,提出祛痰化瘀泄浊法治疗尿酸性肾病以及清利化瘀法治疗慢性肾盂肾炎等已被全国同仁认同并广泛应用。先后成功研制出肾衰冲剂、固本通络冲剂、化瘀排石汤、降尿酸方、消白冲剂等中药制剂。

郑平东名老中医学术经验研究工作室成立于2004年6月,被列入上海中医药大学名老中医工作室建设项目。2006年10月,郑平东名老中医工作室被列入上海市(卫生局)名老中医学术经验研究工作室建设项目。

陈建杰名老中医学术经验研究工作室 陈建杰名老中医学术经验研究工作室成立于2011年,在临床工作的基础上,承担包括国家攻关项目在内的科研项目34项,荣获包括国家、上海市科技进步奖等奖项17项。发表论文212篇,担任副主编或编委参与专著20本。承担国家"十一五"攻关项目子课题,担任国家中管局重点学科、重点研究室主要骨干,研究涉及慢性乙型肝炎、慢性丙型肝炎、艾滋病、结核病、新发突发传染病等领域。

2015年,共担任包括国际中医药联合会肝病分会副会长、中国中西医结合学会肝病专业委员会副主任委员在内的27项专业委学会工作;13项专业杂志副主编或编委。

程家正名老中医学术经验研究工作室 程家正名老中医学术经验研究工作室成立于2011年。程家正在临床中总结了麻疹、流行性乙型脑炎、菌痢、婴儿泄泻、哮喘、腮腺炎、流行性脑脊髓膜炎等临床常见病,尤擅长治疗小儿肾病与肾炎。1984年,任儿科主任,与徐小洲等同事一起推广单味中药,如凤尾草等治疗肠炎腹泻取得一定疗效。又与中药房合作制成合剂,如寒咳糖浆、肺风糖浆、小儿咳嗽糖浆、健脾糖浆、驱蛲虫药等,还有单味的山楂炭片、鸡内金片等,其中寒咳糖浆目前尚处于临床应用阶段。与王惠芬主任合作《激光治疗遗尿症100例》,其间主编《中医儿科临床手册》《中国医学大辞典·儿科分科》等书籍。

吴正翔名老中医学术经验研究工作室 吴正翔名老中医学术经验研究工作室成立于2011年,吴正翔是血液科第二任负责人,是上海市名老中医。吴正翔主张研究和发扬中医药学要有科学发展观,其注重临床研究,不断实践,对急慢性白血病、恶性淋巴瘤、多发性骨髓瘤等均从病机、脏腑病位、阴阳偏盛中探索治疗,取得了有效方药,发扬了中医药学治疗血液系统疾病的特色。

唐为勇名老中医学术经验研究工作室 唐为勇名老中医学术经验研究工作室成立于2011年,擅于将学术思想与同类经方联合使用。倡导辨证论治与辨病论治相结合,处方用药采纳同类经方的联合使用。医疗中以中医为主体,病房中医治疗率达60%,有37个病种。自拟肺咳方宣肺化痰、止咳平喘,固表方健脾益肾、固表止汗,疏解方疏风解表、清热解毒,消导方消导化积、止吐止泻。教学中倡导的"按疾病发生发展规律进行教学"的新教学法,直观、易理解。

表 3-1-9 2004—2012 年曙光医院名中医工作室

成立时间	名中医工作室	级别
2004 年	柏连松名老中医药工作室	市级第一批
2004 年	蔡淦名老中医工作室	
2004 年	石印玉名老中医工作室	
2004 年	王灵台名老中医工作室	
2004 年	王左名老中医工作室	
2004 年	严世芸名老中医工作室	
2006 年	丁学屏名老中医工作室	市级第二批
2006 年	郑平东名老中医工作室	
2006 年	程炳卿工作室	院级第一批
2006 年	孙世道工作室	
2006 年	黄吉赓工作室	
2006 年	姚洁明(男)工作室	
2006 年	戴德英工作室	
2006 年	张丽英工作室	
2006 年	姚嘉康工作室	
2006 年	孙卓君工作室	
2006 年	顾双林工作室	
2006 年	朱瑞群工作室	
2006 年	庞泮池工作室	
2008 年	刘成工作室	
2008 年	胡婉英工作室	
2008 年	戴德英名中医工作室	浦东新区
2009 年	朱抗美名中医工作室	
2009 年	李国安名中医工作室	
2009 年	蒋有倩名中医工作室	
2010 年	黄吉赓名老中医药专家传承工作室	国家级
2011 年	严世芸名老中医药专家传承工作室	
2011 年	石印玉名老中医药专家传承工作室	
2011 年	蔡淦名老中医药专家传承工作室	
2011 年	柏连松名老中医药专家传承工作室	
2012 年	王灵台名老中医药专家传承工作室	
2012 年	丁学屏名老中医药专家传承工作室	

（续表）

成立时间	名中医工作室	级别
2011年	陈建杰名老中医工作室	市级第三批
2011年	程家正名老中医工作室	
2011年	唐为勇名老中医工作室	
2011年	吴正翔名老中医工作室	
2011年	程家正名老中医工作室	院级第二批
2011年	唐为勇名老中医工作室	
2011年	陈建杰名老中医工作室	
2011年	刘平名老中医工作室	
2011年	蔡定芳名老中医工作室	
2011年	郑昌雄名老中医工作室	
2011年	朱炜敏名老中医工作室	
2011年	蒋梅先名老中医工作室	
2011年	毕小利名老中医工作室	
2011年	姜兴俊名老中医工作室	

第三节　医疗保险与质量控制

一、医保与医疗保险

1960年，医院成立初期，国家尚采取劳保、公费挂钩单位的医疗保险方式。1978年，有50多个劳保、公费挂钩单位。负责转诊的单位有海军411医院、济南地段医院、吉安地段医院及各有关公费转诊单位。1990年以前，对挂钩单位分为劳保和记账两种形式。为适应不同情况，由各单位自行提出，分为记账劳保和现金劳保两种形式。医院每年召开一次由各劳保单位主管医疗工作的领导及医务室负责人参加的劳保单位会议，听取对门诊工作中有关医疗质量及服务态度的意见，借以不断改进工作。此外，对劳保单位的医务人员，医院进行业务指导和下基层开展业务联系。1994年，劳保单位已增加到195个，其中自管公费2个单位。1996年下半年，设专人负责监督检查及管理，并制定奖惩措施。

2002年起，上海医疗保险开始实行总费用控制。医保办将预算指标层层分解到各临床科室，并将科室医保费用执行情况以每月《医保简讯》的形式在网上发布，帮助科室更好地控制医保费用。秉承认真督查、从严处罚的原则加强门诊和住院费用督查。门诊办公室负责门诊医保的督察工作，定期检查医保处方和医疗费用，对检查中发现的不合理和违规的处方以及重复用药，扣款到当事医师。住院医保主要是进行过程监控及终末检查。医保办每月抽取约10%的医保出院病历进行“五合理检查”（包括急诊留观病史），做到发现问题及时反馈给科室，对用药及检查不合理的科室或个人及时发放整改通知单，对屡次重犯相同问题的科室及个人予以罚款处理。

2006 年，医院医保总控预算指标为 14 148.47 万元，较 2005 年指标增长 32.5%，但较 2005 年执行数仅增长 0.75%。医保办与信息科联合开发了医保监控软件，对各种类医保的执行情况进行实时监控，对每个科室、每位医师的医保执行情况进行查询与监控，实施信息化，医保总控指标执行数为 21 485.27 万元，超预算指标 14.61%，经市医保局清算后，医院最终分担 674.02 万元。

2007 年，医院医保总控预算指标为 21 433.28 万元，较 2006 年指标增长 14.33%，但较 2006 年执行数减少 0.24%。医保办公室进行部分单病种费用的调研，对费用明显超标的单病种与相关科主任进行原因分析，力求使部分单病种费用控制在合理的范围内。医保办与信息科对监控软件进行反复修改，使医保监控系统不断完善。同时加强了医保日常管理，曙光医院医保总控指标执行数为 23 339.64 万元，超预算指标 8.89%，经市医保局清算后，医院最终分担 177.82 万元。

2008 年，医院医保总控预算指标为 28 002.27 万元，较 2007 年指标增长 30.65%，较 2007 年执行数增加 19.98%，市医保局为医院增加了医保额度 3 200 万元，使医院的医保总额达到了 2.8 亿元，院医保总控指标执行数为 30 932.71 万元，超预算指标 10.47%，经市医保局清算后，医院最终分担 429.43 万元。

2009 年，医院医保总控预算指标为 32 978 万元，较 2008 年指标增长 17.77%，较 2008 年执行数增加 6.61%，曙光医院医保总控指标执行数为 36 072.69 万元，超预算指标 9.38%，经市医保局清算后，医院最终分担 919.80 万元。

2010 年，医院医保总控预算指标为 38 859.99 万元，较 2009 年指标增长 17.84%，较 2009 年执行数增加 7.73%，药费指标为 28 621.94 万元；在服务量增加 15%的情况下，医保总控指标仅超 6.62%，较 2009 年同期明显下降，药费指标超标约 1.93%。同年，由于医院服务能力不断提高，医院医保总控指标执行数为 41 431.27 万元，超预算指标 6.62%，药费执行数 29 173.91 万元，超预算指标 1.93%，经市医保局清算后，医院最终分担 525 万元，仍未扭转连年超标的局面。

2011 年，医院医保总控预算指标为 45 276.38 万元，较 2010 年指标增长 16.51%，较 2010 年执行数增加 9.28%，药费指标为 33 465.59 万元，医保总控额度增长仍未有突破。医保办向市医保办提出增加 2011 年度医保总控指标与减免 2010 年医保总控超标的申请，2011 年医院医保总控额度共增加了 2 667 万元。同年，在中药饮片价格上涨近 40%、医疗业务增长近 20%的情况下，住院平均费用和门诊均次费用及药占比都得到了有效控制，门诊均次药费增加了 8.4%，药占比下降近 1%，不合理处方率较去年同期减少 30%，住院均次费用增加 5.5%，药占比下降 2%。院医保总控指标执行数为 52 356.22 万元，超预算指标 15.64%，药费执行数为 36 692.60 万元，超预算指标 9.64%，经市医保局清算后，医院最终分担 2 402.65 万元。

2012 年，医院医保总控预算指标为 58 316.45 万元，较 2011 年指标增长 28.8%，较 2011 年执行数增加 11.38%，药费指标为 43 101.89 万元。医保办将药品与高值一次性耗材进行了梳理。加强药品使用的合理性及耗材使用的规范性，每月使医院医保总控费用下降约 400～500 万元，药占比较去年同期下降 3%。医保服务量增长近 24.8%的情况下，住院平均费用和门诊均次费用及药占比仍然得到了有效控制，门诊均次药费增加了 2.4%，药占比下降近 1.5%，不合理处方率较去年同期减少 50%，住院均次费用增加 2.6%，药占比下降 4%。2012 年，增加 9 283 万元医保额度。医保总控指标执行数为 62 913.3 万元，仍超预算指标 7.88%，药费执行数为 42 533.35 万元，比预算指标结余了 1.30%，经市医保局清算后，医院最终分担 3 226.50 万元。

2013 年，医院医保总控预算指标为 67 000.72 万元，较 2012 年指标增长 14.89%，较 2012 年执行数增加 6.50%，药费指标为 49 520.48 万元。医院开始调整医保费用结构，医保药占比较去年同期下降1.5%。医保服务量增长近10.2%的情况下，住院平均费用和门诊均次费用及药占比仍然得到了有效控制，门诊均次下降了3.3%，药占比下降近1.5%，不合理处方率较去年同期减少30%；住院均次费与去年持平，药占比下降3.5%。医院医保总控指标执行数为70 295.47万元，仍超预算指标4.92%，药费执行数为46 855.72万元，比预算指标结余了5.40%，经市医保局清算后，医院最终分担2 108.86万元。

2014年，医院医保总控预算指标为80 301.55万元，较2013年指标增长19.85%，较2013年执行数增加14.32%，由于市医保办对三级医院全面实行了总额预付制，超支部分不再进行清算。上海市医保办加大对医院的支持力度，在年中指标调整中增加总控指标3 737万元。医保总控指标执行数为79 842.31万元，首次比预算指标结余了459.24万元，结余比例为0.57%。上海市医保办启动定点医疗机构的分级管理考评，医院以483.5分(满分500分)通过了上级医保机构1A级的评审。

2015年，医院医保服务渐入稳定期，年初医保总控预算指标为86 593.29万元，较2014年指标增长7.84%，较2014年执行数增加了8.46%，医保总控增长也趋于平稳。同年3月，上海市医保药品招标平台进行建设并要求及时启用，医保办负责协调药剂科、信息中心等部门搭建了医院的药品招标平台，按市药招办的要求，于2015年6月正式投入使用。

二、新技术新项目

医务管理处对临床首次开展的新技术、新项目进行审批，对技术风险较大的项目组织专家进行论证，使首次开展的新技术、新项目既符合医政和财务收费的要求，又提高开展的安全性，同时监督一次性医用材料入院使用的合理性。2006—2015年，有以下新技术、新项目审批通过：骨科的髋、膝关节置换技术(创伤性股骨头置换术和初次全髋关节置换术)；泌尿外科的输尿管镜技术、钬激光碎石术、气压弹道联合超声碎石术和双频双脉冲激光碎石术；肛肠科的超声多普勒定位痔动脉结扎术；骨科的初次全髋关节置换术(翻修手术除外)；急诊医学科的医用高压氧治疗技术；普外科的内镜逆行胰胆管造影诊疗技术；眼科的白内障超声乳化技术；骨科的人工髋关节置换技术；骨伤科的中医舌脉面信息采集体质辨识技术；肺病科的呼吸内镜诊疗技术；心内科的冠心病介入诊疗技术；心内科的起搏器介入诊疗技术；心内科的心脏导管消融技术(除外房颤)；肿瘤介入科的肿瘤深部热疗和全身热疗技术(电磁)、肿瘤消融治疗技术(射频、微波)、肿瘤消融治疗技术(冷冻)；妇产科的妇科内镜诊疗技术；泌尿外科的经尿道前列腺汽化消融技术；肛肠科的吻合器痔上黏膜环切技术；超声科的肿瘤消融治疗技术(射频)(限肝脏肿瘤)；神经外科的神经血管介入诊疗技术；骨科的三四级关节镜诊疗技术；骨伤科的三级脊柱内镜诊疗技术；普外科的三四级普通外科内镜诊疗技术；外六科的三级泌尿外科内镜诊疗技术；外二科的三四级胸外科内镜诊疗技术；神经内科的急性脑梗死静脉溶栓技术；五官科的三四级鼻科内镜诊疗技术、三四级咽喉科内镜诊疗技术；内镜中心的三四级消化内镜诊疗技术。高值耗材的准入有心血管科的微导管；胰胆外科的超普网片、经外周插管的中心静脉导管套件及附件；神经外科的微型高频针状电极；急诊内科的一次性喉镜片；外六科的经皮耻骨上导管套装、输尿管导管；五官科的医用自交联透明质酸钠凝胶；放射科的明胶海绵颗粒栓塞剂、聚乙烯醇颗粒栓塞剂。检验科新开展的检测项目：肝素检测、Ⅷ因子检测、丙肝分型测序检测、乙肝耐药基因突变、APOE基因分型、肿瘤特异性生长因子、雄烯二酮、食物过敏原IgG抗体(调味料)、ALDH2基因检测、MTHFR基因检测、抗缪勒氏管激素AMH检测、高灵敏度HBV-DNA检测、游离 Lambda 轻链检测、游离 Kappa 轻链检测。

三、医疗质量控制管理

1985 年,医院成立院医疗质量检查小组,对院内的各项医疗工作进行全面质量管理。80 年代末期,工作重点为抓病史质量,建立中医病史书写规范化制度,组织各临床科室、医技科室进行每月质量自查和科室间互查,并开展"规范化查房";制定了《出院患者住院分析登记表》,院医疗质量检查小组还负责对全院病史定期考核检查。

1991 年初,为提高病史质量,从临床科室选派高年资主治医师轮流对归档病史进行严格把关;后又委派专职病史检查员进行这项工作,并及时向病案管理委员会及总住院医师例会报告院内病史状况。1994 年 2 月,建立质量控制办公室,共有工作人员 5 人:1 名副主任,2 名质控员,2 名病案管理员。对每份归档病史进行质量评定,以甲、乙、丙等来进行评判优、良或不合格,并将月份病史检查情况上报医务管理处。对检查中有明显不符合中医病案书写规范要求的病史监督及时整改,凡未达甲级的病史不准归档;组织各科依据中医病史书写规范要求,制定"样板病史",并打印成册,作为低年资住院医师、进修和实习医师书写病史的范本;对住院病史进行流动监测,不定期抽查,推行"黄牌""红牌"制度,以保证病史形成过程中的质量。1994—1996 年,在上海市卫生局组织的病史大评比中,医院病史连续三年名列市级医院榜首,并有 5 份病史被选为优秀病史上报国家中医药管理局;有 2 份病史在参加全国性竞赛中入选全国优秀病史。同年,制定内科系统三班值班制、主任医师教学查房质量考核制;成立以院长为主的主任查房考评小组。

随着业务量增长,病史质控员坚持每月对每份归档病史按国家中医药管理局标准进行检查,并抽查全院 30%的流动病史,进行病史的分析和汇总。2002—2005 年,全院甲级病史率均达到 98%以上。对书写不规范的病史,每个月都反馈给各科室并要求及时进行修改。归档病史检查分甲级、乙级和丙级病史,医院已基本消除了丙级病史。对乙级病史每季度上报医务管理处,与科室考核挂钩:针对在流动病史检查中发现的问题发黄牌或红牌,黄牌作扣奖处理,红牌进行下岗学习。2005 年起部分外科系统试运行电子病史,后陆续推广至全院。

2006 年 2 月,医院全面实行住院病史信息化,病史质控实现实时监控。

2006—2007 年,质控办公室专职人员坚持对全院住院归档病史和部分流动病史进行质量抽查,并由退休专家对住院死亡病史质量进行分析,保持病史甲级率在 98%以上。检查重点为输血病史,要求临床科室合理用血,尤其对大量输血实行三级审批制度,即科室申请、血库审批、医务处审批,控制不合理用血。

2008 年,卫生部"医院管理年"督查的重点之一为"单病种质量控制",医务管理处根据要求设计单病种质控的自查表,以规范 6 个单病种的治疗,确保安全与疗效。2006—2007 年,在输血病史质控的基础上,进一步加强监控对输血量在 2 000 毫升以上的病例实行三级审批制度,控制不合理用血。加强对白蛋白使用的审批,除掌握使用指征外,重点向危重患者倾斜,以保证危重患者的救治需要。在合理应用抗生素方面,按照《抗菌药物临床应用指导原则实施细则》的要求,由临床药学科每月对医院使用量在前三名的抗生素进行分析,对其中使用量在前三位的临床科室进行抗生素临床合理应用的质量检查,医务管理处针对检查中存在的问题对临床科室进行反馈,发放整改通知。坚持医疗质量讲评制度,医疗质量讲评每季度一次,同时利用全院医疗质量讲评的机会进行业务培训。同年,开展《医疗纠纷中常见的细节忽视问题》《医责险实践与医疗风险现状分析》《从医疗安全角度谈谈病史书写问题》等多次围绕医疗质量和诊疗规范的讲座。

2009年,卫生部确定规范执业、患者安全和急救绿色通道为当年“医院管理年”的重点内容,根据要求积极落实,在全院医疗质量讲评会上对全院医生、医技、药剂人员进行培训。国家卫生部又相继下发了骨科、神经外科、妇科、儿科等多个病种的临床路径,医务管理处转发给各临床科室,认真执行单病种质量控制和临床路径,并开始加强临床专业质控管理。同年完成东西二院内镜室清洗设备的更新、西院血透室流程的改建,增加阳性患者的休息室和污物处理室,使流程更规范,防治交叉感染的发生。

2010年,重点加强日常临床各科巡视,对新患者、危重患者、手术患者、输血患者的病史质量重点监控。重点监控运行病历中的术前讨论、术后病程记录的及时完成,到病房检查各种告知谈话的知情告知签字和手术记录的主刀签字,以确保制度的落实。病史质控方面加强住院病历及时归档和及时完成病历书写的专项检查。

2011年,提出病史检查“关口前移防患于未然”的管理理念,加强运行病史的环节管理,针对检查中发现的问题组织专项检查,加大督促整改力度,使病史质量有了较大提高。病史甲级率达到99%。同年国家中管局在重点专科开展临床路径试点工作,医院有11个专科14个病种纳入试点,依据中管局与中发办要求对开展过程进行监督,切实提高临床诊疗水平。

2012年,逐步完善医院电子病历系统。提出信息修改要求十余项,涉及病历模板、内容及项目等多方面。上半年上海病史质量控制中心组织的病史督查中,医院病史获得了全市第一名,并得到了市病历质控中心的表扬。继续开展国家中管局临床路径试点工作,医院每个科室至少有1个病种纳入试点。

2013年,质控办组织了围手术期、输血病历、运行病历等专项检查,坚持对全院住院归档病史进行质量抽查,坚持对住院死亡病史质量进行分析。医院共有28个科室、51个病种实行临床路径管理。新增开展临床路径管理的科室11个、病种19个,共完成病例数944例。每季度上报相关临床路径数据,临床路径开展工作逐渐步入正轨。

2014年,继续开展国家中管局临床路径试点工作,医院每个科室至少有1个病种纳入试点,共完成病例数2 534例。

2015年,积极推进病历新系统上线,工作质控办共整理临床需求100余条,递交软件公司并确认。

四、收费及物价管理

医院财务科设立物价员。1992年开起,全面实行电算化。1995—2001年,为加强财务管理,逐步建立关于收费核价的管理制度。财务按“统一领导、分级负责”原则设置有财务副院长、财务处长副处长、审核、出纳、工资养老金核算、科室损益评估、财产物资核算、往来核算,药品卫生材料核算、物价管理、出入院处、挂号室、收费处等岗位。2006—2015年,随着国家医药卫生改革的逐步深入,加强医疗服务项目收费管理,增加收费透明度,实行医疗费用公开。上海市物价局、上海市卫计委、上海市医疗保险办公室于2008年下发《关于规范和调整本市部分大型医用设备检查治疗价格的通知》《关于规范和调整本市中医服务价格的通知》;2009年,下发《关于规范和调整本市综合类医疗服务价格的通知》《关于规范和调整本市医技诊疗类医疗服务价格的通知》;2010年,下发《关于规范和调整本市临床诊疗类医疗服务价格的通知》。医院根据文件精神,不断完善医疗收费管理工作，形成医院收费管理办法。根据上海市卫生局《关于转发〈卫生部、国家中医药管理局关于印发医疗机构内部价格管理暂行规定的通知〉》文件精神，医院组建价格管理委员会及办公室，委员会由医院负责人、财务处、医务处、护理部、医保办、纠风办、总务处、设备处、药剂科等职能科室相关人员组成，负责全院价格管理工作的领导、组织和决策。通过历年物价检查，完善价格管理政策，健全教育防范制度、日常监管制度、社会监督制度，构建医药价格监管长效机制，保证各项政策措施执行到位。进一步健全医疗服务收费方面的各项规章制度，制定《医院收费规定》《医院收费管理制度》《价格公示制度》《患者投诉制度》和《收费管理人员工作职责》等 10 余项规章制度，规范医院各科室的收费行为，确保收费管理工作的实施和国家收费政策的贯彻执行。为了使医疗收费管理规范化、透明化，医院按照物价、医保部门核定的标准统一输入计算机收费字典库系统，所有收费行为实行统一代码管理，并实行授权控制。价格统一，确保所有收费价格的准确性和权威性，有效控制分散管理中存在的多收、少收、错收行为，维护患者和医院的共同利益。医疗项目和价格调整实行分级管理，医疗项目及价格标准变动由收费管理工作人员在医院物价系统中录入或调整，药品价格的变动由药剂科录入或调整。为方便患者了解医院概况，查询和监督医疗收费，医院在门诊、住院大厅设置了电子滚动屏、电子触摸屏，随时可以查询医疗服务价格、药品价格和住院一日清单等，使患者在医院就诊期间能及时了解检查化验、治疗等项目的收费情况。住院患者出院时，出入院处向患者或家属提供详细的住院费清单。

第四节　门急诊办公室

1906 年四明公所设立之初设病院，门诊每日上午、分单双期开诊，有内、外、妇、儿等科。医院设有门诊医务处，负责医院门诊医疗事务管理工作。1922 年，四明医院扩建后，9 月 15 日正式开诊，首日门诊数为 10 人次。1937 年，门诊医生逐渐扩增为中医内科、中医外科、西医师、妇科、幼科、伤科、针科、推拿科，配有种痘医生。1942 年，医院改组后，未单独设立门急诊办公室，由医务部（或医务管理处）负责管理门急诊事务。为了加强门急诊工作，1963 年 1 月（曙光医院），设立门诊部办公室。2000 年 5 月，医院机构改革，门急诊办公室与医疗纠纷办公室、质量控制办公室、社会事务部、防保科合并为医务管理处。2004 年，东部建成并投入使用，设立东部门急诊办公室，东、西两部各设 1 名负责人，隶属于医务管理处二级科室。2013 年 9 月起，将门急诊办公室从医务管理处分离出来成为一级行政管理部门，东、西两部设置 1 名门办主任统一管理。2014 年起，门诊文员纳入门办统一管理。

表 3-1-10　1963—2015 年门急诊办公室历任负责人情况表

任职时间	主　任	任职时间	副主任
1966—1972 年	颜率真	1963—1966 年	赵福奎
1972—1975 年	陈文明（组长）	1978—1984 年	周佩琳
1978—1984 年	徐修荣	1985—1987 年	温大美
1985—1990 年	周佩琳	1989 年	俞兴祥
1990—1993 年	俞兴祥	1990—1992 年	陈秀娣
1994 年—1996 年 12 月	许蓓华	1992—1993 年	张秋娟

（续表）

任职时间	主　　任	任职时间	副　主　任
1997年1月—2000年4月	俞兴祥	2006年4月—2010年3月	王　跃(医务管理处副处长兼东部门诊办公室)
2000年5月—2005年12月	俞兴祥(分管)	2006年4月—2010年3月	赵燕燕(医务管理处副处长兼西部门诊办公室)
2006年1月—2006年3月	王　跃(医务处副处长兼)		
2010年4月—	赵　钢		

1994—2001年,负责管理的工作:科主任、副主任在加强对本科门诊的业务技术指导的同时,各科(特别是内、外、妇、儿等)确定一位主治医师或高年资住院医师协助科主任领导本科的门诊工作。各科室参加门诊工作的医务人员,在门诊办公室统一领导下进行工作,人员调换时,及时通知门诊办公室。对疑难重病员不能确诊或病员两次复诊仍不能确诊者,及时请上级医师诊治。科主任、主任医师定期门诊,解决疑难病例;对某些慢性病员和专科病员,根据具体情况设立专科门诊。对病员进行认真检查,按照要求简明扼要准确地集中记载病历,主治医师定期检查门诊医疗质量。对基层或外地转诊患者认真诊治,在转回基层或原地时要提出诊治意见。定期召开门诊系统会议,协调各科关系,督促检查医务人员贯彻执行各项规章制度、医疗护理常规和技术操作规程,严防差错事故。按照中医医院特点,制定门诊各项工作制度,整顿门诊秩序,采取有效措施,改善服务态度。

2001—2015年,负责管理工作:门急诊开通及变更管理;门急诊医生的出诊及请假管理;门急诊医生看诊权限及草药处方权限管理;门急诊科室及医生的医疗质量与安全考核;门诊现场及就诊流程管理;门诊预约号源的管理;门诊健康宣教;门急诊投诉、纠纷的处理;门急诊相关医疗文书审核、盖章;门诊导医文员管理;急诊事务日常管理;突发医疗事件应急管理;重大事件医疗保障;门急诊装修、改造、扩建及信息化建设;上级交办的其他事项。2015年起,管理工作还包括东西两部的所有门诊、急诊、名医中心、发热门诊、肠道门诊、肝科门诊以及与门诊相关的医技科室,包括放射科、检验科、超声科、核医学科、内镜中心、西药房、中成药房、中草药房等。

一、门诊管理

【门急诊管理制度】

20世纪20—30年代,四明医院建院之初,四明公所董事会为了规范四明医院的管理,制定《四明医院章程》,其中“第六章门诊”部分就明确医院的门诊管理相关规定。如,门诊时间为每日上午9时至12时、挂号费为5法币、春节及国庆日停诊等。1954年10月,编制《上海市立第十一人民医院规则制度(草案)》,对门诊部组成、门诊规则、门急诊收治范围作了一定的规定。1960年,更名为曙光医院之后,建立相应的门诊急管理制度。2001年,医院实施ISO质量管理体系,比较全面地制定了门诊急工作的相关制度。2005年,修订《曙光医院医疗规章制度》,建立首诊负责制度,每季度一次门急诊大组长会议。同年,医务管理部建立每月由急诊大组长、住院总与各相关部门参加的联席会议制度,及时通报情况,沟通及解决存在的问题。通过交流,对于医院医疗流程、医生工作站使用和改进起到积极推动作用。

2015年,门诊制度有门急诊办公室公章使用制度、门诊医疗证明文件管理制度、疾病诊断证明管理制度、门诊医师工作制度、门急诊首诊负责制度、门急诊会诊制度、门急诊医疗质量管理和考核制度、门诊病史书写制度、急诊病历书写基本规范、门急诊处方管理办法实施细则、专家门诊管理条例、特需门诊管理制度、膏方门诊管理条例、专病专科管理条例、门诊医保制度、门诊大组长、窗口负责人例会制度、处方点评制度、门诊预约诊疗工作制度、顾客来访接待程序、门诊健康教育工作制度等。

【门诊流程管理】

门诊预约管理　1954 年，针灸科由于病员较多、名额有限，已实行预约制，即每月 1 日、16 日两次预约日。《门诊规则》规定，实行"初诊限额，复诊预约制"。由于门诊规模的不断发展，以及基础设施的不断更新，门诊的流程也在不断变化。2013 年，重新制定预约诊疗工作制度及流程，建立预约诊疗推进方案及协调机制。2014 年 12 月底，在西部实行分时段预约。2015 年 4 月，在东部全面推行分时段预约。

管理的信息化　1998 年起，门急诊逐步实行电脑化管理工作。2012 年，东部启用门诊叫号系统，门诊检验申请实现无纸化。2013 年，根据实际情况以"二次分诊"的模式改进叫号系统。同年 8 月，东部试运行普通处方无纸化；9 月，东、西两部全面实行处方无纸化。2014 年，西部全面启用叫号系统。2015 年，东、西两部门诊叫号系统全面投入使用，上线新的门诊医生工作站，实现门诊处方全面无纸化，检查、检验和放射、超声等辅助科室均实行无纸化工作，患者只需凭借就诊卡就可实现全院检查。同时，升级改造门诊医生工作站，增加医师电子请假、大病医保及造口袋登记、病假单开具、门诊医生个人绩效查询等功能。同年 12 月，完成检验科和放射科的叫号系统建设。

【便民服务】

便民服务中心　2004 年东部建立便民服务中心，主要承担预检分诊、导医、预约、咨询和提供便民服务措施五大功能。同年西部成立，随后，不断扩大便民服务中心的功能和设置范围，为患者提供门急诊"一站式"服务，将门急诊办公室的部分职能前移至便民服务中心，为患者提供更为便捷、人性化的服务。

中药小包装及自动发药机　2004 年，东部中药房开始使用草药小包装。2010 年，西部开始使用草药小包装。2013 年，增设药房自助发药机，实现门诊药房发药自动化。

自助挂号机　2004 年，东部自助挂号机开始使用。2013 年，门诊自助挂号、缴费一体机投入使用，随后加入预约功能，实现挂号、缴费、预约一站式服务。2015 年，东、西部自助报告打印机完成安装调试并正式启用。

二、急诊管理

【急诊工作】

1960 年，建院初期，中医师就开始在西医师的协作下，探索开展中医急诊工作，并不断得到发展。进入 20 世纪 80 年代，随着中医急诊工作成为中医学术发展的长期战略目标，医院进一步从机构、人员、设备等方面给予重点扶助，并在全国范围内率先成立中医内科急诊研究室，被确认为全国厥脱急症协作组组长单位。1991 年，被国家中医药管理局列为首批中医急症医疗建设单位。1992 年，在中医内科急诊研究室的基础上成立急诊科，从而形成了以急症医疗中心为主、急症研究室并立的管理体制，担负着全院急诊工作的医教研任务。

1994 年，制定急诊的管理职责，内容包括：各临床科室选派有一定临床经验和技术水平的医师、护士担任急诊室工作，并不得频繁轮换。实习医师、实习护士和不满 2 年的住院医师不得单独值急诊班。进修医师由科主任批准方可参加值班；以高度的责任心和同情心，及时、严肃、敏捷地对急诊病员进行救治，并严密观察病情交化，做好各项记录。凡有疑难、危重病员，应立即请上级医师诊视或急会诊。对危重不宜搬动的病员，应在急诊室就地组织抢救，待病情稳定后再护送至病房。对立即需行手术的病员及时送手术室施行手术。急诊医师向病房或手术医师直接交班。成立以分管业务副院长为队长，医务处处长、门办主任为副队长的医疗急救指挥网络，下设两个分队，第 1 分队主要负责院内重大抢救任务，第 2 分队主要负责院外抢救、抢险任务。急诊室遇重大抢救，立即报请科主任、医务处和院领导亲临参加指挥；第 1 分队队员及内、外、五官、麻醉等科值班医师均迅速赶赴现场参与抢救。凡涉及法律纠纷的病员，在积极救治的同时，及时向有关部门报告。急诊患者不受划区分级的限制，对需要转院的急诊患者事先与转入医院联系，取得同意后方可转院。急诊室各类抢救药品及器材须准备完善，由专人管理，固定位置放置，保证随时可用，并做到经常检查，及时补充、更新、修理和消毒。急诊工作人员必须坚守岗位，做好交接班，严格执行急诊各项规章制度和技术操作规程，建立各种危重病种抢救技术操作程序。

2001 年，重新修订急诊室管理职责。负责组织检查急诊病员抢救工作，接收大批外伤、中毒传染病病员时，要及时上报并采取相应措施。组织实施卫生行政部门交办医院有关急诊工作的各项临时性任务，负责医院交办的其他事宜。

2004 年 12 月 27 日—2005 年 3 月 31 日，东部试运行期间，急诊设置内外科。各科主任、副主任在加强对本科门急诊业务技术指导的同时，必须(特别是内、外、妇、儿等科)保证一位副主任医师或高年资主治医师主持门急诊工作。

2008 年，开设骨科急诊；2013 年，新设脑病科急诊(脑卒中中心)；2015 年，增设 ICU 病房。

门急诊办公室全面负责急诊的管理，制定急诊工作相关的一系列制度和规范，包括急诊科工作制度、急诊室诊治工作规范、急诊病历书写规范、急诊首诊负责制、急诊会诊制度、急诊首诊负责制、抢救室工作制度、急诊绿色通道有关规定、急诊留观制度、危重患者管理与抢救制度等。同时，由于急诊工作的特殊性，针对急诊工作、病种特点制定有别于门诊科室的考核制度，以激励急诊医师的积极性。

【应急管理】

2005 年，针对浦东地区创伤急救患者多的特点，医院成立以分管业务副院长为队长，医务管理部正、副主任为副队长的医疗急救指挥网络，下设 2 个分队：第 1 分队主要负责院内重大抢救任务，第 2 分队主要负责院外急救抢救任务。医院建立院长负责制下突发公共卫生事件的应急小组，下设应急处理领导小组、验伤分诊组、抢救组、院内感染控制组、保障服务组、信息报送组。随着业务推进，创伤危重患者的日益增多，医院从 2005 年 6 月起，正式成立创伤急救中心，这也是顺应浦东地区医疗服务需要所创立的一门新学科，截至 2005 年 12 月，共抢救患者 480 人次。2013—2015 年，连续三年获得应急核心能力考核中医系统第一名。

公共突发事件的应急管理中，主要分为以下几个方面：体系建设、应急队伍、装备储备、培训演练等。在体系建设中，制定突发公共卫生事件的预案及应急医疗专项管理制度。定期对医院医务人员开展突发事件应急处理相关知识、技能的培训，由门急诊办公室定期组织突发事件应急演练。在 2011 年 9 月的地铁 10 号线追尾事件和 2012 年 12 月的地铁 12 号线金桥工地塌方事件中，医院参与抢救伤员的工作，并有多家媒体报道。2014 年 1 月 1 日樱花路 802 弄车祸打伤事故救治中，救治伤员 7 人(重伤 1 人、中度伤 1 人、轻伤 5 人)，其中 1 人收治入院、1 人死亡。5 月 23 日金桥路锦绣东路车祸救治，救治伤员 8 人(重伤 1 人、中度伤 2 人、轻伤 5 人)，其中 3 人收入 ICU 病房、5 人经处理后离院。

三、门急诊建设工作

【业务发展】

1963 年 1 月，设立门诊部办公室，并建立一整套门急诊管理制度。20 世纪 60 年代，年均门急诊量为 60 万人次左右；20 世纪 70 年代，为 80 万人次左右；20 世纪 80 年代中期，突破百万人次。1984 年，门诊量达到 94 万人次。同年，6—9 月高温期间，日门诊量突破 4 000 人次，日急诊量突破 1 000 人次。1989 年，医院门急诊量已在上海各级医院前五名之列。20 世纪 90 年代初，由于医院进行大规模基建，以及公费医疗制度改革等因素，就诊量相对稳定在 60 万人次左右。1994 年，每日门诊量达到 2 500～3 000 人次左右。1995 年后，年门急诊量逐年上升，从 1995 年的 50 多万人次上升至 1998 年的 60 多万人次；2001 年，达 70 多万人次。2005 年，全院年门急诊量达到 106 万人次；2015 年，全院门急诊量已近 322 万人次，已是 2005 年全院门急诊量的 3 倍有余。

表 3-1-11　1922—1937 年四明医院治疗患者统计表(门诊)

年　份	上午门诊/人次
1922	5 702
1923	28 969
1924	29 165
1925	34 631
1926	33 622
1927	31 559
1928	39 589
1929	46 777
1930	49 485
1931	52 726
1932	63 806
1933	60 343
1934	64 227
1935	55 307
1936	55 754
1937	26 461
共计	678 123

说明：① 1922 年 9 月 15 日开幕至年终只有三个月。② 1937 年截至 6 月 30 日，计半年。③ 门诊号数中春秋两季种牛痘未计入。

表 3-1-12 1935—1937 年 6 月四明医院门诊患者分科统计表 单位：人次

时间/全年	内妇科	外眼科	小儿幼科	推拿	伤(正骨)科	针灸科	补种牛痘	总数
1935 年 1 月	755	1 972	339	173			停	3 239
1935 年 2 月	557	1 491	456	116			248(半月)	2 868
1935 年 3 月	980	2 404	677	268			4 910	9 239
1935 年 4 月	977	2 495	738	219			2 316	6 745
1935 年 5 月	1 392	2 665	963	252			488(半月)	5 760
1935 年 6 月	1 362	2 374	875	243			停	4 854
1935 年 7 月	1 554	3 140	909	249			停	5 852
1935 年 8 月	1 629	3 841	831	237			停	6 538
1935 年 9 月	1 443	3 478	645	205			290	6 061
1935 年 10 月	1 229	3 071	548	207			1 951	7 006
1935 年 11 月	818	2 436	398	133			801	4 586
1935 年 12 月	580	1 861	342	84			110(十天)	2 977
1935 年全年	13 276	31 228	7 721	2 386			11 114	65 725
1936 年 1 月	522	1 492	273	98				2 385
1936 年 2 月	655	1 802	616	164			195	3 432
1936 年 3 月	1 038	2 627	665	168			2 985	7 483
1936 年 4 月	1 062	2 465	842	217			3 162	7 748
1936 年 5 月	1 239	2 239	977	253	89		635	5 432
1936 年 6 月	1 250	2 212	908	220	129	258	6 977	11 954
1936 年 7 月	1 855	2 949	743	264	137	316		6 264
1936 年 8 月	1 540	3 730	781	321	135	347		6 854
1936 年 9 月	1 526	3 047	640	277	106	230		5 826
1936 年 10 月	1 041	2 539	565	255	115	185	1 255	5 955
1936 年 11 月	928	2 283	303	131	125	165	1 028	4 963
1936 年 12 月	853	2 339	325	122	74	95	339	4 147
1936 年全年	13 509	29 774	7 638	7 232	910	1 596	16 576	77 235
1937 年 1 月	874	2 147	555	158	54	107		3 895
1937 年 2 月	590	1 486	328	120	53	82		2 659
1937 年 3 月	1 125	2 402	709	204	87		3 328	7 855
1937 年 4 月	1 159	2 484	691	171	65	17	2 674	7 261
1937 年 5 月	1 365	2 718	843	168	81	241	1 084	6 500
1937 年 6 月	1 142	2 466	748	189	91	293		4 929

表 3-1-13 1963—2015 年部分年份门急诊人次统计情况表

年 份	门急诊人次	门诊人次
1963	654 209	623 346
1967	1 049 893	965 434
1975	832 907	714 712
1980	873 779	754 124
1984	1 072 169	942 451
1987	869 872	786 193
1989	770 190	709 011
1991	890 810	835 192
1993	628 298	572 630
1994	589 612	537 673
1995	507 519	463 096
1996	547 224	500 357
1997	572 736	523 278
1998	596 617	545 718
1999	635 380	589 774
2000	728 118	683 988
2001	700 693	663 629
2002	839 000	800 719
2003	839 463	805 639
2004	911 616	879 623
2005	1 057 891	1 028 085
2006	1 147 933	1 186 074
2007	1 298 691	1 325 905
2008	1 539 111	1 560 411
2009	1 800 622	1 796 847
2010	2 130 979	2 120 734
2011	2 470 906	2 403 463
2012	2 833 437	2 713 658
2013	2 945 251	2 846 304
2014	3 094 344	2 988 897
2015	3 215 831	3 065 328

【门急诊改造】

1906年，建院之初，门诊在老式客厅，既不分科，亦不分室。1922年，医院改扩建，科室设置不全。1944年5月，门诊室改造，分科分室。1994年，观察室由原来的18张床位扩大至46张床位，并配备全套抢救设备及呼叫系统。1996年，12层楼的门急诊大楼竣工投入使用。2006年，西部门诊、急诊进行改造。

西部 1994年前，门急诊部经过房屋重建、调整，与急诊楼合为一幢，在1995年4月正式启用。

2006—2010年，门诊二楼中药房面积扩大，门诊三楼将原来的急诊观察室改造成中药房配方处。2011—2015年，门诊一楼（急诊），门急诊门头、四楼至十楼及名医中心改建。并将原有两部电梯更新，增加载客量，新增两部超大载客量电梯以改善垂直交通问题。门急诊一楼至二楼新增自动扶梯。

表3-1-14 2006年西部门诊部改造之前楼层分布情况表

楼 层	科 室
一楼	急诊、检验科、西药房
二楼	中成药房、中草药房、方便门诊及便民服务中心、预检台
三楼	急诊留观室、急诊ICU、中草药房
四楼	大部分内科的普通门诊以及传统中医内科、针灸科、推拿科等专科门诊
五楼	肾病科、西医外科、中医外科
六楼	眼科、耳鼻喉科、肛肠科及妇科
七楼	口腔科和血液科
八楼	大部分科室的专家门诊和特需门诊

表3-1-15 2015年西部门诊部改造之后楼层分布情况表

楼 层	科 室
一楼	急诊、急诊观察室、检验科、西药房
二楼	中成药房、中草药房、方便门诊及便民服务中心、预检台
三楼	急诊ICU、中草药房
四楼	主要为内科普通门诊区域（有心血管科、呼吸科、内分泌科、肾病科、风湿病科、方便门诊、肿瘤科、消化科、中医内科、失眠专科、神经内科、血液科、脂肪肝专科、肝病二科等）
五楼	主要为部分手术科室的普通门诊和专家门诊区域（有中医外科、皮肤科、泌尿外科、普外科、肛肠科、柏氏肛肠科、门诊手术室、门诊换药室、PICC护理门诊等）
六楼	妇科、计划生育门诊、生殖医学科（普通和专家）、耳鼻咽喉科、中医乳腺外科
七楼	口腔科（普通和专家）、骨二科、骨关节科、伤科
八楼	眼科、儿科、针灸科（专家、普通、特需）、推拿科
九楼	主要为内科专家门诊区域（科室基本同四楼）
十楼	A区为特需门诊，B区为部分内科专家门诊（肿瘤科、老年病科）

东部　2004 年，东部急诊投入使用。2014 年，东部门诊手术室改造。2015 年，进行部分改造，增设 ICU 病房等功能。2015 年，整形美容科改造。

四、综合管理

【医疗保障】

急诊科除日常工作外，还承担一些医疗保障工作。固定任务如参与每年 8—9 月上海中医药大学的新生军训医疗保障，保证军训期间每日至少派一名医生与一名护士到场，处理诸如中暑、外伤、晕厥等易见突发病症，并对需要转入医院诊治的学生做好转诊工作，院内随时开通绿色通道。还有每年上海国际马拉松医疗保障、F1 中国大奖赛医疗保障等。临时任务如 2010 年第四十一届世界博览会医疗保障；2013 年海协会和海基会第九次会谈医疗保障；2014 年 5 月亚信会议、9 月全国立法会议（东郊宾馆）等重大事件的医疗保障。

【医疗质量绩效考核】

2010 年起，坚持每年修订门急诊质量绩效考核制度，根据医院“转方式、调结构”的要求和门急诊管理的特点，门急诊办公室每年在制定考核要求上，紧紧围绕医院绩效目标、强调过程管理；重点突出医疗安全和质量、服务量、出诊情况、药占比、中医特色等指标；考核方式与科室考核和个人考核相结合。

【医疗质量日常考核】

建科以来，不断加强门诊医疗质量的考核，考核的形式不断完善。2015 年起，为每月一次考核、每季度一次汇总，对各临床及医技科室进行排名。考核人员包括门急诊办主任、医政干事、门诊大组长、内科系统相关主任等。考核内容涵盖门急诊病史、门急诊处方、工作量、疑难病例讨论、规章制度、均次费用、排班表、尊老优先服务、专病专科门诊、专家门诊请假制度、抗生素用药合理性等方面。

【医疗投诉、纠纷】

门急诊办公室始终深入临床第一线，敦促科室做好医疗安全防范。在每次的住院总及门急诊大组长会议上都进行医疗质量事件的通报和分析。同时，对医疗纠纷高发的重点科室进行重点培训，讨论和分析医疗事件发生的原因和整改提高措施。在接待纠纷处理上，对每项投诉都进行登记和调查，做到事事落实、按时回复。

五、对外协作、健康教育、义诊

2005 年，随着社会发展和医疗保险制度的改革，医疗服务走向社会各基层。为了满足社会上健康投资群体及社会上普通医疗咨询服务群体的不同需要，医院开拓与大企业之间的医疗协作关系（中兴通讯、中芯国际、张江集团、日月光公司、张江股份等），与助医网、爱康公司、GBG 保险公司等合作。

根据上海市卫生局对健康教育的规划，结合医院自身条件，打造富有中医特色的健康教育，将健康教育常态化、动态化，及时、有效向广大群众普及健康及医学知识，将中医“治未病”理念传播给普通民众。同时，为提高医院社会影响、服务大众，每年组织专题健康讲座，受到欢迎和好评。

同时，也定期组织大型义诊（机场镇、六灶卫生院、中兴通讯、汤臣生活区等），临床医生下街道、社区、单位等活动。

第五节　感染管理科

1992年，成立院内感染管理委员会，由分管院长、医务处、防保科及医护代表组成。2004年，东部开始运行，派1名工作人员到东部医务管理处，负责东院医院感染和预防保健工作框架建设。2006年，正式成立医院感染管理科。2007年3月，对医院感染科成员进行调整。2008年1月，将感染科、中心ICU纳入急诊科管理。2010年，从急诊科剥离独立，恢复医院感染管理科。2013年，葛茂军被聘任为中国医院协会医院感染管理学组青年委员、上海市医院协会医院感染专业委员会委员。2014年，葛茂军被聘为中华预防医学会医院感染管理分会青年委员、重点部位感染学组委员。同年，在上海中医药大学教务处支持下，筹建曙光临床医学院预防医学教研室。

表3-1-16　2006—2015年感染管理科负责人情况表

任职时间	主　任	任职时间	副主任
2006年5—7月	熊旭东	2006年7月—2007年2月	熊旭东
2006年7月—2007年2月	余志红		
2007年2月—2010年2月	熊旭东		
2010年2月—2015年11月	葛茂军		
2015年11月—	赵　聪		

一、主要职责与日常管理

医院感染管理科为具有一定管理职能的业务科室，负责对医院感染预防控制工作的指导和督查，属于临床一级科室，向医疗副院长汇报。各临床科室上报院内感染病例，由专职干事进行系统监测，负责院内感染率的统计与回顾性调查工作，院感染率控制在10%以下。

医院感染管理科对有关预防和控制医院感染管理规章制度的落实情况进行检查和指导；对医院感染及其相关危险因素进行监测、分析和反馈，针对问题提出控制措施并指导实施；对医院感染发生状况进行调查、统计分析，并向医院感染管理委员会或者医疗机构负责人报告；对医院的清洁、消毒灭菌与隔离、无菌操作技术、医疗废物管理等工作提供指导；对传染病的医院感染控制工作提供指导；对医务人员有关预防医院感染的职业卫生安全防护工作提供指导；对医院感染暴发事件进行报告和调查分析，提出控制措施并协调、组织有关部门进行处理；对医务人员进行预防和控制医院感染的培训工作；参与抗菌药物临床应用的管理工作；对消毒药械和一次性使用医疗器械、器具的相关证明进行审核；组织开展医院感染预防与控制方面的科研工作；完成医院感染管理委员会或者医疗机构负责人交办的其他工作。

二、标准化和规范化管理

延续原预防保健科相关法规、规范和行业技术标准等，制定并更新相应的规章制度和工作规范。1981 年，根据《上海市医疗机构消毒隔离工作常规》的要求制定医院《消毒隔离工作实施细节》。1995 年，根据《中华人民共和国传染病防治法》和《中华人民共和国固体废物污染环境防治法》制定《曙光医院医疗废物管理制度 SOP》。2000 年，根据《医院感染管理办法》制定《医院感染管理委员会组成、职责、会议制度》。2001 年，制定《曙光医院一次性医用卫生材料管理条例》，加强一次性医疗用品的验证、使用、毁行、消毒、回收处理的监督管理工作；制定《空气消毒净化的 SOP》。

2002 年，制定《一次性医疗卫生用品及消毒药械的管理 SOP》；根据《医院消毒卫生标准》对《医院空气净化管理规范》进行修订；根据《微生物和生物医学实验室生物安全通用准则》制定《微生物实验室生物安全管理 SOP》。2003 年，根据《消毒技术规范》制定《医院消毒剂使用 SOP》。2004 年，根据《内镜清洗消毒技术操作规范》制定《软式内镜清洗消毒技术操作 SOP》及《硬质内镜清洗和消毒的 SOP》。2006 年，对《医院感染管理办法》进行更新。2009 年，根据《医院感染监测规范》制定《医院感染监测制度 SOP》；根据《清洗灭菌及灭菌技术规范》制定《消毒灭菌效果的监测制度与方法的 SOP》；根据《医院隔离技术规范》制定《隔离技术的 SOP》；根据《医务人员手卫生规范》制定《医务人员手卫生 SOP》；根据《医院消毒供应中心第 1 部分管理规范》《医院消毒供应中心第 2 部分清洗消毒及灭菌技术操作规范》《医院消毒供应中心第 3 部分清洗消毒及灭菌效果监测标准》制定《消毒供应中心 CSSD 感染控制制度 SOP》。

2010 年，根据《产 NDM－1 泛耐药肠杆菌科细菌感染诊疗指南（试行版）》制定《曙光医院预防控制产 NDM－1 SOP》；根据《外科手术部位感染预防与控制技术指南（试行）》制定《手术部位感染的预防与控制 SOP》；根据《导管相关血流感染预防与控制技术指南（试行）》制定《导管相关血流感染预防 SOP》；根据《导尿管相关尿路感染预防与控制技术指南（试行）》制定《导尿管相关尿路感染预防 SOP》；根据《紫外线空气消毒器安全与卫生标准》制定《紫外线消毒设备使用规范 SOP》。2011 年，制定《控制 MRSA 的 SOP》《呼吸机相关肺炎（VAP）预防与控制 SOP》《血培养采集与运送的 SOP》《痰培养标本采集与运送的 SOP》《尿液标本采集与运送的 SOP》。2014 年，根据《医院感染管理专业人员培训指南》制定《医院感染知识培训制度 SOP》。2015 年，根据《中华人民共和国传染病防治法》《国家突发公共事件总体应急预案》等制定《中东呼吸综合征防控 SOP》《H7N9 禽流感防控 SOP》《围手术期抗菌药物预防性应用 SOP》《导管室医院感染管理 SOP》《手术室感染控制制度》。

三、重点部门和重点环节的管理

2006—2015 年，根据医院感染管理有关规定，对重点部门如重症监护室、手术室、消毒中心、血透中心、内镜中心、口腔科、介入导管室等重点部门，以循证医学为依据，定期巡查监督，采取有效措施，严格执行院感要求，发现问题及时反馈，进行持续质量改进，降低发生医院感染的风险。

2006—2015 年，定期开展全院综合性监测，同时对导管相关血流感染、导尿管相关尿路感染及呼吸机相关肺炎等进行目标性监测。通过贯彻落实各项医院感染防控措施，医院感染重点环节的危险因素得到有效控制。进行医院感染风险评估，对发现的医院感染危险因素及时进行分析，制定针对性控制措施并督导落实，推广医院感染的“零宽容”理念。2010—2015 年，对于入院的消毒药械及一次性无菌物品证照进行审核，查看相关证件及评价报告并备案。定期对消毒、灭菌设备的消毒效果进行检测，定期对使用消毒剂的浓度、消毒或灭菌效果等进行监测。

四、防控基础性设施

2010—2015年，完善重点部门通道改建、手卫生及干手设施。为提高医务人员手卫生的依从性，对全院开展手卫生知识分级分层培训。定期在各部门巡查，每月汇总各部门各类人员手卫生率报告。医院各部门尤其以ICU科室手卫生依从性明显增高，降低医院感染造成的死亡率。2012年，这项卫生管理经验作为亚太地区手卫生管理成果在美国医院感染控制和医院流行病学会（APIC）上进行壁报交流。

五、多重耐药菌监测和抗菌药物管理

2010年卫生部开展抗菌药物专项整治活动，医院响应国家号召进行抗菌药物专项管理，规定特殊类抗菌药物申请制度，制定抗菌药物管理制度。每年开展多部门参与的多重耐药菌及抗菌药物管理联席会议。2013年加强特殊类抗菌药物管理，将美罗培南、利奈唑胺、替加环素及卡泊芬净四类药物纳入特殊使用级别管理，使专家会诊及医政干预相结合，规范抗菌药物的使用。将特殊类级别抗菌药物使用流程规范为：临床科室提交用药申请—院内专家进行会诊及使用评估—医务部门审核—药房发药—院感科存档。在规范抗菌药物管理后，医院抗菌药物耐药率呈逐年下降趋势，耐药率持续低于上海市平均水平。2015年，医院启用院感信息系统及抗菌药物管理软件，对多重耐药菌的监测及抗菌药物的开具、审核进行信息化管理。并监督落实相关消毒隔离措施，控制多重耐药菌医院感染，为有效控制多重耐药菌奠定了良好的基础。

2010—2015年，感染科作为药事管理学组成员，通过抗菌药物管理软件实现分级管理。每月对不合理使用抗菌药物形成整改及处罚意见。监测各科室抗菌药物强度及抗菌药物使用率，将相关指标纳入考评。

六、预防与控制

根据医务人员在工作时的感染风险程度采取分级防护，确保防护用品符合国家标准，配置完整、充足，便于医务人员获取和使用。2010年，对医务人员的职业暴露进行日常监测、报告及处理，流程明确，有完整的登记、处置、随访等资料；制定《医务人员职业暴露应急与预案》，并根据科室的发生率等情况定期反馈及改进防护工作。同年，H1N1甲型流感病毒流行，对发热门诊进行监测，统计发热门诊每日就诊数，发放快检试剂，查视个人防护工作，指导医护人员的安全隔离，针对不明原因肺炎进行登记报告。2013年，开始推行职业防护措施，对一线临床工作人员每年体检中增加医务人员常见血源性传染病暴露抗体检测。每年针对呼吸科、急诊科等易暴露科室人群，将胸部CT纳入职工体检范围。同年，H7N9禽流感流行期间，调整科室相关条线人员，修订防控流程，建立禽流感应急预案，组织全院医务人员对学习卫生部下发的《人感染H7N9诊疗方案》(2013年第二版)中对相关疾病的诊断和治疗，对消毒隔离和个人防护措施、采样方法进行培训学习，对应急流程进行演练。联系总务部门储备相应物资，同时加强对不明原因肺炎及流感样病例的监测。2014

年非洲埃博拉疫情暴发，院感科积极开展防控指南及演练，总结埃博拉个人防护和消毒用品信息更新表。

第六节 对口援建和进修医生管理

一、下乡巡回医疗

医疗援助工作始于20世纪60—70年代，主要是派出下乡巡回医疗队，以参与防治血吸虫病及救灾为主。

1960年1月，医疗队赴松江县支援防治血吸虫疾病工作。1961年通过派医技人员定期会诊、查房、协助处理疑难病例、接收进修等方法，帮助松江县浦南医院医务人员提高业务。1965年，组织20人的医疗队到纪王公社开展巡回医疗，包括治疗血吸虫病、开展计划生育、普查疾病，共培训生产队卫生员81人、大队卫生员13人，发药箱77只。1966年，派医疗队到上海县诸翟公社巡回医疗。医院共有1/3的医务人员被分批抽调下乡参加巡回医疗。1968年1月3日，派出医疗队赴长兴岛，10个月共接受就诊患者1.5万人次。从1966—1974年，为贯彻“六二六”指示，派出下乡、下厂医疗队，老慢支、冠心科研小分队，牙病防治、妇产科普查小分队等共29批，计390人次。赴上海市奉贤县泰日公社医疗队，为期一年半，共3批：第一批，1965—1966年；第二批，1966年6—12月；第三批，1967—1968年。赴安徽省皖南医疗队，每批为期1年，1966—1979年共9批。

1966—1978年，赴上海市南汇县医疗队，每批为期1年，共9批。1968—1973年，赴上海市川沙县医疗队，为期1年，共4批。赴贵州省医疗队，为期1年，共4批：第一批，1973—1974年；第二批，1974—1975年；第三批，1975—1976年；第四批，1976—1977年。参加上海赴藏（西藏）医疗队，每批为期2年，共3批：第一批，1973—1975年；第二批，1975—1977年；第三批，1977—1979年。赴唐山市抗震救灾医疗队，共3批：第一批，1976年7—8月；第二批，1976年7—10月；第三批，1976年9月—1978年3月。

二、扶贫帮困

从20世纪80年代起，医疗援助工作的形式与内容有了很大变化，主要帮助贫困及基层单位开设专科门诊、专家指导业务、捐赠药品和医疗设备等。

1984年，口腔科下厂定期开设专科门诊。1985年6月9日，举行专家义务门诊，为非洲灾民募捐。1986年，与金山医院、亭林医院、天马山县医院、市八医院、市九医院、斜桥地段医院等签订聘用合同，委派内、外等科医技人员支援上述医院工作，并派一组医师无偿支援卢湾区中心医院。1990年，有骨干医师16人次义务为厂矿、部队提供医疗服务。1991年，先后由院长带领医疗队到自行车三厂进行义务医疗咨询服务；派员赴上海近郊灾区参加医疗救护工作，并赠送数千元药品；响应卫生局倡议举行3天义诊，有260名医务人员参加，收入的10 000多元均支援灾区；由院专家委员会成员及医务骨干组成义务下乡医疗服务队，赴虹桥乡义务咨询。1992年，与川沙县中医院、黄浦中医院、南汇光明中医院、南市中医院、香山中医院等单位挂钩，指导中医院开展中医工作；参与组织全市营养食疗专家开展义务咨询活动。1993年，对口支援宁夏回族自治区的中医工作，委派2名主任医师赴宁夏讲学，在银川等3市开设讲座9次，指导查房80例，医疗咨询约200人次。

三、援建工作

【援建都江堰】

2008年9月起，医院在上海市卫生计生委的安排下，正式接手对口支援都江堰中医院，持续开展为期三年的援建工作，多批次派出对口支援都江堰中医院医疗队。按照上海卫生系统前方工作组要求，根据先遣医疗队的经验和成效，形成医院医疗队的工作计划及细则。在协助都江堰中医院的2009—2011年3年中，发展规划、制定制度并组织实施，建立可持续性的对口支援工作平台机制。

2008—2010年，医疗队员参与医院及科室的管理工作，协助都江堰中医院加强制度建设，促进学科建设及适宜技术的开展，业务指标和收入已超震前最高水平。

表3-1-17　2008—2010年医院援建都江堰医疗队人员名单

时　间	姓　名	专　业	职称职务	备　注
2008年10—12月	包朝鲁	骨　科	副主任医师	队　长
	王　波	针灸科	主任医师	队　员
	郑　德	肛肠科	副主任医师	队　员
	程　鑫	护理部	护　士	队　员
2009年1—3月	窦丹波	中医内科	主任医师	队　长
	黄仕荣	骨伤科	副主任医师	队　员
	王　兰	麻醉科	主治医师	队　员
	张雅萍	护理部	主官护师	队　员
2009年1—6月	陈　拥	中医内科	副主任医师、医务处副处长	队　长
	陈东煜	骨伤科	副主任医师	队　员
	李连红	麻醉科	主治医师	队　员
	赵彤芳	护理部	主管护师	队　员
2009年7—9月	石　瑛	骨　伤	副主任医师	队　长
	潘　新	中　内	副主任医师	队　员
	杜培欣	护理部	护师、护士长	队　员
2009年10—12月	崔　松	心　内	副主任医师	队　长
	郭　丰	麻　醉	主治医师	队　员
	袁培琼	护　理	护士长	队　员
2010年1—3月	关　鑫	中医内科	国际交流中心主任	队　长
	张　琥	骨伤科	副主任医师	队　员
	秦秀芳	护理部	主管护师	队　员

（续表）

时　　间	姓　名	专　业	职称职务	备　注
2010 年 4—6 月	高建东	中　医	主任医师	队　长
	徐铖斌	计算机	初　级	队　员
	苏艳伟	护　理	主管护师	队　员

表 3-1-18　2007—2009 年都江堰中医院经济运行基本情况

项　目	2007 年 1—11 月	2009 年 1—11 月	增　长	增长率/%
门诊量/人	177 299	181 484	4 185	2.36
住院量/人	4 615	7 514	2 899	41.23
业务收入/万元	2 277	3 988	1 711	75

2009—2010 年，在都江堰中医院完成搬迁新院后，医院提升软件建设，更在业务指标层面达到一所综合性三级乙等中医院的目标。2008—2010 年，医院医疗队帮助都江堰中医院进一步完善医院的各项管理规章制度，加强质量控制，落实医疗安全；提升学科建设，优化管理，加强学科内涵建设和人员梯队培养；进一步加强人员培训，提高医疗服务水平，引进适宜技术并服务于临床工作。

【援滇】

2010 年 8 月开始，医院第一批援滇队伍抵达云南宣威。2015 年，医院前后派出 11 批次的医疗队分别对云南的不同边远贫困及少数民族地区进行医疗援助，开展基本医疗项目。

2012—2014 年，医院分批派出急诊科、护理部、麻醉科、妇科、神经外科及普外科的专家参加援滇工作。医院外科系统的援建队员在当地平均每月开展 30 余例手术，手术包括硬膜外血中清除术、腹腔镜胆囊切除术、直肠癌根治术、甲状腺叶切除术和疝修补手术以及子宫肌瘤摘除术。并在此期间，给当地医生进行多次科内业务学习，介绍腔镜微创技术在普外科的应用发展，提高当地科室医生的业务水平。

为配合市卫生计生委员会的工作，医院积极安排对口援滇单位人员来院进修学习。2010—2015 年，医院总共接收 7 家医院先后 9 个批次共 53 名云南青年骨干医师进修人员来医院进修学习。

【援疆】

作为上海市支援南疆喀什地区第二人民医院的项目中援建单位之一，2013—2015 年医院共派出 2 名管理干部及 1 名临床骨干参与这一项目。其中医务管理处张磊和门办张学超先后于 2013 年 3—9 月、2013 年 9—12 月，作为上海市卫生计生委第 7 批第二、第三轮援疆医务人员（增量部分）赴喀什地区第二人民医院担任门急诊办公室副主任。

2014 年 10 月 16 日，上海市副市长翁铁慧带领上海卫计委、教委相关部门负责同志一行 18 人，在时任喀什地委副书记、上海前指总指挥张仁良，地委委员、宣传部长王纯幸，喀什地区卫生局党组书记彭银星等领导的陪同下对喀什地区第二人民医院进行调研，并亲切慰问了医院第 8 批上海援疆医务人员神经内科医生秦保锋。

2014年底，在医院的临床及管理骨干共同参与努力下，喀什地区第二人民医院通过了创三甲医院的终审。

1999—2015年，医院共派出7位援疆干部。1999年6月—2002年6月，马秋元担任阿克苏地区第一人民医院副院长期间，为推动该院发展做出突出成绩。2008年7月—2010年10月，宋秀明被誉为“低调做人、高调做事”的好医生、好党员。2010年11月—2012年6月，成扬在喀什地区第二人民医院创立了消化科，是上海援助喀什二院后第一个分科成立的新科室，事迹先后被刊登于《解放日报》《新疆日报》《喀什日报》等。2014年2月—2015年8月，秦保锋推动该院创立中医科，事迹多次被对口援疆网、昆仑网等报道；事迹被刊登于2015年5月《支部生活》杂志，题为《曙光大爱洒南疆》。2010年10月，医院向阿克苏地区第一人民医院捐赠价值8万元的手术器械。

表3-1-19 1999—2015年援疆干部名录

时　间	姓　名	批　次	单　位	职　务
1999年6月—2002年6月	马秋元	第三批	阿克苏地区第一人民医院	副院长
2008年7月—2010年10月	宋秀明	第六批	阿克苏地区第一人民医院	肿瘤外科副主任
2010年11月—2012年6月	成　扬	第七批	喀什地区第二人民医院	内三科医生
2013年3—8月	张　磊	第七批第二轮(增量)	喀什地区第二人民医院	门急诊办公室副主任
2013年9—12月	张学超	第七批第三轮(增量)	喀什地区第二人民医院	门急诊办公室副主任
2014年2月—2015年8月	秦保锋	第八批(首期)	喀什地区第二人民医院	中医科医生
2015年7月—	郭晨洁	第八批(中期)	喀什地区第二人民医院	医学装备科副主任

【援摩】

1994年，根据上海市卫生和计划生育委员会下达的派遣援外医疗工作人员任务，医院通过组织选拔、自愿报名的办法，择优录取派出国，完成援外医疗、预防、保健等专业技术服务。为确保医疗质量，队员出国前必须参加集中培训，包括中国外交方针与政策、安全保密和出国工作注意事项，外语和有关知识培训等，培训时间为全脱产半年。2003年，卫生部印发《卫生部关于援外医疗工作人员管理(试行)》的通知，进一步从选派、培训、管理、监督等方面做出规定。

表3-1-20 1994—2015年援摩洛哥医疗队情况表

援助地点及时间	科　室	姓　名	援摩担任职务	援摩前职务/职称
摩洛哥穆罕默迪亚 1994—1996年	心血管科	周　华	队　员	主治医师
	针灸科	康泰隆	队　长	主治医师
	针灸科	王美娟	队　员	医　师
	针灸科	苏丽敏	队　员	主治医师
摩洛哥穆罕默迪亚 1996—1998年	普外科	赵有光	队　长	副主任医师
	针灸科	朱凤仙	队　员	主治医师
	针灸科	陈永亭	队　员	主治医师
	针灸科	姚年华	队　员	主治医师

（续表）

援助地点及时间	科　室	姓　名	援摩担任职务	援摩前职务/职称
摩洛哥穆罕默迪亚 1998—2000 年	针灸科	苏丽敏	队　员	主治医师
	普外科	徐一宁	队　长	主治医师
	神经内科	翁伟力	队　员	主治医师
	麻醉科	邵青福	队　员	主治医师
摩洛哥穆罕默迪亚 2000—2002 年	针灸科	朱凤仙	队　员	主治医师
	普外科	赵有光	队　长	副主任医师
	针灸科	刘希茹	队　员	主治医师
摩洛哥穆罕默迪亚 2001—2003 年	麻醉科	朱湛明	队　员	主管技师
摩洛哥穆罕默迪亚 2006 年 10 月—2008 年 10 月	麻醉科	仲　勇	队　员	医　师
摩洛哥穆罕默迪亚 2010 年 10 月—2012 年 10 月	针灸科	陈莲芳	队　员	副主任医师
摩洛哥穆罕默迪亚 2012 年 11 月—2014 年 10 月	针灸科	汤峥冬	队　员	主治医师
摩洛哥穆罕默迪亚 2014 年 10 月—2016 年 10 月	针灸科	崔花顺	队　长	副主任医师

四、海外青年志愿者

2002 年 3 月，共青团中央正式启动海外志愿服务计划的消息在媒体上发布，沈晓红将个人材料寄到团中央；4 月 10 日赴北京通过初试、复试和专业知识的考试，成为上海唯一入选者；4 月 22 日，沈晓红在北京接受短期培训，5 月中旬飞往老挝开始为期半年的志愿服务工作，于 12 月中旬结束。2005 年 10 月 12 日，吴欢作为第五批赴老挝志愿者启程前往老挝，开始为期半年的志愿服务工作。

五、进修医生

【接收外院进修人员】

2001 年，建立进修医师登记制度，进修人数逐年增长。2004—2008 年，医院共接收 380 人，年平均接收 76 人次。2009—2013 年，医院共接收进修人员 436 人，年平均接收 88 人次。2014 年，医院接收进修医师 121 人次。2015 年，医院接收进修医师 101 人次。

2006、2008、2009 年，评选“优秀进修医师”及“最佳进修医师”活动，人选由科室推荐产生，“优秀带教老师”及“优秀进修管理人员”则由进修医师投票产生。前后共产生 67 位优秀进修医师、6 名最佳进修医师。

【外送医院进修人员】

1996年,开展外送进修人员登记制度。因科室或医院业务发展需要必须进修学习的人员,经科室讨论同意,科主任书面材料推荐,经医务科审核报医院院长办公会讨论批准后,可提前安排进修学习。进修必须经过个人申请—科室同意—医务科审核—院长办公会(分管院长)批准的程序。医院还提供副高以上人员短期外出学习机会。外送进修者具备在医院执业资质,并且在专业上均具有相关专业中级或中级以上职称。医院还组织有利于新技术、新项目开展的短期进修。在医务管理处批复可以开展的新技术项目和重点学习内容以及技术项目可行性分析报告后,进修医师被外派到上海市各大西医三甲综合医院或专科医院进修,并在学成归来一年内开展相应工作。其中包括高压氧、关节腔镜、腹腔镜、辅助生殖技术等项目的开展。

表3-1-21　1996—2015年医院外出进修人数统计表

年　份	外出进修人数
1996	9
1997	17
1998	28
1999	10
2000	7
2001	5
2002	13
2003	14
2004	16
2005	5
2006	4
2007	18
2008	22
2009	19
2010	18
2011	21
2012	26
2013	20
2014	30
2015	16

第七节　医疗事务部

2013年之前,医院医疗投诉和纠纷处理归医务处管理。2013年9月,成立医疗事务部,由冯煜担任医疗事务部主任，科员1名。医疗事务部岗位职责主要是全面负责接待医院医疗投诉和纠纷处理；负责与保卫处的协调和配合工作；负责医疗纠纷资料的汇总、分析，制定及时上报制度；负责与第三方医疗纠纷调解机构和区医调委的协调、沟通工作；负责涉及医疗安全问题的相关科室和个人的质量考核；负责组织医院员工的医疗安全定期培训。

一、建立管理制度

2014年，完善投诉接待流程图，按《医院投诉登记表》规范记录，遇到医疗纠纷及时协调各科室讨论，留存患者签字的投诉及各种调查资料，每起纠纷的协调、资料的整理均能及时组织到位，保证各类投诉在7日内答复。同年，医院共接待68例投诉，其中16例经过耐心细致的解释，和平化解；9例经医疗事故鉴定法院判决赔偿；6例仍在法院受理中；34例经医调委调解解决。以上案例及时登记上报。

二、建立与第三方管理机制

2013年10月，医疗事务办公室配合医调委工作，建立第三方调解机制，引导医疗纠纷走规范的法律途径解决。在医院明显位置及医疗纠纷办公室，张贴相关区县医调委地址及电话和上海市有关第三方医疗纠纷调解公告，及时处理各类来电及网上投诉信息，增加医患良好沟通的途径，促进医疗质量及安全的提高。

2014年，在上海首次提出并建立由检察院、警方和医院处置医院暴力事件的联动机制，首次通过法律途径追讨欠费、赖费，成功追回25万元欠款；对打砸医院ICU的患者家属提出法律诉讼，获得法院支持，并判罚其赔偿医院1.6万元。

严格医疗质量管理，预防为主，提前介入纠纷。鼓励各科室在发现医疗安全隐患时及时上报，责任到人，坚持每季度召开医疗投诉例会，深入临床，与临床各科室加深沟通，分析总结医疗安全的不利因素，把影响医疗安全的不利因素消灭在萌芽状态，及时整改。2015年，成立纠纷信访学组：由医院牵头组织的上海中医药大学信访、纠纷学组正式成立，医院为组长单位。

第八节 干部保健

1996—1998年，干部保健日常行政管理工作归院办管理。1999—2015年，干部保健日常行政管理归医务处管理。1996年起，干部保健的医疗保障工作由干保科承担。2009年起，干保科更名为老年医学科，继续承担干部保健医疗保障工作。

一、管理制度

1996—2015年，先后建立医院干部保健的各项规章制度。有干部保健工作制度、干部保健报告制度、干部保健安全保密制度、干部保健患者收治制度、干部保健会诊及转诊制度、干部保健对象门诊就诊流程、干部保健对象急诊就诊流程、干部保健对象住院流程以及各项相关应急预案等方面的管理制度。2000年，在日常工作中，注重对干保工作的过程管理，干保专管员每天巡视病房、每周定期参加干保科的晨会及学习，落实医疗质量和医疗安全核心制度，将医疗运行要求上传下达。同时也听取科室需求，及时解决问题，定期落实反馈。每周有专人负责对门诊及住院病史进行抽查，规范病史书写，并将抽查内容留档成册。发现问题，及时与干保科医护人员进行沟通，力求在第一时间得到反馈、处理和解决，形成良好的惯性循环。对临床突发事件，做到第一时间参与、介入，协同老年医学科和其他相关科室共同处理，尽快寻求解决方案，并协调执行，使干保科患者的投诉率每年为零。

二、干部医疗保障

制定医院医疗保障工作制度，并根据不同的保障任务给予调整；做好特殊干保对象和知名人士的医疗服务。1996—2015 年，先后对服务流程进行改善，并优化辅助科室检查流程，简化环节，缩短辅助检查预约时间，尽可能当天完成各项相关检查，减少患者往返医院次数，为临床诊断做好保障。特殊人员特殊处理，真正体现“以人为本”，充分为干保对象做好医疗服务保障。2015 年，共计有 30 余名职能科室人员，350 余名临床专家，100 余名护理人员，60 余台设备参与干部保障工作。

2006 年，将干保病房的额定床位从原有的 25 张增加到 50 张，申请将干保病房床位费的最高收费标准提高到 100 元/床。同年，完成体检 280 余人，达到 90%以上。接收临时转诊对象 10 余人。

2007 年，完成体检 250 余人，达到 91%以上。另外接收临时转诊对象 20 余人次。每周定期举行干保科小讲座和碰头会，对干保科出现的问题及时予以协调处理，使干保科患者的投诉率基本为零。

2008 年，新建干部保健病房一层，并将干保患者顺利搬迁至西部住院部 6 楼。干部保健病房实际开放床位达到 60 张。完成体检 298 人次，达到 92%以上。组织对重点对象及危重患者全院及外院会诊 25 余次，安排人员负责各级领导的医疗保健，全年共接待干部保健患者就诊 350 余人次。接收其他干保定点医院临时转诊对象 250 余人。完成上海市管对象的医保改革。组织干保科医护人员参加干保局组织的知识竞赛。完成干部保健视频会议系统的安装。

2009 年，完成体检 219 人，达到 88.6%以上。组织对重点对象及危重患者全院及外院会诊 30 余次，安排人员负责各级领导的医疗保健，全年共接待特殊患者就诊 200 余次。定期召开干保网络专家工作会议，研讨、交流干保医疗服务的经验，持续提高干保医疗质量。组织医院干保相关人员学习新的干部保健工作制度，并对新入干部保健病房工作的医护人员进行岗前培训。

2010 年，完成体检 300 人次，达到 92.6%以上。组织对重点对象及危重患者全院及外院会诊 40 余次，安排人员负责各级领导的医疗保健，全年共接待干部保健患者就诊 200 余次。2010 年度，时值世博会召开之际，医院组织相关业务骨干，成立 4 个医疗保障小组，24 小时待命。完成世博保障任务，得到多方肯定，并获得中医药大学优秀团队殊荣。

2011 年，正值西部改建、装修工程，干保科经过充分准备、反复讨论后，制定详尽的安置方案，利用东、西两部的床位资源，特在东部特需病房增设 6 张干保专属床位，新开设高血压、慢支等专病门诊，在干保病区特辟康复活动室。

2012 年，医院共承担重大干保接待工作 155 次，承担延安工作会议、浦江论坛、大法官工作会议及东郊宾馆等重大医疗保障任务。完成干保重大手术 15 次，完成干部保健对象体检 172 人次。组织申报干保局科研课题3项。"中药制剂个性化包装设备"和"骨伤科专用核磁共振"通过专家论证,获得干保专项高端医疗设备中标,得到了1 200万元的专项资金。

2013年,医院共承担重大干保接待工作200余次。完成干保重大手术10余次。完成对189名干部保健对象的体检工作。同时,干部保健工作还注重科教研多向发展,推荐干保科的医生参加邱嘉信工作室,进一步提高诊疗内涵。同年,实现全面的电子档案录入。

2014年,申请高端设备共计8项,通过4项,总计金额1 352万元。承担亚信峰会等重大会议保障任务共4项,涉及面广、任务重,但均出色完成。2014年度完成干部保健对象体检,共200人次。派出医护人员赴华东疗养院休养,共计30人次。完成重大干保接待240人次,临时转诊125人次。

2015年,完成体检200人次,达到92.6%以上。组织对干部保健对象及危重患者全院及外院会诊20余次,安排人员负责各级领导的医疗保健,全年共接待干部保健患者就诊200余次。完成住院部七楼的改建工程,整个过程准备充分、安全有序。同年,完成干部保健二期数据接口系统,并承担"浦江论坛"及"迪士尼植树节"的医疗保障,组织医院相关业务骨干,成立1个医疗保障小组,24小时待命,出色完成各项保障任务,得到多方肯定。完成第三批干部保健高端医疗设备申报工作,PENTAX超声内镜的设备已进入采购程序。

第九节 继 续 教 育

20世纪60年代,继续教育纳入医务处管理。2000年4月,成立继续教育科,编制1人,归属于科教处;2001年9月,归属于人事处管理;2010年2月,归属于医务管理处管理。

表3-1-22 2001—2015年医院继续教育科历任负责人情况表

任职时间	科长	任职时间	副科长
2001年—2003年7月	奚益群	2000—2001年	奚益群
2003年7月—2004年6月	竺 炯	2004年4月—2010年2月	李 屹 (人事处副处长兼)
2004年6月—2006年4月	桑 珍	2010年2月—	余志红 (医务处副处长兼)

一、西学中班

20世纪60年代,组织西医学习中医活动,主要形式有开办带徒班、组织专业进修以及对工作有成绩的高年资医师进行重点培养等。

20世纪70年代,对院内西医师进行中医强化训练,并有计划地安排青年医师学习、整理老中医经验,促进青年医师系统地提高中医理论和辨证论治的水平;组织业余技术训练班学习中西医理论;开办中医提高班,每二周举办一次讲座,讲授中医理论和各家学说医案。1974年,全院85名西医师中,有22名参加脱产和半脱产的中医学习。20世纪80—90年代,多次举办西医学习中医培训班,每年又选派2至3名医师参加市卫生局举办的脱产学习。其中1982年,院内西医师中就有五分之一的医师参加脱产中医研究班，先后写出中医临床及中西医结合医学论文共1 000多篇。1992年，院内举办的西学中班共有30名学员参加，历时16个月，1994年之后，医院不再举办西学中班，上海市卫生局定期举办学习班，医院组织相关人员参加学习。

二、拜名老中医为师

20世纪80年代，组织一批中、青年医师，先后拜张赞臣、张伯臾、杨永璇、张羹梅、张鸿祥、夏少农、庞泮池、徐小洲、黄吉赓、朱瑞群、沈楚翘等名老中医为师，专门召开拜师会确定师徒关系。在从师年限内，固定跟随老师查房、会诊，参与专科、专题门诊，并一起设计科研课题，制定观察方法和治疗方案等。1997年，医院有3位医师完成了老中医继承培养学习。1997年之后，此项工作归入人事处管理。

三、举办各类学习班

【人才培养】

1998—2000年，医院继续教育合格率分别为14.5%、41.3%、74.1%。1997年，有6位医师进行脱产一年的中医英语培训；有10位医师入选上海市希望之星和医苑新星培养；5位医师入选上海市高层次中医临床和中西医结合临床科研人才培养；作为教学医院完成青年医师教学理论培训30人次；有36位专家分别成为上海市领先学科带头人、上海中医药大学学科和后备学科带头人及医院学科和后备学科带头人。

【举办学习班】

1982年，举办国际针灸推拿班、全国高级中医喉科师资班。1984年，为著名老中医张伯臾、张赞臣行医60年举办祝贺会。1986年，受卫生部委托举办2期全国肛肠学习班，共有40名学员参加，历时半年。1987年，举办计算机学习班、科研方法学习班、中医护理研讨班、医疗诊断新进展讲座等，有450人次参加培训；还举办1期高级医学英语班、2期护理英语培训班。1989年，举办全国性肛肠学习班7期，培训国内外学员达300余人。1991年，主办面向全市的中医主治医师培训班、经典著作学习班；受全国血液病专题组委托，举办第三届全国中西医结合血液病学术会议，与会者200余人。同年，为著名针灸专家杨永璇举办90诞辰纪念会，宣扬和交流一代名医的中医学术成就。1993年，与市卫生局中医处联合举办中医论文书写和科研管理培训班，全市各医院有70多位医师参加学习。1994—1999年，医院独立举办国家级(省市级)继续医学教育项目12期，其中“常见中医急症的救治和实验方法”4期；“慢性肾病中西医结合进展”2期；“中医英语翻译技巧及进展”2期；“慢性肝病中医药研究进展”2期；“中医骨伤古典精析与现代进展”1期；“全国肛肠科医师提高班”1期，累计参加学员500余人次。1999年医院举办继续教育项目“临床流行病”、2000年举办“临床药物合理利用”，这些项目能适合各学科对提高科研能力和临床实践的普遍要求。同时还走出去办学，曾因其他中医医院的要求，举办“常见中医急症的救治和实验方法”和“中医英语翻译技巧及进展”学习班，提高了教师授课的积极性。2002—2004年，举办全国大型继续教育学习班共13个，招收兄弟省市学员164人次。2007—2015年，共举办继续教育学习班202次。

表 3-1-23 2007—2015 年继续教育学习班汇总情况表

年份	名 称	项目编号	级 别	科 室	负责人
2007	中医经典理论与方药的现代应用	120101002	国家中医药管理局	基 础	朱抗美
2007	中西医结合危重病学	120202001	国家中医药管理局	感染科	熊旭东
2007	慢性肝病的中医药研究进展	120202002	国家中医药管理局	肝病科	王灵台
2007	中西医结合治疗冠心病的新进展	120202009	国家中医药管理局	心血管科	蒋梅先
2007	早中期慢性肾衰诊断、预防及优化治疗方案	120202010	国家中医药管理局	肾病科	何立群
2007	妇科肿瘤的中西医治疗临床与实验进展	120204002	国家中医药管理局	妇 科	齐 聪
2007	针灸推拿治疗神经疾病新进展	120206002	国家中医药管理局	针灸科	沈卫东
2007	中医肝病临床护理新进展	120500001	国家中医药管理局	护理部	张雅丽
2007	提高医院伦理委员会审查能力学习班	120500002	国家中医药管理局	伦 理	朱抗美
2007	骨、软骨组织代谢实验方法学研究进展	2007-04-07-126(国)	CME(国)	骨伤科	詹红生
2007	中西医结合危重病学	2007031000009	CME(市)	感染科	熊旭东
2008	糖尿病足的中医药防治及其现代进展	120202004	国家中医药管理局	内分泌科	沈远东
2008	中西医结合治疗冠心病的新进展	120202005	国家中医药管理局	心血管科	蒋梅先
2008	中医经典与临床	120202006	国家中医药管理局	传统中医科	余小萍
2008	中西医结合肝胆胰疾病的治疗进展	120203003	国家中医药管理局	普外科	黄建平
2008	中西医结合治疗肛肠病新理论新技术高级研修班	120203004	国家中医药管理局	肛肠科	杨 巍
2008	中医对妇科良恶性肿瘤的文献研究与临床治疗进展	120204002	国家中医药管理局	妇 科	齐 聪
2008	针灸神经疾病与针麻临床新进展	120206003	国家中医药管理局	针灸科	沈卫东
2008	退行性脊柱病的中医诊治新进展	120208003	国家中医药管理局	骨伤科	詹红生
2008	中医肾病临床护理新进展	120500004	国家中医药管理局	护理部	张雅丽
2008	中西医结合肝胆胰疾病治疗进展学习班	2008-04-01-037(国)	CME(国)	外科	黄建平
2008	提高医院伦理委员会审查能力学习班	2008-15-02-026(国)	CME(国)	伦理学会	朱抗美
2008	中西医结合危重病学进展学习班	20081000022	CME(市)	感染科	熊旭东
2008	中医肾病临床护理新进展学习班	20081401013	CME(市)	护理部	张雅丽
2008	计算机数字化与医学影像新技术	308540901001	CME(市)	放射科	詹松华
2008	第二届曙光传统医学国际论坛	沪(卫)继教备字200807	CME(市)	人事处	李 屹
2009	中医经典理论的现代临床应用学习班	120202012	国家中医药管理局	传统中医科	余小萍
2009	慢性肾脏病(CKD)中医优化治疗方案及研究进展	120202007	国家中医药管理局	肾病科	何立群

（续表）

年份	名　　称	项目编号	级　别	科　室	负责人
2009	糖尿病慢性并发症的中医药诊治学习班	120202011	国家中医药管理局	内分泌科	沈远东
2009	经络基础与临床研究进展	120206005	国家中医药管理局	针灸科	沈卫东
2009	中药临床研究和评价	120104001	国家中医药管理局	药剂科	徐德生
2009	中西医结合肝胆胰疾病的治疗进展	沪(卫)继教备字200906	CME(市)	外　科	黄建平
2009	中西医结合危重病学	沪(卫)继教备字200907	CME(市)	感染科	熊旭东
2009	中西医结合治疗肛肠病新理论新技术高级研修班	沪(卫)继教备字200911	CME(市)	肛肠科	杨　巍
2010	中医经典理论的临证应用	120101041	国家中医药管理局	传统中医科	余小萍
2010	中西医结合治疗冠心病的新进展	120202076	国家中医药管理局	心血管科	蒋梅先
2010	糖尿病足的中医药诊治经验及研究进展	120202162	国家中医药管理局	内分泌科	沈远东
2010	慢性肾脏病(CKD)中医辨证及综合治疗方案的研究进展	120202181	国家中医药管理局	肾病科	何立群
2010	慢性肝病的中医药研究进展	120202200	国家中医药管理局	肝病科	陈建杰
2010	妇科良恶性肿瘤中西医治疗热点及新进展	120204284	国家中医药管理局	妇　科	齐　聪
2010	脊柱关节病的中医诊治新进展	120208418	国家中医药管理局	骨伤科	詹红生
2010	中药临床研究和评价高级培训班	120104489	国家中医药管理局	GCP办公室	蒋　健
2010	伤口护理与管理新进展	120500559	国家中医药管理局	护理部	张雅丽
2010	实用针灸技术治疗神经病变研究新进展	120206333	国家中医药管理局	针灸科	沈卫东
2010	影像数字化与医学影像新技术	2010－09－04－017	CME(国)	放射科	詹松华
2010	中西医结合危重病学	0310541000001	上海市卫生局中医处(市)	感染科	熊旭东
2010	中医经典理论的临证应用	0310545101002	上海市卫生局中医处(市)	传统中医科	余小萍
2010	慢性肝病的中医药研究进展	0310545101001	上海市卫生局中医处(市)	肝病科	陈建杰
2011	脊柱健康评估与管理	120208003	国家中医药管理局	骨伤科	詹红生
2011	脊柱整复技术新进展与操作实训	120208004	国家中医药管理局	骨伤科	詹红生
2011	中医经典理论的现代临床应用	120101006	国家中医药管理局	传统中医科	余小萍
2011	中西医结合治疗冠心病的新进展	120302011	国家中医药管理局	心血管科	周　华
2011	中医药防治糖尿病及其慢性并发症临床研究进展	120202018	国家中医药管理局	内分泌科	沈远东
2011	中医理论在慢性肾脏病(CKD)中的应用及经方验方优化方案的研究进展	120202019	国家中医药管理局	肾病科	何立群

（续表）

年份	名 称	项目编号	级 别	科 室	负责人
2011	慢性肝病的中医药防治研究进展	120202020	国家中医药管理局	肝病科	高月求
2011	肝病中医护理新进展	120500022	国家中医药管理局	护理部	张雅丽
2011	中医肛肠疾病高新诊疗技术学习班	120203047	国家中医药管理局	肛肠科	杨 巍
2011	针灸特色病种临床研究新进展	120206050	国家中医药管理局	针灸科	沈卫东
2011	影像数字化与医学影像新技术	2011-09-01-003(沪)	CME(市)	放射科	詹松华
2011	中西医结合消化道肿瘤治疗的新进展	沪(卫)继教备字201104	CME(市)	外 科	黄建平
2011	中西医结合危重病学	沪(卫)继教备字201105	CME(市)	感染科	熊旭东
2012	慢性肝病的中医药防治研究进展	2012120202019	国家中医药管理局	肝病科	高月求
2012	中医理论在慢性肾脏病(CKD)中的应用及经方验方优化方案的研究进展	2012120202016	国家中医药管理局	肾病科	何立群
2012	中西医结合治疗心力衰竭新进展	2012120202017	国家中医药管理局	心血管科	王肖龙
2012	中医药防治糖尿病及其慢性并发症临床及实验研究进展	2012120202018	国家中医药管理局	内分泌科	沈远东
2012	传统中医诊疗思路与现代临床	2012120202023	国家中医药管理局	传统中医科	余小萍
2012	妇科良恶性肿瘤中西医研究进展及治疗热点高级研修班	2012120204034	国家中医药管理局	妇 科	齐 聪
2012	中西医结合肛肠论坛暨肛瘘诊治策略研讨会	2012120212054	国家中医药管理局	肛肠科	杨 巍
2012	石氏伤科治疗膝骨关节炎的优化治疗方案的推广	2012120208046	国家中医药管理局	骨伤科	詹红生
2012	中医护理适宜技术在临床应用	2012120213058	国家中医药管理局	护理部	张雅丽
2012	消化道肿瘤的中西医结合治疗进展	2012120302065	国家中医药管理局	外 科	黄建平
2012	脊柱健康评估与管理	2012120208045	国家中医药管理局	骨伤科	詹红生
2012	针灸镇痛临床及实验研究新进展	2012120206040	国家中医药管理局	针灸科	沈卫东
2012	中医护理适宜技术在临床的应用及规范化操作	2012120213059	国家中医药管理局	心血管科	周 华
2012	中医药治疗乳腺炎的研究进展	2012120203032	国家中医药管理局	乳腺科	万 华
2012	规范伦理审查流程，提升伦理审查能力	201212051080	国家中医药管理局	伦理科	关 鑫
2012	中医医院实验室质量管理体系的建立	2012120501079	国家中医药管理局	检验科	张 珏
2012	中西医结合治疗消化道肿瘤	2012120202022	国家中医药管理局	肿瘤科	周荣耀
2012	功能性胃肠疾病的中医治疗和研究进展	2012120202021	国家中医药管理局	消化科	林 江
2012	中西医结合神经内科治疗进展学习班	2012120202020	国家中医药管理局	脑病科	蔡定芳
2012	数字化影像新技术的临床应用	2012-09-01-052	CME(国)	放射科	詹松华

（续表）

年份	名　称	项目编号	级　别	科　室	负责人
2012	中西医结合急救医学	2012-10-00-001	CME(国)	感染科	熊旭东
2012	消化道肿瘤的中西医结合治疗进展	2012-04-01-074	CME(国)	外　科	黄建平
2012	中西医结合治疗心力衰竭新进展	2012-03-01-092	CME(国)	心血管科	王肖龙
2012	功能性胃肠疾病的中西医研究进展	2012-03-07-057	CME(国)	消化科	林　江
2012	中西医结合神经内科治疗新技术新方法	2012-03-07-057	CME(国)	脑病科	蔡定芳
2012	乳腺疾病中西医结合诊断性进展	2012-04-13-025	CME(国)	乳腺外科	赵春英
2012	妇科良性肿瘤中西医治疗热点新进展	2012-05-01-040	CME(国)	妇　科	齐　聪
2012	中医护理技术在临床的应用	2012-14-05-120	CME(国)	护理部	张雅丽
2012	规范伦理审查流程，提升伦理审查能力	2012-15-02-063	CME(国)	伦　理	关　鑫
2013	膝骨关节病临床评价与综合治疗技术操作实训	2013120208068	国家中医药管理局	骨伤科	詹红生
2013	中医理论在慢性肾脏病(CKD)中的应用及经方验方优化方案的研究进展	2013120202060	国家中医药管理局	肾病科	何立群
2013	中西医结合急救医学	2013120302074	国家中医药管理局	感染科	熊旭东
2013	中医民间技术研究与管理	2013120213070	国家中医药管理局	传统中医科	余小萍
2013	中西医结合治疗心力衰竭新进展	2013120213071	国家中医药管理局	心血管科	王肖龙
2013	中医肛肠疾病高新诊疗技术学习班	2013120212069	国家中医药管理局	肛肠科	杨　巍
2013	中医特色护理技术操作及临床应用	2013120501075	国家中医药管理局	护理部	张雅丽
2013	慢性肝病的中医药防治研究进展	2013120202061	国家中医药管理局	肝病科	高月求
2013	传统中医诊疗思路与现代临床	2013120202063	国家中医药管理局	传统中医科	余小萍
2013	妇科良恶性肿瘤中西医研究进展及治疗热点	2013120204066	国家中医药管理局	妇　科	齐　聪
2013	中西医结合治疗乳腺炎症性疾病	2013120203065	国家中医药管理局	乳腺科	万　华
2013	中医医院实验室质量管理体系的建立	2013120501076	国家中医药管理局	检验科	张　珏
2013	中医中西医结合防治糖尿病的新思路、新方法	2013120202059	国家中医药管理局	内分泌科	沈远东
2013	中药临床研究与评价高级培训班	2013120104057	国家中医药管理局	GCP办公室	蒋　健
2013	中药的合理应用	2013120104058	国家中医药管理局	药剂科	徐德生
2013	中西医结合神经内科治疗进展学习班	2013120302073	国家中医药管理局	脑病科	蔡定芳
2013	针灸临床经验传承及适宜技术推广	2013120206067	国家中医药管理局	针灸科	沈卫东
2013	微创消化道肿瘤的中西医结合治疗	2013120302072	国家中医药管理局	外　科	黄建平
2013	名老中医治疗慢性胃病临床经验学习班	2013120202064	国家中医药管理局	消化科	林　江
2013	脊柱健康管理与中医诊治技术优化方案	2013120208077	国家中医药管理局	骨伤科	詹红生
2013	肝肾纤维化临床实践与基础研究	2013120202062	国家中医药管理局	肝硬化科	刘成海

（续表）

年份	名 称	项目编号	级 别	科 室	负责人
2013	中药临床研究与评价高级培训班	2013-02-04-003（国）	CME(国)	药剂科	徐德生
2013	中西医结合治疗心力衰竭新进展	2013-03-01-355（国）	CME(国)	心血管科	王肖龙
2013	功能性胃肠疾病的中西医研究进展	2013-03-03-243（国）	CME(国)	消化科	林 江
2013	中西医结合防治糖尿病的新思路、新方法	2013-03-06-066（国）	CME(国)	内分泌科	沈远东
2013	中西医结合神经内科治疗新技术新方法	2013-03-07-244（国）	CME(国)	脑病科	蔡定芳
2013	肝肾纤维化临床实践与基础研究	2013-03-10-061（国）	CME(国)	肝硬化科	刘成海
2013	消化道肿瘤的中西医结合治疗进展	2013-04-01-345（国）	CME(国)	外 科	黄建平
2013	膝骨关节病临床评价与综合治疗技术操作实训	2013-04-07-085（国）	CME(国)	骨伤科	詹红生
2013	乳腺疾病中西医结合诊治新进展	2013-04-13-117（国）	CME(国)	乳腺科	万 华
2013	妇科良恶性肿瘤中西医治疗热点及新进展	2013-05-01-129（国）	CME(国)	妇 科	齐 聪
2013	数字化影像学检查新技术	2013-09-01-194（国）	CME(国)	放射科	詹松华
2013	中医护理技术在临床的应用	2013-14-05-600（国）	CME(国)	护理部	张雅丽
2013	规范伦理审查流程，提升伦理审查能力	2013-15-02-250（国）	CME(国)	伦 理	关 鑫
2014	中西医结合治疗乳腺疾病	2014120203043	国家中医药管理局	乳腺科	万 华
2014	中医护理技术项目的临床实践应用	2014120501049	国家中医药管理局	护理部	张雅丽
2014	杨氏海派针灸传承及适宜技术推广	2014120206045	国家中医药管理局	针灸科	沈卫东
2014	中药的合理应用	2014120104044	国家中医药管理局	药剂科	徐德生
2014	传统中医诊疗思路与现代临床	2014120101050	国家中医药管理局	传统中医科	余小萍
2014	妇科良恶性肿瘤中西医研究进展及治疗热点	2014120204052	国家中医药管理局	妇 科	齐 聪
2014	消化系统疾病中西医结合治疗进展	2014120302047	国家中医药管理局	消化科	林 江
2014	中西医结合神经系统疾病诊断及治疗进展学习班	2014120202048	国家中医药管理局	脑病科	蔡定芳
2014	消化系肿瘤中西医结合诊治新技术新进展学习班	2014120202051	国家中医药管理局	肿瘤科	李 琦

（续表）

年份	名　称	项目编号	级　别	科　室	负责人
2014	中医药治疗消化道肿瘤进展	2014-03-03-058（国）	CME(国)	肿瘤科	钟　薏
2014	中医、中西医结合防治内分泌代谢病的新思路、新方法	2014-03-06-043（国）	CME(国)	内分泌科	陆　灏
2014	中西医结合神经内科治疗进展学习班	2014-03-07-037（国）	CME(国)	脑病科	蔡定芳
2014	慢性肝病的中医药防治研究进展	2014-03-08-030（国）	CME(国)	肝病科	高月求
2014	膝骨关节病临床进展与诊疗技术操作实训	2014-04-07-114（国）	CME(国)	骨伤科	詹红生
2014	医学影像学检查新技术的临床应用	2014-09-01-038（国）	CME(国)	放射科	詹松华
2014	中西医结合急救医学	2014-10-00-024（国）	CME(国)	感染科	熊旭东
2014	亚健康与中医治未病	2014-12-01-006（国）	CME(国)	治未病科	张晓天
2014	慢性肝病中医护理新进展	2014-14-01-023（国）	CME(国)	护理部	张雅丽
2014	骨伤疾患中医护理新进展	2014-14-05-129（国）	CME(国)	护理部	崔　屹
2014	规范伦理审查流程，提升伦理审查能力	2014-15-01-026（国）	CME(国)	伦　理	关　鑫
2014	传统中医诊疗思路与现代临床	2014-16-00-084（国）	CME(国)	传统中医科	余小萍
2014	大量蛋白尿加重慢性肾脏病进展的机制和中西医治疗进展	2014-03-05-002(临)	CME(市)	肾病科	何立群
2014	海派中医特色诊疗技术研究	2014-16-00-004（沪）	CME(市)	传统中医科	余小萍
2015	儿科适宜技术临床应用学习班	2015120601005	国家中医药管理局	儿　科	赵　鋆
2015	不孕症多途径一体化诊疗模式学习班	2015120501006	国家中医药管理局	妇　科	殷岫绮
2015	慢性肝病的中医药防治研究进展学习班	2015120305007	国家中医药管理局	肝病科	高月求
2015	“石氏伤科”技术诊治现代骨伤疾病的培训班	2015121001008	国家中医药管理局	骨伤科	詹红生
2015	增强伦理审查能力，注重全过程管理学习班	2015121801009	国家中医药管理局	伦　理	关　鑫
2015	慢性肝病中医护理新进展培训班	2015121701010	国家中医药管理局	护理部	张雅丽
2015	中西医结合急救医学培训班	2015120314011	国家中医药管理局	感染科	熊旭东
2015	老年医学中西医结合治疗新进展学习班	2015120311012	国家中医药管理局	老年科	陈晓宏

（续表）

年份	名　　称	项目编号	级　别	科　室	负责人
2015	中药的合理应用培训班	2015121601013	国家中医药管理局	药剂科	徐德生
2015	中西医结合神经内科诊断、预防与治疗新进展学习班	2015121601014	国家中医药管理局	脑病科	蔡定芳
2015	中西医结合神经外科诊疗进展学习班	2015121601015	国家中医药管理局	脑外科	费智敏
2015	传统中医诊疗思路与现代临床培训班	2015121601016	国家中医药管理局	传统中医科	余小萍
2015	“治脾胃安五脏理论”学习班	2015121601017	国家中医药管理局	消化科	林　江
2015	民间特色诊疗技术与验方研究与管理培训班	2015121601018	国家中医药管理局	传统中医科	余小萍
2015	大量蛋白尿加重慢性肾脏病进展的机制和中西医治疗进展学习班	2015121601019	国家中医药管理局	肾病科	何立群
2015	经方在慢性肾脏病中的应用培训班	2015121601020	国家中医药管理局	肾病科	杨雪军
2015	中医肛肠病新理论新技术高级研修班	2015121601021	国家中医药管理局	肛肠科	杨　巍
2015	中西医结合普通外科研究新进展及微创手术新热点学习班	2015121601022	国家中医药管理局	外　科	黄建平
2015	中西医结合乳腺疾病培训班	2015121601023	国家中医药管理局	乳腺科	万　华
2015	针药复合麻醉与围手术期研究新进展学习班	2015121601024	国家中医药管理局	心胸外科	周　嘉
2015	海派针灸传承与诊疗技术研究新进展学习班	2015120901025	国家中医药管理局	针灸科	沈卫东
2015	基于循证医学的中西医结合临床试验规范化研究学习班	2015120901026	国家中医药管理局	麻醉科	宋建钢
2015	中医治未病与亚健康管理培训班	2015121201027	国家中医药管理局	治未病科	张晓天
2015	大肠癌中西医结合诊治与基础研究新进展学习班	2015120307028	国家中医药管理局	肿瘤科	李　琦
2015	中医专科医师规范化培训模式研究培训班	2015121801080	国家中医药管理局	规培办	沈远东
2015	中西医结合治疗急性冠脉综合征新进展	2015－03－01－110（国）	CME(国)	心血管科	王肖龙
2015	中医、中西医结合防治肥胖相关代谢病的新思路、新方法	2015－03－06－069（国）	CME(国)	内分泌科	陆　灏
2015	中西医结合神经内科诊断、预防与治疗新进展学习班	2015－03－07－089（国）	CME(国)	脑病科	蔡定芳
2015	慢性肝病的中医药防治研究进展	2015－03－10－044（国）	CME(国)	肝病科	高月求
2015	老年医学中西医结合治疗新进展	2015－03－10－045（国）	CME(国)	老年科	陈晓宏
2015	杨氏针灸学术流派传承及临床应用推广新进展	2015－03－10－054（国）	CME(国)	针灸科	沈卫东

（续表）

年份	名　称	项目编号	级　别	科　室	负责人
2015	大肠癌中西医结合临床诊治与基础研究新进展	2015－03－10－059（国）	CME(国)	肿瘤科	李　琦
2015	中西医结合普通外科研究新进展及微创手术新热点	2015－04－01－085（国）	CME(国)	外　科	黄建平
2015	膝骨关节病临床进展与诊疗技术操作实训	2015－04－07－374（国）	CME(国)	骨伤科	詹红生
2015	中西医结合诊治肛肠病高新技术学习班	2015－04－13－026（国）	CME(国)	肛肠科	杨　巍
2015	中西医结合治疗乳腺疾病	2015－04－13－029（国）	CME(国)	乳腺科	万　华
2015	海派中医徐氏儿科继续教育学习班	2015－06－01－058(国)	CME(国)	儿　科	赵　鋆
2015	影像医学新技术的临床应用	2015－09－01－069（国）	CME(国)	放射科	詹松华
2015	中西医结合急救医学	2015－10－00－182（国）	CME(国)	感染科	熊旭东
2015	亚健康与中医治未病	2015－12－01－051（国）	CME(国)	治未病科	张晓天
2015	慢性肾脏疾病中医护理新进展	2015－14－01－052（国）	CME(国)	护理部	吴继萍
2015	中西医结合心力衰竭护理新进展	2015－14－01－059（国）	CME(国)	护理部	周霄云
2015	慢性肝病中医护理新进展	2015－14－01－185（国）	CME(国)	护理部	张雅丽
2015	骨伤疾患中医护理新进展	2015－14－05－756（国）	CME(国)	护理部	崔　屹
2015	增强伦理审查能力，注重全过程管理	2015－15－02－078（国）	CME(国)	伦　理	关　鑫
2015	传统中医诊疗思路与现代临床	2015－16－00－475（国）	CME(国)	传统中医科	余小萍
2015	大量蛋白尿加重慢性肾脏病进展的机制和中西医治疗进展	2015－03－05－003（沪）	CME(市)	肾病科	何立群
2015	传统中医诊疗思路与现代临床	2015－03－10－003（沪）	CME(市)	传统中医科	余小萍
2015	中医治未病与亚健康的促进与管理	2015－03－10－006（沪）	CME(市)	治未病科	张晓天
2015	中西医结合神经外科最新进展	2015－04－04－006（沪）	CME(市)	脑外科	费智敏

（续表）

年份	名　　称	项目编号	级　别	科　室	负责人
2015	中西医结合抢救高危产妇	2015－05－01－008（沪）	CME(市)	妇　科	马庆良
2015	针刺麻醉在宫腔镜手术中应用的基础研究进展	2015－05－01－010（沪）	CME(市)	妇　科	殷岫绮
2015	中西医结合急救医学	2015－10－00－001（沪）	CME(市)	感染科	熊旭东

说明：CME 为继续医学教育的英文简称

四、专业进修与培训

有计划地组织专业进修及培训活动。每年医院都委派部分医务人员到外院进修，包括 1 年进修、短期进修、专业进修、专题学习等。1988—1994 年，共有 1 340 余人次参加市医学会组织的学术讲座。其间，1989 年，作为首批试点医院，参加市成人教育委员会关于《住院医师五年一贯制培养试行条例》的试点工作；同年，还对 1988 级以前住院医师进行了回顾性培养。1994 年，120 余人参加住院医师五年一贯制培养。

五、中级职称及以上职务医务人员继续教育

根据卫生部《继续医学教育“九五”计划》和 1996 年上海市卫生局的有关 CME 的文件要求，上海市要求继续教育对象每人每年完成 30 学分学习，其中Ⅰ类学分 10 分、Ⅱ类学分 20 分。2000 年，成立继续教育科，对专职继续教育管理人员进行管理培训，并制定《曙光医院继续教育管理细则》和《继续医学教育经费管理细则》，在全院范围内开展宣传、讲解、分析工作，使大家透彻理解继续医学教育的意义、活动形式、相关立法等。相关细则对Ⅱ类学分之发表论文，承担科研项目、科技成果，进修学习、出版著作、发表译文等硬指标严格执行；论文项中增加授予医院自办学术院刊的学分项，科研项中增加授予院级资助课题的学分项。考虑到学科间差异，院级业务学习难以覆盖全面，对经认可的大内科、大外科、医技相关科室业务学习以及对多科疑难病例的讨论均授予相应学分。鼓励外出到学会听课和撰写综述。鼓励副高级职称以上医务人员外出访问讲学并授予相应学分。年终进行严格的继续教育年度考核，将完成继续教育学习作为晋升高级职称及医院内部岗位聘任的必备条件之一。

六、远程教育

2003 年，安装远程教育系统，员工可以根据自己的需要选择相关课程参加学习，使得员工足不出户就可以参加全国各地的网络项目培训。2004 年，东部开张之后，东部院内局域网开通学习园地，相关培训内容直接挂在网上，员工可以根据自己的需要点击学习。对一些大型的普及性培训多采取学习材料及简答题试卷相结合的形式，分发到每个培训对象手里，同样取得很好的培训效果，

高效利用员工的培训时间。

七、国际培训

作为上海中医药大学国际交流学院执业医师资格考试考前培训实习基地，2003 年，开始接收外籍及中国香港、中国台湾人士前来实习。2003—2005 年，已经培训 41 位学员，执业医师资格考试通过率在 90%以上。2006 年之后，这项工作被纳入教学处管理。

第十节　住院医师规范化培训(专科医师培训)

1980—1994 年，医院是上海第一批参加住院医师规范化培养的中医医院，形成较完整的住院医师规范化培养体系。体系包括理论培养考核和临床技能培养考核，其中理论培养以自学为主，由上海市卫生局统一负责；临床技能培养和考核由各单位或区卫生局负责住院医师规范化培训，编制《临床住院医师规范化培调大纲》(简称《大纲》)。针对住院医师在临床能力培养方面基本上以自学为主，缺少专人指导，临床能力比较薄弱等不足等现象，1994 年，开始对第一年住院医师试行导师制和 24 小时住院制。为住院医师专门配备副主任医师或高年资主治医师担任导师，负责其临床专业技能的培养，指导理论学习和论文书写，制订个性化培养计划。同时，为第一年住院医师提供院内宿舍，参加科内的重大抢救、疑难病会诊、技术操作等，增加住院医师临床实践机会，目的是通过强化训练使他们能把书本上学到的知识与临床工作实践有机结合。对完成第一年培养的住院医师，医院从临床体检、技术操作、读图、读片、临床理论五方面进行严格的转正考核。由科主任、导师、管理者根据《大纲》《上海市住院医师规范化培训细则》的有关要求，结合医院科室设置的实际情况和本科室业务要求，共同制定住院医师轮转计划并严格执行，将轮转考核成绩列入住院医师阶段考核成绩。安排第四年住院医师参加急诊工作一年，第五年内科及外科住院医师担任院内总住院医师半年。对于七年制、硕士、博士学历医师，由于他们分别于 2 年及 3 个月后即可获得主治医师资格，为弥补他们的临床能力的薄弱点，医院将他们纳入高年资住院医师临床能力培养范围，同样要求完成轮转、急诊工作和总住院医师工作。同时，医院将获得住院医师规范化培养合格证作为晋升中级职称的必备条件，从制度上得到保证。1987 年以后毕业的住院医师全部完成住院医师规范化培训。

2010 年起，上海市全面启动住院医师规范化培训(以下简称“住院规培”)，医院经过全市统一评审，成为首批 39 家住院医师规范化培训基地之一，承担中医内、外、妇、儿、针推、骨伤、五官(眼)、全科八大专业的培训任务。2013 年，医院被评为“上海市卫生和计划生育委员会住院医师规范化培训全科医学临床培训基地”。2014 年，被评为“国家中医药管理局首批中医住院医师、全科医生规范化培训(培养)基地”；同年 5 月，随着专科规范化培训工作的进一步开展，医院首批取得中医内、外、妇、儿、针推、骨伤科全部六个中医专科规培基地，并招录 31 位专科医师。2010—2015 年，总计招录住院医师 488 人，另接受溧阳委托培训医师 7 人，同时接纳近 200 人培训。

一、培训管理体系

【管理结构】

2010 年 5 月，成立“中医毕业后医学教育委员会”(简称“毕教委”)，由院长周华担任主任，副院长周嘉(医疗)、党委书记马俊坚、副院长蒋健(教学)、财务总监孙荇担任副主任,成员包括医教研等各职能部门处长及相关专业学科带头人。建立的规培制度需经过市教委的指导、监督与审核。具体规培工作由医疗副院长分管。

2013 年 6 月,蒋梅先、余小萍、樊建开、朱盛国四位教学专家受聘担任顾问,虞芳华担任组长,带教科室主任共同组成督导组专家团队,定期对各科规培带教情况开展院内自查。

2013 年 6 月,林江、张磊、殷岫绮、赵鋆、王波、石瑛、张治军、孙玄厷 8 位中青年骨干受聘担任八大学科组组长,对应中医内、外、妇、儿、针推、骨伤、五官、眼科 8 个学科组,负责师资培训和教学指导。

医务管理处是规培工作的主要管理部门,下设住院医师规范化培训办公室,并配备专职管理人员 1 人及实训室专管员(承担全院实训室管理工作)1 人。在入口、过程及出口管理中,人事处、医务处、教学处、科技处多个部门共同合作,参与招录、培训、考勤、考核、就业及学位申请等各环节。

【建立全科合作共建关系】

2014 年 1 月,与金杨、潍坊、老西门、吴淞 4 个社区进行全科医学临床培训签约仪式,建立综合医院与社区基地合作共建关系。

【规培工作】

2014 年 12 月,上海市中医药学会中医住院医师规范化培训分会成立,副院长周嘉担任副会长,李屹任常务委员,规培专管陈瑛担任秘书,8 位学科组长及实训室专管董慧琳担任委员。规培办及各位专家参与全市规培管理及培训工作,包括规培年限修订、各项考试组织及考务、题库建设、新基地培训以及信息平台建设。

【中医专科医师规范化培训】

2014 年 5 月,医院首批取得内、外、妇、儿、针推、骨伤科全部 6 个中医专科培训基地;5 月 20 日评审结束,医务管理处每季度组织有关专家深入学习相关政策并研读培训细则,做好培训准备工作;12 月 23 日,医院启动中医专科医师规范化培训。

专科医师规范化培训管理由医务管理处、教学处、科技处、人力资源部等多部门协同合作,医务管理处负责具体过程管理,业务培训依托教研室。虞芳华、余小萍、詹红生、万华、殷岫绮、赵鋆、沈卫东等专家均参与市级考核方案制定及题库建设等工作。

二、培训与考核

【师资建设与培训】

2012 年 8 月 20 日,医院建立规培专职带教团队,采取科主任负责制,由高年资主治及以上医师担任科内专职带教,并且每年参与卫生计生委、中医大及院内组织的师资和考官培训。2014 年 4 月,60 位带教老师经过上海市规培事务中心培训后取得结业综合考核考官证。

医院重视全科师资培训,组织传统中医科、老年病科、治未病中心及社区带教老师参加上海市全科师资培训并取得合格证。2014 年 1 月,督导组组长虞芳华及全科学科组长孙玄厷分别进行社区带教管理和业务培训,与社区医院就全科带教进行详细交流。同时,社区师资也每年参与医院组织的师资座谈会及CPR(心肺复苏)培训,交流互动。

【教学质量双重评估】

通过院内督导及规培医师反馈,或双重评估教学质量,2012年8月起,规培医师每月反馈轮转科室的入科宣教、小讲课、教学查房、病例讨论、出科考核等带教过程,分管院长在科主任会上定期公示。此外,规培办每季度组织一次院内督导,所有带教科室分批接受督查,内容涵盖规培台账记录、教学查房、病例讨论、医患沟通等。

【志愿者团队】

2013年4月,建立规培志愿者团队,作为后备师资参与过程带教。2015年,共有志愿者58人,团队成员主要由结业留院的规培医师组成,职责是为在培医师提供各类培训和指导。志愿者们共参与各类培训和指导百余次,院内考核250次。

【住院医师培训】

2010—2015年,规培办共组织统一授课110余次,组织分组技能操作讲课及演示160余次,内容涉及心电图与X片判读、体格检查、各类穿刺、气管插管、导尿、石膏固定、换药、CPR、病例分析、SP模拟等多个临床常见技能与操作。另组织分组练习、考核210余次。

每月组织医师们参与各类业务学习,包括三基培训、院内疑难病例讨论、全院医师大会、继续教育讲座、中医标准化培训、名老中医讲座等。医院组织急救技能比武、辩论赛及病历书写大赛等各类技能竞赛,规培医师与院内青年医师同台竞技,锻炼医疗、沟通等综合能力。

培训期间规培医师需要通过各项考核,包括招录考、模块一(暨硕博士临床能力测评)、公共科目、全科理论考(仅限全科医师)、出科考、结业综合考及执业医师考核。除出科考核外,其他均由全市或大学统一组织。

表3-1-24 2010—2015年各类统一考核合格率情况表

%

年 份	能力测评	公共科目	模块一	结业考
2010	院内自评均通过			
2011	85.96	82.63	85.29	50
2012	93.75	71.13	88.73	96.42
2013	97.5	80.98	100	96.23
2014	91.30	77.22	95.31	98.67
2015		84.96	100	93.87

【住院规培医师评优】

2010—2015年,带教老师和规培医师获得荣誉:市级奖项包括"上海市优秀带教老师"8人,"上海市优秀住院医师"46人;校级奖项包括"上海市住院医师规范化培训中医全科理论学习出勤率优胜奖"2次,"上海中医药大学2014—2015年度五四红旗团支部","上海市住院医师规范化培训中医全科理论学习"单项奖8人、优秀奖4人,"上海中医药大学优秀团干部"3人,"上海中医药大学优秀团员”14 人,“上海中医药大学优秀青年”12 人。

院内评选“优秀带教科室”7 个、“我最喜爱的带教老师”96 人、“住院医师规范化培训先进个人”33 人、“优秀团员”3 人、“优秀团干部”1 人、“优秀青年”3 人。

【专科医师培训】

2010—2015 年 9 月,召开 3 次院内专科规培研讨会,邀请医疗及教学副院长、学科组长及各临床科室主任商讨培训方案。各位专家就专科培训计划、轮转方案、考核方案、医教研管理要求、师承培养、师资团队建设、学员绩效考核等各方面进行热烈讨论。医院召开中医专科医师规范化培训模式研究继续教育学习班,医务管理处、人力资源部、规范化培训办公室、专科带教老师及专科医师代表出席,会议重点探讨专科培训意义、政策、管理及培训模式等内容。

【专科师资团队建设】

2015 年 1 月,各培训科室建立专科师资团队,实行科主任负责制,遴选专科专职带教、师承导师及考核小组。专科师资在职称、医教研能力及带教经验等方面均高于住院规培师资。专职带教 27 人,具有副高及以上专业技术职称,较强的临床实践技能及理论水平,一定的科研能力和外语水平,熟悉并认真履行专科带教各项工作职责。师承导师 58 人,以名中医、学科带头人、博士生导师为主,负责专科医师的中医辨证思维、处方用药、中医科研等能力的培养。考核小组 89 人,由本专科主任、副主任、高年资主治医师组成,主要负责出科考核、日常考核及阶段考核的具体实施。

表 3-1-25 2015 年专科学科组长及秘书情况表

科 别	学科组长	秘 书
中医内科	余小萍	沈若冰
中医外科	万 华	高晴倩
中医妇科	殷岫绮	陈 静
中医儿科	赵 鋆	沈 健
中医针推科	沈卫东	马 文
中医骨伤科	詹红生	石 瑛

【教学能力培养】

注重专科医师科研能力培养,结合各专科实际,要求专科医师在培训期间必须完成立题、开题并在核心期刊上发表综述和临床论文各 1 篇,申报 1 次国家自然基金项目。

2014 年 6 月,开展“月月讲”健康宣教活动。经临床专家指导后由医师自行选题、查找资料并制作相关宣讲材料,每月为来院患者开展健康宣教。2014—2015 年,累计完成 35 次活动,受惠人群约 1 500 人。2015 年,受邀加入“唯爱伴我行,上海市住院医师科普月月讲”。该活动在医院党建网上报道,并获得“上海中医药大学培育和践行社会主义核心价值观优秀案例”荣誉。2014 年 6 月—2015 年 8 月,共有 48 位规培医师自愿申请并受聘成为医院科普健康宣教志愿者。组织专科医师开展面向社会人员的 CPR 推广活动,并特邀心血管科戎靖枫(美国心脏学会认证导师)进行操作标准化的强化培训。2015 年,已开展 12 次对外培训,受众超过 160 余人。

2015年4月起,每季度对专科规培带教科室进行督导,督导内容包括带教台账、过程带教、医患沟通等,旨在全面监督、考察专科医师医疗、教学、沟通等综合能力。同年7月,上海市中医师协会启动专科医师第一年度考核的紧张筹备和题库建设工作。余小萍、詹红生教授分别牵头中医内科和中医骨伤科的各院专家进行题库建设和审题工作,为年度考核的顺利进行出谋划策,对出题、审题、组题、阅卷等各环节提出有效的建议。

【模拟医学培训】

2012年,通过上海市卫计委《住院医师规范化培训医院开办费项目》,购入各类模型69类共计1 082件,模型涉及医疗操作、护理技能等多个方面,广泛应用于医、教、护理等各类教学与培训。医院建造模拟ICU实训室以用于模拟医学教学,配置高级模拟人并逐步开展模拟病例的设计与编程,将临床急救病例通过编程,以高端模拟人为载体,将模拟教育用于临床教学实训。为配合高端模拟人的使用,2015年,组织临床教师10人参加模拟人病例编辑课程。

【中医专科规培计划】

2015年8月,医院制订中医专科医师规范化培训计划,从培训目的、培训方式、培训内容、轮转方式、医教研能力培养、师资建设和考核方式等各方面指导各专科进行培训过程管理。各专科根据规培细则制订培训计划,学科组长进行统一协调。

【中医专科规培考核方案】

2015年8月,医院制订中医专科医师规范化考核方案,以过程考核为主,详细罗列日常考核、出科考核、年度考核的具体形式和要求,并对医疗、教学、科研能力的考核进行规范,全方面考察专科医师综合能力。

【学术交流和成果】

2013年,"085"项目公共服务平台建设子项目(师资培训)课题由规培督导组长虞芳华与大学实训中心施晓芬共同作为负责人,课题主要涉及规培师资培训的各个环节,已完成师资准入、培训、管理、评估、激励等制度的建立,逐步开展师资管理及业务培训和论文撰写等工作。

2014年6月,成功申报"中医专科医师培训模式的探索与研究"课题(大学预算内课题),由督导组组长虞芳华担任课题主要负责人,医务处、教学处负责人及规培专管参与课题研究。通过课题研究旨在建立合适、可持续发展的中医专科培训模式。课题已完成基本制度建立、培训及考核模式探讨,通过中期考核,进入论文撰写和结题阶段。

2014年6月,医院积极参与全国高等医药教材建设研究会、人民卫生出版社发起的住院医师规范化培训"十二五"规划教材主编、副主编、编委申报,在院领导及多位规培专家的支持下,最终7名主编、3名副主编入选并出席北京主编人会议;7月4—5日承办5本教材编写会议,来自全国的百余位主编、副主编、编委与会。据统计,医院除10位主编、副主编外,另有7位专家担任编委,6位医师担任主编秘书。2015年,所有教材均已完成编写工作,部分已发表。

【就业情况】

2010—2015年,已招录规培医师488人,另接受江苏溧阳委托培训医师7人。经过培训考核,

235 名医师顺利结业，其中 27 名基地研究生结业并取得硕士专业学历、学位证书。医疗行业就业率 96.17%，其中三级医院 118 人(50.2%)，二级医院 44 人(18.7%)，一级医院 64 人(27.2%)。

表 3-1-26 2010—2015 年规培教材参编人员情况表

教材名称	第一主编	第二主编	副主编	编 委	秘 书
中西医传染病防治	周 华			杨雪军	杨 涛
卫生法规	周 嘉			李 屹	陈 瑛
医患沟通技巧			张雅丽		
中医临床经典概要	蒋 健			孙玄厹	崔 晨
临床综合诊断技术	王肖龙			金 涛	姚轶立
中医外科学			万 华		
中医妇科学			齐 聪		
中医骨伤科学	詹红生			石 瑛	石 瑛
中医五官科学		忻耀杰			滕 磊
全科医学		余小萍			黄兰英
中医临床思维				窦丹波	
针灸推拿学				沈卫东	

三、建立制度

【住院医师规培手册】

2010—2015 年，医院制定《曙光医院住院医师规范化培训手册》，内容包含《上海市医疗卫生工作人员职业道德规范守则(试行)》《曙光医院住院医师规范化培训人员管理暂行办法》《曙光医院住院医师规范化培训管理规定》《曙光医院奖惩条例》《曙光医院考勤及请销假制度》等。

【师承培养制度】

2014 年 4 月起，实施《曙光医院规培医师师承培养制度》。遴选医院预留的规培医师，每周半天跟师学习，为期一年。跟师对象主要为东、西两部的名医诊疗中心专家，主要通过一对一门诊抄方的形式，总结学术思想及经验，提升专业能力。

专科医师的跟师对象主要为名中医、学科带头人、博士生导师，每年根据学员专业及专家出诊情况进行结对。导师与学员双向选择，主要形式为跟师门诊抄方，必要时可参与师承导师教学查房、病例讨论等教学活动。师承期间需定期书写医案记录、结束后完成师承学习小结并统一考核。

【督导制度】

2013 年 6 月—2015 年，每季度进行一次带教督导。主要内容包括：带教老师对规培政策、培训内容、住院医师基本情况的熟悉程度，各科规培台账、出科考核记录，师资带教资格及参加培训情况，现场教学查房、病例讨论、医患沟通及出科考核。督导结束后由规培办整理督导成绩和建议并反馈给科主任,科主任查阅签字并调整带教方案。

【激励制度】

2011 年起,每年医院结合医师考核成绩、平时表现及获奖情况给予年度综合评分,作为后续评优及预录取的标准。规培医师可获得上海市优秀住院医师、院内先进个人、优秀团干部、优秀团员、优秀青年等荣誉的优先推荐。另外,在满足考勤、学位、成绩优良等基本条件情况下,对于荣获市优秀、成绩优异、核心期刊发表论文、参与局级课题及获得专利等各方面表现比较突出的规培医师,由本人在完成住院医师规范化培训的前半年提出申请,经医院面试考核合格,可与医院签订培训合格后留院工作的意向性协议。

建立带教激励制度,包括每月发放带教津贴、年终带教考核及年度评优。日常带教激励标准为每月 120 元/人次(规培医师),根据轮转医师反馈结果、督导评分及带教任务完成情况予以发放。

表 3-1-27　2010—2015 年规培生汇总

年　　份	规培医师人数	专科医师人数
2010	114	—
2011	103	—
2012	77	—
2013	69	—
2014	65	31
2015	60	—

第二章　内 科 专 业

内科专业包括心血管科、脾胃病科、中医肝病临床医学中心、肝病科、肝硬化科、呼吸科、脑病科、肾病科、内分泌科、血液科、风湿科等科室。

图 3-2-1　1998 年 2 月，内科部分主任、医生合影（第一排左二为肾病科主任郑平东、左三为呼吸科主任毕小利）

第一节　心 血 管 科

一、概况

1943 年，四明医院时期设立西医内科，当时在任医师有俞松文、周汝翔、杨毓华、张晋臣、李远琴及特约医师董承琅。1953 年，归属于上海市立第十人民医院，有医师 10 名，其中包括中国心脏病学奠基人董承琅，以及俞松文、金濬等人。1960 年，西医内科医师队伍得到很大发展。1964 年，西内病房有床位 59 张，以收治循环系统和消化系统疾病患者为主，承担全院内科重危患者的抢救任务。1972 年，中、西内科合并，称为“大内科”，1981 年，两科又分开。1991 年，西内科病房迁入新病房大楼八病区，有床位 48 张，其中心血管专科病床 25 张（包括 8 张监护床）。1994 年，西医内科共有医师 25 人，其中主任医师 3 人、副主任医师 4 人、主治医师 12 人，设有床位 48 张。1995 年初，心血管科正式成立，以中西医结合为特色，病房主要收治心血管系统疾病及其他内科系统疾病患者；门诊主要以心血管、内分泌、神经、呼吸、消化等专科为主。1998 年，心血管内科病房设有床位 42 张、CCU 床位 5 张，配有全套进口心电监护设备，对心血管重、危、急患者的抢救建立一套完整有效的措施。

2003年，整合医院心胸外科，成立中西医结合心血管病诊疗中心。2004年，进一步争取到市科委的重点学科建设项目，成为上海市中西医结合心血管重点学科，重点攻关心衰和冠心病。2005年9月，为了东部的建设和发展，在东部开设病房，病房设在综合楼四楼4A病区，有床位28张（含CCU床位8张）。在东、西两部共有病房床位73张（东部28张，西部45张），含CCU床位14张。2010年5月，科室由原来西医内科（心血管科）正式更名为心血管科。2015年，心血管科（含心功能室）共有成员30人，其中主任医师4人，副主任医师12人，助理研究员1人，主治医师及主管护师11人；博士10人，硕士11人。东西两部分别开设特需门诊、专家门诊、专科门诊及普通门诊，东部诊室4间、西部诊室3间。

表3-2-1　1946—2015年心血管科历任负责人情况表

任职时间	主　任	任职时间	副主任
1946年—不详	俞松文	1960—1966年	金　濬
1960—1966年	商文彝	1964—1966年	许迺珊
1978—1984年	许迺珊	1978—1984年	杜振邦
1985—1991年	雷德培	1981—1985年	雷德培
1992—1997年	胡婉英	1981—1991年	季文煌
1997—2000年	唐建业	1989—1991年	胡婉英
2000—2010年	蒋梅先	1992—1996年	唐建业
2011年—	王肖龙	1992—1994年	陈宝生
		2000—2002年	董耀荣
		2000—2011年	王肖龙
		2013年—	徐　燕

二、业务发展

20世纪60年代，西医内科走中西医结合路线。1961年1月，开设冠心及高血压门诊，开始以冠心病为重点的心血管疾病的临床研究。20世纪70年代，以收治循环系统和消化系统疾病为主，承担全院内科重危患者的抢救任务；一年内抢救急性心肌梗死60余例，成功率达80%。20世纪80年代，建立具有中西医结合特色的心脏监护中心，拥有24小时心电监护仪、多普勒心功能机、食道调搏仪、三通心电图、四道生理记录仪、微循环测定仪、脉象仪机等先进设备；形成以活血化瘀法治疗冠心病、高脂血症，以补肾法治疗慢性心力衰竭，以益气清心法治疗病毒心肌炎等一系列诊疗特色。开发和研制活心1号（复方血竭胶囊）、活心2号（止疼散）、活血降脂煎、补肾降脂煎、强心煎和清心莲子饮等中药制剂。20世纪90年代，在历任主任带领下，心血管科以中医药及中西医结合的方法治疗充血性心衰、高血压病、冠心病、病毒性心肌炎、高脂血症等常见心血管疾病。在诊疗过程中注意个体化，既注意中医整体辨证，又注意运用现代医学最新理论及诊疗技术，并在继承名老中医学术思想和临床经验的基础上，研制复方鹿角煎、坎离煎等方药，治疗不同阶段的心力衰竭。积极从事中医药防治心肌梗死后心室重构和介入术后再狭窄的临床研究，开展对心血管多重危险因素的防治。

2005 年，设立心衰、冠心病、高血压病及代谢综合征等专病门诊，以“心肾并治”和“从五脏治心”的方法治疗慢性心衰的不同阶段，先后研制出鹿角方、坎离颗粒、强心饮、活心方等有效协定处方。2006 年起，业务量连年增长，制定中医优势病种中医诊疗方案，并在临床执行应用，每年度进行总结分析，对方案优化调整。重点病种名列住院及门诊病种前三位。坚持中医特色，鼓励科室成员开膏方门诊；尝试开展新技术和中医特色治疗项目，如放松功法、足浴疗法、耳穴降压法、护心贴。心血管急诊，特别是急性心梗的应急抢救能力有了进一步的提高，实施中医卒心痛临床路径，开展围手术期及危重患者抢救过程中中医中药干预。收治病种较前更为广泛；来诊患者扩展到邻省。2011 年开始常规化开展 CRT(心脏同步化治疗、双心室起搏)，应用于心衰患者；同时，起搏器主动电极的应用比例逐渐增长。近十年来，心血管科在蒋梅先、王肖龙的带领下取得了长足的发展，现为卫生部国家临床重点专科、国家教育部重点学科中医内科学组成学科、国家中医药管理局“十一五”心衰专病建设单位、国家中医药管理局“十一五”心衰专病副组长单位、国家中医药管理局“十二五”心血管病重点专科、上海市重点学科中医内科学组成学科、上海市中西医结合心血管病重点学科、全国名医严世芸工作室挂靠单位，并有胡婉英、蒋梅先曙光医院名中医学术经验交流工作室，海派中医丁氏内科严苍山、张伯臾流派传承基地，积极参与学术传承与对外交流。同时还是中医、中西医结合硕士、博士培养点和博士后流动站。专科先后承担包括国家科技部“七五”攻关、国家重大科技专项“十二五”项目、“863”及重大新药专项、国家自然科学基金等重大课题 40 余项；先后研制“复方血竭胶囊”“麦冬注射液”“双龙丸”“鹿角方”“坎离颗粒”“强心饮”等院内制剂，科室中医特色明显。

【心导管室】

2001 年 2 月，在王肖龙带领下，心血管科建立心导管室，积极开展行永久起搏器安装、冠脉造影和介入治疗、电生理检查和射频消融等多项心血管诊疗项目。2005 年，在东部建立心导管室。

图 3-2-2 2005 年 12 月，王肖龙主任(右)完成医院第一例经皮冠状动脉腔内血管成形术

【心血管功能检查室】

20 世纪 80 年代，在胡婉英带领下，心血管科开设了心血管功能检查室，进行心电图、心率变异、24 小时动态心电图、24 小时动态血压以及运动平板试验等心血管功能检测。

图 3-2-3　1997 年 8 月，胡婉英主任(中)带领科室医生做实验

三、专科发展

20 世纪 80 年代，西医内科就已承担国家"七五"公关课题，并获上海市科委科技进步成果三等奖。1995 年心血管科正式成立，2004 年争取到市科委的重点学科建设项目，成为上海市中西医结合心血管重点学科，重点攻关心衰和冠心病。2002—2005 年，获得科委"十一五"重大攻关课题、卫生局科研基金资助课题数项。目前，曙光医院心血管科为卫生部国家临床重点专科、国家教育部重点学科中医内科学组成学科、国家中管局"十一五"心衰专病建设单位、国家中管局"十一五"心衰专病副组长单位、国家中管局"十二五"心血管病重点专科、上海市重点学科中医内科学组成学科、上海市中西医结合心血管病重点学科。

【专病发展】

心衰病(心力衰竭)　中医药防治慢性心衰一直是本学科的主攻方向和特色之一。学科在慢性心衰治疗时，以"整体观"为核心、以"辨证论治"为灵魂，已经建立且成熟使用有效的慢性心衰诊疗方案，并且根据每年的疗效分析进行改进和提高，从而为最终建立全疗程、全方位的慢性心衰中医疗效评估模式而不断努力。近年来参与全国慢性心力衰竭中医证候专家调查和诊疗共识的制定，大力实施慢性心衰的多中心临床研究，开展鹿角方、坎离颗粒、鹿红颗粒、强心饮等一系列临床和实验研究。

胸痹心痛病(冠心病) 本学科在中医药治疗胸痹心痛病方面的研究已有 30 余年历史，主要特色是注重活血通络、标本兼治。冠心病的中医药诊疗，结合现代医学知识，在辨病的基础上辨证，临床治疗充分吸收中西医药最新临床科研成果，兼具创新突破。参与全国胸痹心痛病中医证候专家调查和诊疗共识的制定。2013 年，王肖龙作为资深专家组成员参与制定我国现阶段第一个《急性心肌梗死中西医结合诊疗专家共识》，凸显心血管科在中医药防治胸痹心痛病方面在全国的学术地位。

眩晕病(高血压) 中医药防治眩晕病是本学科的主攻方向之一，学科在总结眩晕病治疗经验后提出，眩晕病基本病机是本虚标实，治疗中要分清本虚和标实，标本虚实不同，辨治不可舍本求末。在继承张伯臾教授学术思想的同时，其传人对眩晕病的诊治进一步提出“平衡阴阳、调整气血”“平肝潜阳”等重要学术思想，围绕院内制剂潜阳合剂进行一系列临床和实验研究。

图 3-2-4 2005 年严世芸全国名老中医工作室成员合影(右二为严世芸)

【西学中】

建院以来，西医内科(心血管科)各级医师应用现代科学方法对部分中药进行研究，积极做好中西医结合的临床及科研工作，在广泛采用中医中药治疗各种疾病中取得良好的疗效。全科医师认真学习中医中药知识，采用多种形式与方法，先后有 47 人次分别通过参加西学中专业班，跟老中医查房及门诊，参加中医血液、肾炎、肝炎专科工作，参加整理老中医医案等方式，提高中医药专业水平。1982 年，在总结名老中医张伯臾的学术经验时，根据临床实践，研制“曙光清胰汤”。1983—1985 年，通过进一步进行动物实验，自制成功急性胰腺炎动物模型，并用清胰汤治疗，取得满意疗效。临床运用治疗 147 例病患均治愈，无一例死亡，荣获上海中医学院科技成果奖。

【对口支援、辐射周边】

2006—2015 年，有 2 位医生参与都江堰的对口援建工作，2 位医生先后远赴云南陆良进行为期半年的支滇工作。每月2次进行心血管病患者宣教，做到将患者请进来；坚持到社区及卫生中心向当地医护人员和患者普及心血管病防治知识，做到医务人员走出去。在院部牵头和组织下，心血管科分别与浙江省桐乡市中医医院心内科、浙江省舟山市中医院心内科、上海市嘉定区中医院内科建立合作共建关系，定期派科室业务骨干赴上述单位进行交流指导。

四、教学工作

20世纪90年代起，西医内科(心血管科)承担上海中医药大学本科生、留学生、夜大学生西医诊断学基础、内科学的教学及临床见习实习的任务；接收韩国、以色列等国外进修生的带教；每年还接收全国各地的进修医师进修学习。2002年起，还承担七年制中医、双语教学查房任务，担任华东地区及全国各地的专科人员进修及培训任务，并负责外国进修生和访问学者的英语、日语专业授课及临床带教，是大学重要的外籍人员教学基地。2006年起，心血管科承担的教学任务包括面向本科生、研究生及规培医师的临床实习教学。在临床教学过程中依托临床重点专科建设，使中医与西医临床教学融合并重。临床带教的教学内容按特色专病进行规划，各专病负责人负责把握该专病教学的教学大纲、教学内容、教学形式，考核方法的科学性、实用性、先进性，由教学干事及住院总负责各项教学任务的安排与落实。2014年，科室被评为曙光临床医学院首批示范实习带教科室。1995—2015年，共培养研究生60余名，其中博士及博士后20名。

在完成临床工作的同时，科室还注重人才的培养。早在20世纪80年代，就派出医师赴日本神奈儿童医疗中心、东京日本心脏血压研究室学习和进修。20世纪90年代，先后有多人赴中山医院、瑞金医院、仁济医院等进修，有2名主任先后赴韩国东田大学、韩医大学进行学术交流，培养中西医结合高级人才1人，市医苑新星1人，上海市高层次中医人才1人。2006年以来，获得高级职称12人次，获得全国及世界相关学会专业学术职务20人次。2011年起，为学科的可持续发展，每年派技术骨干去国内外进修学习先进临床及实验技术。

表3-2-2　2011—2015年国内外进修学习情况表

年　份	人　员	项　目　名　称	历　时
2011	王英杰	美国辛辛那提心病中心实验室	2年
2012	姚成增	上海卫生系统优青培养计划(人才培养)	1年
2012	郭　蔚	新加坡国家心脏中心(介入技术)	1月
2012	高俊杰	美国纽约州立大学(实验室)	1年
2013	徐　燕	上海市中医药领军人才计划(人才培养)	—
2013	刘永明	美国加州大学戴维斯分校心脏中心(实验室)	2年
2015	戎靖枫	美国康涅狄格州哈特福德医院心脏中心	1年

五、科研成果

【课题】

1995—2015年，共承担各级各类课题、专科等研究项目65项，其中国家自然科学基金10余项。

获得各类科技奖项 15 项，省部级成果奖 1 项。

【专利】

1995—2015 年，共获得专利 16 项。

【著作与论文】

1995—2015 年，共出版著作、参编著作 30 余部。发表核心期刊论文 300 余篇，其中 SCI 20 余篇。

六、学术活动和任职

【学术活动】

2010 年 2 月，6 人参加上海市心病年会；7 月，6 人参加"诊余感悟"交流会；9 月，7 人参加第四届东方心脏病学会议、6 人参加 2010 上海心律失常论坛；10 月，3 人参加第二十一届长城国际心脏病学会议；9—12 月，3 人参加上海市卫生局 2009 年西学中在职培训班；11 月，1 人赴美国参加 AHA2010 会议；2011 年 4 月，1 人赴美国参加 ACC2011 会议。

2013 年，在东部二楼会议室召开中西医结合治疗慢性心衰新进展会议。2014 年，在西部会议室召开海派中医特色诊疗技术研究会议。2015 年，在东部二楼会议室召开中西医结合治疗急性冠脉综合征新进展会议；5 月，7 人参加第五届东方心脏病学会议、6 人参加上海市心病年会；6 月，6 人参加心身医学系列论坛；9 月，8 人参加 2011 上海心律失常论坛；10 月，3 人参加第二十二届长城国际心脏病学会议；10—12 月，10 人参加中医论坛。

【任职】

周华，2010—2015 年，兼任全国中医医院医疗质量监测中心主任、世界中医药学会联合会标准化建设委员会会长、上海市医师协会中医科医师分会副会长、中国医师协会中西医结合医师分会心血管专业委员会副主任委员、中国中西医结合学会循证医学专业委员会副主任委员、上海市中西医结合学会循证医学专业委员会主任委员、上海中医药学会中青年学术研究分会主任委员等社会团体要职。

王肖龙，2012 年 3 月任上海市中西医结合学会第一届循证医学专业委员会委员。2012 年 4 月，任《中成药》杂志第七届编委会编委；任第一届上海市浦东新区中医药协会中西医结合心血管病专业委员会主任委员。2014 年 5 月，任上海生物医学工程学会第九届心脏起搏与电生理专业委员会委员。2014 年 8 月，任第一届上海市中西医结合学会介入医学专业委员会委员。2014 年 12 月，任上海市医师协会心血管内科医师分会第一届委员会委员。2015 年，任中国中西医结合学会心血管病专业委员会委员兼血栓学组、双心学组副组长。2015 年 6 月，任中国民族医药学会心血管分会常务理事。2015 年 7 月，任中国中医药研究促进会心血管专业委员会常委。2015 年 9 月，任《国际心血管病杂志》第八届编辑委员会编委。2015 年 11 月，任中国医师学会中西医结合医师分会第一届心力衰竭专家委员会常委，任中华中医药学会介入心脏学分会常委。

徐燕，2002 年成为全国老中医药专家学术继承人。2010 年，任全国严世芸名中医传承工作室负责人。2011 年，任海派中医丁氏内科传承研究基地主要传承人。2015 年，任世中联名医传承工作委员会副会长、中国中医药促进会心血管专业委员会常务委员、中国医师协会中西医结合医师分会心力衰竭专家委员会常务委员、上海市中医药领军人才建设项目学术共同体指导老师。

图 3-2-5　2015 年心血管科医师合影(右十为院长周华、左九为主任王肖龙)

第二节　脾 胃 病 科

一、概况

1922 年四明医院成立,内科仅分为中医内科与西医内科。1954 年底,上海市立第十一人民医院正式成立,由于当时患者多且病种较为集中,故而逐步形成各种中医专科门诊,内含脾胃病专病小组。同时期已开始设立消化性溃疡的专病门诊,当时由著名中医黄文东、张羹梅负责。20 世纪 60 年代,在原第十一人民医院内科专病门诊的基础上继续开设脾胃病专科。经过长期建设,1978 年脾胃病专科发展为院二级分科,在主任张羹梅的主持下继续开展胃肠病的诊疗业务。20 世纪 80 年代,上海各级医院先后开展脾胃病的专病门诊,由姚洁明开设幽门螺杆菌相关胃炎的专病门诊,蔡淦开设慢性萎缩性胃炎、胃癌前病变的专病门诊。1995 年之后,随着学科建设的深入和需要,中内各专科逐渐发展壮大,更趋专业化,脾胃病专家、专病门诊及其他特色门诊量亦逐年增多。1997 年 6 月,脾胃病研究室正式成立,蔡淦任研究室主任。1998 年 2 月,根据院部部署,对内科范围作了较大调整,在原中内科基础上组成内科、消化科,其中有神经内科专科、风湿病专科和心理咨询专科。2002 年脾胃病科被批准成为国家中医药管理局重点专科建设单位之一。科内有博士、硕士生导师等资深专家多名,具有丰富的临床经验。科室以中医为主,发扬中医药在治疗肠胃疾病方面的传统优势,采用中西医结合进行诊断和治疗各种消化系统疾病。如慢性萎缩性胃炎、胃癌前期病变、胃和十二指肠溃疡、上消化道出血、肠易激综合征、溃疡性结肠炎及肝硬化等,取得满意的临床效果。2005 年 8 月,在曙光医院东部又开设消化专科及专家门诊,门诊和住院患者逐月增多。2006 年以来主任医师增至 4 人,副主任医师增至 8 人,主治医师 3 人。东、西两部诊室面积约 60 平方米,共 6 间诊室。病房目前设置在医院西部住院部 13 楼,床位数 19 张。

表 3-2-3　1995—2015 年脾胃病科历任负责人情况表

任职时间	主　任
1995—2000 年	姚洁明(男)
2000 年 4 月—2010 年 5 月	郑舜华
2010 年 6 月—	林　江

二、业务发展

20 世纪 50 年代，上海市第十一人民医院(曙光医院前身)已开始设立消化性溃疡的专病门诊，当时由著名中医黄文东、张羹梅负责。20 世纪 60 年代黄文东调至龙华医院，继续开展胃肠病的诊疗业务，脾胃病诊疗业务则由张羹梅主持。20 世纪 70 年代全国著名老中医张伯臾从事急性胰腺炎的研究工作。20 世纪 80 年代上海各级医院先后开展脾胃病的专病门诊。姚洁明(男)开设幽门螺杆菌相关胃炎的专病门诊，蔡淦开设慢性萎缩性胃炎、胃癌前病变的专病门诊。1993 年，在上海市卫生局中医处的支持和关心下，筹建上海市中医脾胃病诊疗协作中心，并由曙光医院为组长单位，开展慢性胃炎中医证实质的研究。

2006—2015 年，治疗以常见病慢性胃炎、消化性溃疡、功能性消化不良、炎症性肠病、肠易激综合征等为主，并开展对胃癌前病变、肠易激综合征的研究。为了患者用药的方便，研制院内制剂清胃合剂、连芙胃和口服液、黄杏润肠片、莪连颗粒，临床运用效果良好。2014 年，平均日门诊量 221 人次；2015 年为 252 人次。出院患者逐年增加，2014 年为 880 人；2015 年为 969 人。

【胶囊内镜检查】

2006 年以来，脾胃病科开展胶囊内镜检查，提高克罗恩病和原因不明消化道出血的诊断水平。克罗恩病的诊断人数从开展之前的零到目前每年近 20 例，诊断出多例小肠肿瘤、小肠血管畸形、非甾体类消炎止痛药所致小肠溃疡等引起的小肠出血。开展多功能胃肠低频中频治疗技术项目，成功治疗胃电节律紊乱所致的难治性恶心呕吐，与中药联合治疗，提高功能性消化不良、功能性便秘等功能性胃肠疾病的临床疗效。

【炎症性肠病组】

2012 年，由林江组建，成员有 3 人。在病房开展胶囊内镜检查，与内窥镜室、肛肠科、放射科联手，提高克罗恩病患者的检出率。在治疗上，对于炎症性肠病活动期，采用清热为主、健脾活血为辅的中医治则；对于缓解期，则采用健脾活血为主、清热为辅的中医治则；对于合并肛瘘的克罗恩病患者，则与肛肠科形成序贯治疗，先由肛肠科进行切开引流排脓，然后由脾胃病科采用生物制剂和中药控制基础克罗恩病，最后再由肛肠科手术根治肛瘘。

【功能性胃肠病组】

2010 年，由林江组建，成员有 3 人。在门诊开展中药治疗功能性胃肠疾病，以通阳散结、祛痰宽胸法治疗胃食管反流病；以疏肝健脾涩肠止泻法治疗腹泻型肠易激综合征；以健脾养阴润肠通腑法治疗功能性便秘，日均接待患者 40 余人。

【胃癌前病变组】

2010年,由张正利组建,成员有3人。在门诊开展中药治疗慢性萎缩性胃炎伴肠化和/或上皮内瘤变,以蔡淦益气健脾、清热解毒、活血化瘀治则为指导,用蔡淦的经验方莪连颗粒或其加减方进行治疗,对萎缩和肠化的病理有效率达70%以上,日均接待患者30名。

【专科发展】

脾胃病科自2002年被批准为中医药管理局脾胃病重点专科首批建设单位,由全国名老中医脾胃病专家蔡淦为学科带头人,并于2006年通过验收,成为首批国家中医药管理局脾胃病重点专科建设完成单位之一。目前已经完成"十五""十一五""十二五"三个建设周期,专科负责人林江。

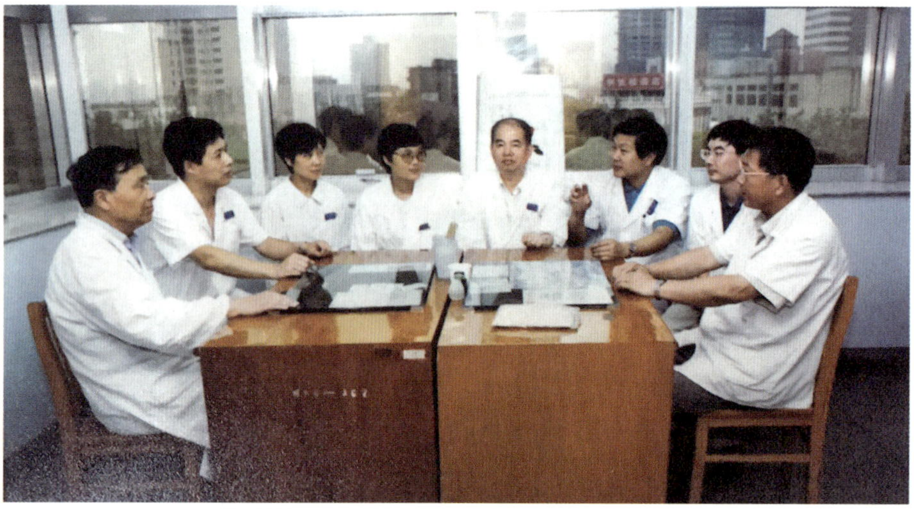

图3-2-6 1993年8月,脾胃病科室业务学习(左一为副院长蔡淦、右三为副院长康正祥、右一为主任姚洁明)

三、教学工作

2002—2005年,脾胃病科加强青年医师培训、轮训。晋升前后每位医师均需进行专病专科进修学

图3-2-7 2015年9月,全国名中医蔡淦(中间年长者)进行教学

习和下乡轮训锻炼。1名医师参加第三批全国名老中医学术继承研究班学习。教学方面，脾胃病科承担中医大七年制班的中医内科学和西医内科学课堂教学任务，以及实习生、见习生和留学生的临床带教任务。1996年主编出版《实用中医脾胃病学》；2001年主编出版《上海市高校重点教材·中医内科学》。

2006年起，脾胃病科室承担本科、七年制、留学生、硕博士、规培生等的授课任务，年授课时间200学时。年接收进修实习人员50人次。科室每年派1人在国内知名三级甲等西医院进修。2012年李熠萌医师赴瑞士进行中医药国际标准化研究。近5年来培养博士研究生8人、硕士研究生10人和七年制硕士研究生13人。

四、科研成果

【课题】

1995—2015年，共承担各级各类课题、专科等研究项目12项。其中国家自然基金面上项目1项，国家自然科学基金青年基金项目1项，省部级项目4项，其他6项。获科研成果奖2项。

【著作与论文】

1995—2015年，共编撰著作56部，其中主编31部、参编21部、主审4部。1995—2015年，共发表论文99篇，均为全国性核心期刊。

五、学术活动

2012年3月，蔡淦在曙光医院开展讲座——李东垣《脾胃论》的现代临床应用；2012年5月，蔡淦赴新加坡中医机构进行脾胃病的学术讲座和交流；2012年8月，成功举办国家级继续教育学习班"功能性胃肠疾病的中西医研究进展"，蔡淦亲自讲授"中医经方在功能性胃肠疾病治疗中的应用"，继承人林江讲授"中医治疗肠易激综合征的循证依据"；2012年12月蔡淦、林江、张正利、李刚、李熠萌、丛军等受聘为上海市中医药学会脾胃病分会常任委员或委员；2013年5月，蔡淦赴新加坡中医机构进行脾胃病的学术讲座和交流；2013年6月，林江参加2013年第二届东方消化病大会作"中医药在胆胰疾病治疗中的作用"报告；2013年10月，举办国家级继续教育学习班"名老中医治疗胃病临床经验学习"，由名医传承人或其本人授课，内容涵盖徐景藩、张镜人、董建华、蔡淦、马贵同、朱生樑、胡鸿毅等诸多名医教授的学术思想和临证经验，促进中医临床医务人员对脾胃病临证诊疗经验的交流，提高脾胃病专科医生的临床治疗水平和科研能力。2013年10月，蔡淦接受邀请，参加由重庆市卫生局、重庆市科学技术委员会主办，重庆市中医药学会协办的"第六届国医名师大讲堂"，讲座题目为"李东垣脾胃学说的现代临床应用"；2013年，蔡淦参加第五批全国老中医药学术继承班授课；2013年，蔡淦参加"丁氏学派"童少伯学术思想交流会。2013年11月，林江在上海东方医院消化科举办的国家级继续教育学习班上做"中药在慢性便秘治疗中的作用"讲座；2013年11月，林江在贵阳中医学院附院做"冬令时节话膏方"讲座；2014年1月，林江在上海市社区健康大讲堂（第44期）上做"健康护胃"的讲座。2014年5月，蔡淦赴新加坡中医机构进行脾胃病的学术讲座和交流；2014年，蔡淦作为第二届国医大师候选人，由继承人朱梅萍作为代表，与院领导赴北京参加评审。2014年9月，林江在上海市第七人民医院消化科做"功能性消化不良中医诊治体会"讲座。2014年9月，丛军在南京参加世界中医药学会联合会消化病专业委员会第五届消化病国际学术大会。2014 年 10 月，林江在浙江省立同德医院举办的国家级继续教育学习班上做“从‘毒’论治慢性消化系统疾病”的讲座。2014 年 10 月，林江在上海东方医院举办的国家级继续教育学习班上做“六君子汤治疗 GERD 和 FD 的作用和机制研究”的讲座。2014 年 11 月，举办国家级继续教育学习班“消化系统疾病中西医结合治疗进展”。2014 年 12 月，丛军在上海中医药学会脾胃病年会上介绍对蔡淦教授经验方的研究，内容为“肠吉泰治疗 IBS－D 研究”。2015 年 4 月，蔡淦全国名老中医药专家传承工作室顺利通过国家中医药管理局验收。2015 年 5—10 月，李丹支援云南省曲靖市陆良县人民医院医疗建设。2015 年 6 月，林江在以色列特拉维夫由上海中医药大学和中以研究基金会联合举办的临床研讨会上做“中医药治疗肠易激综合征”的讲座。2015 年 9 月，林江、顾志坚在天津参加中华医学会第十五次全国消化系病学术会议。2015 年 9 月，丛军参加中华中医药学会脾胃病分会在重庆举办的第十二届消化病年会。2015 年 10 月，林江在上海参加并主持世界中医药学会联合会消化病专业委员会第六届消化病国际学术大会；丛军参加青年论坛论文汇报并获优秀论文三等奖。2015 年 10 月，举办国家级继续教育学习班“治脾胃安五脏理论”，由林江主持，张正利主任医师讲授“蔡淦教授从脾胃治疗内伤杂病的经验”。2015 年 12 月，林江、张雯参加上海中医药学会脾胃病年会，林江作专题讲座“从毒论治胃癌前病变和溃疡性结肠炎”。

第三节 中医肝病临床医学中心

一、概况

中医肝病临床医学中心成立于 2003 年，是上海市首批医学临床中心之一。2003 年起，整合上海中医肝病领域最优势资源，初步形成集病毒性肝炎、肝硬化、肝癌、脂肪性肝病、自身免疫性肝病等治疗和研究为一体的中医肝病临床医学中心。2005 年，中心建成集门诊病房为一体的中医肝病中心大楼，建筑面积达 8 910 平方米。2012 年，中医肝病临床中心实际开放床位 156 张，临床中心临床医师和科研人员共 40 人，其中正高级职 12 人、副高级职称 11 人；研究生学历 28 人，其中硕士研究生 5 人、博士研究生 23 人。中医肝病临床中心拥有全国名老中医 1 人、上海市名中医 2 人、上海市领军人才 4 人、上海市优秀学科带头人 1 人、上海市医学领军人才 2 人、上海市中医领军人才 2 人、第三批全国中医临床优秀人才 1 人、第五批名老中医学术思想继承人 1 人、上海市科技启明星 2 人、上海市杏林新星 2 人、上海中医药大学杏林学者 2 人、上海市扬帆计划获得者 2 人、上海中医药大学后备专家 2 人。

表 3－2－4 2003—2015 年中医肝病临床医学中心历任负责人情况表

任职时间	主任	任职时间	副主任
2003—2010 年 5 月	王灵台	2013 年 9 月—	高月求(兼)
2010 年 5 月—	陈建杰	2013 年 9 月—	刘成海(兼)
		2013 年 9 月—	周荣耀(兼)

二、业务发展

中心以补肾法为主治疗慢性乙型肝炎的临床特色在全国推广，制定全国慢性乙型肝炎和丙型肝炎的中医辨证分型标准，制定并验证全国慢性乙型肝炎、肝硬化、脂肪肝的中医临床路径，起草制定《全国中医医院肝病专科建设指南》《国家肝纤维化中西医结合治疗指南》，发明国家二类新药扶正化瘀胶囊。2010年，中心成为国家中西医结合传染病临床基地；同年，中心学科成为国家教育部重点学科、国家中管局中医肝病和中医传染病重点学科、上海市重点学科。2015年，中心拥有国家教育部肝肾病证重点实验室、国家中医肝病和传染病重点研究室、国家中管局细胞免疫实验室。2010—2015年平均年门诊20余万人次，平均年出入院量5 000人次，平均年业务量达2亿元。

三、教学工作

中医肝病中心承担本科生、研究生、留学生、进修生的教学任务，具有博士生导师8人、硕士生导师7人。2010—2015年，中心共培养博士研究生65人，硕士研究生92人，博士后出站6人。

四、科研成果

【课题】

2003—2015年，中心完成国家"973"项目、国家科技重大专项（病毒性肝炎防治、重大新药创制）、国家支撑计划等重大项目共10项（获得相关研究经费8 000多万元）；国家自然科学基金22项，省部级课题56项，科研经费达9 000余万元。

【论文】

2003—2015年，本中心共发表学术论文300余篇，其中SCI论文15篇，总的影响因子53.609分。

第四节　肝　病　科

一、概况

1954年8月，上海市立第十一人民医院正式成立。由于当时患者多且病种较为集中，逐步形成各种中医专科门诊，内含肝病专病小组，当时由黄文东、周保康等名中医负责。20世纪60年代曙光医院成立，肝病组由夏德馨主持，1965—1967年在武康路设肝炎病房。1971年，院内正式设置肝炎门诊及病房，设有床位26张，有医师7人。1985年，设有肝病研究室。1994年，肝病专科仍隶属于内科的二级科室，由王灵台院长兼任主任，有医师12人，其中主任医师2人、副主任医师3人，主治医师7人；博士生导师2人、硕士生导师2人。病房床位由30张扩充至45张。2003年，肝病科成为医院一级科室，由陈建杰担任主任。2005年，东部肝病楼完成建设，设有床位48张，占地300平方米，有门诊诊室3间，诊室面积为40平方米；共有医师12人，其中主任医师4人、副主任医师5人。2011年，西部完成18病区肝病楼改建工作，设有床位37张，占地200平方米，共有医师15人，其中主任医师5人、副主任医师5人。2011年，由高月求牵头成立细胞免疫实验室，从事免疫等实验研究。2015年，东、西两部共有床位98张，专业技术人员20人，其中获得医学博士、硕士学位者共有18人，留学回国人员6人，上海中医药大学博士研究生导师4人、硕士研究生导师6人。

表3-2-5　2003—2015年肝病科室负责人情况表

任职时间	主　任	任职时间	副主任
2003—2009年	陈建杰	2003—2009年	高月求
2009年—	高月求	2003—2009年	张　斌
		2009年—	赵　钢
		2013年—	孙学华

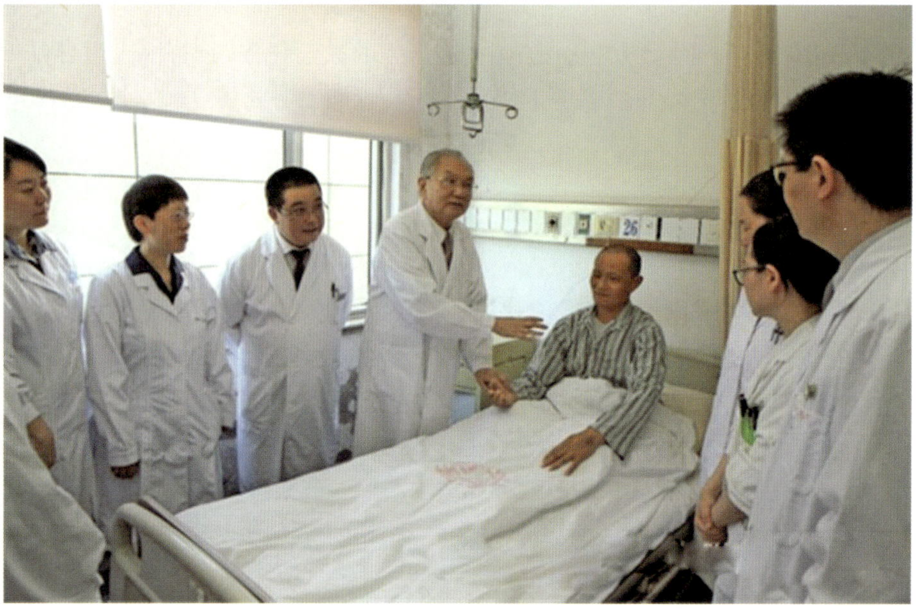

图3-2-8　上海市名中医王灵台(左四)查房

图3-2-9　高月求主任(左一)作实验指导

二、业务发展

1978 年，肝病科专科发展为院二级分科，在主任夏德馨的主持下继续开展肝病的诊疗业务。1985 年，设有肝病研究室，并开始设立抑制乙肝病毒复制、抗纤维化、乙肝相关性疾病专病门诊，自行配伍“补肾冲剂”“抗纤复方冲剂”应用于临床。1994 年入选上海市首批医学领先专业，门诊量由 1994 年 21 852 人次增至 2000 年 34 269 人次，出院人数由 1994 年的 206 人增至 2000 年的 404 人。在中医药防治慢性病毒性肝炎、肝纤维化、肝硬化、脂肪肝的长期临床实践中，形成疗效明确的系列院内制剂如补肾冲剂、897 胶囊、柔肝冲剂、抗脂冲剂等。2001 年，肝病科成为国家中医药管理局中医肝病重点专科协作组组长单位。2002 年，获上海市医学临床中心。2007 年，完成“十一五”国家中医药管理局重点专科（肝病）建设。2010 年，“十二五”期间，再次获得“十一五”国家中医药管理局重点专科（肝病），同年，成为全国中医药防治传染病临床基地。2011 年，成为国家中医药管理局中医肝病临床研究联盟组长单位。2014 年，肝病科门诊量 24 余万人次，收治慢性肝病患者 5 200 余人次，年收入超过 1.5 亿元。2015 年，由陈建杰组织，获上海市重中之重临床医学中心（中医肝病）。2015 年，门诊量为 261 226 人次，出院量为 5 406 人次，平均住院天数为 6.62 天。

表 3-2-6　2007—2015 年肝病科医疗业务统计表

年　份	专科门诊人次	床位数/张	住院人次	平均住院日/天
2007	50 124	48	1 953	22.64
2008	63 215	48	2 282	19.66
2009	86 855	48	2 415	17.34
2010	105 148	48	3 119	14.02
2011	154 137	48	3 246	12.83
2012	204 409	98	3 927	10.25
2013	215 530	98	4 600	7.32
2014	247 885	98	5 282	7.01
2015	261 226	98	5 406	6.62

2006—2015 年，肝病科开展中医中药、中西医结合防治急慢性病毒性肝炎、脂肪性肝病、自身免疫性肝病、肝硬化、肝癌等各种肝病的临床和科研工作，肝病科在全国率先提出并应用“补肾为主、清化为辅”的方法治疗慢性乙型肝炎，并得到国内学术界广泛认同。率先系统进行慢性丙型肝炎的中医证型研究；率先开展慢性肝病亚临床肝性脑病的中医药防治研究。主要以中医为主，中西医结合治疗急慢性病毒性肝炎和危急重症肝病，特色明显、疗效卓著。研究开发慢性肝病治疗的特色院内中药制剂 5 种，以及外敷制剂治疗慢性肝病肝区疼痛、难治性腹水的腹水回输和中药敷贴治疗、中药灌肠治疗慢性肝病内毒素血症、中药熏洗治疗肝病失眠、穴位敷贴、远红外照射等特色技术。作为国家中医药管理局中医肝病“十一五”“十二五”重点专科暨协作组组长单位，负责制定全国慢性乙型肝炎（轻度）、原发性胆汁性肝硬化的中医门诊临床路径，并已组织 47 个国家中管局中

医肝病重点专科进行临床验证。同时，负责修订肝硬化（代偿期）和非酒精性脂肪性肝病的中医临床路径。

【慢性乙型肝炎】

2005—2015年，依托“十一五”“十二五”国家传染病科技重大专项，通过全国12家研究中心大样本临床研究，明确轻度CHB（轻度，ALT 1～2×ULN）中医病机特点和炎症分级特征，建立“补肾健脾利湿为主”中西医结合治疗方案，以乙肝e抗原（HBeAg）血清转换率和肝脏病理为主要疗效指标，证实该方案可提高临床疗效，并初步明确中药调控CHB部分免疫作用机制。明确轻度CHB中医病机特点为脾虚湿热兼肾虚，确立补肾健脾利湿为主的治疗方案，建立“补肾健脾利湿为主”中医治疗方案，创建补肾健脾方治疗轻度CHB。依托中华中医药学会内科肝胆病分会、中国中西医结合分会肝病分会、世界中医药联合会肝病分会联合发布《慢性乙型肝炎中医诊疗专家共识》。

【慢性丙型肝炎】

2005—2015年，依托“十一五”国家传染病科技重大专项（项目名称：慢性丙型肝炎证候规律和中西医结合治疗方案研究，项目编号：2008ZX10005006－003）在全国率先开展慢性丙型肝炎证候规律和中西医结合治疗方案研究。确立慢性丙型肝炎6个证候分型：肝郁脾虚型、肝肾阴虚型、脾肾阳虚型、湿热中阻型、瘀血阻络型、气虚邪恋型。发布《慢性丙型肝炎中医辨证分型标准》。

【原发性胆汁性肝硬化】

2003—2015年，肝病科室依托上海市科委临床重点项目（项目名称：原发性胆汁性肝硬化中西医结合诊疗方案临床研究，项目编号：11411951600），明确中医药治疗原发性胆汁性肝硬化的临床疗效。制定原发性胆汁性肝硬化的中医门诊临床路径，并已组织47个国家中管局中医肝病重点专科进行临床验证。

【非酒精性脂肪性肝病】

1994—2015年，开展脂肪肝专科门诊，着力发展脂肪肝中西医结合治疗。在明确中医病因病机的基础上，确立健脾利湿补肾方药，建立中药干预非酒精性脂肪性肝病的综合治疗方案，并开展中药干预非酒精性脂肪性肝病的疗效机制和药剂学研究。确立非酒精性脂代表的基本病机为脾虚痰湿兼肾虚。研究成果获得国家专利2项，为修订非酒精性脂肪性肝病的中医临床路径提供依据。

【肝硬化】

2005—2015年，依托“十一五”国家科技支撑项目（项目名称：辨证论治病证结合疗效评价的方法学研，项目编号：2006BAI08B02），确立养阴活血柔肝方逆转肝纤维化的作用机制主要在于通过自分泌或旁分泌的方式抑制HSC（造血干细胞）活化；明确补肾健脾利湿方逆转肝纤维化的作用机制主要在于抑制肝组织中纤维化蛋白（FBRS）的表达从而抑制HSC活化。

【院内制剂】

2003—2015 年，开发拥有的院内中药制剂 5 种，即巴菟补肾益肝颗粒、清肝颗粒、清开颗粒、柔肝颗粒、敷荣养肝颗粒，在临床上使用。

三、教学工作

2003—2015 年，承担包括本科、七年制、硕士、博士、规培生的“西医内科”“中医内科”和“中医肝病学”等课程的授课任务，年授课时间 180 学时。科室每年派 1 人在国内知名三级甲等西医院进修，每年接收外地进修人员 6 人次。

四、科研成果

【课题】

2003—2015 年，共承担各级各类研究项目共 86 项，其中国家级科研项目 21 项，包括国家科技重大专项 5 项、国家自然科学基金 16 项。省部级科研项目 32 项。其他科研项目 15 项。

【专利】

2006—2015 年，肝病科共获得并授权专利 5 项。

【著作与论文】

1994—2001 年，主编学术专著共 6 本；2006—2015 年，肝病科主编专著 5 部，副主编教材 2 部。1994—2001 年，肝病科共发表学术论文 102 篇；2001—2015 年，肝病科发表学术论文 301 篇，其中 SCI 论文 15 篇，总的影响因子 53.609 分。

五、学术活动与任职

【学术活动】

2006—2015 年，每年举办中华中医药学会内科肝胆病分会学术会议、长三角中医肝病学术会议和慢性肝病中西医结合研究进展国家级继续教育学习班等学术活动。其中，2012 年 10 月 19—20 日该课题组主办慢性肝病中医药治疗培训；2013 年 9 月 5—6 日，该课题组主办了慢性肝病的中医药防治研究培训会议；2014 年 5 月 16—18 日，举办全国名老中医论治肝病学术思想和经验传承交流会。2015 年，中国民族医药学会肝病分会成立，同年，中国民族医药学会肝病分会成立大会暨 2015 年中医民族医肝病学术交流会议在上海召开。

【任职】

王灵台，2015 年，国家中医临床研究基地中医药防治肝病临床研究联盟组长、中国民族医药学会肝病分会会长、中华中医药学会内科肝病专业委员会名誉副主任委员、世界中医药联合会肝病专业委员会顾问、上海中医药学会肝病/感染病专业委员会名誉主任委员。

高月求，2015 年，国家百千万人才、上海市领军人才、上海市曙光学者、上海市优秀学科带头人、上海市医学领军人才、上海市中医药领军人才、第三批全国中医临床优秀人才、上海中医药大学中医肝病学术带头人、浦东新区中医领军人才。兼任中国民族医药学会肝病分会常务副会长、中华中医药学会肝胆病分会副主任委员、中国医师学会中西医结合分会肝病专家委员会副主任委员、上海市中医药学会肝病分会主任委员、上海市中西医结合学会肝胆病分会副主任委员。

陈建杰，2015 年，世界中医药学会联合会肝脏病专业委员会副会长、澳大利亚胃肠病学会会员、亚洲太平洋地区肝病协会委员、欧洲肝病协会委员、中华中医药学会分会常务委员、中华中医药学会内科分会委员、中华中医药学会肝病分会顾问、中国中西西医结合学会传染病专业委员会副主任委员、上海市中医药学会肝病分会名誉主任委员。

图 3-2-10　中国民族医药学会肝病分会成立大会暨 2015 年中医民族医肝病学术交流会集体照

第五节　肝硬化科

一、概况

肝硬化科隶属于上海中医药大学肝病研究所，是以中医药防治慢性肝脏疾病（慢乙肝肝纤维化、肝硬化、脂肪性肝病等）为主要研究方向，集科研、医疗、教学为一体的临床及研究机构。1996 年，设肝硬化科病房于龙华医院。2001 年 11 月，肝病研究所转制到曙光医院，肝硬化科随同从龙华医院搬迁至医院，有 3 名医生、11 张床位。2005 年，搬迁至东部，病房设在东部肝病楼南二楼，核定床位数 35 张。2015 年，有科室人员 9 人，其中，主任医师 2 人、副主任医师 3 人，主治医师 2 人，住院医师 2 人。

2001 年，成为国家教育部重点学科、上海市肝病临床医学中心的建设部门。2015 年，成为国家重点学科（中医内科学）和教育部重点实验室的主要建设部门，国家中医药管理局中医肝病重点学科、重点专科，首批重点研究室及三级实验室，上海市中医临床重点实验室等。

表 3-2-7　2001—2015 年肝硬化科历任负责人情况表

任职时间	主　任	任职时间	副主任
2001 年—2010 年 5 月	徐列明	2006 年—2013 年 9 月	赵　钢
2010 年 5 月—	刘成海	2010 年 5 月—	赵长青

二、业务发展

肝硬化科坚持中医和西医结合，临床和科研相结合，开展常见肝病尤其是抗肝纤维化的研究。成功研发的抗肝纤维化中药新药——扶正化瘀胶囊(片),获 2003 年度国家科技进步奖二等奖。

2014 年,床位使用率 112%,平均住院天数为 8 天,单病种门诊量 6 万余人次。2015 年,肝硬化科门诊量 7 万余人次,床位使用率 107%,平均住院天数为 7.4 天。

2015 年,独立并常规开展超声定位下肝穿刺活检技术,腹水浓缩回输、肝脏硬度检测,针对肝硬化等肝病患者的消化内镜检查及治疗技术;建立规范的肝硬化中医临床信息采集量表、临床信息数据库、生物样本库等。每周开展病例(病理)讨论会、老中医中医教学查房,特聘西医专家进行疑难病例教学查房。成立英语肝脏病兴趣学习小组,系统进行英文版肝脏病学的学习。

三、医疗设备

2015 年,配置有肝脏瞬时弹性扫描仪、肝病治疗仪、腹水浓缩回输系统、B 型超声、动态血糖监测仪、消化内镜、舌脉象采集系统等常规及肝病专用临床诊疗设备,专科医疗设备 4 869 万元。

图 3-2-11 2005 年 7 月,肝硬化科科室成员合影(左四为主任刘成海)

第六节 呼吸科(肺病科)

一、概况

1943 年 12 月 1 日成立肺痨科,由钟志和担任主任,伊葭文担任主治医师。1960 年,曙光医院成立时设置内科,以后分成中医内科和西医内科等专科,呼吸科均不单独设置。1987 年,开设呼吸专科,包括门诊和病房。1996 年 7 月 1 日呼吸科正式建立,设呼吸科门诊、呼吸科病房、肺功能室和支气管镜室等,有医师 8 人、技师 2 人,其中副主任医师 2 人、主治医师 3 人、住院医师 3 人、主管技师 1 人、技师 1 人;设床位 36 张,门诊设于门诊部 4 楼中医内科。2000 年在呼吸科病房基础上,组建呼吸重症监护病房，设床位 2 张。同年，设立中医呼吸病研究室和中医呼吸病实验室。2005 年底，西部设有病床 30 张，呼吸重症监护病房床位 2 张，每周普通门诊 11 个半天和专家门诊 7 个半天。设有黄吉赓名中医工作室、中医呼吸病研究室、中医呼吸病实验室、肺功能检查室、支气管镜检查室。2005 年 5 月在东部设立呼吸科门诊，同年 10 月在东部设病房，床位 15 张，开设肺功能检查室和支气管镜检查室。2015 年东部病床 25 张(含 RICU4 张)，东西两部均开设呼吸科门诊、肺功能室、支气管镜室，中医呼吸病研究室和中医呼吸病实验室，黄吉赓名中医工作室，毕小利名中医工作室。主任医师 4 人(退休 3 人)，副主任医师 9 人(退休 3 人)，高级职称比例超过 50%。博士 5 人(在读 2 人)，硕士 8 人，在职博、硕士比例超过 85%。拥有上海市名中医 1 人，曙光医院名中医 1 人，曙光医院高级中医师 1 人，国家中医药管理局优秀临床人才 1 人，上海中医药领军人才 1 人，上海市中医药学术共同体成员 1 人。

表 3-2-8 1996—2015 年呼吸科历任负责人情况表

任职时间	主任	任职时间	副主任
1996 年 7 月—2010 年 5 月	毕小利	1998—1999 年	蔡冠球
2010 年 5 月—	张　炜	2010 年 5 月—	宋秀明

二、业务发展

1943 年成立肺痨科，开始呼吸道专科疾病的诊治工作，并引进 X 线装置，同时开展人工气胸等治疗。1960 年黄吉赓作为中医内科医生，参加全国慢支协作攻关工作，对于慢性支气管炎肾本质的研究和地功片、泽漆片、地龙等相关中药制剂的系列研究，获得卫生部甲级奖的表彰。1987 年，开设呼吸专科，应用中西医方法进行治疗。1996 年 7 月 1 日呼吸科正式建立，成立之后坚持以中西医结合诊治呼吸系统疾病为主，主要诊治慢性阻塞性肺病、支气管哮喘、肺部感染、肺部肿瘤和肺间质性疾病等，同时开展临床肺功能、纤维支气管镜、肺穿刺活检等检查。开展多项中医特色诊疗技术如冬病夏治、穴位注射、经穴按摩、呼吸导引等用于临床治疗工作。2001—2006 年，主要开展各类纤维支气管镜检查工作，包括纤维支气管镜检查、活检、透视下活检、取异物、肺泡灌洗、吸痰、经纤维支气管镜引导气管插管等。2014 年总收入近 5 000 万元，门诊人次近 15 万，住院近 1 000 人，专科床位使用率 98%，平均住院日 8.25 天，区域外出院患者达 34.15%，出院患者随访率达到 90%。特别是冬病夏治中医特色疗法的治疗数达 6.5 万人次。2015 年对于肺胀病(慢性阻塞性肺疾病)、肺痿病(肺间质性疾病)、咳嗽病(支气管炎)、肺热病(肺炎)、肺岩病(肺部肿瘤)和哮病(支气管哮喘)等开展深入研究，并开展全套肺功能检测项目(包括常规通气、容量弥散、舒张试验、激发试验、呼出气一氧化氮)；支气管镜检查，包括活检、灌洗、介入(取异物、新生物套扎、支气管支架、激光再通)，有各类支气管镜 6 台(套)，共完成检查 1 327 人次。重症监护室 RICU，开展有创和无创机械通气、肾替代 CRRT。插管患者最终成功拔管率 85%，重症肺炎患者治疗成功率达到 93%。与放射科联合开展 CT 引导下肺介入穿刺活检、肺动脉血管栓塞、肺血管造影等。精准医学基因检测，包括肺部肿瘤、吸入激素如胆碱能受体拮抗剂等，可以检测循环血、体液、组织，以判断和指导临床用药；呼吸睡眠障碍检测及筛查。2015 年业务收入 32 019 万元，门诊 106 718 人次，出院人数 945 人。

【肺功能室】

肺功能室于20世纪70年代初设于中医内科，1983年并入中医急诊科，1996年正式归入呼吸科。从最初简单的国产肺功能仪器检测配合手工计算，逐渐发展到进口全自动肺功能仪器检测。2001年，发展到进口大型肺功能仪器的检测，可以检测目前进行的全套肺功能项目，由计算机独立测试并完成结果计算。2005年10月，在东部成立肺功能检查室，开展肺功能检查。肺功能室技师1人。

【特色制剂】

2015年开发自制制剂有复方龙星片、蝉芩颗粒和竹桔化痰口服液等9种应用于临床。

【医疗设备】

1996年，配有日本产Olympas BF－1T30纤维支气管镜一套，同时配备吸引器、操作床、操作车等配套设备。1998年，搬迁装修时，添置纤维支气管镜清洗水槽1套及读片灯。2000年，添置日本产Pantax BF15带电视屏幕纤维支气管镜一套。2005年，在东部成立支气管镜检查室，设置在内窥镜中心，配备有准备室、复苏室等，添置日本产Pantax EB－1570K电子支气管镜和EPK－1000光源1套，同时配备吸引器、操作床、操作车等设备。2015年肺病科设备总值逾650万元，能够满足中医诊疗和现代西医诊疗技术开展的需要。肺病科目前具有专科中医诊疗设备共10种，近20台(套)，如中医微波治疗仪、中药离子导入设备、中药雾化治疗设备等。同时也有大型有创呼吸机6台，无创呼吸机5台，CRRT连续血透机1台，中心监护1套，床旁心电监护仪2台，大型和便携式肺功能检测仪共5台，电子、纤维支气管镜4套等西医诊疗设备。

三、专科发展

2012年呼吸科入选国家中医药管理局“十二五”重点专科建设项目。呼吸科积极参加国家中医药临床研究基地协作组工作，参与科技部“十二五”科技攻关项目和国家中管局行业专项等研究工作，参与国家中管局组织的慢阻肺、慢性咳嗽、肺心病、肺结核、呼吸操等的标准制定工作，以及抗生素替代病种指南如扁桃腺炎、社区获得性肺炎等制定工作，参加国家食品药品监督管理局中药新药治疗慢性阻塞性肺疾病临床研究规范的制定工作。2015年与中国医院协会、世界健康基金会，共同在医院西部组建慢性呼吸疾病门诊规范化建设项目“呼吸综合诊疗中心”。

呼吸科重点主攻病种为肺胀病(慢性阻塞性肺疾病)、肺痿病(肺间质纤维化)、慢性咳嗽(支气管炎)，形成三个亚专科。同时在肺热病(社区获得性肺炎)、肺岩(肺部肿瘤)、哮病(支气管哮喘)三个病种开展培育研究。

【肺胀病专科】

由呼吸科专科学术带头人黄吉赓领衔，团队还包括博士2人，主任、副主任医师4人，以健脾益肾为特色和核心，从中药内服、穴位外敷、穴位注射以及中医呼吸康复操等多个方面，改善肺胀病痰咳症状，以及营养、呼吸肌能力、膈肌神经调节等，改善肺胀病患者生活质量、运动能力。2015年针对各种病一证总有效率93.33%。既往对于肺胀病的研究主要是注重运用祛邪、和解清化法，善用虫类药以熄风解痉，研制龙星片、泽漆片、竹桔化痰口服液、蝉芩颗粒等多种院内制剂。龙星片正在积极向新药转化，开展脾虚痰饮理论对于肺胀病的发病创新机制研究、通过中医综合治疗改善雾霾因素对于肺胀病患者影响的临床研究，以及以补肺益肾、调畅气机立意的呼吸康复操的研究。

【肺痿病专科】

由专科负责人张炜领衔，团队还包括博士 1 人，在读博士 1 人，主任、副主任医师 3 人。研究特色从虚瘀合邪理论出发，通过滋补肺阴、肺气络伤的临床和基础研究，明确中医药的疗效及作用途径，改善患者生活质量、运动能力和影像学分期。2015 年针对各种病—证总有效率达 77.8%。早期通过“肺肾相关”理论进行防治研究。在重点专科建设过程中，提出肺痿病虚瘀合邪致病理论和滋阴补肾方法两个方向，进行从临床到分子基础的研究。近期从肺气络伤理论出发，着手完善创新中医理论，临床探索通补气络对于肺痿病的疗效及其机制。虚瘀合邪、滋阴补肾和肺气络伤，都取得上海市科委等科技立项，部分成果获得中国中西医结合科技进步奖。

【慢性咳嗽病专科】

由专科学术继承人毕小利领衔，团队还包括博士 1 人，在读博士 1 人，主任、副主任医师计 3 人。研究特色是探索祛风调气法，治疗慢性咳嗽如感染后咳嗽、咳嗽变异性哮喘等，初步探索经方三拗汤的作用机制，探索院内制剂如蝉芩颗粒的临床作用及新药前研究。2015 年针对各种病—证总有效率 92.68%。以虫类祛风解痉与和解清化两个方法为治疗原则是呼吸科的创新点，并研制院内制剂蝉芩颗粒，进行基础和临床研究。

四、教学工作

1996—2015 年，承担上海中医药大学中医内科学博士点、本科生、研究生、留学生、夜大生的教学任务，包括课堂教学、临床实习和见习带教《中医内科学》和《西医内科学》呼吸系统疾病所有章节。同时承担留学生全英文课堂讲授与临床带教工作，上海市卫计委基地规培生和专科医生的带教工作，带教工作全年逾 200 人次。2010—2015 年，培养博、硕士研究生 20 余人。

五、科研成果

【课题】

1996—2015 年共承担各级各类课题、专科等研究项目 15 项。其中省部级及以上项目 6 项，其他 9 项。

【著作与论文】

1996—2015 年共编撰著作 7 部，其中主编 2 部、参编 5 部。1995—2015 年共发表论文 73 篇，均为全国性核心期刊。

六、学术活动与任职

【学术活动】

2006—2015 年主办全国性和省市级学术交流会，每年 3 次，内容涵盖中西医结合呼吸病、呼吸热病、呼吸道病毒感染、慢性咳嗽等研讨会。参加国内主要学会学术交流年会，每年 10 人次。2012—2015 年，开设“经方治疗慢性气道疾病新进展”国家级继续教育学习班，连续三年每年参加学员超 200 名。每年组织全国及上海市级学术研讨会 3 次以上。2014 年参加上海市卫计委代表团出访泰国，交流中医药防治呼吸道疾病成果。

【任职】

呼吸科成员担任全国二级学会副主委 3 人次，常委 4 人次，委员 6 人次，是上海市中西医结合学会呼吸病专业委员会主任委员单位。成员担任上海市专业学会副主委及以上职务 3 人次，委员 12 人次。

图 3－2－12　2015 年呼吸科工作人员合影（第一排左二为护士长田君、左三为主任张炜、左四为原主任毕小利）

第七节　脑 病 科

一、概况

1996 年，最早在大内科设立神经组，床位有 10 张，医师有支惠萍、刘云 2 人，形成脑病科最早的医疗团队。2000 年，由神经内科和神经外科合并，成立中西医结合脑病中心。2003 年，设立独立的脑病科，病区在西部住院部 9 楼，床位扩增到 30 张。2005 年，开设东部门诊。2010 年，东部成立脑病科，病区设在 5A 病区，床位扩增到 63 张。2013—2014 年，东部开设神经科急诊和 ICU 病房，床位调整到 60 张。2015 年，共有医师 14 人，其中正高 2 人、副高 7 人、主治 5 人；博士 8 人，硕士 5 人，学士 1 人；博士生导师 1 人，硕士生导师 6 人。2015 年，东、西部共有床位 57 张，出院人数 2 517 人，住院天数平均 8.5 天。专科门诊量 87 660 人次，急诊量 7 616 人次，静脉溶栓量 70 人次，非草药药占比 62.64%。医院重点专科、上海市脑病优势专科、上海市脑卒中临床救治中心（上海市脑卒中临床救治中心唯一一家中医系统单位）、国家卫计委脑卒中筛查与防治基地医院和国家高级卒中中心。

表 3-2-9　2003—2015 年脑病科历任负责人情况表

任职时间	主　任	任职时间	副主任
2003—2005 年	方正龙	2013 年 12 月—	俞晓飞
2005 年—2006 年 2 月	魏江磊	2015 年 5 月—	朱旭莹
2006 年 3 月—2010 年 4 月	方正龙	2015 年 5 月—	潘卫东
2010 年 5 月—	蔡定芳		

2003—2015 年，着重开展中西医结合诊治神经系统疾病工作，重点主要诊治脑血管病、帕金森病及其综合征、老年痴呆、面神经炎、运动神经元疾病、脊髓病变、脑炎等，尤其在中西医结合治疗中风病、帕金森病、运动神经元方面规范中西医用药，积累大量的临床经验。2013 年，东部设立急诊，开展急性脑卒中静脉溶栓业务，实行"门诊—急诊—ICU—病房"一体化模式。

二、医疗设备

2015 年，科室已有设备包括脑电图、肌电图、加速度记录仪、电脑中频治疗仪、电脑下肢功能恢复器、毫米波治疗仪、患者监护仪、物理控温仪、无创呼吸机、间歇式重启压力系统等。

表 3-2-10　2013—2015 年脑病科医疗业务量统计表

年份	床位数/张	出院人次	门诊人次	脑卒中筛查人次	急诊人次	溶栓人次
2013	60	2 159	60 250	—	—	14
2014	63	2 529	70 762	4 074	5 906	42
2015	57	2 517	83 102	4 558	7 616	70

三、医疗特色

【脑血管病】

2013 年 3 月，脑病科设立急诊，通过与脑外科、心血管科、内分泌科、肾病科、放射科、检验科等多学科合作，组织众多急危重症患者的抢救，救治大量的急性脑血管意外患者。随着科室仪器设备的日益更新，脑病科也已将一系列新技术项目用于临床。在中风治疗中，脑病科规范静脉溶栓、动脉取栓的流程，开展静脉溶栓治疗，配合神经外科进行动脉取栓治疗，对于无溶栓、取栓指征的患者，根据发病时间、临床表现、病因病理进行分型分期，实施个体化治疗，体现中医整体观念、辨证论治的特色，重视康复治疗，结合药棒叩击治疗，多种疗法结合，药物相互协同、序贯使用，达到比较好的治疗效果。

【帕金森病】

治疗帕金森病的原则是补肾养肝，并运用加速度记录仪客观记录帕金森病患者昼夜身体运动数据的变化情况。

【运动神经元病】

治疗运动神经元病的原则是补肾健脾，在改善症状方面取得一定的疗效。脑病科肌电图室在全国知名神经电生理专家黄绥仁教授带领下，在运动神经元病与肌病等电生理诊断上有独特的学术优势，也为运动神经元病的研究提供有效的技术支持。

四、专科发展

【脑卒中专科】

2013 年，由蔡定芳组建，全科人员参与，运用中医、中西医结合方法，预防与治疗急性脑血管病以及卒中后遗症。

【帕金森病专科】

2013 年，由潘卫东组建，成员 3 人，在现代医学正规治疗基础上结合中医、中西医治疗方法，采用补肾养肝、熄风止痉，在延缓帕金森病病程进展以及改善患者非运动症状等方面取得较好的临床疗效。

【运动神经元病专科】

2013 年，由朱旭莹组建，成员 3 人，发挥中医中药优势，采用补肾健脾等治疗方法，以延长患者的生存期、改善患者生活质量等。

【记忆障碍专科】

2013 年，由孙燕组建，成员 3 人，通过痴呆量表的评定及中医手段的灵活应用，运用中西医结合的方法，采用补肾填精、活血通窍之法，治疗认知障碍、血管性认知障碍取得满意的疗效。

五、教学工作

2006—2015 年，脑病科承担七年制与留学生“中医内科学”“西医内科学”“西医诊断学”中文课程及“中医内科学”“诊断学”“西医内科学”全英文课程的教学，以及实习生和基地规培医师的临床带教任务。年授课时间 180 学时，年接收进修实习人员平均 2 人次。科室拥有博士生导师 1 人，硕士生导师 6 人。每年科室培养博士研究生 1～2 人、硕士研究生 4～6 人。

六、科研成果

【科研课题】

2006—2015 年，脑病科累计获批各级课题立项 25 项，其中国家自然科学基金课题 1 项、国家中医药管理局项目 1 项、市级课题 17 项。

【著作与论文】

2006—2015 年,主编论著 2 本。科室共发表论文 127 篇,均为核心期刊,其中 SCI 论文 10 余篇。参编论著 4 本。

七、学术活动与任职

【学术活动】

2010—2015 年,每年举办中西医结合神经系统疾病新进展国家级继续教育学习班,培训近千名基层医生,开展中西医特色诊疗技术的推广与培训。举办中国医师协会中西医结合医师分会神经病学专家委员会、上海市中西医结合学会神经科专业委员会、上海市中西医结合学会脑心同治专委会,进行高层次的学术探讨。举办 10 次基层医院的脑卒中培训,宣传脑卒中的防治知识。

【任职】

2010—2014 年,蔡定芳任第五届上海市中西医结学会神经科专业委员会主任委员;2012—2015 年,蔡定芳任上海市中医药学会第二届综合医院中医发展研究分会主任委员;2013—2016 年,蔡定芳任中国医师协会中西医结合医师分会第二届神经病学专家委员会主任委员;2013—2015 年蔡定芳任中国医师协会中西医结合医师分会副会长;2011—2015 年,蔡定芳任第一届中国中西医结合学会科研院所工作委员会副主任委员。2015 年,潘卫东任上海市中西医结合学会神经内分泌专委会主任委员;2015 年,潘卫东任上海市神经免疫专委会副主任委员。

图 3-2-13　2010 年脑病科工作人员在医院东部合影(第一排左三为主任蔡定芳)

第八节 肾 病 科

一、概况

1922年，四明医院时期，内科分为中医内科和西医内科。1954年底，上海市立第十一医院成立，逐步形成各种中医专科门诊，肾脏病专病小组成立于这个时期，由童少伯负责。1968年，肾脏病专病小组变更为肾病科，住院病房设在6病区，床位12张，由钟念文、余志鼎负责。20世纪80年代，因建造住院部大楼，肾病科、血液科、肿瘤科临时借上港医院住院部设立病房，为期1年；同时肾病科血液透析室临时搬至开封路地段医院开展工作，设有血透机2台。20世纪90年代初，血液透析室搬至住院部7楼，设有血液透析机4台；肾病科病房设在住院部14楼，与儿科病房相邻，肾病科30张床位。1994年，血液透析室血液透析机增加到6台。1994年，肾病科仍属于中医内科的二级科室。1995年，由党委书记郑平东兼任科室主任。1999年，血液透析室搬至门诊部1楼，设有血液透析机10台。2000年，血液透析室搬回住院部，设在1楼，设有血液透析机16台，病房搬至住院部15楼，共有52张床位。2003年，肾病科成为医院一级科室。2006年，在东部设立肾脏病门诊、住院病房和血液透析室，病房和血透室均设在综合楼5B病区，床位30张，血液透析机10台。2013年，西部血液透析机增加到26台，东部血液透析机增加到25台。2015年，东、西部共有床位82张，血液透析机增加到51台。2014年12月，科室设肾病一科、肾病二科。2015年6月，成立肾病中心。

表3-2-11 1995—2015年肾病科历任负责人情况表

任职时间	主 任	任职时间	副 主 任
1995年1月—2000年12月	郑平东(兼)	1995年1月—2001年12月	朱燕莉
2001年1月—2014年12月	何立群	2002年1月—2013年9月	王 琛
2015年12月—	何立群(肾病中心)	2013年1月—2014年12月	沈沛成
2015年6月—	何立群(肾病二科)	2013年1月—2014年12月	陈 刚
2014年12月—	王 琛(肾病一科)	2014年12月—	高建东(肾病一科)
		2014年12月—	沈沛成(肾病二科)
		2014年12月—	陈 刚(肾病二科)

二、业务发展

1954年，成立肾脏病专病小组，由中医童少伯负责，人员有蔡淦、黄吉赓、唐建业等。20世纪50年代，在童少伯、余志鼎、钟念文、郑平东等教授的指导下，开展中医特色的临床治疗，提出扶正泄浊、祛风胜湿等治疗方案，通过大量的临床和实验研究，总结其辨证论治的规律。20世纪70年代起，开展对复发性及难治性肾病综合征中医中药治疗研究和慢性肾功能衰竭的临床与实验研究，开展"人工肾"血液透析工作。20世纪80年代，郑平东创制用腺嘌呤诱发慢性肾衰的动物模型，开展应用中医中药治疗慢性肾衰尿毒症毒素潴留的甲基胍、胍基琥珀酸的研究。20世纪80年代中期，郑平东、朱燕俐、何立群等开创应用小剂量激素加中医中药辨证施治治疗难治性、复发性肾病综合征。在此基础上，进入20世纪90年代，基于细胞分子学水平研究中医中药改善慢性肾衰肾纤维化的作用机制，从肾血流动力学、细胞免疫分子学、肾脏氧耗能量代谢、肾组织病理学等角度对治疗早中期慢性肾衰的肾衰冲剂、尿毒宁冲剂、抗纤灵冲剂的临床观察和实验研究，以及治疗IgA肾病的固本通络冲剂，中西医结合以健脾补肾、活血化瘀、清热解毒法为主对慢性肾小管间质病变的疗效和机制研究都走在国内研究前列。2015年，门诊量逾10万人次。

【专科发展】

2001年起，在何立群的带领下，肾病科逐步成为国家临床重点专科、国家重点学科、教育部重点实验室、国家中医药管理局重点学科和重点专科、中华中医药学会肾病分会挂靠单位、上海市重点学科、上海市教委创新团队、上海市临床重点实验室。2004年，成立上海中医药大学肾病研究所，何立群任所长，先后领衔承担国家科技支撑计划，国家科技部慢性肾病示范性和上海市科委重点临床研究项目和国家自然基金，教育部、上海市科委重点研究项目，在国内中医肾病临床研究领域处于国内领先地位。

【特色制剂】

1995—2015年，拥有系列特色院内制剂，如益肾止衰冲剂、黄芪消白冲剂、血尿灵冲剂、抗纤灵颗粒剂、固本通络冲剂和健脾清化方等在临床治疗中广泛应用，并已形成系列特色诊疗方案和临床诊疗路径。先后主持和参与制定中华中医药学会慢性肾衰、紫癜肾（过敏性紫癜性肾炎）、肾劳（慢性间质性肾炎）、尿酸性肾病、肾风病、免疫球蛋白、糖尿病肾病等7个疾病的临床诊疗规范和临床路径，为上述7个病种国家中医药管理局临床协作组副组长和组员单位。

【海派中医临床传承研究基地丁氏内科童少伯流派】

2012年，成立海派中医临床传承研究基地丁氏内科童少伯流派工作室，为上海市卫计委三年行动计划项目。2014年底，一期建设验收完成；2015年，开始二期建设。工作室负责人与学术带头人为何立群。

三、教学工作

2002—2015年，肾病科加强医师的学习及培训。晋升前后的医师都需进行专科进修、下乡下基层轮训以及急诊内科轮岗。2名医师被选送至第五批全国名老中医药专家学术继承研究班学习，1名医师入选上海市高级中西医结合人才培养计划，1名医师入选上海中医药大学“杏林学者”人才培养计划。5名医师分别赴美国耶鲁大学医学院、加州大学圣地亚哥分校、得州医学中心贝勒医学院访问学习。

肾病科每年承担同等学历研究生课程“中医临床肾脏病学”20学时的授课、研究生课程“中医临床肾脏病学”24学时的授课、七年制学生课程“中医内科学”12学时授课、七年制学生课程“西医内科学”12学时授课任务。承担带教轮转七年制学生及轮转研究生，本科七年制学生及研究生、留学生2人，以及进修医生的任务。2008—2015年培养博士后、博士及硕士研究生85人。

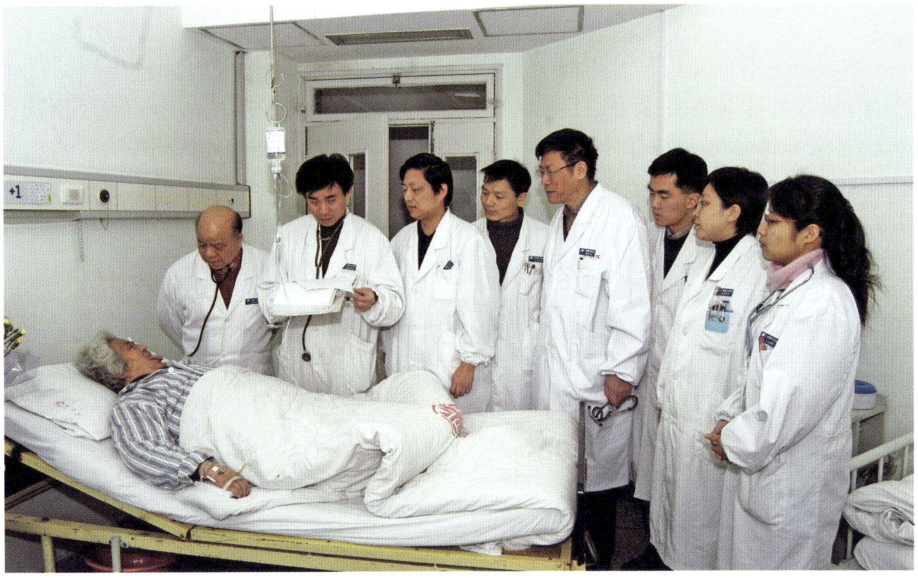

图 3-2-14 教学查房(左一为上海市名中医郑平东,左二为主任何立群)

四、科研成果

【课题】

2001—2015 年,承担国家级项目 14 项,其中包括“十一五”攻关计划 1 项,科技部中医药行业科研专项 1 项,国家自然基金 8 项,国家自然基金青年基金 4 项;省部级项目 11 项,市局级 11 项,学科建设项目 3 项,获得研究经费资助共计 2 150 万元。2010—2015 年,获奖 13 项,其中教育部、上海市、中华中医药学会、中国中西医结合学会科技进步奖二等奖 6 项,上海市中医学会科技进步奖一等奖、二等奖、三等奖和推广奖各 1 项,上海中西医结合科学技术奖三等奖 1 项,上海市优秀发明奖金奖、银奖各 1 项。

【专利】

1995—2015 年,专利授权 7 项,成果转化 1 项。

【著作与论文】

1995—2015 年,发表专著 20 篇。全国核心期刊共发表论文 196 篇,其中 SCI 收录论文 17 篇,PubMed 文献数据库收录 38 篇。

五、学术活动与任职

【学术活动】

2002—2015 年,多次主办全国中医肾病学术交流会、上海市中医肾病交流会、上海市中医肾病春季论坛、上海市中医肾病秋季论坛。2012—2015 年,连续 3 年主办海派中医丁氏内科童少伯学术思想交流会。

【任职】

何立群，2010—2015 年，任中华中医药学会内科学会常务委员，中华中医药学会肾病分会副主任委员，世界中医药联合会医案专业委员会第一届副会长，中国民族医药学会肾病分会副会长，世界中医药联合会药物安全专业委员会副会长，世界中医药联合会肾病专业委员会第三届常务理事，中国医师协会肾脏病学分会全国委员，中国中西医结合学会第五届肾脏疾病专业委员会常务委员，中国保健专家委员会委员，中华医学微量元素学会、中华预防医学会微量元素与健康学会理事，上海中医药学会常务理事，上海中医药学会肾病专业委员会主任委员，上海市中西医结合学会肾病专业委员会副主任委员，上海市市级医疗单位劳模联谊会第三届理事会理事，上海中医药学会中青年学术研究分会委员。

第九节　内 分 泌 科

一、概况

内分泌科是隶属于内科的二级学科，前身为中医内科的糖尿病专业组，1991 年 7 月，开设糖尿病专科门诊，每周设有 4 个半天的门诊。1994 年 2 月，从中医内科病房中划出 11 张床位作为糖尿病专科床位，由丁学屏教授及虞芳华、张明等医师负责。1995 年 1 月，由上海市卫生局批准成为上海市中医糖尿病协作中心建设单位。1998 年 2 月，成立内分泌科，起初设床位 16 张，后又扩增到 20 张。2000 年，被上海市卫生局评为上海市中医糖尿病特色专科。2004 年，顺利通过上海市中医糖尿病特色专病专科的验收。2006 年，建立糖尿病诊疗中心，该中心以内分泌科为核心，整合医院优势学科，将血管外科等科室建成以糖尿病慢性并发症为防治重点的多学科协作诊疗中心。其组成学科包括内分泌科、血管外科，参与学科包括眼科、肾内科、心血管科。2006 年 6 月，设立东部病房，床位 10 张，陆灏任主任，陶枫、徐隽斐两位医师负责，每周设有 4 个半天的门诊。

2015 年，主任医师 6 人，副主任医师 5 人，主治医师 6 人，住院医师 1 人，副研究员 1 人，助理研究员 1 人。科室共有职工 17 人，其中博士生导师 1 人、硕士生导师 8 人。全国名老中医专家（丁学屏）学术继承人 8 人。设有专科床位 40 张，年专科门诊量近 9 万人次，年出院患者逾 2 300 人次。内分泌科是上海中医药大学曙光临床医学院临床教学及临床实习、见习基地，也是上海市住院医师规范化培训基地。

表 3-2-12　2006—2015 年糖尿病中心历任负责人情况表

任职时间	主　任	任职时间	副主任
2006 年—	沈远东	2006 年—	陆　灏
		2006 年—2010 年 5 月	柳国斌

表 3-2-13　1995—2015 年内分泌科历任负责人情况表

任职时间	主　任	任职时间	副主任
1995 年—2006 年 1 月	丁学屏	1995 年—2006 年 1 月	虞芳华
2006 年—2010 年 5 月	虞芳华	2006 年—2010 年 5 月	陆　灏
2010 年 5 月—	陆　灏	2013 年 9 月—	陶　枫

内分泌科是上海市中医糖尿病医疗、科研和教学中心，国家中医临床内分泌重点专科，国家中医药管理局“十一五”糖尿病重点专病，“十二五”内分泌重点专科，上海市中医糖尿病临床优势专科，上海市教委重点学科中西医结合临床专业及上海市科委中医临床重点实验室组成学科，上海市浦东新区中医糖尿病重点学科群牵头学科。

二、业务发展

【基本情况】

自1998年建科以来，治疗以常见病消渴病（糖尿病）及其慢性并发症病为主，并对消渴病痹症（糖尿病周围神经病变）、消渴病坏疽（糖尿病足）、消渴病肾病（糖尿病肾病）等常见的糖尿病慢性并发症开展较为深入的研究，形成自己的中医特色诊疗技术特色，如灵芪参口服液、参蝎止痛胶囊（灵异胶囊）、黄芪胶囊、“DM120”、健脾清化方、温通散、糖肾方、糖神方等多种自制制剂和协定方。2015年，日门诊量250人次，年出院患者逾2 300人次，其中区域外患者占20%以上。糖尿病诊治人数在上海市三级甲等医院中位居前列。2015年，内分泌专科医疗技术人员24人，其中正高级7人、副高级6人；具有博士学位8人，硕士学位9人，留学归国人员4人，研究生学历人员占51.85%。上海市名中医1人、上海市东方学者1人、上海市浦江人才1人、上海市科技启明新星1人、上海市中医领军人才1人、全国第三批老中医药专家学术经验继承人1人，上海市卫生系统优秀青年人才培养计划1人。

图3-2-15　2000年7月，科室业务学习（左四为上海名中医丁学屏、左二为院长沈远东）

表3-2-14　2013—2015年内分泌科住院患者及门诊数量统计表

年　份	住院人次	门诊人次
2013	1 762	76 458
2014	2 459	84 463
2015	2 777	97 126

【医疗特色】

2006 年，成立丁学屏上海名老中医药专家传承工作室。

专科以中医药防治糖尿病足、糖尿病周围神经病变、糖尿病肾病等为主攻疾病，在疗效已确切的中医药防治方案基础上，形成重点主攻病种的中医临床路径。专科以产出创新性的临床应用技术成果和培养高层次临床医学人才为目标，参与糖尿病中医防治指南的制定工作，并负责制定糖尿病足、糖尿病合并代谢性骨病的中医防治指南。专科重点解决糖尿病慢性血管并发症的治疗难点，并以此推动临床诊疗水平持续提升，提高专科中医药防治糖尿病的临床疗效，从而努力将内分泌科建设成为全国中医药防治糖尿病的临床医学中心。

2015 年，内分泌科有床位数 65 张，拥有独立的糖尿病实验室。2013—2015 年，投入建设经费 380 万元，用于学科建设。专科先后承担包括国家科技部"十一五"科技支撑计划、国家自然科学基金、上海市科委、上海市中医三年行动计划重大研究项目等重大课题 10 余项；研制"灵芪参口服液""灵异胶囊""糖衡系列冲剂"等医院制剂；获部级科技进步奖 1 项。申报发明专利 3 项。2015 年，在研课题 12 项，科研经费 423.5 万元。

糖尿病周围神经病 2006 年由沈远东组建，成员有 3 人。在门诊以及病房开展灵异胶囊治疗糖尿病周围神经病变(DPN)项目，日均接待患者 30 人。在临床治疗 DPN 时，通过临床观察、总结名中医丁学屏教授学术经验，认为该病系燥热伤津、热烁气液、气不化精，病由肺胃而及肝肾，肝体不足，肝用有余，肝风入络，而为麻木、刺痛，为拘挛、牵掣，即叶天士所谓"脏真日漓，阳化内风"。王旭高亦曾指出"肝风一证，虽多上冒巅顶，亦有旁走四肢者"。因此在临证时采用具有平肝熄风、通络止痛的中药灵异胶囊治疗 DPN，可做到"标本同治"。在国家中医药管理局资助下，初步随机对照临床研究，表明灵异胶囊对 DPN 的临床症状(如疼痛、麻木等)有很好的治疗作用并能改善患者的神经传导速度，较单用西药弥可保的治疗效果更为明显。实验研究表明其改善 DPN 的作用机制是多途径的，主要是纠正多元醇代谢通路的紊乱，调整机体的一氧化氮水平和过氧化反应及局部活性物质的水平等。

在上海市科委课题资助下，开展多中心随机双盲的临床研究，发现：从对糖尿病性周围神经病变的临床主要症状疼痛的改善作用来看，灵异胶囊的疗效明显优于西药弥可保组。在对患者治疗前后的体表神经电生理检测结果的分析中可见，灵异胶囊对 NCV 有明显的改善作用，其作用与西药组相当。这些临床观察结果提示，运用熄风通络的灵异胶囊治疗可获得满意的临床疗效。

糖尿病 2006 年，由陆灏组建，成员有 3 人。在门诊以及病房开展健脾清化方预防糖尿病(T2DM)项目，日均接待患者 150 人。通过与社区医院合作，开展糖尿病重点人群的筛查工作，初步建立 843 例糖尿病高危人群的数据库。收集整理 403 例糖尿病前期人群(IGT＋IFG)的中医证候资料，归纳糖尿病前期人群的中医证候特点。开展小样本的中药干预糖尿病前期患者的随机对照临床研究。同时，联合多家社区医院，开展"中医药综合干预在预防 2 型糖尿病中的作用"的临床研究。

糖尿病肾病 2006 年，由张明组建，成员有 3 人。在门诊以及病房开展健脾清化方预防糖尿病(T2DM)项目，日均接待患者 30 人。同时，开展横向课题，观察糖尿病肾病(蛋白尿)患者尿微量白蛋白排泄率、24 h 尿蛋白定量的变化，评价其对蛋白尿的治疗作用。

三、教学工作

1998—2015 年，科室承担授课任务(包括本科、七年制、硕士、博士、规培生)，主要承担"中医内科学"以及"西医内科学"的教学及临床见习、实习任务及规培医师带教工作，年授课时间 150 学时。年接收进修实习人员 15 人次，其中外省市的 8 人次，其中具有高级职称医师 7 人次，平均每人进修时间为 3 个月。科室每年外派 3～4 人进行国内短期进修培训，平均每人进修时间为 3 个月。2015 年，科室已派 3 人完成国外培训，分别进入法国比提耶-萨尔贝提耶尔医院、美国耶鲁大学糖尿病研究中心以及英国纽卡斯尔大学糖尿病中心进行为期 12 个月的进修培训。

四、科研成果

【课题】

内分泌科获得各级各类课题及专科建设等研究项目共 35 项，其中国家"十一五"科技支撑计划课题 1 项、国家自然科学基金 5 项、上海市科委课题 10 项、上海市教委课题 6 项，其他各级课题共 14 项，并参与多项国家级和市局级课题的研究。科研经费(包括学科建设及人才培养项目)共计 1 000 余万元。

【著作与论文】

2009—2014 年，共发表论文 100 篇，其中 SCI 论文 4 篇，主要在 *The American Journal of Chinese Medicine*(《美国中医杂志》)、*Endocrine*(《内分泌学》)、*Cardiology*(《心脏病学》)、《中华中医药杂志》、《中医杂志》等 SCI 以及中文核心期刊发表。2009—2014 年，编撰专著包括主编、副主编共 5 部，如《陈道隆学术经验集》以及《糖尿病中西医实用手册》等专著。

五、学术活动与任职

【学术活动】

1998—2015 年，内分泌科参加各级各类学术活动，主要包括美国糖尿病年会、欧洲糖尿病年会、全国中医糖尿病年会和中华内分泌年会及其糖尿病年会。2011 年 4 月 24 日，上海中西医结合医学国际会议专题分论坛(内分泌疾病)，陆灏作 55 例气阴两虚、痰凝血瘀型甲状腺结节患者临床回顾性分析报告；2013 年 3 月 21 日，第四届肥胖与糖尿病论坛，陆灏作"中医中药减肥""敢问路在何方"的报告；2013 年 10 月 18 日，"中医在大学教学研究中"第三次研究论坛，陆灏作"中医对肥胖患者从诊断到临床中医辨证分型"的报告；2012 年 2 月 18 日，第八届国际络病学大会糖尿病论坛，陆灏作"'十一五'中医中药治疗糖尿病成果"报告；2013 年 11 月 13 日，中法中医药合作委员会学术会议，陆灏作"中医证型与肥胖表型分类中法肥胖患者的对比"报告；2013 年 11 月 20 日，欧洲肥胖病学术年会，陶枫作"中医证型对肥胖表型的分析"报告。

【任职】

2009—2014 年，陆灏担任中华中医药学会糖尿病分会委员；2005—2015 年，沈远东担任中华中医药学会糖尿病分会主任委员；2014—2015 年，陆灏担任中华中医药学会糖尿病分会副秘书长；2014—2015 年，陆灏担任世界中医药联合会内分泌专业委员会副会长；2007—2015 年，陆灏任上海中医药学会糖尿病分会副主任委员；2008—2015 年，陆灏担任上海中西医结合学会内分泌代谢疾病分会副主任委员；2009—2015 年，陆灏担任上海市医学会糖尿病专科分会委员。

图 3-2-16　2015 年 12 月，内分泌科医师在东部住院部大厅合影（第一排左二为主任陆灏）

第十节　血 液 科

一、概况

1958 年，上海市立第十一人民医院中医内科下属血液小组购置一些血液检查器材，在内科病房内开设 6 张血液病床位。1959 年，成立血液病专科门诊，开展血液病实验工作。1981 年，成立中医血液病研究室。1991 年，医院基建结束后，专科有独立的病房和门诊，病房设在 14 楼，床位 24 张，并有血液病隔离病房约 50 平方米，可设立层流净化床位 3 张。1997 年，正式成立血液科，隶属于中医内科的院二级分科，病房设在 14 病区，拥有床位 32 张，设血液病专科门诊、血液病研究室、血液病实验室。2005 年 4 月，增设东部的血液科专科门诊。2006 年，科室成员增加至 7 人，核定床位数增加至 38 张。2010 年 11 月—2012 年 1 月，因西部病房大楼整修，科室病房整体搬至东部贵宾楼 1 楼，核定床位 27 张。2015 年，血液科有床位数 38 张，科室成员 7 人，其中，主任医师 1 人、副主任医师 2 人、主治医师 3 人、住院医师 1 人。

表 3-2-15　1995—2015 年血液科历任负责人情况表

任职时间	主　任	任职时间	副主任
1995 年—1996 年 12 月	吴正翔	1997 年 1 月—2000 年 12 月	邱仲川
2000 年 1 月—2013 年 9 月	邱仲川	2000—2001 年	王云律
		2013 年 10 月—	陈　珮

二、业务发展

自1958年成立血液小组对2例再生障碍性贫血应用中药治疗获得缓解开始，血液科运用中药治疗血液病迈开坚实的第一步。随之将中医辨证施治用于急慢性白血病，在临床上得到不同程度的缓解，打破过去血液病特别是白血病中医不敢问津的局面，为中医药治疗血液病奠定理论基础。血液科据此制定坚持以中医为主、中西医结合的方针，进一步加深中医中药为主治疗血液病的临床和实验研究。收治各种类型的血液病，包括再生障碍性贫血、骨髓增生异常综合征、特发性血小板减少性紫癜、急慢性白血病、恶性淋巴瘤、多发性骨髓瘤等病种。自行研发的纯中药制剂复方参鹿颗粒、紫癜合剂、加味归脾合剂、慢白Ⅰ号等，治疗不同证型、不同阶段的再障贫血、血小板减少性紫癜、慢性粒细胞性白血病，均取得良好的疗效，有效防止和控制疾病的发展。

1995—2015年，科室坚定以中医辨证与辨病相结合为主线，中医与西医相结合的临床诊治方针，应用于临床各种血液疾病的治疗，获得很好的疗效；科室患者收治率大幅度提高，住院天数明显缩短，科室各项业务指标迅猛发展，走在医院的前列，成为上海中医药大学A级专科、国家中医药管理局重点专科协作建设单位。血液科门诊量每年以10%速度递增，出院人次每年以20%速度增长。2015年，门诊量为3.9万余人次，出院人次为1 480人次左右。

在大量临床实践的基础上，逐渐开始重视科研的发展，把中医药治疗再生障碍性贫血、骨髓增生异常综合征、特发性血小板减少性紫癜，以及急、慢性白血病作为研究的主要目标，做了大量的工作。同时，依据中医学辨证施治、审证求因的原则，对复方参鹿颗粒、加味归脾合剂、紫癜合剂等院内自制制剂进行提高疗效、扩大适应证的基础研究。

【再生障碍性贫血的中医治疗特色】

吴翰香从20世纪30年代开始，尝试以中药治疗血液科重症再生障碍性贫血。通过反复临床摸索与实践，发现再障的本质是肾阳虚，“阳生阴长”“阳化气，阴成形”“肾中阳气乃血液生化的原动力，阴阳生化之道，阳居主位”，故治疗应以温阳益气为先，可促进髓血生长。在使用健脾益气药物的基础上，加入温肾阳的药物如红参、鹿角片等，临床效率明显提高。由此研创“健脾温肾益髓法”治疗再生障碍性贫血，为中医治疗再生障碍性贫血奠定理论基础，其研制的纯中药制剂复方参鹿颗粒在临床上取得80%以上的有效率。

【“异病同治法”治疗低危骨髓增生异常综合征】

邱仲川在继承吴翰香的学术思想的同时，根据“治病必求其本”的原则，采取“同病异治”“异病同治”的方法以扶正祛邪，提出温肾益髓法治疗低危骨髓增生异常综合征，扩大自制制剂“复方参鹿颗粒”的使用适应证，运用温补法治疗低危性血液肿瘤，经十余年的临床研究，证实其安全有效，成为血液科中医药治疗血液肿瘤的一大特色疗法。

【砷剂治疗血液肿瘤】

吴翰香倡导使用中药砷剂治疗血液肿瘤，1997年，开展的中西医结合分期治疗慢性粒细胞白血病，5年生存率达80%。

三、教学工作

1992—2015 年，承担上海中医药大学中医七年制学生、研究生、住院医师规范化培训基地医师、外国留学生、成人教育等中医内科学、西医内科学、西医诊断学的课堂教学，及临床见习与实习带教工作，由科主任负责，安排高年资医师专人临床带教和考评，并进行定期学术讲座。共培养硕士研究生、七年制硕士研究生 20 余人。

四、科研成果

【课题】

1997—2015 年，承担各级各类研究项目 21 项，其中国家青年自然科学基金项目 1 项。

【著作与论文】

1997—2015 年，编撰专著 8 部，其中主编 2 部、副主编 1 部、参编 5 部；1997—2015 年，共发表核心期刊论文 67 篇。

五、学术活动与任职

【学术活动】

血液科每年安排各级医师参加各种类型的学习班、交流会、学术讲座，参加全国血液病学会议。坚持老中医带领的中医教学查房，对科室的中医特色和人才培养起到积极的推动作用。科室人员还先后赴瑞金医院、仁济医院、北京西苑医院、上海长征医院、上海市第一人民医院、同济医院等进修培训，加强与各西医院的交流合作。

1994 年起，血液科成员参加中华医学会全国血液学术会议，中华中医药学会血液病分会、中国中西医结合学会血液病专业委员会、中华中医药学会上海分会血液学专业委员会、上海中西医结合学会血液病专业委员会等主办的国家级和省市级的专业学术会议，进行学术交流和临床科研合作。2015 年，瞿玮颖、朱小勤参加中华中医药学会血液病分会青年医师学术演讲比赛活动。

【任职】

1994 年，邱仲川受聘为中国中医药学会内科分会血液病专业委员会委员；1997 年，邱仲川受聘为上海市中医血液病临床协作中心副主任；1998 年，邱仲川受聘为中国中医药学会血液病专业委员会常委；2002 年，邱仲川受聘为上海中医药学会内科分会血液病专业委员会副主任委员；2006—2015 年，邱仲川受聘为中华中医药学会上海分会血液学专业委员会副主任委员。2012 年，陈珮、赵琳受聘为中华中医药学会上海分会血液学专业委员会委员。2012 年，陈珮受聘为上海中西医结合学会血液病专业委员会常务委员；上海市康复医学会营养康复专业委员会委员。2012 年，赵琳受聘为上海中西医结合学会血液病专业委员会委员。2014 年，陈珮受聘为中华中医药学会血液病分会常务委员；赵琳受聘为中华中医药学会血液病分会青年委员会副主任委员。2015 年，陈珮受聘

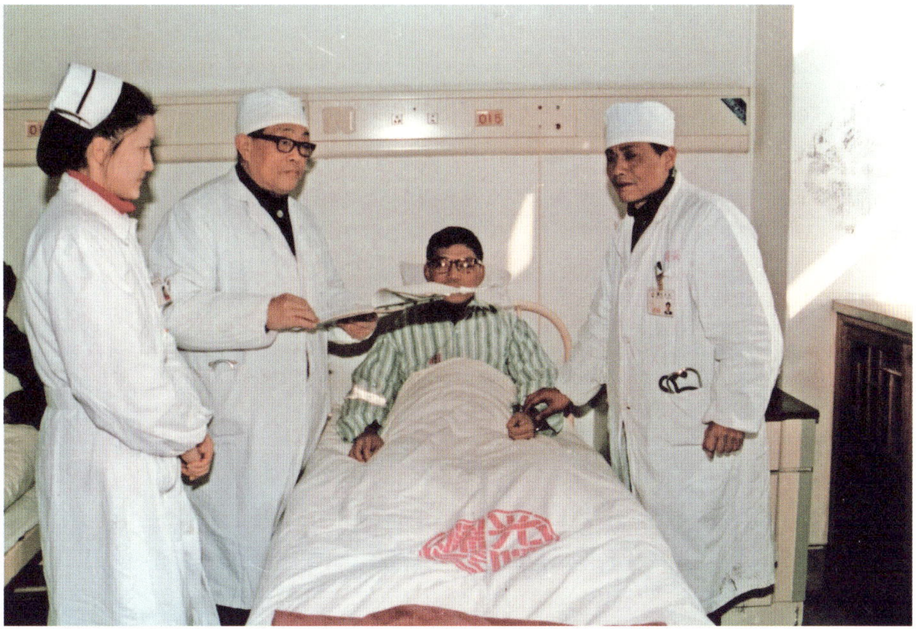

图 3-2-17 1996 年 11 月,主任吴正翔(左二)查房

图 3-2-18 2014 年 6 月,血液科医护人员在病区合影(第一排从左起依次为护士长陆泳、原主任邱仲川、副主任陈珮)

为中国中西医结合学会血液学专业委员会委员、中国民族医学会血液学分会常务理事、上海医师协会血液病医师专科分会委员。

第十一节 风 湿 科

一、概况

1999 年,成立风湿科专科,并纳入中医内科管理,有 3 名医生。2007 年 1 月,风湿科正式成立,有 5 名医生，其中 1 名主任医师、1 名副主任医师、1 名主治医师、2 名住院医师。2014、2015 年由于业务需要，又招入 2 人。2015 年，有主任医师 1 人，副主任医师 2 人，主治医师 2 人，住院医师 1 人。东、西部均设门诊，病房位于西部住院部 14 病区，共有床位 14 张。

表 3-2-16　1999—2015 年风湿科历任负责人情况表

任职时间	主　任	任职时间	副主任
2007 年 1 月—	杨光辉	1999 年—2006 年 12 月	杨光辉(中医内科风湿专科)

二、业务发展

科室针对风湿病疑难杂症诊断难、治疗效果差这些特征进行研究，在临床上运用中西医结合的治疗方法，治疗类风湿关节炎、干燥综合征、系统性红斑狼疮、强直性脊柱炎、痛风等。1999 年起，随着诊断技术日益发展，开展风湿免疫指标的血清学检查，同时开展关节超声、关节 MRI 等影像学检查。2007 年，运用中医外治法在关节炎中的治疗优势，开展包括熨烫治疗、熏洗治疗、封包治疗、艾灸治疗等项目，东、西两部开设痛风专科门诊。联合中医外科开展风湿病皮肤血管炎、难治性痛风石的治疗。2015 年，运用中医中药特色治疗方法，研制特色酒方，用于临床治疗。

2015 年，东、西两部每日开设风湿病门诊，月门诊量 3 000 人次以上，月出院患者 80 人次以上，中医中药治疗率 90%以上。

表 3-2-17　2007—2015 年风湿科工作量统计表

年　份	病房病例数
2007	171
2008	401
2009	568
2010	680
2011	641
2012	736
2013	824
2014	821
2015	882

三、教学工作

2007 年起，科室承担七年制、本科、规培医生的临床带教，并承担七年制、留学生中医内科学以及西医内科学的教学，年授课 12 课时，带教 572 学时/年。2007—2015 年，共培养硕士研究生 10 余人。每年接收进修实习人员 1 人，同时参加西医内科教研室教学研究项目。2010 年，潘新获选第四批全国名老中医颜乾麟教授学术经验继承人，并获得博士学位。2014 年 3 月—2015 年 3 月，潘新作为上海市教委高校中青年教师国外访学进修计划高级研究学者，赴美国休斯敦 MD 安德森医学中心访问。2014 年 8 月，郑玥琪获得上海市青年医师培训计划资助。2015 年 9 月，郑玥琪在职考入上海中医药大学，开始攻读博士学位。2007—2015 年，科室医生均到仁济医院风湿免疫中心进修半年。2014 年，获得医院首批临床示范带教科室称号并立项资助。2015 年，申报上海中医药大学课程建设项目 1 项。

四、科研成果

【课题】

2007—2015 年，共承担各级各类科研项目 2 项。

【著作与论文】

2007—2015 年，风湿科编撰专著 1 部。2007—2015 年，共发表论文 15 篇，均为全国性核心期刊。

图 3-2-19 2014 年 8 月，风湿科医生合影(第一排右为杨光辉)

第三章　外科专业

外科专业包括普外科、中医外科、神经外科、心胸外科、泌尿外科、肝胆外科、胰胆外科、胃肠外科、中医乳腺外科、乳腺外科、中医血管外科、整形美容科等12个科室。

第一节　普外科(外三科)

一、概况

1943年,黄景霞主任辞去南洋医院外科主任来到四明医院任西医部(普外科前身)主任;1946年,张光汉博士从圣约翰大学科来院任驻院主任。1960年,医院成立时的西医外科,由原上海市立第十人民医院转入。当时科室规模不大,各级医生12人,有病床88张,其间随着医疗、教学、科研的发展,医生增至21人。1966年,西外科迁入一病区,3层楼面共计病床100张,最多时曾增至135张,成为独立的外科楼。

1982年4月,“衡阳会议”(全国中医医院和中医高等教育工作会议)召开之后,西医外科进行调整,病床减至66张,医疗任务明确为普外科。1986年,医院拆建,科内医师除少部分留在院内承担门、急诊及少量应急床位的治疗任务外,其他多数分散至卢湾区中心医院、金山人民医院、浦江医院等处工作,青年医师则轮换至仁济医院外科进修。

1991年10月,新病房大楼启用,西医外科病房迁入第十、十一病区,病床83张,全科医师定编23人,有主任医师2人、副主任医师3人、主治医师11人。医疗业务以普外科为重点,下设有泌尿、胆道两个二级分科。1995年,西医外科设固定床位88张,医疗业务仍以普外科为主,兼有泌尿、胆道外科。1998年7月,泌尿外科从西医外科分出,西医外科床位调整为68张,设立神经外科专科,病床11张。

2000年,成立外科重症监护室,配置专职医师1人,建立起一套应对外科急、危、重患者完整有效的抢救系统。2001年6月,神经外科从西医外科分出,西医外科固定床位仍为68张(含SICU床位6张),增加血管外科和胸外科两个专科。2004年,西医外科共设固定床位69张,医生23人,护士30人。2004年12月,东部开张,设床位54张,有医师5人,后逐步增加至13人,手术以肝胆、胃肠、甲状腺疾病为主。2011年,肝胆外科从东部普外科分出。2013年,胃肠外科从东部普外科分出。2013年9月,西医外科更名普外科。2015年12月底,东、西两部普外科共设固定床位63张,各级医师18人,其中具有高级、副高级职称者8人,硕士以上学历(含同等学历)者12人,35岁以下者将近30%。

表3-3-1　1943—2015年普外科历任负责人情况表

任职时间	主任/组长	任职时间	副主任/副组长
1943年—不详	黄景霞	1960—1966年	朱寿椿
1946年—不详	张光汉	1960—1961年	徐长生

（续表）

任职时间	主任/组长	任职时间	副主任/副组长
1972—1978 年	张光正(组长)	1972—1978 年	朱寿椿(副组长)
1978—1979 年	张光正	1978—1984 年	朱寿椿
1978—1984 年	李传祺	1979—1981 年	吴松昌
1984—1986 年	黄瑞熙	1982—1984 年	黄瑞熙
1986—1994 年	上官步荣	1982—1986 年	上官步荣
1994—1998 年	许环应	1983—1986 年	薛之祥
1999—2006 年	薛志祥	1986—1994 年	江国雄
2006 年—	黄建平	1991—1991 年	单思清
		1991—1994 年	许环应
		1992—1995 年	徐一宁
		1994—2000 年	龚铁群
		1995—1998 年	黄安康
		1998—1999 年	薛志祥
		1999—2006 年	黄建平
		1999—2002 年	李财宝

图 3－3－1　2000 年科室合影(后排左三至右二为龚铁群、上官步荣、许环应、薛志祥(主任)、黄建平)

图 3-3-2　2015 年西部病房重新装修后全科合影(第一排左三为主任黄建平)

二、医疗工作

1931 年,《上海宁波公报》就曾报道四明医院"门诊三千余人以外科为最多",当时外科 1 个月就诊人数就已达 2 383 人。由此,也吸引了当时众多著名的外科医师到科执业。1960 年,医院成立时的西医外科,由原上海市立第十人民医院转入。当时科室规模不大,医疗任务颇为繁重。业务以普外为主,兼顾泌尿、骨科。1961 年,又增设了胸外科。业务仍以普外为主,兼顾泌尿、胸外,后又增加了脑外科,而骨科则从西外分出。20 世纪 60 年代,除诊治普外科常见病外,设立烧伤、泌尿、胸外、骨伤等专病床位,抢救医治了大批重危病员,每月手术数达 100～130 例。手术方面,普外科开展了全胃切除术、脾切除术、胆总管十二指肠吻合术、直肠癌根治术;胸外科开展肺叶切除术、全肺切除术、食管癌根治术、动脉导管未闭结扎术;泌尿科开展肾切除术、膀胱全切除术、前列腺切除术等。20 世纪 70—80 年代,又先后开展甲状腺癌颈大块根治术、脾肾静脉(吻合)分流术、乳癌扩大根治术、直肠癌根治保留括约肌的结肠拉出术、肝部分切除术、胆管空肠 R-Y 吻合术、脑外伤血肿清除术、脑肿瘤摘除术、半肾切除术等,还开展 PTC 及 ERCP 胆道诊断及胆道镜术中术后防治胆道残余结石的新技术。

20 世纪 60 年代中叶至 80 年代,西医外科参加了针麻协作组,开展针刺麻醉下手术,以胃大部分切除术及甲状腺手术为主,共实施各种针麻手术 4 000 余例,曾荣获卫生部及上海市科技进步奖。

1991 年 10 月,西外科迁入新病房大楼,医疗业务以普外科为主,主要收治急性阑尾炎、腹股沟疝、胆囊炎胆石症、胰腺炎、胃十二指肠疾病、甲状腺、乳房疾病、胃癌、大肠癌等患者。泌尿外科主要收治泌尿道结石、泌尿道感染、前列腺增生、泌尿系统肿瘤等患者。

1998 年 7 月,泌尿外科正式从西医外科分离成为临床二级分科。2001 年 6 月,在西部创建神经外科,从西医外科分离,成为二级分科,增加血管外科和胸外科两个专科。2006 年 5 月,成立胸外科,从普外科中分出,成为临床一级学科。2015 年,每年接诊的门、急诊患者约 3.6 万人次,出院的患者约 3 600 人次，病房的各类手术数约 2 200 台，平均住院日为 6.7 天，病床使用率为 99%，病床周转率为 92%。

2006—2015 年，普外科在科主任黄建平教授的带领下，开展腔镜微创手术。开展的腔镜微创手术：腹腔镜-胆道镜双镜联合治疗胆总管结石，腹腔镜阑尾切除术，腹腔镜结直肠癌根治术，腹腔镜胃癌根治术，腹腔镜袖状胃切除术（减重与代谢手术），腹腔镜肝脏肿瘤切除术，腹腔镜脾脏（巨脾）切除术，腹腔镜后腹膜肿瘤切除术，腹腔镜胰腺体尾部肿瘤切除术（保留脾脏），腹腔镜胆管-空肠吻合术，腹腔镜各类腹股沟疝、切口疝、造口旁疝修补术，腔镜甲状腺癌根治术，腔镜乳腺癌腋下淋巴结清扫术。特别是腹腔镜袖状胃切除术（减重与代谢手术），医院与复旦大学附属中山医院、交通大学附属第六人民医院一起，同时成为上海地区“国际代谢手术卓越联盟（IEF）”的成员单位。

三、医疗特色

坚持以外科手术为主，配合以中医中药、针灸等中西医结合的方法治疗各类普外科的常见疾病。1960 年，泌尿专科设有专科门诊与床位，医治泌尿道结石、泌尿道感染、前列腺炎、前列腺增生等。1974 年，开设胆道专科，设有专科门诊与床位。1982 年，开设的肿瘤专科，主要用健脾益气中药配合清热解毒辨证论治，结合化疗及卡介苗接种等免疫疗法，对胃癌、大肠癌、乳癌等肿瘤术后患者继续治疗，以提高生存率。1986 年，成立胆道病研究室。1992 年，新开设的乳房病专科，除用常规手术进行切除、病理检查外，对一些良性乳房肿块如小叶增生等，用本院自制中药制剂“丹芩消遥煎”进行治疗。除以上 4 个专科外，西外科还曾开设消化性溃疡、脑外伤、胸外科专病门诊。2015 年，普外科下设共有 4 个专科，分别是胆道外科、甲状腺及甲状旁腺外科、腹壁疝外科、血管外科。每个专科都有其固定的门诊出诊时间。

表 3-3-2　2015 年普外科专科门诊出诊时间情况表

专科时间	专科名称
周一全天	甲状腺及甲状旁腺外科
周二全天	胆道外科
周四全天	腹壁疝外科
周五全天	血管外科

同时，开展手术特色治疗方法，有甲状旁腺注射移植技术，腹腔镜-胆道镜双镜联合治疗胆总管结石技术，腹腔镜下胆管-空肠吻合技术，腹腔镜下各类腹股沟疝、切口疝、造口旁疝修补技术，局麻下腹股沟疝无张力修补技术，下肢曲张静脉激光闭合微创技术。

四、教学工作

1960 年起，参与中医学院的西医外科总论教研组，编写第一部中医学院西医外科教材，绘制挂图等。1961 年春，开始为中医学院第一届学生（62 级）开课，以后则连续担任历届学生的外科课程及参加 1 至 5 版全国教材（外科学）的编写，并担任夜大学、电视大学教学任务。1960—1965 年，接受第二军医大学的实习带教任务。1968 年，受上级委托，承担越南河内外科医师进修实习团的针麻教学任务。

上海中医学院在医院设立医疗系二部后，1979 年 3 月，建立西医外科学教研组，1986 年，改设教研室。1990 年起，西医外科教研室负责上海中医药大学五年制本科生、三年制大专生、夜大学生的临床教学、实习和见习等教学任务。1997 年起，负责上海中医药大学七年制硕士生、留学生的临床教学、实习和见习等教学任务。1999 年，受上级单位委托，承担上海市盲人推拿班的教学任务。2015 年，由普外科黄建平教授主编的《外科学临床实训》(上海科技出版社)出版，填补普外科多年以来从未有高等教育教材著作出版的空白。

普外科不仅派出多名高年资主治以上的医师完成上海中医药大学大部分年级的“西医外科学”课堂授课的教学任务，还承担七年制硕士研究生及国外留学生的“西医外科学”的临床见、实习的带教任务。学习方式不仅包括常规的课堂授课，还有互动式讨论、多媒体教学，更有体现教学与实践相结合的模拟医院教学和进入手术室实地观摩手术等。对于来普外科轮转的住院医师规范化培养基地的年轻医师和外院的进修医师，针对其来自的不同科室，制定相应有侧重的轮转、进修安排，有的着重于围手术期处理的学习，有的着重于手术基本操作技能的训练。每年带教轮转、实习医师 100 人次左右。另外，普外科教研室完善教学管理、优化教学考核，注重师资队伍的培养和锻炼及课程教材建设。2015 年，普外科教研室获得 1 项教学研究课题项目的资助。建科至 2015 年底，培养中西医结合外科硕士研究生 10 余人。

五、科研成果

【课题】

2006—2015 年，获得各级别的科研课题资助 17 项，其中，国家级 3 项、市级 4 项、校级 4 项、院级 6 项。获得专业技术专利保护 10 项。2011 年，获上海市优秀发明奖铜奖。2015 年，获中华医学会科技奖二等奖。

【著作与论文】

1989—2015 年，共主编专著 3 部；共在国内外各类医学核心杂志、期刊发表专业论文 200 余篇，SCI 收录有十余篇。

第二节　中医外科(外八科)

一、概况

1956 年，设立外科，开展以中药治疗急性阑尾炎、救治毒蛇咬伤、疔疮走黄及甲状腺肿的专科门诊。1960 年 4 月，上海市立第十人民医院与上海市立第十一人民医院合并，设中医外科，床位 50 张。1963 年由于病房调整，床位缩减至 32 张，主要收治痔疮患者。1981 年，床位增至 44 张，以收治肛肠疾病为主，兼有其他如乳房、疮疡等外科杂病。1986 年，因医院进行基建，其所属病房关闭。为缓解肛肠科患者的就医难，同年 8 月，与江宁路地段医院合办 30 张病床的痔科联合病房。1989 年，又与开封地段医院、控江地段医院合作开设联合痔科病房，床位数增加到 90 张。1993 年，在医院基建结束后，在新住院大楼内设中医外科床位 20 张，以收治疮疡疾病为主，同时肛肠专科从中医外科划出，另设肛肠科。1995 年以后，中医外科成为以中医为特色的外科二级学科，病种范围以疮疡病为主，包括周围血管病、甲状腺疾病、中医男科疾病、乳腺疾病、结缔组织疾病及外科疑难杂症；因医院调整，床位改为 14 张，每年收治患者 150 余人次。2015 年，中医外科共有床位 17 张，医师共 7 人，其中主任医师 2 人、副主任医师 2 人、主治医师 3 人。门诊共设 3 间，其中西部 2 间，面积各约 20 平方米；东部 1 间，面积 15 平方米。病房位于西部住院部大楼 17 楼，床位使用率 100%，中医治疗率 99%，每年收治患者 1 000 余人次。

表 3-3-3　1960—2015 年中医外科历任负责人情况表

任职时间	主　任	任职时间	副主任/副组长
1960—1962 年	顾伯华	1962—1966 年	夏少农(副组长)
1984—1989 年	孙世道	1972—1978 年	夏少农(副组长)
1988—1994 年	柏连松	1972—1978 年	夏　涵(副组长)
2000—2013 年	薛慈民	1978—1984 年	夏　涵
2013 年—	刘晓鸫	1978—1983 年	夏少农
		1984—1988 年	柏连松
		1984—1993 年	徐志璋
		1992—2000 年	樊建开
		1993—2000 年	薛慈民
		2000—2006 年	樊建开

1956 年，开展以中药治疗急性阑尾炎、救治毒蛇咬伤、疔疮走黄及甲状腺肿的专科门诊。1960 年，除原有的专科门诊外，开展治疗痔科疾病、前列腺疾病、血管性疾病、乳房疾病、疑难性皮肤病等慢性顽固性疾患的诊疗工作。其中特别是痔科疾病，继承并继续发挥原上海市立第十一人民医院的特长和疗效，特别在传统的枯痔、结扎等防腐治疗痔疮上效果显著，其中“胆豆丸”一药曾献方给药厂(即现市售的“痔宁”)，颇受病家欢迎。后期研制成功的消痔灵，1979 年获得国家重大科技奖；中医治疗“甲亢”和对“阴虚火旺”的研究，分别获全国医学卫生科学大会和国家中医药管理局的中医药科技成果奖。

2006 年起，治疗以中医外科常见病如皮肤疮疡疾病、血管性疾病、甲状腺疾病、前列腺疾病、淋巴结疾病为主，并开展对甲状腺疾病和前列腺疾病的各项研究，共研制 10 多种自制制剂，沿用 2015 年的有银蒡痰毒合剂、清热解毒合剂、消瘿合剂、祛风利湿合剂、炎列平颗粒共 5 种自制制剂及金黄膏等 5 种外用膏剂，临床运用效果良好。日门诊量西部平均 100 人次，东部平均 20 人次。病房设置以皮肤疮疡患者为主，出院患者数逐年增加，2015 年，平均 100 人次/月，住院天数 3～5 天，中医治疗率基本达到 100%。除了特色中药外敷治疗难愈性创面外，还辨证施治予以中药内服治疗，以达到内外结合的目的。开展各类手术，手术例数也是逐年升高。科室仪器设备日益更新，开展一系列新技术新项目，如微波治疗仪，科室运用该仪器在病房开展皮肤浅表肿块激光切除术，月均接待患者约 5 人；在皮肤皮赘、皮肤痣以及病毒感染性皮肤疣病的治疗中，运用该仪器可减少创面出血率及感染率，且能促进创面快速愈合及减少瘢痕增生。激光伤口愈合仪：科室运用该仪器在病房开展激光照射辅助创面愈合治疗，日均接待患者 5 名；在下肢静脉性溃疡、糖尿病足病以及术后创面治疗中，运用该仪器可促进创面周围血液循环，减少炎症反应。

图 3-3-3　2000 年中医外科工作人员合影(从左起依次为张志洪、樊建开、薛慈民(主任)、万华)

【医疗特色】

甲状腺专科　1961 年开设，以运用中医"益气养阴法"治疗甲亢及"养阴化痰法"治疗良性甲状腺结节见长，其中甲亢治疗的总有效率达 96.4%。夏少农教授自创"甲亢一号方"及"甲亢二号方"，治疗甲亢，疗效卓著。甲状腺专病专科是上海市卫生局中医特色专病专科，主要以中医中药治疗甲状腺腺瘤，疗效确切，有效降低手术率和甲状腺瘤复发率，是多发性腺瘤及术后复发者首选的治疗方法之一。每年诊治患者近万人次，有院内制剂消瘿合剂等。

前列腺病专科　1989 年开设，是上海中医药大学"A"级专病专科。主要采用中西医结合、内服加外用，中医中药为主，通补调理综合治疗，对慢性前列腺炎、前列腺增生症有独特的治疗作用，尤其在缓解临床症状、改善生活质量等方面疗效显著。以"清热利湿，益气化瘀"治疗慢性前列腺炎及"补肾健脾升提"治疗前列腺增生见长，20 世纪 90 年代以来不断开展中西医结合临床研究，主持和参与市局级课题 4 项并开发院内制剂 2 项，取得较好疗效，其中炎列平治疗慢性前列腺炎获得了上海市卫生局科技成果奖。

周围血管病专科　开设于 20 世纪 70 年代，在中医治疗脉管炎等周围血管疾病中，开展中西医结合临床研究，取得较好疗效。近年来，以中医中药为主，内外兼治糖尿病足、动脉硬化闭塞性脉管炎、下肢慢性溃疡等周围血管病，尤其重视中医外治法的应用，特别是"蚕食清创法"及特色中医药膏的外用，可做到早期防治和明显降低中晚期坏疽患者的截肢率。同时采用多种方法治疗下肢静脉曲张、脉管炎等。拥有多普勒血流检测、激光微波等多种现代诊疗仪。

红斑狼疮专科　1975 年开设，采用中西医结合治疗红斑狼疮取得了一定的疗效，并曾发表多篇科研论文予以总结。

疖病防治专科 1991 年开设，运用中西医结合，每年治疗患者近 1 000 例，疗效达 95%。

【名中医工作室】

2004 年，成立孙世道老中医工作室。在孙世道的主持下，主要对各种中医外科疑难病进行诊治，对于解决临床疑难杂症有很大帮助，每年诊治疑难杂症 1 000 余例。

二、教学工作

在上海市立第十人民医院成立之时，中医外科就提供了师资讲课，而且还承担了编写教材的任务。1958 年，编写了外科的临床手册。1960 年，长期承担中医学院本科生、大专生、夜大生、函授生及自费生的理论教学与临床实践任务。1962—2015 年，共带教中医学院本科生及各类学生 1 000 余人；承担全国各地包括港、台进修医生的带教任务。1984—1995 年，共培养硕士研究生 3 人。肛肠组除带教实习生外还自编教材。1986—1989 年，共举办 7 期全国中医肛肠学习班，培训学员 300 余人。

1995 年，中医外科成立教研室，除承担上海中医药大学每年的本科生、夜大生、双学士及七年制硕士生的理论教学和临床实习外，还承担了外国留学生的带教任务和培养本科生的硕士研究生等工作。1995—2015 年，共带教上海中医药大学本科生及七年制硕士生等各类学生 300 余人，并承担韩国留学生及日本、东南亚各国留学生的实习带教任务；培养七年制硕士生 6 人，硕士研究生 1 人，在读硕士研究生 6 人。此外，还先后带教进修生、住院医生轮转实习共 13 人。2002—2015 年，1 名医师外出日本进修乳房病 1 年，1 名医师外出仁济医院进修血管病 1 年，1 名医师外出第六人民医院进修甲状腺疾病 1 年。

三、科研成果

【研究项目】

1970 年起，开始以中医的“益气养阴法”治疗甲状腺功能亢进症，效果良好。1979 年，总结 56 例甲亢病例中有 96.4%取得较好的临床疗效。后又按照现代科学和医学原理制定该课题的设计，借以考察各项客观指标，通过 154 例甲亢患者的疗效观察，证实其与临床疗效是一致的。中医中药治疗甲亢和对“阴虚火旺症”的研究，分别获全国医学卫生科学大会和国家中医药管理局的中医药科技成果奖。后又扩大研究病种，将动脉硬化闭塞、皮肌炎、海绵状血管瘤、红斑狼疮作为重点课题的研究。特别是痔科，研制“消痔灵”注射液，获国家重大科技成果奖。同时，成立中医外科药物临床试验基地，逐步建立一支年富力强、临床和科研能力夯实并负有责任心的完整的研究队伍。2010—2015 年，获得国家级 GCP 证书共 5 人，并承担国内多中心Ⅱ、Ⅲ、Ⅳ期药物的临床疗效和安全性评价。

【课题】

2006—2015 年，共承担、参与 7 项课题及专科研究项目，其中国家级课题 2 项、上海市级课题 5 项。

【著作与论文】

2000—2015 年，共主编、参编图书 3 本。2000—2015 年，在各级刊物上发表论文 20 余篇，

四、学术活动

1977年起，科室成员多次在全国性肛肠疾患会议上做发言介绍。1979年，在银川市召开的“肛裂专题会议”上获大会表扬及奖励。2006—2015年，科室成员主持及参加5次各级各类学术活动，其中主持及参加全国中医外科学术会议3次，主办上海市中西医结合泌尿男科专业委员会年会2次。

第三节　神经外科(外一科)

一、概况

2000年6月，顾国山主任从华山医院神经外科调入医院，正式在医院西部创建神经外科，同时从外院引进蔡佩浩，王静予从医院普外科调入神经外科。2001年7月，邱锋由上海第二医科大学毕业进入神经外科工作；同年12月，许乐宜由外院调入神经外科室。2005年7月，孔令军神经内科硕士毕业后进入神经外科工作。2006年，沈知彼和龚立两位医师进入神经外科，同年，科室从西部迁至东部。2010年6月，根据医院总体规划，由上海交通大学医学院附属仁济医院引进费智敏担任神经外科主任。2012年，书国伟和张珏医师相继从仁济医院调入，科室成员增加至10人，成为独立的临床一级科室。2015年，有主任医师1人、副主任医师3人、主治医师5人、住院医师1人。病区设在东院综合楼3楼3A病区，拥有床位33张，包括层流神经外科独立重症监护室床位9张。设有医生办公室2间，主任办公室1间。

2012年，神经外科入选国家和上海卫生计生委员会的“脑卒中防治基地”，成为国家和上海市首批收治“脑卒中”的规范化单位。2015年，神经外科成为国家和上海市卫计委“脑卒中筛查和防治基地”，上海市中西医结合重点学科“中西医结合外科”和“中西医结合脑病诊疗中心”的组成部分之一，为浦东新区颅脑外伤急救中心，成为国家第一批高级“脑卒中”中心。

表3-3-4　2000—2015年神经外科历任负责人情况表

任职时间	主任
2000—2010年	顾国山
2010年—	费智敏

二、业务发展

20世纪80年代初，普外科肖庆孚、单思清开展脑外伤手术；普外科朱庭芳、龚航军分别于1995、1997年在瑞金医院脑外科进修后，成功开展了急诊颅脑外伤手术。2000年建科以来，治疗以颅内肿瘤、脑血管病和颅脑外伤为主。同年6月，在西部手术室主任顾国山开展医院第一台脑瘤手术，并开展脑肿瘤、脊髓肿瘤、脑脓肿、脑积水等手术80多例。2001年，开展芒硝外敷治疗脑水肿的研究，并获省市级科研立项。

2006年起，科室开展针刺麻醉下行脑功能区肿瘤切除术。同年，开展了全国中医院第一台针麻下脑膜瘤切除术，上海东方电视台和央视进行新闻播报，该手术录像在法国播放，引起法国医学界广泛关注。2007年起，进行DSA脑血管检查。2010年，应用显微手术技术，通过解剖脑的天然间隙，实现“零牵拉”手术，在上海中医药大学系统中率先开展颅内动脉瘤夹闭手术，取得良好的手术效果。2012年，开展神经内窥镜下的Ⅲ脑室造漏手术，并获成功。2013年起，开展血管内介入手术；2015年，血管介入组成立，开展介入手术，成为上海中医药大学附属医院中唯一获得独立开展介入手术的准入许可单位，可开展动脉瘤介入手术、脑血管畸形栓塞术、脑肿瘤动脉化疗等介入手术。在上海浦东地区率先开展缺血性脑卒中的血管内取栓治疗，并取得成功。

2006—2015年，作为浦东新区颅脑外伤急救中心，神经外科主持或参与上海市重大公共事件的抢救工作。在加强医护人员的临床能力和梯队建设的同时，逐步加强神经外科病房和ICU的硬件建设，并添置了颅内压监护仪、诱发电位、经颅多普勒以及脑电双频指数等先进医疗设备，加强救治重度和极重度颅脑创伤患者的业务能力，并在浦东率先开展微创气管穿刺术。2015年，科室先后引进了导航、O形臂机、荧光手术显微镜和高清内镜等多种大型设备，神经外科手术也进一步向微创、智能等高精尖的方向发展。开展精准手术、精确定位，微创治疗脑肿瘤和高血压脑出血手术，以最小的手术创伤、最大限度地清除病灶，全力发展微创手术治疗各类疾病。同时，在开展脑肿瘤和脑血管病诊治的基础上，神经外科开展脊柱脊髓手术，应用显微技术成功地切除长节段颈椎脊髓髓内肿瘤联合后路固定，患者获得了良好的治疗效果。在主任费智敏指导下，书国伟、张珏医生开展了O形臂导航下脊柱椎弓根钉和关节突钉等内固定技术，该技术采用智能成像技术，术中完全由智能导航仪实时模拟进针的角度和深度，将手术成功率从92%提高到99.97%。

三、教学工作

2006年以来，科室承担本科、七年制学生西医外科的授课任务，年授课时间12学时。2014年7—10月和2015年8月—2016年8月，分别选派和委派书国伟医师、许乐宜医生在北京宣武医院进修血管内介入技术。

四、科研成果

【课题】

2006—2015年，承担各级各类课题6项。

【专利】

2006—2015年，共获专利2项。

【著作与论文】

2006—2015年，完成专著3部，其中主编(译)1部、副主编2部；在各类期刊上共发表论文达30余篇。

五、学术活动与任职

【学术活动】

2006—2015 年，参加国内各级各类学术活动，在国内国际大型会议上作主题报告或交流。2011 年，费智敏主任在中华医学会神经外科年会上作了演讲，题目为“颈内动脉腹侧动脉瘤夹闭手术的技术”。

2013—2015 年，神经外科与亚洲神经外科医师学会(ACNS)合作，主办国际会议。国际会议邀请亚洲神经外科医师学会主席 Kato 教授携亚洲顶尖的讲师团来华演讲并组织开展解剖学习班，作为 ACNS 的继续教育课程，费智敏在大会上用英语作主旨演讲“围脑干手术中体感诱发电位监测的临床研究”(Intraoperative Monitoring in Neurosurgery)。2014 年，第一届中国中西医结合学会神经外科大会召开，科室有 2 篇论文入选大会发言。2015 年，第二届中国中西医结合学会神经外科大会召开，费智敏主任在大会上发言，题目是“微血管多普勒(MVD)、Bis 和颅内压(ICP)监护在神经外科围术期的应用”；第一届中国中西医结合论坛，费智敏主任在大会上发言，题目是“经颅多普勒无创评估急性脑损伤患者灌注压的应用”。

图 3-3-4　2015 年 11 月，神经外科医生在病区的合影
(左四为原主任顾国山、左五为主任费智敏)

【任职】

费智敏，2010 年 8 月，中华医学会神经外科分会神经生理监测学组委员。2014 年 5 月，中华医学会神经外科分会创伤学委员会委员；6 月，担任中国中西医结合学会神经外科分会常务副主任委员。2015 年 6 月，国家卫生计生脑卒中防治工程委员会青年委员；8 月，上海市神经外科质量控制委员会委员。

王静予，2014 年 6 月，担任中国中西医结合学会神经外科分会青年委员、上海医师学会神经外科委员。

第四节　心胸外科(外二科)

一、概况

1959 年 10 月，吴传德参加上海市胸外科进修班学习，一年后结业，回院设立胸外科病房，开展胸外科工作。2002 年，心胸外科成立，隶属于普外科的二级学科，由沈家宜任主任。2006 年，东部成立心胸外科，引进周嘉主任医师并担任行政主任，逐步把西部的仪器设备、工作重心转移到东部，聘任沈家宜主任为特聘顾问，指导工作。同年，成立独立的心胸外科监护室，科室成为医院独立的临床一级科室。2010 年，池浩担任行政副主任，同年，引进陈彤宇协助工作。2013 年，陈彤宇任心胸外科行政主任。

心胸外科病房设在东部住院部 4A 病区，设置病床 15 张，有主任办公室 1 间、医生办公室 2 间。独立层流监护室设在急诊区域，设置病床 6 张，配备了进口人工心肺机、食管超声仪、高级呼吸机、临时起搏器、变温水毯、主动脉球囊反搏动仪、胸腔镜、超声刀等先进医疗设备。2015 年，科室人员 6 人，其中主任医师 1 人、副主任医师 2 人、主治医师 2 人、住院医师 1 人，为国家中医药管理局重点学科"中西医结合临床外科"的主要组成部分。

表 3-3-5　2006—2015 年心胸外科历任负责人情况表

任职时间	主　任	任职时间	副主任
2002 年—2006 年 4 月	沈家宜	2010 年 5 月—2013 年 9 月	池　浩
2006 年 5 月—2010 年 5 月	周　嘉		
2013 年 9 月—	陈彤宇		

二、业务发展

1971—1974 年，吴传德在上海中医学院试点班担任有关胸外科部分章节的讲课，并编纂了教材中部分章节。2002 年，成立当年就开展了肺、食管、纵隔等普胸手术，同时开展微创胸腔镜手术。经过两年的筹备，2004 年，开展医院首例体外循环下心脏瓣膜置换手术，并努力使心脏手术常规化、规范化。2006 年 7 月起，在主任周嘉的带领下，成功完成针药复合麻醉下无气管插管心脏手术，同时开展各类先天性心脏病矫治术，二尖瓣、主动脉瓣及多瓣膜替换术，二尖瓣、三尖瓣成形术，心脏停搏和不停跳冠状动脉搭桥术，二尖瓣、主动脉瓣替换术＋冠状动脉搭桥术，带瓣膜的人工升主动脉置换＋冠状动脉移植术等手术。2015 年，共完成 500 余例手术，并完成"浅睡眠、自主呼吸状态下针药复合麻醉心脏手术"400 余例。

【普胸外科】

2006—2014 年，开展顽固性恶性胸腔积液的胸腔温热灌注治疗，共完成 200 余例，胸腔积液控制率达 95%；针药复合麻醉下自主呼吸状态下胸腔镜肺大疱切除术，是自发性气胸微创程度最高的术式，2010 年率先在国内开展，2010—2015 年完成 300 余例。开展单孔、单操作孔胸腔镜肺叶、肺段切除，全腔镜食管癌根治术，胸腔镜纵隔肿瘤切除术，微创漏斗胸纠治，胸腔镜下双侧交感神经干切断术等一系列普胸微创手术，共完成1 000例。2013年，获得胸腔镜四级技术准入资格。同时开展晚期肺癌靶向加化疗的序贯治疗及中西医结合综合治疗。

【介入治疗】

2014年，开展介入治疗结合中医内服外敷法治疗周围血管疾病，全年完成50余例。同时开展胸主动脉夹层动脉瘤血管内支架隔绝术，房间隔缺损、室间隔缺损、动脉导管未闭等先天性心脏病的封堵手术百余例。还开展晚期食管癌、食管狭窄的支架置入术，晚期肺癌的支气管动脉介入化疗术，经皮穿刺超选肺动脉置泵化疗术，等。

【颈动脉内膜剥脱】

作为医院脑卒中基地的成员科室之一，2014年，全年开展颈动脉内膜剥脱术10余例。

三、教学工作

2002—2015年，承担研究生临床实习教学工作，其中毕业研究生3人，在读研究生4人。2010—2015年，承担基地住院医师的临床培训，每年接收基地生临床实习12～15人。2013年起，承担上海中医药大学西医外科学理论授课(包括本科、七年制、留学生)，每年授课20学时。

2010—2014年，周嘉、池浩、周文雄、陈彤宇先后参加上海市中西医结合学习班并获结业证书；2012年，上海高校青年教师国外访学进修项目，葛文赴法国进修一年；2013年，陈彤宇赴美国哈特福德医院进修学习；2014年，周文雄参加全国脑卒中短训班学习；2014年，池浩入选高级中西医结合高级人才项目。

四、科研成果

【课题】

2006—2015年，共承担各级各类课题10项。其中国家自然基金面上项目1项，国家自然基金青年项目1项，上海市科委2项，其他6项。

【论文】

2006—2015年，心胸外科共发表论文23篇，均为核心期刊。

五、学术活动

2011年，陈彤宇参加上海市胸心血管外科学会年会，作“食管异物的外科处理报告”主题报告；2013年，陈彤宇参加全国胸心血管外科年会，作“自主呼吸状态下胸腔镜肺大疱切除术”主题报告。

2013年，周嘉参加全国针麻会议，作“曙光针麻50载”主题演讲；陈彤宇作“针刺辅助胸腔镜手术”主题报告。2014年，举办微创心脏论坛，周嘉作“自主呼吸心脏手术”主题报告；张江国际论坛，周嘉作“针麻在心肺手术中的运用”主题报告；同年，王珂参加中国针灸学会实验分会，作“针刺镇痛效应的基因转录组学研究”报告。2015 年,举办浦东肺癌新技术论坛,陈彤宇作“无气管插管胸腔镜手术”报告,池浩作“恶性胸腔积液外科治疗”报告,周文雄作“肺癌序贯治疗策略”报告。2015 年,陈彤宇参加全国胸心血管外科年会,作“胸腔温热化疗治疗恶性胸水经验总结”报告;同年,举办全国学习班,主题为“针药复合麻醉与围手术期研究新进展”。

图 3-3-5 2014 年 7 月,心胸外科工作人员合影(右三为主任陈彤宇)

第五节 泌尿外科(外六科)

一、概况

1949 年泌尿科成立。1960 年,成立西医外科,设有泌尿、骨科等专科。1999 年 8 月,泌尿外科正式成立,是独立的临床二级科室。成立之时,医师 6 人,其中主任医师 1 人、副主任医师 2 人、主治医师 1 人、住院医师 2 人;在医院西部十一病区,床位 12 张。2005 年,整体搬迁至东部 3B 病区,西部保留泌尿外科门诊。截至 2015 年,共有工作人员 10 人,其中,主任医师 1 人、副主任医师 4 人、主治医师 3 人、住院医师 1 人、技术人员 1 人。床位 34 张,加床 9 张。年门诊量 3 万人次,出院人数约 2 200 人,手术量约 1 600 台(其中大手术约 600 台)。

表 3-3-6 1949—2015 年泌尿外科历任负责人情况表

任职时间	主 任	任职时间	副主任
1949 年 4 月—不详	马永江(泌尿科)	1999—2002 年	程宗超
1999—2002 年	黄安康	2003—2004 年	蔡志钢(主管)
2006 年—	赵建华	2004—2006 年	蔡志刚

二、业务发展

1960年，当时的泌尿专科是原上海市立第十人民医院泌尿专科的延续，设有专科门诊与床位，医治泌尿道结石、泌尿道感染、前列腺炎、前列腺增生等疾病。1977年，曾与中内科协作开展肾移植1例，探索应用中医中药辨证疗法克服排异反应，患者存活3个月，因肺部感染死亡。

1999年8月，成立泌尿外科，成为一个独立的临床二级科室，能开展泌尿外科常见的各种手术及较大难度的手术操作，如全膀胱切除术、肾癌根治术、肾上腺肿瘤切除术、肾部分切除术以及前列腺摘除术等。

【传统开放手术】

2007年，开展巨大肾癌根治手术，保留肾单位肾肿瘤剜除，巨大肾上腺肿瘤切除，肾切开取石，肾盂输尿管成形术，可控回结肠代膀胱，腔静脉瘤栓取出术，原位膀胱、前列腺癌根治，复杂性尿道狭窄、膀胱阴道瘘修补，女性压力性尿失禁TVT，无创吊带等手术。男性外生殖器开展手术有尿道下裂，隐匿性阴茎及阴茎侧弯、阴茎短小、阴茎硬结等矫治手术。

【微创手术】

2005年起，开始进行腹腔镜下肾囊肿去顶减压、肾癌根治术、肾部分切除、肾上腺肿瘤切除、输尿管切开取石、精索静脉高位结扎、腹腔镜下前列腺癌根治术等；微创前列腺汽化电切、前列腺钬激光剜除等手术，经尿道膀胱肿瘤钬激光切除；输尿管镜下钬激光碎石，经皮肾穿刺治疗肾结石。

【中药排石】

2011年，运用萆薢分清丸对肾盂结晶的治疗开展临床观察，研究期间筛选62例患者，通过复查、B超等措施观察疗效，发现萆薢分清丸对于肾结晶的治疗有效率可达72.6%。2015年起，使用医院自制合剂排石汤用于肾脏结石或输尿管上段结石患者，在患者体外震波碎石后，服用排石汤结合α受体阻滞剂，大剂量输液形成了在排石总攻疗法中的特色疗效，7毫米以下结石两周排净率达80%。

【中西医治疗男性功能障碍】

2000年，进行海绵体注射治疗勃起功能障碍、假体植入术，及阴茎动脉重建、输精管复通、梗阻性无精症显微外科手术。

【中西医结合治疗肿瘤】

2012年起，开展肾癌、前列腺癌的靶向治疗，各种泌尿系肿瘤的西医治疗和术后的中医调理，取得了良好的疗效。

【医疗设备】

2006年起，先后引进国内外先进的医疗设备。2015年，拥有美国科以人公司的大功率钬激光设备；德国Wolf输尿管镜、膀胱尿道镜；日本奥林巴斯输尿管软镜，奥林巴斯等离子电切镜、高清腹腔镜以及工作站，体外冲击波碎石仪，全套尿流动力学测试仪等先进的医疗设备。

三、教学工作

1999 年，独立设置泌尿外科以来，开始承担住院医师的临床轮转，研究生、博士生的临床实习、教学工作。2006—2015 年，承担上海中医药大学中医七年制学生、研究生、住院医师规范化培训基地医师的课堂教学及临床见习、实习带教工作，并由科主任负责，安排高年资医师专人临床带教和考评，进行定期学术讲座，培养了硕士研究生 3 人。2013—2015 年，带教医生连续 3 年获评院级“最喜欢的带教老师”。

四、科研成果

【课题】

2006—2015 年，泌尿科承担各级各类研究项目 5 项，其中国家中医药管理局项目 1 项、其他 4 项。

【著作与论文】

2006—2015 年，共编撰专著 2 部。共发表论文 10 余篇，均为核心期刊。

五、学术活动与任职

【学术活动】

2006—2015 年，每年积极参加中华医学会全国泌尿外科学术会议，中国中西医结合学会泌尿

图 3-3-6　泌尿外科医生合影(第一排左二为主任赵建华)

外科以及男科专业委员会等国家级和省市级的专业学术会议，进行学术交流和临床科研合作、开展青年医师学术演讲比赛等活动。

【任职】

赵建华，2006 年，成为上海市中西医结合学会泌尿分会委员；2008 年起，担任中国中西医结合学会泌尿专家委员会常委；2014 年起，任新成立的上海市医师协会泌尿外科医师分会第一届委员、第二届委员等职务。

第六节　肝胆外科(外五科)

一、概况

科室成立于 2011 年。截至 2015 年，主任医师 1 人，副主任医师 1 人，主治医师 2 人，住院医师 2 人。科室开放病床 21 张。主攻肝胆外科疾病的手术与综合治疗、内窥镜检查及治疗、肝胆恶性肿瘤的基因与免疫治疗等。

表 3-3-7　2011—2015 年肝胆外科历任负责人情况表

任职时间	主　任	任职时间	副主任
2014 年—	罗运权	2011—2013 年	罗运权

表 3-3-8　2011—2015 年肝胆外科成员职称情况统计表

年　份	正高/人	副高/人	中级/人	初级/人
2011	0	2	1	1
2012	0	2	1	1
2013	1	1	2	0
2014	1	1	2	0
2015	1	1	2	1

二、业务发展

2011—2015 年，行常规手术包括肝癌的各种肝叶切除、肝硬化门脉高压症的断流和分流手术、肝门胆管癌切除及各型胆结石等复杂胆道手术、胰腺癌根治、腹腔镜胆囊切除、胆总管探查及肝囊肿开窗、纤维胆道镜胆道取石、脾脏疾病手术等。完成的肝癌手术 200 余例，开展经股动脉插管行肝动脉栓塞化疗、肝癌无水酒精注射等治疗。肝硬化门静脉高压症的手术 240 多例，高位胆管癌手术 60 余例，胰十二指肠切除术 30 余例，肝内外胆管结石手术 200 余例，腹腔镜胆囊切除术 1 200 余例。腹腔镜肝囊肿开窗术 50 台，腹腔镜并胆道镜或十二指肠镜下胆总管取石 100 余例，使大量胆石症患者免于开腹手术。2015 年，平均手术例数 700 余例，出院患者 900 余人次，微创手术 500 余台。

图 3-3-7 2015 年肝胆外科合影(第一排右一为主任罗运权)

三、教学工作

2011 年起,科室共承担授课任务(包括本科、七年制、硕士、规培生)40 学时,每年接收进修实习人员 20 余人次,科室外派进修学习人均每年 1 次。

四、科研成果

【课题】

2006—2015 年,肝胆外科参加各级各类研究项目共 8 项,其中国家自然基金重点项目 2 项、国家中医药管理项目 2 项、其他 4 项。

【著作与论文】

2006—2015 年,肝胆外科编撰专著 2 部,其中主编 1 部、副主编 1 部。共发表论文 20 篇,均为核心期刊,其中,SCI 论文 4 篇。

五、学术任职

学科带头人罗运权主任医师、教授曾师从中科院院士、著名肝胆外科专家吴孟超教授。2015 年,担任中华中西医结合杂志编委,为上海市医学会普外科分会肝胆外科学组成员、上海市中西医结合学会外科专业委员会胰胆学组委员、中国现代医学学术交流研讨会普外科医学委员会副主任委员。

第七节 胰胆外科(外十科)

一、概况

科室成立于2015年3月,位于4楼B区,医生工作办公室1间、主任办公室1间。在4楼B病区及4楼C病区共开设核定床位12张。2015年,有副主任医师、主治医师各1人,住院医师2人,专职护师1人。2015年3月,张晞文任副主任。同年3月,开设专家门诊、胰胆专科门诊,诊室设在医院东部2楼,面积约8平方米。

二、业务发展

2015年3月,科室成立以来,擅长各类胰、胆、脾良恶性肿瘤切除手术,以ERCP、腹腔镜、胆道镜等多种微创技术一体化处理各种胆道结石、胆管狭窄等为特色,开展对微创综合治疗胆胰疾病的相关研究。2015年,出院患者468人,进行各类大、中、小型手术407台。床位使用率保持在130%以上,平均住院天数约8天,日门诊量15~20人次。

2015年,首次使用液波碎石仪,全面开展肝胆胰的各种微创技术,包括ERCP、PTC(PTGBD)、胆道镜以及腹腔镜等。截至2015年12月底,完成ERCP计177例,PTC计35例,腹腔镜手术计144例,其中:处理ERCP中难度最高的肝移植术后胆道狭窄25例,成功率95%以上;完成肝癌手术3例,胰体尾肿瘤5例,胰头肿瘤胰十二指肠切除术(Whipple)1例,胆囊癌根治术1例,腹腔镜胆总管囊肿切除+胆总管空肠RY吻合1例。2015年12月,成功完成1例单孔腹腔镜胆囊切除术。

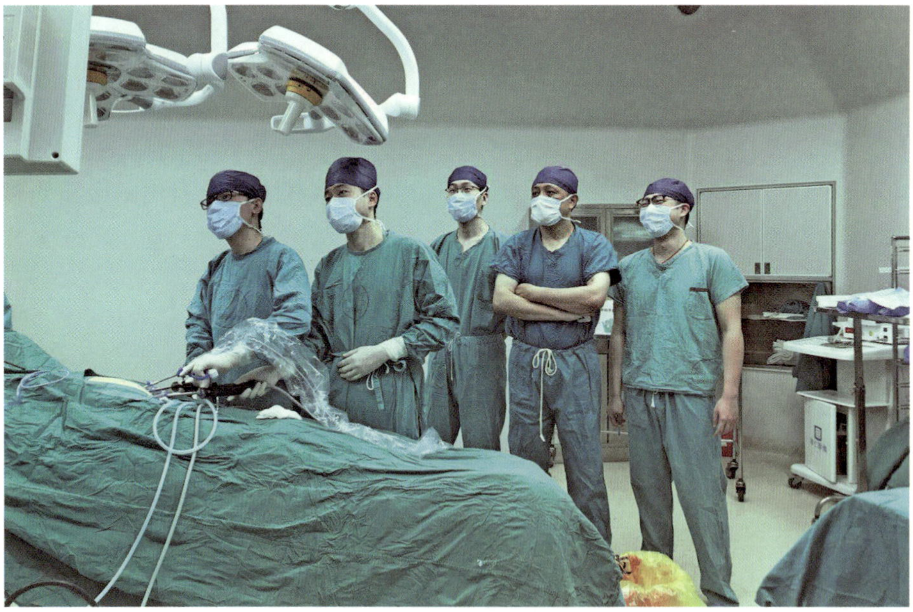

图3-3-8　2015年12月,主任张晞文(右二)与医生们在东部手术室开展单孔腹腔镜胆囊切除术

三、教学工作

胰胆外科室承担着基地轮转医师的教学培养工作，对部分研究生在临床中亦有教学机会。2015 年，共培训规培医师 5 人，在外科理论知识和实践操作上给予了诸多指导。另外，来自云南昆明中医院的 1 名外科医师在胰胆外科进修学习半年。

四、科研成果

【课题】

2015 年，胰胆外科完成研究项目 1 项。

【著作与论文】

2015 年，编撰专著 3 部，其中副主编 1 部、参编 2 部；发表论文 10 篇，其中核心期刊 7 篇、SCI 论文 3 篇。

第八节 胃肠外科(外九科)

一、概况

2013 年 11 月，成立胃肠外科(外九科)。病区位于东院综合数三楼 3B 病区，核定床位 24 张，医师 4 人。2013 年 11 月，龚航军担任主任。

2015 年 4 月，科室床位增加至 30 张，日间床位 3 张。2015 年 7 月起，先后从瑞金医院、长征医院、华山医院招纳优秀毕业生，使人员扩充至 6 人，其中硕士研究生 3 人。

二、医疗工作

2013 年，胃肠外科成立后，医疗业务逐年增长。业务主要以消化系疾病外科诊治为主，尤其以胃癌、结直肠癌等恶性肿瘤(包括神经内分泌肿瘤、恶性胃肠间质瘤)，疝与腹壁疾病为核心病种，开展胃癌、结直肠癌、疝的规范性诊治，同时，兼设普外科中常见病多发病的手术治疗。倡导“微创和精准”外科理念，坚持以微创腹腔镜手术作为胃肠外科的研究方向。常规开展腹腔镜辅助或全腔镜下胃癌 D2 标准根治术，腹腔镜结直肠癌 CME 和 TME 根治术，腹腔镜下经腹或全腹膜外腹股沟疝修补术，腹腔镜下切口疝和造口旁疝修补术，腹腔镜食管裂孔疝修补术，腹腔镜胆囊切除术/胆总管切开取石术，腹腔镜阑尾切除术，腹腔镜脾切除术，胰十二指肠切除术，选择性贲门周围血管离断+食管下段切断再吻合术，甲状腺癌联合颈淋巴结清扫术等普外科手术。在国内较早开展胃切除术中全腹腔镜下消化道重建技术，如全腹腔镜下残胃十二指肠三角吻合、胃空肠(uncut/cut Roux-en-Y)吻合、食管空肠反穿刺法和部分重叠(overlap)技术吻合等；对于直乙结肠癌，开展全腔镜下免切口标本经肛门拖出切除的直肠前切除术、(超)低位直肠癌经内外括约肌间并保留盆腔自主神经的保肛根治术、肛提肌外腹会阴联合直肠切除术、TaTME 等外科新项目技术。术后最大优势为创伤小、疼痛轻和恢复快,并充分体现了手术的微创性和根治性,使胃癌和结直肠癌术后5年生存率分别达到45%和68%。在慢性便秘、溃疡型结肠炎的根治性手术治疗方面,开展全大肠切除回肠储袋肛管吻合技术。同时在消化系恶性肿瘤的多学科联合诊治(MDT)、新辅助/辅助治疗等方面有丰富的经验和技术。

在临床诊疗过程中充分结合传统中医特色,开展针药复合麻醉以及采用内服外敷等中西医结合手段,治疗混合型便秘、术后胃肠功能性排空障碍、炎性肠梗阻、放射性肠炎、重症急性胰腺炎以及腹腔残余感染等复杂性疾病。

表3-3-9　2014—2015年胃肠外科业务完成情况表

年　份	出院人数	手术例数	平均住院天数	床位使用率/%	床位周转率/%	门诊人数
2014	1 869	801	4.91	113.74	8.01	6 810
2015	1 983	908	4.62	114.38	7.89	7 436

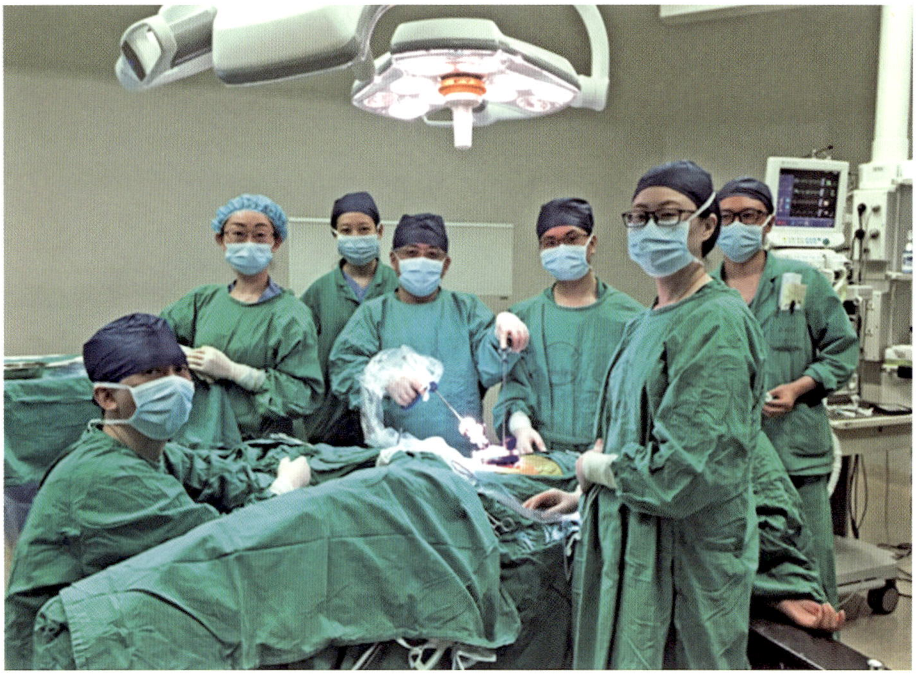

图3-3-9　2013年11月,主任龚航军(第二排左三)率团队在东部手术室开展3D腹腔镜胃癌根治术

三、医疗设备

2013年11月,科室成立之后,仪器设备不断更新,至2015年底,拥有相对固定的手术室、全高清腹腔镜设备及录像系统、超声刀、氩气刀、高频电能量平台、高亮度LED头灯等先进仪器设备。

四、教学工作

2013—2015年,主要承担住院医师规范化培训医生、硕士研究生的带教工作,有计划和有重点地安排了丰富的临床小讲课、外科基本技术操作、教育查房等，以基础知识为主，内容扼要，重点突出，让每个医师在短暂的轮转中尽量掌握胃肠外科常见疾病的诊疗常规。承担部分进修医生培训业务，完成4名分别来自云南昆明、宣威、陆良以及甘肃平凉的普外科医生进修工作，学成返滇的医生已在自己医院顺利完成数百例腹腔镜手术。

2013年7月—2015年6月，龚航军分次前往德国洪堡医院、韩国圣母医院、福建医科大学附属协和医院、广州南方医院、中山大学附属第六医院等地短期观摩学习高级腹腔镜手术技巧以及胃肠手术技术。2013年，派遣王以东医生前往上海交通大学附属瑞金医院微创中心进修学习微创外科先进理念和技术，为期6个月。

五、科研成果

【课题】

2013—2015年，获上海市卫计委中医药课题1项，参与市教委、市科委和上海市中医药大学科研项目共5项，上海市中医药事业发展三年行动计划(重大项目)分项目1项。

【著作与论文】

参编《外科危急重症抢救程序》和《外科手术学》，参译《腹壁疝外科治疗学》《SAGES疝外科手册》《疝外科学》。2013—2015年，累计在国内核心刊物上以第一作者和参与发表的论文共有30余篇，其中，SCI论文4篇。

六、学术活动与任职

【学术活动】

2014年，举办医院腔镜疝修补手术学习班；2014年12月20日，由同济大学附属第十人民医院普外科举办的国家级"2014第四届东方疝论坛"上，龚航军作"浅谈腹腔镜腹股沟疝修补手术的入门体会"的学术交流；2014年7月15日在安徽省人民医院普外科举办的"疝和腹壁手术治疗"研讨会上，2014年9月21日在福建医科大学附属协和医院普外科举办的"胃结直肠肿瘤MDT综合治疗"研讨会上，2015年7月25日在上海中医药大学附属普陀区中心医院普外科举办的国家级"胃肠道肿瘤中西医结合治疗"的学术研讨会上，龚航军均作为嘉宾主持参加学术交流和讨论；2015年3月29日，在上海市普外科胃肠外科学组专科专题研讨会上，龚航军进行了"全腹腔镜下胃癌根治三角吻合术的重建原则"的视频和学术报告；2015年5月8日，在由复旦大学附属华山医院、交通大学附属瑞金医院联合举办的胃癌MDT治疗的学术研讨会上，龚航军就"腹腔镜胃癌手术相关并发症及处理原则"进行了学术汇报。

【任职】

龚航军，2005年，任浦东新区老年人医疗康复指导专家顾问团专家委员；2006年，任全国临床肿瘤协会(CSCO)委员；2008年，任大中华结直肠腔镜外科学院会员；2010年，任《中华现代外科学杂志》常务编委；2013年，任上海市医学会普外科胃肠外科学组委员、上海市医学会疝和腹壁外科专业学组委员；2014年，任上海市普通外科质量控制中心督查专家；2015年，任上海市抗癌协会大肠癌专业委员会和肿瘤微创治疗专业委员会腹腔镜外科学组委员、上海市中西医结合学会外科专业委员会以及腔镜和内镜学组委员、上海市中西医结合消化内镜专业委员会委员。

图 3-3-10　2013 年 11 月，胃肠外科工作人员在医生办公室合影（第一排中为主任龚航军）

第九节　中医乳腺外科

一、概况

中医乳腺外科是由中医外科的乳腺专科发展而来，2006 年，成立中医乳腺外科，成为独立于中医外科的专科。2008 年 8 月，成为医院一级科室，独立开设乳腺科门诊、病房。截至 2015 年，共有医师 6 人，其中博士 1 人、在读博士 1 人、硕士 3 人、本科 1 人，硕士以上学历共占 83.3%。主任医师 2 人（博导 1 人），主治医师 4 人。门诊位于西部门诊楼 6 楼 B 区，设有诊疗室 2 间、治疗室 1 间。病房位于西部住院部 9 楼，床位 8 张；另设在西部住院部 11 楼，床位 5 张，共计 13 张。2006 年 8 月起，万华任主任。

二、业务发展

2008 年起，科室以中医为主，发扬中医药在治疗乳腺疾病方面的传统优势，采用中西医结合进行诊断和治疗各种乳腺疾病。医疗开展工作主要以浆细胞性乳腺炎、乳腺癌、乳腺增生病、哺乳期乳腺炎等常见乳腺疾病为主。2011 年 5 月，开设乳腺炎专科门诊，主治浆细胞性乳腺炎、哺乳期乳腺炎等乳腺炎症疾病。2008—2015 年，日均门诊量达 40 余人次。年门诊量从 2008 年创立之初的 6 000 人次，到 2015 年近 4 万人次，实现了 6 倍数的增长。同时，病房的年出院人数逐年增长，2015 年，平均 50～60 人次/月，平均住院天数 4.5 天，中医治疗率基本达到 100%，其中外地患者的收治率达 33%。

【浆细胞性乳腺炎】

在内治上提出以疏肝清热为治则的“浆乳方”（专利号：ZL201010188361.5）和以清化痰湿为治则的“清化痰湿方”（专利号：ZL201210138158.6）；外治上采用箍围、冲洗、搔刮、引流等传统中医外治法；手术方法上继承和发展了中医传统开刀法，首次提出分次手术法及盾构切开法，内外合治、中西结合，能有效缓解临床症状，保护乳房外形、缩短疗程，降低疾病复发。

【哺乳期乳腺炎】

采用防治结合，早治为要，分期辨治。早期“以通为顺”为治则，内治用“乳痈方”，外治用“提推通乳法”，达到疏肝清热、消肿通乳的效果。

【乳腺癌术后治疗】

采用中药复方（专利号：ZL200810200115.X）治疗乳腺癌术后，继承“扶正祛邪”的治法，开展对乳腺癌无病生存期、毒性反应、不良反应、生活质量等临床和基础的课题研究。

【乳腺增生病】

在传统辨证分为肝郁气滞证和冲任失调证的基础上，提出了痰热互结证，并分型辨治，采用院内制剂“丹芩消郁合剂”“小叶增生方”“黄连温胆汤”进行治疗。

【乳管镜检查】

乳管镜已经取代乳管造影，成为乳头溢液病因诊断的首选手段。2015 年，增设由德国进口的乳管镜。乳管镜操作方便，创伤小，直观、有效地提高了乳管内病变的诊断率，并用于良性乳管病变的治疗，利用乳管镜辅助导管对内炎症冲洗、浆细胞性乳腺炎的治疗，乳管内肿瘤导丝定位等。

【专科发展】

2008 年起，加强本专科内涵建设。2009 年，被评为上海市浦东新区重点专科；2011 年，被评为浦东新区名科。

三、教学工作

2008—2015 年，承担上海中医药大学七年制“中医外科学”、美容学专业“乳腺疾病”的课堂教学，并为西学中学员授课。负责中医学（临床方向、基础方向）七年制、五年制学生以及硕博士研究生、留学生、住院医师规范化培训学员每年近 50 人次的教学任务。参与编写七年制中医外科学教学大纲、大学教学评估的准备工作等教学活动。承担校级、院级教学课题 4 项。副主编教材 1 部，即“十二五”规划教材《中医外科学》（国家卫计委中医、中西医结合类住院医师规范化培训）。科室拥有博士生导师 1 人，硕士生导师 1 人。2008—2015 年，培养硕士研究生 29 人，在读博士研究生 2 人，硕士研究生 8 人。

1996 年，万华入选全国第二届老中医专家学术经验继承班，师从陆德铭教授；2003—2004 年，分别到复旦大学附属华山医院外科、复旦大学附属肿瘤医院乳腺外科、中国医学科学院肿瘤医院内科进修；2009 年，被评为医院高级中医师；2013 年，被评为医院名中医。吴雪卿于 2001 年 10 月—

2002年3月，赴日本爱知县(省)肿瘤中心(医院)乳腺外科进修临床；2002年4—12月，赴日本名古屋市立大学乳腺内分泌外科实验室以外国人研究员身份从事实验研究；2004年，获上海市科委人才培养启明星计划；2005年列入上海中医药大学后备业务专家培养计划；2007年7月—2008年6月，赴日本东京癌研会有明医院乳腺外科进修临床；2013年，入选传承博士后。冯佳梅2011年到上海交通大学瑞金医院进修；2013年，入选上海市杏林新星人才培养计划。

四、科研成果

【课题】

2008—2015年，共承担课题19项，其中国家自然科学青年基金1项、上海市科委5项、上海市教委3项、其他10项。获国家发明专利3项。

【著作与论文】

2008—2015年，编撰专著3部，其中主编1部、副主编2部、编委1部。2008—2015年，在国内外学术期刊发表论文27篇。

五、学术活动与任职

【学术活动】

2012—2015年，科室连续4年主办国家级继续教育学习班，科室人员多次在全国性乳腺会议上发言。

【任职】

2013年，万华主任被聘为上海市中西医结合学会乳腺病专业委员会主任委员。科室每年举办上海市中西医结合学会乳腺病专业委员会学术年会，设青年论坛。

图3-3-11　2011年4月，中医乳腺外科在西部急诊科门前合影(左五为主任万华)

第十节 乳腺外科(外四科)

一、概况

2005年4月,医院引进江苏省重点学科带头人、苏州大学硕士生导师、常州市第一人民医院乳腺外科主任赵春英来院创建乳腺外科;同年6月,发文宣布正式成立科室,并设为医院一级学科,任命赵春英为乳腺外科首任主任。2005年,有医师3人,病床3张。2015年,共有医师6人,其中主任医师1人(硕士生导师),主治医师3人,住院医师2人;专科护士1人。科室核定床位数18张,加床4张。科室设置病房6间、主任办公室1间、医生办公室1间、多功能检查室1间、门诊治疗室1间。

二、业务发展

2005年起,对乳腺疑难病及常见病的诊疗积极探索与研究,创建一些具有临床实用价值的中西医结合特色诊疗技术,形成中西医结合解决乳腺疾病的方法。2005年6—12月,出院120人次,手术90余台。2015年,全年出院患者超过1 700人次、手术超过900台,年门诊总量超过2.3万人次,床位使用率达120%,全年科室业务总收入近1 600万元。2015年,拥有全数字化钼靶机、乳腺红外仪、乳腺B超、磁共振、立体定位穿刺、麦脉通乳腺微创治疗仪等先进的专科设备。

运用国内外先进技术,对乳腺疾病的诊治做到规范、独特和创新,收治各种类型乳腺疾病患者,包括乳腺癌、乳腺纤维瘤、乳腺导管内乳头状瘤、肉芽肿性乳腺炎、浆细胞性乳腺炎、哺乳期乳腺炎、产后积乳症,以及副乳、乳头内陷等先天性发育异常等病种。常规开展乳腺癌根治术、乳腺癌保乳术、前哨淋巴结活检术、乳腺癌术后一期二期重建、分子靶向治疗、术前新辅助化疗和术后辅助化疗、内分泌治疗、免疫治疗及中西医结合治疗。

【“六步奶结疏通法”治疗积乳症】

赵春英自创“六步奶结疏通法”治疗积乳症,根据西医解剖学乳导管分布规律,结合中医基础理论的经络学说和推拿力学,由表及内,直接作用于病变部位,起到扩张乳管、疏通经络、排除乳栓、消除积乳等作用。自拟积乳症定义、病因、产生机制、诊断及鉴别诊断、治疗原则、常见并发症以及预防措施,并提出该病的临床疗效判定标准等。2006—2015年,采用“六步奶结疏通法”已治愈积乳症患者2万多例,治疗后均有效,且无不良反应发生。由于该法简、便、廉、验,深受广大孕产妇好评。该技术分别被评为“浦东新区优势中医技术项目”“上海市中医适宜技术”,获“上海市科技进步奖二等奖”“上海市中西医结合科学技术奖科普奖”,被国家中医药管理局批准为中医治未病“六步奶结疏通法”干预积乳症的实践指南,在全国颁发。

【“浆乳三步根除法”治疗浆细胞性乳腺炎】

针对浆细胞性乳腺炎这一乳腺界公认的疑难疾病,赵春英创建“浆乳三步根除法”治疗浆细胞性乳腺炎患者700余例,基本不复发。应用该法治疗各种类型浆细胞性乳腺炎,疗程短,恢复快,一期治愈,不易复发,吸引全国各地的患者前来就医,解决许多患者和家庭的痛苦,得到同行广泛认可和患者好评。

【哺乳期脓肿微无创治疗】

乳腺脓肿的传统切开引流术换药痛苦较大，切口愈合时间长，乳房变形明显，甚至影响哺乳，不仅增加患者痛苦，更增加了患者家庭的经济负担。赵春英开展“中西医结合微无创治疗哺乳期脓肿”，在治疗疾病的同时保证乳房的完整性和美容效果。该法创伤小、病程短，治疗效果明显。

【乳腺癌中西医结合治疗】

结合医院的优势，在乳腺癌、围手术期、放化疗及内分泌治疗期间辅以中医中药治疗以增加疗效，减少不良反应发生，提高患者生活质量，延长生存期。“益气康复方”治疗围术期乳腺癌，术后恢复快，并发症少，被上海市卫计委立项进行研究，浦东新区批准为院内制剂开发项目。

【科普宣教】

2006年，作为中国健康教育协会和上海市健康教育协会专业委员会指定的“百万女性健康教育大课堂活动暨乳腺防癌筛查”活动的专家指导中心，浦东地区妇女健康教育、乳腺癌筛查及乳腺疾病诊疗任务的定点单位，科室非常重视乳腺健康科普宣教等公益活动，把预防乳腺疾病作为宣教重点，在社会广泛播撒“珍爱乳房，关爱健康”的理念，组织成立“乳腺癌患者俱乐部”及“哺乳期妈妈大健康俱乐部”，定期组织举办活动，通过知识讲座、心理辅导、康复指导等，帮助乳腺癌患者及哺乳期妈妈们提高相关的科普知识，增强战胜疾病的信心。

三、教学工作

2006—2015年，承担上海中医药大学本科生、七年制、留学生班的“西医外科学”乳腺疾病部分

图3-3-12　2015年6月，乳腺外科在东院4B病区合影
（第一排左五为主任赵春英，左六为护士长张莉）

课堂教学及临床见习、实习带教工作。承担国际留学生“西医外科学”的招生命题工作。科室曾为中国医学科学院、中国协和医科大学研究生实习基地，为上海中医药大学硕士研究生西医外科学临床带教科室，是上海市住院医师规范化培训基地。工作中，科室组建经验丰富的临床带教小组，严抓“岗前培训、过程控制、考教结合”三个环节，加强学生的基本理论、基础知识、基本技能训练，提高学生综合运用知识、科学思维及临床实战的能力，并重视学生人文素质培养。2015 年，有硕士研究生导师 1 人，共培养硕士研究生 15 人。

四、科研成果

【课题】

2006—2015 年，承担国家级、市级各类科研项目 9 项。

【专利】

2006—2015 年，获得国家专利 1 项。

【著作与论文】

2006—2015 年，撰写专著 4 部，其中主编 1 部、副主编 2 部、参编 1 部。共发表论文 27 篇，其中 SCI 论文 1 篇。

五、学术活动与任职

【学术活动】

2012 年起，主办 4 期国家级继续教育学习班，参会人员达 1 200 余人；多次主办上海市乳腺癌学术沙龙。赵春英多次应邀参加国内外乳腺会议并作大会发言或主持。

【任职】

2006—2015 年，赵春英任“健康中国万里行女性肿瘤防治工程”专家委员会副主任委员，中国研究型医院乳腺专业委员会常务委员，中国整形美容协会精准与数字医学分会乳房精准整复专业委员会常务委员，中美肿瘤医师协会委员，上海市适宜技术专委会常委，上海市抗癌协会乳腺癌专业委员会委员，上海市中西医结合身心医学专业委员会委员，并被聘为上海市中医专家社区师带徒项目指导老师，国家关心下一代工作委员会“母婴健康万里行”讲师团专家，中国抗癌协会“乳腺癌项目指定医生”，上海市科学技术奖评审专家库成员及浦东新区科研基金评审专家库成员。

第十一节　中医血管外科(外七科)

一、概况

2006 年，中医血管外科被纳入糖尿病中心。2010 年 5 月，成为一级临床科室，门诊诊室面积约

20平方米，共2间诊室。病房位于东部住院部5C，共6间，床位6张；换药室一间，面积约35平方米。2015年，床位18张，有主任医师2人、副主任医师1人、主治医师3人。2010年8月，柳国斌任主任。

二、业务发展

2010—2015年，科室治疗以常见病糖尿病足、下肢动脉硬化闭塞症、臁疮、下肢静脉曲张、丹毒、深静脉血栓等周围血管病为主，并开展对血管炎疾病的研究。为了患者用药方便，研制了煨脓长肉膏、紫朱软膏、中药外洗方等自制制剂，临床应用效果良好。2006—2015年，日均次门诊量达60人次，平均出院人数达1 200人次/年，平均住院天数5天，中医治疗率达到95%以上，其中外地患者的收治率达20%以上。

【专科发展】

2010—2015年，逐步开展了以周围血管病为核心特色的专业方向，并扩展至各种创面的治疗及中医外科痈疽疔疮的诊治工作。以中医为主、西医为辅，采用中医药内服、外治及手术、介入等治疗方法。病床从建科时的6张发展至18张，门诊及病房的服务能力及服务水平均有明显提升。

【新技术项目】

2010—2015年，科室仪器设备日益更新，开展一系列新技术项目用于临床，包括静脉曲张腔内激光闭合术，提高CVI、慢性溃疡VSD技术以及慢性溃疡的临床疗效，糖尿病足创面处理技术（止血仪和足病专科器械）、糖尿病足的临床疗效有所提高。

三、教学工作

2010—2015年，承担上海中医药大学五年制“中医外科学”周围血管病章节的教学及见习任务，承担上海中医药大学留学生班“中医外科学”周围血管病章节的英语教学任务，年授课学时30学时。每年接收进修实习人员约50人次。科室外派国内进修5人次。科室有博士生导师1人、硕士生导师2人，共培养博士生5人、硕士生18人。2015年，在读博士生4人，硕士生5人。

四、科研成果

【课题】

2010—2015年，共承担课题15项，其中国家自然科学青年基金3项、国家科技局1项、国家中医药管理局2项、上海市科委2项、上海市卫生局2项、上海中医健康服务协同创新中心项目1项、其他4项。

【专利】

2010—2015年，申请国家发明专利9项，其中已授权5项。

【著作与论文】

2010—2015 年，主编专著 1 部、参编专著 6 部；共发表中文核心期刊论文 150 余篇。

图 3-3-13　上海市名中医奚九一（第一排左三）与科室成员合影（第一排右二为主任柳国斌）

五、学术活动与任职

【学术活动】

2010—2015 年，连续举办两届上海中医药学会周围血管病分会学术大会，共接待全国各地百余人参会，开展深入交流。同时科室人员积极参加各级学术活动，特别是在国内、国际大型会议上作主题报告或交流。

【任职】

2015 年，柳国斌任中华中医药学会周围血管病分会副主任委员、中华中药学会疮疡病分会副主任委员、上海市中医药学会周围血管病分会主任委员。

第十二节　整形美容科

一、概况

2009 年 6 月，开设医疗美容科，设门诊 1 间、美容健肤室 1 间、激光治疗室 1 间，共 50 平方米，工作区域在综合楼门诊二楼 A 区。配备 1 台激光工作平台、1 台微晶磨皮机、1 台二氧化碳激光机。人员配置为主任医师 1 人、副主任医师 1 人、主管护师 1 人、纹饰美容师 1 人。由王耀萍主任医师坐诊，开展业务项目包括皮肤美容、激光美容、中医美容、中医外科。2013 年 10 月，科室更名为整形美容科，增加门诊 1 间、微创治疗室 1 间，共 90 平方米。整形外科由朱华锋副主任医师坐诊，增加整形美容、微创注射等手术，并开设日间病房。

表 3-3-10　2010—2015 年整形美容科历任负责人情况表

任职时间	副主任
2010 年 5 月—2013 年 10 月	王耀萍（主管）
2013 年 10 月—	朱华锋

二、业务发展

2009 年 6 月—2013 年 10 月，开展损容性皮肤病的治疗，分内治和外治。内治采用中西药物治疗面部痤疮、皮炎、湿疹、黄褐斑等；外治为清除粉刺、痤疮、黑头，脓疱内油脂，酒渣样皮炎，青春痘遗留的皮肤粗糙、凹洞，瘀血及堵塞毛孔的细菌杂质，去除各种瘢痕，美化肌肤。开展激光美容治疗：各种色斑（如雀斑、老年斑、太田痣、咖啡斑等），洗文眉、文身，红血丝，酒渣鼻，毛孔粗大，除皱嫩肤，除痣、除疣，脱毛等项目。

2013 年 10 月起，开展整形外科手术，包括面部良恶性肿瘤切除修复、瘢痕畸形矫正修复、五官先后天畸形整形修复、腋臭微创手术，以及多种先、后天畸形矫正及各种创面修复等。开展美容外科手术，重睑成形术，眼袋整形术，隆颞、隆鼻、隆下颌、隆胸术，面部年轻化手术，会阴美容手术等。开展注射美容术和纹饰美容术，肉毒素、玻尿酸、脂肪注射，文眉、文眼线，漂唇等。

三、教学工作

2009 年 7 月—2015 年，承担上海中医药大学医技学院美容专业学生的激光美容部分的课堂教学和临床教学工作，每年有美容专业学生 2～3 人接受培训，同时接受外国留学生的临床实习带教工作，每年有 2～3 名学生接受培训。

四、学术活动与任职

【学术活动】

朱华锋，2014 年参加中华整形外科第十三届年会，并作“改良鼻唇沟皮瓣修复鼻部皮肤肿瘤术后缺损的临床总结”主题报告；参加中美整形交流大会；参加第二届东方美容烧伤年会，并作“保留‘眼台’的眼袋手术”主题报告；参加第三届皮肤激光美容年会。2015 年，参加第十二届中国医师协会美容与整形医师大会；同年，参加中华整形外科第十四届年会，并发表题为“二氧化碳点阵激光在瘢痕治疗中的疗效观察”“二氧化碳激光联合调 Q532 激光对色素痣治疗”“保留‘眼台’的眼袋手术”“眼轮匝肌皮瓣修复眼睑黄色瘤切除后缺损”的演讲。

【任职】

2013—2015 年，朱华锋为中华医学会整形外科分会激光美容学组委员。

图 3-3-14　2015 年，整形美容科工作人员合影(右二为副主任朱华锋)

第四章 妇产科专业

妇产科专业包括妇产科、中西医结合生殖医学科2个科室。

第一节 妇产科

一、概况

1944年2月，成立产妇科(四明医院时期)。1953年，四明医院更名为上海市立第十人民医院时也设有妇产科；1960年，上海市立第十人民医院与上海市立第十一人民医院合并时保留妇产科。1964年，成立中医妇科，与西医妇科并存。1964年底，产科关闭。1973年，恢复产科。1976年，将中医妇科与产科两科合并成立妇科。1985年，产科关闭。2013年5月，在东部重建产科，形成了大妇产科学科群(中医妇科、西医妇科、产科)，更名为妇产科。

1994年，共有医师12人，其中主任医师2人、副主任医师4人，主治医师6人。2001年，共有医师10人，其中主任医师4人、副主任医师3人，主治医师3人。2005年，共有医师12人，其中，主任医师4人(博导2人)、副主任医师3人、主治医师2人、住院医师3人；博士2人，在读博士1人，硕士4人，本科5人，硕士以上学历共占58%。2015年，全科共有医师26人，其中，主任医师6人(博导1人)、副主任医师5人、主治医师12人、住院医师3人；博士6人，在读博士1人，硕士15人，本科4人，硕士以上学历共占84.6%。

表3-4-1 1944—2015年妇产科历任负责人情况表

任职时间	主任	任职时间	副主任
1944年3月—不详	董珊云	1964—1966年	庞泮池
1960—1966年	董珊云	1972—1978年(副组长)	钱志益
1972—1974年	董珊云(组长)	1978—1980年	吴培新
1978—1984年	庞泮池	1978—1984年	钱志益
1988—1999年	戴德英	1982—1988年	戴德英
2000—2003年	孙卓君	1991—1999年	孙卓君
2003—2013年	齐　聪	1999—2003年	齐　聪
2013年—	马庆良	2003年—	殷岫绮
		2013年—	蒋国静
		2014年—	王　萍

二、业务发展

1944年2月，成立产妇科(四明医院时期)。病房分甲、乙、丙三种，由产科专门医生主持日常工作，患者可以住院治疗，医生也可以出诊服务。1960年4月—1964年底，妇产科有床位45张，入院人数共9 281人次，使用率73.7%；周转率207%，治愈率84.8%，好转率12.2%。1964年底，产科关闭，5张床位改为中医妇科病床。1973年，为配合教学实习需要，又开设产科病房。1975年，总床位36张，其中妇科16张(包括计划生育床位)、产科20张，另有婴儿室床位20张。后因实施计划生育，产科患者减少，产科再度关闭。1984年起，先后配备医师、助产士专职进行计划生育手术(1991年11月—1992年4月关闭半年)。计划生育手术数：1990年，为1 133人次；1991年，为2 320人次；1992年，为1 704人次及药流200人次。2005年，成立东部妇科，病房设立在4B，有床位12张；西部妇科病房设立在住院部7楼，床位20张。东部妇科快速成长，以治疗中医特色治疗为主，配合现代的手术治疗技巧等综合措施，门诊量逐月上升，门诊手术每月多于50人次，病房手术每月多于30例，病床的使用率高于90%，周转天数达3～4天。2013年5月，在东部重建产科，形成了中医妇科、西医妇科、产科大妇产科学科群。2015年，东、西两部分别设置门诊病房，西部门诊位于门诊楼六楼A区，设有诊疗室3间、治疗室1间、计划生育咨询室和手术室；东部门诊位于门诊二楼C区，设有诊疗室4间、治疗室2间、计划生育咨询室和手术室。产科门诊位于门诊二楼C区，设有诊疗室3间、B超室1间、孕妇教室1间。西部妇科病房位于病房10楼，床位18张；东部病房位于特需楼3楼，床位30张；产科病房位于特需1楼，床位22张，共计70张。门诊量达20万人次/年，手术量约2 800人次/年，出院人数3 200人次/年。

2006—2015年，广泛开展临床与实验的医学研究，在中医方面，注重中医学科建设，每一位主治医师以上的医生都有中医专病的主攻方向。继承发扬名老中医的学术经验，开展中医特色治疗，如敷贴治疗复发性流产、用芪参颗粒治疗妇科恶性肿瘤；结合时令节气开展三伏天“冬病夏治”治疗由宫寒导致的一切妇科疾病；三九天“冬病冬治”和膏方配合治疗女性虚证类疾病。科室以中西结合治疗妇科肿瘤及不孕症为重中之重，开设不孕症、孕前咨询门诊、计划生育咨询门诊等专科门诊。每月一次妇科宣讲活动。在西医方面，不断提高妇科手术的质量，开展新项目，扩大手术的范围及难度，在原有腹腔镜、宫腔镜、开腹手术的基础上，开展更高难度的妇科手术，如妇科恶性肿瘤根治术、盆腔淋巴清扫术、盆底手术等，同时，开设产科、孕产妇的急救等。在中医药治疗方面，研制芪参颗粒、养血止崩煎、白花肌瘤片、益气养阴合剂、丹芍消炎合剂、丹芩消郁合剂、红藤合剂等自制制剂，临床应用效果良好。

【中医组】

由中医主任带组，带领中医团队继承发扬名老中医的学术经验，搞中医特色，利用自己优势开展中医特色治疗，如敷贴治疗复发性流产；结合时令节气开展三伏天“冬病夏治”治疗由宫寒导致的一切妇科疾病；三九天“冬病冬治”和膏方配合治疗女性虚证类疾病。开展不孕症、孕前咨询门诊、计划生育咨询门诊等亚专科，开设保胎病房。同时利用宫腹腔镜等现代手术方式治疗不孕症、卵巢囊肿等，提高治愈率。

【西医组】

由西医主任带组，开展盆底手术、悬吊式腹腔镜手术、腹腔镜下四级手术(广泛全子宫＋盆清)等，提高手术级别及难度。

【产科组】

由西医主任带组，开展顺产、剖宫产、引产、妊娠并发症的治疗，尤其在高危孕产妇的诊治及危重妇产科患者的抢救方面有独特的优势。

【医疗设备】

医疗设备不断更新，并开展新技术项目用于临床。具体项目有宫腔电切镜，用于宫腔粘连、子宫黏膜下肌瘤、功血等的治疗。腹腔镜手术，用于子宫肌瘤、卵巢囊肿、不孕症等的诊治。盆底手术，治疗子宫脱垂等。可视人流，用于人工流产。

三、专科发展

1979 年，妇产科开设中西医结合、闭经专病、妇科肿瘤门诊，利用中医中药治疗妇科疾患。1980 年，开设子宫内膜异位症和不孕专病门诊。1990—1991 年，分别开设中草药抗早孕和功血 2 个专病门诊。功血门诊治疗 50 多例，有效率达 80%以上。1998 年，开设“更年期综合征”门诊。2004 年，开展夜门诊治疗。2015 年，开设“复发性流产”门诊。内异症专科申请成立上海市中医妇科子宫内膜异位症治疗中心，运用红藤方治疗，有效率为 85.86%。

2006 年，科室被评为中医药行业优秀专科建设单位，是国家中医药管理局“十二五”重点专科妇科协助组牵头单位，联合全国 12 家三甲医院妇科进行重点专科建设。2010 年，成为国家中医临床研究基地拓展病种研究单位。

【妇科肿瘤专科】

1979 年，开设中西医结合肿瘤门诊。恶性肿瘤专科与肿瘤医院合作，开展妇癌手术，许多患者术后继续在专科服中药加化疗，使妇癌的治疗更加整体化、规范化。实施临床与实验研究相结合，运用中医扶正祛邪法的理论，改善恶性肿瘤患者的症状，促进周围血白细胞的代偿，改变 T 细胞亚群及体液免疫，提高患者免疫力，降低恶性肿瘤的转移率和复发率，晚期卵巢癌的 5 年生存率达到 50%。2013 年，引进主任马庆良，形成西医团队之后，坚持中西医结合研究，并发现中药能明显改善铂类耐药的卵巢癌术后患者的预后。

【不孕症专科】

1980 年，开设不孕专病门诊。不孕专病门诊由殷岫绮教授主持，创制应用通管汤合并妇透 1 号治疗不孕症，并做动物实验与血液流变测定，证实“通管汤”与“妇透方”对抗输卵管炎变具有效应，改善了血液的黏、浓、聚性质，增强血液流动性，纠正炎变条件下的血循环障碍，妊娠率大于 50%。在此基础上，配合宫腔镜插管通液及腹腔镜输卵管整形治疗输卵管性不孕症，提高疗效，妊娠率大于 62.13%。对排卵障碍性不孕症、子宫内膜容受性不孕症进行中医药介入辅助生殖的治疗，并且通过动物实验研究自制合剂对女性性腺轴和卵泡发育的影响。

四、教学工作

20 世纪 50 年代，科室成为上海医科大学妇产科及上海第二医科大学的教学基地，为全国培养了一批妇产科医师。1964年起，中医妇科成为上海中医学院教学基地之一，接收学院学生的毕业实习。1986年，妇科设立教研室，并被国家教委、国务院学位委员会批准为上海中医药大学博士点。庞泮池为博士生导师，先后培养1名硕士研究生、2名博士研究生。其中硕士研究生的论文获上海市青年科技成果奖，博士生论文获中医药大学论文奖。1975—1993年，科室承担上海市与外省市19名进修医生的临床教学。1984—1993年，承担10名外国进修医生的临床教学。

2005年，有博士生导师2人，硕士生导师10人，上海中医药大学金牌教师1人，教师中硕博士比例达80%以上。2006—2015年，共指导博士研究生20余人，硕士研究生80余人，指导七年制学生实习200余人。2008年，获得上海市教委精品课程。2009年，获得上海市卫生局重点教学课程建设。2015年，齐聪主编"十二五"国家统编教材2本，沈明洁获得全国中青年教师教学竞赛一等奖。

1999年，宋知理医生师从国医大师夏桂成学习半年。2004年，宋知理医生师从全国妇科名老中医曹玲仙学习3年。2012—2015年，陈静师从上海市名中医胡国华。2013—2014年，周华、沈明洁入选上海市杏林新星计划。2012年，杨红医生入选上海市青年医师培养计划。2008—2011年，张勤华医生获得上海中医药大学后备专家培养计划。2015年，科内70%以上为硕士以上学历，其中博士5人，在读博士1人，硕士18人，指导硕士、博士研究生10余人。上海市名中医1人。

五、科研成果

【课题】

1978—2014年，获科研成果奖5项，转让成果2项；完成和在研课题10项，其中国家级2项、省部级8项。2015年，获得国家自然科学基金项目6项、省部级课题20余项。

【专利】

2013年，获国家专利1项。

【著作与论文】

1964—2015年，共发表论文30篇。

六、学术交流与合作

【学术交流】

1990年，庞泮池参加日本广岛第五届传统医疗肿瘤会议，并在大会作主题交流。2005—2015年，科室举办国家级继续教育学习班19次，每次参加人数约200人次。2009年，齐聪教授撰写的"内异症不孕的中医治疗概述"在首届国际传统与现代生殖医学大会作学术交流，并荣获天使优秀论文奖。

【学术合作】

2010—2015年，与上海国际妇婴保健院、上海第九人民医院生殖中心、仁济医院合作，进行妇科肿瘤、不孕症的实验研究。

图 3-4-1　2013 年 8 月，妇产科医生合影（第一排左五为主任马庆良，右四为原主任齐聪）

第二节　中西医结合生殖医学科

一、概况

2003 年，妇科就开始尝试将中医药与辅助生殖技术相结合治疗不孕症，并派遣医生前往外院生殖中心进行专门培训。2009 年，与交通大学附属第九人民医院辅助生殖科合作，开展反复移植失败患者的中医药治疗项目。2010 年初，向上海市卫生局提出建立上海首家中西医结合生殖医学中心的申请，于 2011 年 1 月，获得卫生局的设置许可，并列入 2012 年上海市中医药发展规划的重点项目，2012—2013 年，试运行 1 年。2013 年 6 月，获得上海市卫生局的批准，科室正式成立。2015 年，临床有 7 名医生，其中主任医生 4 人、副主任医生 1 人，主治医生 2 人；胚胎实验室共有工作人员 4 人，包括门诊实验室 1 人、护士 3 人。主要诊疗活动位于东部贵宾楼 4 楼北侧，共有 5 间门诊诊室，B 超室、门诊实验室、抽血与注射室、观察室各 1 间。另外还备有人工授精、IVF 各类手术室以及胚胎实验室。

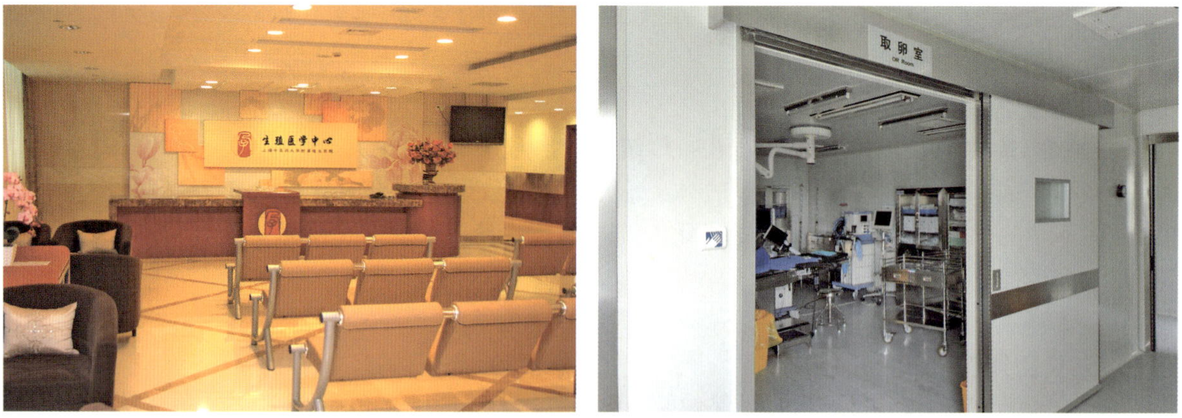

图 3-4-2　中西医结合生殖医学科门诊区域（左）和手术区域（右）

表 3-4-2 中西医结合生殖医学科历任负责人情况表

任职时间	主 任	任职时间	副主任
2011 年 1 月—2013 年 9 月	齐聪(兼)	2012 年 8 月—2013 年 9 月	童国庆(常务)
2013 年 9 月—	童国庆		

图 3-4-3 2012 年 10 月,首例试管婴儿获得成功,与院领导合影(第一排左二为周嘉副院长、左三为党委书记朱惠蓉、左四为常务副主任童国庆、左五为主任齐聪、右三为院长周华)

二、业务发展

2012 年 6 月—2013 年 5 月,在试运行的 9 个月内,已有 600 余位患者进入辅助生殖技术治疗周期,其中完成取卵 382 周期,体外受精-移植的临床妊娠率达 50.5%;人工授精 213 周期,临床妊娠率 14.55%。在正式运行的 2 年内(2013—2015 年),已完成 3 938 个取卵周期,鲜胚临床妊娠率 40.29%;完成冷冻胚胎移植周期 2 804,临床妊娠率 35.91%;完成人工授精 709 周期,临床妊娠率 11.9%。

表 3-4-3 2012 年 9 月—2015 年门诊人数以及手术统计表

时 间	门诊人数	人工授精周期	妊娠率/%	取卵周期	鲜胚移植周期	妊娠率/%	冻胚移植周期	妊娠率/%
2012 年 9—12 月	6 807	91	16.48	183	154	46.1	2	—
2013 年	24 863	315	11.43	957	453	45.92	378	33.06
2014 年	29 823	226	12.38	1 522	241	36.93	1 243	36.12
2015 年	27 151	168	11.9	1 459	142	38.03	1 183	38.54

三、教学工作

2013年6月—2015年，承担七年制、硕士等的带教任务，共指导硕士研究生8人。

四、科研成果

【课题】

2012—2015年，承担各级各类课题6项，其中国家自然基金3项、国家自然基金青年基金1项、上海市科委1项、其他1项。

【论文】

2012—2015年，发表论文21篇，均为核心期刊。

五、学术活动与任职

【学术活动】

2013年起，每年召开辅助生殖技术中西医结合治疗研讨会。其目的是考虑到参与不孕不育治疗方面的医疗机构将会不断增加，从事中西医结合不孕不育的医生们都迫切需要建立共同而强有力的学术和研究平台，以展示不同学术特点，交流最新诊疗技术，关注前沿研究动态，拓宽学术发展思路。

【任职】

2015年7月，由科室牵头成立上海中医药学会生殖医学分会。童国庆担任主任委员，严骅担任副主任委员。

第五章　肛 肠 专 业

肛肠专业包括肛肠科、柏氏肛肠科 2 个科室。

第一节　肛 肠 科

一、概况

1956 年，上海市立第十一人民医院时期，由中医外科设立痔科门诊，沪上外科名家夏少农、顾伯华等都亲自参加过痔科门诊工作，并设立中医外科肛肠组，共有床位 30 张。1991 年 8 月 8 日，肛肠科病房开张，设床位 52 张；1992 年起，肛肠科成为医院一级临床科室。2001 年，开设了松江区方塔中医院曙光分院肛肠科。2004 年 11 月 27 日，东部设立肛肠科门诊和病房，东西部共设床位 150 张；2006 年，西部床位调整至 66 张，东部 42 张；2012 年起，东、西两部各设有一个独立的病区，共设床位 80 张，7 间肛肠专科诊室。

2015 年，科室共有医师 16 人，其中博士生导师 1 人，硕士生导师 4 人；主任医师 3 人，副主任医师 7 人，主治医师 6 人；博士 2 人，硕士 7 人。

表 3-5-1　1992—2015 年肛肠科历任负责人情况表

任职时间	主　任	任职时间	副主任
1992—1999 年	柏连松	1992—1997 年	蔡益芳
1999 年—	杨　巍	1998—1999 年	杨　巍
		2000—2002 年	王定恒
		2013 年 9 月—	郑　德

二、业务发展

20 世纪 60 年代初至 80 年代末，痔科隶属于中医外科，以开展痔疮手术为主。20 世纪 90 年代初，在上海市名中医柏连松教授的带领下，科室在医教研工作中都取得长足的进步。1990 年，成立了肛肠病研究室。1991 年 8 月，设肛肠科病房，开展各类肛肠病手术，其中尤以“曙光Ⅰ号”硬化萎缩疗法治疗各期痔病、双线挂线法治疗高位复杂性肛瘘为其特色。1992 年，被定为上海市肛肠病医疗协作中心。随着临床业务发展需要，1993 年，痔科从中医外科划出，正式设立肛肠科，成为医院一级科室，融临床、科研、教学为一体的重点科室。临床工作中注重以中西医相结合的方法治疗各种肛肠常见病，包括高位复杂性肛瘘、各期内痔、环状混合痔；内服药加外用药治疗血栓外痔、内痔便血、肛门部炎性疾病、痔核脱出嵌顿、肛裂疼痛、肛门湿疹、非特异性结直肠炎等。自设立独立专科后，门诊量由 1995 年 17 845 人次增至 2005 年 24 533 人次，出院人数由 1995 年的 539 人增至

2005 年的 1 251 人。2006—2015 年，在杨巍主任的带领下，科室的临床业务继续围绕混合痔、肛瘘、肛周脓肿等主要病种展开，以及肛裂、肛窦炎、直肠脱垂、便秘、肠炎、难治性肠病等疾病，门诊就诊人数自 2006 年以来稳步提升，手术及出院人次大幅增长。2015 年，东、西两部年门诊量 6.4 万人次，年手术量近 4 000 台，出院病例超过 4 000 人次。

三、医疗特色

【中医中药治疗肛肠病】

20 世纪 90 年代，研制了中药制剂并应用于临床。内服药有外八煎、外九煎、外十煎、养阴清热煎、清热解毒合剂、祛风利湿合剂、痔血宁合剂等。外用药如治疗血栓外痔肛门部炎性疾病、痔核脱出嵌顿、肛裂疼痛、肛门湿疹等的“熏洗Ⅰ号方”；治疗各期内痔便血的“消痔锭”，通过上海市 10 多家医疗单位的临床验证，总有效率达到了 94.83%，1994 年，获得上海市中医药大学科研成果二等奖及上海市优秀中成药新产品二等奖；“炎宁灌肠液治疗非特异性结直肠炎的临床与实验研究”被列为上海市卫生局科研项目，这一成果被鉴定组认为达到国内领先水平。1995 年，获国家中医药管理局科技进步奖三等奖。

【中西医结合治疗肛瘘】

本专科运用中医传统理论和历代医家的临床经验，结合现代医学理论，采用中西医相结合的肛瘘手术疗法，如对口切开旷置结合垫棉法、双线切挂法、隧道法等取得满意的疗效。尤其是运用对口切开旷置结合垫棉法治疗高位复杂性肛瘘，因手术中不切开、手术范围缩小，使创面愈合时间明显缩短，大大减轻了患者的痛苦，总有效率达到 95%以上，且有复发率低、无肛门失禁等优点，手术方法属国内领先水平。

【中西医结合治疗混合痔】

环状混合痔也是肛肠疾病中的常见病和多发病，西医所采用的环切法，因存在肛门狭窄、直肠黏膜脱垂等后遗症，已被弃用。肛肠科在中医传统理论结扎方法的基础上，采用分段结扎并配合硬化剂注射治疗环状混合痔，使痔核的脱落时间从原来的 7～10 天缩短到 5 天，同时还降低术后大出血的发生率。经过数千例的临床疗效观察，总有效率达到了 95%以上，且具有复发率低、无后遗症、远期疗效佳的优点。

【标准化特色诊疗技术】

经临床大量病例的治疗和总结后，建立以中医药为主的治疗肛门部常见疾病的临床操作规程，确立能明显缓解患者症状、减轻患者痛苦及缩短治愈时间的标准化特色诊疗技术。如对口切开旷置结合垫棉法治疗高位复杂性肛瘘、分段结扎结合硬化剂注射法治疗环状混合痔、肛肠手术后中药熏洗的标准化操作规程，中药熏洗疗法在肛肠病的应用、特色中医药自制制剂在痔病和围手术期的应用、针药复合无痛麻醉在痔手术中的应用、中医中药治疗炎症性肠病、辨证施治治疗难治性便秘、针药结合治疗术后尿潴留、肛肠特色中医整体护理等。逐渐将特色疗法系统地运用于日常的临床诊疗工作，同时又通过课题合作、专家指导及开设继续教育项目等模式，向网络合作单位普及并推广这些特色技术，与上海市和全国的数十家医院建立了协作关系，先后派出 5 名副高级以上科室成员赴四川、云南、浙江等地支持援建和指导，受到当地医院工作人员和患者的普遍赞扬。

【新技术及个体化治疗】

科室为适应检查和治疗需求，医疗仪器设备日益更新，开展新技术新项目，包括肛管测压仪、盆底生物刺激反馈治疗仪帮助手术前后的诊断；超声刀等设备用于手术改良术式；肛肠熏洗治疗仪、He-Ne激光治疗仪用于促进术后伤口的愈合进程。同时，大力倡导现代影像技术在疾病诊断中的应用，积极参与高分子材料肠道球囊导管技术的全息影像无创诊断研究；对于不同人群的个体化需求，痔病治疗采用包括自制痔血安合剂、中药熏洗外敷、硬化剂注射、多普勒超声引导下痔动脉结扎术、内套外剥齿状线保留术、混合痔分段结扎法、内痔胶圈套扎术、吻合器痔环切术、开环式微创痔上黏膜切除吻合术等方法。

【专科发展】

为加强肛肠科内涵建设，1990年起，成立肛肠病研究室，1992年，被定为上海市肛肠病医疗协作中心。2006年，科室已发展成为国家中医药管理局“十二五”重点专科，“十二五”肛肠病协作组优势病种痔病(外痔)组组长单位，“十二五”肛肠病协作组中医医疗技术枯痔技术组副组长单位，上海市中医重点专科，上海市卫生局中医特色肛肠专科，上海市中医临床优势专科。由现任肛肠科主任杨巍教授任学科带头人，2015年，完成“十一五”“十二五”两个建设周期。

四、教学工作

医院专门设肛肠科教研室，已有四五十年的教学实践活动和经验。作为上海中医药大学临床实习和见习教学基地，承担了进修医师、专科规范化培养医师、硕士研究生、本科生的临床带教任务。1992—2015年，总共培养大学生(含七年制)2 000人次，作为博士培养点共培养博士生8人、硕士生逾50人。科室专门配备教学干事，系统地安排带教工作，有序地开展教学查房及教学讲座。肛肠教研室由杨巍主任负责，带领教研室成员，长期承担上海中医药大学曙光临床医学院的中医外科学肛肠部分的课堂授课和七年制本科生见习带教。

科室注重对各级医师的培养及继续教育。每周均安排科内学术交流、学术讲座、病例讨论会。1992—2015年，共有2人赴美国克利夫兰医院访问学习、2人赴英国圣马克医院访问学习、2人赴第二军医大学长海医院进修、3人赴南京中医院肛肠科进修、2人赴中山医院肠镜室进修、1人赴中山大学附属胃肠肛门病医院进修。2人完成在职博士研究生学习，2人博士在读。

五、科研成果

【科研项目】

1992—2000年，科室共承担上海市卫生局及上海市科委科研课题5项，其中“炎宁灌肠液治疗特异性结直肠炎的临床与实验研究”获1995年国家中医药管理局科技进步奖三等奖。2006—2015年，共承担各级各类研究项目18项，其中国家科技部“十一五”项目2项，“十二五”项目1项，国家中医药管理局项目1项，上海市科委、教委、卫生局等科研课题十几项。2015年12月，在研课题7项。

【著作与论文】

1992—2015 年，肛肠科编撰专著 14 项，其中主编 2 部、副主编 3 部、编委 9 部。1992—2015 年，共在各类核心期刊上共发表论文 70 余篇，其中 SCI 论文 1 篇。

六、学术活动与任职

【学术活动】

1986 年以来受卫生部、上海市卫生局委托，每年举办 1～2 期肛肠科临床医师进修学习班，聘请有声望的专家教授编写教材、讲义并上课，共培养专业人才 400 多人。从 2006 年起，连续主办 9 届“曙光中西医结合肛肠论坛暨肛肠疾病高级研修班”，邀请著名肛肠界专家畅谈肛肠病从诊断到治疗的新技术新理论，分享从常见病到疑难病种、少见病例中得到的思考感悟。2011 年，成立中国 TST 技术培训基地；2014 年，成立中国 RPH 技术培训基地，每年开办技术学习班 2 次，通过手术演示及理论学习等方式，对国内外与会肛肠专业学员进行培训及指导。2006 年，杨巍主任在上海市中西医结合学会大肠肛门病专业委员会年会上，作“对口切开旷置结合垫棉法治疗高位复杂性肛瘘的临床观察”主题演讲。2008 年，杨巍主任在上海市中西医结合治疗肛肠病新理论新技术高级研修班上，作“良性肛肠病的诊治进展”的主题演讲。2009 年，杨巍主任在上海市中西医结合学会大肠肛门病专业委员会年会暨肛肠病新进展新技术高级研修班上，作“复杂性肛瘘诊治研究”主题演讲。2010 年，杨巍主任在上海市中西医结合学会大肠肛门病专业委员会年会暨肛肠病诊疗技术高级研修班上，作“环状混合痔的诊治进展”主题演讲。2011 年，杨巍主任在第五届曙光中西医结合肛肠病高级研修班上，作“痔的微创治疗研究”主题演讲。2012 年，杨巍在第六届上海曙光中西医结合肛肠论坛暨肛瘘诊治策略研讨会上，作“高位复杂性肛瘘的诊治思考”的主题演讲；郑德作“肛瘘术后熏洗疗法应用技术规范研究”主题演讲；汪庆明作“肛瘘 LIFT 手术”主题演讲。2013 年，杨巍在第七届上海曙光中西医结合肛肠论坛暨痔诊治策略研讨会上，作“痔的微创治疗进展”主题演讲；郑德作“中药在痔围手术期的临床应用”主题演讲；汪庆明作“美国克利夫兰医学中心见闻”主题演讲。2014 年，在第八届曙光中西医结合肛肠论坛暨肛肠领域热点问题研讨会上，杨巍作“肛肠领域热点进展”主题演讲并作现场手术演示。2015 年，第九届曙光中西医结合肛肠论坛暨肛肠疑难疾病诊治新策略学习班上，杨巍作“肛肠领域热点进展”的主题演讲。

【任职】

柏连松，1985—2012 年，任上海市肛肠学会主任委员。1988—2001 年，任上海市肛肠病医疗协作中心主任。1990—2001 年，任全国痔病组组长。1991—2002 年，任国家高等医学教育学会肛肠分会副主任委员。1991—2015 年，兼任第一、三、四、五届全国老中医药专家学术经验继承人导师，上海市老中医药专家学术经验继承人导师。1993—2003 年，兼任卫生部新药审评专业组组长。

杨巍，2006 年 12 月，任上海中西医结合学会大肠肛门病专业委员会副主任委员。2009 年 10 月，任中华中医药学会肛肠专业委员会常务理事。2011 年 4 月任中国便秘联谊会副会长。2012 年 9 月，任中医药高等教育学会临床研究会肛肠分会副会长。2015 年 1 月，任中国中医药研究促进会肛肠分会副会长。2015 年 4 月，任中国民族医药学会肛肠科分会副秘书长。2015 年 10 月，任世界中医药联合会肛肠分会常务理事。

图 3-5-1　1990 年 5 月，外科肛肠组被评为上海市 1989 年度模范集体

图 3-5-2　2005 年 3 月，肛肠科在西部病房的合影（第一排右二为主任杨巍）

第二节　柏氏肛肠科

一、概况

2006 年 12 月，成立柏氏肛肠科。2015 年，有上海市名中医 1 人，主任医师 4 人、副主任医师 1 人、主治医师 3 人、住院医师 1 人。诊室面积约 60 平方米，共 3 间诊室，其中东部诊室 1 间，面积 15 平方米；西部诊室 2 间，每间 20 平方米。同年，柏连松工作室成立，工作室东部的面积为 30 平方米，西部 25 平方米。2006 年 12 月—2013 年 9 月，柏氏肛肠科病房东、西两部双边设置，西部病房

设置在住院部 6 楼,由张卫刚副主任医师(2011 年为主任医师)主管,床位数为 20 张;东部病房设置在贵宾楼南 1 楼,床位数为 30 张,由张雅明副主任医师主管(2008 年为主任医师)。2009 年 11 月起,东部病区搬迁至贵宾楼北 4 楼,床位设为 21 张;2010 年 8 月,搬迁回贵宾楼南 1 楼,床位设为 24 张。2013 年 9 月—2015 年 12 月,病房为西部单边设置,原东部南 1 楼病房搬迁至西部住院部 17 病区,床位设为 25 张,由张雅明主任医师主管。

表 3-5-2　2006—2015 年柏氏肛肠科历任负责人情况表

任职时间	主　任	任职时间	副主任
2010 年 2 月—	张雅明	2006 年 4 月—2010 年 2 月	张雅明

二、业务发展

柏氏肛肠科是中医外科二级学科,病种范围为中医肛肠疾病,主要以良性肛门疾病为主,开展痔病、肛漏病、肛痈病、肛裂病及肛肠病中良性疑难病治疗。

柏氏肛肠科成立之初,具有鲜明的中医特色,临床主要以中医整体观念和中医特色诊疗技术治疗混合痔、肛瘘、肛裂、肛门炎性疾病等,并对肛周脓肿开展研究,制定了临床路径,使科室的业务得到持续发展。2006—2015 年,开展中医肛肠病诊疗技术的研究,如肛肠病湿热敷疗法、肛瘘隧道疗法、肛瘘双线切挂法。临床研制各种院内制剂,如痔血宁合剂(2015 年更名为痔血安合剂)、蒲丁合剂、祛风利湿合剂、消痔膏、黄柏膏、白玉膏 6 种制剂。2010 年,采用半导体激光技术用于术后除创面恢复,有效缩短了患者住院及恢复时间,患者住院时间由 29.5 天缩短至 8.8 天。2014 年起,使用超声刀代替传统的混合痔内扎外剥手术模式,手术同时对微血管进行热凝固止血,术中减少止血和止血结扎线过程,大大缩短了手术时间。手术时间由使用前平均每台 40 分钟缩短至 20 分钟,且减少了患者术后肛门局部的水肿、疼痛等并发症。2014 年,科室采用超声雾化肛肠病熏蒸仪,用于肛肠病术后肛门局部中药熏洗,减轻中药药液坐浴引起的水肿,防止交叉污染。2015 年,科室采用八通道水灌注型肛管测压仪,检测患者肛肠病术后肛管生物力变化,以评价传统中医肛肠科手术的肛门直肠功能状况。门诊工作量西院达到日均 80 人次,东院达到日均 20 人次。病区收治患者以良性肛肠病为主,出院 185 人次/日;床位使用率 100%,中医治疗率 96%,每年收治患者 2 200 余人次。

三、上海市名中医工作室建设

【医疗设备】

上海市名中医传承工作室——柏连松名中医工作室建设项目始于 2006 年。2009 年,工作室添置了一定数量的硬件设施,主要为计算机等办公用具,更新和购置了部分设施。工作室仪器设备的建设和使用主要分为三部分:计算机、网络宽带、声像采集系统的建设。根据名中医临证需要建设,临证经验示教诊室、示教观摩室、专家资料室同步建设,将上述的硬件建设与网络传输、信息采集、后期信息处理同步建设。工作室更新和购置硬件设备,添置了计算机(台式机、笔记本电脑)、录音笔、摄像机、数码相机、移动硬盘等数码设备。数码设备的使用:继承人跟师学习,门诊临证过程，录制老中医临证工程，在名中医参加学术会议、授课等活动时拍摄老中医的视频和照片，并利用计算机和移动存储设备进行备份和制作，将需要的文件根据要求通过网络平台上传。

【传承工作】

2012年5月，成立海派名医夏氏外科研究基地，建立肛周脓肿的临床路径，并且每年完善肛瘘、混合痔、肛周脓肿的诊疗规范。在全国名中医柏连松工作室建设期间，工作室成员比较系统地整理和归纳了柏连松教授的学术思想和临证经验。柏连松师从夏少农教授，长期从事临床工作，从事中医外科及肛肠科50余年，以夏氏外科的学术思想为理论指导，临证用药遵夏氏外科用药之旨；提出肛肠病的病因病机，注重顾护正气及脾胃之气；注重整体观念，肛肠病局部辨病必须与整体辨证相结合；肛肠科手术强调疾病治疗和肛门功能保护并重等理念。在中医外科、肛肠科科、教、研一线工作中继承与发扬传统。

【中医流派】

2012年起，上海卫生局中医发展办公室根据上海市政府推进中医药发展的文件，开展第一、第二轮海派中医夏氏外科流派研究基地的建设。流派基地负责人由夏氏外科第五代代表性传承人柏连松教授担任。2013年，夏氏外科入选上海市非物质文化遗产传统疗法外科疗法保护名录。2014年，柏连松被评为上海市非物质文化遗产夏氏外科代表性传承人，带领夏氏外科肛肠病研究组、传统中医外科研究组、中医乳腺病组和皮肤病组，开展夏氏外科流派基地的建设。2006—2015年，已经完成第一轮、第二轮夏氏外科的研究。2012—2016年，为期5年的建设过程中，第一次系统整理夏氏外科的相关历史资料，理清夏氏外科的传承脉络，整理和归纳夏氏外科历代传承人的传记、学术思想和临证经验，整理夏氏外科优势病种和特色诊疗技术，制定流派优势病种的诊疗方案，并开展优势病种的临床研究，优化与完善诊疗方案和特色诊疗技术。对夏氏外科特色经验方开始实验研究，推进流派的学科建设，人才队伍和人才梯队齐全，科室的临床工作量得到提高。

四、教学工作

2006—2015年，柏氏肛肠科承担教学工作的授课任务，年授课120学时，接收进修实习人员、住院医师规范化培训和专科医师培训30余人次。科室每年接收国内进修人员2人。2015年，柏连松名中医工作室和科室共培养了博士1人，上海优秀中西医肛肠患者才3人，硕士1人，七年制硕士生9人。1人在江苏省连云港人民医院进修外科半年，1人在广东省中西医结合医院肛肠科进修肛肠病半年，1人在上海中山医院内镜中心进修半年。2014年，张雅明在英国圣马可医院肛肠科访问学习1个月。柏连松名中医工作室完成第四批、第五批全国名中医药学术继承班4名学术传承人的带教、学习考核工作。

五、科研成果

【课题】

2006—2015年，柏氏肛肠科承担各级各类课题9项，其中上海市卫生局中医药科研基金课题6项、其他3项。

【著作与论文】

2006—2015 年，主编书目 4 本，参编书目 3 本。2006—2015 年，发表论文 20 篇，

六、学术活动与任职

【学术活动】

2006—2015 年，柏连松名中医工作室联合上海市中医药学会主办、举办全国中医肛肠新进展学习班各 1 次，科室成员均参加上海和全国中医药学会肛肠分会、中医药促进会肛肠分会的学术交流会，并主持每年的上海市中医药学会肛肠分会的学术交流会。

2012 年起，柏连松教授主持海派中医夏氏外科基地传承研究基地的建设任务。

【任职】

2013 年，张雅明担任上海市第九届上海中医药学会肛肠分会的主任委员，张卫刚担任上海市第九届上海中医药学会肛肠分会的副主任委员。

图 3-5-3　2006 年 12 月 8 日，在东部贵宾楼一楼举行柏氏肛肠科病区开业庆典，上海名中医(从右至左)柏连松、颜德馨、石仰山、徐定国合影

第六章　急诊科专业

急诊专业包括急诊科、创伤急救科 2 个科室。

第一节　急诊科

一、概况

1932 年 10 月，四明医院新病房(即重症室)落成，专收重症患者。1960 年，急诊室以西医治疗为主，隶属于西医内科。1965 年，专门安排 4 位中医师进入急诊室，迈出中医中药治疗急症的第一步。"文化大革命"期间，中医内科急诊研究工作形成了"时起时落""形存实亡"的局面。1978 年 9 月，医院调整中西医病床的比例，中医内科急诊受到医院重视。1983 年成立中医内科急诊研究室，使中医急诊工作的开展进入了一个新阶段。1989 年设立重症监护中心(ICU)，当时位于门急诊楼底层，设有监护床位 4 张。至 2001 年，急诊医疗人员由 27 人组成，其中，主任医师 2 人、副主任医师 4 人、副研究员 1 人、主治医师 10 人、住院医师 8 人、医技人员 2 人。1994 年搬迁至病房大楼七楼，设有病床 5 张，配有中央监护仪、呼吸机、心电图机、除颤机等抢救设备，是医院抢救危急重患者的重要基地。2000 年 7 月，重症监护中心(ICU)得到扩建，病床数增加到 16 张，增加抢救设备，如输液泵 16 台、呼吸机 5 台、冰毯、中央监护仪、无创心排量测定仪等先进医疗设备。监护室配备医生 8 人，即主任医师 1 人、副主任医师 1 人、主治医师 2 人、住院医师 4 人。监护室以内科为主，包括外科监护床位 6 张，为综合性监护室。2004 年底，急诊科成为东部最早开诊的科室。当时的急诊科吸收各级医疗人员扩增至 35 人，其中，主任医师 3 人、副主任医师 4 人、主治医师 6 人、住院医师 20 人、医技人员 2 人。2006 年 5 月经院务会讨论决定聘请王左主任为急诊科督导员。2008 年 1 月经院务会讨论决定将感染科、中心 ICU 纳入急诊科管理。

2015 年，急诊科共有成员 35 人，其中博、硕士 30 人，硕博士占科全体医师比例为 85%以上。具有正高职称者 6 人，副高职称者 10 人，中级职称者 16 人。科室拥有病床数总计 80 张，其中，急诊病房(西部)(感染科病区)14 张、中心 ICU10 张，东部急诊病房 11 张、急诊观察病床 11 张、急诊 ICU9 张、过渡病床 25 张。

表 3-6-1　1992—2015 年急诊科历任负责人情况表

任职时间	主　任	任职时间	副主任
1992—2004 年 4 月	王　左	1992—1994 年	吴根屏
2000 年 4 月—2005 年	熊旭东	1992—1995 年	毕小利
2006—2007 年 3 月	魏江磊	1992—1994 年	郑舜华
2007 年 3 月—2008 年 1 月	曹康裕	1994 年	金为群
2008 年 1 月—2013 年 9 月	熊旭东	1995—2000 年	方正龙

（续表）

任职时间	主　任	任职时间	副主任
		1995—2000年	曹康裕
		2000—2005年	陈宝生
		2000—2005年	曹康裕
		2000—2005年	冯丽伟
		2013年—	王　倩
		2013年—	李淑芳

二、业务发展

1932年10月，四明医院新病房（即重症室）落成之初，专收重症患者，因床位有限，收治病种和数量都比较局限。1960年曙光医院成立时，急诊室以西医治疗为主，隶属于西医内科。1965年，医院提出办院方向为“发展中医学术开展中医药治疗急症”，医院专门安排4位中医师进入急诊室，迈出中医中药治疗急症的第一步。20世纪70年代，在中西医师协作下继续开展中医急症工作，初步制订诊疗常规及管理制度，着重于提高急诊医疗质量。1973年，对急诊观察病员采用以中医中药为主和中西医结合的综合治疗措施占80%左右；以单病种为例，中医药治疗率达70%。当时研制成功的感冒退热冲剂获国家银质奖，并在市中西医结合工作表彰会上受到表扬。

1983年成立中医内科急诊研究室，使中医急诊工作的发展进入一个新阶段，并在厥脱急症的研究和治疗上处于全国领先行列。1984年遂成为国家中医药管理局医政司厥脱症协作组组长单位和高热证南方协作组胸痹心痛协作组的主要参加单位。1991年被列为国家中医药管理局首批中医急诊医疗建设单位。1992年正式建成急症研究室、急诊科及中医急症医疗中心“三位一体”的组织体制。

2003年在原有基础上成立医院感染科，开展院内感染的监测与控制。2006年成为中医药管理局中医急诊建设基地。2007—2009年，通过上海市公共卫生新三年行动计划的建设。2008年1月经院务会讨论，决定将感染科、中心ICU纳入急诊科管理。2015年，科室为国家中医药管理局“十二五”中医重点专科培育项目重症医学科建设单位、组长单位，脓毒症暴喘协作组牵头单位，国家中医药管理局中医急诊建设基地，上海市卫生局中西医结合急诊临床基地，上海市优势学科中医内科学（中医急诊）、国家教育部重点学科中医内科学（中医急诊）单位，上海市中风特色专病专科。拥有上海市二级实验室。

2004年12月，东部试运行，急诊是首批科室之一。当时急诊区域按照国际标准建设，设有直升机停机坪。急救医学科设有抢救室、急诊病房、急诊观察室和重症监护中心ICU，拥有中央监护系统及除颤器、监护仪、床边血液净化仪、临时起搏器、人工呼吸机、洗胃机和多功能监护仪、输液泵等全套现代化的抢救设备。

【重症监护中心ICU】

重症监护中心（ICU）最早于1989年设立，当时位于门急诊楼底层，设有监护床位4张。1991

年被国家中医药管理局首批确认为中医急症医疗建设单位。1994 年搬迁至病房大楼七楼，设有病床 5 张，配有中央监护仪、呼吸机、心电图机、除颤机等抢救设备，是医院抢救危急重患者的重要基地。2000 年 7 月，为适应医疗需求，增强抢救危急重症的能力，在上级领导的支持下，重症监护中心(ICU)得到扩建，病床数增加到 16 张；抢救设备增加，拥有输液泵 16 台、呼吸机 5 台、冰毯、中央监护仪、无创心排量测定仪等先进医疗设备，成为上海市中医系统床位最多的监护室。由主任王左作为学科带头人，固定医师 31 人，其中主任医师 2 人、副主任医师 2 人、副研究员 1 人、主治医师 12 人、住院医师 14 人；护理人员 38 人，其中护师 6 人、护士 32 人。医护人员约占全院医护人员的 8.8%。另固定医技人员 4 人，其中主管技师 1 人、技师 2 人、技术人员 1 人。1994—2015 年，抢救急性中毒、急慢性呼衰、心搏骤停、重症胰腺炎、脑血管意外、多脏器功能衰竭等重症患者，抢救成功率达 79.04%。2001 年病房使用率 81.58%，诊断符合率 99.41%。

监护室内环境按阴阳五行学说配以五色，并配以相关的气味、声音；对于患者，结合中药内服外用及针灸、推拿等进行综合救治。中心配备的先进医疗设备总投资约 20 万美元，所有仪器均设专人管理。万元以上设备全部投入正常运转。主要设备为美国 HP 公司 M1166A.78352A×4.78354A.78560A(监护系统)、美国 HP 公司 43120A 和美国 Burdick 除颤器、日本充电公司 CoMP-7201 遥控生命监测仪、美国 Datascope 监护仪、美国 COMPANION2800 手提式呼吸机和法国 MONNAL-D85117 呼吸机、美国 MICRO-TRACER 心电心音记录仪、美国 FD-223 辨差电位器、日本 SM-20 微操纵器等。独立开展了心肺复苏术、紧急插管术、经皮穿刺气管切开术、深静脉导管留置术、连续性床旁肾脏替代治疗(CRRT)、纤维支气管镜技术、胸穿、心包穿刺术、胸腔闭式引流术、心脏临时起搏器安装术等急救技术。

2015 年，形成以急症医疗中心为核心的辐射网络系统，涉及全国 10 个省市 103 家医院，协作攻关，提高急症的中医药治疗率。

【急诊诊疗区】

2015 年，急诊诊疗区包括急诊诊疗和急诊观察病区，设病床 46 张。其中肠道隔离观察床 6 张，其他传染病隔离床 2 张。急诊科以内科为重点，设有内、外、妇、儿、骨伤等专科急诊，实行 24 小时应诊，设有绿色通道，对危重患者实行优先抢救。急诊诊疗区内设有抢救室，有抢救床 2 张，配备监护仪、心电图机、除颤仪、呼吸机、洗胃机等重症抢救设备。2005 年共接待应诊人次 19 223 人次，平均日接诊量 5 267 人次，全年留观及补液 51 332 人次，平均日留观及补液 140 人次，抢救成功率达 75.3%。至 2015 年，急诊内科年门诊量 166 000 人次，其中东部 86 933 人次(含发热、肠道门诊)，西部方便门诊 73 117 人次；东部留观患者 3 750 人次；急诊科病房出院患者 2 200 人次；床位使用率 92.7%，平均住院日为 14.3 天。运用中西医结合共抢救危重患者 2 000 人次，成功抢救 1 690 人次，成功率 85%。

【急症研究室】

急症研究室建于 1983 年，其前身为急症研究小组。现由临床组、急症实验室、血气肺功能室等组成。临床组以七病区(急症病房)为主，由 2 名主任医师、1 名副主任医师、3 名主治医师、5 名住院医师、4 名护师、14 名护士共 29 名人员组成。实验室以中医理论为指导，强调临床应用与基础机制研究相结合，配备较先进的仪器，以心肌力学、微循环和细胞电生理为主要研究工作，为国家中医药管理局认定的二级实验室，承担急诊科及心血管科硕士研究生、博士研究生部分实验室课题研究。

【优势病的研究】

1983年8月，在原来中医内科急诊工作的基础上成立中医内科急诊研究室，选择既有较多中西医临床经验又乐于献身中医急诊研究工作的20名医务人员为固定人员。此外，聘请中医教授和中、西医主任医师各1人为顾问。定期作热、厥症重点病例的讨论及急诊科研方案的技术指导。病种范围，从内科的一般急症，发展到治疗急危重症。中药剂型和给药途径，从单纯的口服汤剂、冲剂发展到应用中药栓剂、中药针剂。治疗手段，从单一的中药发展，到结合针灸、穴位注射等综合治疗。临床研究以中医的厥、热、痛、血等急危重症为主要内容。

厥脱症 1983年成立中医内科急诊研究室，急诊研究室成立半年多时，对30例厥脱症患者采用艾条灸关元的方法治疗，观察到确有回阳救逆（肢端复温，血压回升）的作用。还对十余例大汗淋漓、面色苍白、手足厥冷、脉微欲绝的厥脱症患者采用温阳益气、回阳固脱、破气消滞等治疗法则，给予中药针剂静脉推注或滴注。用药后，患者汗止，手足复温，面色转红；血压、尿量、微循环灌注量等客观指标渐次恢复正常。实验研究方面，应用对寒厥（即休克）有效的中药制剂（参附青）进行动物实验研究，也获得良好效果，在运用中医药治厥脱症方面迈出可喜的一步，使中医急诊工作的开展进入一个新阶段，并在厥脱急症的研究和治疗上处于全国领先行列。1984年遂成为国家中医药管理局医政司厥脱症协作组组长单位和高热证南方协作组胸痹心痛协作组的主要参加单位。在国家中医药管理局领导下，医院从人力物力上给予重点扶助，主攻厥脱症。

20世纪80年代以后，全国急诊工作掀起临床科研大协作的高潮，医院急诊科选拔一批临床经验丰富、中医理论基础好、掌握一定现代医学知识的中医师，组成中医内科急诊研究室初创时期的班子。1987年，病种范围已从处理一般急症发展到治疗危重症，如厥脱、胸痹心痛、老年重症肺热等。用药剂型和给药途径也从单纯的口服汤剂发展为多样化，如冲剂、栓剂、注射剂。其中荆银合剂、鹿蹄草素、抗炎1号、抗炎2号等治疗外感高热，"平喘液"即刻平喘，"参附青"抗厥脱，土大黄、心痛301穴位注射止血、止痛已成为急症用药的特色。治疗手段也从较单一的中药治疗发展到综合治疗，如配用针灸、穴位注射、超声雾化及激光氖氦穴位治疗等。这段时期进一步制订热证、痛证、血证、厥脱症、中风、哮症的中医药诊治常规。随着中医急症工作的深入与发展，主持研究课题与协作研究课题各获得部、局级成果2项。1992年正式建成急症研究室、急诊科及中医急症医疗中心三位一体的组织体制。1991年被列为国家中医药管理局首批中医急诊医疗建设单位。1992年承担国家自然科学基金课题"抗厥脱中药对肝细胞跨膜电位及细胞内离子活度的影响"。应用20世纪70年代发展起来的离子选择性微电极技术结合常规微电极技术，测定大鼠电位及肝细胞内Na、K浓度。实验证明，应用抗休克中药提取物去甲乌药硷、人参皂苷能使休克时肝细胞呈现部分复杂化，改善Na/K通透性比值，并能使肝细胞内Na显著下降，而对羟福林作用较弱。此种改善，为临床应用。上述药物治疗休克提供细胞膜功能和离子方面的信息，是一项十分有意义的中西医结合研究成果，属国内首创，获1993年上海中医学院科技成果奖二等奖。

科室承担的"参附青注射液对邪毒内陷所致厥脱症的临床与实验研究"的课题。实验证明"参附青"注射液能使狗和大白鼠的心肌收缩力增强，肠系膜动脉扩张、血压上升；对心肝肾内皮细胞有保护作用；能提高前列腺素的某些成分，阻滞血小板释放，改善微循环，因而具有预防和治疗休克的作用。经对上海地区104例厥脱症患者的临床观察，总有效率达84.6%。这一成果获国家中医药管理局重大科技成果甲等奖。

热性病、痢疾 1965年医院提出办院方向为：发展中医学术开展中医药治疗急症，在西医师协同下选择病种，探索性地开展中医药对热性病及菌痢的治疗，迈出中医中药治疗急症的第一步。70

年代，在中西医师协作下继续开展中医急症工作，在二病区设立了热性病、菌痢等 16 张研究病床，从个性治疗向共性研究发展。以 1973 年为例，该年对急诊观察病员采用以中医中药为主和中西医结合的综合治疗措施占 80%左右；以单病种为例，中医药治疗率达 70%。同年，中医内科急诊小组以其医疗成绩在市中西医结合工作表彰会上受到表扬。

急诊科对热性病、痢疾、便血几个病种制定详细的科研计划，采用随机取样、设立西药对照组等方法进行观察。中医内科急诊研究室成立半年内，先后收治近 180 例较危重的患者。在诊断上，以中医望、闻、问、切为主的同时，配以现代检测方法，力求及时作出正确诊断。在治疗上，坚持以中医传统的辨证施治原则指导处方用药。在方药及给药途径上，采用小复方与单味中药相结合。除了传统的汤、膏、丸、散之外，根据危重急症的特点，采用静脉、黏膜、肌内等多途径给药，疗效较为明显。如中医药治疗上消化道出血引起的便血，其疗效即较西药对照组为好。尤其可喜的是对老年肺炎，采取扶正祛邪办法，获得较好的疗效，为老年病的治疗开辟新的途径。为了把中医内科急症研究提高到一个新的水平，在临床观察的基础上，还开展实验研究工作，如对急性胰腺炎建立动物模型，为中医药治疗急性胰腺炎的研究提供较好的实验方法，使临床获得的成果更具有说服力；而实验研究的开展，又促进中医内科急症的研究更加深入发展。

肺心病、脑出血　自 1995 年以来，积极探索中西医疗医结合肺心病、脑出血的临床与实验研究。在肺心病方面，承担多项课题。其中，国家中医药管理局“复方葶苈注射液治疗肺心病肺动脉高压临床和实验研究”的课题，1999 年获上海市卫生局科技进步奖二等奖及国家中医药管理局科技成果奖二等奖。

承担的上海市高教局课题“平喘液治疗支气管哮喘急性发作的临床与实验研究”，以中药地龙为主，采取生化方法提炼制成平喘液。经临床观察，该药对豚鼠过敏性哮喘具有保护作用，能部分抑制大白鼠的被动皮肤过敏反应（PCA），有明显减慢心率和呼吸频率作用，可提高肺活量，延长组织胺所致的哮喘潜伏期，减轻其发作程度，解除支气管平滑肌的痉挛，且使用方便，无毒性反应和不良反应。经临床验证 100 例，总有效率 77%，明显优于西药对照组。该课题荣获 1993 年国家中医药管理局科技进步奖三等奖。

暴喘、温毒　2006 年以来，科室仪器设备日益更新，开展一系列新技术项目，同时更注重中医药在急危重病领域的治疗。2012 年，科室以国家中医药管理局重点专科建设为契机，进一步明确形成以暴喘、温毒为优势病种，重点解决温毒、温毒发斑、腹胀满病等疑难症，并争取在喘脱、关格、厥脱等危重症的疗效上突破专科诊疗体系。作为协作组的牵头单位，主持制定脓毒症暴喘（急性肺损伤/急性呼吸窘迫综合征）的中医诊疗方案和临床验证方案，制定相关临床路径。

表 3-6-2　1992—2015 年急诊科中医特色疗法情况表

制定中医特色疗法	呼吸康复锻炼用于喘证（慢性阻塞性肺病）患者慢性期改善呼吸功能
	熏洗疗法治疗中风偏瘫患者
	急性胰腺炎芒硝外敷法
	中风患者针刺治疗
	中药保留灌肠治疗重症脓毒症
	中药注射液雾化吸入治疗暴喘
	中药注射液穴位注射治疗重症脓毒症
	低频治疗暴喘中肠腑功能失调

表 3-6-3　1992—2015 年急诊科专科发展优势病种及中医诊疗方案情况表

	优势病种名称	年出院人数
专科病种	暴喘 BNF051（急性呼吸窘迫综合征 J80.02）	128
	温毒 BNW310[重度脓毒症(重症感染)B99.01]	155
中医诊疗方案	暴喘中医诊疗方案： 热毒犯肺证，治以清热解毒、泻肺平喘，黄连解毒汤合泻白散加减； 痰瘀阻肺证，治以祛痰化瘀、降气平喘，涤痰汤合血府逐瘀汤加减； 肺热腑实血瘀证，治以通腑泄热、降气平喘，大承气汤合定喘汤加减。	
	温毒中医诊疗方案： 热毒内盛证，治以凉血解毒、清营通腑，炎调方加减； 气阴耗伤证，治以益气养阴，生脉保元汤加减； 阳气暴脱证，治以回阳救逆，参附汤加减。	
	伤病中医诊疗方案： 瘀阻脉络证，治以行血破瘀、解毒通利，复元活血汤加减； 水湿潴留证，治以化湿利水、益气生津，兼以活血化瘀，桃核承气汤加减； 气阴两虚证，治以益气养阴固肾，三才封髓丹加减。	

三、教学

1993 年底上报上海中医学院批准，由教授 1 人、副教授 1 人、讲师 4 人组成急症教研室。急症学于 1987 年开设，学时为 30 学时，2000 年归入内科教研室。承担上海中医药大学五年制本科生、七年制研究生、硕士研究生的授课任务及其实习带教任务。参与全国高等院校《中医急救医学》规划教材的编写（副主编）。编写的《乡村常见急症的抢救》一书，1993 年由上海中医学院出版社出版。近年来又主编出版高等院校教材《中西医结合危重病学》《西医内科学》。

急诊科目前拥有博士生导师 1 人。2014 年，共毕业博士和硕士 4 人；2015 年在读博士和硕士 10 人。2014 年，急诊科共带教实习医师 100 余人次，带教规范化培训基地住院医师近 60 人次，接收进修医师 5 人。继续教育方面，急诊科每年年中按计划举办继续教育学习班“中西医结合危重病学”，学员共计约 300 余名；每季度均按计划组织全科室医师进行业务学习 1 次。

同时积极加强对急诊科室人员的培训与继续教育。每年派员参加各类学习班和学术交流。多人赴中山医院、仁济医院进修，学习先进技术，带动急诊科室业务水平的提高。

四、科研成果

【课题】

1995 年以来，主要从事暴喘（肺心病肺动脉高压）、中风（脑出血）的临床与实验研究。1995 年，承担国家中医药管理局“复方葶苈注射液治疗肺心病肺动脉高压临床和实验研究”的课题，该课题获上海市卫生局科技进步奖二等奖及国家中医药管理局科技成果奖二等奖。同时承担上海市卫生局“泻肺定喘注射液治疗肺心病肺动脉高压的细胞生物学研究”课题的研究。1998 年，承担上海市高教局课题“还元注射液对急性脑出血的临床观察和脑细胞离子通道检测”。国家自然科学基金课题“抗休克中药肝细胞电生理效应的检测”，1993 年获上海中医药大学科研成果进步奖二等奖；中医“肾主耳”理论的实验性研究，于 1990 年获上海市科技进步奖三等奖；“复方血竭对冠心病血瘀证的临床及实验研究”课题获 1991 年上海市科技进步奖三等奖。“参附青对邪毒内陷所致厥脱症的临床与实验研究”“平哮液治疗支气管哮喘急性发作”分获国家中医药管理局甲级与科技进步奖三等奖。

急症研究室重视与其他单位的合作、交流，通过与国内外技术的交流、合作，不断取得进步。1998 年与上海医科大学生理教研室合作研究脑细胞离子通道。2000 年与上海中医药大学基础研究部开展膜片钳技术研究。同时在国家中医药管理局的支持下，进行国家“八五”攻关项目“参附青新药的研究”课题；还开展以补肾泻肺中药对有害气体所致呼吸窘迫症（ARDS）的实验研究和临床观察，以及酒厥的救治等研究项目。2006—2015 年急诊科共承担各级各类研究项目 12 项，其中，国家“973”课题 1 项、上海市重点学科课题 1 项、上海市教委课题 2 项、上海市科委课题 3 项；获得国家教育部科技成果奖（2001 年）1 项，省部级科研成果奖 3 项。

【专利】

2006—2015 年，获科研成果奖 2 项。

【著作与论文】

2006—2015 年，急诊科编撰著作，其中主编 9 部；1995—2005 年，在各级刊物上共发表论文 60 余篇，其中国家级 20 余篇、省级 20 篇。2006—2015 年急诊科发表论文 64 篇，均为核心期刊。

图 3-6-1　1998 年，上海市名老中医王左（第一排右一）与博士生合影

五、学术任职

急诊科目前为国家中医药管理局“十二五”重点专科——重症医学科建设单位、组长单位；国家中医药管理局中医急诊建设基地；国家教育部重点学科中医内科学（中医急诊）；脓毒症暴喘协作组牵头单位；上海市卫生局中西医结合急诊临床基地；上海市优势学科中医内科学（中医急诊）；国家教育部重点学科中医内科学（中医急诊）单位。熊旭东教授目前担任中国中西医结合学会重症医学专业委员副主任委员、上海市中西医结合学会急救专业委员会主任委员、上海市中西医结合学会危重病专业委员会副主任委员。

六、中医急症医疗中心科技信息服务

1993年6月，成立上海厥脱急症科工贸总公司（医院三产）。宗旨是为提高中医厥脱急症的学术水平，加快厥脱急症系列产品的研制、开发、推广应用，促进科研经费良性循环，以达到用科技振兴中医药、为广大人民服务的目的。1997年成立上海中医药大学附属曙光医院中医、中西医结合远程医疗咨询中心，设有专职人员2人、兼职人员2人，进行专业培训，掌握全过程操作，并组织包括医院特色专病专科、由名老中医及外院专家组成的28人咨询队伍。硬件建设已达到上海市卫生局规定的上海市医疗机构远程医疗咨询标准。现已联网79家单位，模拟或在考虑联网15家，会诊人次达115人次。涉及心脑血管、肝、肾、血液，以及内科、胆道外科、五官科等，病种有心脏骤停、心衰、肝昏迷、肾衰等，取得一定的社会效益与经济效益。

图3-6-2　2015年急诊科工作人员在急诊（东部）室门前合影（第一排左五为副主任王倩、左六为原主任熊旭东）

第二节　创伤急救科

一、概况

2005年6月，成立创伤急救科，主要承担东部外科抢救、急腹症的救治工作。人员配备有主任医师1人，医师8人。2015年，有主任医师1人、副主任医师3人、医师6人。工作地点在急诊外科区域，诊室1间，清创室1间。病房设在东部综合楼3楼3A病区，普通病房床位18张、SICU床位6张。

表 3-6-4　2005—2015 年创伤急救科历任负责人情况表

任职时间	主　任	任职时间	副主任
2005 年 6 月—2010 年 4 月	胡宗德(兼东部医务处副处长)	2010 年 5 月—2013 年 9 月	钮宏文
2013 年 9 月—	钮宏文		

二、业务发展

2005 年 6 月，创伤急救科成立时，主要业务范围是各种复合性、复杂的创伤及急腹症，比如交通事故、工伤事故、斗殴刀伤等。

【急诊】

2005 年，科室成立时，每月就诊量为 500 人次左右，大部分为普通创伤患者，危重患者较少。经过 10 年的发展，2015 年，每月就诊量在 2 500 人次以上。急诊抢救室抢救 5～10 人次/日。工作人员对急危重的患者施以及时、合理、准确救治，同时，对多科交叉的患者进行科学有序地安排和分流，快速准确地判断、处置、操作。医生都具备快速深静脉穿刺、气管插管、气管穿刺、心肺复苏的能力。

【病房】

2005 年，未设置病房，如有需要，住院患者分流到各个科室。2006 年 5 月，创伤急救科病房成立，设置床位 30 张。2005 年，每月约 20 台手术，出院约 50 人/月；收治患者主要以各类创伤、急腹症为主。2015 年，普通病房调整为 18 张床位，平均每月约 40 台手术，出院 70～80 人/月。收治患

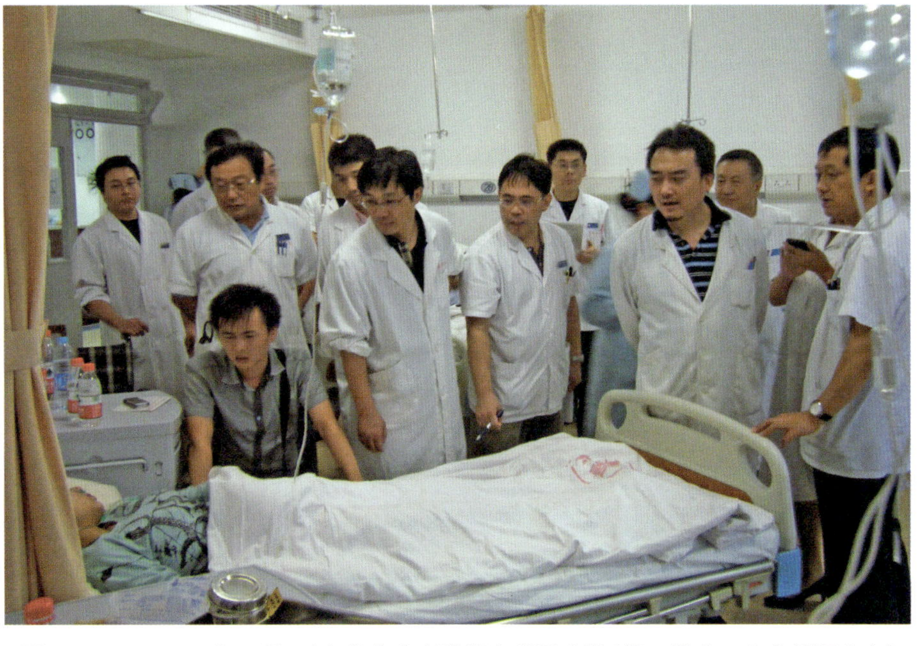

图 3-6-3　2011 年 9 月，对多发伤患者进行多学科会诊(第一排左二为主任钮宏文)

者除了各类创伤以及急腹症外，还增加了对大面积软组织缺损患者的收治。手术方式新增了腹腔镜技术，绝大多数的急性阑尾炎以及消化道穿孔均采用微创手术治疗。

【重症监护室 ICU】

2005 年，未设置独立的 ICU，接诊危重患者则分流到各个专科 ICU。2006 年 5 月，设立 SICU，设置 5 张床位，拥有 2 台呼吸机，6 台监护仪。收治各类多发伤以及急腹症、重症患者，平均每月收治约 10 余人次。2015 年，有 6 张床位，4 台呼吸机、6 台监护仪、1 台 CRRT、1 台纤维支气管镜；平均每月收治 25 人次各类重症患者。

【医疗保障】

上海世博会　2010 年，上海世博会期间，医院作为保障单位，在世博园区内负责一个医疗点的工作。科室派遣了麦静音医生常驻园区医疗站，每天接治园区的伤病患者。

亚信峰会　2014 年，医院作为上海市中医医院唯一的一家医疗保障定点医院，科室承担主要医疗保障工作。

重大事故　2011 年，“9·14”外环线特大车祸中，科室承担部分伤员的抢救和手术，并成功抢救一位腹部爆裂的重伤员。同年 9 月，上海“9·27”地铁 10 号线两车追尾事故，共收治伤员 32 人。为此，开辟绿色通道迅速收治，并开放半个独立病区安置所有伤员。2012 年 10 月，浦东中环发生重大车祸，科室负责伤员抢救工作，共收治 6 人。2012 年 12 月，地铁 12 号线在建项目发生坍塌事故，15 名伤员被送至东部急诊室，分别收入创伤外科、骨科、普外科、心胸 ICU 病房。

三、教学工作

2005 年，接受硕士生、本科生临床实习。2012 年，接收住院医师规范化培养基地医师规培轮转。每年接收 20～24 位规培生的临床实习工作，每月均有入科教育，每周一次小讲课。2012—2014 年，钮宏文参加上海中医药大学教材《医患沟通》、外科实习教材《外科学临床实训》的编写工作。

四、科研成果

【项目】

2006—2015 年，共获得 2 项奖励：2005 年钮宏文主任荣获第十九届上海市优秀发明选拔赛二等奖、荣获第十九届上海市优秀发明选拔赛四等奖）

【专利】

2006—2015 年，获得国家专利 3 项。

【论文】

2006—2015 年，共发表论文 30 篇，均为核心期刊。

图 3-6-4 创伤急救科医师在急诊区域合影(第一排居中为主任钮宏文)

第七章　综 合 专 业

综合专业包括儿科、皮肤科、眼科、耳鼻咽喉科、口腔科、肿瘤科、骨伤科、老年医学科、针灸科、推拿科、康复科、预防保健科、治未病中心、传统中医科等 14 个科室。

第一节　儿　　科

一、概况

1945 年夏，四明医院设立小儿科，聘请倪吴升女医师主持。1947 年 11 月 1 日，增开小儿科病房。

1960 年，设中医儿科和西医儿科，分别由上海市立第十一人民医院儿科和上海市立第十人民医院儿科转入，上海市立第十一人民医院儿科设病床 4 张（1958 年增至 20 张），上海市立第十人民医院儿科设病床 60 张。合并后，中医儿科有医师 15 人，病床 20 张；西医儿科有医师 23 人，病床 48 张。1966 年，中医儿科与西医儿科合并成立中西医结合儿科，设床位 60 张。20 世纪 80 年代后期，医院改扩建时，设病床 10 张。1991 年 9 月，新病房大楼试用时，设床位 32 张，正式定名为中医儿科。1992 年 4 月，新病房大楼正式启用后，设病床 24 张。2001 年 5 月，将急诊观察与病房合并，设病床 5 张。由于附近居民搬迁、出生率下降等多种原因，2004 年 3 月，撤销病房，改为有 5 张床位的急诊留观室。2015 年，东部、西部分别开设特需门诊、专家门诊、专科门诊及普通门诊，东部诊室 4 间，西部诊室 5 间。

表 3-7-1　1946—2015 年儿科历任负责人情况表

任职时间	主　任	任职时间	副主任
1946 年 11 月—不详	唐惠民	1965—1966 年	朱瑞群（中医）
1960—1966 年	王玉润（中医）	1960—1966 年	王惠芬
1966—1972 年	唐为勇（组长）	1972—1978 年	王惠芬
1966—1972 年	章经坤（组长）	1972—1978 年	王玉润
1972—1978 年	朱瑞群（组长）	1978—1984 年	朱瑞群
1978—1983 年	王玉润	1978—1984 年	王惠芬
1984—1985 年	程家正	1983—1984 年	程家正
1985—1991 年	潘嘉珍	1984—1985 年	潘嘉珍
1991—1993 年	章经坤	1984—1991 年	章经坤
1994—1997 年	唐为勇	1985—1989 年	唐为勇
1997—2001 年	虞坚尔	1991—1994 年	顾明达

（续表）

任职时间	主 任	任职时间	副主任
2002—2010 年	顾明达	1991—1994 年	虞坚尔
2010 年—	赵 鋆	2000—2001 年	顾明达
		2000—2006 年	朱盛国

二、业务发展

在上海市立第十一人民医院时期，儿科病房收治患者以麻疹、乙脑、流感、结脑等传统病为多，开设哮喘敷贴、乙型脑炎、肝炎、消渴病（糖尿病）、蛲虫病等专科门诊，哮喘敷贴专科每年敷贴均在1.5～1.8 万人次，近期有效率 86%，远期随访有效率 80%。20 世纪 60 年代起，开设麻疹专科、流行性腮腺炎专科。20 世纪七八十年代，陆续开设反复呼吸道感染、厌食、泄泻、疳积、血液病、肾炎、肾病、遗尿、佝偻病等专科。1984 年，开设佝偻病专科，用中药制剂“佝Ⅱ糖浆”治疗小儿佝偻病，并通过动物实验证实该中药制剂有促进钙在骨组织中沉积的作用。20 世纪 90 年代初，设置有哮喘敷贴、反复呼吸道感染、佝偻病 3 个专科门诊。1995 年，被批准成为上海市中医儿科呼吸病医疗协作中心，专科主任医师为协作中心主任，并设有中医儿科教研室。1997 年，开设性早熟专科门诊。2005 年，开设多动症专科，以中医中药治疗多动症、抽动症。2015 年，开设性早熟、小儿呼吸、小儿脾胃、抽动症、多动症、儿童心理咨询等专科。

【性早熟专科】

由赵鋆主任医师组建，成员 3 人。性早熟为国家“十二五”重点专科协作组员，上海市中医特色专科，在诊断上使用骨龄测试软件预测月经初潮年龄和成年身高，对诊断真性性早熟有困难的患儿作 GnRH 激发试验。治疗上坚持以中医中药为主，根据中医辨证分型，研制了早熟方、早熟 2 号方、早熟 5 号方等多个方剂，能明显改善临床症状和体征，使卵巢、子宫体积缩小，骨龄增长减慢，性激素水平下降，改善最终成年身高。

【小儿呼吸专科】

由顾明达主任医师组建，成员 2 人。小儿呼吸专科是上海中医药大学的 A 级专科，医院特色专科。以反复呼吸道感染、哮喘、肺炎、慢性咳嗽为主攻方向，建立诊疗常规，尤其在中医治疗上，通过辨证施治，突出个体差异，因人拟方，治疗效果显著。

冬病夏治，伏天敷贴疗法是科室针对反复呼吸道感染、哮喘、慢性咳嗽等呼吸系统疾患的特色诊疗技术，至 2015 年已有 60 年的历史，每年夏天治疗近 4 万人次。

【小儿脾胃专科】

由朱盛国主任医师组建，成员 2 人。以内服中药为主，外敷中药为辅，特色有止汗止泻方脐部局部敷贴治疗小儿腹泻，在治疗厌食、积滞、消化性溃疡、慢性腹泻，发挥了中医的治疗特色。

【多动症、抽动症专科】

由张帆主任医师组建，成员 2 人。引入专业测评软件和量表协助诊断，以中医中药补肾健脑、健脾开窍、清心凉肝，结合心理督导的方法治疗儿童多动症及分型论治儿童抽动症，取得了较好的疗效。

【儿童心理专科】

由朱敏华主治医师组建，成员 3 人。运用青少年心理检测软件、儿童注意力训练软件、沙盘游戏等进行心理健康筛查，用心理治疗方法治疗儿童各种行为异常、情绪障碍，以及儿童各种疾病过程中的心理问题。

【海派中医“徐氏儿科”】

“徐氏儿科”是海派中医的重要流派之一，肇始于徐杏圃，奠基于徐小圃，之后有徐仲才、徐伯远、朱瑞群、王玉润、蔡瑞桐、程家正、顾文华、江育仁等第三代传人，已有 6 代。中医儿科教研室传承于徐氏儿科，徐氏儿科第二代传人王玉润、朱瑞群、蔡瑞桐、徐仲才、程家正均在医院长期工作，大大推动了儿科的繁荣。2015 年，徐氏儿科第三代、第四代传人均活跃在科室临床工作第一线。

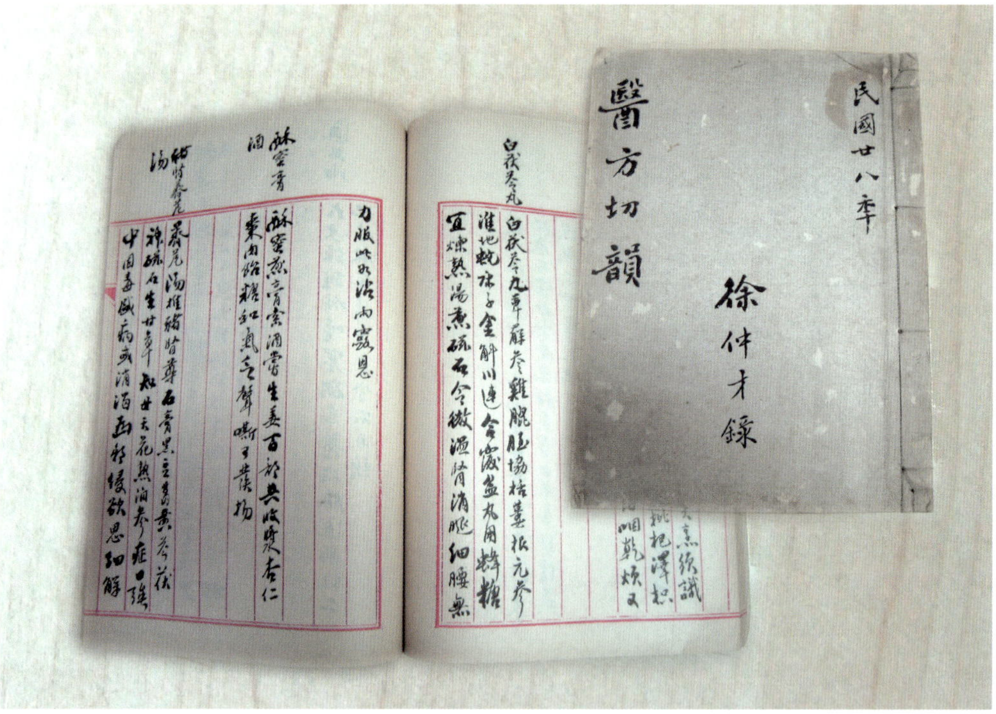

图 3-7-1　徐仲才手抄儿科医方

2012 年，“徐氏儿科”流派传承研究基地成立，医院作为流派基地之一，收集徐氏儿科历代传人的著作、医事医话，总结提炼流派学术思想、临床经验，挖掘提炼流派特色技术，利用现代科学手段对流派优势病种、特色技术进行临床验证。在扩展加强流派特色技术的临床应用、推广辐射徐氏儿科流派特色诊疗技术等方面取得一定的成绩。

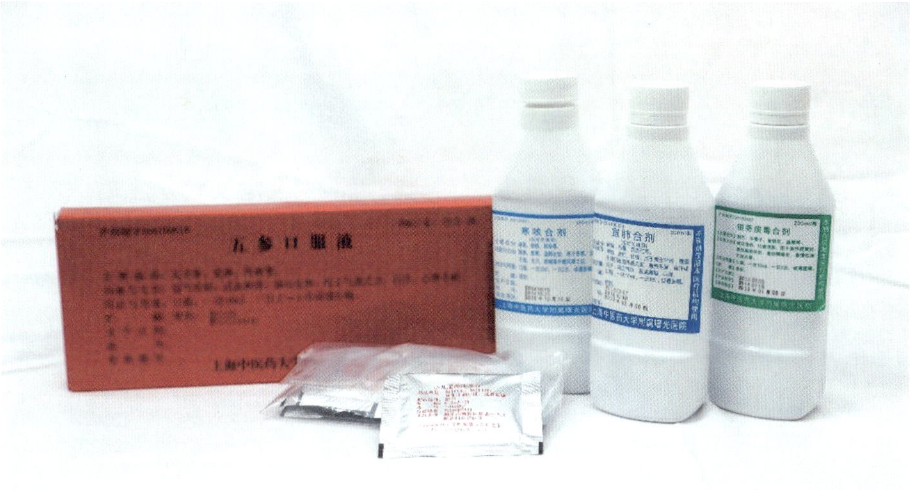

图 3-7-2 创制医院院内制剂(五参口服液、湿疹外洗方、寒咳合剂、宣肺合剂、银莠痰毒合剂)

【特色制剂】

科室开发研制寒咳合剂、宣肺合剂等自制制剂,广泛运用于临床。2015 年,开展面向湿疹患儿的“湿疹外洗方”治疗,此方乃海派徐氏儿科理论思想指导下创制的协定方,操作简单,患儿易于接受,临床疗效显著。改良敷贴 2 号方、5 号方,配合膏肓、定喘、百劳穴运用于冬病夏治敷贴。敷贴治疗及 2 号方剂由朱瑞群首拟,经由程家正等名老中医修缮成形。主要面向哮喘、复感等呼吸系统疾病患者,每年夏日三伏进行,遵循了中医“缓则治其本”的原则,在夏季阳气最盛之际调养,减少或防止秋冬季呼吸道疾病的发作。2010 年起,将敷贴 2 号方配合肾俞穴治疗遗尿。另开展四季小敷贴,研制外用新方咳嗽 2 号方、咳嗽 5 号方,配合天突、大椎穴位治疗咳嗽咳痰患儿;研制外用止汗止泻方,神阙穴局部

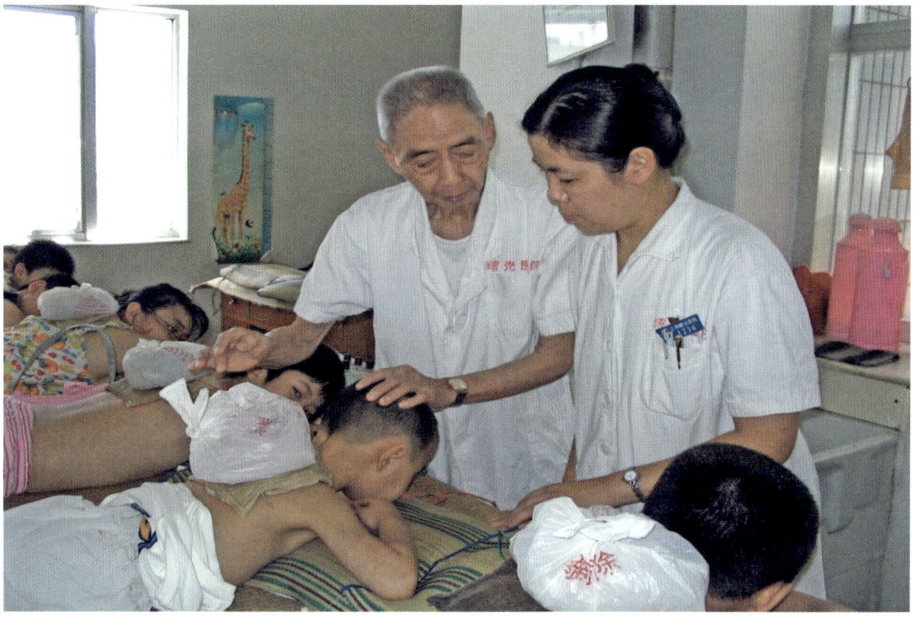

图 3-7-3 上海市名中医朱瑞群(左)指导儿科医生敷贴治疗

用药，用于儿童汗症、慢性腹泻。2015 年，科室内生成协定方，如早熟方、抗早 2 号方、银八方、静意方等。

三、教学工作

科室承担上海中医药大学本科生、研究生、七年制、留学生及港澳台学生的课堂授课及临床带教，以及第二军医大学中医班的课堂授课，香港大学、成都中医药大学等的本科生实习带教。2006—2015 年开设留学生项目、泰国班，毕业的海外学生已经在世界各地开设了众多中医诊所，多人成为国外中医师总会的骨干或世界卫生组织、教科文组织工作人员，为中医药的全球推广做出重大贡献。2015 年，针对留学生新开设全英语“中医儿科学”课程。“中医儿科学”每学年总授课学时约 350 学时。2010 年，开展上海市住院医师规范化培训以来，儿科还承担了通科培训医生每年 100 余人次。2013 年。儿科设立上海市中医儿科专科医师培训基地，科室 4 名带教老师分别负责专科医师在曙光本部和在宝山分院的专科医师培训。

四、科研成果

【课题】

2010—2015 年，科室先后承担主持课题共 13 项，2010—2015 年，科研经费达 964 万元。

【专科】

2014 年，获得国家专利 1 项。

【著作与论文】

2000—2015 年，科室编写专著 15 部，主编出版了 12 部国家统编教材和专业著作。2006—2015 年，发表各类核心期刊论文 50 余篇。

五、学术活动与任职

【学术活动】

“小儿哮喘证治体会”“中药敷贴疗法治疗小儿哮喘的临床和实验研究”曾作为交流项目，参加 1989 年 8 月在日本广岛召开的“日中传统医学学术交流会”。自 2002 年以来，连续 3 年成功举办了三届全国继续教育学习班。科室还曾承担国外教学任务，外派主任医师到法国巴黎杵针中医学院中医儿科学进行教学。2011、2012 年在浦东新区主持开展中医特色诊疗技术的推广与培训，培训近百余名基层医生。2012、2013 年主持开展上海市中医儿科、中西医结合儿科医生的标准化培训。2014、2015 年连续两年主持国家级继续教育学习班，推广名中医经验、中医特色诊疗技术，总结海派徐氏儿科经验传承，报名参加人数众多。

【任职】

赵鋆，2008—2015 年，上海中医药学会儿科专业委员会委员；2009—2015 年，中国中西医结合儿科专业委员会委员、中国中西医结合儿科专业委员会委员；2013—2015 年，世界中医药联合会儿科专业委员会常务理事、中华中医药学会儿科专业委员会委员、上海中西医结合儿科专业委员会副主任委员。

图 3-7-4　2015 年儿科医师合影(第一排从左起依次为教研室主任朱盛国,上海市名医唐为勇、程家正,原主任顾明达;第二排左四为主任赵鋆)

第二节　皮 肤 科

一、概况

皮肤科成立于 1956 年(原上海市立第十人民医院),由从日本东京昭和医科大学归国的石光海任科主任,开展各种皮肤病的防治工作,尤其擅长于美容手术和皮肤外科工作,首创的酒渣鼻划痕术,获卫生部科技成果乙等奖、上海市卫生局重大科研成果奖。1957—1960 年,先后毕业于上海第一医学院、上海第二医学院的徐菱、徐昌泰、丁士芸等新生力量先后加入科室队伍,使科室业务迅速扩展。1960 年,上海市立第十人民医院和上海市立第十一人民医院合并,医院更名为"曙光医院"后,皮肤科医师陆续参加西学中学习班,逐渐开展中西医结合治疗皮肤病。20 世纪 70 年代后期,又加入上海中医学院毕业生,皮肤科进一步发展中医药特色,成为中西医结合科室。1979 年,杨希鏸调入科室,于 1982 年,受石光海主任指派至上海第九人民医院整形外科进修学习。2004 年,东部成立后,门诊业务量和手术需求快速提升,新增门诊诊室并开设真菌室、光疗室、综合治疗室等基础配置满足临床需求。2010 年,由从日本国立长崎大学归国的皮肤病学博士、上海市浦江人才张慧敏担任主任。

2015 年,皮肤科共有在职医生 12 人,护士 2 人,其中主任医师 2 人、副主任医师 5 人、主治医师 2 人、住院医师 3 人。2006—2015 年,皮肤科先后有 3 位医师入选上海市浦江人才计划、上海市"杏林新星"计划,获校优秀青年教师称号。

表 3-7-2　1956—2015 年皮肤科历任负责人情况表

任职时间	主　任	任职时间	副主任
1956—1985 年	石光海	1981—1986 年	徐　菱
1986—1994 年	徐　菱	1982—1994 年	徐昌泰
1994—1998 年	徐昌泰	1998—2002 年	潘祥龙
1998—2002 年	杨希鑢	2010—2011 年	张慧敏
2002—2010 年	潘祥龙		
2011 年—	张慧敏		

二、业务发展

【基本情况】

1956 年，科室成立伊始，仅每天上午设有门诊，无床位，遇有重危患者则暂借内、外、儿科床位收治。1960 年起，开设病房，初期仅 4 张床位，收治重症及疑难性皮肤病。20 世纪 80 年代中期，医院改扩建前床位 17 张，改扩建完成后，在病房大楼 16 楼设 16 张床位，陆续开设红斑狼疮、酒渣鼻、皮肤美容、银屑病、白癜风、脱发专科门诊。后因门诊需求增加，患者结构改变，关闭病房，设立日间病房。

2015 年，诊室面积约 220 平方米。西部有诊室 3 间，真菌检查室 1 间，综合治疗室（红蓝光光动力、强脉冲光治疗仪、二氧化碳点阵激光、308 准分子光、高频电刀）1 间，换药室 1 间。东部有皮肤病诊室 3 间，真菌检查室 1 间，换药室 1 间，综合治疗室（窄波紫外线、红蓝光光动力、高频电刀、微波治疗仪、中药离子导入仪、中药熏蒸仪）1 间；性病门诊共 3 间（诊室、检验室、检查室），并开设日间病房。

【医疗特色】

1956—1966 年，石光海领衔的皮肤科在全国范围内首先开展了皮肤外科，工作内容包含手术治疗酒渣鼻、腋臭、各种皮肤良恶性肿瘤和整形美容外科，是国内皮肤外科创始人之一。1986 年，石光海教授被同行们推荐为"全国首届皮肤外科学术交流会议"的发起人之一，会议之后皮肤外科遂在上海得到蓬勃发展。20 世纪 70 年代，科室沿袭中医名家夏氏外科对特应性皮炎、银屑病的学术经验，自制院内制剂 30 余种，逐渐形成慢性、难治性皮肤病的中西医结合临床诊疗优势，开设了特应性皮炎、病毒疣、白癜风、银屑病、皮肤外科等特色专病门诊。

【湿疹】

20 世纪 60 年代，使用院内制剂"抗炎一号"静脉注射液（含蒲公英、白花蛇舌草、苍耳草）治疗急性湿疹取得满意疗效，至 20 世纪 70 年代，主任徐菱以 145 例湿疹患者临床疗效总结首次报道了该静脉注射液治疗湿疹的有效性及安全性。后在夏少农教授根据湿疹患者"湿热"的基本病机特点上，加入苦参清热燥湿之品，化裁为清热祛湿方沿用至今。该方在治疗急性、亚急性湿疹上具有显著疗效。

【病毒疣】

治疗病毒疣采用具有中医特色的"狼毒方"外治法和耳背静脉放血疗法。"狼毒方"是在妇科庞泮池教授外阴瘙痒外洗方基础上改良创立的，在临床上尝试使用“狼毒方”浸泡外洗治疗多发性跖疣和肛周尖锐湿疣，结果在国内首次发表。2014—2015 年，先后获得狼毒方中药制剂及制备方法相关专利三项授权。自 1975 年起，根据中医刺血疗法治疗血瘀的理论，开始采用耳背静脉放血方法治疗扁平疣，徐昌泰首次总结 100 例耳背静脉放血治疗扁平疣患者的临床疗效。

【酒渣鼻和鼻赘】

石光海教授长期从事皮肤外科和皮肤美容工作，20 世纪 50 年代，就采用划痕术治疗酒渣鼻和鼻赘，全国各地派员来科室参观学习不计其数，手术渐在全国多家医院广泛开展，为此，科室与上海医疗器械厂联系特制加工一批手术刀，供应给各兄弟单位。1980 年，石光海教授接待美国皮肤科医师代表团，作了关于酒渣鼻手术治疗报告，会后反响热烈。20 世纪 80 年代以后，皮肤科又引进了整形外科技术治疗皮肤恶性肿瘤。1995 年起，皮肤科被推荐为上海医学会皮肤科分会皮肤外科学组组长单位，多次主持召开全市性皮肤外科、皮肤美容的学术会议。2015 年，皮肤科开展应用皮肤外科手术治疗各种皮肤赘生物、良性及恶性皮肤肿瘤、腋臭、酒渣鼻和鼻赘等毁容性皮肤病。尤其酒渣鼻和鼻赘手术。2014 年，“划痕术治疗酒渣鼻”获上海卫生系统先进适宜技术推广项目立项。

【特色疗法】

科室创立的中医特色疗法治疗各种皮肤病均有满意的疗效，包括自血疗法治疗点滴型银屑病、慢性难治性荨麻疹；中药熏洗治疗银屑病、湿疹；中医修脚治疗胼胝、鸡眼、嵌甲；自血皮下注射、电火针疗法联合准分子 308 激光治疗局限性白癜风；冬病夏治鹅掌风浸泡法治疗手足湿疹、手足癣；化学剥脱术治疗睑黄疣、雀斑等。

【院内制剂】

建科初期，联合药剂科自行制作院内制剂，包括外用药和中成药内服制剂，后在临床实践和长期研究上陆续改良现有剂型并自制其他制剂，至 20 世纪 90 年代，拥有中西药院内制剂高达 30 种。在临床上大量使用并沿用至今的制剂有：氯倍他索樟薄搽剂（DMC）、复方氯倍他索硼酸洗剂（D. B. Lotion）、痤疮洗剂、一号癣药水等外用制剂和祛风利湿合剂（外九煎）、解湿热合剂、当归止痒

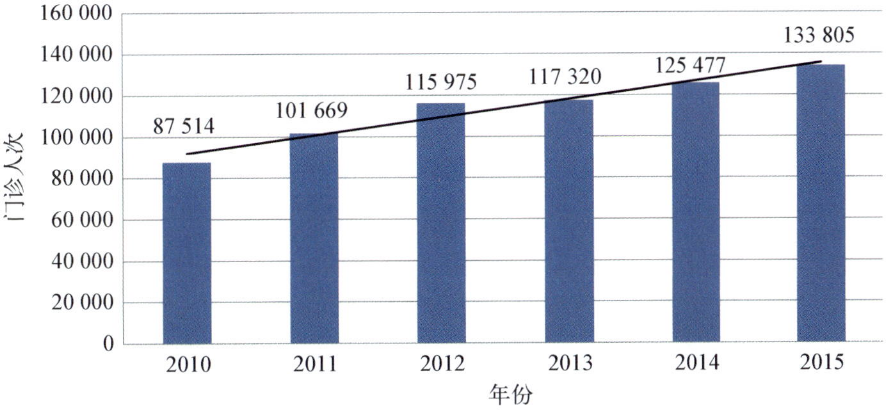

图 3-7-5　2010—2015 年皮肤科门诊人次*

* 2010 年之前门诊人次数无法查找。

合剂(皮一方)、桑菊祛疣合剂、花参合剂、桑芩合剂(春蕾汤)等。2014 年 7 月,当归止痒合剂获上海市科委中医重点转化项目立项。

【人才培养】

1964—2015 年,有 10 人次到华山医院等处进修皮肤科专业;1991 年,派出张慧敏赴日本长崎大学皮肤科完成博士学位。2008 年 8 月,张慧敏入选上海市浦江人才项目;2014 年 12 月,何翔入选上海中医药大学后备业务专家培养计划;2015 年 4 月,丁佩军入选上海市"杏林新星"培养计划。

三、教学工作

1958 年,上海中医学院成立不久,夏少农教授任外科教研组主任,1960 年,夏少农调入医院,担任中医外科学教研室主任。以后徐昌泰、孙世道曾先后担任中医外科教研室主任,潘祥龙、张慧敏担任中医皮肤科教研室主任。科室承担中医学(临床方向、基础方向)七年制、五年制、硕博士研究生、留学生、住院医师规范化培训学员的理论课教学和临床见习、实习。2014 年,入选上海中医药大学全英语课程建设项目、上海中医药大学 PBL 综合改革项目。同年,何翔入选上海市教委高校教师出国访学进修计划。

【研究生教育】

20 世纪 80 年代,主任石光海与上海第一医科大学寄生虫病教研室主任徐荫祺联合培养科室第一位研究生杨黎青。2000 年,杨希鏸被聘为硕士生导师,开始招收上海中医药大学中医外科学硕士学位研究生,之后,潘祥龙、张慧敏、边风华、竺炯陆续成为硕士生导师。2015 年,共计培养硕士研究生 38 人。

【职后教育】

20 世纪 70 年代起,接受上海及华东地区外院医生至科室进行皮肤外科进修。1989 年,在华东地区举办推广酒渣鼻手术学习班。2013 年,参与制定上海中医各科住院医师培养计划,成为住院医师规范化培训基地。张慧敏先后担任上海市住院医师规范化培训中医外科组成员、上海市专科医师培训中医外科组成员。

四、科研成果

【课题】

中华人民共和国成立前夕,石光海教授采集了在上海蔓延的"长江浮肿病"的皮肤病理标本,在日本长崎大学皮肤科北村包彦教授与寄生虫学专家的共同努力下,首次鉴定出病原体为皮肤颚口虫,该研究于 1964 年获得日本野口英世奖。1983 年,石光海联合上海市第一医学院研究室主任徐荫祺教授合作,在酒渣鼻患者临床流行病学调查中,发现毛囊蠕形螨是发病的一个致病性病原体,获得 1985 年上海市教卫科技进步奖二等奖。20 世纪 70 年代,主任徐菱以 145 例湿疮患者临床疗效总结首次报道了清热祛湿方提取剂静脉注射治疗湿疮的有效性及安全性,随后在国家自然科学基金、上海市卫计委的资助下，进一步进行基础实验研究，发现清热祛湿方可通过调节IL－33/ST2通路调节改善特应性皮炎中炎症因子分泌和T细胞转化。由妇科外洗方改良创立的“狼毒方”治疗HPV感染性皮肤病获得包括国家自然科学基金在内的多项资助，为今后防治HPV病毒感染的研究奠定基础。在石光海主任首创的酒渣鼻划痕术基础上，2011年10月，获上海市第三批中医临床优势专科建设项目资助，并进一步规范和优化酒渣鼻划痕术治疗和术后护理方案，结合临床观察研究结果，对酒渣鼻划痕刀进行优化改进。1956—2015年，皮肤科作为第一负责人累计获得上海市局级以上科研项目26项，其中国家级项目3项；累计获得省部级以上科研奖励项目4项，其中国家级1项。

【专利】

1960—2015年，获得专利发明5项。

【论文】

1960—2015年，发表在国内外期刊论文70余篇。

五、学术任职

杨希鑢曾任《中华医学美学美容杂志》常务编委，《中国中西医结合皮肤性病学杂志》《中国实用美容整形外科杂志》编委；2015年，担任上海中西结合皮肤科委员会皮肤外科学组顾问、上海市中

图3-7-6　1986年10月6日，全国首届皮肤外科学术交流会议合影

医药学会皮肤科分会美容学组顾问。徐昌泰曾任《中国中西医结合皮肤性病学杂志》编委；张慧敏任《中国中西医结合皮肤性病学杂志》编委。

表 3-7-3　1983—2015 年皮肤科医师社会任职情况表

任职时间	姓　名	学术团体	任　职
1983—1996 年	徐昌泰	上海中西医结合学会皮肤性病专业委员会	副主任委员
1999—2002 年	杨希鑢	中华医学会医学美学与美容学会委员会	副主任委员
2004—2012 年	潘祥龙	上海市中医药学会皮肤病分会	主任委员
2012 年—	张慧敏	上海市中医药学会皮肤病分会	副主任委员
2015 年—		上海市中医药学会美容分会	名誉主任委员

图 3-7-7　1984 年 11 月，全国乙级科学技术成果奖证书

第三节　眼　　科

一、概况

1935 年《四明医院十五周年纪念册》中已有“外眼科全年门诊患者共 31 228 人次”的眼科记载，说明眼科设立之早。1960 年，设立眼科，是在 19 世纪 50 年代初原上海市眼科医院撤销、先后并入原四明医院及上海市立第十人民医院的基础上建立的。建科初期设有病床 10 张，科内仅 1 位主任医师，20 世纪 70 年代，在三病区设病床 18 张。1986 年，医院进行改扩建前迁至一病区，病床 15 张。改扩建完成后，病区设 16 楼，病床 17 张。1994 年，眼科有医师共 9 人，其中副主任医师 1 人、主治医师 5 人、住院医师 3 人。1995—2005 年，眼科病床固定为 12 张。2001 年，全科医务人员共 7 人，包括主任医师 1 人、副主任医师 2 人、主治医师 2 人、住院医师 1 人、中级医技 1 人。2005 年，眼科共有 10 人，主任医师 2 人、副主任医师 2 人、主治医师 3 人、住院医师 2 人、中级医技 1 人。2006 年以来，科室人员维持梯队发展格局。2015 年，眼科有固定床位 6 张，主任医师 2 人、副主任医师 3 人、主治医师 4 人、住院医师 1 人、医技人员 2 人。东西两院联动，共享医疗资源。西院诊室面积约 60 平方米，共 4 间诊室；东西部诊室面积约 300 平方米，共 8 间诊室，其中普通门诊 2 个诊室、专家门诊 1 个诊室，分设造影、激光、视野、A/B 超、验光等辅助功能检查室各 1 间。

表 3-7-4　1960—2015 年眼科历任负责人情况表

任职时间	主　任	任职时间	副主任
1960—1966 年	缪连思	1960—1966 年	王春德
1978—1979 年	王春德	1979—1982 年	孙济中
1982—1989 年	孙济中	1982—1985 年	史　新
1989—1989 年	周光玲	1986—1989 年	周光玲
2002—2004 年	朱炜敏	1989—2000 年	朱炜敏
2004 年—	缪晚虹	2000—2003 年	缪晚虹
		2006 年—2010 年 5 月	任建萍
		2013 年 9 月—	任建萍

二、业务发展

1952 年，绘制的国际标准视力表，经全国第九届中华医学会通过，临床沿用至今。20 世纪六七十年代，眼科设有中心性视网膜脉络膜病变专病门诊，并应用中医药治疗，效果较好。20 世纪 60 年代初，病房主要收治白内障、青光眼等手术病例及部分重症角膜病、葡萄膜、视网膜、视神经病病例，以后逐步开展网脱巩膜缩短术、角膜移植术及鼻泪道吻合术。20 世纪 80 年代，收治病种增加小儿斜视、眼内异物及复杂的视网膜剥离等，手术范围有了扩大。

20 世纪 90 年代初，增开葡萄膜、视网膜病、眼底出血、斜视、弱视、屈光不正等 6 个专病门诊。其中，葡萄膜、视网膜病、眼底出血等症，运用中西医结合治疗，并使眼底出血患者可免除手术获得痊愈，对斜视、弱视儿童患者，已具备检影、戴镜、功能训练、手术矫正等多种有效的医疗手段。1994 年，开展各类青光眼、白内障、小儿内外斜视、垂直斜视、改良鼻泪道吻合、眼内异物取出、各类复杂视网膜剥离等症的治疗手术。

1998 年 10 月，与美国雷纳公司合作成立了中外合作的眼科中心，购置了超声乳化仪、眼科专用显微镜等多种先进的诊断治疗设备，业务水平发展迅速，门诊以中西医结合治疗眼科常见多发性的眼病如角结膜炎、眼底出血、黄斑变性、中心性视网膜脉络膜病变、葡萄膜、视网膜病、斜视、弱视等。新设立白内障、青光眼专科，主要开展各类显微眼科手术，如白内障超声乳化人工晶体植入术、青光眼小梁切除术、虹膜根切术，并逐渐开展玻璃体手术等眼后段内路手术；屈光专科，解决临床大量青少年远视、近视、弱视的治疗以及中老年患者由于年龄改变所导致的一系列屈光问题，已具备检影、戴镜、功能训练、手术矫正等多种有效的医疗手段；糖网病专科，以中西医结合为原则，运用眼底荧光造影及眼底激光等手段，监测与治疗糖尿病眼底并发症；眼底病专科，以中西药物治疗眼科的多种疑难杂症。病房主要收治白内障、青光眼、孔源性视网膜脱离、慢性泪囊炎、眼外伤等病症，开展各类显微眼科手术、小儿或成人内外斜矫正术、鼻泪道吻合术或改良术、眼内异物取出术、泪管断裂修补术及各类复杂视网膜脱离修补术。还收治一些反复发作，难治性的葡萄膜炎、角膜炎、视神经炎等眼科患者，运用中西医联合治疗。全年门诊量可达 2 万余人次，出入院达

500 余人次。全年手术量达 500 例，较改革开放前成倍增长。2006—2015 年，科室逐渐细分出数个亚临床专业组。

图 3-7-8　2000 年，眼科人员合影(第一排左二为主任朱炜敏)

【眼显微外科手术组】

由缪晚虹、任建萍、陶津华负责，指导、承担眼科大量手术项目，包括白内障超声乳化联合人工晶体植入术、青光眼小梁切除术、视网膜脱离术、玻璃体切割手术、眼球穿孔修补术、眼内异物取出

图 3-7-9　2011 年，眼科主任缪晚虹(左二)在西藏与其他同道合影

术;斜视矫正术、鼻泪道吻合术、显微胬肉切除术、泪管断裂修补术等眼内外手术技术。

科室是上海市第一批开展白内障超声乳化手术的科室,经过十几年专家的实践和创新,在白内障手术领域享有很高声誉,达到国际先进和国内领先水平。主要特色为屈光性白内障的个性化治疗,并对各种复杂白内障、硬核白内障、高度近视并发白内障、青光眼及葡萄膜炎并发白内障、外伤或先天性白内障、晶状体脱位、二期人工晶体植入以及人工晶体置换、伴有眼底病及角膜病的白内障、高龄及低幼儿白内障手术有丰富的诊疗经验。建立并完善了规范的白内障围手术期综合诊疗体系以及视觉质量优化体系,为各类白内障患者提供个性化的诊疗服务。眼科先进的诊疗设备,保证术前术后的测量精准性,提供非球面人工晶体、散光矫正人工晶体以及矫正老视的多焦点人工晶体等各种功能性人工晶体,以满足不同患者的视觉要求。至 2015 年底,已完成白内障手术数万例,缪晚虹多次参加全国、上海市的白内障复明工程,获得"上海市复明工程先进个人"称号。

【糖尿病视网膜病变组】

由任建萍主任医师领衔,邹红主治医师负责,科室全体成员参与,擅长眼底激光、眼底荧光血管造影。依托曙光医院糖尿病诊疗中心平台,由眼科、内分泌科、中医外科、心内科、肾病科共同组建的防治中心,对糖尿病患者建立个人档案,进行跟踪随访,使患者早期病变发生得以及时诊断、随访及治疗。对已出现糖尿病眼底病变的患者根据病情进行个体化中西医结合治疗,包括眼底激光治疗、口服中药治疗、中药眼部外用治疗等。对于玻璃体积血患者在玻璃体手术后也继续完善糖网病的中西医综合治疗。继国家"十五"攻关课题"糖尿病微血管并发症防治研究"之后,科室又先后获得 3 项上海市卫生局三年行动计划及科研项目支持,对糖尿病视网膜病变的中西医结合治疗开展临床研究。

【眼表疾病组】

由缪晚虹主任医师领衔,张旭副主任医师、俞莹主治医生负责,多名医生参与。诊治病种涵盖了干眼、病毒性角膜炎、角结膜炎、药物毒性眼表病变、翼状胬肉等在内的多种眼表疾病。尤其对于干眼及病毒性角膜炎的中西医结合治疗研究较为持续深入。先后获得上海市卫生局及上海市科委的资助,对复发性病毒性角膜炎及中药熏蒸治疗开展临床及实验研究。干眼的治疗作为科室中医优势病种,采用口服药物、穴位敷贴、针刺等多种治疗手段,同时对于针刺的疗效及机制研究获得上海市教委的课题资助。眼表疾病的手术以翼状胬肉切除术为最多,年手术量约 100 台,采用胬肉切除联合自体结膜移植法,大大降低了复发率。重视眼表证候与屈光状态的相关性研究,重视现代眼科新病种结膜松弛症、药物毒性角膜病变等疾病的诊治。

【屈光组】

由缪晚虹主任医师领衔,潘雅婕副主任医师、赵峰主治医师、石晶琳主治医师负责,验光师张旭、周霄赟参与,主要开展儿童屈光不正的诊治及白领视疲劳的诊治。以"儿童近视综合防治——建立儿童屈光发育档案"项目为依托,面向医院周边各社区儿童,进行屈光筛查,做到"一人一档",发现潜在的屈光不正患者,认真收集记录患儿信息,为其建立儿童屈光发育档案,长期追踪其屈光不正变化。治疗方面,在现有的配戴框架眼镜,角膜塑形镜,软(硬)性接触镜等治疗基础上,结合中医学理论,结合开展针灸、按摩、热敷(熨)等治疗,观察治疗效果,研究治疗机制。对发病率逐年上升的视疲劳，开展屈光基础治疗，并结合健康宣教、中药内服外用多方面手段，改善患者的症状，诊治此类患者约 20 人次/日。

【高级中医诊疗中心】

由曙光高级中医师朱炜敏、张明德领衔，俞莹主治医师负责，擅长中医辨证及中西医结合治疗眼科疑难病症。对眼外肌麻痹、青光眼、老年性黄斑变性，以及反复发作、难治性的葡萄膜炎、视神经炎、视网膜静脉阻塞等病的治疗均有所建树。以眼底激光配合中医辨证施治眼底出血、糖尿病视网膜病变；运用中医“五轮学说”，以养阴清热中药配合西医眼药治疗干眼症；从中医理论提出“金刃伤”致眼部气血淤滞并用中药重建术后血视网膜屏障等，疗效颇丰。高级中医眼病医诊疗中心在培养中医眼科紧缺临床人才方面也发挥了重要的作用。

眼科目前固定床位 6 张，常年开展日间病房。随着眼科设备的更新，全面开展眼病由外至内的一系列新技术项目，手术种类拓展了除常规手术外的青光眼引流器植入、干眼泪小点栓塞、羊膜覆盖、玻璃体视网膜手术、黄斑前膜手术。白内障超声乳化人工晶体植入术更加关注患者屈光状态，人工晶体选择多样化，引入了散光型人工晶体及多焦人工晶体。门诊量逐年攀升，尤其是东院的门诊量增长迅速，全年门诊量近 3 万人次，门诊业务收入达 700 余万元/年，出入院 600 余人次/年，手术量近 700 例/年，取得了良好的经济效益和社会效益。

表 3-7-5　2009—2015 年眼科部分门急诊、住院人数及手术数统计表

年　份	门/急诊总人数（西院）	门/急诊总人数（东院）	门/急诊总人数	住院人数	住院手术数
2009	15 780	16 678	32 458	535	467
2010	16 175	20 366	36 541	457	654
2011	17 593	24 009	41 602	524	628
2012	17 399	29 251	46 650	598	701
2013	20 497	38 491	58 988	668	742
2014	20 504	42 582	63 086	761	686
2015	20 071	43 825	63 896	613	730

说明：2009 年以前工作量原始资料无法找到。

20 世纪 60 年代建科初期的医疗设备，主要有联邦德国产裂隙灯显微镜、检眼镜、角膜曲率计、视野计，总值不足万元。20 世纪 80 年代，增添的主要医疗设备有日本产眼底荧光血管造影 1 套，英国产视网膜冷凝器 1 台，美国产间接检眼镜 1 台，国产视网膜热凝固 1 台，各值 1 万元以上。1998 年 10 月在院领导的决策下与美国雷纳公司合作成立了中外合作的眼科中心，购置了超声乳化仪，眼科专用显微镜，氩氪激光仪，YAG 激光仪，眼底荧光血管造影仪，非接触性眼压计，全自动视野计，眼用 A、B 超声诊断仪，全自动验光仪等多种先进的诊断治疗设备各 1 套。2002 年，相继又添置了眼后段玻璃体手术系统、电生理仪等眼科设备，科室设备总价值达 300 万元。2006 年以来，因科室日常诊疗仪器设备日益更新，目前拥有眼科专用手术显微镜，并配备了非接触广角手术系统，超声乳化仪，眼后段玻璃体手术系统，眼内激光仪，裂隙灯显微镜，HUPH 视野分析仪，综合验光仪，视觉评估仪，氩氪激光仪，YAG 激光仪，眼底激光造影仪，眼底摄像仪，OCT，超声生物显微镜，角膜地形图，非接触性眼压计，非侵入眼轴测量仪，眼屈光功能评估系统，眼用 A、B 超，电生理仪等各种眼科设备，总价值约 1 000 万元。

科室传承中医特色，由 2 位老中医领衔的中医门诊以中医辨证施治为特色，主要治疗眼底出血、视网膜病等眼科疑难病症，吸引了大量患者。科室积极在中药外治方面进行探索，逐步建立中医外治治疗室。

三、教学工作

1986 年起，设立中医眼科教研室，教研室主任均由科主任兼任。中医眼科教研室自建立以来，长期承担上海中医药大学七年制研究生班学生的中医眼科面授教学工作和中医眼科研究生带教工作。2010 年，因上海市执行住院医师规范化培训政策，故加入了住院医师规范化培训中医眼科带教工作。教研室以老中青三代结合为构架，通过“老带新”、集体备课、试讲等方式，不断改进教案，提升教学内涵。从 2006 年开始，课堂教学模式逐渐从灌输式教学向启发式教学转换，通过多媒体等现代技术手段，提高学生的感性认识和学习热情。2006—2015 年，又培养了两位青年教师承担教学任务，并连续两年委派青年教师到马来西亚大学授课“中医眼科学”。

2012—2013 年，缪晚虹分别招收硕士研究生和博士研究生，至 2015 年底，已毕业硕士 11 人、博士 1 人。

2014 年，顺利完成临床医学院教研室建设项目，并出版由教研室主任缪晚虹主编的全国“十二五”创新教材《实用中医眼科学》。该书从临床实际出发，以简洁概要的表述方式展现眼科的融入现代新疾病及新技术，采用思辨导图的方式，帮助学生形成临证辨析的思路，具有很好的指导作用。2015 年，教学使用后获得学生的好评。

缪晚虹、任建萍、俞莹先后获得曙光临床医学院“先进教师”称号。

四、科研成果

【课题】

2006—2015 年，共承担各级各类科研项目 8 项。

【著作与论文】

2006—2015 年，编撰专著 6 部，其中主编 3 部、参编 3 部。共发表论文 20 篇，均为核心期刊。

五、学术任职

缪晚虹任第九届上海中医药学会眼科分会主任委员，第五届上海市中西医结合学会眼科分会副主任委员，上海市医学会眼科分会委员。其余科室成员自 2006 年以来担任上海市医学会眼科分会委员 1 人，上海市中医药学会眼科分会委员 5 人，上海市中西医结合学会眼科分会委员 1 人。

图 3-7-10　2012 年 6 月，眼科医师合影（第一排右二为主任缪晚虹）

第四节　耳鼻咽喉科

一、概况

1944 年，四明医院成立耳鼻喉科，由吴曜医师每逢周一、三、五上午出诊。1957 年，耳鼻喉单独成科，时为上海市立第十人民医院，由何宗德教授担任副主任。1983 年，成立中医喉科。

1957 年，医师 3 人，在三病区有床位 15 张。20 世纪 70 年代医师增至 7 人，病房搬至六病区，增加床位 2 张。收治病种范围扩大，增加了中医中药治突发性聋、颈动脉体摘除治疗支气管哮喘等特色诊疗项目。1983 年，成立了中医喉科，由全国名老中医张赞臣教授任顾问，提高了耳鼻喉科的中医诊疗率，同期，开展导光纤维喉支气管镜检查及手术。1992 年，新病房大楼启用，病房设在 11 楼，床位 18 张；半年后调至 12 楼，床位减至 11 张。设有中医喉科等 3 个专科门诊，开展乳突改良根治、鼓室成形、鼻窦开放、额窦癌根治、上颌骨次全切除、声带双侧内收麻痹喉外进路外展固定术、全喉切除、导光纤维喉支气管镜检查等 20 余种手术项目。1995 年，由上海市卫生局批准成立上海市中医咽喉病医疗协作中心，设在医院，是组长单位。成员有上海市包括二级、三级医院在内的 20 余个成员。1995—2000 年 1 月，病房迁至住院部 16 楼，床位 8 张，后来缩减为 4 张。有医师 6 人，其中副主任医师 2 人（含副教授 1 人）。2002 年 4 月—2004 年 4 月，受上海市卫生局委托，何宗德教授担任上海市卫生局举办的“上海市中医紧缺专科人才培养班”导师，培养高级中医专科人才 2 人。当时，门诊与住院患者人数逐步减少。2004 年 3 月，从上海浦东公立医院引进张治军博士，床位增至 8 张。2005 年 7 月，在东部设床位 6 张，形成东、西两部互动开展工作新局面。

2007 年起，西部仅保留门诊，不设病房；东部病床增加至 12 张。2015 年，病房搬到东部贵宾楼 4 楼。主任医师 2 人，副主任医师 3 人，主治医师 2 人，住院医师 2 人，听力技术员 1 人。东、西两部门诊面积共约 60 平方米，共 5 间诊室，东院 3 间、西院 2 间。

表 3-7-6 1957—2015 年耳鼻咽喉科历任负责人情况表

任职时间	主 任	任职时间	副 主 任
1960 年 10 月—1984 年	何宗德	1957 年 9 月—1960 年 10 月	何宗德
1984—1987 年	侯淑英	1984—1994 年	刘福官
1987—1988 年	李伟正	1994—1996 年	张剑华
1988—1994 年	侯淑英	2004—2005 年	张治军
1994—2005 年	刘福官		
2006 年—	张治军		

二、业务发展

20 世纪 60 年代初，开设病房，开展手术，能进行扁桃体炎、咽部脓肿、鼻窦炎、鼻中隔偏曲、甲状舌管瘘、喉癌、胆脂瘤型中耳炎、上颌骨癌等疾病的手术治疗。1987 年，开设眩晕专科门诊；1990 年，开设声带小结、声带息肉专科门诊。运用中医中药治疗是各专科的共同特色。1997 年，喉病专科被评为上海中医药大学 A 级专病专科。2004 年起，加强了耳鼻喉科病种的西医诊治。2006—2015 年，在主任张治军的带领下，临床治疗涵盖了各种常见病，包括各种鼻炎、鼻窦炎、咽炎、中耳炎、头颈肿瘤等，特别是开展一系列高难度手术，包括喉癌的根治术和喉部分切除术、腮腺肿瘤的切除术、鼻-颅底肿瘤的鼻内镜微创手术等，并加强了急诊力量，救治了很多鼻衄、外伤、头颈部外伤等患者。同时开展对变应性鼻炎、鼻窦炎、突发性耳聋、喉咳、头颈肿瘤等病种的中医、西医基础和临床研究。门急诊就诊人数自 2005 年起稳步增长，手术及出院人次大幅增长。2015 年，固定床位 12

图 3-7-11 1981 年，耳鼻咽喉科主任何宗德（前）与医师刘福官（后）在桂林合影

张，东、西两院的日门诊量超200人次、出院患者数80～100人次/月。

【医疗特色】

运用中西医结合治疗方法 何宗德教授于建院初始即主持开展中西医结合耳鼻喉科工作，1960年，采用穴位注射法治疗梅尼埃病、突发性耳聋等疾病，并逐渐在耳鼻咽喉各病种中开展。临床手术患者在围手术期实施中药干预，2010年，开展鼻窦炎术后的鼻腔中药冲洗。

运用中医治疗喉科疾病 1983年，由张赞臣领衔成立中医喉科，以五官疾病整体论为指导，重视扶持正气，顾护脾胃，以其经验方制成的院内制剂“天参利咽颗粒”沿用至今。1990年，又开设了声带小结、声带息肉专科门诊。2011年，成立院级名老中医工作室——郑昌雄名老中医工作室，采用“化痰散瘀”的方法治疗嗓音疾病，总有效率达80%以上，日均接待患者30余名。

功能性鼻内镜鼻窦手术 2004年，由张治军组建成员并开展功能性鼻内镜鼻窦手术，治疗病种从初期的慢性鼻窦炎、鼻息肉、鼻中隔偏曲等常规手术逐步扩展到垂体瘤切除、鼻-颅底肿瘤的切除、内镜下泪囊鼻腔造口、眶减压、鼻中隔穿孔的修复等高精尖手术项目。2015年，鼻内镜手术年手术量在200例以上。

头颈部肿瘤手术 张治军主任开展颈侧切开下咽肿瘤切除术，喉部分切除术，颈淋巴结清扫术，腮腺、颌下腺、口底和咽旁间隙肿瘤切除术等。科室由单纯的耳鼻喉科迈进耳鼻咽喉头颈外科，多项手术项目填补了医院在该领域的空白。

睡眠呼吸疾病诊治 随着打鼾患者发病率的增高，科室于2005年及时开展多导睡眠监测项目，结合内镜检查结果，全面分析评估，确定气道阻塞平面。开展阻塞性睡眠呼吸暂停低通气综合征（OSAHS）的规范化治疗，包括经鼻持续正压通气治疗（CPAP），鼻腔扩容术、悬雍垂腭咽成形术（H-UPP）、肥大腺样体和扁桃体切除术等，并将等离子射频消融和超声刀用于鼻、咽部手术，提高手术效率的同时，极大地减少了术中和术后出血。

气管和食管手术 针对罕见食管异物和颈部严重外伤，张治军开展食管假牙类异物的硬管食管镜手术、刎颈伤致喉气管开放性损伤的喉气管成形重建、经皮气管切开致气管壁塌陷狭窄的气管重建手术等。这些项目的开展，使得科室临床急诊急救水平上了一个新台阶，为梯队培养和建设创造了必要的条件。

中医喉科 1983年，由张赞臣领衔成立的中医喉科，以五官疾病整体论为指导，重视扶持正气，顾护脾胃，以其经验方制成的院内制剂“天参利咽颗粒”沿用至今。2011年成立院级名老中医工作室——郑昌雄名老中医工作室，采用“化痰散瘀”的方法治疗嗓音疾病，总有效率达80%以上，日均接待患者30余名。2012年，忻耀杰主任申报的“海派中医流派及特色技术扶持项目——张氏喉科”立项，以此为契机，全国名老中医张赞臣的临床经验得以进一步挖掘整理和传承发展。

【新技术新项目】

随着时代的发展，近年来科室仪器设备日益更新，开展一系列新技术项目用于临床。

畸变产物耳声发射 2010年，购入该仪器设备用于内耳耳蜗病变的检查、蜗性病变造成的感音性耳聋的检测，提高了临床耳聋的检出率。

Styker高清鼻内镜系统 2004年，由张治军开展功能性鼻内镜鼻窦手术，购进鼻内镜系统，2013年，又引进Styker高清鼻内镜系统，用于功能性鼻内镜手术、鼻眼相关手术和鼻-颅底肿瘤手术的可视性操作，有助于发现并切除隐蔽性病变，提高了手术的精准度和成功率。

CO_2 激光 2004 年引入，用于咽喉、鼻腔等局部病变的激光治疗，对于慢性咽炎、过敏性鼻炎、喉咳等疾病的治疗起到了促进的作用。

微型多功能手术动力系统 2005 年，由于功能性鼻内镜鼻窦手术量的增多，手术动力系统投入使用，2013 年，设备升级为微型多功能手术动力系统，清除病变组织更加精准，极大地提高了手术速度。

【医学设备】

1983 年，主要设备有导光纤维喉支气管镜和食管镜。1998 年纤维支气管镜和鼻内镜投入使用，2005 年起，先后添置了多功能综合治疗台，如 Alice4 睡眠监测仪、纯音测听仪、声阻抗仪、悬吊支撑喉镜、动力切割系统、激光治疗仪、微波治疗仪、畸变产物耳声发射仪等。

2015 年，科室设备进一步完善，高清内镜手术显示系统、蔡司耳显微镜、低温等离子射频消融套装和强生超声刀等用于临床手术。

图 3-7-12 2012 年 6 月，在东部门诊大厅耳鼻咽喉科医护人员合影（第一排左一至右二依次为护士长张莉、主任张治军、教研室主任忻耀杰）

三、教学工作

1974 年起，科室即加强医师的培训和轮训工作，1974—1994 年，共有 15 人次参加上海市内外业务学习、进修。1995—2001 年，有 10 余人次参加市内外业务学习、进修；2002—2005 年，职称晋升前后每位医师均进行专病专科进修学习和下乡轮训锻炼；2002 年，忻耀杰医师参加上海市卫生局“中医紧缺人才培训班”。2004 年，先后引进张治军博士、袁波硕士、张金铭副主任医师、滕磊硕士、乔晓明博士，使人才梯队和中西医结构更趋合理。2004 年，张治军参加上海市卫生局高级西学中研修班项目培训。2006—2015 年，科室分别派遣 2 名医师至国内知名三级甲等西医院进修，其中，2009 年，袁波至上海市第六人民医院进修；2011 年，张弢至上海市第一人民医院进修；2011 年，滕磊参加上海市卫生局中医紧缺专科、特色诊疗技术传承人才培养项目;2012 年,张治军参加上海市卫生局高级中西医结合人才培养项目。2010 年,医院成为第一批住院医师规范化培训基地。耳鼻咽喉科开始承担住院医师规范化培训学员每年的临床带教任务。临床带教规培生约 50 人次/年。另有不定期的上海中医药大学和成都中医药大学等本科实习生的临床带教以及社区医师的临床带教任务。临床带教使得非本专科的医师能初步掌握耳鼻咽喉常见病的诊断、鉴别和治疗原则,为临床医师拓展思维和提高临床辨识能力打下了夯实的基础。

1987 年,何宗德教授开始带教培养研究生,1987—1990 年,培养研究生张怀琼。此后,刘福官主任分别培养冯爱成(1994—1997 年)、马胜民(2000—2003 年)、张弢(2001—2004 年)等 3 名研究生;忻耀杰主任分别培养滕磊(2004—2007 年)、张珺珺(2007—2010 年)、高旭青(2010—2013 年)、张韵(2011—2014 年)、程雨杭(2013 年—)、魏慈芸(2014 年—)、杨易(2015 年—)等 7 名研究生;张治军培养马慧琴(2009—2012 年)、舒艳芳(2010—2013 年)、汤洁(2013 年—)等 3 名研究生。

四、科研成果

【课题】

1996—2015 年,共承担各级各类科研项目 11 项,其中获国家自然科学基金 1 项、上海市科委 2 项,其他 8 项。

【著作与论文】

1985—2015 年,耳鼻咽喉科共编撰著作 26 部,其中主编 7 部、副主编 2 部、参编 17 部。1978—2015 年,耳鼻咽喉科共发核心期刊论文 157 篇。

五、学术任职

张赞臣,1985 年参与中华中医药学会(原中华全国中医学会)耳鼻喉科分会的筹备工作,并于 1987 年第一次全体委员会上当选为名誉主任。1990 年,成为我国首批 500 位名老中医学术经验继承工作指导老师。

何宗德,1979 年起,任上海市医学会耳鼻喉科专科分会第八~十届委员会委员。1987 年,任第一届中国中西医结合耳鼻咽喉科专业委员会顾问。编著有《现代中医耳鼻咽喉口齿科学》(1986 年)和《中医耳鼻喉口腔科临床手册》(1989 年)等专著。

刘福官,1992 年,任中国中西医结合耳鼻咽喉科专业委员会第二~四届委员。2000 年,担任第三~五届中国中西医结合耳鼻咽喉科杂志编委。2004 年起,连续两次任上海市高级职称评审专家。2006 年,任中华中医药学会耳鼻喉科分会第三届常务委员、世界中医药学会联合会耳鼻喉口腔科专业委员会第一届常务理事、担任第一届中国食品药品监督管理局新药评审专家,并连续 6 年担任中国博士后科研基金会评审专家。2007—2015 年,任第七~九届上海市中医药学会耳鼻喉科专业委员会副主任委员。

张治军,2009—2015 年,任第十六~十八届上海市医学会耳鼻咽喉科分会委员,2010 年当选中华中医药学会耳鼻喉科分会委员,2011 年增补为上海中医药学会第八、九届中医耳鼻咽喉科专业委员会副主任委员,《山东大学耳鼻喉眼学报》第四、五届编委会委员,2012 年,任第六届中国中西医结合学会耳鼻咽喉科专业委员会青年副主任委员,《听力学及言语疾病杂志》第五、六届编辑委员会委员。2014 年,任上海市中西医结合学会耳鼻喉科分会副主任委员、中国中西医结合学会耳鼻喉科分会鼻炎鼻窦炎专家委员会副主任和上海市中医药学会中医住院医师规范化培训分会委员,上海市医师协会耳鼻喉科医师分会第一、二届委员会委员。2015 年,受聘为上海市黄浦区、浦东新区、奉贤区医学会第四届医疗鉴定专家库成员。

忻耀杰,2006 年起,任第三、四届中华中医药学会耳鼻喉科分会委员。2014 年,任中华中医药学会耳鼻喉科分会第五届常务委员。2015 年,任世界中医药学会联合会耳鼻喉口腔科专业委员会第三届常务理事。2009—2015 年,任第一～三届中国中西医结合变态反应专业委员会委员。2015 年,任中国中西医结合耳鼻咽喉科专业委员会变态反应专家委员会委员。2004 年,国家级、上海市级继续医学教育项目评审委员会学科组专家成员。2007 年,任上海市中医药学会耳鼻喉科专业委员会委员。2012 年,担任国家中医药管理局"十二五"重点专科中医耳鼻咽喉科协作组负责。2010 年,任国家重点出版工程多媒体《中华医学百科全书》"中医耳鼻咽喉学科"卷编委。

2015 年,科室其他成员分别担任职务有世界中医药学会联合会耳鼻喉口腔科专业委员理事,中华中医药学会耳鼻咽喉科分会委员,上海市中医药学会委员、常务委员,上海市中西医结合学会耳鼻喉科分会委员和上海市医学会耳鼻喉科分会委员等职务。

第五节　口 腔 科

一、概况

1944 年 10 月,成立齿科,医生 1 人。1956 年,上海市立第十人民医院成立时,设有口腔科,有医师 2 人,护士 1 人。1960 年,上海市第十人民医院与上海市第十一人民医院合并时,口腔科随之转入,医师增加至 4 人。1974 年,门诊大楼扩建后,诊室设在 7 楼,有 1 个大间,5 张治疗椅;技工室 1 间,X 光室 1 间,消毒室 1 间。1993 年,共有医师 8 人,其中副主任医师 2 人、主治医师 5 人、住院医师 1 人,另有技师、护士各 2 人。2001 年,有各类人员 9 人,包括主任医师 1 人,主治医师 4 人,技师 2 人,护士 2 人。2004 年,东部开业,诊室设在门诊二楼,有诊室 6 间,技工室 1 间,消毒室 1 间,X 光室 2 间。东西两部同时开设门诊,2015 年,科室人员 9 人,包括副主任医师 2 人、主治医师 3 人、住院医师 3 人、主管技师 1 人。

表 3-7-7　1960—2015 年口腔科历任负责人情况表

任职时间	主　任	任职时间	副 主 任
1960—1966 年	赵星如	1995—2000 年	朱聘倬
1978—1984 年	赵星如	2008—2011 年	徐汉文
1984—1988 年	王元洪		
1988—1992 年	袁毓铨		
1992—1995 年	王元洪		
2000—2008 年	朱聘倬		
2011 年—	徐汉文		

二、业务发展

1960年起，开展唇、腭裂手术，口腔良性肿瘤手术，如颌骨囊肿、颌下混合瘤、腮腺混合瘤手术等。20世纪60年代末至90年代开展针麻治疗，如针麻下小手术、拔牙、针麻治疗三叉神经痛及针麻治疗面部神经麻痹、瘫痪等。1972起，开设镶牙业务。1979年，与中医外科、皮肤科协作开设了口腔黏膜病专科门诊，由老中医及西学中老医师临诊指导，运用中医中药治疗口腔黏膜病，治愈率为65%～70%。1993年底，业务量增至月均2 000人次左右。在临床开展口腔种植牙、口腔颌面外科急救手术，以及开展牙周病手术、牙体牙髓根管治疗术、正畸等口腔临床工作。1996年起，与上海市第九人民医院、同济大学口腔医院等技术中心合作，重点开展口腔修复等新业务，如烤瓷牙、铸造牙、套筒冠等。1996—2000年，完成各类病例达1万多例，修复业务收入也占全科业务收入的40%～50%。2000年，年诊治已达到2.1万人次以上，业务收入比1995年收入增加了两倍以上。2005年，与上海市第九人民医院、同济大学口腔医院、曙康口腔医院等技术中心合作，重点开展口腔修复等新业务，如贵金属烤瓷牙、全瓷冠、套筒冠、精密附着体等。2015年，共完成各类病例1万多例。口腔修复业务收入占全科业务收入的40%～50%。开展口腔修复(局部活动义齿、全口活动义齿、精密附着体修复，有栓道式、球帽式、太极扣式、磁性固位体式、研磨臂式、套筒冠式修复，有各类金属烤瓷冠、各类贵金属烤瓷冠、各类氧化锆全瓷冠等修复)、口腔内科(包括各类龋齿补牙，光固化树脂美学贴面修复，各类根管治疗，各类根尖周手术)、口腔外科(包括各类拔牙手术，各类阻生牙拔除手术，各类埋伏牙拔除手术，口腔各类囊肿手术)、口腔正畸(包括固定矫治，活动矫治，隐形矫治等)、各类口腔黏膜病的中西医结合治疗，各类牙周病的中西医结合治疗，各类颞颌关节病的治疗，各类三叉痛的治疗，各类口腔创伤的急诊救治。新开设的口腔种植专科门诊，包括牙槽骨移植、即刻种植、上颌窦外提升、全口种植等。2006—2015年，口腔科门诊量每年以10%左右的速度递增。

三、设备医疗

1956年，口腔椅位3台。1960年，口腔椅位增至4台。1993年底，配置口腔椅7套和铸造机1台(万元以上)，并设有技工室。从1996年起，科室迁至新门诊大楼后，添置了一批新设备。2001年，万元以上的设备：进口、国产牙科治疗机5台；进口台式打磨机1台；进口超声波洁牙机2台；进口喷砂机1台；进口超声波根管治疗仪1台等。2002—2005年，西部综合治疗椅经报废后进行了更新；东部建成使用后，添置一批新设备，主要有进口、国产牙科综合治疗椅8台、进口超声波洁牙机4台、光固化机3台、喷砂机1台、超声根管治疗仪1台、X线牙片机1台、消毒炉2台、塑封机2台、正畸用点焊机1台等。2015年，东部有7台综合性牙科治疗椅，安装全进口的口腔CT、全景、侧位三合一X线机，西部门诊诊室有4台综合性牙科治疗椅。东西两部设立门诊手术室。

四、教学工作

1999年，担任指导江西宜昌医专医学类各专业学生的口腔临床实习工作。2004年起，为上海中医药大学学生讲授整形美容外科学“口腔颌面部美容和整形”。2005年起，接受上海职工医学院口腔医疗专业学生临床实习。2006—2015年，承担上海中医药大学“口腔颌面部美容和整形”等教学任务，承担上海职工医学院口腔医疗专业的教学任务和学生的临床实习带教任务。此外，还承担江西宜昌医专学院、湖南长沙医学院的口腔临床实习带教任务。

五、科研成果

【课题】

1960—2015 年，承担和协作承担各级科研项目 5 项。

【著作与论文】

1981—1994 年，撰写著作 1 本。1981—2015 年，共发表论文 25 篇，均为核心期刊。

六、学术活动与任职

【学术活动】

2006—2015 年，每年参加中华口腔医学会和上海口腔分会的各类专业委员会等国家级和省市级的专业学术会议，进行学术交流和临床科研合作，并在专委会上进行专题演讲等活动。

【任职】

2001—2005 年，朱聘倬任上海市口腔医学会委员、上海市口腔科生物医学工程学会委员、口腔修复学组副组长。2006—2015 年，徐汉文担任上海口腔医学会中西医结合专委会副主任委员、上海医师协会口腔分会委员；另有 1 人担任上海口腔医学会中西医结合专委会青年委员，1 人担任口腔黏膜病专委会青年委员。

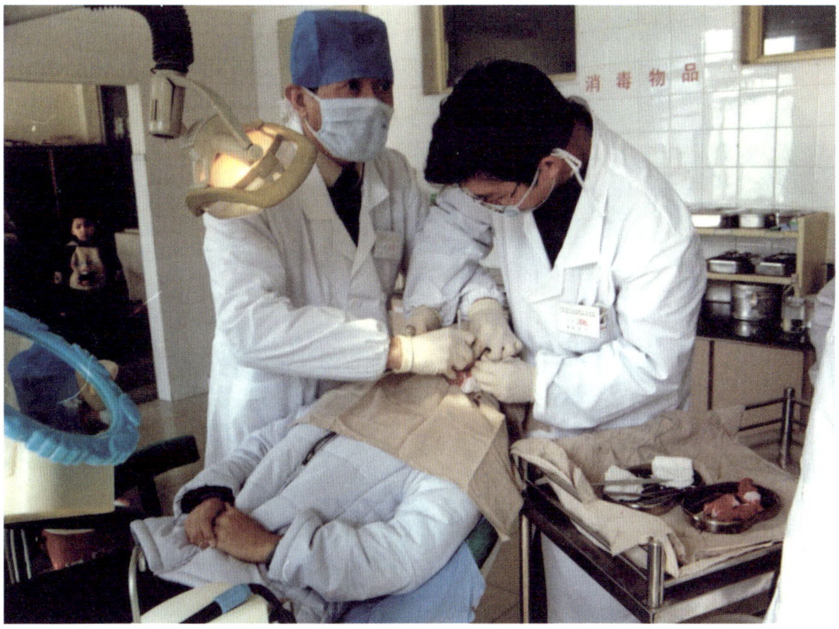

图 3-7-13 2000 年，主任朱聘倬(左)在为患者诊疗

第六节 肿瘤科

一、概况

1955年,上海市立第十人民医院开始探索运用中医中药治疗恶性肿瘤。1964年,医院建立肿瘤专题小组,并正式设置肿瘤专科门诊。1978年,肿瘤专题小组从中医内科分出,成立独立的中医肿瘤科,床位28张。有医师11人,其中主任医师1人、主治医师6人。1986年,全院进行基建工程,病房暂时关闭;1987年,与奉贤五四农场职工医院开办联合病房;1989年,与上海钢窗厂开办联合病房;1990年8月—1991年8月,借开封地段医院开设病房。1994年,病房设在住院部12楼,设床位40张。2005年,东部正式运行,肿瘤科也同时在东部设立独立病房,新增床位28张。现有肿瘤内科、肿瘤介入、门诊、肿瘤实验室四部分构成。在东部肝科楼一、二楼,西部住院楼16楼设3个病区,开放床位72张。至2015年,有博士后、博士6人、硕士8人;主任医师、教授3人,副主任医师4人,研究员1人,副研究员1人,助理研究员3人。科室现有中西医结合临床(肿瘤学)、中医内科学两个专业的硕、博士点,拥有博士生导师1人,硕士生导师4人。全天开设专家门诊及专科门诊。2015年,年门诊量15万余人次,年出院人次4 500余人。

表3-7-8 1980—2015年肿瘤科历任负责人情况表

任职时间	主任	任职时间	副主任
1984年—1989年11月	雷永仲	1981—1984年	雷永仲
1989年12月—2000年11月	张丽英	1988—1990年	张丽英
2000年12月—2013年9月	周荣耀	1989年12月—1992年11月	丁惠琴
2013年10月—	李琦	1992年12月—2000年11月	周荣耀
		2000年12月—	吴丽英
		2015年11月—	马新文(兼介入科主任)

二、业务发展

1955年,雷永仲创建完全独立的肿瘤学科担任肿瘤科主任。研制一系列的中药制剂和经验方如抗炎5号、抗炎1号、化微膏、软坚膏、淋益煎等,对不同部位的肿瘤进行辨证结合辨病治疗,尤其在消化道肿瘤、肺癌等的治疗上,取得显著的临床疗效,使中医药治疗恶性肿瘤在国内和国际上盛誉彰显。1964年,医院建立肿瘤专题小组,并正式设置肿瘤专科门诊,开始采用中医中药治疗恶性肿瘤。同时,采用现代医学科学技术方法作为诊断和治疗的手段。1972年,由著名中医肿瘤专家雷永仲领衔肿瘤专题小组开展运用中医中药治疗恶性肿瘤的临床研究,并一直作为全院的重点研究课题。1974年,肿瘤专题小组在胃癌和肝癌的治疗上获得重要突破,晚期胃癌的中医药治疗疗效与早期手术的疗效相近。1989年张丽英教授担任肿瘤科主任,承前启后,运用传统中药进行肿瘤的诊治,并积极开展科研工作,从理论的水准上进一步完善上述治疗的疗效,提倡轻灵的用药风格,讲求情志调理,带领科室成员先后获得上海市医学会科技进步奖。20世纪90年代后期,周荣耀担任主任，根据肿瘤专业的国际进展，开展肿瘤辅助化疗和新辅助化疗，积极开展介入治疗。介入治疗原发性肝癌配合中医药健脾补肾达到解毒增效作用，减轻化疗的毒副作用，采用夏枯草注射液治疗癌性胸水，并使用院内制剂如肿瘤一号方、肿瘤十号方、肿瘤二十号方等，取得良好的临床疗效。尤其在原发性肝癌、胸部等肿瘤有其独到的理论见解。2013 年，李琦担任肿瘤科主任，学科开展肿瘤的中西医结合综合治疗，提出病症结合防治。建立肿瘤实验室，开展肿瘤的临床和基础研究，依靠科研促进临床诊疗水平提高，建立"规范化、标准化、个体化的中西医结合综合治疗"的模式，科室成为集中医药、化疗、放疗、介入、生物免疫、热疗、靶向治疗为一体的综合性科室。提出大肠癌的"脾虚湿热证治理论"，开展健脾解毒法治疗消化系统肿瘤，延长中晚期患者生存期。在大肠癌、胃癌的中西医结合防治方面在国内形成特色和优势。历年来接诊全球多个国家肿瘤患者和国外留学生。发挥中医优势的同时，积极开展国际的临床和基础合作，与美国康奈尔大学医学中心、MD 安德森肿瘤治疗中心、纽约斯隆-凯特灵癌症中心，建立医疗、科研、教学等合作，使肿瘤诊断和治疗与国际先进水平同步。

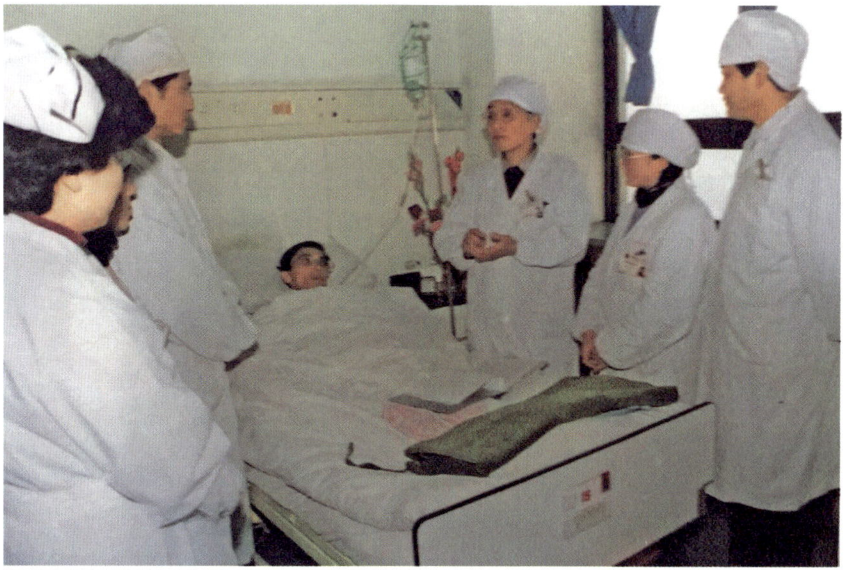

图 3-7-14　2000 年 11 月，主任张丽英(右三)查房

【特色专科】

乳房病专科　1989 年开设，主治乳腺癌、乳房肿块，应用自行研究的制剂乳益方、乳益煎后，患者症状明显改善。1989—1993 年，300 名患者接受长期治疗和随访。专科特别重视患者的激素和内分泌方面的检测。患者应用自行研究、制备的制剂乳益方、乳益煎后，症状明显改善，体内雌二醇水平恢复正常；并针对部分患者出现心烦、多怒、烦躁不安等精神症状，特别是放疗后阴虚患者，使用解郁方改善其症状，有效率达 80%以上。

胃癌专科　1989 年开设，采用抗肿瘤和提高免疫相结合的治疗方法，针对各型胃癌研制安胃方、淋益煎等中成药，均具疗效。

肺癌专科　1989 年开设，根据理气宣肺、活血软坚法，研制成肺益煎、肺益方等具有较好疗效的制剂。此外，该科还承担 PSP(硬化性肺细胞瘤)、肝复乐等一部分药物测试任务。

1994 年起，在原有的基础上，广泛开展多项新技术如肿瘤的血管内介入、肿瘤的内支架释放术等。2002 年，成立介入放射专科，每年完成 100 例手术。

三、教学工作

1980—2015 年，肿瘤科承担上海中医药大学“诊断学”“中医内科学”“西医内科学”“临床技能培训”等课堂教学工作。临床带教七年制、研究生、基地规培住院医师、留学生、进修生等。入选上海市青年教师培养计划；参与 2015 年度上海中医药大学优秀教学团队；参与校级教学课题“基于精品课程网站的《诊断学基础》网络课程建设”“思维训练网络平台在诊断学技能实训课程中的应用”课题。

2015 年，肿瘤科拥有博士生导师 2 人，硕士生导师 6 人。包括毕业及在读博士共 10 人，硕士 43 人，七年制学生 41 人。科室先后派人前往美国 MD 安德森肿瘤中心、匹兹堡大学肿瘤实验室、韩国大田大学附属屯山韩方医院、复旦大学附属肿瘤医院、复旦大学附属中山医院、第二军医大学附属长海医院等国内外医院进修深造。

四、科学成果

【课题】

2000—2015 年，承担国家“863”课题、国家“十一五”科技支撑项目、国家自然科学基金，以及上海市科委、教委、卫计委的多项科研课题的研究。近 5 年，学科共主持国家自然科学基金 13 项，国际合作重点项目 1 项，主持上海市科委、教委、卫生局科研项目等 30 余项。参与国家高技术研究发展计划（“863”计划）“心血管疾病与肿瘤疾病中西医临床大数据处理分析与应用研究”中肿瘤疾病部分研究。

【专利】

2013—2015 年，发明专利 7 项。获得发明专利授权 4 项。

【著作与论文】

1980—2015 年，主编医学专著 5 部。1980—2015 年，肿瘤科共发表论文 260 余篇，其中 SCI 论文 61 篇。

图 3-7-15　2015 年 11 月，肿瘤科全体医护人员合影（第一排右四为主任李琦）

第七节 骨 伤 科

一、概况

上海市立第十一人民医院时为中医伤科,初期附属于中医外科。1958、1959 年分别引进两位中医师,因患者逐渐增多,业务发展,成为独立中医伤科。1960 年,正式名为“伤科”,有医师 2 人、护士 1 人。1962 年,中医学院首届学生毕业后,先后有几位医师参加伤科工作,而骨科一直附属于西医外科。1966 年,西医外科 1 名专职骨科医师调至伤科,成立骨伤科,有医师 6 人、护士 1 人。20 世纪 70 年代,医师增至 14 人。1983—1993 年,陆续分配进应届大学毕业生(主要为上海中医学院中医系毕业)12 人,部队转业和外院调入医师 2 人,其间也有一些医师调出、转科或退休,但医师队伍从知识结构到人员数量都得到发展。1990 年,设立 10 余个专科专病门诊。1992 年,成立骨伤科研究室,成为石氏伤科为主、集上海伤科著名流派为一体的上海市中医骨伤科医疗协作中心,确立以慢性筋骨病损防治为主的研究方向。

1994 年,病房位于住院部 13 楼,共有床位 51 张。1995 年,开始引进西医高级人才,共有各级医师 19 人,其中主任、副主任医师 7 人,主治医师 5 人,住院医师 5 人,技师 2 人,有病床 42 张。2004 年底,东部开张,病房位于综合楼 4C 病区。科室床位数重新设置,西部 53 张,东部 40 张,其中手术床位为 79 张,传统中医保守治疗床位 14 张。2014—2015 年,因医院发展需要,临床科室重新整合,设立伤科、骨一科、骨二科、骨关节科。2015 年,共有各级医师 39 人,其中主任、副主任医师 17 人,主治医师 14 人,住院医师 7 人,技师 1 人,东、西部床位数共 103 张。

表 3-7-9 1972—2015 年骨伤科历任负责人情况表

任职时间	主 任	任职时间	副主任
1972—1976 年	郭 汾(组长)	1959 年—不详	殷震贤
1984—1988 年	石印玉	1972—1978 年	石印玉(副组长)
1988—1997 年	丁不凡	1978—1984 年	郭 汾
1997 年—2003 年 4 月	汤荣光	1981—1984 年	石印玉
2003 年 4 月—2004 年 3 月	石关桐	1984—1988 年	丁不凡
2004 年 6 月—2006 年	张如明	1988—1992 年	闫宗海
2006 年—	詹红生	1992—2003 年	石关桐
		2003 年 4 月—2004 年 5 月	张如明
		2004 年 11 月—2009 年	匡 勇
		2013—2015 年	石 瑛

二、业务发展

1958—1959 年,分别引入两位中医师。他们运用内服的伤药片(二、三、四、五号药片)和外用的殷氏伤膏药、膜韧膏、渗通散、血桂散、活血散、续骨丹(片)、健骨壮筋丹、挫伤丹、震伤丹等多种伤药配方治疗疾病,求诊患者随之逐渐增多,业务日益兴旺,并成为独立的中医伤科。

20 世纪 60 代末至 70 年代初,成立骨折创伤组、腰腿痛组、颈椎病组、肩周炎组等专病小组。其中腰腿痛组的"中西结合硬膜外麻醉下用中医三步八法推拿治疗腰突症的研究"取得 84%的临床疗效,并获科研成果奖。骨折创伤组除门诊外,还每周两个半天上门随访。当时石幼山教授每周来科,设半天门诊并讲课。

1990—1994 年,相继成立的专科专病门诊有创伤骨折、长皮膏、骨质疏松症、膝关节骨关节病、关节炎、肩周炎、颈椎病、中医治疗喙肱冲击症、骨伤病膏方、骨伤疾患四季调摄、骨伤疑难杂症、骨病、手术患者随访等。其中骨质疏松症、骨关节炎、颈椎病等专科均为特色的专病门诊。由石氏伤科第四代传人石印玉医师主持的骨质疏松症专科门诊,运用先进的诊疗手段,并研制疗效显著的密骨胶囊等治疗骨质疏松症的系列中成药。1994 年,保持原有的中医特色的同时,请外院名老中医查房指导,并开展关节镜下手术、骨肿瘤瘤段切除再植、经皮穿刺髓核剔除等工作。1995 年,开设骨折创伤专科门诊、骨质疏松专科门诊、骨关节病专科门诊、股骨头坏死专科门诊、手外科专科门诊、颈椎病手法门诊等。在这些专科门诊的基础上,该科还积极发展对颈、肩、腰腿痛等脊柱疾病患者的综合治疗。

2001 年,被国家中医药管理局评为国家重点专病专科。2001 年 10 月,上海中医药研究院骨伤科研究所整体建制转入医院。2002 年,从天津肿瘤医院引进张如明主任医师,开展骨与软组织肿瘤的治疗。2003 年通过国家中医药管理局三级实验室(骨与关节病理学实验室)的验收,与医院病理室、实验中心的细胞与分子生物学实验室实行资源共享,从骨与关节组织病理、细胞病理和分子病理三个方面进行仪器和人员的配置。2005 年,成立骨与软组织肿瘤诊疗中心,对各种骨与软组织肿瘤采用先进的屏障切除,并进行功能重建。2006 年,由骨伤科、上海市中医药研究院骨伤科研究所、临床医学院中医骨伤科学教研室共同组建石氏伤科医学中心。2007 年 1 月,由骨科主任匡勇主刀完成医院首例断指再植手术。

【伤科】

2014 年,石瑛任科室主任。科室有主任医师 2 人、副主任医师 3 人、主治医师 4 人、住院医师 2 人。共 7 间诊室,病房床位 31 张。特色保守治疗方法:松解理筋手法治疗筋伤技术、整复合缝手法治疗脊柱与关节疾病技术、经筋层针刀松解治疗顽固性筋伤疼痛技术、针刺艾灸联用治疗筋骨关节寒湿痹痛技术、中药熏蒸擦洗治疗筋骨关节肿痛技术、导引练功治疗慢性筋骨损伤技术、单穴深刺电针治疗腰椎间盘突出症技术、臭氧注射消融治疗腰椎间盘突出症技术、麻醉下肩关节粘连松解治疗肩周炎技术等。特色手术治疗:老年患者的颈腰椎疾病和髋部骨折手术技术。如骨质疏松引起的胸腰椎骨折经皮穿刺锥体成形术,腰椎管狭窄减压术,髋部骨折内固定和人工关节置换术等;四肢骨折开放手术技术、四肢骨折手法复位微创内固定特色技术、关节镜微创修补治疗关节内损伤技术、小切口微创关节置换技术、骨关节病术后康复技术等。

【骨一科】

2015 年 7 月,由原骨科分化成立为骨一科及骨二科。匡勇任科室主任。科室有主任医师 1 人、主治医师 5 人、住院医师 5 人。诊室面积约 40 平方米,共 6 间诊室。病房面积 415 平方米,43 张床位。治疗颈椎病、老年患者的颈腰椎疾病和髋部骨折的治疗,并开展相关的研究。主要技术:腰突症小切口手术技术、腰椎管狭窄减压＋植骨内固定技术、腰椎滑脱切开复位内固定技术、髋部骨折的内固定及关节置换技术、四肢骨盆及软组织肿瘤的切除重建技术、脊柱四肢骨折的切开复位内固定技术。

【骨二科】

于 2015 年 7 月成立，卫晓恩任主任。科室有主任医师 2 人、副主任医师 1 人、主治医师 3 人。3 间诊室，床位 11 张。特色有髋、膝、肩、肘各大关节置换及翻修术，股骨头坏死的外科修复，颈、胸、腰椎各种减压、复位、内固定手术，微创脊柱成形术及各部位复杂创伤内固定术，肿瘤术后组织修复和功能重建等。以手术治疗为主，兼以颇具影响力的石氏伤科治伤方药及各种手法配合围手术期的治疗及术后康复。

【骨关节科】

2014 年 1 月，骨关节科由伤科和骨科分化成立，郑昱新任主任。科室有主任医师 1 人、副主任医师 2 人、主治医师 4 人、住院医师 1 人。共 2 间诊室，病房床位 18 张。主要特色是关节镜微创，尽可能减少患者的痛苦，使患者恢复得更快。微创人工关节外科为晚期关节病患者提供良好的治疗方案，术后中医护理和康复为患者更快更好地恢复提供有力保证。门诊和病房开展各类保守治疗，如针灸(刀)、手法、臭氧和药物关节内注射、中药内服外用等，获得患者一致好评。作为国内开展较早、专业涉及全身各大关节微创手术和关节置换手术的医疗单位，每年完成 200 多台关节镜微创手术和 100 多台关节置换手术，在手术理念、手术技术以及围术期管理方面与国际接轨。

【骨密度检测】

1994 年，购入双能 X 线骨密度仪，成立骨密度室，开展患者的骨密度检测工作。2005 年购入双能 X 线骨密度仪，东部建立骨密度室。

【特色制剂】

1993 年开始，创制治疗骨质疏松症的“密骨胶囊”，治疗骨关节病的“养血软坚胶囊”“芍药舒筋片”“怀珍柔肝胶囊”“参蝎止痛胶囊”和“金利胶囊”，治疗骨质增生的“骨刺宁胶囊”和“抗骨质增生合剂”，治疗胸胁屏气伤的“活血理气合剂”，治疗骨折及软组织损伤的“新伤合剂”“桑松外洗散”，治疗急慢性软损伤的“膜韧膏”等中药内服和外用(膏药)制剂。

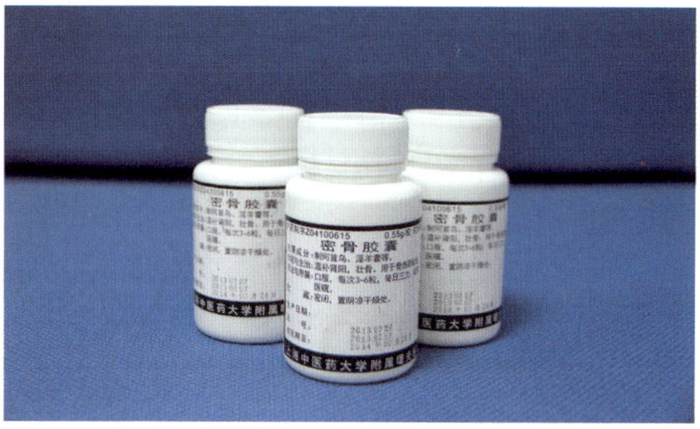

图 3-7-16　密骨胶囊

【特色诊疗技术】

自 2000 年，治疗颈椎病的“仰卧位拔伸整复手法”，治疗腰椎间盘突出症的“麻醉下手法松解整复技术”和“单穴深刺电针技术”，治疗肩周炎的“麻醉下肩关节粘连松解技术”，针对脊柱关节筋出槽骨错缝的精准定位定向整骨手法技术，松解理筋手法治疗筋伤技术，整复合缝手法治疗脊柱与关节疾病技术，经筋层针刀松解治疗顽固性筋伤疼痛技术，针刺艾灸联用治疗筋骨关节寒湿痹痛技术，中药熏蒸擦洗治疗筋骨关节肿痛技术，导引练功治疗慢性筋骨损伤技术，单穴深刺电针治疗腰椎间盘突出症技术，臭氧注射消融治疗腰椎间盘突出症技术，麻醉下肩关节粘连松解治疗肩周炎技术等，以及石氏伤科导引八法、石氏伤科强筋健脊功法等。

【手术治疗技术】

老年患者的颈腰椎疾病和髋部骨折手术技术。如骨质疏松引起的胸腰椎骨折经皮穿刺锥体成形术，腰椎管狭窄减压术，腰突症小切口手术技术，腰椎管狭窄减压＋植骨内固定技术，腰椎滑脱切开复位内固定技术，髋部骨折的内固定及关节置换技术，髋部骨折内固定和人工关节置换术等；四肢骨折开放手术技术，四肢骨折手法复位微创内固定特色技术，四肢骨盆及软组织肿瘤的切除重建技术，脊柱四肢骨折的切开复位内固定技术，关节镜微创修补治疗关节内损伤技术，小切口微创关节置换技术，骨关节病术后康复技术，椎间孔镜技术等。

表 3－7－10　2006—2015 年石氏伤科医学中心历任负责人情况表

任职时间	主　任	任职时间	副　主　任
2006 年—	石印玉	2006 年—	詹红生

【医疗设备】

2015 年，骨伤科拥有双能 X 线骨密度仪、臭氧治疗仪、关节镜、椎间孔镜、骨骼-肌肉-神经分析仪(MES)、冲击波治疗仪、骨质疏松治疗仪、X 线 C 臂透视机、中医四诊仪、三维步态脊柱测量系统、脊柱功能测评系统、三维运动捕捉系统、模拟仿真测试评价系统等。

三、专科发展

2015 年，建有教育部国家重点学科、卫生部国家临床重点专科、国家中医药管理局国家中医重点专科，国家中医药管理局石氏伤科流派传承工作室，国家中医药管理局“骨与关节病理学”科研三级实验室，国家级和上海市石印玉名中医学术经验研究工作室，国家中医流派石氏伤科传承工作室，海派中医流派石氏伤科传承研究基地，上海市重点学科、上海市重中之重重点学科、詹红生上海市名中医学术经验研究工作室；担任国家中医重点专科骨伤科协作组组长单位、膝骨关节炎协作组组长单位、骨质疏松协作组副组长单位。并以“慢性筋骨病损防治研究”为主攻方向，分为脊柱病损、骨质疏松、骨关节病三个方向。

【骨关节病方向】

自 1989 年开始，石印玉教授进行骨关节病相关研究，提出“本痿标痹，痰瘀致痹为标，肝肾亏虚为本”为基本病机。倡导“筋骨并治，以筋为主”的骨与关节病的治疗观念，形成了规范的中医药个性化对治骨关节炎方案。研制治疗骨关节病的新药怀珍养肝胶囊，自制制剂“养血软坚胶囊”及其系列药物，运用关节内注射玻璃酸钠、关节镜治疗乃至全膝关节置换术等技术治疗骨关节疾病。

【骨质疏松方向】

自1993年起，在骨质疏松专科方面，石印玉教授运用双能X线骨密度仪、骨骼-肌肉-神经分析仪（MES），经过研究提出可能降低中老年人骨折风险的可靠临床证据，自行研制“密骨胶囊”，建立规范的降低中老年人骨折风险的临床中医药综合干预方案。

【脊柱病损方向】

2000年，詹红生提出“骨错缝、筋出槽，气血不通，筋骨失和”观点，明确界定了“骨错缝、筋出槽”的内涵和外延。通过临床症状、颈椎病常规体征、特殊体征、影像学测量4个核心要素，从“结构”与“功能”异常两方面构建了颈椎“骨错缝、筋出槽”的临床评估技术方案，实现了对颈椎“骨错缝筋出槽”定性、定位、定向诊断，为手法矫正提供了准确的“靶点”。在此基础上，证实了矫正“骨错缝筋出槽”技术治疗颈椎病的临床有效性与安全性。

【石氏伤科】

上海石氏伤科约于1870年肇始于石兰亭，奠基于石晓山，发展而声誉卓然的是石筱山和石幼山这一代。20世纪60年代末至70年代初，石氏伤科第三代传人石幼山教授每周至曙光医院伤科，设半天门诊并讲课。1990—1994年，石氏伤科第四代传人石印玉医师主持的骨质疏松症专科门诊在石氏伤科“十三科一理贯之”的整体观念影响下，曙光医院骨伤科形成了集石氏特色理论、石氏特色诊治、石氏特色手法、石氏特色用药为一体的临床诊疗体系。第四代传人有石纯农、石仰山、石凤珍、石印玉、石鉴玉、石凤霞、沈蕴新、石蕴华；筱山先生高徒有梁劲予、杨锦章、诸方受、罗济平、沈德骅、蒋立人，幼山先生高徒有陈国昌、奚鸿昌，由中医学院组织结对的学生有陈谟京、诸福度、曲克服、陆品兰、施杞、施超。第五代传人更众，2000年起，第六代传人正在成长。2006年，上海石氏伤科被列为国家级非物质文化遗产，曙光医院为保护单位之一。2011年，上海市卫生局、上海市中医药发展办公室审定的“海派中医流派石氏伤科传承研究基地”落户上海中医药大学附属曙光医院。2012年，承担国家中医药管理局全国中医学术流派传承工作室建设项目“石氏伤科流派传承工作室建设项目”。2014年，“上海石氏伤科疗法”入选国家级非物质文化遗产代表性项目，曙光医院为保护单位之一。

四、教学工作

医院成立以前曾与中医外科合设中医外科教研组。1960年，伤科成立后，与龙华医院合设伤骨科教研组。1986年，在中医系二部下设中医骨伤科学教研室。1986—1994年，承担历届上海中医学院本科或大专班的授课、见习和实习带教，以及国内外、港台同胞的进修带教。参加师资进修班、主治医师提高班的教学。1993年初，开始招收骨伤科博士研究生。2005年，由上海市教育委员会评为上海市重点学科“中医骨伤科学”。2007年，由国家教育部评选为“中医骨伤科学”国家重点学科，同年7月，中医骨伤学研究生暑期学校正式成立，之后，每年7月开课。

2006—2015年，主要承担不同专业层次学生的“中医骨伤科学”理论及临床教学任务，年接收进修实习人员约400人次；主持教育部高等教育司精品视频公开课1门；上海市精品课程2门；上海市教委重点课程1门。“中医骨伤科学”为国家级在线开放课程。设有中医骨伤科学和中西医结合临床（骨伤方向）两个专业硕、博士学位授权点和博士后流动站。2014年，1人入选上海中医药大

图 3-7-17　2007 年 7 月,上海市中医骨伤学研究生暑期学校开课

学临床骨干教师启动计划。1993—2015 年培养硕士研究生 126 人,博士研究生 56 人,毕业至全国各地医院内工作的研究生,已成为该处骨伤科的学术带头人或骨干力量。

五、科研成果

【课题】

1994—2015 年,共承担各级新课题研究 153 项,其中,国家级课题 32 项,省部级课题 39 项,市局级课题 82 项。

【专利】

2005—2015 年,申请专利 30 项,授权 23 项。其中,申请发明专利 16 项,授权 9 项;申请实用新型专利 13 项,授权 13 项;申请外观升级专利 1 项,授权 1 项。

【著作与论文】

1972—2015 年,共编撰著作 85 部,其中主编 26 部、副主编 17 部、参编 42 部。共发表论文 678 篇,其中,发表于核心期刊论文 636 篇,SCI 论文 42 篇。

六、学术活动与任职

【学术活动】

1990 年起,石印玉所长曾多次应邀赴国外讲学,并被美国旧金山州立大学聘为该校中国医学科学研究所技术顾问。1994—2001 年,与香港中文大学开展关于骨质疏松的合作,并定期派送医师进行研修交流。2000 年,与美国哥伦比亚大学人体实验室合作研究骨质疏松症和骨关节疾病,成立 OPAC 临床诊疗中心。该中心是哥伦比亚大学在华成立的第二个研究中心,覆盖整个华东地区。1999 年起,每年组织举办上海市市级继续教育学习班。2001 年,举办了全国性教育学习班。

2005 年，主办了大学系统内医院骨伤科交流学习班。2008 年 10 月 9—12 日，举行退行性脊柱病的中医诊治新进展学习班。2009 年 11 月 26—29 日，举办 2009 年度国家级继续教育项目“骨关节病的临床新方法新技术”。2010 年 10 月 16 日，召开石幼山先生百年诞辰纪念会暨石氏伤科学术思想研讨会。2011 年 11 月 18—19 日，召开上海石氏伤科诊治慢性脊柱病损特色技术高级研修班。2012 年 6 月 28 日，举办第二届石氏伤科学术联谊会，研讨海派中医流派石氏伤科的传承与发展工作。2012 年 7 月，石印玉教授受邀于香港中西医结合医学会及香港医院管理局主办的“香港国际针灸学术会议”上进行演讲。

图 3 - 7 - 18　2011 年 11 月 5 日，上海市名中医石印玉(左一)在上海星尚频道进行科普讲座

2012 年 11 月 16—18 日，主持举办 2012 年上海中医药国际论坛“自然医学发展促进脊柱健康”专题论坛暨国家级继续教育项目“脊柱健康评估与管理”高级研修班；2013 年 2 月 4 日，举办骨关节病专科建设与学术发展论坛；2013 年 7 月 18 日，美国布朗大学知名教授魏磊(Wei Lei)，在东部骨伤科研究所进行学术讲座。2013 年 7 月 26—27 日，与上海浦东新区上钢社区卫生服务中心联合举办“石氏伤科传统疗法在现代创伤性疾病中的应用与推广”培训会在医院东部召开；2013 年 9 月 2—4 日，在上海中兴和泰酒店召开上海石氏伤科骨与关节健康论坛；2013 年 11 月 8—10 日，主持举办名为“脊柱健康管理与中医诊治技术优化方案高级研修班”(项目编号：2013120208077)的国家级中医药继续教育。2013 年 11 月 7—10 日，主办“脊柱健康管理与中医诊治技术优化方案高级研修班”。

2014 年 10 月，石印玉教授、詹红生教授接受香港中医学会的邀请，到香港进行“石氏伤科临床运用”“石氏骨伤精粹”专题演讲。2014 年 9 月 19—21 日，在医院举办“石氏伤科学术经验和诊疗技术的应用及其进展学习班”；2015 年 7 月 17 日，在医院举办“‘石氏伤科’技术诊治现代骨伤疾病培训班”。

每年派遣科内工作人员赴国内外进行学习交流。

图 3-7-19　2013 年，"脊柱健康管理与中医诊治技术优化方案高级研修班"上，主任詹红生为学员授课

【任职】

石印玉，1987 年，任中华中医药学会骨伤科专业委员会秘书长；1998 年，任中华中医药学会骨伤科专业委员会副会长兼秘书长、上海市中医药学会骨伤科分会主任委员；2002 年，中华中医药学会骨伤科专业委员会副会长、上海市中西医结合学会骨伤科分会副主任委员，并成为第三批名老中医学术经验继承工作指导老师。

詹红生，2009 年，任世界手法医学联合会第二届理事会常务副主席。2010 年，中华中医药学会骨伤分会第五届委员会常务委员兼副秘书长；世界中联骨伤科专业委员会第二届理事会理事。2011 年，任中国中医药研究促进会骨科专业委员会副主任委员。2013 年，任上海市中医药学会第九届骨伤科分会副主任委员。2014 年，任中国中西医结合骨伤科分会脊柱工作委员会副主任委员。2015 年，任中华中医药学会运动医学分会副主任委员、世界中医药学会联合会骨伤科专业委员会第三届理事会副会长。

匡勇，2009 年，任上海市中西医结合学会第一届脊柱医学专业委员会副主任委员；2012 年，任中国中医促进会软组织疼痛专业委员会副主任委员。

1987—2015 年，骨伤科成员担任各级专业学会副主委以上 29 人次，委员 96 人次。

第八节　老年医学科

一、概况

科室建于 1989 年，当时为深入研究老年病、解决老年人看病难的问题，在原家庭病床科的基础上成立老年病科，以门诊为主诊治老年痴呆、卒中后遗症、骨质疏松症等老年疾患。1996 年 8 月更名为干保科，医疗保健对象由上海市卫生局干部保健处指定，主要为上海市局级以上干部、离休干部、正高级职称的高级知识分子、文艺界知名人士等。从成立时的173名定点干保对象到2015年已经发展到411名。2009年，在干保的基础上成立并正式更名为老年医学科。除负责干部体检、医疗保障工作外，还承担常见老年疾病的临床诊疗。

1996年，干保病房位于住院部7楼，设床位18张，医务人员共15人，其中主任医师1人、副主任医师2人、主治医师2人、住院医师2人，主管护师2人、护士6人。2005年5月搬至西部住院部6楼，床位数增加至32张，配备1名主任医师作为顾问、1名副主任医师、3名主治医师、3名住院医师及1名主管护师，8名护士。随着科室业务不断发展，2009年，老年医学科住院病房床位增至55张，位于西部住院大楼六、七两层楼。2015年12月，主任医师2人、副主任医师3人、主治医师6人、主管护师5人、护师17人、护士4人；其中博士学位者2人、硕士学位者5人。

表3-7-11 1989—2015年老年医学科历任负责人情况表

任职时间	主任	任职时间	副主任
1989—1991年	范瑛华	1991—1994年	周胜利
1996年—2000年4月	季文煌	1994—1996年	马秋元
2000年4月—2010年5月	金为群	1996年—2000年3月	金为群
2010年5月—	陈晓宏	2000年4—7月	章淑萍

二、业务发展

1996年起，老年医学科的住院患者、门诊就诊人数逐年增加。1997年，病房共收治病员216人，门诊7 210人次。2015年，病房共收治病员805人，平均住院天数21.47天，床位使用率为95.16%，抢救危重患者24人；门诊总量达77 788人次，门诊患者满意度测评达99.8%。

【门诊】

1996—2009年设干保门诊一间，应诊时间为周一至周五全天。2009年正式更名为"老年医学科"，除独立的干保门诊外，在东西两部均开设老年病科及老年高血压病、老年慢性支气管炎、老年失眠、老年骨质疏松等专病、专科、专家门诊。共拥有门诊诊室7间，面向社会普通老年群体，以中医中药为特色、中西医结合治疗老年疾患，取得良好疗效。

【急诊】

不设专门的急诊，定点的干部保健对象到急诊后，由急诊室医师与干保病房联系收入病房或暂借相关科室病房收治，待病情稳定后转入干保病房。

【住院】

1996—2009年，干部病房不以收治患者的病种分组。2009年以后，老年医学科划分为老年心脑血管专业组、老年睡眠及呼吸障碍专业组、老年骨病专业组。病房根据不同的专业进行相应设置，6楼病区主要为老年睡眠及呼吸障碍性疾病；7楼病区分为前后两组，分别以收治老年心脑血管疾病和老年骨病为主。

三、医疗特色

【老年骨质疏松及骨关节病】

广泛开展骨密度测定、骨代谢标志物检测，大幅度提高老年骨质疏松及绝经后骨质疏松的检出率及知晓率。治疗上，发挥传统中医药特色，通过补肾填精、强筋壮骨、活血化瘀、祛风除湿等药物内服、体外冲击波穴位治疗等方法，显著改善骨质疏松患者骨痛，延缓骨丢失、增加骨量、减少骨折的发生率，配合八段锦、太极拳等阳光运动锻炼，有效提高老年患者的寿命和生活质量。科室引进最新的瑞士产体外冲击波穴位治疗仪，基于中医经络理论，根据老年骨关节疼痛患者疼痛部位及特点，选取相关经络穴位及阿是穴，运用体外冲击波疼痛治疗系统进行干预治疗，从而减轻患者疼痛，提高患者运动耐力、生活质量。

【老年睡眠障碍】

开展中药内服、穴位外敷结合推拿手法及微电流治疗老年失眠、老年焦虑、老年抑郁。以心肝肾立论，交通心肾、疏肝泻火、养心安神为治则，中药汤剂或中成药内服、左金丸外敷涌泉穴，系统推拿百会、太阳、风池等穴位，有效改善患者的睡眠质量，防治或减轻西药的耐药性及成瘾性。

【老年高血压病】

中西医结合治疗老年高血压，以平肝潜阳、清降活血中药内服配合足浴、气功、耳穴按压等特色传统中医疗法，有效治疗患者头痛、头胀、眩晕等临床症状，减少降压药用量，改善老年高血压患者脉压差大、血压波动大、体位性低血压、昼夜节律异常等问题，减少了心脑血管并发症的发生率。

【老年慢性支气管炎】

以肺脾肾为核心，谨分标本缓急，辨清寒热虚实。开展冬日膏方、冬病夏治、内病外治、中药雾化、呼吸锻炼、穴位敷贴等特色医疗，丰富了慢性支气管炎的治疗方法，弥补了西医治疗的局限性和单一性，有效减少老年慢支的复发率及西药的毒副作用。

【干部保健】

干部保健工作包括医疗保健和体检。以书信、电话、短信等多种途径通知保健对象体检的具体时间。体检后，门诊各级医师及时准确地做好体检总结与反馈工作。安排体检异常指标者复查和进一步检查。对体检新发现的糖尿病、高血压、心脏病等，及时通知患者到门诊积极治疗。对体检中发现有肿瘤等重大情况的，联系患者尽快到医院住院诊治。

老年医学科还承担多项 VIP 医疗保障任务，包括 2001 年亚太经合组织（APEC）第九次领导人非正式会议的医疗保障任务、2010 年上海世博会 VIP 的医疗保障任务等。

四、教学工作

老年医学科注重对各级医师的培养及继续教育。每周均安排科内学术交流、学术讲座、病例讨论会，形成了良好的在职学习氛围。2006—2015 年，全科共有 4 人赴上海市第六人民医院骨质疏松科进修，5 人赴华东医院进修，1 人赴中山医院呼吸科进修。5 人完成在职硕士研究生学习，1 人完成在职博士研究生学习。

老年医学科还承担了专科规范化培养医师、进修医师、硕士研究生、留学生等各类进修、带教任务。科室专门配备了教学干事，系统地安排带教工作，有序地开展教学查房及教学讲座。

五、科研成果

【课题】

2006—2015 年，老年医学科承担各级各类课题、专科等研究项目 7 项。

【著作与论文】

1996—2015 年，共编撰专著 7 部，其中主编 3 部、参编 4 部。1996—2015 年，老年医学科共发表论文 39 篇，均为全国性核心期刊，1 篇为 SCI 0.8 分文章。

六、学术活动

自 2011 年起，陈晓宏每年赴复旦大学医学院继续教育培训项目学习班上做“职业医药继续教育”的讲座。2014—2015 年，庞辉群在上海市执业药师继续教育培训项目学习班上做“肺炎的临床诊断和抗生素用药策略”的讲座。2015 年 10 月，陈晓宏负责举办国家级继续教育学习班“中西医结合老年病防治新进展学习班”。学习班围绕老年医学的中医文化、骨骼运动疾病、胃肠代谢疾病及精神认知障碍四大主题开展授课、讨论，提高了老年医学科医师的临床诊疗水平和科研能力。

图 3-7-20 2010 年，老年医学科部分医生和护士合影（第一排左二为主任陈晓宏、右二为原主任金为群）

第九节 针 灸 科

一、概况

1925年,原四明医院设有针灸门诊,门诊医生为季乾元。1954年,上海市立第十一人民医院成立针灸科,后上海市立第十人民医院与上海市立第十一人民医院合并,取名“曙光医院”,针灸科随之转入,成为医院重要的临床科室之一,当时有医师4人,床位45张,收治病种有卒中后遗症、坐骨神经痛、关节炎、胃溃疡等患者。1965年,病房搬迁,床位调整至18张,主要配合针麻研究,进行胃溃疡针麻手术的术前预测及术后观察,兼收卒中后遗症、腰腿痛等患者。1969年,停设病房。1970年,开设16张针灸治疗传肝隔离病床。1978年,开设8张床位,收治胃窦炎、三叉神经痛、腰椎肥大等患者。

20世纪80年代中期,医院改扩建期间,病房再次关闭。20世纪90年代初新病房大楼启用后,病房设在15楼,床位22张,收治卒中后遗症、腰腿痛等病种,以针灸、中药治疗为主。医师16人,其中主任医师(含副教授)1人、副主任医师4人(含副教授2人)、主治医师7人、住院医师4人。2005年,病房设在东部3C病区,床位24张,西部病房停设。2015年,病房床位数24张,床位使用率100%,开展中医特色诊疗项目30项。

2015年,在编医师13人,其中主任医师3人、副主任医师1人、主治医师1人、住院医师4人。另聘请知名专家李鼎、徐平、李国安等医生。医、教、研各方面不断发展,成为医院重点优势专科、国家中医药管理局重点专科、全国针灸重点学科协作建设单位、上海市卫生局中医临床优势专科、海派中医流派“杨氏针灸”的传承总基地、上海中医药大学特色专病专科、上海中医药大学杏林团队、上海中医药大学附属曙光医院A级科室,并屡获“全国用户满意服务明星班组”及“工人先锋号”称号。开设专科门诊5个。

表3-7-12 1960—2015年针灸科历任负责人情况表

任职时间	主任	任职时间	副主任
1960—1965年	杨永璇	1980—1983年	张洪度
1969—1970年	夏德颐	1981—1985年	马瑞寅
1970—1972年	徐明光(组长)	1986—1987年	王世惠
1972—1972年	杨永璇(组长)	1992—1994年	葛林宝
1973—1978年	张振华(组长)	1995—1997年	王世惠
1978—1980年	杨永璇(顾问)	1998—2000年	李国安
1985—1986年	马瑞寅	2000—2005年	沈卫东
1988—1994年	项立敏		
1994—1997年	葛林宝		
1998—2000年	王世惠		
2000—2005年	李国安		
2006年—	沈卫东		

二、业务发展

【专科发展】

建院之初，因设有独立的科室，曾有杨永璇等一代针灸名师临床应诊，并设有门诊和病房收治患者。目前在继续保持上海市立第十一人民医院时的聋哑、小儿麻痹症、卒中后遗症、精神分裂症专科门诊的基础上，又开展高血压、遗尿症等临床针灸的科研工作。

1964 年，与外科合作开展针刺麻醉科研工作，并成功合作 1 例在针刺麻醉下的胃切除手术。1971 年，针灸科为普及新医疗法知识，以中西医结合的形式建立了新医门诊，运用水针疗法，开展“老慢支”“风心”“哮喘”专科治疗，3 年中治疗老慢支 900 例，近期有效率达 90%，显效 60%以上，1 年后近期随访疗效 78.5%；治疗风心 322 例，近期疗效 77.4%，显效 10.2%；治疗哮喘 300 例，近期疗效 95%，显效达 70%。1978 年起，继续开展“老慢支”“风心”“哮喘”专科门诊。

20 世纪 70 年代，开设特色门诊，用羊肠线埋入及中医例子导入法治疗哮喘、肌营养不良、胃溃疡、小儿麻痹后遗症等疾病。20 世纪 80 年代又开设了中风疼痛、视神经萎缩、小儿脑瘫等专科门诊。在保留以往专病专科的基础上，20 世纪 90 年代，在治疗上将针灸疗法与中药及西医治疗手段相结合，在以往专科门诊的基础上，又开出多发梗塞性痴呆及脑病专科、妇科杂病、糖尿病周围神经病变等新的专科。收治卒中后遗症、脊髓损伤、脑血管意外、颈椎病、腰椎间盘突出症、周围性面瘫、多发硬化、神经损伤等患者，以针灸中药治疗为主，中医治疗率达 98%以上。2006—2015 年，临床上重视经络辨证与四诊合参，以脑病、妇科杂病、周围神经病变、各型痛证为门诊研究方向，在治疗卒中(包括脑梗死、脑出血等)及卒中后遗症、卒中后智能改变、忧郁症、各种外伤后引起脑及脊髓病变、遗传性脑病、小儿脑瘫、各型面瘫、突发性耳聋、子宫肌瘤、月经不调、内分泌紊乱、各型腰腿痛、骨关节病及各种软组织损伤均取得了较好的疗效。科室以针灸治疗为主，根据病情配合综合治疗，如药熏、热敷、针刀等以提高疗效。

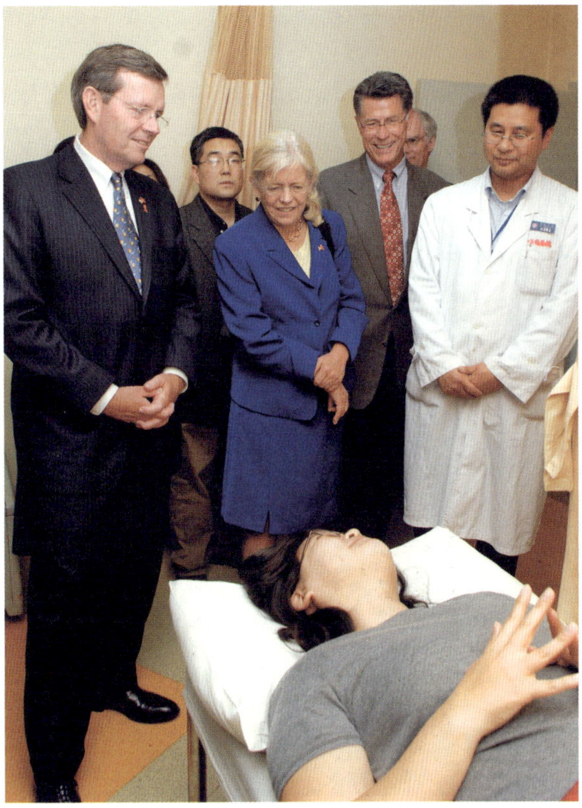

图 3-7-21 2008 年美国卫生部部长视察针灸科(第一排左一为美国卫生部部长麦克·莱维特克·莱维特，右一为主任沈卫东)

2015 年，成为海派中医流派“杨氏针灸”的传承总基地、全国名老中医药专家(李鼎)传承工作室临床基地、上海市杨氏针灸疗法非物质文化遗产保护单位等。在医疗上积极继承发扬前辈医家的学术思想，拓展流派优势病种，深入研究特色疗法的机理。针对面瘫病、中风病、肩凝证等疾病形成诊疗方案和临床路径、“项八针”防治颈椎病、针刺麻醉等规范化诊治技术。2015 年，病房床位数 24 张，床位使用率 100%，年收治专科患者数 1 200 人，专科门诊量 88 488 人/年，中医治疗率 100%，开展中医特色诊疗项目 30 余项。

【设备】

1989 年，置有电针仪 2 台、场效应治疗仪 1 台、四道生理仪（万元以上）1 台。1994 年，置有电针仪 24 台、半导体血管内微光照射治疗仪 1 台、特定电磁波治疗仪 4 台、交流磁气治疗仪 1 台；1998 年，配有电子脉冲按摩仪 1 台、按摩床 1 台、低周波治疗仪 2 台、普美康组合治疗仪 1 台及微波治疗仪 2 台，开展中风后遗症康复、各种神经痛、劳损及部分内科疾病的治疗，年治疗 4 000 人次左右。

【国际交往】

1960 年，接待了苏联第一位针灸研究者巴拉明教授；1984 年，接待了朝鲜代表团、日本中国医学研修团；1986 年，接待了联邦德国代表团、加勒比新闻记者编辑代表团；1987 年，接待了日本京都府中医学研修友好团；1990 年，接待了日本广岛传统医学学术交流视察团等。1986 年，副主任王世惠被聘为日本大阪医科大学麻醉科日中医学交流委员会顾问。1990—2015 年，接待了多批来自美洲、亚洲、欧洲等国家和地区的国际友好人士参观与访问，如马其顿卫生部部长费拉迪米尔·迪莫夫、印度卫生部副部长安妮塔·达斯（Anita Das）、美国卫生部部长麦克·莱维特克·莱维特等政府官员。

1994 年，开始派医生支援摩洛哥医疗工作，属于穆罕穆迪亚的中国医疗分队中国针灸中心。1994—2015 年，康泰隆、苏丽敏、姚年华、王美娟、刘希茹、汤峥冬、崔花顺等医生前往援助。

2015 年起，因国家“一带一路”倡议的需要，医院委派王波赴捷克开展中捷医院合作项目。

三、教学工作

1962 年起，承担上海中医学院学生的临床实习带教和针灸学基础理论的教学任务，并承担业余针灸推拿班的理论教学和实习任务。1975 年起，承担上海中医学院国际针灸班的临床教学任务。1991 年起，接受国际针灸班 35 批 104 名学员的临床学习。每年接受进修实习人员。

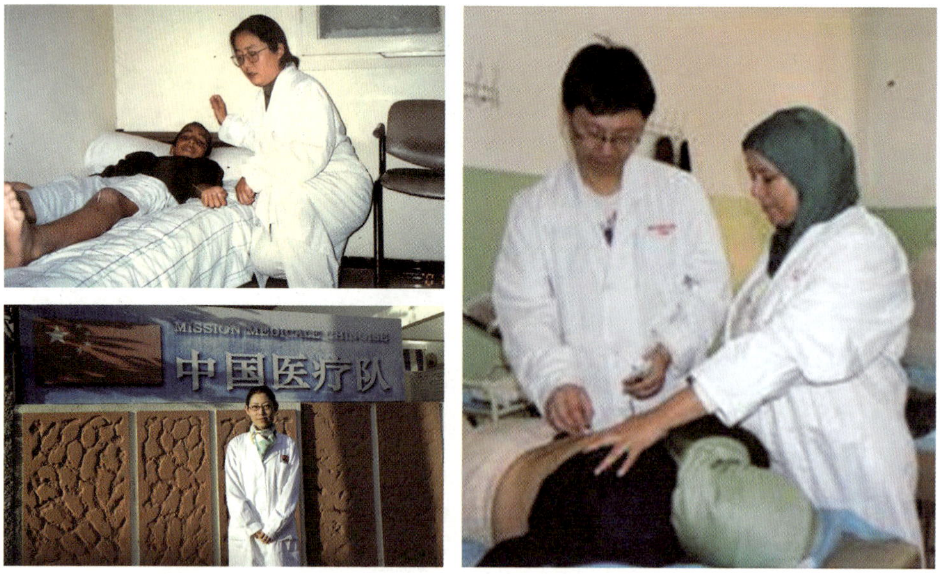

图 3-7-22　（左上）2001 年，刘希茹医生在摩洛哥给患者针灸；（左下）2014 年，崔花顺医师代表中国医疗队赴摩洛哥开展援助工作；（右）2012 年，汤峥冬医生在摩洛哥给患者针灸

1984 年以来，1 名副教授被评为高教局留学生先进工作者，4 人次获上海中医学院和医院的教育先进奖（称号）。2006—2015 年，承担了上海中医药大学本科生、七年制学生、研究生、住院医师规范化培训基地医师、外国留学生、成人教育等的“针灸学”“经络腧穴学”“针灸治疗学”的课堂教学及临床见习、实习带教工作。培养了硕博士研究生、七年制硕士生 60 余名，每年接收进修实习人员 5 人。

四、科研成果

【课题】

1956—2015 年，针灸科共承担各级各类研究项目 24 项，其中国家科技部“973”课题 2 项。

【著作与论文】

2006—2015 年，针灸科共编撰专著及教材 7 部，其中主编 5 部、副主编 2 部。1956—2016 年，针灸科共发表论文 128 篇，均为全国性核心期刊，其中 SCI 14 篇。

五、学术活动与任职

【学术活动】

2012 年 10 月 18—20 日举办国家级继续教育会议，内容为针灸镇痛临床及实验研究新进展；2013 年 10 月 24—27 日，针灸临床经验传承及适宜技术推广；2014 年 5 月 23—26 日，杨氏海派针灸传承及适宜技术推广项目。

参加中国针灸学术会议、上海针灸学会专业学术会议，进行学术交流。2014 年 10 月 30 日，世界传统医学大会在马来西亚吉隆坡召开，沈卫东主任受邀作主题发言 Acupuncture-assisted Anesthesia(AAA) in Surgery（针药复合麻醉），Acupuncture Research in Shanghai（海派针刺研

图 3-7-23 2015 年针灸科医生在办公室合影（第二排右二为主任沈卫东）

究);2015 年 3 月 13—17 日,参加第三届海峡两岸中医药传承与发展论坛,沈卫东主任受邀代表上海针灸学界做了“海派针灸的传承与创新”专题交流。

【任职】

1961—1989 年,成为上海市针灸学会副主任委员单位。1982—1989 年,被任命为全国针麻胃大部切除术组长单位。1986—2015 年,成为全国针灸学会针麻研究会常务理事单位。

第十节 推 拿 科

一、概况

1935 年,四明医院时就已经有医生从事推拿诊治,当时受聘的推拿医生潘向道,全年诊治病人为 2 386 人次,1936 年增至 2 500 人次。1956 年,推拿工作由专职医生担任。1976 年 2 月,原推拿门诊部 12 名医务人员被调至医院工作,推拿科由此成立。1982 年,上海中医学院推拿专业设立,推拿专业本科生毕业后陆续来院工作,科室人员学历层次逐步得到提高。1991 年,新病房大楼落成后,在十五病区设有床位 11 张。2001 年各科床位调整,床位一度缩减至 4 张,并与 2 月关闭。2004 年,东部成立,在门诊 2 楼设诊室 3 间,面积 60 平方米。2013 年,东部门诊诊室从 1 楼整体搬迁至 2 楼“传统医学诊疗区”内,3 间诊室面积达 80 平方米。随着西部的改建和发展,推拿科几经搬迁,诊室屡有调整,2013 年,搬迁至门诊 8 楼,设诊室 4 间。2015 年,科室成员共计 9 人,其中副主任医师 4 人、主治医师 3 人、住院医师 2 人,7 人获硕士学位。

表 3-7-13 1976—2015 年推拿科历任负责人情况表

任职时间	主任	任职时间	副主任
1976—1983 年	范兴发(负责人)	1988—1991 年	符文道(主持工作)
1984—1988 年	周慧琳	2009—2010 年	康莉娣(主持工作)
1991—2000 年	程炳卿		
2000—2002 年	李益其		
2002—2009 年	程英武		

二、医疗设备

2006—2015 年,添置了新牵引床、中医定向透药仪、TDP 神灯等设备。

表 3-7-14 2015 年推拿科设备情况表

设备名称	型号	数量	编号
推拿床	TNC-1	8	20030105-20030112
固定推拿床	—	9	20160006-20060010 20160080-20160083

（续表）

设备名称	型号	数量	编号
手法治疗床	LXZ-100H	3	20060170 20160072-20160073
三维多功能牵引床	LXZ-100F	2	20160071 等
推拿理疗手法椅	—	3	20160076-20160078
中医定向透药治疗仪	DS-MF2B	5	20130123 等

三、专科设置

推拿科一直坚持以中医为主、中西医结合的方针，以中医推拿手法为主要治疗手段，根据“疏通经络，调和气血，理筋整复，滑利关节，调整脏腑功能，增强抗病能力”的作用原理和“整体观念、辨证施术，标本同治、缓急兼顾，以动为主、动静结合”的治疗原则开展门诊诊疗工作，结合温、通、泻、补、汗、和、散、清的“推拿八法”和“丁氏推拿流派”手法，治疗各类骨伤科、内科、妇科、儿科疾病，取得了90%以上的有效率。

骨伤科疾病方面，颈、肩、腰、腿疾病一直以来都是科室工作和研究的重要方面，20 世纪 70 年代，科室运用“沉腰疗法”治疗腰腿痛相关疾病，并开设腰椎间盘突出症专科、颈源性眩晕专科、偏头痛专科等，针对颈椎病、胸椎小关节紊乱、腰椎间盘突出症、肩周炎、网球肘等各项疾病，疗效显著。

儿科疾病也一直是科室工作和研究的重要一环，1979 年秋季，开设小儿腹泻专科门诊，3 年多时间里治疗婴幼儿腹泻 844 例，治愈率高达 97.3%。主任周慧琳多次应邀在上海人民广播电台进行小儿推拿讲座，并且多次受到《新民晚报》《光明日报》的报道。1982 年，周慧琳和其他 2 名医生，

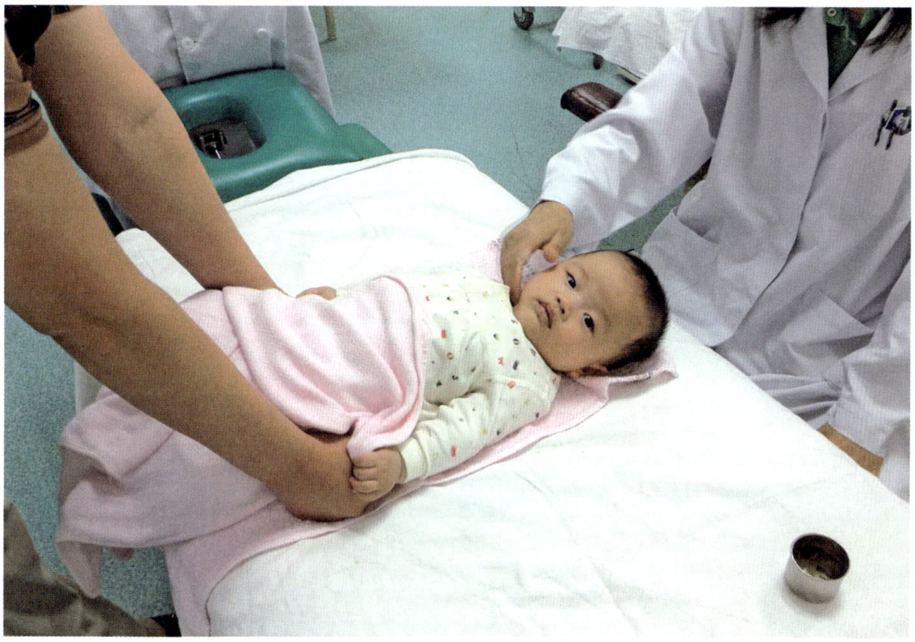

图 3-7-24　小儿斜颈的手法推拿

每天的门诊量合计160人左右，每天至少工作9小时以上。小儿推拿的病种也从小儿腹泻等10余种发展到脑瘫、斜颈、斜视、臀肌挛缩、坐骨神经损伤、鸡胸、X腿、O形腿等近百种小儿类疾病；并且针对小儿脑瘫，通过临床观察和经验总结，采用推拿结合中药的治疗方法，根据小儿脑瘫的具体临床症状分为4个类型，拟定各型的治疗方案，疗效明确。1988年，由上海科学技术出版社出版相关专著《小儿保健推拿图解》。

内科疾病方面，失眠、胃脘痛、面瘫等疾病，运用推拿治疗也能取得不错的疗效。2011年，在妇科疾病方面，扩展推拿手法，治疗女性乳痈、痛经等。2013年，设有专门的母婴推拿专科和诊室，治疗了大量乳痈、痛经患者。2014—2015年，开展引入了牵引、中频、红外线治疗，中医定向透药治疗，穴位敷贴、熨烫治疗等其他疗法。

四、教学工作

1994年8月，随着临床医学院的成立，设立推拿教研室，一直承担着不同层次学生的“推拿学”课堂教学及临床见习、实习带教工作，2015年，教学对象包括了上海中医药大学中医五年制及七年制学生、研究生、住院医师规范化培训基地医师、外国留学生以及成人教育等，并由科主任负责，安排高年资医师临床带教和考评，进行定期学术讲座。2004—2015年，招收推拿专业硕士研究生，共培养了硕士研究生7人。

五、国际交往

20世纪90年代以来，科内医生多次应邀赴不同国家进行学术交流和工作。1992年，程炳卿应邀赴新加坡工作一年；1996年，康莉娣赴韩国圣玫汉方医院访问交流；1997年10月—2000年3月，王建伟医师在德国中医堂工作，参加上海中医药大学与德国的合作交流；2004年10月—2005年9月，程英武赴澳大利亚，参加由医院与在澳大利亚合作的首家海外合资企业工作；2009年4—10月，王建伟再次应邀在新加坡宝中堂工作，为新加坡注册中医师，任医药总监；2015年6月，王建伟医师赴泰国曼谷参加了第八届泰国—上海中医药学术研讨会，做了“推拿治疗颈源性眩晕”的演讲。此外，科室还一直承担着泰国、日本等多个不同国家外国留学生的授课和临床带教工作。

六、科研成果

【课题】

2005年，副主任医师程英武获得第六届上海市临床医疗成果奖三等奖(仰卧位拔伸整复手法治疗颈椎病，第二完成人)。2006—2015年，共承担并完成各级科研项目5项。2012年，获得了上海市中医药事业发展三年行动计划“海派中医流派传承工程—丁氏推拿流派”医院分基地的研究工作。2012—2014年，与上海市体育局合作，共同完成课题“推拿治疗跆拳道和拳击运动员运动疲劳的疗效”“拳击和跆拳道运动员运动损伤调查分析和推拿干预效果研究”，探讨推拿治疗对运动员运动疲劳和运动损伤的治疗效果，发现推拿治疗对运动员的运动疲劳和运动损伤有明显的促进恢复和治疗作用，为中医推拿在体育项目中发挥作用做出了一定的研究和总结，由此进一步证实了推拿治疗在急慢性损伤中都有很好的疗效，为进一步扩大推拿治疗的临床适应证提供了科学依据。

2013—2014 年，完成上海中医药大学课题“基于微博互动模式的推拿学教学研究”，运用网络互动，辅助教学模式。此外，科室积极寻求与其他科室的科研合作，参与了放射科谭文莉医生申请的国家自然科学基金项目的临床干预部分。

【论文】

2006—2015 年，共发表论文 20 篇。

七、学术活动与任职

【学术活动】

1979 年，参加第一届全国推拿学术交流会；参加中华中医药学会推拿分会、中华中医药学会上海分会推拿学专业委员会等国家级和省市级的各种专业学术会议，并多次在会议上发表专业学术论文，进行学术交流和临床科研合作。

【任职】

2008 年，程英武任中医药学会推拿分会常委；2015 年，王建伟任中医药学会推拿分会委员。

图 3-7-25　2011 年 8 月，推拿科部分工作人员合影（第二排右一为主任王建伟）

第十一节　康 复 科

一、概况

2003 年 4 月，在原理疗室针灸推拿科的基础上成立康复医学中心。2006 年 5 月，科室结构调整，针灸科、推拿科、康复医学科单列设置；同年7月，康复医学科整体迁往东部门诊部2楼传统中医诊疗中心区域。2015年，有康复医师资质的医师2人，康复治疗师1人。

表3-7-15　2003—2015年康复科历任负责人情况表

任职时间	主　任	任职时间	副主任
2003年4月—2006年6月	李国安	2003年4月—2006年5月	程英武
2006年5月—2007年7月	程英武	2003年5月—2006年7月	沈卫东
2007年7月—2010年5月	沈卫东	2003年4月—2006年5月	康莉娣
2010年5月—2013年9月	施春眉		
2013年9月—	谢光柏		

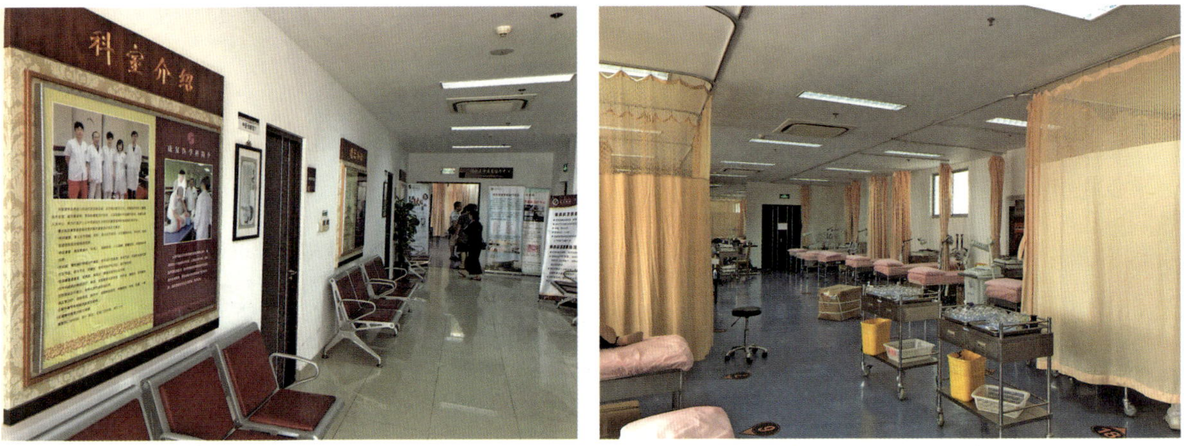

图3-7-26　2015年康复科诊室格局

二、专业发展

2003年之前，康复科只有理疗室，设在骨伤科内，后调至针灸科，临床以颈、肩、腰、腿疼等肌骨系统疾病的物理康复为主。2003年，康复中心成立以后，侧重发展卒中后遗症等神经系统和肌骨系统疾病的传统康复手段，结合现代康复方法，运用中西医结合方法开展工作。2004年底，为配合医院东部的发展，康复医学科的一部分并入传统中医诊疗中心运行，运用中西结合方法，利用传统康复手段与现代功能锻炼配合，诊治卒中后遗症等神经系统疾病。

2013年，加强与院内相关科室的会诊工作，会诊量成倍增长。开展的治疗项目也有所增加。开展脑卒中患者的早期床边治疗，预防并发症的发生，提高治疗效果。

2015年，开展的康复诊疗项目主要有骨科康复(骨与关节伤病、骨折、骨与关节损伤、关节置换术后、手外伤、软组织损伤和肌肉韧带损伤等)；神经康复[脑血管意外(卒中)、颅脑损伤、小儿脑瘫、脊髓损伤、周围神经损伤等]；老年病、慢性病的康复(老年性退行性疾患、骨关节炎、风湿性及类风湿性关节炎、膝关节炎、肌腱炎、慢性非特异性炎症、淋巴管炎等)；颈肩腰腿痛康复(颈椎病、肩周炎、腰椎间盘突出症等)；内外科疾病的康复(肺炎、盆腔炎、附件炎、膀胱炎、前列腺炎、创面感染及不愈合、各种化脓性感染性病灶等)。高压氧治疗：颅脑损伤、脑卒中、周围神经损伤、脊髓损伤、耳鸣、耳聋、一氧化碳中毒等各种缺血缺氧性疾病。同年，开展利用物理因子和方法（包括力、电、光、热、声、磁方法，机械运动和主、被动运动）以诊断、治疗和预防疾病和残疾，通过手法、理疗、传统医学等中西医结合康复技术对颈肩腰腿痛、骨与关节疾病、骨折术后功能障碍、软组织损伤、脑卒中疾病、颅脑损伤、周围神经损伤、老年病以及慢性病进行康复治疗，消除或减轻各种功能障碍，帮助患者最大限度发挥残留功能或代偿缺失功能，恢复日常生活能力。

2015 年，门诊挂号患者约 1 500 余人次，较 2014 年增加 20%；院内会诊 600 余人次，较 2014 年增加 10%；全科治疗患者约 5 万余人次，较 2014 年增加 10%；经济收入约 120 余万元，较 2014 年增长近 10%。

表 3-7-16　2002—2015 年康复科治疗设备情况表

设备代码	设备名称
340100001A 340100001B 340100001C 340100001D	红外线治疗（TDP） 红外线治疗（近红外线气功治疗） 红外线治疗（真空拔罐治疗） 红外线治疗（红外线光浴治疗）
340100002	可见光治疗
340100003	偏振光照射
340100004	紫外线治疗
340100005	激光疗法
340100006A 340100006B 340100006C	光敏疗法 光敏疗法（紫外线） 光敏疗法（激光）
340100007A 340100007B 340100007C 340100007D	电诊断 电诊断（直流电检查） 电诊断（感应电检查） 电诊断（直流—感应电检查）
340100008	直流电治疗
340100009A 340100009B 340100009C 340100009D 340100009E 340100009F 340100009G 340100009H	低频脉冲电治疗 低频脉冲电治疗（感应电治疗） 低频脉冲电治疗（神经肌肉电刺激治疗） 低频脉冲电治疗（经皮神经电刺激治疗） 低频脉冲电治疗（功能性电刺激治疗） 低频脉冲电治疗（温热电脉冲治疗） 低频脉冲电治疗（微机功能性电刺激治疗） 低频脉冲电治疗（银棘状刺激疗法 SSP）
340100010A 340100010B 340100010C 340100010D	中频脉冲电治疗 中频脉冲电治疗（音频电治疗） 中频脉冲电治疗（调制中频电治疗） 中频脉冲电治疗（电脑中频电治疗）
340100011	共鸣火花治疗
340100012	超短波短波治疗
340100013	微波治疗

（续表）

设备代码	设备名称
340100013a	微波治疗(分米波、厘米波、毫米波)
340100013b	微波治疗(体腔治疗)
340100014	射频电疗
340100015	静电治疗
340100015a	静电治疗
340100015b	静电治疗
340100016	空气负离子治疗
340100017A 340100017B	超声波治疗(单纯超声) 超声波治疗(超声药物透入)
340100018	电子生物反馈疗法
340100019	磁疗
340100019a	磁疗
340100019b	磁疗(骨质疏松)
340100020	水疗
340100021	蜡疗
340100022	泥疗
340100022a	泥疗(局部)
340100022b	泥疗(全身)
340100023	牵引
340100023a	牵引(简易设施)
340100023b	牵引(计算机控制)
340100024	气压治疗
340100025A 340100025B	冷疗 热疗
340100026	电按摩
340100027	场效应治疗
340200001	徒手平衡功能检查
340200002	仪器平衡功能评定
340200003	日常生活能力评定
340200004	等速肌力测定
340200005	手功能评定
340200005a	手功能评定(徒手)

（续表）

设备代码	设 备 名 称
340200005b	手功能评定（仪器）
340200006	疲劳度测定
340200007A 340200007B 340200007C 340200007D	步态分析检查 步态分析检查（三维测力台） 步态分析检查（足底压力分布） 步态分析检查（运动解析系统）
340200008A 340200008B 340200008C	言语能力评定（一般失语症检查） 言语能力评定（构音障碍检查） 言语能力评定（言语失用检查）
340200011	吞咽功能障碍评定
340200012A 340200012B	认知知觉功能检查 认知知觉功能检查（计算定向思维推理检查）
340200013A 340200013B	记忆力评定 记忆力评定（成人记忆成套测试）
340200014	失认失用评定
340200015	职业能力评定
340200016	记忆广度检查
340200017	心功能康复评定
340200018	肺功能康复评定
340200019	人体残伤测定
340200020A 340200020B 340200020C 340200020D 340200020E 340200020F 340200020G	运动疗法 运动疗法（全身肌力训练） 运动疗法（各关节活动度训练） 运动疗法（徒手体操） 运动疗法（器械训练） 运动疗法（步态平衡功能训练） 运动疗法（呼吸训练）
340200021	减重支持系统训练
340200022	轮椅功能训练
340200023	电动起立床训练
340200024	平衡功能训练
340200025	手功能训练
340200026	关节松动训练
340200026a1 340200026a2 340200026a3 340200026a4	关节松动训练（大关节） 关节松动训练（肩） 关节松动训练（髋） 关节松动训练（膝）

（续表）

设备代码	设备名称
340200026b1 340200026b2 340200026b3 340200026b4 340200026b5 340200026b6 340200026b7	关节松动训练(小关节) 关节松动训练(腕) 关节松动训练(踝) 关节松动训练(肘) 关节松动训练(手) 关节松动训练(指) 关节松动训练(趾)
340200028	文体训练
340200029	引导式教育训练
340200030	等速肌力训练
340200031	作业疗法
340200032	职业功能训练
340200033	口吃训练
340200034	言语训练
340200035	儿童听力障碍语言训练
340200036	构音障碍训练
340200037	吞咽功能障碍训练
340200038	认知知觉功能障碍训练
340200039	康复评定
340200040	偏瘫肢体综合训练
340200041	脑瘫肢体综合训练
340200042	截瘫肢体综合训练
450000001	推拿治疗落枕
450000002	颈椎病推拿治疗
410000003a 410000003b	中药涂擦(小) 中药涂擦(大)
450000003	推拿治疗肩周炎
450000004	推拿治疗网球肘
450000005	推拿治疗急性腰扭伤
450000006 450000006A 450000006B 450000006C	推拿治疗腰椎间盘突出症 推拿治疗腰椎间盘突出症(强脊) 推拿治疗腰椎间盘突出症(退行性) 推拿治疗腰椎间盘突出症(腰部)
450000007a 450000007b 450000007c	推拿治疗骨关节炎(大) 推拿治疗骨关节炎(中) 推拿治疗骨关节炎(小)

（续表）

设备代码	设备名称
450000008 450000008H 450000008K 450000008M 450000008N 450000008P 450000008Q	内科妇科疾病推拿治疗 内科妇科疾病推拿治疗(失眠) 内科妇科疾病推拿治疗(卒中) 内科妇科疾病推拿治疗(咳嗽) 内科妇科疾病推拿治疗(头痛) 内科妇科疾病推拿治疗(眩晕) 内科妇科疾病推拿治疗(面神经)
450000009	其他推拿治疗
450000010	小儿捏脊
450000012	脊柱小关节推拿治疗
450000014	寰枢关节推拿治疗
440000004a3	拔罐疗法
430000003C	手指点穴

三、主要设备

2006 年，先后配置了颈腰椎牵引、干扰电、关节被动活动器械等康复治疗设备。2015 年，拥有短波、微波等各种进口诊疗及训练设备，总价值达数百万元。

四、教学工作

2003—2015 年，每年承担上海中医药大学康复治疗学专业学生的临床见习及毕业带教任务。

图 3-7-27　2014 年 7 月，康复科与外国友人进行学术交流合影(第二排左五为主任谢光柏)

五、学术活动与任职

【学术活动】

2013年，参加上海市康复医学会治疗师专业学组成立暨第一次全体委员会议；2013—2015年，连续3年参加国家卫计委“脑卒中高危人群筛查与防治新技术推广项目康复治疗技术”培训班；2014年，参加上海市康复医学会治疗师专业学组第二次全体委员会议、上海市康复物理治疗学会第一次全体委员会议、上海市医学会物理医学与康复学分会学术年会；2015年，参加国家级继续教学项目“痉挛状态的诊治进展”学习班。

【社会任职】

2003—2015年，担任上海市医学会康复治疗学组委员1人；上海市医学会运动康复分会委员1人；上海市医学会物理医学与康复学分会1人；上海市医学会中西医结合康复专业分会委员2人。

第十二节　预 防 保 健 科

一、概况

1954年3月1日，正式成立保健科，主要工作职能为卫生教育、预防接种、体格检查、传染病报告。1975—1977年，设立防保组，组长为陈文明，副组长吴福生。1978年，由医教科分管预防保健工作，具体由1名副科长负责。1981年，更名为预防保健科，有科长1人，工作人员3人。1993年，工作人员增加至5人。2000年，医院行政机构改革，防保科并入医务管理处，成为其下设的二级科室，有科长1人，工作人员2人。2003年，归并为医务处，由医务处长兼负责人。2006年，东部正常运转后，设立预防保健科，归属东部医务管理处管理，由东部医务管理处长兼负责人，工作人员1人；西部由医务管理处副处长兼负责人，工作人员1人。2010年，东、西部预防保健工作由医院感染管理科主任兼管负责人，东、西两部工作人员各1人。2015年，医院感染管理科长兼负责人，东、西部工作人员各1人。

表3-7-17　1975—2015年预防保健科历任负责人情况表

任职时间	科　长	任职时间	副科长
1975—1977年	陈文明	1975—1977年	吴福生
1987年10月—1997年	梁尧堃	1981年—1984年7月	周碧婵
1997年—2000年4月	李雅琴	1984年7月—1987年10月	梁尧堃
2003—2006年	朱梅萍	2000年4月—2003年	黄国毅
2006—2010年	胡宗德(东院)		
2006—2010年	余志红(西院)		
2010年5月—2015年11月	葛茂军		
2015年11月—	赵　聪		

二、传染病疫情管理

预防保健科根据检验科阳性报告、放射科异型登记信息、病例诊断信息对传染病疫情进行查漏、登记以及报告。对肝炎、性病、肠道传染病进行筛查登记。对新发、少发传染病以及突发性公共卫生事件制定《突发性公共卫生事件应急预案》及《新发传染病应急预案》等制度，并落实执行。1954 年年度报告传染病伤寒、副伤寒（包括疑似病例）64 人。1987 年，制定了《传染病管理实施细则》12 条（1991 年重新修订），建立传染病登记统计和分析，退卡查询记录，设置专人负责该项工作。实行“传染病报告签收制度”。每日对肠道门诊，每月对肝炎门诊、全院住院病史、检验科细菌培养登记、性病报告等进行核对复查。1995 年，制定“红黄牌制度”，对漏报情况进行处理，同时专职管理人员每日查病房和检验科。

2003 年暴发非典型性肺炎疫情，医院组建了发热门诊救护队，共有 10 批 120 人进入发热门诊工作。2004 年，东西部新建单独的发热门诊和隔离观察室。2004—2007 年，连续 3 年重新修订《曙光医院防治禽流感工作预案》，严格发热患者监测日报工作，定人定时上报。改善肝炎门诊就诊环境。

2010 年，上海世博会召开，预防保健科承担大量输入性传染病防控工作，对世博园转来外籍患者进行传染病筛查，有力保障世博会安全。2011 年底，H1N1 禽流感流行，制定《传染病防控应急预案》（2013、2018 年修订），参与疑似病例筛查，联系疾病控制中心送样，每日对不明原因肺炎进行筛查报告。2013 年，上海市出现人感染高致病性禽流感 H5N7 病例，东部确诊 1 例 H5N7 感染病例，与医院感染管理科合作积极落实医院内消毒隔离工作，救治期间，无医务人员被感染。同年 9 月，接收昌硕公司重症肺炎患者，其中 3 人死亡，预防保健科与浦东疾控防治控制中心联合进行流行病学调查，在上海市卫生局和院领导领导下，正确处置一起聚集性突发公共卫生事件。

2014 年，西非出现埃博拉出血热流行，下半年国内存在输入性病例风险。由于国内缺少疾病诊疗和防范资料，预防保健科根据国外相关处置经验，收集翻译大量外文文献，制定医院防控措施，并对高危科室人员进行一对一个人防护培训，东部组织储备防护用品，组织实施演练。2015 年 12 月，在住院门诊系统中建立 AFP 主动搜索监测，对 AFP 监测重点科室培训考核，完成主动搜索监测。

三、肿瘤报告

1987 年起，实施对户籍地为上海市的恶性肿瘤病例即《国际疾病分类》（第九版）（ICD－9）所规定的编码为 140—208 的疾病，包括恶性肿瘤和中枢神经系统良性肿瘤进行登记、核查填报工作。设立专人负责该项工作，每日汇总登记至《上海市恶性肿瘤报告登记册》。每月对病理科阳性报告、放射科异性登记以及住院病史进行核查。2015 年，根据《上海市肿瘤登记管理办法》重新修订《恶性肿瘤登记报告制度》，将上报范围扩大至全国户籍的肿瘤病例，均纳入核查、登记及报告。

四、爱国卫生工作

1977 年，医院恢复健全爱国卫生委员会，下设卫生、计划生育、传染病管理 3 个组，由 32 位卫生干事和28位妇女干事组成爱国卫生、计划生育保健网。职责为负责医院内外环境卫生，职工食堂和营养室的食品卫生，消灭四害、控制蚊蝇孳生地，医院的卫生宣传、健康教育。由分管院长分管，设主任1人、委员6人。1993年，爱国卫生委员会对门诊、候诊大厅实施环境监测工作。2000—2003年，爱卫会主任由医疗副院长兼任。2003年，爱卫会主任为行政副院长兼任。2010年，与三缘环境科技有限公司签订合同，每10日进行1次灭四害消杀工作，由各病区、部门负责人签字确认后反馈给预防保健科。

五、计划生育工作

1987年，制定《贯彻市计划生育若干规定的奖惩办法》(1990、1993年修订)；制定《职工公费医疗管理实施细则》《职工保健医疗管理规定》；制定职工产假、流产假、计划生育手术休假及奖励的细则。1991年，成立计划生育领导小组，由分管院长负责。同年各科室设立计划生育宣传员，形成了一个计划生育宣传网络组织。2010年，查处2例计划外生育并进行相应处理。2012年，对新职工入职后建立健全计划生育档案。2014年根据《上海市人口与计划生育条例》修订了《曙光医院计划生育管理条例》，增加了计划内二胎再生育的手续办理流程(2016年根据2016年版《上海市人口与计划生育条例》更新)。

六、献血工作

1989年，根据《上海市公民义务献血条例》，医院制定《贯彻"上海市公民义务献血条例"具体办法》，确定献血工作由分管院长负责，防保科组织具体实施。1997年，制定《曙光医院献血条例若干细则及奖惩制度》。1989—2015年，每年组织职工义务献血，献血人数约占全院总数5%。2016年度获得献血先进集体。

七、预防接种

1946年12月19日，四明医院期间接上海市卫生局函，委托医院实行对预防伤寒、天花、急性传染病的接种工作。1954年，接种卡介苗36人，百日咳56人(第1次)、40人(第2次)、32人(第3次)，麻疹接种5人。2009年，H1N1禽流感流行，对医务人员开展甲流疫苗接种。2014年，产科病房启用，产科新增新生儿计划免疫接种。2015年上半年，出现局部麻疹流行现象，组织相关科室人员进行麻疹疫苗强化免疫接种。同年，接上海市疾病控制中心要求，三级医院取消除新生儿疫苗以外的疫苗接种(如乙肝等)。

八、职工健康管理

1954年，建立保健科，年度完成体格检查848人。设专职医生，由西医内科和中医内科医师每年轮流担任，并在其他各科内安排1名年资较高的保健医生，为患病职工进行诊治和处理病假；同时每年分期分批为职工进行健康体检；对从事放射工作的人员，每年还要给予放射剂量的定期检测。为认真贯彻上海市有关公费医疗用药报销范围的规定，1987年，医院制定《职工公费医疗管理实施细则》《职工保健医疗管理规定》。2000年，根据上海市公费医疗管理制度有关精神，按照既要保证职工基本医疗保健需要，又要合理控制医疗费用的原则，经职工代表大会表决通过了《曙光医院公费医疗制度改革试行办法(2000年)》，实行个人账户制度。2001年3月，为配合上海市政府《上海市城镇职工基本医疗保险办法》的实施，有效地帮助患病职工减轻个人自负部分医疗费的经济负担，医院制定《曙光医院职工医疗保险补充基金管理条例》，并不再设专职保健医生。每年组织在职职工及退休职工体检。

九、健康教育

1954年，保健科成立，具有宣传卫生、防疫知识的工作职能。2010年，为了响应医院建设无烟环境，保护公众健康，按照《上海市公共场所控制吸烟条例》的要求，建立禁烟办公室，制定了《曙光医院控烟工作管理制度》及《考核奖惩办法》，对各部门发出《控烟倡议书》，对全院张贴禁烟标示，并设立室外吸烟点，在院内各病区设立控烟宣传员，不定期对问题突出的重点区域重点巡查。

十、慢性病管理

2013年11月，浦东新区开展60岁以上人员大肠癌筛查项目，医院作为筛查基地，2个月实施肠镜筛查700余例。2014年，完成500余例；2015年完成400余例。2015年起，每季度对诊断为慢性阻塞性肺炎COPD进行登记报告。同年，在住院门诊系统中建立慢性心脑血管及糖尿病高血压病监测。

十一、放射工作

2011年，根据放射诊疗许可证校验要求建立健全放射人员健康档案管理。2015年，登记在册放射工作人员共计170人，完成个人剂量监测、健康体检及放射培训。对新进及在用的放射设备进行质控检测、放射机房建设进行防护评价。

十二、生命统计

2004年，根据《生命统计工作规范》对死亡病例进行登记上报工作。2009年，开展儿童出生缺陷筛查工作。2010年，对5岁以下儿童死亡每月进行登记上报。

十三、公共卫生事件管理

2007年，根据卫应急发(2007)229号文《高温中暑事件卫生应急预案》，监测6—9月高温中暑病例，24小时内上报“高温中暑病例报告卡”，2小时内上报重症及死亡病例。根据《突发公共卫生事件应急条例》对非职业性CO中毒及农药中毒进行监测，上报个案调查表。2015年，根据《上海市食源性疾病监测方案》制定《曙光医院食源性疾病报告制度》，对食源性疾病开展监测，设定专管人员每日收集和汇总报告卡，将确认的食源性疾病病例在会诊结束后1个工作日内上报所在区疾病预防控制中心监测系统。

第十三节　治未病中心

一、概况

1997年建设初期，治未病中心以健康俱乐部、健康宣讲团为主要载体，深入群众，深入社区，开展健康保健指导、防病宣教，尚未独立成科。

2005年底，在东部成立曙光国际健康中心，系统开展中医体质评估、健康保健指导、社区防病宣教等以中医为特色的预防疾病及"治未病"工作。2007年5月，在曙光国际健康中心、特需门诊和体检部的基础上，引进昆仑-炎黄公司的健康管理模式(KY3H模式)，整合原有的中医"治未病"资源和优势学科资源，组建自成体系的治未病中心。2007年12月，成为国家中医药管理局首批"治未病"预防保健服务试点单位及上海市首个"治未病中心"，同时也是"治未病"健康工程的主要参与单位。

2008年5月，开展治未病进社区工作。2009年8月，成为上海中医药大学临床毕业生进社区培训基地。2010年1月，开展中医健康体检。2010年7月，中国医师协会授予"治未病调理师临床见习基地"。2012年12月，中心为"浦东新区归国留学人员联合会"会员开展健康管理。2013年起，扩大治未病普通门诊、专病门诊及专家门诊的规模，并积极开展社区推广工作。2013年8月，成为世界卫生组织上海健康教育与健康促进合作中心——卫生科普健康教育基地。2013年10月，成为道生四诊仪上海中医药大学应用示范及培训基地。2014年9月，牵头筹备成立上海市中医药学会亚健康分会、建立重庆市治未病中心合作与指导联盟并主办国家级继续教育学习班。2015年9月，联合国内10个省市单位主持开展治未病技术标准化课题合作、建立云南省普洱市治未病中心合作与指导联盟并再次主办国家级继续教育学习班。

2015年，治未病中心位于东部特需楼1、2、4楼的三个区域，是一个具有鲜明中医特色的独立的一级学科，是中医养生保健的科研试点和教学基地。开设床位9张，综合治疗室1间，医生办公室1间，主任办公室1间，值班室1间，共126平方米；东部特需一楼设客观辨识记录室、特需门诊诊室各1间，以及健康宣教区共47平方米；二楼设体质辨识室及中医体质评估室，近60平方米；东部门诊部二楼设普通门诊1间，面积约10平方米。病房配备中医四诊仪、智能灸疗仪、智能罐疗仪、低频电子脉冲治疗仪、中医定向透药治疗仪等8类10余台中医诊疗设备。2007年以来，科室人员维持梯队发展格局。2015年，有医师4人，主任医师1人、副主任医师1人、主治医师1人、住院医师1人。

2015年，治未病中心挂牌成为世界卫生组织—上海健康教育与健康促进合作中心卫生科普健康教育基地、中国医师协会—治未病调理师见习基地、道生四诊仪—上海中医药大学应用示范及培训基地、中国健康促进基金会—中医健康状态测评及综合干预多中心课题项目应用研究中心、国家科技部"十一五"支撑项目——亚健康与治未病课题组临床检测协作中心、国家科技部"十二五"支撑项目——亚健康状态评价研究临床检测协作中心、上海市教委重点学科建设项目——中西医结合基础课题科研合作基地。

表 3-7-18　2006—2015 年治未病中心历任负责人情况表

任职时间	主　任	任职时间	副主任
2006 年—	张晓天	2007 年 11 月—2010 年 5 月	艾　静
		2012 年 7 月—2013 年 9 月	关　鑫
		2012 年 7 月—2013 年 9 月	张晓一
		2010 年 3 月—	朱蕴华

二、业务发展

2008 年 1 月，成为上海市“治未病健康工程”示范单位，逐步开展治未病进社区工作，同年 11 月，开设门诊及中医体检业务，设置体质辨识室、健康咨询指导门诊、客观辨识记录室、综合治疗室及治未病小知识月月讲，配置中医体质判定仪、中医五音辨识仪、中医舌脉诊仪、经络仪等现代化中医治未病仪器。医“治未病”是针对个体整体功能状态（健康状态），在病前、病中、病后三个阶段中，预防疾病“生、成、发、传、复”5 个风险因素所组成的风险群的发生、发展和变化，也即预防“病前病，病中病，病后病”。2006—2015 年，开展针刺、灸法、耳穴贴压、拔罐、足浴，中医定向透药、蜡疗等中医综合干预方案治疗颈椎病、腰突症、肩周炎、失眠等慢性病。多年来通过大量实践，在中医特色体检、亚健康人群健康管理及常见内科慢性患者群健康管理等方面积累丰富的经验，

【评估个体健康】

中医体质辨识　客户的有关信息，通过 KY3H 智能系统、专家和 KY3H 治未病中心的分析与评估，提供体质辨识结论。内容包含中医体质和亚健康测评的体质类型（平和/偏颇）、易患疾病、健康状态、环境适应能力、心理指数、生存质量、生命周期中医诠释等。

中医特色检查　用较为成熟的现代化中医辨识仪器，如二十五音分析仪、中医舌脉诊仪、经络仪等，统一化检测患者的声色、舌苔、脉象，使每位被检查者获得相当于名老中医的四诊结果，做到了四诊的统一化、客观化及系统化。

现代设备体检　专家指导下，制定个性化的全身健康检查方案。出具理化指标检测、生物医学工程动态监测等结论，包含医学体检的理化、影像指标（正常/异常）、睡眠监测和已患疾病等报告。

中医特色的体检报告　根据中医四诊资料，辨识体质类型和健康状态，提供健康辨识结论及辨体施养建议。

【管理健康】

建立私人健康信息库　用智能计算等信息技术，为客户建立“私库”，提供健康信息管理服务，可为客户终身保存、维护和管理各类健康状态与健康服务等信息。

制定健康方案　根据分析结果由中医专家给予综合健康指导，侧重改变客户原有不适合自身的生活方式。以“治其未生，治其未成”为核心理念，针对每个人的不同体质、不同健康状况，通过排查危害健康因素，在中医“治未病”理论指导下，为顾客提供系统的个体保健建议。

全程跟踪服务 跟踪个体健康状态和干预效果等，全程将有关信息录入“KY3H 私库”或医院个人健康信息库，全程维护、管理客户的健康状态信息流，并适时进行再评估：出具健康报告及健康状态预警等。

【四季回访】

在根据个体健康状况提供干预措施、全程管理健康的同时，“治未病”中心结合中医养生的特点，根据顾客健康状态的变化，量身定制四季养生方案，并及时回访。

【开设“治未病”门诊】

中医“未病”预防中心 突出中医防病概念，通过平衡膳食、调节心理、药膳调养、运动调摄、熏蒸沐足等系列健康干预措施来预防“未病”，开展各种疾病预防宣教，为患者及亚健康人群提供“治未病”的理念以及各种健康咨询。

中医“未病”治疗中心 以“治其未生，治其未成”为核心理念，集中医院著名的中医专家，针对每个人的不同体质、不同健康状况，通过排查危害健康因素，为顾客提供系统的个体保健建议。

【非药物治疗】

利用中医药学中的方药、针刺、艾灸、推拿、膏方、精神调摄、食疗药膳以及其他传统养生保健方法，如五禽戏、降压八段锦、太极拳、气功、导引、精养功等运动保健的方法，进行个性化的立体干预，有目标性地阻止部分人群从“未病”向“疾病”的转化。

【推广中医“治未病”理念】

加大科学普及宣传，开展讲坛、讲座等活动向广大群众推广“治未病”的理念和防病治病知识，使全民提高保健意识；发放治未病预防保健手册，促进群众转变观念，落实“未病先防、既病防变、已病防复”的先进医学思想。

三、社区推广

2007 年起，逐步完善“中医治未病”进社区项目，建立“5＋1”的社区推广模式，并扩展至“X＋1”模式，逐步完善中医预防保健服务体系目标：通过对若干社区医生、卫生干部培训，进行专家咨询，开展社区干预，继而全面扩展至 15 家社区医院。每年专家下社区门诊、宣传、培训等共计 400 余次，举行讲座、沙龙 100 余次，总受众人数逾万人。2007—2015 年，共完成体质辨识 3 000 余人次，中医体检四诊仪检测千人，健康宣教受众人数达逾万人，并举办全国第一届“治未病”高峰论坛专题讲坛。2009 年，举办浦东新区中医“治未病”与慢性病防控论坛。

表 3-7-19 2008—2015 年治未病中心进社区活动项目及发放健康手册情况表

项　　目	健康手册
耳穴贴压技术在社区便秘倾向人群中的推广	便秘防治手册
中医治未病思想对社区糖耐量减低人群防治的干预	糖尿病防治手册

（续表）

项　　目	健 康 手 册
中医综合干预法防治早期高血压	高血压防治手册 降压八段锦
中医治未病综合方案降低脆性骨折风险 "导引八法"预防骨关节退行性疾病	"导引八法"健康手册
社区 COPD 患者干预预防	慢性呼吸系统疾病社区防治手册 冬病夏治的自我保健手册 社区医疗安全防范及医患关系协调手册
老年性失眠的干预防治	失眠防治手册
针灸康复防治颈椎病	颈椎病社区防治手册
隐匿性肾炎中医药防治	隐匿性肾炎防治手册
哺乳期妇女奶结的自我保健方法等	哺乳期妇女奶结的自我保健手册
代谢综合征的防治	亚健康人群的中医体质保健手册 更年期女性的中医体质保健手册 育龄期女性的中医体质保健手册

四、教学工作

治未病中心与上海中医药大学联合，对进入社区实习的学生及全科医生，要求必须了解熟悉"治未病"及"中医体检"的概念，熟练掌握"中医四诊仪"操作以及所在社区医院推广的"治未病"技术。培训老师在充分细化带教方案的基础上，编写教师手册、社区师资培训教材、学生手册、考核试题库、学生实践总体评价方案等，建立中医预防保健医学实践数据库，构建一套有中医预防保健特色的学生社区实践管理模式。2006—2015 年，接收进修实习人员 12 人次。编写中医类教材 9 本，如 2010 年编写《中医治未病》，2014 年编写《大学生轻松学养生》《中医膏方学》，2015 年编写《中医未病学》，2016 年编写《中医治未病》《中医养生康复学》。

五、科研成果

【项目】

2006—2015 年，治未病中心承担国家科技部、国家中医药管理局、浦东新区等各级各类研究课题 26 项，其中国家自然科学基金青年基金项目 1 项，国家中医药管理局项目 3 项，"十二五"国家科技支撑计划项目 1 项，省部级项目 21 项。同时相应的学术传承、人才培养计划也已启动。

【专利】

2006—2015 年，获专利 1 项。

【著作与论文】

2006—2015 年，治未病中心编撰专著 29 部，其中中医类教材 9 部、论著 5 部、慢性病体质养生

图 3-7-28　2015 年 9 月，主任张晓天（左二）在诊室为患者诊治

指导丛书系列 15 部。2006—2015 年，共发表论文 33 篇，均为核心期刊。

六、学术活动与任职

【学术活动】

2012—2014 年，治未病中心联合兄弟医院及社区医院合作开展中医“治未病”服务能力建设项目，制定完成《高血压病高危人群中医预防保健服务技术指南》《糖尿病高危人群中医预防保健服务技术指南》《慢性支气管炎高危人群中医预防保健服务技术指南》《肿瘤病高危人群中医预防保健服务技术指南》等 4 套常见慢性病的中医预防保健服务方案。

深入基层卫生服务中心，开展预防保健建设工作指导，与宝山区中西医结合医院、浦东新区中医院等建立协作指导关系，为联洋社区、金杨社区卫生服务中心开展“治未病”工作提供业务培训、技术指导，提升社区卫生服务中心中医药预防保健临床服务水平，并定期开展常见病慢性病的相关健康讲座，发放相关保健知识手册，组织医院相关科室人员到社区开展现场咨询、健康讲座，提供体质辨识，发放中医预防保健知识手册。

2014 年，治未病中心专家还两次赴重庆为重庆市江北区医护人员作中医治未病培训，包括高血压社区干预项目和糖尿病社区干预项目，协助重庆市江北区人民医院开展“治未病”工作。2014 年 1 月，主任张晓天参加上海市第七人民医院三级甲等中西医结合医院揭牌仪式及七院与自贸区共成长——健康管理高峰论坛，并与会作“中医治未病与健康管理”报告。2014 年 6 月，主任张晓天参加浦东新区公利医院“传统中医诊疗思路与现代临床”国家级继续教育学习班，作“张绚邦教授心系病治法探微”的学术报告。2014 年 7 月，主任张晓天参加徐汇区医学继续教育中心“与头痛相关内科疾病中西医诊治研讨班”，授课题目为“中医治未病在头痛防治中的探讨”。2014 年 9 月，由治未病中心主办“亚健康与中医治未病”国家级中医药继续教育项目。2015 年 10 月，举办召开上海市中医药学会亚健康分会成立大会暨国家级医学继续教育项目“亚健康与中医治未病”及“中医治未病与亚健康管理培训班”。

【任职】

1996—2015 年，张晓天先后任国家中医药管理局中医药文化科普巡讲团专家；中国医师协会国医科普之旅暨“治未病”百姓健康公益大讲堂活动首席专家讲师；上海市中医专家社区师带徒导师；上海市浦东新区名中医工作室导师；上海市静安区中医师带徒导师；澳大利亚注册中医师、针灸师；美国东方医学研究中心特约专家、中韩整合医学项目委员会委员；中华中医药学会治未病分会副主任委员；中华中医药学会亚健康分会副主任委员；上海市中医药学会亚健康分会主任委员；上海市中医药学会治未病分会副主任委员；中华中医药学会健康工作委员会副秘书长；世界中医药学会联合会中医适宜技术评价与推广委员会副会长；世界中医药学会联合会体质研究专业委员会常务理事；世界中医药学会联合会中医治未病研究专业委员会常务理事；世界中医药学会联合会古代经典名方临床研究专业委员会常务理事；上海市中医药学会膏方分会常务委员；上海市中医药学会老年病分会常务委员；上海市黄浦区慢性病防治专业技术委员会委员。

第十四节 传 统 中 医 科

一、概况

2004 年末，东部建立之初，医院领导原创性地打破现行按西医分科的体系，跨学科地将中医内科、针灸、推拿、康复等学科整合在一起，成立传统中医诊疗中心，设门诊和病房。2004 年 12 月 28 日—2005 年 2 月，东部门诊试运行。2005 年 3—8 月，东部病房试运行。2005 年 9 月起，传统中医诊疗中心各项工作步入正轨。门诊共有诊室 5 间，诊室面积约 80 平方米；中医综合治疗室 1 间，治疗室面积 200 平方米；病房设在 3C 病区，床位 22 张，中医综合治疗室 1 间，治疗室面积 30 平方米。2010 年将传统中医诊疗中心更名为传统中医科。

2005 年，传统中医诊疗中心首任行政主任为余小萍，有护士 12 人，并聘请全国著名中医颜德馨教授为顾问，聘请名老中医蔡淦、夏翔、吴正翔、黄吉赓为常务顾问，特聘四川省名中医姜兴俊主任医师门诊坐诊及定期指导查房，主治医师及住院医师以中医硕博士生为主体。2015 年，共有博士学历 5 人，硕士学历 4 人。其中主任医师 2 人，副主任医 2 人，主治医师 4 人，住院医师 1 人。

表 3-7-20 2004—2015 年传统中医科历任负责人情况表

任职时间	主 任	任职时间	副 主 任
2004—2010 年	余小萍	2006 年 4 月—2010 年 7 月	沈卫东(兼)
2010 年—	窦丹波		

二、业务发展

2005 年起，在余小萍的带领下，科室重新修订各项规章制度，制定中医病历格式和书写要求，明确病区煎药流程，确定传统中医护理模式，加强三级查房制和名老中医查房制等。2007年，科室基本形成并运用传统中医综合治疗的方法治疗临床常见疾病、多发病、疑难病。2010年8月，窦丹波任科室行政主任，进一步优化诊疗过程，坚持中医整体辨证，注意运用现代医学的检查手段，“辨证”与“辨病”相结合，制定针对特定患者的个体化中医药综合治疗方案。2012年，传统医学示范病房被列为上海市中医药事业发展三年行动计划建设项目，窦丹波作为项目负责人，带领科室成员进行为期三年的内涵建设。在历任主任的领导下，传统中医科的门诊和出院人次逐年递增，目前门诊日接诊患者约450人次，年出院人数约900人次，平均住院天数8天。

【冬令膏方】

2005年以来，传统中医科作为医院首推科室开展冬令膏方项目，窦丹波于每年10月对医院医师进行“如何开好膏方”知识培训，并与余小萍、余安胜定期下乡进行冬令膏方知识讲座，平均每年3～5次。着重于慢病的中医治疗和亚健康的调理，发挥中医药“未病先防”和“既病防变”的治疗理念。2015年，传统中医科膏方门诊接诊约1 500人次，居全院之首。

【中医综合治疗】

2006年，门诊及病房全面开展中医综合治疗，即运用中药、针刺、艾灸、推拿、熏洗、耳穴、敷贴、刺络、埋线等传统中医治疗方法，治疗临床常见疾病、多发病、疑难病，以及亚健康的中医调理等。

【冬病夏治】

2008年起，开展冬病夏治中医特色疗法，对于“冬病”，即冬天易发的虚寒性疾病，如呼吸道疾病、心脑血管疾病、肢体关节痛、胃肠功能紊乱等疾病，在整体观念、辨证论治的基础上运用中药进行体质调理，同时根据体质不同、病患对不同治疗方法耐受性不同，采用艾灸、督灸阶段性治疗，或穴位敷贴治疗，或单独针灸治疗，或中药经皮透药治疗等，从而达到防治冬季易发疾病的目的。

三、教学工作

2005—2015年，承担授课任务包括本科、七年制、硕士、博士、规培生、泰国生、留学生的“中医内科学”课程，每年授课时间98学时；面向留学生、本科生的“医患沟通理论与实践”课程，年授课时间24学时；面向留学生的“名老中医思想传薪”课程，年授课时间8学时。参与编写《中医内科学》及《医患沟通理论与实践》教学大纲、大学教学评估的准备工作等教学活动。承担校级、院级教学课题18项。副主编教材2部：《中医内科学》(第二版)新世纪全国高等中医院校规划教材、《中医内伤杂病研究》全国高等中医药院校教育卫生部“十一五”规划研究生教材。2010年，传统中医科获上海市高校市级教学团队“中医特色示范病房教学团队”，目前已成为上海中医药大学最具中医特色的临床教学基地和传统中医高级临床人才的培训基地。科室目前拥有硕士生导师2人。2005—2015年，培养硕士研究生32人，在读博士研究生2人。

2002年窦丹波入选上海中医药大学首届后备专家；2005年入选上海市卫生局百名优秀青年医学人才项目；2011年入选第四批全国名老中医药专家学术经验继承班，师从严世芸教授；2012年入选上海市中医药领军人才培养计划；2017 年被评为曙光名中医。2009 年余安胜入选施杞名老中医传承培养；2012 年被评为曙光医院高级中医师。2013 年吴欢到上海市第一人民医院进修。2013 年孙玄公被评为曙光医院高级中医师；2015 年入选上海市中医领军人才学术共同体项目。沈若冰 2014 年入选上海中医药大学临床骨干教师教学能力提升计划。2014 年傅慧婷入选上海市专门人才培养计划。2015 年王丽莉到新华医院进修。

四、科研成果

【课题】

2005—2015 年，共承担课题 25 项，其中国家中医药管理局 5 项、上海市科委 2 项、其他 18 项。

【论著与论文】

2006—2015 年，共编撰著作 37 部，其中主编 5 部、参编 32 部。2006—2015 年，发表在国内外核心期刊上的论文共有 87 篇。

五、学术活动与任职

【学术活动】

2006—2015 年，每年举办“传统中医诊疗思路与现代临床”国家级学习班，讲师团多由全国名老中医、上海市名中医，以及国内资深医家与资深教授组成，力求还原经典、融汇新知、指导临床。每位医生均参加继续教育以提高业务能力，每年参加中医中药诊疗技术相关的培训班。2011 年 3 月，窦丹波赴日内瓦参加 TCD－11 传统医学国际标准化术语分类专家咨询会议；2011 年 5 月，窦丹波在中国香港 WHO 国际疾病分类第十一版修订传统医学(ICTM)年会上进行题为“基于中医学的传统医学在 ICD－11 中的疾病和症候分类框架建议”的大会发言；2013 年 10 月，窦丹波赴中国澳门参加 WHO 传统医学战略 2014—2020 发布及高层研讨会；2015 年 3 月，窦丹波赴中国台湾进行沪台中医学术交流；2015 年 9 月和 11 月窦丹波分别赴日内瓦和韩国参加 WHO 传统医学会议。

【任职】

2005—2010 年余小萍任中华中医药学会内科分会肺系病学术委员、上海市中医药学会内科分会风湿病专业委员会委员、上海中医药学会内科分会呼吸病专业委员会委员、上海市中医药学会中医内科分会委员；2009 年余小萍被聘为国家中医药管理局中医师资格认证中心命审题专家。2009—2014 年窦丹波任中华中医药学会名医学术思想研究会常务学术委员、世界中医联合会中医翻译专业委员会常务理事、世界中医联合会中医标准化专业委员会常务理事；2012—2015 年窦丹波任中华中医药学会上海中医药学会脑病专业委员会副主任委员、中青年学术分会常务委员、上海中医内科学会学术委员、上海中西医结合学会消化系统疾病专业委员会委员；2009—2015 年窦丹波任世界卫生组织(WHO)传统医学国际标准化项目组专家。

图 3-7-29 2014 年 8 月，传统中医科在东部门诊住院部一楼合影
（最后一排中间为主任窦丹波）

第八章 特　　诊

第一节　名医诊疗中心(东部)

一、概况

东部名医诊疗中心成立于 2010 年 6 月，位于东院贵宾楼 1 楼北区，设 6 间独立诊室及 1 间治疗室。2014 年，经院部研究决定科室扩大规模，将康复科迁出，整体规模扩大近一倍。改扩建完成后，同年 7 月，将原设置在门诊大楼的特需门诊迁入整合，并将高端医疗保险接待诊室同步撤回合并，成为涵盖名医诊疗中心、特需门诊及高端医疗保险等各项诊疗服务的科室。2010 年 6 月—2013 年 9 月，毕小利任科室主任；2013 年 9 月—2015 年 12 月，毕小利为科室负责人。2015 年，科室工作人员有临床主任 1 人，护士长 1 人、护士 3 人及导医 2 人。全部医务人员均为大专及以上学历；职称分布为主任医师 1 人、主管护师 2 人以及 2 名护师。

2015 年，东部名医诊疗中心共有单独诊室 15 间(其中包括 1 间独立外科换药室和 2 间妇科专用检查室)、治疗室 1 间、贵宾诊室 2 间和贵宾休息室 1 间。

二、专家团队

2010 年 6 月，东部名医诊疗中心自成立时，有专家 8 人，其中具有"全国省市级名中医"称号的专家有 6 位，分别是石印玉、丁学屏、蔡淦、姜兴俊、林真寿、胡婉英。2015 年，有专家 54 人，其中具有"全国省市级名中医"称号的专家有 15 位，分别是石印玉、丁学屏、蔡淦、姜兴俊、杨炳初、陈建杰、林真寿、王灵台、戴德英、齐聪、杨巍、詹红生、何立群、徐列明、刘平；市区级名中医 1 位，为蒋有倩主任。另外，特需部分整合后，不断增设专科及相应专家，2015 年有 38 位副主任医师以上职称专家。

三、医疗措施及业务拓展

2014 年，东部名医诊疗中心进行改扩建：候诊区域增加候诊椅密度；每间诊室内均有独立的中央空调和新风换气系统控制开关；诊室内安装隔帘，设有单独诊查床并配套一次性床垫套。贵宾休息室内配有饮水机、糖果、一次性纸杯、茶包和咖啡等以便患者取用，设大面积书报架，放有各类医学健康知识杂志和书籍供翻阅，还提供赠阅的健康知识手册，帮助患者轻松度过等候时光，同时增加医学相关知识。

【与国际及国内知名商业保险公司签约】

2010—2015 年，医院分别签约的商业保险公司有：万欣和(MSH)、招商信诺、中国平安、中间带、工银安盛、阳光人寿、欧乐旅行援助、GBG、神赐保险、安态保险、中国人保、中意人寿、太保安联、安援救援、星益健康、威尔毕、复星联合等，开展高端医疗保险诊疗直接结算业务。此外，医院还与

“陆家嘴金融管理委员会”“金才优护”“亿保健康”及卫计委等医疗平台合作，提供快捷、优质的高端医疗保障服务。2015 年，月均诊疗 350 人次。

【国际诊疗】

2010—2015 年，接待来自美国、加拿大、新加坡、德国、奥地利、法国、马来西亚、澳大利亚、日本、韩国等国家和中国香港、中国澳门、中国台湾等地区的患者，月均接待 50 人次以上。科室专门设有英语接待工作人员 1 人，及时了解患者诊疗需求，协调全院资源，帮助患者联系心仪专家就诊。

为特殊需要的患者，提供以中医中药治疗为特色的各类医疗保健服务。2011 年起，协助治未病中心提供“中医舌、脉、面信息采集及体质辨识”服务及诊疗咨询；2013 年起，协助“减肥门诊”预约登记及诊疗(除常规专科门诊外)；2010—2015 年，每年秋冬季开展膏方门诊预约及诊疗服务，坐诊医师 50 人；2015 年，增开酒方门诊，坐诊医师 4 人。

四、便民服务

【预约挂号】

2010—2016 年，科室提供现场预约和电话预约挂号服务，并公布预约挂号电话 021－20256600、021－20256606；预约时间为每周一至周五的 8:00—12:00，13:00—16:30；预约周期为滚动预约两周号源，约满为止，告知未能约到的患者下次预约开始时间。预约挂号时，准确记录患者本人的姓名及有效联系电话，国家法定节假日不预约挂号，科室提前在诊区内发布公告通知患者节假日工作日程及节前后的安排。同时，提供英语电话预约服务。

【就诊和检查】

2010—2015 年，就诊当天患者前往特需门诊护士台，当班护士会帮助患者确认预约信息，随后协助挂号就诊；患者当日在特需门诊就诊所开检查检验项目，在特需门诊收费处完成缴费后，由护士指导告知注意事项，协助前往相关检查科室进行检查；若在就诊过程及检查中存有疑问，患者可随时当面咨询特需护士或电话咨询，随时得到帮助；特殊人群或特殊药物会由护士全程一对一陪同就诊及代为取药。

第二节　名医诊疗中心(西部)

一、概况

2003 年 6 月 18 日，在普安路 189 号曙光大厦 3 楼设立名老中医诊疗中心，规模较小，仅有工作人员 3 人，业务量不大。2004 年，王左主任接管名老中医诊疗中心和门诊部 8 楼的特需门诊。是时，院部决定为加强中医特色建设，设立一个新的平台，以汇聚上海市的名中医，促进中医学术交流，并作为临床诊疗的基地。适逢曙光大厦 1 楼原出租给南方证券公司的合约到期，便予以收回，并加以改造扩建，2005 年 1 月 24 日，正式命名为“曙光医院名医诊疗中心暨疑难病会诊中心、外宾中医诊疗中心及远程会诊中心”。门诊部 8 楼的特需门诊仍由名医诊疗中心管理。同时，上海雷允上药业公司合力参与，共同组建了曙光—雷允上名中医俱乐部。名医诊疗中心拥有候诊大厅、12

间诊室和辅助用房，总面积逾800平方米。名医诊疗中心由中心本部和门诊8楼的特需门诊部两个部分组成，工作人员设有主任、副主任、主任助理各1人。2010年，主任1人，并设护士8人及财会收费人员4人，中西小药房2人，国药堂2人及中药颗粒配方1人。以后，随着医疗业务不断地发展，工作量不断地增加，工作人员也进行了相应调整。

2014年6月15日—12月16日，名医诊疗中心进行大规模改建装修工程，重新装修后，仍然保持了古朴典雅的民族风格，明亮舒畅，焕然一新，医疗诊室的环境大为改善。重新装修后，门诊部8楼的特需门诊搬迁至门诊部10楼。

表3-8-1 2006—2015年名医诊疗中心(西部)历任负责人情况表

任职时间	主任	任职时间	副主任
2006—2010年	王左	2007—2010年	俞兴祥
2010年—	郑舜华		

二、专家团队

2003年，成立之初，名医诊疗中心汇聚了数十名上海名医，如陆德铭、严世芸、柏连松、蔡淦、石印玉、王灵台、王左、黄吉赓、郑昌雄、胡婉英、王羲明、秦亮甫、秦万章、叶景华、沈沛安、彭培初、黄绥仁、曹玲仙、邵公权、宣文虎、焦东海、林莲梅、乐秀珍、邵念贤、李庚和、杨炳初、何立人及沈庆法等，这些专家在内、外、妇、儿、肝、肾、心血管、血液、肿瘤、皮肤、骨伤、男科、心理及营养诸多学科领域各成一家，临床经验丰富，医疗技术精湛，竭诚为广大患者提供优质、便捷和高层次的医疗保健服务。

随着老专家的年事增高，新的市级名中医的不断评出，新的专科逐步推出，名医诊疗中心的专家队伍也相应地进行了调整和充实。截至2015年，有院外名中医、专家27人，院内市级名中医、专家35人。

三、医疗服务及业务拓展

【中医学术活动】

2005—2015年，名医诊疗中心每年组织曙光—雷允上名中医俱乐部的“3·18”活动，具体内容为学术沙龙、学术讲座、膏药方讲座等，为全市名中医学术联谊活动做好准备和服务工作。

【参与社会公益活动】

2006—2015年，每年与嘉定区佛教协会合作，组织专家赴嘉定地区养老院，开展重阳节敬老义诊活动。

【传承和发扬中医特色】

2006年11月，名医诊疗中心设立中药配方部“悬壶堂”，专为名医治疗中心的患者提供地道优质的中药饮片，配方药量精准，成为显示中医药特色的一个窗口。同时，还设立中药颗粒配方部，配方快捷，免煎方便，满足病员对医疗和健康保健的需求。

2014年,改设为“名医国药堂”,采用典雅的中式风格装饰,其药橱药柜、器皿摆设,更体现出浓厚的传统中医味道。

【拓展高端医疗服务】

2008年4月,与民生银行及保险公司合作,为VIP客户提供医疗服务。至2015年12月,已和平安、MSH、招商信诺、安泰、中间带等23家保险公司建立合作关系,高端客户人数逐年增多。

四、便民服务

【预约挂号】

2003年,名医诊疗中心开业以来,坚持提供现场预约和电话预约挂号服务,现在已实行网上预约。预约挂号时,准确记录患者本人的姓名及有效联系电话。国家法定节假日不预约挂号,科室提前在诊区内发布公告,通知患者节假日工作日程及节前节后的安排。

【就诊和检查】

患者前来名医中心就诊,当班护士会帮助患者确认预约信息,随后协助挂号就诊;患者当日在特需门诊就诊所开检查检验项目,在特需门诊收费处完成缴费后,由护士指导告知注意事项,协助前往相关检查科室进行检查。

第九章 体 检

2004 年 12 月，体检中心成立，位于东部贵宾楼二楼北侧，面积约 1 500 平方米。2008 年 6 月，由医院管理公司负责管理和维护。2010 年上半年，体检中心脱离管理公司管理，改由医务处直接管理。2011 年 1 月，体检中心增设副主任 1 人，全面负责东部体检工作；同年 4 月，西部体检中心成立，将原来西部门诊办公室的体检业务归到体检中心统一管理。2012 年 1 月，体检中心归医务处管理。2013 年 9 月，成立对外联络部，体检中心由对外联络部负责管理。

表 3-9-1　2004—2015 年体检中心历任负责人情况表

任职时间	主　任	任职时间	副主任
2004 年 12 月—2007 年 8 月	陈宝生	2011 年 1 月—2013 年 9 月	蒋海平
2007 年 8 月—2010 年 5 月	张晓天		
2010 年 6 月—2011 年 4 月	王　跃(负责人)		
2011 年 5 月—2011 年 12 月	吉　伟		
2012 年 1 月—2013 年 9 月	王　跃(负责人)		
2013 年 9 月—2015 年 3 月	王唯坚(负责人)		
2015 年 3 月—	王唯坚		

第一节 服务项目

2004—2015 年，每年不断完善服务项目和内容，制定个性化体检套餐；提供优质的体检服务；提供专业医疗咨询服务；根据体检结果及健康问卷进行危险因素评估、分析；制定健康促进计划；开展健康讲座。

第二节 业务发展

2004—2015 年，将“医疗体检”“专家评估”与“健康干预及促进”有机结合，实现全面的健康管理服务模式。根据体检客人需求，中心组合推出各种体检项目“套餐”，为所有体检客人建立健康电子档案，出具健康评估报告；对于团队体检，中心免费提供专家电话咨询或专家上门回访服务；对于 VIP 客户，中心提供专业健康评估、健康咨询以及健康促进计划，并由专家提供优先就医、优先诊治的特诊医疗服务。

2004 年 12 月，在主任陈宝生的带领下积极拓展体检市场，业务量稳步提升。2008 年 6 月，为进一步拓展市场，体检中心成立客户部，由医院管理公司经理缪晓总负责管理和维护，充分发挥运营优势，合理利用市场竞争机制和杠杆作用，有效整合医疗服务的上下游资源，服务能力得到提升，年度体检人次大幅增加、业务收入有了大幅度提高；同年，体检客户的健康管理模式初步形成。

2010年上半年，体检中心脱离曙光管理公司管理，改由医务处直接管理；4月，西院体检中心成立，将原来西院门诊办公室的体检业务归到体检中心。2012年1月，体检中心再次回归医务处管理。2012年，体检中心正式采用体检管理软件，有效提高工作效率。2013年9月，成立对外联络部，体检中心由外联部直接管理。外联部积极拓展客户，体检服务人次和收入大幅增长。为进一步加强体检中心管理，2015年3月，医院任命外联部主任兼任体检中心主任，全面负责体检中心的各项工作，从提高体检质量和服务质量为抓手，制定和修订多项规章制度，充实体检医生队伍，优化体检流程，各项业务指标稳步上升。2015年，在全市公立医疗机构体检中心口碑满意度调查测评中位列第三。

表3-9-2　2012—2015年体检中心工作量统计情况表

年　份	体检人次	业务收入/万元
2012	34 709	1 482.6
2013	37 878	1 568.8
2014	36 134	2 143.8
2015	43 606	2 674.2

第十章　医　　技

第一节　检　验　科

一、概况

1942 年 12 月，成立化验室(四明医院时期)，曾任上海中央化验所检验主任的徐新贤来医院任第一任化验室主任，并于 1942 年 12 月 15 日开始承接外来检验物。1953 年，更名为上海市立第十人民医院时设有检验科(当时称化验室)，共有卫技人员 5 人。1960 年，两院合并更名为“曙光医院”，两院化验室也随之合并，共有卫生技术检验人员 19 人。1980 年，卫生技术检验人员 22 人，其中检验师 4 人，检验士(含检验员)18 人。1993 年，人员发展至 28 人，其中副主任检验师 2 人、主管检验师 7 人、检验师 12 人、检验士 7 人。

检验科、实验中心与同位素室原是行政上独立的三个医技科室。1994 年 6 月、2001 年 1 月两次对这三个部门进行合并，成立了检验部。人员配备从 1993 年 27 人发展到 36 人，其中副高 5 人、中级 12 人、初级 19 人。2001 年人员从 34 人发展到 45 人，其中正高 2 人、副高 3 人、中级 12 人、初级 28 人，硕士生、本科生占半数以上。2015 年，人员配备 69 人，其中主任技师 2 人、副主任技师 2 人、主管技师 21 人、检验师 22 人、检验士 12 人、护理采血人员 6 人、退休返聘人员 4 人。2015 年检验科共占地 2 500 平方米，其中西部占地 1 000 平方米，东部占地 1 500 平方米。检验科西部于 2013 年 3—9 月，完成整个实验室的重新装修，门急诊组由原来的门诊大楼一楼北面搬迁至南面，实验室则从原来一个个小房间变成了整体规划、合理布局、分区检测的大格局实验室。2015 年底，拥有全自动生化免疫检测区域、临检区域、独立细胞室、各区分明的微生物实验室、标本离心区域、报告打印区域、标本存储区域、试剂库房、耗材库房、洗涤室等，另外还增加质控办公室和文档会议室。这一系列的规划、改建，优化了检验人员的工作环境，规范了实验室的检测流程，缩短标本转检时间，从而进一步提高了报告质量。检验科东部建成后，随着仪器设备的逐年升级、添置，实验室内部也经历多次布局调整。其中 2006—2015 年，全自动生化免疫检测区域，随着检验技术的飞速发展，每日标本检测量急剧上升，实验室引进了数十台最先进的大型仪器设备。为优化日常工作操作流程，实验室管理层对该区域多次进行了布局改动，并且每次调整都力求空间利用最大化、流程合理高效化。2010 年，检验科东部整体划分了污染区、半污染区和清洁区。2012 年，将西部的基因扩增实验室搬迁至东部，严格规划了基因扩增试验的环境分区要求，通过上级部门的审核，拿到临床基因扩增实验室技术审核验收合格证。2015 年，因业务量不断提升，门诊窗口高负荷运作，检验科在院方支持下扩建东部门诊采集大厅；同年 12 月，完成整个门诊采集大厅的扩建工程，美化了患者的就医环境，合理设计患者等待区，添置患者急救物品。采血窗口从原先的 4 个增加到了 6 个，同时，设立呼气试验窗口和病区标本签收点。

表 3-10-1　1942—2015 年检验科历任负责人情况表

任职时间	主任/组长	任职时间	副主任
1942—1960 年	徐新贤	1964—1966 年	陆善林
1960—1966 年	马光炎	1978—1988 年	陆善林
1972—1978 年	马光炎	1986—1988 年	董惠芳
1988—2002 年	董惠芳	1995—1997 年	顾永年
2002 年—	张　珏	2000—2009 年	叶伟成
		2002—2009 年	金　磊
		2002—2009 年	章晓鹰（实验中心副主任）
		2002—2009 年	陈建中（同位素主管）

二、业务发展

20 世纪 50 年代后期，检验科仅能做些简单的常规化验，科内分设临床常规组（简称“临检组”）、门诊组、生化组、细菌、血清组、血库。20 世纪 60 年代初期增设了急性肠道化验；60 年代中期开展内分泌 17—羟、17—酮等项目；20 世纪 70 年代开设细胞室、免疫室（1976 年独立），开展血液病的一系列有关项目（包括出血性疾病）的实验检查，并开展了各种脱落细胞检查、肿块穿刺等 7 个项目；20 世纪 80 年代初，建立生化、细菌、血红蛋白的室内、室间质量控制，中后期又相继开展了高密度脂蛋白胆固醇等 9 个项目；20 世纪 90 年代初，医院对中心实验室业务进行调整，各项免疫生化等项目转为检验科开展，同时还开展各种弧菌支原体培养及丙肝、戊肝的抗原或抗体检查。检验科在各时期随着临床医学检验科学技术和医院临床医疗科研业务的发展，积极配合医疗、科研的进行，开展相关各项医学检验。20 世纪 50 年代，开展项目不足 100 项，至 80 年代中后期，增加到 300 项。1992 至 1993 年，又新增项目 72 个。1994 年，将检验科更名为检验部，科室业务进行调整，各专业组除开展常规检测项目外，增加各种特殊项目，扩大业务工作量，增设性病检测，成立 HIV 实验室，完善性病检测项目，同时淘汰出凝血检测方检验法。2002 年，新的检验项目不断增加，检验部根据各专业的具体情况，对检验项目重新进行分组归类，在原有的检验项目上扩大业务工作量。

随着医院东部的开张，业务不断发展、知名度不断提高，西部周边城区逐渐拆迁改建，东、西部业务发展的重心已逐步由西部向东部转移。2006 年，实验室东部检测项目和日检测量低于西部，为扩大业务，在医院领导的正确指引下、全体员工的共同努力下，检验科的整体业务量翻几番，至 2010 年，东部业务量已赶超西部 20%之多。2014 年，检验科年度业务量达 1.8 亿，已开展检测项目共 459 项，并且不断有新技术新项目被开发。

表 3-10-2　1980—1994 年检验科各项业务工作量统计表　　单位：人次

年份	血常规	尿常规	粪常规	生化	细菌	血型	全血	血球	血象	其他
1980	16 908	51 293	22 690	10 439	15 521	1 243	—	—	15 656	15 650
1981	16 759	50 529	16 467	101 046	9 735	3 021	—	—	—	134 463
1982	17 656	54 372	24 547	109 246	9 482	1 470	2 163	519	4 679	128 427

（续表）

年份	血常规	尿常规	粪常规	生化	细菌	血型	全血	血球	血象	其他
1983	15 027	50 127	30 199	109 208	10 931	1 347	16 235	889	9 525	113 907
1984	17 054	48 938	27 719	103 922	11 769	1 959	4 872	719	7 359	123 343
1985	16 861	43 426	27 124	107 990	9 668	2 409	3 079	495	11 900	154 444
1986	9 007	33 552	21 380	179 644	5 379	1 178	867	298	8 125	98 412
1987	6 155	27 909	16 250	68 651	4 209	358	373	267	2 800	74 726
1988	5 249	21 142	13 048	73 428	4 217	401	571	160	3 900	64 992
1989	6 972	23 329	11 961	69 073	3 343	456	1 142	184	760	57 310
1990	8 957	28 158	13 048	87 961	10 090	447	13 745	264	30 860	78 481
1991	15 931	28 782	10 335	95 787	9 059	973	1 608	191	25 520	69 432
1992	31 452	36 952	11 503	118 562	12 520	1 320	5 212	167	74 230	79 960
1993	34 306	38 012	12 994	37 468	15 833	1 006	658 800	47 800	3 319 000	78 233
1994	31 803	35 104	12 215	210 984	17 404	1 014	399 400	100 800	25 940 000	53 296

说明：1980 年之前业务工作量统计无法查找。

表 3－10－3　1995—2001 年检验科各项业务工作量统计表

年份	血常规/人次	尿常规/人次	粪常规/人次	生化/人次	细菌/人次	免疫/人次	用血量(ml)	血型鉴定/人次	其他/人次
1995	35 506	35 760	10 496	244 529	15 560	15 054	502 000	691	54 660
1996	38 984	34 334	11 155	330 131	13 274	11 267	627 600	587	41 568
1997	51 433	33 926	10 765	331 283	14 929	12 936	657 800	548	52 853
1998	42 371	38 093	11 097	554 313	13 525	12 742	639 500	419	54 364
1999	50 394	44 415	10 917	706 948	13 893	24 454	701 800	1 179	65 259
2000	55 141	50 162	16 609	752 000	13 964	33 635	937 800	1 289	81 513
2001	51 703	53 102	12 381	798 178	13 378	54 706	1 042 200	1 353	91 349

表 3－10－4　2002—2005 年检验科业务工作量统计表

年份	血常规/人次	尿常规/人次	粪常规/人次	生化/人次	细菌/人次	免疫/人次	用血量(ml)	血型鉴定/人次	同位素/人次	其他/人次
2002	54 294	55 802	11 248	861 820	12 864	55 269	800 822	1 404	87 681	89 283
2003	68 721	63 327	12 497	944 944	14 373	44 325	918 810	1 782	90 576	120 948
2004	81 357	70 813	15 158	1 044 231	18 603	77 363	935 580	2 344	91 452	195 825
2005（西院）	81 107	75 962	14 021	1 129 856	20 258	87 869	768 363	2 017	108 163	163 206
2005（东院）	36 535	26 926	5 317	357 924	6 177	28 996	316 900	361		48 861

表 3-10-5　2006—2015 年检验科(东、西部)业务工作量统计表　　单位：万人次

年份	血常规	尿常规	粪常规	血凝	生化	免疫	血型	微生物	PCR
2006	242	232	15	2.3	172	85	0.3	15	4
2007	372	315	16	2.5	198	102	0.3	17	5
2008	402	395	19	2.5	262	109	0.5	18	6
2009	564	325	18	2.8	395	120	0.5	19	8
2010	598	326	21	3.1	413	132	0.7	19	8
2011	634	362	25	3.5	431	168	0.8	21	9
2012	651	512	29	3.8	501	231	1.4	21	10
2013	742	568	45	4.3	523	223	2	23	10
2014	781	512	48	4.9	611	284	2.8	24	11
2015	801	536	47	5.6	628	324	3.6	26	14

三、仪器设备

1960 年，科室有显微镜 8 架(大多为原四明医院时期留下)及充电比色计等，均为国产的一般性设备，以后陆续添置。1980 年，将显微镜全部更新为日本 Olympus 品牌，共 10 架。1988 年，引进美国 Gilford300 型自动生化分析仪、103 系列半自动分光光度比色计，美国康宁 902 型钾钠分析仪、940 型钙测定仪、902 型氯测定仪，日本岛津 CL-720 型半自动分光光度比色仪，日本 COSMO-606 自动蛋白电泳扫描仪，瑞士产血球计数仪等。1990 年，引进美国 Beckman 公司 CO_2 电解质分析仪、大型全自动生化分析仪、蛋白电泳扫描仪、CO_2 培养箱，荷兰全自动系列酶标仪、库尔特 7 指标血球计数仪、互美 Cel-Dyn6 104 指标血球仪，德国 Mannhein Boehringer RL-9 及国产 Liang-100 血液黏度计等各 1 台(套)。2015 年底，检验科拥有仪器设备 94 台，比 2006 年增加 63 台。

表 3-10-6　2015 年检验科主要设备情况表

序号	设　备　名　称	数量/台	仪器型号	小组
1	全自动五分类血球分析仪 LH750	4	AV47164	门诊
2	血球分析仪 LH780	1		
3	血球分析仪 xs-800i	2		
4	特定蛋白分析仪 Astep	1	040140481	门诊
5	全自动血沉仪 Monitor 20	2	01022	门诊
6	半自动尿液分析仪 Cobas U411	1	6042	门诊
7	全自动尿有形成分分析仪 UF-1000i	2	12544	门诊
8	尿沉渣分析仪 科宝 xl/xs	2		
9	半自动尿液分析仪 Urisys1800	3		
10	粪便 HALO-F180	1		

（续表）

序号	设 备 名 称	数量/台	仪器型号	小组
11	法国 Stago 全自动血凝仪 Stago	3	9118073	门诊
12	强生干式生化分析仪 V350	1	27002471	门诊
13	干式生化仪 FS5.1	1		
14	化学发光分析仪 Access 2	2	506909	门诊
15	全自动化学发光分析仪 DXI800	1	604080	门诊
16	血气分析仪 ABL800	2	754R0563N0001	门诊
17	精子质量分析仪 SQA - V	2	1571	门诊
18	多功能免疫检测仪 ReLIA SSJ - 2	1	030173	门诊
19	荧光免疫分析仪 FIA - T - 01	1	01A100072	门诊
20	国赛 CRP 检测仪	3	050170417	门诊
21	特定蛋白分析仪 Astep	1	040140475	临检
22	全自动血沉仪 Monitor 20	1	00940	临检
23	全自动尿液分析仪 URISYS 2400	1	2328 - 003	临检
24	全自动尿有形成分分析仪 UF - 500i	1	11966	临检
25	自动粪便分析仪 HALO - F180	1	20131002 - 13	临检
26	法国 Stago 全自动血凝仪 Stago	3	7116641	临检
27	全自动血流变分析仪 SA - 6900	1	1510064	临检
28	血流变分析仪 SA - 9000	1	1710104	临检
29	血小板聚集仪	1	212N092	临检
30	全自动生化分析仪 AU5800	2	2012070325	生化
31	全自动生化分析仪 AU2700	1	1102437	生化
32	西门子 BN - Ⅱ	1	333208	生化
33	伯乐糖化血红蛋白分析仪 Variant Ⅱ Turbo	2	14323	生化
34	琼脂糖凝胶全自动电泳仪 HYDRASYS 2	1	694	生化
35	蛋白电泳仪 Sebia - HYDRASYS - 2	1	1038	生化
36	特定蛋白分析仪 BNII	1	343350	生化
37	免疫化学发光仪 Cobas e 601	2	0934 - 29 2555 - 26 2197 - 32	免疫
38	全自动免疫分析仪 E - 602	1	15F8 - 09	免疫
39	免疫发光分析仪 I2000	1	ISR52657	免疫
40	全自动化学发光分析仪 DXI800	2	601754	免疫
41	全自动特定蛋白分析仪 IMMAGE800	2	8998	免疫
42	化学发光免疫分析仪 IMMULITE1000	1	L3165	免疫

（续表）

序号	设 备 名 称	数量/台	仪器型号	小组
43	化学发光免疫分析仪 IMMULITE2000	3	R5852	免疫
44	全自动化学发光测定仪 AutoLumo A2000	1	701 100 1462	免疫
45	C13 呼气试验检测仪 HCBT-01	3	201404161	免疫
46	免疫印迹发自动操作仪 EuroBlotMaster	1	0207-5180	免疫
47	流式细胞分析仪 FC 500	2	AW33284	免疫
48	维生素检测 LK3000V	1	2013034201	免疫
49	安图 A2000	1	7011001201	免疫
50	时间分辨荧光分析仪	1	2710-0764	免疫
51	微量元素分析仪(博晖)	1	51161454	免疫
52	全自动血培养仪 BTA3D-60	1	20040030	微生物
53	细菌鉴定及药敏分析仪 VITEK2 Compact	1	VK2C 6039	微生物
54	细菌鉴定/药敏系统检测 Phoenix100	1	PX0466	微生物
55	全自动血培养仪 BACTEC 9120	1	UB4641	微生物
56	ATP 细菌药敏鉴定仪	1	IAF002997	微生物
57	微生物快速检测 MB-80	1	MBS0112302	微生物
58	血培养系统检测仪 BACTEC9240	1	DD7123	微生物
59	实时荧光分析仪 7500	1	275007394	微生物
60	免疫印迹 Profiblot 48	1	903000280	微生物

四、新项目新技术

2006—2015 年，检验科新项目新技术的开设主要以专业组长根据检验技术发展动态、临床需求，不断收集新的技术资料以及国内外学术性论文和著作，同时，结合实验室现有仪器设备的配置情况进行开展的。

表 3-10-7　2006—2015 年检验科新项目新技术开展情况表

年　份	新项目新技术名称
2006	胱抑素 C 检测、γ 轻链和 λ 轻链检测、丙肝病毒抗体检测定量化、心梗 TNI 定量检测、C12 多肿瘤标志物芯片检测
2007	同型半胱氨酸检测、尿蛋白电泳、尿本周氏蛋白电泳、抗精子抗体、抗子宫内膜抗体、抗 CCP 抗体、轮状病毒检测、HPV 检测、血型抗体筛选
2008	Ⅰ型胶原吡啶交联终肽、甲旁激素相关肽、维生素 C、TOUCH 全套、尿沉渣定量检测、ANCA、硫酸脱氢表雄酮、性激素结合球蛋白
2009	游离脂肪酸、HLA-B27、GPI、糖化血清白蛋白、胃蛋白酶原Ⅰ/Ⅱ、粪转铁蛋白

（续表）

年 份	新项目新技术名称
2010	糖尿病自身抗体(抗胰岛素抗体、抗胰岛素细胞抗体、抗谷氨酸脱羧酶抗体)、D-D二聚体、纤维蛋白原、抗凝血酶Ⅲ、肝自身抗体检测(抗肝/肾微粒体抗体、抗可溶性肝抗原/肝胰抗原、抗线粒体抗体、抗肝细胞溶质Ⅰ型抗体)、ENA在原有7项的基础上新增到14项
2011	白介素IL-1、IL-2、IL-6、IL-8、IL-10,SIL-2R,γ-干扰素,TNF,VEGF,CA27-29,胃癌相关抗原,嗜酸细胞阳离子蛋白,血管紧张素转换酶,微量元素(铜、锌、钙、镁、铁)
2012	甘胆酸、血RBP、丁型肝炎病毒抗原、丁型肝炎病毒抗体、类风湿因子IgG/IgA/IgM、抗心磷脂抗体IgM/IgG、^{13}C呼气试验(替代原来^{14}C呼气试验)
2013	总补体活性CH50、超氧化物歧化酶SOD、人附睾蛋白4、降钙素原、维生素检测(6项)、甲型流感病毒抗原、腹泻病原菌检测、血小板聚集试验
2014	游离雌三醇,促红细胞生成素,抗内因子抗体,庚肝病毒抗体IgG,CD19、CD3/8/38、CD3/8/28、CD3/4/25、CD3/HLA-DR,抗卵巢抗体,抗促绒毛膜性腺激素,抗透明带抗体,细小病毒IgG/IgM
2015	抗线粒体抗体(金标法)、IgG4、尿液特定蛋白(3项)、丙肝抗原、丙肝基因分型、HPV分型、性病三项、华法林药物基因检测(CYP2C9和VKORC1)、CYP2C19基因检测、MTHFR基因检测、生物芯片ALDH2、药物基因检测[伊立替康、阿司匹林、紫杉醇、多西他赛、聚乙二醇干扰素α-2b、糖皮质激素(布地奈德、甲强龙)、思力华、沙丁胺醇气雾剂(万托林)、沙美特罗(舒利迭)、福莫特罗(奥克斯都保)]

五、教学工作

检验科作为上海中医药大学教学基地，平均每年接纳各类医科学校实习生10人左右，实习期一年，学历覆盖中专、大专和本科。科室在对实习生安排教学工作的同时，每年还接收见习生和进修医生的学习轮转。

图3-10-1 1995年6月2日，为纪念检验部成立一周年科室全体成员合影(第一排左五为主任董惠芳)

六、科研成果

2006—2015 年，检验科共参加科研课题 247 项。

七、论文

2006—2015 年，检验科共发表论文 70 余篇，其中核心期刊 65 篇。

图 3-10-2　2012 年，检验科主任张珏获第二届上海市十佳医技工作者证书

第二节　放 射 科

一、概况

1932 年 11 月，成立 X 光室（四明医院时期），成立之初承担人工气胸和透视检查工作。1950 年 1 月，张初发任 X 光室主任。1953 年，四明医院更名为“上海市立第十人民医院”，设放射科，有医技人员 9 人。1960 年，与上海市立第十一人民医院合并，并承担该院的放射诊疗业务。1960 年 7 月 25 日，丁乃时任放射科主任，同年 12 月 21 日兼任龙华医院放射科主任。

1991 年，放射科搬进新大楼住院部大楼 2 楼，面积比医院改扩建前扩大一倍。设有登记站、摄片室、CT 室、自动洗片室、读片室、医生办公室、教学办公室。2005 年，东部落成并投入运营，放射科位于东部综合楼 1 楼。

1960 年，全科 11 人，其中主任医师、主治医师、技师各 1 人；1989 年，人员发展至 16 人，其中主任医师 2 人、主治医师（主管技师）1 人、技师 2 人；1993 年，人员总数依旧，但技术力量加强，知识结构发生变化，有主任医师2人、主治医师3人、技师5人；1995—2001年，由于2位主任医师、1位副主任医师相继退休，科室引进了副主任医师、博士、博士后各1人，使放射科人员队伍年轻化，梯队结构更趋合理。1995年，人员23人，其中主任医师2人、副主任医师1人、主治医师3人、技师5人；2001年，人员增加至27人，有副主任医师2人、主治医师（主管技师）7人、技师6人；2005年，人员增加至32人，有副主任医师4人、主治医师（主管技师）4人、住院医师5人，技师10人；2015年，在职职工47人，其中教授或主任医师2人，副主任医师或副教授6人，主治医师8人，住院医师5人，主管技师6人，技师10人，技士5人；博士学历4人，硕士学历8人。

表3-10-8　1944—2015年放射科历任负责人情况表

任职时间	主　任	任职时间	副主任
1944年8月—不详	谢公才	1981—1988年	沈家根
1950年9月—不详	张发初	1984—1987年	翁星草
1960—1966年	张发初（顾问）	2000年4月—2003年8月	程瑞新
1972—1978年	丁乃时（组长）		
1978—1984年	丁乃时		
1984—1994年	丁乃时（顾问）		
1988—1991年	沈家根		
1991—1993年	陆凤麟		
1994年4月—1995年10月	陆凤麟		
1995年10月—2000年4月	张善生		
2000年4月—2005年10月	张闵光		
2005年10月—	詹松华		

二、业务发展

【基本情况】

20世纪60年代，除常规胸、腹、骨骼关节、消化等X线检查外，还开展胃肠、结肠双对比造影检查，以及支气管造影、尿路静脉、逆行造影，胆囊造影、腹膜后充气造影、子宫输卵管造影、脾门静脉造影等特殊X线检查项目。1960年，广泛开展胸腹部、头面部体层摄影以及少数血管造影。20世纪70年代后期，开展钼靶乳腺摄片及脑血管造影术。20世纪80年代，开展小肠插管检查、经皮肝胆穿刺造影（PTC）、经皮肝胆管穿刺引流造影（PIHBD）、逆行胰胆管造影（ERCP）等。1993年，建立CT室，开展CT扫描检查工作。1995年，开展选择及超选择动脉插管造影、介入化疗及栓塞、下肢深静脉顺行造影、经皮静脉穿刺插管造影等检查。1997年，设备更新为螺旋CT，进行全身各部位CT检查工作，并开展胆管、支气管、血管等三维重建。1999年，添置钼靶X线机和数字式X线机，开展乳腺X线检查及数字X线摄影。2001年，购进计算机放射成像系统（CR），实现了部分常规X线摄影的无胶片化。同时开展影像学的中西医结合工作，将中药、针灸应用于放射检查；以中药制剂介入化疗；把中医辨证分型与X线征象有机地联系起来。

2005年,东、西两部引进大批医疗设备,在硬件及软件方面都有重大调整。2015年,256层CT机和高端科研型3.0 T超导MRI机投入使用,开展直肠排粪造影、CT小肠造影、放射诊断、介入诊断和介入治疗各项业务,并利用CT容积扫描和后处理技术,为骨伤科的推拿治疗提供治疗前后客观的CT图像,开展了针灸的fMRI成像临床和科研工作。

表3-10-9　1967—2015年放射科医疗业务发展情况表

年　份	服务人次	普放例数	CT例数	MRI例数	DSA收入/元
1967	30 000	—	—	—	—
1981	46 595	—	—	—	—
1993	40 000	—	—	—	—
1995	33 761	—	—	—	—
1998	40 617	—	—	—	—
2001	40 425	—	—	—	—
2002	41 820	—	—	—	—
2005	45 722	—	—	—	—
2006	—	60 765	17 680	3 189	—
2007	—	58 565	21 422	5 005	—
2008	—	50 945	29 334	6 432	—
2009	—	99 927	33 038	8 076	—
2010	—	105 235	42 621	12 793	—
2011	—	101 157	53 872	15 928	875 522
2012	—	111 275	71 595	17 373	960 052
2013	—	98 850	75 131	22 405	950 686
2014	—	98 293	80 370	28 067	1 051 119
2015	—	92 829	89 786	32 042	1 408 153

说明:部分年份数据无法查找。

【诊疗特长】

在诊断方面强调专家培养和高级职称定向发展的分亚专业运作模式,主要在神经系统疾病诊断、骨与关节疾病诊断、乳腺疾病诊断、胸部疾病诊断、腹部疾病诊断等亚专业上,确立可发展的人员梯队,形成专业化临床诊断特色。将CT、MRI、DSA在各系统中综合应用。

在介入治疗方面,主要开展肝脏及其他腹部肿瘤介入化疗和栓塞治疗、子宫肌瘤动脉栓塞治疗、后腹膜淋巴结无水酒精消融止痛治疗,以及脓肿穿刺引流术、颅内动脉瘤GDC钢丝圈填塞术、消化道支架植入术、穿刺活检术等各项诊疗工作,满足临床各种需求。

【医疗设备】

1953年,接管原四明医院时,有100毫安(万元以上)和30毫安X线机各1台。1960年,有飞利浦 300 毫安(万元以上)、100 毫安吉浦斯 X 线机各 1 台。1973—1984 年,先后增添国产 200 毫安 X 线机 1 台(万元以上)、国产钼靶 X 线机 1 台、400 毫安罗马尼亚 X 线机 1 台(万元以上)、800 毫安日本岛津电视遥控机 1 台(万元以上)。1991 年,设备中万元以上的有 400 毫安罗马尼亚 X 线机 1 台、800 毫安日本岛津电视遥控 X 线机 1 台、1 000 毫安日本岛津电视遥控 X 线机 1 台、500 毫安日本岛津 X 线摄片机 1 台、200 毫安日本岛津移动式摄片机 1 台、Elscint2400 elect CT 1 台,另有 30 毫安国产移动式摄片机及 50 毫安国产电透 X 线机各 1 台。1995 年起,陆续淘汰一批陈旧的 X 线、CT 设备,逐渐实现设备的更新,向着无胶片化方向发展。2001 年,万元以上设备有 500 毫安日本岛津 X 线机 1 台、1 000 毫安日本岛津电视遥控 X 线机 1 台、100GE 胃肠数字 X 线机 1 台、500 MAGEX 线机 1 台、GE 乳腺 X 线机 1 台、500 毫安国产 X 线机 1 台、Picker 螺旋 CT 1 台、200 毫安日本岛津移动式摄片机 1 台、200 毫安 GE 津移动式摄片机 1 台、计算机放射成像系统(CR)1 套、激光相机 2 台、高压注射器 2 台、自动洗片机 4 台、密度测定仪 1 台。另有 30 毫安国产移动式摄片机及 50 毫安国产电透 X 线机各 1 台。2005 年,引进飞利浦 16 排、双排、单排 CT 各 1 台,飞利浦 1.5TMRI 1 台,飞利浦数字胃肠 X 线机、计算机数字放系统(DR)各 1 台,大型 DSA 设备 1 套;2009 年,放射科东院安装 1 台 GE 64 排螺旋 CT 机。从 2011 年开始,所有影像设备都实现了数字化,科室正式进入数字化发展时代。借着申康医院管理中心投资在曙光医院的影像资料网络管理系统(PACS)的全面实施,东、西两部科室管理、读片工作与信息交流都实现了无缝链接,建立起 PACS/RIS 系统。2013 年初,西部安装西门子 3.0 T 超导 MRI 和 0.3 T 永磁骨伤专用 MRI 各 1 台。2014 年,东部安装了 1 台西门子大平板 DSA 机之后,所有介入项目都可以开展。2015 年,东部安装了 1 台飞利浦 128 排 256 层螺旋 CT 机,以及数字胃肠机、数字乳腺摄片机和 CR 床边摄片机等。

【人才培养】

2005 年,主任张闽光调离医院之后,科室就只有科主任詹松华是博士研究生毕业,没有硕士学位的人员,4 位高级职称人员均为学士学位。2006 年起,先后招录一批工作人员,大多具有硕士学位,如谭文莉、杨烁慧、成建明、吴晓燕、康英杰和陈义磊等人员,另一方面,采用送出去代培养的方

图 3-10-3　2010 年 6 月,在职研究生毕业答辩留念(第二排右二为主任詹松华)

式帮助科室内的骨干力量快速成长。2006—2007 年，耿坚赴韩国光州全南大学医学中心学习介入技术 1 年，回国以后成为放射科介入治疗的中坚力量。2011 年，主任医师姜宏宁来医院工作。2011—2014 年，谭文莉在复旦大学附属华山医院获得博士学位回科室工作，成为科室最主要的骨干力量。2014 年，杨烁慧、王瑞芝在复旦大学附属中山医院攻读博士学位。为科室内医生提供在职培养研究生的机会，包括张敏、宋璟璟、陆方、成建明、吴晓燕等人都是在职培养的硕士。

三、教学工作

1961 年起，承担上海中医学院中医系 X 线诊断学教学、见习、带教工作。“文化大革命”中一度停顿。1973 年起，担任历届中医系二部 X 线诊断学教学、示教。1980 年，开始运用幻灯投影 X 线片等电化教学手段，理论结合实际提高教学质量和效果；1987 年，承担临床研究生班、内科教师进修班工作。1980—1982 年，开展放射教学实验工作，培养放射学硕士研究生 2 人。1995—2001 年，承担上海中医药大学临床七年制与五年制本、专科，中医自学班，留学生班以及夜大学教学任务。2000 年，运用多媒体等电化教学手段，理论结合实际，提高了教学质量和效果。担任上海中医药大学曙光临床医学院五年制和七年制 X 线诊断学实习教学任务，并将中西医结合影像学的内容融入教学中。1995—2001 年，接收培训、进修医师约 10 批。2006—2012 年，开设“影像诊断学”教学工作，共 33 学时。2009—2011 年，为本科生开设第三学期的“影像新技术的临床应用”选修课，由于选修人数问题，断续开设，开班两次。2013 年，留学生的教学课程一分为二，分别为“X 线诊断学”27 学时和“影像新技术的临床应用”21 学时。2014 年，增设针对英语为母语的留学生的全英语教学“影像诊断学”课程，共 27 学时。同时承担夜大学“影像诊断学”教学工作，课时为 36 学时。2015 年，承担上海中医药大学临床七年制的“影像诊断学”教学工作，共 32 学时。

四、科研成果

【科研项目】

2006—2015 年，承担各级各类研究项目 4 项，其中国家“863”重大科技攻关项目 1 项，国家自然科学基金项目 1 项，国家、教委科研项目各 1 项。

【专利】

2006—2015 年，获得 7 项专利。

【著作与论文】

1960—2015 年，编撰专著 12 部，其中主编 3 部、副主编 2 部、参编 3 部。1960—1995 年，发表论文 45 篇，其中 12 篇在《中华放射学杂志》上发表。1995—2001 年，发表学术论文 65 篇，其中 1 篇在《中华实验外科杂志》上发表。2002—2015 年，发表论文 151 篇，其中核心期刊 60 篇、SCI 论文 7 篇。

五、学术任职

詹松华，2005—2015 年，分别任中华医学会放射学专业委员会神经学组委员、中华医学会放射学专业委员会质量控制与安全学组委员、中华针灸学会影像学专业委员会委员、中国中西医结合学会医学影像学专业委员会委员、上海中西医结合学会中西医结合影像专业委员会候任主任委员、上海医学会放射学专业委员会副主任委员、上海医学会影像技术专业委员会委员、上海医师协会影像医学医师分会委员、上海市放射诊断质控中心督查专家第二专家组组长、上海市财政局医疗设备采购评标专家、国家自然科学基金委同行评议专家、上海市科委科研项目评审专家、上海市浦东新区人民政府“浦东科技电子政务系统”专家、上海医药高等专科学校医学影像系专家指导委员会特聘专家、山东省泰山医学院影像系兼职教授。另参加杂志编委有《临床放射学》《中国医学计算机杂志》《实用放射学杂志》《肿瘤影像学》《中华诊断学电子杂志》《磁共振成像》《中西医结合影像学杂志》。

第三节　超声医学科

一、概况

1964年，开展超声检查。1967年7月，成立功能科，开展A型超声检查，下辖心电图室，负责人为任瀚华，另有1名住院医师；1982年，从心电图室分离，有副主任医师1人、主治医师1人、技师3人，超声医学科初具规模，科室名为B超室。2004年12月，东部试运行，由何峥全面负责东部筹备工作。2005年4月，东部试运行结束，东、西两部同时开展工作。2013年，科室正式更名为超声医学科，含超声一科、超声二科，由何峥兼任超声一科及超声二科主任。2015年，共有医务人员20人，其中具有高级专业技术职称3人、中级12人、初级5人；具有硕士研究生以上学历者2人。东西两部共设诊室15间，介入手术室1间，产科超声检查室1间。有心血管组、腹部组、妇产科组、小器官组及介入组5个亚专业组。

表3-10-10　1967—2015年超声医学科历任负责人情况表

任职时间	主　任	任职时间	副主任
1967—1984年	任瀚华(负责人)	1985—1988年	任瀚华
1988—2001年	任瀚华	1994—2001年	徐丽英
2002—2005年	徐丽英	2004—2005年	何　峥
2006年—	何　峥(超声一科兼二科)		

二、业务发展

1967—1982年，开展A型超声检查。1971年起，开展M型超声心动图检查；1982年，开展扇形二维超声心动图、B型超声检查；1997年起，开展肢体血管彩色多普勒超声检查；1998年，开展脑循环动力学检查(CVA)。2003—2005年，陆续开展40余项新的检查和治疗项目。2005—2015年，主要服务项目分为两大类：① 常规检查：肝、胆、胰、脾、肾、肾上腺、输尿管、膀胱、前列腺、子宫及附件等腹盆腔器官；乳腺、甲状腺、唾液腺等浅表器官，全身浅表淋巴结和浅表组织，骨关节和骨骼肌，睾丸、附睾、精索等男性器官。② 特殊检查：心脏彩色多普勒及心功能评价、腹部及外周大血管、超声引导下介入术、实时三维、超声造影、弹性超声、经直肠或阴道的腔内超声等。

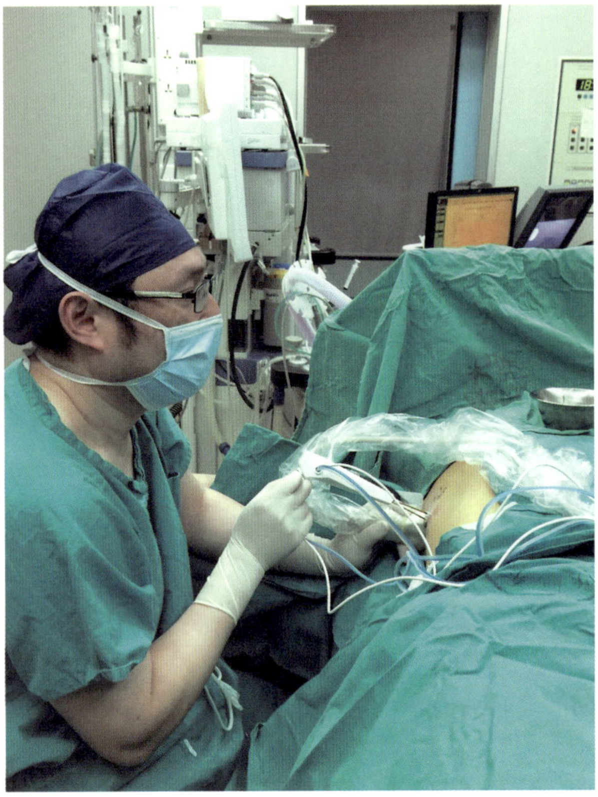

图 3-10-4　2015 年 11 月，主任何峥在东部手术室行肝癌双针同时消融术

截至 2015 年，已经开展的介入术有 5 类。检查和治疗项目 60 余项，内容涵盖超声诊断和超声引导下微创介入治疗领域，并专门设置中西医结合的项目。

【活检类】

超声引导下肝、肾、前列腺等实质脏器及其肿瘤的活检术，超声引导下软组织活检术(乳房肿块、颈部淋巴结等)，超声引导下肺、胸膜活检术，超声引导下甲状腺结节细针穿刺活检术等。

【穿刺抽液类】

超声引导下腹腔积液、胸腔积液、膈下积液、心包积液、肝肾囊肿、盆腹腔囊肿、腘窝囊肿、甲状腺囊肿等穿刺抽液术，超声引导下肝、肾等囊肿穿刺抽液硬化术等。

【置管类】

超声引导下经皮、经肝胆管置管穿刺引流术，超声引导下腹腔积液、胸腔积液、膈下积液、心包积液、肝脓肿、腹腔脓肿、盆腔脓肿、咽旁间隙脓肿、肛周脓肿等置管引流术，超声引导下胆囊造瘘术，超声引导下经皮肾造瘘术等。

【其他类】

超声引导下异位妊娠注射药物终止术。

【消融类】

超声引导下肝血管瘤聚桂醇注射消融术或肝癌无水酒精注射消融术，超声引导下肝肿瘤、甲状腺肿瘤、乳房肿瘤等射频消融术。

三、仪器设备

20 世纪 70 年代，A 型超声诊断仪 4 台；70 年代中期，购置三参数 M 型超声心动仪 1 台。20 世纪 80 年代，这些旧仪器被陆续淘汰。1983—1992 年，添购万元以上设备：(日本)扇形阿洛卡 710 型、(奥地利)B 超 C310 型、(日本)B 超阿洛卡 650 型、(德国)脑超 EMETC-2000S、(美国)彩超 HP1000 型各 1 台。1992—1998 年，新添设备：(日本)B 超东芝 SSA-240A 和 SSA-220A 各 1 台、(加拿大)手提式 B 超阿米 3000 型(后调拨给碎石室)、(美国)彩超 HP8500 型及 HP5500 型(由 HP1000 型升级而来)。2003 年，开始逐步淘汰之前的旧设备。2015 年，有彩色超声仪共 16 台，功能涵盖超声造影，弹性超声，实时三维、二维斑点追踪配合导航及常规彩超等。另外，科室还配备局域网络超声检查工作站系统，可将图像及检查报告直接传输打印，图文并茂，更加简单、快捷、及时，并可将资料永久保留，便于随诊时对比参考。

表 3-10-11 2015 年超声医学科设备和数量情况表

设 备 型 号	仪器数量/台
Esaote Twice	1
Esaote Class	1
飞利浦 IEElite	1
日立 HV Preirus	2
百胜 Esaote KM	2
百胜 Esaote class	1
飞利浦 iu22	1
Aloka α10	1
ACUSON S3000	1
HI AVIUS	1
IE Elite	1
GE LOGIQ P5	2
百胜 Esaote 便携式超声仪	1

四、教学工作

1967—2015 年，超声医学科承接科研带教和大学教学任务，完成博士研究生、硕士研究生、住院医师、规培医师的轮转带教任务，年均接待轮转带教 30 余人次、各地进修医生数人。医学超声科制定规培带教的专项讲课及病例讨论规则，建立一个由 4 人组成的规培小组，重点完成带教任务。每年选派科室医生外出进修，学习国内外先进新技术。

表 3-10-12 2008—2015 年超声医学科承担的教学项目

年份	项 目
2008	曙光医院国家级继续教育项目“影像数字化与医学影像新技术”授课
2009	曙光医院国家级继续教育项目“影像数字化与医学影像新技术”授课
2010	上海长征医院国家级继续教育项目“介入性超声新技术新进展”授课
2010	曙光医院国家级继续教育项目“曙光肛肠新技术新理论暨肛肠高级研修班”授课
2012	曙光医院国家级继续教育项目“曙光肛肠新技术新理论暨肛肠高级研修班”授课
2012	曙光医院国家级继续教育项目“影像数字化与医学影像新技术”授课
2012	上海市东方医院国家级继续教育项目“超声医学新技术新进展”授课
2013	温州市继续教育项目“介入性超声及超声造影新技术新进展”授课

（续表）

年份	项　　目
2013	曙光医院国家级继续教育项目“乳房炎症性疾病新技术新进展”授课
2014	内蒙古继续教育项目“超声医学新技术新进展”授课
2015	上海交通大学医学院附属新华医院继续教育项目“前列腺癌影像新技术诊断暨超声造影肝外脏器疾病诊断价值论坛”授课 曙光医院国家级继续教育项目“第一届曙光多模态超声医学新技术临床应用研讨会”

五、科研成果

【课题】

2006—2015 年，共承担了各项各类研究项目 19 项，其中担任第一负责人的有 5 项。参与市局及以上科研课题 20 余项。上海高校青年教师培养 1 人，中医大优秀青年课题 1 人。

【专利】

2006—2015 年，发明专利 2 项。

【著作与论文】

2006—2015 年，编撰专著及教材 6 部(编委)。1967—2015 年，共在各类杂志上发表的学术会议论文 40 余篇。

六、学术活动

2006—2015 年，超声医学科年均 20 余人次参加国内大型学术活动。参与的各类国际、国内学术活动有西湖国际超声论坛、全国超声医学学术研讨会、全国介入超声医学学术会议、长三角超声医学论坛、上海市超声医学新技术研讨会、上海市生物医学工程学会学术年会、上海市中西医结合学会影像专业委员会年会等。

第四节　病 理 科

一、概况

最初的雏形是 1942 年 12 月始建于四明医院的病理检查室，聘任的第一位“化验技士”是曾任上海中央化验所主任的徐新贤。1976 年 4 月，病理科正式成立，主要承担外科病理活检工作，开展包括石蜡切片、术中冰冻、特殊染色等项目。初期有医技人员 3 人(助教 2 人、技术员 1 人)。1975 年 4 月，纪克由上海铁道医学院病理生理教研室调入，参与病理科的开创建设，并担任首任科主任。1979—1992 年，开展尸体解剖工作，共完成 9 例。1986 年 7 月—1989 年 9 月，医院基建期间，病理科迁至岳阳医院，同时，承担两所医院的病理业务工作，组建两所医院的硕士研究生指导教师小组。

1995 年，医技人员增至 5 人（主任医师 1 人、主治医师 1 人、住院医师 1 人、技师 1 人、技士 1 人），梯队结构趋于合理，开始承接上海中医药大学和临床科室的科研服务及轮转医师、进修医师和研究生的带教任务。2015 年，科室医技人员有 7 人（副主任医师 1 人、主治医师 1 人、住院医师 3 人、主管技师 1 人、技士 1 人）。2004 年底，东部建成试运行，2005 年 1 月 31 日，完成东部的第 1 例术中冰冻，标志着常规业务工作在东部全面展开。

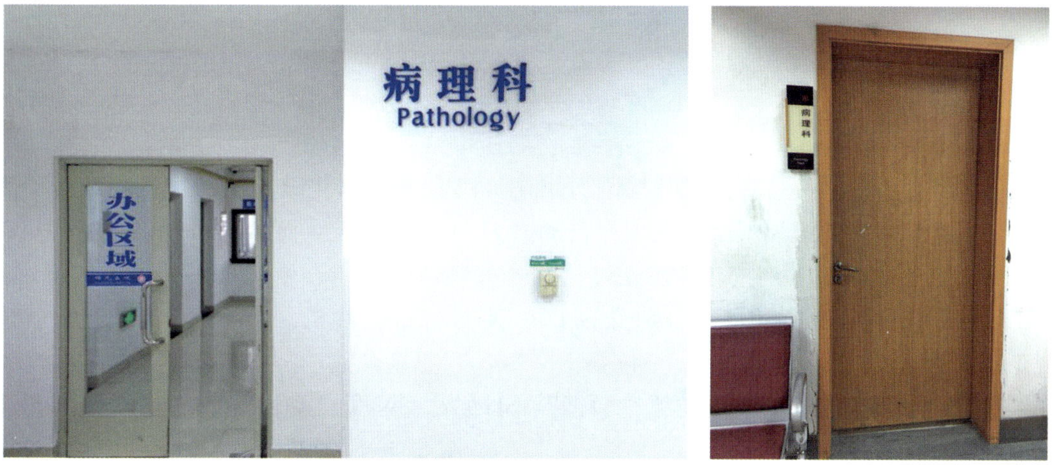

图 3-10-5　图左为东部病理科工作场所，图右为西部病理科工作场所

表 3-10-13　1978—2015 年病理科历任负责人情况表

任职时间	主　任	任职时间	副主任
1978—1984 年	纪　克	1984—1988 年	杨秋泓
1988—2000 年	杨秋泓	2000—2006 年	冯　铮
2006—2013 年	李泽民	2013—2014 年	郭绍文
2014 年—	吴丽莉		

表 3-10-14　2015 年病理科工作人员情况表

姓　名	职　称
吴丽莉	主任医师
郭绍文	副主任医师
刘　坤	主治医师
王　荟	主治医师
杨　华	主治医师
冯　真	住院医师
韩志宏	住院医师
陈　佳	技　师
王敏燕	技　师
房　振	技　师

（续表）

姓　　名	职　　称
梁婷玉	技　师
高　扬	技　师
鄂裘恺	技　师

二、医疗设备

1976 年，科室成立时配备 1 台联邦德国石蜡切片机、1 台二氧化碳快速切片机和 3 架单筒显微镜。20 世纪 80 年代中期增加了 1 台英国产自动磨刀、3 架日本产双筒械显微镜。20 世纪 90 年代购置了 1 台万元以上的日本产樱花冰冻切片机及 1 架联邦德国产石磗切片机 1 台。1993 年，购置德国产 LEICA 病理切片机。1995 年，购置 SHANDON 冰冻切片机。1998 年，将原有显微镜更换为 2 台 LOYMPUS 带光源显微镜(其中包括 BX－60 万能显微镜，并与电脑图像分析系统配套使用)。2000 年，分别购置 LEICA 带光源显微镜及 SHANDON 全自动密封脱水机。东西两部均有独立的取材室、制片室和诊断室。

表 3－10－15　2008—2015 年病理科设备情况表

设备名称	设备品牌	设备型号	启用日期	用　　途
组织漂片仪	国产	PHY－Ⅲ	2008.1	组织病理诊断
光学显微镜	ZEISS	RS232	2008.1	组织病理诊断
微量振荡仪	新康	XK96－4E	2008.5	液基细胞病理诊断
漩涡混合器	康健	XH－B	2008.5	液基细胞病理诊断
低速离心机	中佳	SC－3612	2012.2	细胞病理诊断
冰冻切片机	LEICA	CM1950	2012.3	术中快速诊断
脱水机	LEICA	ASP300S	2012.6	组织病理诊断
石蜡包埋仪	LEICA	LEICA EG 1150CH	2014.1	组织病理诊断
石蜡切片机	LEICA	2235	2014.1	组织病理诊断
沉降式液基细胞仪	TIB	Auto－prep1800	2014.2	妇科细胞病理诊断
全自动免疫组化仪	DAKO	AutostainerLink 48	2014.2	免疫组化检测
全自动免疫组化预处理系统	DAKO	PT－LINK	2014.2	免疫组化检测
RO 纯水系统	力康	RO2－15	2014.2	免疫组化检测
医用冷藏柜	澳柯玛	YC－1006	2014.2	免疫组化检测
低速离心机	白洋	BY－400C	2014.6	细胞病理诊断
膜式细胞富集仪	Thinprep	2000	2014.6	妇科细胞病理诊断
原位杂交仪	LEICA	ThromoBrite	2014.6	FISH 检测
电热恒温水浴锅	中新	DKS－11	2014.6	FISH 检测

（续表）

设备名称	设备品牌	设备型号	启用日期	用途
荧光激发光源	OLYMPUS	U-RFL-T	2014.6	FISH 检测
荧光显微镜	OLYMPUS	BX53	2014.6	FISH 检测
全自动免疫组化仪	ROCHE	Benchmark XT	2014.6	免疫组化检测
微量分光光度计	耶拿	Scandrop100	2015.3	基因检测
生物安全柜	海尔		2015.3	基因检测
冷冻离心机	Eppendorf	R5424	2015.3	基因检测
十人共览显微镜	Olympus	BX53	2015.3	病理诊断和教学
离心机	eppendorf	5810	2015.5	病理诊断
荧光定量 PCR 仪	ABI	7500	2015.5	基因检测
沉降式液基细胞仪	BD	Prepstain	2015.5	妇科细胞病理诊断

三、业务发展

【业务技术】

科室成立初期，主要开展石蜡切片、冰冻切片和特殊染色等项目。20 世纪 90 年代，特殊染色项目已经由最初的 1 项增至 19 项，普遍开展的有 PAS、AB-HID、VG、铁染色、网状纤维染色、油红染色、抗酸染色、刚果红染色等。20 世纪 90 年代，逐渐开展免疫组织化学技术和免疫荧光技术，其中免疫组织化学技术常规应用于日常诊断，项目包括各种上皮、间叶、淋巴造血系统、神经内分泌、激素受体及各种相关基因的标记，免疫荧光技术包括 FIgG、FIgM、FIgE 及 FC3 等。2002 年起，开展细胞涂片和穿刺检查项目。同年 6 月，根据上海市病理质控中心统一要求和规定，将原先归于检验科的细胞学检查项目划归病理科，科室专门选派 1 名医师到上海肿瘤医院细胞室进修半年。

2015 年，病理科开展的主要技术：常规石蜡切片技术；冷冻切片技术；组织化学技术；免疫组织化学技术；液基薄层细胞制片技术；细针穿刺检查技术；荧光原位杂交技术；临床基因扩增技术。

【业务指标】

2006—2015 年，病理科的发展驶入快车道。病理工作量由 6 500 例/年增至 2 万余例/年，细胞病理工作量由 3 000 例/年增至 2 万余例/年，成为检测项目全面、质控管理完善、规模效益优良的诊断病理实验室。

表 3-10-16　1976—1992 年部分年份业务工作量汇总表　　单位：例

年份	常规	冰冻	特染	免疫组化	荧光	尸检	小结
1976	776	41	/	/	/		817
1979	1 606	158	10	/	/	2	1 776
1982	1 759	139	100	/	/	2	2 000
1985	1 847	135	130	/	/	3	2 115

（续表）

年份	常规	冰冻	特染	免疫组化	荧光	尸检	小结
1989	1 853	13	140	/	/		2 006
1991	1 644	62	486	/	/	1	2 193
1992	2 198	114	976	184	28	1	3 501

表 3-10-17　1995—2001 年业务工作量汇总表

单位：例

年份	石蜡	冰冻	特染	免疫组化	荧光	科研	小结
1995	2 243	127	2 104	167	20	123	4 784
1996	2 323	188	2 843	163	4	191	5 712
1997	2 785	147	2 467	270	28	157	5 854
1998	2 963	199	2 212	263	20	275	5 932
1999	3 430	236	2 562	763	20	210	7 221
2000	4 500	336	3 495	1 353	8	229	9 921
2001	4 218	297	2 826	1 377	20	750	9 488

表 3-10-18　2002—2005 年病理科业务工作量汇总表

单位：例

年　份		石蜡	冰冻	特染	免疫组化	细胞	小结
2002		4 314	354	2 986	1 529	1 438	10 621
2003		4 213	299	3 141	1 270	3 179	12 102
2004		4 935	323	3 341	2 248	4 084	14 931
2005	东部	1 634	253	1 109	802	2 392	6 190
	西部	4 327	353	2 984	1 592	4 138	13 394

表 3-10-19　2006—2015 年病理科工作量汇总表

单位：例

年份	外检	冰冻	细胞	免疫组化	特殊染色	分子病理
2006	4 412	379	3 356	3 361	1 095	0
2007	4 738	1 022	3 226	4 876	1 395	0
2008	6 360	1 224	4 117	1 951	883	0
2009	6 842	1 289	4 064	8 504	4 004	0
2010	11 388	1 578	4 773	10 908	5 793	0
2011	14 202	1 803	6 281	16 944	7 345	0
2012	17 704	2 292	6 279	23 057	9 471	0
2013	18 787	2 329	6 274	20 299	9 969	0
2014	21 968	2 866	14 530	22 758	13 644	21
2015	24 533	2 675	20 333	29 068	16 344	58

四、教学工作

1986—1989 年，由于医院基建的原因，病理科迁至岳阳医院，病理科承担两所医院的硕士研究生指导教师小组，共带教研究生 8 名。1995 年，开始承接上海中医药大学和临床科室的科研服务及轮转医师、进修医师和研究生的带教任务，并与大学病理教研室开展合作，互送医师和教师参加教学和外检实习。吴丽莉、刘坤、王荟先后参与上海中医药大学 2015 年研究生理论授课和本科生实验课带教。建立科内业务学习制度，定期组织专题讲课。带教住院医师、轮转医师以及大学病理教研室教师的病理实习。主办和协办多次院内 MDT 讨论会以及院内相关科室的理论学习。

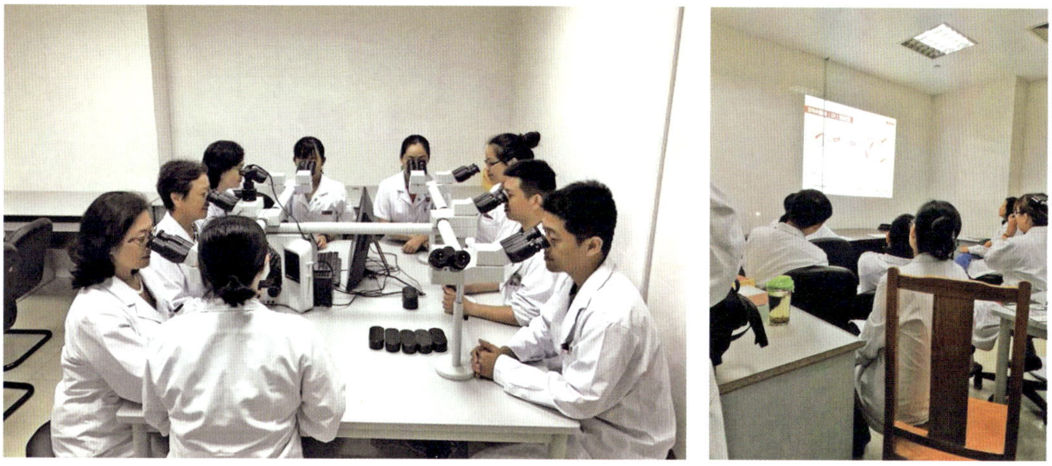

图 3－10－6　2015 年东西两部病理科业务学习

五、科研成果

【课题】

自 1979 年建科以来，一直参与协助各临床科室开展科研工作。截至 2015 年，提交了 2 项国家自然科学基金申请书和 1 项卫生局基金申请书。2015 年启动了肝癌诊断标记物相关的临床病理研究和浆液性乳腺炎免疫微环境的临床病理研究项目。

【论文】

2006—2015 年，发表论文 15 篇，均为核心期刊。

六、学术活动

2015 年，邀请国内病理专家、外籍病理科技术主管来病理科讲课交流，邀请生物公司技术顾问介绍分子病理和免疫病理诊断的前沿内容。

第五节　内 镜 中 心

一、概况

原名胃镜室，成立于20世纪70年代末80年代初，当时隶属于肿瘤科，主要诊疗肿瘤科患者，无专职医护人员，由肿瘤科和内科医师轮流进行操作。到1982年，胃镜室向全院开放，每周开设胃镜检查2次。1986年，胃镜室设专职护士1人。1989年底，胃镜室设专职医师1人，并从肿瘤科剥离，胃镜室成为独立科室。1990年，随着电子内镜逐渐替代了纤维内镜，胃镜室改名为内镜室。1992年，增加2名医护人员，由吕秀仙医师任科主管。2004年12月，医院东部落成开张，在东部设

图3-10-7　2015年东西两部内镜科格局(左为西部内镜中心，右为东部内镜中心)

图3-10-8　内镜中心部分医护人员合影(中间为主任岑戎)

立内镜室，拥有工作室 3 间、清洗室 1 间、复苏室 1 间，独立分诊室、镜房，总占地面积 435 平方米。2005 年 1 月 4 日，东院内镜室诊治第 1 例患者。2005 年底，从华东医院引进岑戎医师，从事胃肠镜诊疗工作。2006 年 3 月，刘伟林医师调回内镜室开展胰胆管造影工作。2006 年，内镜室更名为内镜科，同年 5 月，任命岑戎为内镜科主任。2010 年，西部内镜室由原来的门诊八楼搬至住院部三楼，并再次进行改造，面积扩大至 200 平方米，有 1 间分诊室、3 间检查室、1 间复苏室、1 间清洗室。2008—2015 年，相继招聘消化内科学专业及外科专业的硕士郭丽坤、吕婵、潘骥、杨姗莹医生。2013 年 10 月，潘亚敏医师加入内镜科，内镜科分为内镜一科（东）及内镜二科（西），潘亚敏和岑戎分别任内镜一科及内镜二科主任。

2015 年 3 月，内镜科联合胰胆外科成立内镜中心，同时任命岑戎、张晞文、潘亚敏为中心主任，共同管理科室。

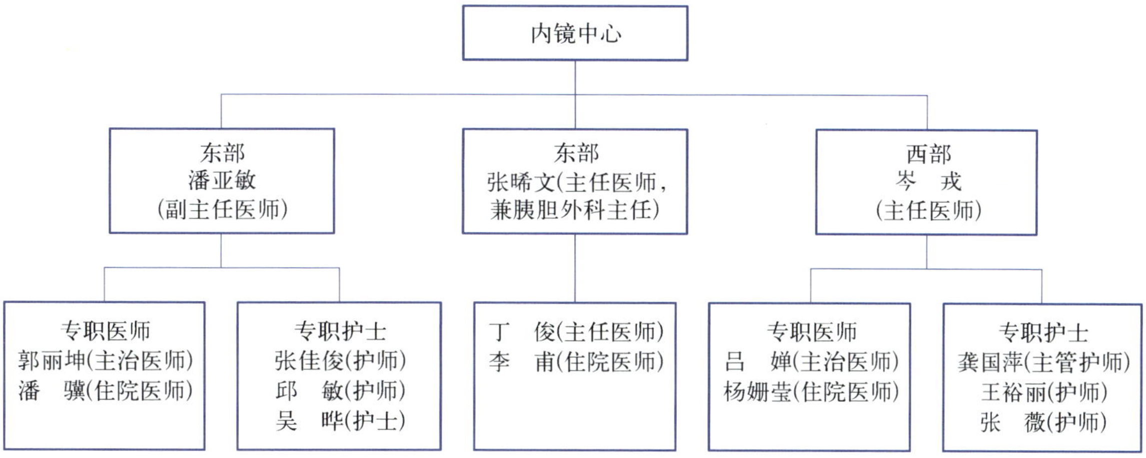

图 3-10-9 2015 年内镜中心人员构成图

表 3-10-20 1989—2015 年内镜中心历任负责人情况表

任职时间	职 务	姓 名
1989—2006 年	内镜室科主管	吕秀仙
2006—2013 年	内镜科主任	岑 戎
2013—2015 年	内镜一科主任	潘亚敏
2013—2015 年	内镜二科主任	岑 戎
2015 年—	内镜中心主任	张晞文
2015 年—	内镜中心主任兼内镜一科主任	潘亚敏
2015 年—	内镜中心主任兼内镜二科主任	岑 戎

二、医疗设备

2006 年以来，内镜设备不断更新，由普清内镜更新为高清内镜，并配备 PACS 系统图文工作站，高清内镜配有电子染色功能及放大功能，以提高早期肿瘤诊断率；同时增配 ERBE 氩气刀、二氧化氮送气装置、内镜附冲水装置，安装了全自动内镜清洗机及全灌流、全浸泡的内镜清洗系统，保障了诊疗安全。目前内镜检查治疗附件均为一次性使用器械，达到灭菌消毒要求，提供安全、有效的诊疗。

表 3－10－21　2015 年内镜中心设备情况表

设备名称		型号	数量/台	编号				
PENTAX	胃镜	EG－2770K	2	A120572	A120854			
PENTAX	胃镜	EG－2970K	2	A121643	A121644			
PENTAX	胃镜	EG－2790K	2	A120382	A120467			
PENTAX	胃镜	EG－2990i	4	A114427 A117975	A114428 A117847	A112664	A112768	
PENTAX	胃镜	EG－2930K	1	E123611				
OLYMPUS	胃镜	GIF－HQ290	3	2513048	2513050	2513005		
OLYMPUS	胃镜	GIF－XQ240	1	2336677				
OLYMPUS	胃镜	GIF－XQ260	1	2623364				
PENTAX	肠镜	EC－3870FK	3	A120341	A120580	A120581		
PENTAX	肠镜	EC－3840FK	1	E120408				
PENTAX	肠镜	EC－3890Fi	5	A110648 A111253	A110689	A110384	A110926	A110396
PENTAX	肠镜	EC－38－i10F	2	A110326	A110217			
PENTAX	肠镜	EC－38－i10M	1	A110318				
PENTAX	肠镜	EC－3830FK	1	E121327				
OLYMPUS	肠镜	CF－H290L	1	2500236				
OLYMPUS	肠镜	CF－HQ290I	1	2501989				
OLYMPUS	肠镜	CF－Q260AI	1	2612493				
PENTAX	十二指肠镜	ED－3430K	1	E120311				
PENTAX	十二指肠镜	ED－3470TK	1	A120327				
PENTAX	主机	EPK－1000	1	EBO11312	ECO12824			
PENTAX	主机	EPK－i	2	EF012022	EE011140			
OLYMPUS	主机	CL－290SL	1	7514608				
OLYMPUS	主机	CLV－U40	1	7331867				
PENTAX	高频电	CGI－400	1	IP5060AK				
OLYMPUS	高频电	UES－2	1	—				
REBE	氩气刀	VIO200D	1	11319031	1319973			
OLYMPUS	超声内镜	MAJ－935	1	1402817				

三、业务技术

初成立时主要开展胃镜检查。1984 年，开展肠镜、胰胆管造影等常规检查。之后又逐渐开展急诊胃肠镜检查和止血、术中胃肠镜病灶定位、胃肠道息肉摘除、取异物、十二指肠乳头切开取石、鼻胆管引流术、胰胆管支架放置等。2003 年，内镜室和麻醉科合作，开展无痛内镜检查。

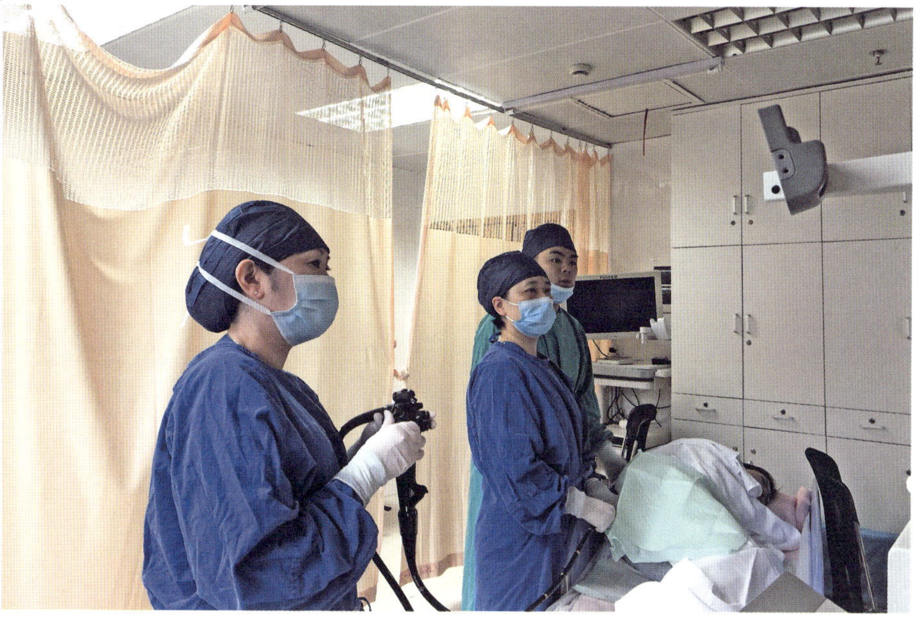

图 3－10－10 开展 ESD 诊疗技术

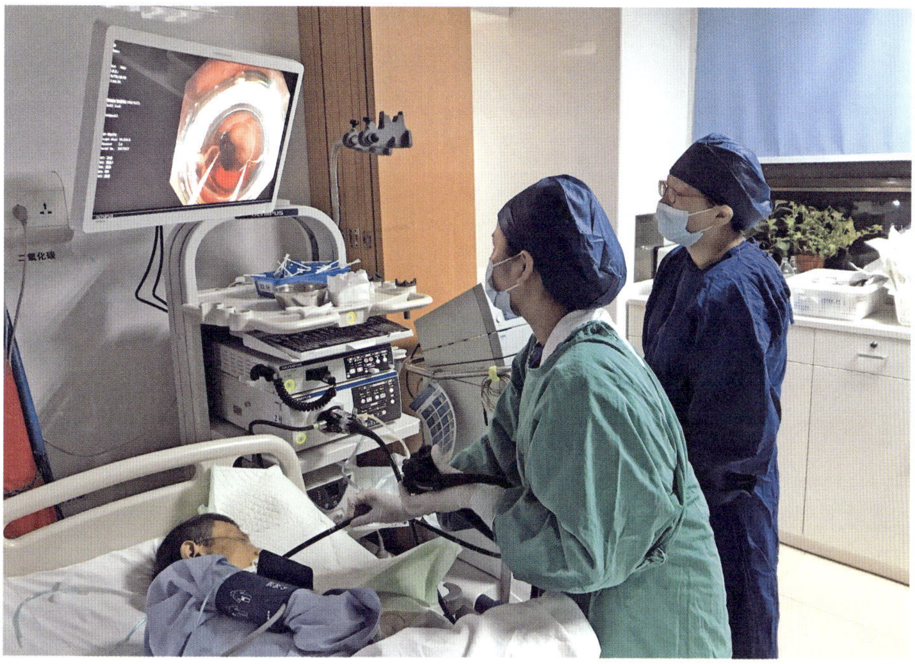

图 3－10－11 开展静脉曲张破裂出血内镜下紧急止血技术

2015年，内镜中心成立后全面开展胃镜、肠镜、胆道镜、超声内镜及胆道子镜、胆管内超声内镜等消化道内镜诊治技术，逐步形成以“消化疾病内镜诊治和肝胆、胰良恶性疾病内镜微创诊治”为主的学科特色。胃肠道早期肿瘤诊治、门脉高压食管胃静脉曲张内镜下治疗和胆、胰疾病的ERCP诊疗技术是内镜中心主攻方向和专业特色，开展消化道肿瘤内镜早期诊断和微创治疗，包括内镜下黏膜切除术（EMR）、内镜下黏膜剥离术（ESD）、内镜下食道胃静脉曲张序贯治疗术（静脉套扎，硬化剂及组织胶注射），同时开展肝、胆管结石，肝胆管良、恶性狭窄，肝移植术后胆道并发症，胆漏，急、慢性胰腺炎等肝胆、胰腺良恶性疾病进行内镜下微创治疗。2015年，内镜中心主要开展的业务：胃镜、肠镜、胰胆管造影等常规检查；无痛内镜检查；胃肠镜精查；胃肠道息肉摘除；内镜黏膜切除术、剥离术；胃肠道狭窄扩张、支架置入；贲门失弛缓症内镜下临时支架放置；食管、胃底静脉曲张内镜下治疗；急诊胃、肠镜检查；术中胃、肠镜病灶定位；胃镜下胃造瘘术；消化道异物取出术；内镜下逆行胰胆管造影术；内镜下十二指肠乳头括约肌切开术；内镜下乳头括约肌扩张术；内镜下鼻胆管、鼻胰管引流术；内镜下胆管、胰管支架置入术。

表3-10-22　2005—2015年东、西两部胃肠镜诊治工作量汇总表　　单位：例

年　份	东胃镜	东肠镜	东总数	西胃镜	西肠镜	西总数	两院总数
2005	688	211	899	1 711	843	2 554	3 453
2006	1 475	504	1 979	1 752	925	2 677	4 656
2007	2 276	789	3 065	1 784	1 119	2 903	5 968
2008	2 991	1 235	4 226	2 019	1 526	3 545	7 771
2009	3 394	1 557	4 951	2 038	1 838	3 873	8 827
2010	3 972	1 845	5 817	2 224	2 266	4 490	10 307
2011	5 004	2 390	7 394	2 714	2 673	5 387	12 781
2012	6 547	3 312	9 859	3 458	3 650	7 108	16 967
2013	5 448	4 070	9 518	3 516	4 531	8 047	17 565
2014	6 699	4 294	10 993	3 870	4 811	8 681	19 674
2015	8 215	5 203	13 418	3 936	4 763	8 699	22 117

说明：胃肠镜包括普通检查及内镜下治疗。

四、教学工作

吕秀仙从事专职内镜工作十余年，带教数十位进修人员，2013—2014年，被评为上海市卫生计生系统“三八红旗手”。2015年，吕秀仙被评为医院“优秀科主任”，培养郭丽坤、吕婵、潘骥、杨姗莹等一批内镜科骨干。2015年，内镜中心成立，形成消化系统多学科综合性诊疗平台，在岑戎、张晞文、潘亚敏3位主任带领下，中心充分发挥消化内镜诊疗优势特色，运用一系列的内镜新技术、新方法，使学科间资源共享；整合多学科知识，坚持走中西医结合开放联合之路；促进学科之间相互交叉渗透和快速发展，推动科研和临床工作。与肛肠科、脾胃科、胃肠外科、胰胆外科等科室进行积极合作，通过集中短期的“手把手”带教进行内镜规范化培训，同时参与脾胃科及肝病科等相关科室的规范化培训及带教工作。

五、科研成果

【课题】

2006—2015 年，内镜中心共承担各级各类项目 5 项。

【著作与论文】

2006—2015 年，内镜中心共发表论文 17 篇，其中 3 篇 SCI 论文，总影响因子 12.57。编撰专著 1 部。

六、学术活动与任职

【学术活动】

2014 年 8 月，内镜一科成功举办上海市继续医学教育项目“上海中西医结合消化内镜研讨会暨第一届曙光消化内镜论坛”，先后邀请日本、中国香港等国内外知名消化病专家到会，与会者 300 余人共同研讨消化道及胆胰内镜领域的最新研究进展。

2015 年 12 月，内镜中心承办第二届曙光消化内镜论坛暨上海市中西医结合消化内镜学组青年学组消化疑难病例讨论大奖赛，获得圆满成功。

2015 年 12 月，内镜二科成功举办了第一届曙光内镜多学科合作论坛，围绕“多学科合作”这一核心理念展开热烈讨论，开拓医疗新领域，提升学科的诊疗能力和学术水平，达到医教研健康管理的真正融合。

【任职】

岑戎，上海中西医结合学会消化内镜分会副主委、中国中西医结合学会消化内镜分会委员、上海市内镜质控中心专家组成员、上海市医学会消化内镜专科分会第七届委员会大肠病专业学组成

图 3-10-12　2015 年，首届内镜多学科合作论坛专家合影（左一起依次为内镜中心主任岑戎、医务处长冯煜、放射科主任詹松华、西外科主任黄建平、院长周华、上海中医药大学校长徐建光、曙光医院党委书记马俊坚，右一起依次为超声科主任何峥、肝病科主任高月求、消化科主任林江）

员、上海市医学会食管与胃静脉曲张治疗专科分会第七届委员会内镜微创治疗专业组成员、中国中西医结合学会消化专业委员会第一届内镜与肿瘤专家协作委员会委员。

第六节　营 养 科

一、概况

营养科于1992年正式建立，在行政楼3楼职工食堂内设办公室。2004年12月，随着东部的开张，营养科搬到东部住院部6楼职工食堂。营养科承担着东、西两部全部住院患者的就餐。西部病房650张床（含特需30张，急诊40张）；东部720张床（含特需120张）。建立初期，营养科有3名初级营养师。2015年，有7名中级营养师。

表3-10-23　1992—2015年营养科历任负责人情况表

任职时间	职　务	姓　名
1992—2002年	营养科主管	陈　伟
2002—2004年	营养科主管	钱黎清
2004—2015年	营养科主管	朱建宇

表3-10-24　1992—2005年营养科成员职称情况统计表

时　间	中　级	初　级
1992年12月	0	3
1997年12月	0	4
2001年12月	1	3
2005年12月	1	5
2006年12月	1	6
2007年12月	2	5
2009年12月	3	4
2012年12月	4	3
2014年12月	6	1
2015年12月	7	0

二、业务发展

【业务创新】

营养科建立初期主要为患者提供流质、半流质、软食、普食四大基本膳食。其中，普食、软食可三菜选一，一周不重样。之后，随着糖尿病、高血压、高血脂等与营养相关慢性病的增加，营养科又新增了低糖、低脂、低盐、低蛋白、低嘌呤等治疗饮食，协助临床，辅助治疗各种营养相关疾病。此后，为满足广大患者的不同口味，营养科在普食、软食三菜选一的基础上，两周不重样，又增加了半流、低糖、低脂饮食的二菜选一，一周不重样。1997 年，随着上海市营养质控中心的成立，营养科的工作重心也发生变化。营养科制定基本饮食和饮食治疗的菜谱；设计菜谱进行营养分析使其符合营养标准；对糖尿病、慢性肾功能不全等重点住院患者进行营养宣教，帮助其通过饮食治疗达到早日康复的目的。在此基础上针对部分特殊患者建立病例档案，进行个体化膳食管理，根据病情随时调整食谱，进行食谱分析。2000 年，开展肠内营养，打破常规经口饮食，通过插入鼻管，导入营养液，以帮助难以经口饮食的昏迷患者维持基本的营养需求。2004 年，营养科购入了营养分析软件，使营养师从烦琐的手工计算食物成分解放出来，由计算机自动计算分析食物成分。2010 年，营养科协同信息科开发饮食医嘱软件，实现病房饮食医嘱电子化，使病房医嘱变更与营养科同步，减少医嘱下送、登记等中间环节，减少差错的发生，减轻营养科、病房护士、出院处、物业外勤等岗位的工作量。2015 年，营养新增称重糖尿病饮食，对糖尿病患者采用个体化的饮食方案，无论是主食，还是蔬菜、荤菜等都精确到克，更好地帮助糖尿病患者控制血糖。

【开设门诊】

2015 年，营养科与内分泌科合作在东部开设营养门诊，为糖尿病、肥胖、甲状腺疾病、孕妇等患者提供营养咨询。

表 3-10-25 2008—2015 年营养科工作量统计表

年 份	治疗膳食人数/万人	管饲病例数/人	营养病史记录/份
2008	14.75	513	483
2009	14.96	1 282	512
2010	14.05	471	563
2011	10.6	768	615
2012	11.9	277	537
2013	10.3	341	592
2014	10.3	1 389	635
2015	14.5	3 137	952

三、教学工作

2004 年 9 月，营养科开始承担职工医学院营养系学生实习带教工作。2006 年，营养科又承担来自中医药大学营养系专科生的带教实习任务，每年有 4 位学生来科室毕业实习，每人次实习时间为 6 个月。此外，科室每年为应届毕业生上课，介绍营养科的管理工作、营养师的工作范畴及住院患者各类饮食的适应证、烹调方式等。

四、科研成果

2015 年，营养科与内分泌科合作承担课题 1 项。

图 3-10-13　2003 年，营养师与食堂厨师、厨工等合影

第七节　心电图室

一、概况

1961 年，心电图室设在西医内科。1967 年 4 月—1982 年 4 月，除心电图检查外，同时进行超声波、脑电图检查。1982 年，成为独立科室。1991—2015 年，归属心血管研究Ⅰ室（1995 年，改称心血管研究室）。2006 年，东西两部都设有心电图室，属心血管科下的二级科室。2015 年 12 月，有副主任医师 1 人，主治医师 2 人，住院医师 1 人，主管技师 1 人，技师 1 人。

表 3-10-26　1982—2015 年心电图室历任负责人情况表

任职时间	主任	任职时间	副主任
1982—1984 年	吴志清（负责人）	1984—1989 年	吴志清
1989—1994 年	吴志清	2002—2010 年	王肖龙
1995 年—2001 年 4 月	胡婉英		
2001 年 4 月—2010 年 4 月	蒋梅先		
2010 年 4 月—	王肖龙		

图 3-10-14 1988 年,心电图室部分医师合影(第一排中间为主任吴志青)

二、医疗业务

1994—2001 年,心电图检查为 2 万例次,之后每年业务量不断增长。2001 年,发展到 4 万例次左右,包括普通或电脑心电图、特殊心电图等检查。室负责人即心血管研究室Ⅰ室主任胡婉英,为全国《心电图杂志》编委,著有一系列有关心电图论文发表于各级杂志,并首创国内心电踏车运动试验。

2002—2006 年,每年完成 5 万例次左右心电图检查,包括普通或电脑心电图、24 小时动态心电图、24 小时动态血压监测、运动平板试验等检查。2004 年,科室承担东部体检中心全部参检人员的心电图检测工作,并开展气体再呼吸法检测心肺功能及储备功能,用于指导心脏康复及冠心病、心衰患者的诊疗工作,对全院开放,可广泛应用于呼吸科、手术科室及重症监护室患者的心肺功能评估。2015 年,完成 6.3 万例左右心电图检查,包括普通或电脑多导联心电图、特殊心电图。每年完成动态心电图监测 8 000 例,动态血压监测 3 000 例。

三、网络检测系统

2001 年,开设电脑多导联心电系统,包括测量心脏电位变化,反映心肌电生理特性,用于诊断或协助诊断各种心律失常、心房心室增大、心肌或心包疾病,以及某些电解质紊乱等病变。2014 年,心电网络系统建立。2014 年 2 月,东部心电图室使用数创心电网络建立;3 月,西部心电图室使用数创心电网络、西部 9 楼 CCU 使用数创心电采集系统建立,由心电图室负责远程诊断;4 月,东部综合楼 4 楼 A 区 CCU 采用无线心电采集系统成立,由心电图室负责远程诊断;12 月 GCP 的 MOTARA 心电图仪接入心电网络系统,由心电图室远程诊断。2015 年 4 月,东部移动心电采集发放到病区,病区进行采集,由心电图室负责远程诊断。

四、设备

20世纪60年代初，建室时拥有2台心电图机，分别为上海医电厂和德国西门子公司产品（于70年代报废）。1991年，拥有3台上海医电厂生产的心电图机，基建后增加1台进口电脑心电图记录仪。1994年，有5台心电图机、1台24小时动态电图记录仪、1台多导生理心功能记录仪、1台多普勒超声心功能仪。2001年，有5台心电图机、1台24小时动态电图记录仪、1台多导联心功能记录仪、1台多普勒超声心功能仪、1台平板运动试验仪。2005年，有4台心电图机、3个心电工作站、3台24小时动态电图记录分析仪、1台多普勒超声心功能仪、1台平板运动试验仪。2015年，有电脑网络心电系统4套（东院2套、西院2套），系统包括电脑主机、显示器、打印机、心电采集盒及配套导联线、Pad心电采集及配套导联线；动态心电图仪36台（东部23台、西部13台），其中动态血压仪10台（东部3台、西部7台）；运动平板试验仪2台（东部1台、西部1台）。

五、教学工作

1982—2005年，每年担任院内外进修生、实习生、见习生、研究生、博士生、留学生、执业医师考核，本院轮转医师的心电图技术的培训和带教。2006—2015年，每年完成博士生、硕士、本科、住院医师、规培医师轮转带教的任务，带教人数每年200人次。在院内以及省市级各项考核中，实习轮转人员均达到100%的通过率。

六、科研成果

2013年，撰写论著1本。2005年，发表论文1篇。

第八节　核医学科

一、概况

2015年初，医院决定筹建核医学科，并于7月1日正式宣布成立核医学科，同时，引进上海交通大学医学院附属仁济医院核医学科主任陈涛担任科室主任，筹建工作进入实施阶段。此后相继招聘核医学医师、技师各1人。截至2015年12月，核医学科共有员工3人，包括主任医师1人、医师1人、技师1人。核医学科设在东院门急诊综合楼A区地下1层，占地面积约1 100平方米，拥有SPECT/CT机房1间，PET/CT机房1间，问诊室1间，放射药品注射室1间，I^{131}功能测定室

表3-10-27　2015年核医学科负责人情况表

任职时间	职务	姓名
2015年7月—	主任	陈涛

1 间，专用患者候诊室及 VIP 候诊室各 1 间，读片室 1 间，会议室 1 间，医生办公室 1 间，主任医生办公室 1 间，男女更衣室各 1 间，实验室 2 间，测定室 1 间，库房 1 间。

二、医疗设备

2015 年，核医学科配合医院医学装备部向上海申康公司以及上海市卫生计生委提交关于“曙光医院配置 PET/CT 及 SPECT/CT 的申请报告”，配备一台联影 PET－CT uMI7801。

三、业务技术

2015 年，核医学科开展 SPECT－CT 各项检查如全身骨显像、甲状腺及甲状旁腺显像、肾脏 GFR 和 ERPF 动态显像、肝胆动态显像、心肌血流显像及心室功能测定、脑血流显像等 SPECT/CT 显像内容，以及全身肿瘤葡萄糖代谢显像、脑功能葡萄糖代谢的 PET/CT 显像内容，和吸 I^{131} 功能测定及甲状腺功能亢进的放射性核素治疗等核医学诊疗工作。

第九节　肿 瘤 介 入 科

一、概况

肿瘤介入科成立于 2012 年 3 月，主要从事肿瘤的血管和非血管介入治疗，有病床 9 张。2012 年 9 月—2015 年 9 月，武清任主任。2015 年 9 月，医院决定撤销肿瘤介入科，成立介入科，并与肿瘤科合并。

二、业务发展

2012—2015 年，科室运用国内外最先进的多样化肿瘤介入治疗技术手段，根据肿瘤患者不同情况量身定制个体化的治疗方案，以确保疗效和安全。2015 年，拥有包括 CRYOCARE 冷冻手术系统、水冷微波治疗仪、高频体外热疗仪、DJL－030 激光消融系统、飞利浦数字减影血管造影 X 线机(DSA)等设备。科室在武清主任的带领下，率先在上海中医药大学系统内开展肿瘤血管介入栓塞化疗(TACE)、经皮胆道穿刺置管引流(PTCD)，胆道支架、食管支架植入、无水酒精肿瘤内注射消融等肿瘤新技术治疗，尤其擅长对肺癌、肝癌、前列腺癌、肾上腺肿瘤、盆腔肿瘤及软组织肿瘤微创消融 I^{125} 粒子植入组织间内放疗等治疗方法。为不同的肿瘤患者量身定制个体化治疗方案，如血管介入＋微创消融＋中药，微创消融＋全身化疗＋分子靶向药物＋全身热疗，微创消融＋放射性 I^{125} 粒子植入组织内放疗＋免疫、生物疗法；放射性 I^{125} 粒子植入组织内放疗＋全身化疗或中药。根据病情不同变化，酌情调整治疗方案，取得了较以往单一治疗手段更显著的疗效，提高了患者的生活质量，延长生存期。每年出院患者 400 余人次，开展各类手术 100 余台。

三、教学工作

2012—2015 年，承担规培生的带教工作，每年接收进修生 1 人次。2014 年 1—9 月，派医生赴复旦大学附属中山医院介入科进修。

四、论文

2012—2015 年，共发表介入治疗方面论文 2 篇，其中 SCI 论文 1 篇。

第十节　高压氧科

一、概况

1996 年，筹建高压氧舱，同时，派 1 名医师、1 名护士前往海员医院高压氧舱进修半年。1997 年 5 月，高压氧舱投入使用，有副主任医师 1 人、主管护士 1 人、护士 1 人、技师 2 人。2006 年，有副主任医师 1 人，主治医师 1 人，护士 2 人，技术人员 1 人。2007 年 1 月，东部投入使用，诊室面积东部 250 平方米，包括候诊室、氧舱大厅、高压氧控制室、机房、清洁消毒室、医师办公室；西部 100 平方米，包括氧舱大厅（含操舱台）候诊室、机房。

表 3-10-28　1997—2015 年高压氧科历任负责人情况表

任职时间	主　任	任职时间	副主任
1997 年 5 月—2000 年 3 月	施春眉（负责人）	2006 年—2010 年 4 月	施春眉
2000 年 4 月—2005 年	施春眉（主管）		
2010 年 5 月—	施春眉		

二、业务发展

1997 年 5 月—2001 年 12 月，开展治疗的病种有一氧化碳及迟发性脑病、脑梗死及脑出血后遗症、多发性梗化症、脊髓损伤、周围性面神经麻痹、进行性肌营养不良症、偏头痛、耳性眩晕、植皮及断指再植术后、慢性皮肤溃疡、无菌性耳聋等。

表 3-10-29　1997—2005 年高压氧舱治疗患者数情况表

年　份	治疗人数/人次	年　份	治疗人数/人次
1997	1 675	2002	3 838
1998	7 647	2003	4 645
1999	4 973	2004	4 625
2000	4 223	2005	4 663
2001	4 126		

2007 年 1 月，东部新建高压氧舱并投入使用，氧舱在治疗缺血缺氧性疾病中有独特疗效。2006—2015 年，治疗以脑血管疾病（脑出血恢复期、脑梗死）、颅脑外伤恢复期、突发性耳聋、神经性

耳鸣等常见病为主，并开展对神经性耳鸣、耳聋结合针灸治疗的研究。每日治疗人次：东部 20 人次，西部 12 人次。

三、医疗设备

1996 年下半年，购置由上海 701 所杨园高压氧舱有限公司制造、安装的 SHC－2200－6－8 型医用高压氧舱一套，1997 年 5 月，投入临床治疗使用。2007 年 1 月，购置山东烟台宏远氧舱厂建造的氧舱一套并投入使用。

四、教学工作

1997 年，高压氧舱投入使用后，对全院医师及护士开展“高压氧的临床应用”课程，并赴外院授课。1999 年，担任上海市医用高压氧专业岗位培训临床带教工作，1997—2015 年，接受上海本市和外省市的专业人员临床指导及操作达 220 人次。2011—2013 年，接收外院及外省市 3 名进修人员。

五、学术活动

2006—2015 年，每年参加全国或全市高压氧医学学术会议，有 3 次在学术会议上进行论文交流。

六、著作

2006—2015 年，共参与编撰论著 2 部。

图 3－10－15　1997 年 5 月，高压氧科成立时工作人员合影(第二排中间为负责人施春眉)

第十一节　麻 醉 科

一、概况

四明医院、上海市立第十人民医院时期以及20世纪60年代初建院时期，麻醉工作均由手术室护士中相对固定的部分人员承担，最初仅2人从事麻醉工作。其后，随着手术项目的扩展，才分期分批调入医生及护士专职从事麻醉工作，在成立麻醉科之前一直由外科统一管理。1978年3月，麻醉科正式成立，有12位医师，其中主任医师2人、主治医师3人（含主管麻醉师1人）、住院医师7人（含麻醉师3人）。2015年，拥有工作人员36人，其中主任医师2人、副主任医师4人、主治医师14人、住院医师9人、麻醉护士7人。全科共有硕士15人，博士1人。

四明医院、上海市立第十人民医院时期有3间手术室。1966年，扩充至5间。1991年，医院改扩建后，有8间手术室。2005年，东部启用，又增加10间手术室。2015年，东西两部手术室共计18间，且均为层流手术室。另外，东部麻醉后复苏室4张床、西部麻醉后复苏室2张床。

表3-10-30　1978—2015年麻醉科历任负责人情况表

任职时间	主　任	任职时间	副主任
1978—1983年	张光正	1978—1992年	丁国铮
1992—1999年	龚开泰	1981—1989年	陈剑飞
2000年—	傅国强	2005年—	袁　岚
		2014年—	宋建钢

二、业务发展

四明医院、上海市立第十人民医院时期，麻醉方法以乙醚开放吸入麻醉和腰麻为主。20世纪50年代末起，逐渐开展硬膜外间隙神经阻滞麻醉、颈丛阻滞麻醉、臂丛阻滞麻醉、静脉全身麻醉、吸入全身麻醉等。

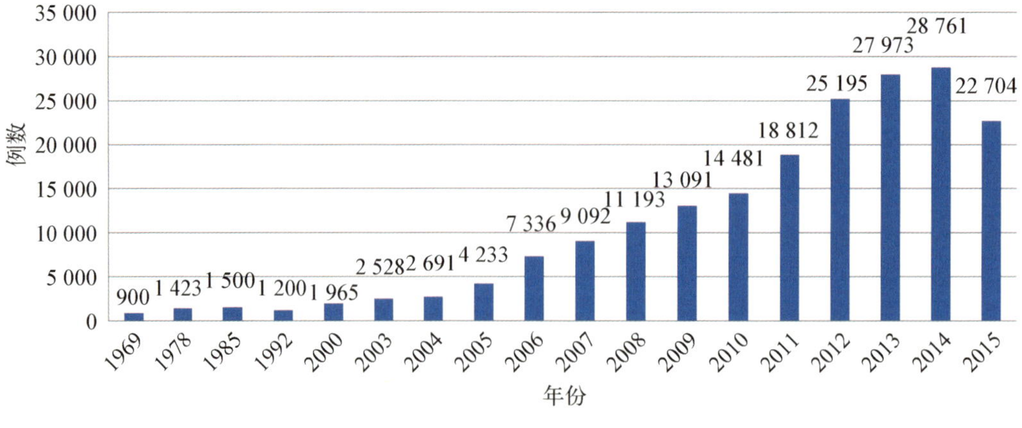

图3-10-16　1969—2015年麻醉科工作量统计汇总

1964年，由针灸、外科、麻醉科医师组成针刺麻醉组，进行首例针刺麻醉下行胃大部切除术，并取得成功，随后对多种手术病种进行了针刺麻醉的探索。20世纪70年代初，针刺麻醉广泛应用于各科手术，如普外科（甲状腺切除术、阑尾切除术、疝结扎修补术）、妇产科（输卵管结扎术）、伤骨科（髓核摘除术）等。其中，继续以胃大部切除手术为重点进行提高针刺麻醉效果的研究。1973年，共进行了700余例该项手术，成功率达90%以上；而且针刺麻醉率达全院总手术数的41.47%。

1978年3月，麻醉科正式成立，麻醉工作内容逐渐扩展到普外科、胸外科、脑外科、骨伤科、泌尿科、妇产科、五官科、眼科等科室的手术。20世纪七八十年代，麻醉科进行中药麻醉的探索，多个科室的手术采用了中药麻醉，使中药麻醉率达5.09%，并且使用中药制剂进行催醒，达到了一定的效果。

20世纪80年代，在上海市气功研究所的协助下，进行了气功麻醉下实施甲状腺切除术及胃大部切除术，获得成功，共进行了10余例该项麻醉。

1989年起，由于Datex多功能生理监护仪、Ohmeda麻醉机等新型设备的引入使用，麻醉监测和管理水平得到发展，提高了安全性，也减轻麻醉医师的工作负担。此后，吸入麻醉剂安氟醚、异氟醚、氧化亚氮，静脉麻醉药依托咪酯以及新的肌肉松弛药泮库溴铵、苯磺阿曲库铵得以在临床广泛应用，进一步丰富和完善静吸复合麻醉的内容。同期开展的新项目有腹腔镜手术麻醉，各种有创、无创血流动力学监测，肌松监测等。

2000年起，麻醉科业务范围和水平再上新台阶，承担全院心胸外科、脑外科、普外科、肝胆外科、乳腺外科、泌尿外科、小儿科、骨科、妇科、耳鼻咽喉科、眼科、门诊诊断性检查的临床麻醉工作，特别是心脏、肝脏手术的开展，使麻醉科的业务水平有了大幅提升。这阶段开展的新项目有各种有创/无创血流动力学监测、肌松监测、双腔支气管插管术、纤维支气管镜插管术、各种喉罩的使用、神经刺激仪的使用、术中血液保护技术、控制性降压技术、低温技术、麻醉后复苏室的使用、门诊无痛胃肠镜检查、无痛人流、无痛纤支镜检查等。

2006年，开展针药复合麻醉下体外循环行心内直视手术。2006年8月15日，在麻醉科、针灸科、胸外科的共同配合下，医院成功开展首例针药复合麻醉下体外循环手术，为1例先天性肺动脉狭窄患者实施了肺动脉切开术，央视十套《走进科学》栏目全程录制，名为《救命银针》。2006—2008年，针药复合麻醉下实施体外循环行心内直视手术（包括房缺、室缺修补术，换瓣术，肺动脉切开术）数十例。其中1例在针药复合麻醉下实施体外循环行二尖瓣置换术在德国电视二台全程录像下完成，并在德国播放。2008年，上海中医药大学校长陈凯先赴法国学术访问时播放了该手术录像，在当地引起了轰动。随后，很多科室的手术也采用了针药复合麻醉，例如，普外科的甲状腺次全切除术、腹腔镜胆囊切除术、脑外科脑膜瘤切除手术、乳腺外科乳房象限切除术、耳鼻咽喉科的鼻内镜手术等。2006—2015年，共实施针药复合麻醉1 000余例。

2015年，开展心胸外科、神经外科、脊柱外科、肝胆外科等复杂手术的麻醉，以及高龄、超高龄患者的手术麻醉，各种急危重症患者的麻醉。在手术麻醉中能熟练运用各种监测技术、血液保护技术、控制性降压技术、低温技术、体外循环技术、单肺隔离技术、脏器保护技术以及各种困难气管处理技术。

三、医疗设备

麻醉科设备方面，建院初期，只有简单的听诊器、血压计、103麻醉机等。随着业务范围和业务量的扩大，不断引进新型设备。

2015年，每间手术室配备先进的麻醉机和各种监测设备，并使用麻醉临床信息采集系统实现麻醉记录无纸化。主要设备有多个品牌型号的麻醉工作站、麻醉机、呼吸机、多功能监护仪，麦迪斯顿 Docare 麻醉临床信息系统，无创心输出量监测仪、自体血液回收机、纤维支气管镜、麻醉深度监测仪、肌松监测仪、神经刺激仪等。设备总价值超过 1 000 万元。

四、教学工作

20 世纪 70 年代开始，担任历届上海中医学院（现上海中医药大学）中医系硕士班学生、本科班学生及留学生班的西医外科学中麻醉学相关的教学任务。2015 年，有傅国强、宋建钢 2 名硕士生导师，共培养硕士研究生 7 人，研究方向均为针灸在围手术期的应用。

五、科研成果

【课题】

2006—2015 年，共获得国家自然科学基金 5 项（其中面上项目 1 项，青年项目 4 项），上海市自然科学基金 1 项，以及其他各级各类研究项目 5 项，总科研经费近 200 万元。

【专利】

2006—2015 年，共获得实用新型专利 17 项。

【论文】

2006—2015 年，共发表 SCI 论文、核心期刊论文 32 篇。

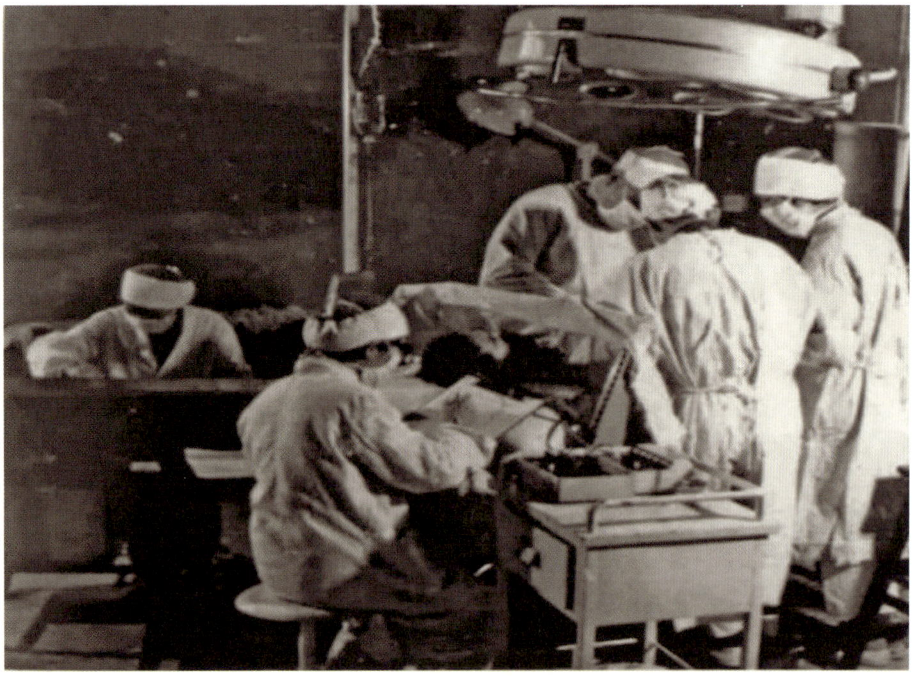

图 3-10-17　1964 年，开展针刺麻醉胃大部切除术

图 3-10-18 2006 年 1 月,麻醉科医生合影(第一排中间为主任傅国强)

第十一章　药 剂 科 室

第一节　药 剂 科

一、概况

四明医院在建立之初就有了中药室。1934 年，四明医院改组后成立药事委员会，共 9 人组成，专管医院之药事。20 世纪 40 年代，设立西药室。1985 年，设立中药研究室。至中药研究室成立，这 3 个科室分别承担医院中、西药物的调剂，中、西药医院制剂的配制和药物研究任务。

1986 年，成立药剂科，统一管理中药室、西药室及中药研究室工作，由药剂科正副主任分别兼任中药室、西药室、中药研究室主任。1993 年，制剂大楼落成后，中药研究室成为制剂中心（制剂室），开展中药与医院制剂研制、中西药制剂配制及药品检验工作，中、西药室则分别负责全院门急诊、病房的中西药调剂工作，保障药品的临床供应。1995 年，为更好地为临床提供药学信息、药物咨询等药学服务，成立临床药学科，由药剂科负责人兼任。2001 年，申报国家中医药管理局中药制剂实验室。2015 年，共有职工 171 人，中药药学人员占总数的 63%。

表 3-11-1　1986—2015 年药剂科历任负责人情况表

任职时间	主　任	任职时间	副主任
1986—1991 年	赵蕴青	1986—1990 年	周必才
1998—2000 年	吴志荣	1986—1991 年	王水林
2000—2013 年	徐德生	1986—1991 年	沈传钧
2013 年—	刘　力	1991—1996 年	徐德生
		1991—1996 年	袁来恩

二、业务发展

1986—2015 年，主要开展调剂、医院制剂的配制，临床药学服务、教学以及药物研究等多方面的工作，为医院医疗工作的正常开展提供坚实的药品保障工作。促进临床合理、安全、经济用药，加强医院药事管理，开展面向医师、护士、患者的合理用药服务。

三、教学工作

药剂科是上海中医药大学中药学博士和中药学、药剂学硕士授予点之一，有博士生导师 2 人。2006—2015 年，培养博士生 7 人，硕士生 16 人。2015 年，在读博士生 2 人，硕士生 6 人。药剂科也是中药学、中药药剂、中药制药、药学专业学生教学见习和毕业实习基地。2014 年，药剂科以国家临床药学(中医专业)重点专科建设为契机,成立了临床药学(中医专业)教研室,承担中药专业、护理专业以临床合理用药内容为主的本科和研究生教学。中药学科形成了包括本科教育、硕博士研究生培养、在职人员提高与进修以及医学继续教育等在内的完整的中药学和医院药学教育培训体系,具有理论与实践相结合的专业教学特色。

图 3-11-1 2015 年,药剂科工作人员合影(前排左四为主任刘立、左五原主任徐德生、右三中药房主任金培琪、左三为西药房主任朱琰)

2011 年,药剂科被遴选为国家中医药管理局"十二五"临床药学重点专科建设项目的培育单位,并担任全国临床药学协作组大组长(牵头单位);2013 年,被遴选为国家临床重点专科(中医专业)临床药学建设单位;2014 年,成为国家中医药优势特色教育培训基地(中药),同时也是上海市中药药事质控中心挂靠单位,上海中医药大学医管处药事管理学组组长单位。2006—2015 年,每年开办以"中药合理应用"为主题的全国继续教育学习班。

四、科研成果

1986—2015 年,先后获得国家自然科学基金、国家"十一五"重大新药创制、国家中医药管理局、上海市科委、上海市卫计委等专项基金资助,开展以中药为主的科学研究。2010—2015 年,连续获得上海市临床药事管理优秀单位。

第二节 制 剂 室

一、概况

制剂室的主要业务是承担全院临床需要而市场上没有供应的医院制剂(习称"自制制剂")的配制和中药新药的开发研制。1971 年前,西药制剂由西药房配制,中药制剂由草药组配制。因草药组后来又开展了中草药化学研究和药理研究，故又名中草药研究室。1979年，由中心实验室、药理药化组以及中草药组成立集医院制剂研制与生产为一体的中药研究室，又名制剂室。1986年，医院进行改扩建工程，作为全国3个剂改中心之一的制剂室，国家中管局中医急症中心的配套项目，医院投资近千万元（包括基础、设备）开始建造新的制剂大楼。1992年，一幢7层的制剂大楼竣工，1993年，投入使用，西药制剂从西药房并入，由制剂室统一配制。新制剂室当时所具备的硬件条件在全市处于最好水平。在多年使用过程中，随着《医疗机构制剂配制质量管理规范》的实施以及药监部门对制剂质量技术要求的不断提高，制剂室又按照《上海市医疗机构制剂室GPP达标实施细则》的要求，对制剂配制区域的布局进行多次改建，使之更符合医院制剂配制要求。2015年，制剂室建筑面积3 000平方米，洁净区总面积490平方米。

制剂室由制剂配制车间、药品检验室、中药制剂实验室和固体制剂个体化给药车间组成。制剂配制车间承担着医院自制制剂的配制任务，其中80%的制剂以中药制剂为主。药品检验室负责自制制剂的质量检验工作。中药制剂实验室下设剂型室、植化室和仪器分析室等，主要研究方向为医院制剂研制和中药新药研究，重点探索中药新制剂、新剂型和药效物质基础。固体制剂个体化给药车间有国际先进水平的固体制剂设备，可根据需要为患者提供“一人一方、一药一剂”的个体化特色服务。

2015年，制剂室在编人员21人，其中副主任药师3人、主管药师6人、药师（士）9人。药剂人员占总职工数的86%。在学历分布上，硕士2人，本科12人，大专4人（2015年，在读博士1人，在读硕士1人）。

表3-11-2　1971—2015年制剂室历任负责人情况表

任职时间	主　任	任职时间	副主任
1971—1979年	吴志荣	1979—1984年	沈传均（西药制剂）
1993—2006年	徐德生	1979—1991年	袁来恩（中药制剂）
2006—2013年	刘　力	1986—1987年	徐德生（中药研究）
		1993—2000年	曹妹芳
		2000—2006年	刘　力
		2013年—	李世芳

二、专业发展

制剂室是国家中医药管理局“全国中药制剂和剂型改革建设单位”。1996年，通过国家中医药管理局组织的专家验收，被正式确定为“全国中药制剂和剂型改革基地”。2001年，国家食品药品监督管理局对医院制剂室提出了新的要求，颁布《医疗机构制剂配制质量管理规范（GPP）（试行）》，要求制剂室必须通过GPP验收才能进行医院制剂的配制生产。医院开展硬件改建、软件完善、人员培训，通过了GPP整体验收，成为上海市医院系统中第一批通过GPP整体验收的制剂室。

药监部门要求《医疗机构制剂许可证》每五年要进行一次换证工作，2005、2010、2015年，制剂室均顺利完成换证工作。在GPP整体验收通过的同时，按照2005年颁布的《医疗机构制剂注册管理办法（试行）》，医院所有的制剂品种均需要每三年进行一次再注册。从2007年第一轮再注册开始，到2015年为止，已经完成3次制剂再注册。制剂实验室和质检室全体人员承担全部制剂品种的质量标准再提高的工作，根据每个制剂品种药味的君臣佐使，对其进行再研究，包括鉴别及含量测定等，并获得上海市科委和市卫生局专项经费资助，如上海市科委立项的“参蝎止痛胶囊等医院中药制剂的临床评价研究”、上海市卫生局项目“桑芩合剂的规范化研究”等。另外协助临床科室开展制剂临床回顾性再评价工作。

在制剂室成立之初，医院自制制剂以注射剂、片剂、中药合剂和中药外用制剂为主，剂型近10种，品种不满100种；2000年，制剂剂型增加到24种，品种近200种；后经历《医疗机构制剂配制质量管理规范》的验收、制剂质量标准再提高、制剂批准文号换发、制剂许可证换发、制剂临床再评价等重大事件，2015年，有中西药剂型18种，品种105种。

在制剂生产方面，2015年，拥有中药提取浓缩、中西药液体制剂和固体制剂等多种制剂设备，日提取中药饮片300～500公斤，可完成水提、醇提、浓缩、冷藏等多道工序，整个过程全部由自动程序控制。该室还拥有高效液相色谱仪、紫外可见分光光度计仪、高能球磨仪、膜堆超滤器等精密分析仪器。

2000年，为满足患者的特殊需求，体现中医“一人一方”的特色开展“个体化用药服务”。2010年8月，卫生部、国家中医药管理局和国家食品药品监督管理局联合下发的《关于加强医疗机构中药制剂管理的意见》，明确将“受患者委托，按医师处方(一人一方)应用中药传统工艺加工而成的制品”不纳入医疗机构中药制剂管理范围。据此，在上海市干保局的支持下，建立个体化固体制剂系统，增添快速搅拌混合制粒机、旋转压片机、胶囊灌装机和挤出滚圆机等多种国际先进制剂设备，可进行颗粒剂、片剂、胶囊和微丸的个体化固体制剂制备。2015年，制剂室设备总价值约为1 000万元。

表3-11-3　2015年制剂室主要设备情况表

设备名称	型　　号	数　量	单价/元
紫外分光光度计	UV-2450	1	83 370
自动旋光仪	WZZ-2B	1	9 300
电子分析天平	TG332A	1	7 800
电子分析天平	AUY220	1	6 430
电子分析天平	FA200413	1	6 790
多功能紫外透射仪	ZF-90	1	3 600
旋转式黏度计	MDJ-79	1	2 980
酸度计	PHS-3C	1	1 990
电泳仪	FD201	1	2 440
旋转蒸发器	RE-52	4	3 100
均质机	DJ-II	1	1 980
霉菌培养箱	MJ-150I	1	7 500
霉菌培养箱	IV	1	2 426
霉菌培养箱	MJ-160B	1	7 000

（续表）

设备名称	型号	数量	单价/元
高效液相色谱仪	HP－1100	1	329 890
高效液相色谱仪	LG－20AT	1	191 915
高效液相色谱仪	2 695	1	489 323
胶囊灌装机	labby	1	760 000
旋转压片机	xl100	1	2 074 000
湿法制粒机组	TMG&GSF100	1	1 506 000
挤出滚圆机	IPS5(E100/S250)	1	1 507 000
高速冷冻离心机	LEGERD MICRO21R	1	35 000
超声波清洗机	CQX－25	2	7 000
综合药品稳定性试验箱	SHH－SSD	1	43 000
超净工作台	SA－1480－2	1	9 500
超净工作台	GA－B90－1	1	7 350
电热鼓风干燥箱	DHG－9140A	2	3 300
电热鼓风干燥箱	DHG－9420A	1	3 300
片剂四用测定仪	78X－2	1	6 900
多效蒸馏水机	LD－500	1	120 730
电渗析器	JX－P400	1	16 216
中药提取程控装置	—	1	200 000
多功能提取罐	06－28、29	2	90 000
双效蒸发器	1000l	1	325 000
管式分离机	GQ－105	1	54 150
可倾式夹层锅	06YG1000－15	1	9 900
夹层锅	97YG900/05	1	8 200
振动筛	JHO－600－IS	1	9 900
真空干燥箱	—	1	39 500
摇摆式颗粒机	YK－160A	1	15 000
自动颗粒包装机	150	2	21 000
高速离心喷雾干燥机	GLP－3	1	78 000
粉碎机	DJ－10A	1	2 890
粉碎机	GF300AX	1	39 000
热风循环烘箱	GMP－I	2	30 000
半自动胶囊填充机	JTJ－V	1	81 600

（续表）

设备名称	型　号	数　量	单价/元
V 型混合机	DBKV	1	17 150
混合机	CH－200III	1	22 000
电子天平	JA1203	1	3 200
电子微量天平	1B－280	1	2 000
切参机	DQP－838B	1	3 800
压片机	ZP－19	1	41 000
药剂自动灌装机	PY－II	3	9 800
转盘式口服液灌装机	DGK－10ML	1	23 500
不锈钢压滤机	XASO	2	8 770
油膏搅拌机	PY－500	1	14 800
油膏搅拌机	PY－300	2	9 500
软膏分装机	FZ－20	1	13 320

表 3－11－4　2006—2015 年制剂收入统计表

年　份	制剂收入/万元	年　份	制剂收入/万元
2006	995	2011	1 881
2007	986	2012	2 077
2008	1 149	2013	1 977
2009	1 375	2014	2 158
2010	1 499	2015	2 191

三、教学工作

1993—2015 年，承担中药制剂的见习示教，学生包括七年制班、本科生班、大专班、药剂班及制剂班以及进修生等，每年大约有 20 人次。每年定期多次对科室职工进行专项的业务培训，制剂生产人员参加上海市、国家级以及国际级学习班和学术交流，赴药厂参观学习先进技术，带动科室业务发展。

四、科研成果

【课题与项目】

1993—2015 年，承担国家“八五”攻关项目、国家“863”课题、国家“十一五”新药重大创制专项、国家自然科学基金以及上海市科委等多项科研课题的研究。作为第一负责人承担市级以上中标课题 27 项，包括国家“十一五”新药重大创制专项“复方鹿角颗粒治疗慢性心衰的新药临床前研究”、国家自然科学基金面上项目“从调控 RAS 两轴平衡角度探讨鹿角方防治慢性心衰的分子机制与物质基础”、上海市进一步加快中医药事业发展三年行动计划“中药制剂室中药固体制剂个体化给药系统能力提升”等。已完成的研究项目 23 项。

自制制剂荆银合剂 在曙光医院应用已 30 多年，对治疗证属肺经风热，临床以发热、恶风、咽痛、咳嗽为主症的病毒性感冒等上呼吸道疾病安全有效，为医院治疗上呼吸道感染的常规用药。制剂室按照新药研究的有关要求，从 1993 年起，对合剂开展了剂型改革和新药研究。该新药的临床前研究和临床研究全部以医院为研究和实施主体。2009 年，完成新药临床试验，获得新药证书(国药准字 Z20090012)。医院是新药证书持有者之一。2010 年，荆银颗粒治疗病毒性感冒的新药研发获得上海市科技进步奖三等奖。

芪骨胶囊 由江南名家石氏伤科传人、上海市名中医石印玉教授拟方，临床治疗骨质疏松症安全有效，为医院制剂，“九五”立项为国家重大新药研究项目。学科承担其全部的药学研究工作。项目经转让后改名为“芪骨胶囊”，2009 年，获得国家食品和药品监督管理局的新药证书和生产批文(国药准字 Z20090656)。

怀珍养肝胶囊 20 世纪 90 年代中期，学科与中医伤科根据名医临床用药实践，共同进行这类药物的探索研究，并按照国家药监局《医疗机构制剂注册管理办法》的有关要求，进行新的医院中药制剂研究、申报和注册工作。研制的怀珍养肝胶囊具有养血润筋、通络止痛的作用，主治中医辨证为肝肾不足、筋脉瘀滞症的骨性关节炎，见肢体关节疼痛，痛有定处、活动不利等症；部分改变了中医使用解热镇痛药(西药)治疗骨关节痛的局面。怀珍养肝胶囊的医院制剂研究与注册历时 10 年，2011 年 1 月 4 日，取得制剂批准文号，是 2005 年国家实施《医疗机构制剂注册管理办法》以来上海市获批注册的第一个医院新制剂。

灵通颗粒 2013 年，新申报医院制剂灵通颗粒，用于治疗痛经和偏头痛，来源于经典古方和临

图 3－11－2　主任徐德生(左一)在做科研

床医生经验方的综合。2005年起进行研制，完成药学、药效、毒理的相关研究，已处于申请医院制剂进行临床研究阶段。

【著作与论文】

1995—2015年，作为主编发表著作5本，包括《国家执业药师资格考试应试指南：中药学综合知识与技能》《中药护理学》等。1995—2015年，共发表论文100余篇，包括发表在《药物开发与工业制药》(*Drug Development and Industrial Pharmacy*，影响因子2.101)上的"Preparation of co-spray dried cushioning agent containing stearic acid for protecting pellet coating when compressed"。

第三节　中　药　房

一、概况

四明医院建立伊始就设置了中药室，首任负责人为医药主任黄筱堂。1934年，医院改组后成立由9个人组成的药事委员会，专管医院之药事。

1953年，中药室房屋设施间陋，煎药在露天棚下进行，配方室仅有1间，面积不足30平方米，员工每天工作12小时左右，饮片配方、流浸膏配伍方均在1 000贴/日，煎药约60贴/日。饮片库房设在三层阁。1960年，医院更名为曙光医院后，中药室搬迁到门诊部，条件大为改善，有70平方米的饮片、中成药配方部，新增80平方米的中药饮片库房和有32只煤气灶的煎药室。根据临床用药需要，运用蜜炙、酒制、醋制、盐制等传统临方炮制工艺对中药饮片进行再加工，还配合临床生产了小批量的丸、散、膏、丹，如"安眠四丸""膜韧膏""硝矾片""海贝散"等。

20世纪60年代中期，因自制药品数量已不能满足临床需求，在西药室配合下，成立中草药小组，生产部分注射剂、片剂、冲剂及泛丸药等。但当时设备依然落后，仅有1台冲压片机，冲剂、泛丸药仍以手工操作为主。1970年，添置了烘箱，改善了生产条件。在配方方面，20世纪80年代初，在协助单位的配合下，中药室在全国首创数码脉冲电路中药配方机，降低人工配方压力。随着90年代初医院基建完成，1992年，中药配方室在原有的基础上得到扩大，增设了独立的门诊配方部，中成药配方与中药饮片配方分开，煎药设施由原来32只煤气灶增加到64只，药橱、药柜全部更新。患者候配药时间由原来的几小时甚至隔天取药，缩短到大多数为半小时取药。

1996年，中药室搬迁到新落成的11层门诊大楼，中药室的工作面积翻了几番。每年工作量平均按15%～20%递增，门诊收入每年平均在4 800万。中药室还在传统的配方模式下对新型剂型进行探索，引进了中药配方颗粒剂。煎药室添置了韩国煎药机7台，真空包装机3台，实行中药煎药的袋装化。

2005年，在东部开设中药房，中成药调剂室面积约120平方米，中草药调剂室面积约250平方米，库房面积约700平方米。门诊配方采用电子处方。中草药调剂改变传统的配方模式，采用定量的包装即小包装，校对采用条形码扫描技术，使饮片剂量准确，校对无误，环境清洁，劳动强度降低。2006年起，中药房下设中草药室、中成药室、煎药室以及药库。东西两部分别设置，统一管理。西部中药房面积约1 300平方米，东部中药房面积约1 170平方米。作为国家中医药管理局小包装中药饮片试点单位之一，2005年，东部实施了中药饮片小包装调剂，实行中药小包装饮片条形码管理和扫描复核技术，以及斗架排列数字化技术应用模式。2010年，西部中药室也采用了小包装饮片配方模式。2015 年，中成药和中药配方颗粒均使用智能发药机进行调剂。

1953 年，上海市立第十一人民医院中药室，当时工作人员 11 人，均为药工。1960 年，更名曙光医院后，中药室人员发展到 23 人，人员主要来自外面药店与社会知青。1970 年，中药室增加到 39 人，其中半数左右分别来自医院医训班、嘉定卫校及黄浦卫校的学生，既充实了中药室力量，又调整知识结构，改变学徒和药工为主的局面。1990 年，中药室共有 46 人，其中主管药师 6 人、中药师 19 人、中药士 20 人。1995—2001 年，陆续从医药专业学校毕业分配有 7 人。2002—2005 年，先后招收本科、大中专毕业的学生 33 人，中药室人员达 83 人，其中中药主管药师 10 人、中药师 25 人、中药士 39 人、药品会计 2 人。其中本科 4 人，大专 19 人，在职就读的本科 6 人，大专 14 人。2015 年，中药房职工有 89 人，其中主任药师 1 人、主管药师 25 人、药师 38 人、药士 21 人；硕士学历 2 人。

表 3-11-5 1922—2015 年中药房历任负责人情况表

任职时间	主任/组长	任职时间	副主任
1922—1924 年	黄筱堂	1960—1966 年	马　彦
1924—1927 年	郑云仲	1972—1973 年	朱永德
1927—1934 年	盛逊伟	1972—1973 年	应林华
1934—1942 年	戎明士(兼)	1974—1980 年	朱永德
1942—1946 年	叶根茂	1981—1985 年	孙龙渊
1946 年—不详	郭善来	1982—1987 年	杨德才
1972—1973 年	马　彦(组长)	1984—1985 年	何立峰
1974—1980 年	马　彦	1985—1987 年	曹之辛
1981—1984 年	朱永德	1987—1991 年	孙龙渊
1985—1986 年	何立峰	1990—1992 年	何立峰
1986—1991 年	王水林	1992 年—2013 年 4 月	韩名东
1992 年—2000 年 4 月	徐德生	1993 年—2000 年 4 月	金培琪
2000 年 4 月—2013 年 9 月	金培琪		
2013 年 10 月—	刘　力		

二、业务发展

20 世纪 50 年代中期，上海市立第十一人民医院时期，除传统的中药饮片配方外，作为一种尝试，试行部分流浸膏配方(用单味药制成流浸膏进行配伍)，其配方占总配方的 1/2，并且还含有手工操作的丸、散、膏、丹。1960 年更名为曙光医院后，由于工作量逐年增大，中药室协同临床又进一步推行了协定方，如“外八方”“外九方”“胆道一号(胆囊方)”“消症一号”“消症二号”“肿瘤一号”“肿瘤二号”“高三方”“高五方”等；同时还增加了中成药品种，有海贝散、金虫散、安眠四丸、十枣丸等 20

多种及小批量生产片剂、合剂、糖浆剂、搽剂、洗剂，相应减轻门诊配方的压力。还为儿科配制“小儿敷贴”加工生姜汁，当时由于设备落后，每天只能加工 1 000 毫升。

进入 20 世纪 70 年代，临床上类似协定方不断增加，一些临床效果明显的协定方被一一改为合剂和糖浆剂，如“外八煎”“外九煎”“外十煎”“高三”“高五”“阑尾煎”“荆银合剂”“清暑解毒”等。之后大多数制剂又根据临床需要，直接做成合剂、糖浆剂，如肿瘤科的“淋益煎”“肺益煎”等，大大减轻了门诊饮片配方的压力，但是当时受条件影响，自制制剂都是委托外加工。

20 世纪 80 年代，门急诊量急剧上升。1982 年，上半年与去年同期相比门诊增加 4 万多人次。但门诊拥挤，病房破旧，药库简陋，药源不足，很不适应中医药事业的发展形势。为解决此矛盾，除要求扩建一幢新病房大楼外，加急建造 3 层楼房一幢，作为中药库房和中药制剂加工室。新建的中药制剂加工室，采用蒸汽锅煎煮，革除用煤气煎煮的不科学生产工艺，不仅生产安全、产量提高，而且质量得到保证。新建的中药库房，又解决之前中药库房破旧简陋、中药贮藏量不足的矛盾。20 世纪 80 年代中期，中药室还配合临床增设了煎膏方业务，每年煎 400～500 料膏方，而且逐年递增。

1993 年，制剂中心竣工落成，大量的自制制剂才由原来的外加工变成为自己生产，同时扩大了生产项目。20 世纪 90 年代初，尤其是 1992、1993 年，面临理顺内部机制、医疗制度改革、药品报销范围及药费报销受到控制等因素的制约，仍然超额完成院部下达的工作指标。1995—2001 年，每年的门诊量成药日门诊方维持在平均 1 100 张左右。2000 年第四季度，日平均数在 1 800 张左右，饮片日门诊方维持在平均 650 张左右，约 7 000 帖。2001 年第四季度，日平均数在 950 张左右，约 11 万帖。膏方门诊由原来的 2 008 料左右上升到平均每年 3 300 料左右。2005 年，膏方突破 7 000 料。2015 年，中药饮片约 750 种，中成药约 320 种，自制制剂约 100 种。药品平均日处方量：西部中药饮片约 1 450 张，约 1.6 万帖，中成药约 1 500 张；东部中药饮片约 200 张，约 2 200 帖，中成药约 230 张。年药品收入平均在 1 亿元。

图 3－11－3　2000 年 8 月中药房工作人员战高温

表 3-11-6 1982—2015 年中药房工作量统计表

年　份	饮片方/张	中成药方/张	膏方/张
1982	66 430	186 531	—
1983	95 590	205 967	—
1990	39 489	22 451	—
1992	112 089	273 979	—
2006	417 456	570 965	7 000
2007	467 987	698 192	8 449
2008	549 173	809 608	8 966
2009	593 654	930 156	10 912
2010	662 654	969 501	10 506
2011	789 795	1 157 981	11 702
2012	886 842	1 292 025	13 676
2013	905 952	1 214 198	14 162
2014	929 621	1 380 076	13 051
2015	901 231	1 385 680	10 570

说明：其他年份的工作量无法查找。

【饮片实施小包装】

中药饮片配方调剂历来采用"手抓戥称"的传统调剂方式，随着各医疗机构中医药服务量的逐步增长等诸多因素，传统调剂方法逐步显现称不准、分不匀、效率低、复核难、养护难、浪费大、卫生差等弊端。2005 年，中药房在东部实施中药饮片小包装调剂，中药饮片日处方量从 1 张处方到 2006 年 100 多张，2015 年，已达到 1 000 张处方。

在小包装饮片调剂实施过程中，中药房与信息部门、饮片厂通力合作，不断创新，为各中药饮片编制条形码，实施红外线条形码扫描技术，使配方核对率和正确率均达到 100%；用信息化技术优化确定斗谱排列，使配方效率提高，从而将中药饮片传统取药模式与现代科学有机结合，使中药饮片配方系统更加现代化和科学化。实行中药饮片小包装调剂模式，不仅使调剂人员相对减少，而且大大缩短了患者的候药时间。

西部中药房在 2006—2010 年，仍使用传统散装饮片配方，随着医院门急诊就诊人数增加，饮片处方量不断上升，受工作场地面积、人员配置等因素影响，已完全不能适应临床医疗发展的需求。2010 年，西部中药房通过整体规划和结构调整，门诊中药仓储、中药调配室的建筑面积从 300 平方米左右扩大到 1 000 平方米，硬件的改造为西部实行中药饮片小包装调剂创造了条件。同年 10 月 6 日，西部实行中药饮片小包装调剂。

【智能发药系统】

2014 年下半年开始，东西两部门诊成药房共安装 4 组药房智能化发药机，取代人工配方模式，使用后大大改变了传统药品调剂模式，加快了药品调配速度及调配质量，提升了药房调剂的自动化程度和药品管理能级，也改善了药剂人员的工作环境。

【颗粒智能发药系统】

2015 年 10 月 1 日，西部中药配方颗粒智能发药系统正式运行。机器发药配合条形码扫描复核，正确率 100%，且配方速度显著提高，符合医院中药现代化管理要求和先进的服务理念。针对发药流程和用药方式的改变，对员工进行岗位培训，并做好患者的用药告知工作。

【开设精制饮片调剂药房】

2013 年，中药房在名医诊疗中心特需门诊开设了名医国药堂（精制饮片调剂药房），提供精制饮片服务，满足患者对中药饮片的多样化需求。2014 年，开始提供精制饮片膏方。

2014 年，医院被遴选为国家中医药管理中药特色技术传承人才培训基地。精制饮片调剂药房除为临床医疗服务外，同时成为学员学习中药饮片鉴别的示教场所。

【代煎中药全程质量管理】

2006 年，医院成为上海地区首个开展"中药委托代煎服务"的医疗机构。为保证代煎中药的质量，中药房对影响中药代煎安全与质量的关键问题进行探索，从审方、煎药、验收、发放实施全程质量规范化管理。

【加强人员队伍建设】

2006—2015 年，中药房注重人才梯队的培养，不断提高职工的学历水平，同时鼓励在职员工不断学习，努力提高学历水平和岗位技能，其中 1 名中药师入选国家中医药管理中药特色传承人才培训项目。

三、教学工作

曙光医院是国家中医药管理中药特色技术传承人才培训基地。中药房作为其重要组成部分之一，中药精制饮片调剂室成为学员培训基地。1972—2015 年，承担上海中医药大学、上海健康职业技术学院、上海市药剂学校等本科生、大中专生实习见习任务，每年约 40 人，实习时间从 2 周至 10 个月不等。同时也是上海中医药大学七年制学生、留学生中药见习基地之一。科室通过小讲课、业务一对一、参与辅助工作、识药考核等方式相结合，使中药房的教学实习工作变得更为生动和有效。另外也承担进修生的进修带教任务。

四、科研成果

【课题】

参加上海市 2014—2016 年三年行动计划课题研究，同时也为临床各类科研项目提供中药科研用药等。

【论文】

2002—2015 年，在各类刊物上发表论文 21 篇。

五、学术活动

2006—2015年，积极参加多种形式的学术活动，如中国药学会年会、中华中医药学会药房管理学术研讨会、上海市药学会组织的门诊调剂药师工作交流会、上海市药学会医院药学年会以及膏方制作培训会等。

第四节　西 药 室

一、概况

20世纪40年代初，四明医院进行改组。1944年4月，正式建立西药室，配置了正规化药房所需的仪器、设备，工作人员约4～5人，主要业务是调配门诊及住院患者的处方。1953年，建立制剂室及药库。1957年，开展制剂快速分析。1960年初，设立小药房。1965—1967年，将原制剂室改造成较为正规化的灭菌制剂室。1966年，专门建立中草药小组；1979年9月，脱离西药室成立中药研究室。20世纪80年代末期，西药室已设有门诊配方部、住院药房、分析检验室、药库及制剂室（普通制剂室、灭菌制剂室），共有人员25人，其中主任药师1人、主管药师6人、药师12人、药剂士6人。

1998年，西药室开始信息化建设，住院药房与病区进行电脑联网。2001年，门急诊药房也实行了电脑联网。此时，西药室共有药剂人员27人，其中副主任药师1人、主管药师6人、药师17人、药剂士3人。

2002年，门诊药房增设专人负责的咨询窗口。2004年，开始筹建东部西药室，同年12月28日正式运行。东部西药室下设门急诊药房、住院药房（包括静脉药物配置中心、排药房）、药库。2005年6月，随着东部业务量增加，东部药库独立采购。同年7月，东部静脉药物配置中心完成筹建。2005年，东部、西部开始使用新的信息系统，西药室各部门之间的药品流通等日常工作都在电脑上完成，药房全程管理严格按照ISO 9001：2000版标准。此时，西药室共有药剂人员41人，其中副主任药师2人、主管药师6人、药师15人、药剂士18人。2012年被医院评为A级科室。

2006—2015年，西药室主要承担医院临床医疗科研所需的西药药品采购、供应、管理工作。2006年6月，东部门急诊药房分离，地下室药库筹建完毕。2006年1月，东部静脉药物配置中心成立，首先在3个病区开始运行，逐年推广，2013年3月，覆盖东部所有病区。2015年，西药室共有药剂人员56人，其中主任药师1人、主管药师7人、药师28人、药剂士20人。

表3-11-7　1944—2015年西药室历任负责人情况表

任职时间	主任/组长	任职时间	副主任/副组长
1944年4月—不详	陈兆玉	1960—1966年	赵蕴青
1972—1978年	赵蕴青（组长）	1972—1977年	吴志荣（副组长）
1985—1997年	沈传钧	1972—1978年	沈传钧（副组长）
1998—1999年	吴志荣	1985—1986年	孙玉花
2000—2006年	曹姝芳	1985—2002年	李祖衍

（续表）

任职时间	主任/组长	任职时间	副主任/副组长
2006年—	朱 琰	1997—1998年	吴志荣
		1999—2000年	曹姝芳(兼)
		2004—2006年	朱 琰
		2006—2009年	曹姝芳

表3-11-8 2015年西药室各部门业务用房面积统计表

面积(平方米)

部 门	东 部	西 部
门诊药房	131	81
急诊药房	49	21
住院药房	311	91
药 库	293	159

二、业务发展

20世纪50年代，开展小灭菌及普通制剂、儿科制剂，并制备少量滴眼剂，如乳酸钠、谷氨酸钠、硫代硫酸钠等针剂，自制黑豆馏油代替糠馏油，保证医院临床需要。1966年，配合中草药小组筛选一些中草药制成鹿蹄草针剂、抗炎1号、抗炎2号、丹参针、土大黄针、止痛301针等20余种制剂。此外还重点开展大输液的生产及去离子水的研究，且用于生产实践。1974年，研究从鹿蹄草中分离出抑菌作用较强的单体结晶——鹿蹄草素，并为减轻药物不良反应，在上海化工学院协助下，改造其分子结构。20世纪70年代末期，采用的新技术有用减压法分装药液，用真空减压装置分装眼药水、滴鼻液、滴耳液，用微孔薄膜过滤药液等。20世纪80年代末期，制剂品种达145种，剂型分为：溶液剂、合剂、乳膏剂、软膏剂、酊剂、凝胶剂、甘油剂、糖浆剂、油剂；膜剂、涂剂、搽剂、散剂、栓剂、洗剂；服用制剂、耳鼻用制剂、口腔科制剂；灭菌制剂，如注射剂、大输液、外用灭菌制剂等。

随着医院扩展，业务量不断增加，1977年，配方数33万张，20世纪80年代配方数约40万张/年。1998年，开始进行药房的信息化建设，从最初的住院药房与病区进行电脑联网、门急诊药房的电脑联网，至2006年，信息系统更新后，药品投放的整个流程已实行网络化管理，大大提高工作效率和管理能级。2007年9月起，东、西两部药库实行网上采购，采购率达90%以上。2012年，东部住院药房全自动单剂量分包机经过试运行后，同年4月，覆盖东部所有病区。2013年9月，西部住院药房全自动单剂量分包机投入使用；同年10月，东部门诊药房智能化发药系统投入运行；11月，西部住院、门诊药房全部运用全自动单剂量分包机。2014年2月，西部门诊药房智能化发药系统投入运行。2015年6月，根据上海市医保办要求更换新的“阳光采购”平台，采购率达100%。根据患者的病种特点和临床需要，西药室配备近900种药品。

表 3-11-9 1995—2005 年西药室工作量统计表

年 份	门急诊处方数/张	药品采购零售金额/万元
1995	316 878	
1996	336 183	
1997	343 442	
1998	358 292	
1999	347 816	
2000	408 747	
2001	444 381	
2002	402 794	6 285
2003	408 339	7 357
2004	390 998	9 088
2005	415 930	11 906

说明：1995—2001 年的药品采购零售金额原始资料无法查找。

表 3-11-10 2006—2015 年西药室工作量统计表(采购)

年 份	急诊处方数/张			药品采购零售金额/万元		
	东 部	西 部	总 计	东 部	西 部	总 计
2006	135 034	385 739	520 773	5 168	8 773	13 941
2007	190 580	382 099	572 679	7 002	8 863	15 865
2008	281 013	417 728	698 741	10 334	12 138	22 472
2009	344 058	450 792	794 850	12 753	13 808	26 561
2010	398 092	489 052	887 144	14 546	14 850	29 396
2011	477 532	496 013	973 545	19 591	14 511	34 102
2012	580 709	486 809	1 067 518	22 678	16 511	39 189
2013	652 807	440 194	1 093 001	27 015	18 068	45 083
2014	701 370	445 111	1 146 481	30 465	20 320	50 785
2015	772 831	507 922	1 280 753	33 758	23 101	56 859

表 3-11-11 2006—2015 年西药房工作量统计表(静配中心)

年份	静配中心冲配数/袋	单剂量分包数/万袋		
	东 院	东 院	西 院	总 计
2006	25 535	—	—	—
2007	124 145	—	—	—
2008	230 698	—	—	—
2009	231 472	—	—	—

（续表）

年份	静配中心冲配数/袋	单剂量分包数/万袋		
	东　院	东　院	西　院	总　计
2010	285 666	—	—	—
2011	417 897	—	—	—
2012	459 173	30	—	30
2013	613 927	58	9	67
2014	647 449	60	51	111
2015	707 014	74	52	126

三、教学工作

2006—2015 年，带教上海市药剂学校、上海医药职工大学等学校的应届学生共 53 人次。每年有 3～4 名上海中医药大学本科应届毕业生短期轮转实习。2015 年接收 1 名进修人员实习。

四、科研成果

【课题】
2006—2015 年，共参与省市级课题 4 项。

【论文】
2006—2015 年，共发表学术论文 21 篇，其中核心期刊 11 篇。

第五节　临 床 药 学 科

1998 年，成立临床药学科，在东西两部均设有一间独立办公室，约合建筑面积 30 平方米。2015 年，有主任药师 1 人，主管药师 3 人，药师 2 人。

表 3-11-12　1998—2005 年临床药学科历任负责人情况表

任 职 时 间	主　　任	任 职 时 间	副 主 任
1998—2015 年	徐德生	2002—2005 年	熊旭东(兼)
		2002—2005 年	毕小利(兼)

一、业务发展

1998 年，科室成立伊始，药师即参与医院危重患者最多的急诊内科查房。2002 年，在急诊内科基础上，增加对内科 ICU 重症患者的用药监护。2008 年，临床药师新增了内分泌科查房。2014

年，新增了心内科查房。2015年，为配合医院创建癌痛规范化治疗病房的需要，派2名临床药师深入东西两部肿瘤科病房开展药学服务工作。

临床药师参与临床药物诊疗工作内容包括：审核用药医嘱，为临床药物使用提供合理化建议；实施药学监护，对重症、用药复杂的患者，记录药历，跟踪患者治疗情况，监测药物不良反应，防止有害药物相互作用的发生；监测重点药品，对使用高危药品、抗菌药物、中药注射剂的患者的用药情况进行跟踪，防止药物滥用和药物不良反应的发生；参与会诊，尤其对药物不良反应的甄别、治疗提出会诊意见。突出药学服务在临床诊治中的作用；开展患者用药宣教，指导患者正确使用药物，提高患者用药依从性。

2004—2006年，科室选派2位主管药师参加了上海市首期临床药师培训班，该培训在全国也是首开临床药师培训先河，培训合格后，成为上海市首批经过正规临床药学培训的临床药师。随着科室人员的增加，2012—2013年，科室又选派优秀药师参加上海市药学会主办的“上海市临床药师在职规范化培训项目”第2、3期的培训。2015年，选派1名临床药师参加上海市药学会组织的台湾临床药学交流活动。除此以外，每年科室还要求每名药师必须完成院内业务培训以及2～3次以上的院外培训，以提升临床药师药学服务的能力。

二、处方检查

1998—2005年，未开展处方点评工作，仅对临床药师所在科室的用药情况提出合理化建议。2005、2006年，卫生部先后颁布了《抗菌药物临床应用指导原则》和《处方管理办法》。根据文件要求，科室开展处方抽查工作和抗菌药物的住院病史检查。根据2010年2月卫生部《医院处方点评管理规范》相关要求，制定《曙光医院医院处方管理办法及实施细则》，处方检查工作更加规范。随着医院业务量的不断增加，科室开展的处方检查抽查处方数量也不断增加。2015年，科每月抽查门急诊处方数700余张，涵盖门诊、急诊西药、中成药、中药饮片，抽查结果填写曙光医院处方点评工作表，记录处方基本信息，并进行处方合理性评价。

三、抗菌药物督查

2005年，参加《曙光医院抗菌药物分级管理制度》《曙光医院抗菌药物临床应用实施细则》的讨论和编写工作。之后，还根据相关文件进行多次修订，2015年，完成第四版的修订。2006年起，每月开展抗菌药物病史检查，每月抽查50份住院病史，评判抗菌药物使用合理性，并将点评报告送交医务处、分管院长，作为医疗考核重要参考资料。

2012年，卫生部颁布《抗菌药物临床应用管理办法》，加大对抗菌药物的检查力度。首先扩大覆盖面，增加抽查病史数，共抽取病史1131份，增加专项检查次数，清洁手术专项检查每季度1次，抗菌药物分级管理检查每季度2次，其中特殊类抗菌药物分级管理每季度1次。加强对药物品种选择、用药时机、用药疗程的监管。针对出现的问题，临床药师也积极与临床医师进行沟通，指导临床规范抗菌药物使用。

四、专项检查

2010年，根据《中成药使用原则》相关要求，不定期进行中药注射剂专项点评。2012年，借鉴

《北京市医疗机构处方专项点评指南》相关内容，科室每季度开展中药注射剂专项点评和静脉配置医嘱季度性专项点评。随着不合理用药检查结果每季度公示以及多方沟通，2015 年，医院中西药超量、超疗程用药情况等不合理用药情况得到明显改善，静脉配置中心医嘱合格率也稳步上升。

五、创办《曙光药讯》

1998 年起，负责药物资料的收集，并不定期结集成册，为临床提供多方面的药物信息。2002 年，每月出版《曙光药讯》，每半年合集 1 卷。如医院因参麦注射剂导致的严重不良反应，临床药师搜集国内类似病例信息，进行总结分析，为临床提供用药参考，防止类似严重不良反应发生。另外，科室还定期汇总分析处方、病史检查情况、不良反应上报情况，并公布在《曙光药讯》上，以便医师及时了解全院动态。同时，临床药学科还承担医院有关精神麻醉药物培训工作，多次开展抗菌药物使用及文件法规的学习讲座。为推广并规范基本药物使用，对全院医师进行了专门的培训活动。

六、数据监测网

2008 年，科室参与卫生部“全国抗菌药物监测网”工作。随着 2011 年全国抗菌药物监测网的全面建立，工作强度增大，改季度检查为月度检查。如实上报其他相关数据。

2009 年，参与全国合理用药数据监测网工作，每月上报药品信息等数据。

七、药品不良反应监测

1998 年起，即开始负责收集和上报本院的药品不良反应。派专人进行药品不良反应收集，并协助医师上报，减轻医师烦琐的上报步骤，并在医院内网开设专门的上报平台，方便医师上报不良反应。同时建立“医师—护士—药师”三位一体的监测网络，结合加强行政管理力度，完善中药注射剂不良反应监测体系。2014 年，作为上海市综合性医院三大代表之一，推荐参加全国药品不良反应监测会议，并介绍工作经验。2015 年，不良反应上报例数稳定在 120～130 份，符合国家要求。上报质量，尤其是严重、新发的药品不良反应上报质量，更受到上级药监部门的积极肯定。

八、教学

2014 年，临床医学院成立以临床药学科骨干为主要成员的临床药学教研室，同年，第三学期开始在上海中医药大学护理学院开设临床用药护理的特色课程。

九、科研成果

【课题】

药剂科是国家中管局“十二五”临床药学重点专科建设项目的培育单位和国家临床重点专科（中医专业）临床药学建设单位，作为其重要组成部门之一，临床药学科在发扬中医药特色技术方面开展工作，整理、挖掘出独具特色的中药特色疗法 5 项，并向临床医生推荐使用。1 名临床药师入选上海市中医药三年行动计划人才培养项目。参与全国多中心中药注射剂安全性再评价研究。2014年，作为监测单位，参与“注射用丹参多酚酸盐上市后安全性再评价多中心研究”，完成研究病例300例。2015年，作为上海市分中心组长单位，参与“注射用血栓通上市后安全性再评价多中心研究”，完成病例500例。1998—2015年，临床药学科申报并获得立项的各类课题有6项。

【著作与论文】

1998—2015年，参与编写专著1部，共发表核心期刊论文8篇。

第十二章　医院集团

2002 年 12 月，经上海市卫生局同意组建医院集团。集团成员由上海中医药大学附属曙光医院、上海市黄浦区中西医结合医院、上海市松江区方塔中医医院、上海市浦东新区传染病医院 4 所医院组成。成立之后，各成员单位的医院级别、核定床位数不变，制订了《曙光医院集团章程》（附件）对集团进行管理，并成立了医院集团管理委员会，以医院法人为主任委员，其他成员单位主要负责人为副主任委员和委员。医院集团管理委员会是医院集团的管理机构，决定集团的合作方式和发展方向；选举和更换管理委员会成员；提交审议协调解决集团内医疗、教学、科研、管理等问题；对集团的成立、解散以及成员接纳作出决议。2015 年 12 月，集团共有成员单位 15 家，编制床位总数 6 284 张、门急诊量 1 127 万人次、出院患者达 19.7 万人次，总收入 53 亿元/月。

第一节　上海市松江区方塔中医医院

上海市松江区方塔中医医院（上海中医药大学附属曙光医院松江分院），地处松江东南部，是一所综合性二级甲等中医医院，承担着松江区的中医、中西医结合的临床医疗任务。医院由原松江县方塔医院和松江县中医医院合并而成。1981 年 10 月，松江县中医门诊部成立。1986 年 8 月，松江县方塔医院成立。1996 年 3 月，两院合并，并冠名为“上海市松江区方塔中医医院”。

2001 年 2 月，在松江区卫生局的牵头下与医院合作，成为医院集团的第一家签约医院，并冠名为“上海中医药大学附属曙光医院松江分院”，同时成为上海中医药大学临床教学基地。2013 年 9 月，通过国家医院等级评审，为二级甲等中医医院。医院占地面积 19 亩，建筑面积 15 809 平方米，核定床位 170 张，实际开放床位 225 张。2015 年，医院有职工近 400 人，临床科室 16 个，辅助科室 6 个，住院病区 7 个，专业技术人员占 89%，其中高级职称占 7%，中级职称占 49%。

图 3－12－1　2001 年 2 月，医院集团的第一家签约医院上海中医药大学附属曙光医院松江分院成立

主要优势科室：中医妇科为上海市重点特色专科，骆春为松江骆氏妇科第八代传人，擅长不孕不育和其他妇科慢性病诊治。中医内科（内分泌、肾病、神经内科、消化内科），为上海市传统医学示范中心，并且承担了全区卫生服务中心的中医适宜技术教学指导工作。外科开展胆囊微创手术（小切口、腹腔镜）。肛肠科为松江区重点专科。治未病科作为中医院的特色科室，实现以人的健康为中心的个人预防、保健和诊疗，普及"未病先防"的中医健康理念，每年开展冬病夏治（中药敷贴）、冬令进补等项目。

2002年，加入集团后，医、教、科、研能力得到进一步提升，与区内8家社区卫生服务中心签订对口支援服务协议，通过专家门诊、带教、中医适宜技术推广、医疗咨询、健康教育、双向转诊会诊等服务，为社区居民送去优质便捷的中医药服务。2010—2015年，承办"健康大讲堂"，开通市民健康热线，提供每月健康咨询服务；开设各类科普健康讲座。2014年，在原有的现场预约和电话预约基础上增设网上预约服务。

表3-12-1　2001—2015年上海市松江区方塔中医医院历任院长情况表

任职时间	院长
2001年7月—2002年7月	虞坚尔
2002年7月—2003年12月	康正祥
2003年12月—2006年3月	周　华
2006年3月—2011年7月	陈　平
2011年7月—	陈　勇

第二节　上海市黄浦区中西医结合医院

1920年，南市南洋医院成立。1962年，南市南洋医院与蓬莱医院合并，并冠名为"蓬莱医院"。1963年，易名为"沪南医院"。1972年，沪南医院与南市区儿童医院（前身博爱医院）合并，冠名仍为"沪南医院"。1984年8月，南市区中医门诊部成立。1987年1月，南市区中医门诊部与浦江医院合并，并冠名为"上海市南市中医医院"。1993年，沪南医院和南市中医医院合并，并冠名为"上海市南市区中西医结合医院"。2000年，黄浦、南市二区"撤二建一"，更名为"上海市黄浦区中西医结合医院"。

2002年12月，黄浦区中西医结合医院成为医院集团成立之初的4家签约单位之一，是上海市住院医师规范化培训首批教学基地。2013年6月，通过国家医院等级评审，为二级甲等中西医结合医院。医院建筑面积11 270平方米，核定床位404张，实际开放床位215张。2015年，医院有职工400余人，临床科室23个，辅助科室7个，住院病区6个；专业技术人员占94.8%，其中高级职称占7.6%、中级职称占29.1%。

主要优势科室：分院"名医堂"为上海市传统医学示范中心，上海市接待旅游团队推荐单位。针刀专科为上海市中西医特色专科，专科应用的新型微型针刀具获国家实用新型专利，微创针刀松解配合术后手法、外敷石氏"三色膏"及活血通络中草药熏洗等中医综合治疗软组织损伤性疾病及骨质增生性疾病为特色疗法，2012年上海电视台给予报道。内分泌专科为上海市中医优势专科（专病）建设项目，是"十二五"国家中医重点专科协作组成员单位。治未病科运用中药及多种中医诊疗技术开展咳喘冬病夏治、降脂穴位埋线、冬令膏方等特色服务项目。

2002年，加入集团后，医、教、研能力得到进一步提升，与区内4家社区卫生服务中心等签订对口支援服务协议，通过专家门诊、带教、中医适宜技术推广、医疗咨询、健康教育、双向转诊会诊等服务，为社区居民提供简、便、效、廉的中医药服务。2006—2015年，承担市级中医药项目11项（合作项目1项）、市级课题5项（合作课题1项）、区级课题23项；获得上海市医学科技奖三等奖（第三完成人）1项；黄浦区医学科技二等奖1项、三等奖1项、鼓励奖3项；黄浦区医学贡献奖三等奖2人；发明专利授权1项。入选国家级人才培养3人、市级人才培养2人、区级人才培养8人。

表3-12-2　2002—2015年上海市黄浦区中西医结合医院历任院长情况表

任职时间	院　长
2002年12月—2009年10月	王宪英
2009年10月—	章晨琦

第三节　上海市浦东新区传染病医院

浦东新区传染病医院成立于1988年，是一所面向全区及周边省、市区域，集医、教、研于一体的二级甲等专科医院。

2003年，在浦东新区卫生局牵头下与曙光医院合作，成为集团医院之一，并冠名为“上海中医药大学附属曙光医院浦东肝病专科分院”。同年5月，陈建杰担任院长。医院占地面积7 600平方米，开放床位数100张（突发新发传染病时开放床位数150张）。设有肝科、肠道科、皮肤性病科、呼吸道科、中医（内、外）科等门诊与病房临床科室，以及放射、检验、心电图、B超等医技科室。2015年有职工85人，专业技术人员占91.8%，其中高级职称占10.3%、中级职称占47.4%。医院配备全自动核酸化和荧光检测仪、弹性超声、流式细胞仪等先进诊疗设备。

2003—2015年，“中西医结合肝病特色专科”先后被列为“浦东新区领先专科”和“上海市医学重点专科”建设单位，被列为“国家中医药管理局（中西医结合）传染病临床基地”“国家中医药管理局中医药防治传染病重点研究室”“上海市加强公共卫生体系建设三年行动计划”“浦东新区中医服务体系建设”等项目建设单位，逐步形成了中西医结合防治传染病的学科特色。医院陆续开展了肝组织穿刺、人工肝技术、腹水回输治疗、基因扩增（PCR）技术、乙型肝炎病毒耐药基因检测等新技术、新项目。

主要优势科室：2003年加入曙光医院集团后，成为上海市重大传染病诊疗定点筛选医院；2004年，医院的“中西医结合肝病专科”被评为上海市医学重点专科；2005年，医院被列为“国家中医药管理局中西医结合传染病临床基地”；2010年，由上海市出入境检验检疫局、上海市卫生局联合发文命名为“国境口岸传染病诊治定点医院”；2012年，成为“国家中医药防治传染病临床基地”；2013年，被任命为“上海市重大传染病（新型流感）定点留观单位”。同时肩负着浦东国际机场、外高桥港区、洋山深水港等国境口岸的重大传染病及出入境区域性新发、突发传染病的防控应急处置任务。出色完成非典型肺炎、甲型H1N1流感、新型甲型流感等重大公共卫生事件的定点医院筛查和救治任务；在北京奥运会、上海世博会、2014年亚信会议期间担任传染病定点医疗保障任务。

第四节　牡丹江市中医医院

牡丹江市中医医院成立于1952年，是黑龙江省东南部一所集医疗、教学、科研、预防、保健、康复于一体的三级甲等中医医院，国家中医住院医师、全科医师规范化培训基地，国家自然科学基金依托单位，黑龙江中医药大学、牡丹江医学院临床教学基地，牡丹江市中医护理专科护士培训基地。2002年，成为医院集团成员。2015年，医院有职工926人，其中在编290人，具有高级技术职称人员216人。医院总院占地面积8 400平方米，建筑总面积4.3万平方米，编制床位500张，年接纳门诊量达35.4万人次，年收治住院患者数达1.7万人次；江南院区占地面积3.4万平方米，建筑面积5 800平方米，编制床位100张。医院内设68个科室，其中临床科室27个、医技科室13个、门诊科室9个、机关职能科室19个。下设分支机构包括社区中心、江南院区、制剂室。拥有德国西门子1.5T高场强超高档磁共振仪，美国GE64排螺旋CT，美国GE、意大利百胜、荷兰飞利浦等彩色多普勒超声诊断仪、数字减影血管造影机、数字化影像设备DR机等国内外各种先进医疗设备。医院应用HIS、LIS、PACS、移动医疗、数字化手术室等先进的信息化医院管理系统。

主要优势科室：国家级中医重点专科儿科、省级中医重点专科脑病科、省级中医重点专病糖尿病肾病科，以及治未病科等6个彰显中西医特色优势的市级重点专科。医院以重点专科为带动，根据科室特色不断优化临床诊疗方案，实施了57个优势病种诊疗方案和41个优势病种临床路径管理，认真落实望闻问切、四诊合参、辨证施治等中医诊疗技术，以“冬病夏治”“冬病冬治”为主的突出中医药特色优势的诊疗模式渐成体系。优化实施50个病种的中医护理方案，形成了院前、院中、院后全程健康教育服务模式。截至2015年，有中药制剂批准文号22种。中药贴敷、茶饮、盐包、香囊等广泛应用于临床，并开展针灸、按摩、熏蒸、拔罐等中医适宜技术项目。

表3-12-3　2002—2015年牡丹江市中医医院历任院长情况表

任职时间	院长
2002—2008年	韩振霖
2008—2011年	杨　毅
2011年—	陈祖仁

第五节　上海市宝山区中西医结合医院

宝山区中西医结合医院始建于1937年，为宝山病院；1939—1955年，先后更名为履仁医院、宝山县卫生所、宝山县人民政府卫生院、宝山县人民医院；1965年，开设中医科；1983年，定名为宝山县中心医院；1985年，在中医科基础上建立县中医门诊部，1987年，独立成院，定名宝山县中医医院；1989年，先后更名为宝山区宝山中心医院、宝山区中医医院。

2008年，将宝山中心医院和宝山区中医医院合并委托曙光医院管理。2009年，冠名为上海中医药大学附属曙光医院宝山分院。2012年，医院第一冠名正式更名为上海市宝山区中西医结合医院。同年12月，被国家中医药管理局正式确认为三级甲等中西医结合医院。1997—2015年，连续9届荣获“上海市文明单位”称号。2008—2015年，周华为院长。

医院占地面积 24 121 平方米，建筑面积 41 861.9 平方米，核定床位 508 张，实际开放床位 721 张。2015 年，有职工 938 人，专业技术人员占 90%，其中高级职称占 11%，中级职称占 36%；有临床学科 30 个、医技科室 11 个、住院病区 17 个。

主要优势科室：1995 年，眼科为上海市医学重点专科；2012 年，被列为上海市中医优势专科，是上海北翼地区综合性眼病诊治中心；2015 年，完成上海市卫计委重点专科第四周期建设。1977 年，成功研制出我国第一台应用于眼科临床的视网膜电图仪，获上海市重大科技成果奖、全国科技大会成果奖；1981 年又研制成功我国第一台视觉信息程控系统检查记录装置，获中华人民共和国卫生部二级成果奖。肛肠科 2012 年被列为上海市中医临床重点专科，具有理、法、方、药体系。急诊医学科 2012 年被列为上海市中医优势专科，集急诊抢救室、观察室、门急诊补液室、重症监护病房、急诊综合病房五位一体综合功能。儿科 2014 年被列为宝山区中西医结合特色专科，2017 年列为上海市中医薄弱领域专科，以“针药并举、内外治结合防治小儿呼吸道疾病”“中西医结合防治小儿呼吸道疾病”为特色，开展耳穴、针刺放血、推拿、灸法等 11 项中医诊疗技术和冬病夏治“三伏”敷贴、冬令调理等中医优势项目，研制有 6 种中药自制制剂。呼吸内科 2012 年被列上海市中西医结合重点病种项目建设科室，开展中西医结合治疗慢性阻塞性肺疾病(肺胀病)，经支气管镜肺活检术、支气管镜引导下经鼻气管插管术、CT 引导下经皮肺穿刺活检术等新技术。妇产科 2014 年被列为宝山区微创特色专科，科室“围产期干预”项目入围上海市进一步加快中医药发展三年行动计划。

2011 年 6 月，被上海市中医药发展办公室定为第一届上海市中西医结合医院建设重点单位；2012 年 2 月，经上海市卫生局审批，被确定为“上海市基层中医药适宜技术推广项目区县基地(宝山区)建设单位”；成立 6 个院级名中医工作室，老年病科入围“传统医学示范中心”建设项目；作为国家中医药管理局全国中医预防保健能力建设单位和上海市中医预防保健治未病科示范单位，牵头创立宝山区“治未病”服务联盟，将“治未病”服务模式推广到全区 17 个社区；作为龙头单位，牵头曙光宝山中医联合体建设，辐射至区内 18 家社区。2015 年，有 139 名医师和 350 名护理人员完成“西学中”。

第六节　宝山社区医疗联合体

2008 年 9 月，曙光医院、宝山中心医院、宝山区中医医院及区域内 18 家卫生服务中心联合成立曙光宝山中医医疗联合体。由 285 位高级职称医务人员组成曙光医院和区内中医专家库，并建立联合体内社区卫生服务中心相关医疗人员情况表。17 个社区中医人员共 86 人，其中，高级职称 8 人，中级职称 31 人，初级职称 47 人。近年来，医院加快中医人才培养，便于医疗资源合理整合、优化。

联合体平均每年派出中医指导医生 21 人，平均出勤 900 天、首次就诊 14 653 人次、复诊 4 659 人次、专题讲座 24 场次、健康教育 5 122 人次、专病咨询 4 988 人次、慢病干预 3 689 人次、双向转诊 589 人次，并根据区域合理分配、安置，完成相应职责任务，参与负责区域内社区卫生服务中心及站点中医质量控制和管理，并进一步加强对中医指导医生各方面考核。

联合体采用理事会的形式，联合体办公室作为常设工作平台适时联系联合体内各医疗机构分管领导，客观通报联合体运作的各项信息，对各方反馈的意见、信息全面汇总并及时协商处理，整合和协调各成员之间关系。联合体建立完善了联合体的各项管理制度如中医指导医生工作、考核制度;健康教育专家讲演团工作、考核制度;社区医生进修制度、社区医生培训制度、中医工作室的考核制度,同时,开展特色的中医工作,如中医中国行、社区慢性病管理等。依托曙光医院指导社区围绕慢性病管理、传染病防治、健康促进等进行指导,促进提高,制定各类疾病中医规范化诊疗及健康教育流程。曙光医院专家下社区进行专病咨询及健康教育讲座,推广各项中医适宜技术在社区中的开展,提高居民中医知晓率,提高各类慢性病的中医干预率,并联合开展各项有利于医院和社区发展的合作科研项目。

2008—2015 年,宝山区获得"全国中医药特色社区卫生服务示范区""全国'治未病'预防保健服务试点地区""上海市基层中医药适宜技术推广基地"称号;宝山区中西医结合医院通过国家中医药管理局等级评审,顺利晋升为三级甲等中西医结合医院;区内 5 所二级综合性医院完成了上海市中医药科室标准化建设,区内 2 所社区卫生服务中心获得了"全国示范社区卫生服务中心"、7 所社区卫生服务中心获得了"上海市示范社区卫生服务中心"。

第七节　上海市浦东新区中医医院

1980 年,成立川沙中医医院。1986 年,迁建至南桥路。1993 年,医院首批获评全国二级甲等中医医院。同年,医院由"川沙县中医医院"更名为"上海市浦东新区中医医院"。1994 年,被评为全国首批示范中医医院。2008 年 7 月,医院迁入现址(平川路 399 号)。2013 年 3 月,医院接受二级甲等中医医院复审,并顺利通过评审。医院占地面积 50 亩,建筑面积 2 万平方米,核定床位 252 张,实际开放床位 275 张。2015 年,医院有职工 453 人,临床科室 20 个,医技科室 6 个,住院病区 4 个,专业技术人员占 92%,其中高级职称占 9%、中级职称占 42%。

表 3-12-4　2012—2015 年上海市浦东新区中医医院历任院长情况表

任职时间	院长
2012 年 6—8 月	陈建国
2012 年 8 月—2014 年 8 月	沈远东
2014 年 8 月—	胡宗德

主要优势科室:针灸科的银质针温针灸加电针治疗腰椎间盘突出症、骨伤科的微调手法治疗膝骨关节炎为市级优势病种。市级中医特色诊疗技术为老年性非小细胞肺癌、中医"咳嗽病"、颤病(帕金森病)。中医妇科为胡氏妇科传承基地,第 19 代传人胡秀莹擅长妇科慢性病的调治。脑病专科为浦东新区重点学科。针灸科为浦东新区特色学科、针灸陆氏海派传承基地。徐氏儿科为海派传承基地工作室。骨伤科是石氏伤科海派浦东基地。治未病科作为中医院的特色专科,以预防、保健为主,推出各具特色的适宜技术项目,如冬病夏治(夏季敷贴)、冬令膏方进补等。

2012 年,加入曙光集团后,医、教、科、研能力进一步得到提升,与区内 13 家社区卫生服务中心签订对口支援服务协议,推行专家门诊、带教、中医适宜技术推广、医疗咨询、健康教育、双向转诊、会诊等服务。2012 年,门诊数 618 439 人次,出院 4 334 人。2013 年,门诊数 653 297 人次,出院 625 人。2014 年,门诊数 676 260 人次,出院 5 058 人。2015 年,门诊数 779 299 人次,出院 6 155 人。

第八节　上海盈康护理院养老院

上海盈康护理院养老院，坐落在上海市青浦区，是上海申康医院发展中心为适应上海市老龄化趋势，缓解老年患者住院难，利用社会多元化投入机制，经上海市卫生局、上海市民政局批准，成功组建的一家集医疗、护理、康复为一体的非营利的社会专业护理养老机构。2010 年 6 月，正式投入运营。

2010 年 8 月，在申康医院发展中心的牵头下与医院合作，成为医院集团的一家签约护理院。2012 年 2 月，根据护理院发展与需求的增加，通过上海市医保及卫生产业中心的认可，升级为二级医保定点单位，核定床位 190 张。2013 年 10 月，通过上海市卫生局批准增加 300 张床位，核定床位 680 张。2013 年 4 月，经上海市民政局及上海市卫生局批准，增加医养结合床位 140 张，养老院床位 350 张。2015 年，实际开放床位 813 张。养老院占地 50 亩，建筑面积 2.3 万平方米。有职工近 260 人，住院病区 7 个，辅助科室 6 个，专业技术人员占 82%，其中高级职称占 5%、中级职称占 10%。

主要优势科室：心脑血管疾病、糖尿病、各类骨折后康复、帕金森病、气管切开、长期卧床及癌症晚期舒缓疗护等患者。2014 年，被上海市医保局指定作为“上海市居家养老护工实训基地”。开设老年骨关节病分中心，聘请医院詹红生为分中心主任，致力于慢性筋骨病损防治研究；聘请医院心内科主任、心血管研究室主任王肖龙教授为分中心主任，指导、查房及带教下一代，重点培养，造福患者。

表 3-12-5　2010—2015 年上海盈康护理院养老院历任院长情况表

任职时间	院　长
2010 年 1 月—2014 年 7 月	黄钦才
2014 年 7 月—	汤仁智

第九节　桐乡市中医医院

桐乡市中医医院创建于 1984 年，是一所集医疗、教学、科研、预防、保健、康复于一体，具有中医特色、中西医结合的现代化中医医院。两次被评为全国卫生系统先进集体，为浙江省文明单位、浙江省绿色医院、浙江省中医名院建设单位。2013 年，被评为国家三级乙等中医医院。同年，加入曙光医院集团，冠名为“上海中医药大学附属曙光医院桐乡分院”。其为浙江省中医院“医疗联合体”成员单位，浙江中医药大学及江西中医药大学教学医院，浙江省中医住院医师规范化培训基地。

医院占地 56 亩，建筑面积 3 万多平方米，建筑风格典雅，环境优美。核定床位 450 张，医疗服务功能完善，学科设置齐全。2015 年，设 10 个病区，1 个 ICU、血透室及现代化百级层流空气净化手术室。2015 年，职工 630 余人，其中专业技术人员占 94.16%，高级职称占 17.35%，中级职称占 20.35%。有 33 个临床科室、12 个医技科室。2013—2015 年，王敬民任桐乡市中医医院院长。

主要优势科室：医院坚持“继承不离古、发扬不离宗、能中不西、中西并重”的办院宗旨，狠抓专科建设。2015 年,有全国中医特色专科建设项目两个,即脑病科,针灸推拿科;省级重点学科两个,即心血管内科、骨伤科;嘉兴市级重点学科两个,即糖尿病专科、社区医学。专科均有自己的特色和优势。脑病科主要围绕卒中中心及脑梗死建设基地开展工作。针推科承担了全市的中医适宜技术推广、指导工作。骨伤科开展全膝置换术、胫骨高位截骨矫形术、小切口髋关节置换术、膝肩关节镜等手术。外科开展腹腔镜下胆囊切除术、胆总管探查、脾切除术、腹股沟疝修补术、胃穿孔修补等微创手术。医院还开展冬病夏治、冬令膏方进补等疗效确切的中医特色诊疗项目。

第十节　奉化市中医院

1987 年 6 月 19 日,浙江省卫生厅同意建立奉化县中医医院(由奉化县大桥医院改建)。1988 年 10 月 26 日,撤县设市,启用“奉化市中医医院”。2004 年,陈建明任院长。2014 年 3 月,在奉化市卫计局的牵头下与曙光医院合作,成为医院集团的签约医院之一,并冠名为“上海中医药大学附属曙光医院奉化分院”,同时,成为上海中医药大学临床教学基地。医院占地面积 23 456 平方米,建筑面积 25 168 平方米。2015 年 12 月,开放床位 450 张,职工 595 人,其中卫技人员 512 人;高级职称人员 105 人,中级职称人员 155 人,硕士 34 人。开设 12 个病区和 1 个综合手术室,设有一级临床科室 18 个,二级临床专科 9 个,医技科室 11 个,70 余个专病专科门诊。

主要优势科室:中风病专科是省重点建设中医专科和省中医“名科”建设项目,“中西医结合治疗中风”被列入省级重点协作单位,中西医结合骨伤科是浙江省基层优势类重点学科,中西医结合肛肠科是宁波市重点扶持专科,骨伤科和内分泌科是宁波市重点扶持学科,针推康复科是国家中医药管理局特色专科建设项目,中医心血管病科、中西医结合眼科是宁波市县级医学龙头学科。奉化“眼病中心”“中西医结合糖尿病治疗中心”“康复医学中心”“医疗美容中心”“推拿医疗中心”“中医药质量控制中心”“中医适宜技术推广中心”“口腔质控中心”“口腔慢病防治中心”均设在医院。

2014 年,加入集团后,肿瘤科、糖尿病科、骨科、肛肠科已与曙光医院合作。合作期间长期聘请曙光医院专家肿瘤科李琦、内分泌科陆灏、骨科王翔、肛肠科汪庆明两周一次来院门诊,并参与住院部疑难患者查房及治疗指导。

第十一节　温州市中医院

温州市中医院创建于 1923 年,医院前身是由工商界开明人士蔡冠夫、陈子明、陶履臣等人筹款创办的“专以施医施药救济贫病者为宗旨”的医疗慈善机构——永嘉募办普安施医施药局。1999 年 12 月 13 日,医院兼并市气功疗养院,组建温州市中医院景山院区;2013 年 1 月,温州市中医院兼并了温州市第八人民医院,组建为水心院区。2015 年 11 月,组建成立温州市中医医疗集团,下属紧密型专科医院有文成县中医院、洞头区中医院,职工 1 600 余人。总占地面积 112.77 亩,建筑面积 13.39 万平方米,拥有六虹桥、景山、水心、大士门、怡福共 5 个院区。核定床位 880 张,总开放床位超过 1 400 张。2013 年 12 月,黄建平任院长。

主要优势科室:国家级重点专科 4 个——中医妇科、肾病科、康复科、神经病科;浙江省中医重点学(专)科 4 个——中医妇科、肾病科、中西医结合老年康复科、肝病科;温州市级重点学科群 2 个——老年病学科群、康复医学学科群;温州市市级重点学科 6 个——心脑血管科、康复科、骨伤科、中西医结合乳腺病科、中西医结合消化内科、中西医结合肿瘤内科;院级重点学科 3 个——针灸推拿科、检验科、呼吸科，保持了在地区中医药发展建设中的领先地位。

2013年12月，为有效发挥公立医院资源优势，提高医疗卫生资源利用效率，在温州市卫计委的牵头下，上海中医药大学附属曙光医院与温州市中医院建立紧密型合作关系。2014年，开展68项新技术、新项目，其中肿瘤科的自体免疫细胞治疗技术属于国内领先水平，康复科的MRS下肢蹬踏运动训练、上肢功能虚拟情景训练以及认知障碍训练仪器等项目在省内处于领先水平。

2015年，共安排医疗人员下社区55批次，参加人员660人次，诊治普通患者12 500人次，化验检查4 050人次，送药14.3万元；与泰顺县中医院、瓯海瞿溪社区卫生服务中心签订帮扶协议，与苍南县中医院等18家医疗单位建立结对帮扶关系；与瓯海、鹿城、永嘉、泰顺等22家医院签订双向转诊协议，建立信息平台。在科研教学方面，省卫计委课题立项1项，省中管局课题立项9项，市科技局课题立项6项，卫计委课题立项21项；发表SCI论文7篇；成为福建中医药大学附属医院和福建中医药大学教学医院。

第十二节 舟山市中医院

2003年12月，由原舟山市中医院和原舟山市骨伤医院（即洋岙医院）组建成立为舟山市中医骨伤联合医院。2014年，成为上海中医药大学附属曙光医院舟山分院。成立上海曙光医院肝病中心舟山分中心、上海曙光医院肛肠中心舟山分中心，提升中医妇科、肝病科、肛肠科、乳腺病科水平；推进“治未病”工作，中医体质辨识、中医养生保健工作等方面全面合作。2015年11月17日，更名为舟山市中医院，第二名称为舟山市骨伤医院（洋岙医院），徐方明任院长。医院是国家重点中医院建设项目单位、国家中医药管理局基层常见病多发病中医药适宜技术推广能力建设项目单位、浙江省中医药适宜技术示范基地、浙江省中医住院医师规范化培训基地、江西中医药大学教学医院和浙江中医药大学、浙江海洋学院教学基地。医院占地面积2.19万平方米，建筑面积4.97万平方米，拥有在职职工534人，核定床位500张，实际开放500张，开设12个病区、37个专病专科门诊。2007年，被确定为浙江省第一批“中医名院”项目建设单位。2008年，被列入国家重点中医院建设项目。2012年，被评定为国家中医药管理局三级甲等中医医院。有高级职称卫技人员79人，省“151”人才5人，市“资深专业技术拔尖人才”1人，市“111”人才6人，市“青年科技人才奖”2人，第五批全国老中医药专家学术经验继承工作指导老师、博士研究生指导老师1人，市级名中医9人；硕士生导师2人，博士生2人，硕士生36人。引进超导型1.5T磁共振、16排螺旋CT、飞利浦DR、美国wolf腹腔镜、美国Linatec关节镜、数字化双能X线骨密度仪、S－YYZ－01型语言障碍诊治仪、奥林巴斯全自动生化仪、奥林巴斯电子胃肠镜、飞利浦C臂机、全自动血凝仪、多功能中央监护系统及高档彩超等一批高精尖医疗仪器设备。

主要优势科室：脊柱关节科、心血管科、肾病科为省级重点专科，骨伤科、手外科、麻醉科、中药药剂为市级重点学科，肿瘤内科、髋关节科、康复医学科、关节科为局级重点学科，关节镜科为局级重点专科。开展颈椎前后路手术、全髋全膝关节置换及翻修术、拇指再造和各种复杂皮瓣手术、胸腹部常规手术、常见肿瘤手术、脑外伤手术、妇科以及肛肠科各种常规手术。

2003—2015年，多项科研课题在各级立项、获奖，其中5项获省卫生科技创新奖、10项获舟山市科技进步奖。发表各类学术论文400余篇，开展市级新技术新项目50余项，研发院内制剂30余种。

第十三节　武义县中医院

武义县中医院成立于1955年，地处浙江中部，金衢盆地东南，是一所集中医、西医、中西医结合于一体的国家二级甲等中医医院，承担着武义县域内中医、中西医结合的临床医疗任务。2015年12月，正式与上海中医药大学附属曙光医院合作，并冠名为"上海中医药大学附属曙光医院武义分院"。医院占地面积7 625平方米，建筑面积13 677平方米。医院核定床位250张，实际开放261张。设有内一、内二、康复科、外科、妇产科、骨伤科、银湖病区、急诊病区8个病区，下设武义县中医院王宅分院，并开设专病专科门诊20余个。

2015年，有职工364人，其中卫技人员304人；高级职称42人，中级职称102人，初级204人。全国医药卫生系统先进个人1人，浙江省劳动模范1人、浙江省基层名中医1人、省基层中医技术骨干1人，市劳动模范2人、市级名医3人，市级领军人才1人、市青年岗位能手3人，县级名医6人。医院先后被评为省文明中医院、省平安医院、省绿色医院、省卫生先进单位，市优质服务医院、市安全生产管理规范化单位、市文明单位，县内唯一的职业病健康检查定点单位。2015年邓晓文为院长。

主要优势科室：医院拥有进口螺旋CT、DR、CR、数字胃肠机，彩色B超，C型臂X线机，电子胃镜、肠镜，动态心电图诊断仪，腹腔镜，关节镜，膀胱镜，胆道镜，支气管镜，结石汽化仪，全自动生化分析仪，全自动血凝仪，全自动血细胞分析仪，骨密度检测仪，肺功能仪等一大批先进诊疗仪器。开展手指再造、断肢(指)再植、人工全髋关节置换、颈椎前路减压、经尿道前列腺电切、关节镜手术、腹腔镜下微创外科、妇科手术等各类高难度手术。其中康复科为县域内首家以中西医结合治疗为特色的专业康复病区。

2015年，加入曙光医院集团，医院在医、教、科、研方面能力得到进一步提升，其中骨伤科、肝病专科、肛肠专科通过专家门诊、带教、手术指导、中医适宜技术推广、医疗咨询、健康教育、双向转诊、会诊等，其服务、业务水平得到大幅度提升。

第四篇 护理

概　　述

四明医院刚成立时，全院仅1名正式护士，其余为助产士或助理护士。1945年7月，四明医院附设护士职业学校招收第一届护士学生，为医院输送一批护理专业训练有素的护士。1953—1954年，上海市立第十人民医院、上海市立第十一人民医院时期护理人员略有增长，约100名护理人员；到1986年底，已有护士230人；至1994年底，有291人；2001年底，有321人；2005年底，有503人；至2015年底，护理人员发展到796人。

1960年，确定医院办院方向为“继承与发扬祖国医学遗产，使中医事业日益光大”。据此，护理部也跟随医院脚步，开始制定各种中医护理常规，招收中医护士，加强中医护理的培训工作。1980—2015年，护理工作从领导体系、护理管理、护理质量、护理教育与科研、精神文明建设等方面，经过各时期不断地改进和完善，形成一整套现代化中医管理体系。在护理工作的质量和特色上，中医护理得到不断创新与发展，并开展“以患者为中心”的中医整体化优质护理，全面实施中医护理方案，推广中医护理技术，满足现代社会中患者不断增长的生理、心理等方面的护理需求；同时，在教学与科研工作上也取得良好的成绩，相继承担上海中医药大学医疗五年制、七年制、留学生小学期护理临床实践、护理学院大专本科临床毕业实习见习等各大院校护生的带教工作。

图4-1　1946年，四明医院全体护士迎送新老护士长留念照

第一章　组织体制和护理管理

1906 年，建院初期医院管理工作均由四明公所董事会管理。1922 年，新院建成之后，医院设院长和副院长，同时，各部门的管理体制也陆续建立。1922—1956 年，四明医院时期的护理管理组织体制是院长下面设护理部和特等病房，1953 年上海市立第十人民医院成立、1954 年上海市立第十一人民医院成立，都设有护理部。1960 年，两院合并，实行护理部、护士长二级负责制。“文化大革命”时期，医院无护理部及护士长，由班、组长等负责各项工作。至 1978 年以后，恢复护理部及护士长职务；1980 年起，实行三级领导体制；1995 年起，护理管理恢复实行三级领导体制。2004 年，医院东部成立之后，设立东部护理部，东、西两部各设一名护理部副主任，东部护理部副主任以质量控制安全督导为主，西部护理部副主任以教学科研为主；护理部主任 1 人，负责全院护理管理。在迎接各级各类检查中，东、西两部护理部相互协作，共同完成上级布置的各种任务。

第一节　组 织 体 制

随着医院业务发展，护理部组织体系也随之发生变化。1922—1956 年，护理管理组织体制是院长下面设护理部和特等病房。

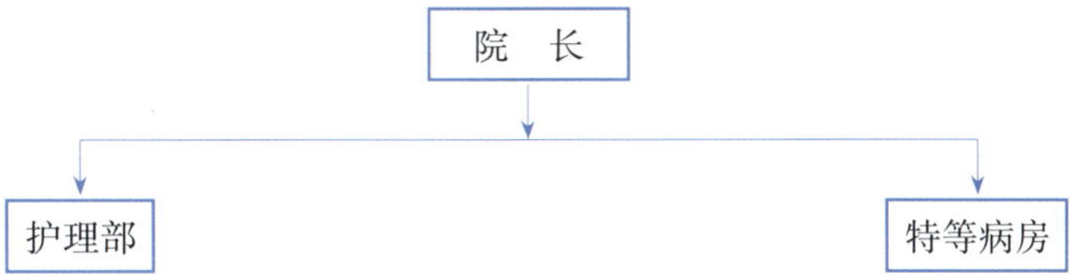

图 4-1-1　1922—1956 年四明医院时期的护理管理组织结构

1960—1965 年，均实行护理部、护士长二级负责制。1966—1977 年，“文化大革命”时期，医院无护理部及护士长，由班、组长等负责各项工作。1978 年，恢复护理部及护士长职务；1980 年起，实行三级领导体制。1993 年起，因医院内部管理体系调整，护理管理实行二级领导体制。1995 年起，护理管理恢复实行三级领导体制；2004 年 12 月，东部试运行，护理部实行三级领导体制。

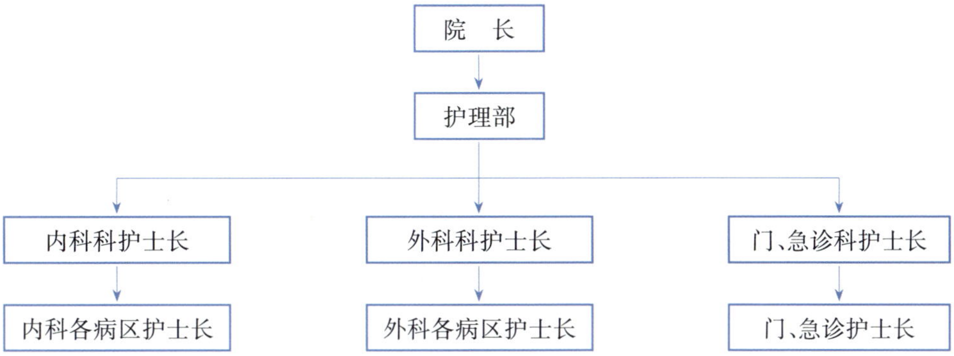

图 4-1-2　1953—1992 年医院护理管理组织结构

20世纪50年代以后的上海市立第十人民医院、上海市立第十一人民医院和曙光医院建立初期，均实行护理部、护士长二级负责制。“文化大革命”时期，医院无护理部及护士长，由班、组长等负责各项工作。至1978年以后，恢复护理部及护士长职务；1980年起，实行三级领导体制；1993年起，因医院内部管理体系调整，护理管理实行二级领导体制。

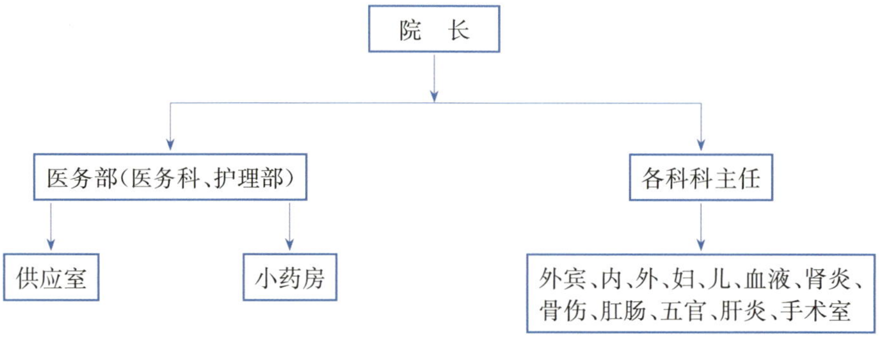

图4-1-3　1993年医院护理管理组织结构

1995年起，护理管理恢复实行三级领导体制：

院长——护理部——内科科护士长——内科各病区(包括六、七、八、九、十二、十四、十八病区，ICU)护士长

院长——护理部——外科科护士长——外科各病区(包括十、十一、十三、十五、十六、十七病区，手术室)护士长

院长——护理部——门、急诊科护士长——急诊(急诊一楼、急诊三楼、肠道科、儿科)护士长和门诊、小药房、血透室、供应室、入院与护工管理处护士长

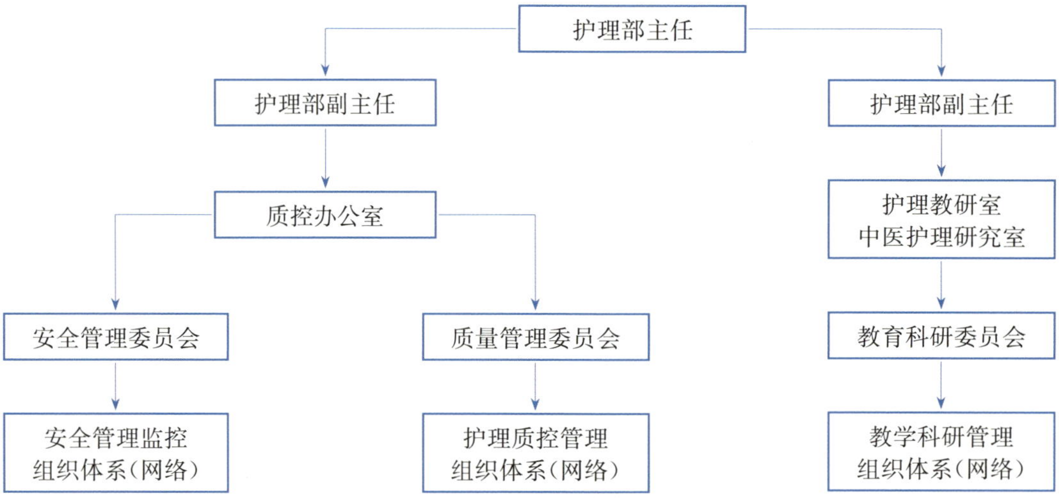

图4-1-4　1995年医院护理管理组织结构

2004年12月，东部试运行。2005年4月，东部正式开张，护理部实行三级领导体制。

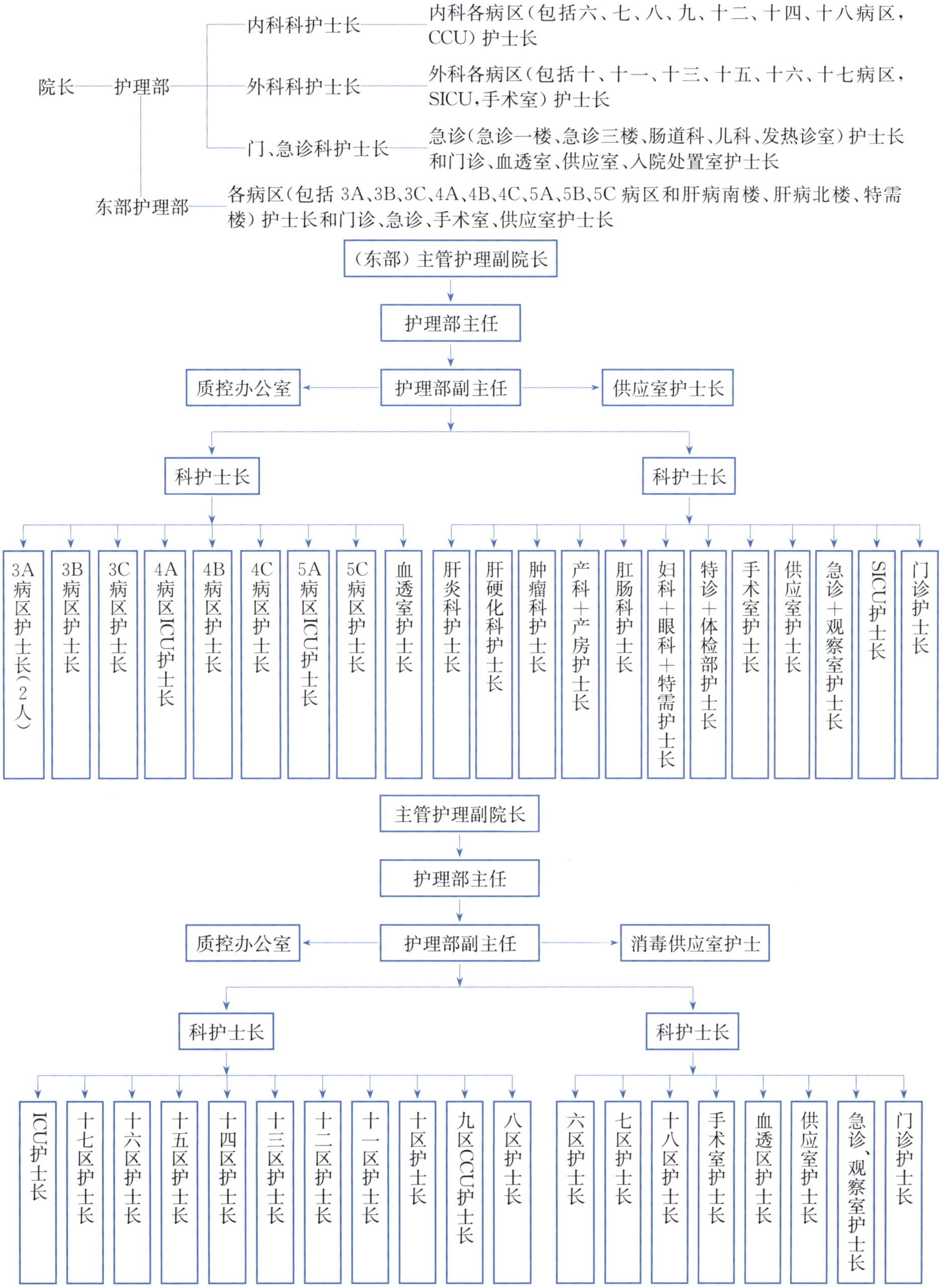

图 4-1-5　2015 年护理三级管理组织架构

表 4-1-1　1945—2015 年护理部历任负责人情况表

任职时间	主　任	任职时间	副　主　任
1945—1953 年	路美丽	1953—1961 年	徐修荣
1953—1961 年	李文英	1960—1978 年	钱　娴
1961—1978 年	徐修荣	1977—1983 年	李蔼林
1978—1983 年	钱　娴	1981—1983 年	孙锦心
1983—1987 年	吴　霞	1986—1987 年	杨大瑛
1988—1989 年	杨大瑛	1986—1989 年	李雅琴(护)
1989 年—2000 年 2 月	李雅琴	1991—1992 年	于淑钊
2000 年 4 月—2001 年 6 月	王　珏	1991—1992 年	蒋绍芳
2003 年 2 月—	张雅丽	1992 年—2000 年 4 月	王　珏
		1998 年 5 月—2004 年 2 月	曹菊香
		2001 年 9 月—2002 年 3 月	叶如美(常务副主任)
		2001 年 9 月—2003 年 2 月	张雅丽
		2003 年 3 月—2010 年 2 月	史晓卿
		2003 年 3 月—	孙　青
		2004 年 6 月—2006 年 5 月	张黎华(常务副主任)
		2006 年 5 月—2010 年 4 月	张黎华
		2010 年 2 月—2013 年 10 月	崔　屹
		2013 年 10 月—	崔　屹(常务副主任)

表 4-1-2　1982—2005 年各科科护士长情况表

任职时间	门急诊科护士长	任职时间	外科科护士长	任职时间	内科科护士长
1982—1983 年	吴　霞	1982—1985 年	温大妹	1982—1986 年	杨大瑛
1984—1985 年	王凤英	1985—1989 年	张福珍	1989—1990 年	于淑钊
1985—1986 年	李雅琴(护)	1989—1990 年	陈秀娣	1992 年—1998 年 5 月	曹菊香
1989—1990 年	陈秀娣	1990—1992 年	蒉惠吟	1999 年 1 月—2001 年 7 月	叶如美
1992—1993 年	蒉惠吟	1992 年—2005 年 12 月	严小蓓	2001 年—2005 年 12 月	周俭美
1995 年 2 月—1996 年 7 月	郑根丽				
1997 年 1 月—2005 年 12 月	李丽蓉				

表 4-1-3　1922—2001 年护士职务分类情况表

年　份	总人数	护理部主任	科护士长	护士长	女护士	男护士	助理护士	床位数
1922	50	1		7	22		20	
1956	129	2		13	85	9	20	282

（续表）

年 份	总人数	护理部主任	科护士长	护士长	女护士	男护士	助理护士	床位数
1986	234	3	3	20	200	4	4	450
1992	304	2	3	22	274		3	600
1996	319	2	2	23	289		3	600
1997	324	2	3	23	293		3	600
1998	334	3	3	23	302		3	600
1999	325	3	3	23	293		3	600
2000	330	2	3	23	299		3	600
2001	322	3	3	20	293		3	600

表 4-1-4 1994—2015 年护士的学历和职称情况表

年份	学 历				职 称					总人数
	硕士	本科	大专(包括大专相当学历)	中专	主任护师	副主任护师	主管护师	护师	护士	
1994	—	—	—	—	0	2	17	86	188	293
1996	0	1	10	309	0	1	23	130	166	320
1997	0	1	17	305	0	1	28	141	153	323
1998	0	0	15	319	0	1	31	136	166	334
1999	0	0	21	304	0	1	30	124	170	325
2000	0	0	22	308	0	0	25	138	167	330
2001	0	1	28	292	0	1	18	147	155	321
2002	0	2	34	306	0	1	18	158	165	342
2003	0	2	45	283	0	1	33	136	160	330
2004	0	14	85	279	0	1	36	184	157	378
2005	0	38	128	347	1	0	62	166	284	513
2006	0	83	184	366	1	1	70	182	379	633
2007	0	98	240	347	1	1	77	208	398	685
2008	0	117	282	270	1	1	81	249	337	669
2009	2	123	319	249	1	1	79	256	356	693
2010	2	133	382	180	1	2	70	364	260	697
2011	1	145	396	159	1	2	87	378	233	701
2012	2	176	419	108	1	2	89	413	200	705
2013	4	258	438	73	1	2	88	449	233	773
2014	4	331	386	56	2	4	122	438	211	777
2015	4	354	391	47	2	4	130	433	227	796

第二节 管理制度

1960年以前，护理部制订了护理工作、消毒隔离、交接班、三查五对、财产清点等制度。

1960年，护理部对原有的各项护理工作制度进行改进。1965年，全院部署狠抓规章制度工作，护理部的各项规章制度得到进一步完善和实施。“文化大革命”期间，原有的制度均被打破。直至1978年，才逐渐恢复各项护理工作制度，并增加了一人一岗一卡、护士长日夜查房、护士工作量统计、差错事故处理、医嘱核对、三查七对、抢救药品核对、麻醉物品保管、护理部奖惩等制度。

1982年，为提高护士长工作效率，建立了护士长日记本。1984年，制订护士守则。1985年，设立护士技术档案。1990年起，根据创建文明医院和建立三级甲等医院标准，护理部逐项充实和健全护理工作制度，突出质量考核要求，实施护理部考核科护士长、科护士长考核护士长、护士长考核护士，以及对主管护师、护师、带教老师的分类考核，对基础护理、病室管理质量、急救物品完好率、消毒隔离、五种护理文件书写等分项考核。同时，建立差错事故、褥疮、护理质控、陪客率、服务态度满意率、护士长会议、护理办公例会、护理专题会议、护理部主任参加晨会、护理论文等各类登记簿。护理部每年有工作规划和总结，每季、每月有工作重点。护理部办公室内设有全院护士一览表、护理质控图，以掌握护理工作动态和目标进度。建立护理质量控制检查组，每月对基础护理、病房管理、消毒隔离、技术操作、护理文件书写和门急诊等进行次分组检查。病房实行规范化管理，统一护理文件书写、各班职责、病区晨交班队形、护士台玻璃台面布置和治疗室内清洁区、污染区及消毒隔离操作等标准。

1995年，完善护理部奖惩条例，规范辨证施护病历书写，病区、门急诊每月进行患者满意度的测定，病房内设立床边交班本。1996年，健全护理信息(质控)管理工作制度、消毒隔离工作制度、护理示教室工作制度、护理教研室工作职责，统一护理工作制度18项、护理考核标准30项，制订护士长病房管理责任书。1997年，制订重症监护室(ICU)管理制度、难免褥疮报告制度及评估考核制度、血透室工作制度及消毒隔离制度、内窥镜室工作制度及消毒隔离制度、门诊消毒隔离制度、输血输液反应报告制度、抢救车物品管理制度、一次性物品管理制度、陪护管理处工作职责及陪护人员须知，并建立护理部护理质控组(病房管理组、基础护理组、消毒隔离组、护理文件书写组、技术操作组)。1998年，制订整体护理病房护理质量、护士工作职责、病房质控自查制度及病房护理质量评估表，完善护理病历表格，设计中医护理题(护理诊断)表格(共计16类40项)，编制了内、外、妇、眼、伤、肛肠科等保健指导宣教资料，并制订了“心脏除颤”“空气培养”操作流程，修订《肠道门诊消毒隔离制度》。1999年，制订差错事故防范措施、贵重药品管理制度、麻醉药品管理制度、护理质量考评奖罚细则，以及血液透析操作流程图，建立护患交流登记表、康复指导本与康复指导章(病房)，修订抢救车管理制度及示意图、监护室管理制度、肠道工作制度与消毒隔离制度、供应室消毒隔离制度、内窥镜室工作制度等；同时规范护理部质控管理方法，每月第2周进行全面质量检查，第3周进行护理技术操作抽考，并作质量检查讲评，筛选出检查成绩后三名(按总分递减排列)的科室与奖金挂钩。2000年，全面开展“以患者为中心”的整体护理，制定病房《健康教育宣教手册》《饮食与健康》资料集，并建立护士与患者家属联系制度、特殊护理操作告知制度。

2001年，护理部根据ISO质量管理体系数的要求(标准)，整理、修改、完善各项管理制度，基础与专科护理操作规程(16类50项)及质量记录表格(41项)，其中增订《护理不合格的控制与预防措施》《标本损坏、遗失告知制度》《重要物品、药品、仪器管理制度》《患者出入院管理制度》

《患者饮食管理制度》《煤气管理制度》《病区浴室管理制度》《工作人员进入 ICU 制度》《进出 ICU 患者管理制度》《患者家属探望制度》以及病房突发事件处理工作程序、与患者护理需求有关的工作程序等。

2002 年,《医疗事故处理条例》正式出台。护理部先后组织护士长、护士结合护理常规等进行学习与考核,增强法律法规意识,规范护理服务行为。同时,按照 ISO“质量第一,持续改进”的指导思想与质量目标,倡导“要预防质量问题的发生,在检查中发现问题”,保证护理质量与安全,基本达到 ISO 的审核要求。2002—2005 年,继续完善修订或增加相关的护理管理制度、工作流程、人员考核、质量记录表格等。

2003 年,成立由护理部主任、科护士长,护士长及病区护士组成的“三个专业委员会”和“八个质控组”,每月组织一次活动;设《护理管理日程记录表》,由科护士长、护理部主任记录日常工作内容,网上公示护理部每月工作重点与护理质量考核结果;建立大会暨质量讲评会制度,每季度一次。同时,完成 SICU、急诊 ICU 的创建、布局改建,人员与设施的配备等,配合手术室、供应室、门急诊、预检台、注射室、补液室、观察室、治疗室等改建工作。

2004 年,建立病区(科室)“护理安全教育与质量讲评”会议制度,以及出院患者的电话回访及家庭信访制度,将每月“出院患者满意度”列入科室质控考核中。在此基础上,推出《护理部奖金分配改革方案》。

2005 年,是医院管理年。护理部修订门诊和病房的消毒隔离制度、急诊的抢救工作预案与流程,护理安全管理制度,如“病区意外突发事件护理紧急处理预案和流程(患者坠床跌倒、烫伤)”等。设立中医护理会诊制度与疑难病例护理讨论制度等,着力解决临床危重疑难患者护理管理中的薄弱环节和突出问题。重新调整全院治疗科室的静脉输液常规配置时间及流程,由原来的夜班 6:00 之前,改为日班的 7:00 之后进行。修订护理部质控管理制度、考核奖惩条例(包括科研论文奖励)、各级护理人员岗位职责及绩效考核办法、消毒隔离管理制度、病房管理制度等,以及质量考核记录表格,如特一级护理和危重患者护理、病房与手术室、供应室、门急诊的消毒隔离、抢救物品、病区管理、护理文件书写、褥疮预报与转归评估、护理工作调查、护理部质控检查反馈等。建立专科护理与操作常规、流程,如《中医护理工作制度》《中医专病专科护理常规》《中医护理常规与操作规范》《中医健康宣教册》,并建立病区“中医护理操作登记本”。

2005 年,东部投入运营时,护工管理归家政公司社会化管理,同年 4 月,全院的护工管理正式纳入社会化管理的进程中。2005 年之后,为规范东部管理,护理部制定各项管理制度,建立质量控制考核网络,并将“ISO 作业指导书”及工作管理,质控考核记录如各类护理质量控制考核表、人员考核、病区工作排班、护理工作量统计、褥疮评估记录等进行信息化设计。制定门诊各科室工作制度与流程、消毒隔离制度等,建立病区《健康教育册》《药物知识手册》等。同时,制定了《护理人员奖金分配方案(东部)》。

第三节　护 理 服 务

2010 年,肛肠科作为示范病区开展优质护理。制定《住院患者基础护理服务项目》《基础护理服务工作规范》《常用临床护理技术服务规范》《临床护理服务规范标准》《护理人员分层级管理与质量考核制度》《绩效考核管理制度》。2011 年,开始优质护理服务试运行,同年 5 月,东部各病区正式启动“优质护理服务病房”, 18 个病区全面开展“优质护理服务”活动;10 月,西部各病区启用;12

月，13 个病区正式全面开展“优质护理服务”。2011 年，制定完善相关制度、工作流程与常规等（约 15 项），如优质护理管理制度、管理岗位职责及工作措施、医院（人事、奖金）护理管理组织体系、优质护理病房管理制度及排班制度、整体护理管理制度、分级护理制度及细化标准、各级护士工作标准、护理人员分层次使用与管理制度、紧急/机动护理人员调配预案与制度，以及责任护士岗位设置与职责、绩效考核制度及考核表、满意度调查表（包括科主任/医生对护士长、护士满意度调查表）等，各科建立“优质护理服务病房”资料册。并增设“优质护理服务”专项质控项目，制定“优质护理服务质量管理专业委员会”“质量控制目标”“优质护理服务病房质量评分标准”等。每月检查各病区的优质护理落实情况与服务质量，检查内容包括护士岗位管理与人力调配、责任制整体护理、绩效考核、患者满意度评价、简化护理书写等。

2012 年 7 月起，门诊、急诊、血透室、手术室、供应室也同时开展优质护理服务。同年 12 月，全院所有护理单元百分百开展优质护理服务。门、急诊优化服务流程，推行“一站式服务”，做好对患者的健康教育和指导；手术室为外科手术患者提供规范的围手术期护理，如术前访视、术后随访，与病房护士安全交接，保障患者安全；供应室下送下收满足临床一线的护理需求，保证物品器械的清洗、消毒、灭菌质量等。

第四节　护 理 机 制

一、护理模式

2011 年，从功能制护理向小包干制扁平式责任制护理模式转变。每名责任护士平均负责患者数量不超过 8 个。每个患者均有相对固定的责任护士对其全程、全面负责，包括为患者提供生活护理服务。按照卫生部、上海市卫生局《2012 年推广“优质护理服务工作方案”》等文件要求，护士为患者提供专科专病指导、开展中医特色护理技术项目及康复功能锻炼，满足患者个性化护理需求。

2013 年起，护理部组织各病区开展系列活动，如各科拍摄“专科专病健康宣教”视频，举办“五小活动”（小发明、小创造、小改革、小革新、小建议）等，以体现“人性化服务理念”的细节服务举措，结合开展中医特色护理技术，提升服务技术内涵。2014 年，更新完善《中医专科专病健康宣教册》，制作护理部及各科的《静脉治疗技术宣教册》。2015 年，修订《患者入院、出院护理工作制度及服务流程与护理流程》，组织各科拍摄“细节服务新举措”宣教视频，更新本专科专病健康宣教册，设立病区“温馨沟通角”等，使患者满意度不断提高。

二、护士人力配置

2011 年，依据护理工作量和患者病情，合理配置护士人力，每名责任护士平均负责患者数量 3～8 人，对患者全程、全面负责，包括为患者提供基础护理和专科护理服务。充分发挥个人专长，按职上岗。科护士长、护士长经常征求护士意见，对病房护士所关心的排班模式、责任包干、分层管理、绩效挂钩进行访谈，了解和倾听临床一线护士的心声，并不断调整实施方案，特别是在绩效挂钩的奖金分配制度的实施过程中，确保护士能接受变革带来的奖金分配上的变化，优化管理模式。

三、激励机制

2011年，在做好优质护理服务的同时，重视护士积极性的调动，实行绩效考核与奖金分配挂钩制度。每月对优质护理病房进行质量考核，评选出前2名科室作为优质护理示范病房，给予“优质护理示范病区”流动挂牌公示，并每人每月奖励200～300元，以鼓舞大家工作干劲，形成一个比学赶帮的良性竞争氛围。为鼓励中医护理操作项目的开展，护理部从实施的项目数、患者数等方面按一定的比例予以奖励。全院每月护理部奖励总额从2011年的2～3万元增加到2015年的6～7万元。2011年起，每年有48个护理单元获医院“优质护理”专项奖励，平均每月4个科室（东、西部各2个）。每月对优质护理质量控制成绩列第一名的科室（Ⅰ、Ⅱ类科室分别按降序排列），给予“优质护理示范病区”流动挂牌公示，并予以质量控制奖励。

2013年，医院优质护理服务获得由国家中医药管理局颁发的全国中医医院优质护理服务先进单位。

第五节 中 医 护 理

一、辨证施护

1978年起，上海中医学院附属卫校成立，为医院输送了一批中医护士。1982年，护理部初步制订中医内科23个病种的中医护理常规。1983年，护理部组织全院护士学习中医基础知识，请医院内的老中医授课，为开展辨证施护、计划护理打下了基础。2010年，医院建立一种中医辨证施护与现代优质护理责任制整体护理相结合的具有中医特色的护理工作模式，并构建合理的中医辨证施护理论体系。根据辨证施护优势病种的特点，结合预防、保健、康复等措施，运用独特的中医传统护理技术，制定与辨证施护优势病种相应的中医辨证施护方案。在临床实践中，落实中医辨证施护管理体系与职责，以临床疗效为考核指标，重点发展中医特色护理技术和方法，进一步优化中医辨证施护方案，充分发挥中医“简、便、验、廉”优势，不断提升中医辨证施护的临床实践能力。依托曙光医院是国家级重点中医专科以及在中医辨证方面的优势，建立肝病科、伤科、肾病科、呼吸科、心血管科及针灸科等辨证施护的模式病房，在建设期内，不断总结经验，以点带面，逐步普及至各科。不断完善中医护理常规、中医护理操作流程、考核标准等，如功效、主治、操作部位或取穴、归经、操作注意事项等。

二、中医护理方案

2013年，护理部开展20个中医护理方案。2014年，又增加13个中医护理方案。2015年，在33个方案基础上再增加19个中医护理方案。截至2015年底共开展50个中医护理方案。50个中医护理方案包括胆胀（胆囊炎）、大肠息肉（结肠息肉）、中风（脑梗死急性期、脑梗死恢复期）、面瘫病（面神经炎）、眩晕病（原发性高血压）、胸痹心痛病、心衰病（心力衰竭）、促脉证（阵发性心房颤动）、项痹病（神经根型颈椎病）、腰椎间盘突出症、喘病（慢性阻塞性肺疾病急性发作期）、肺胀（慢性阻塞性肺疾病稳定期）、肾风（IgA肾病、局灶节段性肾小球硬化）、消渴病（2型糖尿病）、消渴病痹症（糖尿病周围神经病变)、消渴目病(糖尿病视网膜病变)、臁疮(下肢溃疡)、丹毒、积聚(肝硬化)、肺癌、乳腺癌、胃癌、混合痔、胃脘痛(慢性胃炎)、吐酸病(胃食管反流病)、呕吐(急性胃炎)、急性非淋巴(髓)细胞白血病、紫癜风(过敏性紫癜)、尪痹(类风湿关节炎)、青盲(视神经萎缩)、白疕(寻常性银屑病)、胃疡(消化性溃疡)、暴聋(突发性耳聋)、外感发热(上呼吸道感染)、哮病(支气管哮喘)、消渴病肾病(糖尿病肾病)、乳痈(急性乳腺炎)、蛇串疮(带状疱疹)、带下证(盆腔炎性疾病)、肝胆管结石急性发作期、慢性肾衰(慢性肾功能衰竭)、肛漏病(肛瘘)、肛痈(肛门直肠周围脓肿)、结直肠癌、痔病(外痔)、骨痹(骨关节病)、骨蚀(成人股骨头坏死)、骨蚀(儿童股骨头坏死)、胫腓骨骨折、膝痹病(膝关节骨性关节炎)。

三、中医护理技术

1960年以前,无论四明医院还是上海市立第十人民医院均以西医护理为主。1960年起,医院确定办院方向为"继承与发扬祖国医学遗产,使中医事业日益光大"。据此,护理部开始制订各科的中医护理常规,并鼓励护理人员跟随医生查房,以逐渐熟悉中医基础知识和中医辨证的方法;又在临床中开展各种中医护理技术操作,如中药灌肠、针灸、火罐、中药熏洗等。2006年6月,医院成立"气功之家",设专职护士1人,开展以内养功、保健功、太极拳为基础,配合松弛疗法的中医防病治病、保健养身的综合治疗。2011年,开展中医护理技术项目15个。2012年,在此基础上又拓展了9个新项目。2013年,增至25项。2014年,增至29项。2015年,增加到47项(每科室至少开展7~8项),并出台多项举措以进一步鼓励、推动中医护理技术项目在临床的实施应用。中医护理服务人次数由原来的每年20万人上升为每年32万人,经济创收由2013年的100多万增加到2015年的400万元。

表4-1-5　2015年"47项中医护理技术"项目情况表

序号	项目名称	序号	项目名称	序号	项目名称
1	艾条灸法	14	中药塌渍	27	隔姜灸
2	拔火罐	15	足部塌渍	28	走罐法
3	涂药法	16	中药贴敷	29	中药熏蒸
4	刮痧法	17	中药换药	30	药罐法
5	耳针法(耳穴埋豆)	18	贴药法	31	中药封包治疗法
6	穴位按摩	19	敷药法	32	引阳入阴配合气息导引法
7	湿敷法	20	神门穴埋针	33	热疗+神阙穴贴敷法
8	熏洗法	21	穴位贴敷	34	足底反射治疗
9	中药熏药	22	针刺法	35	吞咽功能障碍辅助治疗
10	牵引(颈椎、腰椎)	23	穴位注射	36	随身灸
11	中药坐浴	24	中药鼻饲	37	督灸
12	中药保留灌肠	25	中药定向透药法	38	天灸
13	烫熨	26	中药直肠滴入	39	麦粒灸

（续表）

序号	项 目 名 称	序号	项 目 名 称	序号	项 目 名 称
40	梅花针	43	水罐法	46	五行经络刷
41	腕踝针	44	药物罐法	47	中药眼部雾化
42	浅针(杵针)	45	泥疗		—

表 4-1-6 2013—2015 年中医护理操作人次情况表

年 份	东院(人次)	西院(人次)	总计(人次)
2013	97 233	68 765	165 998
2014	101 367	99 527	200 894
2015	159 844	126 832	286 676

表 4-1-7 2013—2015 年中医护理技术操作收入情况表

年 份	东院(元)	西院(元)	总计(元)
2013	1 432 805	1 044 660	2 477 465
2014	1 394 139	1 516 568	2 910 707
2015	2 092 068	1 795 221	3 887 289

四、中医护理学重点学科、重点专科建设

2010—2015 年，护理学科是国家中医药管理局“十二五”重点学科（中医护理学）、国家中医药管理局“十二五”中医护理重点专科培育项目（臌胀病、肾衰病、腰痛病），是国家中医药管理局（中风病、臌胀病、外痔、黄疸病）中医护理方案协作组成员组长单位、国家中医药管理局（腰突症、肛痈）中医护理方案协作组成员单位。2013 年，护理部在上海市卫生计生委组织的全市中医医院“上海市中医护理分中心”组长单位的擂台角逐中获得成功。护理教研室被上海市卫生局和上海市护理学会确定为“中医护理技能规范化实训基地”，在全市中医护理技术规范化、标准化的操作培训和推动中医护理技术的广泛应用上发挥积极的作用。同年，完成 14 项中医护理技术操作录像的制作，包括艾灸法、拔罐法、涂药法、刮痧法、耳针法（耳穴埋豆）、穴位按摩法、湿敷法、熏洗法、中药热熏＋牵引、烫熨法、神阙穴贴敷、安眠穴埋针、肘部塌渍法及穴位注射。2015 年，获上海市卫生计生系统重要薄弱学科建设项目（中医护理学）。

第二章 护理质量

1906—1956 年，护士以基础护理工作为主，并制订护理技术操作的统一规程，加强无菌技术观念。1960 年后，护理工作的重点放在加强基础护理和重症护理上，对原有的技术操作规程进行了修改及补充，进一步规范护士的技术操作。1982 年起，护理部的消毒隔离工作按《上海市卫生局有关消毒隔离工作制度的通知》实施。1992 年，根据文明医院及等级医院的标准，护理部进一步统一体温单、医嘱单、交班簿、护理记录、特护单的书写规范。

2006 年，成立护理质量管理委员会，以主管护理的副院长为组长、护理部主任为副组长、护士长及临床护理骨干为成员，并建立各专项质量考核专业委员会，如护士长管理、病区管理、分级护理、基础护理、消毒隔离、抢救物品、文件书写、专科护理、患者满意度等。2006 年下半年，护理部设立质量控制办公室（有专职人员），具体负责东、西两院的护理质量控制与管理。质量控制办公室每月对考核成绩进行汇总、量化分析，对存在问题进行分析，每月护士长例会、每季度护士大会上进行质量讲评（结合 PPT 形式）。对相关科室每月发放质量检查反馈表，并跟踪反馈整改的情况。

2006—2015 年，护理单元数也有增加或变动，从 2006 年的 40 个（东部 20、西部 20）增至 2015 年的 42 个（东部 23、西部 19），其中东部 2014 年新增了产科、肝硬化科 2 个质量控制单元。质量控制考核项目从 2006 年的 11 项，即分级护理、基础护理、专科护理、消毒隔离、抢救物品、护士长工作、病区管理、文件书写、技能操作、平时抽查、住院及出院患者满意度，增加至 2015 年 20 项，增加了优质护理服务、健康教育、护理安全、护理查对、交接班/输血/防止差错事故、危重护理、围手术期护理、中医护理（常规/方案、核心制度、中医护理项目），以及特殊科室质量、中医特色护理质量评价。

第一节 分类护理

一、基础护理

1960 年之前，基础护理工作起初均由护校一年级学生担任；之后随着护士人数的增加，逐步由护理人员担任。1960 年后，护理工作的重点放在加强基础护理和重症护理上。“文化大革命”时期，实行医生、护士、公务员一条龙，正常的护理工作被打乱，至 1978 年才恢复基础护理工作。1979 年，开始建立重病患者基础护理栏，对重病患者做到床上沐浴、床上洗头，并设立翻身卡，做到“四送”（送饭、送药、送水、送便器）。1990 年，医院为加强病区管理，减少陪客，进一步开展重病患者的基础护理工作。首先在中医内、儿病区（医院改建时的三病区）试点，然后推广到各个病区。1992 年，新病房启用后，各病区做到晨间护理规范化，统一口腔护理盘、口腔护理包、褥疮护理盘和针灸、火罐治疗盘，以及导尿、灌肠治疗盘；并且实行按职上岗和分级护理，以保证规范化的落实。

1995 年，基础护理工作列为护理质量考核项目之一，对重症患者、生活不能自理患者及手术患者加强生活护理（如洗头、擦身、修剪指甲等）。1997 年，制订住院患者难免褥疮报告及评估考核制度，对病房难免褥疮申报做跟踪检查，进行评估性鉴定，促进病房基础护理工作责任到位，减少褥疮的发生。2000年，对难免褥疮患者的护理质量作每日跟踪考核，以保证防治措施的有效落实，全院基础护理合格率达到100%。

2004年起，规范褥疮的预报评估、申报评价工作，加强护理部、科护士长、病区护士长的三级管理，杜绝褥疮漏报、错报等现象。

2009年，增修《分级护理工作制度》《约束带使用管理》及《巡视观察记录单》，增修《压疮防范制度、临床分期》《压疮评估、报告登记、认定监控制度》《压疮诊疗及护理规范》等。2014年，根据国家颁布的《护理分级》《静脉治疗护理技术操作规范》等卫生行业标准及国家卫计委文件要求，护理部修订了《分级护理制度及细化标准》，增订《静脉治疗护理技术操作规范》，同时制定《住院患者护理分级评估表》，从患者自理能力评估(BI量表)与分级、病情等级等方面，与医生共同确定患者的护理分级。

2015年，取消"基础护理"质量控制项目，分级护理以病情重、导管多的患者为主要检查对象，每月每病区抽查2个Ⅰ级护理患者；若无Ⅰ级护理患者，则以目测为主，随机抽查Ⅱ级护理的患者。

二、专科护理

2006年，新增专科护理质量控制项目。2007年，护理部修订各科《专科专病护理质量评分标准》(共142项)，增订及印刷《专病专科护理》并下发至每个科室组织学习、培训。2011年，增修《中医专科专病护理常规》《中医特色护理》。2012年，修订《专科专病护理质量评分标准》《中医特色护理质量评价标准》(包括内科119、外科81、妇科17、骨伤科43、眼科及耳鼻喉科27，共287个)等内容。2015年，实施"专科护理"质量控制督查，结合专科疾病护理质量标准，包括病情观察、专科护理、并发症护理、健康宣教、患者或家属现场反馈等，每月每病区抽查1～4名患者。

三、危重患者护理

2007年，制订《危重患者评估表》《患者转运交接表》。2008年，制定《危重患者抢救护理管理预案》。2009年，增修《危重患者护理常规》《患者病情观察与评估制度》《压疮、跌倒、导管防范警示标识》《危急值报告管理制度》及登记记录本等。随着上级护理督查要求的不断提升，2013年，修订《急危重症患者护理常规》，包括8项重症监护患者护理常规(危重患者护理常规、营养支持、疼痛护理、心理护理、呼吸衰竭、重症急性胰腺炎的加强护理、急性肾功能衰竭的急救与监护、各类休克的急救护理)，5项急诊急救患者护理常规(7个急救技术与护理、7个急救监护技术与护理、7个疾病的急性脏器功能衰竭的急救与护理、24个急诊抢救常用药物及护理、6个常用急诊实验室检查的护理配合)。2014年，增订《危重患者护理工作流程》《危重患者病情再评估表》及记录要求。2015年，增订《危重患者疾病护理工作流程》17项、《急诊患者疾病护理工作流程》13项等，以及医院内获得性肺炎、肺栓塞、深静脉栓塞、留置导尿管感染等4项风险因素评估监控表，患者MEWS预警评分系统评估单。

2015年，新增"危重患者护理"质量控制项目，实施每月每病区抽查2个医嘱告"病重/病危"的患者，检查内容涉及对患者的风险评估与安全措施、危重护理(病情与监测指标观察、危急值报告与处置、生命支持与重症监护、治疗用药、饮食与营养支持、心理支持与健康指导等)、危重护理理论与技能培训、质量监测与改进(跌倒、坠床、压疮、并发症等)等方面。

四、围手术期患者护理

2009 年,护理部增订《术后支持服务制度与程序》。2014 年,增订《围手术期(术前)工作流程》《围手术期护理应急预案及应急流程》。2015 年,新增"围手术期患者护理"质控项目,制定《围手术期患者护理质控专委会职能》《围手术期护理质控标准》等,每月对手术科室抽查 2 个患者的围手术期护理。

第二节 消毒隔离

1982 年起,护理部的消毒隔离工作按上海市卫生局有关消毒隔离工作制度的要求实施。护理人员普遍加强了无菌技术观念,做到注射时使用无菌治疗巾,使用注射器时按正规手法抽吸。1991 年起,实行各种注射用 3 根棉签消毒方法(碘酒、酒精、干棉签),实行一人一管一针一巾一带制,以及静脉、肌内注射时必需备有消毒小镊子;扎脉带、针筒、针头、弯盘等物品实行先浸泡、后清洗、再消毒的方法,又规定病区走廊内不得清点污秽大单。1991 年底,医院开设预防院内感染工作,固定专人负责。1992 年,根据上海市卫生局规定,各种精密器械(刀、剪钳等)改用高效消毒剂戊二醛浸泡。

1995 年,修订消毒隔离规范制度,统一各类物品消毒没泡浓度、时间,并加强质控,全年未发生一例因消毒隔离不严而引起的交叉感染。1996 年,供应室以 97 分的好成绩获得由上海市卫生防疫站、上海市卫生局医政处组织签发的验收合格证。1998 年,修订《肠道门诊消毒隔离制度》,制订空气培养操作流程。2001 年,按照 ISO 质量管理要求,进一步整理、修改、完善各科室消毒隔离工作制度,特别是血透室消毒隔离制度、重症监护室消毒隔离制度等,使各科室消毒隔离达标率均达到 95%以上。

2003 年,"非典型肺炎"期间,门诊新建"发热诊室"和诊区,护理部制订传染病消毒隔离工作制度和流程,派入护士(9 批)46 人。在多次上海市、区疾病控制中心的检查中,质量合格率均达 100%。2004 年,继续配合对发热诊室、留观室的改扩建工作,细化布局和工作流程。

2004 年,病区统一使用"75%酒精手喷雾消毒器",规范护理人员手的消毒。2005 年,修订门诊和病房消影隔离管理制度,包括换药室、手术室、口腔科、五官科、眼科、妇科、内窥镜室、注射室及输液室,以及病房、手术室、血液透析室、肠道室、供应室等。同年 2 月中旬,又将病房手术室的 5 号、6 号房间改建为"清净手术室",并于 5 月验收合格正式启用。

2007 年,修订《护理部医疗废物分类收集处理流程》。2008 年,增订供应室《物品洗涤、包装、灭菌、保存制度》《清洗机的清洗程序》,手术室《内镜清洗、消毒制度与流程》《感染控制制度》《术后医疗废弃物处理制度与流程》《手术操作过程中使用无菌医疗器械的管理制度》,以及《耐甲氧西林金黄色葡萄球菌(MRSA)消毒隔离制度》、《传染病疫情报告制度》(传染病分类;传染病疫情上报、处理流程)、《护理人员手卫生管理制度》及《一般洗手/外科手的消毒及流程》等。2009 年,增订病房《呼吸机管路消毒灭菌管理流程》。

2014 年,增订疑似传染病的应急处理流程(包括床边隔离用物清单)、标准预防及额外预防(接触传播、飞沫传播、空气传播的隔离措施)。

2015 年,修订消毒隔离质量控制考核标准,以及手术室工作质量考核标准(消毒隔离等内容)。

每月对各科室无菌操作、无菌物品保管及医疗废弃物的处理等情况，以现场抽查方式检查，要求必须达到满分，合格率100%。实施该单项质控考核情况与科室每月质控奖惩相结合，即每失1分扣奖金50元。

第三节　抢救仪器、物品/药品完好率

2004年，完成全院抢救车"三位一体"的定点放置、药物有效期的统一标识。2005年，修订《急诊抢救工作流程》(包括中毒、休克、窒息、心搏骤停、心肌梗死、大出血、急腹症、复合创伤等)，规范急救护理工作及各类抢救仪器、设备完好备用要求。2008年，增订抢救设备完好(监护仪、呼吸机、除颤仪、心电图机、洗胃机)、输液泵/微量输注泵的使用与常用报警医疗仪器及设备的安全使用制度，全自动洗胃机、简易呼吸器的检查流程。2014年，制定《仪器、设备意外情况的应急处理预案与流程》。2015年，修订《抢救物品质量考核标准》等。在此基础上，组织抢救仪器、物品/药品完好率，以现场查看氧气、吸引器、抢救车、急救仪器完好率等为主要检查内容，以及护理人员掌握急救知识、急救技术、急救仪器启动等。护理部要求必须达到满分，合格率100%。每月实施对各科室该单项质控考核情况与科室每月质量控制奖惩相结合，即每失1分扣奖金50元。

第四节　护　理　管　理

一、护士长工作

1995年起，建立床边交班本，实行护士长8小时在班、24小时质量控制，对患者各类导管、皮肤破损情况、床单位整洁程度、特殊治疗等进行班班交接。1996年，护理部采取平时不定期抽查与每月小检查、每季度大检查相结合，并增加每月一次护士长会，进行质量讲评，落实奖惩措施。1998年，整体护理病房数扩展到7个(七、九、十一、十四、十三、十六、十七病区)，制订病房质量控制自查制度，建立了病房护理质量评估表。

1999年，全面推行舒适化病房，各病区制定护理指南，落实护士长负责制，即8小时在班、24小时负责，护理质量与护士长奖金挂钩。手术室建立护士术前、术后访视制度。2000年，加强对患者的健康教育，切实做好整体护理，建立"护患交流沟通记录表"，并定期检查落实与记录情况。

2002年，规范《护士长手册》书写中存在的问题：按照护理部每月工作重点，结合本科室特点、工作情况与存在问题，列出本科室每月的工作重点，鼓励护士长在工作中积极创新，从而使手册真正反映护士长的每月工作思路与计划安排。2004年，制定《护士夜间巡视记录表》，以加强夜间病房护理安全，杜绝护理意外的发生。2005年起，实施"医护交班晨会"制度，加强医护间合作交流。

2007年起，护理部每年增订、修订各质量控制项目的质量控制记录本，从2006年11册增至2014年的16册。对各护理单元(病区/科室)的各类记录本进行了汇总、整理，最终归类为11个分册，以及手术室、供应室、急诊室、血透室、门诊等科室登记本，每年修订并印刷成册，方便并规范临床护理人员的日常登记工作，也利于护理部的三级质量控制。2015年，又进行大胆地改革创新，除保留护理工作记录本、患者登记本、麻醉/精神药处方登记本3册外，利用电脑输入、统计等管理功能，将日常记录本改为电子表单，减少护士手工记录的负担。

2009年，修改与简化《护理查房记录表》，包括查房性质、查房内容，主要体现在四个方面，即责

任护士简要汇报、护士发言补充、护士长对患者的体检、护士长/主查者的意见及相关护理前沿等。

2015 年起,护士长工作以查阅《护士长手册》记录、现场查看各项工作计划与制度、护理常规流程、技术规范的执行落实情况为主,并按照上海市中医医疗控制中心、上海市护理质控中心等督查要求持续改进。护理部每年都增修相关的管理制度、工作流程、护理常规、技术规范等,并督查执行落实情况。每年"5 · 12"国际护士节,举行新护士授帽和宣誓仪式。

图 4-2-1　2002 年 7 月,举行护士授帽宣誓仪式

二、病区管理

2008 年,护理部组织整理并汇总全院各科重点、特殊用药及观察要点、观察程序,修订《病房药品的管理制度》(重点、特殊药物用药后的观察及程序、用药观察表),加强外用药、消毒剂、贵重药品及冰箱药品等日常清点登记(登记表)与管理。2014 年,增订高危药品管理相关制度及目录、化疗药物溢出处理流程及化疗药物外渗的护理应急预案,修订《麻醉、精神药品管理和登记制度》等。2015 年,病区管理以护士仪表、病室环境、设施设备、药物管理和患者护理安全等为主查内容,尤以重点、特殊药物为质量控制重点。

三、文件书写

1983 年以前,护理文件书写只有交班簿、护理记录单等项目。以后,为发扬中医护理特色,除交班本内容要用中医术语填写外,还建立中内、外、儿、痔科、中内急症的辨证施护等计划护理单;并先后在中内、外科实施责任制病房和责任制护理;逐步统一入院记录、辨证分析、主证、护理问题、施护措施及依据、出院小结、出院指导等护理记录单的书写格式。在此基础上,1984 年,举办了护理交班簿评比。1985 年以后,各病区均建立辨证施护计划护理单。1992 年,根据文明医院及等级医院的标准,护理部进一步统一体温单、医嘱单、交班簿、护理记录、特护单的书写规范;并重新确立中医内科和肾炎、血液科为责任制病区。

1995 年,修改辨证施护书写样板。1997 年,设计完成中医护理病历表格系列,包括入院评估表、辨证施护表、住院评估表、护理计划与实施、护理日程记录、出院小结与指导。1998 年,完善中医护理问题(护理诊断)共计 16 类 40 项。

2002 年,为应对《医疗事故处理条例》的实施,制定《护理书写规范要求》与《护理书写样板册》。2003 年,又制订《单病种护理病例书写样板册》(24 个),对临床护理书写起指导作用。2005 年,继续修改与完善护理文件表格及样板册,如一级护理记录单、危重症患者护理记录单、褥疮评估表、出入液量记录等。同时,配合东院护理病历信息化,协助信息中心设计"护理电子病历程序"系统。

2007 年,护理部对原护理文件书写制度作补充通知,规范护理电子病历的书写记录。2008 年,增订《病房医嘱计算机录入管理制度》。2009 年,修改跌倒、导管、褥疮评估监控记录,将跌倒、管路监控评估归入《跌倒、导管评估监控表》(合为 1 张表单),将难免褥疮评估预报与褥疮转归评估记录归入《褥疮预报、评估转归表》中,并作内容修改,以简化临床的评估记录。2010 年,制定《表格式护理文件简化书写制度》,再次简化表格式护理记录,如实行电子表格式体温单,取消原"一般护理记录单""一级护理记录单""危重护理记录单",修改"护理记录单"以适用于危重、Ⅰ～Ⅲ级护理等记录;取消"手术确认单",修改"手术清点单";并对护理部的病历书写样板册(表格及内容)作整理及修改,各病区也同步作了修订。2014 年,修改《中医护理文件书写考核评分标准》(中医辨证施护等考核要求)、健康教育单(内、外科),增订《住院患者护理分级评估表》、产科病房护理病历记录表单 14 张(包括孕产妇 8 张、新生儿 6 张)。2014 年,增订《住院患者护理分级评估表》《危重患者病情再评估表》,2015 年增订医院内获得性肺炎、肺栓塞、深静脉栓塞、留置导尿管感染等 4 项风险因素评估监控表,"患者 MEWS 预警评分系统评估单"。

2015 年,护理文件书写以护理部每月随机抽查各病区运行病历 1 份、归档病历 2 份(包括"实施中医护理方案""开展中医护理技术"病历各 1 份)。检查考核成绩纳入科室的每月质控成绩中。

四、护理安全

【护理查对】

2008 年,护理部已修订患者身份/腕带识别标志、医嘱查对、用药(注射、输液、服药)查对、输血查对制度。2009 年增订"患者身份确认/腕带标识告知"。2014 年,新增护理查对质控项目,增订"护理查对质量考核标准"。以患者身份/腕带、医嘱查对、注射/输液/服药查对、静配药物接收核对、输血查对、标本查对、手术室查对、供应室查对为主要检查内容,这是根据中医护理质控督查要求而定的。2015 年,增订护理查对质量管理专业委员会职能。

【护理交接班、输血、防止差错事故和安全管理】

2007 年,护理部编制《安全员督导手册》用于质量控制办公室人员、科护士长的平时巡查及记录,并修订"护理安全管理委员会工作流程"(包括护理安全隐患的评估、护理差错事故发生处理流程等)、住院患者防跌倒安全告知等。

2008 年,护理安全列入护理部的质量控制项目。修订压疮、跌倒、管路滑脱等风险防范的管理制度(评估、报告登记、监控等)及评估记录表,护理差错事故报告及鼓励护理人员不良事件上报制度,手术室查对制度及手术患者交接核查表,护理关键流程患者转运记录表等。实施每月抽查各科室的重点护理环节(输血、药物等)、重点护理对象(危重、围手术期、生活不能自理者)、护理安全管理(危险因素、仪器设备等)、职业防护等方面的安全情况,对已发生的差错、意外、有效投诉,按性质扣 10～30 分/例,平时抽查发现的安全隐患也列入每月质量控制考核中。

2009 年，增订压疮、跌倒、导管防范警示标识等。2010 年，增订导尿、灌肠、吸痰、鼻饲、化疗药物输注等 5 项护理操作项目风险告知书。药物管理制度每年有修改更新、持续改进，如 2008 年的“重点、特殊药物用药后的观察及程序、用药观察表”“外用药、消毒剂、贵重药品及冰箱药品”等日常清点登记表以加强管理；2014 年的高危药品管理制度及目录、化疗药溢出及外渗的处理、“麻醉、精神药品管理和登记制度”等。

2014 年，新增护理交接班、输血、防止差错事故的质量控制项目，制订护理交接班、输血、差错事故防范质量考核标准。2015 年，增订交接班/输血及差错防范质量管理专委会职能。

第五节　患者满意度、健康教育

一、患者满意度

专人负责每月的住院患者问卷调查表发放和出院患者问卷表信访等工作，各病区每月发放给住院患者、出院患者各 10 份。每月质量控制成绩为当月住院患者满意度和 2 月前出院的患者满意度的平均成绩，并与科室当月的绩效考核挂钩，即科室每月住院、出院患者满意度考核分值为 100 分奖励 200 元，出院满意度 100 分且住院满意度达标（≥90 分）奖励 100 元，住院、出院患者满意度考核分值均达标（≥96 分）奖励 50 元。考核分值在 85～89.5 分之间扣奖金 100 元，80～84.5 分之间扣奖金 150 元，≤79 分扣奖金 200 元。

二、健康教育

2007 年，制定《健康教育考核评分标准》。2008 年，健康教育列入护理部的质量控制项目。每月每科室询问住院患者（或家属）至少 5 人，以患者对治疗用药、生活起居、特殊饮食、专科检查、康复锻炼等反馈情况为质量控制内容。2012 年，门诊、急诊、手术室、血透室等部门结合“优质护理服务”，积极做好对患者的健康教育和指导，探索优质护理服务形式，不断提高门、急诊等患者的满意度。

第六节　护理技术操作

2005 年，制定《护士分层次培养使用计划》，加强各层次护士“三基”（基本理论、基本知识、基本技能）培训，组织观看“技术操作规范与失范”警示片等全院业务学习。继续分批选送护士参加上海中医药大学“中医基础理论学习班”。截至 2015 年底，已参加中基培训者 177 人（另有中医院校毕业的护士 120 人），占护士总人数的 58%。为加强东院新护士的“三基”培训与考核，建立了东院临床示教室，落实专人带教。结合东院“药物配制中心”的筹备建设，组织相关人员进行专项培训。2011 年起，护理部增、修中医护理技术操作规范数十项，包括操作流程、评分标准、护理常规、并发症及意外处置等。2011 年，编制《护理技术操作并发症预防及处理》。2015 年，实施护理技术操作考核，每月抽查每病区 1～2 名护士，分层级抽考基础操作、专科操作、中医操作、急救操作等，每项操作技能结合理论提问或笔试成绩。护士操作考核成绩列入科室每月质量控制成绩中。

第七节　中医特色护理

2007年，根据国家中医药管理局《中医医院中医护理工作指南》的要求，护理部在各病区开展中医特色护理技术，即中药灌肠、中药汤饮、脐敷疗法、耳穴贴压、中药热敷＋牵引、中药外敷、穴位注射、中药换药、中药熏洗＋坐浴、中药保健茶、中药鼻饲、穴位热熨、中药喷雾、八段锦、神阙穴埋针，每个科室开展1～2项，共15项。推出一系列奖励举措，并修订各项中医护理技术的护理常规、操作规范、评分标准及考核办法等。2010年，增定《中医护理管理制度》，对各病区“中医护理技术项目”开展情况进行自查自纠，规范、统一中医护理质量控制资料，各科室中医护理技术的落实率达100％。

2012年起，增设中医护理（常规、项目、核心制度）质量控制项目，制订《中医护理（常规、项目、核心制度）质量考核表》，每月进行质量控制检查。内容包括：抽查每科室2～3名护士对核心制度、中医护理方案或常规的掌握情况，现场检查执行落实、患者反馈等情况。抽查每科室开展中医护理技术情况，包括查阅相关记录（护理病程记录、方案效果评价表等）、实地考察（医生医嘱、电脑“一日清”系统查询等）、患者反馈等。抽查每科室中医护理方案的培训记录、现场查看1～3个病种的资料收集与记录完整、患者实施反馈等情况。2013年起，又将实施中医护理方案（包括病例资料收集、评价表记录、效果评价、人员培训等）、开展中医护理技术（实施率、有效率）等列入质量控制重点。

2012年起，护理部的“中医特色护理质量评价”将中医护理（常规、项目、核心制度）、专科护理、中医技术操作、文件书写、健康教育、患者满意度、护理安全等7项列为评价指标，并细化考核方法与要求，每月考核成绩纳入科室质量控制成绩中。

2013年，实施“13个中医优势病种护理方案”，2014—2015年，继续推进实施“20＋19个中医优势病种护理方案”。不断完善“开展中医护理特色技术项目、实施中医护理方案”的奖励举措，并每月在医院内网公示各科的开展项目数及服务人次数、实施中医护理方案等情况；实施科室每月开展中医护理技术项目数≥7项，每增加一项予以奖励；科室服务人次数（以上年度平均服务人次数为基数）每月有递增（否则列入不达标），超过基数10％、20％、30％则分别予以不同的奖励金额。每科室在完成规定的中医护理方案基础上，每增加一个病种则予以奖励；每个病种开展率达到100％、复核达标的予以奖励。每一单病种的中医护理方案，每月完成30～50份病例，≥51例，分别予以不同的奖励金额。

第三章　继续教育与人才培养

1984 年起，护理部全面开展系统的继续教育与人才培养。继续教育包括院内外系列专题培训，并通过各类技能竞赛、主办上海中医药大学各项专业委员会活动等方式全方位培养护理人才。1984 年起，护理部进行护理骨干人员的培养；2005 年起，护理人才梯队的建设逐步启动，包括国家级人才培养项目、市级人才培养项目、校级人才培养项目、院级人才培养项目等。2006 年起，对临床带教老师进行规范的师资培养，鼓励护理人员获取全国统一资质认证的高校教师资格证。

第一节　继 续 教 育

一、院内外基础培训

1984 年起，每年医院组织 6 次以上业务学习，各病区每月组织 1 次护理业务讲课。1985 年，受卫生部中医司委托，医院举办 3 期全国中医内科急诊护理学习班；1986 年，举办 2 期全国中医护理科研研讨班，学员来自全国 20 多个省市，共计 120 人，医院有 10 名护士参加；1990—1993 年，中医学院举办 5 期中医基础理论班，医院有 75 名护士参加。

1995 年起，建立全院护士业务学习记录册，以记录护士参加学习时数，并积极鼓励和连续输送青年骨干参加在职高等教育学习，以及中医护理、专科护理学习班（如高压氧舱、CCU），各类管理如护士长培训、计算机培训、教学学习班等，以不断提高护理人员的知识结构。1997 年，在院内举办中草药知识学习及护理培训，并组织护理技能及中医理论知识竞赛活动。2000 年，建立护士业务学习笔记，要求护士每日必读有关的业务书籍，护士长每周抽查。对重症监护室、脑外科等专科护士进行脑外科理论知识与专科护理的培训与考核。

2001 年，进一步完善护士业务学习笔记制度，要求护士加强对本专业、专科知识与理论的学习，每周做好学习记录，护士长做好检查与指导。

2004—2015 年，重新修订《带教老师考核制度》，落实青年护理人才（大专以上学历，共 16 人）到护理部挂职锻炼。组织 127 名新护士进行系列岗前、岗位培训（如护理安全防范、突发事件的应急处理、急救技能操作训练），并选拔 18 人参加护士礼仪培训学习。

二、开展院内系列专题培训

【护士长管理学习班】

2003 年，举办首届“护士长管理学习班”（共 7 天，21 学时）；组织“英语沙龙小组”（临床护士为主，18 人）。

2004—2005 年，连续举办两届“护士长管理学习班”，每次均有护士长、护士长助理、带教老师等（包括东院）参加。

2008 年 1 月 7—11 日，举办“护士长管理学习班”，邀请上海市护理专家讲课。学习班的参加对象为医院东西部护士长、护士长助理、带教老师，以及中医片块兄弟医院如浦东新区中医院、黄浦区中西医结合医院、松江区方塔医院护理部骨干，共有423人次参加学习班。

2009年5月12—13日，举办"护士长管理研讨班"(MBA核心课程学习)，邀请英国剑桥大学认证MBA专职培训讲师杨立峰传授管理新理念、新技术、新方法。学习班的参加对象大多数为医院东西部各科护士长，共50人参加管理学习班。

2010年8月16—20日，举办新一轮护士长聘任上岗管理学习班。学习班特别邀请了第六人民医院护理部顾问朱瑞雯、瑞金医院护理部主任钱培芬、中山医院护理部主任徐筱萍、第十人民医院护理部主任施雁及曙光医院护理部主任张雅丽进行授课。授课内容涵盖护理文件简化书写与内涵建设、护理管理新思路与新方法、如何打造卓越性团队、加强基础护理在新时期护理学科发展中的作用及追求管理成效最大化等内容。出席对象为曙光医院全体护士长、护士长助理、主管护师、带教老师等护理骨干。

2011年，举办两期"曙光医院护士长管理培训班"。邀请上海复旦大学包季鸣教授、上海交通大学教授程宏勋、上海市第九人民医院护理部主任阮红、上海中医药大学附属曙光医院护理部主任张雅丽以及部分科室护士长进行授课。授课内容涵盖优质护理服务与管理、如何做优秀的护士长、建设医院优质服务体系的三部曲、绩效考核、风险与危机管理、优质护理病房管理经验介绍等。出席对象为医院全体护士长，共有366人次参加学习班。

2012年，举办主题为"护士岗位管理"护士长管理学习班。邀请上海市第九人民医院护理部主任阮红、上海中山医院护理部主任徐筱萍、上海疾控中心消毒科主任朱仁义以及医院护理部主任张雅丽进行授课。授课内容涵盖如何当好管理者、护士岗位管理、医疗机构消毒技术规范2012版解读、赢在执行力等。出席对象为医院全体护士长、护士长助理及科室带教，共有320人次参加。

2013年，护士长管理学习班授课内容涵盖护理管理新理念、护理质量控制与持续改进、护士人力资源管理与绩效考核、中医护理方案管理与中医技术临床应用及深化优质护理服务与护理岗位管理等。出席对象为医院全体护士长、护士长助理及科室带教，共有207人次参加。

2015年4月22—29日，举办全院护士长管理学习班，邀请上海交通大学继续教育学院课程主任、上海交大昂立管理咨询有限公司总经理陈宏勋教授，临床护理专家徐筱萍教授，钱培芬教授以及医院护理部3位主任进行护理管理知识方面的授课，对全院近150名护士长、护士长助理、带教老师进行了培训。

【主办国家级继续教育Ⅰ类学分培训】

表4-3-1　2008—2015年国家级继续教育Ⅰ类学分培训汇总表

举办时间	项目编号	项目名称	项目负责人	参加人数
2008年8月4—8日	20081401013	中医肾病护理新进展	张雅丽	45
2009年3月23—27日	20091402012	复杂性肛瘘中西医结合护理新进展	张雅丽	50
2010年6月8—11日	120500559	伤口护理与管理新进展	张雅丽	70
2011年7月27—30日	120500022	肝病中医护理新进展	张雅丽	106
2012年8月6—10日	2012120213058	中医护理技术在临床的应用	张雅丽	50

（续表）

举办时间	项目编号	项目名称	项目负责人	参加人数
2012 年 8 月 6—10 日	20120314050043	中医护理技术在临床的应用	张雅丽	76
2012 年 8 月 6—10 日	2012120213059	中医护理适宜技术在临床的应用及规范化操作	张雅丽	50
2013 年 7 月 29 日—8 月 2 日	2013 - 14 - 05 - 600（国）	中医护理技术在临床的应用	张雅丽	80
2013 年 7 月 29 日—8 月 2 日	2013120501075	中医特色护理技术操作及临床应用	张雅丽	84
2014 年 4 月 21—25 日	2014120501049	中医护理项目临床实践应用	张雅丽	75
2014 年 4 月 21—25 日	2014 - 14 - 05 - 129	骨伤疾患中医护理新进展	张雅丽	65
2014 年 4 月 21—25 日	2014 - 14 - 01 - 023	慢性肝病护理新进展	张雅丽	67
2014 年 8 月 24—28 日	2014330501043	发挥护士长在中医护理专科建设中的作用	张雅丽	390
2015 年 7 月 27—30 日	2015 - 14 - 01 - 052（国）	慢性肾脏疾病中医护理新进展	吴继萍	54
2015 年 5 月 19—23 日	2015 - 14 - 01 - 059（国）	中西医结合心力衰竭护理新进展	周霄云	62
2015 年 8 月 10—14 日	2015 - 14 - 01 - 185（国）	慢性肝病中医护理新进展	张雅丽	48
2015 年 8 月 10—14 日	2015121701010	慢性肝病中医护理新进展	张雅丽	48
2015 年 7 月 15—18 日	2015 - 14 - 05 - 756（国）	骨伤疾患中医护理新进展	崔　屹	20
2015 年 4 月 13—17 日 2015 年 8 月 10—14 日 2015 年 10 月 12—16 日	2015481701001	全国中医护理骨干人才培训	张雅丽	341

【举办“护理安全意识培训班”】

2012 年，为提升全院护士安全意识，提高对安全隐患的预防以及护士对突发事件应急处理和组织协调能力，护理部举办“以问题为基础（problem-based learning，PBL）”，结合临床真实病例为引导的安全知识培训班，内容涉及护理安全目标管理、静脉输液安全管理、临床操作中的护理安全等，切实地让护士从培训中感受患者安全认知的重要性，共有 120 人次参加培训。

【举办“糖尿病中西医技术培训班”】

2012 年，为促进临床护理人员对糖尿病相关护理技术水平的提高，使之更好应用于临床护理实践，提升患者满意度，护理部举办“糖尿病中西医技术培训班”。培训班邀请内分泌科专家刘国斌教授、徐佩英教授，内分泌科护士长及相关仪器公司人员，讲解糖尿病中医诊治、中医药治疗糖尿病足湿性坏疽的技术、胰岛素注射护理、足部塌渍护理技术、血糖检测技术在临床的应用等。共有 100 人次参加培训。

【举办两次中医护理新技能系列培训】

2015 年 3 月 11—26 日、2015 年 4 月 22—29 日，由外出进修中医护理技术的汪小冬、施黎涛以及全国中医护理骨干人才梅花、刘小飞为全院授课。培训结束后在各科室积极开展药罐、中药封包、中药开窍利咽棒咽部治疗、砭石足底反射治疗、中医定向透药疗法、消胀散热敷神阙穴、引阳入阴结合气息导引推拿、五行经络刷、随身灸、梅花针、腕踝针、督灸等12项新技术及优化技术。

【开展临床用药安全系列讲座】

2015年，由护理部临床资深护士及药剂科专家教授对全院护理人员进行培训，掌握临床用药知识，确保护理安全。

【举办“品管圈(QCC)系列培训”】

2015年8月25—27日，由上海交通大学继教学院医院管理项目主任陈宏勋教授、上海儿科医院张玉侠主任及医院张雅丽主任进行授课，在肝病科、肝硬化科、产科、肾病一科、肾病二科等5个科室开展品管圈的试点运行工作。5个科室均为由硕士研究生或副主任护师领衔的重点专科，待运作成熟后，以点带面，在全院推广应用。2015年8月31日，护理部举行品管圈活动的开题汇报，“心肝宝贝圈”“肝舒圈”“生命源圈”“救生圈”“零压圈”应运而生，护理部于2015年10月底开展中期评估，12月底开展终期评估。品管圈的应用推进了护理管理客观化、循证化、标准化进程，使护理工作更深入细致，成果更加丰硕。

三、院外系列培训

【市护理学会培训】

医院每年输送各专科优秀护理人员参加上海市护理学会及各专科质控中心等权威部门举办的专业技能适任班培训。

表4-3-2　护士获专科证书人员汇总表

培训名称	人次	培训名称	人次
血液净化专科护士	29	固定式压力容器操作培训	34
伤口护士适任培训	2	产科护士适任培训	5
中医护理专业技能适任培训	61	手术室护士适任培训	30
ICU适任培训	76	PICC(穿刺)适任培训	3
急诊护士适任培训	41	PICC(维护)适任培训	22
推拿技术适任培训	219	GCP培训	45
护士长适任培训	63	院感管理培训	39
临床护理教学护士	13	肿瘤专科护士	15
高校教师资格证	55		

【上海中医药大学举办的中医基础理论培训】

护理部每年组织全院护士参加由上海中医药大学举办的“中医基础理论培训班”及“中医基础

理论提高班”，并在培训结束后对每人进行技能操作考核，全部合格后方能独立从事临床中医工作。至2015年底，培训率已达100%。

【参加推拿适任培训班】

2014年，上海中医药大学继续教育学院与医院护理部联合举办了两期推拿适任培训班，共有来自全院45个科室209名护理骨干参加培训，经考核合格，全部取得由上海中医药大学继续教育学院授予的推拿培训结业证书。

四、技能竞赛

1995年，为配合市卫生系统“兴华杯”三基大赛活动，对青年护士进行技术操作考核，组织手术室、监护室护士进行专科技能培训等，在全市“胃大部分切除手术铺台”操作竞赛中获个人第四名。1997年，在上海市卫生局组织的全市医院“心肺复苏现场救护”比赛中，医院荣获第三名(与医生合作)。1998年，在全市“静脉留置针操作技能大赛”中，医院有1人获得二等奖；在全国“注册护士统考”中，医院25名新护士的平均成绩名列全市综合性医院榜首。

2002年，在上海市卢湾区“百特杯护理知识竞赛”中，医院名护士获英语口语小品“创意奖”。2003年，在院内“静脉穿刺一针见血”竞赛中，5个科室获得优胜奖。在“非典”期间，护理部组织160余人次进行呼吸机、心电监护仪等急救仪器的技能培训与考核，达到护士应掌握相关急救护理与技能的要求。2004年，继续加强临床护士“缺什么、补什么”的业务培训，尤其是急救流程、专科护士(包括急诊、ICU、CCU、SICU等)的专科操作技能等。

2008年，针对《医院管理评估标准》要求，1—3月对所有的带教老师进行8项操作过关考试，共41名带教老师参加考核，平均分为92分。6月，举办全院护士12项技能竞赛，经外聘专家评审，决出曙光医院护理操作能手10人。根据临床需要，制定《护理技术操作流程及考核标准》，分为基础操作、专科操作、急救操作、中医操作四部分，共97个内容。

2009年，根据上海市护理质量控制中心下发的《护理技术操作考核要点》，医院护理部专门新制订了《180项护理技术操作流程及考核标准》，全院护士人手一册，并组织不同层次的护理人员进行中、西医护理操作技能考试，在全院护士中开展“神枪手”静脉针穿刺一针见血大练兵比武活动。护理部组织拍摄操作录像片“脑室引流技能操作”，在全院业务课上播放。

2009年，在全院护士中开展“急救技能(止血包扎)”大练兵比武活动，科室参与率100%，进一步加强护士专业技术训练和能力素质建设，促进岗位成才。其中有3位护士(黄凤、阴霄飞、吴芸)参加中医大组织的“静脉输液操作比赛”获三等奖。

2011年，开展“静脉留置针”技能竞赛活动。为规范静脉留置针操作，提高护理人员静脉留置针的操作技术水平，保障留置针应用的安全性和有效性，进一步提高输液患者的满意度，护理部在全院护士中开展“静脉留置针”技能竞赛活动，科室参与率100%。作为竞赛第一阶段，护理部组织各科室参赛者进行静脉留置针相关知识的培训及操作示教，内容包括合理选择静脉输液工具、并发症的防治、ACL——留置针及导管维护要点、静脉留置针规范化操作流程等，共有各科护士长及操作能手200多人参加培训。

2012年，开展护士岗位中医技能训练和竞赛活动(八项操作)。经过一个月竞赛，八项操作每项决出一等奖1人，二等奖1人，共16人。

2014 年，为加强全院护理人员的应急操作能力，护理部用随机抽取案例即刻进行抢救的方式对全院 42 名(科)护士长进行综合急救能力考核，并对心肺复苏项目开展专项考核，对不熟悉的项目反复操练直到熟练掌握，然后由护士长对本科室全体职工开展应急案例考核及简易呼吸器的专项考核。

2015 年，开展中医护理技能操作竞赛，经过由医务处、护理部各位专家组成的评审组的层层考核，共有 11 人脱颖而出，获得各级奖项；一等奖获得者林凡菊、彭莲还在全院“5·12”护士节庆祝大会上进行现场操作，娴熟的技术得到院领导一致好评。

五、中医护理实训基地建设

【上海市中医护理技能实训基地建设】

2013 年，护理部成功申报上海市中医护理人员技能规范化培训基地建设项目。2013 年，已有 10 名护士完成首轮中医护理技能实训；医院 8 个科室成为实训带教科室，接收来自 9 所医院共 21 名护理人员完成中医护理技能实训。2014 年，中医实训基地的带教科室由原来的 8 个带教科室增加至 16 个，坚持“一对一”的带教方式，设置每项操作对临床患者的最低实际操作次数，并在每批实训人员实训中期召开专题会议，及时听取带教意见。截至 2015 年底，共培养全市各大医院护理骨干达 107 人。

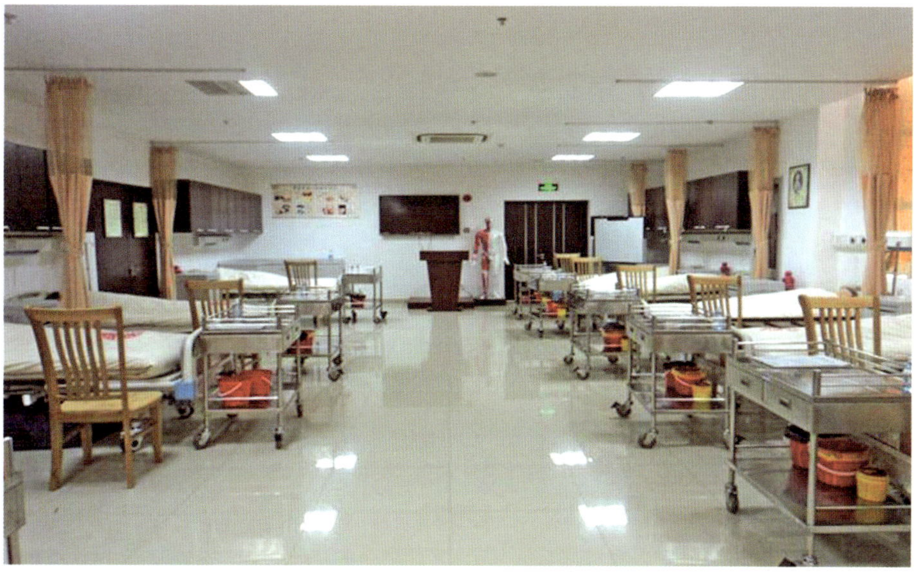

图 4-3-1　中医护理实训室

【全国中医护理骨干培训基地建设】

医院作为全国 18 家优势特色教育培训基地之一，于 2015 年 4 月 13—17 日、2015 年 8 月 10—14 日、2015 年 10 月 12—16 日举办三期全国中医护理骨干人才培训班，共培训来自全国 30 个省市 200 余家医院的 290 名中医护理骨干人才及 51 名项目外护理人员。护理部甄选医院在特色学术领域内著名的中医专家和护理专家参与授课，内容主要涉及曙光医院中医适宜护理技术“神阙穴热敷对臌胀病患者的干预”“引阳入阴推拿气息导引改善失眠”两方面，以理论讲授、操作技能演示、情景案例讲学、临床观摩实践以及头脑风暴研讨座谈会等多种形式为载体进行授课。基地还培养了一支优秀的临床实践带教团队，共由 11 个小组组成，组长均由各科室护士长担任，临床实践小组对学员进行“一对一”的临床带教。

图 4-3-2　2015 年全国中医护理骨干人才培训班留念（第一排左四起为护理部副主任孙青、主任张雅丽、副院长周嘉、院长周华、副院长蒋健、护理部副主任崔屹）

六、主办上海中医药大学专业委员会活动

2011 年，举办“上海中医药大学压疮护理小组”首次活动，中医大医管处王珏副处长、各附属医院多位临床护理骨干应邀参加。医院具有国际造口治疗师资格的朱育明老师结合临床实际作“压疮护理新进展”的专题讲座，介绍国内外压疮护理新进展、新理念以及压疮护理的新仪器、新技术。2012 年，在巨鹿花园别墅召开举办中医大供应室专委会活动，中医大医管处王珏副处长、各附属医院 15 位临床护理骨干应邀参加。活动的主题是“消毒供应中心质量管理——诊疗器械处理的操作流程”，活动中护理同仁针对各医院 CSSD 中存在的问题进行了讨论，并由专家一一进行解答。2013 年，供应室牵头组织中医大供应室专委会活动，活动主题为“灭菌的辨识——各类化学灭菌指示物”。中医药大学附属的 5 家医院共计 12 位护理人员参与。

七、其他方面培训

2010 年，举办一系列“迎世博”活动：结合 2010 世博会内容排演护理英语情景剧“外国人在病房”，同时定期开展双语护理教学与英语护理查房，提高临床一线护理人员英语口语能力；5 月举办了“迎世博窗口职业礼仪展示”护理活动，强化职业素养、规范职业礼仪、树立良好职业形象；举办以高学历人才为主要对象的“迎世博”护理英语培训班，共有 91 人次参加。作为“迎世博倒计时 100 天行动”系列活动之一，举办“迎世博”手语培训，每周 2～3 小时，连续三周时间，共有 60 余名护理人员参加了此次培训，课程进行了全程录像。护理人员学习并应用手语，方便对更多需要服务的人群提供更优质的服务。

第二节 人 才 培 养

一、骨干培养和教师资格

1984 年起，护理部不定期选派护理人员外出进修。1984 年，护理部主任参加上海市护理考察团赴日本神奈川参观学习 1 周。1989 年，1 名评为上海市劳动模范的护士长参加上海市总工会友好访问团赴日本大阪参观学习 1 周。1986—1991 年，先后派出 80 余名护士分别到瑞金、新华等医院进修学习。1998 年，为积极稳妥地培养、提拔一批具有较强业务管理能力的年轻护士长，对青年骨干加强临床培养与锻炼，给予代理护士长的工作考察，使之较快地完成其角色转换，优秀者被提拔为科室副护士长。有 2 人参加上海中医药大学“护理学科带头人擂台赛”选拔，1 人获得学科带头人荣誉。2000 年，在全院护士中实行科护士长、护士长招聘工作，先后有 40 多名护士应聘、面试，为护理部人才培养机制的正常运行提供条件。2000 年，有 3 人参加上海中医药大学“青年护士长管理后备梯队擂台赛”，1 人获得优秀个人奖，3 人作为护理部挂职人员进行培养，每人挂职锻炼一年。2002—2005 年，选送护理骨干、后备专家外出进修(专科护理、外语等)，共十余人次。

自 2006 年起，护理部鼓励临床带教老师通过全国统一资质认证获取高校教师资格证。至 2015 年底，全院已有 78 名护士获得教师资格证书，每一个科室至少有一名获得教师资格证，临床带教老师要求有教师资格证才能担任。

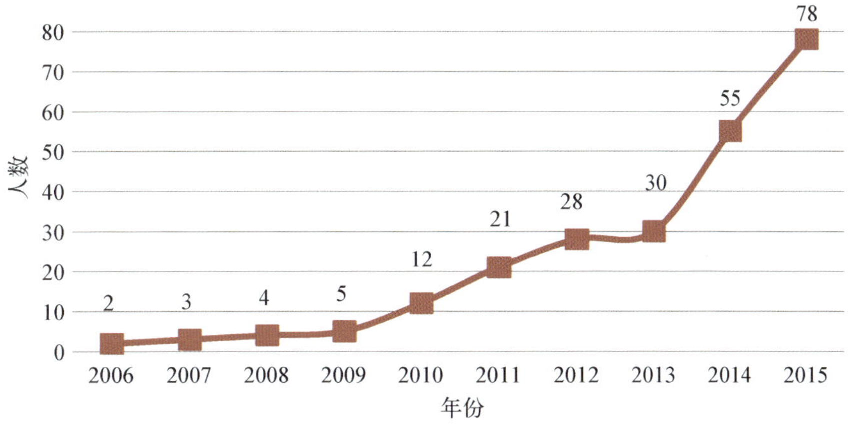

图 4-3-3 2006—2015 年获得教师资格证人数

二、护理人才梯队建设

2005—2015 年，护理部培养全国中医护理骨干人才 2 人，上海市优秀青年护理人才 1 人，上海中医药大学优秀青年护理人才 10 人。到 2015 年，全院大专及以上学历护士占 94.1%，形成素质优化、结构合理的人才梯队。

【国家级人才培养项目】

2015 年，经过个人报名、片块推选、院内擂台赛专家评审，梅花、刘小飞 2 人入选全国中医护理骨干人才培训项目，参加全国统一的中医护理骨干人才培养，根据要求完成6个基地的学习。学习结束回院后，在护理部的组织下对全院护士开展中医护理新技能培训，五行经络刷、随身灸、梅花针、腕踝针、督灸五项新技术和优化药罐技术等均在全院得到广泛开展。

2015年，孙青、梅花、汪小冬入选参加新加坡淡马锡基金会资助的“护理培训师培训项目”，完成7～10天的进修学习，回国后进行全院培训交流授课。

【市级人才培养项目】

2015年5月，龚礼敏入选上海市优秀青年护理人才，开始为期两年的培训学习。

【校级人才培养项目】

上海中医药大学从2002年起启动优秀青年护理人才培养项目，对各大附属医院优秀的护理人才进行为期三年的培养计划，至2015年底，已培养至第五批：汪小冬、邵海波、段晨光、徐莺。医院共有6名护理人员，即吴海(第一批)，秦秀芳(第二批)，章丽丽、程鑫(第三批)，黄凤、龚礼敏(第四批)完成上海中医药大学共4批优秀青年护理人才培养项目。

【院级人才培养项目】

2006—2010年，护理部每年筛选临床高学历护士到护理部进行挂职锻炼，共有约60名高学历护士到护理部挂职锻炼，顺利完成阶段培养计划。

2015年，医院综合类培养人才2人(邵海波、刘丽艳)正在按计划实施中。

第四章　手 术 室

2004 年之前，医院手术室设在西部。2004 年东部开张之后，设立东部手术室，

第一节　手术室(西部)

一、概况

手术室成立于 1942 年(四明医院)，当时手术室由护理部管理，护理人员由护理部主任统一分配。1953 年，有护理人员(护士、助产士、助理护士)86 人。1956 年，随着业务量上升，护理人员增至 127 人。20 世纪 60—70 年代，当时医院门诊楼共四层，四楼为手术室，定科护理人员为 6 人，麻醉护士由麻醉科管理。1991 年，医院改扩建后，手术室设在新住院大楼 5 楼，手术房间 8 间，手术室护士 11 人。1999 年，手术室装修，4 号、5 号手术房间为层流洁净手术房间，手术室护士为 13 人。2008 年，手术室装修手术房间为电动门，以适应国家手术室建筑标准；手术室护士为 15 人。2012 年，手术室改建为全层流洁净手术房间，手术房间为 7 间；手术室护士 20 人(其中麻醉护士 2 人)。

表 4-4-1　1984—2015 年手术室历任负责人情况表

任职时间	护士长
1984—1992 年	韩珊珊
1992—2006 年	顾曼华
2006 年—	李洁菁

二、业务发展

四明医院时期，手术以阑尾切除术为主。1953—1959 年，上海市立第十人民医院时期，手术种类增多，并逐步齐全。1959 年，完成首例腋下皮脂腺针麻手术。1960 年，住院大小手术共 1 918 例，开展眼科、妇产科、五官科、口腔科、普外科、胸外科、脑外科、骨科等大中型手术。1964 年，首例针刺麻醉下胃大部分切除术。1986 年，基本开展肉瘤刮除、瘤骨段灭活再植术、髋关节双杯置换术等。1984 年，手术总人数达 2 140 例。1990—1994 年，骨伤科新开展关节镜检查、人工全膝关节置换术等；外科新开展胰十二指肠切除术、胆道镜检查等。1993 年，手术总人数为 1 978 例，手术前后诊断符合率达 99.27%。1995 年之后，随着各手术部门新业务、新手术的开展，各科医疗技术突飞猛进发展，特别是电视腹腔镜手术广泛应用于临床，如腹腔镜下胆切除术、阑尾切除术、疝修补术、结肠肿瘤切除术；腹腔镜下全子宫切除术、宫外孕手术，并开展内镜下微创手术，如疝修补、结肠肿瘤切除术等。2004 年，心胸外科开展新项目，如膜置换手术、冠状动脉搭桥术、房室缺损手术等。其次，眼科也开展新项目如晶状体超声乳化摘除加人工晶体植入术。2006 年 6 月，从华山医院引进

顾国山之后，2006—2015年，开展各项新技术业务，包括从普外科增设肝胆外科、胃肠外科和血管外科三个专科，开展各类肝胆疑难手术以及全腹腔镜下胃癌、乙状结肠癌根治术，缩胃减肥术，大隐静脉曲张激光闭合术等新项目。妇科新开展悬吊腹腔镜下子宫肌瘤剥除术、子宫腺肌症切除术等，为高碳酸血症妇科患者谋求了新的安全术式。骨伤科增设关节科、骨科和伤科三个专科：骨科各类脊柱手术发展迅猛，尤以腰椎手术（前路、后路手术）开展颇多；关节科以各类关节置换、关节镜手术为主；伤科的微创新技术C臂机下臭氧消融术和椎间孔镜技术已发展成熟。中医乳腺外科开展浆乳患者的乳头整形、象限切除术，以及各类慢性溃疡修复术和乳痈扩创术。肛肠科除各类高位、复杂肛瘘切除术，更为混合痔患者开展了无痛微创TST术。脑外科手术也有了很大的发展，特别是眶内肿瘤、垂体瘤等一些大手术也开展得很多，还有超声医学科B超下肝肿瘤射频消融术等。

表4-4-2　2006—2015年手术室手术量统计表

年　份	手术总量/台
2006	4 380
2007	2 588
2008	2 543
2009	2 869
2010	3 038
2011	4 973
2012	4 458
2013	5 729
2014	5 381
2015	7 068

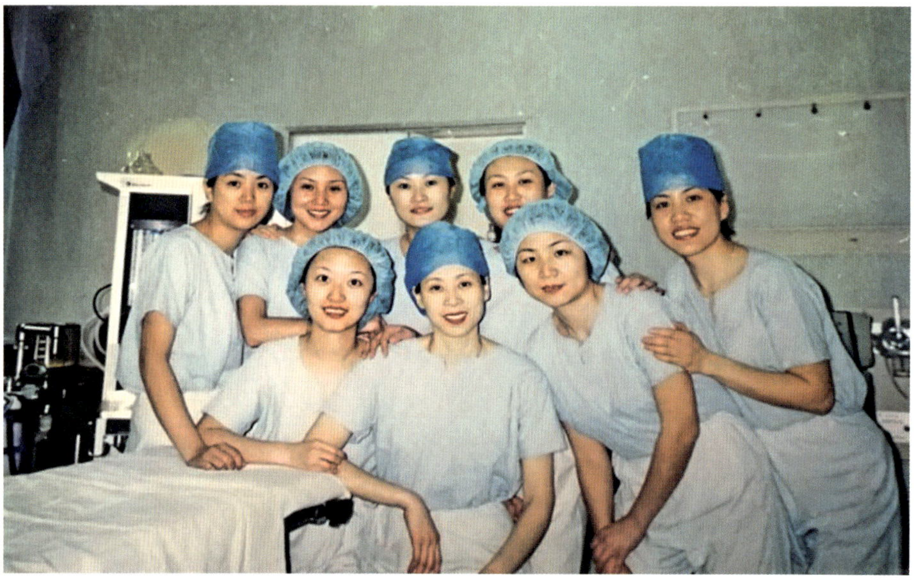

图4-4-1　在西部4号手术房间部分护士合影

三、科研成果

【科研项目】

2010—2015 年，手术室共承担各级各类研究项目 4 项，其中上海市教育委员会项目 1 项、上海中医药大学校级项目 2 项、医院院级项目 1 项。

【论文】

2006—2015 年，共发表论文 23 篇，其中核心论文 8 篇。

第二节　手术室(东部)

一、概况

2004 年 12 月 27 日，手术室(东部)成立，共有 10 间手术室。2010 年 6 月，门诊手术室并入手术室(东部)。2015 年 7 月，手术室(东部)共有 10 间手术室，其中门诊手术室 3 间，总建筑面积 1 770 平方米，由 10 间净化手术室组成，其中Ⅰ级 2 间、Ⅱ级 2 间、Ⅲ级 6 间。

2004 年成立初期，手术室(东部)护士共有 6 人。至 2015 年 7 月，东手术室护士共计 30 人，其中东住院部手术室护士 29 人、门诊手术室护士 1 人；副主任护师职称 1 人、主管护师职称 6 人、护师职称 17 人、护士职称 6 人。2004 年 12 月—2015 年，郑霞任护士长。

二、业务发展

2004 年，手术室(东部)成立初期开展普外科、骨科、五官科、妇科、泌尿外科、脑外科手术。2006 年，新增心胸外科小组，配合完成体外循环下心脏直视手术。2010 年，进一步细分为脑外科(外一科)、心胸外科(外二科)、普外科(外三科)、乳腺科(外四科)、肝胆外科(外五科)、泌尿外科(外六科)、周围血管科(外七科)、胃肠外科(外九科)、妇科、眼科、伤骨科、骨关节科、肛肠科、耳鼻咽喉科手术小组。2014 年新增胰胆外科(外十科)、产科。手术量从 2005 年 1 500 多例增至 2015 年 16 151 例，并添置更新仪器设备。

表 4-4-3　2006—2015 年手术室(东部)手术总量统计表

年　份	手术总量/台
2006	3 003
2007	4 975
2008	5 357
2009	5 599
2010	7 262
2011	10 005

（续表）

年　份	手术总量/台
2012	11 322
2013	11 827
2014	12 003
2015	15 837

表 4-4-4　2006—2015 年手术室(东部)新增手术情况表

年　份	名　　称	科　　室
2006	各类心脏直视手术	心胸外科(外二科)
2010	全腹腔镜下胃癌、乙状结肠癌根治术	胃肠外科(外九科)
2010	热化疗、腹腔镜下肺癌根治术	心胸外科(外二科)
2011	针刺麻醉下无插管心脏手术	心胸外科(外二科)
2012	B超下肝肿瘤射频消融术	肝病科、B超室
2013	CEA、主动脉夹层动脉瘤手术	心胸外科(外二科)
2013	动脉瘤夹闭术、三维立体成形手术	脑外科(外一科)
2013	悬吊腹腔镜下子宫肌瘤剥除术	妇　科
2014	TVT、盆底重建术	妇　科
2014	疑难剖宫产术	产　科
2014	单孔腹腔镜微创手术、PTCD、胰体尾切除术、ERCP 术	胰胆外科(外十科)
2015	脊柱肿瘤微创手术	脑外科(外一科)

2005 年 1 月，开展整体护理模式，修订各项规章制度、护理文件，统一包括手术室、门诊手术室在内的手术室(东部)系统质控检查标准。2006 年 1 月起，由护士长制定并负责实施科室年度计划，并由护士长及科护士长完成评估。开展手术患者术前术后访视工作，访视率达 100%。

三、教学工作

【职后教育】

手术室(东部)从 2005 年 7 月开始每年承接带教本科、专科实习护生实习任务。2006 年 1 月在护生带教工作中开展“互动式”带教方法。2008 年 1 月将情景模拟案例分析的教学方法运用于带教工作中，优化教学模式；制定新职工带教计划，开展专科轮转考核。2010 年 1 月制定 N1～N6 各级护士的培养计划，针对不同层次的护士开展专科化的护理培训。

【人才培养】

2006 年 7 月，朱丽芳到仁济医院手术室心胸外科专业组进修。

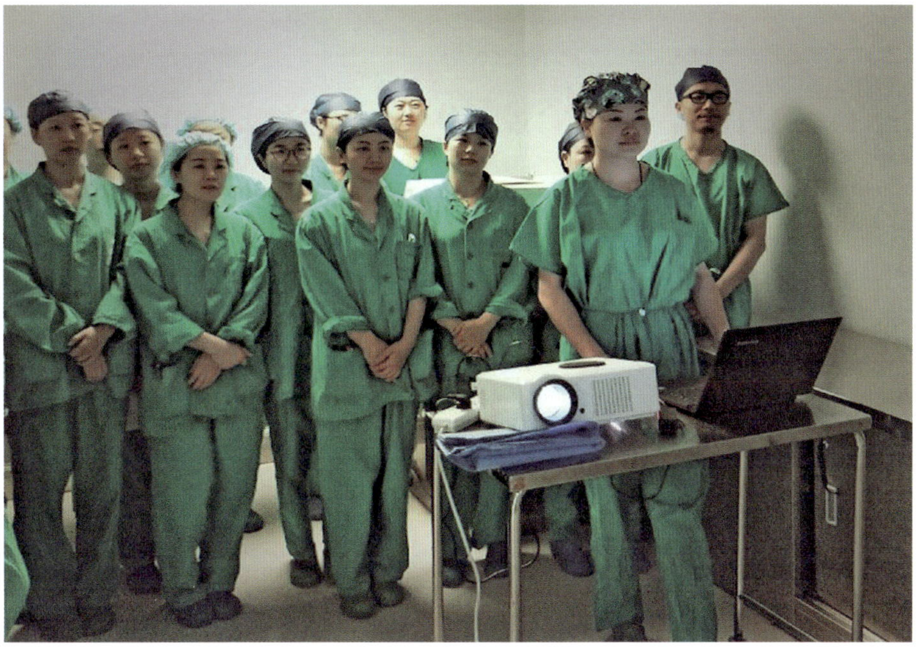

图 4-4-2　2010 年 1 月，手术室(东部)科内护理业务学习

四、科研成果

2004 年 12 月，东部手术室成立之后，参与科研课题的研究工作，并获 2 项专利。

五、学术任职

2011—2015 年，郑霞任上海市手术室专委会委员、上海市中西医结合关节病护理专委会委员。

第五章　护理教学与科研

作为一所中西医结合的三甲医院，护理部历年来力求在具体工作中以新思路、新举措、新成果营造医院护理教育科研新特点，着力体现以质量为主线、人才素质培养为目的、中医药传统文化与现代意识相结合的特色，以不断更新教育理念，改进教学方法和手段，提高教育科研质量，培养高素质的中医临床护理人才。近几年，在科研方面取得了较丰硕的成果。

第一节　护 理 教 学

一、教学基地

1945 年，兴办四明医院附设高级护士职业学校（简称“四明医院护士学校”），同年 7 月，开始第一届学员招生。该校以提升医学常识及护病学理与技能，造就医务卫生护士人才，服务社会为宗旨。学业年限为预科期半年，其学业品行优良者，才能成为正式学生，进入修业期，继续学习三年。三年修业期满，考察成绩及格，经中华护士学会会考合格者，由本校给予毕业证书。1945 年秋季，因四明护校校舍不敷应用，于该院花园隙地新建校舍。1947 年 6 月，四明护校新舍竣工，举行落成典礼并同时为护士学校第二期学生举行加冠礼。

1960 年，创建中医护理教研室，汇集吴霞、彭佳珍等全国著名中医护理学家。由于“文化大革命”的原因，不设中医护理教研室。1996 年，成立护理教研室，承担上海中医药大学临床护士“中医基础理论及护理学习班”讲课。2005 年，在中医护理教研室主任张雅丽的带领下，较早地在国内开展以患者为中心、以临床为基础、以科研为导向、以教学为平台的“中医辨证施护理论与临床实践研究”“中医护理特色技术与临床疗效研究”“中医护理人才培养模式与实践创新研究”和“中医护理人文教育思想与方法研究”，建立教研室主任—教研室干事—护士长—科室带教老师—跟班带教老师的带教网络。教研室负责教学计划的组织安排、师资培训与教学质量督导，各病区护士长及带教老师负责计划的具体实施。各部门分工明确，层层把关。

1979 年起，护理部开始担任中医卫校学生的临床实习带教工作。

1995 年起，每年承担上海中医药大学医学生（五年制、七年制）、留学生小学期的护理课程讲课及临床实习。1995、1996 年接收上海中医学校中等护理专业学生的临床毕业实习（约 60 名），带教中注重“教”“用”并重、理论及实际发展平衡等，受到用人单位及校方的好评，并连续两年取得护理中专毕业汇考总分全市第一的好成绩。2000 年，担任 24 名上海第二医科大学夜大学护理专业毕业实习生的带教工作，受到了校方与学生的好评。

1996 年，成立护理教研室，承担卢湾区心肺复苏专题讲座及区内各医院护士示范操作和培训工作。1997 年起，又先后承担上海中医药大学临床护士“中医基础理论及护理学习班”讲课，上海中医护理写作中心中医中药护理、临床中医护理技能学习班授课，卢湾区护理学会科技节学术专题讲课。

2012 年，开始探索与上海中医药大学院校联合办学的教学模式，利用医院的临床实践优势开展护理教学。

2013 年，医院投资近 50 万元成立“护理实践基地”，基地占地 120 平方米，由专人管理，配备 10 张床单位、10 个模拟人、各类中西医护理操作盘及操作模型，床头设备带与病房一致，并配备多媒体教学系统，供医学生与护理学生在临床实践过程中进行中西医护理技术的训练。2013 年，护理实践基地成为上海市护理学会认证的第一批中医护理专业适任资格实训基地。

2013 年，中医护理教研室与上海中医药大学护理学院开展合作授课。由原来教研室指派临床教师至学校进行“护理学基础”部分操作授课，改为在医院实训室进行“护理学基础”所有操作授课和部分理论授课。至今共接收护理本科生 420 人，操作授课 700 学时，理论授课 100 学时；护理大专生 60 人，操作授课 100 学时。2015 学年开始，该课程的理论及操作均由中医护理教研室授课，成为主讲课程。

2014 年，科室成功入选国家中医药管理局中医药优势特色教育培训基地，为全国各大医院培训中医护理骨干人才。张雅丽教授主讲的“护理理论与实践”被评为上海中医药大学精品课程。2015 年该课程被评为上海市精品课程，实现曙光护理在教学方面零的突破。

二、临床护理实习及见习

【临床实习】

生源从 2006 年的中专及大专学历为主，本科学历占总人数的 5%～7%，至 2015 年，生源以大专及本科学历为主，本科学历占总人数的 20%～25%。接收学校从 2006 年的 6 所增加到 2015 年的 12 所。来院实习学校分别为上海中医药大学、福建中医药大学、长春中医药大学、湖南中医药大学、安徽中医药大学、上海医药高等专科学校、上海思博职业技术学院、上海欧华职业技术学院、上海建桥学院、江西中医药高等专科学校、山东杏林职业技术学院及郑州铁路职业学院。

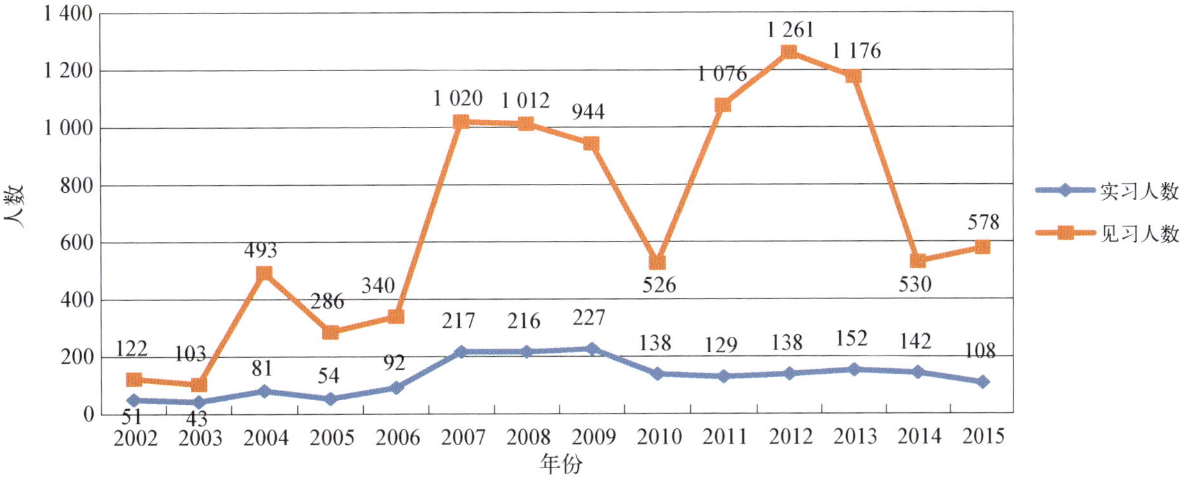

图 4-5-1 临床护理实习、见习人数(2002—2015 年)

【临床见习】

主要以课间见习及小学期实践为主。课间见习对象为上海中医药大学护理本科及专科生，科目主要为内科护理学、急救护理学、护理伦理学及护理心理学。小学期实践对象为护理本科一年级、二年级、三年级学生，针推康复专业医学生及中医七年制临床专业医学生，科目主要为护理学导论临床实践、基础护理临床实践、专科护理临床实践及护理理论与实践。

三、课堂教学

2005 年，承担了上海中医药大学成人教育学院护理系（本科与专科“护理心理学”“护理教育学”）课程的教学工作，包括编制教学大纲、教学日志、课程教案、考试试卷及课堂授课、成绩汇总、归档等。2002—2005 年，继续承担上海中医药大学医基础医学院、护理学院“护理学基础”课堂授课任务（张雅丽、周俭美、章丽丽、秦秀芳）。

第二节　护理科研

一、课题

1996—2014 年，护理部共立项各级各类课题 79 项，其中国家级及省部级 4 项、市局级 9 项、区级 17 项、校级 33 项、院级 16 项。

表 4-5-1　1996—2014 年护理部课题立项情况表

年　份	课　题　立　项　数					
	院　级	校　级	区　级	市局级	省部级	总　数
1996—2001	2	1	0	0	0	3
2003	0	1	0	0	0	1
2004	0	4	0	0	0	4
2005	0	0	2	0	0	2
2006	0	4	1	0	0	5
2007	0	0	3	1	0	4
2008	0	1	3	2	0	6
2009	5	2	0	0	0	7
2010	0	4	1	2	0	7
2011	0	0	5	0	0	5
2012	1	10	2	1	2	16
2013	3	3	0	2	2	10
2014	5	3	0	1	0	9
合　计	16	33	17	9	4	79

二、专利

2006—2015 年，医院护理团队共获得专利 33 项，含发明专利 2 项，实用新型专利 28 项。其中张雅丽参与发明的专利"改善肝硬化腹水的中药外用制剂与制备方法"（专利号：200510028971.8）于 2009 年 6 月实现成果转让。

三、论文

1980—2014 年，医院护理人员共发表论文 739 篇，其中中医论文 271 篇，发表在核心期刊的论文 173 篇。

表 4－5－2　1980—2014 年护理部历年论文发表情况表

年　份	发表论文数	中医论文数		核心论文数	
		发表数	占比/%	发表数	占比/%
1980—1994	538	—	—	—	—
1995—2001	632	—	—	—	—
2002	7	3	42.9	—	—
2003	5	1	20.0	—	—
2004	9	3	33.3	—	—
2005	12	5	41.7	—	—
2006	26	10	38.5	7	26.9
2007	29	17	58.6	6	20.7
2008	59	22	37.3	11	18.6
2009	79	28	35.4	9	11.4
2010	64	16	25	16	25
2011	105	24	22.9	28	26.7
2012	101	35	34.7	18	17.8
2013	115	48	41.7	36	31.3
2014	128	59	46.1	42	32.8

四、专著

2007—2015 年，共主编、副主编、参与编写各类书籍 25 部，其中主编 14 部、副主编 6 部、作为编委参与编写 5 部。

第五篇 教学

概　述

临床教学是医院的重要工作之一。1960 年，医院成为上海中医学院第一所附属医院，开启长达 55 年的教学兴院之路，在医学生和住院医师培养方面发挥重要作用；承担大专、本科、七年制、硕士研究生、博士研究生以及中等护理专业和短期专科培训等教学工作。虽因各个时期的教学条件有所变化，但整体上都经历由初创到完善、从少数单科教学到多学科教学的发展过程。

1960 年，教学工作由医院医教科负责管理，1973 年建立医疗系二部。1979 年，上海中医学院成立中医系，在医院建立中医系二部等教学建制。进入 20 世纪 90 年代，医学教育、教学改革得到突破与发展，1991 年，随着中医学精英教育教学理念的提出，医院率先招收中医学七年制学生。1994 年，临床医学院成立，成为全国中医药院校首批临床医学院。2010 年，医院贯彻落实上海市住院医师规范化培训精神，先试先行，整合院校教育与毕业后教育资源，成为上海市首批中医住院医师规范化培训基地。2014 年，医院将毕业后教育纵向延伸，成为上海市首批中医专科医师规范化培训基地。

作为上海中医药大学“一体两翼”现代化中医药人才培养模式的重要组成部分，临床医学院坚持以“育人为本、育德为先、育能为主”的原则，全面实施素质教育，首创“专业思想教育、理想信念教育、就业竞争能力培养、职业规划教育”的培养模块，塑造医学生“实践、感恩、诚信、健康”的健全人格，依托雄厚的师资力量和强大的医疗实力，为社会持续输出优秀中医学医疗人才。

临床医学院作为医院教学管理部门，承担教务管理、学工管理、规范化培训、师资队伍建设、教学改革等工作职能。2015 年底，学院设中医学本科专业 3 个，硕士学位授予专业 11 个，博士学位授予专业 7 个，博士后流动站 3 个，国家中医药优势特色教育培训基地 2 个；承担中医学（临床方向）八年制、七年制、五年制、硕博士研究生、留学生、住院医师规范化培训的教学任务，并不断打造临床医学院教学品牌，形成以临床课程为核心的精品课程群，确立中医学核心教学地位，其影响力立足长三角，辐射全国中医药院校，为中医现代化教学、改革、探索与发展作出贡献。

第一章　教学管理机构

1960 年起，教学工作由医院医教科管理。1973 年 6 月，上海中医学院党委决定，在医院建立医疗系二部，由医教科负责。“文化大革命”期间，医院设立教育革命领导小组和教育革命办公室，实施“开门办学”。1979 年 1 月，上海中医学院决定成立中医系(初称“医疗系”)，并在医院设立中医系二部，由医院 1 名副院长分管。1984 年 6 月，上海中医学院决定由医院院长兼任中医系二部主任，分管教学的副院长兼任副主任。1991 年起，上海中医学院在全国范围内率先招收中医学七年制学生，提出中医学精英教育的教学理念，成为上海中医药大学“一体两翼”现代化中医药人才培养模式的重要组成部分。1994 年 8 月，曙光临床医学院成立，下设教学行政管理部门。

第一节　曙光临床医学院

1994 年 8 月，曙光临床医学院成立，成为全国中医药院校首批临床医学院。承担教学管理、学生管理、师资队伍建设和学生思想政治教育等工作。成为上海中医药大学附属医院具有较大规模、学生人数较多的教学管理单位。

图 5-1-1　1994 年 8 月，临床医学院成立仪式(第一排左一为院长王灵台)

表 5-1-1　1973—1994 年医疗系二部、中医系二部历任主任、副主任情况表

任职时间	主　任	任职时间	副主任
1983—1988 年	余志鼎	1973—1982 年	李广塘
1988—1993 年	石印玉	1983 年	任家潍
1993—1994 年	王灵台	1983—1993 年	蔡　淦
		1993—1994 年	康正祥

表 5-1-2　1995—2015 年临床医学院负责人情况表

任职时间	院　长	任职时间	副院长
1994—2001 年	王灵台	1994—2001 年	康正祥　沈远东　汤仁智
2002—2009 年	沈远东	1999—2005 年	朱抗美
2009 年—	周　华	2002 年—	蒋　健

第二节　教学处

1973 年 6 月，上海中医学院党委决定，在医院建立医疗系二部。1979 年 1 月，上海中医学院决定成立中医系（初称“医疗系”），并在医院设立中医系二部，由医院 1 名副院长分管，配备专职教学干事。1984 年，上海中医学院决定由医院院长兼任中医系二部主任，分管教学副院长兼任副主任，并设二部办公室，配备专职办公室主任和副主任。1994 年 9 月，中医系二部办公室改称“教育处”，下设教务科、学生科。1999 年，研究生教育从科研办公室转入教育处管理。2000 年 4 月，医院行政机构改革，将原科研处与教学处合并，成立科研教学处（简称“科教处”）。2010 年，再次将科研、教学分离，成立教学处。

表 5-1-3　1978—1994 年中医系二部办公室历任主任、副主任情况表

任职时间	主　任	任职时间	副主任
1978—1981 年	朱冠文	1986—1991 年	朱梅如
1991—1994 年	朱梅如	1991—1994 年	孙　燕

表 5-1-4　1994—2000 年教育处历任负责人情况表

任职时间	处　长	任职时间	副处长
1994 年 9 月—2000 年 5 月	朱梅如	1994 年 9 月—1998 年 5 月	孙　燕
		1998 年 6 月—2000 年 5 月	马俊坚

表 5-1-5 2000—2010 年科教处历任负责人情况表

任职时间	处 长	任职时间	副处长
2000—2001 年	张怀琼	2000—2004 年	陈莲芳 朱梅如
2001—2004 年	蒋 健		
2002—2005 年	詹红生	2002—2005 年	竺 炯 马德娴
2006—2010 年	高月求	2004—2005 年	高月求
		2004—2007 年	林 勋
		2007—2010 年	邹 菁

表 5-1-6 2010—2015 年教学处历任负责人情况表

任职时间	处 长	任职时间	副处长
2010—2010 年	邹 菁	2010—2011 年	仇 菲
2011 年—	仇 菲	2015 年—	王之通

第二章　教 学 管 理

1960—1966年，“文化大革命”开始前的一段时期内，遵照上级的部署，教学工作由医院医教科管理，主要承担中医学院本科的西医诊断基础、西医内科学和西医外科学3个单科的理论教学，以及临床各科见习、实习带教。“文化大革命”初期和中期，教学工作基本处于停顿状态。1973年6月，上海中医学院党委决定，在医院建立医疗系二部，由医教科负责，至1978年，主要承担1975—1979届三、四班三年制工农兵大学生的教学管理和毕业分配等工作。“文化大革命”结束后，医院承担的教学工作开始逐步纳入正规化轨道。1979年1月，上海中医学院决定成立中医系（初称“医疗系”），并在医院设立中医系二部，由医院1名副院长分管，配备专职教学干事，负责组织教学管理工作。1980年起，中医系二部开始承担上海中医学院部分攻读硕士研究生的临床教学、技能考核和研究课题管理。1984年6月，上海中医学院决定由医院院长兼任中医系二部主任，分管教学的副院长兼任副主任；设二部办公室，配备专职办公室主任和副主任；同时，强化所承担教学班级的班主任和指导员的配备与充实工作。1985年起，四医系二部承担上海中医学院硕士研究生班的中医内科学、西医内科学和诊断学基础理论教学任务。1987年，研究生教学和管理从中医系二部划出，改由医院科研办公室负责管理，与此同时，先后经国务院学位委员会、国家教委和上海中医学院批准，聘任医院的6位专家为博士生导师，为博士生和临床博士生授业、指导。为硕士研究生和博士研究生开设的专业，从最初的内、外科发展为儿、妇、胆、肝、肠、肾、肿瘤、泌尿、骨伤诸科。1991年，随着中医学精英教育教学理念的提出，医院率先招收中医学七年制学生。1994年9月，中医系二部办公室改称教育处，下设教务科、学生科，进一步完善正规化教学体制的建设工作。2000年4月，医院进行行政机构改革，将原来的科研处与教学处合并，成立科研教学处（简称“科教处”）。2010年，医院决定将科教处分为两个部门，即科研处和教学处，并分别由独立的处长负责相关管理工作。

第一节　专 业 发 展

医院先后承担中医学（临床方向）八年制、七年制、五年制和硕博士研究生、留学生、住院医师规范化培训与专科医师规范化培训学员，每年近1 000人次的教学任务。2015年，临床医学院共拥有上海市教学名师1人和上海中医药大学教学名师2人，博士生导师49人，硕士生导师189人。临床医学院下设中医学本科专业3个，硕士学位授予专业11个，博士学位授予专业7个，博士后流动站3个，国家中医药优势特色教育培训基地2个。已出版国家级规划主编教材55部，传统中医示范病房获上海高校优秀教学团队。

2006年，学院建立中医专业七年制学生毕业临床技能多站式考核（OSCE）体系。2006—2015年，学院共培养医学毕业生1 100余人次，受上海中医药大学委托培养毕业生近600人次。2002级中医学（临床方向）七年制专业获全国先进集体。

“十一五”期间，学院注重临床实践环节教学模式改革，优化设置临床带教路径；在各教研室与带教科室支持下，2007年，参加全国中医院校附属医院教学评估并获得优秀验收；2009年，获得上海市教学成果奖及上海市教育科学研究优秀成果奖。

图 5-2-1 2007 年全国中医院校附属医院教学评估专家评估现场

“十二五”期间，学院深入探索高校临床教学改革新模式，形成以临床课程为核心的精品课程群；2015 年有国家精品视频公开课(随处可见的筋骨损伤)1 门，国家共建精品课程(中医内科学)1 门，上海市精品课程 6 门(含上海市体育与健康教育精品课程、上海市全英语示范课程各 1 门)，上海中医药大学精品课程 6 门，上海中医药大学优秀教学团队 6 个。由医院石氏伤科临床中心领衔的“中医骨伤科学”为国家医学教育慕课联盟。在上海中医药大学教师发展中心的文化引领下，学院率先建立“临床骨干教师-教研室主任-教学处”三位一体教学管理平台，通过建立临床教师教学能力培养体系，切实解决“上课难、管理难、质控难”的局面。学院的金牌教师崔松与骨干教师沈明洁代表上海中医药大学连续两年荣获全国高等中医药院校青年教师教学基本功竞赛一等奖。

研究生教育方面，“十二五”期间，学院获得教育部博士点基金项目 4 项。2012 年 7 月，承办主题为“面向转化医学的中西医结合肝病研究”的上海市研究生暑期学校，汇集来自国际国内知名的肝病学方面的专家，为来自全国各地 13 个省份的学员授课演讲，并被新闻晚报、解放日报、新浪等多家媒体转载报道，形成一定的社会影响。对外教育合作方面，2013 年，护理教研室首次与上海中医药大学护理学院合作，开展护理专业综合改革试点，医院招进一批高素质、高学历的现代护理人才，推进临床护理教学反哺学科建设成果。

学院拓宽国际化办学视野。2014 年，组建一支梯队合理、各有专长、分工协作、全面高效的临床全英语教学团队，作为首家临床医学院承接留学生中医学(针灸)专业(全英语班)临床课程及临床实践教学任务。医院宝山分院从 2014 年开始参与临床医学院教研室的教学工作，并纳入学院硕士研究生招生计划，启动研究生的招录、培养工作。

2006 年 10 月 19 日，临床医学院与上海中医药大学针推学院、基础医学院建立医、教、研全面合作关系。2015 年，再次与基础医学院确定“医教协同”的战略合作关系，病理科与基础医学院病理教研室、肾病科与温病教研室、中基教研室签署医教共建协议。

2015年,国家教育部、卫计委等六部委对中医学八年一贯制专业与中医硕士专业学位研究生进行改革,学院从临床课程体系、临床实践轮转方案、导师培养方案等多方面切入,以期完成长学制专业转制及研究生教育与住院医师规范化培训结合的人才培养目标。

图5-2-2 2006年10月19日,举行临床医学院与上海中医药大学针推学院建立全面合作关系签约仪式,医院院长沈远东(第一排左一)与针推学院院长诸立希代表双方签约

第二节 专 业 介 绍

从1960年4月15日医院成为上海中医药大学附属医院之日起,到20世纪90年代初期,学院所承担的教学工作有四大类,形成本科和大专、硕士和博士研究生、中等护理专业和短期专科培训的教学系列,先后开展4个层次的教学工作。1994—2001年,学院承担中医专业五年制本科生、中医七年制临床专业硕士,硕士、博士研究生,外国留学生和短期研修生,中医护理大专生、夜大学等的课程教学、临床见习和实习任务。2002—2005年,学院承担中医专业七年制、中医基础专业七年制、医药结合专业七年制学生的专业课授课任务,每年达1 000多学时;承担国际教育学院本科留学生的专业课授课任务,每年近1 000个学时;承担中医药大学成教院夜大学生的专业课授课任务,每年近1 000个学时。2006—2015年,学院共设中医学本科专业3个,硕士学位授予专业11个,博士学位授予专业7个,博士后流动站3个,国家中医药优势特色教育培训基地2个。

一、中医学(临床方向)七年制

【培养方向和目标】

1991—2015年,招生改为中医学(临床方向)专业,主要培养德、智、体全面发展,中医理论知识和实际工作能力以及综合素质达到中医临床医学专业硕士学位水平的高级复合型中医人才。

中医学(临床方向)专业要求学生具有高尚的医德医风和为中医事业献身的精神;具有系统而深厚的中医基础理论知识和中医临床专业知识,有熟练解决临床实际问题的能力;具有较深厚的现代医学基础理论和诊疗技能;具有较高的古汉语水平,熟练掌握一门外语;具有中医临床科学研究能力和一定的创新能力。

【课程设置】

1991—2015年,中医学(临床方向)以复旦大学、上海交通大学、华东师范大学为依托,充分利用综合性大学理科的优势,在新生入学后的第一、二年在综合性大学集中学习数、理、化、外语及必要的人文社会科学以及部分现代医学基础课等课程;第三至第五年回到上海中医药大学,学习中医基础理论、医古文、中医诊断学、中药学、方剂学、中医古典医籍等中医基础课程,现代医学基础课程,公共基础课程以及中医临床专业课程等;第六、七年进入临床医学院进行毕业实习,并在临床导师指导下进行毕业课题研究工作,完成毕业论文。

【学位授予】

完成学业、成绩合格者授予医学硕士学位,同时获得五年制医学学士学位。未达到硕士学位要求,但经过考核达到学士学位要求者,授予医学学士学位。

【毕业生择业方向】

各级医疗机构中以中医、中西医结合为主的内、外、妇、儿、伤等临床医师工作。中医高等院校、中医研究机构从事教学和科研工作,以及各级医疗机构的行政管理工作等。

二、中医学(中医方向)五年制

【培养方向和目标】

中医学(中医方向)2011年开始招生,主要培养掌握中医、西医基础理论和临床技能的,能对临床常见病、多发病进行辨证论治,具有创新思维的现代中医人才。

【课程设置】

除公共基础课外,主要开设有中医基础理论、中药学、方剂学、人体解剖学、生理学、病理学、药理学等专业基础课;中医内科学、中医外科学、西医诊断学、西医内科学、西医外科学、中医妇科学、中医儿科学、中医经典课程(内经、伤寒、金匮要略、温病)等专业课。

【学位授予情况】

完成学业成绩合格者,根据《国家学位条例》授予医学学士学位。

【毕业生择业方向】

从事各级医疗机构中的临床医疗、教学、科研等工作。

三、中医学“5+3”八年一贯制

【培养方向与目标】

2015年开始招收中医学“5+3”八年一贯制专业学生，培养德、智、体、美全面发展，具有社会主义觉悟，系统掌握中医药基础理论、中医专业知识和专业实践技能，并具备良好的自主学习能力，具有临床医学硕士专业学位水平和住院医师规范化培训合格水平的高层次复合型中医人才。毕业后能从事中医医疗、中西医结合医疗、全科医疗等专业工作，并为他们在中医学教育、科研、对外交流以及中医药事业管理等方面的工作打下一定的基础。

【课程设置】

中医学“5+3”八年一贯制专业，将五年制本科教育和三年硕士专业研究生一体化统筹培养，建立以临床能力培训为核心的课程体系。

新生入学后的第一、二年在华东师范大学集中学习大学一般课程、生命科学基础课程、医学导论课程；第三、四年回到上海中医药大学，学习医学基础课程等；第五年进入临床基地，以创新的床边教学模式，完成医学专业课程和毕业实习；第六至第八年，在上海市住院医师规范化培训整体部署下，以中医医疗的基本规律和特点为指导，立足于突出中医“三基”培训，以临床技能培训为主，重在培养中医临床思维能力，辅以若干与临床相结合的理论学习，强调培训的整体性和实践性。第六、七年为通科培训阶段，在中医内、外、妇、儿、伤、针推、五官、康复科进行轮转培训，培养中医临床工作能力，掌握相关的现代医学基本技能，为从事中医临床工作奠定基础；第八年为专科培训阶段，以相关专科或全科进行强化培训为主，进一步提高中医专科的诊疗能力。同时，后三年还需在临床导师的指导下进行毕业课题研究工作，完成毕业论文，与临床专业硕士学位有序衔接。

【学位授予情况】

前五年学业合格者颁发中医学本科毕业证书，达到学士学位要求者授予医学学士学位。后三年学业与住院医师规范化培训紧密结合，两者考核皆通过者颁发中医学研究生学历证书和住院医师规范化培训合格证书，同时达到硕士学位要求者授予中医临床医学专业硕士学位。

【毕业生择业方向】

各级医疗机构中以中医、中西医结合为主的内、外、妇、儿、伤、针推、全科等临床医师工作。中医高等院校、中医研究机构从事教学和科研工作，以及相关医疗机构的行政管理工作等。

第三节　教 学 特 色

临床医学院系全国高等中医药院校附属医院中最早成立的临床医学院之一，是上海中医药大学系统中建立的第一个临床医学院。20世纪50年代，学院的教学理念就非常突出和务实，例如重视继承老中医临床经验和一般临床与专科相结合、集体教学与带徒相结合等不同途径进行中医教学，根据反复摸索和总结，学院认为“带徒实习”的教学形式效果最佳，学生不仅能够吸收老中医临床经验，老师也同样能在门诊或病房有计划地对特色病例加以示教，亦有充足的时间提出问题，加以分析辨证，使学生易于领会掌握。1995 年，学院以优异的成绩通过国家教委、国家中医药管理局专家组对七年制教育的中期评估检查。1999 年 4 月，通过国家教育部专家组对"本科教育优秀学校的评估检查"工作，并成为国家教育部首批"建优评优"优秀学校。2007 年，再一次通过国家教育部专家组对"本科教育优秀学校的评估检查"工作。2009 年，由蒋健教授领衔的"中医专业七年制临床实践环节的教学模式改革"被评为上海市高等教育教学成果奖以及上海市教育科学研究成果教育改革实践奖。除此之外，学院还承担上海中医药大学护理学专业、卫生事业管理专业、食品卫生与营养学、针灸推拿英语方向八年一贯制的毕业临床实习任务。

一、临床教学实践基地

2005 年，医院原创性地打破现行按西医分科分病区的学科体系，跨学科地将中医内科、针灸、推拿、康复等学科整合在一起成立传统中医诊疗中心。2006—2015 年，中心以"名中医挂帅，高级中医师当家"为办科特色，集中一批热爱中医教学的老、中、青年临床医师，建设成为国际化的中医临床教学实践基地。

2012 年 11 月，学院与上海中医药大学基础医学院建立院院合作机制。学院倾力培养中医学基础专业人才，基础医学院向学院输送优秀教师提高临床经典医疗教学水平，共同编写中医经典临床使用教材、共同开展中西医结合基础领域科学研究等。通过院院合作，推动双方在医、教、研各领域开花结果，互利双赢。

2015 年 12 月，传统中医诊疗中心已开展"中医临床思维实训"等临床实践特色课程，并结合医院首创的中医经典—临床实践—病症实验三位一体实训教学模式，通过中医教学查房、PBL 讨论，让学生在较短的时间内集中地全方位地了解中医，目睹、参与和体会中医诊疗疾病的方法，使学生巩固中医基础知识，掌握中医临床基本技能，建立中医临床辨证思维方法，提高中医临床诊疗能力。

【规范中医病史书写】

学院一贯坚持带教中医特色诊疗技术，培养学生中医独立接诊能力。传统中医病史书写格式注重四诊资料，中医诊断、中医类证鉴别、中医病因病机分析及中医综合诊疗方案。针对医院现行病史缺乏中医特色的现状，首先，传统中医诊疗中心制定能反映中医诊疗特色与思维的病史书写格式，要求每位实习学生必须完成每月 4 份的中医病历书写，带教老师对于学生书写的病史进行修改反馈。学生摆脱以"病"为单位、中医病名与西医病名生搬硬套的局面。其次，中心要求学生直接管理床位病人，掌握病人的第一手资料，进行初步辨证训练。在带教老师的指导下，在完成病史采集训练的基础上，由学生独立收集病患四诊信息、辨证分析、处方用药，由带教老师进行分析与点评。

针对综合性中医院的分科均按照西医专科体系划分，无法体现中医传统的全科性综合治疗特色。中医示范病房——传统中医诊疗中心的建立，给中医治疗应用技术的运用和发展提供良好的条件。中心每周开展中医治疗技术应用的查房，实现中医病房整体治疗、针药并用的局面。实习学生在经过这种特色查房制度的训练之后，更能从立体的角度来思考中医，运用中医整体观念的临床思维方法治疗疾病。同样，在病房床位医生的日常带教下，每位实习学生均能娴熟运用中医传统治疗手段如拔罐、刺络放血、皮肤针叩刺、督灸、穴位注射、耳针、药物熏洗等治疗疾病，增强中医整体观念、辨证论治思维的能力，为今后成长为合格的中医师打下坚实的基础。

【中医临床PBL(以问题为基础的教学方法)教学模式】

2006年，学院引入PBL(problem-based learning)即以问题为基础的教学理念，改革中医传统教学方法。传统中医诊疗中心结合中医临床实践教学环节特点，开展临床中医PBL教学，并将各家学说理论与临床实际病例相结合，建立临床中医教学PBL案例和资料库；以引导自主学习为中心，锻炼学生们多方面的能力，如文献检索、归纳总结、综合理解、逻辑推理、口头表达的能力，提高学生学习中医的主动性和兴趣。临床中医PBL教学的创新点在于：是对在校期间课堂PBL教学的延续；突破课堂教学中PBL分科的局限，充分调动学生对既往所学各科的复习，培养整体思辨能力；将各家学说理论与临床实际病例相结合，强化经典理论的临床应用教学；突破医生护士的界限，实习医生与实习护士共同开展PBL，互相探讨，提高医护合作。

传统中医诊疗中心是强化培养学生中医整体思辨能力的临床教学基地，2007年初作为牵头单位，负责起草大型综合性中医医院传统中医特色科室的建设标准。2015年，“传统中医诊疗中心——中医特色示范教学病房”成为国家级中医学实验教学示范中心、上海市临床技能实训中心。

【规范教研室工作流程】

教研室作为临床教学实践基地的基层部门，是保障临床课程运行、临床教学工作质量、教师培训发展、教学成果产出的核心部门。学院按照上海中医药大学相关规定，为各教研室运行制定了统一的工作流程。

教学活动 教研室组织实施各项教学活动，配合学院完成各项教学任务，教研室主任及教研室成员积极参加学院组织的各类教学会议，对照岗位职责管理教研室教学干事及教研室成员。教研室主任全面了解本教研室教师的理论授课、见习带教和实习带教情况，检查教学效果，保证教学质量：教研室主任当年听课≥3学时/学期；专职教学干事听课≥30%/学期；每学年在教研室内组织1～2次观摩教学，并进行讨论和做好记录。

定期集体备课 坚持试讲制度(首次上课老师和承担新章节的老师)。每位上课老师必须熟悉教材和教学大纲，掌握本课程的内容和要求；明确本课程的重点、难点和一般内容。注意理论与临床的结合、一般与特殊的结合。备课内容与新知识、新技术、新进展相结合。备课中应注意结合医德医风和职业道德教育；首次上课老师和承担新章节的老师，必须在教研室内进行试讲，由教研室及专家对其讲课情况进行分析和评讲。试讲情况填写统一反馈表格及时上报系办公室；理论课集体备课在开学前举行，凡承担本学期大课讲授和见习带教的教师都要参加，授课教师必须预先完成教案的撰写并经主任签名，开学前一周教研室集中交教学处；临床见习备课在开学前和教学过程中由教学干事负责确保时数与质量，教研室主任或主讲教师组织见习带教老师制定带教方案，根据带教实际需要，研究准备临床见习病例；每次集体备课应有记录。

教案及课件书写 授课老师必须统一填写上海中医药大学教案本。教案内容包括授课题目、授课班组、授课重点难点、授课内容、教具及时间分配、本课小结与复习思考题等。具体要求：授课前完成完整教案并由教研室主任审阅；教案由教师本人保管，并交一份给教研室作为教学档案保存；教学处每年抽查教案，所抽查教案及评价意见由院部归档，反馈表由教研室归档。

试卷分析 对考试试卷考后分析，是及时反馈教学效果、了解教学难易度，进而提高教学质量的必要一步。为使这项制度得到保证，规定考试成绩要输入电脑做分析（采用上海中医药大学统一软件）；考试结束三天内完成评卷及成绩录入，并上交教学处；课程结束一周内完成试卷分析；试卷分析要求：学生考试成绩分析，试题难易度、区分度分析。

见习教学日常记录　参与临床理论课程见习的带教医师必须由三年以上住院医师或住院医师以上职称的教师担任，带教医师须按时参加相关临床理论课的听课，根据教学大纲搜集带教病例，按大纲要求，落实满学时带教，组织对学生日常检查考核。

见习教学记录内容：带教时间，带教专业、年级、人数及计划时数，学生病案书写报告评分登记（学生姓名、疾病名称、评分）。

教学差错及教学事故记录　为严肃教学纪律、培植良好教风，保证教学秩序和提高教学质量，对违反教学纪律的教师要及时给予批评教育帮助，甚至扣发奖金、通报批评和给予必要的纪律处分。如不参加集体备课、不认真备课，首次上课老师不进行试讲；上课时衣冠不整洁，举止不文明；授课中接听电话或回复拷机；未经请示和获准，擅自停课、调课或私自请人代课；上课迟到（特殊情况例外）或未经批准擅自减少课时；监考失职，泄露考题；未请假和经获准，在规定上课时间未到岗位。

二、中医教育的现代化建设

【成立老中医学术经验教研室】

1995 年 3 月，学院成立“老中医学术经验教研室”，专题介绍名老中医的学术思想和临床经验。2006 年起，教研室以中医专题讲座和中医专题查房作为主要形式，依托上海市名老中医和曙光医院名中医，系统地向学生介绍名老中医的学术思想和临床经验，使学生逐步了解和熟悉老中医的学术思想，从而巩固学生的专业思想，为中医药的传承和发展拓展思路。

医院在院内各大病区定期实行中医临床专题教学查房。专题教学查房主要是体现中医的特色、中医对专病的诊疗思维、诊疗过程的教学查房。专题教学查房与普通的各科教学查房有着层次和质量上的不同：中医专题教学查房是在普通教学查房的基础上设立的，在教学层次上更高，教学内容更深；普通教学查房一般由病房内的主治医师承担，而中医专题教学查房由医院的名老中医、教授或主任医师承担，在教学方法上和手段、能力上要比普通教学查房的教师明显好得多，能使学生学到平时实习中学不到的理论和实践知识。中医专题教学查房的目的就是充分利用医院部分名老中医或名老中医的传承人，把自己所拥有的中医专科方面的经验通过教学查房的形式逐步地传授给学生。因此，医院主要聘请院内外名中医挂帅、由高年资主任医师亲自查房。通过中医专题教学查房，学生不仅能学到中医常见疾病的临床辨病知识，也能学到老中医在专病专科方面的临床学术思想。而且中医专题教学查房的专家覆盖了内、外、妇等名中医，通过病例个案阐述中医传统诊疗经验和现代中医治疗进展，使学生系统地掌握中医药理论，为中医药的传承打下良好的基础。同时，开展中医专题教学查房还较好地体现医院坚持以中医为主的教学特色，体现医院名老中医以老带新、临证传薪的传承思想，为培养新一代的中医药人才起到较好的作用。至 2015 年 12 月，医院已开展名老中医专题教学查房 1 500 余次。

【整理名师医案】

为加强学生的中医临床医案书写训练，培养学生临床思维能力和科学的态度，提高诊疗水平，临床医学院规定学生在临床实习期间，必须整理三则以上跟随门诊老师抄方验案。验案必须按照规定格式书写，须有初诊、二诊、三诊诊疗体现以及治疗效果，同时要体现老师的临床诊疗特色。这样由学生集体实践收集、积累下来的验案，对学生、对临床教学是一笔丰富的医学知识财富，为后续学生提供强有力的中医临床经验的学习素材。2006年，出版学生医案集《临证传薪》；2013年，出版经典医案赏析《橘井流芳》。

【编写《临床常用中成药》】

2012年，由于国家基本药物制度实施，学院根据上海市医保目录、医院院内制剂目录重新修订《临床常用中成药》，既作为临床实习学生的补充教材，也成为各科医生的临床用药参考书。

【基础与临床结合】

为提高中医临床教学质量，医院与上海中医药大学基础医学院签订协议书，基础医学院教师每年定期按计划下临床，参与后期临床教学，巩固中医基础理论与知识，邀请大学教师讲解经方的临床经验，同时促进教师基础教学专业进展。在2006年合作共建基础上，2015年学院与上海中医药大学基础医学院再次确定"医教协同"战略合作关系，病理科与基础医学院病理教研室，肾病科与温病教研室、中基教研室签署医教共建协议。

【临床技能考核体系】

2006年，学院建立学生夜间备班医疗抢救系统，由医院住院总学生参加夜间临危抢救。2011年起，学院开始探索多元化学生临床技能培训方案，构建中西贯通"八大模块"临床技能培训体系、临床技能实训导师负责制、临床技能朋辈培训制等；建立具有中医特色客观结构化临床技能考核(OSCE)体系，定期指导学生中医内科问诊、体格检查、针灸手法、中医妇科、中医儿科、中医经典答辩、心电图、胸片等技能操作。2011—2015年，学院连续4年荣获上海中医药大学临床技能竞赛团队第一。

三、中医科研教学实践基地建设

2011年，临床医学院实施在院研究生"科所合一"培养模式，培养研究生科研思维和技能。

【中医科研能力】

学院借助研究所平台，激发和提高研究生的科研积极性和创新能力，举办科研知识讲座，例如国家自然科学基金标书的撰写方法、科研方法和思路、中医药知识产权的保护、论文撰写技巧、中医临床研究方法等。

【科研实践基地】

科研实践基地建设从管理体制及激励机制上为研究生提供物质、经济保障。管理体制上，基地要求研究生在毕业课题开题、中期汇报、论文答辩期间做好课题质量监管工作，杜绝无原始资料、统计数据虚假、论文抄袭等情况发生；激励机制上，2006年，通过设立"萌芽计划"学生科研专项基金鼓励研究生开展医学科学研究工作，对高质量学术论文及科研成果给予物质奖励。

四、临床医学人文实践基地建设

【“进阶式”医学人文培养模式】

2008年，提出“进阶式”临床医学人文培养模式，涵盖临床专业人文护理实践至临床实习阶段四大项目，实践形式涉及情景模拟、床边带教、案例讨论、实况调研，教学方式采用PBL教学方法及“Mini-CEX”评价方法。

【临床医学人文实践基地】

2006年起，定期组织学生至张江社区卫生服务中心，进行社区慢性非传染病患者健康宣教，同时基地与治未病(KY3H)中心合作，进行中医药适宜技术进社区的技术推广；组织学生在院内导医台、预诊室等服务窗口实践，并参加“曙光健康咨询热线”接线服务。

【跨学科、分段式教学体系】

临床医学院在完善医学人文培养模式与建立人文实践基地基础上，形成“专业实践与社会实践融合、以健康服务需求为导向、中医药人文关怀为特色”的多元化、序贯式、早期介入健康服务实践教学模式，分阶段打造上海中医药大学“医患沟通理论与实践”“医学生跨学科临床护理实践”两门精品课程，先后于2013、2015年荣获“上海市精品课程”称号。

五、德育工作

20世纪五六十年代，作为社会主义建设的重要力量，医院德育工作围绕“坚定的共产主义信仰”开展，积极组织大学生们投身于振兴中国中医事业的建设之中。在思想政治教育工作的引导下，大学生们的政治认识与党的路线、方针、政策保持着高度的一致。

【德育工作转型期】

1979年1月，上海中医学院在医院开设中医系二部，在这样的德育新环境下，医院大学生德育工作再次摸索起步。1991年，医院招收中医学七年制本硕连读专业；1994年8月，临床医学院成立，医院大学生德育工作又迈上一个新台阶。医院围绕“以人为本”的德育理念，既要引导学生肩负起建设中国特色社会主义的历史使命，又要尊重学生个性化成长的合理需求，使个人成长和专业成长同步。

【德育工作发展期】

21世纪，医院学生德育工作不断发展，在历任院领导的带领下，医院的德育工作体系进一步完善，明确培养“卓越医学生”的德育工作目标，建立以分管院长为主的德育工作团队，在德育工作理念及工作形式上也是与时俱进，紧紧抓住时代主旋律。德育工作硕果累累，形成“卓越医学生健全人格塑造模块”“卓越医学生职业能力培养模块”“卓越医学生人文素养提升模块”三模块为主题的德育模块化工作体系。

卓越医学生健全人格塑造模块 以“实践、感恩、诚信”为德育教育主要内容，积极开展医学生课外教育，塑造医学生健全人格。开展暑期社会实践，组织志愿服务活动，引导医学生认识社情民情，树立责任意识，坚定人生理想。采访革命老兵，寻访红色景点，回顾历史，珍视现实，提升爱国情怀，在实践中培育社会主义核心价值。坚持投身中医热线志愿服务活动，以高度的责任和热情的服务接待社会咨询，为社会各界送去健康指导。加强感恩教育，塑造医学生优秀品质。通过教师节、毕业典礼、迎新晚会等形式，构建多维度、进阶式的感恩教育体系，搭建医学生与家庭、学校、社会之间的感情桥梁，引导医学生感恩父母、感恩老师、感恩学校、感恩社会。以良好医德为导向，推进诚信教育。组织诚信主题讲座，邀请资深专家为医学生传达科研诚信之真、医疗诚信之善、学术诚信之美。坚持考前教育、考场督察，杜绝考试作弊，时刻提醒医学生坚守诚信底线。

卓越医学生职业能力培养模块 以“专业思想教育、职业生涯教育、就业能力培养”为主要内容，提升医学生的职业能力。选择从医、坚定从医、忠诚从医是卓越医学生成长的必经之路。医院党委领导迎接新生，上好医学生培养“第一堂课”；组织新生参观临床科室，感知“曙光的脉搏”；安排见习学生调研“医院的节奏”，换位体验医生、护士、护工和患者生活；开展实习动员，组织青年教师和学长学姐交流实习经验；毕业典礼上，教学院长传授临证心得，把好医学生培养“最后一关”。注重职业生涯教育，选拔优秀学生参加学校职业生涯规划大赛。邀请资深就业指导专家、医院规培管理部门负责人、医药企业人力资源经理开展就业指导系列讲座，组织院内模拟面试，全面提升就业竞争力。配合第一课堂专业教学，组织专业拓展讲座，开展经典知识竞赛、临床技能比赛，引导医学生热爱学习专业技能，强化专业技能认知，提升职业胜任度。

卓越医学生人文素养提升模块 以“带教意识提升、抗逆能力塑造、创新精神培养”为主要内容，着力培养医学生的人文精神，提升医学生人文素养。注重带教示范作用，组织教学技能培训，提升带教质量；召开带教老师座谈会，交流带教经验，在潜移默化中培养医学生人文精神，树立以患者为中心的理念。邀请资深医疗事务专家解读医疗风险，分析危机因素，引导医学生增强沟通技能，树立危机干预意识，培养良好职业心理。注重创新教育，营造创新氛围，鼓励创新探索。选拔学生参加各级各类创新赛事。

服务学生成长导师团模式探索 2015年，响应上海中医药大学《关于实施上海中医药大学“全员育人——服务学生成长导师团”项目的通知》，医院“曙光导师团”成立，时任教学副院长蒋健担任导师团团长。服务学生成长导师团的成立，标志着医院学生德育工作正式进入“全员、全程、全方位育人”的新阶段，更符合新时代大学生的德育工作需求。导师团工作聚焦“立德树人”的根本任务，坚持“为了每一个学生的终身发展”的理念，建构“全员育人、全程育人”工作体系，努力实现学生教育、管理和服务工作协同创新发展，培育和践行社会主义核心价值观，大力弘扬中华优秀传统文化，培养具有“大医”精神的卓越医学生。

六、传统医学海外交流

【双语教学团队】

2000年，作为世界卫生组织（WHO）传统医学双语教学基地，学院连续接收5届留学生的实习和见习，总计600余人次；接待来自美国、日本、德国等多个国家访问学者共计200余人次。在院内定期进行双语查房实践，以中医内科学为主，采用理论教学、床边教学及模拟教学查房相结合，用英语讲授中医内科常见疾病临床诊疗理论、技术以及临床研究进展，强化临床实际运用中医及医学类专业英语的能力和符合国外文化特征的沟通技能。

【传统医学临床实践课程】

2006年，开设中医传统特色疗法国际培训课程，设计针灸推拿的美容美体保健、冬病夏治敷贴疗法、小儿急慢性疾病的特色外治、药茶与食疗、膏方保健5个模块的培训课程；与美国托利多大学、美国欧文斯社区学院签订护理在职培训合作项目协议等。同年，中医临床外语教研室编写国际高等中医院校（中英文版）系列教材《推拿功法学》、全国高等中医院校留学生卫生部规划教材《中医妇科学》、全国高等中医药院校来华留学生卫生部规划双语教材《推拿学》等。

【全英语课程品牌】

2013年，受上海中医药大学委托独立承担针灸学（全英语）专业临床理论课程，遴选临床全英语教学团队。2014年，开设“中医内科学”“诊断学”“西医内科学”“影像诊断学”4门课程。2015年，开设“中医临床特色课程”“中医骨伤科学”“中医外科学”3门课程，承担留学生中医学（针灸）专业（全英语班）临床课程及临床实践教学任务。2014年度“中医内科学”入选上海市对外留学生全英语示范课程项目。

第四节　师 资 队 伍

一、概况

1960年，医院承担教学任务之初，按照只开设少数单科的安排，当时师资中具有教学职称的，讲师有9人、助教有4人。之后随着教研组、教研室的陆续建立，师资队伍不断扩大；到1978年，又陆续增聘医院内一批具有高级教学职称的师资任教，先后共有教授29人、副教授36人。研究生指导教师方面，1980年起，有5位专家被聘为导师；1992年，共有34位教授、副教授被聘为博士生、硕士生导师。

1996年起，为中医专业七年制学生（1991、1992、1993、1994、1995、1996）实施临床导师制，导师必须具有副高专业技术以上职务，双向选择，1名导师带1名学生。通过培养学生专科专病的临床处理能力，完成临床科研实践，文献综述、毕业论文答辩，发挥学生个性化教学，提高临床教师的能力。同时，学院还成立教学质控评估小组，建立质控制度；组织学生、教师、教学管理人员对课程教学、临床带教等进行监测、评估，对教师实行年度考评制，使教学质量客观化、数据化。各教研室在此基础上，不断改进教学方法和手段，提高教学质量。

1995—2001年，学院增聘有高级教学职称的师资任教，先后共有教授4人、副教授23人。研究生指导教师则增加到68位（教授、副教授被聘为博士生、硕士生导师）。2001年，挂牌建立上海中医药大学曙光松江分院教学基地，安排1996级七年制学生到分院轮转实习小儿科、中医妇科、中医内科。2015年，学院有上海市教学名师1人，上海中医药大学优秀教学团队6支，上海中医药大学教学名师2人、金牌教师2人、校临床骨干教师10人；设立教研室16个，面向本科生开设临床课程18门，面向留学生、泰国班本科生开设临床课程26门，核定授课教师人数107人。学院下设硕士学位授予专业11个，博士学位授予专业7个，博士后流动站3个；拥有博士生导师49人，硕士生导师189人。

二、专业化管理

2002年起，学院重新制订教研室主任职责、教学干事职责、带教老师职责、授课教师职责等。为对各项教师职责的执行情况起到监督作用，制订相应的考核表，如《教研室主任考核表》《教学干事考核表》《带教老师考核表》，完善逐级考核制度，做到目标明确、责任到位、层层考核。2004年起，在年度院级教学表彰中，扩大教师表彰范围，增设“先进教师”“优秀带教老师”“最受学生欢迎的教师”及优胜提名奖等项目。结合学院实际情况，根据临床课程授课教师与临床实习带教老师双轨运行机制，制订以医院考核为导向、学生评价为基础、教师自我评价为主的教师教学能力评价机制，重新确立与教师现行工作局面相适应的教师个体评价标准。严格对教师发展过程进行监控，对每次教学培训活动追踪记录，为每位参加培训教师建立教师个人发展档案，及时上传成绩登分系统，并与教师的年度考核、评优挂钩。

2006年起，学院定期召开教研室主任例会及教学督导会议，及时就教师授课问题及教师发展议题进行探讨；选派教师外出学习培训，先后派出教师前往泰国、马来西亚、美国等国家和中国台湾地区的院校进行访学交流，各教研室皆委派教师赴辽宁、广州、青海、山西、贵阳等地参加各类教学研讨活动，学习外地先进的教学改革经验。

2011年，学院先后建立微信沟通平台，共享培训教学经验，开展教师发展沙龙及工作坊。其中，组织骨干教师参加关于信息技术研修班的学习，初步掌握微课程、思维导图、prezi信息技术、微信教学等多层次的信息技术，并在临床骨干教师汇报及精品课程申报中运用。

2012年，学院探索临床教师发展，承担上海市教委预算内教育科学研究项目及上海高校本科重点教学改革项目研究，制定临床教师发展规划，向临床教师树立教师专业成长理念。同年，跨学科跨教研室成功组建4支优秀教学团队，包括中医特色示范病房教学团队、诊断学临床技能实训教学团队、医患沟通实训教学团队、中医护理特色教学团队等。2014年，学院重新整合临床各学科资源，跨教研室成立临床PBL教学团队，开展临床教学方法改革与研究，成立中医妇科学实训教学团队。

2015年，遴选院级首批临床中青年骨干教师，开展不同层次教师教学能力提升资助计划（“卓越计划”“菁英计划”“育苗计划”），从培养机制上保证临床骨干教师的有序孵化。其中，“卓越计划”以具备扎实的中医功底与优秀的教学素养的高年资中医师为核心；“卓越计划”的实施聚焦于中医学临床实践环节教学模式试点改革，以传承培养学生中医临证思维为建设目标，探索规范完善中医教学门诊、教学查房等临床教学实践形式为主要内容；“卓越计划”以探索性教学实践为培养过程，切实提升入选教师的个人教学能力，以教促学、教学相长。“卓越计划”要求教师具备扎实的专业基础与全面的教学理念、教学意识，长期从事于临床课程及科室教学活动，热衷于临床教学。“菁英计划”的实施聚焦于提升中青年教师教学研究能力、促进中青年教师个人教学风格的形成，深化推进教师开展各类教学成果建设。培训期间，要求入选教师积极参与校级、院级层面组织的各项教学培训活动，最终以教师独立开展授课展示、申报校级以上教学课题、发表教学论文、汇报个人教学建设成果为主要考核验收方式。“育苗计划”要求教师具备扎实的专业基础与正确的教学理念、教学意识，致力于从事临床教学工作。“育苗计划”的实施聚焦于培养教师全程、全方位参与各教学环节，予以灌输正确全面的教学理念及教学技巧，理论联系实践指导教师开展各类教学研究项目。培训期间，要求入选教师积极参与校级、院级组织的各项教学培训活动，以协作开展教师发展沙龙、撰写学习笔记、制作修订课程教案课件为主要考核验收形式。2015 年，通过建立院、校二级临床骨干教师“师带徒”制度，每位校级骨干教师都要协助院级骨干教师开展教学研究及展示，以此类方式达到临床优秀师资及教学传统薪火相传的目标。

第五节　教材出版

1960—1989 年，各学科教研组（室）先后编写和出版包括中、西医的内、外、儿及中医急诊等学科的教材与教学大纲共 11 种 18 版（含修订版）。其中，作为全国高等医学院校教材的 5 种、华东地区的 1 种。中医内科教研室主编的《中医内科学参考书》，1992 年，被国家教委授予优秀教材特等奖；1993 年，《加强中医内科学教材建设》《论按疾病发生、发展规律进行教学的新教学法》2 篇教学研究论文，被上海市高教局评为论文三等奖，被上海中医学院评为教学成果三等奖。1997 年，由中医内科教研室编写的“高等中医院校教学参考丛书”之《中医内科学》，荣获国家科技进步奖三等奖。学院教师主编《中医内科学学习指导》，国家教育部、国家中医药管理局的全国统编教材《中医内科学》《中医妇科学》《诊断学》任副主编，《中医儿科学》《中医急诊学》任编委。2002—2005 年，出版主编教材 5 部；副主编教材 5 部。2006—2015 年，学院已出版各专业国家主编教材 55 部。

表 5-2-1　2006—2015 年曙光临床医学院立项及出版教材情况表

年　份	教　材	备　注	编写者	职　务
2006	《中医内科学》	全国普通高等教育中医药类精编教材（已出版）	蔡　淦	主　编
	《内科学》	全国普通高等教育中医药类精编教材（已出版）	熊旭东	主　编
	《中医妇科学》	全国中医药院校案例式教材（立项）	孙卓君	主　编
	《推拿功法学》	国际高等中医院校（中英文版）系列教材（立项）	詹红生	主　编
	《诊断学基础》	全国普通高等教育中医药类精编教材（已出版）	蒋梅先	副主编
	《中医内科学》（第二版）	新世纪全国高等中医药院校教材（立项）	余小萍	副主编
	《中医妇科学》（第二版）	新世纪全国高等中医药院校教材（立项）	孙卓君	副主编
	《中医妇科学》	全国高等中医院校留学生卫生部规划教材（立项）	齐　聪	副主编
	《推拿学》	新世纪全国高等中医药院校创新教材（立项）	程英武	副主编
	《推拿学》	全国高等中医药院校规划教材（立项）	詹红生	副主编
	《中医内科学》	全国普通高等教育中医药类精编教材（已出版）	余小萍	编　委
	《内科学》	全国普通高等教育中医药类精编教材（已出版）	庞辉群	编　委
	《中医妇科学》	全国普通高等教育中医药类精编教材（已出版）	齐　聪	编　委
	《中西医结合五官科学》	新世纪中医药高职高专规划教材（已出版）	忻耀杰	编　委
	《中医五官科学》	新世纪中医药高职高专规划教材（已出版）	忻耀杰	编　委
	《中医妇科学》	全国中医药院校案例式教材（立项）	束兰娣	编　委

（续表）

年　份	教　　材	备　　注	编写者	职　务
2006	《推拿学》	全国高等中医药院校来华留学生卫生部规划双语教材（立项）	程英武	编　委
	《中医儿科学》	全国中医药院校案例式教材（立项）	朱盛国	编　委
2007	《中西医结合骨伤科学》	新世纪全国高等医药院校教材（已出版）	石印玉	主　编
	《中医临床技能实训——诊断学基础》	普通高等教育“十一五”国家级规划教材（立项）	蒋梅先	主　编
	《中医临床技能实训——针灸学》	普通高等教育“十一五”国家级规划教材（立项）	沈卫东	副主编
	《中医妇科学》	普通高等教育“十一五”国家级规划教材（立项）	齐　聪	副主编
	《中医骨伤基础》	全国高等中医药院校规划教材（立项）	詹红生	副主编
	《中医骨伤科学》	全国高等中医药院校规划教材（立项）	詹红生	编　委
	《中西医结合骨伤科学》	新世纪全国高等医药院校教材（已出版）	詹红生	编　委
	《中医气功学》	新世纪全国高等中医药院校创新教材（已出版）	程英武	编　委
2008	《中西医结合危重病学》	上海中医药大学优秀教材三等奖	熊旭东	主　编
	《社区临床常见病证及处理》	中医类别全科医师岗位培训规划教材（已出版）	余小萍	主　编
	《中医内科学》	高等中医药院校教学参考书（已出版）	蔡　淦	主　编
	《中医妇科学多媒体教材》（第二版）	上海中医药大学校本教材（立项）	齐　聪	主　编
	《社区临床常见病证及处理》	中医类别全科医师岗位培训规划教材（已出版）	杨　巍	编　委
2009	《中医儿科学多媒体教材》（传染病篇）	上海中医药大学校本教材（立项）	赵　鋆	主　编
2011	《西医内科学》	国家卫生部“十二五”规划教材（立项）	熊旭东	主　编
	《健康评估》	国家卫生部“十二五”规划教材（立项）	张雅丽	主　编
	《中西医结合妇产科学》	国家卫生部“十二五”规划教材（立项）	齐　聪	主　编
	《中医骨伤科学》	国家卫生部“十二五”规划教材（立项）	詹红生	主　编
	《中西医结合骨伤科学》	中医药高等教育行业“十二五”规划教材（立项）	詹红生	主　编
	《中西医结合急救医学》	中医药高等教育行业“十二五”规划教材（立项）	熊旭东	主　编
	《中医妇科学》	中医药高等教育行业“十二五”规划教材（立项）	齐　聪	主　编
	《中医内科学》	卫生部“十二五”规划教材（立项）	余小萍	副主编
	《诊断学基础》	卫生部“十二五”规划教材（立项）	王肖龙	副主编
	《诊断学基础》	中医药高等教育行业“十二五”规划教材（立项）	蒋梅先	副主编
	《中医耳鼻咽喉科学》	中医药高等教育行业“十二五”规划教材（立项）	忻耀杰	副主编

（续表）

年 份	教 材	备 注	编写者	职 务
2011	《神经病学》	卫生部“十二五”规划教材(立项)	俞晓飞	编 委
	《小儿推拿学》	卫生部“十二五”规划教材(立项)	康莉娣	编 委
	《中西医结合妇产科学》	卫生部“十二五”规划教材(立项)	钱 麟	编 委
	《中西医结合耳鼻咽喉科学》	中医药高等教育行业“十二五”规划教材(立项)	忻耀杰	编 委
	《中医五官护理学》	中医药高等教育行业“十二五”规划教材(立项)	忻耀杰	编 委
2012	《心电图读图技能实训》	上海中医药大学校本教材(立项)	王肖龙	主 编
	《影像医学新技术临床应用》	上海中医药大学校本教材(立项)	詹松华	主 编
	《针刀刀法手法学》	中医药高等教育行业“十二五”规划教材(立项)	陈东煜	编 委
	《骨伤科手术学》	卫生部“十二五”规划教材(立项)	卫晓恩	编 委
2013	《实用中医眼科学》	上海中医药大学校本教材(立项)	缪晚虹	主 编
2014	《中医内科学》	上海中医药大学校本教材(立项)	蒋 健	主 编
	《针刺麻醉学》	上海中医药大学校本教材(立项)	沈卫东	主 编
	《外科学临床实训教程》	上海中医药大学校本教材(立项)	黄建平	主 编
	《心电图读图进阶教程》	华东地区科技出版优秀科技图书二等奖	王肖龙	主 编
	《中西医结合急救医学》	上海中医药大学优秀教材一等奖	熊旭东	主 编
	《中医筋伤学》	上海中医药大学优秀教材二等奖	詹红生	主 编
	《诊断学》(中西医结合专业)	国家中医药行业“十二五”规划教材立项	王肖龙	副主编
2015	《诊断学》	国家卫计委“十三五”规划教材(立项)	王肖龙	主 编
	《健康评估》	国家卫计委“十三五”规划教材(立项)	张雅丽	主 编
	《中医骨伤科学》	国家卫计委“十三五”规划教材(立项)	詹红生	主 编
	《中西医结合骨伤科学》	国家中医药行业“十三五”规划教材(立项)	詹红生	主 编
	《中医妇科学》	世中联“十三五”核心课程规划教材	齐 聪	主 编
	《中医英语》	国家卫计委“十三五”研究生规划教材(立项)	桑 珍	主 编
	《中西医妇科临床实训》	上海中医药大学校本教材(立项)	殷岫绮	主 编
	《中西医结合耳鼻咽喉科学》(电子教材)	国家中医药行业“十三五”规划教材(立项)	忻耀杰	主 编
	《中医骨伤科学》(电子教材)	国家卫计委“十三五”规划教材(立项)	詹红生	主 编
	《中医内科学》	国家卫计委“十三五”规划教材(立项)	余小萍	副主编
	《中医内科学》	国家中医药行业“十三五”规划教材(立项)	蒋 健	副主编

（续表）

年 份	教 材	备 注	编写者	职 务
2015	《诊断学基础》	国家中医药行业"十三五"规划教材（立项）	王肖龙	副主编
	《影像诊断学》	国家中医药行业"十三五"规划教材（立项）	詹松华	副主编
	《中西医结合眼科学》	国家中医药行业"十三五"规划教材（立项）	缪晚虹	副主编
	《中医耳鼻咽喉科学》	国家中医药行业"十三五"规划教材（立项）	忻耀杰	副主编
	《中西医结合五官科学》	国家中医药行业"十三五"规划教材（立项）	忻耀杰	副主编
	《五官护理学》	国家中医药行业"十三五"规划教材（立项）	忻耀杰	副主编
	《中医临床护理学》	国家中医药行业"十三五"规划教材（立项）	张雅丽	副主编
	《针灸医案学》	国家卫计委"十三五"研究生规划教材（立项）	沈卫东	副主编
	《中医骨伤科学》（电子教材）	国家卫计委"十三五"规划教材（立项）	张 琥	副主编

第六节 改 革 项 目

1991 年，医院成为在全国范围内率先开设七年制中医学专业的院校之一，并率先提出中医学精英教育的教学理念，成为上海中医药大学一体两翼现代化中医药人才培养模式的重要组成部分。1994 年 8 月，为响应国家号召，曙光临床医学院率先成立，成为全国中医药院校首批临床医学院、上海中医药大学第一所临床医学院。1995 年，学院接受并通过国家教委、国家中医药管理局组织的专家组对医院中医专业七年制教学工作的中期评估检查工作。1996 年起，为迎接全国"大学本科教育优秀学校的评估检查"（简称"建优评优"）工作，学院通过加强管理、增加投入、改革体制、调整结构等措施，建立视听室、示教室、学生宿舍、教研室主任办公室等，改善教学设施和条件。1999 年 4 月，成为国家教育部首批"建优评优"优秀学校。1996 年起，为中医专业七年制学生（1991～1996 级）实施临床导师制，导师必须具有副高专业技术以上职称，双向选择，1 名导师带 1 名学生。培养学生专科专病的临床处理能力，完成临床科研实践、文献综述、毕业论文答辩，充分发挥学生个性化教学，同时可提高临床教师的能力。2001 年，挂牌建立上海中医药大学曙光松江分院教学基地，首先安排 1996 级七年制学生到分院轮转实习小儿科、中医妇科、中医内科，让学生拓宽临床专业知识，增加实践机会，也促进松江分院的临床教师队伍建设。

2005 年，出于中医临床教学之需，学院原创性地打破现行按西医分科分病区的学科体系，跨学科地将中医内科、针灸、推拿、康复等学科整合在一起，创立传统中医科。经过长期努力，2009 年，由余小萍教授挂帅的传统中医示范病房教学团队荣获"上海市高校优秀教学团队"称号。2006 年，由齐聪教授领衔的"中医妇科学"课程获上海市精品课程，成为临床医学院首门上海市精品课程。2009 年，由蒋健教授领衔的"中医学专业临床实践环节教学模式改革"获得上海市教学成果奖及上海市教育科学研究优秀成果奖，以此奠定临床医学院在中医学七年制的教学核心地位，肯定中医学精英教育的教学理念，其临床教学模式也在上海中医药大学各附属医院及全国兄弟院校中示范推广。"十二五"开局之年，学院深入探索高校临床教学改革新模式，形成以临床课程为核心的精品课程群。现拥有国家精品视频公开课（随处可见的筋骨损伤）1 门，国家共建精品课程（中医内科学）1

门，国家首门中医类临床专业慕课（中医骨伤科学），上海市精品课程6门（含上海市体育与健康教育精品课程、上海市全英语示范课程各1门）。在上海中医药大学教师发展文化引领下，学院的金牌教师崔松与沈明洁代表上海中医药大学连续两年荣获全国高等中医药院校青年教师教学基本功竞赛一等奖，教师培养硕果累累。

表5-2-2　2006年课程建设与教学改革项目情况表

项目名称	负责人	教研室/部门	备　　注
以病例为引导临床思维训练	王慧颖	内科学教研室	上海中医药大学双语教学质量控制研究项目
双语教学在“诊断学基础”教学中的开展	蒋梅先	内科学教研室	上海中医药大学第七期课程建设一般项目
《诊断学基础》本科教学中的多站式序贯培训	蒋梅先	内科学教研室	上海中医药大学教育高地建设子项目
《影像诊断学》教学新课件及辅助材料的研发和效果评价	詹松华	影像诊断学教研室	上海中医药大学第七期课程建设一般项目
临床医学科研实践小组化教学模式探索	邹　菁	教学处	上海中医药大学第七期课程建设一般项目
中医妇科学临床见习规范化建设	齐　聪	中医妇科学教研室	上海中医药大学第七期课程建设一般项目
七年制临床医学生社区预防医学见习质量评估及研究	张莎莎	教学处	上海中医药大学第七期课程建设一般项目
医患沟通技巧	余小萍	内科学教研室	新开选修科
临床诊断技能实训	蒋梅先	内科学教研室	新开选修科

表5-2-3　2007年课程建设与教学改革项目情况表

项目名称	负责人	教研室/部门	备　　注
临床医患沟通理论与实践	林　勋 蒋　健	教学处/院办	上海市教委重点课程建设项目
《诊断学基础》双语教学质量控制研究	王慧颖	内科学教研室	上海中医药大学双语教学质量控制研究项目
中西医结合危重病学	熊旭东	内科学教研室	新开选修课
影像医学新技术临床应用	詹松华	影像诊断学教研室	新开选修课
诊断学基础	蒋梅先	内科学教研室	上海中医药大学第八期课程建设一般项目
中医骨伤科学精品课程建设	詹红生	中医骨伤科学教研室	上海中医药大学第八期课程建设一般项目
西医外科学PBL教学方法研究	葛茂军	外语教研室	上海中医药大学第八期课程建设一般项目
中医学专业七年制（临床方向）学位论文质量保障体系的建立	林　勋	教学处	上海中医药大学第八期课程建设一般项目

（续表）

项 目 名 称	负责人	教研室/部门	备 注
中医内科学 PBL 教学方法研究	余小萍	内科学教研室	上海中医药大学第八期课程建设一般项目
SP 及 OSCE 在医学生临床技能评估中的应用	金 涛	内科学教研室	上海中医药大学第八期课程建设一般项目
名老中医教学查房规范的建立及相关资料的收集、整理和总结	张婷婷	老中医学术经验教研室	上海中医药大学第八期课程建设一般项目
毕业实践环节临床技能强化训练方案的建立、实施和完善	林 勋	教学处	上海中医药大学第八期课程建设一般项目
临床医学专业学位研究生规范化培养的探索	邹 菁	教学处	全国中医药高等教育学会临床教学研究课题
传统中医病房临床教学体系建设	余小萍	内科学教研室	上海中医药大学临床实践教学改革建设项目
建立中医标准化病人，完善临床医学生技能评估机制	吴荫梅	教学处	上海中医药大学临床实践教学改革建设项目

表 5-2-4　2008 年课程建设与教学改革项目情况表

项 目 名 称	负责人	教研室/部门	备 注
传统中医临床思维实训课程	余小萍	内科学教研室	上海市教委重点课程建设项目
针灸学临床实训课程	沈卫东	针灸学教研室	上海中医药大学第九期课程建设重点项目
临床医学院医学英语教学体系的建立	葛茂军	外语教研室	上海中医药大学第九期课程建设重点项目
中医妇科经典名著导读	齐 聪	中医妇科学教研室	上海中医药大学第九期课程建设一般项目
实习护生呼吸专科健康教育技能培养的研究	孙 青	护理教研室	上海中医药大学第九期课程建设一般项目
重视非智力因素，构建中医七年制实习生综合能力培养平台	吴荫梅	教学处	上海中医药大学第九期课程建设一般项目
换药操作规范在临床实习中的标准化建设	徐兆东	中医外科学教研室	上海中医药大学第九期课程建设一般项目
临床医学院西医外科题库的建设	薛志祥	西医外科学教研室	上海中医药大学第九期课程建设一般项目
基于“疾病单元”模式的推拿临床教学研究	朱国苗	推拿学教研室	上海中医药大学第九期课程建设一般项目
中医学专业七年制学生医学实践教学讲座的组织和管理	邹 菁	教学处	上海中医药大学第九期课程建设一般项目

表 5-2-5 2009 年课程建设与教学改革项目情况表

项目名称	负责人	教研室/部门	备注
中医药院校临床医学人文课程群建设	蒋 健	医院办公室	上海市教委重点课程建设项目
中医内科学(共建)	蔡 淦	曙光临床医学院	国家精品课程共建项目
强化技能训练的《诊断学基础》见习带教路径	蒋梅先	内科学教研室	上海中医药大学第十期课程建设一般项目
经方临床应用教学探索	—	—	上海市教委预算内教育科学研究项目
三学期制综合改革	—	—	上海中医药大学新增高地临床项目
临床实习环节质量控制	—	—	上海中医药大学新增高地临床项目
中医骨伤科理论与研究	石印玉	中医骨伤科学教研室	研究生重点课程建设项目
肝病中医药研究进展	陈建杰	内科学教研室	研究生课程建设
肾脏病中医药研究进展	何立群	内科学教研室	研究生课程建设
中医内科学	余小萍	内科学教研室	上海中医药大学 PBL 教学改革建设项目
中医妇科学	齐 聪	中医妇科学教研室	上海中医药大学 PBL 教学改革建设项目
中医儿科学	朱盛国	中医儿科学教研室	上海中医药大学 PBL 教学改革建设项目

表 5-2-6 2010 年课程建设与教学改革项目情况表

项目名称	负责人	教研室/部门	备注
以病例为引导临床思维训练	—	—	上海中医药大学双语教学质控研究项目
《影像诊断学》教学新课件及辅助材料的研发和效果评价	詹松华	影像诊断学教研室	上海中医药大学第十期课程建设一般项目
临床医学科研实践小组化教学模式探索	邹 菁	教学处	上海中医药大学第十期课程建设一般项目
中医妇科学临床见习规范化建设	齐 聪	中医妇科学教研室	上海中医药大学第十期课程建设一般项目
强化技能训练的《诊基》见习带教路径	蒋梅先	内科学教研室	上海中医药大学第十期课程建设一般项目
七年制临床医学生社区预防医学见习质量评估及研究	张莎莎	教学处	上海中医药大学第十期课程建设一般项目

表 5-2-7　2011 年课程建设与教学改革项目情况表

项目名称	负责人	教研室/部门	备注
服务性学习模式对医学生核心能力培养影响的研究	余小萍	内科学教研室	上海市教委重点课程建设项目
诊断学基础	金　涛	内科学教研室	上海市教委重点课程建设项目
在传统中医临床教学中强化医学生自主意识	吴　欢	内科学教研室	上海中医药大学第十一期课程建设项目
中医内科学小学期实践教学多元内涵建设研究	傅慧婷	内科学教研室	上海中医药大学第十一期课程建设项目
医患沟通模块化教学对医学生人文关怀能力提高的评价研究	余小萍	内科学教研室	上海中医药大学第十一期课程建设项目
西医诊断学技能强化训练评估方法探讨	王肖龙	内科学教研室	上海中医药大学第十一期课程建设项目
《影像诊断学》网络课程建设	詹松华	影像诊断学教研室	上海中医药大学第十一期课程建设项目
中医经典理论与方药在儿科实习中再强化	朱盛国	中医儿科学教研室	上海中医药大学第十一期课程建设项目
寓 PBL 理念于《中医儿科学》教学评价体系中的研究	沈　健	中医儿科学教研室	上海中医药大学第十一期课程建设项目
针灸临床实践与评价规范	沈卫东	针灸学教研室	上海中医药大学第十一期课程建设项目
多媒体情景模拟案例式教学在中医妇科实习中的应用研究	沈明洁	中医妇科学教研室	上海中医药大学第十一期课程建设项目
中医思维训练在中医外科临床教学中的应用研究	张　磊	中医外科学教研室	上海中医药大学第十一期课程建设项目
信息加工理论在实习护生临床业务讲课中的应用	张雅丽	护理教研室	上海中医药大学第十一期课程建设项目
医学生临床思辨能力培养的实践探索	吴荫梅	教学处	上海中医药大学第十一期课程建设项目
院科一体强化临床实习考核的探索	郑　静	教学处	上海中医药大学第十一期课程建设项目
基于 SRT 理念的血栓科研思维能力的培养研究	曹　康	教学处	上海中医药大学第十一期课程建设项目
基于目标管理理论探索临床教学团队内涵建设体系	仇　菲	教学处	上海中医药大学第十一期课程建设项目
中医肝病研究进展	陈建杰	内科学教研室	上海中医药大学研究生课程建设项目
中医骨伤科理论与实践	张　琥 曹月龙	中医骨伤科学教研室	上海中医药大学研究生课程建设项目

（续表）

项 目 名 称	负责人	教研室/部门	备　　注
肾脏病中医研究进展	何立群	内科学教研室	上海中医药大学研究生课程建设项目
基地研究生中医综合	蒋　健	内科学教研室	上海中医药大学研究生课程建设项目
基地研究生中医内科	余小萍	内科学教研室	上海中医药大学研究生课程建设项目
学术会议中的演讲技巧	周里钢	内分泌科	上海中医药大学研究生课程建设项目

表 5-2-8　2012 年课程建设与教学改革项目情况表

项 目 名 称	负责人	教研室/部门	备　　注
炎调方调控脓毒症 NF-kB 通路活性的实验研究	熊旭东	感染科	全国博士点基金
缺氧诱导 PI3K/Akt，NF-κB 信号通路活化及肾衰Ⅱ号方防治 5/6(A/I)慢性肾衰大鼠肾间质纤维化的作用机制	王　琛	肾炎科	全国博士点基金
基于浆细胞样树突状细胞 Toll 受体 9 信号通路研究补肾方治疗慢性乙型肝炎的作用机制	高月求	肝病科	全国博士点基金
探讨补肾活血方对子宫内膜异位症患者在位内膜干细胞的影响	周　华	妇　科	全国博士点基金(新教师类)
蛇床子素对胶质瘤细胞生长抑制的机制探讨	丁道芳	骨伤所	全国博士点基金(新教师类)
基于 p38MAPK 信号转导通路研究脊柱关节错缝致痛机制	陈　博	骨伤所	全国博士点基金(新教师类)
扶正化瘀方抗肝纤维化的体内效应成分研究	杨　涛	肝病所	中国博士后科学基金
GLP-1 类降糖新药的降糖机制及中药的协同作用	周里钢	内分泌科	上海市博士点基金
基于教学团队的教师发展实证研究	仇　菲	教学处	上海市教委预算内教学研究课题
《诊断学》病史采集及病案书写双语教学探索	王慧颖	内科学教研室	上海中医药大学第十二期课程建设重点项目
中医学临床专业学生科研能力培养模式的改革探索	曹　康	教学处	上海中医药大学第十二期课程建设一般项目
基于精品课程网络平台的心血管疾病案例式教学	贾美君	内科学教研室	上海中医药大学第十二期课程建设一般项目
《中医妇科学》案例式带教课程建设	钱　麟	中医妇科学教研室	上海中医药大学第十二期课程建设一般项目
多媒体情景模拟案例式教学结合多维评价方法在中医妇科临床实践教学中的应用研究	沈明洁	中医妇科学教研室	上海中医药大学第十二期课程建设一般项目

（续表）

项目名称	负责人	教研室/部门	备注
医患沟通模块化教学对医学生人文关怀能力提高的评价研究	沈若冰	内科学教研室	上海中医药大学第十二期课程建设一般项目
中医内科临床毕业实习技能培养的研究与实践	徐佩英	内科学教研室	上海中医药大学第十二期课程建设一般项目
纠错式多媒体教学在中医骨伤科学中的教学效果分析	张　琥	中医骨伤科学教研室	上海中医药大学第十二期课程建设一般项目
中医思维训练在中医外科临床教学中的应用研究	张　磊	中医外科学教研室	上海中医药大学第十二期课程建设一般项目
中医经典理论与方药在儿科实习中强化培养	朱盛国	中医儿科学教研室	上海中医药大学第十二期课程建设一般项目
概念构图教学法在心内科护理实习带教中的应用	龚礼敏	护理部	曙光临床医学院课程建设项目
医学生德育主题教育课程模块化建设的研究	吴荫梅	教学处	曙光临床医学院课程建设项目
案例教学法在中医脾胃科临床实习中的应用研究	顾志坚	内科学教研室	曙光临床医学院课程建设项目
中医内科学小学期实践教学多元内涵建设研究	傅慧婷	内科学教研室	曙光临床医学院课程建设项目
基于微博互动模式的推拿学教学研究	朱国苗	推拿学教研室	曙光临床医学院课程建设项目

表 5-2-9　2013 年课程建设与教学改革项目情况表

项目名称	负责人	教研室/部门	备注
清化痰湿方治疗粉刺性乳痈临床效应和作用机制研究	万　华	中医乳腺科	上海市博士点基金重点项目
补肾健脾方对原发性肝癌患者外周血 Th1 细胞 Tim-3 的调控	周荣耀	肿瘤科	上海市博士点基金
中医舌诊客观化与胰岛素抵抗的相关性研究	陆　灏	内分泌科	上海市博士点基金
《中医骨伤科学》精品课程建设	詹红生	中医骨伤科学教研室	上海市教委重点课程项目
中医内科学留学生全英语教学改革	余小萍	内科学教研室	上海高校留学生全英语课程建设项目
临床教师基于团队提升教学能力的机制研究	仇　菲	教学处	上海高校本科重点教学改革项目
诊断学课程教学考核模式优化研究	崔　松	内科学教研室	上海市教委预算内科研项目
纠错式多媒体教学在中医骨伤科学中的教学效果分析	张　琥	骨伤学教研室	上海市教委预算内科研项目
中医内科学临床毕业实习技能培养的研究与实践	徐佩英	内科学教研室	中华医学会医学教育研究课题

（续表）

项目名称	负责人	教研室/部门	备注
中医思维训练在中医外科学临床教学中的应用研究	张　磊	中医外科学教研室	中华医学会医学教育研究课题
采用美国医学学会会议讲座进行专业口头演讲培训对研究生综合能力的促进作用的研究	周里钢	内科学教研室	中华医学会医学教育研究课题
医学生临床思辨能力培养的实践探索	吴荫梅	教学处	中华医学会医学教育研究课题
纠错式多媒体教学在中医骨伤科学中的教学效果分析	张　琥	中医骨伤科学教研室	中华医学会医学教育研究课题
建构主义抛锚式教学在临床护理技能操作中的应用	崔　屹	护理教研室	中华医学会医学教育研究课题
老龄化社会视角下的老年护理高等教育	黄齐雯	护理教研室	中华医学会医学教育研究课题
不同教学模式对《中医内科学》课堂教学创造性氛围影响的研究	余小萍	内科学教研室	中医药高等教育学会教育研究课题
纠错式多媒体教学在中医骨伤科学中的教学效果分析	张　琥	中医骨伤科学教研室	中医药高等教育学会教育研究课题
多元化教学方法在中医内科临床实践技能培养的探索	徐佩英	内科学教研室	中医药高等教育学会教育研究课题
中医思维训练在中医外科临床教学中的应用研究	张　磊	中医外科学教研室	中医药高等教育学会教育研究课题
基于精品课程网站的《诊断学基础》网络课程建设	王肖龙	内科学教研室	上海中医药大学成人高等学历教育课程改革项目
基于 Model 的《急救护理学》网络课程的建设	梅　花	护理教研室	上海中医药大学继续教育学院课程改革项目

表 5-2-10　2014 年课程建设与教学改革项目情况表

项目名称	负责人	教研室/部门	备注
中医内科学全英语课程	窦丹波	传统中医科	上海高校外国留学生英语授课示范性课程建设项目
针刺麻醉的中枢机制研究	沈卫东	针灸学教研室	上海市博士点基金
PM2.5 对 NGF 介导的大鼠气道神经源性炎症的影响及蝉芩颗粒对其干预机制的研究	余小萍	内科学教研室	上海市博士点基金
基于数据挖掘的中医临床实训评价体系研究	何逸潇	教学处	上海市教委预算内科研项目（教育类）
护理本科生临床实践阶段外科手术室整合式教学的效果评价	沈　莺	护理部	上海市教委预算内科研项目（教育类）
中医学专业综合改革	蒋　健	内科学教研室	上海中医药大学“085”内涵建设项目
海派中医学术思想传薪	余小萍	内科学教研室	上海中医药大学研究生课程建设项目

（续表）

项目名称	负责人	教研室/部门	备　注
中西医结合肿瘤诊疗新技术新进展	李　琦	内科学教研室	上海中医药大学研究生课程建设项目
西医内科见习教学设计及质量控制	金　涛	内科学教研室	上海中医药大学第十三期重点课程建设项目
心电图读图技能实训	王肖龙	内科学教研室	上海中医药大学第十三期课程建设一般项目
临床医学院预防医学教研室建设	葛茂军	医院感染管理科	上海中医药大学第十三期课程建设项目
营养学专业小学期实践课程建设	曹　康	教学处	上海中医药大学第十三期课程建设项目
改良 Mini－CEX 在中医妇科临床考核评估中的应用研究	杨　红	妇产科	上海中医药大学第十三期课程建设项目
Mini－CEX 在中医学七年制学生临床教学考核评估中的应用研究	何逸潇	教学处	上海中医药大学第十三期课程建设项目
CBS 结合模拟操作中医妇科临床带教中的应用研究	曾薇薇	中医妇科学教研室	上海中医药大学第十三期课程建设项目
基于 I－E－O 模型的评价框架在手术室实践教学改革中的应用研究	沈　莺	护理部	上海中医药大学第十三期课程建设项目
影像学 PBL 教学病例库建设	姜宏宁	影像诊断学教研室	上海中医药大学第十三期课程建设项目
微博互动参与推拿学实践教学的策略与效果研究	朱国苗	推拿学教研室	上海中医药大学第十三期课程建设项目
临床医学硕士专业学位研究生（住院医师）中医综合专业课教学改革与实践	郑晓洁	教学处	上海中医药大学第十三期课程建设项目
中医内科学全英语课程建设项目	余小萍	内科学教研室	上海中医药大学全英语课程建设项目项目
诊断学基础全英语课程建设项目	王肖龙	内科学教研室	上海中医药大学全英语课程建设项目项目
医学影像学全英语课程建设项目	詹松华	影像诊断学教研室	上海中医药大学全英语课程建设项目项目
西医内科学全英语课程建设项目	王肖龙	内科学教研室	上海中医药大学全英语课程建设项目项目
中医儿科学全英语课程建设项目	赵　鋆	中医儿科学教研室	上海中医药大学全英语课程建设项目项目
中医妇科学全英语课程建设项目	殷岫绮	中医妇科学教研室	上海中医药大学全英语课程建设项目项目
中医外科学全英语课程建设项目	万　华	中医外科学教研室	上海中医药大学全英语课程建设项目项目

（续表）

项目名称	负责人	教研室/部门	备　注
中医骨伤科学全英语课程建设项目	詹红生	中医骨伤科学教研室	上海中医药大学全英语课程建设项目项目
医患沟通理论与实践	余小萍	内科学教研室	上海中医药大学 PBL 综合改革项目
中医外科学	万　华	中医外科学教研室	上海中医药大学 PBL 综合改革项目
基于支架式临床教学模式的护生专科健康教育技能培养的应用研究	段晨光	护理部	上海中医药大学护理学临床教学研究项目
临床护理教学路径在妇科带教中的应用研究	刘丽艳	护理部	上海中医药大学护理学临床教学研究项目
内科教研室（西诊、西内）专项建设项目	王肖龙	内科学教研室	临床医学院教研室专项建设项目
《医学影像学》教学幻灯和辅助材料的建设	詹松华	影像诊断学教研室	临床医学院教研室专项建设项目
中医内科教研室教学模式改革与教学团队建设	余小萍	内科学教研室	临床医学院教研室专项建设项目
中医骨伤科学教研室专项建设	詹红生	中医骨伤科学教研室	临床医学院教研室专项建设项目
中医护理学教研室专项建设	张雅丽	中医护理学教研室	临床医学院教研室专项建设项目
中医外科学教研室专项建设项目	万　华	中医外科学教研室	临床医学院教研室专项建设项目
中医肛肠病学教研室专项建设	杨　巍	中医肛肠病学教研室	临床医学院教研室专项建设项目
中医妇科学教研室专项建设项目	殷岫绮	中医妇科学教研室	临床医学院教研室专项建设项目
中医眼科学教研室专项建设	缪晚虹	中医眼科学教研室	临床医学院教研室专项建设项目
中医儿科学教研室精品课程建设	朱盛国	中医儿科学教研室	临床医学院教研室专项建设项目
推拿学教研室专项建设	王建伟	推拿学教研室	临床医学院教研室专项建设项目
针灸专业实训教学模式的研究	沈卫东	针灸学教研室	临床医学院教研室专项建设项目
名老中医学术经验传承教研室建设	艾　静	名老中医学术经验传承教研室	临床医学院教研室专项建设项目
中医耳鼻咽喉科学教研室专项建设	忻耀杰	中医耳鼻咽喉学教研室	临床医学院教研室专项建设项目
西医外科技能强化训练评估计划	黄建平	外科学教研室	临床医学院教研室专项建设项目
中医皮肤病学教研室专项建设项目	张慧敏	中医皮肤病学教研室	临床医学院教研室专项建设项目
传统中医科示范带教科室专项建设项目	窦丹波	传统中医科	临床医学院示范带教科室专项建设项目
心血管科示范带教科室专项建设项目	王肖龙	心血管科	临床医学院示范带教科室专项建设项目

（续表）

项目名称	负责人	教研室/部门	备注
内分泌科示范带教科室专项建设项目	陆　灏	内分泌科	临床医学院示范带教科室专项建设项目
风湿科示范带教科室专项建设项目	杨光辉	风湿科	临床医学院示范带教科室专项建设项目
妇产科示范带教科室专项建设项目	殷岫绮	妇产科	临床医学院示范带教科室专项建设项目
普外科临床护理教学路径的建立与应用	龚礼敏	中医护理学教研室	临床医学院课程建设项目
基于 ISO9000 标准的中医院临床护理教学质量评价指标体系的构建	江　琳	中医护理学教研室	临床医学院课程建设项目
针灸临床教学新模式-中医经典与临床实践互证学习法	沈卫东	针灸学教研室	临床医学院课程建设项目
肾病科中医临床护理“障碍性”路径教学实践	汪小冬	中医护理学教研室	临床医学院课程建设项目
校院联合办学模式下《护理学基础》实践教学模式的构建研究	梅　花	中医护理学教研室	临床医学院课程建设项目
中医肛肠病临床技能实践教学体系构建	汪庆明	中医肛肠病学教研室	临床医学院课程建设项目
强化临床路径模式在中医内科临床实践教学中的应用研究	杨雪蓉	内科学教研室	临床医学院课程建设项目
《中医外科学》PBL 教学体系建设	万　华	中医外科学教研室	临床医学院课程建设项目

表 5-2-11　2015 年课程建设与教学改革项目情况表

项目名称	负责人	教研室/部门	备注
中医骨伤科学慕课	詹红生	中医骨伤科学教研室	中国医学慕课联盟
西医内科学临床实训	王肖龙	内科学教研	市教委重点课程项目
诊断学基础全英语课程	王肖龙	内科教研室	上海市对外留学生全英语示范课程项目
基于微信公众平台辅助针灸临床教学及教学管理的研究	马　文	针灸学教研室	上海市教委预算内教育(科学研究)项目
思维训练网络平台在诊断学技能实训课程中的应用	贾美君	内科学教研室	上海中医药大学第十四期重点课程建设项目
情景交互式教学设计在中医内科全英文课程中的应用及评价	张　平	内科学教研室	上海中医药大学第十四期课程建设项目
改良卡片式教学在风湿病临床教学中的应用	郑玥琪	内科学教研室	上海中医药大学第十四期课程建设项目
《内科学》教学案例库建设	金　涛	内科学教研室	上海中医药大学第十四期课程建设项目

（续表）

项目名称	负责人	教研室/部门	备注
“三明治”教学结合 Mini－CEX 在中医妇科临床带教中的应用	胡 慧	中医妇科学教研室	上海中医药大学第十四期课程建设项目
量化教学模式在外科基本操作技能教学与评估中的应用研究	黄建平 谢晓峰	西医外科学教研室	上海中医药大学第十四期课程建设项目
《黄帝内经·灵枢》与针灸临床实践	沈卫东	针灸学教研室	上海中医药大学第十四期课程建设项目

第七节 对外教育

一、概况

1960 年起，学院承办各类短期培训（研究）班计有 72 届（批），学员包括中、初级职称医师和国（境）外进修生共 800 余人，其中外籍学员 252 人。1994—2001 年，学院承担外国留学生本科生班部分临床课理论教学与临床实习 6 届，国际针灸班长期班 10 批，以及接收外国进修生 1 000 人左右，香港大学专业进修学院临床实习 9 批。2005—2006 年，学院每年接收外国进修生 300 余名，香港大学专业进修学院进修生 85 名。与“法国巴黎杵针中医学校”“法国里昂少阳中医学校”“美国西雅图东方医学院”签署长期合作协议，制订与合作方对接的中医临床培训课程，建立双向交流机制，每年接收来自这些学校的学生达 50 余人次。美国巴斯蒂尔中医学校、香港浸会大学等医学院校也多次组织学生前来学院参观学习。2015 年，承担日本关西学校大专班学生的中医内科学（130 学时）、中医妇科学（52 学时）以及临床见实习（20 周）等临床主干课程的授课及临床带教。

2006—2015 年，来自法国、英国、澳大利亚、意大利、加拿大、瑞典、新加坡、马来西亚、瑞士、伊拉克、巴西、德国、韩国、日本、伊朗、以色列等国家以及中国香港地区约近 3 000 人次的中医药爱好者，在内、妇、针灸、推拿、骨伤等科室进行临床实习，任课教师均以外语直接授课和带教。

临床医学院于 1994 年设立外语教研室，能够熟练运用英语、法语、日语等语种授课和临床带教。多年来，学院承担大量留学生的课程教学、临床见习和实习任务。

二、中医临床外语教研室

1994 年底，学院创立“中医临床外语教研室”，开展以英语、日语为主的专题讲座及原文阅读、翻译等，每年承担从美国、加拿大、日本等国前来的短期研修生达 100 多人次的临床带教工作；开展一系列的临床专业外语教学活动，如临床专业外语讲座和专业外语教学查房，这些活动给学生提供了很好的外语学习机会，既提高临床实习学生的专业外语水平，也培养一支临床专业外语教师队伍。经过长期一线临床教学，学院教师能承接英语、日语、法语以及韩语等的临床直接带教。

同时，学院开展留学生中医学专业七年制教育，结合留学生教学实际，探索性地开展留学生七年制临床实习工作。

学院还与韩国东国大学校附属庆州韩方病院建立姐妹医院关系，进行医疗、教学的全方位合作；开设中医传统特色疗法国际培训课程，设计针灸推拿的美容美体保健、冬病夏治敷贴疗法、小儿急慢性疾病的特色外治、药茶与食疗、膏方保健5个模块的培训课程；与美国托利多大学、美国欧文斯社区学院签订护理在职培训合作项目协议等。

三、组建英语教学团队

2000年，学院组建世界卫生组织（WHO）传统医学双语教学基地，连续接收5届留学生的实习和见习，总计人数600余人次；多次接待来自美国、日本、德国等多个国家访问学者共计200余人次。2000—2012年，每年定期进行双语查房实践，以中医内科学为主，采用理论教学、床边教学及模拟教学查房相结合，用英语讲授中医内科常见疾病临床诊疗理论、技术及临床研究进展，同时强化临床实际运用中医及医学类专业英语的能力和符合国外文化特征的沟通技能；一方面提高团队双语教学水平，另一方面使中医临床思维方式及独特疗效展示更加国际化。

2013年，学院受上海中医药大学委托独立承担针灸学（全英语）专业临床理论课程，同年，集合全院双语师资优势，组建遴选一支梯队合理、各有专长、分工协作、全面高效的临床全英语教学团队。2014年，开设"中医内科学""诊断学""西医内科学""影像诊断学"4门课程。2015年，开设"中医临床特色课程""中医骨伤科学""中医外科学"3门课程。2014年，"中医内科学"入选上海市对外留学生全英语示范课程项目，同年，申报"诊断学"为上海市对外留学生全英语示范课程项目。

第八节　教学成果

临床医学院教师承担着临床教学的工作，2006—2015年，获得部级、市级各类获项。其中，1人荣获上海市教学名师称号，2人荣获上海中医药大学教学名师称号，4人荣获上海中医药大学金牌教师称号；6支教学团队荣获上海中医药大学优秀教学团队，2人荣获全国教师基本功竞赛一等奖，2人荣获上海中医药大学中青年教师课堂竞赛一等奖；1门课程荣获国家精品视频公开课，5门课程荣获上海市精品课程，7门课程荣获上海中医药大学精品课程；12支团队荣获上海中医药大学教学成果奖等。

表5-2-12　2006—2015年教学成果汇总表

年份	奖　　项	获　奖　者	部门/教研室
2006	上海中医药大学教学名师	蔡　淦	内科学教研室
	上海中医药大学精品课程：中医儿科学	朱盛国	中医儿科学教研室
	上海中医药大学中青年教师课堂教学竞赛中年组一等奖	徐莲薇	中医妇科学教研室
	曙光临床医学院先进教师	江淳涓　金　涛　徐佩英　汤雪峰　汪庆明　刘福官　石　瑛　李国安　乐玲君　齐　聪　张　帆	

（续表）

年份	奖　项	获 奖 者	部门/教研室
2007	上海市教学名师	蔡　淦	内科学教研室
	上海市育才奖	蒋　健	内科学教研室
	上海中医药大学教学成果一等奖：中医学专业七年制临床实践环节教学改革	蒋　健	内科学教研室
	上海中医药大学教学成果三等奖：中医学专业七年制毕业论文过程管理的实践与探索	吴荫梅	教学处
	上海中医药大学教学成果三等奖：中医妇科学精品课程建设	齐　聪	中医妇科学教研室
	上海中医药大学教学成果三等奖：中医内科学 PBL 教学方法改革	余小萍	内科学教研室
	上海中医药大学 PBL 课程教学评选二等奖：中医内科学	余小萍	内科学教研室
	临床医学院先进教师	崔　松　吴　欢　史苗颜　陈　刚 林　江　张勤华　崔花顺　葛茂军 沈　莺　顾明达　陈东煜　张　巍 徐兆东　忻耀杰　潘祥龙　陆孟莹	
2008	上海市第九届教育科学研究教育改革试验奖	蒋　健	内科学教研室
	上海中医药大学优秀教材三等奖——中西医结合危重病学	熊旭东	内科学教研室
	上海中医药大学英语教学查房竞赛单项奖	张勤华　沈明洁　王慧颖　贾美君 杨　慧　葛茂军　陈　立　郑昱新 曹月龙　黄齐雯　钟　薏　束家和	
	上海中医药大学中青年教师课堂教学竞赛青年组二等奖	王慧颖	内科学教研室
	上海中医药大学中青年教师课堂教学竞赛三等奖	葛茂军　张勤华　胡琪祥	外语教研室、中医妇科学教研室、内科学教研室
	上海中医药大学优秀教学论文一等奖	蒋　健	内科学教研室
	上海中医药大学优秀教学论文二等奖	吴荫梅　金　涛	教学处、内科学教研室
	上海中医药大学优秀教学论文三等奖	吴　欢	内科学教研室
	上海中医药大学实践教学优秀论文一等奖	吴荫梅	教学处
	上海中医药大学实践教学优秀论文二等奖	钱　麟	中医妇科学教研室
	上海中医药大学实践教学优秀论文三等奖	沈卫东　金　涛　吴　欢	针灸学教研室、内科学教研室

（续表）

年份	奖　项	获 奖 者	部门/教研室
2008	临床医学院先进教师	王慧颖　吴　欢　张卓成　徐佩英　潘　新　齐　聪　汤峥东　钮宏文　周霄云　曹　潇　詹红生　邢云丽	
	上海市精品课程	樊建开　齐聪	
2009	上海市高等教育教学成果奖：中医临床实践环节教学模式改革	蒋　健　邹　菁　余小萍	内科学教研室
	上海中医药大学教学名师	蒋　健	内科学教研室
	上海中医药大学教学成果奖一等奖：中医临床实践环节教学模式改革	蒋　健　邹　菁　余小萍	内科学教研室
	上海中医药大学教学成果奖二等奖：中医妇科学精品课程建设	齐　聪	中医妇科学教研室
	上海中医药大学教学成果奖二等奖：中医经典与儿科临床教学相结合的探索与实践	朱盛国	中医儿科学教研室
	新世纪全国高等中医药优秀教材《中西医结合骨伤科学》	石印玉	中医骨伤科学教研室
	新世纪全国高等中医药优秀教材《中医妇科学》	孙卓君	中医妇科学教研室
	上海中医药大学优秀教育教学论文一等奖	吴荫梅	教学处
	上海中医药大学优秀教育教学论文二等奖	邹　菁	教学处
	上海中医药大学优秀教育教学论文三等奖	邹　菁	教学处
	上海中医药大学“三育人”先进教师	余小萍	内科学教研室
	上海中医药大学“三育人”先进教师提名	熊旭东	内科学教研室
	上海中医药大学优秀研究生导师	高月求　陈建杰	内科学教研室
	临床医学院先进教师	赵　鋆　曹月龙　周　静　郑　德　缪晚虹　周绍荣　齐　聪　忻耀杰　钮宏文　朱　琼　张蕴佳　陶　枫　夏春霞　沈若冰　李熠萌　贾美君　章丽丽	
2010	全国优秀班集体	2002 级中医学(临床方向)七年制	
	上海中医药大学 Tutor 说课大赛一等奖	沈若冰	内科学教研室
	上海中医药大学 Tutor 说课大赛二等奖	钱　麟	中医妇科学教研室
	上海中医药大学 Tutor 说课大赛二等奖	沈　健	中医儿科学教研室
	上海中医药大学双语教学竞赛二等奖	陈　璇	内科学教研室

（续表）

年份	奖　　项	获　奖　者	部门/教研室
2010	上海中医药大学双语教学竞赛三等奖	王慧颖	内科学教研室
	上海中医药大学优秀研究生导师	詹红生　何立群	中医骨伤科学教研室、内科学教研室
	临床医学院先进教师	沈　健　陈东煜　杨　巍　万　华 张勤华　蒋梦穗　薛志祥　边凤华 陆孟莹　王　波　蒋梅先　郑　静 张　怡　方正龙　傅慧婷　计高荣 胡　丽	
	教育部全国先进班集体	曙光临床医学院2002级七年制班	
	上海市高校市级教学团队	传统中医科	
	上海市教委重点课程建设课题	张雅丽	
2011	上海中医药大学"三育人"奖	蒋梅先	内科学教研室
	上海中医药大学精品课程：诊断学基础	王肖龙	内科学教研室
	上海中医药大学优秀教学团队：诊断学临床技能实训团队	王肖龙　蒋梅先	内科学教研室
	上海中医药大学教学名师	余小萍	内科学教研室
	上海中医药大学教学成果奖："医患沟通"系列课程建设与教学模式改革	余小萍	内科学教研室
	上海中医药大学优秀研究生导师	蒋梅先　齐　聪	内科学教研室、中医妇科学教研室
	上海中医药大学PBL教案比赛一等奖	沈明洁	中医妇科学教研室
	上海中医药大学PBL教案比赛二等奖	沈若冰　沈　健	内科学教研室、中医儿科学教研室
	临床医学院先进教师	王丽莉　俞晓飞　吴丽英　张　磊 汪庆明　沈　健　朱国苗　忻耀杰 黄　凤　孟晓耘	
	临床医学院最受欢迎带教老师	邹　赟　沈若冰　顾逸梦	
	临床医学院优秀带教科室	传统中医科、心内科、妇科、针灸科	
2012	全国中医药院校临床技能大赛腧穴定位比赛单项奖一等奖	王　波	针灸学教研室
	全国中医药院校临床技能大赛教师组个人全能奖二等奖	王　波	针灸学教研室
	全国中医药院校临床技能大赛教师组推拿单项奖二等奖	王　波	针灸学教研室

（续表）

年份	奖　项	获奖者	部门/教研室
2012	上海中医药大学教学成果奖：提升中医思辨能力的临床教学体系建设及实践	蒋　健	内科学教研室
	上海中医药大学优秀研究生导师	徐德生　熊旭东　曹月龙　杨　巍	药剂科、内科学教研室、中医骨伤科学教研室、中医肛肠病学教研室
	上海中医药大学金牌教师	崔　松	内科学教研室
	上海中医药大学精品课程：医患沟通理论与实践	余小萍	内科学教研室
	上海中医药大学双语教学竞赛二等奖	沈智杰　沈明洁	内科学教研室、中医妇科学教研室
	上海中医药大学 PBL TUTOR 说课竞赛二等奖	沈明洁	中医妇科学教研室
	上海中医药大学 PBL TUTOR 说课竞赛三等奖	沈若冰　沈　健	内科学教研室、中医儿科学教研室
	临床医学院先进教师	沈若冰　张　涛　张　磊　沙　粒　赵　鋆　沈明洁　张安君　龚丽敏　沈智杰　汤峥冬	
	临床医学院最受欢迎带教老师	顾志坚	
	临床医学院优秀带教科室	内分泌	
	上海高校精品课程	余小萍	
	上海市教委重点课程建设优秀项目	金涛内科教研室	
2013	上海市精品课程：医患沟通理论与实践	余小萍	内科学教研室
	上海中医药大学“三育人”先进个人	樊建开	中医外科学教研室
	上海中医药大学“三育人”先进个人提名奖	王肖龙	内科学教研室
	上海中医药大学优秀研究生导师	余小萍　陆　灏　万　华　高建东	内科学教研室、中医外科学教研室
	上海中医药大学教学成果奖：中医院校“诊断学”教育改革的理论研究与实践	王肖龙等	内科学教研室
	上海中医药大学金牌教师	张勤华	中医妇科学教研室
	上海中医药大学精品课程：医学影像学	詹松华等	影像诊断学教研室
	上海中医药大学优秀教学团队：医患沟通实训教学团队	余小萍等	内科学教研室
	上海中医药大学优秀教学团队：曙光护理实践性教学团队	张雅丽等	护理教研室

（续表）

年份	奖　项	获 奖 者	部门/教研室
2013	上海中医药大学 PBL 教案竞赛一等奖	沈若冰	内科学教研室
	上海中医药大学 PBL 教案竞赛三等奖	沈明洁　沈若冰　沈　健	中医妇科学教研室、内科学教研室中医儿科学教研室
	中华医学会优秀教育论文	曹　康	教学处
	上海医学会优秀教育论文	曹　康　汪小冬	教学处、护理教研室
	上海中医药大学优秀教学论文一等奖	郑晓洁	教学处
	上海中医药大学优秀教学论文二等奖	张雅丽	护理教研室
	上海中医药大学优秀教学论文三等奖	曹　康　张雅丽　傅慧婷　梅　花　汪小冬	教学处、护理教研室、内科学教研室
	临床医学院优秀教材奖	熊旭东　齐　聪　詹红生　张雅丽　王肖龙　詹松华	
	临床医学院先进教师	徐佩英　陈　珮　孙玄厷　沈智杰　沙　粒　束兰娣　朱盛国　丁佩军　华　夏　程　鑫	
	临床医学院最受欢迎带教老师	沈若冰　沈明洁　丁佩军	
	临床医学院优秀带教科室	心血管科	
2014	国家精品视频公开课：随处可见的筋骨损伤	詹红生	中医骨伤科学教研室
	全国高等中医药院校中青年教师教学基本功竞赛课堂教学一等奖	崔　松	内科学教研室
	全国中医药院校针灸推拿临床技能大赛刺法单项奖一等奖	李一婧	针灸学教研室
	全国中医药高等教育学会优秀论文	金　涛　窦丹波　沈若冰　钱　麟	内科学教研室、中医妇科学教研室
	华东地区科技出版优秀科技图书二等奖：心电图读图进阶教程	王肖龙	内科学教研室
	上海市精品课程：临床诊断技能实训	王肖龙	内科学教研室
	上海市体育与健康教育精品课程：运动损伤与筋骨保健	詹红生	中医骨伤科学教研室
	上海高校外国留学生英语授课示范性课程：中医内科学	窦丹波	内科学教研室
	上海市医学会优秀论文奖	曹　康　吴　欢	教学处、内科学教研室
	上海中医药大学优秀研究生导师	王　琛　林　江　沈卫东	内科学教研室、针灸学教研室
	上海中医药大学精品课程：护理理论与实践	张雅丽	护理教研室

（续表）

年份	奖　项	获　奖　者	部门/教研室
2014	上海中医药大学优秀教学团队：中医妇科临床教学团队	殷岫绮	中医妇科学教研室
	上海中医药大学优秀教学团队：中医临床 PBL 教学团队	余小萍	内科学教研室
	上海中医药大学优秀教材一等奖：中西医结合急救医学	熊旭东	内科学教研室
	上海中医药大学优秀教材二等奖：中医筋伤学	詹红生	中医骨伤科学教研室
	上海中医药大学第十一届中青年教师课堂教学竞赛青年组一等奖	沈明洁	中医妇科学教研室
	上海中医药大学第十一届中青年教师课堂教学竞赛青年组二等奖	沈若冰	内科学教研室
	上海中医药大学第十一届中青年教师课堂教学竞赛中年组二等奖	赵　鋆	中医儿科学教研室
	上海中医药大学第十一届中青年教师课堂教学竞赛中年组三等奖	金　涛	内科学教研室
	上海中医药大学第十一届中青年教师课堂教学竞赛优秀教学策略奖	沈若冰	内科学教研室
	上海中医药大学优秀教学论文一等奖	金　涛　汪小冬	内科学教研室、护理教研室
	上海中医药大学优秀教学论文二等奖	朱国苗　崔　屹　张雅丽	推拿学教研室、护理教研室
	临床医学院先进教师	朱旭莹　王慧颖　吴雪卿　刘　岗 周　华　沈　健　石　瑛　朱国苗 滕　磊　张雅丽	
	临床医学院先进教师(提名奖)	蒋式骊　赖优莹　郑玥琪　李淑芳 孙学华　边风华　芦亚峰　李一婧 石晶琳　耿　坚	
	临床医学院最受欢迎带教老师	王丽翔　巢　瑾　马　文　周　奕 张琳艳　刘俊辰	
	临床医学院优秀带教科室	传统中医科、心血管科、内分泌科、风湿科、妇产科	
	全国高等院校中青年教师教学基本功竞赛课堂教学一等奖	沈明洁	中医妇科学教研室
	全国高等院校中青年教师教学基本功竞赛优秀论文	沈明洁	中医妇科学教研室

（续表）

年份	奖　项	获奖者	部门/教研室
2015	上海市精品课程：医学人文实践	张雅丽	护理教研室
	上海市对外留学生全英语示范课程：中医内科学	窦丹波	内科学教研室
	上海市优秀教材奖：中西医结合急救医学	熊旭东	内科学教研室
	上海市优秀教材奖：中医筋伤学	詹红生	中医骨伤科学教研室
	上海市教委重点课程建设优秀项目：中医骨伤科学精品课程建设	詹红生	中医骨伤科学教研室
	上海中医药大学精品课程：运动损伤与筋骨保健	詹红生	中医骨伤科学教研室
	上海中医药大学优秀教学团队：石氏伤科临床与实训教学团队	詹红生	中医骨伤科学教研室
	上海中医药大学优秀教学团队：内科学案例式教学团队	王肖龙	内科学教研室
	上海中医药大学对外教育教学团队：中医内科学全英语教学团队	窦丹波	内科学教研室
	上海中医药大学金牌教师	金　涛	内科学教研室
	上海中医药大学金牌教师	沈明洁	中医妇科学教研室
	上海中医药大学对外教育金牌教师提名奖	沈智杰	内科学教研室
	上海中医药大学教学成果奖：以“分层教育、开放教学”为核心的中医骨伤科学教学模式改革	詹红生	中医骨伤科学教研室
	上海中医药大学课程建设优秀项目：基于精品课程网络平台的心血管疾病案例式教学	贾美君	内科学教研室
	上海中医药大学课程建设优秀项目：Mini-CEX在中医学七年制学生临床教学考核评估中的应用研究	何逸潇	教学处
	中医药高等教育学会优秀论文：护生同理心构建对人文关怀行为的培养效果研究	张雅丽　汪小冬	护理学教研室
	上海市护理学会论文奖：抛锚式教学在中医护理技能操作带教中的运用	崔　屹　张雅丽	护理学教研室

（续表）

年份	奖　项	获　奖　者	部门/教研室
2015	上海市医学会—浙江省医学教育分会优秀论文：纠错式多媒体教学在中医骨伤科学中的应用效果分析	张　琥	中医骨伤科学教研室
	上海中医药大学教育教学优秀论文：纠错式多媒体教学在中医骨伤科学中的应用效果分析	张　琥	中医骨伤科学教研室
	上海中医药大学教育教学优秀论文：混合病案引导模式在中医临床神经内科疾病教学中的运用	潘卫东	内科学教研室
	临床医学院优秀教研室		中医护理学教研室、中医妇科学教研室、内科学教研室、中医外科学教研室、老中医学术经验传承教研室
	临床医学院先进教师	邵命海　陈　珮　唐梅芳　程瑞新　高晴倩　沙　粒　胡　慧　滕　磊　俞　莹　章丽丽	
	临床医学院全英语授课优秀教师	詹松华　沈智杰　顾逸梦　陈　旋	
	临床医学院最受欢迎带教老师	沈智杰　张春伶　沈若冰　沙　粒　王　芳　王菁晶　胡晓曼	
	2015年度上海市住院医师规范化培训优秀住院医师带教老师	朱盛国　马　文	
	2015年度上海市住院医师规范化培训优秀住院医师	沈冰洁　姚东升　陈　龑　姚馨怡　王观涛　马嘉聆	
	上海市对外留学生全英语示范课程	窦丹波	

第九节　学　　生

1961—1966年，医院主要承担上海中医学院医疗系六年制本科生、1962—1965届5个年级和1964届针灸系共200余名学生的临床实习、见习任务，以及西医内外科和X线诊断学的理论教学。在中等技术专业教学方面，20世纪70年代初期承担医训班、医士班、药剂班、化验、放射等中等卫生技术学校的教学任务。1974年，共培养医训班140人、医士班30人、药剂班20人、化验10人、放射5人。1973年，成立上海中医学院中医系二部以后，承担上海中医学院医疗系（中医系）1975～1991届历届三年制大专、五年制本科共27个班计1 534名学生的教学、管理、毕业考试及分配等一系列工作。1979年起，承担上海中医学院针推专业的西医外科、中医耳鼻咽喉科等部分理论教学和针、推、伤科的教学与毕业实习，以及药学系本科生的药学教学和毕业实习。1991年，招收第一批六年制学生，并承担1991级七年制中医专业学生的教育及管理。1993年起，承担上海中医药大学第二学士学位(理学中班、西学中班)临床课的理论教学与临床实习教学任务。1995—2001 年,承担五年制本科生共 3 个班计 122 名学生的教学、管理、毕业就业等一系列工作;七年制中医专业共 7 个年级计 185 名学生的招生、教学、管理、毕业就业等的工作。此外,承担上海中医药大学第二学士学位(理学中班、西学中班)共 6 个班级计 84 名学生临床学科理论教学与毕业实习,中药学院本科生的制剂教学和毕业实习,以及上海中医药大学本科生临床实践。

1995—2001 年,共培养 7 届研究生共计 121 人,其中博士研究生 52 人、硕士研究生 69 人。此外,2002 年,接受上海中医药大学春季班的后期临床教学工作和学生管理,包括在校两年和临床实习一年。2005 年起,春季班的临床专业课授课任务转由上海市中医医院承担,学生临床实习基地在上海市中医院,学生管理包括党员组织关系仍为医院负责。2006—2015 年,医院培养 10 届中医专业临床方向的七年制毕业生共计 298 名学生,七年制医院管理方向的学生 16 人,托管上海中医药大学中医学基础专业和中医学医药结合方向七年制 100 余人。2015 年,在医院实习的学生包括中医学八年一贯制、中医学(临床方向)七年制、中医学五年制、硕博士研究生 220 余人。

表 5-2-13 1980 级研究生名录

姓 名	学 位	导 师
虞天锡	硕士	许迺珊
伊和姿	硕士	夏少农
程渭清	硕士	丁乃时
洪瑞镇	硕士	丁乃时
于在红	硕士	张赞臣 何宗德

表 5-2-14 1981 级研究生名录

姓 名	学 位	导 师
蒋 健	硕士	夏德馨
李 玲	硕士	庞泮池

表 5-2-15 1982 级研究生名录

姓 名	学 位	导 师
蒋梅先	硕士	张伯臾
潘朝羲	硕士	张伯臾
吴大正	硕士	曾兆麟 何宗德

表 5-2-16 1983 级研究生名录

姓 名	学 位	导 师
陈邦俊	硕士	胡婉英

表 5-2-17　1984 级研究生名录

姓　名	学　位	导　师
吴建成	硕士	夏德馨
虞坚尔	硕士	朱瑞群

表 5-2-18　1985 级研究生名录

姓　名	学　位	导　师
陈建杰	硕士	张鸿详
李　文	硕士	马光炎
周永明	硕士	黄吉赓
周　华	硕士	胡婉英
张晓一	硕士	张鸿祥　王灵台

表 5-2-19　1986 级研究生名录

姓　名	学　位	导　师
庄天衢	硕士	张羹梅
朱伟星	硕士	张羹梅
傅　洁	硕士	黄吉赓
曹　茜	硕士	黄吉赓
俞载花	硕士	朱瑞群
王忆勤	硕士	朱瑞群
董耀荣	硕士	胡婉英
季小蓉	硕士	胡婉英
周荣耀	硕士	雷永仲
陈培丰	硕士	雷永仲
何立群	硕士	钟念文
应平平	硕士	万希文
周　涛	硕士	吴翰香
唐仲伟	硕士	吴翰香
赵　鸿	硕士	吴翰香

表 5 - 2 - 20　1987 级研究生情况表

姓　名	学　位	导　师
齐　聪	博士	庞泮池
张　敏	博士	庞泮池
张怀琼	硕士	何宗德
周家俊	硕士	钟念文

表 5 - 2 - 21　1988 级研究生名录

姓　名	学　位	导　师
陈　梅	硕士	王　左
卫利萍	硕士	姚洁明(男)
张　芳	硕士	吴正翔
程　勇	硕士	蔡　淦
郑士荣	硕士	黄吉赓
何　艳	硕士	任家滩　王灵台
金树根	硕士	任家滩　王灵台
亓光锋	硕士	胡婉英
齐　聪	博士	庞泮池
张　敏	博士	庞泮池
张怀琼	硕士	何宗德
周家俊	硕士	钟念文
蔡　辉	硕士	胡婉英
熊旭东	硕士	王　左
缪新伟	硕士	郑平东
王运律	硕士	吴正翔

表 5 - 2 - 22　1989 级研究生名录

姓　名	学　位	导　师
董米莲	硕士	薛志祥
赵　卫	博士	胡婉英
姚能才	硕士	胡婉英
刘平凡	硕士	王灵台

表 5-2-23　1990 级研究生名录

姓　名	学　位	导　师
李义凯	硕士	石印玉
赵　钢	硕士	王灵台

表 5-2-24　1991 级研究生名录

姓　名	学　位	导　师
宋献文	硕士	石印玉
陈友仁	硕士	石印玉
邵　卫	硕士	石印玉
后　盾	硕士	吴正翔
朱红穗	硕士	张丽英
衣承东	硕士	李　文　葛绳德
张爱兵	硕士	胡婉英
杨婉凤	硕士	王灵台
郭颂铭	硕士	柏连松
秦　谊	硕士	庞泮池
张素卿	博士	薛志祥

表 5-2-25　1992 级研究生名录

姓　名	学　位	导　师
郑士荣	博士	蔡　淦
郜恒骏	硕士	蔡　淦
陆　灏	博士	蔡　淦
林　江	博士	蔡　淦
杨爱东	硕士	郑平东
郭昌星	硕士	王　左
陈立奇	博士	胡婉英
李义凯	博士	石印玉

表 5-2-26　1993 级研究生名录

姓　名	学　位	导　师
余和平	硕士	吴正翔
景　华	硕士	王　左

（续表）

姓　名	学　位	导　师
高建东	硕士	郑平东
刘　华	硕士	柏连松
高月求	硕士	王灵台
陈冬煜	硕士	石印玉
朱　云	硕士	张丽英
田　涛	硕士	项立敏
李坤益	硕士	唐为勇

表 5－2－27　1994 级研究生名录

姓　名	学　位	导　师
楚更五	硕士	蔡　淦
窦丹波	博士	蔡　淦
王松波	博士	蔡　淦
林武乐	硕士	蔡　淦
宋和平	硕士	姚洁明(男)
王海彬	博士	石印玉
赵咏芳	博士	石印玉
赵　辉	博士	王　左
宋秀明	博士	王　左
殷旭东	硕士	柏连松
赵志璟	硕士	戴德英
冯爱成	硕士	刘福官
王景泉	硕士	王灵台
李坤益	硕士	唐为勇

表 5－2－28　1995 级研究生名录

姓　名	学　位	导　师
张　斌	博士	王灵台
王暴魁	博士	王灵台
王暴魁	博士后	王灵台
李建军	博士	胡婉英
常白明	硕士	王　左
张春燕	博士	王　左

（续表）

姓　名	学　位	导　师
王青春	博士	石印玉
王　琛	硕士	郑平东
王　怡	硕士	郑平东
邹　菁	硕士	张丽英
崔儒涛	硕士	蔡　淦

表 5-2-29　1996 级研究生名录

姓　名	学　位	导　师
赵　辉	博士	王　左
宋秀明	博士	王　左
王松坡	博士	蔡　淦
窦丹波	博士	蔡　淦
王海彬	博士	石印玉
赵咏芳	博士	石印玉
徐成兴	硕士	丁学屏
周　云	硕士	王灵台
王怡兵	硕士	王灵台
任进余	博士	王灵台
何　勇	博士	王灵台
张婷婷	博士	戴德英
汪姗姗	硕士	胡婉英
蔡　辉	博士	胡婉英
王会玲	博士	胡婉英
高建东	博士	郑平东

表 5-2-30　1997 级研究生名录

姓　名	学　位	导　师
崔儒涛	博士	蔡　淦
詹红生	博士	石印玉
冯　伟	博士	石印玉
吴宇峰	硕士	石关桐
华　斌	硕士	柏连松
彭　旸	硕士	陈建杰
周　飞	硕士	王灵台

表 5－2－31 1998 级研究生名录

姓 名	学 位	导 师
马济佩	博士	郑平东
高月求	博士	王灵台
张正利	博士	蔡 淦
马承泰	博士	王 左
王见义	硕士	康正祥
曹和欣	硕士	何立群
朱 琦	硕士	薛慈民
曹月龙	硕士	石印玉
李和国	硕士	虞坚尔
周跃华	硕士	徐德生

表 5－2－32 1999 级研究生名录

姓 名	学 位	导 师
沈 芸	博士	蔡 淦
张佳发	博士	蔡 淦
权东烈	博士	蔡 淦
王 琛	博士	郑东平
王 怡	博士	郑东平
刘龙民	博士	陈建杰
张友祥	博士	王灵台
周 飞	博士	王灵台
杨祖福	博士	胡婉英
陈兆善	博士	胡婉英
俞晓飞	硕士	王 左
方志坚	硕士	熊旭东
蔡安和	硕士	康正祥
张长明	硕士	何立群
赵 琳	硕士	邱仲川
戴喜平	硕士	王运律
李 莉	硕士	郑舜华
夏城东	硕士	丁学屏
史苗颜	硕士	毕小利

（续表）

姓　名	学　位	导　师
张海波	硕士	周荣耀
王　昱	硕士	柏连松
刘印文	硕士	汤荣光
聂伟志	硕士	石关桐
翁海文	硕士	孙卓君
赵　鋆	硕士	虞坚尔
赵　东	硕士	朱燕俐
邓林海	硕士	徐德生
李祖剑	硕士	葛林宝　李国安

表 5－2－33　2000 级研究生名录

姓　名	学　位	导　师
肖　黎	博士	郑东平
孙学华	博士	王灵台
薛金贵	博士	胡婉英
张　平	硕士	余小萍
韩成秋	硕士	潘祥龙
蔡惠群	硕士	樊建开
王　翔	硕士	石印玉
刘俊朝	硕士	虞坚尔
马胜民	硕士	刘福官
王　波	硕士	李国安
阮小芬	硕士	蒋梅先
冯其茂	硕士	董荣耀
祝　涛	硕士	薛志祥
俞仲翔	硕士	汤荣光
张　戈	博士	石印玉
穆　静	博士	刘　平
张叶青	硕士	刘　平
薛冬英	博士	洪嘉禾
崔红燕	博士	刘　成
王晓柠	硕士	胡义扬

（续表）

姓　名	学　位	导　师
谭春雨	硕士	徐列明
孙保禾	硕士	刘成海

表 5－2－34　2001 级研究生名录

姓　名	学　位	导　师
玄振玉	博士	王　左
俞晓飞	博士	王　左
龚学忠	博士	郑学东
杨爱国	博士	郑东平
李　均	博士	何立群
曹和欣	博士	何立群
李　屹	硕士	何立群
唐苾芯	博士	陈建杰
陈兰羽	博士	陈建杰
王雁翔	博士	王灵台
王英杰	博士	胡婉英
唐靖一	博士	胡婉英
刘　涛	硕士	蔡　淦　倪克中
陈　麒	硕士	朱抗美
张　怡	硕士	康正祥
李淑芳	硕士	熊旭东
张玉喜	硕士	蒋　健
江秀花	硕士	邱仲川
况成宝	硕士	张晓一
何　霄	硕士	薛慈民
左小苗	硕士	刘爱武
吴　杰	硕士	朱盛国
王胜林	硕士	董荣耀
邓　挺	硕士	王运律
王中华	硕士	张　斌
吴友贵	硕士	支惠萍
王　兵	博士	刘　平

（续表）

姓　名	学　位	导　师
穆永平	硕士	刘　平
曹健美	博士	胡义扬
张　慧	硕士	胡义扬
冯　琴	硕士	胡义扬
张　杰	博士	徐列明
平　健	硕士	徐列明
宣红萍	硕士	刘成海
顾　杰	硕士	薛惠明

表 5－2－35　2002 级研究生名录

姓　名	学　位	导　师
何立群	博士	蔡　淦
刘　群	博士	蔡　淦
禄保平	博士	蔡　淦　彭　勃
卓蕴慧	博士	陈建杰
马润琳	硕士	陈建杰
张　琴	博士	刘　平
朱　英	博士	刘　平
顾学兰	博士后	刘　平
都广礼	博士后	刘　平
王　磊	硕士	刘　平
范金燕	硕士	刘　平
宋雅芳	博士	洪嘉禾
方志红	博士	胡义扬
彭景华	硕士	胡义扬
崔剑巍	硕士	胡义扬
李利清	博士	虞坚尔
张新光	硕士	虞坚尔
刘光伟	博士	王灵台
刘龙民	博士后	王灵台
张文炜	博士	徐列明
邓海滨	博士	徐列明

（续表）

姓　名	学　位	导　师
陈　洋	硕士	徐列明
袁继丽	博士	刘　成
陶艳艳	博士	刘成海
潘传芳	硕士	刘成海
唐　岚	博士	刘　力
张振海	硕士	刘　力
周　霞	博士	王　左
庞辉群	博士	熊旭东
李运东	博士	陈建杰
张勤华	博士	齐　聪
卢　秦	硕士	齐　聪
曹玉净	博士	汤荣光
李可大	博士	汤荣光
黄仕荣	博士后	石印玉
邱　丽	硕士	蒋梅先　谢春毅
贾美君	硕士	蒋梅先
梁缬曦	硕士	蒋梅先
凌　霞	硕士	毕小利
丛　军	硕士	郑舜华
张晋魁	硕士	郑舜华
宁双全	硕士	周家俊
孔令军	硕士	魏江磊
邢云莉	硕士	杨　巍
周　亚	硕士	石印玉　朱太泳
梁国辉	硕士	石印玉　冯　峰
李艳红	硕士	孙卓君
石书芳	硕士	孙卓君
杨　峰	硕士	束来娣
刘　莹	硕士	殷岫绮
刘津翠	硕士	张婷婷
张艾民	硕士	顾明达

（续表）

姓　名	学　位	导　师
国兰琴	硕士	李国安
孔　敏	硕士	沈卫东
阿达蓬	硕士	沈卫东
张　玲	硕士	陈莲芳
江　泳	硕士	贺明珠
邢东炜	硕士	张闽光
高俊杰	硕士	王肖龙
葛利达	硕士	黄建平
庄志杰	硕士	卫晓恩

表 5－2－36　2003 级研究生名录

姓　名	学　位	导　师	培养类别
陶　枫	博士	蔡　淦	科研
雷云霞	博士	蔡　淦	临床
王文海	博士	周荣耀	科研
钟　薏	博士	周荣耀	科研
顾　杰	博士	洪嘉禾	科研
张　慧	博士	胡义扬	科研
李　莹	博士	陈建杰	临床
王春芳	博士	陈建杰	临床
张　挺	博士	郑平东	临床
蔡明锦	博士	郑平东	临床
杨雪军	博士	何立群	科研
段晓红	博士	何立群	科研
王　磊	博士	刘　平	科研
慕永平	博士	刘　平	科研
龙爱华	博士	刘　平	科研
朱平生	博士	刘　平　彭　勃	科研
张金生	博士	刘　平　彭　勃	科研
李淑芳	博士	熊旭东	临床
桑　珍	博士	孙卓君	临床
付金荣	博士	齐　聪	临床

（续表）

姓 名	学 位	导 师	培养类别
黄宗瀚	博士	齐 聪	科研
聂红明	博士	王灵台	科研
郑亚江	博士	王灵台	科研
赵长青	博士	徐列明	临床
谭善忠	博士	刘成海	科研
姚成增	博士	蒋梅先	临床
黄昉萌	硕士	康正祥	临床
王云满	硕士	何立群	科研
王清兰	硕士	胡义扬	科研
傅慧婷	硕士	余小萍	临床
王 鑫	硕士	陈晓宏	临床
章丽琼	硕士	虞芳华	临床
王维伟	硕士	邱仲川	临床
邝广峰	硕士	薛慈民	临床
仇 菲	硕士	樊建开	临床
高文澜	硕士	丁佳频	临床
董佳容	硕士	万 华	临床
张 鹏	硕士	石关桐	临床
徐道志	硕士	詹红生	科研
张国梁	硕士	石印玉 朱太咏	科研
黄满玉	硕士	石印玉 冯 峰	科研
秦保锋	硕士	张婷婷	科研
周 扬	硕士	徐列明	科研
王丽娜	硕士	刘成海	科研
王好杰	硕士	叶伟成	科研
范兴良	硕士	赵 钢	临床
张亚楠	硕士	蔡 淦 任光荣	科研
韩进超	硕士	王灵台 臧国庆	科研
陈剑波	硕士	卫晓恩	临床
吴建辉	硕士	孙卓君 俞超芹	临床
周巧玲	硕士	孙卓君 俞超芹	临床

（续表）

姓　名	学　位	导　师	培养类别
石晶琳	硕士	缪晚虹	临床
胡昭君	硕士	刘　力	科研
丁熙璇	硕士	王灵台	临床
王艳玲	硕士	赵　钢	临床

表 5－2－37　2004 级研究生名录

姓　名	学　位	导　师	培养类别
张晓天	博士	蔡　淦	科研
张宗奇	博士	王　左	临床
丛　军	博士	蔡　淦	科研
王　磊	博士	刘　平	科研
彭景华	博士	胡义扬	科研
吴海良	博士	周荣耀	临床
曹月龙	博士	石印玉	科研
周　华	博士	齐　聪	科研
曾金雄	博士	齐　聪	科研
王见义	博士	王灵台	临床
陈　洋	博士	徐列明	科研
周　滔	博士	刘成海	科研
马　丽	博士	蒋梅先	临床
洪燕龙	博士	徐德生	科研
张壮丽	博士	徐德生	科研
李小花	博士	归绥琪　孙卓君	科研
卢智玲	博士	孙永嘉　徐德生	科研
房泽海	博士	蓝闽波　徐德生	科研
姜　枫	博士	彭　勃　刘　平	科研
元唯安	硕士	程英武	科研
赵　颖	硕士	熊旭东	临床
沈若冰	硕士	余小萍	临床
刘宏杰	硕士	周荣耀	科研
陆　海	硕士	邱仲川	临床
李　丹	硕士	郑舜华	临床

（续表）

姓　名	学　位	导　师	培养类别
蔡　黎	硕士	毕小利	科研
宋乐冬	硕士	陈建杰	科研
潘　奇	硕士	高月球	临床
赵　莹	硕士	张　斌	科研
陶　庆	硕士	胡义扬	科研
陆　宏	硕士	杨　巍	临床
于小鲲	硕士	万　华	临床
庞　坚	硕士	石印玉	科研
韩大鹏	硕士	石关桐	临床
武　娜	硕士	石关桐	临床
苟海昕	硕士	詹红生	科研
鲍如松	硕士	詹红生	科研
陈元川	硕士	赵咏芳	科研
尹　燕	硕士	张婷婷	临床
腾　磊	硕士	忻耀杰	临床
李一婧	硕士	沈卫东	临床
杨　慧	硕士	蒋梅先	临床
朱蕾蕾	硕士	蒋　健	临床
吴星宇	硕士	魏江磊	临床
张丽红	硕士	赵　钢	临床
徐　虹	硕士	徐列明	科研
陈　园	硕士	刘成海	科研
丁礼琴	硕士	徐德生	科研
李魏娜	硕士	徐德生	科研
金采映	硕士	蒋　建	临床
林家胜	硕士	陈建杰	临床
金善荣	硕士	郑舜华	临床
任大万	硕士	潘祥龙	临床
张常喜	硕士	谢春毅　蒋梅先	科研
沈　慰	硕士	俞超芹　孙卓君	科研
王针织	硕士	俞超芹　孙卓君	科研

（续表）

姓　名	学　位	导　师	培养类别
胡微微	硕士	臧国庆　王灵台	科研
陈　倩	硕士	臧国庆　王灵台	科研
朱海阔	硕士	瞿晓竹　齐　聪	科研
彭贵清	硕士	何焕荣　余小萍	科研
李小兰	硕士	任光荣　蔡　淦	科研
毕军花	硕士	朱太咏　石印玉	科研
万明才	硕士	冯　峰　石印玉	科研

表 5-2-38　2005 级研究生名录

姓　名	学　位	导　师	培养类别
刘晓谷	博士	蔡　淦	临床
许红峰	博士	王　左	临床
张　瑞	博士	王　左	临床
舒　静	博士	郑平东	临床
王维伟	博士	陈建杰	科研
郝凯莉	博士	刘　平	科研
刘　成	博士	刘　平	科研
王清兰	博士	胡义扬	科研
郑海生	博士	蒋　健	科研
吴美平	博士	熊旭东	临床
王　翔	博士	石印玉	科研
徐莲薇	博士	孙卓君	科研
范兴良	博士	王灵台	科研
吕志刚	博士	徐列明	科研
何东仪	博士	徐列明	科研
陈少东	博士	刘成海	科研
刘爱华	博士	魏江磊	临床
陈美芳	博士	郑平东	临床
延泰钦	博士	詹红生	临床
丁熙璇	博士	王灵台	科研
苏中昊	硕士	余小萍	临床
何大平	硕士	余小萍	临床

（续表）

姓　名	学　位	导　师	培养类别
朱小芬	硕士	毕小利	临床
闫国良	硕士	毕小利	临床
高利民	硕士	郑舜华	临床
高志远	硕士	张正利	临床
肖　静	硕士	高建东	科研
孙成力	硕士	高建东	临床
韩海燕	硕士	王　琛	临床
周新兰	硕士	张晓一	临床
李光辉	硕士	邱仲川	临床
李红山	硕士	胡义扬	科研
李雪梅	硕士	胡义扬	科研
王高强	硕士	刘　平	科研
都金星	硕士	刘　平	科研
林　彦	硕士	刘　平	临床
任文肖	硕士	陆　灏	临床
王　琦	硕士	薛慈民	临床
梁　平	硕士	杨　巍	临床
李欣荣	硕士	万华	临床
张明才	硕士	詹红生	科研
汪　斌	硕士	石关桐	临床
王立童	硕士	詹红生　赵咏芳	科研
刘继红	硕士	齐　聪	临床
黄彩梅	硕士	张婷婷	临床
马　文	硕士	沈卫东	临床
王文礼	硕士	沈卫东　詹红生	临床
阴　涛	硕士	程英武	临床
张　展	硕士	徐列明	连博
闫秀川	硕士	刘成海	连博
杨　珂	硕士	刘成海	科研
赵　淼	硕士	赵　钢	临床
姚　嫣	硕士	高月求	临床

（续表）

姓　名	学　位	导　师	培养类别
刘巧丽	硕士	高月求	科研
张　超	硕士	蒋梅先	临床
任洪丽	硕士	支惠萍	临床
郭小飞	硕士	支惠萍	临床
陈　刚	硕士	张闽光	科研
刘　翔	硕士	刘　力	科研
顾思懿	硕士	徐德生	科研
董克洲	硕士	何焕荣　余小萍	科研
张延杰	硕士	龚正丰　詹红生	科研
周永英	硕士	任光荣　蔡　淦	科研
张凯恒	硕士	任光荣　蔡　淦	科研
严　炜	硕士	任光荣　蒋　健	科研
郭保生	硕士	朱太泳　石印玉	科研
周　顺	硕士	冯　峰　石印玉	科研
曹在焕	硕士	蒋　健	临床
苏海尔	硕士	沈卫东	科研
尹相喆	硕士	沈卫东	科研
金镇求	硕士	李国安	临床
林庆勋	硕士	徐列明	科研
张淑君	硕士	孙卓君	科研
张秀娟	硕士	沈卫东	科研
洪友仕	硕士	张晓一	科研

表 5－2－39　2006 级研究生名录

姓　名	学　位	导　师	培养类别
张　平	博士	蔡　淦	专业
张亚楠	博士	蔡　淦	专业
张晓东	博士	陈建杰	专业
宋乐东	博士	陈建杰	科研
窦学俊	博士	何立群	科研
陶　庆	博士	胡义扬	科研
贺　敏	博士	蒋　健	科研

（续表）

姓　名	学　位	导　师	培养类别
张丹丹	博士	王灵台	专业
张文立	博士	王　左	专业
金　霞	博士	严世芸	科研
闵　亮	博士	周荣耀	专业
林　勋	博士	詹红生	专业
刘　春	博士	蒋梅先	科研
谢红东	博士	刘成海	科研
陈　倩	博士	刘成海	科研
韩振翔	博士	魏江磊	专业
施　荣	博士	熊旭东	专业
徐　虹	博士	徐列明	科研
丁礼琴	博士	刘　力	科研
宋海峰	硕士	毕小利	专业
凌琪华	硕士	陈建杰	科研
黄艳芳	硕士	窦丹波	专业
崔　团	硕士	胡义扬	科研
全　欣	硕士	刘　平	科研
刘　薇	硕士	陆　灏	专业
张文敏	硕士	邱仲川	专业
蒲冠军	硕士	王　琛	专业
王　兵	硕士	余小萍	专业
肖玲辉	硕士	张　斌	专业
田素娟	硕士	张　炜	专业
蒋海燕	硕士	张　炜	科研
陈照娣	硕士	张晓一	专业
韩文均	硕士	张正利	专业
金慧玲	硕士	郑舜华	专业
刘　慧	硕士	周荣耀	专业
沈　艳	硕士	万　华	专业
张志君	硕士	杨　巍	专业
芦亚峰	硕士	杨　巍	专业

（续表）

姓　名	学　位	导　师	培养类别
李登晓	硕士	石关桐	科研
高宁阳	硕士	石印玉	科研
陈　博	硕士	詹红生	科研
沈敬松	硕士	张如明	专业
杨春生	硕士	赵咏芳	专业
胡欣欣	硕士	齐　聪	专业
曹　阳	硕士	张婷婷	科研
段　娜	硕士	沈卫东	专业
何天翔	硕士	程英武	专业
吕　靖	硕士	刘成海	科研
俞　莹	硕士	缪晚虹	专业
张　亮	硕士	唐靖一	专业
洪海平	硕士	卫晓恩	专业
段小华	硕士	赵　钢	科研
李超生	硕士	支惠萍	专业
武　彦	硕士	周　华	专业
张传富	硕士	周　华	专业
洪海慧	硕士	成　扬	科研
汤伯宗	硕士	高月求	科研
周健淞	硕士	何立群	科研
刘楠楠	硕士	何立群	科研
周洪武	硕士	蒋梅先	科研
徐光临	硕士	刘　力	理学
易　月	硕士	徐德生	科研
廖君翎	硕士	张正利	专业
张艺馨	硕士	张婷婷	专业
陈思卉	硕士	张婷婷	专业

表 5-2-40　2007 级研究生名录

姓　名	学　位	导　师	培养类别
韩　力	博士	蔡　淦	科研
李熠萌	博士	蔡　淦	专业

（续表）

姓　名	学　位	导　师	培养类别
郭　静	博士	陈建杰	专业
张新志	博士	何立群	专业
董飞侠	博士	何立群	专业
冯　琴	博士	胡义扬	专业
沈晓红	博士	蒋　健	专业
王晓柠	博士	刘　平	专业
张伟宇	博士	高月求	专业
刘永明	博士	蒋梅先	专业
赵　莹	博士	王灵台	科研
贾运滨	博士	魏江磊	科研
高俊杰	博士	严世芸	专业
杨昌琨	博士	陈建杰	科研
王瑞杰	博士	齐　聪	专业
张铁音	硕士	毕小利	科研
刘　泉	硕士	窦丹波	科研
王毅兴	硕士	高建东	专业
赵晓燕	硕士	高建东	科研
沈烨渠	硕士	何立群	专业
李　颉	硕士	何立群	专业
傅琪琳	硕士	胡义扬	专业
孙怡婕	硕士	蒋　健	专业
蒋式骊	硕士	刘　平	专业
胡鑫才	硕士	刘　平	专业
张振华	硕士	陆　灏	专业
赵志芳	硕士	邱仲川	科研
吴　眉	硕士	余小萍	科研
杨彦伟	硕士	张　炜	科研
张　楠	硕士	郑舜华	科研
徐　平	硕士	潘祥龙	专业
杨　晓	硕士	柳国宾	专业
方　静	硕士	万　华	科研

（续表）

姓　名	学　位	导　师	培养类别
姜晓燕	硕士	吴雪卿	科研
高晓鹏	硕士	石关桐	科研
卢伟达	硕士	卫晓恩	科研
陈　凯	硕士	卫晓恩	科研
张清龙	硕士	詹红生	科研
郭海玲	硕士	赵咏芳	专业
于　莎	硕士	齐　聪	科研
赵　莉	硕士	张婷婷	科研
陈　华	硕士	张婷婷	科研
张珺珺	硕士	忻耀杰	科研
田　伟	硕士	程英武	科研
段君毅	硕士	沈卫东	专业
潘　红	硕士	沈卫东	专业
周振华	硕士	高月求	科研
李桂勇	硕士	高月求	专业
腾名子	硕士	蒋梅先	专业
邢　枫	硕士	刘成海	专业
阮雯洁	硕士	缪晚虹	科研
马子霖	硕士	唐靖一	科研
陈　赟	硕士	熊旭东	科研
吕　佳	硕士	熊旭东	科研
卢　超	硕士	徐列明	专业
郭亚芳	硕士	叶伟成	科研
赵　喜	硕士	詹松华	科研
陈佩瑶	硕士	张　斌	科研
曾　贞	硕士	赵　钢	专业
李晓惠	硕士	赵春英	科研
尧勇平	硕士	周　华	科研
毛夏萍	硕士	刘　力	科研
文小燕	硕士	刘　力	专业
常昕楠	硕士	徐德生	专业

（续表）

姓 名	学 位	导 师	培养类别
陈炯良	硕士	徐德生	专业
何怡慧	硕士	沈卫东	专业
沈壮麟	硕士	沈卫东	科研
宋直昇	硕士	沈卫东	科研
林经翔	硕士	石关桐	科研
庄中翰	硕士	张 斌	科研
任贞玫	硕士	李国安	科研
黄童郁	硕士	余安胜	科研
朴草原	硕士	余安胜	科研

表 5－2－41 2008 级研究生名录

姓 名	学 位	导 师	培养类别
陈明显	博士	蔡 淦	专业
王成宝	博士	陈建杰	科研
李 屹	博士	何立群	科研
张昕贤	博士	何立群	科研
张新峰	博士	蒋 健	科研
郑晓丹	博士	严世芸	科研
张 怡	博士	周荣耀	专业
李 林	博士	詹红生	专业
李久现	博士	齐 聪	科研
曾震军	博士	高月求	科研
贾美君	博士	蒋梅先	科研
宋红普	博士	魏江磊	科研
戎靖枫	博士	熊旭东	科研
平 键	博士	徐列明	科研
那木海	博士	蒋梅先	科研
崔 团	博士	胡义扬	科研
仝 欣	博士	刘 平	科研
高宁阳	博士	石印玉	科研
陈 博	博士	詹红生	科研
吕 靖	博士	刘成海	科研

（续表）

姓　名	学　位	导　师	培养类别
凌琪华	博士	陈建杰	科研
胡欣欣	博士	齐　聪	科研
李泓町	硕士	陈建杰	科研
吕迎春	硕士	窦丹波	专业
丁世永	硕士	高建东	专业
吴　锋	硕士	何立群	科研
唐亚军	硕士	胡义扬	科研
赵　瑜	硕士	胡义扬	科研
盛　凤	硕士	蒋　健	专业
郑　鑫	硕士	蒋　健	专业
陆　雁	硕士	刘　平	科研
任　爽	硕士	刘　平	科研
庞　欣	硕士	王　琛	专业
宗恩溢	硕士	余小萍	专业
刘志勇	硕士	张　炜	专业
何奕坤	硕士	张正利	专业
李典典	硕士	张正利	专业
刘　玉	硕士	卓蕴慧	科研
刘艳萍	硕士	柳国斌	专业
刘　杰	硕士	潘祥龙	专业
瞿文超	硕士	万　华	专业
刘　婷	硕士	曹月龙	科研
艾有利	硕士	石关桐	专业
沈　军	硕士	卫晓恩	专业
张开勇	硕士	詹红生	专业
郭朝卿	硕士	詹红生	专业
朱　琰	硕士	齐　聪	专业
李　晶	硕士	齐　聪	专业
钱海墨	硕士	齐　聪	专业
李盛楠	硕士	徐莲薇	科研
金　月	硕士	赵　鋆	科研

（续表）

姓　名	学　位	导　师	培养类别
孔令军	硕士	程英武	科研
陶吉明	硕士	程英武	专业
童秋瑜	硕士	沈卫东	专业
陈培芳	硕士	沈卫东	专业
陈二海	硕士	余安胜	专业
刘玉莉	硕士	成　扬	科研
王　剑	硕士	付国强	专业
周碧霞	硕士	高月求	专业
许小莉	硕士	高月求	专业
邹海鸥	硕士	葛茂军	专业
徐吉松	硕士	黄建平	专业
韩　栋	硕士	蒋梅先	专业
徐裕亚	硕士	蒋梅先	科研
李俊霞	硕士	刘成海	科研
彭　渊	硕士	刘成海	科研
张鞠华	硕士	唐靖一	专业
沈俊逸	硕士	唐靖一	专业
石　敏	硕士	魏江磊	专业
刘崇敏	硕士	徐列明	科研
李欢欢	硕士	詹松华	科研
常柳柳	硕士	赵春英	专业
阮琦瑜	硕士	周　华	专业
顾　丹	硕士	刘　力	科研
蒋海燕	硕士	张　炜	科研
曹康泽	硕士	李国安	专业
刘丽芬	硕士	窦丹波	科研
周文松	硕士	余小萍	专业
徐享园	硕士	詹红生	专业
郑洧林	硕士	余安胜	专业
林利静	硕士	徐列明	专业

表 5-2-42　2009 级研究生名录

姓　名	学　位	导　师	培养类别
邵命海	博士	蔡　淦	科研
陈　麒	博士	蔡　淦	专业
商斌仪	博士	陈建杰	专业
林日阳	博士	何立群	科研
朱蕾蕾	博士	蒋　健	专业
洪　婷	博士	蒋　健	科研
付晓伶	博士	周荣耀	专业
李岩峰	博士	石印玉	科研
元唯安	博士	詹红生	科研
滕蔚然	博士	詹红生	专业
郭丽华	博士	齐　聪	科研
麦静愔	博士	高月求	科研
阮小芬	博士	蒋梅先	科研
何　淼	博士	熊旭东	科研
彭文波	博士	熊旭东	科研
周　扬	博士	徐列明	科研
秦保锋	博士	严世芸	科研
邵命海	博士	蔡　淦	科研
陈　麒	博士	蔡　淦	专业
樊丽萍	硕士	陈建杰	科研
朱　晖	硕士	陈建杰	科研
杜霄壤	硕士	高建东	专业
李瑞玲	硕士	高建东	专业
孙　悦	硕士	何立群	专业
陈　亮	硕士	胡义扬	科研
李晓飞	硕士	胡义扬	科研
缪　萍	硕士	蒋　健	科研
马晓春	硕士	林　江	专业
宁冰冰	硕士	刘　平	科研
周亚宁	硕士	刘　平	科研
赵洪彪	硕士	陆　灏	专业

（续表）

姓 名	学 位	导 师	培养类别
毛丹丹	硕士	桑 珍	科研
边艳琴	硕士	孙明瑜	科研
王文清	硕士	陶 枫	专业
杨 婧	硕士	王 琛	专业
李 佳	硕士	王文海	科研
张 淼	硕士	姚 政	专业
陆颖佳	硕士	余小萍	专业
陈文文	硕士	张 炜	专业
程悦蕾	硕士	朱惠蓉	专业
季 盛	硕士	卓蕴慧	专业
杨 蕴	硕士	邹 菁	专业
陈换峰	硕士	柳国斌	专业
邵士珺	硕士	万 华	专业
张婷婷	硕士	万 华	专业
姜丽阳	硕士	杨 巍	专业
胡 婕	硕士	杨 巍	专业
刘中华	硕士	张慧敏	专业
张立坤	硕士	竺 炯	专业
王学宗	硕士	曹月龙	专业
平海涛	硕士	石关桐	专业
王辉昊	硕士	詹红生	科研
张晓钢	硕士	赵咏芳	科研
潘艳平	硕士	齐 聪	专业
申萌萌	硕士	齐 聪	专业
章晓乐	硕士	张勤华	专业
高 乾	硕士	程英武	科研
赵 创	硕士	沈卫东	科研
樊文朝	硕士	沈卫东	专业
汪美凤	硕士	成 扬	科研
齐艳平	硕士	高月求	科研
刘顺庆	硕士	高月求	专业

（续表）

姓　名	学　位	导　师	培养类别
周　颖	硕士	蒋梅先	专业
赵　韦	硕士	刘成海	科研
李　书	硕士	刘成海	科研
袁喆平	硕士	唐靖一	专业
曾黎华	硕士	王肖龙	专业
张燕婷	硕士	熊旭东	科研
张　晶	硕士	徐列明	科研
庄　园	硕士	詹松华	专业
吴惠春	硕士	张　斌	科研
马慧琴	硕士	张治军	专业
朱大艳	硕士	赵　钢	专业
王大伟	硕士	赵建华	专业
史文静	硕士	周　华	专业
金颖成	硕士	刘　力	科研
李晓海	硕士	徐德生	科研
张　亮	硕士	裘福荣	科研
刘淑云	硕士	裴　钢	科研
林　云	硕士	裴　钢	科研

表 5-2-43　2010 级研究生名录

姓　名	学　位	导　师	培养类别
刘宏杰	博士	陈建杰	科研
沈　健	博士	陈建杰	科研
王　东	博士	何立群	科研
邹　赟	博士	何立群	科研
黄　甫	博士	胡义扬	科研
刘松灿	博士	蒋　健	科研
张　笑	博士	刘　平	科研
庞　坚	博士	石印玉	科研
郭　凯	博士	詹红生	专业
于　莎	博士	齐　聪	科研
钱　赟	博士	齐　聪	科研

（续表）

姓　名	学　位	导　师	培养类别
张　翮	博士	沈卫东	专业
余　卓	博士	高月求	科研
周振华	博士	高月求	科研
谭　烨	博士	刘成海	科研
吴　眉	博士	徐列明	科研
徐隽斐	博士	陆　灏	专业
郑　德	博士	杨　巍	专业
张少军	博士	杨　巍	专业
周亚男	博士	严世芸	专业
马文欢	博士	严世芸	专业
萧华文	博士	沈卫东	专业
赵　瑜	博士	胡义扬	科研
任　爽	博士	刘　平	科研
李俊霞	博士	刘成海	科研
刘宏杰	博士	陈建杰	科研
王春莉	硕士	毕小利	专业
张富永	硕士	陈建杰	专业
刘英超	硕士	高建东	专业
谢婷婷	硕士	何立群	科研
王文静	硕士	胡义扬	科研
陈佳美	硕士	刘　平	科研
罗　洁	硕士	陆　灏	专业
秦军燕	硕士	王　琛	专业
殷　欣	硕士	姚　政	专业
窦丽萍	硕士	钟　薏	专业
张　娟	硕士	朱惠蓉	专业
李守伟	硕士	柳国斌	专业
顾沐恩	硕士	万　华	专业
张　萍	硕士	竺　炯	专业
韦宋谱	硕士	曹月龙	科研
陈志伟	硕士	石关桐	专业

（续表）

姓　名	学　位	导　师	培养类别
仰嘉轩	硕士	赵咏芳	科研
宋丽娜	硕士	齐　聪	专业
美克热阿依	硕士	齐　聪	专业
高旭青	硕士	忻耀杰	专业
邹双燕	硕士	沈卫东	专业
陈文婷	硕士	傅国强	专业
李　玲	硕士	高月求	专业
李　璐	硕士	高月求	专业
梁蒙蒙	硕士	蒋梅先	专业
雷　扬	硕士	刘成海	科研
吕嘉荣	硕士	王肖龙	专业
高　鹏	硕士	熊旭东	专业
潘圆未	硕士	徐列明	科研
杨　赛	硕士	詹松华	科研
王建丽	硕士	张　斌	专业
舒艳芳	硕士	张治军	专业
苑春元	硕士	周　华	专业
周芳妍	硕士	刘　力	科研
张建伟	硕士	徐德生	理学
刘　玥	硕士	裴　钢	理学
吴同茹	硕士	何立群	专业
董　姝	硕士	孙明瑜	专业
刘伟芳	硕士	杨雪军	专业
涂雅丹	硕士	余小萍	专业
范媛媛	硕士	卓蕴慧	专业
郑诗韵	硕士	杨　巍	专业
张　浩	硕士	卫晓恩	专业
陈　莉	硕士	张勤华	专业
万怡婷	硕士	张　敏	专业
王建东	硕士	赵春英	专业
钱平安	硕士	赵　钢	专业

（续表）

姓　名	学　位	导　师	培养类别
蒋龙宣	硕士	蒋　健	专业
林建旭	硕士	余小萍	专业
薛凯仁	硕士	余小萍	专业
黄宗杰	硕士	詹红生	专业
陈泳诚	硕士	齐　聪	专业
戴欣然	硕士	齐　聪	专业
林葵容	硕士	余安胜	专业
金锡柱	硕士	余安胜	专业
保志常住	硕士	刘成海	专业
王春莉	硕士	毕小利	专业
张富永	硕士	陈建杰	专业
刘英超	硕士	高建东	专业

表 5－2－44　2011 级研究生名录

姓　名	学　位	导　师	培养类别
朱旭莹	博士	蔡　淦	科研
陈逸云	博士	陈建杰	科研
黄中迪	博士	高建东	科研
唐　英	博士	何立群	科研
孟胜喜	博士	胡义扬	科研
王　蠡	博士	蒋　健	科研
王毅兴	博士	刘　平	科研
陈清光	博士	陆　灏	科研
王　磊	博士	周荣耀	专业
仇　菲	博士	杨　巍	专业
李玲慧	博士	詹红生	科研
钱　麟	博士	齐　聪	科研
乔　兵	博士	高月求	科研
彭　渊	博士	刘成海	科研
朱　晖	博士	魏江磊	科研
关　溪	博士	刘　力	理学
傅慧婷	博士	余小萍	专业

（续表）

姓　名	学　位	导　师	培养类别
张　涛	博士	熊旭东	专业
洪友仕	博士	刘成海	科研
陈　亮	博士	胡义扬	科研
缪　萍	博士	蒋　健	科研
周亚宁	博士	刘　平	科研
王辉昊	博士	詹红生	科研
李　书	博士	刘成海	科研
张　晶	博士	徐列明	科研
董亚男	硕士	陈建杰	科研
李迎巧	硕士	高建东	科研
朱　祎	硕士	何立群	科研
刘　林	硕士	胡义扬	科研
崔　晨	硕士	蒋　健	科研
范魏伟	硕士	刘　平	科研
曹红燕	硕士	孙明瑜	科研
王福岗	硕士	王　琛	专业
姚依勍	硕士	朱惠蓉	专业
韩　强	硕士	柳国斌	科研
陈　琳	硕士	杨　巍	专业
蔡文怡	硕士	杨　巍	专业
卢　俊	硕士	张慧敏	科研
杜国庆	硕士	詹红生	科研
史晓治	硕士	赵咏芳	专业
张　婕	硕士	齐　聪	科研
李　嘉	硕士	齐　聪	科研
袁羽昀	硕士	赵　鋆	科研
朱　怡	硕士	沈卫东	专业
唐礼瑞	硕士	刘成海	科研
郭　涛	硕士	刘成海	科研
钦圣兰	硕士	徐列明	科研
朱　鸣	硕士	徐列明	科研

（续表）

姓 名	学 位	导 师	培养类别
李秋月	硕士	裘福荣	理学
李 婷	硕士	刘 力	理学
胡 培	硕士	裴 钢	理学
周 扬	硕士	徐德生	理学
杨燕燕	硕士	林 江	专业
顾逸梦	硕士	陆 灏	专业
史晓娜	硕士	陶 枫	专业
孙雅婷	硕士	杨雪军	专业
杨 军	硕士	余小萍	专业
谢 天	硕士	张 炜	专业
王燕莹	硕士	钟 薏	专业
廖陆雷	硕士	卓蕴慧	专业
刘华江	硕士	万 华	专业
蒋思韵	硕士	万 华	专业
孙洪歌	硕士	缪晚虹	专业
张兆伟	硕士	沈卫东	专业
暴 洁	硕士	蔡定芳	专业
邓 婧	硕士	高月求	专业
何林蔓	硕士	高月求	专业
张智瑄	硕士	匡 勇	专业
陈 思	硕士	罗运权	专业
吴 琼	硕士	王肖龙	专业
俞 郦	硕士	魏江磊	专业
张 平	硕士	张 斌	专业
胡高武	硕士	赵春英	专业
孙建伟	硕士	赵 钢	专业
孙 权	硕士	赵建华	专业
刘 茜	硕士	周 华	专业
牛晶晶	硕士	周里钢	专业
江筱薏	硕士	陈建杰	专业
金炫智	硕士	高建东	科研

（续表）

姓　名	学　位	导　师	培养类别
詹宗颖	硕士	孙明瑜	专业
王瓌玮	硕士	齐　聪	科研
殷旦妮	硕士	沈卫东	专业
金仁奎	硕士	余安胜	专业
阮俊英	硕士	余安胜	专业
方词右	硕士	余小萍	专业
金硕焕	硕士	余小萍	专业
金娜来	硕士	李国安	专业

表 5－2－45　2012 级研究生名录

姓　名	学　位	导　师	培养类别
叶青艳	博士	陈建杰	专业
陈　晛	博士	何立群	科研
徐　琳	博士	胡义扬	科研
王之通	博士	蒋　健	科研
曾　金	博士	蒋　健	科研
杨　婧	博士	王　琛	科研
沈明洁	博士	齐　聪	科研
陆欣玲	博士	沈卫东	科研
郭咏梅	博士	蔡定芳	科研
吴惠春	博士	高月求	科研
吴韶飞	博士	高月求	科研
吕天娇	博士	蒋梅先	专业
潘　凯	博士	刘成海	科研
封　舟	博士	周　华	专业
沙雯君	博士	周里钢	专业
徐冉驰	博士	刘　力	理学
李晓海	博士	徐德生	理学
沈若冰	博士	余小萍	专业
冯佳梅	博士	万　华	专业
夏乐敏	博士	熊旭东	专业
张育菁	博士	高月求	科研

（续表）

姓　名	学　位	导　师	培养类别
何铭晟	博士	余小萍	专业
陈佳美	博士	刘　平	科研
潘圆未	博士	徐列明	科研
申　弘	硕士	陈建杰	专业
贺　斐	硕士	高建东	科研
陈　建	硕士	何立群	科研
海亚美	硕士	胡义扬	科研
梁春耕	硕士	胡义扬	科研
陈文文	硕士	蒋　健	科研
耿　琦	硕士	蒋　健	专业
唐　健	硕士	林　江	专业
李雪微	硕士	刘　平	科研
朱雅楠	硕士	陆　灏	专业
李建缘	硕士	孙明瑜	科研
周珊珊	硕士	王　琛	专业
祝婷婷	硕士	王　琛	专业
丁　娅	硕士	余小萍	专业
方　芳	硕士	朱惠蓉	专业
郑　册	硕士	卓蕴慧	科研
陆姿赢	硕士	柳国斌	专业
陈帆帆	硕士	万　华	专业
莫海松	硕士	杨　巍	专业
徐勤光	硕士	曹月龙	科研
梁飞凡	硕士	詹红生	专业
李　涛	硕士	赵咏芳	专业
李佳慧	硕士	齐　聪	专业
蒋　亦	硕士	齐　聪	专业
赵　洁	硕士	赵　鋆	专业
陈　梁	硕士	沈卫东	科研
万钰茜	硕士	沈卫东	科研
李　毛	硕士	蔡定芳	专业

（续表）

姓　名	学　位	导　师	培养类别
吴　疆	硕士	高月求	科研
赵　强	硕士	刘成海	科研
郝文婕	硕士	熊旭东	专业
单艳梅	硕士	周　华	专业
黄文瑾	硕士	周里钢	专业
徐　雅	硕士	刘　力	理学
付之文	硕士	裴　钢	理学
沈淑娇	硕士	裘福荣	理学
卢莎莎	硕士	艾　静	专业
徐　杰	硕士	陶　枫	专业
高欣欣	硕士	俞晓飞	专业
丘俊鑫	硕士	张晓天	专业
赵会聪	硕士	张正利	专业
王亚丛	硕士	邹　菁	专业
赵文俊	硕士	汪庆明	专业
焦　晶	硕士	张　磊	专业
江苏闽	硕士	陈东煜	专业
胡世鹏	硕士	杜　炯	专业
贾亚楠	硕士	张勤华	专业
赵　芳	硕士	缪晚虹	专业
谭晓辉	硕士	葛茂军	专业
鲁　成	硕士	刘永明	专业
郑　超	硕士	孙学华	专业
张美珠	硕士	王见义	专业
阿斯亚・哈德尔	硕士	王肖龙	专业
张　娣	硕士	詹松华	专业
陈海平	硕士	张　斌	专业
宋　聪	硕士	赵春英	专业
杜博倩	硕士	赵　钢	专业
哈斯叶提古丽・买买提	硕士	赵建华	专业
伍勇勇	硕士	周　嘉	专业

（续表）

姓 名	学 位	导 师	培养类别
孙峰俐	硕士	何立群	科研
陈恒君	硕士	高建东	专业
张子霖	硕士	陆 灏	专业
金龙珍	硕士	陆 灏	专业
林嘉琪	硕士	余小萍	专业
李绪德	硕士	朱惠蓉	专业
潘子扬	硕士	沈卫东	专业
许智杰	硕士	艾 静	专业
罗友桓	硕士	艾 静	专业
孙懿宣	硕士	齐 聪	专业
靳永杰	硕士	李 琦	专业
颜琳琳	硕士	李 琦	专业

表 5-2-46 1991 级七年制学生名录

姓 名	学 位	导 师
唐靖一	硕士	王灵台
丁之江	硕士	陈建杰
陆晓东	硕士	郑平东
吴 平	硕士	何立群
路 煜	硕士	蔡 淦
王 珏	硕士	康正祥
王 华	硕士	方正龙
杨荣德	硕士	周荣耀
肖志灏	硕士	薛慈民
张卓成	硕士	毕小利
沈之炜	硕士	丁学屏
卢长龙	硕士	李国安
肖 翔	硕士	石印玉
孙 波	硕士	石关桐
车 涛	硕士	刘嘉湘
赵海磊	硕士	邱佳信
李 申	硕士	吴志英

（续表）

姓　名	学　位	导　师
谭　宏	硕士	李如奎
殷　俊	硕士	林水淼
曾旭东	硕士	于上才
汪鸿宇	硕士	李仪奎
赵长青	硕士	刘　平
耿　娅	硕士	郭　忻
刘　敏	硕士	孙爱贞
姚　政	硕士	赵伟康

表 5－2－47　1992 级七年制学生名录

姓　名	学　位	导　师
冯雁萍	硕士	杨　巍
张　翼	硕士	张志洪
陆小峰	硕士	丁学屏
彭　鹏	硕士	蒋梅先
舒　静	硕士	董耀荣
侯德力	硕士	方正龙
陈嫣华	硕士	徐美龄
胡琪祥	硕士	王世惠
严　烨	硕士	李国安
张　琥	硕士	石关桐
金振哲	硕士	樊建开
冯敏华	硕士	潘祥龙
马文欢	硕士	毕小利
王维淳	硕士	余小萍
姚　忆	硕士	于翰民
王晓达	硕士	郑平东
谢　芳	硕士	朱燕俐
陈　刚	硕士	何立群
崔花顺	硕士	王灵台
殷琦侃	硕士	陈建杰
王雪君	硕士	周荣耀

（续表）

姓　名	学　位	导　师
金毓莉	硕士	孙卓君
陆　敏	硕士	刘爱武
顾敏捷	硕士	蔡　淦
李嘉炎	硕士	康正祥
辛　红	硕士	马忠杰

表 5－2－48　1993 级七年制学生名录

姓　名	学　位	导　师
陈昕琳	硕士	蒋梅先
冯　琳	硕士	方正龙
张伟珍	硕士	刘爱武
聂永红	硕士	何立群
高红芳	硕士	董耀荣
潘一滨	硕士	蔡　淦
陈慕涵	硕士	虞坚尔
姚　华	硕士	丁学屏
孙玄厶	硕士	黄美琴
汤立东	硕士	张志洪
毛路平	硕士	康正祥
桑　珍	硕士	束兰娣
顾坚毅	硕士	汤荣光
张　巍	硕士	杨　巍
杨　海	硕士	支惠萍
姜宏军	硕士	樊建开
徐　旻	硕士	邱仲川
李进红	硕士	薛慈民
屠立茵	硕士	郑平东
张　丽	硕士	齐　聪
沈晓红	硕士	熊旭东
秦　勇	硕士	石关桐
王　琨	硕士	周荣耀
缪　晓	硕士	潘祥龙

（续表）

姓　名	学　位	导　师
周　艳	硕士	张晓一
王　欣	硕士	郑舜华
周碧雁	硕士	李国安
吴　媇	硕士	王灵台

表 5-2-49　1994 级七年制学生名录

姓　名	学　位	导　师
张　铭	硕士	陈建杰
黄　璐	硕士	郑平东
吴　玲	硕士	周家俊
关　鑫	硕士	朱燕俐
肖姝云	硕士	齐　聪
吴　越	硕士	蒋梅先
吴美平	硕士	熊旭东
林益群	硕士	张　斌
华　晶	硕士	董耀荣
邬世光	硕士	曹康裕
蒋梦穗	硕士	殷岫绮
金　甦	硕士	邱仲川
陶　枫	硕士	丁学屏
车立娟	硕士	孙卓君
汤　健	硕士	张晓一
夏春霞	硕士	方正龙
张伟晗	硕士	周荣耀
金　涛	硕士	康正祥
俞　吟	硕士	李国安
胡争艳	硕士	刘爱武
黄中迪	硕士	何立群
韩　薇	硕士	蔡　淦
朱旭莹	硕士	支惠萍
邢　斌	硕士	王灵台
郭晶磊	硕士	潘祥龙

（续表）

姓　名	学　位	导　师
李　文	硕士	毕小利
李　莹	硕士	余小萍

表 5-2-50　1995 级七年制学生名录

姓　名	学　位	导　师
孙　剑	硕士	石印玉
王　茵	硕士	康正祥
尤圣富	硕士	丁学屏
任宏丽	硕士	潘祥龙
虞　胜	硕士	陈建杰
周之毅	硕士	李国安
赵凡尘	硕士	周荣耀
李金菩	硕士	王灵台
唐　英	硕士	周家俊
张雯静	硕士	殷岫绮
钱　静	硕士	齐　聪
彭文波	硕士	熊旭东
陈　勇	硕士	蔡　淦
孙　朔	硕士	何立群
汤达京	硕士	蒋有倩
周奕阳	硕士	吴丽英
赵志翔	硕士	朱燕俐
陈　静	硕士	王灵台
朱蕴华	硕士	刘爱武
张　凌	硕士	杨希鏕
黄太权	硕士	蒋梅先

表 5-2-51　1996 级七年制学生名录

姓　名	学　位	导　师
李熠萌	硕士	郑舜华
林　钐	硕士	周家俊
张昕贤	硕士	康正祥

（续表）

姓　名	学　位	导　师
曹　琦	硕士	齐　聪
何　淼	硕士	蒋　健
傅勤慧	硕士	万　华
邹　赟	硕士	殷岫绮
沈琴峰	硕士	蒋梅先
商斌仪	硕士	陈建杰
李岩峰	硕士	石印玉
倪晓容	硕士	孙卓君
陈　驰	硕士	熊旭东
李　艺	硕士	吴丽英
唐晓迅	硕士	王　琛
李　蓓	硕士	王运律
何宜斌	硕士	沈卫东
刘金丹	硕士	潘祥龙
万　明	硕士	蔡　淦
赵燕红	硕士	邱仲川
马志远	硕士	王灵台
沈雅静	硕士	何立群
陈　易	硕士	丁学屏
司徒夏旻	硕士	郑平东
戴　奕	硕士	李国安
殷晓聆	硕士	周荣耀
张　雯	硕士	朱抗美
赵　娅	硕士	束兰娣
赖永贤	硕士	杨希鑢
李晓军	硕士	魏江磊

表 5－2－52　1997 级七年制学生名录

姓　名	学　位	导　师
龚　军	硕士	王肖龙
王慧颖	硕士	曹康裕
胡晓莹	硕士	邱仲川

（续表）

姓　名	学　位	导　师
胡　晔	硕士	蔡　淦
金肃一	硕士	朱抗美
胡　丹	硕士	康正祥
王品羽	硕士	孙卓君
赵　晶	硕士	万　华
谢珉宁	硕士	潘祥龙
张　琳	硕士	王灵台
贺　卫	硕士	王　琛
蔡国英	硕士	丁佳频
吴艺青	硕士	徐列明
王素愫	硕士	郑舜华
唐　英	硕士	樊建开
李海宇	硕士	郑平东
王连洁	硕士	何立群
孙　轶	硕士	杨　巍
于振宇	硕士	陈建杰
黄宁静	硕士	周荣耀
任翱翔	硕士	李国安
高俊鹏	硕士	魏江磊
时　枫	硕士	熊旭东
韩　力	硕士	王　左
钟小生	硕士	石关桐
姚洁敏	硕士	毕小利
马志远	硕士	王灵台
张海燕	硕士	齐　聪
王　蕊	硕士	沈卫东
何　翔	硕士	蒋梅先

表 5－2－53　1998 级七年制学生名录

姓　名	学　位	导　师
戎靖枫	硕士	周　华
张利君	硕士	林　江

（续表）

姓　名	学　位	导　师
孔　焱	硕士	张　明
王洁蓉	硕士	潘祥龙
孙　燕	硕士	蒋　健
陈亚军	硕士	衬　佩
王　骏	硕士	支惠萍
张冬梅	硕士	张雅明
周伟强	硕士	徐　燕
阮剑虹	硕士	邹士林
刘薇薇	硕士	王　琛
张瑞雪	硕士	沈卫东
郑玥琪	硕士	杨光辉
郝大鹏	硕士	毕小利
罗家祺	硕士	郑舜华
包竹筠	硕士	李　刚
张　涛	硕士	曹康裕
吴　欢	硕士	余小萍
凌剑波	硕士	张晓一
徐森华	硕士	薛慈民
高　雅	硕士	史大卓
章建东	硕士	石关桐
孙忠良	硕士	吴丽英
童昶莹	硕士	万　华
胡　慧	硕士	宋知理
徐隽斐	硕士	沈远东
李　黎	硕士	朱抗美
王　顺	硕士	顾明达
陈　威	硕士	詹红生
麦静愔	硕士	薛惠明
曾　雪	硕士	唐旭东
高燕申	硕士	卓蕴慧

表 5-2-54 1999 级中医学(临床方向)七年制学生名录

姓 名	学 位	导 师
何世民	硕士	蒋 健
励 璟	硕士	邱仲川
王丽莉	硕士	王 琛
沈知彼	硕士	顾国山
俞利靓	硕士	潘祥龙
钱 鑫	硕士	陈晓宏
沈明洁	硕士	孙卓君
凌 婷	硕士	曹康裕
包蓓倩	硕士	张 炜
杨 婧	硕士	周 华
胡令彦	硕士	郑舜华
周 婧	硕士	缪晚虹
丁佩军	硕士	王肖龙
潘屹鸣	硕士	朱抗美
黄露艳	硕士	郑平东
黄秀英	硕士	何立群
张倩妮	硕士	杨 巍
马凤岚	硕士	束兰娣
陶乐维	硕士	沈远东
徐春巍	硕士	高月求
郑 静	硕士	蒋梅先
陈迎莹	硕士	万 华
蒋丽萍	硕士	支惠萍
陈夏瑜	硕士	熊旭东
张 葛	硕士	詹红生
栾 洁	硕士	陆 灏
吴 娜	硕士	吴丽英
刘 恒	硕士	候卫国
杨贵元	硕士	蔡 淦

表 5-2-55　2000 级中医学(临床方向)七年制学生名录

姓　名	学　位	导　师
王宏莉	硕士	吴丽英
关　新	硕士	侯卫国
顾明珠	硕士	李　刚
毛竹君	硕士	陆　灏
王雅萍	硕士	王　琛
杨雪蓉	硕士	沈远东
金　颖	硕士	李国安
应汝炯	硕士	何立群
夏罗敏	硕士	刘希茹
顾志坚	硕士	郑舜华
沈　萍	硕士	余小萍
嵇　瑛	硕士	孙卓君
冯佳梅	硕士	万　华
陈铁军	硕士	王肖龙
王珍贞	硕士	殷岫琦
季晓霞	硕士	蔡　淦
黄　杏	硕士	高月求
侯小琦	硕士	齐　聪
袁旻池	硕士	蒋　健
史　萌	硕士	张如明
毕亚男	硕士	潘祥龙
王　庆	硕士	姜兴俊
卢桂兰	硕士	束兰娣

表 5-2-56　2001 级中医学(临床方向)七年制学生名录

姓　名	学　位	导　师
王丽翔	硕士	高月求
孟梅华	硕士	陈建杰
许　成	硕士	杨　巍
于笑天	硕士	蒋梅先
沈智杰	硕士	郭　蔚
韩　静	硕士	崔　松

（续表）

姓　名	学　位	导　师
沈孜良	硕士	匡　勇
张文君	硕士	沈沛成
陈　立	硕士	熊旭东
王乐杨	硕士	何立群
章诚杰	硕士	蒋　健
潘宇鸣	硕士	蔡　淦
高惠峰	硕士	曹康裕
王　丽	硕士	郑舜华
周贤慧	硕士	高建东
陈　晨	硕士	詹红生
孙遂捷	硕士	缪晚虹
潘宝峰	硕士	毕小利
李　娜	硕士	李　刚
邱　峥	硕士	李国安
孙顺辉	硕士	齐　聪
解雪云	硕士	陈晓宏
洪　灏	硕士	张如明

表 5－2－57　2002 级中医学(临床方向)七年制学生名录

姓　名	学　位	导　师
孙　文	硕士	卓蕴慧
宋欣阳	硕士	吴丽英
张　纯	硕士	高月求
李佳仪	硕士	崔　松
李佳莹	硕士	支惠萍
江深清	硕士	邹　菁
漆高伟	硕士	程英武
惠　仪	硕士	殷岫琦
陈玲玲	硕士	姜兴俊
李冬临	硕士	束兰娣
谭　烨	硕士	应平平
朱　虹	硕士	徐莲薇

（续表）

姓　名	学　位	导　师
陈　旋	硕士	蔡　淦
刘丽佳	硕士	薛慈民
房滢熙	硕士	陈建杰
黄炜雯	硕士	林　江
王之通	硕士	蒋　健
呼怡媚	硕士	高建东
陈　婷	硕士	徐　燕
朱　绮	硕士	方正龙
任　怡	硕士	齐　聪
余婳颖	硕士	魏江磊
王　晶	硕士	何立群
许文漪	硕士	候卫国
袁筱衫	硕士	毕小利
张彬彬	硕士	沈卫东
许文娟	硕士	张　斌
高晴倩	硕士	万　华
刘鲁炯	硕士	王肖龙
黄文强	硕士	蒋梅先
刘寅银	硕士	郑舜华
王福菊	硕士	孙卓君
丁霜红	硕士	姜兴俊
扬中堂	硕士	张雅明

表 5－2－58　2003 级中医学(临床方向)七年制学生名录

姓　名	学　位	导　师
鲁　娜	硕士	杨　巍
段　昀	硕士	何立群
王　轲	硕士	张勤华
陶慧琳	硕士	殷岫琦
黄凌鹰	硕士	高月求
张文彩	硕士	竺　炯
王　瀛	硕士	周　华

（续表）

姓　名	学　位	导　师
李　卓	硕士	陈　刚
张艺宝	硕士	蒋梅先
龚　凡	硕士	陆　灏
黄敏华	硕士	徐　燕
黄　飞	硕士	朱惠蓉
鲁雯君	硕士	钟　薏
陈　瑛	硕士	姚　政
周　圆	硕士	王　琛
陆聆韵	硕士	桑　珍
余振达	硕士	唐靖一
周　晨	硕士	张　炜
陆姬琼	硕士	程英武
王　莹	硕士	张正利
徐文静	硕士	蔡　淦
王　华	硕士	沈远东
李　苑	硕士	赵长青
张羽飞	硕士	周荣耀
卫燕文	硕士	柳国斌
张燕琼	硕士	沈晓虹
李　伟	硕士	张卫刚
蔡雯婷	硕士	张晓天
王丹红	硕士	陈建杰
徐子晨	硕士	万　华
赖优莹	硕士	邹　菁
蒋金波	硕士	蒋　健
向　涛	硕士	高建东
汪　维	硕士	沈沛成
周烨威	硕士	徐列明

表 5－2－59　2004 级中医学(临床方向)七年制学生名录

姓　名	学　位	导　师
殷俊刚	硕士	周荣耀
李延晖	硕士	蒋　健

（续表）

姓　名	学　位	导　师
瞿　胤	硕士	杨　巍
戴　鹏	硕士	陶　枫
汤薇静	硕士	张　帆
章渊源	硕士	张正利
于　淼	硕士	万　华
王宏伟	硕士	桑　珍
何开萍	硕士	蒋梅先
曾薇薇	硕士	殷岫琦
缪　佳	硕士	张晓天
吴　笛	硕士	王　琛
张　卓	硕士	朱惠蓉
张文涛	硕士	卓蕴慧
滕　晴	硕士	蔡　淦
李　伟	硕士	张　斌
张　艳	硕士	余小萍
应光辉	硕士	蒋　健
王　军	硕士	高月求
杜燕红	硕士	柳国斌
朱　宏	硕士	邹　菁

表 5－2－60　2004 级中医学(医院管理方向)七年制学生名录

姓　名	学　位	导　师
潘洁露	硕士	林　江
彭云花	硕士	杨　巍
沈晓喻	硕士	沈远东
王　琦	硕士	艾　静
杨碧蓉	硕士	齐　聪
姚轶立	硕士	陆　灏
姚　莺	硕士	万　华
张春伶	硕士	沈沛成
张　莹	硕士	王肖龙
张俞莹	硕士	赵　鋆

（续表）

姓 名	学 位	导 师
孙晶晶	硕士	刘成海
滕晓梅	硕士	魏江磊
邓 玥	硕士	姚 政
王俭俭	硕士	张 炜
张 静	硕士	钟 薏
胡啸明	硕士	柳国斌

表 5－2－61 2005 级中医学(临床方向)七年制学生名录

姓 名	学 位	导 师
胡 欢	硕士	孙学华
陈婷婷	硕士	张正利
陈玮黎	硕士	万 华
戴 甜	硕士	宋知理
高艺雯	硕士	林 江
龚 帆	硕士	俞晓飞
龚之蕾	硕士	柳国斌
文誉然	硕士	崔花顺
柴 妮	硕士	朱惠蓉
金 昕	硕士	陶 枫
金 燕	硕士	钟 薏
刘 瑶	硕士	王肖龙
留寅清	硕士	王 琛
吴佳莹	硕士	赵 钢
苏 清	硕士	张 敏
孙晓庭	硕士	蔡 淦
王 佩	硕士	周 华
罗 茜	硕士	周荣耀
侯海慧	硕士	蒋 健
吴舟峰	硕士	桑 珍
徐 茜	硕士	郑 德
许 敏	硕士	余小萍
姚 琼	硕士	杨 巍

（续表）

姓　名	学　位	导　师
叶青艳	硕士	陈建杰
占　圣	硕士	黄仕荣

表 5-2-62　2006 级中医学(临床方向)七年制学生名录

姓　名	学　位	导　师
刘言祥	硕士	郭咏梅
刘丰喆	硕士	高建东
栾晓辰	硕士	蒋　健
沈高翔	硕士	余小萍
邓　真	硕士	詹红生
苏　行	硕士	何立群
兰天鹰	硕士	王　琛
项忆瑾	硕士	林　江
黄何尘	硕士	万　华
朱　金	硕士	俞晓飞
吴　琼	硕士	赵　鋆
施慧婷	硕士	蔡　淦
陈　龑	硕士	汪庆明
黄晓瑾	硕士	杨雪军
王译心	硕士	沈卫东
王晶晶	硕士	张　炜
姚馨怡	硕士	张勤华
金佳丽	硕士	张正利
严　然	硕士	杨　巍
何丽美	硕士	朱惠蓉
王　颖	硕士	高月求
姜紫嫣	硕士	王肖龙
幸　鹭	硕士	刘成海
边佳萍	硕士	艾　静
吴永艳	硕士	缪晚虹

表 5－2－63　2007 级中医学（临床方向）七年制学生名录

姓　名	学　位	导　师
叶思慧	硕士	竺　炯
陈　阳	硕士	陈建杰
金素月	硕士	余小萍
周利劼	硕士	沈卫东
唐人彦	硕士	林　江
朱辰隽	硕士	齐　聪
王巍峰	硕士	蒋　健
沙妙清	硕士	沈远东
张吉仁	硕士	詹红生
王　彧	硕士	张　炜
王　凯	硕士	何立群
方　程	硕士	王肖龙
郁文恺	硕士	俞晓飞
沈晓萍	硕士	胡义扬
唐佳韵	硕士	高月求
陆文华	硕士	张雅明
吴　靓	硕士	万　华
戈雪婧	硕士	徐列明
侯天禄	硕士	成　杨
张伟伟	硕士	周荣耀
丁佳妮	硕士	杨　巍
宋文宇	硕士	张正利
郎海涛	硕士	赵　钢
魏文娟	硕士	陆　灏
李启加	硕士	孙学华
高　敏	硕士	张勤华
兰德辉	硕士	薛金贵
姚文英	硕士	王文海
王　琦	硕士	黄仕荣
顾思臻	硕士	窦丹波
梁莲琴	硕士	高建东

表 5-2-64　2008 级中医学(临床方向)七年制学生名录

姓　名	学　位	导　师
马　欣	硕士	胡义扬
梁晓昱	硕士	聂红明
施　昊	硕士	郑　德
周天驰	硕士	张　明
赵斐然	硕士	薛金贵
苗雯蓉	硕士	李　琦
姚静慧	硕士	余小萍
张俊颖	硕士	林　江
钱呈秋	硕士	张晓天
龚　薇	硕士	卓蕴慧
陆娟懿	硕士	万　华
陈骁康	硕士	王肖龙
沈文彤	硕士	张慧敏
谢丽丽	硕士	沈卫东
许　刚	硕士	赵　钢
王骞琛	硕士	陈东煜
程偲倞	硕士	黄仕荣
朱　茜	硕士	崔　松
刘　丽	硕士	张勤华
陈　思	硕士	陶　枫
朱政洁	硕士	何立群
何木楠	硕士	窦丹波
谢　璐	硕士	孙学华
郑明岳	硕士	张　磊
邵　萍	硕士	殷岫琦
戚敏敏	硕士	竺　炯
彭梦莹	硕士	朱惠蓉
朱　源	硕士	高月求
徐　萌	硕士	潘卫东
邱　祥	硕士	柳国斌

第三章　教研室

第一节　内科学教研室

一、概况

1963年，学院开设内科教研组，1977年，发展为中医内科学教研室、西医内科学教研室。随着教学工作的逐渐发展，教研室开展撰写教材的组织工作，1989年，先后编写、出版中医内科、西医内科教材。其中，1992年中医内科学教研室主编的《中医内科学参考书》，被国家教委授予优秀教材特等奖；1993年，教学研究论文“加强中医内科学教材建设”被上海市高教局评为三等奖，“论按疾病发生、发展规律进行教学的新教学法”被上海中医学院评为教学成果三等奖。2000年2月，中医内科学、西医内科学、急诊学三个临床教研室合并组建成“内科教研室”，按呼吸、心血管、消化等系统，由专科教师任课和临床带教，以减少教学内容的重复，加强临床内科学的管理。

2015年，教研室承担32门临床课程授课，所辖“中医内科学”“诊断学基础”“西医内科学”三门核心课程已发展成全国中医药院校学术水平较高、教学方法丰富多样、在国内外有一定知名度的示范课程。

表5-3-1　1979—1986年内科教研组历任负责人情况表

任职时间	组　长	任职时间	副组长
1979—1984年	许逎珊(西医内科学)	1979—1984年	郭协勳　夏德馨(中医内科学) 程馥馨　丁乃时(西医内科学)
1984—1986年	蔡　淦(中医内科学) 许逎珊(西医内科学)	1984—1986年	姚洁明(男)　顾双林(中医内科学) 程馥馨(西医内科学)

表5-3-2　1986—2015年内科学教研室历任负责人情况表

任职时间	主　任	任职时间	副主任
1986—1988年	蔡　淦(中医内科学) 许逎珊(西医内科学)	1986—1988年	姚洁明(男)　顾双林(中医内科学) 程馥馨(西医内科学)
1988—1992年	蔡　淦(中医内科学) 程馥馨(西医内科学)	1988—1992年	姚洁明(男)　顾双林　吴正翔(中医内科学)
1992—1994年	蔡　淦(中医内科学) 雷德培(西医内科学)	1992—1994年	姚洁明(男)　顾双林(中医内科学) 沈家根　唐建业(西医内科学)
1994—1996年	蔡　淦(中医内科学) 雷德培(西医内科学) 王　左(中医急诊学)	1994—1996年	姚洁明(男)　马忠杰(中医内科学) 唐建业(西医内科学) 毕小利(中医急诊学)

（续表）

任职时间	主　任	任职时间	副主任
1996—2000 年	唐建业（西医内科学） 王　左（中医急诊学）	1996—1999 年	姚洁明（男）　马忠杰（中医内科学）
2000—2001 年	蒋　健	1999—2000 年	蒋梅先（西医内科学） 曹康裕（中医急诊学）
2001—2003 年	周家俊	2000—2001 年	郑舜华　蒋梅先
2003 年—	余小萍	2001—2003 年	张晓天
		2003—2006 年	郑舜华　蒋梅先　张晓天
		2006—2010 年	蒋梅先　曹康裕
		2010—2013 年	熊旭东　王肖龙
		2013 年—	王肖龙　窦丹波

二、教学团队

【师资培养】

通过名师传承、名医继承的形式，培养和带教一批中青年专业骨干。

校级骨干教师：金涛、沈若冰、王慧颖、张平。

院级骨干教师：孙玄尘、邵命海、郑玥琪、贾美君、顾志坚、侯瑞芳、赖优莹。

三、开设课程及对象

2006—2015 年，每年为七年制、国际交流学院、研究生院、成人教育学院开设中医内科学、中医肝病学、西医内科学、中医急诊学、医患沟通技能训练等课程。

表 5-3-3　2006—2015 年内科学教研室开设课程情况表

开课层次	所属教研室	课程名称	学分	学时	备　注
2006—2015 年 中医学 （临床方向）七年制	内科学	中医内科学（一）	5	70	国家精品课程
		中医内科学（二）	5	70	国家精品课程
		中医肝病学	2.5	36	限选专业课
		诊断学基础	7.5	105	上海市精品课程
		西医内科学	7	98	
		中医急诊学	2.5	36	限选专业课
		医患沟通技能训练	1.5	21	小学期实践/上海市精品课程
		临床技能实训	1.5	21	小学期实践/上海市精品课程
		中内实践（一）	4	2 周	小学期实践
		中内实践（二）	4	2 周	小学期实践

（续表）

开课层次	所属教研室	课程名称	学分	学时	备注
2006—2015 年 国际交流学院课程	内科学	中医内科学(一)	7	98	留学生班
		诊断学基础(一)	5	70	
		诊断学基础(二)	2	28	
		中医内科学(二)	7	98	
		西医内科学(一)	5	70	
		医患沟通技能训练	2	28	
		西医内科学(二)	2	28	
	内科学	临床技能实训	2	28	
		中医急诊学	2.5	35	七年制班
		中医肝病学	2.5	35	
		名老中医学术思想研究概况	3	42	
		诊断学基础	5	70	全英语班
		中医内科学	5	70	
		西医内科学	5	70	
		中医内科学(一)	5	70	泰国班
		中医内科学(二)	5	70	
2006—2015 年 研究生院课程	内科学	中医肝病研究进展		15	同等学历
		中医肾病研究进展		15	同等学历
		中医肝病研究进展		24	研究生班
		中医肾病研究进展		24	研究生班
		中医内科		36	基地研究生班
2006—2015 年 成人教育学院课程	内科学	诊断学基础	3.5	49	夜大/宝山中心

四、工作特色

【中医临床 PBL 教学模式】

2004 年，教研室首先引入 PBL(problem-based learning)即以问题为基础的教学理念，改革中医传统教学方法。中内教研室结合中医临床实践教学环节特点，开展临床中医 PBL 教学，并将各家学说理论与临床实际病例相结合，建立临床中医教学 PBL 案例和资料库。

【临床医学人文课程体系】

2008 年，首创“进阶式”临床医学人文培养模式。该模式涵盖临床专业学生自人文护理实践至临床实习阶段共计四大项目,99 学时的医学人文实践课程。该课程体系内容设置丰富,契合教学大纲要求,涵盖一般医疗机构中所有的人文实践内容;实践形式多样,涉及情景模拟、床边带教、案例讨论、实况调研等;教学方式及考核评价手段新颖,采用 PBL 教学方法及"Mini - CEX"评价方法,体现出医学人文课程群"早实践、多实践、进阶式"的特点。

【诊断学总体设计方案】

整个"诊断学"的教学过程划分为顺序上紧密衔接、内容上不断反复加深的三个阶段(课堂教学阶段、临床前强化培训阶段、实习巩固阶段),根据各阶段学生的特点及认知水平,为各模块分别制定相应的教学目标、教学方法及考核要求,并和学生毕业后住院医师规范化培训相衔接。

诊断学教学内容划分为 4 个模块,将诊断学的基本知识、基本理论与基本技能一一对应,对于不同模块采用适宜的教学方式,包括以症状为基础的问诊训练、以器官系统为基础的检体训练、以图例为基础的心电图诊断训练、以实验室数据为基础的临床化验判读训练,并综合进行诊断思维训练,以提高学生病史采集能力、规范检体能力、心电图及实验室检查的判读能力及综合分析相关病因的诊断能力,全面提高学生的临床技能。此四大模块的训练贯穿诊断学教学的三个阶段,每一阶段逐步提高技能的教学要求及比重,以体现本课程实践性强、操作性强的特点。

制定和分阶段、分模块教学相配套的考核要求、考核形式方法、成绩计算比重等优化评价体系。调整理论考试与技能考试在各个阶段中所占的比重,随着学生深入临床,技能考核比重逐渐提高。采用"Mini - CEX"、多站式考试、OSCE 等多种考试评价方法,注重形成性评价,加强对学生学习进展的追踪。

"诊断学"和"内科学"教学中采用和教学目标、内容、难度相适应的教学方法。

【理论课教学】

依托校课程中心平台创建网络课程,积极开展网络教学,建立精品课程网站。网页按阶段、模块设计,引导学生自主学习。实现课程资源共享(PPT 课件网络共享;教学视频网络共享;课程重点、难点网络共享及在线课后练习)。在网站上设立师生交流论坛,设置课程通知、课程答疑(分模块)、临床见习、国际进展等讨论区,给予课程辅导、扩展课堂知识,适应不同学习能力学生的要求,提高学习兴趣及积极性,达到分阶段、个性化教学目的。

【实践教学】

在实践课程构建中引入探究型教学模式,优化课堂组织形式的设计,融入 PBL、CBL、三明治教学法等先进教学方法的元素。采用案例式教学同网络教学相结合的教学方法,模拟"身临其境"的医疗情境,运用网络平台对学生思维进行分析记录,实现思维可视化,指导学生思维路径的修正,加强教学反馈,提高案例式教学的效率及效果。

【临床医学英语教学】

2006 年起,面向七年制本科生开展双语教学。2012 年起,通过英语标准化病人(SP)对学生进行问诊训练,撰写英语病历,使医学英语教学和医学专业技能实训相结合,提高学生专业沟通能力,在临床实践中培养学生运用英语的能力。

每年定期进行双语查房实践,以中医内科学为主,采用理论教学、床边教学及模拟教学查房相结合，用英语讲授中医内科常见疾病临床诊疗理论、技术，以及临床研究进展，同时强化临床实际运用中医及医学类专业英语的能力和符合国外文化特征的沟通技能。其目的在于更好地弘扬中医药文化，一方面提高团队双语教学水平，另一方面使中医临床思维方式及独特疗效展示更加国际化。

集全院双语师资优势，精心打造曙光全课程品牌，2014 年，正式开设“中医内科学”“诊断学”“西医内科学”全英语课程，同年“中医内科学”入选上海市对外留学生全英语示范课程项目。2015 年，“诊断学”入选上海市对外留学生全英语示范课程项目。

第二节 中医外科学教研室

一、概况

1958 年，上海中医学院成立不久，夏少农教授任外科教研组主任。1960 年，夏少农调入医院，担任中医外科学教研室主任。2015 年，教研室有博士生导师 2 人，硕士生导师 5 人，培养博士研究生 2 人，硕士研究生 56 人。参与副主编国家级规划教材 2 部，承担多项校院级教学课题。

1958 年，夏少农教授撰写中医学院第一部中医外科教材，相继编写全国中医外科教材总论。经过孙世道、樊建开、万华等多位教研室主任的努力，中医外科学教研室主要负责“中医外科学”课程，先后承担中医学（临床方向、基础方向）七年制、五年制和博士研究生、留学生、住院医师规范化培训学员每年近 200 人次的教学任务。教研室以培养学生中医外科学思维、提高临床实践能力为方向，结合学科的特点，融入学科人文，带动中医外科学人才培养，促进学科发展。教学中不断探索，逐渐形成以“学生”为主导、病例为切入点、全流程临床实习模式，规范中医外科技能操作和考核标准，加强学生中医外科技能操作能力；着力于教学改革与研究，探索中医外科学 PBL 教学方式，加强学生循证医学能力；可视临床医学英语教学，打造“中医外科学”全英语教学团队。在教研室主任万华的带领下，中医外科学教研室荣获 2014—2015 学年临床医学院优秀教研室。

表 5-3-4 1979—1993 年中医外科教研组历任负责人情况表

任职时间	组 长	任职时间	副组长
1984—1993 年	孙世道	1979—1993 年	夏 涵 夏少农
		1984—1993 年	徐 菱

表 5-3-5 1994—2015 年中医外科学教研室历任负责人情况表

任职时间	主 任	任职时间	副主任
2003—2013 年	樊建开	1994—1999 年	黄美琴
2013 年—	万 华	2000 年—	樊建开

二、教学管理

中医外科学教研室实行主任负责制，由教研室主任根据上级下达的教学任务，组织好课堂教学和见、实习带教工作。严格把好教师选派质量关，教研室选派主治医师及以上职称医师担任教学干事。课堂临床理论课60%必须由副主任医师及以上职称教师担任。见习、实习带教工作需由高年资住院医师(三年以上)担任。根据教学大纲制定教学计划、教学规程；根据毕业实习基本要求制定实习计划、确定小讲课内容、组织教学查房及教学病例讨论。教研室每学期对本学科部分章节进行集体备课，共同交流、研讨教学工作，提高教学效果。定期与龙华医院、岳阳医院等兄弟医院的中医外科学教研室集体备课，对教材、课程的重点和难点以及试卷的难易程度等进行商讨。实行试讲制度(首次上课老师和承担新章节的老师)：对新担任教学工作的青年教师要实行试讲制、培养性讲课，请有教学经验的教师进行传帮带，并于开学前上报学院。教研室主任每学期听取任课教师上课1～2次，授课教师每学期听课3～4次，专职教学干事每学期听课多于50%，并进行质量评价和教学效果分析，提出改进意见或建议。

教研室定期召开教学工作会议，讨论教学工作，交流教学经验，开展教学研究；建立中医外科学教学考试题库，严格执行教、考分。负责制定毕业实习出科考核的内容；实行资料归档制度，收集、整理本室各项工作的文件(包括上级文件和本室的计划，总结等)、资料(包括与教学、科研、师资有关的各种院内外、室内外形成的文字材料等)，做好归档、保存及利用工作。

三、教学团队

【师资队伍】

2015年，临床医学院中医外科学教研室人员12人，高级职称比例达50%。其中博士生导师2人，硕士生导师5人，上海中医药大学优秀研究生导师1人，临床医学院先进教师5人。面向本科生开设中医外科学课程，理论授课教师4人。

【师资培养】

发挥学术带头人、骨干教师和青年教师在团队中作用，突出老中青的优势及特色，对青年教师实行重点培养工作选派教师外出学习，对教师进行教学理念及教学方法的培训。参加上海中医药大学和兄弟院校举办的各级教学研讨会、培训班，比如“三明治”(一种教学方法，一层是集体教学，一层是个体学习，通过相互间的穿插、有组织互动的学习，充分调动学生的学习热情和主动性，实现学生的自主学习，达到学习的有效性)，微格教学(又称微型教学、微观教学、小型教学)，客观结构化临床考试(OSCE)，以及对数字化故事和扁平化PPT的制作培训等。

集体备课制度 青年教师明确各阶段的教学目标大纲、各阶段的考核要求。教研室帮助其确定各阶段最适宜的教学方法。

定期考核 让青年教师通过随堂听课和承担科室小讲课的形式不断培养训练授课技巧和能力；定期组织青年教师试讲考核。

老青结对 青年教师与经验丰富的老教师的结对带教。

学习交流 选派优秀教师进行校际/院际学习交流，教研室内人员入选上海市教育委员会中青年教师出国访学计划，促进教师业务素质的提高。

制定个人教师专业化发展计划 通过入选院级临床中青年骨干教师教学能力提升菁英计划，参与第三届教育部来华留学英语师资培训等途径，实现教师个体化、专业化的发展。2006—2015年，获教师资格证12人。

四、开设课程及对象

2006—2015 年，每年为七年制学生开设"中医外科学"课程，84 学时。2006—2015 年，每年为七年制学生开设"中医外科学"见习，15 学时，学生人数 34～129 人。

表 5-3-6　2006—2015 年中医外科学教研室开设课程情况表

课程名称	学　年	授 课 对 象	课　时	人数/学期
中医外科学	2006—2007	2002 级中医临床、基础七年制	84	109/第 1 学期
中医外科学	2007—2008	2003 级中医临床、基础七年制	84	129/第 1 学期
中医外科学	2008—2009	2004 级中医临床、基础七年制	84	111/第 1 学期
中医外科学	2009—2010	2005 级中医临床、基础七年制	84	118/第 1 学期
中医外科学	2010—2011	2006 级中医临床、基础七年制	84	79/第 1 学期
中医外科学	2011—2012	2007 级中医临床、基础七年制	84	57/第 1 学期
中医外科学	2012—2013	2008 级中医临床、基础七年制	84	61/第 1 学期
中医外科学	2013—2014	2009 级中医临床、基础七年制	84	46/第 1 学期
中医外科学	2014—2015	2010 级中医临床七年制	84	34/第 1 学期

表 5-3-7　2006—2015 年中医外科学教研室实习及见习情况表

学　年	授 课 对 象	课　时	人　数
2006—2007	2002 级中医临床、基础七年制	15	109
2007—2008	2003 级中医临床、基础七年制	15	129
2008—2009	2004 级中医临床、基础七年制	15	111
2009—2010	2005 级中医临床、基础七年制	15	118
2010—2011	2006 级中医临床、基础七年制	15	79
2011—2012	2007 级中医临床、基础七年制	15	57
2012—2013	2008 级中医临床、基础七年制	15	61
2013—2014	2009 级中医临床、基础七年制	15	46
2014—2015	2010 级中医临床七年制	15	34

五、工作特色

【技能考核】

2008—2014 年，教研室完成中医外科技能操作和考核标准的规范化，形成可用于临床培训和考核的教学示教片，使学生在临床实习期间能掌握中医外科换药技能。临床上通过岗前培训、实习科室内培训，以及考前培训等方式强化学生中医外科技能操作能力，并纳入临床医学院 OSCE 中医外科技能考试。

【伦理课程】

培养学生对中医外科学整体思维能力感悟和构建，使学生在有限的时间内逐渐形成立体化的中医外科学思维，提高其临床实践能力。临床带教中安排学生到具体的患者，追踪患者从入院到出院的整个过程，体现理论课程在实践中实现的过程。

【PBL 教学模式】

中医外科学教研室依托临床医学院临床 PBL 教学团队，2014 年，将 PBL 教学法引入中医外科学教学工作，使学生掌握中医外科学常见疾病的病因、发病特点、诊断及鉴别诊断、辨证技巧与思维方法、处方用药等，指导学生学会查阅资料、搜集信息，锻炼临床思维能力、自主学习能力、动手能力、团结协作能力等，达到培养实用型、创新型人才的目的。

【英语教学】

2015 年，教研室承担上海中医药大学针灸学(全英语)专业“中医外科学”临床理论课程的授课；培养学生的临床思维模式和实践技能，通过引入案例式教学方法，贯彻“以学生为中心”的教学思想，针对不同学习阶段的特点确定教学目标，探索相应的高效教学方式；在课程中运用中医及医学类专业英语，“中医外科学”实行全英语教学。

第三节　中医肛肠病学教研室

一、概况

1977 年，医院相继成立第三批教研组，中医外科教研组位列其中。1986 年，各教研组均拓展为教研室建制。1992 年，中医肛肠病学教研室从中医外科教研室中分出，成为独立教研室，由 6 位副主任医师、4 位主治医师、3 位住院医师组成；担任上海中医药大学曙光临床医学院课堂教学中医外科学肛肠部分的教授工作及肛肠病学科临床带教工作。肛肠病学教研室主要教授“中医外科学”的肛肠病学部分。2006—2015 年，教研室承担国家科技部“十二五”项目 1 项；国家中医药管理局项目 1 项；上海市科委、教委、卫生局等科研课题 20 项；编撰专著 8 部；发表论文 50 余篇。

表 5-3-8　1986—2015 年中医肛肠病学教研室历任负责人情况表

任职时间	主任	任职时间	副主任
1986—1994 年	孙世道	1986—1994 年	徐昌泰
1994—2000 年	柏连松	1992—1994 年	柏连松
2000 年—	杨　巍		

二、教学管理

【教学网络】

教授课程 在肛肠病授课方面，主要围绕痔、肛瘘、肛裂、肛周脓肿、直肠脱垂以及其他肛门周围常见疾病展开。授课方式除课堂授课、讨论临床病例以培养学生辨证施治的思路，还有门诊带教，包括定期小讲课，针对未下临床的见习生和轮转的实习生、基地生。小讲课围绕肛肠病常用药物、常见病诊治及手术方法这几个方面进行。授课过程中学生可提出任何临床疑问，由带教老师答疑解惑。2013 年，教研室使用新引进的“Mini－CEX”项目，对学生的临床辨证思维、与患者的沟通能力有很高的要求。

教授对象 课堂授课对象主要为五年制、七年制、八年制学生及研究生。带教包括五年制、七年制、八年制本科临床见习带教，五年制、七年制、八年制临床实习带教，以及硕士研究生、在职申请专业学位的培养和毕业实习带教。

肛肠科临床包括常见病证(痔、肛瘘、肛裂、便秘)和急症(肛周脓肿)等。实习医师需了解常见病证的病因病机、诊断、辨证和治疗，急症的处理方法，临床辅助检查方法。

【实习要求】

培训目标 通过肛肠科实习培训，使实习医师了解中医肛肠科相关的基础知识，在临床实践中训练辨证思维分析能力，熟悉中医肛肠科常见病、多发病的诊疗方法，了解临床辅助检查方法，为从事中医肛肠科临床工作打好基础。

培训方法 培训时间为 2～4 周，受训者主要在肛肠科门诊与病房轮转学习。

培训内容 中医肛肠科的相关基础知识；肛门部位的解剖定位、生理特点；病史采集和肛门指检；肛肠科用药原则。肛肠科常见病证(痔、肛瘘、肛裂、便秘等)的中医病因病机、临床表现、诊断、鉴别诊断、辨证论治和手术方法；换药、搓药线等技术操作；肛肠科常见急症(肛周脓肿)的处理。高位复杂性肛瘘等疑难病的病因病机、临床表现、诊断和鉴别诊断以及治疗原则；肛肠常用辅助检查；中医肛肠科学发展中的主要学术流派及著名医家的学术观点；本专业的国内外研究新进展。

培训要求 学习病种：痔、肛瘘、肛周脓肿、肛裂、便秘等；临床操作技术：换药、搓药线等。

三、教学团队

【师资队伍】

2006—2015 年，设有主任 1 人，教学干事 1 人，成员 7 人。

表 5-3-9 2006—2015 年中医肛肠病学教研室人员构成

时 间	姓 名	职 务
2006 年—	杨 巍	教研室主任
2006—2015 年	郑 德	教学干事
2015 年—	张 巍	
2006 年—	杨 巍 郑 德 汪庆明 张 巍 陆 宏 芦亚峰 彭云花	教研室成员

【师资培养】

教研室注重对各级医师的培养及继续教育。每周均安排科内学术交流、学术讲座、病例讨论会，形成良好的在职学习氛围。2006—2015年，全科共有2人赴美国克利夫兰医院访问学习，2人赴英国圣马克医院访问学习，2人赴第二军医大学长海医院进修，3人赴南京中医院肛肠科进修，2人赴中山医院肠镜室进修，1人赴中山大学附属胃肠肛门病医院进修。2人完成在职博士研究生学习，2人博士在读。

【教师资格证人数】

2015年，获得教师资格证有杨巍、郑德、汪庆明、张巍、陆宏、芦亚峰、彭云花、张志君8人。

四、开设课程及对象

2006—2015年，每年开设"中医外科学"中"中医肛肠病"课程，授课对象有七年制、五年制学生等，还担任学生的实习和见习任务。

表5-3-10　2006—2015年中医肛肠病学教研室开设课程情况表

课程名称	授课年份	授课对象	课时	每学期人数
"中医外科学"中"中医肛肠病"	2006—2015	七年制 曙光班	15	20

表5-3-11　2006—2015年中医肛肠病学教研室实习及见习情况表

学制(人数)	姓名	导师	毕业时间
博士研究生(8)	郑德	杨巍	2013年
	张少君		2013年
	仇菲		在读
	罗春生		
	赵亮		
	李盈		
	张海岩		
	张志君		
硕士研究生(17)	陆宏	杨巍	2007年
	梁平		2008年
	芦亚峰		2009年
	张志君		2009年
	胡婕		2012年
	姜丽阳		2012年
	郑诗韵		2013年

（续表）

学制(人数)	姓 名	导 师	毕业时间
硕士研究生(17)	蔡文怡	杨 巍	2014年
	陈 林		2014年
	莫海淞		2015年
	唐 诚		在读
	杨文君		
	徐 浩		
	陈 刚	郑 德	在读
	黄仁燕		
	赵文俊	汪庆明	2015年
	杨达成		在读
七年制研究生(23)	张倩妮	杨 巍	2006年
	许 成		2008年
	曹 焱		2009年
	鲁 娜		2010年
	瞿 胤		2011年
	彭云花		2011年
	姚 琼		2012年
	严 然		2013年
	丁佳妮		2014年
	凌 强	郑 德	2007年
	石良惠		2009年
	王佳莹		2010年
	金刚汤宏		2011年
	徐 茜		2012年
	施 昊		2015年
	杨 英	张平生	2009年
	张 晨	汪庆明	2010年
	陈 龚		2014年
	汤灵娇	黄志坚	2007年
	李 倩		2013年
	王清园	杨 巍	在读
	任盛静	郑 德	
	李嘉钦	汪庆明	

（续表）

学制(人数)	姓　名	导　师	毕业时间
基地研究生(2)	陈　天	杨　巍	在读
	杨艳黎		

第四节　中医皮肤病学教研室

一、概况

1977年，医院相继成立第三批教研组，中医外科教研组位列其中。1986年，各教研组均拓展为教研室建制。1994年，中医皮肤病学教研室从中医外科教研室中分出，成为独立教研室。2015年，教研室共有教师8人，其中副教授1人、讲师2人，具有教师资格证教师3人、硕士生导师2人。

2006—2015年，教研室共培养毕业硕士研究生12人，3名硕士研究生获得优秀毕业论文奖。每年承担上海中医药大学《中医外科学》"皮肤病"章节的教学任务、临床皮肤带教工作，以及给留学生授课。

表5-3-12　1994—2015年中医皮肤病学教研室历任负责人情况表

时　间	主　任	时　间	副主任
1994—2003年	徐昌泰	1994年—2000年5月	潘祥龙
2003—2006年	潘祥龙		
2010年5月—	张慧敏		

二、教学管理

【教学网络】

1994—2015年，每年承担《中医外科学》"皮肤病"章节理论授课及见习带教。

【教案及课件书写】

授课老师必须统一填写上海中医药大学教案本。教案内容包括：授课题目，授课班组，授课重点，难点，授课内容，教具及时间分配，本课小结，复习思考题等。具体要求：授课前完成完整教案并由教研室主任审阅；教案由教师本人保管，并交一份给教研室作为教学档案保存；教学处每年抽查教案，所抽查教案及评价意见由院部归档，反馈表由教研室归档。试卷分析：对考试试卷考后分析，是及时反馈教学效果、了解教学难易度、进而提高教学质量的必要一步。教研室必须对每次考试试卷填写命题册（试卷必须是A、B卷）。考试成绩要输入电脑做分析（采用上海中医药大学统一软件），考试结束三天内完成评卷及成绩录入，并上交教学处，课程结束一周内完成试卷分析。试卷分析要求：学生考试成绩分析，试题难易度、区分度分析。

【见习教学日常记录】

参与临床理论课程见习的带教医师必须由三年以上住院医师或住院医师以上职称的教师担任，带教医师须按时参加相关临床理论课的听课，根据教学大纲搜集带教病例，按大纲要求，落实满学时带教，组织对学生日常检查考核。

【见习教学记录内容】

内容包括带教时间，带教专业、年级、人数及计划时数；学生病案书写报告评分登记（学生姓名、疾病名称、评分）。

三、教学团队

【师资队伍】

2015 年，教研室共有教师 8 人，其中副教授 1 人、讲师 2 人、具有教师资格证教师 3 人。

表 5-3-13　2015 年中医皮肤病学教研室人员构成情况表

职务(资格证)	姓　名
副教授	张慧敏
讲　师	边风华　丁佩军
具有教师证	顾志英　何　翔　徐　平
正申请教师证	杨莉莉　贺旭峰

【师资培养】

2006—2015 年，教研室取得讲师资格医师 1 人，取得教师资格医师 3 人，并鼓励新进教师取得教师资格。提高教师教学水平，鼓励教师参加教学竞赛。2013 年，1 名年轻教师获得临床医学院小讲课比赛三等奖；2014 年，1 名教师获得临床医学院教师课堂教学竞赛三等奖。

四、开设课程及对象

2006—2015 年，教研室每年为七年制学生开设中医外科学课程 20 学时，每学期学生人数为 50 人；承担七年制，五年制，研究生，留学生实习、见习任务。

表 5-3-14　2006—2015 年中医皮肤病学教研室开设课程情况表

课程名称	时　间	授课对象	课　时	人数/学期数
中医外科学	2006—2015 年	七年制	20 学时	50/1

表 5-3-15　2006—2015 年中医皮肤病学教研室实习及见习情况表

课程名称	时　间	授课对象	性　质	学　校
中医外科学	2006—2015 年	七年制	见习	上海中医药大学
临床实习	2006—2015 年	七年制 五年制 研究生 留学生	实习	上海中医药大学
临床实习	2012—2015 年	香港大学	实习	香港大学

五、工作特色

中医皮肤病学教研室注重加强专科建设，努力提高业务技能，广泛开展临床、科研、教学的研究和创新，在教学、人才培养等方面均取得优异成绩；教学上重视皮肤病辨证的客观化、视觉化教学，运用客观化图片授课；探索启发式、引导式教学模式的授课方法，培养医学生自我学习获取知识、利用知识的能力；充分利用模具强化皮肤外科操作技能的教学，带教中运用各种手术治疗模具，使得学生不仅动脑，更学会动手实践。

第五节　中医妇科学教研室

一、概况

中医妇科学教研室由庞泮池教授开创于 20 世纪 70 年代，秉持“行医、教学、育人”的宗旨，承担上海中医药大学中医妇科学七年制、研究生、港澳台学生、外国留学生的授课课程及临床带教。2015 年，教研室拥有教职员工 17 人，其中博士生导师 3 人、硕士生导师 7 人，上海中医药大学金牌教师 1 人，教师硕博士比例达 80%。

表 5-3-16　1979—1986 年中医妇科学教研组历任组长情况表

任职时间	副组长
1979—1984 年	庞泮池
1984—1986 年	戴德英

表 5-3-17　1986—2015 年中医妇科学教研室历任主任情况表

任职时间	主　任	任职时间	副主任
1986—2000 年	戴德英	1992—1996 年	孙卓君
2000—2013 年	齐　聪		
2013 年—	殷岫绮		

二、教研室管理

【教学网络】

承担“中医妇科学”理论授课及见习带教、中医妇科专业实训教学模式的研究，参与双语课程建设。

三、教学团队

2006—2015年，教研室有教师16人，其中5人具有博士学位，6人具有硕士学位；教授1人，副教授4人，博士生导师1人，硕士生导师6人。教研室坚持“中医经典”与“双语教学”两条腿走路的原则。开展中医妇科经典条文培训：教研室进行中医妇科经典条文的培训，每周一次，每次1～2小时，科内教学人员轮流讲解最近阅读，每2月进行一次学习总结汇报。加强教研室成员的英语能力培训，鼓励教师自学英语，参加托福考试。教研室要求新进教学团队人员参加高等教育师资培训班，学习心理学、医学伦理学等课程，考取教师资格证书16人。

表5-3-18　2006—2015年中医妇科学教研室成员情况表

任职时间	职　务	姓　名
2006—2013年	教　师	殷岫绮
2006年—	教　师	束兰娣
2006年—	教　师	张　敏
2006年—	教　师	张勤华
2006年—	教　师	宋知理
2006年—	教　师	钱　麟
2006—2010年	教学干事	钱　麟
2007年—	教　师	周　华
2006年—	教　师	沈明洁
2006年—	教　师	陈　静
2011年—	教学干事	沈明洁
2006年—	教　师	何培芝
2013年—	教　师	曾薇薇
2013年—	教　师	杨　红
2013年—	教　师	杨碧蓉
2015年—	教　师	章晓乐

四、开设课程及对象

开设“中医妇科学”课程，2006年1月—2015年12月，教研室面向五、七年制本科生，硕、博士研究生，留学生开课；同时承担相应的见、实习任务。

五、工作特色

【理论课教学融入经典内容】

中医妇科教研室在本科生理论课程中深化中医妇科经典内容。通过在教研室内举办中医妇科经典条文研读班，向国家级及上海市名老中医学习妇科经典的方法，提高教研室教师本身对妇科经典的掌握；自编中医妇科经典学习讲义，在本科教学中从零星的经典内容到对经典条文的系统学习，进一步深化中医妇科经典内容在理论授课的程度，提高学生学习中医妇科经典的水平。

【Mini－CEX为中心的多维考核评价】

教学评价采取Mini－CEX、理论考核、学生及教师评价相结合的评价方法评估教学效果并对学生及教师能力进行测评。传统评价方法与新型评价方法相结合，以求更公平、更全面地对学生及带教老师的能力作出评价。具体方法如下：在学生入科时及出科前，由门诊或病房临床带教老师分别进行一次Mini－CEX的评估，通过入科时及出科前的评估结果对比，评价教学效果。同时，在出科时，由教学干事或教学秘书对学生进行理论考核，学生及教师各自填写评价表，根据各项结果，综合评价教学效果及教师能力，对学生及教师都是一种提升。

【中医妇科双语教学】

教研室于2015年起开展中医妇科双语教学工作，完成5名留学生的全英语教学工作。

第六节　中医儿科学教研室

一、概况

中医儿科学教研组成立于1963年，是医院第二批成立的教研组，1986年，发展为中医儿科教研室。中医儿科教研室主要开设中医儿科课程，是上海中医药大学精品课程之一，七年制、五年制日常教学的教材以现编《中医儿科学》为主。2015年9月，正式启动中医临床课程儿科全英文授课，面向国际教育学院留学生。

2015年，教师持教师资格证上岗，拥有4名硕导、2名博士学位教师，以及高学历高年资教师组成，高级职称教师主讲占授课总时的3/4以上。

表5－3－19　1979—1993年中医儿科学教研组历任负责人情况表

任职时间	副组长
1979—1983年	朱瑞群
1984—1993年	王骏彧

表 5-3-20 1994—2015 年中医儿科学教研室历任负责人情况表

任职时间	主 任	任职时间	副主任
1994—1996 年	唐为勇	1994—1996 年	王骏彧
2003 年—	朱盛国	2000—2003 年	朱盛国

二、教研室管理及工作流程

【教学网络】

教授课程 在儿科课堂授课方面，根据上海本地特点，适当增减时令病种，以疾病发生发展规律为纲，辨证论治讲解小儿常见病、多发病，探索中医诊治儿童常见病规律。现授课课程有儿科学基础，各论围绕肺系、脾系、心肝病、肾系、传染病及其他儿类疾病展开。除课堂授课，还有小班式教学，给出临床病例进行讨论，学生结合理论知识进行分析，培养辨证施治的思路。另外还有门诊带教环节，主要针对下临床的实习生，包括定期小讲课、专家门诊带教、特色专科带教。小讲课围绕儿科常用方剂、常用药物剂量、常见病诊治 3 个方面进行，现有哮喘的诊断标准及治疗、小儿液体疗法、儿科肺系疾病的遣方用药经验等讲座。学生可提出临床疑问，带教老师负责答疑解惑。专家门诊带教主要培养中医医案的书写、中药方剂的运用及学生独立诊治的能力。引进新的 Mini-CEX 项目对于学生的临床辨证思维和与病人沟通的能力提出新的要求。特色专科带教教授针对专科病种的基本情况、特殊体格检查，在病例讨论中加强学生对疾病的认识。

教授对象 课堂授课对象主要针对七年制班、外国留学生、港台学生、研究生。对于外国留学生还采取全英文授课，英文 PPT 加上英语答疑，在学生中反响良好。另外，还有七年制临床实习带教、小讲课、专题讲座及五年制本科临床见习带教和硕士研究生、在职申请专业学位的培养、毕业实习带教及课题制作指导。

【实习要求】

在临床工作中，根据学生特点及培养方向不断改进。由 2006 年经典原文理解及临床应用、医案书写到 2009 年新增科室重点病种考核；2013 年，明确中医儿科应知应会及名中医经验介绍，对教研室教师更是提出高要求、高标准及明确的带教内容。内容包括：中医儿科临床常见病症（肺系病症、脾系病症、心肝病症、肾系病症、传染病、儿童保健）、其他疾病及危急重症（高热惊厥、哮喘持续状态、脱水、心力衰竭、呼吸衰竭、休克）等。中医实习医师需了解常见病症的病因病机、诊断、辨证和治疗，急危重症的处理原则和抢救方法，临床辅助检查方法。

培训目标 通过中医儿科实习培训，使受训医师了解中医儿科相关的基础知识、基本技能在临床实践中训练辨证思维分析能力，熟悉中医儿科常见病与多发病的诊断、治疗、预防和随访工作，对少见或疑难病的诊断与治疗、急诊和危急重症的急救与抢救具备初步的认识，了解临床辅助检查方法，为从事中医儿科临床工作打好基础。

培训方法 培训时间为 2～4 周，受训者主要在儿科门诊轮转学习。

培训内容 中医儿科的相关理论；儿科相关基础知识；小儿生理、病理及病因特点；儿科病史采集和小儿体格检查特点；儿科用药原则；儿科常见病症（感冒、咳嗽、哮喘、肺炎喘咳、反复呼吸道感染、口疮、呕吐、厌食、泄泻、疳证、腹痛、汗证、多动症、遗尿、奶麻、手足口病、紫癜、佝偻病等）的中医病因病机、临床表现、诊断、鉴别诊断和辨证论治；针刺四缝、穴位敷贴、雾化吸入、物理降温等技术操作；儿科常见急危重症（急惊风、哮喘重症、脱水、心力衰竭、呼吸衰竭、休克等）的处理；儿科常用诊法和常用治法；癫痫、皮肤黏膜淋巴结综合征等疑难病的病因病机、临床表现、诊断和鉴别诊断以及治疗原则；小儿各年龄阶段的保健原则；小儿体液平衡的特点和液体疗法；儿科常用辅助检查；中医儿科学发展中的主要学术流派及著名医家的学术观点；本专业的国内外研究新进展。

门诊病案 10 份（传统医案 4 份，现代病案 6 份）。

培训要求 学生通过培训掌握感冒、咳嗽、哮喘等 14 个常见中医病种，以及上呼吸道感染、支气管炎、支气管哮喘等 15 种常见西医病种。临床操作技术要求学生通过培训掌握穴位敷贴、微波理疗、物理降温等常用儿科技术操作。

表 5－3－21 中医儿科学习病种要求

病种	病症
中医病种	感冒、咳嗽、哮喘、肺炎喘咳、反复呼吸道感染、口疮、呕吐、厌食、泄泻、疳证、腹痛、汗证、多动症、遗尿、奶麻、手足口病、紫癜、佝偻病
西医病种	上呼吸道感染、支气管炎、支气管哮喘、肺炎、口炎、神经性厌食、胃炎、肠炎、营养不良、功能性腹痛、植物神经功能紊乱、注意力缺陷多动症、尿路感染、幼儿急疹、手足口病、过敏性紫癜、维生素 D 缺乏性佝偻病

表 5－3－22 中医儿科应掌握的技术操作及操作例数

技术操作的类别	例数(≥)
穴位敷贴	5
微波理疗	3
物理降温	5
雾化吸入	3
儿科药物剂量计算方法	10

常用方剂 荆防败毒散、银翘散、清瘟败毒饮、麻黄汤、三拗汤、三子养亲汤、二陈汤、保和丸、止嗽散、桑菊饮、六君子汤、异功散、小青龙汤、玉屏风散、知柏地黄丸、凉膈散、黄连温胆汤、平胃散、桂枝汤、参苓白术散、牡蛎散、桃红四物汤、新加香薷饮、普济消毒饮、沙参麦冬汤、麻杏石甘汤、大青龙汤、五虎汤、葶苈大枣泻肺汤、黄连解毒汤、人参五味子汤、参附龙牡汤、羚角钩藤汤、定喘汤、七位都气丸、金匮肾气丸、麦味地黄丸、大补阴丸、黄芪桂枝五物汤、泻心导赤散、藿香正气散、丁萸理中汤、大承气汤、小建中汤、血府逐瘀汤、葛根芩连汤、七味白术散、附子理中丸、四神丸、生脉散、养胃增液汤、八珍汤、归脾汤、补中益气汤、炙甘草汤、桂枝甘草龙骨牡蛎汤、瓜蒌薤白半夏汤、失笑散、四逆散、四逆汤、大定风珠、白头翁汤、涤痰汤、通窍活血汤、五苓散、五皮饮、无味消毒饮、小蓟饮子、龙胆泻肝汤、己椒苈黄丸、温胆汤、附子泻心汤、二至丸、防己黄芪汤、真武汤、八正散、丹芩逍遥散、白虎汤、清营汤、犀角地黄汤、藿朴夏苓汤、青蒿鳖甲汤、补阳还五汤、茵陈蒿汤、茵陈理中丸、泻白散、玉女煎、小柴胡汤。

中成药 午时茶、抗病毒口服液、健儿清解液、小青龙口服液、玉屏风冲剂、藿香正气液、山麦健脾口服液、王氏保赤丸等；医院制剂（含经验方、协定处方）：荆银合剂、寒咳合剂、宣肺合剂、竹桔化痰口服液、蝉芩颗粒等；协定处方及名老中医经验方。

三、教学团队

【师资队伍】

2015 年，儿科学教研室共有成员 7 人，主任医师 3 人，副主任医师 1 人，主治医师 2 人，住院医师 1 人。硕士及以上成员占总量一半以上。其中后备青年教师 2 人。临床医学院中医儿科学教研室人员 9 人，高级职称比例达 55%。其中博士生导师 1 人，硕士生导师 3 人，临床医学院先进教师 5 人。面向本科生开设中医儿科学课程，理论授课教师 5 人。

表 5-3-23　2006—2015 年中医儿科学教研室人员结构情况表

任职时间	姓　名	职　务	职　称
2006—2015 年	朱盛国	教研室主任	主任医师
2006—2013 年	顾明达		主任医师
2006—2015 年	张　帆		主任医师
2006—2015 年	赵　鋆		主任医师
2006—2008 年	曹　潇	教研室干事	主治医师
2008—2015 年	沈　健	教研室干事	副主任医师
2006—2015 年	宗南伟		主治医师
2014—2015 年	陆超元	助教	主治医师
2015 年—	周君慧	助教	住院医师

【师资培养】

2011 年，台湾医科大学访问学者；2012—2013 年，上海市教委国内访问学者；2012—2014 年，上海中医药大学首期临床骨干教师。

四、开设课程及对象

2006—2015 年，每年为七年制学生、留学生、泰国班学生以及第二军医大学学生开设“中医儿科学”，理论课 37～60 学时，见习 6～18 学时。

表 5-3-24　2006—2015 年中医儿科学教研室开设课程情况表

课程名称	授课对象	课　时	每学期人数
中医儿科学	七年制 曙光班	58+12	70
中医儿科学	留学生班	37+18	40
中医儿科学	泰国班	60+18	40～99
中医儿科学	第二军医大学	54+6	22

五、实习及见习

学生进入中医儿科实习的首日，中医儿科带教老师进行详细的入科宣教。中医儿科的临床实习主要在儿科门诊，有普通门诊和专家门诊之分。① 普通门诊，主要针对“常用方、常用药物剂量、常见病诊治”进行小讲课，并对儿科常用的基本公式、体格检查以及基础理论等进行特色带教；② 专家门诊，具有高级职称的带教老师针对“中医医案的书写、常见病的中医病因病机以及常见病的诊治”等进行专题带教，并进行门诊病例讨论，以及中医适宜技术（雾化吸入、穴位贴敷）的带教活动。实习结束前，带教老师分模块进行出科考试。小讲课内容包括“儿科常用药物的应用”（沈健）“哮喘的诊断标准及治疗”（宗南伟）“小儿液体疗法”（朱盛国）“儿科肺系疾病的遣方用药经验”（朱盛国、沈 健）。考试内容包括“中医经典条文的掌握”“儿科常用方的默写”“儿科常用计算公式（身高、体重）”“局部体格检查包括咽部、肺部、腹部”“小讲课内容的掌握”“四份中医儿科门诊病案”。

六、工作特色

2014 年底开设“中医内科学”儿科部分双语课程教学（2015 年 9 月正式启动）；专注师承脉络，完善“中医儿科学”精品课程网站建设（与海派中医流派特色相结合，进行理论与临床的融会贯通）；培养新任授课教师 1 人，骨干教师争取高一级人才培养计划；鼓励中青年教师积极参与各项教师培训及教师工作坊活动，在科室月月讲常规会议中开展教学工作坊；申报校级以上课题 1 项，主编/参编教材 1 项，编写出版儿科督导（上海市名中医程家正、唐为勇）专著 2 本。

第七节 中医骨伤科学教研室

一、概况

1984 年，骨伤学教研组成立，1986 年，拓展为教研室建制。2015 年，教研室有教师 23 人，其中 8 人具有博士学位，14 人具有硕士学位；教师中具有教授职称 2 人，副教授 3 人，博士生导师 2 人，硕士生导师 8 人。中医骨伤教研室主要承担不同专业层次学生的“中医骨伤科学”理论及临床教学任务；主持教育部高等教育司精品视频公开课 1 门，上海市精品课程 1 门，上海市教委重点课程 1 门。“中医骨伤科学”为国家医学教育慕课联盟。教研室负责中华医学会医学教育分会中国高等教育学会医学教育研究课题 1 项，中医药高等教育学会临床教育研究会临床教学科学研究课题 1 项，上海市教育委员会预算内科研项目 1 项以及上海中医药大学多项教学研究课题；主编及参编教材 20 余部。

表 5-3-25 1979—1985 年中医骨伤学教研组历任负责人情况表

任职时间	副组长
1979—1983 年	郭 汾
1984—1985 年	龚志康

表 5-3-26 1986—2015 年中医骨伤科学教研室历任负责人情况表

任职时间	主任	任职时间	副主任
1986—2002 年	石印玉	1986—1991 年	龚志康
2003—2004 年	石关桐	1992—1999 年	徐荣禧
2005 年—	詹红生	2000—2002 年	汤荣光
		2003—2004 年	章晓鹰

二、教学团队

【师资队伍】

2015 年，有教师 23 人，其中 8 人具有博士学位，14 人具有硕士学位；教师中具有教授职称 2 人，副教授 3 人，博士生导师 2 人，硕士生导师 8 人。2006—2015 年，教研室主任由詹红生教授担任。

【师资培养】

鼓励青年教师参加提高老师带教能力和水平的教学业务培训、教学研讨和交流，以及参加外语口语能力培训(针对留学生)。1 人入选 2014 上海中医药大学临床骨干教师启动计划。2006—2015 年，共有 12 人获得教师资格证书。

三、开设课程及对象

2006—2015 年，每年为七年制学生开设“中医骨伤科学”，70 学时，授课学生 45 人。

表 5-3-27 2006—2015 年中医骨伤科学教研室开设课程情况表

课程名称	年份	授课对象	课时	每学期人数
中医骨伤科学	2006	七年制	70	45
中医骨伤科学	2007	七年制	70	45
中医骨伤科学	2008	七年制	70	45
中医骨伤科学	2009	七年制	70	45
中医骨伤科学	2010	七年制	70	45
中医骨伤科学	2011	七年制	70	45
中医骨伤科学	2012	七年制	70	45
中医骨伤科学	2013	七年制	70	45

（续表）

课程名称	年份	授课对象	课时	每学期人数
中医骨伤科学	2014	七年制	70	45
中医骨伤科学	2015	七年制	70	45
中医骨伤科学基础	2006	五年制	70	40
中医骨伤科学基础	2007	五年制	70	42
中医骨伤科学基础	2008	五年制	70	42
中医骨伤科学基础	2009	五年制	70	45
中医骨伤科学基础	2010	五年制	70	45
中医骨伤科学基础	2011	五年制	70	45
中医骨伤科学基础	2012	五年制	70	45
中医骨伤科学	2011	泰国班	70	40
中医骨伤科学	2012	泰国班	70	40
中医骨伤科学	2013	泰国班	70	40
中医骨伤科学	2014	泰国班	70	40

四、实习及见习

2006—2015 年，每年为七年制学生及泰国班学生开设实习和见习，学生人数 25～200 人。

表 5-3-28　2006—2015 年中医骨伤科学教研室实习及见习情况表

实习/见习	对象	每年人次
实习	七年制	25
见习	七年制	125
实习	泰国班	40
见习	泰国班	200

五、工作特色

【纠错式多媒体教学】

随着教学硬件的改善以及多媒体教学的普及，运用多媒体方式收集存储、整理加工成电子教材，让学生能在课堂上身临其境，使抽象、复杂的内容直观化，化抽象为直观，化文字为图片，化静态为动态，通过形象的方式理解中医骨伤科学的精髓，避免学生因教师长时间的单纯语言叙述造成疲劳和厌倦感，同时节省教师的板书、绘图等时间，增加教师讲解及举例说明时间，从而扩充课堂知识容量，丰富课堂教学内容，增加授课信息量。

【网络化教学】

教师录制成教学多媒体课件，放在专用教学网络平台上，供学生们在课前预习。网络化教学的内容主要包括课程内容、骨伤科检查和操作与习题、常见骨折脱位的影像资料、部分骨伤科手术等。

【“准临床”实践课堂教学】

在网络化教学的基础之上，将临床的一些重点检查和模拟操作放到课堂上。骨伤科的夹板操作，可以给每 2～3 名学生一副夹板，课堂上即练习操作，老师负责在旁一一指导、把关。这样可以大大减少课堂理论和临床实践的脱节，使学生将来上临床时能很快适应。

【辩论式讨论课】

实行课时设置讨论课，选择 5 个话题，将根据理论课程的进展，在相关理论课程后让学生进行辩论式讨论。将学生按座位或学号分组，由学生相互辩论，最后教师点评。

【预约考核】

改善考核方式，除课程结束的书面理论考试外，对学生的骨伤科常规检查及操作进行考核。除固定的习题(考核)课以外，学生可以向老师申请预约考核，条件成熟后，包括书面理论考试也可以提前申请。

第八节 针灸学教研室

一、概况

1977 年，针灸学教研组成立。1986 年，教研组拓展为教研室建制，承办针灸相关的各类专业培训班、师资进修班、外国医生进修班等。1993—2015 年，教研室为研究生开设针灸学专业，对外教学开始承担国际针灸班、长期班等实习任务；先后承担中医学(临床方向)八年制、七年制、五年制，硕博士研究生、留学生、住院医师规范化培训学员，每年近 1 000 人次的教学任务。教研室共拥有博士生导师 1 人，硕士生导师 4 人；注重临床实践环节教学模式改革，优化设置临床带教路；积极参加学院建立的中医专业七年制学生毕业临床技能多站式考核(OSCE)体系，开展“针灸临床实训”“针灸临床教学新模式——中医经典与临床实践互证学习法”“《黄帝内经·灵枢》与针灸临床实践”等临床实践特色课程。多名教师先后获得全国中医药院校临床技能大赛、临床医学院先进教师称号、上海中医药大学实践教学优秀论文奖、上海中医药大学优秀研究生导师等。2011 年，针灸学教研室荣获临床医学院优秀带教科室荣誉称号。

表 5-3-29 1988—2015 年针灸学教研室历任负责人情况表

任职时间	主 任	任职时间	副主任
1988—1997 年	项立敏	1988—1997 年	王世惠
1998—1999 年	王世惠	1996—1997 年	葛林宝

（续表）

任职时间	主　任	任职时间	副主任
2000—2005 年	李国安	1998—1999 年	李国安
2006 年—	沈卫东	2000—2005 年	沈卫东

二、教学团队

教师团队由高年资副高以上职称医生组成，同时，注重青年教师的培养，通过参加中青年教师课堂教学竞赛、校内外教育专家讲座，探讨课程改革的有关问题；定期召开教研室主任例会及教学督导会议，使临床教师的教学能力显著提升。2006—2015 年，先后有 2 名教师获得全国中医药院校针灸推拿临床技能大赛单项奖一等奖，并有 9 人获得教师资格证书。

表 5-3-30　2006—2015 年针灸学教研室教师情况表

任职时间	姓　名	职　务
2006 年—	崔花顺	教　师
2006 年—	刘希茹	教　师
2006 年—	王美娟	教　师
2006 年—	王　波	教　师
2006 年—	张蕴佳	教　师
2006 年—	汤峥冬	教　师
2007 年—	李一婧	教　师
2008 年—	马　文	教　师
2012 年—	李　寅	教　师
2013 年—	童秋瑜	教　师

三、开设课程及对象

“针灸学”，面向临床七年制学生授课，每学期 30 人，72 学时。

表 5-3-31　2006—2015 年针灸学教研室开设课程情况表

课程名称	年　份	授课对象	课时(小时)	每学期人数
针灸学	2006 年—	临床七年制	60+12	30

四、实习及见习

2006—2015 年，承担中医学（临床方向）八年制、七年制、五年制、硕博士研究生、留学生、住院医师规范化培训，每年学员近 1 000 人次的教学任务。

五、工作特色

每周主任医师开展中医治疗技术应用的查房，实现中医病房整体治疗、针药并用的局面。实习学生在经过这种特色查房制度的训练之后，更能从立体的角度来思考中医，运用中医整体观念的临床思维方法治疗疾病。

重点培养学生在腧穴定位、刺灸操作上的动手能力，强化学生对针灸学基础知识、基本技能的灵活掌握，提升学生对针灸临床的兴趣，凸显实践操作在临床教学上的地位，并构建具有临床实践特色的针灸学教学体系。同时，将中医经典理论和临床相结合。

结合针灸科特点，通过临床实习过程中医经典理论和临床贯通的教学模式，学生主动研习中医经典原文。通过 PPT 分享学习心得，组织小组讨论，教师参与讨论并指导，完成经典再学习的过程。结合临床实践再行组织经典学习，完成经典理论和临床实践贯通。

第九节 推拿学教研室

一、概况

1977 年，医院相继成立第三批教研组，推拿科教研组位列其中。1986 年，拓展为教研室建制。1994 年 8 月，成立推拿学教研室。2010 年，医院成为第一批住院医师规范化培训基地，承担住院医师针推基地的临床培训工作。2014 年，承担针推专科基地的临床培训任务。在基地培训的同时，还承担中医大推拿五年制、硕博士研究生、留学生的临床教学任务。2015 年，推拿学教研室拥有硕士生导师 1 人，有资质的教师 4 人。已出版国家级规划主编教材 3 部，数名教师获得临床医学院优秀教师称号。

表 5-3-32 1986—2010 年推拿学教研室历任负责人情况表

时 间	主 任	时 间	副主任
1986—1992 年	周慧琳	1992—1994 年	符文道
1992—2003 年	程炳卿	1994—2003 年	康莉娣
2003—2009 年	程英武		
2010 年—	王建伟		

二、教学团队

【师资队伍】

至 2015 年，教师 4 人，均为高年资副主任医师。

【师资培养】

每位教师必须进行心理学、普通话等学习考试，取得高校教师资格证。新教师实行试讲制度。要求年轻教师参与新方法和新思路的学习，如“三明治”教学、微格教学和PBL教学等，并将其用于临床教学中。鼓励年轻教师积极参加大学和医院组织的各项教学竞赛，以锻炼个人能力。要求年轻教师加强英语水平，开展双语带教。年轻教师每年一定要完成规定授课时数和临床带教时数。鼓励教师发表高质量教学论文，参与编写规范教材。

三、开设课程及对象

“推拿学”，面向临床七年制学生授课，每学期40～60人，56学时。

表5-3-33　2006—2015年推拿学教研室开设课程情况表

课程名称	年　份	授课对象	课　时	每学期人数
推拿学	2006	七年制	56	20
推拿学	2007	七年制	56	30
推拿学	2008	七年制	56	40
推拿学	2009	七年制	56	60
推拿学	2010	七年制	56	55
推拿学	2011	七年制	56	50
推拿学	2012	七年制	56	40
推拿学	2013	七年制	56	40
推拿学	2014	七年制	56	40
推拿学	2015	七年制	56	40

四、工作特色

坚持基础知识和实践操作并进为授课重点，重视手法训练，并有专门的手法测试，成绩记入总分。教师上课除传统教学方法外，采用PPT、临床操作的视频等方法进行授课。每年接待来自世界各地的留学生学习进修，对外国留学生实行全程英语临床带教。2005年，成立“程炳卿老中医工作室”，以中医专题讲座和跟师为主要形式，系统地向学生介绍名老中医的学术思想和临床经验，使学生逐步了解和熟悉老中医的学术思想，从而巩固学生的专业思想，为中医推拿的传承和发展拓展思路。

五、教学成果

1977—2015年，教研室共出版全国类创新教材1部，立项普通高等教育“十二五”国家级规划教材1部，卫生部规划双语教材1部，创新教材1部；获批上海市体育局课题项目2项，上海市卫计委课题项目1项，校级和院级课程建设项目4项。2006—2015年，共发表论文15篇，均为核心期刊。

表5-3-34 2006—2015年推拿学教研室课题情况表

项目名称	年份	负责人	教研室/部门	备注
基于“疾病单元”模式的推拿临床教学研究	2008	朱国苗	推拿学教研室	上海中医药大学第九期课程建设一般项目
拳击和跆拳道运动员运动损伤调查分析和推拿干预效果研究	2012	王建伟	推拿科	上海市体育局课题
推拿治疗跆拳道和拳击运动员运动疲劳的疗效	2012	朱国苗	推拿科	上海市体育局课题
基于微博互动模式的推拿学教学研究	2012	朱国苗	推拿学教研室	曙光临床医学院课程建设项目
海派中医流派传承工程：丁氏推拿流派	2012	王建伟	推拿科	上海市中医药事业发展三年行动计划
微博互动参与推拿学实践教学的策略与效果研究	2014	朱国苗	推拿学教研室	上海中医药大学第十三期课程建设项目
石印玉教授抗骨质增生汤治疗颈型颈椎病(热证)临床疗效观察	2014	王建伟	推拿科	上海市卫计委课题
推拿学教研室专项建设	2014	王建伟	推拿学教研室	曙光临床医学院教研室专项建设项目

表5-3-35 2006—2015年推拿学教研室编写出版教材情况表

年份	教材	编写者	职务	备注
2006	《推拿学》	程英武	副主编	新世纪全国高等中医药院校创新教材(立项)
2006	《推拿学》	程英武	编委	全国高等中医药院校来华留学生卫生部规划双语教材(立项)
2007	《中医气功学》	程英武	编委	新世纪全国高等中医药院校创新教材(已出版)
2010	《小儿推拿学》	康莉娣	编委	卫生部“十二五”规划教材(立项)

第十节 中医眼科学教研室

一、概况

1984年，上海中医学院为加强中医系二部建设，设立眼科教研组，1986年，拓展为教研室建制。教研室承担上海中医药大学的“中医眼科学”教学工作，同时作为中医眼科学住院医师及专科医师规范化培训的基地；早期以书本授课为主，逐渐发展为以临床病例为引导、多媒体影像为手段的教学方式，中医眼科学的教学工作与时俱进地发展。教研室以自身教学工作经验为基础编写相关教材。1984年，史新为副组长。2015年，教研室人员组成：缪晚虹(副教授、主任医师)，任建萍(讲师、主任医师），潘雅婕（讲师、副主任医师），张旭（讲师、副主任医师），石晶琳（讲师、主治医师），俞莹（讲师、主治医师）。

表 5-3-36　1986—2015 年中医眼科学教研室历任负责人情况表

任职时间	主　任	任职时间	副主任
2003 年—	缪晚虹	1986—1992 年	周光玲
		1992—1994 年	朱炜敏
		1994—1996 年	朱炜敏
		1996—2000 年	缪晚虹

二、教学团队

2015 年，临床医学院中医眼科学教研室人员 7 人，高级职称比例达 71%。其中博士生导师 1 人，硕士生导师 3 人。临床医学院先进教师 2 人。面向本科生开设“中医眼科学”课程，理论授课教师 3 人。

表 5-3-37　2006—2015 年中医眼科学教研室人员情况表

任职时间	姓　名	职　务	职　称
2006 年—	缪晚虹	教研室主任	主任医师
2006 年—	任建萍	教研室干事	主任医师
2006—2013 年	张明德	教　师	主任医师
2006 年—	潘雅婕	教　师	副主任医师
2006 年—	张　旭	教　师	副主任医师
2011 年—	石晶琳	教　师	主治医师
2014 年—	俞　莹	教　师	主治医师

三、开设课程及对象

2006—2015 年，每年为七年制学生开设“中医眼科学”，其中 2013 年以前授课学时为 44 学时，2014—2015 年为 36 学时，授课人数 50～60 人。

四、工作特色

在眼科望闻问切的教学中，望诊除传统意义上的肉眼观察外，更增加眼部的显微观察所见、现代眼科各种仪器的检测结果等，同时与现代医学紧密联系，以体现实用的特色。眼科治法以内外治为纲要，新增现代医学的常用新技术。各位老师通过网上等各种途径，下载相关的图片，融于教学之中，使学生有一个直观的认识，便于学生学习、理解。在 2015 年的眼科教学中，首次选用由教研室主任缪晚虹主编、部分教研室成员参编完成的《实用中医眼科学》新教材。这本教材和以往眼科教材的不同点是，在每个病种后面添加了思辨导图，介绍临证辨析的思路与处理预案，对学生具有良好的指导作用，并在每一章节的最后安排针对主要知识点的思考题，有助学生巩固记忆。

第十一节　中医耳鼻咽喉科学教研室

一、概况

中医耳鼻咽喉科学教研组成立于1977年，1986年，教研组拓展为教研室建制。1979—1980年，举办3届全国中医喉科师资进修班。2000年，在教研室主任忻耀杰的积极带领下，作为编委出版新世纪全国中医药高职高专规划教材2部，新世纪全国高等医药院校规划教材1部。2006年，中医耳鼻咽喉科学教研室先后承担上海中医药大学中医学七年制、留学生等的理论教学任务。2010年，医院成为第一批住院医师规范化培训基地。中医耳鼻咽喉科学教研室先后承担七年制、硕博士研究生、留学生、住院医师规范化培训学员每年的教学任务。

2015年，教研室共有教授1人，主任医师2人，副主任医师3人，主治医师3人，住院医师1人，硕士生导师2人。"十一五"和"十二五"期间，中医耳鼻咽喉科学教研室探索临床教学改革新模式，形成以临床课程为核心，带动临床教学改革、提高教学质量为目的教研室建设。2014年9月，教研室根据学院安排，派专人赴马来西亚国际医学大学(IMU)开展海外教学任务。2015年，随着国家教育部、卫计委等对中医专业进行的教学改革，教研室从临床课程体系、临床实践轮转方案、导师培养方案等多方面进行教研室的改善建设，培养出合格、优秀的中医耳鼻咽喉专业人才。

表5-3-38　1979—1988年中医耳鼻咽喉科学教研组负责人情况表

任职时间	组　长	任职时间	副组长
1979—1988年	何宗德	1984—1986年	侯淑英

表5-3-39　1988—2015年中医耳鼻咽喉科学教研室历任负责人情况表

任职时间	主　任	任职时间	副主任
1988—2003年	侯淑英	1986—1988年	侯淑英
2003年—	忻耀杰	1988—1996年	郑昌雄
		1994—2000年	刘福官
		2000—2003年	忻耀杰

二、教学团队

【师资队伍】

2015年，有教授1人，主任医师2人，副主任医师3人，主治医师3人，住院医师12人。

【师资培养】

每年增加科室中医耳鼻喉科人才 1 人,完善教师梯队,并进行师资培训。2005—2015 年,获得教师资格证有 4 人。教研室定期组织集体备课,凡承担本学期大课讲授和见习带教的教师都要参加。

试讲制度 首次上课老师和承担新章节的老师,必须在教研室内进行试讲,由教研室及专家对其讲课情况进行分析和评讲。试讲情况填写统一反馈表格及时上报教学办公室。

教案及课件书写 授课老师必须统一填写上海中医药大学教案本。

试卷分析 对试卷考后分析,及时反馈教学效果,了解教学难易度。

【开设课程及对象】

开设专业 中医耳鼻喉科学。

开设课程及对象 上海中医药大学七年制课程“中医耳鼻咽喉科学”,授课对象为上海中医药大学七年制学生,性质为选修,课时 36 学时,开设时间为每学年的第三学期;上海中医药大学留学生课程“中医耳鼻咽喉科学”,授课对象为上海中医药大学留学生,性质为选修,课时 48 学时,开设时间为每学年的第一学期。教研室承担上海中医药大学七年制、留学生的“中医耳鼻咽喉科学”的理论授课任务,七年制平均学生数 110 人/学年,留学生平均学生数 30 人/学年。

表 5-3-40 2006—2015 年中医耳鼻咽喉科学教研室开设课程情况表

时间	课程	对象	课时	人数(学期)
2006 年—	中医耳鼻咽喉科学	中医七年制	36	110 人(第三学期)
2006 年—	中医耳鼻咽喉科学	留学生	48	110 人(第一学期)

三、工作特色

在教学过程中及时对学生的学习活动作出评价是不可或缺的一部分。评价侧重于鼓励,从而激发学生上进心,最大限度地发挥其潜在能力。

做好课前准备工作,对教材的基本思想、基本概念、重点与难点、知识间内在逻辑联系等方面进行研究,并了解学生原有知识基础与解决问题的技能,从学生的兴趣、需要、方法、习惯方面出发,多方位考虑学生认知上存在的困难,从而采取应对措施,采用适用于学生的教学方法。在课堂上,注意信息反馈,调动学生的注意力,使其保持相对稳定性。

中医耳鼻咽喉科学有其自身的特殊性,检查部位深在,解剖结构有特点,往往需要借助特殊的检查仪器才可以观察审视,局部的表现又可以作为辨证的参考依据,和传统辨证有机结合能大大提高临床辨证的准确性。

第十二节 西医外科学教研室

一、概况

外科学教研组成立于 1963 年。1977 年,细分为西医外科学教研组。1986 年,教研组拓展为教研室建制。西医外科学教研室每年承担上海中医药大学“西医外科学”课程各项教学任务(含见习带教),同时承担上海中医药大学临床七年制及五年制专业学生的西医外科临床实习带教任务。

2006—2015 年,教研室修订“外科学”课程教学大纲及教学课件(含见习带教),修订西医外科临床实习带教课件,完成教学课件 PPT 制作及见习教案书写工作,完善建设西医外科学理论考核试题库及技能考核标准各一套;与上海中医药大学附属医院之间开展各项教学活动。每年定期由教研室主任组织并主持医院外科教研室集体备课及试讲教学会议;开学前分别参与上海中医药大学西医外科教研组联合备课会。2015 年,西医外科学教研室主任到课堂进行“外科学”课程 4 课时的听课活动,并对讲课老师们进行评析,以提升中青年教师的授课水平。

表 5-3-41 1979—1986 年西医外科学教研组历任负责人情况表

任职时间	组长	任职时间	副组长
1979—1984 年	张光正	1979—1984 年	李传琪
1984—1986 年	黄瑞熙	1984—1986 年	上官步荣

表 5-3-42 1986—2015 年西医外科学教研室历任负责人情况表

任职时间	主任	任职时间	副主任
1986—1988 年	黄瑞熙	1986—1992 年	江国雄
1988—1992 年	上官步荣	1992—1996 年	徐一宁
1992—1994 年	许怀应	1996—2010 年	李财宝
1994—1996 年	上官步荣		
1996—2000 年	许怀应		
2000—2010 年	薛志祥		
2010 年—	黄建平		

二、教学团队

【师资队伍】

2006 年,由薛志祥教授担任教研室主任,李财宝教授担任教研室副主任;2010 年,由黄建平教授担任教研室主任。下设各分学科均为科主任教授级讲师参与授课,包括胸外科主任陈彤宇、脑外科主任费智敏、肝胆外科主任罗运权、乳腺外科主任赵春英、麻醉科主任傅国强,本科室内有刘岗副主任、汤雪峰主治医师、沙粒主治医师、张浩主治医师参与授课及带教。

【师资培养】

2012—2015 年,规定各级医生参加教师资格考试。2015 年,13 人获得教师资格证书。

【开设课程及对象】

2006—2015 年,每年为七年制学生开设“西医外科学”,授课学时为 70 学时,授课人数 55 人;为留学生开设“西医外科学”,授课学时为 56 学时,授课人数 70 人。

表 5-3-43　2006—2015 年西医外科学教研室开设课程情况表

年　份	授课对象	课　时	每学期人数
2006—2015 年	七年制	70	55
2006—2015 年	留学生	56	70

三、实习及见习

2006—2013 年，七年制实习及见习带教，留学生见习带教；2014—2015 年，五年制、七年制实习及见习带教，留学生见习带教。

四、工作特色

每学期前召开集体备课会，讨论教学计划，安排教学任务；每年与各附属医院西医外科教研室集体开展一次联合备课会，讨论教材选定及教学进展；完成《外科学临床实训教程》教材主编及出版任务；增加见习带教内容，强化增强技能训练，增加平时分评分；教研室主任当年听课“外科学”课程 4 课时并进行教学点评；每年新教师参与教研室教学组织学术活动，组织新授课教师试讲；每学期在教研室内组织 2 次课程 PPT 示范教学，进行讨论和做好记录。

第十三节　影像诊断学教研室

一、概况

1994 年，影像诊断学教研室成立，由沈家根担任教研室主任。2015 年，有教师 20 人，其中高级职称 9 人、中级职称 5 人、初级职称 6 人。

表 5-3-44　1994—2015 年影像诊断学教研室历任负责人情况表

任职时间	主　任	任职时间	副主任
1994—1996 年	沈家根	1994—2000 年	任翰华
1996—2003 年	张善生	2000—2003 年	张闵光
2003—2006 年	张闽光		
2006 年—	詹松华		

二、教研室管理及工作流程

【教学网络构成】

承担“医学影像学”“医学影像新技术的临床应用”理论授课及见习带教，完成放射读片临床技能实训的研究，加强并积极参与全英语课程建设。

【教学制度建设】

教研室实行主任负责制，由教研室主任根据上级下达的教学任务，组织好课堂教学和见、实习带教工作。

严格把好教师选派质量关，教研室选派热爱教学的主治医师以上（含主治）担任教学干事，任期3年。课堂临床理论课60%必须由副主任医师及以上职称教师担任。见习、实习带教工作需由高年资住院医师（三年以上）担任。

教研室应根据教学大纲制定教学计划、教学规程；根据毕业实习基本要求制定实习计划、确定小讲课内容、组织教学查房及教学病例讨论。

教研室每学期对影像诊断学科部分章节进行集体备课，共同交流、研讨教学工作，提高教学效果。对新担任教学工作的青年教师要实行试讲制、培养性讲课，请有教学经验的教师进行传帮带，并于开学前上报学院。

教研室主任每学期听取任课教师上课1～2次，授课教师每学期听课3～4次，专职教学干事每学期听课多于50%，并进行质量评价和教学效果分析，提出改进意见或建议。

教研室要定期召开教学工作会议，讨论教学工作，交流教学经验，开展教学研究。

教研室要建立本学科教学考试题库，严格执行教、考分离。负责制定毕业实习出科考核的内容。

学年结束时，教研室完成教学工作总结，交教学处归档。

【工作流程建设】

每月开展一次教研室内部会议，参加人员为教研室主任、教学干事及骨干教师。每年完成集体备课、新教师试讲、教案及课件更新。试卷的更新工作实行教、考分离；由教学干事负责试卷出题，教研室主任核查，确保试卷质量。

三、教学团队

【师资队伍】

表5-3-45　影像诊断学教研室骨干教师情况表

姓　名	学历/学位	职　称	在教学中承担的工作
詹松华	研究生/博士	教授	教研室主任，负责授课安排与具体授课
何　铮	本科/硕士	副教授	具体授课
程瑞新	本科/学士	副教授	具体授课，临床带教
张安君	本科/学士	副教授	教学组长，具体授课 临床带教
耿　坚	本科/学士	副教授	具体授课，临床带教
朱　琼	本科/学士	副教授	具体授课，临床带教

（续表）

姓　名	学历/学位	职　称	在教学中承担的工作
陆孟莹	本科/学士	副教授	具体授课，临床带教
宋璟璟	本科/硕士	讲师	教研室教学干事

【师资培养】

学历结构　影像诊断学科现有教师 20 人，其中高级职称 9 人、中级职称 5 人、初级职称 6 人。设立专职教学干事，全面负责授课任务落实和见习带教安排及教学各环节质量监控。所有教师全部本科毕业，其中 4 位教师获得硕士学位。

年龄结构　教学团队教师的年龄结构合理，50 岁以上 4 人，40～50 岁 5 人，30～40 岁 6 人，20～30 岁 5 人。

学院结构　教师的毕业学校为上海中医药大学、复旦大学上海医学院、上海交通大学医学院、浙江大学医学院、华中科技大学同济医学院、同济大学医学院、宁夏医学院、贵州医学院、徐州医学院等。不同学缘结合，可以充分发挥各自优势，形成合力，创造新的成果。

师资配置情况　教学团队由资深教师、骨干教师和青年教师紧密融合而成一个帮带梯队，成员均从事多年临床及教学工作，老中青互相搭配，梯队建设合理；学生临床实践中，教师与学生比例 1∶2.5。教学队伍整体上师德高尚，工作认真负责、尽职尽力，年终考核成绩均在良好以上；学生评教成绩较好，每年均有教师获得院级、校级先进个人。

教师培养　教研室对于教学非常重视，扩大教师队伍，提升教师素养。临床教师是实现课程建设的中坚力量，加强授课师资队伍的建设对于提高该课程的教学质量有决定性意义。教研室鼓励新教师参加各种教学活动和申办教师资格证书，姜宏宁、谭文莉、宋璟璟等新近获得教师资格证。对影像诊断学教材的熟练掌握是教学的基础，故要求该课程教师随堂听取资深教师理论授课，指导见习带教。教研室定期进行集体备课，由资深教师进一步讲解教学目标大纲、教学难点，开展英语能力的培训。已有多名教师在影像诊断学教研室每年主办的“专业英语强化培训班”学习，也参与日常本教研室的教学工作，已经有一定的基础。2014 年宋璟璟老师参加上海中医药大学“中青年教师英语培训计划”，以全 A 成绩结业并获结业证书。

四、开设课程及对象

自 2004 年开始，放射诊断部分从原诊断学基础上脱离，并面向中医学（临床方向）七年制学生开设“影像诊断学”课程。2006—2012 年，面向留学生开设“影像诊断学”。2007 年，为普及影像医学新技术的知识，了解现代医学影像新技术的发展方向及其对临床医疗工作的作用，临床医学院重新命名影像诊断学教研室并以影像医学新技术为选题，向中医学专业学生开设“影像医学新技术的临床应用”选修课。2013 年，面向上海中医药大学留学生针灸学全英语专业，开设全英语“影像诊断学”课程。

五、继续教育

2008 年，申请“影像诊断新技术临床应用”选修课教学课程获得立项；同年，成功申请开办“计算机数字化与医学影像新技术”上海市市级继续医学教育项目获得成功，参加学习者非常踊跃，学员人数超过 120 人。2009 年，该继续教育项目改名为“影像数字化与医学影像新技术”，获得全国医学继续教育项目立项。2009 年 11 月起，以“影像新技术的临床应用”为题连续举办国家级继续教育学习班，每年都得到广大学员的热烈欢迎，每年参加人数保持在 150 人以上。

基地培训的住院医师、轮转研究生、轮转医生、进修医生的带教工作，科室从 2013 年开始，安排专人专题讲课，每月一个轮回，为轮转的各类人员提供很好的教学和学习辅导。教研室还从 2007 年开始，成为上海交通大学医疗技术学院、职工医学院影像技术专业和山东泰安医学院影像系学生的教学实习基地。

科室成员曾多次应邀赴国内外讲学、授课、学习，并积极参加各级放射学会、上海放射质控中心、全国中西医结合学会医学影像专业委员会、上海市中西医结合学会影像学组的学术活动，并将中西医结合影像学的内容融入教学。

第十四节　老中医学术经验教研室

一、概况

1995 年 3 月，学院创立老中医学术经验教研室，由郑平东担任教研室主任，负责专题介绍名老中医的学术思想和临床经验。

表 5 - 3 - 46　1996—2015 年老中医学术经验教研室历任负责人情况表

任职时间	主　任	任职时间	副主任
1996—2003 年	郑平东	1996—2000 年	蔡冠球
2003—2006 年	张晓天	2000—2003 年	余小萍
2006—2007 年	张婷婷		
2007—2013 年	窦丹波		
2013 年—	艾　静		

二、教研室管理

1996—2015 年，教研室以“名老中医学术经验讲座”的形式，传承老中医学术经验和理念。2015 年，经过广泛征求意见，充分调研论证，教研室制订各项管理流程和制度。其中，健全学科工作方案和流程；建立教研室学科专家组；制订名中医经验讲座课程；建立学术沙龙和教学查房、东西两部定时定量开放带教等，以培养学生的临诊兴趣为目的，实训中医基本素质。“临证漫谈”以学术沙龙的形式开设，沙龙每月一次，由传承型学科带头人主讲。完善教学查房、教学门诊工作，通过名中医的讲解和带教，加深对经典理论的理解和消化，从而指导临床实践，提高诊疗水平及专业素养。

为创新人才培养模式、保障教学质量建设、改进教学内容方法积极探索。以医院历代名中医为主线，系统安排课程，扩大教学对象、明确教学目标，形成特色鲜明、切合实际的适用教学模式，以优化和规范现有教学内容。注重名中医经验总结的规范化管理（传承教学），即每家（派）以一师一法一方一药(一技)包括学术(流派)渊源、传承人及团队总结模式,搜集整理名中医学术经验,编辑成册,作为教学课件。联合传统中医科、治未病科、内科教研室等力量,开展名中医学术经验教学的临床带教等工作。

三、课程及授课对象

“名老中医学术经验讲座”“临证漫谈——名老中医学术经验沙龙”“医家学术思想与临床实践”等专业课程;授课对象为五年制、七年制本科生,硕、博士研究生,留学生,住培医师等。

第十五节　中医临床外语教研室

一、概况

1994年,中医临床外语教研室成立,由康正祥担任教研室主任,开展以英语、日语为主的专题讲座及原文阅读、翻译等工作,承担从美国、加拿大、日本等国前来学习的短期研修生100多人次的临床带教工作。2001年,开展外语教学查房,培养一支具有较高水平的师资队伍,提升学生的专业外语能力。2015年,开展外语病历讨论以及同外国人面对面的外语训练等项目。

表5-3-47　1994—2015年中医临床外语教研室历任负责人情况表

任职时间	主　任	任职时间	副主任
1994—2003年	康正祥	1994—2000年	吴志清
2003—2010年	窦丹波	2000—2006年	章淑萍
2010—2013年	葛茂军	2006—2010年	章晓鹰
2013年—	关　鑫	2010年—	赵　钢

二、开设专业

医学外语专业。培养英语复合型人才,具有扎实的英语语言基础和专业的医学知识,具有良好的人文素质和创新精神,能在临床诊疗实践中熟练运用英语,具有国际视野的现代医学生。要求学生学习英语语言、医学英语词汇,掌握一定的临床实践英语交流方法。

三、开设课程及对象

为临床实习学生开设“外语查房”和“外语病例讨论”,每月各一次。聘请外籍教师,为医院职工开设“英语口语交流”课程,针对医院职工进行口语交流培训,每周一次。

四、教材编写

自编培训教材。

第六篇 科研

概　述

1954年8月,上海市立第十一人民医院成立,科研工作也开始起步。1956年,医院成立以高血压病、慢性肾脏炎为代表的7个专科疾病的科学研究。1959年4月1日,成立群众性的科学研究委员会,设立科研办公室,下设临床研究、教学研究和编辑出版等三个小组。1960年起,医院每年承担的各级各类课题数量逐渐增多,在国内国际杂志上发表论文数量不断增加,1960—1989年,科研工作由医教科主管,设专人负责。科研工作在“文化大革命”初期曾一度受到影响,但在“文化大革命”中后期,广大医务卫生科学人员努力排除干扰,仍积极从事多项课题研究。1978年,随着科学春天的到来,医院加快科研工作体制建设的步伐,陆续建立一批研究机构和重点学科。

各学科依托研究室及研究所带来各级各类成果及学术影响力。从1981年至1993年,相继成立10个临床研究室,1995年以后又逐渐增加。2007年,肝肾病证省部共建实验室获国家教育部立项,获得运行经费1 000万元。至2009年,被国家中医药管理局确定为中医药科研三级实验室的有中药制剂实验室、骨与关节病实验室、细胞生物学实验室、细胞免疫学实验室、临床药代动力学实验室共5个。2009年,中医肝病重点研究室、中医质量监测重点研究室、中医传染病研究室获国家中医药管理局重点研究室资助。2010年,中医临床重点实验室获上海市科委重点实验项目资助。

1990年,医院成立上海中医药研究院第二临床研究所。2001年9月,上海市中医药研究院肝病研究所、骨伤研究所整体转入曙光医院,2004年5月、2010年9月、2015年6月,成立并获批上海市中医药研究院肾病研究所、上海市中医药研究院中医特色诊疗技术研究所和上海市中医药研究院中医标准化研究所。至2015年,医院的研究所达到5个,实行医院领导下所长负责制,达到优势互补,促进科研更好发展。

重点学科的建设工作进一步突破和发展。2013年,中医肝病临床医学中心获得上海市卫计委重中之重临床医学中心资助。2015年,已获得国家中医药管理局重点学科6个,国家教育部重点学科3个,上海市医学领先学科1个,上海市卫生局重点学科1个,上海市教委重点学科2个,上海市教委优势学科1个,上海中医药大学重点学科2个。

2011年,上海市中医药三年行动计划启动中医海派流派基地建设工作,截至2014年,石氏伤科等13个项目入选。其中石氏伤科入选国家中医药管理局流派基地建设项目;石氏伤科、夏氏外科、海派膏方3个项目入选上海市非物质文化遗产保护项目;石氏伤科成功获批国家非物质文化遗产项目。

1963—2015年,医院在各级科研项目和课题申请方面所获资助逐年增长:1963—1972年,承担国家级项目6项、上海市项目3项;1983—1985年,承担局重点项目4项;1985—1994年,承担各级项目359项;1995—2001年,共承担各级科研课题735项;2002—2005年,承担各级各类科研课题共计198项,获科研经费2 317.3万元,其中国家级课题19项;2006—2015年,共申报各级各类科研课题3 000余项,其中国家级课题800余项。

第一章　科 技 处

1956 年，在上海市立第十一人民医院确立高血压病、慢性肾脏炎为代表的 7 个专科疾病的科学研究。1959 年 4 月 1 日，成立群众性的科学研究委员会，设立科研办公室，下设临床研究、教学研究和编辑出版等 3 个小组。

1960 年，医院每年承担的各级各类课题数量逐渐增多，在国内国际杂志上发表论文数量不断增加，逐渐成立多个研究室、研究所，建立若干重点学科。1960—1989 年，科研工作由医教科主管，设专人负责。1990 年，第二临床研究所成立后，设立科研办公室，作为医院的科研办事机构。2000 年 4 月，医院进行行政机构改革，将原来科研处与教学处合并，成立科研教学处（简称“科教处”）。2007 年，成立科研学术部和科研保障部，高月求兼任负责人。2010 年 9 月，正式命名为“科技处”。科技处主要负责科研项目的申报、中标和课题管理，重点学科、流派基地的建设与管理以及全院的实验室管理等工作。

表 6 - 1 - 1　1990—2015 年科技处历任负责人情况表

任职时间	处　长	任职时间	副处长
1992 年 7 月—2000 年 4 月	陈莲芳（科研办公室）	1990 年 12 月—1992 年 6 月	陈莲芳（科研办公室）
2000 年 4 月—2001 年 6 月	张怀琼（科技处）	1996 年—2000 年 4 月	张怀琼（科研办公室）
2001 年 6 月—2006 年 3 月	蒋　健（科教处）	2000 年 4 月—2006 年 4 月	陈莲芳（科技处）
2006 年 4 月—2010 年 2 月	高月求（科研处）	2006 年 5 月—2010 年 2 月	沈晓红（科研处）
2010 年 2 月—2015 年 12 月	赵咏芳（科技处）	2006 年 5 月—2010 年 2 月	邹　菁（科研处）
		2010 年 2 月—2013 年 9 月	杨雪军（科技处）
		2013 年 9 月—	顾翠峰（科技处）

第一节　科 技 工 作

一、研究所（室）

1959 年，上海市立第十一人民医院成立科学研究委员会，设立科研办公室，下设临床研究、教学研究和编辑出版等三个小组。医院加强科学研究的领导，扩大科学研究队伍，科研工作取得丰硕的成果。1959 年，共完成 43 项科研课题，撰写 30 篇论文、11 篇技术资料和 2 本专题著作。1960 年，医院建院后，医院的科研工作逐渐取得更多成果。1978 年，召开的全国医药卫生科学大会上，医院有 5 项成果获得表彰。1981—1993 年，相继成立 10 个临床研究室。1990 年，成立上海中医药研究院第二临床研究所。1995—2000 年，在原有肝病、心血管等 12 个研究室基础上相继成立呼吸病研究室、糖尿病研究室以及脾胃病研究室。2001 年 9 月，上海市中医药研究院肝病研究所、骨伤研究所整体转入医院，实行医院领导下所长负责制。2004 年 5 月，成立上海市中医药研究院肾病研究所，研究所达到 3 个。2007 年，为落实“科技兴院、人才强院”战略，加强对各临床研究所(室)的支持力度，特设置研究干事岗位。2010 年 9 月、2015 年 6 月，成立并获批上海市中医药研究院中医特色诊疗技术研究所和上海市中医药研究院中医标准化研究所；2015 年，医院的研究所达到 5 个。

表 6－1－2　2001—2015 年研究所历任负责人情况表

研究所名称	成立时间	所　长	副 所 长
肝病研究所	2001 年（转制）	徐列明(2001—2010 年)	刘成海(2006—2010 年)
		刘成海(2010 年—)	张　华(2010 年—)
骨伤研究所	2001 年（转制）	詹红生(2006 年—)	曹月龙(2006—2014 年)
			赵咏芳(2006—2010 年、2014 年—)
肾病研究所	2004 年	何立群(2004—2014 年)	高建东(2010 年—)
中医特色诊疗研究所	2010 年	朱抗美(2010—2012 年)	
		余小萍(2012 年—)	
中医标准化研究所	2015 年	沈远东(2015 年—)	桑　珍(2015 年—) 窦丹波(2015 年—)

二、重点学科

2001 年，中医内科肾病学科被国家中医药管理局确定为重点学科建设单位；中医肝病学科被上海市卫生局确认进入“上海市医学领先学科”第二轮建设；心血管研究室和肾病研究室分别被上海中医药大学确定为重点学科。2002 年，上海市卫生局肝病临床医学中心成立。2004 年，中西医结合心血管获上海市卫生局重点学科。2005 年，中医内科学获上海市教委优势学科，中医骨伤科学获上海市教委重点学科。2007 年，国家教育部“十一五”重点学科中医内科学、中医骨伤科学、中药临床药理学获得新一轮的资助。2009 年，中医肝病重点研究室、中医质量监测重点研究室、中医传染病重点研究室获国家中医药管理局重点研究室资助；中西医结合临床学获上海市教委重点学科(第六期)资助。2010 年，中医肝胆病学、中医肾病学、中医传染病学获国家中医药管理局“十一五”重点学科资助。2012 年，中医信息学、中西医结合临床医学、中医护理学获国家中医药管理局“十二五”重点学科资助。2013 年，中医肝病临床医学中心获得上海市卫计委重中之重临床医学中心资助。2013—2015 年，上海市重点学科(第二期)的中医内科学、中医骨伤科和上海市医学重点学科中西医结合心血管学科在此期间均建设良好。

表 6－1－3　2006—2015 年重点学科情况表

重点学科名称	带 头 人	运 行 周 期
国家中医药管理局中医肾病学	何立群	2001—2010 年
教育部中医内科学	刘　平	2007—2011 年

（续表）

重点学科名称	带头人	运行周期
教育部中医骨伤科学	詹红生	2007—2011 年
国家中医药管理局中医肝胆病学	胡义扬	2010—2015 年
国家中医药管理局中医肾病学	何立群	2010—2015 年
国家中医药管理局中医传染病学	陈建杰	2010—2015 年
国家中医药管理局中医信息学	周 华	2012—2016 年
国家中医药管理局中西医结合临床	周 嘉	2012—2016 年
国家中医药管理局中医肝病重点研究室	徐列明	2009—2013 年
国家中医药管理局中医质量监测重点研究室	沈远东	2009—2013 年
国家中医药管理局中医传染病重点研究室	陈建杰	2009—2013 年
国家中医药管理局中医护理学	张雅丽	2012—2016 年
上海市卫生局肝病临床医学中心	王灵台	2002—2005 年
上海市中医内科学	刘 平	2005—2010 年
上海市中医骨伤科学	詹红生	2005—2010 年
上海市教委中药临床药理学	蒋 健	2007—2012 年
上海市教委中西医结合临床	徐列明	2009—2013 年
上海市中医肝病临床医学中心	陈建杰	2013—2018 年
上海市中西医结合心血管医学重点学科	蒋梅先	2004—2009 年

三、实验室

2001 年，被国家中医药管理局确定为中医药科研三级实验室的有中医肝病实验室、中药制剂实验室；二级实验室有心血管实验室、急诊实验室、肾病实验室；一级实验室有中医血液病实验室、中医呼吸病实验室、脾胃病实验室、中医糖尿病实验室、临床针灸实验室。

2007 年，肝肾病证省部共建实验室获国家教育部立项，获得运行经费 1 000 万元。

2009 年，国家中医药管理局三级实验室换证申报工作，医院在原有骨与关节病实验室、细胞生物学实验室、中药制剂实验室的基础上，新增临床药代动力学实验室和细胞免疫实验室，使得医院三级实验室数达到 5 个。

2010 年，中医临床重点实验室获上海市重点实验项目资助，获得运行经费 200 万元；2013 年顺利通过评估并获得新一轮的实验室建设，运行经费 150 万元。

表 6-1-4　2007—2010 年重点实验室情况表

实验室名称	创建年份	类 别	实验室负责人
肝病病证省部共建实验室	2007	教育部	刘 平
细胞生物学实验室	2006	国家中医药管理局	刘成海

（续表）

实验室名称	创建年份	类　别	实验室负责人
骨与关节病实验室	2003	国家中医药管理局	赵咏芳
中药制剂实验室	2001	国家中医药管理局	刘　力
细胞免疫学实验室	2009	国家中医药管理局	高月求
临床药代动力学实验室	2009	国家中医药管理局	裘福荣
中医临床重点实验室	2010	上海市科委	刘成海

四、流派基地

2011 年，上海市中医药三年行动计划启动中医海派流派基地建设工作，医院石氏伤科、夏氏外科、杨氏针灸、丁氏内科严苍山、丁氏内科张伯臾、丁氏内科童少伯、徐氏儿科、张氏喉科等入选；2012 年，石氏伤科入选国家中医药管理局流派基地建设项目。2014 年，石氏伤科、夏氏外科、杨氏针灸、丁氏内科严苍山、丁氏内科张伯臾、丁氏内科童少伯、徐氏儿科、张氏喉科入选第二轮建设项目。其中，石氏伤科、夏氏外科、膏方 3 个项目入选上海市非物质文化遗产保护项目，石氏伤科成功获批国家非物质文化遗产项目。

表 6-1-5　2012—2015 年流派基地建设项目情况表

流派基地项目名称	建设周期	建设经费/万元
石氏伤科(国家级)	2012 年—	100
石氏伤科	2011—2014 年	520
夏氏外科	2012—2014 年	300
杨氏针灸	2012—2014 年	190
丁氏内科严苍山	2012—2014 年	200
丁氏内科张伯臾	2012—2014 年	200
丁氏内科童少伯	2012—2014 年	150
徐氏儿科	2012—2014 年	88
张氏喉科	2012—2014 年	29
丁氏内科基地	2014 年—	1600
石氏伤科	2014 年—	600
夏氏外科	2014 年—	250
杨氏针灸	2014 年—	250

五、科研与人才项目

1963—1972 年，承担国家计划项目 6 项、上海市计划项目 3 项；1983—1985 年，承担局重点项目 4 项;1985—1994 年,承担各级项目 359 项。

1995—2001 年,共承担各级科研课题 735 项,其中国家级中标课题 8 项;部级课题 150 项;局级课题 219 项。

2002—2005 年,承担各级各类科研课题共计 198 项,获科研经费 2 317.3 万元,其中国家级课题 19 项、省部课题 46 项、局级课题 53 项。

2006—2015 年,共申报各级各类科研项目 3 000 余项,其中国家级项目 800 余项、省部级项目 600 余项、局级项目 1 600 余项。国家"十一五"支撑计划,共获 6 项;国家重大传染病专项,共获 8 项;国家重大新药创制项目,共获 6 项;国家"863"计划,获批 2 项;国家"973"计划,获批 2 项;国家自然科学基金 127 项,其中重点项目 2 项、面上项目 63 项、青年科学基金项目 62 项。

2002—2005 年,获各级人才培养计划资助共计 7 人次,教育部新世纪优秀人才计划 2 人次,上海市曙光计划 2 人次,上海市科技启明星计划 2 人次,上海市医学领军人才 1 人次。2006—2015 年获得上海市优秀学术带头人计划共 5 项,上海市科技启明星计划 6 项,上海市科委扬帆计划 5 项,上海市晨光计划 3 项。

表 6-1-6 2003—2015 年人才项目情况表

资助类别	入选人员	年份	资助经费/万元
上海市教委曙光计划	詹红生	2003	12
上海市教委曙光计划	高月求	2004	12
上海市科技启明星计划	赵咏芳	2004	10
上海市科技启明星计划	吴雪卿	2004	10
教育部新世纪优秀人才计划	詹红生	2005	50
教育部新世纪优秀人才计划	刘成海	2005	50
上海市医学领军人才计划	陈建杰	2005	50
上海市优秀学术带头人计划	胡义扬	2006	25
上海市教委晨光计划	彭景华	2006	6
上海市科技启明星计划	成 扬	2007	10
上海市科技启明星计划	曹月龙	2008	15
上海市科技启明星计划	孙明瑜	2008	15
上海市优秀学术带头人计划	何立群	2008	40
上海市优秀学术带头人计划	刘成海	2008	40
上海市科技启明星计划	陶 枫	2010	15
上海市优秀学术带头人计划	高月求	2010	40
上海市科技启明星计划	聂红明	2011	15
上海市优秀学术带头人计划	詹红生	2011	20
上海市科委扬帆计划(原上海市自然基金青年基金)	俞 莹	2012	10
上海市科技启明星计划	李 曼	2013	15

（续表）

资　助　类　别	入选人员	年　份	资助经费/万元
上海市科委扬帆计划（原上海市自然基金青年基金）	沈智杰	2013	10
上海市科委扬帆计划（原上海市自然基金青年基金）	周利红	2013	10
上海市教委晨光计划	刘　宣	2013	6
上海市科委扬帆计划	周振华	2014	10
上海市教委晨光计划	赵　瑜	2014	6
上海市科委扬帆计划	张　鑫	2015	10

表 6-1-7　1985—1994 年承担科研项目情况表

年份	国家科委	国家自然科学基金	国家中医药管理局	上海市科委	上海市自然科学基金	上海市高教局	上海市卫生局	医院
1985				3			9	
1986	4		2			2	6	9
1987	4		4			1	4	8
1988	4	1	5	3	1	7	1	13
1989	4	2	5	4	2	9		14
1990	5	2	4	4	2	8	1	17
1991		3	2	1	2	4	6	17
1992	3			4	2	9	4	23
1993	3	1	1	6	1	10	5	22
1994	4	1	2	3	1	5	3	37

表 6-1-8　1995—2001 年承担科研项目情况表

年　份	国家级	部　级	局　级	校　级	院　级
1995	11	7	13		29
1996	13	15	28		36
1997	13	17	24	1	36
1998	14	26	45	5	52
1999	13	27	41	2	34
2000	11	27	37	8	29
2001	7	31	31	12	40

表 6-1-9　2002—2005 年科技课题立项数量情况表

年　份	国家级	省部级	局　级	校　级	院　级	其　他
2002	3	10	14	0	14	4
2003	5	9	13	9	9	3
2004	6	18	15	4	12	1
2005	5	9	11	13	9	2

表 6-1-10　2006 年科研项目情况表

项 目 名 称	项 目 类 型	负责人	批准号	立项经费/万元
糖尿病足中医药综合防治方案的临床研究	科技支撑计划	沈远东		150.00
中医辨证一体化治疗方案对早、中期慢性肾衰的临床干预	科技支撑计划	何立群		180.00
中医个体化诊疗规范和效应评价的方法学研究	科技支撑计划	高月求		80.00
肝硬化“虚损生积”的中医病因学研究	“973”计划	刘　平	2006CB504801	400.00
丹参酚酸 B 盐抑制内皮激素诱导的人肝星状细胞收缩的作用机制研究	国家自然科学基金(面上)	徐列明	30672489	28.00
去湿化瘀方对脂肪性肝炎 FFA - ctsb - TNFα 通路影响的机制研究	国家自然科学基金(面上)	胡义扬	30672635	28.00
黄芪汤干预大鼠胆汁淤积性肝硬化及其对肝细胞分化影响的作用机制研究	国家自然科学(面上)	刘　平	30672685	28.00
扶正化瘀方对肝肾纤维化同病异治的作用机制研究	高校博士点基金	刘成海	20060268005	6.00
中药提取物物理性质的表征以及与中药制剂相关性研究	高校博士点基金	徐德生	20060268008	6.00
下瘀血汤、一贯煎有效干预 CCl_4 大鼠肝硬化形成作用	高校博士点基金	刘　平	20060268002	6.00
非酒精性脂肪肝中药联合饮食、运动干预方案的临床研究	登山行动计划临床专项	高月求	064119528	20.00
增免抑瘤颗粒剂治疗卵巢癌的临床前研究	登山行动计划新药专项	齐　聪	06DZ19704	70.00
天香丹胶囊防治冠心病的新药开发研究	登山行动计划西部计划	张晓天	064358020	5.00
祛湿化瘀方对脂肪性肝炎 FFA - ctsb - TNF - α 通路影响的机制研究	上海市优秀学科带头人计划	胡义扬	06XD14018	25.00
阻断 MAPK 和 Smads 通路间的“串话”：研究丹参酚酸 B 盐对 TGF - β1 在肝星状细胞内信号传导的抑制作用	上海市自然科学基金	徐列明	06ZR14082	8.00
环氧化酶 2 在 5/6 肾切除大鼠的表达及肾衰 2 号方的作用机制研究	上海市自然科学基金	王　琛	06ZR14154	5.00

（续表）

项 目 名 称	项 目 类 型	负责人	批准号	立项经费/万元
启心饮抑制高血压心急重构与信号转导及转录因子3调控的关系	上海市自然科学基金	唐靖一	06ZR14156	5.00
当归补血汤抗肝纤维化的配伍特点及其作用机制	上海市教委理科项目	陶艳艳	06CZ005	3.00
抗早2号方延缓青春期雌性大鼠骨骼快速生长及机理研究	上海市教委理科项目	赵　鋆	06CZ009	3.00
腹腔镜胆总管切开取石后放置自行脱落J管一期缝合胆总管治疗胆总管结石的临床研究	上海市教委理科项目	葛茂军	06CZ025	3.00
复方龙星片对慢性阻塞性肺疾病肺功能改善作用的临床研究	上海市教委理科项目	张　炜	06CZ026	3.00
清化方对代谢综合征患者内皮细胞功能影响的临床研究	上海市教委理科项目	姚　政	06CZ028	3.00
芪苓爽心颗粒干预慢性心衰患者左室重量指数与血清MMP-9及其抑制剂TIMP-1水平的临床研究	上海市教委理科项目	赵　卫	06CZ029	3.00
虚实辨证耳穴贴压对慢性肾病患者便秘的作用	上海市教委理科项目	张雅丽	06CZ031	3.00
肠安方抗结直肠癌根治术后患者短期复发转移的临床研究	上海市教委理科项目	邹　菁	06CZ033	3.00
针刺复合麻醉中针刺对脏腑的保护作用研究	上海市教委理科项目	沈卫东	06CZ048	3.00
中医专业研究生学位论文质量保证体系的建立	上海市教委文科项目	林　勋	06CS054	1.00
慢性乙型肝炎脾虚病机的免疫机制及中医药调节作用	上海市医学领军人才计划	陈建杰	LJ06047	50.00
从影响血流动力学的因素研究活血温阳法对糖尿病肾病的疗效及作用途径	上海市医学领军人才计划	何立群	LJ06054	50.00
肝硬化合并糖代谢异常的中医综合治疗方案的研究	上海市卫生局中医药科研基金	赵长青	2006L002A	4.00
大黄丹皮汤灌肠治疗创伤后全身炎症反应综合征的临床研究	上海市卫生局中医药科研基金	胡宗德	2006L003A	5.00
缺血性卒中证候相关症状筛检及变化规律前瞻性研究	上海市卫生局中医药科研基金	魏江磊	2006L004A	5.00
增免抑瘤冲剂治疗围化疗期卵巢癌的临床疗效评估	上海市卫生局中医药科研基金	张勤华	2006L005A	5.00
应用中医内外同治法对糖尿病微血管病变的临床疗效研究	上海市卫生局中医药科研基金	何立群	2006L023C	0.00

（续表）

项 目 名 称	项 目 类 型	负责人	批准号	立项经费/万元
石氏伤科中药、手法、针灸治疗膝骨关节炎的随机对照研究及其作用优势探讨	上海市卫生局中医药科研基金	曹月龙	2006T005A	5.00
复方龙星分散片治疗急性慢性支气管炎、哮喘(炎热症)的新药基础研究	上海市卫生局中医药科研基金	刘　力	2006Y001A	5.00
肝炎灵中皂苷成分的分析及其保肝和体外抗乙肝病毒的实验研究	上海市卫生局科研基金	聂红明	—	2.00
中医药顺应月经周期节律促进 PCOS 排卵功能的临床观察	上海市卫生局科研基金	徐莲薇	—	2.00
肾心宁方对慢性肾功能衰竭心脏重塑影响的临床研究	上海市卫生局科研基金	杨雪军	—	1.00
肠易激综合征中医临床疗效评价研究	上海市博士点基金	蔡　淦	—	4.00
定经汤对运动性月经失调的疗效评估	上海市体育局腾飞项目	陈　静	06TF010	5.00
中医药顺应月经周期节律给药促进多囊卵巢综合征排卵功能的临床观察	浦东新区卫生项目	徐莲薇	—	10.00
内异灌肠方治疗子宫内膜异位症的临床疗效验证	浦东新区科技创新项目	张婷婷	PKJ2006－Y13	8.00
蔡淦教授治疗胃肠疾病临证经验传承研究	浦东新区科技创新项目	窦丹波	PKJ2006－Y11	5.00
自制手术器械支架在清洗消毒整理中的作用	上海中医药大学护理专项	郑　霞	06HL08	0.20
耳穴贴压法治疗急性胸脑外伤患者便秘的临床研究	上海中医药大学护理专项	张雅萍	06HL09	0.20
慢性乙型肝炎中医证型规范及疗效评价体系的研究	申康医院发展中心基金	陈建杰	—	200.00

表 6－1－11　2007 年科研项目情况表

项 目 名 称	项 目 类 型	负责人	批准号	立项经费/万元
肺切除针刺(复合)麻醉的规范化方案和机制研究	“973”项目	沈卫东	—	225.00
膝骨关节炎中医药治疗方案的优化研究	“十一五”支撑计划常见病项目	詹红生	—	85.00
脊柱推拿诊治评价技术规范化研究	“十一五”支撑计划行业专项	詹红生 程英武	—	109.67
调更汤对围绝经期生殖轴调节作用的分子机制研究	国家自然科学基金	徐莲薇	30772820	28.00
基于肝细胞凋亡与网状支架破坏探讨抗肝纤维化中药的作用机制与治法特点	国家自然科学基金	刘成海	30772869	30.00

（续表）

项 目 名 称	项 目 类 型	负责人	批准号	立项经费/万元
从骨骼肌损伤角度探讨坎离颗粒干预慢性心衰作用的机制	国家自然科学基金（青年）	姚成增	30701135	18.00
茵陈蒿汤治疗肝硬化的方证病理基础研究	国家自然科学基金（青年）	孙明瑜	30701070	17.00
健脾活血方调整酒精性肝病大鼠肠道菌群的元基因组学研究	上海市科技启明星	成　扬	07QA14052	13.00
名老中医学术思想及临床经验传承研究——应用新型传承方式总结黄吉赓教授学术思想	上海市科委名老中医传承项目	余小萍	07DZ19726－2	5.00
名老中医学术思想及临床经验传承研究——应用新型传承方法总结陆德铭教授学术思想	上海市科委名老中医传承项目	万　华	—	5.00
夏枯草活性组分防治结肠癌术后转移的新药临床前基础研究	上海市科委新药项目	刘　力	07DZ19716	40.00
中医治疗慢性乙型肝炎的疗效及其免疫机制研究	上海市科委引导项目	高月求	074119608	10.00
肥大心肌细胞的组蛋白乙酰化修饰异常与中药干预	上海市自然科学基金	赵　卫	07ZR14112	9.00
中药有效组分配伍抗肝纤维化的研究	上海市教委创新项目（重点）	胡义扬	08ZZ64	15.00
补肾方改善骨Ⅰ型胶原结构、功能和代谢的研究	上海市教委创新项目（面上）	王　翔	08YZ60	8.00
化瘀祛痰对高尿酸血症大鼠肾脏有机阴离子转运蛋白作用	上海市教委创新项目（面上）	高建东	08YZ62	8.00
葛根总黄酮抗酒精性肝损伤与肉毒素信号通路关系的研究	上海市教委晨光计划	彭景华	—	6.00
灸药结合治疗慢性肾脏疾病（CKD2～3期）的临床研究	上海市卫生局科研基金（青年）	李　屹	—	1.50
中药潜阳合剂加载治疗对高血压病患者动脉影响的临床研究	上海市卫生局科研基金（面上）	徐　燕	—	3.00
雷公藤免煎剂治疗IgA肾病蛋白尿的随机双盲临床研究	上海市卫生局科研基金（面上）	沈沛成	—	4.00
膏摩治疗急性软组织损伤的临床疗效观察	上海市体育局	程英武	—	5.00
中医推拿治疗运动性疲劳的疗效及对运动型疲劳的技能评定研究	上海市体育局腾飞项目	朱国苗	—	4.00
三七颗粒组方特点及作用机制的初步研究	上海市博士点基金	蒋　健	—	4.00
非脊髓型颈椎病手法诊治技术规范化与推广应用研究	申康适宜技术项目	詹红生	—	30.00

（续表）

项目名称	项目类型	负责人	批准号	立项经费/万元
对口切开旷置结合垫棉法治疗高位复杂性肛瘘多中心随机对照临床研究	申康适宜技术项目	杨　巍	—	30.00
上海市区中老年骨质疏松性骨折风险评估与中医药干预研究	申康慢性病项目	石印玉	—	40.00
四味痔血汤治疗内痔出血的临床研究	申康中药验方项目	张卫刚	—	5.00
三七颗粒治疗失眠随机双盲对照临床研究	申康中药验方项目	邹　菁	—	5.00
中药临床药理学技术方法研究	申康医院发展中心	蒋　健	—	300.00
尿感方治疗慢性尿路感染（下焦湿热证）的临床疗效观察	浦东新区科技专项	高建东	PKJ2007 - Y03	8.00
肠吉泰冲剂治疗腹泻型肠易激综合征临床应用	浦东新区科技专项	张正利	PKJ2007 - Y04	8.00
中医辨证论治联合恩替卡韦治疗慢性乙型肝炎前瞻性队列研究	浦东新区科技专项	高月求	—	12.00
临床科研一体化技术研究	浦东新区信息专项	蒋　健	—	60.00
化疗联合肿瘤血管内皮生长抑素在老年非小细胞肺癌中的疗效	中国老年协会	周荣耀	—	5.00
双排螺旋CT颈椎扫描重建评价中医推拿治疗神经根型颈椎病疗效的研究	飞利浦公司	詹松华	—	2.00
中医骨伤科学	上海市教委	詹红生	—	475.00
中医临床药理学	上海市教委	蒋　健	—	400.00
肝肾疾病病证省部共建实验室	教育部	徐列明	—	1 000.00
痔血宁合剂在混合痔切除术围手术期的应用研究	国家中医药管理局临床课题	杨　巍	06 - 07LP18	5.00
煨脓长肉膏联合浅静脉腔内激光治疗煨疮的作用	国家中医药管理局临床课题	柳国斌	06 - 07LP19	4.00
颈椎病中医椎骨错缝触诊的临床研究	国家中医药管理局临床课题	程英武	06 - 07LP20	5.00
HBV感染过程中整合型HBX转录体表达的临床研究	上海市教委一般项目	卓蕴慧	07cz020	5.00
肠吉泰降低肠易激综合征模型大鼠内脏高敏感性的作用和机制的研究	上海市教委一般项目	林　江	07cz021	5.00
肠益煎联合化疗对脾虚湿热型结直肠癌患者术后转移和生活质量的影响	上海市教委一般项目	钟　薏	07cz022	5.00
肝硬化门脉高压症脾切除围手术期的中药治疗作用	上海市教委一般项目	罗运权	07cz023	5.00
葛根总黄酮抗酒精性肝损伤与抗肠道损伤作用关系的研究	上海市教委一般项目	冯　琴	07cz024	5.00

（续表）

项 目 名 称	项 目 类 型	负责人	批准号	立项经费/万元
内外结合治疗面部脂溢性皮炎的临床研究	上海市教委一般项目	竺 炯	07cz025	5.00
前列方治疗慢性前列腺炎(湿热蕴结型、气滞血瘀型)的临床疗效观察	上海市教委一般项目	赵建华	07cz026	5.00
正得康胶囊对恶性肿瘤患者恶液质状况的影响及临床观察	上海市教委一般项目	朱惠蓉	07cz019	5.00

表 6-1-12 2008 年科研项目情况表

项 目 名 称	项 目 类 型	负责人	批准号	立项经费/万元
中医药防治病毒性肝炎综合研究——慢性丙型肝炎证候规律及中医药诊治方案的研究	卫生部重大传染病专项	陈建杰	—	3 400.00
慢性乙型肝炎(轻度)的证候规律和治疗方案研究	卫生部重大传染病专项	高月求	—	1 680.00
病毒性肝炎证候生物学基础研究平台的建立	卫生部重大传染病专项	胡义扬	—	
基于纤维化机制的新药筛选平台	卫生部重大创新药项目	刘 平	—	
基于 GCP 基地的平台建设	卫生部重大创新药项目	蒋 健	—	
中医“治未病”的技术方法社区推广应用研究	中医药行业专项	高月求	200807003	233.00
黄吉赓临床经验、学术思想研究	“十一五”支撑计划	余小萍	2007BAI10B01-026	20.00
痔血宁合剂在混合痔切除术围手术期的应用研究	“十一五”支撑计划	杨 巍	—	40.00
基于均匀设计的健脾活血方抗酒精性肝损伤不同作用途径的主效应中药研究	国家自然科学基金(青年)	冯 琴	30801536	20.00
从 CHIP 对肾纤维化的影响研究肾络病瘀血阻络的实验基础及抗纤灵的干预机制	国家自然科学基金(面上)	何立群	30873259	30.00
制作 AT-Ⅱ受体 1 敲除小鼠慢性肾衰模型研究其在心脏重塑中的作用及肾心宁方疗效	国家自然科学基金(面上)	杨雪军	30873262	30.00
黄芪干预低血糖相关的自主神经系统调节失败中关键靶点的探索性研究	国家自然科学基金(青年)	桑 珍	30801471	20.00
基于“胃肠—胰岛轴”研究“补脾气降阴火法”治疗糖尿病的作用机制	国家自然科学基金(青年)	陶 枫	30801472	20.00
增免抑瘤方改善裸鼠卵巢癌顺铂耐药性的机制研究	国家自然科学基金(面上)	齐 聪	30873280	31.00

（续表）

项 目 名 称	项 目 类 型	负责人	批准号	立项经费/万元
“导引八法”预防骨关节退行性疾病的社区推广研究	国家中医药管理局“治未病”专项	曹月龙	—	10.00
耳穴贴压技术在社区便秘倾向人群中的推广研究	国家中医药管理局“治未病”专项	朱抗美	—	10.00
专病专科中西医结合临床数据共享平台	上海市科委服务平台项目	高月求	08DZ2291900	25.00
坎离颗粒治疗心力衰竭的新药临床前研究	上海市科委中药现代化项目	蒋梅先	08DZ1972200	60.00
适宜社区中医干预使用的2型糖尿病危险因素评估问卷的建立及中医干预方案的临床研究	上海市科委中药现代化项目	沈远东	08DZ1972700	100.00
茵陈蒿汤调控库普弗细胞功能抗肝纤维化作用机制研究	上海市科技启明星计划	孙明瑜	08QA14062	15.00
软骨退变与骨关节炎临床表现的分子机制研究	上海市科技启明星计划	曹月龙	08QA14063	15.00
从内源性CHIP表达对下游基因JunB转录活性的影响研究抗纤灵干预大鼠肾纤维化的机制	上海市优秀学科带头人计划	何立群	08XD14039	40.00
基于肝脏微血管变化探讨补虚化瘀中药防治实验性肝硬化的作用机制	上海市优秀学科带头人计划	刘成海	08XD14041	40.00
血管钙化与骨代谢失耦联规律及中药干预的研究	上海市自然科学基金	赵咏芳	08ZR1419400	10.00
艾灸热敏穴位感传组织信息载体研究	上海市自然科学基金	余安顺	08ZR1419500	10.00
肾衰Ⅱ号方干预CKD3～4期患者的临床疗效评价研究	上海市科委临床项目	王 琛	08411962400	10.00
女性骨、软骨退变规律与T细胞功能改变的研究	上海市科委临床项目(重点)	赵咏芳	08411950300	25.00
抑制肝星状细胞迁移的中药筛选及中药作用环节的研究	上海市教委创新项目(重点)	徐列明	09ZZ130	15.00
中医医院科研课题管理模式的探索研究	上海市教委创新项目(一般)	高月求	09YS144	3.00
强心饮对扩张型心肌病心力衰竭大鼠模型心肌重构的影响	上海市教委创新项目(一般)	严 骅	09YZ136	8.00
黄芪改善低血糖相关的自主神经系统调节失败(HAAF)的机制研究	上海市教委创新项目(一般)	桑 珍	09YZ137	8.00
乳癌术后方抗乳腺癌复发转移的临床评价研究	上海市教委一般项目	万 华	08cz022	2.50

（续表）

项目名称	项目类型	负责人	批准号	立项经费/万元
天参利咽颗粒治疗阴虚型咽炎的随机对照临床评价	上海市教委一般项目	张治军	08cz023	2.50
对口切开旷置结合垫棉法治疗高位复杂性肛瘘标准操作规程的临床研究	上海市教委一般项目	郑　德	08cz024	2.50
复方中药对骨关节炎患者关节液COMP浓度的影响	上海市教委一般项目	郑昱新	08cz025	2.50
滋肾软坚方治疗多囊卵巢综合征的临床观察	上海市教委一般项目	宋知理	08cz026	2.50
制酸类中药药效优选评价研究	上海市教委一般项目	张正利	08cz027	2.50
柏连松教授“隧道法配合中药湿热敷治疗高位复杂性肛瘘”的中医特色临床研究	上海市卫生局中医药科研基金	王　昱	2008L044A	4.00
温肾活血法结合克罗米芬治疗不孕症的临床研究及对子宫内膜容受性影响	上海市卫生局中医药科研基金	张　敏	2008L045A	4.00
从影响白细胞介素表达研究中药对糖尿病肾病的作用	上海市卫生局中医药科研基金	曹和欣	2008L046A	4.00
静意方治疗儿童注意缺陷多动障碍的临床研究	上海市卫生局中医药科研基金	张　帆	2008L047A	4.00
消胀散热敷神阙穴促进肝胆术后肠蠕动恢复的护理研究	上海市卫生局中医药科研基金	张雅丽	2008L048A	4.00
上海市名中医王灵台教授肝病临床用药经验与学术思想传承研究	上海市卫生局中医药科研基金	赵　钢	2008L049A	3.00
秦氏“头八针”为主针药结合治疗多发性硬化的临床诊疗技术	上海市卫生局中医药科研基金	崔花顺	2008L050A	3.00
增免抑瘤颗粒剂治疗卵巢癌药效学研究	上海市卫生局中医药科研基金	齐　聪	2008X001A	4.00
健康教育配合颈椎导引术预防颈椎病效果的队列研究	上海市卫生局科研基金	朱国苗	—	2.00
康心方对急性心梗患者心室重构及心功能的影响	上海市卫生局科研基金	杨　慧	—	2.00
十味生血汤预防大肠癌术后化疗患者骨髓抑制的临床观察	上海市卫生局科研基金	邹　菁	—	3.00
健脾化痰方配合温灸中脘治疗轻—中度COPD稳定期随机对照临床试验	上海市卫生局科研基金	张　平	—	3.00
丹参酮激活/诱导CYP3A4活性的临床研究	上海市卫生局科研基金	裘福荣	—	3.00
肠吉泰治疗腹泻性肠易激综合征肝郁脾虚证的随机对照双盲安慰剂对照试验	申康中药验方项目	李熠萌	—	5.00

（续表）

项目名称	项目类型	负责人	批准号	立项经费/万元
健脾清肠方对大肠癌化疗患者细胞因子表达的影响	上海市博士点基金	蔡　淦	—	2.00
潜阳合剂干预SHR的降压作用与血管机制研究	上海市博士点基金	蒋梅先	—	2.00
从对微炎症影响研究健脾清化方对慢性肾衰疗效及作用途径	浦东社发局重点项目	何立群	PW2008D-4	7.00
手法诊治颈椎病技术规范化及推广应用研究	浦东科技局专项	詹红生	—	10.00
搜风通络法治疗慢性咳嗽临床观察	浦东科技局专项	余小萍	—	10.00
依达拉奉联合巴曲酶、奥扎格雷钠治疗急性脑梗死疗效及不良反应评价	上海市药学会项目	胡　静	2008-YY-0115	1.00

表6-1-13　2009年科研项目情况表

项目名称	项目类型	负责人	批准号	立项经费/万元
病毒性肝炎证候生物学基础研究平台的建立	重大传染病专项	胡义扬	2009ZX10004-601	860.00
基于纤维化机制的新药筛选平台	重大创新药专项	刘　平	2009ZX09311-003	1 464.81
基于GCP基地的平台建设	重大创新药专项	蒋　健	2009ZX09312-023	827.20
基于气血互根的理论研究肾衰Ⅱ号方干预慢性肾衰肾内氧耗效应的作用及机制	国家自然科学基金（面上）	王　琛	30973723	29.00
抗肝纤维化中药有效组分复方CKJ的主要作用机制和配伍特点研究	国家自然科学基金（面上）	胡义扬	30973924	32.00
基于microRNAs表达及中药有效成分群探讨扶正化瘀方抗肝与肾间质纤维化的共同作用机制及物质基础	国家自然科学基金（青年）	王清兰	30901943	20.00
参葛胶囊治疗非酒精性脂肪性肝病的临床前研究	上海市科委中药现代化项目	高月求	09dZ1971000	50.00
基于含药尿液成分分析的马齿苋抗尿路感染药效组分研究	上海市科委中药现代化项目	蒋　健	09dZ1971200	30.00
ACEI不能耐受心衰（心肾阳虚型）的中药治疗方案	上海市科委中药现代化项目	王肖龙	09dZ1971300	10.00
石氏伤科学术经验传承及其现代临床研究	上海市科委中药现代化项目	石印玉	09dZ1973800	50.00
大肠癌中医辨证论治方案的临床研究	上海市科委中药现代化项目	朱惠蓉	09dZ1974200	10.00

（续表）

项 目 名 称	项 目 类 型	负责人	批准号	立项经费/万元
从特异基因蛋白质表达及引起的生殖内分泌的改变研究中医肾藏象理论的实验基础	上海市科委基础重点项目	何立群	09JC1413700	30.00
腰椎间盘突出症临床评价与非手术治疗方案的优化研究	上海市科委临床重点项目	詹红生	09411954300	30.00
原发性胆汁性肝硬化的T淋巴细胞免疫病理与健脾利湿中药的调节作用	上海市科委国际合作项目	刘成海	09410706600	15.00
切口单边对称缝合法治疗四川省都江堰市单纯性肛瘘的应用研究	上海市科委西部计划	郑　德	9405801400	5.00
乳癌术后方对乳腺癌复发转移中HER2信号传导通路影响的机制研究	上海市自然科学基金	吴雪卿	09ZR1432500	10.00
清化颗粒治疗糖尿病的抗氧化作用机制的临床研究	上海市教委一般项目	陆　灏	09jw28	2.50
痰瘀并治法治疗不稳定型心绞痛的临床研究	上海市教委一般项目	刘永明	09jw29	2.50
肠益方对大肠癌化疗患者增效减毒作用的临床研究	上海市教委一般项目	王文海	09jw30	2.50
针刺对干眼患者泪液中乳铁蛋白及溶菌酶调控的研究	上海市教委一般项目	潘雅婕	09jw31	2.50
从蛋白质氧化修饰的角度研究糖尿病肾病足细胞损伤引发蛋白尿发生机制及中药干预的作用	上海市教委一般项目	黄　迪	09jw32	2.50
“六步奶结疏通法”的应用研究	上海市卫生局适宜技术	赵春英	—	3.00
药棒叩击综合疗法治疗腰椎间盘突出症的规范化研究与推广	上海市卫生局适宜技术	俞晓飞	—	3.00
无创经络功治疗下肢慢性静脉功能不全	上海市卫生局科研基金（面上）	张　磊	2009173	4.00
益气解毒方治疗复发性单纯疱疹病毒性角膜炎的临床研究	上海市卫生局科研基金（面上）	缪晚虹	2009174	4.00
“针刀经筋层解松术”治疗机械性下腰痛的临床研究	上海市卫生局科研基金（面上）	陈东煜	2009175	4.00
金力胶囊中河蚌有效组分的筛选极其蛋白酶解物的药效研究	上海市卫生局科研基金（面上）	史万忠	2009176	4.00
健脾益肾法对乳腺癌无病生存期影响的临床研究	上海市卫生局科研基金（青年）	冯佳梅	2009Y087	2.00
清利防石汤对于胆色素结石术后结石再生的预防机制与作用研究	上海市卫生局科研基金（青年）	陈佳骏	2009Y088	2.00
肝炎灵注射液在乙型肝炎患者体内的药动学研究	上海市卫生局科研基金（青年）	贺　敏	2009Y089	2.00
茵陈蒿汤黄芪汤阻抑大鼠二甲基亚硝胺肝硬化形成的作用特点研究	中国博士后基金	刘　成	—	3.00

（续表）

项 目 名 称	项 目 类 型	负责人	批准号	立项经费/万元
AngⅡ对胆汁淤积性肝纤维化中胆管上皮细胞间肌成纤维细胞转分化的作用及黄芪汤干预的效应机制研究	中国博士后基金	申定珠	—	3.00
健脾方对慢性乙型肝炎树突细胞 PDL－1 表达机制的免疫调节	上海博士后基金	李　曼	—	4.00
基于成纤维细胞表型转换研究慢性肾衰瘀血阻络的理论基础及活血中药的干预作用	教育部博士点基金	何立群	20093107110006	4.00
MEF2 转基因大鼠肝纤维化模型的建立及在扶正化瘀复方药理研究中的应用	教育部博士点基金	徐列明	20093107110007	4.00
推拿治疗武术运动员急性软组织损伤的临床研究	上海市体育局腾飞计划	林　勋	—	2.00
医疗缺陷的原因及防范控制标准的研究	上海市医院管理专项	朱梅萍	—	1.00
肛瘘术后熏洗疗法标准操作规程的临床研究	浦东新区社发局重点协作项目	杨　巍	—	7.00
应用磁共振波谱技术研究鹿角方对心力衰竭患者心肌代谢重构的影响	浦东新区科技创新项目	王肖龙	PKJ2009－Y02	6.00
黄芪汤有效组分通过干预胆汁酸受体影响大鼠肝星状细胞活化与凋亡的研究	上海中医药大学理科专项	平　键	—	1.00
复方参鹿颗粒调控低危组骨髓增生异常综合征造血细胞增殖与细胞周期的研究	上海中医药大学理科专项	王维伟	—	1.00
山麦合剂对胆囊胆固醇息肉患者胆囊收缩功能的影响	上海中医药大学理科专项	沈　睿	—	1.00
不同频率电针对针刺复合麻醉甲状腺手术的效应研究	上海中医药大学理科专项	孙燕翔	—	1.00
针刺对促进干眼症患者泪液中乳铁蛋白及泪液分泌的效应	上海中医药大学理科专项	石晶琳	—	1.00
泌尿排石合剂提高输尿管镜下钬激光治疗输尿管结石术后的结石清除率	上海中医药大学理科专项	蔡志钢	—	1.00
人结核杆菌三种主要分泌蛋白的克隆、表达和纯化	上海中医药大学理科专项	金　磊	—	1.00
茵陈蒿汤研究	飞利浦专项	孙明瑜	—	20.00

表 6－1－14　2010 年科研项目情况表

项 目 名 称	项 目 类 型	负责人	批准号	立项经费/万元
茵陈蒿汤抑制库普弗细胞经典激活途径干预肝硬化形成的效应机制研究	国家自然科学基金	刘　成	81001486	10.00
基于方证理论的交叉设计从 Th17 与 Treg、Th1、Th2 的极化和平衡研究“慢乙肝从肾论治”的理论基础	国家自然科学基金	聂红明	81001492	20.00

（续表）

项 目 名 称	项 目 类 型	负责人	批准号	立项经费/万元
补肾方通过CCR2依赖途径调节雌激素缺乏状态下破骨行为机制研究	国家自然科学基金	王　翔	81001527	20.00
基于颈椎三维有限元模型研究矫正“骨错缝”手法治疗颈椎病的生物力学机制	国家自然科学基金	张明才	81001528	20.00
从树突细胞共刺激分子表达研究补肾健脾方治疗慢性乙型肝炎的免疫机制	国家自然科学基金	高月求	81072792	33.00
退变膝关节内肝经循行对应区域的生物学功能研究	国家自然科学基金	曹月龙	81072830	33.00
温肾阳中药调控成骨细胞功能的分子信号平衡机制研究	国家自然科学基金	詹红生	81073114	33.00
基于“肠—肝”轴探讨祛湿化瘀方抗非酒精性脂肪肝的作用机制	国家自然科学基金	彭景华	81001575	20.00
新发突发传染病中西医结合临床救治研究平台	重大传染病专项	周　华	—	850.00
复方鹿角颗粒治疗慢性心衰的新药临床前研究	重大创新药项目	刘　力	—	245.00
中医药防治慢性肾病的综合防治方案研究	国家中医药行业专项	何立群	—	265.00
中医药标准研究推广基地	国家中医药行业专项	周　华	—	350.00
CT和MRI对结直肠癌TN分期诊断价值的对比综合研究	上海市科委临床重点项目	詹松华	10411952300	20.00
灵猫胶囊治疗慢性乙型肝炎的临床前研究	浦东新区创新项目	高月求	PKM2010-08	10.00
尿感方治疗慢性尿路感染的新药临床前研究	浦东新区创新项目	蒋　健	PKM2010-12	10.00
复方中药临床与实验研究平台	浦东新区创新项目	蒋　健	PKM2010-18	160.00
院内制剂区内多点规范化临床验证	浦东新区项目	周　华	—	600.00
益气温阳法对心肾阳虚心力衰竭大鼠心肌能量代谢的干预机制研究	上海市教委创新项目	周　华	—	15.00
从Wnt-β-catenin途径探索柔肝治筋中药治疗骨关节炎的分子机制	上海市教委创新项目	曹月龙	—	8.00
抗肝纤维化中药复方调节NK细胞活性促进活化HSC凋亡的作用机制	上海市教委创新项目	陶艳艳	—	8.00
中药注射剂不良反应检测与报告体系研究	上海中医药大学	朱梅萍	—	0.30
“80后”临床护士心理健康状况调查及心理干预	上海中医药大学	程　鑫	—	0.30
颅内Willis环前交通动脉瘤血动力学的数值分析及其体外模型实验研究与临床治疗	上海市卫生局科研基金	费智敏	2010139	3.00

（续表）

项 目 名 称	项 目 类 型	负责人	批准号	立项经费/万元
连芙和胃口服液联合奥美拉唑和阿莫西林根除幽门螺杆菌治疗方案的研究	上海市卫生局科研基金	林　江	2010222	3.00
磁共振在高位肛瘘切旷术的疗效和安全性评价中的作用	上海市卫生局科研基金	杨　巍	2010230	0.50
消瘿扶正方治疗桥本氏甲状腺炎的临床研究	上海市卫生局科研基金	徐兆东	2010217	3.00
冠心病特征性鞘糖脂结构研究及健脾泄浊法中药干预的影响	上海市卫生局科研基金	沈智杰	2010Y122	2.00
行气活血健脾利水法治疗视网膜静脉阻塞黄斑水肿的临床研究	上海市卫生局科研基金	邹　红	2010Y125	0.50
青少年颈椎病防保技术推广应用研究	上海市卫生局科研基金	张明才	2010Y131	0.50
“标本兼治，活血为先”理论思想在糖尿病肾病治疗中的应用研究	上海市卫生局中医药科研基金	姚　政	2010L002A	2.00
针药复合麻醉肺部手术序贯术后针刺镇痛的临床研究	上海市卫生局中医药科研基金	周　嘉	2010L016A	3.00
基于信息和数据挖掘技术的姚嘉康教授治疗头痛症临床诊疗经验研究	上海市卫生局中医药科研基金	方蔓倩	2010L017A	2.00
手法闭合复位经皮微创固定治疗老年肱骨近端骨折的临床研究	上海市卫生局中医药科研基金	刘印文	2010L018A	2.00
泽漆化痰方治疗慢阻肺痰浊阻肺证的临床多中心研究	上海市卫生局中医药科研基金	余小萍	2010L019A	3.00
不同治法在“痔”不同阶段治疗中诊治规律的研究	上海市卫生局中医药科研基金	张雅明	2010L020A	2.00
“引阳入阴”推拿配合气息导引改善失眠的护理学研究	上海市卫生局中医药科研基金	张雅丽	2010L021A	2.00
芍药甘草汤治疗脑卒中后丘脑性疼痛的随机、双盲、对照、多中心临床研究	上海市卫生局中医药科研基金	郭咏梅	2010L022A	2.00
糖基化终末产物与慢性肾衰微炎症变化关系的研究及健脾清化方疗效	上海市卫生局中医药科研基金	蒋宇峰	2010L023A	2.00
清上温下法治疗早中期糖尿病肾病的临床疗效观察	上海市卫生局中医药科研基金	唐　英	2010L024A	2.00
难治性肝硬化腹水的中西医结合治疗方案研究	上海市卫生局中医药科研基金	邢　枫	2010L025A	2.00
中医预培其损序贯疗法治疗 IVF 反复移植失败患者冻融周期移植的临床研究	上海市卫生局中医药科研基金	张勤华	2010L026A	2.00
三七三虫散对神经根型颈椎病斜方肌肌张力的影响研究	上海市卫生局中医药科研基金	张　琥	2010L027A	2.00

（续表）

项目名称	项目类型	负责人	批准号	立项经费/万元
抗纤灵二号方延缓慢性肾脏疾病肾小管间质损伤的临床研究	上海市卫生局中医药科研基金	陈　刚	2010L028A	2.00
围手术期乳腺癌的中西医结合治疗研究	上海市卫生局中医药科研基金	赵春英	2010L029A	2.00
针药结合治疗中重度癌性疼痛临床研究	上海市卫生局中医药科研基金	周荣耀	2010L030B	0.30
桑芩合剂的规范性研究	上海市卫生局中医药科研基金	徐德生	2010X002A	3.00
治疗膝骨关节病新医院制剂金力胶囊的药学研究	上海市卫生局中医药科研基金	史万忠	2010X003A	4.00
以调节肠促胰岛素分泌为主要靶点、治疗2型糖尿病的新中药复方的临床前研究	上海市卫生局中医药科研基金	陆　灏	2010X004A	3.00
国内知名中药制药企业国际标准化现状与需求分析研究	上海市卫生局中医药科研基金	桑　珍	2010J016A	5.00
民间中医药特色诊疗技术的筛选评估方法研究	上海市卫生局中医药科研基金	关　鑫	2010G004A	0.30
中医医疗质量管理效果评价	上海市卫生局中医药科研基金	马俊坚	2010G005A	0.30
ICD-11传统医学标准研究	上海市卫生局中医药科研基金	竺丽明	2010JZ017A	10.00
茵碧方治疗慢性乙型肝炎肝硬化代偿期残留黄疸的临床研究	上海市卫生局中医药科研基金	朱晓骏	2010QL007A	2.00
逐水攻毒溻渍法治疗乳头瘤病毒感染症的临床研究	上海市卫生局中医药科研基金	何　翔	2010QL008A	2.00
慢性心衰心肾阳虚证患者动脉弹性改变和中药干预的影响	上海市卫生局中医药科研基金	贾美君	2010QL009A	2.00
针刺复合麻醉在鼻内镜术中的临床效应研究	上海市卫生局中医药科研基金	马　文	2010QL010A	2.00
结肠治疗仪配合中药灌肠治疗慢性肝衰竭合并轻微肝性脑病疗效观察	上海市卫生局中医药科研基金	商斌仪	2010QL011A	2.00
寰枢关节“骨错缝”矫正手法治疗椎动脉型颈椎病的远期疗效评价研究	上海市卫生局中医药科研基金	张明才	2010QL012B	0.00
单穴电针治疗腰椎间盘突出症推广应用研究	浦东新区卫生局重点协作项目	黄仕荣	PW2010D-7	7.00
健脾补肾治法对慢性HBV感染树突细胞与T淋巴细胞共刺激分子PD-L1/PD-1表达的影响	上海市科委优秀学科带头人计划	高月求	10XD1404100	40.00
毛蕊异黄酮对大鼠原代HSC活化及肝纤维化的干预作用研究	上海市自然科学基金	成　扬	10ZR1430700	10.00

（续表）

项 目 名 称	项 目 类 型	负责人	批准号	立项经费/万元
基于CYP3A/P-糖蛋白的左金丸和类方组分相互作用与配比机制研究	上海市自然科学基金	裘福荣	10ZR1430800	10.00
从病毒生物学周期研究白桦酯酸抗HBV作用机制	上海市自然科学基金	孙学华	10ZR1430900	10.00
基于血清药物化学与代谢组学研究扶正化瘀方抗肝纤维化的效应物质	上海市自然科学基金	陶艳艳	10ZR1431000	10.00
清化颗粒影响糖尿病人氧化应激状态的临床研究	上海市科技启明星	陶 枫	10QA1406700	15.00
对口支援四川省都江堰市中医院提升临床研究能力的培训方案	上海市科委西部计划	朱惠蓉	10695841800	5.00
早熟方治疗女童性早熟痰热互结证的临床研究	上海市科委中药现代化项目	赵 鋆	10DZ1973500	10.00
脑宁康颗粒治疗急性缺血性脑卒中的多中心随机对照临床试验	上海市科委中药现代化项目	魏江磊	10DZ1973400	10.00
肠吉泰联合经皮穴位电刺激法治疗腹泻型肠易激综合征（肝气乘脾证）治疗方案的研究	上海市科委中药现代化项目	林 江	10DZ1973200	10.00
通腑泻肺方治疗慢性阻塞性肺病急性发作（痰热壅肺证）多中心、双盲、随机对照临床研究	上海市科委中药现代化项目	熊旭东	10DZ1973100	10.00
紫朱软膏治疗糖尿病足的临床前研究	上海市科委中药现代化项目	柳国斌	10DZ1972800	70.00
中西医结合综合方案治疗慢性心衰——治未病（即病防变、瘥后防复）的临床研究	上海市科委西部计划	艾 静	10495801500	10.00
硬膜外麻醉下手法松解术治疗腰椎间盘突出症的规范化研究	上海市科委西部计划	陈东煜	10495801100	10.00
中医临床重点实验室	上海市重点实验室项目	刘成海	10DZ2220200	200.00
区域性重复检验检查信息系统的研究与应用	申康信息专项	高 炬	—	16.00
European Foundation for the Study of Diabetes	欧盟基金会专项	桑 珍	—	50.00

表 6-1-15 2011 年科研项目情况表

项 目 名 称	项 目 类 型	负责人	批准号	立项经费/万元
综合性中医院信息系统研发与示范	"863"计划	周 华	SQ2010AA0221396001	350.00
难治性慢性丙型肝炎的中医药治疗方案优化研究	重大传染病专项	陈建杰	2012ZX10005004-003	1 400.00

（续表）

项 目 名 称	项 目 类 型	负责人	批准号	立项经费/万元
慢性乙型病毒性肝炎(HBeAg 阴性)患者中西医结合治疗方案优化研究	重大传染病专项	高月求	2012ZX10005005－002	1 950.00
中医药防治肝炎临床科研基地建设——曙光基地	重大传染病专项	高月求	2012ZX10005－002－003	200.00
基于转化医学的慢性乙型病毒性肝炎中医证候生物学研究	重大传染病专项	胡义扬	2012ZX10005001－004	180.00
腹泻症候群诊疗预案和重症救治临床研究	重大传染病专项	周　华	2012ZX10004301－604	400.00
创新药物研究开发技术平台建设	重大创新药项目	蒋　健	2012ZX09303009－001	750.00
治疗慢性乙型肝炎肝纤维化的中药有效组分复方 CKJ 候选新药研究	重大创新药项目	胡义扬	2012ZX09103201－048	180.00
基于免疫炎症介导肾纤维化研究脾虚湿热加重慢性肾衰机制和健脾清化法干预作用	国家自然科学基金	何立群	81173219	58.00
从 5－HT 信号传导系统探讨痛泻要方拆方治疗腹泻型肠易激综合征的作用机制	国家自然科学基金	林　江	81173222	56.00
滋肾养肝方药调控胎肝干/祖细胞在硬化肝脏中的分化取向及其机制	国家自然科学基金	慕永平	81173223	60.00
从软骨下骨骨重建失衡研究补肾中药治疗骨关节炎的作用机制	国家自然科学基金	石印玉	81173277	60.00
增免抑瘤复方含药血清对卵巢癌干细胞微环境及信号转导途径影响的体外试验	国家自然科学基金	齐　聪	81173291	57.00
基于血管生成/骨形成耦联研究补肾活血中药促骨形成的分子机制	国家自然科学基金	赵咏芳	81173621	58.00
基于肝脂肪代谢环节的中药组分 BZL 复方防治非酒精性脂肪肝作用机制研究	国家自然科学基金	胡义扬	81173404	57.00
基于肝脏血管新生探讨补虚化瘀中药防治实验性肝硬化的作用机制与效应物质	国家自然科学基金	刘成海	81173405	55.00
基于代谢/转运与级联的隐丹参酮吸收屏障及保护机制	国家自然科学基金	裘福荣	81173118	60.00
从 AGEs－RAGE 信号通路研究糖尿病肾病“虚、痰、瘀”病机的实验基础及中药的干预作用	国家自然科学基金	曹和欣	81102566	22.00
基于先天免疫模式识别受体研究补肾冲剂抗 HBV 的作用机制	国家自然科学基金	孙学华	81102570	21.00
基于自体干细胞动员与归巢行为研究补肾方促进骨质疏松性骨折愈合的作用机制	国家自然科学基金	庞　坚	81102603	22.00

（续表）

项 目 名 称	项 目 类 型	负责人	批准号	立项经费/万元
基于均匀设计的益气温阳中药干预HFNEF不同作用途径的主效应中药研究	国家自然科学基金	刘永明	81102671	22.00
基于自然杀伤细胞与肝星状细胞的关系探讨虫草菌丝抗肝纤维化的免疫调控机制与效应物质	国家自然科学基金	陶艳艳	81102701	22.00
基于组织缺氧与肝窦内皮细胞损伤探讨当归补血汤抗肝窦毛细血管化的作用机制及益气治法特点	国家自然科学基金	赵志敏	81102702	14.00
中医证候的构成要素确定和定义规范化研究	国家中医药行业专项	窦丹波	—	80.00
研究型中医院建设	上海市三年行动计划	周　华	—	1 000.00
病毒性肝炎中药新药临床评价研究技术平台	上海市科委	蒋　健	2008ZX09132-023	165.20
从血管紧张素Ⅱ诱导肾纤维化小鼠研究抗纤灵方作用及途径	上海市自然科学基金	陈　刚	11ZR1437700	10.00
红景天苷抑制肝星状细胞迁移的机制研究	上海市自然科学基金	平　键	11ZR1437900	10.00
从胞引突相关调控网络研究温肾活血方对胚胎着床障碍小鼠子宫内膜容受性的影响	上海市自然科学基金	张勤华	11ZR1437800	10.00
基于IL28B单核苷酸多态性研究我国难治性丙肝治疗应答个体差异及丙肝冲剂的干预作用	上海市科技启明星计划	聂红明	11QA1406700	15.00
温肾阳中药调控成骨细胞功能的分子信号平衡机制研究	上海市优秀学科带头人	詹红生	11XD1404600	20.00
基于血管生成/骨形成耦联研究补肾活血中药促骨形成的分子机制	上海市教委创新项目	赵咏芳	12ZZ120	16.00
肠益煎降低移植性结肠癌裸鼠肿瘤复发转移的机制研究	上海市教委创新项目	钟　薏	12ZZ123	16.00
基于内源性干细胞动员与归巢行为探索补肾中药促进骨质疏松性骨折愈合的作用机制	上海市教委创新项目	庞　坚	12YZ064	8.00
抗纤灵方抑制肾络病慢性肾衰竭大鼠TGF-β/P13K/Akt信号旁路的实验研究	上海市教委创新项目	陈　刚	12YZ069	8.00
医院成本核算体系与实施的研究	上海市医院协会医院管理研究基金	王见义	dx2011013	5.00
原发性胆汁性肝硬化中西医结合诊疗方案临床研究	上海市科委医学重点项目	高月求	11411951600	20.00
参蝎止痛胶囊等医院中药制剂的临床评价研究	上海市科委重点科技攻关项目	徐德生	11DZ1972900	80.00

（续表）

项 目 名 称	项 目 类 型	负责人	批准号	立项经费/万元
参蝎止痛胶囊治疗膝骨关节炎的临床评价研究	上海市科委重点科技攻关项目	郑昱新	11DZ1972902	15.00
医院制剂的治疗标准再提高和稳定性研究	上海市科委重点科技攻关项目	徐德生	11DZ1972901	20.00
莪连颗粒治疗慢性萎缩性胃炎伴肠化的随机、阳性药物平行对照研究	上海市科委重点科技攻关项目	林　江	11DZ1972903	15.00
蝉芩颗粒治疗顽固性咳嗽(风热犯肺证)的临床研究	上海市科委重点科技攻关项目	宋秀明	11DZ1972904	15.00
血尿灵颗粒治疗气阴两虚型肾性血尿的临床研究	上海市科委重点科技攻关项目	高建东	11DZ1972905	15.00
中医药综合预防老年脆性骨折等关键方案研究	上海市科委重点科技攻关项目	赵咏芳	11DZ1973400	50.00
中医药综合预防中老年脆性骨折关键方案研究	上海市科委重点科技攻关项目	赵咏芳	11DZ1973401	30.00
针刀"经筋层松解术"治疗膝骨关节炎的临床规范化研究	上海市科委重点科技攻关项目	陈东煜	11DZ1973902	20.00
鹿红颗粒及治疗慢性肝损伤中药新药临床前研究	上海市科委重点科技攻关项目	周　华	11DZ1971700	145.00
鹿红颗粒治疗慢性心衰 B 阶段的临床前研究	上海市科委重点科技攻关项目	周　华	11DZ1971701	75.00
治疗慢性肝损伤、肝纤维化新中药组分复方的研究	上海市科委重点科技攻关项目	孙明瑜	11DZ1971702	70.00
健脾清化法治疗脾虚湿热型慢性肾衰临床多中心大样本前瞻性研究	上海市科委重点科技攻关项目	何立群	11DZ1973100	200.00
健脾清化法治疗脾虚湿热型满四年过肾衰临床多中心大样本前瞻性研究	上海市科委重点科技攻关项目	何立群	11DZ1973101	100.00
中西医两种临床方案治疗晚期非小细胞肺癌的比较研究	上海市科委重点科技攻关项目	朱惠蓉	11DZ1973209	10.00
中西医结合用于胚胎种植后保胎治疗的研究	上海市科委医学重点项目	齐　聪	11411950106	15.00
益气养阴法对脑出血大鼠神经死亡与神经发生的调控机制研究	上海市医学会"神经疾病转化研究"科学基金	俞晓飞	SHNR－013	5.00
骨质疏松症患者骨折风险与中医体质的相关性研究	上海卫生局科研基金(青年)	郭海玲	—	2.00
特发性室性早搏患者生活质量与自主神经功能的关系及中药干预的影响	上海卫生局科研基金(青年)	阮小芬	—	2.00
针刺改善局灶性缺血性中风脑白质损伤弥散张量成像研究	上海卫生局科研基金(青年)	杨烁慧	—	2.00

（续表）

项 目 名 称	项 目 类 型	负责人	批准号	立项经费/万元
补肾健脾活血软坚法治疗多囊肾的临床研究	上海卫生局局级项目	高建东	—	3.00
复方参鹿颗粒对低危组骨髓增生异常综合征(DMS)造血细胞周期 G1/S 调控点干预机制研究	上海卫生局局级项目	陈　珮	—	3.00
高血压中医证型与血压变异性及靶器官损害的相关性研究	上海卫生局局级项目	刘永明	—	3.00
基于 CYP2C19 基因多态性探讨益气活血方对氯吡格雷慢代谢型的干预作用	上海卫生局局级项目	王肖龙	—	3.00
中药穴位敷贴疗法治疗湿疹的临床研究	上海卫生局局级项目	竺　炯	—	3.00
随机双盲多中心安慰剂对照评价中药治疗瘀血阻络型急性缺血性卒中有效性和安全性临床试验	浦东卫生重点协作项目	蔡定芳	PW2011D-5	7.00
拳击和跆拳道运动员运动损伤调查分析和推拿干预效果研究	上海市体育局局级项目	王建伟	—	5.00
高强度训练对女排队员内分泌激素分泌的影响及中医药调控研究	上海市体育局局级项目	张　明 陆　灏	—	5.00
以抗骨质增生胶囊为对照，评价参蝎止痛胶囊治疗膝骨关节炎有效性和安全性的随机双盲临床研究	上海市卫生局医院制剂专项	郑昱新	2011ZJ007	12.00
从影响慢性肾衰进展的主要因素研究肾衰冲剂的作用及安全性	上海市卫生局医院制剂专项	吴　锋	2011ZJ008	18.00
复方龙星片治疗慢性阻塞性肺疾病痰热蕴肺证患者的临床规范化研究	上海市卫生局医院制剂专项	张　炜	2011ZJ009	18.00
石军颗粒治疗肝性脑病的安全性和有效性的临床研究	上海市卫生局医院制剂专项	张　斌	2011ZJ010	18.00
黄芪消白颗粒治疗慢性肾炎蛋白尿疗效及安全性评价	上海市卫生局医院制剂专项	张昕贤	2011ZJ011	18.00
抗骨质增生合剂治疗膝骨关节炎的规范化研究	上海市卫生局医院制剂专项	石　瑛	2011ZJ012	18.00
温阳活血方干预冠脉慢血流的临床疗效研究	上海市教委预算内课题	薛金贵	—	5.00
加味四妙勇安汤干预脓毒症凝血功能紊乱的临床研究	上海市教委预算内课题	李淑芳	—	5.00
补肾活血复方含药血清对人子宫内膜干细胞影响的体外试验	上海市教委预算内课题	周　华	—	5.00
膝部骨密度测定及其在诊断绝经期妇女骨质疏松中的作用	上海市教委预算内课题	顾新丰	—	5.00

（续表）

项目名称	项目类型	负责人	批准号	立项经费/万元
加味肠益方干预湿热兼瘀型结直肠癌根治术后复发转移临床研究	上海市教委预算内课题	张　怡	—	5.00
电针刺激对手术中复张性肺损伤的保护作用的验证与研究	上海市教委预算内课题	池　浩	—	5.00
社区人群风险分级预防糖尿病体系的建立及中医药综合干预疗效的评价	上海市中医药事业三年行动计划重大项目	陆　灏	ZYSNXD-CC-ZDYJ013	60.00
针药复合麻醉优选方案及临床疗效评价研究	上海市中医药事业三年行动计划重大项目	周　嘉	ZYSNXD-CC-ZDYJ014	200.00
中药提高慢性乙型肝炎抗病毒应答治疗方案及其免疫调控机制研究(国家中医临床研究基地肝病联盟项目)	上海市中医药事业三年行动计划重大项目	高月求	ZYSNXD-CC-ZDYJ015	50.00
石氏伤科海派中医流派传承研究基地	上海市中医药事业三年行动计划重大项目	石印玉	—	500.00

表6-1-16　2012年科研项目情况表

项目名称	项目类型	负责人	批准号	立项经费/万元
腹泻症候群诊疗预案和重症救治临床研究	重大传染病专项	周　华	2012ZX10004301-604	279.52
中医药逆转乙型肝炎肝纤维化的临床方案研究	重大传染病专项	刘成海		1 300.00
中医药防治艾滋病肝炎结核临床科研基地建设——曙光基地	重大传染病专项	高月求	2012ZX10005010-002-003	200.00
基于转化医学的慢性乙型病毒性肝炎中医证候生物学研究	重大传染病专项	胡义扬	2012ZX10005001-004	480.00
针刺麻醉复合麻醉模式创新与应用研究	国家“973”项目	周　嘉	2013CB531901	400.00
从TRPV1通道蛋白表达变化探索肠吉泰治疗IBS内脏高敏感大鼠镇痛作用的机制	国家自然科学基金	丛　军	81202661	23.00
基于T淋巴细胞表达的纤维化蛋白/微粒双向调节HSC功能研究柔肝冲剂抗肝纤维化作用机制	国家自然科学基金	李　曼	81202662	23.00
基于AT1受体基因敲除致雄性小鼠不育从RAS研究“肾主生殖”的理论实质及中药干预	国家自然科学基金	邹　赟	81202669	23.00
基于p38 MAPK信号转导通路研究中医整复手法的镇痛机制	国家自然科学基金	陈　博	81202707	23.00
基于Wnt信号通路研究温肾活血中药干预对胚胎着床障碍小鼠的影响	国家自然科学基金	张勤华	81202715	23.00

（续表）

项目名称	项目类型	负责人	批准号	立项经费/万元
从 MAPK 通路及细胞凋亡探讨针刺麻醉对体外循环大鼠心肺作用效应及机制	国家自然科学基金	崔花顺	81202748	23.00
miR-322 调节血管新生参与肝纤维化的作用研究及中药复方的干预	国家自然科学基金	王清兰	81270053	70.00
基于 Smad7 蛋白表达调控解析黄芪总皂苷与甘草酸配伍抗肝纤维化的效应机制	国家自然科学基金	刘　平	81273728	75.00
茵陈蒿汤调控 Notch 信号通路影响库普弗细胞活化的效应机制研究	国家自然科学基金	孙明瑜	81273729	68.00
温补心肾对慢性肾功能不全心脏重塑能量代谢的干预及机制研究	国家自然科学基金	杨雪军	81273731	72.00
microRNAs/PI3-K/PKB/GLUT-4 信号途径对慢性心衰时骨骼肌糖代谢异常的调控及坎离颗粒干预研究	国家自然科学基金	姚成增	81273959	70.00
基于血管生成/骨形成耦联研究补肾活血中药促骨形成的分子机制	教育部重点项目	赵咏芳	—	22.00
上海石氏伤科流派传承工作室	国家中医药管理局	詹红生	—	500.00
未破裂脑动脉瘤流固耦合血流动力学数值分析研究	上海市教委创新项目	费智敏	13ZZ094	16.00
基于肥胖相关炎症因子的清化痰湿方治疗粉刺性乳痈临床疗效和作用机制研究	上海市教委创新项目	万　华	13ZZ100	16.00
NOS3 基因多态性与中药"DM120"治疗糖尿病肾病疗效的相关性研究	上海市教委创新项目	李俊燕	13YZ042	8.00
医院科研项目经费管理信息系统开发与应用	上海市教委人文社科项目	顾翠峰	2011JW83	0.50
基于教学团队建设的临床教师发展实证研究	上海市教委教育教学项目	仇　菲	2011JW97	1.00
基于代谢组学技术的湿热证"异病同证"生物学基础研究	上海市自然科学基金	张　华	12ZR1432300	10.00
基于肾小管肝脏型脂肪酸结合蛋白的表达研究固本通络方对小鼠 IgA 肾病的肾保护作用及机制	上海市自然科学基金	沈培成	12ZR1432400	10.00
针刺对促排卵小鼠子宫内膜容受性影响的实验研究	上海市自然科学基金	黄晓燕	12ZR1432500	10.00
红景天苷在 HDAC11 调控 HIF-1α 赖氨酸的乙酰化改善心脏干细胞耐受缺氧的作用机制研究	上海市自然科学基金	王肖龙	12ZR1432600	10.00
多媒体医患交流平台	上海市信息化发展专项基金	高　炬	—	185.00

（续表）

项目名称	项目类型	负责人	批准号	立项经费/万元
研究型医院建设	上海市中医药三年行动计划第二批重大项目	周　华	—	356.00
石氏伤科	海派中医流特色技术扶持建设项目	石印玉	—	120.00
杨氏针灸	海派中医流特色技术扶持建设项目	李国安	—	250.00
徐氏儿科	海派中医流特色技术扶持建设项目	朱盛国	—	100.00
夏氏外科	海派中医流特色技术扶持建设项目	柏连松	—	450.00
丁氏内科张伯臾临床研究基地	海派中医流特色技术扶持建设项目	蒋梅先	—	200.00
丁氏内科严苍山临床研究基地	海派中医流特色技术扶持建设项目	严世芸	—	200.00
丁氏内科童少伯临床研究基地	海派中医流特色技术扶持建设项目	何立群	—	150.00
张氏喉科学术思想传承研究	海派中医流特色技术扶持建设项目	忻耀杰	—	29.00
国际中国传统医学标准术语及编码工作建设项目	上海市中医药三年行动计划	竺丽明	—	219.40
四君子汤治疗肌萎缩侧索硬化症临床疗效研究	上海市中西医结合学会科研基金	朱旭莹	ZXYK－1237	2.00
双鹿加味方辨证治疗慢性肾炎蛋白尿的临床研究	上海市卫生局科研基金（面上）	杨雪军	20124064	3.00
温阳活血方改善心肌重构预防心梗后心衰的研究	上海市卫生局科研基金（面上）	薛金贵	20124069	3.00
TGF－β1基因多态性与“DM120”方治疗糖尿病肾病疗效的相关性研究	上海市卫生局科研基金（面上）	李俊燕	20124076	3.00
基于交叉试验设计研究推拿治疗膝骨关节炎的临床疗效	上海市卫生局科研基金（面上）	元唯安	20124082	3.00
加味四君子方治疗肌萎缩侧索硬化症脾虚证的临床疗效研究	上海市卫生局科研基金（面上）	朱旭莹	20124087	0.50
石氏伤科健康教育对降低骨质疏松症患者风险的护理研究	上海市卫生局科研基金（面上）	崔　屹	20124134	0.50
基于现代医学模式理论的住院医师规范化培养实践研究	上海市卫生局科研基金（面上）	朱惠蓉	—	2.00
痔血宁合剂治疗混合痔术后脱线期出血的临床研究	上海市卫生局科研基金（青年）	陆　宏	20124Y013	2.00

（续表）

项 目 名 称	项 目 类 型	负责人	批准号	立项经费/万元
温通散眼部热熨治疗糖尿病视网膜病变的临床观察	上海市卫生局科研基金（青年）	俞 莹	20124Y027	0.50
新加丹参饮干预氯吡格雷抵抗的影响研究	上海市卫生局科研基金（青年）	陈铁军	20124Y029	0.50
基于热、药分离式对明目解毒方熏蒸治疗单纯疱疹病毒性角膜炎兔的实验研究	上海市自然科学基金（青年）	俞 莹	12ZR1450600	10.00
以“标本兼治、活血为先”理论指导，中医药防治糖尿病血管并发症的临床研究	上海市中医药三年行动计划第二批重大项目	沈远东	ZYSNXD-CC-ZDYJ046	100.00
石氏中医药综合改善骨关节退行性疾病临床方案的优化和推广应用研究	上海市中医药三年行动计划第二批重大项目	詹红生	ZYSNXD-CC-ZDYJ047	90.00
肠癌术后及肝硬化癌前病变中西医结合治疗方案临床研究	上海市中医药三年行动计划第二批重大项目	朱惠蓉	ZYSNXD-CC-ZDYJ048	80.00
民间适宜技术研究	上海市中医药三年行动计划第二批重大项目	朱抗美	ZYSNXD-CC-ZDYJ055	50.00
中医药非物质文化遗产项目	上海市中医药三年行动计划第二批重大项目	马俊坚	—	40.00
复方鹿角合剂等医院制剂的临床再评价研究	上海市科委中医药临床专项	周 华	12401901900	80.00
复方鹿角合剂治疗慢性心力衰竭的临床再评价研究	上海市科委中医药临床专项	周 华	12401901901	20.00
泽漆片治疗慢性阻塞性肺病痰浊阻肺证的随机对照临床研究	上海市科委中医药临床专项	余小萍	12401901902	20.00
花参合剂治疗荨麻疹的临床研究	上海市科委中医药临床专项	竺 炯	12401901903	20.00
丹芍消炎合剂治疗亚急性盆腔炎及预防盆腔炎性疾病后遗症的临床研究	上海市科委中医药临床专项	张勤华	12401901904	20.00
基于心脏瓣膜手术的针药复合麻醉技术规范化研究	上海市科委中医药临床专项	周 嘉	12401903200	400.00
基于心脏瓣膜手术的针药复合麻醉技术规范化研究	上海市科委中医药临床专项	周 嘉	12401903201	150.00
可吸收针灸针具的研制及安全性有效性评价	上海市科委中医药临床专项	沈卫东	12401903204	50.00
中西医结合治疗冠状动脉粥样硬化性心脏病合并心功能不全的多中心临床研究	上海市科委中医药临床专项	王肖龙	12401903400	200.00
中西医结合治疗冠状动脉粥样硬化性心脏病合并心功能不全的多中心临床研究	上海市科委中医药临床专项	王肖龙	12401903401	150.00

（续表）

项 目 名 称	项 目 类 型	负责人	批准号	立项经费/万元
奚氏中医外科技术治疗糖尿病足溃疡方案的临床研究	上海市科委中医药临床专项	柳国斌	12401903800	23.00
验方朱氏盆炎汤治疗慢性盆腔炎性疾病后遗症有效性的临床多中心研究	上海市科委中医药临床专项	陈　静	12401903302	18.00
基于物联网的下腰痛诊治技术优化与集成研究	上海市科委临床专项	詹红生	12411951400	25.00
治疗慢性阻塞性肺疾病等新药临床前研究	上海市科委中药现代化专项	刘　力	12401901400	130.00
复方龙星片治疗慢性阻塞性肺疾病的新药临床前研究	上海市科委中药现代化专项	刘　力	12401901401	80.00
坎离颗粒治疗慢性心力衰竭的毒理学研究	上海市科委中药现代化专项	蒋梅先	12401901402	50.00
针刺辅助改善胸腔镜单肺通气呼吸功能障碍的方案研究	上海市科委引导项目	陈彤宇	12401905900	10.00
偏头痛临床疗效评价及疏风止痛胶囊临床干预研究	上海市科委产学研项目	元唯安	12DZ1970108	10.00
疏风止痛胶囊Ⅲ期临床研究	上海市科委产学研项目	蔡定芳	12DZ1970102	10.00
基于氧化应激研究黄芪桂枝五物汤干预糖尿病周围神经病的临床疗效	上海市卫生局中医药科研基金	秦保锋	2012L021A	3.00
柏氏虎杖油膏促进低位肛瘘术后创面愈合的临床疗效评价研究	上海市卫生局中医药科研基金	王　昱	2012L022A	3.00
基于糖脂代谢介质调控研究抗脂颗粒治疗脂肪肝的机制	上海市卫生局中医药科研基金	张　斌	2012L023A	3.00
基于骨骼-胰岛轴研究二仙汤对2型糖尿病患者糖代谢的影响并探讨其降糖机制	上海市卫生局中医药科研基金	陶乐维	2012L024A	3.00
郑昌雄教授治疗喉白斑病的学术经验研究	上海市卫生局中医药科研基金	忻耀杰	2012L025A	3.00
痔血宁合剂对湿热下注证痔病患者MMP-9、VEGF表达的干预	上海市卫生局中医药科研基金	杨　巍	2012L026A	3.00
针刺对膝痹病股四头肌肌张力影响的临床研究	上海市卫生局中医药科研基金	卫晓恩	2012L027B	0.00
痰湿在粉刺性乳痈病因病机中体现和清化痰湿法的临床疗效观察	上海市卫生局中医药科研基金	吴雪卿	2012L028A	3.00
幼龄SD大鼠肥胖症模型与青春发育提前的相关性研究	上海市卫生局中医药科研基金	赵　鋆	2012J002A	3.00
补肾健脾方对裸鼠移植性肝癌术后复发及复发后肝癌组织中血管生成拟态形成的影响	上海市卫生局中医药科研基金	钟　薏	2012J003A	6.00

（续表）

项 目 名 称	项 目 类 型	负责人	批准号	立项经费/万元
中医药国际化中的文化安全战略研究	上海市卫生局中医药科研基金	龚 鹏	2012G015A	3.00
基于耳声发射评价参茯五味芍药汤治疗突发性耳聋的临床研究	上海市卫生局中医药科研基金	滕 磊	2012QL011A	2.00
小续命方治疗风痰瘀阻型非痴呆型血管性认知功能障碍的临床疗效观察	上海市卫生局中医药科研基金	孙 燕	2012QL012A	2.00
基于经络理论探讨乳岩方治疗乳腺癌术后伴甲状腺疾病(肝郁脾虚型)的随机临床研究	上海市卫生局中医药科研基金	刘 慧	2012QL013A	2.00
鹿红颗粒治疗冠心病心力衰竭的临床研究	申康新兴前沿技术	周 华	—	50.00
银六方治疗小儿复感风热咳嗽多中心规范化临床研究	申康中药验方项目	沈 健	SHDC12012410	10.00
促愈熏洗方在痔术后应用的临床评价	申康中药验方项目	杨 巍	SHDC12012404	10.00
芒硝外敷治疗脑水肿的临床研究	申康适宜技术项目	费智敏	SHDC12012227	10.00
基于电子病历的中医临床路径管理	申康临床管理优势项目	朱梅萍	—	2.50
曙光医院便捷医疗服务系统	申康临床管理优势项目	赵 钢	—	2.50
基于现代医学模式理论的住院医师规范化培养实践研究	上海市医院管理课题	朱惠蓉	—	2.00
中医肝胆病学	重点学科	胡义扬	—	50.00
中医肾病学	重点学科	何立群	—	50.00
中医传染病学	重点学科	陈建杰	—	50.00
中医信息学	重点学科	周 华	—	150.00
中西医结合临床外科	重点学科	周 嘉	—	300.00
中医护理学	重点学科	张雅丽	—	300.00
肝病临床医学中心	上海市卫生局	陈建杰	—	500.00
中医护理技术在临床规范性应用及效果研究	黄浦区科协护理科研项目	张雅丽	HKHK-2012-09	1.00
中药浸渍防治肝性失眠的临床护理研究	黄浦区科协护理科研项目	徐玉萍	HKHK-2012-08	0.30
上海市中医护理工作达标建设单位建设	上海市卫生局课题	张雅丽	—	2.00

表 6-1-17　2013 年科研项目情况表

项 目 名 称	项 目 类 型	负责人	批准号	立项经费/万元
中医药联合恩替卡韦治疗乙肝肝硬化的临床研究	重大传染病专项	刘成海	2014ZX10005-001	2 400.00
慢加急性肝衰竭中西医结合治疗方案优化研究	重大传染病专项	卓蕴慧	2012ZX10005-005	48.10

（续表）

项目名称	项目类型	负责人	批准号	立项经费/万元
从血管内皮生长因子及其受体表达研究局灶硬化性肾炎蛋白尿的机制和艾灸的活血通络作用	国家自然科学基金	李　屹	81302923	23.00
基于肠—肺黏膜免疫及其信号转导的葛根芩连汤治疗轮状病毒湿热泻机制研究	国家自然科学基金	沈　健	81302924	23.00
从活性骨钙素的代谢通路探讨“从肾论治糖尿病”的新机制	国家自然科学基金	陶乐维	81302925	23.00
从 IL-33/ST2 信号传导通路探讨清热祛湿方治疗特应性皮炎的抗炎机制	国家自然科学基金	丁佩军	81302970	23.00
乳癌术后方对 HER2 阳性乳腺癌复发转移中 NF-kB 介导的 MMPs 细胞通路及其微环境的影响	国家自然科学基金	吴雪卿	81302974	23.00
基于 miRNAs 对关节软骨代谢及疼痛的调节机制研究柔肝中药治疗骨关节炎的作用机制	国家自然科学基金	高宁阳	81302988	23.00
从 Wnt/β-catenin 信号通路研究补肾活血中药干预对子宫内膜干细胞增殖的影响	国家自然科学基金	周　华	81302997	23.00
红景天苷通过 HDAC11 调控 HIF-1α 的降解改善心脏干细胞耐受缺氧并诱导心脏干细胞分化的作用机制研究	国家自然科学基金	王英杰	81303075	23.00
鹿红方有效成分对心梗后心力衰竭大鼠模型心肌代谢重构及 β3 受体、PPARα 表达的影响及机制研究	国家自然科学基金	戎靖枫	81303104	23.00
从 HSP70 对 NF-κB 信号转导通路的调控探讨炎调方治疗脓毒症急性肺损伤的作用机制	国家自然科学基金	沈晓红	81303105	23.00
基于 HIF-1α—COX-2—VEGF 信号通路的大肠癌血瘀证血管新生机制及活血化瘀中药的作用研究	国家自然科学基金	周利红	81303106	23.00
胰高血糖素样肽(GLP-1)以葡萄糖依赖的形式促进胰岛素分泌的神经内分泌机理	国家自然科学基金	周里钢	81370932	70.00
矢志方调节 NLRP3 炎性体减轻尿酸性肾病肾小管损伤的炎症机制研究	国家自然科学基金	高建东	81373613	72.00
从 mTOR 信号旁路研究慢性肾衰肾脏微癥积形成病机及抗纤灵对基因敲除小鼠抗肾纤维化作用	国家自然科学基金	何立群	81373615	65.00
从泛素—蛋白酶体途径研究补肾方治疗慢乙肝的双向调节效应机制及其主体效应中药组	国家自然科学基金	聂红明	81373618	65.00

（续表）

项 目 名 称	项 目 类 型	负责人	批准号	立项经费/万元
健脾益气法治疗肌萎缩侧索硬化症的作用机制研究	国家自然科学基金	潘卫东	81373619	72.00
从JAKs－gp130－STAT3信号通路研究鹿红方改善慢性心力衰竭心脏间质重构的机制	国家自然科学基金	周　华	81373625	72.00
风寒湿痹证因素影响骨关节炎进展的作用机制研究	国家自然科学基金	曹月龙	81373665	65.00
基于代谢组和转录组的慢性乙型肝炎患者不同舌象生物学基础研究	国家自然科学基金	胡义扬	81373857	72.00
扶正化瘀方重要组分丹参酚酸B抑制肝星状细胞自噬的作用机制	国家自然科学基金	徐列明	81373859	72.00
miR－200c通过JNK信号通路调控大肠癌多药耐药及左金丸对其作用的研究	国家自然科学基金	朱惠蓉	81373862	70.00
基于GLP－1受体相关信号通路的京尼平苷与绿原酸组合治疗非酒精性脂肪肝效应机制研究	国家自然科学基金	冯　琴	81374031	75.00
基于RhoA/ROCK信号通路研究祛湿化瘀方调节非酒精性脂肪肝中肠紧密连接功能的机制	国家自然科学基金	彭景华	81370094	70.00
携带miR－200c人大肠癌裸鼠可视化模型的建立及其通过JNK信号通路调控大肠癌多药耐药的机制	上海市科委动物专项	李　琦	13140902500	25.00
基于NKT细胞共刺激分子表达研究补肾健脾方治疗慢性乙型肝炎作用机制	上海市科技启明星	李　曼	13QA1403500	20.00
膝关节骨关节炎综合外治法的多中心临床研究	上海市科委临床重大项目	郑昱新	13411950500	185.00
膝关节骨关节炎综合外治法的多中心临床研究	上海市科委临床重大项目	郑昱新	13411950501	85.00
益肾止衰冲剂等院内制剂的临床再评价	上海市科委中医临床重点项目	杨雪军	13401902500	80.00
益肾止衰冲剂治疗慢性肾功能不全的临床再评价研究	上海市科委中医临床重点项目	杨雪军	13401902501	20.00
养血软坚胶囊治疗膝骨关节炎的临床研究	上海市科委中医临床重点项目	庞　坚	13401902502	20.00
黄杏润肠片治疗慢性功能性便秘的临床再评价研究	上海市科委中医临床重点项目	郑　德	13401902503	20.00
清热活血合剂治疗进展期银屑病的随机对照临床研究	上海市科委中医临床重点项目	丁佩军	13401902504	20.00

（续表）

项 目 名 称	项 目 类 型	负责人	批准号	立项经费/万元
慢性乙型肝炎部分应答患者中西医结合治疗方案临床研究	上海市科委中医临床重大项目	高月求	13401902900	200.00
慢性乙型肝炎部分应答患者中西医结合治疗方案临床研究	上海市科委中医临床重大项目	高月求	13401902901	100.00
糖尿病周围神经病变中医防治优化方案的评价研究	上海市科委中医临床重点项目	陆　灏	13401903200	30.00
针刀技术治疗腰椎间盘突出症的疗效评价与规范化临床研究	上海市科委中医临床重点项目	陈东煜	13401903500	30.00
疏肝和胃方联合雷贝拉唑治疗难治性胃食管反流病的多中心临床研究	上海市科委中医临床重点项目	林　江	13401902803	30.00
对口切开旷置结合垫棉法治疗复杂性肛瘘的临床研究	上海市科委中医临床重点项目	杨　巍	13401902703	20.00
夏枯草有效组分结肠靶向制剂的成药性研究	上海市科委中药项目	刘　力	13401900302	50.00
治疗非酒精性脂肪肝的新中药组分复方(GC方)的研究	上海市科委中药项目	胡义扬	13401900303	50.00
石氏针药结合治疗急性踝关节损伤的关键技术方案优化研究	上海市科委引导项目	赵咏芳	13401904300	30.00
温阳活血法干预舒张性心衰的临床规范	上海市科委引导项目	薛金贵	13401904400	20.00
脓毒症中医证型规律探讨及热毒炽盛证中医干预方案研究	上海市科委引导项目	李淑芳	13401904500	20.00
蟾毒灵抑制人骨肉瘤 HMG63 肿瘤肝细胞迁移和分化的机制研究	上海市自然科学基金	常跃文	13ZR1442500	10.00
基于 GLP－1 受体相关信号通路的京尼平苷与绿原酸组合治疗非酒精性脂肪肝的效应机制研究	上海市自然科学基金	冯　琴	13ZR1442600	10.00
从苦味受体通路探索“清化颗粒”影响胃肠胰岛轴的启动机制	上海市自然科学基金	陶　枫	13ZR1442700	10.00
活血化瘀中药调控 HIF－1α—COX－2—VEGF 信号转导抑制大肠癌血瘀证血管新生的机制研究	上海市自然科学基金(青年)	周利红	13ZR1462200	10.00
基于肝转运体 OATP1B1 途径探讨中药复方 JZF 对阿托伐他汀的代谢性增效机制研究	上海市自然科学基金(青年)	沈智杰	13ZR1462100	10.00
上海市优秀女子手球运动员备战全运会期间骨骼肌损伤的推拿防治研究	上海市体育局科研项目	朱国苗	13JT023	3.00
扶正化瘀胶囊治疗乙肝肝硬化作用机制探讨——外周血淋巴细胞对肝星状细胞的抑制	中国肝炎防治基金项目	平　键	CFHPC20120149	10.00

（续表）

项 目 名 称	项 目 类 型	负责人	批准号	立项经费/万元
针药复合麻醉下心、肺手术的推广应用	上海申康新兴前沿技术联合攻关项目	周 嘉	SHDC12013120	100.00
“右归丸”对睾酮水平正常的PADAM合并BPH肾阳虚患者的雄激素受体(AR)蛋白表达差异性的临床研究	上海市卫生局科研基金(面上)	赵建华	—	3.00
中药综合干预轻微型肝性脑病前瞻性队列研究	上海市卫生局科研基金(面上)	卓蕴慧	—	3.00
蝉芩颗粒对感染后咳嗽患者气道神经源性炎症影响的临床研究	上海市卫生局科研基金(面上)	沈若冰	—	3.00
活心方加载对冠心病心绞痛患者炎性因子及动脉功能的影响	上海市卫生局科研基金(面上)	徐 燕	—	3.00
固肠方保护肠屏障功能减少大肠癌术后转移的临床研究	上海市卫生局科研基金(面上)	王文海	—	3.00
通过肿瘤坏死因子评价消瘿方对桥本甲状腺炎临床疗效的研究	上海市卫生局科研基金(青年)	周绍荣	—	2.00
补肾健脾法治疗体外受精—胚胎移植中卵巢低反应的临床研究	上海市卫生局科研基金(青年)	沈明洁	—	2.00
上海地区女童性早熟中医证型分布及心理状态情况调查研究	上海市卫生局科研基金(青年)	陆超元	—	2.00
上海市临床医学中心	上海市卫生局	陈建杰		1 000.00
划痕术治疗酒渣鼻	上海市卫生系统适宜技术推广项目	何 翔	—	50.00
石氏针药结合治疗急性踝关节扭伤的推广应用研究	上海市卫生系统适宜技术推广项目	赵咏芳		50.00
基于代谢组学及化学计量学方法的肝炎后肝硬化中医虚实证候分类特征研究	上海市教委创新项目(重点)	张 华	14Zz119	16.00
绞股蓝皂苷元H6逆转索拉非尼耐药性肝癌细胞作用的机理研究	上海市教委创新项目(一般)	刘祖龙	14YZO62	8.00
慢性丙型肝炎证候规律及中医药诊治方案的研究——“十一五”重大传染病专项地方匹配	上海市政府地方匹配	陈建杰	—	143.26
慢性乙型肝炎中西医结合治疗方案研究——“十一五”重大专项地方匹配	上海市政府地方匹配	高月求	—	218.00
中药新药临床试验技术平台建设——“十二五”重大专项地方匹配	上海市政府地方匹配	蒋 健	—	200.45
补肾健脾利湿方治疗慢性乙型肝炎的免疫调控机制研究	国家中医药管理局中医临床基地项目	李 曼	JDZX2012058	14.00

（续表）

项目名称	项目类型	负责人	批准号	立项经费/万元
青娥丸降低绝经后骨质疏松性骨折干预方案的临床验证	上海市中医药三年行动计划重大项目	赵咏芳	ZYSNXD-JH-FFYJ	200.00
经皮内镜下减压术与开放减压术用于退行性腰椎管狭窄症	浦东卫生重点攻关项目	常跃文	PW2013D-11	14.00
基于 microRNA-143/145 调控网路探讨丹蒌片抗动脉粥样硬化的机制	吴阶平医学基金会	薛金贵	—	8.00
灵猫方抗乙肝病毒活性的动物实验研究	上海中医药大学预算内项目——理科	周振华	—	5.00
益气活血方治疗复发性卵巢子宫内膜异位囊肿的临床研究	上海中医药大学预算内项目——理科	杨　红	—	5.00
超生靶向爆破联合载药微泡对兔 VX2 肝癌凋亡及 Bax、Bcl-2 蛋白表达的影响	上海中医药大学预算内项目——理科	陈　坤	—	5.00
脑电双频指数对急性脑损伤程度及其预后评估的可行性研究	上海中医药大学预算内项目——理科	书国伟	—	5.00
基于动态血糖监测观察健脾清化方干预 2 型糖尿病患者血糖波动的随机对照研究	上海中医药大学预算内项目——理科	徐隽斐	—	5.00
健脾解毒方通过 miRNA195/Wnt3a 抑制大肠癌血管新生的研究	上海中医药大学预算内项目——理科	付晓伶	—	5.00
基于转突触示踪技术研究针刺合谷穴和/或足三里穴对大鼠膝关节疼痛模型镇痛作用	上海中医药大学预算内项目——理科	冯　煜	—	5.00
传统与新型外侧楔形角矫形器的生物力学差异研究	上海中医药大学预算内项目——理科	张　旻	—	5.00
海派膏方文化的发掘整理	上海中医药大学预算内项目——文科	龚　鹏	—	1.00
中医学一流学科建设项目	上海市教委学科建设项目	刘　平	—	50.00
中西医结合学一流学科建设项目	上海市教委学科建设项目	周　华	—	50.00
上海市中医临床重点实验室	上海市科委项目	刘成海	—	150.00
曙光医院诊疗服务标准化试点	上海市社会管理和公共服务标准化项目	周　华	S13-412-15Q-101	60.00
ISO 标准社会效益评估研究	上海市中医药三年行动计划项目	周　华	—	30.00
复方鳖甲软肝片治疗肝硬化失代偿期临床疗效研究	王宝恩肝炎基金会项目	周振华	CFHPC20131045	5.00
柔肝冲剂通过树突状细胞表达的 TLR4 调节 HSC 功能以抗肝纤维化的作用机制	王宝恩肝炎基金会项目	张　昕	CFHPC20131046	5.00

（续表）

项目名称	项目类型	负责人	批准号	立项经费/万元
芍药舒筋片的成果转让研究	医院横向科技项目	石印玉	—	500.00
电针灸法防治化疗周围神经毒性反应及改善免疫功能的随机单盲临床研究	中韩合作项目	钟 薏	—	9.00
中国前瞻性糖尿病研究——一项多中心、前瞻性、观察性队列研究，评价在2期糖尿病管理中二联口服降糖治疗模式的血糖达标情况	医院横向科技项目	陆 灏	CLAF237ACN04	20.00
丁氏推拿研究项目	医院横向科技项目	王建伟	—	20.00
增加骨密度功能检验的研究	医院横向科技项目	赵咏芳	—	10.00
麝香保心丸体外代谢性/转运性相互作用的研究	中国中西医结合学会—和黄科研基金	王肖龙	2013004	10.00
海派膏方文化	上海市非物质文化遗产项目	朱抗美	—	0.00
伤科疗法(石氏伤科疗法)	上海市非物质文化遗产项目	石印玉	—	0.00
外科疗法(夏氏外科疗法)	上海市非物质文化遗产项目	柏连松	—	0.00

表6-1-18 2014年科研项目情况表

项目名称	项目类型	负责人	批准号	立项经费/万元
心血管疾病和肿瘤疾病大数据处理分析与应用研究	“863”计划	高 炬	SS2015AA020107	1 000.00
经典名方茵陈蒿片新药临床前研究	重大新药创制项目	刘 平	2015ZX09101043-004	700.00
芍药舒筋片治疗膝骨关节炎临床研究	重大新药创制项目	赵咏芳	2015ZX09101-021	668.47
中医药联合恩替卡韦治疗乙肝肝硬化的临床研究	重大传染病专项	刘成海	2014ZX10005001	1 442.18
基于STAT3信号通路研究绞股蓝皂苷元H6逆转肝癌细胞对索拉非尼获得性耐药的机制	国家自然科学基金(青年)	刘祖龙	81402515	23.00
基于转运体OATP调控研究降脂方对阿托伐他汀药代动力学的影响	国家自然科学基金(青年)	沈智杰	81403137	23.00
从TLR4/cAMP信号传导通路研究尿感方清除受感染膀胱上皮细胞胞内UPEC的作用机制	国家自然科学基金(青年)	贺 敏	81403168	23.00
针刺减轻局灶性脑缺血炎性反应的MRI分子影像学研究	国家自然科学基金(青年)	杨烁慧	81403204	23.00

（续表）

项目名称	项目类型	负责人	批准号	立项经费/万元
从 p38MAPK 信号通路研究复方参鹿颗粒调控较低危 MDS 骨髓 CD34＋细胞凋亡的机制	国家自然科学基金（青年）	赵　琳	81403233	23.00
枯否氏细胞介导的炎症通路在 NAFLD 肝损伤中的作用及参葛方干预的机制研究	国家自然科学基金（青年）	江　云	81403237	23.00
基于方证生物网络的慢性乙型肝炎肝胆湿热证潜在标志物研究	国家自然科学基金（青年）	赵　瑜	81403298	23.00
乙肝病毒感染后细胞自噬对Ⅰ型干扰素作用以及补肾健脾方的干预机制研究	国家自然科学基金（青年）	朱晓骏	81403351	23.00
从 AMPK/PPARα 对心肌 FFA 代谢调控探讨坎离颗粒改善慢性心衰时心肌能量代谢的作用机制	国家自然科学基金（青年）	阮小芬	81403352	23.00
柔肝方通过调控浆样树突状细胞介导 Th22 细胞分化抗肝纤维化的作用机制研究	国家自然科学基金（青年）	周振华	81403354	23.00
从玄府开阖理论探讨足细胞裂隙隔膜在 IgA 肾病中的实验基础和益气固摄法的干预作用	国家自然科学基金（青年）	唐　英	81403358	23.00
从苦味受体通路探索“清化颗粒”启动胃肠胰岛轴的机制	国家自然科学基金（青年）	李俊燕	81403359	24.00
左金丸通过 PI3k/Akt/NF－κB 信号通路抑制 ABCB1 介导的大肠癌耐药的机制研究	国家自然科学基金（青年）	付晓伶	81403360	23.00
从 SDF－1/CXCR4 信号通路调节心脏干细胞自噬研究鹿红方修复受损心肌的机制	国家自然科学基金（青年）	瞿惠燕	81403363	23.00
基于上皮器官筏模型探讨复方狼毒方对尖锐湿疣发病环节 HPVE6E7 下调抑瘤因子 p53、Rb 的干预作用	国家自然科学基金（青年）	何　翔	81403401	23.00
强筋功法对多裂肌的影响及其治疗腰椎间盘突出症的机制研究	国家自然科学基金（青年）	元唯安	81403414	23.00
补肾活血中药通过 VEGF－MARK 依赖途径调控骨形成的作用机制研究	国家自然科学基金（青年）	郭海玲	81403415	23.00
从 NOBOX 转录因子对原始卵泡激活及发育的调控途径研究补肾健脾方改善老龄小鼠卵巢低反应的机制	国家自然科学基金（青年）	沈明洁	81403424	23.00
艾灸调节类风湿关节炎模型大鼠 TH17/Treg 细胞失衡及 Galectin－9 介导的机制研究	国家自然科学基金（青年）	刘志丹	81403465	23.00
基于肝窦内皮细胞与星状细胞关系探讨当归补血汤组分复方抗肝血管新生与纤维化的作用机制及配伍特点	国家自然科学基金（面上）	赵志敏	81473404	72.00

（续表）

项目名称	项目类型	负责人	批准号	立项经费/万元
从非酒精性脂肪肝不同典型证候的尿代谢物探讨证相关物质谱	国家自然科学基金(面上)	苟小军	81473475	72.00
Tfh细胞—IL21—B细胞轴在慢性乙型肝炎HBeAg血清学转换中的作用及补肾方的干预机制	国家自然科学基金(面上)	李　曼	81473477	73.00
miR-195靶向LRP6调控Wnt/β-catenin信号通路抑制大肠癌侵袭转移及健脾解毒方对其作用的研究	国家自然科学基金(面上)	李　琦	81473478	73.00
消胀贴膏外用治疗肝硬化腹水的作用机制与透皮效应成分研究	国家自然科学基金(面上)	刘成海	81473479	74.00
无创性子宫内膜容受性评价体系的构建以及针刺干预治疗的研究	国家自然科学基金(面上)	严　骅	81473541	66.00
从miRNA表达谱研究抗纤灵方抑制肾脏纤维化的作用和机制	国家自然科学基金(面上)	蒋宇峰	81473626	66.00
补肾方调节MAVS介导的信号通路发挥抗炎、抗病毒作用机制及其主体疗效中药组	国家自然科学基金(面上)	孙学华	81473629	73.00
整复颈椎筋出槽骨错缝手法力学机制的三维有限元分析与研究	国家自然科学基金(面上)	詹红生	81473702	74.00
针对骨重建相对静止和活跃期研究补肾活血方调控骨耦联作用机制的特点	国家自然科学基金(面上)	赵咏芳	81473703	74.00
辨证分型提高缺血性脑卒中二级预防疗效的临床研究——2 200例随机双盲多中心安慰剂平行对照设计	上海市科委中医临床重大项目	俞晓飞	14401970300	200.00
颈椎病(含脊髓型)中医综合治疗与手术的长时程随访对比研究	上海市科委中医临床重大项目	詹红生	14401970402	80.00
中医药综合方案对环境因素所致肺胀病(慢性阻塞性肺疾病)呼吸道损伤防治作用的临床研究	上海市科委中医临床重大项目	张　炜	14401970600	25.00
清肝泻火法对乳腺增生症中医诊治方案的优化研究	上海市科委中医临床重大项目	万　华	14401971000	25.00
针灸治疗耳鸣耳聋临床方案规范化研究	上海市科委中医临床重大项目	沈卫东	14401971700	25.00
巴菟补肾益肝颗粒等中药院内制剂的临床再评价	上海市科委中医临床重大项目	孙学华	14401972200	48.00
巴菟补肾益肝颗粒治疗慢性乙型肝炎的临床再评价	上海市科委中医临床重大项目	孙学华	14401972201	16.00
潜阳合剂治疗高血压病的临床再评价研究	上海市科委中医临床重点项目	王肖龙	14401972202	16.00

（续表）

项目名称	项目类型	负责人	批准号	立项经费/万元
黄芪消白颗粒治疗慢性肾小球肾炎蛋白尿的临床研究	上海市科委中医临床重点项目	沈沛成	14401972203	16.00
新型中药靶向给药系统治疗大肠癌的研究	上海市科委国际合作项目	李　琦	14430722900	30.00
中药方 ARDCA 对乳腺癌内分泌治疗引起骨质丢失预防作用的研究	上海市科委中医临床重点项目	万　华	14411950203	10.00
复方紫荆消伤膏上市后临床研究	上海市科委中医临床重点项目	詹红生	14DZ1900404	10.00
健脾清化颗粒治疗气阴两虚型 2 型糖尿病的疗效再评价研究	上海市科委中医引导项目	姚　政	14401930400	30.00
消瘿合剂干预甲状腺功能正常的育龄期女性桥本甲状腺炎患者临床疗效的观察	上海市科委中医引导项目	陆　灏	14401930600	30.00
痔上黏膜缝扎结合内扎外剥术治疗环状重度脱垂性混合痔的临床研究	上海市科委中医引导项目	汪庆明	14401931000	20.00
益气活血方治疗急性冠脉综合征(气虚血瘀证)有效性与安全性的随机对照临床研究	上海市科委中医引导项目	王英杰	14401931100	20.00
“促愈熏洗方”治疗低位肛瘘术后创面的临床研究	上海市科委中医引导项目	仇　菲	14401933500	10.00
骨质疏松症患者骨折风险评估及补肾中药干预的临床研究	上海市科委中医引导项目	郭海玲	14401933700	10.00
补肾健脾方对慢性乙型肝炎部分应答患者特异性 T 细胞免疫功能的影响	上海市扬帆计划	周振华	14YF1411600	10.00
姜黄素抑制 γδT 细胞介导的 IL－23/IL－17 细胞因子轴及对银屑病的作用机制研究	上海市自然科学基金	李　珍	14ZR1441800	10.00
从肝细胞自噬探讨补肾健脾方抑制乙肝病毒复制的机制研究	上海市自然科学基金	朱晓骏	14ZR1441900	10.00
基于方证生物网络的慢性乙型肝炎肝胆湿热证客观化研究	上海市自然科学基金	赵　瑜	14ZR1442000	10.00
从 PTEN/P13K/Akt/mTOR 信号通路调控原始卵泡激活发育角度研究补肾健脾方，改善老龄小鼠卵巢低反应的机制	上海市自然科学基金	沈明洁	14ZR1442100	10.00
miR－195 裸鼠人肠癌模型的建立及其对侵袭转移的影响	上海市实验动物专项	刘　宣	14140901402	12.50
miR－195 通过 Wnt/β－catenin 信号通路抑制大肠癌侵袭转移及健脾解毒方对其作用的研究	上海市教委晨光计划	刘　宣	—	10.00
中医眼科传统外治疗法的传承与创新	上海市中医药三年行动计划特色扶持项目	缪晚虹	ZY3－JSFC－1－1019	100.00

（续表）

项 目 名 称	项 目 类 型	负责人	批准号	立项经费/万元
中医耳鼻喉专科建设	上海市中医药三年行动计划特色扶持项目	忻耀杰	ZY3-JSFC-1-1020	100.00
复方龙星片干预慢性阻塞性肺疾病痰热蕴肺证患者的临床规范化再评价	上海市中医药三年行动计划院内制剂专项	徐贵华	ZY3-JSFC-2-1032	20.00
清胃合剂治疗脾胃湿热型慢性胃炎的随机对照临床实验	上海市中医药三年行动计划院内制剂专项	朱梅萍	ZY3-JSFC-2-1039	20.00
解湿热合剂治疗急性湿疹的临床再评价研究	上海市中医药三年行动计划院内制剂专项	何　翔	ZY3-JSFC-2-1025	20.00
黄芪胶囊治疗慢性肾炎蛋白尿的临床疗效及安全性再评价	上海市中医药三年行动计划院内制剂专项	黄　迪	ZY3-JSFC-2-1026	20.00
血尿灵颗粒治疗气阴两虚肾性血尿的疗效评价研究	上海市中医药三年行动计划院内制剂专项	蒋宇峰	ZY3-JSFC-2-1028	20.00
潜阳合剂治疗阴虚阳亢型高血压病的临床疗效观察及安全性评价	上海市中医药三年行动计划院内制剂专项	徐　燕	ZY3-JSFC-2-1033	20.00
养血软坚胶囊治疗膝骨关节炎的临床疗效评价	上海市中医药三年行动计划院内制剂专项	张　琥	ZY3-JSFC-2-1035	20.00
巴菟补肾益肝颗粒治疗慢性乙型肝炎临床疗效再评价	上海市中医药三年行动计划院内制剂专项	张　斌	ZY3-JSFC-2-1034	20.00
黄芪消白颗粒治疗脾肾气虚湿热型慢性肾炎蛋白尿的临床疗效和安全性再评价研究	上海市中医药三年行动计划院内制剂专项	沈沛成	ZY3-JSFC-2-1029	20.00
复方参鹿颗粒治疗肾阳虚型再生障碍性贫血的临床再评价	上海市中医药三年行动计划院内制剂专项	赵　琳	ZY3-JSFC-2-1036	20.00
痔血宁合剂治疗痔的有效性及安全性临床再评价研究	上海市中医药三年行动计划院内制剂专项	郑　德	ZY3-JSFC-2-1037	20.00
消瘿合剂治疗良性甲状腺结节的临床研究	上海市中医药三年行动计划院内制剂专项	周绍荣	ZY3-JSFC-2-1038	20.00
丹芩消郁合剂治疗乳腺增生症有优效性和安全性	上海市中医药三年行动计划院内制剂专项	冯佳梅	ZY3-JSFC-2-1024	20.00
加味归脾合剂治疗原发性免疫性血小板减少症的临床再评价	上海市中医药三年行动计划院内制剂专项	黄中迪	ZY3-JSFC-2-1027	20.00
养血止崩合剂治疗无排卵性功血的临床再评价研究	上海市中医药三年行动计划院内制剂专项	曾薇薇	ZY3-JSFC-2-1023	20.00
复方鹿角合剂治疗慢性心衰的临床有效性和安全性的评价	上海市中医药三年行动计划院内制剂专项	徐德生	ZY3-JSFC-2-1031	20.00
灵芪参口服液治疗2型糖尿病(气阴两虚症)的临床疗效和安全性再评价研究	上海市中医药三年行动计划院内制剂专项	陶　枫	ZY3-JSFC-2-1030	20.00
穴位敷贴透皮剂王氏肝舒贴治疗慢性乙型肝炎胁痛的新药临床研究	上海市中医药三年行动计划院内制剂专项	赵　钢	ZY3-JSFC-2-2014	30.00

（续表）

项 目 名 称	项 目 类 型	负责人	批准号	立项经费/万元
中药制剂室中药固体制剂个体化给药系统的建设	上海市中医药三年行动计划院内制剂专项	刘 力	ZY3 - JSFC - 2 - 3004	100.00
上海市民间中医特色技术评价中心建设	上海市中医药三年行动计划民间中医药特色项目	余小萍	ZY3 - JSFC - 3 - 1001	260.00
海派中医流派（丁氏内科）传承研究基地建设项目	上海市中医药三年行动计划中医流派传承规律和模式研究	严世芸	ZY3 - CCCX - 1 - 1001	1 600.00
海派中医流派（石氏伤科）传承研究基地建设项目	上海市中医药三年行动计划中医流派传承规律和模式研究	石 瑛	ZY3 - CCCX - 1 - 1003	600.00
海派中医流派（夏氏外科）传承研究基地建设项目	上海市中医药三年行动计划中医流派传承规律和模式研究	柏连松	ZY3 - CCCX - 1 - 1008	250.00
海派中医流派（杨氏针灸）传承研究基地建设项目	上海市中医药三年行动计划中医流派传承规律和模式研究	沈卫东	ZY3 - CCCX - 1 - 1012	250.00
研究型中医院建设	上海市中医药三年行动计划中医药传承创新平台建设	周 华	ZY3 - CCCX - 2 - 1003	1 000.00
中医药干预晚期肝癌临床疗效评价研究	上海市中医药三年行动计划中医药创新内涵建设	孙学华	ZY3 - CCCX - 3 - 2006	150.00
基于代谢组学研究左金丸及其类方的配伍机制	上海市中医药三年行动计划中医药创新内涵建设	蒋 健	ZY3 - CCCX - 3 - 2007	150.00
芍药舒筋片治疗膝骨关节炎临床研究	上海市中医药三年行动计划中医药创新内涵建设	赵咏芳	ZY3 - CCCX - 3 - 2008	150.00
传统正骨手法在骨折现代治疗中的应用	上海市中医药三年行动计划中医药创新内涵建设	刘印文	ZY3 - CCCX - 3 - 3004	50.00
补肾健脾方治疗 IVF 中大龄女性卵巢低反应的临床疗效评价及机制研究	上海市中医药三年行动计划中医药创新内涵建设	齐 聪	ZY3 - CCCX - 3 - 3007	50.00
病证结合研究健脾解毒法防治大肠癌术后复发转移	上海市中医药三年行动计划中医药创新内涵建设	李 琦	ZY3 - CCCX - 3 - 3012	50.00
运用 SMI（魔镜）技术评价化湿泄浊方改善高脂血症患者颈动脉易损斑块内炎症与血管新生作用机制研究	上海市中医药三年行动计划中医药创新内涵建设	何 峥	ZY3 - CCCX - 3 - 3020	50.00

（续表）

项 目 名 称	项 目 类 型	负责人	批准号	立项经费/万元
中药补肾方调节 NKT 细胞 IL-4/IFN-γ 平衡促进中性粒细胞凋亡改善肝脏损伤的免疫机制	上海市中医药三年行动计划中医药创新内涵建设	李　曼	ZY3-CCCX-3-3027	50.00
体外冲击波穴位治疗对老年骨关节疼痛患者的干预及运动能力的影响	上海市中医药三年行动计划中医药创新内涵建设	陈晓宏	ZY3-CCCX-3-3028	50.00
中医药防治非酒精性脂肪性肝病的临床研究	上海市中医药三年行动计划中医药创新内涵建设	周振华	ZY3-CCCX-3-3029	50.00
加味四君子汤对肌萎缩侧索硬化生存期的影响——随机双盲安慰剂对照多中心临床设计	上海市中医药三年行动计划中医药创新内涵建设	朱旭莹	ZY3-CCCX-3-3030	50.00
高位马蹄形肛瘘对口切旷垫棉法临床评价和技术操作规范研究	上海市中医药三年行动计划中医药创新内涵建设	汪庆明	ZY3-CCCX-3-3034	50.00
糖尿病周围神经病变中医防治优化方案的评价研究	上海市中医药三年行动计划中医药创新内涵建设	陆　灏	ZY3-CCCX-3-3041	50.00
黄芪桂枝五物汤治疗脾肾阳虚型 IgA 肾病蛋白尿研究	上海市中医药三年行动计划中医药创新内涵建设	高建东	ZY3-CCCX-3-4002	400.00
针灸实时功能 MRI 成套装置的研发	上海市中医药三年行动计划中医药创新内涵建设	詹松华	ZY3-CCCX-3-6001	200.00
中医目诊仪(临床诊疗设备)开发研究	上海市中医药三年行动计划中医药创新内涵建设	张　华	ZY3-CCCX-3-6002	200.00
管理类中医药发展型人才	上海市中医药三年行动计划中医药专门人才计划	李　屹	ZY3-RCPY-3-1004	10.00
综合治疗模式的传统中医专门型人才培养	上海市中医药三年行动计划中医药专门人才计划	傅慧婷	ZY3-RCPY-3-1009	10.00
跨流派针灸推拿结合型人才培养	上海市中医药三年行动计划中医药专门人才计划	王　波	ZY3-RCPY-3-1026	10.00
中医紧缺专科儿科传染病传承人才培养计划	上海市中医药三年行动计划中医药专门人才计划	沈　健	ZY3-RCPY-3-1027	10.00

（续表）

项目名称	项目类型	负责人	批准号	立项经费/万元
乳腺专科人才培养	上海市中医药三年行动计划中医药专门人才计划	高晴倩	ZY3-RCPY-3-1028	10.00
中医眼科专门人才培养计划	上海市中医药三年行动计划中医药专门人才计划	石晶琳	ZY3-RCPY-3-1029	10.00
中药临床药学人才培养方案	上海市中医药三年行动计划中医药专门人才计划	关　溪	ZY3-RCPY-3-1040	10.00
中药Ⅰ期临床研究专业人才培养	上海市中医药三年行动计划中医药专门人才计划	朱蕾蕾	ZY3-RCPY-3-1059	10.00
提升自我内涵，普及中医药伦理审查	上海市中医药三年行动计划中医药专门人才计划	关　鑫	ZY3-RCPY-3-1057	10.00
中医药国际化专门型人才培养项目	上海市中医药三年行动计划中医药专门人才计划	李熠萌	ZY3-RCPY-3-1049	10.00
中医药文化科普教育基地建设工程	上海市中医药三年行动计划中医药文化平台建设	马俊坚	ZY3-WHJS-1-1015	100.00
星级考核在行政人员绩效考核与薪酬分配体系中的探索与应用	申康管理课题	瞿惠燕	2014SKMR-17	3.00
基于“九星”评估法在临床医生的绩效考核与薪酬分配中的应用研究	申康管理课题	徐　莱	2014SKMR-18	3.00
三级医院后勤外包服务绩效考核及薪酬标准研究	申康管理课题	竺　炯	2014SKMR-19	3.00
中医综合疗法与手术治疗颈椎病的长时程随访比较研究	申康新兴前沿技术项目	詹红生	SHDC12014121	80.00
盾构切开法治疗复杂性浆细胞性乳腺炎诊治技术推广应用研究	申康适宜技术推广项目	万　华	SHDC12014209	15.00
外剥内套齿线保留术治疗混合痔的多中心推广应用研究	申康适宜技术推广项目	杨　巍	SHDC12014222	15.00
上海市中医肝病临床医学中心	“重中之重”临床医学中心建设项目	陈建杰	—	200.00
经皮穴位电刺激对腹腔镜肠道手术围术期胃肠道功能的保护作用	上海市卫计委中医药基金	袁　岚	2014LP091B	1.00
多点小切口切开引流术在复杂性浆细胞性乳腺炎中的应用评价	上海市卫计委中医药基金	高晴倩	2014LQ092A	3.00

（续表）

项 目 名 称	项 目 类 型	负责人	批准号	立项经费/万元
石氏伤科膝关节导引功法防治膝骨关节炎的临床护理研究	上海市卫计委中医药基金	崔 屹	2014LP093A	3.00
门奇静脉断流术联合消胀方治疗肝硬化门脉高压性食管胃底静脉曲张临床疗效评价	上海市卫计委中医药基金	龚航军	2014LP094A	3.00
润燥解毒汤治疗干燥综合征的疗效评价及其对唾液蛋白的影响	上海市卫计委中医药基金	杨光辉	2014LP095A	3.00
手法闭合复位结合经皮微创固定治疗胫骨中下段骨折的临床研究	上海市卫计委中医药基金	刘印文	2014LP096A	3.00
针刺阳陵泉、胆囊穴对急性胆囊炎镇痛治疗的临床研究	上海市卫计委中医药基金	黄建平	2014LP097A	4.00
基于内啡肽系统研究针刺麻醉在宫腔镜术中及术后的镇痛作用	上海市卫计委中医药基金	殷岫绮	2014LP098A	4.00
对口切开保留皮桥术治疗低位经括约肌瘘的临床研究	上海市卫计委中医药基金	郑 德	2014LP099A	5.00
健脾磨积解毒方联合聚乙二醇干扰素和利巴韦林治疗丙型肝炎肝硬化代偿期的临床研究	上海市卫计委中医药基金	李运东	2014LP100A	6.00
上海市中医医院医疗质量控制管理现状分析和下一步对策	上海市卫计委中医药基金	汤慧敏	2014GP011B	0.50
计算机3D打印技术辅助微创锁定钢板治疗胫骨骨折的前瞻性随机对照研究	上海市卫计委科研项目（面上）	张 磊	2014(54)	3.00
四蚕加味方辨证治疗慢性肾炎的临床研究	上海市卫计委科研项目（面上）	沈沛成	2014(56)	3.00
葛根与GnRH－a预防子宫内膜异位症术后复发的疗效比较	上海市卫计委科研项目（面上）	马庆良	2014(221)	3.00
Fibroscan对慢性乙型肝炎肝纤维化的诊断价值及复方鳖甲软肝片的干预研究	上海市卫计委科研项目（青年）	黄凌鹰	2014(638)	2.00
中西医结合放射科学	上海重点学科一流学科建设项目	詹松华	—	5.00
中西医结合眼科学	上海重点学科一流学科建设项目	赵 峰	—	5.00
中西医结合麻醉科学	上海重点学科一流学科建设项目	宋建钢	—	1.00
补肾方负调控树突状细胞AhR水平的疗效机制研究	上海市教委预算内项目	张 鑫	2014YSN39	6.00
扶正化瘀组分复方对难治性肝纤维化的抗血管新生作用机制	上海市教委预算内项目	吕 靖	2014YSN40	6.00

（续表）

项 目 名 称	项 目 类 型	负责人	批准号	立项经费/万元
苦玄参苷 IA 抑制 LPS 诱导的 A549 和 RAW264.7 细胞炎症因子表达及机制研究	上海市教委预算内项目	王　倩	2014YSN41	6.00
电针预处理对常温下肝门阻断患者围手术期肝功能的保护作用	上海市教委预算内项目	唐　炜	2014YSN42	6.00
基于 PI3k/Akt 通路探讨从脾论治糖尿病认知功能障碍的新机制	上海市教委预算内项目	陈清光	2014YSN43	6.00
健脾解毒方调控 COX－2/PGE2 介导 PI3k/AKT 通路抑制幽门螺杆菌诱导胃癌侵袭转移的研究	上海市教委预算内项目	张彦博	2014YSN44	6.00
基于正交设计优化左金丸逆转大肠癌多药耐药的临床研究	上海市教委预算内项目	赵　钢	2014YSN45	6.00
恩替卡韦联合鳖甲软肝片治疗乙肝后肝硬化/肝纤维化方案的临床疗效观察	上海市教委预算内项目	吴　眉	2014YSN46	6.00
电纺丝纳米白芨覆膜生物补片促进诱导种子细胞修复重建腹壁缺损的应用研究	上海市教委预算内项目	谢晓峰	2014YSN47	6.00
基于现代数理模型的医院学科科研绩效评估体系的建立及应用	上海市教委预算内项目（文科）	顾翠峰	2014YSN97	3.00
上海市居民自煎服依从性现状的调查研究	上海市教委预算内项目（文科）	董春玲	2014YSN98	3.00
五行音乐疗法治疗糖尿病郁证的效果研究	上海市教委预算内项目（护理）	董春玲	2014HL01	0.50
耳穴埋豆对预防混合痔术后尿潴留的效果观察	上海市教委预算内项目（护理）	潘　琼	2014HL02	0.50
视网膜脱落术后护理架在眼科玻璃体切除术后的应用研究	上海市教委预算内项目（护理）	朱小贞	2014HL03	0.50
足部塌渍对妇科腹腔镜手术后腹胀的效果研究	上海市教委预算内项目（护理）	刘丽艳	2014HL04	0.50
肾病高尿酸血症膳食管理的效果研究	上海市教委预算内项目（护理）	汪小冬	2014HL05	0.50
院内制剂和经验方规范化临床验证	浦东新区中医药事业发展专项资金	周　华	PDYNZJ2014	200.00
老年骨骼疾病防治	浦东重点学科群建设项目	赵咏芳	—	90.00
浦东新区中老年人群骨折风险评估研究	浦东重点学科群附带课题	赵咏芳	—	27.00
中药联合长效干扰素治疗 HBeAg 阳性慢性乙型肝炎临床方案研究	浦东新区卫生重点攻关项目	孙学华	PW2014D－13	7.00

（续表）

项 目 名 称	项 目 类 型	负责人	批准号	立项经费/万元
参葛方治疗非酒精性脂肪性肝病的临床疗效观察	浦东新区院内制剂专项	孙学华	PDYNZJ2014-33	3.00
乳益煎对于晚期乳腺肿瘤患者细胞黏附能力和细胞凋亡能力的临床研究	浦东新区院内制剂专项	钟 薏	PDYNZJ2014-34	3.00
三七颗粒治疗失眠症（心肝血虚证）的随机双盲对照研究	浦东新区院内制剂专项	贺 敏	PDYNZJ2014-35	3.00
降脂方治疗高脂血症（痰盂互结证）有效性与安全性的随机对照临床研究	浦东新区院内制剂专项	王英杰	PDYNZJ2014-36	2.00
桑松外洗散治疗踝关节扭伤临床研究	浦东新区院内制剂专项	杜 炯	PDYNZJ2014-37	3.00
温肾活血汤干预对 IVF 反复移植失败患者妊娠结局的影响	浦东新区院内制剂专项	张勤华	PDYNZJ2014-38	2.00
药枕方药物眼贴膜对调节痉挛及融合性辐辏储备力影响的临床观察	浦东新区院内制剂专项	石晶琳	PDYNZJ2014-39	2.00
"益气康复方"治疗围手术期患者的疗效观察	浦东新区院内制剂专项	赵春英	PDYNZJ2014-40	2.00
HBeAg 阴性慢性乙型肝炎患者恩替卡韦续贯联和 PEG-IFNa-2b 临床研究	中华医学会临床医学科研专项	高月求	14040340571	10.00
中药注射剂对万古霉素血药浓度的影响	上海医院药学科研项目	关 溪	2014-YY-02-17	1.00
恩曲他滨治疗慢性乙肝初治患者上市后临床研究	国家卫计委科技发展项目	高月求	W2014HB081	10.00
南丁格尔志愿服务队助残障项目	上海市志愿服务公益基金项目	徐美琴	2014(87)	2.50
胸痹心痛病中医延伸护理需求的调查研究	上海市护理学会专项	张雅丽	2014MS-B07	2.00

表 6-1-19 2015 年科研项目情况表

项 目 名 称	项 目 类 型	负责人	批准号	立项经费/万元
基于肠道菌群研究中药组分复方 GC 方调节非酒精性脂肪肝 GLP-1 合成与分泌的机制	国家自然科学基金（面上）	冯 琴	81573668	65.00
基于 CD8+T 淋巴细胞亚群的变化探讨扶正化瘀方抗肝纤维化的免疫调节机制	国家自然科学基金（面上）	周 扬	81573794	54.00
黄芪汤调控肝祖细胞 NUMB/NOTCH 信号通路抗胆汁性肝纤维化的机制研究	国家自然科学基金（面上）	慕永平	81573948	59.00
缺氧诱导慢性肾衰大鼠肾脏线粒体自噬与凋亡的机制及肾衰Ⅱ方的干预作用	国家自然科学基金（面上）	王 琛	81573946	58.00

（续表）

项目名称	项目类型	负责人	批准号	立项经费/万元
组蛋白精氨酸甲基化酶6/7在人体外受精发育阻滞胚胎中的功能研究	国家自然科学基金（面上）	张武文	81571442	53.00
变应性鼻炎体质模型的骨髓干细胞动员归巢及中药干预机制	国家自然科学基金（面上）	忻耀杰	81574033	60.00
降脂方经孕烷X受体(PXR)/CYP450酶系—转运体途径对阿托伐他汀的增效机制研究	国家自然科学基金（面上）	王肖龙	81573647	54.00
Apelin/APJ及其信号通路在针刺减轻心肌缺血再灌注损伤中的作用	国家自然科学基金（面上）	周　嘉	81573796	57.00
从调控RAS两轴平衡角度探讨鹿角方防治慢性心衰的分子机制与物质基础	国家自然科学基金（面上）	刘　力	81573648	54.00
JMJD2C激活MALAT1/β－catenin信号通路调控大肠癌转移的机制及健脾解毒方对其作用研究	国家自然科学基金（面上）	季　青	81573749	65.00
左金丸通过NF－κB调节JNK/SOX2信号通路抑制大肠癌干细胞耐药的作用机制	国家自然科学基金（面上）	隋　华	81573805	57.00
不同推拿手法影响腰椎间盘源性慢性腰痛脑网络连接的时空机制	国家自然科学基金（青年）	谭文莉	81503595	18.00
基于PD－L1/PD－1信号通路研究丹参调节自然杀伤细胞功能抗肝纤维化的作用机制	国家自然科学基金（青年）	彭　渊	81503322	18.00
补肾方通过RIG－I信号通路调控Viperin表达抗HBV的作用机制研究	国家自然科学基金（青年）	张　鑫	81503545	18.00
太极拳调节膝关节内侧间室应力的作用及其相关机制研究	国家自然科学基金（青年）	张　旻	81503592	18.00
定位定向扳法对上颈椎复合体作用的生物力学机制研究	国家自然科学基金（青年）	王辉昊	81503596	18.00
基于TLR4/NF－κB通路研究“滑膜—软骨”轴对膝骨关节炎的发病作用及利湿化瘀方干预机制	国家自然科学基金（青年）	王学宗	81503598	18.00
内皮型一氧化氮合酶在电针改善脓毒症后认知功能障碍中的作用研究	国家自然科学基金（青年）	郭　君	81503395	18.00
基于NF－κB通路介导的微循环障碍探讨糖尿病大鼠舌色的生物学基础研究	国家自然科学基金（青年）	陈清光	81503552	18.00
生地大黄汤通过HMGB1/TLR4/MMP－9信号通路保护急性脑出血时血脑屏障的机制研究	国家自然科学基金（青年）	俞晓飞	81503555	18.00
电针“内关”穴预处理对心肌缺血再灌注损伤保护的lncRNA靶基因筛选及其生物信息学挖掘	国家自然科学基金（青年）	徐建俊	81503440	18.00

（续表）

项 目 名 称	项 目 类 型	负责人	批准号	立项经费/万元
基于细胞间相互作用解析扶正化瘀方抗肝纤维化的效应基础	国家自然科学基金（重点）	刘　平	81530101	273.00
WHO ICD－11 Beta 版传统医学章节测试数据衔接研究项目	国家中医药管理局中医药国际合作专项	窦丹波	1601500000027－2	30.00
基于 IL－15 基因调节 CTL 功能探讨补肾健脾方治疗慢性乙肝的作用机制	上海市扬帆计划	张　鑫	15YF1412300	10.00
从 Fas/FasL 系统探讨通腑清营法对脓毒症致急性肺损伤肺泡Ⅱ型上皮细胞凋亡影响的研究	上海市自然科学基金	施　荣	15ZR1442000	10.00
基于脾主肌肉理论探讨健脾清化方对骨骼肌胰岛素抵抗的影响和对 p38MAPK 通路的作用	上海市自然科学基金	徐隽斐	15ZR1442100	10.00
由调控 PRDM16 的表达量变化探讨早熟方的效用机制	上海市自然科学基金	赵　鋆	15ZR1442200	10.00
肝肾阴虚型重症 IgA 肾病临床优化方案前瞻性队列研究	上海市科委临床重大项目	何立群	15401970300	200.00
穴位敷贴透皮剂肝痛宁贴治疗慢性乙型肝炎胁痛的新药临床前研究	上海市科委临床重点项目	赵　钢	15401971900	50.00
中药脐疗治疗小儿腹泻的规范化方案研究	上海市科委临床重点项目	沈　健	15401971100	30.00
慢性鼻-鼻窦炎术后中医诊治方案的规范化研究	上海市科委临床重点项目	张治军	15401971300	30.00
益气固本调免方治疗 IgA 肾病脾肾气虚证的临床研究	上海市科委引导项目	沈沛成	154019300100	30.00
温肾活血法改善 IVF 反复移植失败患者内膜微环境的临床研究	上海市科委引导项目	张勤华	15401930500	30.00
女性盆腔器官脱垂的中西医结合治疗的优化	上海市科委引导项目	蒋国静	15401931400	20.00
医患合作综合干预方案治疗颈椎病的临床评价研究	上海市科委引导项目	王辉昊	15401934100	10.00
健脾解毒方联合卡培他滨维持治疗一线诱导化疗后 mCRC 的临床研究	上海市科委引导项目	付晓伶	15401934600	10.00
抗肝纤维化中药成分复方的研制	上海市科委中药现代化项目	徐列明	15401902600	50.00
胃复春治疗胃癌前病变及八宝丹防治肝性脑病的临床和作用机制研究	上海市科委中药现代化项目	孙明瑜	15401900104	90.00
经新型透明撕开鞘神经内镜治疗出血性脑卒中的临床研究	上海市卫计委重点项目	费智敏	—	15.00

（续表）

项 目 名 称	项 目 类 型	负责人	批准号	立项经费/万元
基于 NASH 评分研究参葛方治疗脾虚痰浊型老年性非酒精性脂肪性肝炎的疗效	上海市卫计委面上项目	麦静愔	—	5.00
基于超声造影检测肾血流评估肾衰Ⅱ号方干预 CKD3～4 期患者的临床疗效	上海市卫计委面上项目	王 琛	—	5.00
三生通便方治疗功能性便秘肠道实热证的临床研究	上海市卫计委面上项目	林 江	—	5.00
柏氏透脓方联合手术治疗对肛周脓肿运用抗生素后形成炎性包块的临床诊治方案研究	上海市卫计委面上项目	杜佳琦	—	5.00
甲状旁腺粉碎装置的研制和在注射移植中的应用研究	上海市卫计委面上项目	刘 岗	—	5.00
健脾解毒方抑制长链非编码 RNA 治疗转移性大肠癌的临床研究	上海市卫计委青年基金	韩植芬	—	2.00
经皮穴位电刺激改善心脏手术患者术后免疫抑制的随机双盲对照试验研究	上海市卫计委青年基金	陈文婷	—	2.00
太极拳对膝关节内侧间室应力的调控作用及其相关机制研究	上海市卫计委青年基金	张 旻	—	2.00
中医护理重点薄弱学科建设项目	上海市重点学科建设项目	张雅丽	—	100.00
中药联合分子靶向治疗转移性大肠癌的新技术研究	申康新兴前沿技术项目	李 琦	SHDC12015124	80.00
中医药全程式降低脆性骨折风险管理模式与远期疗效评价体系研究	申康慢病防治项目	赵咏芳	SHDC12015316	15.00
经直肠超声引导下穿刺置管引流在高位肛周脓肿治疗中的应用价值	申康辅助科室项目	何 峥	SHDC22015014	15.00
MRI 新技术对缺血性中风康复过程评价的研究	申康辅助科室项目	詹松华	SHDC22015028	15.00
中医药联合恩替卡韦治疗乙肝肝硬化的临床研究——地方匹配	上海市地方政府匹配	刘成海	—	179.90
石氏伤科疗法	上海市非物质文化遗产项目	石印玉	—	5.00
夏氏外科疗法	上海市非物质文化遗产项目	柏连松	—	5.00
海派膏方文化	上海市非物质文化遗产项目	朱抗美	—	3.00
基于舌苔菌群的慢性乙型肝炎患者不同舌象生物学基础研究	上海市晨光计划	赵 瑜	—	6.00

（续表）

项 目 名 称	项 目 类 型	负责人	批准号	立项经费/万元
中药内服外治法联合甲氨蝶呤治疗活动期类风湿关节炎的随机对照多中心研究	浦东新区重点联合攻关项目	杨光辉	—	7.00
红桂酊涂擦治疗膝骨关节炎疼痛的随机对照试验研究	浦东新区院内制剂专项	陈　博	PDYNZJ2015－22	4.00
泄热化浊方对热证肥胖患者的临床疗效研究	浦东新区院内制剂专项	侯瑞芳	PDYNZJ2015－23	4.00
“咳喘方”穴位敷贴治疗稳定期慢性阻塞性肺病疾病临床观察	浦东新区院内制剂专项	陈　旋	PDYNZJ2015－24	4.00
益肾止衰颗粒治疗局灶节段硬化性肾炎慢性肾脏病4期多中心随机平行对照研究	浦东新区院内制剂专项	邵命海	PDYNZJ2015－25	4.00
健脾化痰方对慢性阻塞性肺病肺脾两虚证的临床疗效及安全性研究	浦东新区院内制剂专项	陈　麒	PDYNZJ2015－26	4.00
采用随机、对照研究方法对参芪颗粒治疗卵巢癌术后患者的临床疗效再评价	浦东新区院内制剂专项	钱　麟	PDYNZJ2015－27	4.00
消浊化石汤治疗泌尿系结石的临床疗效观察	浦东新区院内制剂专项	章诚杰	PDYNZJ2015－28	4.00
祛风利湿合剂治疗特应性皮炎的临床研究	浦东新区院内制剂专项	徐　平	PDYNZJ2015－29	4.00
益气养阴合剂治疗妇科恶性肿瘤化疗不良反应的临床再评价研究	浦东新区院内制剂专项	胡　慧	PDYNZJ2015－30	2.00
新型颈腰椎牵引康复装置的研制和开发	张江高科技园区中医药发展扶持项目	陈　博	—	60.00
中医3D铜人展示系统	张江高科技园区中医药发展扶持项目	高　炬	—	70.00
消瘿合剂对Graves眼病眶成纤维细胞重构影响的实验研究	上海中医药大学预算内项目——自然类	石晶琳	2015YSN38	5.00
基于毛囊间充质干细胞所诱导的iPS细胞为模型探讨丹酚酸B对iPS细胞成骨分化的影响	上海中医药大学预算内项目——自然类	贺旭峰	2015YSN39	5.00
矢志方对Caspase－1介导的高尿酸血症肾小管上皮细胞焦亡的作用机制研究	上海中医药大学预算内项目——自然类	贺　斐	2015YSN40	5.00
基于肠道菌群研究健脾清肠法调控TLRs/NF－κB通路抑制化疗致肠黏膜炎作用机制	上海中医药大学预算内项目——自然类	刘　慧	2015YSN41	5.00
从(GSK－3β)－MPTP角度研究丹参饮抗心肌缺血/再灌注损伤的作用机制	上海中医药大学预算内项目——自然类	高俊杰	2015YSN42	5.00
HIF－1α在颈椎后纵韧带细胞骨化进程中的作用研究	上海中医药大学预算内项目——自然类	缪锦浩	2015YSN43	5.00

（续表）

项目名称	项目类型	负责人	批准号	立项经费/万元
医院课题后付费管理制度的研究与探索	上海中医药大学预算内项目——人文类	赵咏芳	2015YSN83	2.00
中捷中医中心运营模式研究	上海中医药大学预算内项目——国际发展类	胡　峻	2015GJYJ11	2.00
中医药在匈牙利发展及立法现状研究	上海中医药大学预算内项目——国际发展类	徐晓婷	2015GJYJ12	2.00
高峰高原建设——心血管病创新团队	上海一流学科高峰高原建设项目	王肖龙	—	30.00
高峰高原建设——针麻创新团队	上海一流学科高峰高原建设项目	周　嘉	—	40.00
高峰高原建设——肝病创新团队	上海一流学科高峰高原建设项目	高月求	—	20.00
高峰高原建设——肝硬化创新团队	上海一流学科高峰高原建设项目	刘成海	—	20.00
高峰高原建设——脂肪肝创新团队	上海一流学科高峰高原建设项目	胡义扬	—	20.00
高峰高原建设——骨关节创新团队	上海一流学科高峰高原建设项目	曹月龙	—	40.00
高峰高原建设——肿瘤创新团队	上海一流学科高峰高原建设项目	李　琦	—	50.00
高峰高原建设——研究型护士项目	上海一流学科高峰高原建设项目	汪晓冬	—	10.00
高峰高原建设——研究型护士项目	上海一流学科高峰高原建设项目	龚礼敏	—	10.00
儿童哮喘冬病夏治敷贴疗法相关研究	上海一流学科研究项目	赵　鋆	—	80.00
上海老年健康产业发展研究及政策建议	上海市科学技术协会项目	龚　鹏	—	8.00
中药注射剂联合应用的合理性评价及规范的建立	上海市药学会科研项目	常昕楠	2015-YY-01-19	3.00
产褥期中医保健干预原则	国家中医药管理局中医药国际合作专项	桑　珍	—	25.00
中医"治未病"服务通保障规范	国家中医药管理局中医药国际合作专项	桑　珍	—	25.00
中医"治未病"服务规范：悬灸	国家中医药管理局中医药国际合作专项	桑　珍	—	25.00
国家中医药管理局ISO/TC249秘书处在传统医药领域开展工作项目	中医药国际合作项目	沈远东	—	150.00

（续表）

项 目 名 称	项 目 类 型	负责人	批准号	立项经费/万元
中医肾病专科优势病种护理示范建设项目	上海市优势病种护理示范项目	汪小冬	—	4.00
中医肛肠病专科优势病种护理示范建设项目	上海市优势病种护理示范项目	潘　琼	—	4.00

第二节　学术论文、著作

一、SCI、EI 等收录论文

2006—2015 年，共发表 SCI 论文数 249 篇，累计 IF（影响因子）分值 682.81。

表 6-1-20　2006—2015 年 SCI 汇总情况表

年　份	篇　数	IF 分值合计
2006	4	4.14
2007	9	22.136
2008	5	9.85
2009	7	12.67
2010	14	36.351
2011	12	37.331
2012	31	109.5
2013	53	145.669
2014	56	159.497
2015	58	145.666

二、核心期刊收录论文

1960—1994 年，撰、编写医学专著 40 部；完成的学术论文中，在国外学术会议上交流和国外医药刊物上发表的有 57 篇，在全国性学术会议上交流的有 281 篇，在全国性医药杂志上发表的有 200 篇，在地方性医药杂志上发表的有 146 篇。

1995—2001 年，撰写医学专著 22 部；各类医药杂志上发表论文 1 217 篇；国内国际性学术会议交流论文 267 篇。2002—2005 年，发表论文 886 篇。2006—2015 年，发表在核心期刊上的论文总数达到 3 760 篇。

表 6-1-21　2002—2005 年发表论文汇总表

年　份	篇　数
2002	237
2003	242
2004	191
2005	216

表 6-1-22　2006—2015 年核心期刊汇总表

年　份	篇　数
2006	321
2007	280
2008	338
2009	284
2010	120
2011	288
2012	425
2013	512
2014	568
2015	624

三、出版论著(学术著作、科普著作)

2002—2005 年,出版论著包括学术著作、科普著作数量逐年增加,共计 47 部。其中,2002 年出版论著 8 部,2003 年出版 9 部,2004 年 14 部,2005 年 16 部。2006—2015 年,出版论著共计 120 部。

表 6-1-23　2006—2015 年著作汇总表

年　份	数　量
2006	—
2007	—
2008	—
2009	—
2010	7
2011	25

（续表）

年　份	数　量
2012	38
2013	17
2014	14
2015	19

第二章　成果转化办公室

2014 年 11 月，经医院党政联席会议研究决定成立成果转化办公室，其目的是为了进一步推进研究型中医医院的建设，科学、合理、系统地推进医院医疗、教学和科研各方面的成果总结和转化，有效提升医院综合研究能力和学术地位。“成果转化办公室”挂靠于“研究型中医院建设推进办公室”，设办公室主任 1 人，2014 年 11 月，杨雪军任主任，科员 1 人，负责院内专利申请、维护及转化，各级各类科技奖励申报等工作。

第一节　各类奖项

1960 年—2014 年 10 月，各类奖项申报等工作由科教处、科技处管理。2014 年 11 月，各类奖项申报等工作归成果转化办公室管理。1979—2015 年，共获得各级奖项 279 项。其中包括卫生部、科委、教育部科技进步奖 15 项；国家中医药管理局奖项 12 项；上海市科技成果奖 60 项；上海市卫生局、高教局科技成果奖 43 项；各种全国学会奖 36 项；上海市学会奖 54 项；各种优秀成果奖 61 项。

表 6-2-1　1979—2015 年卫生部、科委、教育部科技进步奖汇总表

年份	项目名称	项目申请人	项目类别	级别
1979	心肌力量——速度环定量分析的研究	沈幼棠	卫生部	乙级奖
1979	“消痔灵”注射液	柏连松	卫生部重大科技成果奖	
1980	用现代科学方法研究中医阴阳学说	黄吉赓	卫生部科技成果奖	甲级奖
1983	鼻赘的外科疗法	石光海　徐　菱　徐昌泰	卫生部科技成果奖	乙级奖
1986	参附青注射液对邪毒内陷所致厥脱证的临床与实验研究	余志鼎　王左等　中医急诊	卫生部重大科研成果奖	甲级奖
1993	针刺镇痛机制的揭示及针麻在临床的应用	针麻组	国家计划委员会、国家科委、国家财政部表彰在国家“七五”科技攻关中获得重大成果	
1997	《中医内科学》	张伯臾　董建华　周仲英　蔡　淦	国家科委国家科技进步奖	三等奖
2002	补肾中药综合改善骨骼质量作用优势的新认识	石印玉　詹红生　郑昱新　赵咏芳　张　戈　沈培芝	教育部提名国家科学技术奖自然科学奖	一等奖
2002	清肝冲剂治疗慢性丙型肝炎疗效及机制的研究	王灵台　陈建杰　徐德生　张　斌　任进余　高月求	教育部提名国家科学技术奖科技进步奖	二等奖
2003	扶正化瘀法在抗肝纤维化治疗中的应用及其相关基础研究	刘　平　刘　成　徐列明　胡义扬　刘成海　薛惠明	国家科技进步奖	二等奖
2010	一种抗多脏器纤维化的中药复方制剂及其推广应用	刘　平　刘成海　卞化石　胡义扬　徐列明　刘　成	教育部技术发明奖	二等奖

（续表）

年份	项目名称	项目申请人	项目类别	级别
2011	基于方—效—证相关的肝硬化病证病机的病理生物学基础研究	刘　平　胡义扬　孙明瑜 刘成海　慕永平　李风华 陈高峰　都广礼　王　磊 龙爱华　刘　成　刘　莺	教育部自然科学奖	二等奖
2011	抗纤灵及衍生复方延缓慢性肾衰进展临床疗效评价和多靶点作用途径	何立群　黄　迪　曹和欣 杨雪军　沈沛成　王　琛 侯卫国　吴　锋　张昕贤 陈　刚	教育部科技进步奖	二等奖
2014	补肾健脾利湿为主治疗慢性乙型肝炎的临床实践	高月求　孙学华　朱晓骏 周振华　李　曼　金树根 张　鑫　黄凌鹰　杨婉凤 商斌仪	教育部科技成果奖	二等奖
2014	健脾解毒法防治大肠癌术后转移的临床应用和基础研究	李　琦　范忠泽　蔡国响 刘　宣　季　青　刘建文 林胜友　侯风刚　周利红 隋　华　王　炎　刘宁宁	教育部科技成果奖	二等奖
2014	益气活血方及有效成分干预慢性肾病纤维化关键机制与临床转化应用	何立群　曹和欣　唐　英 张昕贤　邵命海　陈　刚 蒋宇峰　沈沛成　杨雪军 张新志　吴　锋	教育部科技成果奖	二等奖

表 6-2-2　1979—2015 年国家中医药管理局奖项汇总表

年份	项目名称	项目申请人	项目类别	级别
1987	心痛气雾剂的临床运用与实验研究	潘维明等	全国中医药重大科技成果奖	乙级奖
1988	夏少农老中医治疗甲亢的经验	夏少农等	国家中医药管理局中医药科技成果奖	三等奖
1989	中医"肾主耳"理论的实验研究	吴大正等	国家中医药管理局科技进步奖	三等奖
1991	阴虚火旺症的研究	夏少农等	国家中医药管理局科技进步奖	二等奖
			上海市科委科技进步奖	二等奖
			上海市卫生局科技奖	三等奖
1993	"平哮液"治疗支气管哮喘急性发作的临床与实验研究	王　左等	国家中医药管理局科技成果奖	三等奖
			上海市第二届科技博览会	银奖
			上海中医学院科技进步奖	二等奖
1995	炎宁灌肠液治疗非特异性结直肠炎的临床与实验研究	柏连松　杨　巍 蔡益芳　郭颂铭	国家中医药管理局科技进步奖	三等奖
1995	补阳还五汤促进周围神经损伤修复的实验研究	石印玉　石关桐 李义凯　沈培芝	国家中医药管理局科技成果奖	

（续表）

年份	项 目 名 称	项目申请人	项 目 类 别	级 别
1995	降脂宁血煎治疗高脂血症的临床及实验研究	胡婉英 董耀荣 徐德生 叶伟成 张健元	国家中医药管理局科技成果奖	
1996	丹酚酸B抗肝损伤、肝纤维化作用的机制研究	刘 平 徐列明 胡义扬 刘 成 洪嘉禾	国家中医药管理局中医药基础研究奖	三等奖
1997	《石筱山、石幼山治伤经验及验方选》	石印玉等	国家中医药管理局中医药基础研究奖	三等奖
1998	复方319胶囊抗慢性乙肝肝纤维化的临床与实验研究	刘 平 胡义扬 刘 成 徐列明 叶秀琴	国家中医药管理局科技进步奖	三等奖
2000	分期论治膝关节炎的对比研究	石印玉 汪青春 沈培芝 徐 宁	国家中医药管理局中医药基础研究奖	三等奖

表6-2-3 1977—2015年上海市科技成果奖汇总表

年份	项 目 名 称	项目申请人	项 目 类 别	级 别
1977	中草药治疗晚期原发性肝癌存活一年以上50例临床分析	肿瘤科	上海市重大科技成果奖	
1982	麦冬治疗冠心病的疗效与实验研究	顾双林 许逎珊 沈幼棠	上海市医药卫生科技成果奖	
1982	肤疾宁贴膏	皮肤科	上海市科技进步奖	三等奖
1982	X线心电同步摄彩术——X线心功能试验的设备装置和临床研究	徐 健 沈家根 丁乃时 沈幼棠	上海市科技进步奖	三等奖
1985	消痔锭	柏连松等	上海市优秀新产品中成药奖	二等奖
1989	中医“肾主耳”理论的实验研究	吴大正等	上海市科技进步奖	三等奖
1991	复方血竭治疗冠心病血瘀症的临床及实验研究慢性乙型肝炎中医辨证规范和疗效评价体系的研究	胡婉英等	上海市科委科技进步奖	三等奖
1991	中医中药治疗乙型病毒性肝炎的研究	王灵台等	上海市科委科技进步奖	三等奖
1991	阴虚火旺症的研究	夏少农等	上海市科委科技进步奖	二等奖
1992	硬变肝细胞培养的建立和中医中药抗肝纤维化的临床和实验研究	王灵台等	上海市科委科技进步奖 上海中医学院科技进步奖	三等奖 二等奖
1992	慢性支气管炎肾虚本质及补肾益气药的临床实验研究	黄吉赓等	上海市科委科技成果奖	
1992	耳源性眩晕的基础与临床研究	何宗德 吴大正等	上海市科委科技成果奖	
1992	中医药对慢性再生障碍性贫血动物的实验研究	吴正翔等	上海市科委科技成果奖	

（续表）

年份	项目名称	项目申请人	项目类别	级别
1992	扶正固本治则对继发性免疫性缺陷 IL-2 的调节	李　文等	上海市科委科技成果奖	
1993	"平哮液"治疗支气管哮喘急性发作的临床与实验研究	王　左等	上海市第二届科技博览会	银奖
1993	中药对周围神经损伤作用的实验研究	石关桐等	上海市科委科技进步奖	三等奖
1993	针刺对胃肠电活动的影响及其大脑边缘系统关系的研究	项立敏等	上海市科委科技进步奖	三等奖
1994	养血软坚合剂治疗膝骨关节炎的实验与临床研究	石印玉等	上海市科技进步奖	三等奖
1996	肾衰 91 冲剂治疗慢性肾功能衰竭临床及实验研究	郑平东　张　天　陈以平　吴志英　朱燕俐	上海市科委科技进步奖	二等奖
1996	慢性胃炎中医证的实质研究	蔡　淦　程　勇　杨秋泓	上海市科委科技进步奖	三等奖
1998	复方 319 胶囊抗慢乙肝肝纤维化的临床与实验研究	刘　平　胡义扬　刘　成　徐列明　叶秀琴	上海市科委科技进步奖	二等奖
1999	化瘀排石汤治疗尿路结石的临床与实验研究	郑平东　高建东　何立群　朱燕俐	上海市科委科技进步奖	三等奖
1999	分期论治膝关节炎的对比研究	石印玉　汪青春　沈培芝　徐　宁	上海市科委科技进步奖	三等奖
1999	肾衰冲剂对尿毒素作用的临床与实验研究	郑平东　何立群　朱燕俐　王　琛　王　怡	上海市科委科技成果奖	
1999	医院计算机网络管理系统	汤仁智　佟　栩　刘　珉　吴培明　赵向军	上海市科委科技成果奖	
2000	复方葶苈注射液治疗肺动脉高压的临床和实验研究	王　左　熊旭东　顾永年　徐德生　赵　辉	上海市科委科技进步奖	二等奖
2000	鹿角方治疗慢性心力衰竭	胡婉英　董耀荣　赵　卫　周　华　贺明珠	上海市科委科技进步奖	二等奖
2000	红藤方治疗子宫内膜异位症的临床及实验研究	戴德英　束兰娣　叶伟成　宋知理	上海市科委科技进步奖	三等奖
2000	抗纤复方对硬变肝原代培养肝细胞胶原代谢的影响	王灵台　陈建杰　张　斌　包　云　周　飞	上海市科委科技成果奖	
2000	炎列平冲剂治疗慢性非细菌性前列腺炎的临床与实验研究	薛慈民　叶伟成　徐兆东　王耀萍	上海市科委科技成果奖	
2000	痔科熏洗方抗炎、生肌作用的临床与实验研究	张雅明　叶伟成　柏连松　杨秋泓　杨　巍	上海市科委科技成果奖	
2000	灵异胶囊治疗糖尿病周围神经性病变	丁学屏　叶伟成　陆　撰　沈远东　虞芳华	上海市科委科技成果奖	

（续表）

年份	项 目 名 称	项目申请人	项 目 类 别	级 别
2000	中西医结合治疗慢活肝、IsA肾病和遗传性多囊肾	王灵台 郑平东 梅长林 陈建杰 周家俊	上海市科委科技成果奖	
2000	絮刺火罐治疗痹症的临床和实验研究	葛林宝 陈莲芳 翁恩琪等	上海市科委科技成果奖	
2000	扶正化瘀方药物血清抗肝纤维化作用机制的研究	刘成海 刘 成 刘 平 胡义扬 季 光	上海市科委科技进步奖	三等奖
2001	补肾中药复方改善去卵巢骨质疏松大鼠骨生物力学性能的作用及相关机制探讨	石印玉 朱太咏 张 戈 郑昱新 赵咏芳	上海市科委科技进步奖	三等奖
2004	补肾、柔肝中药对软骨细胞生物功能的影响	石印玉 冯 伟 曹月龙 郑昱新 詹红生 徐 宇	上海市科技进步奖	三等奖
2004	肝窦毛细血管化形成机制与扶正化瘀方干预作用	刘成海 刘 平 刘 成 陆 雄 崔红燕 胡义扬	上海市科技进步奖	三等奖
2006	活血化瘀法对血瘀型早、中期慢性肾衰的疗效评价及作用途径	何立群 邵命海 侯卫国 李 屹 李 均 曹和欣 陈 刚 王 琛 沈沛成 郑平东	上海市科技进步奖	二等奖
2008	腹泻型肠易激综合征从肝脾论治的临床实践及其作用机制	蔡 淦 张正利 郑舜华 朱梅萍 丛 军 林 江 刘 群	上海市科技进步奖	三等奖
2009	补肾壮骨法在骨质疏松症防治中的应用及主效应机制研究	詹红生 赵咏芳 石印玉 王 翔 徐 宇 陈元川	上海市科技进步奖	三等奖
2010	慢性乙型肝炎分期辨证治疗方案及其免疫调控机制的临床应用	高月求 陈建杰 王灵台 孙学华 李 曼 朱晓骏 杨婉凤 乐 敏 卓蕴慧 聂红明	上海市科技进步奖	二等奖
2010	正虚血瘀病机制论在防治不同器官纤维化中的发展应用	刘成海 刘 平 张 悦 陶艳艳 袁继丽 谭善忠 王清兰 张 炜 闫秀川 陆 雄 姜哲浩 杨 珂 叶伟成	上海市科技进步奖	二等奖
2010	荆银颗粒治疗病毒性感冒的新药研发	刘 力 徐德生 高 崎 陈莲芳 王 军 徐卫国 熊旭东 沈 琴 王 左 谢德隆 方正龙 张国安 夏卉莉 黄新生	上海市科技进步奖	三等奖
2011	肝炎后肝硬化“虚损生积”中医病机理论的建立与应用	刘 平 徐列明 刘成海 马利庄 张 华 邵凤珍 胡义扬 叶 军 陈 勇 周 扬 平 键 张明香 张 琴 谭友文 孙明瑜	上海市科技进步奖	一等奖

（续表）

年份	项目名称	项目申请人	项目类别	级别
2011	活血温阳抗纤灵及衍生复方多靶点改善肾纤维化延缓慢性肾衰进展作用新机制	何立群 黄 迪 张昕贤 杨雪军 曹和欣 吴 锋 侯卫国 沈沛成 王 琛 陈 刚	上海市科技进步奖	二等奖
2011	慢性乙型肝炎中医辨证规范和疗效评价体系的研究	陈建杰 周 华 凌琪华 朱梅萍 高月求 陈晓蓉 张 玮	上海市科技进步奖	三等奖
2012	以肠道为主要靶位的健脾活血方防治酒精性肝损伤的理论和应用	胡义扬 彭景华 冯 琴 成 扬 吴大正 方志红 王晓柠 曹健美 崔 团 傅琪琳 崔健威 汪海慧 张蓉蓉	上海市科技进步奖	二等奖
2012	慢性肝病补肾健脾利湿法及其免疫作用机制的临床应用	高月求 王灵台 陈建杰 孙学华 李 曼 朱晓俊 周振华 金树根 杨婉凤 乐 敏	上海市科技进步奖	三等奖
2013	颈椎病“骨错缝筋出槽”临床评估与手法矫正新技术	詹红生 程英武 张明才 元唯安 陈 博 孔令军 詹松华 张清龙 徐 宇 石印玉	上海市科技进步奖	三等奖
2013	慢性丙型肝炎的辨证分型规范及扶正解毒方联合标准治疗方案干预的临床研究	陈建杰 聂红明 龚启明 王成宝 凌琪华 吕 桦 陈逸云 董慧琳	上海市科技进步奖	二等奖
2013	《中医药，让我们更健康——迎世博健康手册》	沈远东 朱抗美 凌昌全 张怀琼 王杰宁 姚伟莉	上海市科技进步奖	科普奖
2014	健脾解毒法在大肠癌治疗中的临床应用及基础研究	李 琦 朱惠蓉 范忠泽 刘建文 侯风刚 隋 华 周利红 刘 宣 季 青 刘宁宁	上海市科技进步奖	二等奖
2014	石氏伤科系列疗法治疗膝骨关节炎的临床实践	詹红生 曹月龙 庞 坚 郑昱新 石 瑛 丁道芳 石印玉 锻铁骊 高宁阳 王学宗 刘 婷	上海市科技进步奖	三等奖
2014	基于中医病机和西医病理建立的慢性乙型肝炎（ALT1－2×ULN）治疗方案临床应用	高月求 孙学华 朱晓骏 周振华 李 曼 金树根 张 鑫 黄凌鹰 杨婉凤 商斌仪	上海市科技进步奖	三等奖
2014	扶正化瘀复方及其君药丹参及组分改善肝脏微循环、降低肝硬化门脉高压的系列研究	徐列明 周 扬 平 键 赵长青 顾 杰 徐 虹等	上海市科技进步奖	三等奖

（续表）

年份	项目名称	项目申请人	项目类别	级别
2015	中医结构化电子病历的建立与应用	周华 刘珉 阮彤 高炬 邸丹 江立助 陆均暐 王见义 殷亦超 赵咏芳 高月求 陈寅斌 袁玉波 薛颜波 张琪	上海市科技进步奖	二等奖
2015	神经系统疾病定量化评价方法的建立与应用	潘卫东 刘特 张慧敏 刘云 王明哲 王骏 孙燕 秦保锋 龚帆 姜文斐	上海市科技进步奖	二等奖
2015	基于气血相维的中医理论研究益气补血化瘀泄浊法防治慢性肾衰肾纤维化的疗效机制与临床应用	王琛 黄迪 高建东 何立群 杨婧 邵命海 杨雪军 周圆 祝婷婷 吴锋	上海市科技进步奖	三等奖
2015	祛湿化瘀方及其组分复方防治非酒精性脂肪性肝病的机理研究	胡义扬 冯琴 李红山 彭景华 张慧 陈少东 张宁 孟胜喜 慕永平 应豪	上海市科技进步奖	三等奖

表 6-2-4　1979—2015 年上海市卫生局、高教局科技成果奖汇总表

年份	项目名称	项目申请人	项目类别	级别
1979	中医中药治疗原发性慢性型再生障碍性贫血	吴正翔 王昆伟 杨振岳	上海市高教局	二等奖
1979	张羹梅医案	中医内科	上海市高教局科技成果奖	二等奖
1980	中西医结合治疗成人原发性肾小球肾病及慢性肾炎肾病型134 例临床分型	钟念文	上海市卫生局	三等奖
1980	不同治疗方案治疗慢性再生障碍性贫血疗效比较——附 181 例分析	血液组	上海市高教局	三等奖
1980	针刺后效应——促进机体康复作用的初步研究	针麻组	上海市卫生局	二等奖
1980	张伯臾老中医治疗急性心肌梗死经验总结	张伯臾 严世芸	上海市卫生局	二等奖
1981	中医药治疗恶性肿瘤存活三年以上 122 例	肿瘤科	上海市卫生局	二等奖
1984	夏少农老中医运用益气养阴法治疗甲亢症的经验研究	徐志璋 张志洪 王灵台	上海市卫生局	三等奖
1984	麝香、牛黄、蟾酥对缺血心肌作用研究	沈幼棠	上海市卫生局	三等奖
1984	张羹梅主任医师治疗胃脘痛经验计算机模拟	张羹梅 康正祥	上海市卫生局	三等奖

（续表）

年份	项目名称	项目申请人	项目类别	级别
1984	张伯臾老中医“冠心病”计算机治疗系统	张伯臾　严世芸	上海市卫生局	三等奖
1984	贝羚散祛痰定喘的临床和经验研究	儿科	上海市卫生局	二等奖
1984	杨永璇老中医经验选	葛林宝等	上海市卫生局	三等奖
1986	气功用于麻醉的研究	上官步荣等	上海市卫生局科技进步奖	一等奖
1987	中医中药为主治疗 235 例成人复发及难治性原发性肾病及肾炎肾病型临床研究	钟念文等	上海市卫生局科技进步奖	二等奖
1987	益气补肾治疗佝偻病的临床实验研究	朱瑞群等	上海市卫生局科技进步奖	二等奖
1987	肝舒乐治疗 307 例肿瘤的临床疗效观察	雷永仲等	上海市卫生局科技进步奖	二等奖
1987	复方大黄发泡栓的研制及临床观察	柏连松等	上海市卫生局科技进步奖	二等奖
1987	痹症——肢体痹症病因病理研究	病理科	上海市卫生局科技进步奖	三等奖
1987	针刺后效应的临床规律研究	项立敏等	上海市卫生局科技进步奖	三等奖
1987	现代中医耳鼻喉口齿科学	何宗德等	上海市卫生局优秀中医药奖	著作奖
1987	中医外科心得	夏少农等	上海市卫生局优秀中医药奖	著作奖
1988	针刺麻醉胃大部切除临床规律探讨	项立敏等	上海市卫生局科技进步奖	二等奖
1988	针刺穴位对深部痛和牵涉痛影响的实验研究	叶　强等	上海市卫生局科技进步奖	三等奖
1988	体表与内脏相联系的机制及途径的研究	叶　强等	上海市卫生局科技进步奖	三等奖
1990	腺嘌呤诱发肾阳虚功物模型的研制	郑平东等	上海市卫生局科技进步奖	二等奖
1991	中医肛肠临床学	柏连松等	上海市卫生局科技进步奖	二等奖
1991	中药敷贴治疗小儿哮喘临床和实验研究	朱瑞群等	上海市卫生局科技进步奖	三等奖
1991	冠心病血瘀的临床和实验研究	胡婉英等	上海市卫生局科技进步奖	三等奖
1991	耳壳低电阻点生成的中枢机制研究	张丽英等	上海市卫生局科技进步奖	三等奖
1991	中医中药治疗乙型病毒性肝炎的研究	王灵台等	上海市卫生局科技进步奖	三等奖

（续表）

年份	项 目 名 称	项目申请人	项 目 类 别	级 别
1991	填精中药对生殖器官作用的形态学研究及对肾主生殖的理论探讨	曙光医院	上海市卫生局科技进步奖	三等奖
1991	阴虚火旺症的研究	夏少农等	上海市卫生局科技进步奖	三等奖
1994	扶正中药的免疫药理研究	李文等	上海市卫生局科技进步奖	三等奖
1995	“897”胶囊（叶下珠）抗乙肝病毒的研究	王灵台	上海市卫生局临床医疗成果奖	二等奖
1996	王玉润教授儿康糖浆治疗小儿厌食的临床和实验研究	王骏彧　叶伟成　周幼兰　董惠芳　潘嘉珍	上海市卫生局中医药科技进步奖	二等奖
1996	“897”胶囊（叶下珠）抗乙肝病毒的研究	王灵台　陈建杰　何　燕　张晓一　蒋　健	上海市卫生局中医药科技进步奖	二等奖
1996	《石筱山、石幼山治伤经验及验方选》	石印玉等	上海市卫生局中医药科技进步奖	二等奖
1998	鹿角方治疗慢性心力衰竭疗效及机制研究	胡婉英　董耀荣　赵　卫　周　华　贺明珠	上海市卫生局中医药科技成果奖	一等奖
1998	分期论治膝关节炎的对比研究	石印玉　汪青春　沈培芝　徐　宁	上海市卫生局中医药科技成果奖	一等奖
1998	对板层素纤维联结蛋白的研究观察抗纤灵冲剂对慢性肾衰肾纤维化的影响	何立群　郑平东　王　怡　朱燕俐　王　琛	上海市卫生局中医药科技成果奖	三等奖
1998	复方葶苈注射液治疗肺动脉高压的临床和实验研究	王　左　熊旭东　顾永年　徐德生　赵　辉	上海市卫生局中医药科技成果奖	二等奖
2000	全面质量管理在医院管理	沈远东　许蓓华　周　华　潘嘉珍　李雅琴	上海市卫生局卫生事业管理成果奖	三等奖

表 6-2-5　2003—2015 年全国学会奖汇总表

年份	项 目 名 称	项目申请人	项 目 类 别	级 别
2003	扶正化瘀法在抗肝纤维化治疗中的应用及其相关基础研究	刘　平　刘　成　徐列明　胡义扬　刘成海　薛惠明	中华中医药学会科技成果奖	二等奖
2004	补肾、柔肝中药对软骨细胞生物功能的影响	石印玉　冯　伟　曹月龙　郑昱新　詹红生　徐　宇	中华中医药学会科技成果奖	三等奖
2005	大量蛋白尿加重慢性肾衰进展的机制及中药和针药结合的干预作用	何立群　李　均　曹和欣　侯卫国　李　屹　王　琛	中国中西医结合学会科学技术奖	三等奖
2005	中西医结合糖尿病学	丁学屏	中华中医药学会科学技术奖（学术著作奖）	三等奖
2006	中药综合延缓软骨退变作用的新认识	石印玉　曹月龙　詹红生　冯　伟　郑昱新　王　翔　徐　宇	中国中西医结合学会科学技术奖	三等奖

（续表）

年份	项 目 名 称	项目申请人	项 目 类 别	级 别
2007	慢性乙型肝炎从肾论治的临床实践及其作用机制研究	王灵台　陈建杰　高月求　孙学华　乐　敏　赵　刚　杨婉凤　周　飞　张友祥	中国中西医结合学会科学技术奖	二等奖
2008	扶正化瘀方抗器官纤维化的多途径作用机制	刘成海　刘　平　张　悦　袁继丽　谭善忠　陆　雄　张　炜　姜哲浩　陶艳艳　蔡贞贞　叶伟成　刘　成	中国中西医结合学会科学技术奖	三等奖
2008	抗纤灵颗粒剂对血瘀型早、中期慢性肾衰的疗效评价及作用途径	何立群　邵命海　侯卫国　李　屹　曹和欣　陈　刚　王　琛　蒋宇峰　沈沛成　郑平东　高建东	中华中医药学会科学技术奖	二等奖
2009	健脾活血方防治酒精性肝肠损伤的作用及其机制研究	胡义扬　彭景华　方志红　冯　琴　崔剑巍　曹健美　李风华　许丽莉　陆　雄　何东仪	中国中西医结合学会科学技术奖	二等奖
2009	补肾壮骨法在骨质疏松症防治中的应用及主效应机制研究	詹红生	中华中医药学会科学技术奖	三等奖
2009	清肝冲剂治疗慢性丙型肝炎疗效及机制的研究	王灵台　陈建杰　徐德生　张　斌　任进余　高月求　刘　力　陆志檬	中华中医药学会科学技术奖	三等奖
2010	中医辨证施护(敷脐法)对肝硬化腹水的应用研究	张雅丽　蔡俊萍　徐玉萍　孙　青　闵卫红　刘成海　冯年平　潘传芳	中华中医药学会科学技术奖	三等奖
2011	一种抗多脏器纤维化的中药复方制剂及其推广应用	刘　平　刘成海　卞化石　徐列明　胡义扬　潘一峰	中华医学会科技进步奖	二等奖
2011	改善心肾阳气互资法防治慢性心衰临床疗效评价及机制研究	蒋梅先　姚成增　阮小芬　徐　燕　马　丽　徐德生　吴大正　贾美君	中华中医药学会科学技术奖	三等奖
2011	多层次构建肾阳虚客观化研究平台和在临床中医辨证治疗中的应用价值	何立群　黄　迪　张昕贤　杨雪军　沈沛成　侯卫国　蒋宇峰　李　屹　唐　英　高建东	中华中医药学会科学技术奖	二等奖
2011	不同感染状态慢性乙型肝炎辨证治疗的临床疗效及其免疫机制	高月求　陈建杰　孙学华　朱晓骏　李　曼　王灵台　杨婉凤　乐　敏　卓蕴慧　聂红明	中华中医药学会科学技术奖	三等奖
2011	功能性便秘的中医外治贴穴护理研究	张雅丽　蔡俊萍　朱抗美　季晓鹏　汪小冬	中华护理学会科技奖	三等奖
2012	基于病证相关、方证相应理论解析不同功效古典方剂治疗肝硬化的方证效应基础	刘　平　胡义扬　孙明瑜　王晓玲　刘成海　李风华　陈高峰　都广礼　慕永平　王　磊　龙爱华　刘　成	中国中西医结合学会科学技术奖	一等奖

（续表）

年份	项 目 名 称	项目申请人	项 目 类 别	级 别
2012	坎离颗粒加载治疗慢性心力衰竭的临床研究及机制探讨	蒋梅先 贾美君 阮小芬 姚成增 刘永明 郑 静 于笑天 徐德生 吴大正 马 丽	中国中西医结合学会科学技术奖	三等奖
2012	病毒性慢性乙型肝炎中医辨证规范和疗效评价体系的建立	陈建杰 周 华 凌琪华 杨婉凤 张盛杰 聂红明 高月求 商斌仪 卓蕴慧 陈晓蓉 张 玮	中华中医药学会科技进步奖	二等奖
2012	从筋论治膝痹的临床方案优化及相关机制研究	詹红生 曹月龙 庞 坚 石印玉 赵咏芳 王 翔 徐 宇	中华中医药学会科技进步奖	三等奖
2013	针刺(复合)麻醉在心肺外科手术中的应用研究	周 嘉 池 浩 周文雄 傅国强 沈卫东 马 文 王 珂	中国中西医结合学会科学技术奖	三等奖
2013	颈椎病“骨错缝筋出槽”临床评估与手法矫正新技术	詹红生 程英武 张明才 元唯安 陈 博 孔令军 詹松华 张清龙 徐 宇 石印玉	中国中西医结合学会科学技术奖	三等奖
2013	抗纤灵方治疗慢性肾脏病3期临床多中心疗效评价及组方和有效组分体内外抑制肾纤维化的作用	何立群 彭 文 张长明 黄 迪 周家俊 王 怡 邓跃毅 王云满 张 悦 王 东	中华中医药学会科学技术奖	二等奖
2013	基于“骨错缝筋出槽”病机认识的颈椎病诊治技术	詹红生 程英武 张明才 元唯安 陈 博 孔令军 詹松华 张清龙 徐 宇 石印玉	中华中医药学会科学技术奖	三等奖
2014	基于“心肌能量代谢”的鹿角合剂治疗慢性心力衰竭的临床及基础研究	周 华 戎靖枫 瞿惠燕 王肖龙 郭 蔚 薛金贵 刘永明 刘 茜	中华中医药学会科学技术奖	二等奖
2014	基于药物血清的中药复方抗肝纤维化药理机制	刘成海 刘 平 杨 涛 陶艳艳 季 光	中华中医药学会科学技术奖	二等奖
2014	益气活血组方、有效组分抑制肾纤维化关键机制及临床转化应用	何立群 杨雪军 唐 英 曹和欣 陈 刚 沈沛成 蒋宇峰 邵命海 张新志 吴 锋	中国中西医结合学会科学技术奖	二等奖
2014	扶正化瘀方及其组分预防肝硬化门脉高压出血的基础研究与临床应用	徐列明 周 扬 平 键 顾 杰 徐 虹 田 甜 张 杰 刘 平 刘成海 张文炜 张 琴 薛冬英 蔡 虹 赵长青	中国中西医结合学会科学技术奖	二等奖
2015	基于结肠途径给药的中西医结合治疗慢加急性肝衰竭的临床疗效及机制研究	陈建杰 卓蕴慧 凌琪华 商斌仪 王介非 黄国毅 刘 玉 叶青艳	中国中西医结合学会科学技术奖	三等奖

（续表）

年份	项目名称	项目申请人	项目类别	级别
2015	祛湿化瘀方治疗非酒精性脂肪性肝病的理论与实践	冯　琴　胡义扬　彭景华　李红山　孟胜喜　陈少东　张　宁　张　慧　慕永平　赵　瑜　顾宏图　应　豪　朱德东　王晓柠　唐亚军　黄　甫	中国中西医结合学会科学技术奖	二等奖
2015	通腑泻肺方治疗慢性阻塞性肺病急性发作(痰热壅肺证)多中心、双盲、随机对照临床研究	熊旭东　李淑芳　胡祖鹏　闫国良　王　倩　施　荣　陈莉云　何　淼　张　涛　尹成伟	中国中西医结合学会科学技术奖	三等奖
2015	大肠癌脾虚湿热证治理论构建与应用研究	李　琦　蔡国响　刘建文　侯风刚　王　炎　刘宁宁　任建琳　隋　华　周利红　刘　宣　季　青　付晓伶　张彦博　韩植芬　柴　妮	中华中医药学会科学技术奖	一等奖
2015	中药消胀贴膏敷脐治疗肝硬化腹水的疗效评价与作用机制研究	刘成海　邢　枫　冯年平　陶艳艳　张雅丽　蔡俊萍	中华中医药学会科学技术奖	三等奖
2015	大肠癌术后"病证结合"理论体系的构建与应用研究	李　琦　蔡国响　侯风刚　季　青　周利红　刘　宣　刘建文　黄建平　隋　华　付晓伶　张彦博　靳永杰	中华中医药学会科学技术奖	二等奖
2015	中药消胀贴膏敷脐治疗肝硬化腹水的疗效评价与作用机制研究	刘成海　邢　枫　冯年平　陶艳艳　张雅丽　蔡俊萍	中华中医药学会科学技术奖	三等奖

表 6-2-6　2003—2015 年上海市学会奖汇总表

年份	项目名称	项目申请人	项目类别	级别
2003	扶正化瘀胶囊干预肝纤维化的研究	刘　平　胡义扬　刘　成　刘成海　薛惠明　徐列明	上海市医学会科技成果奖	杰出青年奖
2004	活血扶正中药干预慢性肾衰进展因素及延缓肾纤维化作用的研究	何立群　高建东　王　琛　李　均　张长明	上海市医学会科技成果奖	三等奖
2005	大量蛋白尿加重慢性肾衰进展的机制及中药和针药结合的干预作用	何立群　李　均　曹和欣　侯卫国　李　屹　符　强	上海市医学会科技成果奖	三等奖
2007	慢性乙型肝炎从肾论治的临床实践与机制研究	王灵台　陈建杰　高月求　孙学华　乐　敏　赵　刚　杨婉凤　周　飞　张友祥	上海医学科技奖	三等奖
2009	扶正化瘀方治疗肝硬化门静脉高压症的研究	徐列明　顾　杰　张　琴　薛冬英　蔡　虹　刘　成　刘　平　薛惠明　史美育　刘成海	上海中西医结合科学技术奖	一等奖

（续表）

年份	项 目 名 称	项目申请人	项 目 类 别	级 别
2009	“补肾壮骨”在骨与关节退变疾病中的主效应机制研究	詹红生 赵咏芳 石印玉 曹月龙 王 翔 徐 宇	上海医学科技奖	二等奖
2009	亚临床肝性脑病动物模型的建立和中药干预	陈建杰 高月求 卓蕴慧 刘龙民 王灵台	上海医学科技奖	三等奖
2010	不同感染状态慢性乙型肝炎辨证治疗的临床疗效及其免疫机制	高月求 陈建杰 王灵台 孙学华 李 曼 朱晓骏 杨婉凤 乐 敏 卓蕴慧 聂红明	上海医学科技奖	三等奖
2010	复方鹿红强心扩脉颗粒治疗慢性心力衰竭合并心绞痛的干预研究	周 华 杨 婧 戎靖枫 王英杰 沈智杰 张传富 胡婉英	上海中医药科技奖	二等奖
2010	基于改善心肾阳气互资理论的坎离颗粒干预慢性心衰的临床实践及机制研究	蒋梅先 姚成增 阮小芬 徐 燕 马 丽 徐德生 吴大正 贾美君	上海中医药科技奖	三等奖
2010	肾阳虚证客观化现代医学诊断平台的建立与评价	何立群 黄 迪 蒋宇峰 侯卫国 杨雪军 李 屹 沈沛成 唐 英 张昕贤 高建东	上海中医药科技奖	三等奖
2010	止痛散治疗痛经的临床运用及作用机制	蒋 健 金若敏 袁鸣芳 徐德生 刘 力 张婷婷 孙 燕 何世民	上海中医药科技奖	三等奖
2010	针刺麻醉与针刺镇痛技术平台的推广应用	沈卫东 周 嘉 傅国强 李一婧 马 文	上海中西医结合科技奖	一等奖
2010	对口切开旷置结合垫棉法治疗高位复杂性肛瘘的临床研究	杨 巍 郑 德 张平生 黄志坚 汪庆明 邢云丽	上海中西医结合科技奖	三等奖
2011	王灵台补肾论治慢性肝病学术思想的临床应用	高月求 赵 刚 张 斌 孙学华 朱晓峻	上海医学科技进步奖	三等奖
2011	慢性病毒性乙型肝炎中医辨证规范和疗效评价体系	陈建杰 周 华 凌琪华 孙莲娜 邢练军 朱梅萍 聂红明 陈晓蓉 张 玮	上海中医药科技进步奖	一等奖
2011	“柔肝养筋”治疗退行性膝骨关节病的作用机制与临床应用	詹红生 曹月龙 庞 坚 石印玉 赵咏芳 王 翔 徐 宇	上海中医药科技进步奖	二等奖
2011	《实用中医临床防治备要》	朱抗美	上海中医药科技奖	著作奖
2011	坎离颗粒加载治疗慢性心力衰竭的疗效评价及机制研究	蒋梅先 姚成增 阮小芬 徐 燕 贾美君 沈 睿 马 丽 徐德生 吴大正 于笑天	上海中西医结合科技奖	二等奖
2011	益气养阴方抗卵巢癌转移复发的临床与基础研究	齐 聪 张勤华 胡欣欣 李久现 黄宗瀚 王瑞杰	上海中西医结合科技奖	三等奖

（续表）

年份	项目名称	项目申请人	项目类别	级别
2011	功能性便秘的中医外治贴穴护理研究	张雅丽 蔡俊萍	上海护理科技奖	二等奖
2012	抗纤灵方延缓慢性肾脏病3期(CKD3)进展的临床多中心大样本远期疗效评价及体内外抑制肾纤维化作用机制	何立群 彭 文 张长明 黄 迪 周家俊 王 怡 邓跃毅 王云满 张 悦 王 东	上海中医药科技进步奖	一等奖
2012	基于"骨错缝筋出槽"病机认识的颈椎病诊治技术	詹红生 程英武 张明才 元唯安 陈 博 何天翔 詹松华 张清龙 徐 宇 石印玉	上海中医药科技进步奖	二等奖
2012	益气养阴方抗卵巢癌转移复发的多途径作用机制	齐 聪 张勤华 杨 红 胡欣欣 李久现 黄宗翰	上海中医药科技进步奖	三等奖
2012	利用夜间身体活动数据客观定量化评价中医药的疗效	潘卫东 刘 云 王 骏 吴春岚 孙 燕 朱旭莹 俞晓飞 郭咏梅 秦保锋	上海中医药科技进步奖	三等奖
2012	《中医心疗法——中医医生的心理疾病》	朱抗美	上海中西医结合科技奖	科普奖
2013	新石军方经结肠途径给药治疗慢性肝衰竭的临床疗效及机制研究	陈建杰 商斌仪 卓蕴慧 凌琪华 沈 健 樊丽萍 聂红明 杨婉风 乐 敏 李运东	上海医学科技奖	三等奖
2013	针刺(复合)麻醉在心肺外科手术中的临床应用	周 嘉 沈卫东 傅国强 陈彤宇 池 浩 马 文 袁 岚 李一婧 朱余明 周 红	上海医学科技奖	三等奖
2013	慢性丙型肝炎中医辨证规范及益气解毒方联合干扰素治疗的临床研究	陈建杰 聂红明 凌琪华 陈逸云 龚启明 叶青艳 李运东 卓蕴慧 商斌仪	上海中西医结合科技奖	一等奖
2013	基于肾氧耗效应研究肾衰Ⅱ号方抗肾纤维化的作用机制及临床应用	王 琛 杨雪军 何立群	上海中西医结合科技奖	三等奖
2013	中西医结合治疗神经障碍性疾病疗效的定量化评价方法的研发	潘卫东 刘 云 秦保锋 王 骏 孙 燕 唐海燕 王明哲 吴春岚	上海中西医结合科技奖	三等奖
2013	《中药的合理应用》	徐德生 刘 力 杨耀芳 徐玲玲 陆国椿 李 玲 袁 易 晏马成 陶红慧 奚永林	上海中西医结合科技奖	科普奖
2013	《你也看得懂化验单》	熊旭东 李淑芳 庞辉群 吴美平 何 淼 闫国良	上海中西医结合科技奖	科普奖

（续表）

年份	项 目 名 称	项目申请人	项 目 类 别	级 别
2013	《专家解答痔疮》	杨 巍 郑 德 汪庆明 陆 宏 应丽萍 张 巍 邢云丽	上海中医药科技奖	科普奖
2013	基于药物血清的中药复方抗肝纤维化药理机制与效应成分研究	刘成海 刘 平 杨 涛 陶艳艳 季 光	上海中医药科技奖	一等奖
2013	基于"心肾相关"研究慢性肾功能不全心脏重塑的机制	杨雪军 张 瑾 何立群 沈沛成 黄 迪 刘伟芳 孙雅婷 黄晓瑾 刘 飞	上海中医药科技奖	二等奖
2013	扶正化瘀复方及其君药丹参及组分改善肝脏微循环、降低肝硬化门脉高压的系列研究	徐列明 周 扬 平 键 顾 杰 徐 虹 田 甜 张 杰 张文炜 张 琴 薛冬英 蔡 虹	上海中医药科技奖	三等奖
2013	慢性丙型肝炎的中医辨证规范及临床应用的研究	陈建杰 周 华 聂红明 凌琪华 陈逸云 龚启明 叶青艳 李运东 卓蕴慧 商斌仪	上海中医药科技奖	三等奖
2013	防治原发性骨质疏松症中药六类新药密骨胶囊的研发与临床应用研究	石印玉 赵咏芳 詹红生 王 翔 郭海玲 陈元川 史万忠 徐 宇	上海药学科技奖	三等奖
2014	中药消胀贴膏敷脐治疗肝硬化腹水的疗效评价与作用机制研究	刘成海 邢 枫 冯年平 陶艳艳 张雅丽 蔡俊萍	上海中医药科技奖	二等奖
2014	大肠癌脾虚湿热证治理论与应用研究	李 琦 朱惠蓉 周利红 隋 华 蔡国响 侯风刚 季 青 刘 宣 韩植芬	上海中医药科技奖	二等奖
2014	益气补血化瘀泄浊法防治慢性肾衰肾纤维化作用机制的系列研究	王 琛 杨雪军 杨 婧 何立群 兰天鹰 高建东 陈 刚 邵命海 邹 赟 张昕贤 邓 真	上海中医药科技奖	三等奖
2014	基于整体、器官和细胞基因水平建立和评价肾阳虚证客观化诊断平台及临床转化应用	何立群 张昕贤 吴 锋 邹 赟 陈 刚 杨雪军 黄 迪 李 屹 高建东 蒋宇峰 侯卫国 曹和欣 邵命海	上海中医药科技奖	推广奖
2014	《诊余感悟》	朱抗美 蒋 健	上海中医药科技奖	著作奖
2014	通腑泻肺方治疗慢性阻塞性肺病急性发作(痰热壅肺证)多中心、双盲、随机对照临床研究	熊旭东 李淑芳 胡祖鹏 闫国良 王 倩 施 荣 陈莉云 何 淼 张 涛	上海中西医结合科技奖	二等奖
2014	轻度慢性乙型肝炎中西医特征分析和中西医结合治疗方案的临床实践	高月求 孙学华 朱晓骏 周振华 李 曼 金树根 张 鑫 黄凌鹰 杨婉凤 商斌仪	上海中西医结合科技奖	三等奖

（续表）

年份	项目名称	项目申请人	项目类别	级别
2014	鹿红颗粒治疗慢性心力衰竭的临床和基础研究	周　华　戎靖枫　瞿惠燕 王肖龙　薛金贵　刘永明 徐基杰　封　舟　刘　茜	上海医学科技奖	三等奖
2015	健脾清化方调节免疫炎症抑制肾纤维化关键机制及治疗慢性肾脏病临床转化应用	何立群　倪兆慧　彭　文 王　怡　侯卫国　周家俊 杨雪军　陈　刚　牟　姗 马晓红　陈　晛　陈　建 曹和欣　张昕贤　汪年松	上海中西医结合科技奖	一等奖
2015	基于肝药酶P450酶系、葡萄糖醛酸转移酶代谢体系和转运体系探索中药—西药药物相互作用	王肖龙　沈智杰　王英杰 郭　蔚　陈铁军　张春伶 姚轶立　姜紫嫣　祁向鹏 陈骁康	上海中西医结合科技奖	二等奖
2015	柔肝系列方药治疗骨关节炎的机制研究与临床转化	詹红生　石印玉　曹月龙 庞　坚　郑昱新　石　瑛 丁道芳　吴玉云	上海中西医结合科技奖	三等奖
2015	《赵春英六步通奶结》	赵春英　郑　洁　王建东 胡俊艳　唐　睿	上海中西医结合科技奖	科普奖
2015	慢性病毒性乙型肝炎中医辨证规范和疗效评价体系	陈建杰　周　华　凌琪华 叶青艳　齐艳艳　奚　骏 薛建华　卓蕴慧　商斌仪 李俊菁　陈晓菁　张　玮 陈逸云　聂红明　乐　敏	上海中医药科技奖	推广奖
2015	基于方证相关的茵陈蒿汤类方抗肝纤维化的创新研究	孙明瑜　刘　平　曹红燕 边艳琴　刘　成　李建缘 武　超　董　姝	上海中医药科技奖	三等奖
2015	中西医结合治疗神经变性疾病精确评价体系的建立与应用	潘卫东　刘　特　吕　桦 吴春岚　朱旭莹　秦保锋 王明哲　龚　帆　孙　燕 姜文斐	上海医学科技奖	三等奖

表6-2-7　1978—2015年其他优秀成果奖情况表

年份	项目名称	项目申请人	项目类别	级别
1978	中医辨证分型研究针麻胃切除个体差异规律	针麻组	全国医药卫生科学大会表彰	
1978	慢性支气管炎病人皮泡液巨噬细胞扫描电镜的初步观察	黄吉赓	全国医药卫生科学大会表彰	
1978	江西、云南、贵州、上海知青皮肤病的调查研究	石光海	全国医药卫生科学大会表彰	
1978	医药卫生科技中做出显著成绩	夏少农	全国医药卫生科学大会表彰	
1978	樟柳碱的研究及临床应用	麻醉科	全国医药卫生科学大会表彰	

（续表）

年份	项目名称	项目申请人	项目类别	级别
1978	中医中药治疗甲亢56例疗效观察	夏少农	全国医药卫生科学大会表彰	
1978	中草药对159例肝癌的疗效观察	雷永仲	上海市卫生局科技奖	
1978	中草药治疗晚期肿瘤	雷永仲	上海市卫生局科技奖	
1978	参与中研所狗急性化脓性阑尾炎实验模型	病理科	上海中医学院	三等奖
1979	28例原发性肾小球疾病、肾活检结果分析	肾炎专科	上海中医学院	三等奖
1979	心电图X线力线同步摄影心功能试验对冠心病诊断价值的研究	放射科	上海中医学院	三等奖
1979	中医中药治疗原发性慢性型再生障碍性贫血	吴正翔　王昆伟　杨振岳	上海中医学院	一等奖
1979	甲状腺碘I功能与中医虚症及唾液pH关系的初步研究	唐静芬	上海中医学院	三等奖
1979	酒精灌耳治疗痛经、负压壶治疗妊娠剧吐症	钱志益	上海中医学院	三等奖
1979	病毒性心肌炎临床研究	许迺珊	上海中医学院	三等奖
1979	血液组评为79年模范集体	血液组	上海市科技进步奖	—
1979	尿纤维蛋白元降解产物测定在肾性肾小球疾病中临床价值	肾炎组	上海中医学院	二等奖
1979	慢性肺气肿病理生理改变与X线表现	丁乃时　沈家根	上海中医学院	三等奖
1979	心肌力量——速度定量分析的研究	沈幼棠	上海中医学院	一等奖
1979	中西医结合治疗急性胰腺炎	杜振邦	上海中医学院	二等奖
1979	补肾法对HBHg转阴效果观察	夏德馨	上海中医学院	三等奖
1979	高位头静脉切开插管临床应用	上官步荣	上海中医学院	三等奖
1979	用集成元件制作的高精度微推进口	曙光医院	上海中医学院	二等奖
1979	中草药粉叶轮环藤肌松有效成分的研究	陈剑飞	上海中医学院	二等奖
1979	中西医结合麻醉下推拿治疗腰腿痛	郭　汾	上海中医学院	二等奖
1979	尿蛋白电泳和尿蛋白选择性测定的研究	曙光医院	上海中医学院	三等奖

（续表）

年份	项 目 名 称	项目申请人	项 目 类 别	级 别
1982	麦冬治疗冠心病的疗效与实验研究	顾双林　许迺珊　沈幼棠	上海中医学院	三等奖
1984	夏少农老中医运用益气养阴法治疗甲亢症的经验研究	徐志璋　张志洪　王灵台	上海中医学院	二等奖
1984	麝香、牛黄、蟾酥对缺血心肌作用研究	沈幼棠	上海中医学院	二等奖
1984	张羹梅主任医师治疗胃脘痛经验计算机模拟	张羹梅　康正祥	上海中医学院	三等奖
1984	张伯臾老中医“冠心病”计算机治疗系统	张伯臾　严世芸	上海中医学院	二等奖
1985	中西医结合治疗原发性难治性慢性肾病及肾炎肾病的临床研究——附235例分析	肾炎科	上海中医学院	三等奖
1985	针刺后效应临床规律	针麻组	上海中医学院	三等奖
1985	计算机中文中药库管理系统	朱稼雄	上海中医学院	三等奖
1985	清胰汤治疗急性胰腺炎119例临床及实验研究	吴银屏	上海中医学院	三等奖
1985	消痔锭药物研究	柏连松等	上海中医学院	二等奖
1985	胆固醇结石动物模型实验研究	薛之祥等	上海中医学院	三等奖
1986	冠心病危险因素——青少年血脂的研究	胡婉英等	上海中医学院	二等奖
1986	中药慢粒白1号方治疗慢粒20例临床研究	吴正翔等	上海中医学院	二等奖
1986	针刺得气留针巨刺的肌电图研究	周国林　康泰隆等	上海中医学院	三等奖
1986	石氏伤科外敷药作用机制实验病理研究	杨秋泓等	上海中医学院	三等奖
1986	参附青注射液对邪毒内陷所致厥脱证的临床与实验研究	余志鼎　王　左等	上海中医学院	三等奖
1986	气功用于麻醉的研究	上官步荣等	上海中医学院	一等奖
1987	益气补肾治疗佝偻病的临床实验研究	朱瑞群等	上海中医学院科技进步奖	二等奖
1987	肝舒乐治疗307例肿瘤的临床疗效观察	雷永仲等	上海中医学院科技进步奖	三等奖
1987	复方大黄发泡栓的研制及临床观察	柏连松等	上海中医学院科技进步奖	三等奖
1987	慢性肾功能衰竭动物模型制作	郑平东等	上海中医学院科技成果奖	三等奖

（续表）

年份	项目名称	项目申请人	项目类别	级别
1987	参附注射液的研究	王　左等	四川省科技进步奖	三等奖
1988	张伯臾教授学术思想研究	中医内科	上海中医学院科研成果奖	二等奖
1990	大鼠Ⅰ、Ⅱ型胶原的提取与免疫荧光检测法的建立及初步应用	王灵台等	上海中医学院科技进步奖	三等奖
1991	耳壳低电阻点生成的中枢机制研究	张丽英等	上海中医学院科技成果奖	三等奖
1992	慢性支气管炎肾虚本质及补肾益气药的临床实验研究	黄吉赓等	上海中医学院科技进步奖	三等奖
1993	“平哮液”治疗支气管哮喘急性发作的临床与实验研究	王　左等	上海中医学院科技进步奖	二等奖
1993	中药对周围神经损伤作用的实验研究	石关桐等	上海中医学院科技进步奖	二等奖
1993	针刺对胃肠电活动的影响及其大脑边缘系统关系的研究	项立敏等	上海中医学院科技进步奖	二等奖
1993	抗休克中药肝细胞电生理效应的检测	吴大正等	上海中医学院科技进步奖	二等奖
1993	消结开音冲剂治疗声带息肉的疗效及对血液流变学的影响	郑昌雄等	上海中医学院科技进步奖	三等奖
2011	《当代中国针刺麻醉心脏手术》	周　嘉	浦东新区第六届科技论文奖	二等奖
2015	引阳入阴推拿配合气息导引改善失眠的护理研究	张雅丽	上海护理科技进步奖	二等奖

第二节　专利工作

2006—2014年10月，各科专利申报等工作由科教处、科技处管理；2014年11月起，专利申报等工作归成果转化办公室管理。2001—2015年共获得国家发明专利143项。

表6-2-8　2001—2015年专利授权情况表

年份	专利名称	申请号	发明人
2001	一种治疗慢性肝病的药物及其制备方法	ZL99113887.2	肝病所
2003	丹酚酸B镁盐在制备治疗慢性肝病药剂中的应用	ZL99113644.6	刘　平　朱大元　胡义扬　蒋福祥　刘　成
2004	一种抗肿瘤血管栓塞剂及其制备方法	200410025494.5	张闵光　耿　坚　刘　力　黄学菁　刘　瑾　邢东玮　唐　岚
2005	一种治疗肝纤维化的复方制剂及其制备方法	200510023913.6	王灵台　陈建杰　高月求　赵　刚　张　斌

（续表）

年份	专利名称	申请号	发明人
2005	一种防治骨质疏松症的药物制剂及其制备方法	200510023846.8	石印玉 史万忠 沈培芝 赵咏芳 詹红生 刘 力 徐德生 王 翔 徐 宇 张 戈 郑昱新
2005	一种治疗慢性充血性心力衰竭的中药制剂的制备方法	200510024018.6	徐德生 刘 力 胡婉英 罗月琴 唐 岚
2005	一种治疗骨关节病的中药复方制剂及其制备方法	200510024657.2	石印玉 曹月龙 史万忠 郑昱新 詹红生 刘 力 徐德生 王 翔 徐 宇 石 瑛 郑昱新
2005	一种治疗高尿酸血症及尿酸性肾病的药物复合物	200510026468.9	何立群
2005	一种治疗慢性肾衰的药物复合物	200510028973.7	何立群 蔡 淦 王云满 适益方
2005	提高抗肝纤维化作用的药物组合物	200510028974.1	胡义扬 刘 平 朱大元 刘成海 王海南 王晓柠
2005	一种防治酒精性肠道损伤和肝损伤的中药复方制剂	200510028975.6	胡义扬 刘 平 李凤华
2005	改善肝硬化腹水的中药外用制剂及制备方法	200510028971.8	刘成海 张雅丽 冯年平 薛惠明 蔡俊萍 朱华燕 史美育
2005	生地低聚糖及其制备方法和应用	200510112424.8	刘 力 徐德生 唐 岚
2006	一种治疗痛证的中药复方制剂及其制备方法	200610024563.X	蒋 健 刘 力 徐德生 袁鸣芳
2006	皮下隧道导引器	200620047568.X	傅国强
2008	康复锻炼用固定带	200820060517.X	吴继萍 乔 琼 张 玲 陈静毅 沈愉华
2008	护理用小背心	200820060518.4	田 君 吴继萍 汤旻昕 李晨睿 沈卓婴
2008	用于输液的固定座	200820060519.9	张雅丽 孙 杰 吴继萍 黄 凤 倪晓倩
2008	换药床	200820060550.2	张雅丽 应丽萍 张 怡 苏艳伟
2009	芒硝外敷袋	200920073723.9	张雅丽 吴继萍 乔 琼 孙 杰 张 莉
2010	一种治疗慢性肺阻塞性肺疾病的中药制剂及其制备方法	200610023307.9	刘 力 徐德生 毕小利 张 炜
2010	侧壁可喷雾气管导管	201020036328.6	傅国强
2010	多功能理疗袋	201020186896.4	吴继萍 沃 敏 张雅丽 王 芳 张嫣琼
2010	不变形猪尾状气胸留置引流导管	201020186874.8	陈彤宇 周 嘉
2010	改善肝硬化腹水的中药外用制剂及制备方法	200810182153.7	刘成海 张雅丽 冯年平 薛惠明 蔡俊萍 朱华燕 史美育

（续表）

年份	专 利 名 称	申 请 号	发 明 人
2010	便携式药盒	201020216207.X	张雅丽　孙　杰　文东灏　张　怡　蔡俊萍　季晓鹏
2011	测量大鼠脊柱亚脱位动物模型的脊柱刚度测量装置	200810043668.9	程英武　詹红生　何天翔　阴　涛　田　伟　陈　博　元唯安
2011	一种治疗慢性肝病的药物组合物	200810042941.6	胡义扬　刘　平　李雪梅　冯　琴　彭景华　徐列明　刘成海
2011	一种治疗早、中期慢性肾功能衰竭的中药组合物	200610119268.2	王　琛　郑平东　何立群　王丽莉　高建东　侯卫国
2011	一种治疗子宫内膜异位症的中药制剂及其制备工艺	200710045069.6	戴德英　张婷婷　束兰娣　秦保锋　曹　霖　徐德生　刘　力
2011	一种治疗肌萎缩侧索硬化症的药物制剂及其制备方法	200710039887.5	支惠萍　蒋　健　高月求　高俊鹏　詹红生　邹　菁　李超生
2011	护理用保护手套	201020504575.4	张雅萍　陈莉芳　王丹红　林凡菊　邵英英
2011	一种换药床	201020624639.4	杜培欣　张雅丽　孙　青　杨　巍　黄志坚　蔡俊萍　于文艳　翁志华　张旭伟
2011	一种用于股骨髓内钉术的股骨空心环钻	201020663814.0	刘印文
2011	一种治疗骨质疏松症的中药复方制剂及其制备	200710172985.6	史万忠　詹红生　徐德生　石印玉　赵咏芳　刘　力　刘　瑾
2011	应用于临床的护理洗头垫	201120045875.5	吴继萍　倪晓倩　黄　凤　周俭美　孙　青
2011	通过免疫调控治疗慢性乙型病毒性肝炎的中药组合物	200910057165.1	高月求　王灵台　陈建杰　孙学华　朱晓骏　李　曼　刘巧丽　姚　嫣　汤伯宗
2011	一种同时改善骨骼肌功能的抗心衰药物组合物及其制备方法	200710039888.X	蒋梅先　徐　燕　阮小芬　姚成增　吴大正
2011	一种治疗失眠的中药复方制剂及其制备方法	200810200346.0	蒋　健
2012	夏枯草活性部位及其在制备药物组合物中的应用	200710041690.5	刘　力　徐德生　周荣耀　钟　薏
2012	治疗充血性心力衰竭合并心绞痛的中药组合物及其制备	200610147305.0	周　华
2012	保护肝脏、预防肝损伤的中药组合物及其制备方法	200910057133.1	徐列明　林庆勋
2012	治疗非酒精性脂肪性肝病的中药组合物	200910057416.6	高月求　王灵台　孙学华　乐　敏　朱晓骏　李　曼　汤伯宗
2012	用于制作大鼠脊柱亚脱位动物模型的外部连接固定装置	200810043595.3	詹红生　程英武　何天翔　阴　涛　田　伟　陈　博　元唯安

（续表）

年份	专利名称	申请号	发明人
2012	锁定针式髋臼后缘钢板	201120347230.7	张 珑 李志强
2012	组合式双腔支气管导管	201120078559.8	傅国强 袁 岚 沈卫东 陈文亭
2012	一种单侧输尿管结扎再通动物模型及其建立方法	200910057757.3	何立群 董飞侠 黄 迪 张新志
2012	迷迭香酸、含迷迭香酸的夏枯草有效组分及其制备方法和其在防治癌症术后转移方面的应用	200910057906.6	刘 力 徐德生
2012	苦豆碱在制备治疗慢性乙型肝炎药物中的用途	200710172984.1	陈建杰 聂红明 高月求 金树根
2012	一种治疗乳腺癌的药物制剂及其制备方法	200810200115.X	万 华 吴雪卿 冯佳梅 傅勤慧 高晴倩 李欣荣 瞿文超 陶颖娜
2012	能够调节高度的多导管固定腹带	201220018049.6	黄 风 吴继萍 蔡 蔚 戴菲菲 陈雪华
2012	能够调节尺寸的冰袋套	201220018914.7	田 君 吴继萍 沈卓婴 张雅萍 钱中佳
2012	治疗慢性尿路感染的中药组合物及其制备方法	200910201845.6	蒋 健 黄成钢 李志雄 金若敏 孙怡婕 贺 敏 吴 斌 唐意红 符胜光 刘会会 孙兆林 高建东
2012	肛瘘术后防肉芽增生多功能坐压棒	201220056669.9	张 怡 张雅丽 张 巍
2012	用于胸腰椎微创手术术前透视定位的金属网格	201220257915.7	刘印文 匡 勇 陈东煜
2012	便携式多功能卧床病人床上及床间移动兜带	201220056663.1	张雅丽 张 怡 汪小冬
2012	尾翼弯针	201220150273.0	傅国强 袁 岚 唐 炜 陈文婷
2013	一种治疗急慢性支气管炎和支气管哮喘的中药制剂及制备方法	201010174328.7	刘 力 徐德生 黄吉赓 张 炜 毕小利
2013	一种生地低聚糖经肺给药中药制剂及其制备方法和应用	200910196871.4	刘 力 徐德生
2013	多功能静脉输液保暖被及其使用方法	201010104862.0	张雅丽 李 铁 白素华 季晓鹏
2013	一种治疗慢性前列腺炎的复方制剂及其制备方法	200810040871.0	蒋 健
2013	一种治疗浆细胞性乳腺炎的药物制剂及其制备方法	201010188361.5	万 华 吴雪卿 冯佳梅 傅勤慧 高晴倩 葛 彦 李欣荣 瞿文超 陶颖娜
2013	一种保持小腿在水平体位的装置	201320018067.9	庞 坚
2013	一种治疗原发性肝癌的药物组合物及其制备方法	201010212703.2	周荣耀 付晓伶 王文海 吴丽英 钟 薏 束家和 张 怡 张彦博

（续表）

年份	专 利 名 称	申 请 号	发 明 人
2013	一种治疗糖尿病足的外用中药软膏制剂	201010186284.X	柳国斌 奚九一 张 磊 杨 晓
2013	栀子提取物和冰片组成的有效成分在干预皮肤瘙痒的中药制剂中的应用	201010192657.4	张雅丽 蔡俊萍 冯 睿 熊卫国 秦秀芳 陈方蕾
2013	治疗慢性肝病的药物组合物及其应用	201010263205.0	刘 平 仝 欣 孙明瑜 陆 雁 陈高峰 刘 佳 李风华 刘成海 胡义扬 徐列明
2013	一种治疗人乳头瘤病毒感染症的中药制剂及其制备方法和应用	201010239740.2	张慧敏 潘祥龙 曾秋妹 边风华 樊梅凤 丁佩军 何 翔 徐 平
2013	股骨髓内钉远端锁钉纠偏导向器	201320296786.7	刘印文 郑昱新 顾新丰 高宁阳
2013	一种改善肾功能并抑制肾组织纤维化的中药组合物	201110446157.3	何立群 郑平东 邵命海 王 东
2013	一种黄芪提取物的应用	201210061922.4	桑 珍 周里钢 范晓宁
2013	一种治疗哮喘的中药复方制剂及其制备方法	201110275415.6	周 华 赵 鋆 顾明达 朱盛国
2013	女性接尿器	201320479086.1	潘 琼
2013	视网膜脱落术后护理架	201320478823.6	秦秀芳 张雅丽 朱小贞 周振华
2013	一种轻便升降式静脉注射操作台	201320479064.5	张 怡 张雅丽 谭红阳
2013	废液收集盘	201320479062.6	郑 霞 张 翔
2013	用于临床医学上的佩戴型固定装置	201320496593.6	周维娜 张雅丽 周振华 谭红阳
2014	一种防治酒精性肠病的中药复方制剂	201110257716.6	胡义扬
2014	一种治疗多囊肾病的中药组合物及其制备方法	201310092513.5	高建东 郑平东 何立群 王 琛 侯卫国 李瑞玲
2014	一种治疗脂肪性肝病的中药复方药物	201110056269.8	胡义扬 冯 琴 彭景华 刘 平 唐亚军
2014	医用托玛琳耳穴贴	201320554831.4	沈卫东 樊文朝 马 文
2014	充气型脑牵开器	201420194313.0	费智敏 周里钢 段继峰 贾振宁 书国伟 张 珏
2014	一种治疗子宫内膜异位症的中药复方制剂及其制备方法	201110060156.5	齐 聪 周 华
2014	一种诱导糖尿病的高脂饲料及其在制备糖尿病足溃疡大鼠实验模型中的应用	201310423293.X	柳国斌 韩 强
2014	一种中药组合物在制备治疗病毒性疣的药物中的作用	201110431064.3	张慧敏 潘祥龙 曾秋妹 边风华 樊梅凤 丁佩军 何 翔 徐 平 章晓鹰
2014	一种治疗慢性肝病的中药组合物及其用途	201210039617.5	刘 平 宁冰冰 慕永平 孙明瑜 陈高峰 张 笑 刘成海 胡义扬 徐列明 朱邦贤 王峥涛

（续表）

年份	专利名称	申请号	发明人
2014	一种治疗慢性肝病的中药有效部位组合物及其制备方法和应用	201110423226.9	刘　平　付文卫　孙明瑜　张文萌　宁冰冰　慕永平　周文君　陈高峰　刘　佳　刘成海　胡义扬　徐列明
2014	患者转运头部减震枕	201420489053.X	陈　佳　张雅丽　张琳艳
2014	一种护肾保健带	201420208873.7	汪小冬　张雅丽　沈姣姣　董秋婷　吴美凤　徐　莺　何艳娟
2014	一次性使用输注泵的便携袋	201420363797.7	龚礼敏　张雅丽　游晓清　黄桂香　郭彩霞　王　芳　黄建平　阎　良
2014	耳穴贴压器	200920249606.3	竺　炯
2014	应用于临床的床头角度测量具	201320478831.0	吴继萍　戴非非　张雅丽　王　煜　陈雪华
2014	解剖型视频咽喉镜	201420128631.7	傅国强
2014	一种防治慢性肝病的中药组合物及其用途	201210038803.7	刘　平　张　笑　宁冰冰　慕永平　孙明瑜　陈高峰　刘　佳　刘成海　胡义扬　徐列明
2014	肢体穴位贴压器	200920178246.2	谢蕴莹　竺　炯
2014	一种治疗慢性肝病的药物成分及其应用（drug composition for treating chronic liver disease and its application）	US8,846,626 B2	刘　平
2014	医用急救药箱	201420532842.7	张成亮　张雅丽　胡晓颖
2014	治疗湿疹的组合物及其制备方法	200910202163.7	刘瑾　竺　炯　史万忠　庄俊嵘
2015	一种治疗粉刺性乳痈的中药制剂及其制备方法	201210138158.6	万　华　吴雪卿　冯佳梅
2015	一种防治肝病的中药复方组合物及其用途	201210234853.2	孙明瑜　刘　平　边艳琴　曹红燕　董　姝　宁冰冰　陆　雁　慕永平　陈高峰
2015	一种丹参酮ⅡA-聚乳酸/羟基乙酸微球及其制备方法	201310022754.2	李　琦
2015	一种丹参酮ⅡA-聚乳酸/羟基乙酸微球用于制备抗肿瘤药物的用途	201310022772.0	李　琦
2015	一种肛门封堵器	201420651948.9	詹松华
2015	一种肠道造影内腔塑型器	201420652744.7	詹松华
2015	一种防治慢性肾脏病肾纤维化的中药复方制剂及制备方法	201010257471.2	何立群
2015	一种治疗外阴瘙痒性疾病的中药组合物及其制备方法	201110422086.3	张慧敏　潘祥龙　曾秋姝　边风华　樊梅凤　丁佩军　何　翔　徐　平
2015	一种用于筛查糖尿病的舌诊系统	201310441822.9	陶　枫　许家佗　陆　灏　徐　杰　陈清光　张　明　章丽琼　顾逸梦

（续表）

年份	专利名称	申请号	发明人
2015	肛周深部瘘道的冲洗装置	201420535945.9	张雅明　夏泽华　沈菲菲
2015	研究型中医医院电子病历信息系统应用软件	2015R11S077396	周　华
2015	中医标准化数据交互平台系统应用软件 V1.0	2015R11S077397	周　华
2015	中医病案监测分析平台系统应用软件 V1.0	2015R11S077399	周　华
2015	中医专病临床诊疗知识库系统应用软件 V1.0	2015R11S077398	周　华
2015	中医重点专科临床决策支持系统应用软件 V1.0	2015R11S077401	周　华
2015	中医四诊信息客观化采集与医院信息对接系统 V1.0	2015R11S077407	周　华
2015	中医知识库协同工作平台系统 V1.0	2015R11S077404	周　华
2015	针灸推拿用枕	201420856577.8	沈卫东　万钰茜　马　文
2015	一种针灸用冷针帽	201420856636.1	沈卫东　陈　梁　万钰茜
2015	实验小鼠的固定衣及固定装置	201420853966.5	沈卫东　朱　怡　刘　淼
2015	一种针灸冷针治疗装置	201420856608.X	沈卫东　陈　梁　万钰茜
2015	一种治疗卵巢癌的中药复方制剂及其制备方法	201110058966.7	齐　聪　张勤华　胡欣欣
2015	一种治疗肠黏膜损伤的中药组合物及其制备方法和用途	201210046275.X	王文海　付晓伶　周荣耀　朱惠蓉
2015	治疗慢性肾炎蛋白尿的中药组合物及其制备方法和用途	201310404038.0	王　琛　郑平东　何立群　杨雪军　高建东　兰天鹰
2015	可调温型固定式艾灸贴	201520029603.4	沈卫东　谢丽丽
2015	气管支气管导管	201520020236.1	袁　岚　傅国强　陈文婷
2015	一种能控制导引钢丝方向的穿刺针	201420867540.5	袁　岚　傅国强　陈文婷
2015	多方位供氧的吸氧鼻导管	201420854571.7	袁　岚　傅国强　陈文婷
2015	用体外细胞培养方式鉴定"肾主骨"效应的测定方法	201110151163.6	何立群　林日阳　吴　锋
2015	一种锁定式植骨漏斗	201520277296.1	刘印文　邓　真　沈孜良　詹红生
2015	一种女性尿壶	201520079318.3	张雅丽　周霄云　赫爱霞
2015	一种护理用悬挂装置	201520087220.2	陈　凌　邵海波　王　晶

（续表）

年份	专利名称	申请号	发明人
2015	胸腹腔术后的引流装置	201520061060.4	秦秀芳　朱小贞　孙　青
2015	高效细胞爬片免疫组化方法	201410314458.4	鄂裘恺　胡义扬　郭绍文　王敏燕　韩志宏
2015	一次性使用芒硝敷料袋	201520225927.5	张　珏　费志敏
2015	用于全膝关节置换术内侧副韧带松解的穿刺针及使用方法	201210203719.6	卫晓恩
2015	针刺麻醉针及其使用方法	201210083127.5	沈卫东　樊文朝

第三节　成果转化

1984—2015年，共转让科研成果16项。

表6-2-9　1984—2015年科研成果推广情况表

年份	成果名称	科室	转让单位
1984	穴位吸引器	妇科	常州武进县化学工业公司
1985	安全人工引流器	妇科	浙江同头县电子仪器厂
1990	醒健营养饮料	中药制剂	上海华元化工技术公司
1990	海尔舒	肝炎科	张家港市医疗保健厂
1991	小儿佝偻糖浆	儿科	上海中医一厂
1991	荆银合剂	中内	浙江永宁制药厂
1999	炎宁灌肠液	肛肠科	深圳亿胜医药科技发展有限公司
1999	肝平胶囊	肝病所	上海现代中医药技术发展有限公司
1999	丹酚酸乙	肝病所	重庆药友制药有限责任公司
2000	丹酚酸乙	骨伤科	上海医创中医药科研开发中心有限公司
2001	鹿角方	心血管科	上海中大曙光医药研究发展有限公司
2012	抗纤灵颗粒	肾内科	扬子江药业集团有限公司
2012	消胀贴膏	肝硬化科	常熟雷允上制药有限公司
2012	健脾活血方	肝硬化科	上海现代中医药股份有限公司
2014	鹿红颗粒	心血管科	江西济民可信金水宝制药有限公司
2014	芍药舒筋片	骨伤科	上海复星医药产业发展有限公司

第四节　图　书　馆

一、概况

1960年，建立了由病案统计、业务图书室和文艺图书室所组成的病案图书室。图书管理由病案管理人员兼管，当时有各类藏书3 976册、杂志727册。“文化大革命”时期文艺图书大量被封存，文艺图书室因此一度关闭。1974年，文艺图书室重新开张，并设立了专职人员，当时有各类文艺图书818本，1980年增加到6 198本，工作人员逐渐增加到3人。文艺图书室有2间房，一间供藏书用，另一间作阅览室，周一至周五开放。有5 000本左右的文艺图书供外借，杂志几十种、报纸十多种供室内阅览。1985年，馆内藏书达17 734册。之后由于医院扩建，房源紧缩而将藏书全部封存，仅保留杂志阅览业务。1991年，搬入新大楼后新的业务图书馆开放，条件设备有了很大的改善，分设了藏书室和医学杂志储藏室各一大间。新增了铁质双面书架33只，单面书架9只，高靠椅70只，阅览桌18只，期刊架14只。1992年，文艺图书馆搬进门诊新大楼地下室，开始对职工开放，有100多种杂志、20多种报纸、3 000多本文艺图书供借阅。工作人员2人，还兼管全院报刊的发行工作，同年6月，根据业务需要又搬至业务图书馆旁。1993年，业务图书馆人员增加到5名，各类藏书12 093册，杂志4 328册，并开始实行图书馆的计算机管理，开展了对图书目录、图书流通的应用工作以及开始使用中国图书分类法对图书进行管理。

1994—2000年，图书馆的馆舍及各种相关的固定资产基本无变化。2000年12月，图书馆的各类藏书量为23 239册，各类杂志7 424册，订各类杂志274种，电脑5台。2003年，业务图书馆归属医院办公室，由图书期刊阅览室、电子检索阅览室、书库、杂志库房、情报资料室等组成。

2005年，为配合医院东部开张，东部图书馆电子阅览室开张，设有电脑数十台，中文杂志56种，工具书几十本。东部设电子检索阅览室，建筑面积180平方米，共有工作人员5人。2008年，在西部图书馆进行了中文图书的清点整理工作，并输入了电脑便于查阅登记工作。2010年5月，图书馆每年购买新书2次，中英文杂志每年订购1次，并进行书籍杂志的登记、编号、上架工作，图书馆由西院整体搬至东院二楼，总面积约182平方米。二楼阅览室因地方有限，主要放置中英文杂志、工具书及比较珍贵的古籍书，大部分书籍暂时放在地下室。阅览室内有阅览台3张，电脑12台，其中11台为外网，1台为内网(内有清华同方中文网站)。2015年12月，图书馆馆藏中医书6 674本，中文西医书5 838本，外文西医书1 480本，光盘69张，其他书739本。中文杂志204种，有6 731本馆藏。英文原版杂志6种，有6 464本馆藏。2015年12月，图书馆由二楼搬至一楼行政中心，总面积约112平方米。设大阅览台3张、座椅18张、外网电脑6台、内网电脑1台；设有座位20张，可阅览中文期刊230本，外文期刊22种(7种原版、15种影印版)；书库设有座位10张。阅览室主要放置中英文杂志和各种工具书及比较珍贵的线装古籍书。行政管理上归属科技处领导。

二、管理与服务

为管理好图书，使医务人员借阅方便以及保持图书室的环境安静、清洁整洁，1991年，制定了相关工作制度。规定须凭借书证借书，借书限定1个月，如特殊需要须办理续借手续。书库及杂志库房实行开架形式，可自行取阅，阅后须放回原处。新到当期各种杂志及字典、词汇，凭本人借书证限在室内阅览，概不出借；读者自己的个人用品包括拎包、报纸、书籍等不得带进阅览室；馆内新购书籍、新到报纸杂志等做到及时登记、编号上架、留阅览室使用，2 周后馆内方可出借。管理员定期催收外借书籍、杂志，加速图书周转。每年图书馆在做好本馆的杂志订购工作的同时代职工订购业务杂志。对中文期刊过刊库、馆藏图书库进行整理，撤下较早年份藏本，腾出部分空间安置新的书籍、期刊。对图书、中文期刊的位号重新标识，建立有关索引，方便读者查找。不定时地在医院局域网上开展已购新书目录介绍。注意提高图书管理人员的服务意识和服务质量。

1997 年 12 月，图书馆设立了光盘检索。1999 年，开通了跟中华医学会联网的文献检索。2000 年，启用了丹城图书管理系统。2002 年，与上海市生物医学信息服务联合体建立文献资源共享，积极利用中国科学院上海生命科学图书馆、上海图书馆(上海科技情报研究所)、中华医学会上海分会图书馆、上海第二医科大学图书馆馆藏西文期刊，有偿索取西文全文文献。2003 年，为全院中级职称以上工作人员申请加入上海高校网络图书馆，免费使用为期 1 年的兴业校园卡，利用上海高校网络图书馆的文献资源数据库检索查阅资料。2001 年 6 月，图书馆添置复印机，开展馆内资料复印服务。2003 年 9 月，增加了院内科研项目研究、成果申报等有关文书资料复印工作，共为几百个课题组复印各类资料达 4 万多张。2004 年，再添研究生复印资料费用记账服务。2005 年，开辟医院职工办理上海中医药大学图书馆借书证的途径，使工作人员能利用上海中医药大学图书馆的文献资料，获得更多医学信息。2013 年 11 月，医院为职工购买了中国知网中文医学数据库和医知网英文医学数据库，基本满足了医院职工的文献索览需求。

第五节　学 术 部

一、概况

2006 年，成立学术部，是一级行政职能科室。办公地点在医院东部行政中心二的学术报告厅旁，总面积约 30 平方米。主要工作是配合医院的学术委员会，全面负责医院学术内涵的建设、学科建设、重大项目策划、推进与监督工作。指导监督医院医疗业务、学科建设等工作的学术水平建设，组织学科综合调查和政策研究，为医院制定方针和目标提供依据。2007 年，成立科研学术部和科研保障部。科研学术部部长由分管科研教学的副院长蒋健担任，下设科研处、学术部。科研保障部部长由分管行政、后勤的副院长萧臻担任，成员有竺炯、佟栩、姚洁明、杨敏。

2010 年之后，学术部纳入特色诊疗技术研究所。2014 年，合并到成果转化办公室，主要承担院刊《中医临证杂志》和《中医临床理论与实践》的出刊工作。

表 6-2-10　2007—2010 年学术部历任主任情况表

任职时间	主　　任
2007 年 3 月—2008 年 3 月	张婷婷
2008 年 3 月—2010 年 6 月	朱抗美

二、期刊

2015 年，自办的内部中医类期刊有两种，一为《中医临证杂志》，另一为《中医临床理论与实践》

（英文版）。期刊编辑室位于医院业务图书馆内，原编辑室名为“情报资料室”。主要管理人员也由管理医院业务图书馆的院领导分管。

【《中医临证杂志》】

《中医临证杂志》的前身为《曙光医刊》。《曙光医刊》的前身为《医学情报资料通讯》。1981 年，成立了医学情报室，由临床专业人员兼职，主要任务是收集和积累各类医学情报资料。1986 年，刊名定为《医学情报资料通讯》。1996 年，更名为《曙光医刊》，2006 年，第二期《曙光医刊》杂志更名为《中医临证杂志》，并对封面进行了全新设计，并将卷号由 21 卷改为 22 卷。《中医临证杂志》开创的栏目有《名老中医经验论坛》《临床研究》《实验研究》《临床经验探讨》《学术探讨》《综述》《病例报道》《医院管理》《护理园地》等。《中医临证杂志》为季刊，每年出版 4 期，每期约 60 页，刊登论文 16～18 篇，每期印刷 800 册。

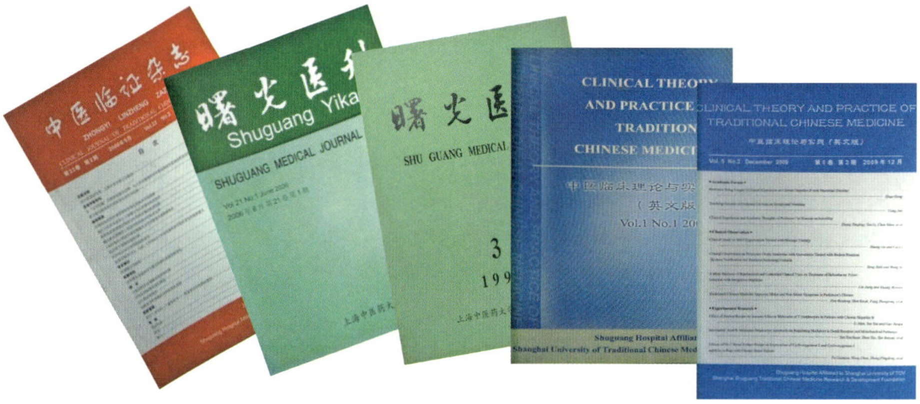

图 6-2-1　医院自办期刊

表 6-2-11　1996—2014 年《中医临证杂志》历任主编、副主编及编委情况表

届　次	时　间	主　编	副主编	编　委
第一届	1996—2002 年	王灵台	沈远东 吴志清	丁学屏　石印玉　沈传钧　胡婉英 唐为勇　徐昌泰　龚铁群　蔡　淦 戴德英
第二届	2003 年	王灵台	沈远东	丁学屏　石印玉　沈传钧　胡婉英 唐为勇　徐昌泰　龚铁群　蔡　淦 戴德英
第三届	2004—2005 年	王灵台	周　华 詹红生	石印玉　朱抗美　朱盛国　齐　聪 何立群　胡婉英　徐德生　蔡　淦 薛志祥
第四届	2006—2007 年	王灵台	周　华 张婷婷	蔡　淦　陈建杰　高月求　何立群 胡婉英　蒋　健　柳国斌　齐　聪 石印玉　徐德生　薛志祥　杨雪军 詹红生　朱抗美　朱盛国
第五届	2008—2014 年 第 3 期	王灵台	周　华 姜水印	蔡　淦　陈建杰　高月求　何立群 胡婉英　蒋　健　柳国斌　齐　聪 石印玉　徐德生　薛志祥　詹红生 朱惠蓉　朱抗美　朱盛国

（续表）

届　次	年　份	主　编	副主编	编　　委
第六届	2014 年第 4 期—	沈远东	周　华	陈建杰　高月求　黄建平　何立群　胡义扬　蒋　健　刘成海　刘　力　马俊坚　万　华　熊旭东　余小萍　周　嘉　詹红生　张雅丽

【《中医临床理论与实践》(英文版)(*Clinical Theory and Practice of Traditional Chinese Medicine*)】

2004 年,《中医临床理论与实践》(英文版)创刊,是医院创办的英语杂志。

办刊宗旨是将中医临床理论和实践中的发展现状及中医研究的创新成果介绍给国内外读者,使中医学更好地走向世界。期刊为半年刊,每年 2 期。设有 Academic Forum of Distinguished TCM Doctors, Clinical Observations, Experimental Work and Research 和 Reviews 4 个栏目。2006 年,由于编辑人力不足,没有《中医临床理论和实践》期刊出版;2007 年,又将栏目调整为 Academic Forum, Clinical Observations 及 Experimental Research。2009 年,对杂志封面进行了全新设计,与《中医临证杂志》封面配套。每期刊登 16～20 篇论文,每期印刷 800 册。

表 6-2-12　2004—2015 年《中医临床理论与实践》(英文版)历任主编、副主编及编委情况表

届　次	时　间	主　编	副主编	编　　委
第一届	2004—2014 年 3 月	沈远东		蔡　淦　陈建杰　樊建开　何立群　胡婉英　蒋　健　李照国　刘成海　林　江　卢成皆　齐　聪　沈卫东　石印玉　王灵台　王肖龙　熊旭东　薛志祥　叶伟成　张如明　周　华　周荣耀　朱抗美
第二届	2014 年 4 月—	沈远东	周　华	陈建杰　高月求　黄建平　何立群　胡义扬　蒋　健　刘成海　刘　力　马俊坚　万　华　熊旭东　余小萍　周　嘉　詹红生　张雅丽

第三章　研究型中医院推进办公室

2007 年 5 月，医院提出创建研究型中医院战略目标。2009 年 5 月，国家科技部与上海市部市合商会议纳入部市共建创新试点项目。2009 年 7 月，纳入浦东新区“国家中医药发展综合改革试验区方案”。2010 年 7 月，创建研究型中医院的部市共建项目成为上海市“关于加快中医药事业发展的意见”的一项重点工作。随着研究型中医院建设的进一步深入，经医院党政联席会议讨论决定成立“研究型中医院推进办公室”。办公室设主任 1 人，科员 1 人，并设立名誉主任 1 人。2011 年 4 月，研究型中医院推进办公室正式成立，是为推进“医院研究型中医院建设”成立的专职职能科室。其主要职能是在医院研究型中医院领导小组的领导下，推进研究型中医院建设的各项工作。沈远东为首席顾问兼研究型中医院建设推进办公室名誉主任。

表 6－3－1　2011—2015 年研究型中医院推进办公室历任负责人情况表

任职时间	主任	任职时间	副主任
2011 年 4 月—2013 年 9 月	顾翠峰	2012 年 8 月—2013 年 9 月	沈晓红
2013 年 9 月—	杨雪军		

第一节　管理职责与构架

一、管理职责

研究型中医院推进办公室是“研究型中医院领导小组”的常设机构。“研究型中医院领导小组”成员有周华、马俊坚、周嘉、蒋健、胡义扬、高炬、姚政。办公室在研究型中医院建设领导小组的领导下，推进研究型中医院建设各项工作。

二、组织构架

研究型中医院建设领导小组在医院学术指导委员会及科研指导委员会的协助下，通过具体职能部门“研究型中医院建设推进办公室”推进各项建设工作。办公室联络协调医院其他各个职能部门，如科技处、教学处、医务处、人力资源部、GCP 中心以及各研究所、研究室等，以科研管理平台、科研服务平台建设为抓手，推进医教研建设一体化建设。

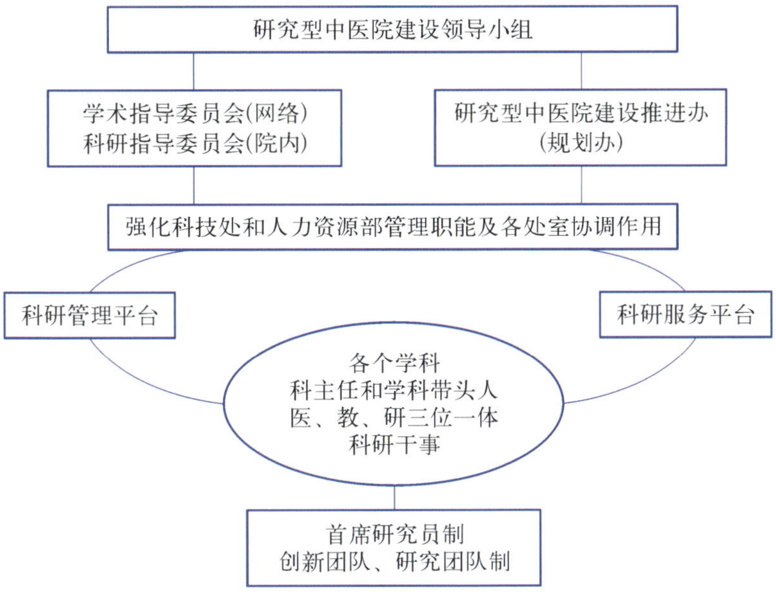

图 6-3-1　研究型中医院建设领导小组结构图

第二节　研究型中医院建设与发展

2008 年 8 月，院长沈远东发表《创建研究型中医院的理论思考与初步实践》一文；2014 年 3 月，院长周华出版《研究型中医院建设的理论与实践》一书，两位院长对研究型中医院的定义、特征和建设目标等进行了详细阐述。

图 6-3-2　《创建研究型中医院的理论思考与初步实践》和《研究型中医院建设的理论与实践》

一、研究型中医院建设目标

2007 年，研究型中医院推进办公室在上述两位院长撰文的指导下，制定了长期建设目标。研究型中医院的建设以科学发展观为指导，以“临床为基础、科研为主导”为战略方针，以“弘扬中医特色、发展创新能力、提高临床水平”为战略方向。

【总体目标】

建设以弘扬中医特色为方向、以完成临床医疗工作为基本任务、以培养优秀人才为突出优势、以创新性科学研究为重要使命、以制定和修订临床医学标准和规范为水平标志的大型综合性中医院。

【特征标志】

拥有著名的中医专家学者群体和优势学科群，拥有一流的医疗和实验室硬件，有充分的承担国家重大科研项目、产出重大成果和优秀中医人才、形成行业标准和规范的能力，具备良好国际合作交流平台，拥有一定的国际知名度。

二、第一阶段的目标

2010 年 11 月，研究型中医院建设受到国家中医药管理局高度重视，正式纳入国家中医药管理局"临床研究基地"建设，并成为全国中医药防治肝病临床研究联盟组长单位。2011 年，上海市中医药发展办公室通过"上海市中医药三年行动计划"项目建设，着力推进曙光医院"研究型中医院建设"。2013 年 11 月，重点病种"中医肝病"参加了国家中医临床基地的验收。通过第一阶段的建设，初步形成与研究型中医院建设相适应的管理机制；完成构建适应研究型中医院建设的人才队伍；形成和完善 5 个为研究型中医院科研活动服务的、具有国内一流水平的部分公共平台；形成 3 个以上处于国内领先地位、面向提高临床诊疗水平的中医特色优势学科；2 项以上的重点病种和诊疗技术研究取得重大成果和国际影响；承担国家级科技项目及成果表达能力大幅度提升。

【研究型中医院管理机制】

围绕研究型中医院以"临床为基础、科研为主导"的战略方针，结合医院"十二五"规划，2010 年，创新完善管理机制。建立创新中医临床科研 3 个管理模式，① 针对中医临床科研的特点，突破原有的管理模式，建立能够有效支撑中医临床疗效提高、学术发展、加速人才培养、体现中医行业科研规律的临床科研运行模式，从而完善研究型医院组织管理构架；② 完善内部高效的运行机制和管理，内容包括建立首席专家制、科研人员管理、保障和激励机制、科研人员绩效考核机制、科研项目管理制度、科研经费管理制度；③ 可持续发展的保障机制，内容包括科研设备管理制度、科技公共实验平台管理制度、专职科研人才引进和培养制度、专职科研人员管理制度、临床研究精英团队建设制度。

【平台建设】

根据研究型中医院发展的宗旨和任务，2010 年，提出建设和发展包括数字化中医信息、中医流派传承基地、中医药标准化研究、中药新药临床评价研究技术平台以及中医临床实验室等的技术共性平台。

【数字化中医信息平台】

以 3 种重大疾病(慢性心力衰竭、慢性乙型肝炎、骨质疏松症)为实例，2010 年，同医院立项的"863"项目协同开展，建立、应用、完善和验证临床科研信息一体化平台建设。2015 年开始在医院全面推广应用本系统。系统主要包括规范化、可动态更新的中医知识库，高效可用的中医临床决策系统、中医结构化电子病历系统等。

【中医流派传承基地平台】

梳理挖掘“石氏伤科”“夏氏外科”“丁氏内科”“徐氏儿科”“杨氏针科”等各学术流派特色和专长。2010—2015年，通过上海市中医药发展三年行动项目，医院着力推进中医流派传承平台建设，建设内容有建立智能型的学术医案、中医诊疗经验文献知识管理系统。

【中药新药临床评价研究技术平台】

主要内容包括：开展中药创新药物Ⅰ～Ⅳ期临床试验研究；提高创新药物临床研究整体水平；建立高标准的人体生物医学伦理规范；完成符合国际规范的电子临床试验数据管理平台的建设；完成符合国际规范的新药临床评价实验室的建设。2011年，医院以病毒性肝炎为研究病种，整合相关优势资源，深化中药新药临床评价研究的系列技术建设。同时，配合国家中医药管理局全国中医肝病联盟建设，形成电子网络化、信息化的药物临床试验体系。

【中医临床实验室平台建设】

2015年，医院5个国家中医药管理局三级实验室的验收和评估工作，形成医院基础实验平台。2016年，完成上海市中医临床重点实验室建设的验收工作；医院通过教育部肝肾病证结合重点实验室的验收。

三、学科建设

2010年，医院为配合研究型中医院建设，对学科发展进行了整体规划，提出发展10个优势和具发展潜力的学科，形成3个(中医肝病学科、中医骨伤学科、中医肾病学科)处国内领先地位、面向提高临床诊疗水平的中医特色优势学科。通过“十二五”建设，医院学科获得了长足的进步。

【中医肝病学科】

2010—2015年，建设期间以中医药对肝硬化的组织重构与逆转的作用、中医药对病毒性肝炎免疫调控作用、中医药对脂肪性肝病的治疗作用及其科学内涵研究为主攻方向，并以学科承担的国家级重大项目为抓手，有效提高临床疗效，形成一定的国际学术影响。

【中医骨伤学科】

2010—2015年，建设期间着重开展中医骨退行性病变病理机制和相关创新药物的研究，开展重点研究领域(骨退行性病变)的病机、治疗以及相关适宜技术创新、药物创新等内容，完成了芪骨胶囊、养血软坚胶囊等新药批件及转化上市。

【中医肾病学科】

2010—2015年，建设期间以中医药抗肾纤维化、中医药防治慢性肾脏病、伴有大量蛋白尿的慢性肾功能衰竭和慢性肾小管间质病变的基础与临床研究为主攻方向。通过对院内制剂黄芪消白冲剂、肾衰冲剂及血尿灵冲剂的临床研究评价，有效提高中医药防治肾病中常见病、多发病、疑难危重病的能力，并开展了肾病防治的中医药理论创新以及应用开发研究。

【中医心血管学科】

2010—2015年，建设期间以慢性心力衰竭、冠心病为主攻方向，进一步提高中医药防治相关疾病临床疗效。通过研究初步揭示证治规律，建立临床规范化治疗方案及中医药临床疗效评价，明确部分有效方药及其作用机制。

【中西医结合糖尿病学科】

2010—2015年，建设期间以2型糖尿病的预防，糖尿病周围神经病变为主攻方向，开展中医药改善胰岛β细胞功能，改善胰岛素抵抗的确切机制研究，形成了中药防治糖尿病慢性并发症的共同防治方案。

【中医传染病学】

2010—2015年，建设期间以中医药防治传染病(腹泻、丙型肝炎)为主攻方向，进一步挖掘和发挥中医药在传染病防治中的传统优势，提高了中医药在传染病防治中的临床疗效。

【中西医结合临床科学】

2010—2015年，建设期间以针刺麻醉、外科围手术期治疗为主攻方向，开展重大疑难病、常见病的防治研究，重点发展中西医结合治疗手段，有效提高了临床疗效及应用推广。

【中医脾胃病学科】

2010—2015年，建设期间以胃癌前病变、肠易激惹综合征为主攻方向，按严格的科研设计进行相关的临床观察研究，对新胃方进行了合理剂型调整，进一步提高疗效。

【特色诊疗学科】

2010—2015年，建设期间以中医特色诊疗方法的整理、开发，中医特色方药的挖掘、整理、验证与评价为主攻方向，挖掘、保护、发展一些经得起临床检验、确有疗效的中医特色技术(含民间中医技术)。

【临床药理学科】

2010—2015年，建设期间以中药药物代谢性相互作用研究为主攻方向，开展了人体和动物中药药代动力学研究，通过药物临床试验(Ⅰ期)药代动力学实验室平台完善基础。

四、第二阶段目标

2015年，新的上海市中医药三年行动计划继续将曙光医院研究型中医院建设作为重点项目建设，研究型中医院推进办公室拟定了第二阶段的建设目标。第二阶段的建设项目以“提升综合服务，培育创新人才，孵育标志成果”为建设目标，主要内容包括深入推进研究型中医医院体制机制建设;研究型中医医院国家级重点实验室筹建和综合服务平台建设;研究型医院标志性创新成果孵化建设;培养研究型医院创新性研究团队和领军人才建设。

【深入推进研究型中医院体制机制建设】

提升与创造具有研究型中医院特征的文化与精神 2015年,医院的文化建设,继承传统中医文化的大医核心理念,结合时代特点,提倡医德和医术的德艺双馨,“大医德泽,生命曙光”的文化培育出了一代又一代的曙光人。研究型中医院是以传统为基石、以创新为动力、以学习为手段、以成果为标志的一流医院。文化建设在“大医德泽,生命曙光”传统文化的基础上进行了文化创新,形成了传统和创新、临床和科研交融的新型文化。新曙光文化,更注重以人文本,强化科学管理,提升文化修养,提高整体素质,充分发挥文化的导向作用、凝聚作用、激励作用和辐射作用,提升了曙光的优秀传统文化和精神,形成“百年曙光、再创辉煌”的新理念。

创建科研学术沙龙 2015年,创建以科学研究为主题的学术沙龙。学术沙龙由研究型中医院推进办公室主办,协同医院办公室、人事资源部、教学处、科研处等部门,提供舒适宽松的学术环境,每期沙龙事先设计在科研领域内全院共同关注的具有普遍指导意义的议题作为主题,使科研工作者有了一个定期交流的平台。

强化与完善具有研究型中医医院特色的机制与体制 2015年,医院为推动设立研究型中医院体制机制建设,设立了45个研究课题,分别从医疗、教学、科研、学科、人才、护理、后勤等方面全方位探讨。

【研究型中医院综合服务平台建设】

通过第一期研究型中医院建设,医院在平台建设方面初具规模。2015年,在二期建设中,医院进一步推进以下综合服务平台。

公共科研实验平台(公共实验中心) 2010—2015年,建设期间,医院以新建的“科技楼”为抓手,依托现有教育部肝肾疾病重点实验室、上海市科委中医临床重点实验室,加强硬件设施建设,进一步完善实验室管理与制度建设,提高平台的技术服务水平和承担各项研究工作的能力,增强对外服务能力,促进其在学术研究、人才培养、对外开放和学术交流等方面的重要作用。公共实验平台:(1)在新建的“科技楼”中建设5 000平方米的公共实验平台。(2)培训了20名公共实验平台技术人员,保证公共实验中心的运行。(3)实现了公共实验平台出入人员登记全部信息化,仪器使用登记全部信息化。

产学研一体化平台(转化医学中心) 2010—2015年,建设期间,通过疏通成果转化渠道,加大院企合作,借用外部力量,推动产学研联盟建设,形成科研、中试、应用的完整链条,大力推进科技成果运用,促进研究成果的认可、转化,提升成果的知名度。(1)与扬子江药业、江西济民可信医药等,签订产学研战略合作。(2)重点梳理了医院院内制剂中临床前景好、疗效确切的品种,进行临床前研究,主要进行了芍药舒筋片、肾衰冲剂等项目研究。(3)共申请专利89项。(4)入选了市专利示范单位。

公共科研信息平台(大数据平台) 2010—2015年,建设期间,医院依托国家“863”计划“数字化中医信息系统研发”,初步建立了公共科研临床共享信息平台。2015年,在此基础上,医院进一步建设了专科电子病历。

中医学特征的生物样本数据平台 2010—2015年,建设期间,在医院新建的“科技楼”开辟500

平方米的样品库场地，初步完成生物标本采集技术规范（SOP）及数据库指南的建立，分阶段、分步骤，逐步完善和推进，建立各类样本取材、前处理、运输、处理、储藏及质量控制标准，逐步完善实验室中医药特色的生物样本及相关信息管理，完善生物样本库相关人员培训3人。

【研究型中医院标志性创新成果孵化建设】

2010—2015年，建设期间，研究型中医院应着力解决"疑难危重"疾病，重点从事高水平的科学研究，着力孵化标志性成果。研究型中医院建设将着力从制度上、组织上突破原有框架，真正实现标志性成果突破。

"中医药防治脏器纤维化国家重点实验室"筹建　2015年，以教育部肝肾疾病重点实验室、上海市中医重点实验室为基础，筹建国家重点实验室。

整合优势学科　2015年起，整合外科、针灸学科、麻醉学科、基础生理学科，共同阐明针药结合镇痛机制等关键问题。

重点培育学科　2015年，重点培育中西医结合妇产学科、中西医结合肿瘤科、中医外科3个学科。中西医结合妇产学科，整合妇科、生殖医学、产科等，突出中西医特点，具体研究内容有中药对小鼠盆底结缔组织的胶原蛋白、弹力蛋白、成纤维细胞合成分解的影响；中药对盆底器官脱垂的成纤维细胞凋亡的影响及相应信号通路的变化；中药对调控细胞氧化应激、线粒体功能的影响及具体作用机制。中西医结合肿瘤科，整合肿瘤科、肝胆外科、呼吸科、消化科等，突出中西医结合防治肿瘤优势，具体研究内容有micoRNA－30a敲除小鼠模型的建立及其在大肠癌发生发展中的作用机制研究，包括miR－30a敲除小鼠模型的建立；iR－30a对APC min/＋小鼠自发形成肠癌的影响；miR－30a对AOM/DSS诱发小鼠肠癌的影响；miR－30a敲除小鼠的转录组学研究。中医外科整合现有中医外科、乳腺科、皮肤科、肛肠科，保持和发扬中医外科优势，注重临床和基础并重，着力阐明优势病种治疗机制，具体研究内容有通过创面渗液成分，分析探讨生肌散治疗难愈性疮面的机制，并对现有的、有良好疗效的中医外用药物的作用机制进行深入研究。

第四章　研 究 机 构

第一节　肝 病 研 究 所

一、概况

肝病研究所前身为上海中医学院晚期血吸虫病研究小组，由著名老中医王玉润教授在20世纪70年代末创办，主要从事中医药防治晚期血吸虫病性肝纤维化的研究。1985年，改名为上海市中医药研究院肝硬化研究室，为我国首批中医博士点之一，培养出了中国第一代中医博士。1989年，研究室被列为上海市高教局第二批重点学科建设部门。1993年，研究室扩编为肝病研究中心。1995年，成为国家中医药管理局中医肝病重点研究室，同年，被列为上海市教委第三批重点学科。1996年3月，经上海市卫生局审批成立肝病研究所，并列为上海市医学领先专业参加单位之一。2000年，成为国家中医药管理局首批认定的三级实验室。2001年，成为国家教育部重点学科、上海市肝病临床医学中心的建设部门。2001年11月，转制到附属曙光医院，开设肝硬化专科病房和专科专家门诊。

图6-4-1　2015年11月，肝病研究所成员合影（第一排左四为上海中医药大学副校长刘平、左三为原所长徐列明、右四为所长刘成海、右三为副院长胡义扬）

2015年，肝病研究所有专职研究人员23人，终身教授1人、特聘教授1人、客座教授3人。其中研究员、教授6人，博士研究生导师5人，硕士生导师8人；有博士学位者17人。2015年，分别在中西医结合临床与中医内科学2个专业博士专业点招生。已培养博士后12人，博士研究生46人，硕士研究生38人。

肝病研究所是中国中西医结合肝病专业委员会挂靠单位。研究队伍中，享受国务院特殊津贴专家5人。有国家杰出青年基金获得者1人、“973”首席科学家1人、国家级百千万人才2人、教育部新世纪优秀人才2人、卫生部有突出贡献中青年专家2人；上海市名中医1人、上海市领军人才3人、上海市优秀学科带头人2人、上海市“曙光学者”2人、上海市启明星计划2人、上海市晨光计划2人、上海市科委青年英才扬帆计划1人。有中国中西医结合学会常务理事，国家药典委员会委员，中国中西医结合学会肝病专业委员会名誉主任委员、主任委员，中华医学会肝病学会副主任委员，中国中西医结合学会消化病委员会副主任，中国中西医结合学会第一届循证医学专业委员会副主任委员；上海市中西医结合学会副会长，上海市中西医结合学会肝病专业委员会主任委员，上海市中医药学会肝病专业委员会主任委员和副主任委员等。

表6-4-1　2001—2015年肝病研究所历任负责人情况表

任职时间	所　长	任职时间	副所长
2001—2011年	徐列明	2006—2011年	胡义扬　刘成海
2011年—	刘成海	2011年—	张　华

表6-4-2　2015年肝病研究所其他研究人员情况表

年　龄	百分比/%	学　历	百分比/%	职　称	百分比/%
35岁以下	30	博　士	74	正　高	26
36～45岁	48	硕　士	9	副　高	30
46～55岁	13	本　科	17	中　级	22
56～65岁	9	其　他	0	初　级	22

二、专业发展

肝病研究所主要聚焦中医药防治肝纤维化、肝硬化的临床与效应基础、中医药防治酒精性和非酒精性脂肪肝病两大研究方向。

【中医药防治肝纤维化与肝硬化研究】

肝硬化病证结合与方证相应的效应机制研究　1995—2012年，立足于临床疗效，提出“病—证—效”结合的研究新思路。综合运用信息处理技术、数理分析技术，阐述了辨证论治治疗肝炎后肝硬化的现代科学基础。运用因子分析、两阶段聚类及C均值聚类和模糊综合评价技术，建立肝炎后肝硬化“病证结合”的证候分类新模式，提出了“气虚血瘀”为肝炎后肝硬化的基本病机，构建了证候模糊判别方程式，为临床证候和疗效判识提供了量化工具。运用多元逐步回归方法建立各证候相关影响因素的回归方程，发现肝炎后肝硬化“病—证相关”的部分病理生物学基础。通过辨证论治临床对照试验证实，中医治疗肝炎后肝硬化既有改善临床证候、生存质量的优势，也有改善与疾病病理实质变化相关的理化指标，包括国际公认的Child-pugh分级的作用，显著优于非中药治疗的对照组。

“病—证—效”结合综合研究模式为构建辨证论治的科学基础提供了可行性思路和方法。其部分研究结果被导入中国中西医结合学会肝病分会制定的《肝纤维化中西医结合诊疗指南》及中华中医药学会编写的《中医内科诊疗规范(肝硬化)》。2012年，获得中国中西医结合学会科技进步奖一等奖。

肝硬化虚损生积中医病机理论研究　1995—2011年，在临床实践及既往研究基础上，通过900例肝炎后肝硬化临床信息(证候分类)综合分析，结合多种不同功效(益气、养阴、祛瘀、清热、利湿)方剂对多种肝硬化动物模型干预治疗对照研究，提出“血瘀为积之体，虚损为积之根”的肝硬化“虚损生积”病机理论假说。揭示了基于疗效的肝硬化“虚损生积”的病理机制，获得有效治疗早期肝硬化的新方法并明确其主要效应物质基础，对发展中医病机理论、提高肝硬化这一世界性难治性疾病的临床疗效做出了贡献。肝硬化虚损生积的病机理论受到广泛重视，国家中管局为此特设了“慢性肝病虚损重点研究室”。以肝硬化“虚损生积”的病机理论为基础，建立了“益气化瘀”治疗肝硬化的基本治法，已编入中华中医药学会《中医内科常见病诊疗指南》，在行业内推广应用。2011年，其主要研究成果获上海市科技进步奖一等奖。

中药复方(扶正化瘀方)防治肝硬化食管胃底静脉破裂出血研究　2010—2014年，以中医药“活血”“疏通血脉”的方法降低门静脉高压，确立了积极预防肝硬化食管胃底静脉曲张破裂出血的新治法，阐明了中药及有效组分的作用机制和作用环节。2014年，其主要研究成果获上海市科技进步奖三等奖，编入国外专著1本，申请专利1项。

中药抗肝纤维化效应机制及物质基础研究　1990—2006年，开展黄芪汤治疗肝纤维化的效应基础研究、一贯煎治疗肝纤维化的效应基础研究、扶正化瘀中药复方抗肝纤维化的细胞分子药理作用机制及其物质基础研究。其主要研究成果：发现经典补气方剂黄芪汤临床治疗肝硬化疗效确切，其主要组分黄芪总皂苷与甘草酸配伍具有协同增效作用；发现一贯煎可诱导肝干细胞向肝实质细胞分化，肝硬化肝肾阴虚证候病机的病理学基础主要体现在肝实质细胞的衰减，而滋肾养肝经典复方一贯煎是抑制 CCl_4 诱导大鼠肝硬化的效应方剂；扶正化瘀中药复方细胞分子药理作用机制及其物质基础研究，明确有效复方血清效应成分，阐明主要效应成分的药代动力学特征，诠释了扶正化瘀中药复方抗肝纤维化的综合作用机制，促进了该方作为新药的临床应用。2006年，其主要研究成果为被批准进入美国开展Ⅱ期临床试验提供了理论基础。

抗器官纤维化的中药新药发现和评价技术平台　2009—2015年，针对慢性乙型肝炎、糖尿病肾病、高血压病等重大疾病的共性重要病变——器官纤维化，基于中医药抗器官纤维化的治疗学优势与课题组在抗肝、肾纤维化研究领域的良好工作基础，构建抗肝、肾器官纤维化的中药新药发现和评价技术平台。在中医药理论的指导下，紧密结合现代临床实践，建立中医专病文献库与中药方剂信息筛选技术，提供候选中药方剂，有效提高古典方剂再创新中药研发的成功率；通过多模型评价与筛选有效方剂，并选择临床有效方剂与中成药；在活性追踪评价的指导下，逐步提取分离中药的部位、组分与成分；建立以高内涵细胞水平筛选为主的中药部位、组分与成分的体外活性评价技术，对获得的有效成分或组分进行整体模型药效再评价，并设计组分/成分配伍的药效评价；研究有效成分、组分与组分配伍的抗器官纤维化作用机制，并进行代谢组学、基因组学与蛋白质组学的系统综合评价。其主要研究成果获得抗肝、肾纤维化有效组分10个、先导化合物12个。已申请25项发明专利，其中国际专利5项；获得专利授权5项，其中国际专利授权2项；获得相关软件著作权

4 项。

中药联合抗病毒防治肝硬化临床研究 2010—2015 年，将抗病毒治疗与中医辨病辨证相结合，按照 GCP 规范要求，筛选入组 HBV DNA 阳性、肝纤维化 Ishak 评分≥F5，影像学符合肝硬化且 Child-Pugh A 级的代偿期乙肝肝硬化患者 1 050 例，随机分为恩替卡韦组、扶正化瘀片＋恩替卡韦组、中医辨证＋扶正化瘀片＋恩替卡韦组。开展多中心、随机、双盲、对照临床研究，共治疗 48 万例，随访 12 万例。通过肝活检 Ishak 肝纤维化评分、肝组织炎症、肝纤维化血清学标志物、肝功能、肝硬化中医量表等多种指标，综合评价不同方案对代偿期乙肝肝硬化的临床疗效，以建立一种有效的代偿期乙肝肝硬化中西医结合治疗方案，使乙肝肝硬化的肝纤维化逆转率在恩替卡韦抗病毒治疗的基础上提高 15 个百分点。2014 年，其主要研究成果获得国家“十二五”传染病重大专项支持（中医药联合恩替卡韦治疗乙肝肝硬化的临床研究）。参加课题研究的临床中心共 20 家。

慢性乙型肝炎中医证候生物学基础研究 “证候”是中医学对疾病认识、临床诊疗和疗效判定的核心基础。2009—2013 年，研究所承担的国家“十一五”科技重大专项“病毒性肝炎证候生物学基础研究平台的建立”项目，联合上海交通大学、同济大学等学科间交叉合作，运用转录组、代谢组、元基因组等系统生物学技术，对慢性乙型肝炎肝胆湿热、肝郁脾虚、肝肾阴虚典型证候患者及隐证型和健康者进行系统研究。初步建立了慢性乙型肝炎中医临床四诊及生物学信息数据库和样本库（数据库：具有临床四诊和理化信息者 2 003 例；其中有尿代谢组数据者 842 例，有元基因组数据者 709 例，有转录组数据者 160 例。样本库：血清样本 2 003 例，尿液样本 1 591 例，粪便样本 1 015 例）。构建了慢性乙型肝炎中医常见证候（肝胆湿热、肝郁脾虚）判别数学模型，揭示了证候与临床理化信息的关联性。建立了适应病毒性肝炎中医证候生物学研究的系统生物学检测和信息分析技术，已形成 SOP 24 项。发现和证明慢性乙型肝炎中医典型证候与代谢组学、元基因组学、基因转录组学等系统生物学信息有内在关联性。对于单一典型证候患者，各个组学层面都能与证候分型建立关联，即慢性乙型肝炎典型证候患者有明确的生物学物质基础分类，不同证候有其特定的差异物质谱。主要研究成果：发现了慢性乙型肝炎三种常见证（肝胆湿热、肝郁脾虚、肝肾阴虚），有望用于证候诊断的特征性基因表达谱。多视角数据融合（四诊、代谢组、转录组、元基因组、蛋白组）的证候判别模型已具雏形，为建立规范的证候判别新标准奠定了重要基础。揭示和证明了中医证候生物学分类的科学内涵，为证候的客观化、标准化以及临床疗效评价提供了重要依据。

中药消胀贴膏敷脐治疗肝硬化腹水的疗效评价与作用机制研究 2005—2014 年，根据中医药敷脐治疗肝硬化腹水的理论经验，发明了一种“行气化瘀、通络逐水”治法治疗肝硬化腹水的中药敷脐贴膏剂，并系统进行临床评价疗效、新药研发、作用机制研究与临床推广应用。消胀贴膏不仅在上海中医药大学附属曙光医院广泛应用，也应用于沈阳传染病院、南京市第二医院等 8 家医院。主要研究成果：获国家发明专利授权 2 项，新药临床研究批件 1 项，成果转让 1 项，形成中医特色诊疗技术 1 项。2014 年，获得上海中医药科技奖二等奖。

扶正化瘀中药复方抗肝纤维化的国际化研究 2007 年，针对国际上抗肝纤维化治疗药物的空白状态，结合本所扶正化瘀制剂的国内临床、药学、安全性等资料，在国家“十一五”支撑计划“中医药国际化示范项目”等支持下，与美国加州大学圣迭戈医学院、贝勒医学院等合作，开展扶正化瘀片抗难治性慢性丙型肝炎肝纤维化美国Ⅱ期临床试验，2013 年，完成试验。研究结果在 AASLD 卫星会议上专题发布，并在美国消化疾病周（DDW）、亚太肝病会议上交流，*Hepatology*（《肝脏》）杂志上做了摘要介绍；完成并通过 FDA 的Ⅱ期试验报告。2015 年，开展美国Ⅲ期临床试验前注册研究。

【中医药防治酒精性和非酒精性脂肪肝】

中医药防治酒精性脂肪性肝病的研究　通过临床经验总结，自拟了健脾理气活血法方（白术、丹参、枳壳、白芍、葛根、泽泻、五味子、姜黄等），用其治疗酒精性和非酒精性脂肪肝取得满意疗效。2003年，根据中医临床实践，结合酒精性肝损伤发病机制"二次攻击"理论和"酒精可致小肠内毒素渗漏而协同诱发肝脏炎症"的认识，着重从"肝—肠"的脏腑间联系思路出发，以"酒精引起肠通透性改变致内毒素渗漏"和"肠源内毒素诱导肝枯否细胞产生炎症细胞因子引发肝损伤"这两个关键病理环节为切入点，建立了Lieber－Decarli酒精大鼠肝损伤模型、肉毒素灌胃肠通透性检测和"二次攻击"模型。创新性运用均匀设计数学模型以解析针对不同机制环节的主效应中药的先进技术并开展了系统研究。2015年，研究发现和证实健脾活血方对酒精性肠道损伤和肝损伤有显著的防治作用和"解酒"作用，可通过减轻肠道损伤及其内毒素渗漏从而防止酒精性肝损伤；剖析和发现了复方中针对不同机制环节的主效应中药及部分物质基础；诠释了中医药调理脾胃运化功能的"解酒毒"机制和以肠道为酒精性肝病治疗靶位的重要性，明确提出肠道是中医药治疗酒精性肝病的重要靶位的理论。获发明专利1项并已实现成果转化（合同总额150万元）。

中医药防治非酒精性脂肪性肝病的研究　1995—2015年，根据临床实践中总结的非酒精性脂肪肝"痰湿、血瘀"的病机特点，以清热祛湿、活血化瘀为主要治疗原则的祛湿化瘀方（虎杖、田基黄、茵陈、栀子、丹参5味中药组成）治疗非酒精性脂肪肝病（NAFLD），结果显示祛湿化瘀方能显著降低实验性脂肪肝大鼠或小鼠肝脏脂质含量，减轻炎症损伤和肝脂肪变性，治疗脂肪肝疗效显著；证实升高脂联素、调节腺苷酸激活蛋白激酶（AMPK）活性、调节肠道微生态、抗脂质过氧化、降低游离脂肪酸（FFA）毒性是其主要药理机制。运用均匀设计数学模型发现了复方中针对不同机制环节的主效应中药，揭示栀子苷、绿原酸等是祛湿化瘀方抗非酒精性脂肪肝药理作用的主要物质基础，在此基础上发现中药成分复方，并开展后续药效学及药理机制研究。主要研究成果：创新性运用均匀设计数学模型剖析了复方中针对不同机制环节的主效应中药，结合现代医学研究进展，提出肠道是中医药治疗NAFLD的重要靶位的理论，并诠释了以肠道为NAFLD中医药治疗靶位的重要性。获授权专利2项。

表6－4－3　2015年肝病研究所主要设备情况表

设备名称	型号、规格	数量	单价/万元
自动荧光体视显微镜	徕卡 M205FA	1	51.63
制备液相	KNAUER K－1800	1	45.00
彩色超声诊断仪	ALOKA SSD－25	1	138.00
酶标仪	TECAN F200 PRO	1	43.60
PCR仪	ABI VIIA 7	1	77.00
显微镜图像分析系统	OLYMPUS DP71	1	9.60
高内涵系统	热电 VTI 600	1	168.90
层析柜	YC－1	1	1.10
倒置显微镜	XDS－1B	1	1.00
纯水机	HEAL FORCE R030	1	1.25

（续表）

设 备 名 称	型号、规格	数 量	单价/万元
细胞电阻仪	MERS00002	1	2.29
自动生化仪	卓越 450	1	38.80
洗板机	BIOTEK ELX 405	1	22.88
网络显微镜	徕卡 DMD 108	1	16.92
自动荧光体视显微镜	徕卡 M205FA	1	51.63
制备液相仪	KNAUER K－1800	1	45.00
彩色超声诊断仪	ALOKA SSD－25	1	138.00
酶标仪	TECAN F200 PRO	1	43.60
二级管阵列检测器	WATERS 2998	1	10.77
氮吹仪	SBHCONC/1	1	3.85
超低温冰箱	海尔 DW－86L 388	1	3.90
超低温冰箱	海尔 DW－86L 388	1	3.90
二氧化碳培养箱	艾本德 170S	1	5.80
制冰机	雪花 AF－100ASE	1	2.60
内切式匀浆机	XHF－D	1	0.20
半干转化仪	TRSNS－BLOT SD	1	2.50
全自动细胞计数仪	TC20	1	4.90
烤片机	H1 1220	1	0.89
摊片机	H1 1210	1	0.89
低氧装置	SABLE PA－10	1	18.83
组织包埋机	徕卡 EG1150	1	12.90
高档智能高频电刀	VIO 200S	1	16.00
脱水机	徕卡 ASP30 S	1	28.27
内窥镜系统	VP－4400/XL－4400	1	129.85
患者监护仪	UT－4000	1	3.00

三、研究成果

【课题】

2006—2015 年，肝病研究所共中标各级课题 149 项。其中，国家级科研课题 47 项（含国家重大专项 5 项），“973”首席 1 项，国际合作项目 1 项，国家自然科学基金重大、重点项目 2 项，国家科技攻关 3 项，国家“863”项目 1 项，国家自然科学基金面上及青年项目 51 项，中国博士后基金 7 项。

省部级课题 46 项，局级课题 36 项。

【获奖情况】

2006—2015 年，肝病研究所共获省部级以上各级奖励 20 项。其中，上海市科技进步奖一等奖 1 项、上海科技进步奖二等奖 2 项、中国中西医结合学会一等奖 2 项、中国中西医结合学会二等奖 3 项、中华医学会科技二等奖 1 项、教育部技术发明奖二等奖 1 项。其他奖励 10 项。

【专利情况】

2006—2015 年，肝病研究所共申请专利 32 项，其中国际专利 2 项。专利授权 18 项，其中国际专利 2 项。

【成果转化】

2006—2015 年，肝病研究所共有 2 项专利实现成果转化。消胀贴膏转让常熟雷允上药业有限公司（合同额 180 万元）；健脾活血方转让上海现代中医药股份有限公司（合同额 150 万元）。

【论文】

2006—2015 年，肝病研究所共在核心期刊发表学术论文 888 篇。其中，SCI 收录 87 篇，单篇最高影响因子 10.88，总影响因子 157.5。

四、学术交流与合作

【国际合作交流】

研究所聘请国际著名肝纤维化研究学者、美国西奈山医学院福瑞德曼（Scott L. Friedman）教授，国际著名免疫学专家、美国加州大学戴维斯分校格什温（M. Eric Gershwin）教授为客座教授。2015 年，学科与芬兰库奥皮奥大学伊奈斯密（Hani El-Nezami）与麦克尼（Hannu Mykkanen）教授合作开展中药影响肝细胞 AFB1 功能的实验研究。与美国加州大学圣迭戈分校合作，联合开展中药复方治疗慢性丙型肝炎肝纤维化的临床研究。与香港中文大学沈祖尧教授联合开展扶正化瘀胶囊治疗慢性乙型肝炎肝硬化失代偿期的临床研究。与美国南加州肝病研究中心、加州大学圣迭戈分校合作开展扶正化瘀的注册临床研究等。

【国内合作交流】

2000—2015 年，参加每年一次全国中西医结合肝病学术会议及每五年一次的国际肝病会专题学术会议，加强国内外同行的合作与交流。主办国家级继续教育学习班（每年一次）。

五、教学工作

肝病研究所为全国首批中医内科博士点和博士后流动站之一。人才培养分为博士后、博士、硕士、七年制本硕连读、五年制本科生、进修生等层次和梯队，培养方式包括本学科单独培养、与华东理工大学等综合院校联合培养等。2015 年，有博士生导师 5 人，硕士生导师 8 人。

1998—2015 年，研究所已培养博士后 17 人，博士研究生 74 人，硕士研究生 52 人，七年制学生 11 人，进修生 42 人；现在读博士 13 人，硕士 22 人，七年制 3 人。获中国博士后基金 9 项。博士研究生入选“上海中医药大学优博育苗或培优计划”5 人，上海市优秀毕业生 7 人，上海中医药大学优秀毕业生 11 人，上海中医药大学优秀学位论文 27 篇，获国家奖学金 3 人。与国外名校联合培养在读博士生 3 人。

承担上海中医药大学研究生“中医肝病学研究进展”及“中医药科研思路与方法”教学任务。主编《现代中医肝脏病学》《中医药科学研究思路与方法》，副主编全国高等中医药院校研究生规划教材《医学科研思路方法与程序》等，并于 2012 年编写了研究所内《中医肝病学研究进展》教学参考书。

加强研究生基本实验技能培训，组织每年新进实验室的研究生进行实验技能及实验室管理规范等内容的培训，为此编写了《肝病研究所实验技术操作规范》《肝病研究所实验室仪器设备操作规范》及《科研思维与实验技能讲义》等培训教材。

2012 年，研究所针对博士研究生开设《希夫肝脏病学》英文原版教材学习班，并编著《希夫肝脏病学》英文听力教材。

2012 年 7—8 月举办上海市教委研究生暑期学校，编写了《面向转化医学的中西医结合肝病研究》专家讲义教材及研究生论文汇编。2013 年 3 月开办上海市中西医结合学会研究生创新论坛，编写了《上海市中西医结合学会器官纤维化专业委员会 2013 年春季学术研讨会论文汇编》。

第二节　骨伤科研究所

一、概况

1988 年 11 月，上海中医药研究院向上海市科学技术委员会申请成立骨伤科研究所。1990 年，通过审批，骨伤科研究所正式成立，继续开展骨关节内服药、骨质疏松症的内服药、外用药膏和药水的研制等科研工作。2001 年 9 月，上海市中医药研究院所属骨伤科研究所转入上海中医药大学附属曙光医院。2015 年，有在编人员 14 人：正高职称 3 人，副高职称 4 人，中级人员 3 人，初级人员 3 人及其他人员 1 人。研究所在医院东部，面积 464.4 平方米，实行所长负责制，常规开展病理形态学、细胞组织培养、分子生物学、显微影像学等实验技术。下设有脊柱病损研究室、骨质疏松研究室、骨关节病损研究室、伤科手法研究室、骨与关节病理学实验室、石氏伤科学术思想研究室。致力于中医药防治慢性筋骨病损的临床与基础研究。

表 6-4-4　1990—2015 年骨伤科研究所历任负责人情况表

任职时间	所　长
1990—2006 年	石印玉
2006 年—	詹红生

二、专业发展

20 世纪 80 代以后，着重开展了对石氏伤科的临床经验研究，编写了《石氏理伤经验与验方选》

图 6-4-2 骨伤科研究所外景

等著作；运用中医辨证观点，对骨病的病理提出了“痰湿”的论点，发表了《骨伤疾病从“痰湿”论治以及伤科内伤辨》等学术论文；承担国家中医药管理局新药研究与开发项目“中药治疗膝骨关节炎”；国家自然科学基金项目“补阳还五汤对周围神经损伤的实验研究”、上海市科委项目“密骨胶囊治疗骨质疏松症”等的课题设计和临床研究。20 世纪 90 年代，在研究骨质疏松症方面，配备了当时国内外最先进的双光子骨密度仪，并专门研制了强骨灵、密骨胶囊等中成药。同时，依据伤科历代名老中医的验方结合现代药理新进展研制了曙光骨伤系列中成药，如活血理气汤、新伤汤、骨折汤等，在临床上具有独特的疗效。

20 世纪 90 年代末，研究所以“慢性筋骨病损防治研究”为主攻方向，研究内容涉及脊柱病损、骨质疏松、骨关节病、伤科手法、石氏伤科学术思想等。

【中医药防治骨关节病损的研究】

2002 年，在对骨关节病的临床和基础研究中，针对慢性骨与关节病损开展研究，提出“本痿标痹，痰瘀致痹为标，肝肾亏虚为本”为基本病机，倡导“筋骨并治，以筋为主”的骨与关节病的治疗观念，形成了规范的中医药个性化治疗骨关节炎方案。2004 年，获得中华中医药学会科学技术奖三等奖；2011 年，获得上海市中医药科技奖二等奖。

采用循证医学、流行病学等研究方法观察中医药治疗骨关节炎的临床疗效与作用特点；研究补肾、柔肝中药修复软骨损伤的作用机制，2004 年，获中华中西医结合学会和中华中医药学会科学技术奖三等奖。研究治疗膝骨关节炎的中药新药——芍药舒筋片，2007 年，获国家发明专利。2014 年，获中药新药临床研究批文并转让。研制治疗骨关节病的新药怀珍养肝胶囊胶囊，2011 年，获上海市医院自制制剂批文。

图 6-4-3　2005 年研究所所长石印玉(第二排右一)指导研究生进行实验操作

2007 年,承担"十一五"国家科技支撑计划"中医治疗常见病"研究项目,进行膝骨关节炎中医药智联方案的优化研究;2008 年,承担国家中医药管理局"治未病"专项开展"导引八法"预防骨关节退行性疾病的社区推广研究;2009 年,获得"十一五"国家科技支撑计划"中医外治特色疗法和外治技术示范研究"项目,进行散寒止痛外治法治疗风湿病关节痛寒湿痹阻证的临床示范性研究;2010 年,承担国家自然科学基金面上项目"退变膝关节内肝经循行对应区域的生物学功能研究";2011 年,承担国家自然科学基金面上项目"从软骨下骨骨重建失衡研究补肾中药治疗骨关节炎的作用机制",并承担上海市科学技术委员会重点科技攻关项目 2 项;2013 年,承担国家自然科学基金青年科学基金项目"基于 miRNAs 对关节软骨代谢及疼痛的调节机制研究柔肝中药治疗骨关节炎的作用机制",国家自然科学基金面上项目"风寒湿痹证因素影响骨关节炎进展的作用机制研究",上海市科学技术委员会科研计划项目 3 项;2014 年,承担卫生部重大新药创制国家科技重大专项"芍药舒筋片治疗膝骨关节炎临床研究",上海市卫生和计划生育委员会"上海市进一步加快中医药事业发展三年行动计划项目"2 项;2015 年,国家自然科学基金青年科学基金项目"太极拳调节膝关节内侧间室应力的作用及其相关机制研究"及"基于 TLR4/NF-κB 通路研究'滑膜-软骨'轴对膝骨关节炎的发病作用及利湿化瘀方干预机制"。

【中医药防治骨质疏松的研究】

2002 年,经过研究提出可能降低中老年人骨折风险的可靠临床证据,建立临床可应用的规范,降低中老年人骨折风险的中医药综合干预方案。同时,从血管生成/骨形成耦联方面阐明复方中药促骨形成的作用机制,获中华中医药学会科学技术奖、上海市科学技术奖三等奖及上海市医学奖二等奖。研制用于治疗骨质疏松症的中药新药——芪骨胶囊,2009 年,获国家新药证书并转让;2013 年,获得上海药学科技奖三等奖。

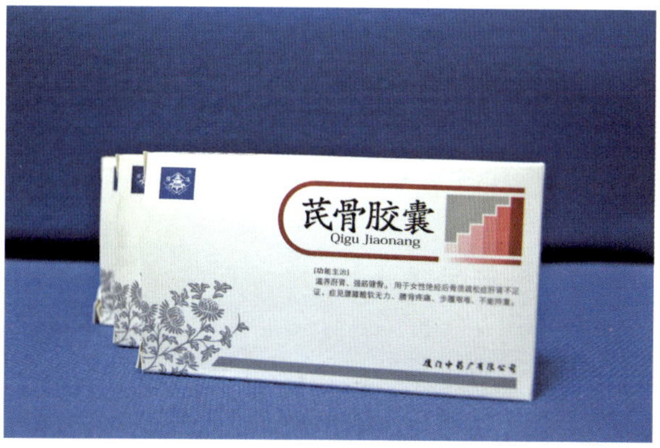

图 6-4-4 芪骨胶囊

2003 年，承担国家“863”计划“续断总皂苷及固本胶囊的研究”，国家自然科学基金面上项目“补肾方促进成骨作用与核结合因子基因表达的关系”，国家自然科学青年科学基金项目“补肾方通过 CCR2 依赖途径调节雌激素缺乏状态下破骨行为机制研究”，国家教育部博士生基金“中医治疗骨质疏松的骨骼外作用机制研究”；2008 年承担上海市科学技术委员会员重点项目“女性骨、软骨退变规律与 T 细胞功能改变的研究”，上海市自然科学基金“血管钙化与骨代谢失耦联规律及中药干预的研究”；2010 年，承担国家自然基金面上项目“温肾阳中药调控成骨细胞功能的分子信号平衡机制研究”，国家自然科学青年科学基金项目“补肾方通过 CCR2 依赖途径调节雌激素缺乏状态下破骨行为机制研究”；2011 年，承担国家自然基金面上项目“基于血管生成/骨形成耦联研究补肾活血中药促骨形成的分子机制”，国家自然科学青年科学基金“基于自体干细胞动员与归巢行为研究补肾方促进骨质疏松性骨折愈合的作用机制”，上海市科学技术委员会重点科技攻关项目“中医药综合预防中老年脆性骨折等关键方案研究”；2012 年，承担国家教育部重点项目“基于血管生成/骨形成耦联研究补肾活血中药促骨形成的分子机制”；2014 年，承担国家自然科学基金青年科学基金项目“补肾活血中药通过 VEGF-MARK 依赖途径调控骨形成的作用机制研究”。

【中医药防治脊柱病损的研究】

2002 年，对慢性脊柱病损发病的关键病机进行研究，提出“骨错缝、筋出槽，气血不通，筋骨失和”，明确界定了“骨错缝、筋出槽”的内涵和外延，通过临床症状、颈椎病常规体征、特殊体征、影像学测量 4 个核心要素，从“结构”与“功能”异常两方面构建了颈椎“骨错缝、筋出槽”的临床评估技术方案，实现了对颈椎“骨错缝、筋出槽”定性、定位、定向诊断，为手法矫正提供了准确的“靶点”。在此基础上，证实了矫正“骨错缝、筋出槽”技术治疗颈椎病的临床有效性与安全性，并进行了推广应用研究。

2006 年，承担国家教育部新世纪优秀人才计划项目“补肾中药修复骨损伤的分子调控机制研究/基于骨错缝学说研究手法治疗颈椎病的机制”；2007 年，承担国家科技部基础研究司重点基础研究发展“973”计划项目“基于中医特色疗法的理论基础研究——中医特异性手法治疗脊柱病‘经筋’和‘骨错缝’理论基础研究”；2009 年，承担上海市科学技术委员上海市科委“西部开发”项目“硬膜外麻醉下手法松解术治疗腰椎间盘突出症的规范化研究”及“腰椎间盘突出症临床评价与非手术治疗方案的优化研究”；2010 年，国家自然科学青年科学基金项目“基于三维有限元模型研究矫正骨错缝手法治疗颈椎病的生物力学机制”；2011 年，承担上海市科学技术委员会“温肾阳中药调控成骨细胞功能的分子信号平衡机制研究”；2012 年，承担国家自然科学青年科学基金项目“基于 p38 MAPK 信号转导通路研究中医整复手法的镇痛机制”，上海市科学技术委员会上海市优秀学科带头人计划项目“温肾阳中药调控成骨细胞功能的分子信号平衡机制研究”，上海市中医药事业发展三年行动计划项目“石氏中医药综合改善骨关节退行性疾病临床方案的优化和推广应用研究”；2013 年，承担上海市科学技术委员会科研计划项目“针刀技术治疗腰椎间盘突出症的疗效评价与规范化临床研究”;2014 年,承担国家自然科学基金面上项目“整复颈椎筋出槽、骨错缝手法力学机制的三维有限元分析与研究”,上海市科学技术委员会医学重点项目“颈椎病(含脊髓型)中医综合治疗与手术的长时程随访对比研究”,上海市中医药事业发展三年行动计划中西医结合临床重大项目“中西医结合分类诊治颈椎病优化方案长时程临床研究”。

【伤科手法研究】

2002 年,系统整理研究了“仰卧位拔伸整复手法”,采用生物力学方法,对拔伸力的大小、方向和作用点进行了系统研究,找出最佳施力参数,指导临床操作,提高了手法的治疗效力。建立了“仰卧位拔伸整复手法”的操作技术规范和技术标准,做到质量可控,保证其在推广应用过程中能够较好地重现临床安全性和有效性,并被国家中医药管理局列为首批“百项中医临床诊疗技术”,在全国推广应用,为开展中医非药物疗法的临床评价与研究提供了一个范例。

【征集流派相关史料】

2002 年,征集流派史料,开展对流派传承人学术资料的查索;征集流传民间的处方、笔记资料并采集早期流派传人回忆、笔记等资料。搜集各类笔记、论文 1 400 余篇,提及本流派相关新闻报道 60 篇,流派相关著作 21 本。建立流派资料信息库,运用现代网络、电子多媒体等技术,以便于保存、整理与传播石氏伤科相关史料。搜集石氏伤科石筱山、石幼山先生及其有关家族人员与主要学生的生活、工作、学习等照片 142 张,石筱山、石幼山先生手稿和处方 400 份;整理石筱山、石幼山先生处方 386 份。2010 年,出版《石筱山、石幼山医案合集》。

2011 年,承担国家中医药管理局“全国名老中医传承工作室建设项目”,上海市中医药事业发展三年行动计划项目“海派中医流派传承研究基地——石氏伤科”;2012 年,承担国家中医药管理局全国中医学术流派传承工作室建设项目“石氏伤科流派传承工作室建设项目”;2014 年,承担上

图 6-4-5　詹红生教授(第二排右二)指导研究生进行实验操作

海市进一步加快中医药事业发展三年行动计划项目“海派中医流派传承石氏伤科传承基地”，上海市文化局上海市非物质文化遗产代表性项目“石氏伤科外用制剂的研制与应用研究”。

表 6-4-5 2005—2015 年骨伤科研究所主要设备情况表

设备名称	型号、规格	年份	数量/台	单价/万元
显微镜	OLYMPUS IX71	2005	1	20.24
排气型脱水机	leica TP1020	2005	1	11.09
石蜡包埋机	leica EG1150	2005	1	7.43
离心机	HERAEUS	2005	1	6.44
基因扩增仪	96 孔	2005	1	6.11
生物安全柜	36205-24	2005	1	5.55
离心机	HERAEUS	2005	1	5.08
重型切片机	莱卡 sm2500	2006	1	45.60
锯齿切片机	莱卡 SP1600	2006	1	25.40
核酸蛋白分析仪	贝克曼 DU800	2006	1	10.43
磨片机	莱卡 SP2600	2006	1	8.00
小动物 X 线成像系统	MX-20	2007	1	93.20
红外激光成像系统	Ddyssey	2007	1	60.54
冷冻切片机	CM 3050S	2007	1	20.20
小动物标本断层扫描系	EXPLORELOCVS SP-ABA	2008	1	161.41
流式细胞仪	QUANTA SC	2009	1	60.80
实时荧光定量 PCR	STEPONE PLUS	2009	1	31.61
二氧化碳培养箱	RS BIOTECK	2009	1	5.75
骨密度仪	GE LUNOR IDXA	2011	1	137.20
三维步态脊柱测量系统	VILON T40S-10	2012	1	193.80
舌面脉信息采集系统	DSO1-A	2012	1	31.00
臭氧治疗仪	MEDOZON COMPACT	2012	1	25.00
生物显微镜	奥林巴斯 BX43	2012	1	12.12
服务器	HP Z800	2012	1	9.00
多功能微波组织处理仪	MILESTONE KOS	2013	1	33.45
紫外可见分光光度计	THERMO ND-2000	2013	1	8.00
小动物足底测试仪	UGO 37370	2013	1	7.00
电脑全自动染色机	LST	2013	1	6.58
小动物足底测试仪	UGO 37450	2013	1	5.80

（续表）

设备名称	型号、规格	年份	数量/台	单价/万元
脊柱功能测评系统	PROXOMED	2014	1	228.90
PCR 仪	耶拿	2014	1	6.32
超低温冰箱	EPPENDORF U570	2014	1	6.14
小动物 CT	Skyscan1172	2015	1	286.01
模拟仿真测试评价系统	Primus RS	2015	1	108.06
三维运动捕捉系统	T40S	2015	1	61.49
便携式功能评价测试系统	Evaluator	2015	1	39.12
足底压力分布测量系统	Pedar	2015	1	35.51
红外热像仪	NIPPON R500	2015	1	27.38
化学发光成像系统	伯乐 XRS	2015	1	18.55
轮转切片机	徕卡 RM2245	2015	1	13.79

三、研究成果

【课题】

1990—2015 年，共承担各级新课题研究 137 项，其中，国家级课题 28 项、省部级课题 40 项、市局级课题 69 项，获得研究经费总额 5 771.85 万元。

【获奖情况】

1990—2015 年，共获得各级科研成果奖 59 项。其中，省部级奖项 25 项。

【专利情况】

1990—2015 年，共申请发明专利 15 项，授权 8 项；申请实用新型专利 10 项，授权 10 项；申请外观设计专利 1 项，授权 1 项。

【著作与论文】

1990—2015 年，共出版著作 51 部、发表论文 559 篇。其中，发表于核心期刊论文 510 篇，SCI 论文 42 篇。

四、学术交流与合作

1990—2015 年，石印玉所长多次应邀赴国外讲学，并被旧金山州立大学聘为该校中国医学科学研究所技术顾问。

2008 年 10 月 9—12 日，举行退行性脊柱病的中医诊治新进展学习班。石印玉、石关桐、詹红生参加会议。

2009 年 11 月 26—29 日，2009 年度国家级继续教育项目“骨关节病的临床新方法新技术”，石印玉、詹红生、赵咏芳、曹月龙、郑昱新、杜炯、匡勇、卫晓恩副主任进行授课。

2010 年 10 月 16 日，召开石幼山先生百年诞辰纪念会暨石氏伤科学术思想研讨会，研讨石氏伤科的传承与发展。

2011 年 11 月 18—19 日，召开上海石氏伤科诊治慢性脊柱病损特色技术高级研修班。邀请石印玉、詹红生、陈东煜、黄仕荣、石瑛、杜炯、曹月龙、赵咏芳进行授课。

2012 年 6 月 28 日，举办的第二届石氏伤科学术联谊会，研讨海派中医流派石氏伤科的传承与发展工作。由石印玉教授领衔拟订的“膝痹病（膝关节骨性关节炎）中医临床路径”经全国 30 余家医院临床验证，通过国家中医药管理局审定并颁布实施，并在本次会议向全国骨伤协作组单位进行推广应用。同年，11 月 16—18 日，主持举办名为“2012 上海中医药国际论坛自然医学发展促进脊柱健康”专题论坛暨国家级继续教育项目“脊柱健康评估与管理”高级研修班的国家级中医药继续教育，该次研究班以石氏伤科对于脊柱病的诊疗经验与体会为主要课程内容，对石氏伤科的颈椎、腰椎等诊疗技术进行了推广，培训来自全国包含台湾地区以及海外的研修学员共 78 名。

2013 年 2 月 4 日，举办 2013 年骨关节病专科建设与学术发展论坛。邀请澳大利亚莫纳什大学、塔大孟席斯研究所丁长海副教授进行讲课；7 月 18 日，美国布朗大学知名教授魏磊（WeiLei）来医院进行学术讲座；7 月 26—27 日，与上海浦东新区上钢社区卫生服务中心联合举办“石氏伤科传统疗法在现代创伤性疾病中的应用与推广”培训会，石氏伤科第五代传承人赵咏芳、吴军豪、石瑛、陈东煜、郑昱新、刘印文等分别针对各自专长疾病领域进行讲课；9 月 2—4 日，召开上海石氏伤科骨与关节健康论坛，石印玉教授、詹红生教授作总结发言，参会学员共计 148 人；11 月 8—10 日，主持举办名为“脊柱健康管理与中医诊治技术优化方案高级研修班”国家级中医药继续教育，研究班以石氏伤科脊柱病的诊疗经验与体会为主要课程内容，对石氏伤科的颈椎、腰椎等诊疗技术进行推广；11 月 7—10 日，主办“脊柱健康管理与中医诊治技术优化方案高级研修班”特别邀请德国科隆大学附属康复中心艾博 · 史威特（Eibo Schwitters）教授就“现代康复理念与发展及主动康复在下腰背痛诊疗中的应用”作大会交流，为现场的学员演示德国康复治疗方法。

2014 年 9 月 19—21 日，举办“石氏伤科学术经验和诊疗技术的应用及其进展学习班”，期间邀请上海市黄浦区中心医院石仰山教授、上海中医药大学附属龙华医院施杞教授、长春中医药大学附属医院赵文海教授、江苏省苏州市中医院姜宏主任以及石印玉教授，詹红生、赵咏芳、沈卫东等专家莅临讲课。

2015 年 7 月 17 日，举办“‘石氏伤科’技术诊治现代骨伤疾病培训班”，詹红生、赵咏芳、陈东煜、黄仕荣、杜炯、石瑛、郑昱新、刘印文、庞坚、王翔等进行大会交流。

五、教学工作

骨伤科研究所为全国中医骨伤科学博士点和博士后流动站之一。主要承担不同专业层次学生的“中医骨伤科学”理论及部分临床教学任务。主持教育部高等教育司精品视频公开课 1 门，上海市精品课程 1 门，上海市教委重点课程 1 门。“中医骨伤科学”为国家医学教育慕课联盟。负责中华医学会医学教育分会中国高等教育学会医学教育研究课题 1 项，中医药高等教育学会临床教育研究会临床教学科学研究课题 1 项，上海市教育委员会预算内科研项目 1 项以及上海中医药大学多项教学研究课题。已经主编及参编教材 20 余部。2015 年，博士生导师 3 人，硕士生导师 5 人。

1990—2015 年，共培养博士后 5 人，博士研究生 45 人，硕士研究生 122 人。承担上海中医药大学硕士研究生“中医骨伤科理论与实践”的理论教学、上海中医药大学国际教育学院留学生“中医骨伤科学”的全英语理论教学。为培养及规范研究生基本实验操作，研究所制定《骨伤科研究所实验室规章制度汇编》，每年组织入学研究生进行培训。每月进行一次研究所业务学习，进行文献汇报及学习进展汇报。所内藏有 400 余册学习资料，提供研究生借阅参考。

第三节　肾病研究所

一、概况

上海市中医药研究院中医肾病研究所前身为上海中医药大学附属曙光医院肾病研究室。1985 年，肾病研究室成立。2001 年，获批为国家中医药管理局Ⅱ级实验室。2004 年，成立上海中医药研究院中医肾病研究所，是融临床、教学和科研为一体，科所合一的临床治疗、研究创新实体。2015 年，国家临床重点专科、教育部全国高等院学重点学科——中医内科、肝肾疾病病证教育部重点实验室（上海中医药大学）和上海市中医临床重点实验室主要核心成员之一，国家中医药管理局重点学科和重点专科、上海市重点学科、上海市教委肾病创新团队牵头单位，上海市名中医郑平东学术经验研究工作室，海派名老中医童少伯研究工作室，上海市卫生系统先进集体，上海市卫生局肾病优势学科和上海市卫生局中医特色专病专科。

研究所下设科技情报室、图书资料室、中医理论研究室、分子生物实验室、生化室、细胞培养室、肾病病理室和肾内科网站等，使用面积 120 平方米。2015 年 12 月，共有成员 23 人，平均年龄 42 岁，其中正高职称 6 人、副高职称 9 人、中级职称 1 人、初级职称 7 人；具有博士学位 12 人，硕士学

图 6-4-6　2015 年肾病科（所）合影（第一排左三为副所长高建东、左四为肾病一科主任王琛）

位10人，其中包括博士生导师3人、硕士生导师9人；上海市名中医1人，曙光医院名中医2人，上海市领军人才1人，上海市医学领军人才1人，上海市优秀学科带头人1人，全国优秀中医临床人才2人，第五批全国老中医药专家学术经验继承人2人，杏林学者1人。与美国耶鲁大学、Baylor医学院、加州大学和日本富山医科大学等国外知名大学保持良好的合作关系。

表6-4-6 1985—2003年肾病研究室历任负责人情况表

任职时间	主 任	任职时间	副主任
1985—1987年	余志鼎	1985—1986年	钟念文
1988—2000年	郑平东	1985—1987年	郑平东
		1989—2000年	朱燕俐
		2000—2003年	何立群

表6-4-7 2004—2015年肾病研究所历任负责人情况表

任职时间	所 长	任职时间	副所长
2004—2012年	何立群	2004—2006年	张 悦
2012年—		2004—2015年	高建东

表6-4-8 2015年肾病研究所其他研究人员情况表

专职人员	曹和欣 陈 刚 黄 迪 徐 琳
兼职人员	侯卫国 王 琛 杨雪军 沈沛成 邵命海 蒋宇峰 唐 英 张昕贤 邹 赟 张新志 吴 锋 王骆冰 吴 卿 周 圆 姚东升 詹恬恬 兰天鹰

表6-4-9 2004年肾病研究所聘任的客座教授情况表

姓 名	职称、职务
李晓玫	教授，北京大学肾病研究所常务副所长
李 平	教授，北京中日友好医院临床药物研究所副所长

表6-4-10 2004年肾病研究所聘任的学术顾问情况表

姓 名	职称、职务
张 琪	全国名老中医、黑龙江省中医研究院研究员
赵伟康	上海市中西医结合学会会长、上海中医药大学终身教授
郑平东	上海中医药学会肾病专业委员会主任委员、上海中医药大学附属曙光医院教授
沈庆法	中华中医药学会肾病分会主任委员、上海中医药大学教授
钱家麒	中华医学会肾病分会副主任委员、上海第二医科大学附属仁济医院教授
陈以平	中国中西医结合学会肾病专业委员会副主任委员、上海中医药大学附属龙华医院教授
叶景华	全国名老中医、上海第七人民医院主任医师
蔡 淦	全国名老中医、上海中医药大学附属曙光医院教授
夏 翔	上海中医学会内科分会主任委员、上海市名中医

二、业务发展

20世纪70年代，肾病研究室成立伊始，在著名的中医学家、肾脏病专家童少伯、余志鼎、钟念文、郑平东等教授的指导下，发挥中医特色、突出中医的优势，开展了大量对复发性及难治性肾病综合征中医中药治疗研究和慢性肾功能衰竭的临床与实验研究。

20世纪80年代，创制了用腺嘌呤诱发慢性肾衰的动物模型，开展应用中医中药治疗慢性肾衰尿毒症毒素潴留的甲基胍、胍基琥珀酸的研究；同时肾病研究室发表的慢性肾炎的辨证论治和以健脾补肾法治疗慢性肾炎的学术论文影响很大。截至2015年，仍在临床广泛应用。

20世纪90年代紧跟国际肾病的科研发展前沿研究方向，进一步从细胞分子学水平研究中医中药改善慢性肾衰肾纤维化的作用机制，从肾血流动力学、细胞免疫分子学、肾脏氧耗能量代谢、肾组织病理学等角度，进行治疗早中期慢性肾衰的肾衰冲剂、尿毒宁冲剂、抗纤灵冲剂的临床观察和实验研究，创制了治疗慢性肾衰的益肾止衰颗粒(肾衰冲剂)、治疗慢性肾炎蛋白尿的黄芪消白颗粒(消白冲剂)和黄芪胶囊、治疗慢性肾炎血尿的血尿灵冲剂等系列院内制剂、治疗IgA肾病的固本通络方、治疗肾虚尿频的五子益肾口服液、治疗尿路结石的化瘀排石汤以及治疗高尿酸性肾病的降尿酸方等特色有效方药。

2015年，肾病研究所以早中期慢性肾衰、IgA肾病、慢性肾小管间质疾病、尿酸性肾病等为主攻方向，在明确疗效、阐明机制的基础上开展肾病中药新药创制研究。

表6-4-11　2004—2015年肾病研究所主要设备情况表

设备名称	型　号	产地(公司)	价值/万元	购置年份
荧光倒置显微镜	Leica DMIL	美国	16.57	2004
冷冻离心机	GL-20G-II	上海安亭	3.02	2004
病床监护仪	PM-8000	迈瑞	3.10	2005
轮转切片机	MICROM HM 325	美国	7.25	2005
数字化超声波诊断仪	SSC-376	阿洛卡	9.80	2007
重复性活检装置		巴德	1.90	2007
超纯水系统	MILI-Q	密理博公司	10.55	2007
高速冷冻离心机	J-26XPI	贝克曼公司上海办事处	33.35	2007
飞行时间质谱仪	AUTOFLEXⅢ	北京	207.89	2008
实时定量PCR仪	MASTERCY CLEREP	EPPENDOVF	35.96	2008
微孔板扫描分光光度计	POWER WCNE XS	Bio Tek	12.80	2008
自动电位滴定仪	848Titrino plus	瑞士	7.22	2009
紧凑型自动进样器	869	瑞士	7.56	2009
全自动冰点渗透压计	FM-8P	上海	4.98	2009
分光光度计	GE NAN0VUE	GE	11.88	2009

（续表）

设备名称	型 号	产地(公司)	价值/万元	购置年份
离心机	800型	上海	0.11	2010
超声波诊断仪	FIBROSCAN 502	ECHOSENS	96.77	2010
内镜成像系统	OPTISCAN FIVE 1	OPTISCANPTYLTA	129.50	2010
病床监护仪	PM－7000	迈瑞	2.80	2011
微波治疗仪	sw－61a3	天津	1.50	2011
微波治疗仪	SW－61A3	天津	1.50	2011
荧光显微镜	尼康 80i	尼康公司	23.00	2011
电位滴定仪交换单元	6.3026.220	瑞士万通	1.94	2012
酸碱 pH 电极	6.0262.100	瑞士万通	0.20	2012
荧光定量 PCR 系统	STEPONE PLUS	美国 ABI	35.50	2012
生物组织冷冻包埋机	KD－BM、BL	科迪	2.50	2012
摊片机	KD－P	科迪	0.50	2012
烘片机	KD－H	科迪	0.50	2012
实验室全自动工作站	BioMek 3000	美国 Beckman	47.94	2012
多用途高效离心机	Avanti J－E	美国 Beckman	25.08	2012
96孔 PCR 仪	Veriti	美国 ABI	5.20	2012
半干转移槽	Trans－Blot SD	美国 Bio-rad	1.27	2012
通用电泳仪	Universal	美国 Bio-rad	1.88	2012
细胞破碎仪	VCX150PB	美国 SONICS	2.59	2012
自动组织脱水机	KD－TS3A	科迪	4.80	2012
氨气敏电极	6.0506.100	瑞士万通	0.93	2012
凝胶成像系统	GL 212 PRO Imaging System	美国 CareStream 公司	8.94	2012
医用智能熏蒸治疗仪	JS－809B	广州	3.20	2012
医用智能熏蒸治疗仪	JS－809B	广州	3.20	2012
离心机	Avanti J－E	贝克曼库尔特	17.40	2013
生物安全柜	4A2	苏州	5.70	2013
舌面脉信息采集体质辨识系统	DSOI－A	道生	30.00	2013
核酸纯化仪	QIAGEN	德国	26.58	2013
酶标仪	BIOTEK SYNERGY H1	美国	37.45	2013
全自动细胞计数仪	Auto 1000	美国 Nexcelom	11.20	2014

（续表）

设备名称	型　号	产地(公司)	价值/万元	购置年份
细胞成像多功能检测系统	Cytation3	美国 Bio Tek	66.00	2014
分子相互作用分析仪	Blitz	美国 Fortebio	52.80	2014
数据采集分析系统	PowerLab	澳大利亚 ADinstruments	35.18	2014
病床监护仪	imec10	迈瑞	2.50	2014
Western blot 垂直电泳槽	1658001	美国 Bio-rad	1.80	2014
患者监护仪	imec10	迈瑞	2.50	2015
手术放大镜	EYEMAG SMART	ZEISS	2.50	2015
彩色超声成像系统	MYLAB30CV	百胜	35.80	2015
彩色超声诊断仪	GE VIVID 1	美国	50.57	2015
中医生命信息分析	SMARTTCM - II	上海	19.75	2015

三、研究成果

【课题】

2004—2015 年，承担课题 65 项，总经费达 2 488 万元，其中国家自然基金 16 项。

【获奖情况】

2004—2015 年，获得各类科技奖励 25 项。

【专利情况】

2004—2015 年，发明专利 6 项。

【著作与论文】

2004—2015 年，主编和参编著作 21 本。2004—2015 年在各级期刊杂志上共计发表论文 300 篇。其中 SCI 论文 20 篇。

四、学术交流与合作

2004—2015 年，多次参与国内学术交流，其中由研究所主办的国家级继续教育学习班 11 次。

2004 年，主持召开国家中医药管理局肾病重点学科建设中期总结会议。主办第十七届全国中医肾病会议。2 月，何立群在云南省中西医结合肾病学习班作糖尿病肾病及中医药治疗慢性肾衰的临床与实验研究的专题讲座。3 月，何立群论文参加在西班牙举行的全球肾性贫血研究进展论坛。6 月，何立群等参加在香港举行的由 ISN 主办的国际肾脏病学术会议，发表《糖肾宁治疗早期糖尿病肾病的临床疗效观察及作用机制研究》的论文。8 月，何立群等的论文参加在葡萄牙举行的由 ICE 主办的第十二届国际内分泌会议。10 月，何立群在黄山举行的由中华中医药学会主办的全国中医肾病临床诊治技术高级研修班作“慢性肾衰动物模型及中医实验性治疗进展”的主题报告。

2005 年，主办国家级继续教育学习班：早中期慢性肾衰诊断、预防及优化治疗和早中期慢性肾衰诊断、中西医结合治疗进展研究培训班。4 位医生在好医生医学教育中心的“好医生”网站在线作肾病专题讲座。何立群在国家中医药管理局批准上海市中医药学会主办的继续教育学习班上作专题讲座：中医药治疗慢性肾衰临床和实验研究评述。何立群在国家级中医药继续教育项目“继承老中医诊治慢性肾脏病经验推广应用”学习班(黑龙江)上作“健脾清化方治疗脾虚湿热型慢性肾衰的临床与实验研究”专题讲座。何立群在国家级医学继续教育项目(江苏)“全国肾脏病中西医结合诊治进展学习班”上作“大量蛋白尿加重慢性肾衰进展及药物的干预作用”专题讲座。何立群在世界中医药联合会肾病专业委员会在江西举办的全国中西医结合治疗肾病新进展研讨班上作“中医药防治早中期慢性肾衰进展的研究”的专题讲座。

2006 年，参加的全国学术会议：在深圳召开的中华中医药学会内科肾病分会学术工作会议，就中医肾病的辨证分型方案和诊疗指南进行讨论。何立群参加在云南召开的中华中医药学会内科肾病分会第十九届学术交流会。4 月，1 人参加在美国召开的 NIH 中医学研究国际合作学术会议；5 月，6 人参加在安徽黄山召开的华东地区肾脏病年会；7 月，4 人参加在天津召开的全国中西医结合肾病会议；11 月，6 人参加在厦门召开的全国肾病会议；12 月，参加在上海召开的上海市中医肾脏病学术年会。2 人参加第三十八届美国肾病年会并就“来福米特治疗 IgA 肾病的临床疗效评价”进行论文交流。

2007 年，选派杨雪军助理研究员作为访问学者到美国 Baylor 医学院进行中药抗慢性肾衰心脏病变心室重构、肾纤维化的研究，为期一年。2008 年，研究所人员参加第四十届美国肾病年会并就“丹酚酸 B 对马兜铃酸诱导的大鼠肾纤维化的拮抗研究”进行论文交流。主持全国学术会议：在深圳召开的中华中医药学会肾病分会成立暨第二十届学术交流会，就中医肾病研究进展、辨证分型方案和诊疗指南进行学术交流。在广西中西医结合学会主办的“2007 年全区中西医结合肾脏病年会暨原发性肾小球疾病继续教育学习班”上作“慢性肾脏病(CKD)早期诊治”的专题讲座。在南京举行的国家级继续教育学习班上作“中医药治疗慢性肾功能衰竭临床和实验研究评述”的专题讲座。在南宁举行的中华中医药学会主办的“泛中医论坛，思考中医 2007”中医治未病主题中作“从糖尿病肾病的发生、发展中研究中医‘已病防变’理论的重要性”。10 月，主办国家级中医药继续教育项目：早中期慢性肾病中医、西医、中西医结合诊治示范方案学习班。

2008 年，邵命海在北医大附属第一医院完成进修。参加第四十届美国肾病年会并就“丹酚酸 B 对马兜铃酸诱导的大鼠肾纤维化的拮抗研究”进行论文交流。主持 2008 年全国学术会议：在北京召开的中华中医药学会肾病分会第二十一届学术交流会，就中医肾病研究进展、辨证分型方案和诊疗指南进行学术交流。何立群在全国中西医结合肾脏病南京论坛主题发言：慢性肾衰肾纤维化中西医研究进展评述。在金华市中医医院主办的继续教育学习班上作“慢性肾脏病(CKD)早期诊治”的专题讲座。12 月，主办上海市级中医药继续教育项目：早中期慢性肾病中医、西医、中西医结合诊治示范方案学习班。

2009 年，唐英主治医师完成了在交通大学附属仁济医院的进修学习。陈刚副主任医师和董飞侠博士作为访问学者到美国 Baylor 医学院进行慢性肾衰的研究。主办国家级继续医学教育项目“慢性肾脏病(CKD)中医优化治疗方案及研究进展”。主办第二十二次全国中医肾病学术交流会(天津)。全员参加第三届中华中医药学会肾病分会第二十三次学术交流会。参加卫生部组织的在台北举办的第一届海峡两岸心脑血管高血压论坛。参加2009年上海市中医药学会肾病专业委员会春秋季论坛。参加在香港召开的亚太心血管和代谢高峰论坛,并做学术交流。何立群在云南省中西医结合肾病新进展学习班上作专题讲座:"丹酚酸B对马兜铃酸导致的肾小管损伤及肾纤维化的拮抗作用的研究"。何立群在温州市中医肾病论坛暨中医肾病一体化治疗学习班、温州市"551"人才高研班上作"糖尿病肾病的中医药研究现状"的专题讲座。何立群在金华市举办的浙江省继续教育项目"继发性肾脏疾病的中西医诊治思路及进展"学习班上作"糖尿病肾病的发病及其治疗进展"的专题讲座。何立群在上海中医药大学附属普陀医院国际医学高峰论坛上作"从内源性CHIP对下游基因转录活性的影响研究抗纤灵干预肾纤维化的机制"的主题发言。何立群在上海中医药大学附属龙华医院举办的上海市中医药学会肾病专业委员会秋季论坛上做"慢性肾脏病一体化治疗"的主题发言。同年,何立群参加第四十一届美国肾病年会并就"来福米特治疗IgA肾病的临床疗效评价"进行论文交流。

2010年,主办国家级继续医学教育项目"慢性肾脏病(CKD)中医优化治疗方案及研究进展"。主办第三届中华中医药学会肾病分会第二十三次学术交流会(2010年中医肾脏病年会)(黑龙江)。主办2010年上海市中医药学会肾病专业委员会春、秋季论坛。何立群上海市中医肾病血尿高峰论坛作主旨讲座:血尿灵冲剂治疗IgA肾病血尿的临床资料分析。何立群在湖北省中医院主办的国家级继续教育学习班上作"中医药治疗慢性肾功能衰竭临床和实验研究评述"学术报告。何立群在上海中医药大学附属普陀医院2010年上海市继续教育学习班上作"早中期慢性肾衰中医药防治进展"的主题发言。何立群在云南省国家级继续教育学习班上作"肾纤维化研究现状及系列方药的干预作用"的主题发言。何立群在黑龙江省国家级继续教育学习班上作"继发性肾损害发病、治疗及研究进展"的主题发言。在金华市举办的浙江省继续教育项目"继发性肾脏疾病的中西医诊治思路及进展"学习班上作"糖尿病肾病的发病及其治疗进展"的专题讲座

2011年,主办国家级继续医学教育项目"慢性肾脏病(CKD)中医优化治疗方案及研究进展"。主办第四届中华中医药学会肾病分会第二十三次学术交流会(2011年中医肾脏病年会)(山东威海)。主办2011年上海市中医药学会肾病专业委员会春季论坛。

2012年,主办国家级继续医学教育项目"慢性肾脏病(CKD)中医优化治疗方案及研究进展";主办第四届中华中医药学会肾病分会第二十四次学术交流会(2012年中医肾脏病年会)(西安);主办上海市中医药学会肾病专业委员会春季论坛。8月,参加中国中西医结合肾脏病专业委员会2012年学术年会(武汉):肾衰Ⅱ号方对肾衰大鼠肾组织形态及对HIF-1α、nNOS蛋白和mRNA表达的影响(壁报交流)。参加上海市中医肾病血尿高峰论坛作主旨讲座:血尿灵冲剂治疗IgA肾病血尿的临床资料分析。在云南省国家级继续教育学习班上作"肾纤维化研究现状及系列方药的干预作用"的主题发言。在贵州省中医肾病论坛暨中医肾病一体化治疗学习班作"糖尿病肾病的中医药研究现状"的专题讲座。在金华市举办的浙江省继续教育项目"继发性肾脏疾病的中西医诊治思路及进展"学习班上作"慢性肾病的发病及其治疗进展"的专题讲座。

2013年,1月,何立群在上海召开的上海市中西医结合学会肾病专业委员会学术研讨会上作"慢性肾功能衰竭的中药熏蒸疗法"主题发言。5月,何立群在南京召开的世界中医药学会联合会第七届国际肾病学术大会上作了"全国知名中医童少伯的学术思想传承与研究"主题发言;王琛在上海市中医肾病春季论坛上作了"郑平东治疗肾脏病学术思想和经验"的演讲。6月,王琛在上海举办的国家级继续教育项目"中西医结合治疗泌尿系疾病研究进展及名老中医经验传承"学习班上作了"郑平东教授治疗肾脏疾病的经验"演讲;何立群在上海举行的2013年上海市中医药学会中医

肾病春季论坛上作了“大方治疗慢性肾衰的学术思想”主题发言。8 月，何立群在山西太原举行的中国中西医结合学会肾脏疾病专业委员会 2013 年学术年会上作“慢性肾脏病肝肾阴虚证的辨证与治疗”主题发言。9 月，何立群在上海市中西医结合学会肾病专业委员会秋季研讨会上作“高尿酸血症和尿酸性肾病的中西医防治”主题发言。11 月，曹和欣在上海举行的上海市中医药学会中医肾病秋季论坛上作了“童少伯流派的学术传承”发言；高建东在世中联中医肾病年会上作了“健脾补肾活血化痰治疗尿酸性肾病的临床研究”的演讲。主办中医理论在慢性肾脏病中的应用及经方验方优化方案的研究进展学习班，180 人参加。

2014 年，参加上海中医药学会肾病分会春季论坛；主办上海中医药学会肾病分会秋季论坛；参加中国中西医结合肾病分会年会并作了书面交流。选派麻志恒博士赴美国贝勒医学院进行肾纤维化的机制研究。高建东在上海中医药学会肾病分会春季论坛大会上作“健脾补肾活血利水治疗多囊肾的临床研究”的发言。11 月，高建东在上海中医药学会肾病分会秋季论坛大会上作“小柴胡汤改善慢性肾炎炎症减轻蛋白尿的作用”的发言。高建东在中国中西医结合肾病分会年会上作“健脾补肾活血利水治疗多囊肾的临床研究”的书面交流。主办国家级继续教育学习班：丁氏内科流派徐嵩年学术思想传承主题讲座、童少伯教授临床经验与慢性肾脏病治疗。何立群在上海交通大学附属第六人民医院主办的第三届糖尿病高峰论坛糖尿病肾病国家继续教育学习班上作“糖尿病肾病中西医结合治疗现状及展望”的主题讲座。何立群在上海市第七人民医院主办的叶景华临床经验探讨——中西医结合防治慢性肾脏病研究进展继续教育班上作“IgA 肾病研究现状及中西医治疗方案临床优选”的主题讲座。

2015 年 5 月，举办了上海市名中医郑平东教授学术思想及经验交流研讨会。11 月，参与了跨学科内分泌科与消化科有关中医药对糖尿病肾病诊治与脾在慢性肾病中的地位和作用的学术交流。参加中华医学会肾脏病分会学术年会。12 月，举办经方的现代临床应用研讨会暨经方在慢性肾脏病中的应用国家继续教育培训班；上海市名中医郑平东教授学术思想及经验交流研讨会；经方的现代临床应用研讨会暨经方在慢性肾脏病中的应用。

五、教学工作

2004—2015 年，肾病研究所承担上海中医药大学本科、七年制、研究生、留学生、进修生、成人教育的“诊断学基础”“中医内科学”“西医内科学”“上海中医药大学研究生精品课程”等中英文授课任务。每年约有 90 课时的教学，指导学生的科研带教和毕业论文等工作，在日常教学和临床带教中注重备课，教学质量显著提高。

2006 年，共指导了 1 名博士后、6 名博士生、15 名硕士研究生的课题设计和实验工作。4 名博士生、8 名硕士生以优异的成绩毕业，1 名博士后出站。

2007 年，共指导了 1 名博士后、4 名博士生、8 名硕士研究生的课题设计和实验工作。其中 3 名硕士生以优异的成绩毕业。

2008 年，何立群作为编委参加了全国高等中医药院校研究生教育卫生部“十一五”规划教材《中医内科杂病临床研究》编写工作。有 7 名硕士生、2 名博士生以优异的成绩毕业。1 名博士后 12 月出站。

2009 年，对大学生实习生及外国留学生的带教工作全年达 52 余人次，除平时在查房时或门诊时对他们进行指导外，还定时给他们开设讲座，引导学生树立良好的医疗作风及学习业务的热情，同时对科内进修医生也同样采取带教、上课、门诊抄方学习和业务讨论的方法，使进修医生不断更新知识，提高业务水平。其次对研究生的指导工作又不同于带教本科生，使他们在提高临床业务水平的同时不断提高科研设计思路和实验研究能力。3 名硕士生以优异的成绩毕业。

2010 年，对大学生实习生及外国留学生的带教工作全年达 78 余人次。全年共指导了 4 名博士生、13 名硕士研究生的课题设计和实验工作。其中 4 名硕士生以优异的成绩毕业。

2011 年，对大学生实习生及外国留学生的带教工作全年达 88 余人次。指导了 6 名博士生、12 名硕士研究生的课题设计和实验工作。其中 4 名硕士生以优异的成绩毕业。

2012 年 1 月，开展了上海中医药大学留学生课程“郑平东治疗肾脏病学术思想和经验”。4 月，开展了上海中医药大学研究生精品课程“中医肾病研究新进展”、郑平东教授“治疗慢性肾脏病常用对药的临床经验”。对大学生、实习生及外国留学生的带教工作全年达 108 人次。全年共指导了 6 名博士生、18 名硕士研究生的课题设计和实验工作。其中 2 名博士生、6 名硕士生以优异的成绩毕业。

2013 年 4 月，开展了上海中医药大学研究生精品课程：郑平东教授“治疗尿酸性肾病的经验和临床基础研究”。9 月，王琛主任为美国西雅图巴斯替尔大学留学生主讲了“中医内科学”中“水肿”篇章。全年指导研究生 30 人，其中 2 名博士生、11 名硕士生以优异的成绩毕业。

2014 年 5 月，高建东开展了上海中医药大学研究生精品课程：“中医肾病研究新进展”“尿酸性肾病的中西医结合进展”。9 月，王琛主任承担了留学生全英文授课：“中医内科学”中“水肿”篇章。10 月，高建东主任承担了留学生全英文授课“中医内科学”中“淋证”篇章的教学任务。全年共培养毕业七年制 8 人，硕士 19 人，博士 6 人，博士后 1 人。目前在读七年制学生 5 人，硕士 18 人，博士 7 人。

2015 年 4 月，王琛承担 2012 级中医学(针灸)专业留学生全英文授课“西医内科学”中“慢性肾脏病·尿路感染”教学任务。5 月，高建东主任展开了上海中医药大学研究生精品课程“中医肾病研究新进展”“尿酸性肾病的中西医结合进展”的教学。9 月，王琛承担留学生全英文授课“中医内科学”中“水肿”的教学任务。10 月，高建东承担留学生全英文授课“中医内科学”中“淋证”的教学任务。全年共培养硕士生毕业 15 人，博士 1 人；指导 10 名硕士生，3 名博士生。

第四节　特色诊疗技术研究所

一、概况

2007 年 7 月，成立曙光医院海派中医研究所(筹)，由朱抗美担任所长。2010 年 6 月，更名为“特色诊疗技术研究所”，申报上海中医药大学及上级主管部门，于 2010 年 9 月通过审批，在上海中医药大学附属曙光医院正式成立上海中医药大学、上海市中医药研究院特色诊疗技术研究所。研究所办公地点设于医院东部(张衡路 528 号)住院部二楼 C 区行政中心，办公面积约 30 平方米。2015 年 12 月，主要成员 13 人，平均年龄 43 岁，其中专职 4 人、兼职 9 人。博士 10 人，博导 3 人，具正高职称者 8 人、副高职称者 2 人、中级职称者 3 人。

表 6-4-12 2010—2015 年特色诊疗技术研究所历任负责人情况表

任职时间	所 长
2010—2012 年	朱抗美
2012 年—	余小萍

表 6-4-13 2010—2015 年特色诊疗技术研究所其他研究人员情况表

年 份	专职人员	兼 职 人 员	总人数	学历情况	职称情况	导师情况
2010—2012	龚 鹏 黄兰英	魏江磊 沈卫东 张晓天 窦丹波 姜水印 余小萍 余安胜 唐晓兰 姜兴俊 艾 静 关 鑫 程英武 詹红生 朱国苗 胡琪祥	17 人	博士 12 人，硕士 2 人，本科 3 人	正高 10 人，副高 3 人，中级 3 人，初级 1 人	博导 4 人，硕导 7 人
2012—	艾 静 龚 鹏 黄兰英	朱抗美 魏江磊 沈卫东 张晓天 窦丹波 姜水印 周 嘉 余安胜 关 鑫 王 珂	13 人	博士 8 人，硕士 4 人，本科 1 人	正高 9 人，副高 2 人，中级 2 人	博导 3 人，硕导 7 人

图 6-4-7 2011 年 8 月，特色诊疗技术研究所人员合影（第一排右三为特色诊疗技术技术研究所所长朱抗美）

二、专业发展

研究所的主要研究方向包括系统搜集、整理、评价和推广中医（民间）特色诊疗技术及验方；开展上海各地区名老中医学术思想、特色技术的挖掘甄别与总结研究；系统整理、评价、推广中医“治未病”保健服务技术方法；中医药文化及健康知识的宣传与推广；针刺针麻研究。

【系统搜集、整理、评价和推广中医(民间)特色诊疗技术及验方】

曙光医院院内传统中医特色诊疗技术的挖掘、研究、推广。2010 年，在院内征集较为成熟的传统中医特色诊疗技术，通过打擂台的形式，最终立项资助了 26 个各具特色的中医诊疗技术，其中单穴深刺电针治疗腰椎间盘突出症技术、膏摩治疗急性软组织损伤的临床疗效观察、耳背放血治疗扁平疣诊疗技术规范性研究、划痕法治疗酒渣鼻诊疗技术规范性研究、中药穴位敷贴治疗儿童哮喘的临床观察共 5 项特色技术被推荐到申康医院发展中心适宜技术库。

民间中医特色诊疗技术的挖掘、整理、评价、验证、研究。2009 年，特色诊疗技术研究所(筹)与上海曙光中医药研究发展基金会共同发起"我为上海中医药发展献一技"活动，面向社会征集民间中医特色诊疗技术、古方和验方，至 2015 年底，搜集到民间技术 145 项。2011 年，组织成员前往上海、广东、河南、四川、新疆等地就民间中医药问题进行考察调研，回收问卷 200 余份，并进行数据统计分析。2012 年，在上海市卫计委、上海市中医药发展办公室的支持下，遴选了 18 个较为优秀的民间技术，与全市 12 家医院的临床及科研人员接洽，立项进行为期二年的初步临床或实验验证研究。其中 18 项民间技术中有 16 项疗效确切，做进一步研究推广。2012 年 6 月，成立上海市中医药学会民间传统诊疗技术与验方整理研究分会，所长余小萍当选为主任委员。2013 年 4 月，所长余小萍与市卫计委领导、医院领导等共同答复市政协委员李芬华等提出的"重视保护民间古中医"提案。2014 年，研究所向上海市卫计委、上海市中医药发展办公室提出申请成立"上海市民间中医特色诊疗技术评价中心"(简称"评价中心")，并于 2015 年 3 月获批，由研究所所长余小萍担任"评价中心"主任。

表 6-4-14 2010—2015 年验证项目汇总情况表

编号	项 目 名 称	负责人	单 位
1	无创经络功治疗下肢慢性静脉功能不全	段希栋	嘉定中医医院
2	药膏代针耳穴保健法	张 蕾	上海市中医医院
3	人体生物节律的影响因素研究	朱凌云	上海市中医医院
4	应用人体生物节律结合中医调摄对"治未病"的探讨	缪连英	奉贤区中医医院
5	磁疗保健带治疗桡骨茎突狭窄性腱鞘炎临床研究	陈颖盈	浦东金杨社区卫生服务中心
6	单穴电针治疗腰椎间盘突出症的疗效观察	田英敏	宝山庙行镇社区卫生服务中心
7	"降压八段锦"临床验证	张剑峰	宝山杨行镇社区卫生服务中心
8	六步奶结疏通法的临床验证研究	王 波	浦东张江社区卫生服务中心
9	季德胜蛇药和云南白药调敷治疗带状疱疹的临床验证研究	彭文波	第六人民医院
10	罗勒子治疗干眼症的临床疗效观察	朱 江	浦东光明中医医院
11	周玉麒"消散胶囊"治疗大肠癌的实验研究	高红芳	第七人民医院
12	严氏化脓灸治疗哮喘的临床研究	裴 建	龙华医院
13	宋氏双板刮痧治疗高血压临床研究	胡志俊	龙华医院
14	掌纹诊病在中医疾病预防中的应用	张晓天	曙光医院
15	马氏万应膏治疗胃寒痛的临床观察	余安胜	曙光医院

（续表）

编号	项 目 名 称	负责人	单 位
16	点穴快速疗法治疗支气管哮喘急性发作期的临床研究	史苗颜	曙光医院
17	新型艾灸盒的有效性、安全性和操作简易性探索	关 鑫	曙光医院
18	紫朱软膏治疗慢性皮肤溃疡的疗效观察	柳国斌	曙光医院

图 6-4-8 2012 年 6 月，上海市中医药学会民间传统诊疗技术与验方整理研究分会成立大会合影留念

【系统整理、评价、推广中医“治未病”保健服务技术方法】

开展中医“治未病”技术进社区工作 。2010 年，通过讲座形式向社区推广“治未病”适宜技术项目，如耳穴贴压技术在社区便秘倾向人群中的推广研究；“导引八法”预防骨关节退行性疾病的社区推广；中医“治未病”思想对社区糖耐量减低人群防治的干预；中医综合干预法防治早期高血压的社区推广；中医“治未病”综合方案降低脆性骨折风险的社区推广；社区 COPD 患者干预；社区老年性失眠防治干预；针灸康复防治颈椎病社区推广。2015 年，专家下社区宣传、培训等共计 300 余次，进行讲座 100 余次，培训社区卫生干部及社区医生 120 名左右，收录体质辨识表 4 000 余份，宣传人数达 1 万余人次，项目社区相关人群中的疾病知晓率达 95%，相关的干预率达 85%，认同度以及参与度达 80%。

开办“特色诊疗联合门诊” 2011 年 8 月，开办特色诊疗联合门诊，门诊的最大特点是联合中药、针灸、推拿等中医特色手段在健康的基础上进行绿色减肥。2012 年，特色诊疗联合门诊搜集减肥病例 150 例，平均门诊人次达 300 人。

【开展上海各地区名老中医学术思想、特色技术的挖掘甄别与总结研究】

2010 年，开展浦东名老中医经验方的搜集、挖掘、整理、论证工作，共搜集到浦东地区 50 位名医以及 79 个名方验方的相关资料，并组织专家评审，撰写《上海浦东名医集萃》、《上海浦东名方集萃》第一辑，2010 年 10 月，由上海科学技术出版社出版发行。2011 年，推进工作由所长余小萍负责，国家中医药管理局黄吉赓名老中医药专家传承项目建立并完成了全国名老中医药专家黄吉赓临床经验示教诊室、示教观摩室及资料阅览室的场地及相关软硬件配置，设计安装了高级高清同步录制传送系统，完成相关网站平台建设及数据库建设内容。2015 年，协助松江方塔中医医院挖掘松江地区名医名方。

2010 年，传统中医诊疗中心开展名老中医示范带教查房，每月定期邀请院内外名中医蔡淦、夏翔教授等来科室开展中医示范带教查房，对相关资料进行了留存，同时参与相关专著的编写以及开展严世芸、颜德馨等名老中医工作室相关工作。2013 年，研究所主任艾静每月组织一次针对曙光临床医学院学生的名老中医临证经验讲座。副主任编辑姜水印在曙光医院内部刊物《中医临证杂志》上开设了《名老中医经验论坛》及《学术探讨》栏目，每期组织发表有关名老中医临证经验论文、中医古籍阅读心得及临床体会。

【中医药文化及健康知识的宣传与推广】

开展中医药健康知识系列科普讲座 2010 年，研究所在全市各社区就中医药健康知识，每年巡回演讲至少 50 次，并接受电台市民健康咨询，在各报纸杂志发表科普文章，普及中医药健康保健知识。由研究所成员参与讲授的中医科普系列讲座在 IPTV 健康频道上线。研究所成员还应邀担任上海市老年退休职工科普讲座、上海市科学会举办的院士讲坛、上海市健康促进会及红十字会举办的各种讲座的主讲人，传播中医药知识及文化。2011 年，研究所与颜德馨基金会合作，每周在蔡同德堂举行为期 1 年的“杏林春暖话健康”系列讲座，共计 30 次，部分讲座还被“东方大讲坛”收入。2013 年，研究所专家为浦东归国留学生联合会开展科普讲座。2015 年，与上海市黄浦区医学会共同举行“中医药健康知识进社区”系列科普讲座活动，在黄浦区各社区进行每月 1 次的中医药健康知识科普讲座。

上海市非遗传统医药项目的申报及宣传 2012 年，研究所承担了部分上海市非遗传统医药项目的宣传和促进工作，是上海市中医药事业发展三年行动计划项目。在两年内通过整体策划、全面宣传、搜集整理、调查研究等多种方式，促进了上海地区 13 项非遗传统医药项目的保护和继承工作。2013 年，研究所申报上海市非物质文化遗产名录项目“海派膏方的民俗文化”获批。2014 年，与上海曙光中医药研究发展基金会共同举办“海派中医，耀行申城”海派膏方文化宣传活动，拍摄“海派膏方文化”宣传片，开展膏方相关讲座十余次。

科普文章、视频以及义诊活动 2013 年，与上海曙光中医药研究发展基金会、上海中医药大学中医药文化研究传播中心共同完成拍摄了《中医药，让我们更健康——海上巡礼》宣传片。参与由上海曙光中医药研究发展基金会举办的“生命曙光，健康希望”西部行公益诊疗活动及“海派中医，耀行申城”大型义诊活动，并在 2013 年 6 月 8 日世界文化遗产日，参与上海市非遗中心举办的“道法自然，颐养心神”活动。

【针刺针麻研究】

研究所针刺麻醉研究室整合了医院针灸科、麻醉科和心胸外科、颅脑外科、乳腺外科、耳鼻喉科等多个手术科室组建而成，针刺麻醉获得国家中医药管理局“十一五”专病专科项目资助，并投入大量资金支持针刺麻醉的临床与研究。在院内开展多项针刺麻醉特色诊疗技术，包括循经选穴针刺麻醉技术、针刺复合麻醉技术、经穴电刺激麻醉技术、耳针麻醉技术、痛证针刺疗法等。至 2015 年 3 月，开展针刺（复合）麻醉手术共 1 012 例，包括肺切除术、心脏手术、颅脑（骨）手术、腹腔镜胆囊切除术、甲状腺手术、乳腺手术、鼻内窥镜手术、小肠疝气手术等。

针麻研究室以针刺麻醉和针刺镇痛为主攻方向，开展针麻心脏手术、肺切除术、脑外手术、腹腔镜胆囊切除术、甲状腺切除术、鼻腔镜术、乳腺手术等，并开展“项八针”防治颈椎病技术研究。

三、研究成果

2011 年 12 月，获上海中医药科技奖著作奖；2012 年 12 月，获上海中西医结合科学技术奖科普奖；2013 年 9 月，获批上海市非物质文化遗产“海派膏方民俗文化”项目；2013 年 12 月获上海市科技进步奖三等奖。

【课题】

2010—2015 年，获得各项课题 38 项。

【获奖情况】

2010—2015 年，获得各类奖项 10 项，省部级成果奖 1 项。

【专利情况】

2010—2015 年，获得专利 2 项。

【著作与论文】

2010—2015 年，发表论文 131 篇，其中核心期刊 80 篇。2010—2015 年，出版著作、参编著作 58 部。

四、学术交流与合作

2010—2015 年，参与国内学术交流 39 次，其中由研究所主办的国家级继续教育学习班 6 次。

2010 年 9 月，与曙光医院传统中医科共同举办国家级继续教育学习班——“中医经典理论的现代临床应用”，邀请石印玉、夏翔、蔡淦、颜乾麟、叶进等十余名沪上名老专家参与授课，畅谈经验。

2011 年 9 月 23 日，特色诊疗技术研究所与传统中医诊疗中心、曙光中医药研究发展基金会共同举办国家级继续教育学习班——“中医经典理论的现代临床应用”，讲师团成员有颜乾麟、王庆其、黄吉赓、曹林仙、陈汉平、姜兴俊等国内知名医家与资深教授。

2012 年 9 月 21 日，研究所与传统中医科共同举办国家级继续教育学习班“传统中医诊疗思路与现代临床”，分别邀请到颜乾麟、余小萍、吴昆仑、颜新等教授讲课。

2014 年 6 月 6 日，与传统中医科共同在公利医院举办国家级继续教育学习班“传统中医药诊疗思路与现代临床”，余小萍主持并授课“颜德馨教授急性热病诊治经验”。

2014 年 10 月 31 日，研究所与上海市中医药学会民间中医药分会、上海曙光中医药研究发展基金会在松江共同举办了上海市中医药学会第三次民间特色诊疗技术与验方整理学术年会暨上海市继续教育项目“海派中医特色诊疗技术研究”学习班。上海市中医药学会副会长沈远东、上海市卫计委中医监管处赵致平主任等领导出席了会议，余小萍所长就“建设上海市民间中医特色技术评价中心”在大会上做了交流。

2015年10月23日，研究所举办上海市中医药学会第四次民间传统诊疗技术与验方整理学术年会暨国家级继续教育项目“民间特色诊疗技术研究与管理”学习班。

五、教学工作

研究所余小萍担任上海中医药大学附属曙光临床医学院内科教研室主任，除完成大学相关教学任务外，每年培养博士研究生1～2人，硕士生2～3人。研究所艾静担任曙光临床医学院名老中医学术经验教研室主任，平均每月组织一次名老中医讲座，让学生与名老中医进行面对面的学习交流。研究所关鑫担任曙光临床医学院外语教研室主任，组织学生练习英语口语，促进中医国际交流。研究所其他专家每年都承担着研究生的带教及培养工作。

研究所“治未病”研究室还与中医药大学联合培养中医类大学生，对进入社区实习的学生，要求必须熟练掌握所在社区医院推广的“治未病”技术。培训老师在充分细化带教方案的基础上，编写教师手册、社区师资培训教材、学生手册、考核试题库、学生实践总体评价方案等，建立中医预防保健医学实践数据库，构建一套有中医预防保健特色的学生社区实践管理模式。

第五节　中医药国际标准化研究所

一、概况

中医药国际标准化研究所成立于2015年6月，组织管理隶属于上海市中医药研究院研究所，组成单位为ISO/TC 249秘书处、中医标准化研究中心以及传统医学国际疾病分类研究与服务评价中心等。同时，研究所与上海中药标准化中心以及全国中医院质量检测中心形成一种松散型的合作关系。2015年12月，研究所在编人员共8人，专职研究人员8人：正高级职称3人，中级职称4人；博士学位4人，硕士学位4人。研究所办公地点在普安路189号曙光大厦7楼C、D座，使用面积约500平方米。

表6-4-15　2015年中医药国际标准化研究所所长、副所长情况表

职　务	姓　名
所　长	沈远东
副所长	桑　珍
副所长	窦丹波

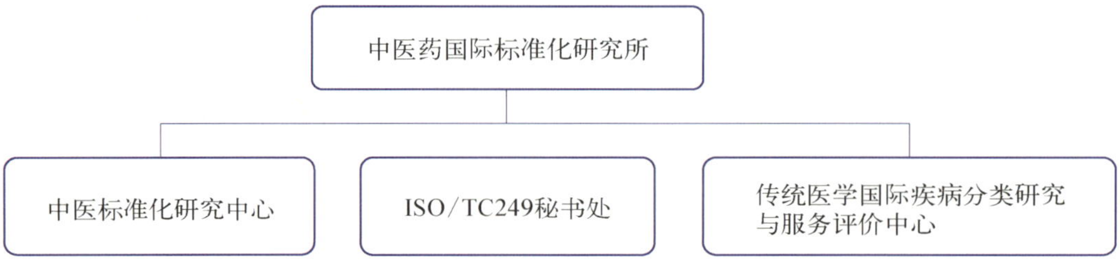

图6-4-9　2015年中医药国际标准化研究所成立时的架构图

二、专业发展

自 2015 年中医药国际标准化研究所成立以来，着手在中医药各个领域深入开展标准化研究。主要研究方向：国际标准的研究及制修订工作；中医药标准化战略及体系研究；传统医学服务评价；国内各级标准的研究及制修订工作；承担各级标准化课题，开展标准的研究及制修订工作；承担 WHO 国际疾病分类项目工作及传统医学服务评价；系统研究中医药标准化发展战略，为政府提供决策咨询；承担 ISO/TC249、世界中医药联合会标准化建设委员会、上海中医药标准化委员会秘书处职能；中医药标准化方法学研究；为国家中医药管理局即将成立的“中医药国家化发展研究中心”提供中医药标准化领域的技术支撑。

表 6－4－16　2015 年中医药国际标准化研究所承担研究任务情况表

序　号	项　目　内　容
1	术语类基础标准研究
2	信息类基础标准研究
3	临床类标准研究
4	中药类标准研究
5	设备类标准研究
6	针灸推拿类标准研究
7	养生保健类标准研究

表 6－4－17　2015 年中医药国际标准化研究所承担 WHO 国际疾病分类项目工作及传统医学服务评价情况表

序　号	项　目　内　容
1	ICD－11 传统医学章节术语条目和定义的审核修订
2	ICD－11 传统医学章节术语属性及相关术语研究
3	ICD－11 传统医学章节实地测试
4	ICD－11 传统医学章节跟踪监测
5	探索并建立传统医学的服务评价模式，与 WHO 在该领域开展多方位的合作

三、研究成果

【课题】

2015 年，研究所共承担各级各类项目 11 项。

【国际标准】

2015 年，研究所发布国际标准 5 项，正在制定的国际标准 30 项。

【国家标准】

2015年，参与起草并发布国家标准2项：《中药方剂编码规则及编码》(GB/T 31773—2015)、《中药编码规则及编码》(GB/T 31774—2015)。

【地方标准】

2015年，起草并发布地方标准2项：《小包装中药饮片剂量规格与色标》(DB31/T703—2013)、《中药饮片包装编码与条码标识》(DB31/T826—2014)。

【论文】

2015年，研究所共发表论文10篇。

四、学术交流与合作

在学术交流与合作方面，中医药国际标准化研究所成员多次参加和参与举办国内外国际高级别会议，领域包括中医药、健康信息、国际药典、医疗设备、国际疾病分类、世界传统医学等，并受邀在其中一些国际会议上做主题报告，宣传介绍中医药国际标准化工作。ISO/TC249秘书处成立于2009年，至2015年已成功举办了6次全体成员大会。参会代表和标准提案数量逐年俱增，中医药国际标准化工作越来越受到各方关注。中医药国际标准化对加强中医药质量安全控制、促进世界传统医学发展、促进国际贸易以及增进人类健康将产生深远的影响。ICD(International Classification of Diseases，国际疾病分类)是由世界卫生组织制定并颁布的国际统一的疾病分类标准。WHO ICD-11首次将传统医学纳入ICD体系，是WHO将传统中医学纳入主流医学体系管理的标志性工程。

表6-4-18　2015年中医药国际标准化研究所参加各类学术交流、合作情况表

时　间	内　容
1月22—24日	参加艾灸国际标准化高端论坛(中国北京)
4月19—26日	参加ISO/TC215年会(美国旧金山)
5月29日—6月5日	举办第六次ISO/TC249年会(中国北京)
9月18—26日	参加国际中医药高峰论坛(加拿大多伦多)
10月17—23日	参加WHO-FIC 2015年会(英国曼彻斯特)
10月22—23日	组织召开国际药典协调会(中国上海)
10月31日—11月8日	参加ISO/TC215年会(瑞士伯尔尼)
11月11—17日	参加IEC/TC62年会(日本神户)
11月26—27日	参加WHO ICTM Stakeholder and Technical会议(韩国首尔)
12月11—13日	举办中医药国际标准化高级人才培训班(中国上海)

五、教学工作

2015年，承担上海中医药大学外语中心翻译硕士专业实践基地教学任务。基地的建设目标是

为培养中医药领域国际标准化复合型人才提供一个良好的实践平台，通过基地建设尽快培养一批既具备中医药领域专业翻译技能，又熟悉国际标准化组织（ISO）游戏规则及 ISO 国际标准制定流程且有一定国际化视野的复合型人才。沈远东所长招收中医临床硕士研究生 1 人。桑珍副所长招收翻译专业硕士研究生 2 人。窦丹波副所长招收中医学硕士研究生 3 人。

六、主要设备

ISO/TC 249 秘书处所在的上海市中医药研究院中医药国际标准化研究所目前拥有两处办公地点，分别位于曙光医院和上海中医药大学。位于医院的办公场地面积约 500 平方米，办公室功能划分合理，有办公区域、会客区域、会议室、培训室、接待室等，会议室内还配有教学设施和专业的国际电话会议所需要的设施设备。位于上海中医药大学的办公场地面积 114 平方米，配置了台式计算机、便携式计算机、投影仪、打印机、碎纸机等设备。

七、其他

2015 年 6 月，ISO/TC249 成员国在第六次成员大会上现场投票通过 TCM 作为技术委员会名称，并报 TMB（ISO 技术管理局）通过。

第五章　研究室

第一节　急诊研究室

一、概况

20 世纪 60 年代，中医急诊研究工作以医院、科研单位、药厂三结合的形式开展工作。1983 年 10 月，成立中医内科急诊研究室，王佐教授担任研究室主任，由临床组、急症实验室、血气肺功能室等组成。临床组以七病区（急症病房）为主，由 2 名主任医师、1 名副主任医师、3 名主治医师、5 名住院医师、4 名护师、14 名护士共 29 名人员组成。1987 年，建立了急症实验室，实验室以中医理论为指导，强调临床应用与基础机制研究相结合，配备较先进的仪器，开展以心肌力学、微循环和细胞电生理为主的研究工作，为国家中医药管理局认定的二级实验室。2015 年，共有成员 35 人，其中博士、硕士 30 人，占全体医师比例 85%以上。学科成员中具有正高职称者 6 人，副高职称者 10 人，中级职称者 16 人。有 15 人在各级专业学术团体任职，其中在国家级、省市级专业委员会担任主委或副主委的共计 3 人次，在核心期刊担任编委 3 人次。

表 6-5-1　1983—2015 年急诊研究室历任负责人情况表

任职时间	主　任
1983 年 10 月—2005 年 4 月	王　左
2006 年 4 月—2007 年 3 月	曹康裕
2007 年 3 月—2010 年 6 月	魏江磊
2010 年 6 月—	熊旭东

二、研究特色

20 世纪 60 年代，开展了“参附青注射液对邪毒内陷所致厥脱证的临床与实验研究”的课题。1984 年，被卫生部中医司指定为“全国厥脱证协作牵头单位”。中医内科急诊研究室与中药制剂室共同研制了“参附青”注射液，用于邪毒内陷厥脱证，实验证明“参附青”注射液具有预防和治疗休克的作用，这一成果于 1987 年获国家中医药管理局重大科技成果甲等奖。

1991—1993 年，研究室又与本院中药制剂研究室合作，研制适应急症患者的多途径、快速给药方法。以单味、小复方为主，辨证地应用，其中“荆银合剂”“鹿蹄草素”“平喘液”“参附青”等一批中成药成为医院中医急症用药的特色。1991 年，被国家中医药管理局确定为“全国厥脱证协作中心”。1991 年，配合兄弟科室完成“复方血竭对冠心病血瘀证的临床及实验研究”课题，该课题获 1991 年上海市科技进步奖三等奖。1992 年，承担了国家自然科学基金课题——抗厥脱中药对肝细胞跨膜电位及细胞内离子活度的影响。承担的上海市高教局课题“平喘液治疗支气管哮喘急性发作的临床与实验研究”，荣获1993年国家中医药管理局科技进步奖三等奖。1993年，国家自然科学基金课题“抗休克中药肝细胞电生理效应的检测”获上海中医药大学科研成果进步奖二等奖。

1995年后，急诊研究室主要从事暴喘（肺心病肺动脉高压）、卒中（脑出血）的临床与实验研究。在暴喘的研究上，1995年，承担了国家中医药管理局“复方葶苈注射液治疗肺心病肺动脉高压临床和实验研究”的课题，该课题获上海市卫生局科技进步奖二等奖及国家中医药管理局科技成果二等奖。在卒中的研究中，1998年，承担了上海市高教局课题“还元注射液对急性脑出血的临床观察和脑细胞离子通道检测”，对脑出血研究已达细胞分子阶段，作出了细胞通透性研究及离子通道的研究。2001年，承担上海市卫生局“泻肺定喘注射液治疗肺心病肺动脉高压的细胞生物学研究”。

2003年，急诊科在原有基础上成立感染科，开展院内感染的检测与控制。急诊研究室以危重病及感染为主要研究方向，主要开展肺心病、急性重症胰腺炎的临床与实验研究，重点解决温毒、温毒发斑、腹胀满病等疑难病症，并争取在喘脱、关格、厥脱等危重症的疗效上突破专科诊疗体系。

2006—2015年，急诊研究室共承担各级课题12项。2006年，承担了上海市重点学科科研项目“COPD急性发作期气道炎症与中医证型关系的探讨”。2009年，承担了国家“973”计划课题“基于COPD‘从肠论治’的肺—肠联络机制研究”。此外，2006—2015年，急诊研究室还承担了上海市教委课题2项，上海市科委课题3项，其他5项。

第二节　肝病研究室

一、概况

肝病研究室成立于1995年，附属肝炎科，在主任王灵台教授领导下，开展中医药防治肝病的临床和临床基础研究。研究室场所随着医院发展逐步扩大，在2000年已达260平方米，拥有独立的细胞培养室、病毒检测室、分子生物学实验室、病理诊断室。成员包括肝炎科全体医护人员和专职科研人员1人。肝病研究室在2010年成功申报成为国家中医药管理局三级实验室（细胞免疫实验室）。

表6-5-2　1995—2015年肝病研究室历任负责人情况表

任职时间	主　任	任职时间	副主任
1995—2002年	王灵台	1995—2002年	陈建杰
2003—2010年	陈建杰	2003—2010年	张　斌
2010年—	高月求		

二、研究特色

肝病研究室以中医药防治慢性肝病包括慢性乙型肝炎、慢性丙型肝炎、肝纤维化、脂肪性肝病等为主攻方向，是全国唯一一家连续承担自“六五”至“十二五”中医药慢性乙型肝炎科技攻关项目的单位。在全国率先提出应用补肾为主的方法治疗慢性乙肝，开拓了中医药治疗慢性乙肝的新方法并丰富了慢性乙肝的中医理论；在国内率先进行了较系统的苦味叶下珠治疗慢性乙肝的临床及实验研究；在国内率先成功复制了二甲基亚硝胺肝纤维化大鼠模型，并用于中医药抗肝纤维化的实验研究；在国内率先系统进行了慢性丙型肝炎的中医证型的研究，已提交全国中医药学会肝病分会讨论试行。

【慢性乙型肝炎】

率先提出“补肾为主、清化为辅”的方法治疗慢性乙型肝炎，开拓中医药治疗慢性乙肝的新方法，成功研制了院内制剂“补肾冲剂”。经二十余年的临床研究证实，补肾冲剂可明显改善慢性乙肝患者症状、体征，肝功能改善有效率在75%以上，病毒复制指标 HBeAg 和 HBV－DNA 转阴率与干扰素相近，但治疗费用低40%左右。近年来，开展了补肾冲剂联合拉米呋啶治疗慢性乙型肝炎临床探索，在52周疗程结束后，HBV－DNA 的转阴率为 93.5%（$P<0.05$），HBeAg 转阴率为 22.6%（$P>0.05$），优于单用拉米呋啶组，并可显著降低 HBV 的 YMDD 变异的发生率。实验研究表明，补肾方具有稳定肝细胞膜、增加肝糖原、促进肝细胞代谢和解毒功能；补肾冲剂具有抑制 HBV－DNA 复制，抑制 2.2.15 细胞株分泌 HBsAg、HBeAg 的作用；补肾冲剂能明显增强 IL－2、IFN－γ 等 Th1 型细胞因子的表达，抑制 IL－4、IL－10 等 Th2 型细胞因子的表达，促进 CD8＋的 CTL 功能活化。

从肾论治慢性乙型肝炎的临床实践与机制研究成果丰富了慢性乙型肝炎中医病因病机学说，补肾为主治疗慢性乙型肝炎已得到行业内的广泛认同，中华中医药学会肝病分会制订的慢性乙型肝炎辨证诊断标准中因此增加了脾肾阳虚证型。发表相关学术论文26篇，其中主要论文被引用40余次。补肾为主治疗慢性乙型肝炎曾先后作为国家“十五”攻关课题、上海市科委重大课题，研究成果获2007年中国中西医结合学会科技进步奖二等奖。

相关研究的国内外同行水平比较和优势：慢性乙型肝炎补肾为主、清化为辅的中药治疗理论为本团队最早提出，并开展了系统性研究，目前在国内已有较广泛的临床应用。

【慢性丙型肝炎】

科室承担完成国家科技部“九五”攻关课题（中医药治疗慢性丙型肝炎的临床与实验研究），根据临床经验成功研制治疗慢性丙型肝炎的院内制剂（清肝冲剂）。治疗半年时肝功能中 ALT、AST 复常率分别为60%和52.9%，ALT、AST 均值显著下降，且呈时间依赖关系，停药后未见反跳；一年时随访，ALT、AST 复常率达88%。清肝冲剂治疗后 HCV RNA 转阴率为 30.71%；61.1%的患者病毒含量明显下降。48例治疗前后两次肝穿标本，按“95”方案进行病理诊断并行分级分期；用改进的 Chevallier 方法进行炎症活动度和纤维化计分，对比治疗前后组织学改变。半年后治疗组炎症活动度均值由8.4%降为5.5%。纤维化分期积分均值由治前3.83降为3.13。

2003年，研究成果获国家教育部提名国家科技进步奖二等奖、上海市科技进步奖二等奖、上海市临床医疗成果奖三等奖。

图 6-5-1　肝病研究室业务学习（第一排右一为第二任主任陈建杰、右二为第一任主任王灵台、右三为第三任主任高月求）

第三节　脾胃病研究室

一、概况

脾胃病研究室于 1997 年 6 月正式成立。2015 年，脾胃病研究室有成员 15 人，其中正高职称 4 人、副高职称 7 人、中级职称 4 人。脾胃病研究室办公地点设在脾胃病科病房医师办公室，面积约 40 平方米，主要开展关于脾胃病的基础和临床研究。

表 6-5-3　1997—2015 年脾胃病研究室历任负责人情况表

任职时间	主任	任职时间	副主任
1997 年 6 月— 2000 年	蔡　淦	1997 年 6 月 —2000 年	康正祥
2000 年— 2010 年 2 月	郑舜华	—	—
2010 年 2 月— 2015 年	林　江	—	—

二、研究特色

20 世纪 80 年代初期开展了中药治疗慢性萎缩性胃炎、胃癌前病变的临床研究，并遵循“治中焦如衡，非平不安”的理论。注重气血同治、升降并调、寒温适宜、虚实兼顾和用药动静结合的原则，总结出具有益气清热活血功效的乐胃煎，经临床和实验证实，对慢性萎缩性胃炎、胃癌前病变有良好的作用，在中医同类研究中较早地开展了肿瘤基因和细胞凋亡的研究。

1994起，结合临床开始自制制剂的研究，乐胃煎和清胃合剂是脾胃病研究室两个重要的特色自制制剂，用于慢性胃炎取得了良好的效果。

1996年，研究室在蔡淦教授带领下展开慢性胃炎中医证实质的研究，相关成果获上海市科技进步奖三等奖。

1997年起，开展中药治疗肠易激综合征、功能性消化不良和胃食管反流病的系统研究。如应用枳实消痞丸加减方治疗功能性消化不良，取得82%的有效率，并从胃运动功能、胃肠激素和神经递质等方面进行研究，开展了24小时食管pH检测与胃食管反流病中医证型的相关性研究等。

1999年下半年，脾胃病研究室开展了24小时食管pH检测新项目，该技术是诊断胃食管反流病的重要手段之一，对开展中医药治疗胃食管反流病的研究有重要价值。

2000年以来，研究室结合临床实践，对中医药治疗胃肠病的作用机制展开重点研究。2001年成立脾胃病实验室，同年通过了国家一级实验室的验收。

2003年，蔡淦教授、郑舜华教授主持的从病理形态和细胞动力学角度观察乐胃煎治疗慢性萎缩性胃炎胃癌前病变作用机制研究，相关成果获得上海科技进步奖三等奖。

2002—2015年，研究室展开多项中医药治疗肠易激综合征的临床及基础研究。蔡淦教授总结多年经验，提出腹泻型肠易激综合征“抑木扶土、柔肝缓急、酸敛收涩”的中医治则，该治则被广泛接受，并被编入《中医内科学》教材。蔡淦教授研制的腹泻型肠易激综合征专方“肠吉泰”，临床有效率达87%，在院内肠易激综合征患者中使用率超过95%。在此基础上，蔡淦教授、林江博士、张正利博士等主持开展多项临床及作用机制研究。2008年，从肝脾论治腹泻型肠易激综合征的临床及作用机制研究相关成果获上海科技进步奖三等奖。

2008—2011年，研究室对制酸类中药药效展开优选评价研究。

2013—2015年，针对难治性食管反流病，研究室在蔡淦教授带领下，创制疏肝和胃方，并在林江博士主持下开展多中心临床研究。

第四节　肺病研究室

一、概况

肺病研究室成立于2006年，是国家中医药管理局一级实验室，所属中医内科学重点实验室是中管局三级实验室，2015年，隶属于上海市中医临床重点实验室。人员有主任医师3人（退休2人），副主任医师6人（退休1人），高级职称比例超过50%。博士5人（在读2人），硕士8人，博、硕士比例超过70%。其中，上海市名中医1人，曙光医院名中医1人，曙光医院高级中医师1人，国家中医药管理局优秀临床人才1人，上海中医药领军人才1人，博士生导师1人，硕士生导师4人。研究室与相关科研单位合作，包括中科院药物所、复旦大学呼吸病研究所、上海市医工院等。

表 6-5-4　2006—2015 年肺病研究室历任负责人情况表

任职时间	主　任
2006—2010 年	毕小利
2010 年—	张　炜

二、研究特色

2006—2015 年，主要以中医呼吸病实验室的呼吸生理和病理研究为特色，开展呼吸系统疾病的研究。同时，建立多种呼吸系统疾病动物模型，进行多种动物模型造模方法的比较研究，探索中医呼吸系统疾病复合中医证型的造模方法研究；建立多种中医药对于呼吸系统疾病的研究方法和手段，如咳、痰、喘的半定量分析等；引入多种现代医学的检查手段如纤维支气管镜检查、肺功能检测、运动能力测定等参与呼吸系统疾病的研究。

第五节　针刺麻醉研究室

一、概况

针麻研究工作起于 1964 年，到 1986 年成立针麻研究室，当时由项立敏主任负责。2001 年，通过国家中医药管理局一级实验室验收。2008 年，“针刺麻醉”获国家中管局“十一五”重点专病，医院中西医结合外科群和中医护理学均成为国家中管局“十二五”重点学科。2006 年 8 月，成立针刺麻醉研究室，并聘李国安为研究室督导，薛志祥、周嘉、顾国山、黄建平、黄航军、齐聪、袁岚、朱湛明、褚立希（兼）、杨华元（兼）为研究室成员。2010 年 2 月，更名为针刺麻醉研究室。

表 6-5-5　1986—2015 年针麻研究室历任负责人情况表

任职时间	主　任	任职时间	副主任
1986—1994 年	项立敏	2000—2005 年	沈卫东
1986—1994 年	翁恩琪（顾问）	2006—2010 年	傅国强
1995—1999 年	项立敏	2006—2010 年	沈雪勇（兼）
1999—2000 年	李国安		
2000 年—	沈卫东		

二、研究特色

1964 年医院集中部分针灸、外科及麻醉医师组成针麻组，进行首例针麻下胃大部切除术并取得成功。以后与中医学院生理教研组及华东师范大学生物系合作开展了针麻研究工作，先后对多种手术病种进行了针麻手术的探索，继续以胃大部切除手术为重点进行提高针麻效果的研究。

1973年，共进行了700余例针麻手术，成功率达90%以上；针刺麻醉率达全院总手术数的41.47%。1976年参加了上海市人体针刺镇痛会战组，并以医院为实验基地，采用信号侦察理论分析了纳洛酮对人体针刺镇痛效应的影响。1977年开展了“针麻胃大部分切除术的临床估价及中医辨证分型”的研究，获卫生部科技进步奖。1982年，在1 200多例胃及十二指肠球部溃疡病人的手术中，针麻有效率达95%；并开展了运用多种生理、生化指标及中医辨证分型，对针麻胃大部切除术进行术前预测、术后观察的实验研究，得出阳虚为优的初步结论。以后又进一步采取针、药结合的措施，效果又有提高。医院的“针麻手法模仿仪”被选送参加“全国针法灸法会议”展出。20世纪80年代医院成为全国针麻胃大部切除术协作组组长单位，制定了统一研究方案，供全国各协作单位采用；在以往工作的基础上开展了针刺后效应的研究工作，从各个不同的角度对针麻胃大部切除术的失败病例进行了全面分析。

医院针刺麻醉研究起步于20世纪50年代后期，针刺麻醉专科是国家中医药管理局“十一五”“十二五”重点专病专科。针刺麻醉专科在传统针药复合麻醉的基础上开创性地开展了无气管插管下，在浅睡眠、无疼痛、保持自主呼吸状态下行心肺脑手术。2006年起，从以往仅仅关注针刺在术中的应用，发展和拓展到整个围术期的应用，充分挖掘针灸等传统中医技术和方法，探寻其在围手术期抗重大疾病和危重病以及促康复中的作用。

2006—2015年，曙光医院成为中国针灸学会针刺麻醉分会副主委单位、中国医师协会中西医结合分会心胸外科专委会副主委单位、中国医师协会中西医结合分会神经外科专委会副主委单位、上海中西医结合学会胸外科专委会主委单位、上海中西医结合学会围术期专委会副主委单位。2007、2013年成为“973”针麻项目课题组长单位，2011年获上海市中医药三年行动计划重大研究项目资助，2012年获上海市科委针麻重大专项牵头单位，2013年为上海市“新兴前沿技术合作项目”牵头单位，这些项目分别与上海胸科医院、上海肺科医院、第二军医大学、北京三博脑科医院等医院

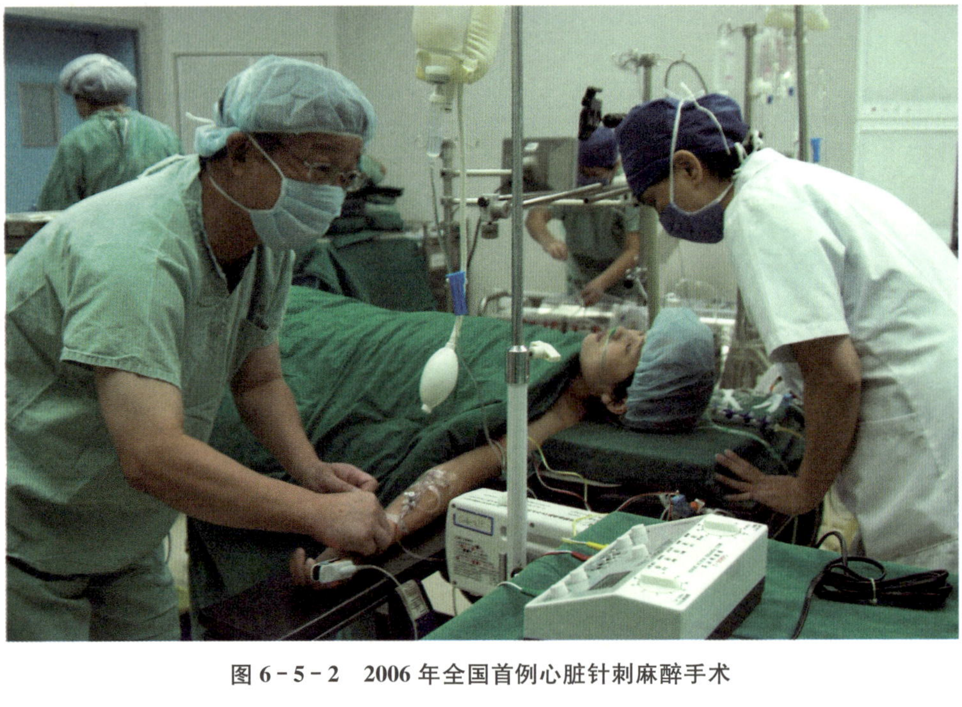

图6-5-2　2006年全国首例心脏针刺麻醉手术

开展多中心的临床、科研合作。在国际影响力方面，2007 年，时任卫生部长的陈竺率代表团访问欧洲，陈凯先院士把曙光医院心脏手术、脑部手术的针麻手术录像播放出来，引起极大震动。

第六节　中医外科研究室

一、概况

2013 年 10 月，成立中医外科学研究室(筹)。工作室以中医理论为指导，强调临床应用与基础机制研究相结合，配备较先进的仪器，以糖尿病足溃疡、浆细胞性乳腺炎、乳腺癌、甲状腺结节为主开展研究工作。研究室由吴雪卿担任主任，共有成员 16 人，其中博士 4 人、硕士 10 人，占全体医师比例为 87.5%。学科成员中具有正高职称者 5 人，副高职称者 3 人，中级职称者 5 人。有 16 人在各级专业学术团体任职，其中在国家级、省市级专业委员会担任主委或副主委的共计 3 人次。

二、研究特色

研究室成立以来，致力于脉管病、浆细胞性乳腺炎、乳腺癌、甲状腺结节等相关课题研究工作。

研究室长期从事浆细胞性乳腺炎的病因病机及诊治方案研究。基于"肥人多痰湿"理论和临床实践，创新性提出痰湿证为病因病机，创立以清化痰湿为治则的"清化痰湿方"(专利号：ZL201210138158.6)治疗浆细胞性乳腺炎。开展"基于肥胖相关炎症因子的清化痰湿方治疗粉刺性乳痈临床效应和作用机制研究"等相关课题研究，验证清化痰湿法治疗浆细胞性乳腺炎的临床疗效，并围绕免疫炎症因子，探索清化痰湿法的作用机制。外治法上，提出"分次手术"以根治浆细胞性乳腺炎，有效提高痊愈率，降低复发率，缩短疗程，减轻痛苦，"分次手术"的治疗方案被编入中管局最新版行业标准规范。创新性提出"盾构切开法"，通过随机对照及多中心临床研究，验证其临床疗效，并在本市多个医疗机构进行推广应用研究。

对乳癌术后方治疗乳腺癌的临床疗效进行观察，结果均表明，用"乳癌术后方"治疗的乳腺癌术后患者能够延迟术后复发转移的中位时间，提高无病生存率，降低死亡率。针对此方的组成和制备方法已申请专利并已获批准。同时针对该方研究其对乳腺癌术后 AIs 治疗所致的骨丢失、内分泌治疗后的不良反应等，获得了良好疗效。2014 年，该方治疗乳腺癌的机制研究获国家自然青年基金资助。

在脉管病的研究探索过程中，总结提出"因邪致瘀，祛邪为先"的观点，开展"奚氏中医外科技术治疗糖尿病足溃疡方案的临床研究"，结果发现早期行清筋术能明显降低糖尿病足患者截肢率及截趾率。针对"湿郁筋肿—郁而化热—筋腐成疽"证候病机，创制了治疗糖尿病足的紫朱软膏。通过临床、动物模型和体外细胞培养等系统研究，证实紫朱软膏能有效改善患者溃疡面疼痛、异味、皮温、肉芽生长情况，促进慢性皮肤溃疡的愈合，疗效确切。

研究室还治疗其他中医外科常见病如皮肤疮疡疾病、血管性疾病、甲状腺疾病、前列腺疾病、淋巴结疾病，并开展对甲状腺疾病和前列腺疾病的各项研究。为了患者用药方便，共研制十多种自制制剂，沿用至今的有银蒡痰毒合剂、清热解毒合剂、消瘿合剂、祛风利湿合剂、炎列平颗粒共五种自制制剂及金黄膏等五种外用膏剂，临床运用效果良好。

2013—2015 年，中医外科学研究室共承担各级课题 15 项，其中国家自然科学基金青年项目 1 项、上海市科委课题 3 项、上海市教委课题 1 项、上海市适宜技术 1 项，其他 9 项。

第七节　肛肠病研究室

一、概况

1990 年，肛肠病研究室成立，1991 年，被确定为上海市中医肛肠医疗协作中心。成立之初共有 5 名医师，分别担任主任、副主任、委员和秘书。2015 年，肛肠病研究室共有在编人员 14 人，其中博士生导师 1 人，硕士生导师 3 人；主任医师 2 人，副主任医师 6 人，主治医师 6 人；博士 3 人，硕士 7 人。为国家中医药管理局“十二五”重点专科，“十二五”肛肠病协作组优势病种痔病(外痔)组组长单位，“十二五”肛肠病协作组中医医疗技术枯痔技术组副组长单位，上海市中医特色重点专科、上海市中医临床优势专科。

2006 年以来，承担国家科技部“十二五”项目 1 项，国家中医药管理局项目 1 项，上海市科委、教委、卫生局等科研课题 20 项，编撰专著 8 部；发表论文 50 余篇。

表 6-5-6　1990—2015 年肛肠病研究室历任负责人情况表

任职时间	主　任
1990—1999 年	柏连松
1999 年—	杨　巍

二、研究特色

研究室以中医理论为指导，结合现代医学理论，采用中西医相结合方法对临床上常见的肛肠疾病及难治性疾病开展了大量细致的研究工作，包括中药制剂的研制应用，运用现代科技方法对一些传统的临床中药制剂进行较深层次的检测研究，开发成中药产品投向市场。20 世纪 70 年代，开展了特色中医药的研究，所研制成功的消痔灵，1979 年获国家重大科技成果奖。研制的纯中药栓剂“消痔锭”对治疗各期内痔便血疗效显著，通过了上海市十多家医疗单位的临床验证，总有效率达到了 94.83%，1986 年，获得上海市中医药大学科研成果二等奖及上海市优秀中成药新产品二等奖，并被载入《中国药典》。

20 世纪 90 年代，研究室开展了“炎宁灌肠液治疗非特异性结直肠炎的临床与实验研究”“痔科熏洗方抗炎生肌作用的临床与实验研究”“生肌长肉膏在肛肠科术后创面的临床应用与研究”“熏洗Ⅰ号颗粒剂的Ⅱ期临床前研究”等临床及基础研究，先后被列为上海市卫生局及上海市科委科研项目。其中“炎宁灌肠液治疗非特异性结直肠炎的临床与实验研究”这一成果被认为达到了国内领先水平，1995 年获国家中医药管理局科技进步奖三等奖；“痔科熏洗方抗炎生肌作用的临床与实验研究”获 2001 年上海市科委科技进步奖三等奖。

2000—2015 年，研究室开展了一系列特色鲜明的基于诊疗经验总结并推广的临床研究，并针对一些新技术展开进一步深入研究。

【"对口切开旷置结合垫棉法"治疗高位复杂性肛瘘】

针对高位复杂性肛瘘，研究室主任杨巍教授首先提出"常中有变、顺势而为、顺藤摸瓜、步步为赢"十六字治则，首创"对口切开旷置结合垫棉法"治疗高位复杂性肛瘘，并分别于2003、2007及2013年开展"对口切开旷置结合垫棉法治疗高位复杂性肛瘘的临床研究"和"对口切开旷置结合垫棉法治疗高位复杂性肛瘘多中心、随机、对照临床研究"，得到上海市卫生局、申康中心和上海市科委的立项资助，并被列为上海市适宜技术多中心推广项目、科技部"十一五"支撑常见病诊疗规范项目、上海市科委项目。2010年，获上海中西医结合科学技术奖三等奖；2012年，应邀到美国斯坦福大学医院作专题讲座。

【"内套外剥齿状线保留术"治疗混合痔】

2010—2015年，研究室主任杨巍教授提出"顺势而为"的肛肠病手术理念，并与2014、2015年率先牵头开展"外剥内套齿线保留术治疗混合痔的多中心推广应用研究"及"混合痔内套外剥齿线保留术中医诊疗方案的规范化研究"，分别得到申康中心和上海市科委的课题项目资助，被列为上海市科委中医诊疗规范推广项目，并被作为中国RPH技术、TST技术临床培训基地。

【"促愈熏洗方"在肛肠病术后熏洗外治技术示范研究】

2009—2013年，研究室利用自拟肛肠术后外用特色方"促愈熏洗方"开展多项研究，对熏洗药物、浓度、时间进行了科学探索，并分别得到了浦东新区社发局和申康中心的立项资助。其中"痔术后熏洗疗法标准操作规程的临床研究"列入"十一五"国家科技支撑项目外治技术示范研究；"肛瘘术后熏洗疗法标准操作规程的临床研究"列为浦东新区社发局项目；"促愈熏洗方在痔术后应用的临床评价"列为上海申康医院发展中心中医药验方项目。

【痔发病机制与中药干预机制研究】

2001—2015年，肛肠病研究室致力于特色制剂的传承与创新。内服特色制剂"痔血宁合剂"的研究获得了多项研究立项资助，其中"痔血宁对痔出血患者血管内皮系统影响的临床与实验研究"获得了上海市老年医学科研基金项目；"痔血宁合剂在混合痔切除术后的应用研究"获得了国家中管局立项；"痔血宁合剂治疗痔出血的疗效及安全性评价"获得了上海市科委的立项；"痔血宁合剂对湿热下注证痔病患者MMP-9、VEGF表达的干预"获得了上海市卫生局的资助。通过研究总共发表研究论文8篇，并通过现代实验研究证实MMP、VEGF在痔病发病机制中的作用；提出表皮干细胞在肛乳头肥大增生中的关键作用。

第八节　西医外科研究室

一、概况

西医外科研究室的前身是胆道病研究室。20世纪70年代起，普外科开展了中西医结合治疗胆石症的研究工作，并开设了专科门诊；1984年，成立胆道病研究小组；1986年，成立胆道病研究室。2011年，胆道病研究室撤销，成立西医外科研究室。

研究室办公地点设于西部住院部11楼，办公面积18平方米。

表 6-5-7　1986—2015 年西医外科研究室(原胆道病研究室)历任负责人情况表

任职时间	主　任
1986—1992 年	薛之祥
1992—2000 年	龚铁群
2000—2015 年	黄建平

表 6-5-8　1986、2015 年西医外科研究室(原胆道病研究室)研究人员情况表

年　份	专职人数	兼职人数	总人数	学历情况	职称情况	导师情况
1986	0	23	23	本科 21 人	正高 2 人、副高 3 人、中级 11 人、初级 7 人	
2015	0	17	17	博士(在读)1 人、硕士 9 人、本科 7 人	正高 3 人、副高 4 人、中级 10 人	硕导 1 人

二、研究特色

1986 年,研究室(当初为胆道病研究室)成立,第一任主任是薛之祥。当时主要以中西医结合治疗胆道疾病为研究方向,进行中医药治疗胆道疾病、防治结石、胆道溶石等方面的研究,完成了多种治疗胆道疾病中成药的临床试验,并结合现代诊疗技术评价治疗效果,先后研制出了胆乐胶囊、安胆冲剂、胆囊合剂、山麦合剂、胆囊方等具有特色的中成药。

除了在中医方面具有独到之处外,同时开展现代医学的研究。20 世纪 80 年代末,在上海市率先使用胆道镜进行胆总管检查、开展 PTCD 技术;20 世纪 90 年代初期,开展 ERCP 检查。这些技术的研究与运用,使医院普外科的胆道病专业成为当时上海市领先专业。与仁济医院、长征医院合作,成立了上海市胆道疾病会诊中心,胆道疾病会诊中心主要面向全市解决疑难胆道疾病,到 2015 年有 20 余年的历史。

1992 年,从美国留学归来的龚铁群主任担任研究室主任。龚铁群主任把当时在美国尚未普及的腹腔镜技术带到科室,成为上海市较早开展腹腔镜胆囊切除术的单位之一,再加上科室 ERCP 检查技术的发展与成熟,成为上海市胆道疾病诊治领先单位。

2000 年,黄建平成为第三任研究室主任。黄建平主任在原有基础上继续发展腔镜微创技术,将其从原先仅局限于胆囊切除手术,逐步扩展到几乎所有的普外科手术:腹腔镜—胆道镜双镜联合治疗胆总管结石;腹腔镜阑尾切除术;腹腔镜结直肠癌根治术;腹腔镜胃癌根治术;腹腔镜袖状胃切除术(减重与代谢手术);腹腔镜肝脏肿瘤切除术;腹腔镜脾脏切除术;腹腔镜后腹膜肿瘤切除术;腹腔镜胰腺体尾部肿瘤切除术(保留脾脏);腹腔镜胆管—空肠吻合术;腹腔镜腹股沟疝、切口疝、造口旁疝、复发疝、巨大疝修补术;腔镜甲状腺癌根治术;腔镜乳腺癌腋下淋巴结清扫术。这些手术中不乏国内普外科界的领先技术,比如腹腔镜—胆道镜双镜联合治疗胆总管结石;腹腔镜结直肠癌根治术;腹腔镜胃癌根治术;腹腔镜后腹膜肿瘤切除术;腹腔镜造口旁疝、巨大疝修补术等。而腹腔镜袖状胃切除术(减重与代谢手术)、腹腔镜胰腺体尾部肿瘤切除术(保留脾脏)、腹腔镜胆管—空肠吻

合术等更是具有国际先进水平。

特别是腹腔镜袖状胃切除术(减重与代谢手术),使医院与复旦大学附属中山医院、交通大学附属第六人民医院一起同时成为上海地区仅有的三家"国际代谢手术卓越联盟(IEF)"的成员单位。

2011 年,胆道病研究室撤销,成立了西医外科研究室。研究室除继续对胆道疾病相关的诸如胆道手术的针刺麻醉、针刺对胆道疾病的镇痛机制进行进一步的研究外,研究内容涉及普外科其他方向:胃、肠道恶性肿瘤的规范化,标准化手术治疗;消化道恶性肿瘤的个体化、精确化化疗;腹壁疝的手术方法、操作及手术设备、器材的改良;甲状腺、乳腺的各类良恶性疾病的规范化、标准化诊治流程;中西医结合治疗各类普外科急腹症;危重患者的水、电解质紊乱的纠正和营养支持。

2015 年,黄建平主任在国内外医学界首次提出了中西医结合快速康复理念(CMERAS, Chinese medicine enhanced recovery after surgery):对手术患者,给予中医药介入术前沟通、中药辅助术前肠道准备、围手术期针刺镇痛、针药联合术后肠道功能恢复、中医药免疫调节加速术后康复,将基于 CMERAS 理念的中西医结合快速康复与常规快速康复外科 ERAS 进行系统化的比较,以此为依据,制定相应的 CMERAS 标准化流程,并加快提倡和推广中国特色的 CMERAS 措施。

第九节　中医妇科研究室

一、概况

中医妇科成立之初,中医妇科研究室工作与临床工作合二为一。2010 年,中医妇科研究室成立,中医妇科研究室共有医师 28 人,其中博士 5 人、在读博士 1 人、硕士 18 人、本科 4 人;硕士以上学历共占 60.7%。主任医师 7 人(博导 1 人),副主任医师 5 人,主治医师 12 人。

表 6-5-9　2010—2015 年中医妇科研究室历任负责人情况表

任期时间	主　任	任期时间	副主任
2010—2013 年	齐　聪	2010 年—	殷岫绮

二、研究特色

1979 年,开展中西医结合肿瘤、闭经专病研究,其共同特点是利用中医中药治疗妇科疾患的研究。1980 年,开展子宫内膜异位症和不孕专病门诊研究。内异症专科现已申请成立上海市中医妇科子宫内膜异位症治疗中心。本病用红藤方治疗,有效率为 85.86%。妇科恶性肿瘤研究与肿瘤医院合作,后来因中医妇科开展妇癌手术,许多患者术后继续在研究中心服中药加化疗,使妇癌的治疗更加整体化、规范化。通过多年临床及实验研究,证实中医扶正祛邪法不仅能改善恶性肿瘤患者症状,促进周围血白细胞的代偿,且能改变 T 细胞亚群及体液免疫,提高患者免疫力,降低恶性肿瘤的转移率和复发率,使晚期卵巢癌的 5 年生存率达到 50%。共有论文 30 多篇,曾举办国家级继续教育学习班 6 次。不孕专病研究由 1 名教授主持,创制应用通管汤合并妇透 1 号治疗不孕症,曾经作动物实验与血液流变测定,证实"通管汤"与"妇透方"对抗输卵管炎具有效应,并改善了血液的黏、浓、聚性质,增强血液流动性,纠正了炎变条件下的血循环障碍,阐明了治愈本病的原理,妊娠率大于 50%。1990、1991 年,又分别开展了中草药抗早孕和功血 2 个专病研究,功血研究已治疗 50

多例，有效率达80%以上，并在临床治疗的基础上，探讨功血发病原因，通过动物实验，研究自制合剂对女性性腺轴和子宫内膜血管活性物质改变的影响。1994年以来，广泛开展临床与实验医学研究。在各级各类杂志、刊物上先后发表论文近百篇，其中参加国际国内学术会议交流论文11篇；编写著作、专业手册14本，由科内1位博士生导师编写的近20万字的妇科专著《庞泮池妇科论丛》，由台湾知音出版社出版。1998年，又开展了“更年期综合征”研究。同年，由2名副主任医师继续开展对排卵障碍性不孕的治疗，妊娠率44.4%，显示了较好的临床效果。2006年，在本研究基础上配合新技术宫腔镜插管通液及腹腔镜输卵管整形治疗输卵管性不孕症，进一步提高了疗效，妊娠率大于62.13%。近年，另开展了对排卵障碍性不孕症、子宫内膜容受性不孕症、中医药介入辅助生殖的各项研究，显示了较好的临床效果。通过动物实验研究自制合剂对女性性腺轴和卵泡发育的影响。

图6-5-3　2012年6月，中医妇科研究室合影留念（第一排左三为主任齐聪、左四为督导孙卓君）

第十节　眼耳鼻喉科研究室

一、概况

2010年6月，成立眼耳鼻喉科研究室，由眼科和耳鼻咽喉科两个临床科室组成，承担研究任务。耳鼻喉科有主任医师2人、副主任医师3人，主治医师2人，住院医师2人，听力技术员1人，共10名人员组成。缪晚虹任主任。

二、研究特色

【眼科】

2006年，承接第一项属于科室自己的研究项目（院内项目）；2009年，获得了第一项上海市卫生局科研项目;2010—2015年,取得了不同级别的科研项目12项,涵盖了包括眼表病、眼底病、屈光、围手术期等各个领域。2014—2015年,上海市进一步加快中医药事业发展三年行动计划项目"中医眼科外治疗法的专科建设"、上海市中医药大学项目"疏风清热祛瘀方联合自体结膜移植术治疗翼状胬肉的临床研究"、浦东新区项目"药枕方对调节痉挛及融合性辐辏储备的影响"、上海自然基金青年基金项目"基于热、药分离方式对明目解毒方治疗单纯疱疹病毒性角膜炎兔的实验研究"。2009—2011年,上海市卫生局项目"益气解毒方治疗复发性单纯疱疹病毒性角膜炎的临床研究""中西医结合治疗对视网膜脱离术后视功能恢复的临床观察""行气健脾利水法对视网膜静脉阻塞黄斑水肿的治疗"。2010—2012年,上海市教委项目"针刺对干眼症患者泪液中乳铁蛋白及泪液分泌的影响"。

【耳鼻咽喉科】

1989—1992年,承担了上海市高教局课题"消结开音冲剂治疗声带小结和声带息肉及对血液流变性的影响"。课题由海派中医传承人郑昌雄教授负责,顺利结题,成果荣获上海中医学院科技三等奖。在此基础上,1995年,被上海市卫生局批准成立上海市中医咽喉病医疗协作中心,医院为组长单位,网络成员包括上海市二级、三级医院在内的20余个成员。1997年,喉病专科被评为上海中医药大学A级专病专科。

1993—2000年,科研研究重点在耳鸣耳聋方面。1993—1996年,由刘福官副主任医师负责的上海市卫生局局级课题"王不留行治疗突发性耳聋的临床和实验研究",是该科获得的第一项上海市卫生局科研项目。用"王不留行口服液"临床治疗突发性耳聋,并从血流变、内耳生物电生理等基础指标方面实验证明"王不留行口服液"具有改善微循环和治疗突发性耳聋的效果。1996—2000年,又承担了上海市科委课题"肾虚和耳鸣的临床和实验研究"。从临床和实验方面做出了肾虚和耳鸣相关性的研究。

1997—2001年,在中医喉病专科原有基础上,深入开展临床研究,由张剑华副主任医师负责上海市卫生局局级课题"金灯山根口服液治疗咽部急性感染的临床和药理研究",不但临床表明了张氏喉科经验方"金灯山根口服液"的有效性,而且从药理上确立了"金灯山根口服液"的有效和无毒性。

2005—2015年,耳鼻喉科开展的科研呈爆发式增长,共承担各级科研项目8项,其中国家自然基金项目1项、上海市科委项目1项、上海市教委项目1项、上海市卫生局科研项目5项。研究方向包括突发性耳聋的临床应用和基础研究(2013—2015年上海市卫生局"基于耳声发射评价参苓五味芍药汤治疗突发性耳聋的临床研究");变应性鼻炎的基础研究(2005—2007年上海市卫生局"变态反应性鼻炎体质病理下的嗜酸性细胞的骨髓微环境机制")。2015年,在此基础上,刚获立项的国家自然科学基金项目是此项目的延续和深入研究(2016—2019年"变应性鼻炎体质模型的骨髓干细胞动员归巢及中药干预机制");咽喉病的临床传承研究(2009—2012年上海市教委项目"天参利咽颗粒治疗阴虚型慢性咽炎的随机对照临床评价",2013—2015年,上海市卫生局项目"郑昌雄教授治疗喉白斑的学术经验研究"、上海市卫生局海派中医扶持项目"张氏喉科")。鼻窦炎的临床诊疗方案的规范化研究(2015—2018年上海市科委项目"慢性鼻-鼻窦炎术后中医诊治方案的规范化研究")和科室的整体发展建设项目(2014—2016年上海市卫生局三年行动计划"中医耳鼻咽喉专科建设")。

第十一节　血液病研究室

一、概况

1958年，血液科为原第十一人民医院中医内科下属血液小组。1961年，设立了血液科病房，成立专科实验室，开展血液病实验工作。1981年，血液病研究室正式成立，为医院第一个临床研究室。2013年，血液病研究室共有成员7人。

表6-5-10　1992—2015年血液病研究室历任负责人情况表

任职时间	主　任	任职时间	副主任
2000—2001年	王运律	1992—2000年	邱仲川
2001—2013年	邱仲川	1997—2000年	王运律
2013年—	陈　佩		

二、研究特色

1992—2005年，血液病研究室将中医药治疗再生障碍性贫血作为主要研究目标，做了大量的工作，筛选有效方剂并进行了中药剂型改革。根据《内经》"肾主骨、生髓、藏精"及"精血同源"的理论，采用复方参鹿颗粒治疗再生障碍性贫血取得了很好的疗效。从免疫造血调控因子研究入手，建立免疫介导的小鼠模型，测定了再障患者和小鼠模型的细胞因子水平、T淋巴细胞亚群，并进一步

图6-5-4　2011年7月，血液病研究室人员合影(第一排右一为主任邱仲川)

作体外造血祖细胞培养、观察造血组织变化，以期从现代免疫学和分子生物学水平上来揭示再障免疫异常的肾虚本质。2003年，复方参鹿颗粒再获上海市卫生局中药制剂新药开发项目30万元的资助，其在临床上被广泛使用，已成为科室中医药治疗血液病的一大特色。

依据中医学辨证施治、审证求因的原则，扩大了复方参鹿颗粒临床使用适应证的研究，进一步将复方参鹿颗粒使用于低危骨髓增生异常综合征(MDS)的治疗，获得了很好的临床疗效，并据此对其进行了深入的实验研究。2012年，获得上海市卫生局课题"复方参鹿颗粒对低危组骨髓增生异常综合征(MDS)造血细胞周期G1/S调控点干预机制研究"1项；2013年，获得国家青年自然科学基金"从p38MAPK信号通路研究复方参鹿颗粒调控较低危MDS骨髓CD34＋细胞凋亡的机制"1项。从细胞周期和信号通路方面进一步研究复方参鹿颗粒治疗低危MDS的调控机制和作用靶点。2013年，开展了特发性血小板减少性紫癜(ITP)的临床和实验研究，对自制制剂加味归脾合剂进行了系统的实验研究，证实了加味归脾合剂治疗气不摄血型特发性血小板减少性紫癜与西药治疗该病具有相同疗效，且毒性反应、不良反应低，疗效持久。

1981—2013年，共承担科研课题9项，其中国家自然科学基金1项、市教委课题1项、市卫生局课题7项。发表学术论文40余篇。

第十二节 心血管研究室

一、概况

1985年2月，成立心血管研究室，由胡婉英担任室主任。1994年，在上海市卫生局的支持下，被授予上海市中西医结合冠心病医疗协作中心。1999年，成为上海中医药大学领先学科。2004年，成为上海市卫生局中西医结合心血管重点学科。

心血管研究室是国家教育部重点学科中医内科学组成学科，国家中医药管理局"十一五"心衰专病建设单位(副组长单位)及"十二五"心血管病重点专科，国家中医药管理局中医师资格认证中心命题基地，国家临床药物试验基地(中医心血管专业)。心血管研究室为全国名老中医严世芸名工作室、胡婉英上海市中西医结合名医工作室及蒋梅先老中医名师工作室挂靠单位。

表6-5-11 1997—2015年心血管研究室历任负责人情况表

任职时间	主 任
1997年1月—2002年9月	胡婉英
2002年9月—	王肖龙

二、研究特色

20世纪60年代，医院全国名老中医张伯臾先生在世时，以验方——二仙汤治疗阴阳失衡型更年期高血压，疗效确定，是中西医结合治疗高血压病的传统特色医疗之一。

20世纪80年代，万希文创制了"高三方"，更名为潜阳合剂，治疗肝肾阴虚、阴虚阳亢型高血压疗效显著，已由医院研制成院内制剂(沪药制字Z05100449)。20世纪80年代中期，研究室在胡婉英教授的带领下，以研究复方血竭(活力一号)治疗冠心病心绞痛为主，获得“七五”攻关课题资助，1991年，获得上海市科技进步奖三等奖。20世纪80年代后期，根据叶天士的久病入络理论，以虫类药全蝎为主组成活心三号，并组成双龙丸，进行胸痹血瘀证的治疗与研究，开启了运用虫类通络药治疗冠心病的先河。

20世纪90代初，胡婉英教授根据中医“水火既济，心肾相交”“久病及肾”“治心之所以治肾，而治肾之所以治心”“肾阳亏虚，水气凌心”等理论，提出“从肾治心”的崭新学术观点，在临床上运用由鹿角、仙灵脾等组成的“鹿角方”治疗慢性心力衰竭，取得良好疗效，并大大提高了心衰患者的存活率。该研究成果于1999年和2000年，分别获得上海市卫生局科技进步奖一等奖和上海市科技进步奖二等奖。

2002年以来，在王肖龙主任的带领下，致力于基于肝药酶P450酶系、葡萄糖醛酸转移酶代谢体系和转运体体系探索中药七情配伍原则及中药、西药联用的安全性(获得2项国家自然基金项目，专利1项)，不仅建立30余味中药及100多种单体在P450酶系、转运体、葡萄糖醛酸转移酶代谢体系的代谢情况的数据库，还建立了临床常用中药与西药联用相互作用不良反应数据库，2015年获得上海市中西医结合学会科学技术奖二等奖。

从胡婉英教授开始，心血管研究室最早提出心衰病属于心肾同病，治疗上应是“从肾治心”，并以此组方鹿角颗粒、坎离颗粒。2002—2011年，在原有的研究基础上，科室进行了临床和基础不同层面、方向的探讨，验证了鹿角颗粒和坎离颗粒有非常确切的疗效并对作用机制进行了阐述。2012年，开发了防治慢性心衰B阶段中药新药鹿红颗粒，鹿红方有效组分治疗慢性心力衰竭的新药临床前研究(国家科技重大专项课题)、复方鹿角颗粒治疗慢性心衰的新药临床前研究(科技部“十一五”重大新药创制专项)，研究成果获得2014年中华中医药学会科学技术奖二等奖，上海市医学科技奖三等奖。在临床实践中不断完善诊疗方案，形成具有中西医结合治疗心力衰竭方案，其中以坎离颗粒为基础的心衰治疗被引入中管局心衰诊疗方案。在原有的临床研究资料的基础上，进一步开展了循证医学研究(2015年有两个多中心、随机、双盲、安慰剂对照、注册研究)及新药临床前研究，形成诊疗规范向全国推广。

心血管研究室结合重点学科建设要求，非常重视学科梯队建设，通过学术交流、选派科室优秀青年医师到国外进修学习等措施，使学科梯队迅速壮大，学科研究人员整体素质不断提高，人才结构组成更趋合理，培养了优秀中医医师、介入手术—急救小组、不同研究方向的科研团队，形成了学位层次和专业技术职称分布合理的老、中、青三代相结合的学科梯队。

第十三节　糖尿病研究室

一、概况

1996年1月，成立内分泌研究室，由丁学屏教授担任主任。2004年1月，在整合内分泌科、中医外科、眼科等优势学科的基础上，成立了中医糖尿病诊疗中心，由沈远东教授担任主任。2010年1月，更名为糖尿病研究室，是国家中医药管理局一级实验室，所属中医内科学重点实验室是中管局三级实验室。2015年，隶属于上海市中医临床重点实验室。2015年，研究室积极建设糖尿病研究所(筹)，由陆灏教授主任担任所长。研究室办公地点设于东部实验中心一楼107室，办公面积45平方米。

2015 年 12 月，主要成员 14 人，平均年龄 43 岁。其中正高职称者 3 人、副高职称者 3 人，高级职称比例超过 40%。博士 8 人，博士比例超过 50%。全国名中医工作室导师 1 人，上海市名中医 1 人，曙光医院终身教授 1 人，中华中医药学会糖尿病分会副主任委员 1 人，全国优秀中医临床人才 1 人，上海中医药领军人才 1 人，上海市科委启明星 1 人，上海市杏林新星 1 人，上海市优秀青年医学人才 1 人，曙光医院高级中医师 1 人，博士生导师 1 人，博士后导师 1 人，硕士生导师 3 人。

研究室与国内外著名科研单位合作，包括美国哈佛大学加斯林(Joslin)糖尿病中心、耶鲁大学糖尿病研究中心，法国比提耶-萨尔贝提耶尔(Pitie-Salpetriere)医院，英国纽卡斯尔大学糖尿病中心以及上海交通大学医学院附属瑞金医院内分泌研究所、上海六院糖尿病研究所等。

表 6-5-12 1996—2015 年糖尿病研究室历任负责人情况表

任职时间	主 任
1996—2004 年	丁学屏
2004—2010 年	沈远东
2010 年—	陆 灏

表 6-5-13 1996—2015 年糖尿病研究室其他研究人员情况表

项 目	专职人员	兼职人员
总人数	3 人	11 人
学历情况	博士 3 人	博士 5 人，硕士 4 人，本科 2 人
职称情况	正高 1 人，副高 1 人，中级 1 人	正高 2 人，副高 2 人，中级 6 人，初级 1 人
学生导师情况	博导 1 人	硕导 3 人

二、研究特色

2006—2015 年，主要以从脾论治改善胰岛素抵抗、糖尿病及慢性并发症为特色，创立“健脾清化方”为核心的系列从脾论治方药，建立了评价胰岛素抵抗的金指标“高胰岛素正糖钳夹试验”平台，建立了蛋白免疫印迹(Western blot)、实时聚合酶链式反应(realtime PCR)分子生物学实验平台。研究室从临床与基础两方面系统阐明了其作用机制：改善糖脂代谢，保护胰岛 β 细胞，促进胰岛素分泌，改善肝脏、脂肪、骨骼肌、肠道胰岛素抵抗。健脾清化方防治糖尿病前期的关键靶点为肠促胰岛素(GLP-1)；清化颗粒防治糖尿病的关键靶点为苦味受体；DM120 防治糖尿病肾病的关键靶点为 TFG-β1；灵异胶囊防治糖尿病周围神经病变的关键靶点为 $Na^{+}-K^{+}-ATP$ 酶。

第十四节 临床科研检验平台

一、概况

2010 年，临床科研检验平台成立，设于医院检验科之内，试验场地 2 500 平方米(东、西部)，张珏为主任。2015 年，工作人员有 58 人，包括主任技师 2 人、副主任技师 2 人、主管技师 19 人、检验师 24 人、检验士 11 人。其中，研究生 4 人、本科 30 人、专科生 24 人。

2010—2015 年，平均每年参加学术会议累积 50 人次以上、参加继续教育每年约 200 人次、每年组织业务学习 15 次、各级员工培训 40 余次。该平台涉及六大专业领域，包括临床生化、临床免疫、临床微生物、临床体液、临床血液和基因扩增，每个专业领域的试验操作均有独立且符合国家相关规定的试验场地。

2010 年 4 月，临床科研检验平台通过了中国合格评定认可委员会的关于"ISO15189 医学实验室质量和能力认可"，该体系作为国际公认的医学实验室质量和能力要求准则，通过针对影响检测结果的各个环节质量进行控制，有效提高了实验室每一份报告结果的质量。体系文件涵盖四级，包括《质量手册》1 本，《程序文件》1 本，涉及管理和技术规程 39 个；各专业作业指导书 14 套，包括仪器、项目、质控、试剂等内容的操作规程 600 多个，各类支持性记录表格 392 个。该体系将科研试验的标本留存、检测过程、结果质量、数据溯源等过程均进行了有效质量控制。制定各实验室的室内质控制度，各专业小组的日常质控均编写了详细的操作规程，规定了质控操作、判断规则、失控处理和日常记录的要求，同时进行了人员培训考核。在每年卫生部临检中心和上海市临检中心的室间质评过程中，均获得了优秀成绩。

二、检测业务

实验室为了能丰富临床科研的检测内容，每年均与临床沟通，2010—2015 年共开展了新项目新技术有 85 项。其中，已被临床科研课题作为检测对象的达 70%。

表 6-5-14　2010—2015 年临床科研检验平台新技术新项目情况表

年　份	名　　称
2010	糖尿病自身抗体(抗胰岛素抗体、抗胰岛素细胞抗体、抗谷氨酸脱羧酶抗体)、D-D 二聚体、纤维蛋白原、抗凝血酶 3、肝自身抗体检测(抗肝/肾微粒体抗体、抗可溶性肝抗原/肝胰抗原、抗线粒体抗体、抗肝细胞溶质Ⅰ型抗体)、ENA 在原有 7 项的基础上新增到 14 项
2011	白介素 IL-1、IL-2、IL-6、IL-8、IL-10，SIL-2R，γ-干扰素，TNF，VEGF，CA27-29，胃癌相关抗原，嗜酸细胞阳离子蛋白，血管紧张素转换酶，微量元素(铜、锌、钙、镁、铁)
2012	甘胆酸、血 RBP、丁型肝炎病毒抗原、丁型肝炎病毒抗体、类风湿因子 IgG/IgA/IgM、抗心磷脂抗体 IgM/IgG、^{13}C 呼气试验(替代原来 ^{14}C 呼气试验)
2013	总补体活性 CH50、超氧化物歧化酶 SOD、人附睾蛋白 4、降钙素原、维生素检测 6 项、甲型流感病毒抗原、腹泻病原菌检测、血小板聚集试验
2014	游离雌三醇、促红细胞生成素、抗内因子抗体、庚肝病毒抗体 IgG、CD19、CD3/8/38、CD3/8/28、CD3/4/25、CD3/HLA-DR、抗卵巢抗体、抗促绒毛膜性腺激素、抗透明带抗体、细小病毒 IgG/IgM
2015	抗线粒体抗体(金标法)、IgG4、尿液特定蛋白 3 项、丙肝抗原、丙肝基因分型、HPV 分型、性病 3 项、华法林药物基因检测(CYP2C9 和 VKORC1)、CYP2C19 基因检测

2010—2015 年临床科研检验平台承接各类课题数据，实验室共参加了 247 项科研课题检测，包

括国家自然基金、国家传染病防治重大专项课题、国家“863”计划课题、国家“973”计划课题、“十二五”国家科技支撑计划项目等，累积测试数达 28.3 万项。在这些课题研究中，主要承担课题实验部分、指标检测方法的建立、标本规范保存、课题协作和课题总结与资料统计等工作。临床课题涉及实验室检测范围外的试验项目，则由实验室人员提供单独检测，并从项目的可行性、方法学、结果计算等方面对课题人员进行指导，2010—2015 年分别完成了 15 项。同时，临床科研检验平台也吸引了院外科研机构的青睐，包括张江高科技园区的科研单位和上海中医药大学等，2010—2015 年分别完成了 10 余次。

表 6-5-15　2010—2015 年临床科研检验平台参加课题及测试数情况表

年　份	课题数/个	测试数/人次	年　份	课题数/个	测试数/人次
2010	10	33 573	2013	30	34 760
2011	15	31 117	2014	64	99 464
2012	20	32 332	2015	47	37 345

在参与临床科研检验工作的同时，实验室自身的科研能力也得到了提高。2010—2015 年，实验室共发表核心期刊论文 60 余篇。2010 年，与外院合作的科研项目 5 项。2012 年，获得了一项“国家高新技术研究发展计划（“863”计划）子课题——缺血修饰白蛋白与心肌脂肪酸结合蛋白、高敏肌钙蛋白联合检测在急性心肌缺血早期诊断中的应用研究”，并且实验室被授予国家“863”计划“体外诊断技术产品开发重大项目（心脑血管慢性损伤及急救指标等体外诊断试剂的研制）临床研究实验室”。2013 年，完成了医院关于“研究型中医院建设”项目的二级子课题（管理类）——研究型中医院检验实验室的标准化建设。

第十五节　中药研究室（含制剂实验室）

一、概况

其前身由中心实验室、药理药化组以及中草药组构成，主要工作为中草药剂型改革和中草药有效成分的筛选。1979 年，随着医院中药制剂发展和科研需要，上述小组重新组合，成立集医院制剂研制与生产为一体的中药研究室。根据当时院内制剂的剂型，下设针剂组、片剂汤剂组以及实验室 3 个小组，主要任务是承担医院部分自制制剂配制、新剂型及新制剂的试制。1984 年，被卫生部中医司指定为“华东地区中药剂型改革牵头单位”。1985 年 2 月，成立中药研究室，主要任务是中药剂型改革的研究和新药研究，并被卫生部定为全国 3 个剂改中心之一。1992 年，新制剂大楼建成，被国家中医药管理局确定为“全国中药制剂和剂型改革建设单位”。1996 年，通过了国家中医药管理局组织的专家验收，被正式确定为“全国中药制剂和剂型改革基地”。2001 年，中药研究室中的中药制剂实验室通过中医药管理局专家的验收，成为上海市第一批中管局三级实验室之一。

2015 年 12 月，中药研究室专职从事科研的人员有 3 人，兼职 5 人。通过制剂、质量标准和药理研究，进行临床中药验方的医院制剂研发以及医院中药制剂的新药研发。

表 6-5-16　1984—2015 年中药制剂研究室历任负责人情况表

任职时间	主　任	任职时间	副主任
1984 年 12 月—1987 年 12 月	朱承伟(上海市药材公司)	1984—1987 年	徐德生
1988 年—2013 年 9 月	徐德生	1984—1991 年	袁来恩
2013 年 9 月—	刘　力		

二、专业发展

中药研究室主要开展制剂研究(研制新制剂和新剂型,进行制剂工艺研究和筛选);质量标准研究(利用光谱(红外、紫外光谱)和色谱(高效液相色谱、气相色谱、薄层扫描)等分析仪器,建立中药制剂的质量标准);药理研究(配合药学工艺研究,开展部分药效学筛选观察和急性毒性试验观察);药品质检(可进行中国药典所规定的多项检查、鉴别、测定项目)等工作。另外,研究室利用制剂室的中药提取、制剂专用设备以及个体化固体制剂系统,能实现药物研发从实验室到中试试验的无缝对接。

从 20 世纪 70 年代末始,中药研究室以中药制剂和制剂改革为主要研究内容,对"荆银合剂""密骨胶囊""复方鹿角合剂""红藤颗粒""抗纤灵颗粒"等医院中药制剂的剂型进行改革和新药研究,其中"荆银合剂""密骨胶囊"新药研发获得成功并实现成果转化。同时先后筛选了麦冬、地黄、夏枯草等多糖的活性成分,并大胆尝试新剂型、新给药系统研究,取得了长足的进步,最终形成和确立了研究室的主要研究方向,即中药新制剂、新剂型、新技术的研究和中药大分子有效物质的研究。

【中药新制剂、新剂型、新技术的研究】

结合临床进行中药剂型改革和天然产物中活性大分子组成的研究。结合剂型改革研究和新药开发研究,针对中药复方提取物的共性和特殊性问题,开展中药复方提取物的物理性质评价体系的研究和改变其不良物理性能技术的研究,使其成为中药优良制剂或现代制剂的中间体,提高中药制剂学的研究水平。重点探索中药复方制剂浸提技术的研究和中药注射剂技术的研究,以及中药微粉化的应用。

【中药大分子有效物质的研究】

结合剂型改革的研究,开展了中药中活性大分子多糖的研究,先后筛选了麦冬、地黄、夏枯草等多糖的活性成分。首先发现了麦冬多糖抗心肌缺血的作用,是多糖研究领域内的首创;发现了地黄低聚糖抗 COPD 的作用;发现了夏枯草提取物中防治结肠癌及转移的药效物质,阐明了其作用机制。以上研究为中药制剂新药研发打下良好的基础。

研究室积极参加各类科研课题的申报工作,承担了国家"863"课题、国家"十一五"新药重大创制专项、国家自然科学基金以及上海市科委的多项科研课题的研究。1985—2015 年,作为第一负责人承担市级以上中标课题 27 项,其中包括国家"十一五"新药重大创制专项"复方鹿角颗粒治疗慢性心衰的新药临床前研究",国家自然基金面上项目"从调控 RAS 两轴平衡角度探讨鹿角方防治慢性心衰的分子机制与物质基础";上海市科委项目"麦冬多糖 MDG-1 治疗糖尿病临床前候选药物研究”“参蝎止痛胶囊等医院中药制剂的临床评价研究”“治疗慢性阻塞性肺疾病等新药临床前研究”；上海市进一步加快中医药事业发展三年行动计划“中药制剂室中药固体制剂个体化给药系统能力提升”等。截至2015年，已完成的科研项目23项，在研课题4项。

第十六节 护理研究室

一、概况

2010年6月，成立护理研究室，张雅丽教授担任研究室主任。研究室成员老中青三代学科梯队健全，有全国中医护理标兵2人，硕士学位7人，国外学习经历4人。团队骨干中35岁以下者，有硕士学位者4人；国家级专业分会委员3人，上海市级专业委员会委员5人，上海中医药大学优秀青年护理人才5人。2015年，在世界中医药学会联合会“护理专业委员会”任副会长兼秘书长1人，中华护理学会中医、中西医结合专委会副主任委员1人，中华中医药护理学会副主任委员1人，上海市中医、中西医专委会主任委员1人，上海市中医护理分中心组长1人，中华中医药护理教育研究学会常务理事1人，上海市护理学会常务理事1人和上海市黄浦区护理学会副理事长2人。

二、研究特色

【中医护理理论体系挖掘与整理的科学研究】

以曙光研究型中医医院三年建设为龙头，结合上海中医药大学护理学院及其他附属医院(龙华、岳阳、市中医)护理之优势，组建中医护理理论研究工作室，其人员横跨多家医院多个专科护理领域。以《内经》《黄帝内经》和《伤寒杂病论》等典籍中医经典理论为切入点，系统归纳总结中医护理指导思想——整体观念；科学的方法——辨证施护；传统中医护理诸多简、便、验、廉的技术和手段；中医护理学在临床护理、预防、保健、养生和康复方面的优势。中医护理理论体系挖掘与整理的科学诠释主要关注其初始起源、历史流变、各派观点，解读中医护理学科的概念、内涵与外延。

【中医护理方法与技术范畴在专科专病中运行模式的研究】

2012年11月，医院任命首批临床研究护士。在中医辨证施护、辨证食膳、辨证施技、辨证施教的科学性与可行性方面进行研究。2012—2015年，开展具有中医特色的护理新方法“消胀散辨证敷脐辅助治疗肝硬化腹水”“消胀散热敷神厥穴促进肝胆术后肠蠕动恢复的护理研究”“虚实辨证耳穴贴压对慢性肾病患者便秘的作用”“八段锦对卒中后遗症患者社区康复促进的研究”“音乐疗法对针刺麻醉围手术期患者身心护理作用”“康复锻炼固定带与功能操研制及临床应用”“换药床的研制及临床使用观察”和“中医护理模式在痿症患者中应用的临床研究”等科研成果。为传承和弘扬中医护理文化精髓，研究团队依托医院中医临床重点医疗专科群(骨伤科、肝病科、肾病科、肺病科、脾胃病科、内分泌科和肛肠科等)，同时依托医院“上海市级中医护理技能规范化培训基地”的平台，与上海中医药大学护理学院及其他附属医院等单位共同合作，组建中医护理方法与技术研究工作室。其人员组成亦横跨多家医院多个专科领域，制订符合中医护理学自身发展规律的护理方法和评价方法，以及可以让不同行业、不同文化背景的人理解且认同的标准与规范，进而验证中医护理适宜技术项目的特色服务与临床疗效。

2010—2015 年，获全国第二届中华护理科技奖三等奖 1 项、中华中医药科技进步奖三等奖 1 项、上海护理科技进步二等奖 1 项、上海市科技创新星光计划一等奖。专利授权 23 项，成果转化 1 项（曾成功研发肝硬化腹水治疗药物“消胀贴膏”，成果以 160 万元转让），并广泛服务于临床。承担省部级、市局级课题 52 项，核心期刊发表论文 312 篇，培养研究生 12 人。举办国家级继续教育项目 6 次，参加国内、国际学术大会发言 20 余次。

图 6-5-5　2012 年 11 月，医院任命首批临床研究护士

第六章　药物临床试验机构办公室

2002 年，成立国家药物临床试验机构办公室（简称“机构办”），初期成立的机构办是医院科教处职能的一部分，机构办主任也由科教处处长兼任。2010 年 9 月，机构办从医院科教处独立出来，机构办主任由专人担任。机构办下设临床试验质量保证部、科研药房及 GCP 档案室，总面积 76.96 平方米。开展新药临床试验的专业科室共有 13 个（中医肝病、中医骨伤、中医消化、中医妇科、中医呼吸、中医心血管、中医外科、中医肛肠、中医肾病、中医肿瘤、中医内分泌、中医神经内科以及Ⅰ期临床）。

2006 年 5 月，医院国家药物临床试验机构通过国家食品药品监督管理局专家组现场认证。2008 年 8 月，13 个专业获得药物临床试验资格。2012 年 12 月，顺利通过国家食品药品监督管理局组织的机构复核检查。

表 6－6－1　2006—2015 年药物临床试验机构办公室历任负责人情况表

任职时间	主　任	任职时间	副主任
2006 年 4 月—2010 年月 2 月	高月求	2011 年 11 月—2013 年 9 月	元唯安
2010 年 3 月—2013 年 8 月	沈晓红		
2013 年 9 月—	元唯安		

第一节　组织机构

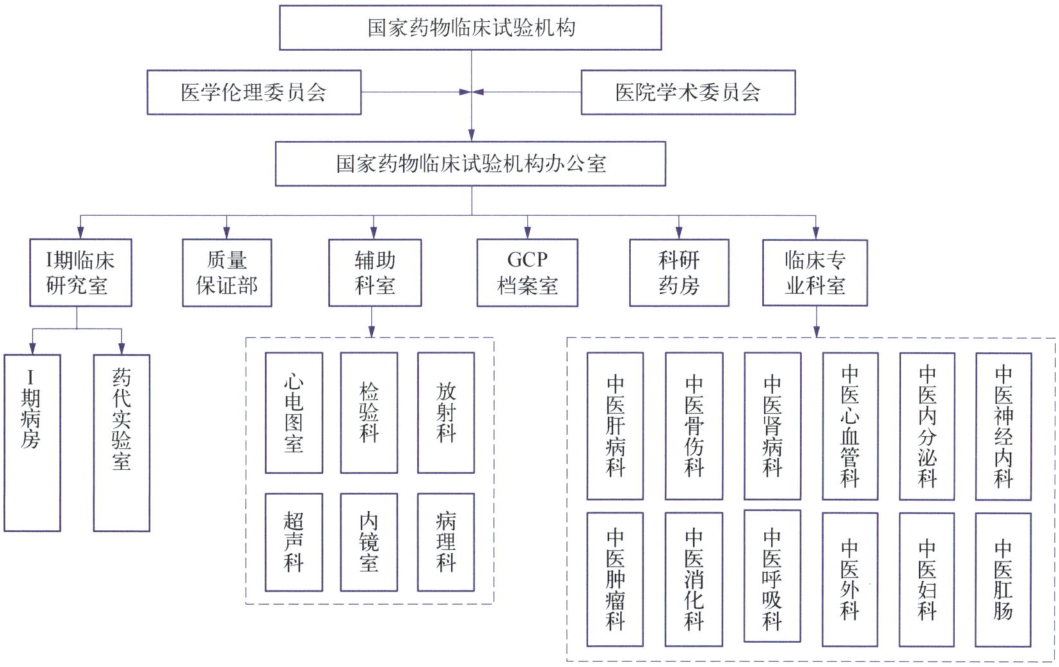

图 6－6－1　2015 年国家药物临床试验机构组织结构

第二节　职责及主要工作

2002—2015 年，医院药物临床试验的规范化建设是机构的主要工作职责之一，机构制定了《药物临床试验机构简介》《药物临床试验机构管理制度》《药物临床试验机构工作职责》《药物临床试验机构应急预案》《药物临床试验机构标准操作规程》《机构表格》《药物临床试验机构设计规范》等七大类文件，基本涵盖了药物临床试验的各个环节，并且根据实际情况及政策变化对机构规范文件进行了四次大的修订，即 1.0 版、2.0 版、3.0 版及最新的 4.0 版。

表 6-6-2　2006—2015 年文件版本的更新情况表

时　间	文件名称	版本号
2006 年	《药物临床试验机构管理制度》 《药物临床试验机构工作职责》	1.0
2006—2008 年	《药物临床试验机构管理制度》 《药物临床试验机构应急预案》 《药物临床试验机构标准操作规程》	2.0
2009—2012 年	《药物临床试验机构简介》 《药物临床试验机构管理制度》 《药物临床试验机构工作职责》 《药物临床试验机构应急预案》 《药物临床试验机构标准操作规程》 《药物临床试验机构设计规范》	3.0
2013 年—	《药物临床试验机构简介》 《药物临床试验机构管理制度》 《药物临床试验机构工作职责》 《药物临床试验机构应急预案》 《药物临床试验机构标准操作规程》 《药物临床试验机构设计规范》 《机构表格》	4.0

表 6-6-3　机构简介总目录

机构简介类别	机构简介编号	机构简介名称
药物临床试验机构简介	I-001	药物临床试验机构简介
	I-002	药物临床试验机构人员构成
	I-003	药物临床试验机构负责人简介
	I-004	药物临床试验机构办公室人员简介
	I-005	药物临床试验机构专业负责人简介

表 6-6-4　管理制度总目录

管理制度类别	管理制度编号	管理制度名称
药物临床试验管理制度	Y-001	药物临床试验运行管理制度
	Y-002	药物临床试验药物管理制度

（续表）

管理制度类别	管理制度编号	管理制度名称
药物临床试验管理制度	Y-003	药物临床试验仪器设备管理制度
	Y-004	药物临床试验人员培训制度
	Y-005	药物临床试验文件管理制度
	Y-006	药物临床试验合同管理制度
	Y-007	药物临床试验财务管理制度
	Y-008	药物临床试验机构工作制度
	Y-009	药物临床试验机构办公室工作制度
	Y-010	药物临床试验机构办公室工作流程
	Y-011	药物临床试验质量管理制度
	Y-012	药物临床试验保密制度
	Y-013	药物临床试验消防安全制度
	Y-014	药物临床试验临床试验违规处理办法
	Y-015	药物临床试验临床试验利益冲突制度

表 6-6-5　工作职责总目录

机构职责类别	机构职责编号	机构职责名称
药物临床试验机构职责	T-001	药物临床试验机构负责人工作职责
	T-002	药物临床试验机构办公室主任工作职责
	T-003	药物临床试验机构办公室秘书工作职责
	T-004	药物临床试验机构质量保证部人员工作职责
	T-005	药物临床试验机构药物管理员工作职责
	T-006	药物临床试验机构档案管理员工作职责
	T-007	药物临床试验专业负责人工作职责
	T-008	药物临床试验机构项目负责人工作职责
	T-009	药物临床研究人员工作职责
	T-010	药物临床试验 GCP 干事工作职责
	T-011	药物临床试验机构研究护士工作职责
	T-012	药物临床试验机构 CRC 工作职责
	T-013	药物临床试验机构仪器设备管理人员工作职责
	T-014	药物临床试验机构仪器维修人员工作职责

表 6-6-6　应急预案总目录

应急预案类别	应急预案编号	应急预案名称
药物临床试验应急预案	R-001	药物临床试验突发事件应急预案
	R-002	药物临床试验不良事件应急预案
	R-003	药物临床试验休克抢救应急预案
	R-004	药物临床试验心脏骤停应急预案
	R-005	药物临床试验心肺复苏应急预案
	R-006	药物临床试验急性左心衰抢救预案
	R-007	药物临床试验呼吸衰竭抢救预案
	R-008	药物临床试验大咯血抢救预案
	R-009	药物临床试验上消化道大出血抢救预案
	R-010	药物临床试验粒细胞减少症抢救预案
	R-011	药物临床试验机构药物中毒抢救预案
	R-012	药物临床试验机构药物过敏反应处理预案

表 6-6-7　设计规范总目录

设计规范类别	应急预案编号	设计规范名称
药物临床试验设计规范	C-001	药物临床试验方案设计规范
	C-002	Ⅰ期临床人体耐受性试验方案设计规范
	C-003	Ⅰ期临床人体药代动力学试验方案设计规范
	C-004	Ⅰ期临床人体生物等效性试验方案设计规范
	C-005	药物Ⅱ期临床试验方案设计规范
	C-006	药物Ⅲ期临床试验方案设计规范
	C-007	药物Ⅳ期临床试验方案设计规范
	C-008	格式病案设计规范
	C-009	病例报告表设计规范
	C-010	知情同意书设计规范
	C-011	试验数据管理及其处理设计规范
	C-012	盲法设计规范
	C-013	揭盲、紧急揭盲设计规范
	C-014	药物临床试验总结报告规范
	C-015	药物临床试验的伦理要求

表 6-6-8　SOP 目录

SOP 类别	SOP 编号	SOP 名称
机构办公室日常管理 SOP	S-001	制定标准操作规程(SOP)之 SOP
	S-002	药物临床试验流程 SOP
	S-003	项目接洽的 SOP
	S-004	临床试验合同签署的 SOP
	S-005	临床试验合同中监查频率确定的 SOP
	S-006	药物临床试验方案设计 SOP
	S-007	药物Ⅰ期临床试验 SOP
	S-008	药物Ⅱ、Ⅲ期临床试验 SOP
	S-009	进入 QA 流程的 SOP
	S-010	药物临床试验机构公章使用的 SOP
	S-011	机构人员培训的 SOP
	S-012	临床试验院内启动会前确认事宜 SOP
	S-013	临床试验表格编号 SOP
财务管理 SOP	S-014	临床试验项目经费预算的 SOP
	S-015	临床试验经费到账确认 SOP
	S-016	受试者交通补贴申请的 SOP
	S-017	临床试验实际发生费用结算的 SOP
	S-018	临床试验项目经费分配的 SOP
临床试验质量控制 SOP	S-019	临床试验伦理要求 SOP
	S-020	受试者知情同意 SOP
	S-021	受试者招募 SOP
	S-022	原始资料记录 SOP
	S-023	试验数据记录 SOP
	S-024	病例报告表记录 SOP
	S-025	病例报告表更正 SOP
	S-026	实验室检测及质量控制 SOP
	S-027	多中心临床试验 SOP
	S-028	监查员告知 SOP
	S-029	临床试验项目召开院内启动会 SOP
	S-030	临床试验项目质量研究者自查 SOP
	S-031	临床试验项目监查与稽查 SOP
	S-032	临床试验项目过程管理 SOP

（续表）

SOP 类别	SOP 编号	SOP 名称
临床试验质量控制 SOP	S-033	临床试验方案修改 SOP
	S-034	临床试验病例调配 SOP
	S-035	临床试验中止/终止 SOP
	S-036	研究者违规行为处理 SOP
	S-037	临床试验结束后回收资料 SOP
	S-038	监查员递交监查总结 SOP
	S-039	项目管理员审核资料 SOP
	S-040	临床试验统计答疑 SOP
	S-041	临床试验项目总结盖章 SOP
	S-042	项目质量整体评估 SOP
	S-043	临床试验项目准备核查 SOP
	S-044	揭盲与破盲 SOP
	S-045	监查员考核 SOP
	S-046	研究资料定稿 SOP
	S-047	聘用临床研究协调员 SOP
临床试验药物管理 SOP	S-048	试验用药物接收 SOP
	S-049	试验用药物发放及使用 SOP
	S-050	研究用物资及药物处理 SOP
	S-051	试验用药物回收 SOP
	S-052	试验用药物返回 SOP
	S-053	试验用药物销毁 SOP
	S-054	临床研究药物记录 SOP
	S-055	温湿度记录 SOP
	S-056	医疗垃圾处理 SOP
	S-057	来访人员登记 SOP
	S-058	应急事件处理 SOP
不良事件处理 SOP	S-059	不良事件及严重不良事件处理 SOP
	S-060	严重不良事件报告 SOP
档案管理 SOP	S-061	临床试验资料归档 SOP
	S-062	临床试验资料借阅 SOP

表 6-6-9 机构办公室表格目录

阶 段	表格编号	名 称
项目启动	SGH-临床药理科-QR-GLZD-QD001/20120711/0	接洽表
	SGH-临床药理科-QR-GLZD-QD002/20120711/0	参加单位预算表
	SGH-临床药理科-QR-GLZD-QD003/20120711/0	组长单位预算表
	SGH-临床药理科-QR-GLZD-QD004/20120711/0	项目审核表
	SGH-临床药理科-QR-GLZD-QD005/20120711/0	临床试验合同书(申办方)
	SGH-临床药理科-QR-GLZD-QD006/20120711/0	临床试验合同书(CRO)
	SGH-临床药理科-QR-GLZD-QD007/20120711/0	临床试验合同书(医疗器械)
	SGH-临床药理科-QR-GLZD-QD008/20120711/0	临床试验合同书(体外诊断试剂)
	SGH-临床药理科-QR-GLZD-QD009/20120711/0	项目进入 QA 流程通知
项目进行	SGH-临床药理科-QR-GLZD-GC001/20120711/0	财务进账说明
	SGH-临床药理科-QR-GLZD-GC002/20120711/0	交通补贴申请模板
	SGH-临床药理科-QR-GLZD-GC003/20120711/0	参加单位实际发生费用
	SGH-临床药理科-QR-GLZD-GC004/20120711/0	组长单位实际发生费用
项目结束	SGH-临床药理科-QR-GLZD-JS001/20120711/0	财务转账说明
	SGH-临床药理科-QR-GLZD-JS002/20120711/0	财务退款说明
	SGH-临床药理科-QR-GLZD-JS003/20120711/0	财务尾款说明
	SGH-临床药理科-QR-GLZD-JS004/20120711/0	项目化验单统计
总结盖章	SGH-临床药理科-QR-GLZD-ZJ001/20120711/0	总结盖章流程
分配	SGH-临床药理科-QR-GLZD-FP001/20120711/0	项目经费明细表
	SGH-临床药理科-QR-GLZD-FP002/20120711/0	科室分配表
	SGH-临床药理科-QR-GLZD-FP003/20120711/0	药物/器械临床试验收入分配方案
归档	SGH-临床药理科-QR-GLZD-GD001/20120711/0	档案管理室进入人员记录
	SGH-临床药理科-QR-GLZD-GD002/20120711/0	档案管理室消毒记录
	SGH-临床药理科-QR-GLZD-GD003/20120711/0	档案管理室温湿度记录
	SGH-临床药理科-QR-GLZD-GD004/20120711/0	借阅档案申请
	SGH-临床药理科-QR-GLZD-GD005/20120711/0	档案管理室借阅记录
	SGH-临床药理科-QR-GLZD-GD006/20120711/0	档案管理室归档记录
人员培训	SGH-临床药理科-QR-GLZD-PX001/20120711/0	年度培训计划表
	SGH-临床药理科-QR-GLZD-PX002/20120711/0	培训签到表
	SGH-临床药理科-QR-GLZD-PX003/20120711/0	培训记录表
	SGH-临床药理科-QR-GLZD-PX004/20120711/0	GCP 人员培训记录表
	SGH-临床药理科-QR-GLZD-PX005/20120711/0	培训报名表

（续表）

阶　段	表格编号	名　称
年度报表	SGH-临床药理科-QR-GLZD-ND001/20120711/0	项目编码表
	SGH-临床药理科-QR-GLZD-ND002/20120711/0	协议交接记录
	SGH-临床药理科-QR-GLZD-ND003/20120711/0	收据交接记录
	SGH-临床药理科-QR-GLZD-ND004/20120711/0	财务进账登记表
盖章申请	SGH-临床药理科-QR-GLZD-GZ001/20120711/0	盖章申请表
	SGH-临床药理科-QR-GLZD-GZ002/20120711/0	盖章登记表
其他	SGH-临床药理科-QR-GLZD-QT001/20120711/0	项目终止通知
	SGH-临床药理科-QR-GLZD-QT002/20120711/0	核查通知

表 6-6-10　质控表格目录

阶　段	表格编号	名　称
项目启动	SGH-临床药理科-QR-ZLBZ-QD001/20120711/0	监查员告知书
	SGH-临床药理科-QR-ZLBZ-QD002/20120711/0	研究者声明
	SGH-临床药理科-QR-ZLBZ-QD003/20120711/0	药物临床试验相关人员职责分工表
	SGH-临床药理科-QR-ZLBZ-QD004/20120711/0	临床试验培训会记录表
	SGH-临床药理科-QR-ZLBZ-QD005/20120711/0	药物/医疗器械临床试验授权书
	SGH-临床药理科-QR-ZLBZ-QD006/20120711/0	项目启动通知
	SGH-临床药理科-QR-ZLBZ-QD007/20120711/0	研究相关物资交运一览表
	SGH-临床药理科-QR-ZLBZ-QD008/20120711/0	研究相关药物交运一览表
	SGH-临床药理科-QR-ZLBZ-QD009/20120711/0	临床研究协调员授权书
	SGH-临床药理科-QR-ZLBZ-QD010/20120711/0	主要研究者简历
项目进行	SGH-临床药理科-QR-ZLBZ-GC001/20120711/0	临床试验受试者筛选表
	SGH-临床药理科-QR-ZLBZ-GC002/20120711/0	临床试验受试者入选表
	SGH-临床药理科-QR-ZLBZ-GC003/20120711/0	临床试验受试者鉴认代码表
	SGH-临床药理科-QR-ZLBZ-GC004/20120711/0	临床试验受试者编码目录
	SGH-临床药理科-QR-ZLBZ-GC005/20120711/0	药物临床试验研究者自查表
	SGH-临床药理科-QR-ZLBZ-GC006/20120711/0	监查记录
	SGH-临床药理科-QR-ZLBZ-GC007/20120711/0	阶段性 QA 核查报告表
	SGH-临床药理科-QR-ZLBZ-GC008/20120711/0	QA 核查问题细目表
	SGH-临床药理科-QR-ZLBZ-GC009/20120711/0	临床试验相关实验室检查项目正常值范围表
	SGH-临床药理科-QR-ZLBZ-GC010/20120711/0	诫勉谈话记录
	SGH-临床药理科-QR-ZLBZ-GC011/20120711/0	受试者药物发放及回收记录表

（续表）

阶 段	表格编号	名 称
项目进行	SGH-临床药理科-QR-ZLBZ-GC012/20120711/0	药房清点记录表
	SGH-临床药理科-QR-ZLBZ-GC013/20120711/0	室内温度湿度记录表
	SGH-临床药理科-QR-ZLBZ-GC014/20120711/0	在研药物临床进度情况
项目结束	SGH-临床药理科-QR-ZLBZ-JS001/20120711/0	监查总结
	SGH-临床药理科-QR-ZLBZ-JS002/20120711/0	项目整体情况核查报告表
	SGH-临床药理科-QR-ZLBZ-JS003/20120711/0	资料借阅交接单
	SGH-临床药理科-QR-ZLBZ-JS004/20120711/0	临床试验用剩余药品处置记录
	SGH-临床药理科-QR-ZLBZ-JS005/20120711/0	研究者自查声明
总结盖章	SGH-临床药理科-QR-ZLBZ-ZJ001/20120711/0	关于研究者核对小结/总结报告的声明
	SGH-临床药理科-QR-ZLBZ-ZJ002/20120711/0	关于监查员核对小结/总结报告的声明
	SGH-临床药理科-QR-ZLBZ-ZJ003/20120711/0	QA 总结声明
	SGH-临床药理科-QR-ZLBZ-ZJ004/20120711/0	项目质量评分标准(2012 版)
归档	SGH-临床药理科-QR-ZLBZ-GD001/20120711/0	归档目录
	SGH-临床药理科-QR-ZLBZ-GD002/20120711/0	归档资料证明交运一览表
其他	SGH-临床药理科-QR-ZLBZ-QT001/20120711/0	监查员年终考核结果反馈
	SGH-临床药理科-QR-ZLBZ-QT002/20120711/0	来访人员登记表

第三节 人员培训

对研究人员的 GCP 知识培训是机构办的主要工作之一，2002—2015，先后组织大量的研究人员参加国家级 GCP 培训，同时也举办了 4 次大型的国家级继续教育学习班。利用医院内网开设独立的 GCP 培训模块，定期更新 GCP 法规及知识，方便研究人员的学习。共组织各级研究人员 383 人参加培训，其中 244 人参加国家级培训，100 人参加省部级培训，30 人参加院内培训，9 人参加国际级培训。除了外派人员接受 GCP 培训外，在日常项目管理启动会中对研究者也进行实时培训，使研究者及时了解最新 GCP 信息和 SOP 规范。注重院内网上培训，在医院的 OA 系统中增加 GCP 专栏，专栏下设政策法规、规章制度、信息发布等 5 个分栏，提供学习平台，使大家能及时了解国家的相关法规政策以及相关临床试验研究方面的技术知识，便于信息交流沟通。

在医院各级领导的大力支持及相关部门的密切配合下，2012 年 11 月，在 13 个专业内首次提出建立研究护士制度，并建立了相应的研究护士管理制度、岗位职责及人员待遇等细则。明确建立研究护士制度在全国也属于较早，在上海地区属于首次，引起了较大的社会关注，《文汇报》《解放日报》《中国中医药报》《上海中医药报》《新民晚报》及中新社、多数新闻门户网站均给予了较大篇幅的报道。

表 6-6-11　2006—2015 年参加国家级 GCP 培训人数情况表

年　份	参加国家级 GCP 培训/人
2006	37
2007	20
2008	19
2009	32
2010	15
2011	54
2012	40
2013	96
2014	24
2015	46

第四节　临 床 试 验

2002—2015 年，共承接各种临床试验项目 385 项，这些项目中有中药六类药，也有国家自主研发的 1 类化学药。其中，2013 年，开展了中科院药物所研发的 1 类抗乙肝病毒化药“异噻夫定”临床试验，与大型跨国药企合作的 1 类药；同年，完成了阿斯利康制药有限公司注册分类为化学药 1 类的试验项目，评估中国健康受试者中的头孢他啶——Avibactam 单剂和多剂静脉给药的安全性、耐受性，同药代动力学性质的Ⅰ期、随机、双盲、安慰剂进行对照研究。

表 6-6-12　2002—2015 年临床试验类型、数量情况表

临床试验类型	临床试验数量/项
Ⅰ期临床试验	96
Ⅱ期临床试验	86
Ⅲ期临床试验	49
Ⅳ期临床试验	35
上市后临床试验	32
中药保护品种临床试验	12
医疗器械临床试验	27
体外诊断试剂临床试验	38
其他补充试验、血样采集、临床安全性监测等	10

第五节　临床试验的信息化建设

在临床试验过程管理中引入信息化手段，2009 年依托“十一五”国家 GCP 平台建设，开发了Ⅰ期临床试验管理系统、Ⅱ～Ⅲ期临床试验管理系统及 EDC 系统。2014 年，为进一步提升临床试验过程的信息化水平，对所有系统进行了全面更新，截至 2015 年，已经全部实现了 HIS、LIS、PACS 及心电图的互联互通及电子化溯源，同时建立了高效的运行管理机制。

表 6－6－13　临床试验信息系统情况表

时　　间	临床试验信息系统
2009—2013 年	Ⅰ期临床试验管理系统 Ⅱ～Ⅲ期临床试验管理系统 EDC 系统 伦理审查系统
2014 年—	CTMS 系统(临床试验管理系统) Ⅰ期临床试验管理系统 EDC 系统(升级版) 伦理审查系统 药代动力学实验室信息系统

图 6－6－2　2015 年药物临床试验机构办公室合影(右四为主任元唯安)

第七章 临床药理科

临床药理科是上海市教委重点学科“中药临床药理学”、上海市申康医院发展中心“临床药理学科研共享平台”、上海市浦东新区科委“复方中药临床与实验研究平台”建设单位。2008 年，通过资质认定，2012 年，通过复核检查。

临床药理科拥有Ⅰ期临床试验研究室，由Ⅰ期病房和药代动力学实验室组成。Ⅰ期病房按照欧盟标准设计，总面积 1 054 平方米。2015 年有床位 34 张，其中用于耐受性试验 12 张，并配有相应的观察救护设备；用于药代动力学试验或生物等效性试验 22 张，可以确保药物临床研究的顺利进行。2006—2015 年，共计完成Ⅰ期临床研究 100 余项。2006 年，完成了 WHO 委托中国进行的第一个临床生物等效性研究项目(盐酸阿莫地喹)，同年该项目顺利通过了 WHO 专家组的评审。2010 年，完成的青蒿琥酯阿莫地喹片生物等效性试验通过 WHO 专家组的检查验收。药代动力学实验室为国家中医药管理局科研三级实验室，2010 年，通过 ISO17025 认证，实验室占地面积 320 平方米，拥有 LC/MS/MS 联用仪、高效液相色谱仪、高速离心机、深低温冰箱等生物样品保存、前处理和浓度测定先进的仪器设备，能够常规开展化学药及中药的药代动力学相关研究。

临床药理科设科主任 1 人，蒋健任主任。设机构办公室，编制 6 人：主任 1 人、秘书 1 人；质量保证部质量管理员 2 人；建有独立的科研药房，药物管理员 2 人。设Ⅰ期临床试验研究室，由Ⅰ期病房和药代动力学实验室组成，其中Ⅰ期病房由 3 名研究人员构成；药代动力学实验室由裘福荣主任药师任研究室主任，由 3 名研究人员构成。

第一节 管理制度

2008—2015 年，对临床试验管理制度、设计规范、SOP、应急预案进行全面修订。尤其是 SOP 直接关系到临床试验各具体环节，每次修订都使其更加符合机构管理和临床实际的具体情况，在临床试验的各个层面，去除了众多实际意义不强的管理制度、SOP 等，使得各项制度可操作性更强，切实做到“怎么做就怎么写，怎么写就怎么做，做的一定能在写的上找到依据”，达到了制度简化、明确、易行。2015 年，共有管理制度 15 项、应急预案 12 项、设计规范 15 项、SOP62 项，其中 SOP 涉及机构办公室日常管理、财务管理、质量控制、药物管理、不良事件处理、档案管理等临床试验质量管理的各个方面。

表 6-7-1 2008—2015 年临床药理科主要工作内容情况表

SOP 类别	SOP 编号	SOP 名称
机构办公室 日常管理 SOP	S-001	制定标准操作规程(SOP)之 SOP
	S-002	药物临床试验流程 SOP
	S-003	项目接洽的 SOP
	S-004	临床试验合同签署的 SOP

（续表）

SOP 类别	SOP 编号	SOP 名称
机构办公室日常管理 SOP	S-005	临床试验合同中监查频率确定的 SOP
	S-006	药物临床试验方案设计 SOP
	S-007	药物Ⅰ期临床试验 SOP
	S-008	药物Ⅱ、Ⅲ期临床试验 SOP
	S-009	进入 QA 流程的 SOP
	S-010	药物临床试验机构公章使用的 SOP
	S-011	机构人员培训的 SOP
	S-012	临床试验院内启动会前确认事宜 SOP
	S-013	临床试验表格编号 SOP
财务管理 SOP	S-014	临床试验项目经费预算的 SOP
	S-015	临床试验经费到账确认 SOP
	S-016	受试者交通补贴申请的 SOP
	S-017	临床试验实际发生费用结算的 SOP
	S-018	临床试验项目经费分配的 SOP
临床试验质量控制 SOP	S-019	临床试验伦理要求 SOP
	S-020	受试者知情同意 SOP
	S-021	受试者招募 SOP
	S-022	原始资料记录 SOP
	S-023	试验数据记录 SOP
	S-024	病例报告表记录 SOP
	S-025	病例报告表更正 SOP
	S-026	实验室检测及质量控制 SOP
	S-027	多中心临床试验 SOP
	S-028	监查员告知 SOP
	S-029	临床试验项目召开院内启动会 SOP
	S-030	临床试验项目质量研究者自查 SOP
	S-031	临床试验项目监查与稽查 SOP
	S-032	临床试验项目过程管理 SOP
	S-033	临床试验方案修改 SOP
	S-034	临床试验病例调配 SOP
	S-035	临床试验中止/终止 SOP
	S-036	研究者违规行为处理 SOP

（续表）

SOP 类别	SOP 编号	SOP 名称
临床试验质量控制 SOP	S-037	临床试验结束后回收资料 SOP
	S-038	监查员递交监查总结 SOP
	S-039	项目管理员审核资料 SOP
	S-040	临床试验统计答疑 SOP
	S-041	临床试验项目总结盖章 SOP
	S-042	项目质量整体评估 SOP
	S-043	临床试验项目准备核查 SOP
	S-044	揭盲与破盲 SOP
	S-045	监查员考核 SOP
	S-046	研究资料定稿 SOP
	S-047	聘用临床研究协调员 SOP
临床试验药物管理 SOP	S-048	试验用药物接收 SOP
	S-049	试验用药物发放及使用 SOP
	S-050	研究用物资及药物处理 SOP
	S-051	试验用药物回收 SOP
	S-052	试验用药物返回 SOP
	S-053	试验用药物销毁 SOP
	S-054	临床研究药物记录 SOP
	S-055	温湿度记录 SOP
	S-056	医疗垃圾处理 SOP
	S-057	来访人员登记 SOP
	S-058	应急事件处理 SOP
不良事件处理 SOP	S-059	不良事件及严重不良事件处理 SOP
	S-060	严重不良事件报告 SOP
档案管理 SOP	S-061	临床试验资料归档 SOP
	S-062	临床试验资料借阅 SOP

随着 CFDA(原 SFDA)对临床试验机构复核及项目检查标准的提升，机构不断对Ⅰ期病房标准操作规程(SOP)进行全面修订和完善，临床试验质量管理要求也不断提升。2014 年，顺利通过罗氏制药有限公司和阿斯利康制药有限公司的稽查。2015 年，修订Ⅰ期病房 SOP 有 100 条，包括Ⅰ期临床的质控体系。

第二节　人才培养

2011 年，选派 1 人赴英国学习深造，同年，临床药理科引进副主任医师元唯安担任机构办公室主任，全面负责项目的承接和质量管理。

2013年，医院Ⅰ期临床引进在国内Ⅰ期临床领域具有一定知名度的李珍教授。在李珍教授的指导下，相关工作人员对Ⅰ期临床试验从理念、认识到具体操作实施都有新的提升。在所开展的多个大型试验中，出现全科总动员乃至急诊、护理部合力参与的局面，在试验过程中充分体现出团结与专业的工作状态。

积极组织医院人员参加国家级、省部级GCP培训，提高各专业研究者的GCP意识和研究水平。随着高难度尤其是一类新药项目的展开，全体工作人员都得到前所未有的锻炼，专业更娴熟，经验更丰富；同时派遣人员参加各类院内外培训，为未来承接各种高难度项目打下坚实的基础。

加强研究护士队伍建设。2012年12月，建立研究护士制度，并建立了相应的研究护士管理制度、岗位职责及人员待遇等细则。明确建立研究护士制度在全国也属于较早，在上海地区属于首次，引起了较大的社会关注，《文汇报》《解放日报》《中国中医药报》《上海中医药报》《新民晚报》及中新社、多数新闻门户网站均给予了较大篇幅的报道。2013年2月，完成研究护士培训并全面推进研究护士参加试验。2013年10月，与上海臣诚医药科技有效公司签署了战略合作协议，双方合作在研究护士培养领域开展工作。2009、2010、2013年共举办三届“中药临床研究和评价高级培训班”国家级继续教育学习班。

表6-7-2 2006—2015年承接Ⅰ～Ⅳ期药物临床试验及医疗器械临床试验项目情况表

年份	编号	项目名称	期别	承接科室	主要研究者	申办方
2006	1	阿莫地喹生物等效性试验	Ⅰ期	Ⅰ期临床	蒋 健	重庆医药工业研究院有限责任公司
	2	阿德福韦脂片人体耐受性、人体药代动力学试验	Ⅰ期	Ⅰ期临床	蒋 健	北京博之音科技有限公司
	3	硫普罗宁肠溶胶囊生物等效性试验	Ⅰ期	Ⅰ期临床	蒋 健	北京博之音科技有限公司
	4	复方二氯醋酸二异丙胺片人体生物等效性试验	Ⅰ期	Ⅰ期临床	蒋 健	南京瑞尔医院有限公司
	5	盐酸曲美他嗪片人体生物等效性试验	Ⅰ期	Ⅰ期临床	蒋 健	山西威奇达药业有限公司
	6	石杉碱甲分散片人体生物等效性试验	Ⅰ期	Ⅰ期临床	蒋 健	四川新斯顿制药有限公司
	7	他克莫司缓释胶囊单剂量健康人体药代动力学研究	Ⅰ期	Ⅰ期临床	蒋 健	藤泽药品(中国)有限公司
	8	他克莫司缓释胶囊人体药代动力学临床试验	Ⅰ期	Ⅰ期临床	蒋 健	中国科学院上海药物研究所
	9	灯盏花素分散片人体生物等效性试验	Ⅰ期	Ⅰ期临床	蒋 健	沈阳瑞来药物研究有限公司
	10	灯盏花素分散片人体生物等效性试验	Ⅰ期	Ⅰ期临床	蒋 健	苏州滋露药业有限公司
	11	头孢氨苄颗粒及胶囊人体生物等效性试验	Ⅰ期	Ⅰ期临床	蒋 健	深圳立健药业有限公司

（续表）

年份	编号	项 目 名 称	期别	承接科室	主要研究者	申 办 方
2006	12	头孢氨苄胶囊人体药代动力学试验	Ⅰ期	Ⅰ期临床	蒋 健	香港澳美制药厂
	13	辛伐地汀片人体生物等效性试验	Ⅰ期	Ⅰ期临床	蒋 健	北京韩美药品有限公司
	14	尼麦角林分散片人体生物等效性试验	Ⅰ期	Ⅰ期临床	蒋 健	西安安健药业有限公司
	15	二甲双胍格列吡嗪片人体药代动力学试验	Ⅰ期	Ⅰ期临床	蒋 健	北京斯丹姆赛尔技术有限公司
	16	新药“美参胶囊”Ⅰ期临床试验	Ⅰ期	Ⅰ期临床	蒋 健	中国人民解放军第302医院
	17	辛伐地汀片人体生物等效性试验	Ⅰ期	Ⅰ期临床	蒋 健	沈阳瑞来药物研究有限公司
	18	一次性使用静脉留置针	Ⅰ期	Ⅰ期临床	张雅丽	上海康德莱企业发展集团有限公司
	19	仙灵密骨颗粒	Ⅰ期	Ⅰ期临床	詹红生	鲁南厚普制药有限公司
	20	脑心多泰胶囊	Ⅲ期	神经内科	方正龙	上海用正医药科技有限公司
	21	一见喜片	Ⅱ期	呼吸科	毕小利	浙江南洋药业有限公司
	22	牡荆油乳剂	临床验证	呼吸科	毕小利	江苏吴中实业股份有限公司苏州长征制药厂
	23	保元造血颗粒	Ⅱ期	肿瘤科	周荣耀	太阳石（唐山）药业有限公司
	24	心脑致宝平胶囊	Ⅲ期	内分泌科	虞芳华	江苏康缘药业股份有限公司
	25	益气通便颗粒	Ⅲ期	肛肠科	杨 巍	杭州泰格医药科技有限公司
	26	百令胶囊	Ⅳ期	肾病科	何立群	杭州中美华东制药有限公司
	27	骨康口服液	Ⅲ期	骨伤科	詹红生	浙江海正药业股份有限公司
	28	养肝利胆颗粒	Ⅲ期	胆道科	黄建平	四川美大康药业股份有限公司
	29	安年颗粒	Ⅲ期	妇科	齐 聪	上海现代中医药技术发展有限公司
	30	前列舒清片	Ⅰ期	中医外科	薛慈民	天津市曹开镛中医男科研究所
	31	积雪苷片	Ⅱ期	中医外科	薛慈民	杭州泰格医药科技有限公司
	32	芩栀胶囊	Ⅱ期	呼吸科	毕小利	扬子江药业集团有限公司

（续表）

年份	编号	项目名称	期别	承接科室	主要研究者	申办方
2006	33	欧开(七叶皂苷钠片)	Ⅰ期	肛肠科	杨 巍	山东绿叶制药有限公司
	34	注射用灯盏细辛酚	Ⅰ期	神经内科	方正龙	云南施普瑞生物工程有限公司
	35	甘草多糖胶囊	Ⅲ期	呼吸科	毕小利	上用正医药科技有限公司
2007	36	丹参酚酸B盐片Ⅰ期临床人体耐受性	Ⅰ期	Ⅰ期病房	蒋 健	重庆药友制药有限责任公司
	37	盐酸头孢他美脂片人体生物等效性	Ⅰ期	Ⅰ期病房	蒋 健	汕头金石制药总厂
	38	头孢克洛克里及胶囊人体生物等效性	Ⅰ期	Ⅰ期病房	蒋 健	浙江昂利康制药有限公司
	39	富马酸卢帕他定片人体药代动力学	Ⅰ期	Ⅰ期病房	蒋 健	上海深久医药生物技术有限公司
	40	卡维地洛片人体生物等效性	Ⅰ期	Ⅰ期病房	蒋 健	山东鲁抗辰欣药业有限公司
	41	非洛地平片人体生物等效性	Ⅰ期	Ⅰ期病房	蒋 健	北京四环制药有限公司
	42	苯磺酸氨氯地平片人体试验	Ⅰ期	Ⅰ期病房	蒋 健	北京四环制药有限公司
	43	叶酸口腔崩解片人体生物等效性	Ⅰ期	Ⅰ期病房	蒋 健	重庆康刻尔制药有限公司
	44	洛伐他汀烟酸缓释片人体药物动力学预试验	Ⅰ期	Ⅰ期病房	蒋 健	沈阳瑞来药物研究有限公司
	45	注射用重组人Ⅱ型肿瘤坏死因子受体-抗体融合蛋白人体药代动力学	Ⅰ期	Ⅰ期病房	蒋 健	浙江海正药业股份有限公司
	46	甲磺酸雷沙吉兰片人体药代动力学	Ⅰ期	Ⅰ期病房	蒋 健	重庆医药工业研究院有限责任公司
	47	缬沙坦氢氯噻嗪片人体生物等效性	Ⅰ期	Ⅰ期病房	蒋 健	浙江英格莱制药有限公司
	48	注射用普莱维他人体药代动力学	Ⅰ期	Ⅰ期病房	蒋 健	广州博济医药生物技术有限公司
	49	伏立康唑胶囊人体生物等效性	Ⅰ期	Ⅰ期病房	蒋 健	哈药集团三精制药股份有限公司
	50	苯磺酸氨氯地平片人体生物等效性	Ⅰ期	Ⅰ期病房	蒋 健	上海信谊百路达药业有限公司
	51	肝硬克颗粒	Ⅱ期	肝病科	陈建杰	上海深久医药生物技术有限公司
	52	胡丹胶囊	Ⅱ期	肝病科	陈建杰	北京世佳九生源药业科技有限公司
	53	蜂胶总黄酮滴丸	Ⅱ期	心血管科	蒋梅先	长春中医药大学
	54	复方仙蓉颗粒	Ⅱ期	中医外科	万 华	上海医创中医药科研开发中心有限公司

（续表）

年份	编号	项目名称	期别	承接科室	主要研究者	申办方
2007	55	塞隆风湿胶囊	Ⅱ期	骨伤科	詹红生	北京同仁堂股份有限公司
	56	正肝清黄片	Ⅲ期	肝病科	陈建杰	解放军302医院
	57	参乌胶囊	Ⅲ期	神经内科	方正龙	华北制药集团制剂有限公司
	58	仙牛健骨颗粒	Ⅲ期	骨伤科	詹红生	北京燕京中科生物技术有限公司
	59	十味溪黄草颗粒	Ⅳ期	肝病科	陈建杰	广东康平医药创新科技开发有限公司
	60	派罗欣	Ⅳ期	肝病科	陈建杰	上海罗氏制药有限公司
	61	注射用丹参多酚酸盐	Ⅳ期	心血管科	蒋梅先	上海绿谷制药有限公司
	62	血塞通软胶囊	Ⅳ期	神经内科	方正龙 魏江磊	昆明制药集团股份有限公司
	63	藿香正气滴丸	Ⅳ期	急诊科	熊旭东	天津天士力制药股份有限公司
	64	精制六味地黄软胶囊	Ⅳ期	心血管科	蒋梅先 虞芳华	江苏康缘药业股份有限公司
	65	可达灵片	Ⅳ期	心血管科	蒋梅先	浙江康恩贝药品研发有限公司
	66	恩度(重组人内皮抑制素)注射液	Ⅳ期	肿瘤科	周荣耀	山东先声得津生物制药有限公司
	67	养血清脑丸	中药保护	神经内科	方正龙 魏江磊	天津天士力制药股份有限公司
	68	冠心安滴丸	中药保护	心血管科	蒋梅先	北京博诺威医药科技发展有限公司
	69	胆宁片	临床验证	肝病科	陈建杰	上海和黄药业有限公司
	70	一次性眼科手术刀	医疗器械	眼科	缪晚虹	上海晶明科技发展有限公司
	71	丁香酚	医疗器械	口腔科	朱聘倬	上海新世纪齿科材料有限公司
	72	玻璃离子水门汀(Ⅱ型)	医疗器械	口腔科	朱聘倬	上海新世纪齿科材料有限公司
	73	氧化锌丁香酚水门汀	医疗器械	口腔科	朱聘倬	上海新世纪齿科材料有限公司
	74	玻璃离子水门汀(Ⅰ型)	医疗器械	口腔科	朱聘倬	上海新世纪齿科材料有限公司

（续表）

年份	编号	项目名称	期别	承接科室	主要研究者	申办方
2007	75	DHL-1200双波长半导体激光机	医疗器械	骨伤科	詹红生	上海得邦得力激光技术有限公司
	76	检测试剂盒FPSA	诊断试剂	检验科	张　珏	美国雅培制药有限公司诊断产品部
	77	检测试剂盒TPSA	诊断试剂	检验科	张　珏	美国雅培制药有限公司诊断产品部
2008	78	黄藤素葡萄糖注射液药代动力学	Ⅰ期	Ⅰ期病房	蒋　健	北京博之音科技有限公司
	79	氯沙坦钾氢氯噻嗪片及胶囊人体生物等效性	Ⅰ期	Ⅰ期病房	蒋　健	北京四环制药有限公司
	80	骨宝昕肾片人体耐受性	Ⅰ期	Ⅰ期病房	蒋　健	北京博之音科技有限公司
	81	盐酸文拉法辛人体生物等效性	Ⅰ期	Ⅰ期病房	蒋　健	北京万全阳光医学技术有限公司
	82	灯盏花素分散片人体生物等效性	Ⅰ期	Ⅰ期病房	蒋　健	上海乐昱生物科技有限公司
	83	盐酸二甲双胍片人体生物等效性	Ⅰ期	Ⅰ期病房	蒋　健	上海医药(集团)有限公司信谊制药总厂
	84	青蒿琥酯口腔崩解片人体生物等效性	Ⅰ期	Ⅰ期病房	蒋　健	重庆医药工业研究院有限责任公司
	85	盐酸多奈哌齐口腔崩解片人体生物等效性	Ⅰ期	Ⅰ期病房	蒋　健	山东方明药业股份有限公司
	86	伏立康唑分散片人体生物等效性	Ⅰ期	Ⅰ期病房	蒋　健	珠海润都民彤制药有限公司
	87	氨酚麻美口腔崩解片人体生物等效性	Ⅰ期	Ⅰ期病房	蒋　健	重庆医药工业研究院有限责任公司
	88	单硝酸异山梨酯缓释片人体生物等效性	Ⅰ期	Ⅰ期病房	蒋　健	重庆医药工业研究院有限责任公司
	89	盐酸右美托米定注射液人体药代动力学	Ⅰ期	Ⅰ期病房	蒋　健	山东鲁抗辰欣药业有限公司
	90	丙戊酸钠缓释片人体生物等效性	Ⅰ期	Ⅰ期病房	蒋　健	北京信东联创生物技术有限公司
	91	头孢克洛缓释胶囊人体生物等效性	Ⅰ期	Ⅰ期病房	蒋　健	上海现代制药股份有限公司
	92	头孢氨苄缓释胶囊人体生物等效性	Ⅰ期	Ⅰ期病房	蒋　健	上海现代制药股份有限公司
	93	苯磺酸氨氯地平片的口服药代动力学和生物等效性	Ⅰ期	Ⅰ期病房	蒋　健	印度瑞迪博士实验室有限公司
	94	阿奇霉素片人体生物等效性	Ⅰ期	Ⅰ期病房	蒋　健	上海现代制药股份有限公司

（续表）

年份	编号	项 目 名 称	期别	承接科室	主要研究者	申 办 方
2008	95	良附液体胶囊	Ⅱ期	消化科	郑舜华	天津太平洋制药有限公司
	96	金利止咳颗粒	Ⅱ期	呼吸科	毕小利	四川省中医药研究院中医研究所
	97	金胆片	Ⅱ期	消化科	郑舜华	扬子江药业集团有限公司
	98	仙牛腰骶痛颗粒	Ⅱ期	骨伤科	詹红生	吉林修正药业新药研发中心
	99	熄风止痉胶囊(第一阶段)	Ⅱ期	神经内科	方正龙	重庆天圣制药股份有限公司
	100	正宫胶囊	Ⅱ期	妇科	齐　聪	江苏康缘药业股份有限公司
	101	糖敏灵丸	Ⅱ期	内分泌科	虞芳华	天津天士力制药股份有限公司
	102	丹仙康骨胶囊	Ⅱ期	骨伤科	詹红生	北京卓越未来国际医药科技发展有限公司
	103	芩栀胶囊	Ⅱb期	呼吸科	毕小利	扬子江药业集团有限公司
	104	复方肝舒贴	Ⅲ期	肝病科	陈建杰	江苏正大天晴药业股份有限公司
	105	虫草参芪口服液	Ⅳ期	肿瘤科	周荣耀	上海中医大源创科技有限公司
	106	热毒宁注射液	Ⅳ期	急诊科	熊旭东	江苏康缘药业股份有限公司
	107	千紫红女金胶囊	Ⅳ期	妇科	齐　聪	云南白药集团股份有限公司
	108	赫赛汀	上市后	乳腺外科	赵春英	上海罗氏制药有限公司
	109	明治牌综合肠内营养食品(MEIBALANCE)	其他	急诊科	熊旭东	上海明治健康科技有限公司
	110	明治牌糖尿病营养食品(INSLOW)	其他	内分泌	陆　灏	上海明治健康科技有限公司
	111	通络生骨胶囊	临床验证	骨伤科	詹红生	浙江海正药业股份有限公司
	112	百蕊片(鼻炎)	中药保护	五官科	张治军	上海雷允上药业有限公司
	113	百蕊片(肺炎)	中药保护	呼吸科	毕小利	上海雷允上药业有限公司
	114	百蕊片(感冒)	中药保护	呼吸科	毕小利	上海雷允上药业有限公司

（续表）

年份	编号	项 目 名 称	期别	承接科室	主要研究者	申 办 方
2008	115	百蕊片（支气管炎）	中药保护	呼吸科	毕小利	上海雷允上药业有限公司
	116	EB05 高频手术器	医疗器械	普外科	龚航军	上海力申科学仪器有限公司
	117	隐形矫治器	医疗器械	口腔科	徐政文	上海正雅齿科科技有限公司
	118	一次性使用输卵管导管	医疗器械	妇科	齐 聪	上海祥盛医疗器械厂
	119	MX 16－slice X 射线断层扫描设备	医疗器械	放射科	詹松华	东软飞利浦医疗设备系统有限责任公司
	120	早早孕测试笔	诊断试剂	检验科	张 珏	上海英伯肯医学生物技术有限公司
	121	排卵测试笔	诊断试剂	检验科	张 珏	上海英伯肯医学生物技术有限公司
	122	β2－微球蛋白诊断试剂盒	诊断试剂	检验科	张 珏	上海景源医疗器械有限公司
	123	铜蓝蛋白诊断试剂盒	诊断试剂	检验科	张 珏	上海景源医疗器械有限公司
	124	视黄醇结合蛋白诊断试剂盒	诊断试剂	检验科	张 珏	上海景源医疗器械有限公司
	125	乙型肝炎病毒表面抗原测定试剂盒（化学发光微粒免疫检测法）定量	诊断试剂	检验科	张 珏	瑞士雅培制药有限公司北京办事处
	126	乙型肝炎病毒表面抗体测定试剂盒（化学发光微粒免疫检测法）辅助诊断	诊断试剂	检验科	张 珏	瑞士雅培制药有限公司北京办事处
	127	EBV－VCA IgA 试剂盒	诊断试剂	检验科	张 珏	上海朗卡贸易有限公司
	128	支原体 IgG、IgM 试剂盒	诊断试剂	检验科	张 珏	上海朗卡贸易有限公司
	129	TORCH 试剂盒	诊断试剂	检验科	张 珏	上海朗卡贸易有限公司
2009	130	雷贝拉唑肠溶片	Ⅰ期	Ⅰ期病房	蒋 健	上海医药（集团）有限公司信谊制药总厂
	131	奥美拉唑肠溶胶囊	Ⅰ期	Ⅰ期病房	蒋 健	上海信谊万象药业股份有限公司
	132	盐酸氟桂利嗪胶囊	Ⅰ期	Ⅰ期病房	蒋 健	赤峰蒙欣药业有限公司
	133	辛伐他汀胶囊	Ⅰ期	Ⅰ期病房	蒋 健	赤峰蒙欣药业有限公司

（续表）

年份	编号	项目名称	期别	承接科室	主要研究者	申办方
2009	134	盐酸利托君胶囊	Ⅰ期	Ⅰ期病房	蒋　健	合肥合源医药科技股份有限公司
	135	泮托拉唑钠肠溶片	Ⅰ期	Ⅰ期病房	蒋　健	印度瑞迪博士实验室有限公司
	136	青蒿琥酯阿莫地喹片	Ⅰ期	Ⅰ期病房	蒋　健	重庆医药工业研究院有限责任公司
	137	多潘立酮生物等效性	Ⅰ期	Ⅰ期病房	蒋　健	黑龙江江世药业有限公司
	138	米氮平片人体生物等效性	Ⅰ期	Ⅰ期病房	蒋　健	上海信谊万象药业股份有限公司
	139	多潘立酮人体生物等效性	Ⅰ期	Ⅰ期病房	蒋　健	赤峰蒙欣药业有限公司
	140	新驴胶补血颗粒	Ⅱ期	妇科	齐　聪	九芝堂股份有限公司
	141	金蒿颗粒	Ⅱ期	呼吸科	毕小利	新疆华世丹药业有限公司
	142	神美片	Ⅱ期	神经内科	方正龙	太阳石（唐山）药业有限公司
	143	虫草多糖胶囊	Ⅱ期	肾病科	何立群	长兴制药有限公司
	144	香朴正气软胶囊	Ⅱ期	急诊科	熊旭东	广州瑞济生物技术有限公司
	145	鳖甲消徵片	Ⅱ期	妇科	齐　聪	北京荔博园医药研究所
	146	舒解乐颗粒	Ⅱ期	神经内科	方正龙	北京岐黄药品临床研究中心
	147	清咽止痛含片	Ⅲ期	呼吸科	毕小利	江苏恒瑞医药股份有限公司
	148	香灵乳康颗粒	Ⅲ期	乳腺外科	万　华	鲁南厚普制药有限公司
	149	复方仙蓉颗粒	Ⅲ期	乳腺外科	万　华	杭州胡庆余堂药业有限公司
	150	糖敏灵丸	Ⅲ期	内分泌科	虞芳华	天津天士力制药股份有限公司
	151	花丹安神合剂	Ⅲ期	神经内科	方正龙	上海中医医院
	152	养阴通脑颗粒	Ⅲ期	神经内科	方正龙	浙江乾盛康药业有限公司
	153	清肝化瘀胶囊	Ⅲ期	肝病科	陈建杰	石药集团中诺药业（石家庄）有限公司
	154	唐力（那格列奈）与二甲双胍联合治疗2型糖尿病的有效性及安全性观察	Ⅳ期	内分泌科	陆　灏	北京诺华制药有限公司
	155	INTENSE临床试验	Ⅳ期	内分泌科	陆　灏	诺和诺德（中国）制药有限公司

（续表）

年份	编号	项 目 名 称	期别	承接科室	主要研究者	申 办 方
2009	156	苏子油软胶囊Ⅳ期	Ⅳ期	内分泌科	虞芳华	福州三爱药业有限公司
	157	Alchieve 研究临床试验	Ⅳ期	内分泌科	陆 灏	诺和诺德(中国)制药有限公司
	158	骨松宝颗粒上市后再评价	上市后	骨伤科	詹红生	贵州富华药业有限责任公司
	159	心脑致宝平补充协议	补充试验	内分泌科	虞芳华	江苏康缘药业股份有限公司
	160	通脉养心丸中药品种保护	中药保护	心血管科	蒋梅先	天津中新药业集团股份有限公司乐仁堂制药厂
	161	天舒胶囊临床再评价	中药保护	神经内科	方正龙	江苏康缘药业股份有限公司
	162	麻醉气体输送装置	医疗器械	麻醉科	付国强	上海立申科学仪器有限公司
	163	隔物灸	医疗器械	针灸科	沈卫东	上海云峰医疗用品有限公司
	164	医用物理冷疗机	医疗器械	护理部	张雅丽	上海升航机电科技有限公司
	165	口腔变异链球菌测试条	诊断试剂	检验科	张 珏	上海基恩科技有限公司
	166	口腔念珠菌培养浸片	诊断试剂	检验科	张 珏	上海基恩科技有限公司
	167	口腔乳酸杆菌培养浸片	诊断试剂	检验科	张 珏	上海基恩科技有限公司
2010	168	盐酸氨基葡糖硫酸软骨素片人体药代动力学试验	Ⅰ期	Ⅰ期病房	蒋 健	芜湖中加生物制药股份有限公司
	169	桑枝总生物碱片	Ⅰ期	Ⅰ期病房	蒋 健	中国医学科学院药物研究所
	170	注射用哌拉西林钠他唑巴坦钠(4∶1)人体药代动力学试验	Ⅰ期	Ⅰ期病房	蒋 健	北京博诺威医药科技发展有限公司
	171	盐酸西布曲明片人体生物等效性试验	Ⅰ期	Ⅰ期病房	蒋 健	上海现代制药股份有限公司
	172	替普瑞酮胶囊人体药代动力学试验	Ⅰ期	Ⅰ期病房	蒋 健	润东科若华医药研究开发(上海)有限公司
	173	银曲胶囊	Ⅱ期	心血管科	蒋梅先	北京万全阳光医学技术有限公司
	174	胡黄连总苷	Ⅱ期	肝病科	陈建杰	杭州泰格医药科技有限公司

（续表）

年份	编号	项 目 名 称	期别	承接科室	主要研究者	申 办 方
2010	175	肠安颗粒	Ⅱ期	消化科	林　江	上海用正医药科技有限公司
	176	清解抗感颗粒	Ⅱ期	呼吸科	毕小利	芜湖绿叶制药有限公司
	177	洋参果冠心片	Ⅱ期	心血管科	蒋梅先	吉林华康药业股份有限公司
	178	郁欢片	Ⅱ期	神经内科	方正龙	合肥合源医药科技股份有限公司
	179	月馨软胶囊	Ⅱ期	妇科	齐　聪	北京双鹭药业股份有限公司
	180	坤怡宁颗粒	Ⅱ期	妇科	齐　聪	浙江省中药研究所有限公司
	181	芪黄胶囊	Ⅱ期	肾病科	何立群	北京博诺威医药科技发展有限公司
	182	糖克软胶囊	Ⅱc期	内分泌科	虞芳华	上海信谊嘉华药业有限公司
	183	金麻杏止咳片	Ⅲ期	呼吸科	张　炜	北京岐黄药品临床研究中心
	184	蜂胶总黄酮滴丸	Ⅲ期	心血管科	蒋梅先	吉林省金宇医药开发有限公司，上海绿谷制药有限公司
	185	依诺肝素（LIFENOX）	Ⅳ期	急诊科	熊旭东	赛诺菲安万特（中国）投资有限公司上海分公司
	186	非干预性药物研究观察计划亚洲选择畅沛的戒烟观察研究	其他	心血管科	王肖龙	依格斯（北京）医疗科技有限公司
	187	柴胡滴丸	中药保护	急诊科	熊旭东	天津天士力制药股份有限公司
	188	藿香正气滴丸	中药保护	急诊科	熊旭东	天津天士力制药股份有限公司
	189	中医舌面脉间数据采集及辅助诊断系统	医疗器械	肿瘤科 心内科 呼吸科	朱惠蓉	上海道生医疗科技有限公司
	190	全量程C－反应蛋白测定试剂盒（高敏感干化学微粒增强型压积校正浊度法）	诊断试剂	检验科	张　珏	上海基恩科技有限公司
2011	191	阿司匹林生物等效性	Ⅰ期	Ⅰ期病房	蒋　健	永信药品工业（昆山）有限公司
	192	替普瑞酮胶囊药物相互作用	Ⅰ期	Ⅰ期病房	蒋　健	卫材（中国）药业有限公司
	193	多潘立酮片人体生物等效性	Ⅰ期	Ⅰ期病房	蒋　健	赤峰蒙欣药业有限公司

（续表）

年份	编号	项 目 名 称	期别	承接科室	主要研究者	申 办 方
2011	194	盐酸妥洛特罗贴片人体药代动力学	Ⅰ期	Ⅰ期病房	蒋　健	上海现代药物制剂工程研究中心、有限公司亚宝药业集团股份有限公司
	195	普锐消胶囊人体耐受性	Ⅰ期	Ⅰ期病房	裘福荣	上海药谷药业有限公司
	196	复方非洛地平缓释片人体药代动力学试验*	Ⅰ期	Ⅰ期病房	裘福荣	北京汉典制药有限公司
	197	独一味巴布膏	Ⅱ期	骨伤科	詹红生	甘肃独一味制药研发中心
	198	脂肝清	Ⅱ期	肝病科	高月求	湖南三九南开制药有限公司
	199	复方瑞格	Ⅱ期	内分泌科	陆　灏	江苏豪森药业股份有限公司
	200	八味利胆	Ⅱ期	消化科	林　江	博安兄弟制药(中国)有限公司
	201	痛宁凝胶	Ⅱ期	骨伤科	詹红生	江苏康缘药业股份有限公司
	202	益安感冒胶囊	Ⅱ期	呼吸科	张　炜	同溢堂药业有限公司
	203	八宝丹胶囊	Ⅱ期	肿瘤科	周荣耀	厦门中药厂有限公司
	204	扶正解毒颗粒	Ⅱ期	呼吸科	张　炜	山东新时代药业有限公司
	205	万通筋骨巴布膏	Ⅱ期	骨伤科	詹红生	通化万通药业股份有限公司
	206	复方黄葵颗粒	Ⅱ期	中医外科	薛慈民	山东省生物医药研究院
	207	颈复康颗粒	Ⅱ期	肝病科	詹红生	承德颈复康药业集团有限公司
	208	槐果碱	Ⅱa期	心血管科	王肖龙	上海医药(集团)有限公司
	209	消癖颗粒补充病例	Ⅲ期	乳腺外科	万　华	广州奇绩医药科技有限公司
	210	托伐普坦片	Ⅲ期	肝病科	高月求	大冢制药研发有限公司
	211	消癖颗粒	Ⅲ期	乳腺外科	万　华	广州奇绩医药科技有限公司
	212	心脉隆注射液大样本	Ⅳ期	心血管科	王肖龙	云南腾冲制药厂
	213	太极急支糖浆	Ⅳ期	急诊科	熊旭东	太极集团涪陵制药厂有限公司
	214	心脉隆注射液上市后再评价小样本	上市后	心内科	王肖龙	云南腾冲制药厂
	215	优贺丁	上市后	肝病科	高月求	上海益生源药业有限公司
	216	珍菊降压片	上市后	心内科	王肖龙	上海雷允上药业有限公司

（续表）

年份	编号	项 目 名 称	期别	承接科室	主要研究者	申 办 方
2011	217	参芪健脑颗粒补充试验	其他	神经内科	俞晓飞	上海雷允上药业有限公司
	218	智能型激光灸与针复合治疗仪	医疗器械	骨伤科	詹红生	上海奇创光电有限公司
	219	聚乙二醇干扰素(Firebird2)	医疗器械	心血管科	王肖龙	微创医疗器械(上海)有限公司
	220	肠道球囊导管套装	医疗器械	放射科	詹松华	上海康德莱企业发展集团医疗器械有限公司
2012	221	米索前列醇片空腹给药在中国健康成年志愿者人体生物等效性试验	Ⅰ期	Ⅰ期病房	裘福荣	北京紫竹药业有限公司
	222	非布司他片人体药代动力学试验	Ⅰ期	Ⅰ期病房	裘福荣	欣凯医药化工中间体(上海)有限公司苏州长征-欣凯制药有限公司
	223	双氯芬酸钠双释放肠溶胶囊人体生物等效性试验	Ⅰ期	Ⅰ期病房	裘福荣	泰姆勒公司
	224	替普瑞酮胶囊特殊人群药代动力学试验	Ⅰ期	Ⅰ期病房	裘福荣	卫材(中国)药业有限公司
	225	米索前列醇片餐后给药在中国健康成年志愿者人体生物等效性试验	Ⅰ期	Ⅰ期病房	裘福荣	北京紫竹药业有限公司
	226	复方黄葵颗粒补充病例	Ⅱ期	中医外科	薛慈民	山东省生物医药研究院
	227	扶正解毒颗粒	Ⅱ期	呼吸科	张　炜	山东新时代药业有限公司
	228	肺咳宁蜜炼膏	Ⅱ期	呼吸科	张　炜	鲁南厚普制药有限公司
	229	塞络通	Ⅱ期	神经内科	俞晓飞	神威药业有限公司
	230	荠吉柿胶囊	Ⅱ期	心血管科	王肖龙	吉林建邦医药科技开发有限公司
	231	前列宝颗粒	Ⅱ期	中医外科	薛慈民	扬子江药业集团有限公司
	232	前列宝颗粒补充病例	Ⅱ期	中医外科	薛慈民	扬子江药业集团有限公司
	233	乳可舒胶囊	Ⅱ期	妇科	万　华	陕西丽彩集团咸阳丽彩医药有限公司
	234	龙七胶囊	Ⅱ期	肿瘤科	周荣耀	江苏南星药业有限责任公司
	235	万通筋骨巴布膏	Ⅱb期	骨伤科	詹红生	通化万通药业有限公司
	236	丹芎肝康	Ⅱa期	肝科	高月求	上海玉安药业有限公司
	237	广金钱草总黄酮胶囊	Ⅱa期	泌尿外科	赵建华	武汉人福生物医药有限公司
	238	广金钱草总黄酮胶囊补充病例	Ⅱa期	泌尿外科	赵建华	武汉人福生物医药有限公司

（续表）

年份	编号	项目名称	期别	承接科室	主要研究者	申办方
2012	239	益骨胶囊	Ⅱa期	骨伤科	詹红生	浙江杭康药业有限公司
	240	虫草多糖	Ⅱb期	肾病科	何立群	长兴制药有限公司
	241	金柴抗病毒胶囊	Ⅲ期	呼吸科	张　炜	中国中医科学院中药研究所
	242	蜂胶总黄酮	Ⅲ期	心血管科	王肖龙	上海绿谷制药有限公司
	243	仙牛腰骶痛	Ⅲ期	骨伤科	詹红生	吉林修正药业新药研发中心
	244	痰热清口服液	Ⅲ期	急诊科	熊旭东	上海凯宝药业股份有限公司
	245	痛宁凝胶	Ⅲ期	骨伤科	詹红生	江苏康缘药业股份有限公司
	246	清解抗感颗粒	Ⅲ期	呼吸科	张　炜	芜湖绿叶制药有限公司
	247	金古乐片	Ⅲ期	骨伤科	詹红生	浙江海正药业有限公司
	248	复方左炔诺孕酮片	Ⅲ期	妇科	齐　聪	广州朗圣药业有限公司
	249	长效干扰素(MSD-PEG-IFN)	Ⅳ期	肝病科	高月求	默沙东制药有限公司上海分公司
	250	太极急支糖浆补充病例	Ⅳ期	急诊科	熊旭东	太极集团涪陵制药厂有限公司
	251	麝香保心丸	Ⅳ期	心内科	王肖龙	上海和黄药业有限公司
	252	C-反应蛋白检测试剂盒	诊断试剂	检验科	张　珏	上海一滴准生物科技有限公司
	253	肠道球囊导管补充协议	医疗器械	放射科	詹松华	上海康德莱企业发展集团医疗器械有限公司
	254	HCG试剂盒	诊断试剂	检验科	张　珏	美艾利尔(上海)诊断产品有限公司
	255	Brilliance CT 16	医疗器械	放射科	詹松华	飞利浦医疗(苏州有限公司)
	256	肌钙蛋白Ⅰ检测试剂盒(胶体金法)	诊断试剂	检验科	张　珏	北京美德嘉华科技发展有限公司
	257	肌钙蛋白Ⅰ检测试剂盒(胶体金法)	诊断试剂	检验科	张　珏	北京美德嘉华科技发展有限公司
	258	滑膜炎颗粒	上市后	骨伤科	詹红生	神威药业(张家口)有限公司
	259	六神丸	上市后	五官科	张治军	上海雷允上药业有限公司

（续表）

年份	编号	项 目 名 称	期别	承接科室	主要研究者	申 办 方
2013	260	复方非洛地平缓释片人体药代动力学	Ⅰ期	Ⅰ期病房	裘福荣	北京汉典制药有限公司
	261	硫酸沙丁胺醇气雾剂人体生物等效性	Ⅰ期	Ⅰ期病房	裘福荣	上海信谊药厂有限公司
	262	吡非尼酮片人体药代动力学	Ⅰ期	Ⅰ期病房	裘福荣	亚宝药业集团股份有限公司
	263	布洛芬缓释混悬液单次空腹给药人体生物等效性	Ⅰ期	Ⅰ期病房	裘福荣	扬州市三药制药有限公司
	264	布洛芬缓释混悬液单次餐后给药人体生物等效性	Ⅰ期	Ⅰ期病房	裘福荣	扬州市三药制药有限公司
	265	盐酸特拉唑嗪片单次空腹给药人体生物等效性	Ⅰ期	Ⅰ期病房	裘福荣	山西振东制药股份有限公司
	266	三叶片	Ⅱa期	内分泌科	陆　灏	山东步长神州制药
	267	正乳贴	Ⅱa期	乳腺外科	万　华	北京岐黄药品临床研究中心
	268	热毒宁注射液	Ⅱb期	急诊科	熊旭东	江苏康缘药业股份有限公司
	269	广金钱草总黄酮胶囊	Ⅱb期	泌尿外科	赵建华	武汉人福生物医药有限公司
	270	脂肝清颗粒	Ⅱ期	肝病科	高月求	华润三九(郴州)制药有限公司
	271	风叶咳喘平合剂	Ⅱ期	呼吸科	张　炜	上海尚宗中医药科技有限公司
	272	复方卡因次酸一维栓	Ⅱ期	肛肠科	杨　巍	北京迈劲医药科技有限公司
	273	清解抗感颗粒	Ⅲ期	呼吸科	张　炜	芜湖绿叶制药有限公司
	274	万通筋骨巴布膏	Ⅲ期	骨伤科	詹红生	通化万通药业股份有限公司
	275	益安感冒胶囊	Ⅲ期	呼吸科	张　炜	同溢堂药业有限公司
	276	疏风止痛胶囊	Ⅲ期	神经内科	蔡定芳	上海凯宝药业股份有限公司
	277	芪风颗粒	Ⅳ期	皮肤科	张慧敏	三普药业有限公司
	278	消徵丸	Ⅳ期	乳腺外科	万　华	雷允上药业有限公司
	279	托伐普坦	Ⅳ期	肝病科	高月求	首都医科大学附属北京友谊医院肝病中心
	280	西格列汀＋二甲双胍联合治疗基础上添加格列苯脲、格列奇特、瑞格列奈或阿卡波糖Ⅳ期临床试验	Ⅳ期	内分泌科	陆　灏	杭州默沙东制药有限公司

（续表）

年份	编号	项 目 名 称	期别	承接科室	主要研究者	申 办 方
2013	281	欣生静片	补充试验	神经内科	蔡定芳	上海欣生源医药(集团)有限公司、上海双基药业有限公司
	282	参附注射液	上市后	心内科	王肖龙	雅安三九药业有限公司
	283	三九胃泰颗粒	上市后	消化科	林　江	中国中医科学院西苑医院
	284	Anaeston1000 麻醉机	医疗器械	麻醉科	傅国强	上海力申科学仪器有限公司
	285	Anaeston6000 麻醉机	医疗器械	麻醉科	傅国强	上海力申科学仪器有限公司
	286	一次性胰岛素注射器	医疗器械	护理部	张雅丽	上海康德莱企业发展集团股份有限公司
	287	CO_2 激光灸疗仪	医疗器械	骨伤科	詹红生	上海万奇光电技术有限公司
	288	远程医疗信息系统软件	医疗器械	放射科	詹松华	上海联影医疗科技有限公司
	289	三碘甲状腺原氨酸(T3)定量测定试剂盒(磁微粒化学发光法)	诊断试剂	检验科	张　珏	苏州浩欧博生物医药有限公司
	290	甲状腺素(T4)定量测定试剂盒(磁微粒化学发光法)	诊断试剂	检验科	张　珏	苏州浩欧博生物医药有限公司
	291	游离三碘甲状腺原氨酸(FT3)定量测定试剂盒(磁微粒化学发光法)	诊断试剂	检验科	张　珏	苏州浩欧博生物医药有限公司
	292	游离甲状腺素(FT4)定量测定试剂盒(磁微粒化学发光法)临床试验	诊断试剂	检验科	张　珏	苏州浩欧博生物医药有限公司
	293	促甲状腺激素(TSH)定量测定试剂盒(磁微粒化学发光法)	诊断试剂	检验科	张　珏	苏州浩欧博生物医药有限公司
	294	EB病毒 IgG 抗体检测试剂盒(多重微珠流式免疫荧光法)	诊断试剂	检验科	张　珏	上海一滴准生物科技有限公司
	295	EB病毒衣壳抗原 IgM 抗体检测试剂盒(多重微珠流式免疫荧光法)	诊断试剂	检验科	张　珏	上海一滴准生物科技有限公司
	296	TORCH IgG 抗体检测试剂盒(多重微珠流式免疫荧光法)	诊断试剂	检验科	张　珏	上海一滴准生物科技有限公司
	297	TORCH IgM 抗体检测试剂盒(多重微珠流式免疫荧光法)	诊断试剂	检验科	张　珏	上海一滴准生物科技有限公司
	298	化学发光免疫分析仪、Ⅳ型胶原(CIV)定量测定试剂盒(磁微粒化学发光免疫分析法)及化学发光底物	诊断试剂	检验科	张　珏	北京创新博凯医疗科技有限公司

（续表）

年份	编号	项目名称	期别	承接科室	主要研究者	申办方
2013	299	化学发光免疫分析仪、透明质酸(HA)定量测定试剂盒(磁微粒化学发光免疫分析法)及化学发光底物	诊断试剂	检验科	张　珏	北京创新博凯医疗科技有限公司
	300	银翘败毒片	Ⅲ期	急诊科	熊旭东	江苏康缘药业股份有限公司
	301	复方左炔诺孕酮片	Ⅲ期	妇科	齐　聪	广州朗圣药业有限公司
	302	尿毒清颗粒	上市后	肾病科	何立群	康臣药业(内蒙古有限责任公司)
	303	广金钱草总黄酮胶囊	Ⅱb期	泌尿外科	赵建华	武汉人福生物医药有限公司
	304	华佗再造丸	上市后	神经内科	蔡定芳	北京粲业医药科技发展中心
	305	香朴正气软胶囊	Ⅲ期	急诊科	熊旭东	包头市千年健医药科技有限公司
	306	抗肝纤胶囊	Ⅱ期	肝科	高月求	江苏仁寿药业有限公司
	307	香麻止痛喷雾剂	Ⅱ期	骨伤科	詹红生	上海用正医药科技有限公司
	308	脾益肠丸	上市后	消化科	林　江	上海用正医药科技有限公司
	309	复方左炔诺孕酮片补充病例	上市后	骨伤科	詹洪生	浙江海正药业股份有限公司
	310	通络生骨胶囊	Ⅲ期	妇科	齐　聪	广州朗圣药业有限公司
2014	311	盐酸美金刚片	Ⅰ期	Ⅰ期临床	李　珍	山西振东安特生物制药有限公司
	312	秦菊滴眼液	Ⅰ期	Ⅰ期临床	李　珍	北京博雅康泰生物工程科技有限公司
	313	厄贝沙坦片	Ⅰ期	Ⅰ期临床	李　珍	赛诺菲(杭州)制药有限公司
	314	在中国健康志愿者和慢性乙肝患者中探讨toll样受体7(TLR7)特异性激动剂RO6871765刺激PBMCs后的体外免疫应答的探索性、多中心研究	Ⅰ期	Ⅰ期临床	李　珍	罗氏(中国)投资有限公司
	315	肝肾安颗粒	上市后	内分泌科	陆　灏	江西汇仁药业有限公司
	316	胱抑素C测定试剂盒(颗粒增强型免疫透射比浊方法)临床试验	诊断试剂	检验科	张　珏	德赛诊断系统(上海)有限公司

（续表）

年份	编号	项目名称	期别	承接科室	主要研究者	申办方
2014	317	葡萄糖测定试剂盒（葡糖糖氧化酶法）临床试验	诊断试剂	检验科	张　珏	德赛诊断系统（上海）有限公司
	318	肌红蛋白测定试剂盒（颗粒增强型免疫透射比浊方法）临床试验	诊断试剂	检验科	张　珏	德赛诊断系统（上海）有限公司
	319	微球蛋白测定试剂盒（颗粒增强型免疫透射比浊方法）临床试验	诊断试剂	检验科	张　珏	德赛诊断系统（上海）有限公司
	320	强力枇杷露	上市后	呼吸科	张　炜	华润三九医药股份有限公司
	321	新工艺贞芪扶正胶囊	Ⅱ期	肿瘤科	李　琦	甘肃扶正药业科技股份有限公司
	322	坤怡宁颗粒	Ⅲ期	妇科	齐　聪	浙江省中药研究所有限公司
	323	藿胆滴丸	上市后	五官科	张治军	上海雷允上药业有限公司
	324	脑反射治疗仪	医疗器械	针灸科	沈卫东	上海千层石医疗器械有限公司
	325	嘎扎络舒凝胶剂	Ⅱa期	内分泌科	陆　灏	内蒙古元和药业股份有限公司
	326	独二味胶囊	Ⅲ期	骨伤科	詹红生	甘肃独一味生物制药股份有限公司
	327	丹益片	Ⅳ期	中医外科	薛慈民	重庆巨琪诺美制药有限公司
	328	派罗欣	血样采集	肝科	陈建杰	罗氏（中国）投资有限公司
	329	复方银杏叶片	Ⅱ期	神经内科	俞晓飞	广州悦康生物制药有限公司
	330	肾炎康复片	上市后	肾病科	何立群	天津同仁堂集团股份有限公司
	331	广金钱草总黄酮胶囊	Ⅲ期	泌尿外科	赵建华	武汉光谷人福生物医药有限公司
	332	复方黄葵颗粒	Ⅲ期	中医外科	薛慈民	山西天星制药有限公司
	333	帕拉米韦氯化钠注射液（开放）	Ⅳ期	急诊科	熊旭东	广州南新制药有限公司
	334	科宝尿沉渣检测计数池	诊断试剂	检验科	张　珏	科宝智慧医疗科技（上海）有限公司
	335	喜美欣	上市后	肝科	高月求	浙江海正药业股份有限公司
	336	通络生骨胶囊补充协议	中保	骨伤科	詹红生	浙江海正药业股份有限公司

（续表）

年份	编号	项目名称	期别	承接科室	主要研究者	申办方
2014	337	正乳贴	Ⅱb期	乳腺科	万　华	甘肃奇正藏药有限公司
	338	丹红注射液	上市后	神经内科	俞晓飞	菏泽步长制药有限公司
	339	大黄总蒽醌胶囊	Ⅳ期	肝科	高月求	江西百神昌诺药业有限公司
	340	乳可舒胶囊	Ⅱb期	乳腺科	万　华	陕西丽彩集团咸阳丽彩医药有限公司
	341	腰痹通胶囊	上市后	骨伤科	詹红生	江苏康缘药业股份有限公司
	342	广金钱草总黄酮胶囊补充协议	Ⅲ期	泌尿外科	赵建华	武汉光谷人福生物医药有限公司
	343	外用重组人粒细胞巨噬细胞刺激因子(rhGM-CSF)凝胶治疗糖尿病下肢慢性溃疡Ⅲ期临床研究第一阶段	Ⅲ期	中医外科	万　华	长春金赛药业股份有限公司
	344	α-L-岩藻糖苷酶(AFU)测定试剂盒	诊断试剂45	检验科	张　珏	上海华臣生物试剂有限公司
	345	柠檬苦素	Ⅱa期	肛肠科	杨　巍	浙江南洋药业有限公司
	346	固冲颗粒	Ⅱ期	妇科	齐　聪	上海复星医药产业发展有限公司
	347	广金钱草总黄酮胶囊补充试验	Ⅲ期	泌尿外科	赵建华	武汉光谷人福生物医药有限公司
	348	复方肠泰颗粒	Ⅱa期	消化科	林　江	上海益生源药业有限公司
	349	风叶咳喘平合剂	Ⅲ期	呼吸科	张　炜	苏州玉森新药开发有限公司
	350	腰痹通胶囊	中保	骨伤科	詹红生	江苏康缘药业股份有限公司
	351	安美露	上市后	骨伤科	詹红生	广东康虹医药有限公司
	352	黄葵胶囊	上市后	肾病科	何立群	江苏苏中药业集团股份有限公司
	353	参附注射液	上市后	心内科	王肖龙	雅安三九药业有限公司
	354	桑枝总生物碱片	Ⅲb期	内分泌科	陆　灏	北京五和博澳医药科技发展有限公司
	355	盐酸阿罗洛尔	上市后	肾病科	何立群	住友制药(苏州)有限公司
	356	三味骨伤胶囊补充临床试验	补充试验	骨伤科	詹红生	湖南方盛制药股份有限公司
	357	“一次性使用输液器 带针(商品名：TPE输液器)”临床试验	医疗器械	护理部	张雅丽	上海康德莱企业发展集团股份有限公司

（续表）

年份	编号	项 目 名 称	期别	承接科室	主要研究者	申 办 方
2014	358	百令疏肝胶囊	Ⅱa期	肝硬化科	刘成海	杭州中美华东制药有限公司
	359	藿胆滴丸补充协议	上市后	五官科	张治军	上海雷允上药业有限公司
	360	热毒宁注射液	Ⅲ期	急诊科	熊旭东	江苏康缘药业股份有限公司
	361	扶正化瘀片	上市后	肝硬化科	徐列明	上海黄海制药有限公司
2015	362	愈创木酚甘油醚缓释片人体生物等效性试验	Ⅰ期	Ⅰ期临床	裘福荣	陕西步长高新制药有限公司
	363	盐酸氨基葡萄糖硫酸软骨素片	Ⅰ期	Ⅰ期临床	李 珍	芜湖中加生物制药股份有限公司
	364	米诺膦酸片	Ⅰ期	Ⅰ期临床	元唯安	江苏天士力帝益药业有限公司
	365	秦菊滴眼液	Ⅰ期	Ⅰ期临床	元唯安	北京博雅康泰生物工程科技有限公司
	366	丙戊酸钠缓释片	Ⅰ期	Ⅰ期临床	裘福荣	赛诺菲（杭州）制药有限公司
	367	非布司他片	Ⅰ期	Ⅰ期临床	裘福荣	昆明制药集团股份有限公司
	368	帕拉米韦氯化钠注射液	Ⅳ期	急诊科	熊旭东	广州南星制药有限公司
	369	科宝尿液有形成分分析仪S80临床试验	诊断试剂	检验科	张 珏	科宝智慧医疗科技（上海）有限公司
	370	心可舒片	Ⅳ期	心内科	王肖龙	山东沃华医药科技股份有限公司
	371	麝香通心滴丸	上市后	心内科	王肖龙	浙江康恩贝制药股份有限公司
	372	五味痔疮胶囊	Ⅱa期	肛肠科	杨 巍	烟台只楚药业有限公司
	373	黄葵胶囊补充试验	Ⅳ期	肾病科	何立群	江苏苏中药业集团股份有限公司
	374	注射用血栓通（冻干）上市后临床安全性医院集中监测	其他	药剂科	刘 力	广西梧州制药（集团）股份有限公司
	375	冰连清咽喷雾剂	Ⅳ期	五官科	张治军	华润三九医药有限公司
	376	大黄总蒽醌	Ⅳ期	肝科	高月求	江西百神昌诺药业有限公司
	377	麝香保心丸	上市后	心内科	王肖龙	上海和黄药业有限公司
	378	三叶片	Ⅱb期	内分泌科	陆 灏	山东步长神州制药有限公司

（续表）

年份	编号	项 目 名 称	期别	承接科室	主要研究者	申 办 方
2015	379	七味清咽气雾剂	变更辅料	急诊科	熊旭东	山东本草药业有限公司
	380	三七活血通络贴	Ⅱ期	骨伤科	詹红生	北京卓越同创药物研究院
	381	和胃止泻胶囊	上市后	消化科	林　江	上海中医药大学药物临床研究中心/浙江永宁药业股份有限公司
	382	预充式导管冲洗器	医疗器械	护理部	张雅丽	上海康德莱企业发展集团股份有限公司
	383	太太骨宝颗粒	Ⅱa期	骨伤科	詹红生	华中科技大学同济医学院附属协和医院
	384	通络化痰胶囊	Ⅳ期	神经内科	俞晓飞	山东沃华医药科技股份有限公司
	385	染料木素胶囊	Ⅱ期	骨伤科	詹红生	西安恒泰本草科技有限公司

第三节　学科建设和科研成果

【重大专项】

2008年，国家科技部启动了“十一五”重大新药创制科技重大专项“创新药物临床研究技术平台建设”，医院成为首批25家平台之一，通过3年建设，顺利滚动进入“十二五”建设，并以其研究实力和研究水平成为南方片区3个中药新药临床评价研究技术平台的牵头单位，在国际规范遵循、SOP、临床研究信息化体系、疗效评价标准、人才培养、技术服务等方面取得了重要进展。同时，平台还参与中医药防治重大传染病（病毒性肝炎）专项、扶正化瘀片抗慢性丙型肝炎的美国Ⅱ期临床试验、临床科研一体化的数字化中医信息系统的研发与示范应用（“863”计划）等重大专项，开展病毒性肝炎中药新药临床研究设计规范及评价技术标准、中药国际化、中医临床特色的电子信息化系统建设方面等工作。

【伦理建设】

2014年5月，通过FERCAP伦理审查委员会能力发展启动战略（SIDCER）复审的现场认证。

【实验室】

2010年4月，药代动力学实验室通过ISO17025的CNAS监督评审。

【临床试验项目】

2008—2015年，每年开展约50项临床试验项目。

【人员培训】

2013 年，已举办国际级继续教育学习班 1 次，并有 19 人参加了国家级 GCP 培训。2015 年，由刘成海教授负责建设的病理阅读及诊断中心工作进展顺利，该中心能常规开展病理阅读及诊断工作。

【证候中药研究】

2015 年，证候中药评价项目“肝肾安颗粒治疗肝肾阴虚证(2 型糖尿病)临床研究”已经完成病例入组工作，正在进行数据统计与分析。

【课题】

2008—2015 年，共承担课题 19 项，其中国家级课题 5 项、市级课题 7 项、区级课题 2 项。

第四节 信息化管理

2008 年，医院自筹 50 万元经费与南京海泰公司进行合作，全面优化现有的 GCP 系统(机构管理软件 CMCT、数据采集系统 EDC、药房系统、Ⅰ期临床试验系统及实验室管理系统)，目前各项工作均进展顺利。

2012 年，以“十二五”重大新药创制信息化建设为契机，于 6 月在Ⅰ期临床全面实现了Ⅰ期临床电子医生工作站；9 月，实现 GCP 项目东西两部所有原始检验数据的共享，可在东部实时调取西部检验原始数据；11 月，在呼吸科试点使用了Ⅱ-Ⅱ期电子医生工作站。2014 年，在原有 GCP 管理工作站正常运行的基础上，药物临床试验机构在“十二五”平台建设中引进了包括机构管理软件 CMCT、数据采集系统 EDC、药房管理系统、Ⅰ期临床试验系统及实验室管理等系统。2015 年，完成机构药物临床试验管理系统的安装、调试和试运行工作。

第八章　实 验 室

第一节　上海市中医临床重点实验室

一、概况

2010 年 7 月，经上海市科学技术委员会批准，医院立项筹建上海市中医临床重点实验室。2012 年 9 月，通过上海市科学技术委员会组织的专家验收，上海市中医临床重点实验室正式运转。

上海市中医临床重点实验室设在东部，科研用房建筑面积达 4 020 平方米（为实验中心两层楼、3 号肝科楼一楼、药物代谢实验室和办公场地及学术交流场地的面积总和）。上海市中医临床重点实验室编制数为 7 人，其中重点实验室主任为兼职；2015 年，有高级职称 2 人，中级职称 2 人，初级职称 3 人。

2015 年，有“973”首席科学家 1 人，“863”首席专家 1 人，国家百千万人才培养计划 3 人，上海市领军人才 6 人，上海市名中医 9 人，上海市中医领军人才 7 人，东方学者 1 人，浦江人才计划 2 人，扬帆培养计划 4 人，启明星人才计划 5 人。晨光计划项目 6 项。

表 6－8－1　2010—2015 年上海市中医临床重点实验室历任负责人情况表

任职时间	主　任	任职时间	副主任
2010 年—	刘成海	2010 年—	叶伟成

二、专业发展

2010—2015 年，上海市中医临床重点实验室是依托曙光医院的中医临床优势学科、部市级重点实验室（肝肾疾病教育部重点实验室、上海市第二期重点（优势）学科中医内科实验室等）和曙光医院建设研究型中医医院而建立的重要科研平台，由医院科技处负责具体管理，是上海市组织中医药临床高水平基础研究和应用基础研究、聚集和培养优秀中医药临床科技人才、推动中医药临床科技成果转化、开展高水平学术交流的重要基地，是上海市中医药发展创新体系的重要组成部分，将中医临床优秀资源转化为科技发展的创新平台。

上海市中医临床重点实验室建立了在实验室主任领导下的课题组长责任制（PI），实行“开放、流动、联合、竞争”的运行机制，采用全员聘任，实行目标管理。2011 年，以上海市中医临床重点实验室名义加盟了上海研发公共服务平台，新药Ⅰ期临床研究平台通过 CNAS 的 ISO17025 评审，已完成重点实验室大型仪器设备信息管理系统项目和生物样本库的建设。2013 年 11 月，通过上海市科学技术委员会委托上海市科技项目（评估）管理中心的上海市重点实验室评估，评估结果为“良好实验室”。2015 年，入驻课题组为中医肝病、中医肾病、中医心血管、中医内分泌、细胞免疫实验室、药物代谢实验室、中医肿瘤和中医肺病课题组等 8 个医院临床优势学科，制订了实验室管理章程 14 个管理文件，形成与完善 58 项实验室技术操作规程(SOP)。

依托上海市中医临床重点实验室科研平台建设的学科和专科建设，学科有教育部重点学科——中医内科学主要组成部分(中医肝病、肾病、心血管病)、肝肾疾病病证教育部重点实验室、国家中医药管理局重点学科(中医肝病、肾病)、上海市中医肾病重点学科、上海市中西医结合心血管疾病重点学科。在专病专科建设方面，是中医临床服务的领头羊，是国家临床重点专科(中医肝病)、国家中医药管理局中医临床研究基地肝病临床研究联盟组长单位、国家中医药管理局重点专科(中医肝病、肾病、心血管病、糖尿病、肺病专业)、上海市中医行业的重点专科(中医肝病、肾病、心血管病、糖尿病、肿瘤专业)、医学重中之重——上海市中医肝病临床医学中心(首批上海市医学领先专业)。

上海市中医临床重点实验室在中医药防治肝纤维化肝硬化的中医治疗方案与作用机制研究，中医药防治慢性肝炎的中医治疗方案优化及其推广应用，慢性乙型肝炎的证候生物学基础和中医药治疗酒精性肝损伤的作用机制研究，慢性肾病的优化中医诊疗方案与方药作用机制研究，防治慢性心衰 B 阶段中药新药的中医诊疗方案优化和益气活血方防治心肌纤维化的临床和机制研究，糖尿病及内分泌代谢病的优化中医诊疗方案与方药作用机制研究，中医药防治肿瘤术后转移、肿瘤多药耐药、癌前病变防治，新型中药给药系统治疗肿瘤等方面研究，中药调控药物代谢酶、物质基础及其临床转化研究等方面取得了突出成绩。

表 6-8-2　2010—2015 年上海市中医临床重点实验室主要仪器设备情况表

设备名称	型号、规格	时　间	数量/台	单价/万元
细胞成像多功能检测系统	Cytation3	2015 年 7 月 1 日	1	66.00
全电动倒置显微镜	奥林巴斯	2014 年 6 月 1 日	1	55.00
流式细胞仪	BD	2010 年 1 月 4 日	1	176.90
高内涵药物筛选系统	thermo	2006 年 4 月 1 日	1	280.00
徕卡全自动染色机	徕卡	2015 年 9 月 1 日	1	37.70
液相色谱/质谱	thermo	2014 年 3 月 26 日	1	370.00

三、科研成果

【课题】

2010—2015 年，上海中医临床重点实验室各课题组承担了国家“973”“863”计划各 1 项，国家“十一五”“十二五”支撑计划 3 项，国家科技重大专项 6 项，国家自然基金重点项目 1 项，国家自然基金面上和青年基金项目 63 项，上海市三年行动计划资助计划在上海市中医临床基地建设、中医药创新内涵建设和中药制剂能力提升项目三项中立项 8 项。5 年间共获得资助合同经费 8 832.20 万元，到位经费 2 354.43 万元。

表6-8-3　2010—2015年中医临床重点实验室代表性研究成果

项目名称	负责人	部门
肝硬化中医病机理论的创新与发展应用	刘　平	中医肝病课题组
扶正化瘀方抗肝纤维化的现代化与国际化发展研究	刘成海	中医肝病课题组
慢性病毒性肝炎患者中西医结合治疗方案优化研究	高月求	中医肝病课题组
病—证结合防治肾纤维化的临床评价及作用机制研究	何立群	中医肾病课题组
慢性心衰和糖尿病及其并发症的名家经验传承和创新	王肖龙 陆　灏	中医心血管课题组 中医内分泌课题组
酒精性及非酒精性脂肪肝的中医药防治研究	胡义扬	中医肝病课题组
扶正化瘀方抗脏器纤维化"异病同治"的作用原理	刘成海	中医肝病课题组
中医病机理论抗肾纤维化的临床应用和机制研究	王　琛	中医肾病课题组
大肠癌脾虚湿热证证治理论构建与应用研究	李　琦	中医肿瘤课题组
慢性肝病补肾健脾利湿治法及其免疫作用机制的临床应用	高月求	中医肝病课题组

【获奖】

2010—2015年，上海中医临床重点实验室获得国家级部级科技成果奖11项，省(市)科技进步奖和协会奖35项，其中上海市科技进步奖一等奖1项、二等奖7项、三等奖5项。

【专利】

2010—2015年，上海中医临床重点实验室有授权专利16项，计算机软件著作权7项，申请专利3项。

【著作与论文】

2010—2015年，共发表学术著作12部。发表论文论著298篇，其中SCI论文68篇(总IF：208.108)。

【宣传与推广】

2015年，建成上海中医临床重点实验室网站、标志、服务手册。2007—2015年，中医临床研究成果转化5项，转让金额730万元；制定全国行业标准5项，地方标准13项；重点实验室开放课题3项，总金额60万元。

四、学术交流与合作

2010—2015年，上海中医临床重点实验室有国际合作交流合作项目16项，国内合作交流项目54项；承办国际和国家学术会议8次，参加国际和国家会议124人次，邀请国外学者交流14人次；

做会议交流报告 40 余人次，邀请国外学者交流 27 人次；开办部市级继续教育学习班 23 项，接收 20 多家科研院校及单位的 78 人次进修或实验。

五、教学工作

2010—2015 年，上海中医临床重点实验室已培养出国访问学者 15 人，博士后 6 人，毕业博士 49 人，硕士研究生 78 人。

第二节　细胞免疫学实验室

一、概况

2008 年 11 月，申请成立国家中医药管理局三级实验室细胞免疫学实验室。2009 年 6 月，通过国家中医药管理局评估，上海中医药大学附属曙光医院正式成立国家中医药管理局三级实验室——细胞免疫学实验室。2009—2015 年，高月求教授任细胞免疫实验室主任。细胞免疫学实验室位于东部实验中心二楼，面积 80 平方米。2015 年，专职人员 6 人，平均年龄 38 岁；博士 3 人，硕士 1 人，学士 1 人，博导 1 人、硕导 1 人；具有正高职称者 1 人，副高职称者 1 人，中级职称者 3 人，初级职称者 1 人。

图 6-8-1　2015 年 8 月细胞免疫学实验室成员合影
（居中者为细胞免疫学实验室主任高月求）

二、专业发展

细胞免疫学实验室依托国家中医肝病临床重点专科、上海市中医肝病临床医学中心和上海市重中之重中医肝病临床医学中心，长期从事中医药防治慢性肝病细胞免疫作用机制研究。2009年6月，通过国家中医药管理局三级实验室评估，成为教育部肝肾疾病病证相关省部共建重点实验室、上海市中医临床重点实验室的重要组成部分。

细胞免疫学实验室以中医药防治慢性肝病的免疫作用机制为主攻方向。2009—2015年，开展了慢性肝病的免疫细胞包括树突细胞、CD4＋CD25＋调节性T细胞、NK/NKT细胞、杀伤性T细胞、B细胞、中性粒细胞、枯否氏细胞等的数量和功能变化的研究工作。通过大量临床研究探索各种慢性肝病的中医基本病机和病理特征，同时结合各种慢性肝病的免疫发病机制研究，建立了以补肾健脾利湿为主的治则治法；开展中药有效组方治疗慢性肝病的相关机制研究，在明确各种慢性肝病的免疫机制的基础上，以期明确中医防治慢性病的作用靶点和优势环节，为研制以调控免疫为主要作用环节的治疗慢性肝病的新药提供实验基础。

三、仪器设备

2009—2015年，细胞免疫学实验室拥有倒置荧光显微镜、流式细胞分析分选系统、酶标仪、ELISPOT检测仪、全自动酶免一体机、全自动生化分析仪、荧光显微镜、病毒核酸精确定量检测仪(罗氏CoBas)、微孔酶标检测仪、中医四诊信息采集和体质辨识系统、人体成分分析仪等先进的仪器设备105件，总价值960万元。

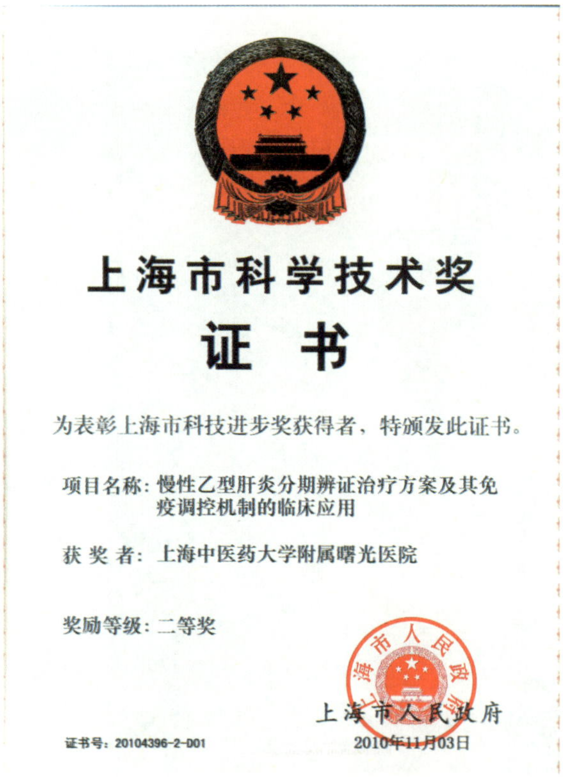
上海市科学技术奖

证　书

为表彰上海市科技进步奖获得者，特颁发此证书。

项目名称：慢性乙型肝炎分期辨证治疗方案及其免疫调控机制的临床应用

获 奖 者：上海中医药大学附属曙光医院

奖励等级：二等奖

上海市人民政府

证书号：20104396-2-D01

2010年11月03日

图6-8-2　2010年11月，医院获上海市科技进步奖二等奖

四、研究成果

【科研课题】

2009—2015年，细胞免疫学实验室共立项科研项目26项，其中国家自然科学基金5项、“十二五”国家传染病重大科技专项2项、国家中医药行业专项1项、省部级等项目18项，获资助经费近3 145.3万元。

【获奖情况】

2009—2015年，细胞免疫学实验室共获得科技奖励7项，其中国家教育部优秀成果奖(科学技术)二等奖1项，上海市科技进步奖二等奖1项，上海市科技进步奖三等奖2项。

【专利情况】

2009—2015 年，共申请专利 3 项，其中 2 项已授权。

【发表论文】

2009—2015 年，共发表论文 64 篇，其中 SCI 收录论文 9 篇。

第三节　临床药代动力学实验室

2008 年 7 月，临床药代动力学实验室成立，裘福荣任实验室主任。2008 年 10 月，开展国家新药人体药代动力学研究和生物等效性评价工作，是上海市中医院中最早开展该类研究的实验室。2009 年 10 月，通过国家中医药管理局的科研 3 级实验室的评审。经过多年的建设，实验室的研究条件和研究水平大大提高，实验室建立包括质量手册和程序文件的体系文件 1 套，标准操作规程(SOP) 25 项，管理制度 34 项。2010 年 4 月，通过国家合格评定委员会(CNAS)的 ISO17025 的认可评审，是国家中医药管理局科研 3 级实验室。2015 年 12 月，实验室拥有在岗工作人员 4 人，其中正高职称 1 人、中级职称 2 人、初级职称 1 人，具有博士学位 3 人、硕士 1 人。

一、专业发展

实验室利用液质联用仪(LC－MS/MS)测定人体生物样本中的药物浓度，开展国家新药临床药代动力学研究和生物等效性评价工作，以中药复方药代动力学研究、中药-药物代谢性相互作用和中药复方配伍的药动学机制研究为主要研究方向。2008 年 10 月—2015 年 12 月完成国家新药人体药代动力学、药物制剂生物利用度与生物等效性研究 14 项，所提交 CFDA 的研究报告全部通过评审。

建立了中药代谢和中药-药物相互作用研究技术平台，开展中药体外代谢及中药对肝脏药物代谢酶影响的体外研究、中药-药物代谢性相互作用临床研究，以及中药复方配伍机制研究工作。2008 年 7 月—2015 年 12 月，完成 10 余项中药单体成分对肝脏细胞色素 P450 酶影响的体外研究，完成 4 项中药-药物代谢性相互作用的临床研究，完成 2 项中药复方配伍的药动学机制研究。

利用 LC－MS/MS 建立同时测定中药多组分技术，开展中药复方药代动力学研究。2008 年 7 月—2015 年 12 月，完成了 5 项中药复方药代动力学研究。

二、研究成果

2008—2015 年，共承担国家自然科学基金和科技部新药重大创制等各类科研课题 13 项，其中国家自然科学基金 2 项，科技部新药重大创制 GCP 研究技术平台建设 2 项，上海市教委重点学科(第五期)“中药临床药理学”1 项，上海市自然科学基金面上项目 1 项，上海申康医院发展中心“临床药理学科研共享平台”1 项，上海市浦东新区科学技术局“新药临床实验研究平台”和“复方中药临床与实验研究平台”各 1 项。2008—2015 年，发表论文 40 余篇，其中 SCI 收录论文 10 篇，参与编写著作 3 部。

三、仪器设备

拥有万元设备15台，包括API4000液质联用仪（美国ABI/SCIEX公司）、API4000 Qtrap液质联用仪（美国ABI/SCIEX公司）、Agilent1200高效液相色谱仪（美国Agilent公司）、Allegra 64R高速冷冻离心机（美国Beckman公司）、Direct－Q3纯水系统（美国Millipore公司）、Centric Vap离心浓缩仪（美国Labconco公司）、GENIUS2 3030氮气发生器（英国Peak公司）、1300 A2生物安全柜（美国Thermo Fisher公司）、HERA cell CO_2培养箱（美国Thermo Fisher公司）、XS－105电子天平（瑞士Mettler Toledo公司）、T100TM Thermal Cycler PCR仪（美国Bio－Rad公司）、CKX41倒置显微镜（日本OLYMPUS公司）、Chemi DOCTM XRS＋凝胶成像系统（美国Bio－Rad公司）、超低温冰箱2台（美国Thermo Fisher公司）。

四、教学

2009年—2015年12月，共培养硕士研究生4人，博士研究生4人。2011届博士研究生张新峰的论文《左金丸类方的小檗碱、巴马汀、黄连碱和药根碱在Caco－2细胞转运的比较研究》荣获第二届全国中医药博士生优秀论文。2015届博士研究生缪萍的论文《甘草诱导CYP3A促进附子代谢的减毒配伍机制研究》荣获第五届全国中医药博士生优秀论文提名奖。承担上海中医药大学2010—2012届中药学专业硕士研究生课程“中药药代动力学”“中药物代谢”章节的讲课任务。

第四节　生物细胞学实验室

一、概况

1995年，生物细胞学实验室成立，2000年成为国家中医药管理局首批三级实验室，为上海中医药大学、上海中医药研究院肝病研究的所属实验室。2001年，转到曙光医院，是中国中西医结合肝病专业委员会挂靠单位。2006—2015年，刘成海任主任。实验室用房面积为650平方米。2015年，有专职研究人员23人，终身教授1人、特聘教授1人、客座教授3人[张礼邦，美国纽约大学西奈山医学院；斯科特·弗里德曼（Scott L. Friedman），美国纽约大学西奈山医学院肝病科主任；格什温（Gershwin），美国加州大学戴维斯分校]。其中研究员、教授6人，博士研究生导师5人，硕士生导师8人；有博士学位者17人。研究人员分别来自中医、中西医结合、西医、药学等不同专业背景。2015年，分别在中西医结合临床与中医内科学2个专业博士专业点招生，已培养博士后12人，博士研究生46人，硕士研究生38人。

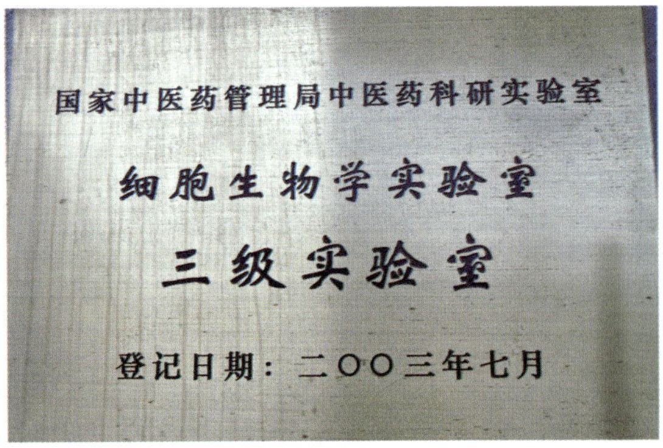

图6-8-3　国家中医药管理局三级实验室牌匾

研究队伍中，享受国务院特殊津贴专家5人。有国家杰出青年基金获得者1人，“973”首席科学家1人，国家级百千万人才2人，教育部新世纪优秀人才 2 人，卫生部有突出贡献中青年专家 2 人；上海市名中医 1 人，上海市领军人才 3 人，上海市优秀学科带头人 2 人，上海市“曙光学者”2 人，上海市启明星计划 2 人，上海市晨光计划 2 人。有中国中西医结合学会常务理事，国家药典委员会委员，中国中西医结合学会肝病专业委员会名誉主任委员，中华医学会肝病学会副主任委员，中国中西医结合学会消化病委员会副主任，中国中西医结合学会第一届循证医学专业委员会副主任委员，上海市中西医结合学会副会长，上海市中西医结合学会肝病专业委员会主任委员，上海市中医药学会肝病专业委员会主任委员和副主任委员等。

二、业务发展

实验室是我国中医医疗机构中唯一连续承担国家“六五”至“十一五”有关病毒性肝炎肝纤维化的科技攻关和科技支撑课题的单位，是国家重点基础研究发展计划(“973”计划)首席单位，承担国家自然基金重大计划重点项目。

拥有荧光定量基因扩增仪、遗传分析系统、全自动生化分析仪、Maldi－Tof 质谱仪、蛋白组学成像系统、芯片分析仪、高内涵药物筛选系统荧光活体内镜、UPLC－MS 液质联用仪、液体闪烁发光测定仪、氨基酸液相分析仪、高压液相色谱仪、多媒体病理图文系统、倒置荧光显微镜、激光共聚焦显微镜、双向电泳仪等先进仪器设备，总价值 2 832 万元。常规开展生化、病理、细胞分离与培养、分子生物学、肝损伤肝纤维化等各种体内外、动物实验模型等肝病实验技术，内容涵盖了组织、细胞、蛋白与基因各个层次。2015 年，临床基地配置有肝脏瞬时弹性扫描仪、肝病治疗仪、腹水浓缩回输系统、B 型超声、消化内镜、舌脉象采集系统等常规及肝病专用临床诊疗设备，专科医疗设备 4 869 万元。

2006 年，牵头起草了我国首部《中西医结合抗肝纤维化临床指南》并获通过。成功研发抗肝纤维化中药新药——扶正化瘀胶囊(片)，获 2003 年度国家科技进步奖二等奖，2015 年，销售额超过 2 亿元人民币。扶正化瘀片于 2013 年在美国完成抗慢性难治性丙型肝炎的Ⅱ期临床试验，获得预期结果，“扶正化瘀片体内效应成分群及其主要作用机制的合作研究”已获国家国际科技合作专项资助。实验室全面对外开放，接受全国各地学者或研究生到实验室工作，并已与中科院上海药物研究所、美国耶鲁大学医学院、布朗大学医学院以及数家医药企业开展合作。

2015 年，承担国家“十一五”“十二五”科技重大专项(传染病专项)3 项，国家国际科技合作专项 1 项、国家自然基金面上及青年项目 17 项，部、市级项目 15 项，在研项目总经费 3 897 万元。

三、研究成果

【科研奖励】

2006—2015 年，共获省部级以上各级奖励 20 项。其中，上海市科技进步奖一等奖 1 项、上海科技进步奖二等奖 2 项、中国中西医结合学会一等奖 2 项、中国中西医结合学会二等奖 3 项、中华医学会科技二等奖 1 项、教育部技术发明奖二等奖 1 项；其他奖励 10 项。

【专利】

2006—2015 年，实验室共申请专利 32 项，其中国际专利 2 项；专利授权 18 项，其中国际专利 2 项。

【成果转化】

2006—2015 年，肝病研究所共有 2 项专利实现成果转化：消胀贴膏转让常熟雷允上药业有限公司（合同额 180 万元）；健脾活血方转让上海现代中医药股份有限公司（合同额 150 万元）。

【著作与论文】

2006—2015 年，编写教材 4 部，撰写论著 3 部。共在核心期刊发表学术论文 888 篇。其中，SCI 收录 87 篇，单篇最高影响因子 10.88，总影响因子 157.5。

【课题】

2006—2015 年，实验室共中标各级课题 153 项。其中，国家级科研课题 71 项（含国家重大专项 5 项，“973”首席 1 项，国际合作项目 1 项，国家自然科学基金重大、重点项目 2 项，国家科技攻关 3 项，国家“863”项目 1 项，国家自然科学基金面上及青年项目 51 项，中国博士后基金 7 项）；省部级课题 46 项，局级课题 36 项。

第五节　肝肾疾病病证教育部重点实验室

一、概况

2007 年，肝肾疾病病证教育部重点实验室（部市共建）经教育部批准立项，2008 年 8 月启动建设。2012 年，通过了教育部组织的专家验收，正式挂牌。实验室依托于上海中医药大学，以国家重点学科和上海市重点优势学科——中医内科学为基础，以上海中医药大学肝病研究所和肾病研究所为主体，共同参与，整合优势资源进行组建，建设地点为医院肝病研究所。

图 6-8-4　2012 年 7 月 20 日重点实验室验收会合影（第一排右五为上海中医药大学校长、中科院院士陈凯先，后排右四为院长周华、右五为实验室主任刘平）

2015年12月，实验室固定人员50人，其中正高级职称11人、副高级职称13人。实验室主任刘平教授，常务副主任徐列明教授，各研究方向学术带头人徐列明、刘成海、胡义扬、高月求、高建东等教授带领各自的课题组，实施实验室建设各项任务。建设期间学科研究人员整体素质不断提高，人才结构组成更趋合理，形成了多学科、多专业、学位层次和专业技术职称分布合理的老、中、青三代相结合的学术梯队。队伍中有博士学位者36人，40岁以下人员31人，其中具备高级职称者9人。

表6-8-4　2007—2015年肝肾疾病病证教育重点实验室负责人情况表

任职时间	主　任	任职时间	副主任
2007年—	刘　平	2007年—	徐列明

表6-8-5　2007—2015年肝肾疾病病证教育重点实验室研究人员情况表

年　龄	人数(百分比)	学　历	人数(百分比)	职　称	人数(百分比)
40岁以下	32(64%)	博　士	36(72%)	正　高	12(36%)
40～50岁	12(24%)	硕　士	9(18%)	副　高	13(24%)
50～60岁	4(8%)	本　科	3(6%)	中　级	15(24%)
60岁以上	2(4%)	其　他	2(4%)	初　级	10(16%)

二、专业发展

2007—2015年，坚持中医药学思维方法以及以临床疗效为本的原则，面向国家社会发展的重大需求，以中医药防治重大、疑难疾病的优势病种——慢性肝病、慢性肾病等为研究对象，围绕“病证相关、方证相应”这一中医学现代发展中的重要科学问题，主要在4个研究方向(肝肾纤维化疾病的病机理论研究、慢性肝肾疾病证候及生物学基础研究、治疗慢性肝肾疾病有效中医方药作用机制的研究、慢性肝(肾)脏疾病的病证结合疗效评价方法研究)开展工作。

【肝肾纤维化疾病的病机理论研究】

“虚损生积”的肝硬化中医病机理论研究　2006—2011年，在国家重点基础研究发展计划(“973”计划)项目、国家自然基金重大计划重点项目等基金的支持下，通过文献整理、实验和临床研究，创新性地形成了“血瘀为积之标，虚损为积之本”的“虚损生积”及“补益虚损”，促进机体精气来复、修复形质亏损、改善肝硬化病理组织学变化的病机治法理论。国家中医药管理局为此特设了“慢性肝病虚损重点研究室”(专家委员会建议)。2011年，获上海市科技进步奖一等奖。

“正虚血瘀”是肝、肾、肺等器官纤维化的共性病机研究　2001—2010年，在对既往肝纤维化“正虚血瘀”病机特点的认识以及器官纤维化的类似病理生物学机制基础上，进一步提出“正虚血瘀”是肝、肾、肺纤维化共性中医病机特点的假说，通过补虚化瘀的扶正化瘀方防治肾、肺纤维化的药效实验进行假说验证，并系统、深入研究补虚化瘀方药防治不同器官纤维化的共性作用机制、配伍原理及其主效药物或组分、成分。结果发现抗肝纤维化有效中药复方——扶正化瘀方对肾与肺间质纤维化均有良好的干预治疗效应，证实“正虚血瘀”是器官纤维化的共性病机，拓展了补虚化瘀中医治法方药在抗器官纤维化中的应用。2010年,获教育部高等院校优秀成果技术发明奖二等奖、上海市科技进步奖二等奖。

【慢性肝肾疾病证候及生物学基础研究】

开展大样本慢性病毒性肝炎中医证候分析 2006—2012年,在国家科技重大专项课题的支持下,对大样本的慢性乙型肝炎和慢性丙型肝炎的中医证候进行分析,明确中医证候类型的分类特点。采用快速聚类分析方法对1 348例慢性乙型肝炎患者的中医证候、1 348例慢性乙型肝炎中医四诊信息的临床流行病学进行调查,经生物学统计结合专家经验综合判识。结果显示慢性乙型肝炎患者主要由5种中医证型组成,其中典型脾虚湿热证占46.0%;脾虚湿热兼肝肾阴虚证占23.4%;脾虚湿热兼气阴两虚证占14.6%;脾虚湿热兼脾肾阳虚证占8.3%;脾虚湿热兼肝气郁结证约占7.7%。不同中医证型患者的HBV-DNA表达水平经方差分析,差异有统计学意义($P<0.05$),其中典型脾虚湿热证患者HBV-DNA(Ig)水平最高,脾虚湿热兼肝气郁结证患者的HBV-DNA(Ig)水平最低。

通过对我国东西南北中10个省18个研究中心的1 241例慢性丙型肝炎患者的流行病学和中医证候学调查,采用聚类分析的方法,并结合专家经验,初步得出慢性丙型肝炎中医证型如下:正虚邪恋型(42.5%)、肝郁脾虚型(22.8%)、湿热中阻型(10.9%)、脾肾阳虚型(9.9%)、肝肾阴虚型(7.9%)、瘀血阻络型(6%)。初步分析了中国慢性丙型肝炎中医辨证分型规范,确定了各证型的主症、次症,以及诊断标准。

基于系统生物学的慢性乙型肝炎证候生物学基础研究 2009—2015年,运用系统生物学技术,典型证候可从基因转录组、尿液代谢组和肠道元基因组等层面明确分类;通过组学信息整合,部分揭示了慢乙肝主要证候之间的关联机制,建立中医四诊和临床理化指标信息整合的证候判识数学模型。研究发现慢性乙型肝炎三种常见证(肝胆湿热、肝郁脾虚、肝肾阴虚)有望用于判断特征性基因表达谱。多视角数据融合(四诊、代谢组、转录组、元基因组、蛋白质组)证的判别模型已具雏形,为建立规范的证判别新标准奠定了重要基础。揭示和证明了中医证生物学分类的科学内涵,为证的客观化、标准化以及临床疗效评价提供了重要依据。

慢性肾功能衰竭肾阳虚证尿代谢组学的特征研究 2006—2011年,首次发现腺嘌呤诱导慢性肾衰模型大鼠肾阳虚的表现较传统的氢化可的松阳虚模型更为典型。通过对两种模型的比较,从肾主水—水通道蛋白和尿渗透压、肾主骨—骨密度、肾主生殖—性腺形态学和性激素、肾阳主温煦—畏寒等外征表现,尿液内源性代谢物变化观察等整体的研究发现,无论从外在表现还是从神经内分泌网络的特异变化,腺嘌呤肾衰模型较传统的氢化可的松阳虚模型都更加符合中医肾阳虚证的病机特点,首次将其明确为肾阳虚证合适模型,为今后肾阳虚证候理论研究和中药的筛选、研发提供了理想的实验模型。明确了肾阳虚证的关键代谢物,并发现了这些代谢物的变化方向和代谢途径。相关成果于2011年获得中华中医药学会科技进步奖二等奖。

【治疗慢性肝肾疾病的有效中药方剂作用机制研究】

扶正化瘀方抗器官纤维化的作用机制研究 2006—2015年,发现扶正化瘀方抗器官纤维化主要作用机制在于影响纤维化组织差异蛋白质组表达。抗肝纤维化作用与调节细胞增生、物质代谢、氧化应激、细胞骨架等功能相关蛋白质密切相关。对肾间质纤维化,除与调节物质及能量代谢、应激反应及炎症反应有关外,还可以抑制肾小管上皮细胞增殖和转分化而发挥抗纤维化效应。调节物质代谢、氧化应激、细胞骨架蛋白等相关蛋白质组，是扶正化瘀方抗肝、肾纤维化“异病同治”的重要效应基础。① 抗过氧化损伤与保护组织微环境。扶正化瘀方可减轻纤维化肝或肾组织脂质过氧化损伤，抑制组织 MMP－2/9 蛋白表达及其活性，保护组织基底膜结构，通过抗过氧化损伤与保护组织微环境的抗器官纤维化的作用机制。② 影响促纤维因子的细胞信号转导。对于肝纤维化，扶正化瘀方可下调纤维连接蛋白/整合素信号途径，通过抑制 Smad3 的磷酸化、TGF－β1/Smads 信号转导而抑制肝星状细胞活化及其肝纤维化的发展；对于肾纤维化，扶正化瘀方显著抑制 TGF－β1 刺激 HK－2 细胞的上皮-间质转分化，且下调 TGF－β1 型受体表达与 Smad 2/3 磷酸化，通过下调 TGF－β1/Smads 信号途径而抑制上皮-间质细胞的转分化；对于肺纤维化，扶正化瘀方可通过调节透明质酸/核因子 κB 途径，而发挥抗肺组织炎性病变与肺纤维化的作用。

发现扶正化瘀方抗肝、肾纤维化的部分物质基础为虫草菌丝提取物(石油醚部位)与丹酚酸 B 等。其中，虫草菌丝提取物有明显保护肝窦内皮细胞损伤、抑制肝星状细胞活化作用。发现扶正化瘀方抗肝、肾纤维化的共同有效成分——丹酚酸 B 及其作用机制，其显著抑制 TGF－β1 诱导的原代培养肝星状细胞活化，降低 TGF－β1 受体结合能力，下调 Smad3 核转位，抑制 TGF－β1/Smads 和 MAPK 的信号转导；调节肝细胞的死亡受体和线粒体通路，抑制肝细胞凋亡，从而发挥抗肝损伤与肝纤维化作用。对于肾间质纤维化，丹酚酸 B 能明显改善大鼠肾间质纤维化，减轻肾脏脂质过氧化损伤；丹酚酸 B 可对抗 TGF－β1 诱导的 HK－2 细胞转分化，其作用机制与抑制 TGF－β1/Smads 病理信号转导有关。2011 年，成果获教育部高校优秀科技奖自然科学二等奖。

中医药调控机体免疫功能治疗慢性乙型病毒性肝炎作用机制研究　2006—2012 年，观察到不同免疫分期 CHB 患者的外周血 T 细胞、树突细胞和 NKT 细胞呈现动态变化趋势。补肾健脾方通过降低 CHB 患者(1ULN＜ALT＜2ULN)外周血中 CD25＋CD4＋Treg 的比例和 Foxp3 的基因表达水平，增强机体抗病毒的能力；补肾方可以增加 CHB 患者 NKT 细胞的数量，且使 IFN－γ 分泌增加和 IL－4 分泌减少，调节 Th1/Th2 平衡，可降低外周血 T 细胞亚群免疫效应分子的表达，减轻肝脏损伤；健脾方联合干扰素可明显改善 CHB 患者外周血树突细胞共刺激分子 CD86、CD80、CD40、CD11c 表达；中医辨证治疗联合恩替卡韦能够明显改善 CHB 患者(1ULN＜ALT＜2ULN)的肝脏功能，提高 HBeAg 阴转率(提高 10%)，降低 HBV－DNA 表达水平，其机制可能与降低外周血 T 细胞/树突细胞的 PD－1/PD－L1 表达有关。明确了不同免疫分期慢性乙型肝炎(CHB)患者免疫特征和中医证候特点以及中医辨证治疗方案的临床疗效，进一步阐释中医药治疗免疫耐受期慢性乙型肝炎的免疫调节机制。2010 年，成果获得上海市科技进步奖二等奖。

中医药防治酒精性和非酒精性脂肪肝的机制研究　2006—2015 年，针对酒精性脂肪肝，在国内率先成功复制了 Lieber－Decarli 酒精液体饲料诱导的大鼠酒精性肝损伤模型；发明了“一种防治酒精性肠道损伤和肝损伤的中药复方制剂”(健脾活血方，已获得国家发明专利授权)；提出并论证了“肠道”是中药防治酒精性肝病的重要靶位，针对酒精所致的肠道损伤和内毒素“肠渗漏”，是中药防治酒精性肝损伤的重要作用环节的假说；发现了相关作用的物质基础葛根总黄酮、葛根素等，对酒精性肝病中医药防治的学术发展和临床实践有重要的促进作用。针对非酒精性脂肪肝，在成功建立 FFA 诱导肝细胞脂肪变性和 TNF－α 分泌的体外模型以及元基因组学技术应用等基础上，解析了祛湿化瘀方影响“FFA－ctsb－TNFα”通路、“脂联素-游离脂肪酸代谢”路径及其调节肠道菌群紊乱等的重要药理机制，并成功运用均匀设计法，阐释了该复方的主要配伍原理。2015 年，获中国中西医结合科学技术奖二等奖。

创立辨证治疗慢性肾脏病(CKD2～3 期)改善肾功能的系列有效方药　2009—2015 年，针对慢性肾脏病(CKD2～3期)脾肾亏虚、邪实热毒、湿热、血瘀的病机特点，应用自20世纪60年代率先提出"健脾补肾大法治疗慢性肾病"的基础上，创制了扶正祛邪的肾衰冲剂(热毒为主)、抗纤灵冲剂(血瘀为主)和健脾清化方(湿热为主)等系列方药。从临床、动物模型及体外进行临床疗效和抗肾纤维化的机制研究。2009—2015年，获得教育部科技进步奖二等奖、上海市科技进步奖二等奖、中国中西医结合科技进步奖二等奖等。

治疗慢性肾衰抑制肾纤维化系列方药的作用机制研究 2006—2013年，针对慢性肾功能衰竭的中医证候病机，创制了治疗慢性肾衰热毒证的肾衰冲剂、血瘀证的抗纤灵冲剂和湿热证的健脾清化方等系列方药，部分解析了肾衰冲剂、抗纤灵冲剂、健脾清化方抗肾纤维化的作用机制。肾衰冲剂治疗5/6大鼠肾衰模型取得显著疗效并且改善肾血流动力学，通过降低合成前列腺素的限速酶COX-2，减少COX-2的病理性代谢产物，从而改善肾组织结构的病变。证实肾衰冲剂抑制肾皮质COX-2表达，降低血TXB2是其发挥抗慢性肾衰所致肾纤维化作用、延缓肾功能衰竭的重要途径，是扶正泄浊、清热解毒法治疗慢性肾衰的药效学基础。抗纤灵可改善肾脏血流动力学。通过抑制RAS系统，调节NO和NOS系统、内皮素-花生四烯酸系统；提高SOD活性、TAD氧化酶活性，降低丙二醛，抑制超氧阴离子和羟自由基，调节氧化抗氧化系统，具有良好的抗氧化能力。抗炎症：氧化修饰低密度脂蛋白，抑制肾脏固有细胞过度表达的细胞因子和炎症因子PDGF、TGF-β、TNF-α、IL-6的水平及其mRNA的高表达，降低肾组织AT1R、NF-κB表达。抑制纤维化：抑制大鼠残余肾细胞平滑肌肌动蛋白(α-SMA)的表达；减少成纤维细胞和系膜细胞的增殖及分泌细胞外基质、FN、IV胶原和纤维连接蛋白。减轻肾组织损伤：减轻肾小管上皮变性、坏死、脱落，阻止肾间质纤维化，降低肾小球硬化指数，延缓慢性肾衰的进展。

【慢性肝(肾)疾病的病证结合疗效评价方法研究】

慢性肝病病证结合疗效评价方法研究 2007—2012年，建立慢性乙型肝炎证候量表和自我感受量表以及肝硬化患者报告结局量表，开发远程信息采集系统，建立信息共享平台。围绕"病证结合"开展了中医药治疗病毒性肝炎的临床研究。建立了慢性乙型肝炎中医证型与经中医治疗生活质量评价技术，研制了慢性乙型病毒性肝炎脾虚证候量表和慢性乙型肝炎患者自我感受量表、肝炎后肝硬化中医临床疗效评价量表，丰富了中医药治疗病毒性肝炎的临床疗效评价方法。应用该评价方法，发现了肝炎后肝硬化"病—证相关"的部分病理生物学基础，阐释益气黄芪汤、祛瘀下瘀血汤、养阴一贯煎及清热利湿茵陈蒿汤等古典方剂防治肝硬化不同功效的效应机制，实现中医病机理论与现代病理生物学变化的部分融合。其部分研究结果已被中国中西医结合学会肝病分会制定的《肝纤维化中西医结合诊疗指南》及中华中医药学会编写的《中医内科诊疗规范・肝硬化》所引用。2012年，获中国中西医结合学会科技进步奖一等奖。

病证结合治疗慢性肾衰化系列方药的临床疗效评价 2006—2013年，针对慢性肾功能衰竭的证候病机，创制了治疗慢性肾衰热毒证的肾衰冲剂、血瘀证的抗纤灵冲剂和湿热证的健脾清化方等系列方药。分别进行病证结合的疗效评价研究，达到改善或稳定肾功能及临床症状的良好疗效。肾衰冲剂治疗早中期慢性肾功能衰竭脾肾气虚兼热毒壅盛型患者120例，临床症状显著改善甚至消失，总有效率达82%。用Mitch氏方法评价部分有效患者平均250天的长期疗效，结果显示患者肾功能稳定，有的呈恢复趋势，未见临床症状恶化。抗纤灵冲剂临床治疗早中期慢性肾衰血瘀型患者220例(西药治疗对照组210例)，抗纤灵冲剂有效率89.55%，西药对照组为76.19；而腰痛、面色晦暗、肌肤甲错及皮肤及口舌黏膜瘀斑等的临床改善效果显著优于西药对照组。健脾清化方结合西医基础治疗138例慢性肾脏病(CKD)3期湿热内蕴型患者,研究结果显示,健脾清化方能明显改善慢性肾功能不全患者的临床症状,降低血肌酐含量和24小时尿蛋白定量,总有效率为88.67%,与对照组单纯西医基础治疗相比有显著性差异。

表6-8-6 2015年实验室主要设备情况表

序 号	设备名称	厂家及型号	价值/万元
1	冷冻离心机	J-26XPI	33.30
2	超纯水系统	MILI-Q	10.50
3	流式细胞仪	FACSARIA	176.90
4	飞行时间质谱仪	AUTOFLEXⅢ	207.90
5	实时定量PCR仪	MASTERCY CLEREP	36.00
6	微孔板扫描分光光度计	POWER WCNE XS	12.80
7	分光光度计	GE NAN0VUE	11.90
8	肺功能检测仪	BUXCO PFT	37.40
9	流式液相芯片仪	FACSARRAY	61.00
10	酶联斑点分析仪	S5 MICRO	41.00
11	动态血糖监测系统	CGMS	27.40
12	自动电位滴定仪	848	10.00
13	超声波诊断仪	FIBROSCAN 502	96.80
14	内镜成像系统	OPTISCAN FIVE 1	129.50
15	冷冻切片机	CM1850	12.70
16	脱水机	TP1020	25.40
17	台式高速冷冻离心机	MR23i	10.60
18	荧光定量PCR仪	3000A	21.60
19	双向电泳仪	ETTAN 2D	15.90
20	酶标仪	USA M5	49.60
21	自动生化仪	卓越450	38.80
22	紫外分光光度计	UV/VIS 916	11.10
23	多媒体病理图文系统	MPIAS-500	13.00
24	倒置荧光显微镜	PL2X	22.20
25	氨基酸液相分析仪	2695	49.20
26	蛋白组学成像系统	PROXPRESS 2D	132.20
27	高内涵药物筛选系统	HCS READER2.2.0	287.70
28	离心机	J-E	19.20
29	液质联用仪	4000/1200	220.40

（续表）

序　号	设 备 名 称	厂 家 及 型 号	价值/万元
30	高效液相色谱仪	1200	35.60
31	显微镜	徕卡 SCN400	111.00
32	洗板机	BIOTEK ELX 405	22.80
33	网络显微镜	徕卡 DMD 108	16.90
34	自动荧光体视显微镜	徕卡 M205FA	51.60
35	酶标仪	TECAN F200 PRO	43.60
36	PCR 仪	ABI VIIA 7	77.00
37	内镜洗消机	强生 NSX	29.70
38	激光共聚焦显微系统	OLYMPUS FV10I	118.80

三、研究成果

2007—2015 年，共承担国家“973”项目课题 1 项，“艾滋病与病毒性肝炎等重大传染病防治”与“重大新药创制”国家科技重大专项等共 15 项，总经费近 1.1 亿元。共承担国家自然基金 46 项(重点项目 1 项)，总经费 2 241 万元。中国博士后基金 5 项(结题 2 项，新中标 3 项)，以及其他省部局级课题 50 余项，总经费 1 700 余万元。

已发表文章 421 篇，其中 SCI 收录 88 篇，单篇影响因子最高为 11.6。获得发明专利授权 20 项，申请发明专利 28 项，申请软件著作权 7 项，成果转化 2 项。获上海市科技进步奖一等奖 1 项(2011 年)、省部级科技进步奖二等奖 12 项，其他各级别奖项 22 项。

四、学术交流与合作

【对外交流】

2007—2015 年，实验室致力于推进与国内外知名研究机构开展多种形式的合作交流。与美国加州大学圣迭戈医学院、贝勒医学院等合作在美国开展了扶正化瘀方抗肝纤维化Ⅱ期临床试验；与美国加州大学戴维斯分校合作研究免疫性肝病及中医药影响干细胞分化的前期实验研究；与法国国家卫生研究院、上海市实验物中心合作开展肝纤维化转基因模型的研究。本学科领衔的慢性乙肝治疗方案、早期肝硬化治疗方案的国家科技重大专项，分别和全国近 30 多家三甲医院开展联合研究。有关慢性乙肝证候的国家科技重大专项研究，联合上海交通大学、同济大学、生物芯片国家工程中心开展多学科交叉的研究；与同济大学、华东理科大学合作完成“扶正化瘀方抗肝纤维化的网络药理学研究”。通过选派实验室青年科研工作者赴国外进修学习提高实验室工作人员科研水平。邀请专业领域知名科学家来实验室进行学术报告，聘请美国西奈山医学中心石亦宏教授、美国肌萎缩脊髓侧索硬化症治疗开发研究所蒋冰冰教授为实验室客座教授。

举办专业学术交流会议。实验室主办第二、三届国际肝纤维化学术会议;2011 年,上海国际中西医结合学术大会肝病专场;2012 年,协办国际病毒性肝炎和慢性肝病大会中医药专场。作为专业学会挂靠单位,主办全国中西医结合肝病学术会议 11 次,并主办全国中西医结合消化病会议 1 次、全国中医肾病学术会议 4 次。

广泛开展海内外学术交流与合作,借鉴、吸收现代生命科学的理论和先进技术,开阔视野,提高创新能力;同时,扩大本学科在海内外的影响,对于促进学科发展和梯队建设、人才培养能力,发挥了重要作用。鼓励实验室科研人员参加学术会议,共有 230 余人次参加相关的国内重要学术会议,受邀做大会特邀报告、主题特邀报告或会议发言等多种形式的交流活动。通过这种形式,使学科内的科研骨干人员能够更广泛地参与国内学术交流,与国内同行进行直接的沟通交流,建立协作关系,扩大了本实验室在国内的学术影响力。

【内部学术交流】

2007—2015 年,每年定期组织学术交流活动。2015 年,何立群教授作“肾纤维化的研究现状及系列方药的干预作用”的学术报告、吴明博士作“甲基化转移酶 EZH2 在多囊肾病中的作用及机制研究”、陶艳艳博士作“抗肝纤维化有效中药复方的抗肾纤维化拓展研究”等交流报告。通过合作,共同承担、申报国家重大科研项目 3 项。

【对外开放】

2007—2015 年,利用重点实验室开放条件,吸引了本重点研究室的研究人员开展科学研究,促进了不同学科间的交叉和人员交流,开阔了双方的视野和思路。根据实验室开放要求和开放基金管理办法,共资助开放课题 14 项,总金额 48 万元,其中校外 9 项、校内 5 项。2015 年,全部结题。发表标注论文 23 篇。同时,实验室先后接收来自第二军医大学、深圳东湖医院等单位的 30 余名科研人员进修。

五、教学工作

实验室下设的临床科室承担上海中医药大学本科、研究生、留学生、规培生的理论课教学及临床教学工作。2007—2015 年,包括留学生班“中医内科学”全英语理论课授课及全英语实习带教,32 学时/年,80 人/年;五年制、七年制学生小学期见习带教、毕业实习 150 余人;研究生临床实践和规培生临床带教,共计 200 余人。

2015 年,承担并开展的课程包括上海中医药大学本科生“科研思路与方法”选修课、肝病学研究进展;为研究生开设“科研思路与方法”必修课程、“中医肾病治疗研究进展”和“中医肝病治疗研究进展”等课程。徐列明为短期来沪的美国中医学生讲授“Therapy of Liver Diseases”(肝病治疗)。

刘平教授主编了研究生及本科生《科研思路与方法》教材。徐列明教授参与带教上海中医药大学主办的“一带一路”沿线国家医学高端人士中医药研习班,讲课题目:“Applying Combine Traditional Chinese and Western Medicine to Prevent and Treat Liver Diseases”(中西医结合应用于肝病的防治)。刘平教授负责的“中医药虚拟仿真实验教学体系的研究与实践”获得 2013 年上海市教学成果一等奖。

第六节　骨与关节病理学实验室

一、概况

2002年12月，向国家中医药管理局递交建立骨与关节病理学实验室的申请。2003年7月，国家中医药管理局进行了中医药科研实验室分级登记，骨与关节病理学实验室正式成立。2015年，人员15人，其中正高4人、中级3人、初级3人。办公地点设在医院骨伤科研究所。实验室拥有享受国务院政府特殊津贴专家（2人）、国家级名中医师带徒导师、国家中医药管理局全国优秀中医临床人才、国家教育部新世纪优秀人才、上海名中医、全国百名杰出青年中医、上海市领军人才、上海市曙光学者、上海市青年科技启明星（2人）、上海市银蛇奖获得者（2人）。

表6-8-7　2003—2015年骨与关节病理学实验室历任负责人情况表

任职时间	主　任
2003—2006年	詹红生
2006年—	赵咏芳

二、专业发展

骨与关节病理学实验室主要研究方向为脊柱病损、骨质疏松、骨关节病损及石氏伤科学术思想整理，常规开展病理形态学、细胞组织培养、分子生物学、显微影像学等专业技术。

【中医药防治脊柱病损研究】

2002—2015年，系统整理研究了"仰卧位拔伸整复手法治疗颈椎病技术"，获得上海市临床医疗成果三等奖，并被国家中医药管理局列为第一批中医临床适宜技术推广计划项目，在国内推广应用。建立家兔颈椎慢性病损模型和大鼠腰椎"骨错缝，筋出槽"病理模型，深入研究颈腰椎慢性病损的关键发病病机，揭示手法和中药的作用机制，获浙江省科技奖三等奖，获得实用新型专利2项。

【中医药防治骨质疏松研究】

2002—2015年，在国内率先开展中医药防治骨质疏松症的研究，自主开发的中药六类新药"芪骨胶囊"获得国家新药证书；同时，是世界卫生组织（WHO）社区骨质疏松症防治研究的合作伙伴，作为主要负责单位之一起草了《WHO天然药物与植物药治疗骨质疏松症研究指导原则》，并出版用于中药新药开发的《中药防治骨质疏松症及其骨折的临床前和临床评价指导原则》一书。研究成果获教育部提名国家科学技术奖自然科学奖一等奖1项、上海市科技进步奖三等奖2项、上海市医学科技奖二等奖1项，获得发明专利1项。

【中医药防治骨关节病损研究】

2002—2015年，提出慢性骨与关节病损诊治的新观点，即其疾病病机是"本痿标痹，痰、瘀致痹为标，肝肾亏虚为本”，及“筋为骨用”“筋骨并治”的骨与关节病的治疗新概念。研制中药新制剂“养血软坚胶囊”“金力胶囊”，研究显示具有良好的抗炎镇痛及软骨保护作用。基础研究方面，深入软骨退变的分子机制，并探索中药在软骨组织工程领域中的应用。研究成果获上海市科技进步奖三等奖、中华中医药学会科学技术三等奖、中国中西医结合学会科技进步奖三等奖。申请专利 3 项，已获授权 1 项。

表 6-8-8　2005—2015 年骨与关节病理学实验室主要设备情况表

设 备 名 称	型号、规格	年　份	数量/台	单价/万元
显微镜	OLYMPUS IX71	2005	1	20.23
排气型脱水机	徕卡 TP1020	2005	1	11.09
石蜡包埋机	徕卡 EG1150	2005	1	7.43
离心机	HERAEUS	2005	1	6.43
基因扩增仪	96 孔	2005	1	6.10
生物安全柜	36205-24	2005	1	5.54
离心机	HERAEUS	2005	1	5.08
重型切片机	徕卡 sm2500	2006	1	45.60
锯齿切片机	徕卡 SP1600	2006	1	25.40
核酸蛋白分析仪	贝克曼 DU800	2006	1	10.43
磨片机	徕卡 SP2600	2006	1	8.00
小动物 X 线成像系统	MX-20	2007	1	93.19
红外激光成像系统	Ddyssey	2007	1	60.54
冷冻切片机	CM 3050S	2007	1	20.20
小动物标本断层扫描系	EXPLORELOCVS SP-ABA	2008	1	161.41
流式细胞仪	QUANTA SC	2009	1	60.80
实时荧光定量 PCR	STEPONE PLUS	2009	1	31.61
二氧化碳培养箱	RS BIOTECK	2009	1	5.76
骨密度仪	GE LUNOR IDXA	2011	1	137.20
三维步态脊柱测量系统	VILON T40S-10	2012	1	193.80
舌面脉信息采集系统	DSO1-A	2012	1	31.00
臭氧治疗仪	MEDOZON COMPACT	2012	1	25.00
生物显微镜	奥林巴斯 BX43	2012	1	12.12
服务器	HP Z800	2012	1	9.00
多功能微波组织处理仪	MILESTONE KOS	2013	1	33.45
紫外可见分光光度计	THERMO ND-2000	2013	1	8.00
小动物足底测试仪	UGO 37370	2013	1	7.00

（续表）

设 备 名 称	型号、规格	年 份	数量/台	单价/万元
电脑全自动染色机	LST	2013	1	6.58
小动物足底测试仪	UGO 37450	2013	1	5.80
脊柱功能测评系统	PROXOMED	2014	1	228.90
PCR 仪	耶拿	2014	1	6.32
超低温冰箱	EPPENDORF U570	2014	1	6.14
小动物 CT	Skyscan1172	2015	1	286.01
模拟仿真测试评价系统	Primus RS	2015	1	108.06
三维运动捕捉系统	T40S	2015	1	61.49
便携式功能评价测试系统	Evaluator	2015	1	39.12
足底压力分布测量系统	Pedar	2015	1	35.51
红外热像仪	NIPPON R500	2015	1	27.39
化学发光成像系统	伯乐 XRS	2015	1	18.55
轮转切片机	徕卡 RM2245	2015	1	13.79

三、研究成果

2002—2015 年，承担国家级课题 22 项，总经费 1 446 万元。其中承担国家自然科学基金 17 项，总经费 609 万元。省部级及以下课题 92 项，总经费 4 034.05 万元。

2002—2015 年，发表文章 424 篇，其中 SCI 收录 42 篇。获得专利授权 21 项，申请专利 27 项，成果转化 2 项。获省部级奖项 15 项，其他各级别奖项 57 项。

四、学术交流与合作

2002—2015 年，每年定期邀请行业内资深专家到实验室进行学术交流。邀请如生物力学、流体力学、放射医学等不同领域的专家进行学术演讲，开拓实验室工作人员思路，推动本学科与其他学科的交叉合作研究。

1990—2015 年，石印玉教授多次应邀赴美国、马来西亚、新加坡等国家和中国香港、中国台湾等地区讲学，并被旧金山州立大学聘为该校中国医学科学研究所技术顾问。

2008 年 10 月 9—12 日，举行退行性脊柱病的中医诊治新进展学习班。石印玉、石关桐、詹红生教授参加会议。

2009 年 11 月 26—29 日，开办 2009 年度国家级继续教育项目“骨关节病的临床新方法新技术”学习班，石印玉、詹红生、赵咏芳、曹月龙、郑昱新、杜炯、匡勇、卫晓恩专家进行授课。

2013 年 2 月 4 日，举办 2013 年骨关节病专科建设与学术发展论坛。邀请澳大利亚莫纳什大学、塔大孟席斯研究所丁长海副教授进行讲课。9 月 2—4 日，召开上海石氏伤科骨与关节健康论坛，石印玉教授、詹红生教授作总结发言。参会学员共计148人。

2014年9月19—21日，举办“石氏伤科学术经验和诊疗技术的应用及其进展学习班”，其间邀请上海市黄浦区中心医院石仰山教授、上海中医药大学附属龙华医院施杞教授、长春中医药大学附属医院赵文海教授、江苏省苏州市中医院姜宏主任，以及石印玉、詹红生、赵咏芳、沈卫东等教授与专家莅临讲课。

2015年7月17日，举办“‘石氏伤科’技术诊治现代骨伤疾病培训班”，邀请詹红生、赵咏芳、陈东煜、黄仕荣、杜炯、石瑛、郑昱新、刘印文、庞坚、王翔等专家进行大会交流。

五、教学工作

2002—2015年，主要承担上海中医药大学不同专业层次学生的“中医骨伤科学”理论及部分临床教学任务。包括五年制学生课程“中医骨伤科学基础”，70学时/年，40人/年；七年制学生课程“中医骨伤科学”，70学时/年，45人/年；研究生课程“中医骨伤科理论与实践”，40学时/年，40人/年。主持教育部高等教育司精品视频公开课1门，上海市精品课程1门，上海市教委重点课程1门。“中医骨伤科学”为国家医学教育慕课联盟课程之一。

六、著作与教材

石印玉教授主编新世纪全国高等医药院校中西结合临床医学专业规划教材、普通高等教育“十一五”国家级规划教材《中西医结合骨伤科学》；詹红生主编普通高等教育“十一五”国家级规划教材、全国普通高等教育中医药类精编教材《中医骨伤科学》，卫生部“十二五”规划教材《中医骨伤科学》，全国中医药行业高等教育“十二五”规划教材、全国高等中医药院规划教材《中西医结合骨伤科学》等，共计8本针对本科生、研究生及规范化培养住院医师的主编教材。

第七篇 精神文明和医院文化建设

概　述

1960年，医院在制定办院方向时就明确指出，必须坚持为人民服务的崇高宗旨。尤其是20世纪80年代初以来，结合新时期改革开放总体形势，医院不断扩大业务范围的实际情况，以及广大患者的需求愿望，逐步从建立相应的管理机构，到建立有关的教育、激励、监督机制等规章制度。从服务形式到便民内涵、从实施优质服务的量到质，坚持和加强医院精神文明建设。1984年，被上海市人民政府首批命名为"上海市文明单位"之后，医院管理者和全体职工在精神文明建设过程中不断创新。至2015年，医院已连续16次蝉联"上海市文明单位"称号。1986年和2004年，分别荣获"全国卫生先进集体"称号；1991年，被评为全国百佳医院；2010年，荣获中共中央国务院颁发的"上海世博会先进集体"称号。医院精神文明创建工作得到社会的认可。

在争创现代化综合性中医医院的进程中，努力建设兼具自身特点和中医个性的医院文化。1906年，曙光医院的前身四明医院创办，经营业务范围包括教育、医药卫生等公益事业，系一所济贫病兼行医事的带有慈善性质的机构。创业者为广大百姓特别是为宁波同乡治病，赢得"医者父母心，浮生济世人"的美誉。历代曙光人不忘初衷，在长期医疗过程中形成自己独特的医院文化，提炼医院精神。20世纪80—90年代，医院提出"团结、奋进、优质、创新"的院风，在这基础上不断发扬，并逐步形成"治病救人，忠于职守；钻研技术，精益求精；文明行医，清正廉洁；弘扬国粹，普照曙光"的医院精神。"十一五"期间，上海市人民政府决定在浦东张江地区投资建立一所现代化的中医院，在东部的建设过程中，医院领导始终坚持医院的特色文化，提出"大医德泽、生命曙光"的医院精神，继承传统中医文化的核心理念，并结合时代的特点开拓创新。同时，还将古代张仲景的"大医精诚"作为院训，提倡医德和医术的德艺双馨。医院还确定"大医精诚、以仁为本、继承创新、精益求精"的质量方针，要求全体医护人员以"苍生大医"的崇高医德作为自己的榜样，发扬救死扶伤的人道主义精神；以"仁心仁术"为服务理念，体现以人为本的医疗服务理念和管理理念；以传承中医药精髓、开拓创新为发展的内在动力，以可持续性发展、不断钻研、积极探索为目标，构建和谐的医患关系。

第一章　精神文明建设

1984—2015年，医院31年16次蝉联“上海市文明单位”称号。在医院建设和发展过程中，医院坚持把物质文明建设和精神文明建设作为统一的奋斗目标，始终坚持“以人为本”“质量第一、病人至上”“治病救人”“人道主义”的内涵，把着重点放在引导和提高医务人员的理想信念、道德、纪律和为人民服务的观念上，放在养成良好的医德医风上，进而提高医务职工的整体素质，提高医院的文明程度。

第一节　组织机构和规章制度

20世纪80年代初开始，在中央和上海市“五讲四美三热爱”活动委员会指导下，结合当时“脏、乱、差”现象和医院“看病难、住院难”等实际问题，在行政上采取整顿和改进措施的同时，建立医院的“五四三活动”领导小组，改变以往行政抓业务、党群组织抓思想教育的“两张皮”状况，按“两个文明担子一起挑、两个文明任务一起抓、两个文明成果一起要”的要求，协调贯彻创建文明的各项任务，统一思想，统一指挥系统。

1984年，医院开展创建文明单位活动，确定由书记、院长挂帅，党政群各职能部门负责人参与，成立医院精神文明建设领导小组，并设立办公室，制定一定的例会制度。同时，将开展活动的有关事项，列为加强医院管理与建设的重要内容，列入党政每周例会的重要议题。按照“齐抓共管”原则，相应建立各职能部门的分工负责制：由医教科、护理部重点抓医护质量，门急诊办公室重点抓服务质量，人事科抓纪律，后勤部抓院容院貌和保障第一线供应，党群组织抓思想教育；并结合试行干部聘任制，建立科室一级领导岗位责任制，把业务管理和创文明活动一起落实到各部门。把原先设立的文明监督岗延伸为院、科、组三级监督网络制，强化监督机制。同年，作为全市第一家实行的医院，建立人人佩戴服务证上岗、各窗口悬挂值班牌、急诊室悬挂值班医生及护士长名牌，以及定期召开医、患座谈会和劳保单位座谈会等多项制度，从而把监督机制由内部相互监督推向接受社会监督。

1986年，为加强对精神文明活动的激励和制约的力度，由行政部门拟订《医院职工守则》和《创文明奖惩条例》，并经医院第三届职代会第一次会议审议通过后实施，有效地激发广大职工投入精神文明建设的自觉性。同年，在推行奖金制度时，又增加精神文明表现与奖金挂钩的条款。

1991—1992年，试行综合目标管理，再次将建设精神文明的要求纳入效益分配范围，为较好地推广“文明、廉洁、行医”活动，提供一定的保障。

1993年，医院的精神文明建设，主要是抓住号召全院职工争取“第六次”连创市级文明医院的契机，提出规范化的要求。陆续在原有多达百余项“便民、利民、爱民”公约或守则的基础上，相对集中地制定包括工作职责、行业新风、言语行为等内容的全院和各类医务人员的文明行医规范共19种，以及内部监督、奖惩和聘请社会监督员等项目的制约条例共18项。

1995年，医院成立精神文明建设委员会，由党委书记任主任，院长任副主任，其他院领导和职能部门负责人、党支部书记任委员，全面负责医院精神文明建设，定期召开精神文明例会。

2001 年，医院通过 ISO 9001 2001 质量管理体系认证，完善制定医院精神文明建设相关制度并纳入 ISO 9001 2001 质量管理体系文件汇编中。

2007 年，建立“职工素质档案制度”，涵盖医院的医德档案和职工素质教育档案，是全面反映职工各年度中职业道德、医德医风、素质教育情况的综合记录材料。档案工作由医院党委总负责，文明办牵头，各职能部门参与协助实施。医院信息科制作“职工素质档案”软件系统，平时每位职工的各类信息由各职能部门在软件中登记。年底由文明办统一汇总评分并将分数反馈给职工个人。

2011 年，精神文明委员例会制度增加为每季度一次，同时对《精神文明检查达标要求和考评标准》进行修订。2013 年，职工素质档案个人分数可以在内网查询。2013—2015 年，开展“科室环境文化评比”专题检查，同时结合医院 ISO 审核工作，每年对精神文明建设制度进行修订。

表 7-1-1　2001—2015 年精神文明相关制度和规范表

制　度	规　范
《曙光医院综合目标责任制管理办法》	《预检服务台文明服务规范》
《曙光医院精神文明建设院科两级责任制》	《挂号室文明服务规范》
《曙光医院科室精神文明建设达标要求及考评标准》	《检验科文明服务规范》
《曙光医院文明病区建设标准》	《西药房文明服务规范》
《曙光医院文明诊室建设标准》	《中药房文明服务规范》
《曙光医院文明窗口建设标准》	《放射科文明服务规范》
《曙光医院文明科室(班组)建设标准》	《收费处文明服务规范》
《曙光医院工作人员廉洁行医若干规定》	《警卫人员文明服务规范》
《曙光医院精神文明查房制度》	《电梯工作人员文明服务规范》
《曙光医院医德医风督导员制度》	《电话总机文明服务规范》
《曙光医院工作质量、服务态度满意度征询细则》	《营养室文明服务规范》
《曙光医院聘请院外医德医风监督员制度》	《出入院处文明服务规范》
《曙光医院全院学习制度》	《门急诊医师文明服务规范》
《曙光医院精神文明督查内容》	《病房医师文明服务规范》
《“优秀曙光人”评选标准》	《门诊护士文明服务规范》
《曙光医院精神文明“六化”建设标准》	《病房护士文明服务规范》
《曙光医院文明职工守则(十讲)》	《门急诊工务员文明服务规范》
《曙光医院创建文明行业实施意见》	《病房工务员文明服务规范》
《职工素质档案制度》	《行政人员文明服务规范》
	《后勤人员文明服务规范》

第二节　创建文明单位主要工作

1984 年起，医院开展创建文明单位活动，进一步将精神文明工作作为加强医院管理与建设的重要内容，按照“齐抓共管”的原则，建立各职能部门的分工责任制，在全市率先推行人人佩戴服务证上岗和各窗口悬挂值班牌，定期召开医、患座谈会，征求劳保单位意见等举措。同年，被上海人民政府首批命名为“上海市文明单位”。1986年，为加强激励和制约两方面的力度，医院拟订职工守则和创文明奖惩条例，增强广大职工投入精神文明建设的自觉性。医院自1984年被上海市人民政府命名为首批文明单位后，1987、1988两年因进行大规模基建工作，未纳入全市评比范围。

20世纪90年代，医院试行综合目标管理，将建设精神文明的要求与效益分配挂钩，为较好地推广“文明、廉洁行医”活动提供保障。1994年，医院精神文明工作的重点是“十大”窗口建设，积极参与竞赛活动，严格执行窗口上岗规范，各自推出便民利民措施。为实施上海市精神文明建设三年规划，1995年，医院制定《曙光医院精神文明建设三年规划》，实施“医疗质量让病人放心，服务态度让病人满意”的“放心满意”工程。1998年，为认真贯彻落实《中共上海市委关于加强社会主义精神文明建设的意见》和《上海中医药大学关于加强社会主义精神文明建设的实施办法》，结合医院“九五”规划，制定《曙光医院精神文明建设三年规划(1998—2000)》，以全面提高全院职工人文素质和医院文明程度为目标，巩固规范服务、行风评议的成果，加强精神文明建设机制的法制化建设，建设高品质的医院文化；全面推进“六化”建设，努力争创现代化综合性中医院，基本实现“窗口规范化，门急诊标准化，病区舒适化，环境优美化，管理现代化，仪表仪容礼仪化”现代化医院的“六化”创建。1999年，医院强化“以病人为中心”的服务意识，广大职工围绕“以病人为中心，提供优质服务”这一主线，开展“爱医院、爱岗位、爱病人”的教育。在全面总结医院精神文明建设成功经验的基础上，出版《迈向新世纪的曙光——曙光医院精神文明巡礼》一书，制定创文明行业工作计划、责任书等，层层签约，齐抓共管，落实到位；提前实行计算机收费明码标价，从根本上解决门诊收费“打闷包”的现象。塑造“窗口”良好形象，开展特色便民服务，带动全院服务水平的提高，“一切为了病人”的服务宗旨得到进一步落实。同年，医院被正式命名为“全国百佳医院”。同时明确医院“一保二创三领先”的目标，即保市级文明医院，创现代化综合性中医院和文明示范医院，人均业务收入、人均事业发展投入、人均分配收入居全国省市级中医院领先地位。

21世纪初期，医院精神文明建设以创建文明行业为切入点，继续遵循“巩固提高，深入拓展、延伸辐射”的创建原则，深入开展“创文明单位，建文明科室，做文明职工”的活动，建立“科室荣誉册”，激发科室参与的积极性；强化职业规范，推广“仪表端庄，语言亲切，态度热情”的宾馆式服务和“多一声问候，多一点微笑，多一些方便”的礼仪式服务。在新职工岗前教育中，引入新的形式，开展“当一天病人”的专题职业道德教育。通过角色转换，增强“以病人为中心”的服务意识，并将优质服务向社区延伸，积极介入社区精神文明建设，努力形成良好的社会效益。

2001年，是医院“十五”规划开局之年，围绕“百佳医院”和“文明单位”的创建工作，医院精神文明建设工作深入贯彻党的十四届六中全会作出的“关于加强精神文明建设的决议”精神，把依法治院和以德治院紧密结合，组织开展素质工程系列讲座。开展“21世纪医务人员形象大讨论”、青年医师“自律”活动，结合学习吴登云、宦惠宝先进事迹，进一步加强理想信念教育和职业道德建设。医院精神文明工作同时引入与国际接轨的ISO质量管理理念，更好地树立“以病人为中心”的服务意识，同年，医院顺利通过上海市质量认证中心对医院ISO 9001 2000管理体系认证，明确“以病人为关注的焦点”为宗旨，医院整章建制，自我加压，完善各层次、各部门、各流程的规章制度。

2003年，医院获得“2001—2002年度上海市文明单位”的光荣称号，创下创建上海市文明单位“十连冠”的佳绩。医院加强职业道德建设等各方面培训，使全院职工进一步树立“以病人为中心”的服务理念，主动热情地为病人提供温馨、便捷、优质的服务。进一步完善医院环境建设。对门急诊进行改造，健全医院标识系统，完善无障碍通道，增加门急诊坡道和病房坡道的扶手等人性化改造。医院继续加强伦理查房制度，注重病人隐私权的保护，使病人深切感受到、享受到医院的人性化服务。

2004年，医院不断提升服务质量，努力为人民群众提供“温馨、便捷、优质”的医疗服务。医院在重视医疗质量和服务质量的同时，还注重更加关注病人的情感需求，促进相互尊重、相互理解、相互信任的新型医患关系。认真落实温馨、便捷、优质服务措施，如精心编制《病员手册》、建立急诊危重病人的绿色通道、完善医院无障碍设施等。医院医学伦理委员会坚持开展系列理论研讨和医学伦理查房，从伦理学角度保证患者的权利，对医疗实践活动中医务人员的伦理起到监督、约束和指导作用，让医务人员充分认识到平等对待病人还应注意尊重病人的人格、意志和权利，构建新型、健康的医患关系。

2005年，上海市卫生局在全市开展“优化就医环境，优化管理服务”活动，并结合卫生部医院管理年活动和保持共产党员先进性教育活动，医院党政领导将精神文明创建活动与上级布置的活动有机结合，弘扬“以病人为中心”的服务理念，树立“生命曙光”的医院形象，并围绕着思想、道德方面对医院职工和学生进行教育，定期组织医护人员学习《公民道德建设实施纲要》等条例，继续以多种形式对职工进行培训。通过理论学习等形式，进一步帮助职工树立正确的“三观”。在万人问卷、卫生系统文明单位创建检查等工作中，取得较好的成绩。经过全体曙光人的努力，医院荣获“2003—2004年度全国精神文明工作先进单位”称号。

2006年，医院继续围绕着医院管理年工作开展精神文明创建活动，在改进就医布局、优化就医流程，改善环境、便捷就医，做好各类信息公示、升级门急诊查询系统，落实各种便民措施，构建良好的医患沟通渠道，走进社区、关爱市民等方面开展工作。特别是在改善就医环境的工作中，医院西部投资2万元，东部投资12万元，及时更改和新增标识，方便病人就医。同时改造信息网络和软件，西部一期投入70多万元，改造西部网络设备，使患者等候、取药、取报告时间进一步缩短。

2007年，医院建立职工素质档案，组织各职能科室对全院职工的素质档案进行维护和管理。日常工作中，各个部门根据各自分管工作开展的活动记录，并录入职工素质档案系统，年终对职工素质教育、医德医风、志愿活动、公益活动、红包回扣、获奖情况进行汇总，得到的分数提交人事部门，按10%的比例纳入职工年度考核，并与评优评先、职称晋升等方面挂钩。同时文明办还将当年度职工素质档案具体活动内容和考核分数打印出来，反馈给每一位职工。

2008年，医院精神文明工作以科学、和谐发展为目标，以东西二部联动发展为契机，紧密围绕医院“十一五”工作重点，深入学习和领会“十七大”精神，全力以赴投入“抗震救灾”工作，落实迎接世博600天行动计划。开展“中医健康热线”“心理关怀志愿者”等品牌项目建设，完善职工素质档案制度，全面推进医院精神文明建设工作迈上新台阶，争创上海市文明单位“十三连冠”。

2009年是医院深入开展学习实践科学发展观活动的一年，也是迎世博筹办工作的关键之年，全院以迎世博行动为主线，全面提升窗口服务质量，大力开展技能培训，持续加强精神文明品牌项目建设。以第八届中医文化艺术节为载体，不断促进精神文明内涵建设，为推动医院发展提供良好环境。医院被评为“上海市卫生系统第二届医院文化建设先进单位”，并获得“全国企业文化建设先进单位”称号。在迎世博600天行动中，医院获得“上海市迎世博优质服务贡献奖”。

2010年，以迎世博和服务世博的工作为主线，医院将职业道德建设和医德医风教育与服务世博精神紧密联系。医院召开精神文明大会，表彰迎世博示范优质窗口和先进服务个人，并请世博园区医疗站医务人员交流先进事迹。医院先后开展“迎世博手语系列培训”“行为医学系列讲座”“世博会医疗保障和志愿者工作誓师大会”等培训和主题活动，全面提升职工素质。同年10月医院荣获中共中央和国务院颁发的“上海世博会先进集体”称号。

2011—2015年，为大力推进研究型医院建设和可持续发展，医院先后召开人才大会、优质护理服务启动仪式、科研成果交流会等专题会议，全面掀起促发展、增合力的舆论氛围。2011年，将精神文明委员例会制度增加为每季度一次。医院制订并落实“精神文明院科两级责任制”，并在每届的科主任聘任后签订。根据分级管理、职责明确、逐级负责的精神，科主任对本部门精神文明工作实行全面负责制，自行制定本部门的岗位职责、制度、规范、特色服务、便民要求和达标措施，做好督促、检查和整改工作。精神文明工作小组定期组织检查，对未能达标的科室部门，将根据医院奖惩条例、精神文明考核奖励标准的有关规定进行处理，并与科室部门奖金挂钩。同时，制定精神文明检查达标要求和考评标准，分科室管理、规范服务、医德医风、工作纪律、一票否决五大板块。每季度根据检查情况扣罚文明奖。2012年，对考核标准进行修订，制定精神文明自查整改及考核制度。精神文明工作小组每季度开展精神文明自查、病人满意度测评、病人座谈会。每月邀请院外行风监督员检查，定期收集院长信箱。2013—2015年，开展“科室环境文化评比”专题检查。同时结合医院ISO审核工作，每年对精神文明建设制度进行修订，对病人满意度情况进行总结。2014年，获得由上海医药卫生行风建设促进会颁发的“上海市公立医院机构服务质量病人满意度测评特优单位”称号。

图7-1-1　2010年12月，医院荣获中共中央和国务院颁发的“上海世博会先进集体”称号

第二章　医院文化建设

医院文化的创建是与精神文化、物质文化、行为文化和制度文化建设紧密相连的。1906年，四明医院建立，到2015年，医院走过110年的历程。在这长达110年的发展过程中，医院始终贯彻"人性化服务与管理"，不断自我评价、总结和改进，形成医院最独特的文化内涵。

第一节　医院文化的传承

1925年，勒石的"拓建上海四明医院记"碑中提出，"广设病室，慎选仁爱可托之医，分其科而责其效，使医者与病者常相聚于一院之中。其于五气五声五色阴阳表里受病之源，既得审察精详，故辨虚实强羸以施治疗不难，事半而功倍，且自始疾以至全痊，责无旁贷"。针对当时社会上的医师缺乏政府的考核监管、病人盲目求医的现状，指出建设医院的必要性。同时，体现建院者矫正时弊、规范医师行医的社会责任感，医生必须谨慎、具有仁爱之心且能够接受病人之托付。为病人诊疗时，详尽仔细，同时还要对疾病的发展全过程负责。

同年，勒石的又一"上海四明医院记"碑，由镇海人盛炳纬撰、向道深书，主要介绍当时历史背景和宁波同乡在上海的生存环境、社会风气、饮食起居等情况。石碑记载："沪渎数十里地耳，聚全国人熙来攘往于其间，汽船汽车交错道途，一有不慎危及生命；地价奇昂，苛政层出，坐卧仅咫尺之地，形若拘囚；俗尚奢荡，上下纵于亡等之欲，兴居无节，不辨昏晓；石炭之气日夜熏蒸，吸入肺腑而不自觉，凡此皆足以致疾。"通过分析旅沪人士不良的生存环境和社会风气，表达了四明医院建造者忧国忧民的情怀，同时也表明建造者扩大医院的原因和决心。

1933年，由鲁指南撰书并篆刻石碑。石碑内容大致为：面对当时贫困者无力殡葬的现状，傅博元夫妇捐出举行寿诞的资金二千余金，倡议建立义殡会。该义举得到四明医院诸多仁人的支持，周湘云院董、葛虞臣院长等人斥资二千余金用作义殡会的基金，并正式成立四明医院义殡会，以帮助安葬贫困者。医院为了纪念义殡会的成立，也希望后人继承发扬慈善精神，于是立下石碑，刻录下江葆真、张继光等35位捐赠人的芳名。

1942年，吴涵秋任四明医院院长，实施改革，在"训练员工"方面，尤其注重医院精神的培育："在医院服务之员工，不特需有丰富之经验，优良之德性，尤须具备牺牲之精神，与夫重大之责任心，方可对待病家，有深切之同情与爱心。本院为此，先立'仁诚贞'三字以为院训，朝乾夕惕，以冀身体力行；继制院歌，及精神建设歌，使念兹在兹，潜移默化。颁印《员工精神建设手册》，指出理想目标、行动标准等，复举行精神建设总宣誓，及每月之月会、每周之周会，聘由有德望饱学之士，讲演进德修身之问题。凡此种种，其目的均在希望处近年物价高压、生活不安、待遇菲薄环境之下，能以精神力量，胜过物价，增加员工责任心与道德感，以期对病家对社会多尽几分绵力。"

1946年9月19日，《文汇报》上刊登了一篇名为《四明医院，造福贫病》的文章，记录吴涵秋大刀阔斧的改革过程，并在文章最后揭示医院的精神面貌："该院院训是'仁诚贞'。贫病的人，可以免费。"《文汇报》1950年3月31日的文章《四明医院难关打破，职工主动实行减薪，院长和董事受感动亦分头募款》记录这样的事情：由于四明医院经常为贫病同乡服务，经常有四分之一的病床是免费的，同时由于1949年后董事离沪募款不易，导致医院已负债5 000万元。但全院职工在工会领导下，一致通过减薪的决定，并厉行节约，克服困难，使医院得以继续为病人服务。这两篇报道从社会评价的角度说明四明医院当时精神培育的成效。即使在十分艰难的办院情况下，医院仍不忘公益初心。《文汇报》1950年6月12日《四明医院施诊给药》的报道，1951年12月3日《四明医院举行星期爱国门诊》的报道，均记载了医院医务工作者利用星期日和停诊日义务为贫病者和工人兄弟们送医送药的善举。

1954年，上海市第一所市立中医院——市立第十一人民医院成立，在1954年8月30日的《文汇报》上刊登了相关报道，对医院的创办宗旨作了描绘。1960年，上级主管部门决定将市立第十一人民医院和毗邻的市立第十人民医院（原四明医院）合并，成为上海中医学院附属医院。在筹建过程中，上海中医学院乃邀集沪上众多名中医商榷医院的命名事宜，最后一致同意定名为“曙光医院”，寓意中医事业在党的中医政策指引下，将如凌晨的曙光，随着社会主义事业的旭日东升而辉煌光大。据此，医院的办院方向明确：遵循为人民服务的崇高宗旨，继承与发扬祖国医学遗产，业务上着重于医疗、教学、科研的密切结合。

20世纪60年代，在党的中医政策指引下，曙光医院组织较大规模的西医学习中医活动，名中医们无私承担起大量的带教任务。六七十年代，在当时卫生工作方针的指引下，医院派出大量医师开展下乡巡回医疗，参与防治血吸虫病的活动和各类救灾活动。1960—1966年，医院共有三分之一的医务人员被分批抽调下乡，参加巡回医疗。1966—1974年，医院共派出下乡、下厂医疗队，老慢支、冠心科研小分队，牙病防治小分队，妇产科普查小分队等29批，计390人次。1973—1979年派出赴贵州省医疗队4批，赴藏医疗队3批，赴唐山抗震救灾医疗队4批。曙光人克服诸多困难，将曙光精神撒向大江南北、撒向田间厂区。

20世纪80—90年代，医院面向全院职工征集院训，精心提炼医院精神，并将“治病救人、忠于职守、钻研技术、精益求精、文明行医、清正廉洁、弘扬国粹、曙光普照”32个字概括为医院院训。

1994年，医院举办首届“中医文化艺术节”，以“爱岗、敬业、奉献”为主题，举办专项比赛8场。1997年，举办第二届艺术节，医院以“爱我曙光，再创辉煌”为主题，举办专项讲座及比赛共11场，较之前一届，此届艺术节规模更大、文化含量更浓、品味更高。1998年，医院筹办以“科技兴院，持续发展”为主题的首届科技节，举办院士论坛、高新技术报告会、青年论文研讨会、科普知识宣传等专项科技活动共10项，成为医院职工文化活动的品牌。

2002年12月，作为上海市政府重点建设工程和上海市卫生系统的标志性医院建设单位，张江新院动土兴建，2004年试运行，2005年4月正式运行。新院由著名的美国建筑设计事务所与上海现代设计院参照我国卫生部以及美国的医院建筑标准精心设计，医院的区域布局与辅助设施充分体现“以人为本”的理念。160亩占地面积与8万多平方米的建筑面积，使一所现代化的医院坐落于以水为主题的、被绿色环绕的园林之中。面对如此雅致美观、宁静舒适、生态化、人性化的新院，医院管理层以新院建设为契机，塑造“曙光”的新形象、新品牌。提出“大医德泽、生命曙光”的医院精神，将古代张仲景的“大医精诚”作为院训，并确定“大医精诚、以仁为本、继承创新、精益求精”的质量方针。

第二节 医院核心价值观

从四明建院时的初衷，经过历代同仁的不懈努力，为医院核心价值观不断注入新的内涵。四明时期，创业者为广大百姓特别是为宁波同乡治病，赢得“医者父母心，浮生济世人”的美誉。20世纪80—90年代，提出“团结、奋进、优质、创新”的院风，在这基础上不断发扬，并逐步形成“治病救人，忠于职守；钻研技术，精益求精；文明行医，清正廉洁；弘扬国粹，普照曙光”的医院精神。特别是2004年底，为迎接东部开张，医院成立形象设计小组，对医院核心价值体系进行重新修订和提炼。发动全院职工广泛参与，并邀请设计公司提供专业意见。新凝练的核心价值体系以医院新时期发展目标为依据，总结、凝练医院的领导和员工共同信守的基本信念、价值标准、职业道德和精神风貌。在核心价值体系的形成过程中，医院汲取传统中医药文化的养分，秉承百年历史发展的优良传统，融合新世纪时代风貌，展现海派文化特征从而形成独特鲜明的“曙光文化”。

医院宗旨“大医精诚、以仁为本、继承创新、精益求精” “大医精诚”出自唐代名医孙思邈著作，倡议医务人员坚守“大医精诚”这样一种信念，发扬救死扶伤的人道主义精神，唯此才不辱初衷。“以仁为本”是因为“医乃仁术”，医学是一门救死扶伤、寿福与民的科学技术，在中国传统文化中“医术”即称为“仁术”，而掌握“仁术”的人必须具备崇高的品德。同时“仁术”，亦指“妙手回春之术”。“继承”是前人为曙光人提供的理论基础，“创新”则是保持中医药事业与时俱进的最重要的使命，为其不断注入时代活力而推动发展。“精益求精”是对我们可持续发展的要求，持续改进的需要，“没有最好，只有更好”是曙光人的一种态度。

医院精神“大医德泽，生命曙光” 表明全院医务人员以“大医”为目标，愿用高尚的品德、高超的医术泽被苍生，为更多生命带去曙光，同时也为中医药事业的发展带去曙光。

院训“大医精诚” 节选自孙思邈《大医精诚》文章中关于医德方面的内容，以先贤的话语作为医务人员的职业道德目标。

座右铭“中西合璧、精中通西” 回顾医院的发展历史，1960年，由上海市第十医院(西医医院)与上海市第十一人民医院(中医医院)合并而成，成为上海中医学院首家附属医院，并更名“曙光医院”。由于具备中西医两支专业技术人员队伍，在发展过程中这两支队伍不断地兼容、互助、融合，创造医院包容、豁达、中西合璧的文化底蕴。

第三节　医院形象设计

一、院徽、院旗、图腾

20世纪80—90年代，医院面向全院职工征集院徽及院旗。经反复商议、修改，医院将含有SG标识和三幢现代化建筑图案的创意定为院徽，同时将这一图案制作成院旗。SG组成的红十字代表曙光医院，预示着“科教兴院”；三幢高楼的图案代表医院经二期改扩建后的标志性建筑，象征着中医事业的蒸蒸日上。

2004年，在医院东部落成之际，医院成立专门的医院形象策划小组，专门负责东部文化形象的设计，请专业广告公司设计医院的视觉识别系统，在这个系统中包括院徽、院旗的设计。设计公司在广泛征集全体职工意见和方案的基础上，最终形成医院的院徽。院徽以中国古代《周易》中的太极图为视觉中心，贯穿双鱼图案的浅蓝S和双鱼图变形而成的G，寓意曙光医院价值观、中医传统的历史和文化内涵。院徽的标准色为曙光红，代表海面上冉冉升起的曙光，体现医院“海纳百川，有

图 7-2-1　医院图腾

图 7-2-2　20 世纪 80—90 年代院徽

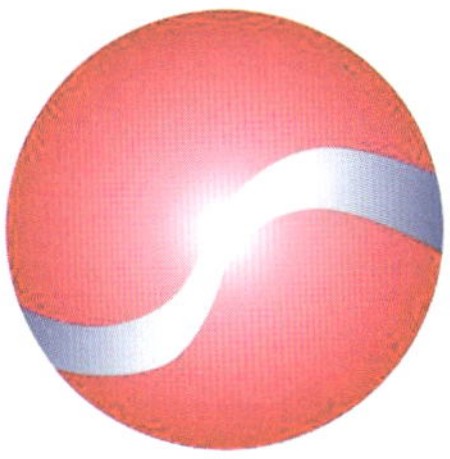

图 7-2-3　2004 年院徽

容乃大”的胸怀；浅蓝白色的渐变部分则表现白衣天使的纯洁和神圣。同时制作院旗。

在这期间，医院广泛征求职工意见，征集图案。由著名设计师周知禅、雕塑家何勇设计的《悬壶济世、寿福与民》的大型图腾矗立在新院醒目的位置。图腾象征传统中医“悬壶济世”的大医思想，向上升腾的曲线寓意着生命之火，两两对立的构成方式正契合中医“八纲辨证”的精湛医理，朱红色的丹丸状圆珠象征曙光医护人员用生命之火为民众谋福寿的至诚丹心。基底寓意“救人一命胜造七级浮屠”的传统医德。基座中央的八卦太极图案则是中医基本理论“阴阳相成，天人合一”的体现。以简洁有力的现代造型语言构筑出一个蕴含着深刻东方人文思想元素的葫芦状外形，借以象征传统中医“悬壶济世”“发大慈恻隐之心，誓愿普救含灵之苦”的大医精诚思想。同时，制作“悬壶济世”“天人合一”“大医精诚”等雕塑展示在东部的庭院中。

同年，引进企业视觉形象识别系统（CI）的概念，运用传统和现代的设计理念，强化医院的整体形象。制作《视觉识别系统（VI）手册》，逐步应用于医院的标识系统、车辆及各种包装。对医务人员、窗口人员的着装进行专门的设计，职工以崭新的形象服务患者。

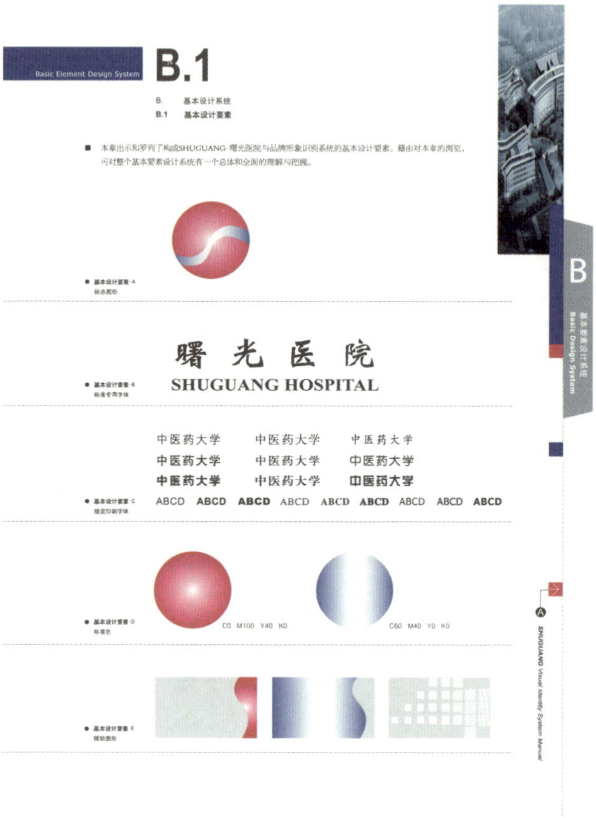

图 7-2-4　医院《视觉识别系统(VI)手册》

二、院歌

早在四明医院时期，医院就有院歌，由于历史原因没有保存下来。1988 年，由医院职工徐正、单思清填词，单思清作曲的院歌《我们迎着曙光》创作完成。2/4 拍，E 调。歌词分为两段，第一段歌词是“我们是光荣的白衣战士，救死扶伤，神圣职责担肩上，满腔热情关怀周到，把温暖送到病人心房”。第二段歌词是“我们有丰富的医学遗产，继承发扬，勇敢攀登新高峰，刻苦钻研精益求精，用心血培育生命之花”。副歌的歌词是“啊！光荣的白衣战士，啊！光荣的白衣战士，为中华崛起，为民族兴旺，不畏艰难，不辞辛劳，迎着曙光向前方，迎着曙光向前方”。这首院歌荣获 1988 年全国职工优秀歌曲创作奖。

2003 年 7 月，医院重新编写院歌，新院歌(《永远和曙光在一起》)由医院党政领导集体编词，由专业教师修改并谱曲。4/4 拍，F/C 调。歌词分为二段，第一段歌词是“太阳正从东方升起，曙光铺满江河大地，杏林情系千家万户，温暖洒向南北东西。我们是光荣的‘曙光人’，我们是神圣的白衣战士，救死扶伤，无私奉献，继承传统，开拓创新，为中医的兴旺尽心，为人民的健康尽力”。第二段歌词是“太阳正从东方升起，曙光铺满江河大地，杏林情系千家万户，温暖洒向南北东西。我们是光荣的‘曙光人’，我们是神圣的白衣战士，尊重科学，精益求精，中医为主，中西合璧，迎着太阳，迎着晨曦，我们永远和曙光在一起”。

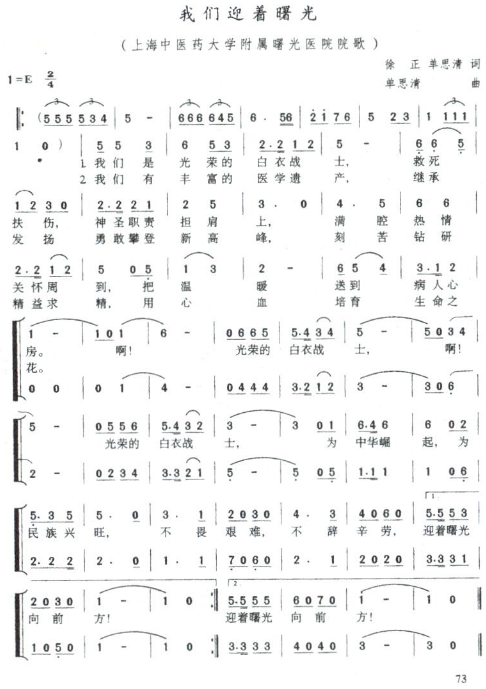

图 7－2－5　1988 年院歌歌谱

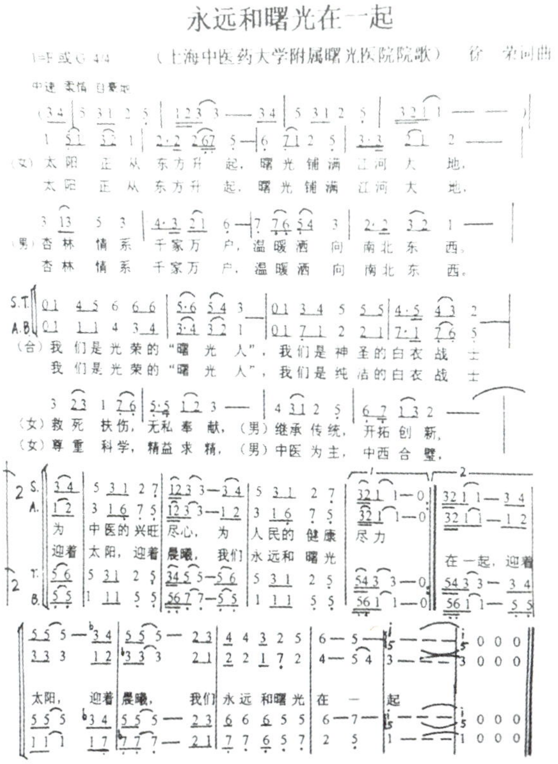

图 7－2－6　2003 年院歌歌谱

第八篇 人物 荣誉

概　述

医院创建 110 年，特别是改革开放以来，全院职工艰苦创业、无私奉献、改革创新，涌现出一大批杰出的管理干部、德技双馨的医学专家和先进模范人物。

本篇设“人物传”和“人物简介”。入选的人物都是在各自领域取得卓越成绩，对医院的发展作出重大贡献的代表性人物。遵循“生不立传”修志原则，“人物传”中人物为 2015 年人事关系在医院的(含离退休关系)，并于 2015 年底前去世的担任过医院院长、副院长，党总支书记、副书记，党委书记、副书记，临床科主任以及副高职称以上人员，按卒年排序；卒年不详者在文末按生年排序。立传人物共有 115 人。“人物简介”记载 1987—2015 年，获得全国五一劳动奖章、上海市劳动模范、全国优秀院长、上海市名中医、上海市领军人才等荣誉，以及享受国务院特殊津贴的专家，共选录 26 人，按生年排序。

“人物传”只选列已故的曾在医院担任院长、副院长，党总支书记、副书记，党委书记、副书记，临床科主任以及副高职称以上人员的主要业绩。由于盛竹书、葛虞臣、方式如、戎明士、张竺生、张光汉、钟志和、唐惠民、谢凤鸣、朱决向、孙茨如、徐新贤、李广友、崔顺卿、俞七芳、刘树梓、关成理等人在医院工作时间短，医院经历多次合并以及“文化大革命”期间档案资料保存不全等原因，无法完整地撰写人物志，故只能提供现存的资料，弥补遗憾。

第一章　人物传

朱葆三(1848—1926)，又名朱佩珍，浙江宁海人。1922年，经四明公所董事会推荐，任四明医院院长(1922年9月—1926年7月)，是中国近代上海工商界领袖，曾任上海总商会会长。

兴办实业涉及的领域包括五金、钢铁、航运、金融、纺织、水泥、造纸、榨油、保险等，并创建一个庞大的企业群体，为近代中国航运、金融、保险事业、医疗等发展做出重大贡献。其投资的保险公司有华兴保险股份有限公司、华安水火保险公司、华成保险公司、华安合群人寿保险有限公司。1919年，德国战败，德国人创办的同济大学被法国巡捕强行解散。联合爱国华商多人，努力复校，在吴淞建起新校区。

盛竹书(不详—1927)，又名丙纪，浙江镇海人。1926年9月，作为四明医院董事兼四明医院副院长。

葛虞臣(不详—1934)，又名葛恩元，浙江镇海人。1926年7月—1934年7月，任四明医院院长。

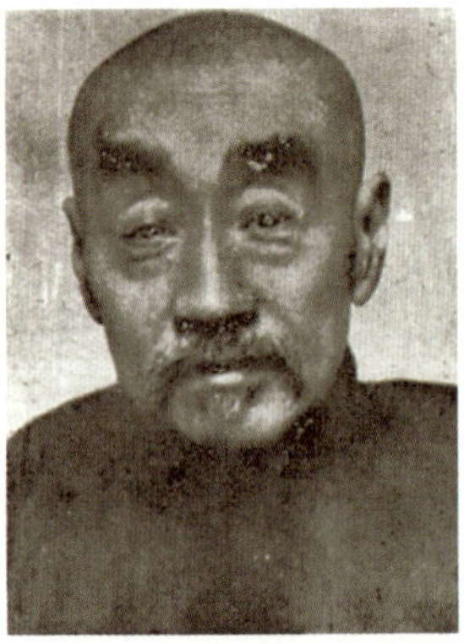

方式如(1865—1936),又名方积钰,浙江镇海人。1927 年 2 月—1934 年 7 月,任四明医院副院长。

周湘云(1878—1943),又名鸿孙,号雪盦,浙江宁海人。1922 年 9 月—1934 年 7 月,任四明医院副院长。

房地产商人、收藏家,为上海著名富商。捐赠的《苦笋帖》和《潇湘图》被上海博物馆收藏。

陆渊雷(1894—1955),上海川沙人。毕业于师范学校,曾执教于暨南大学。后师从江南名医恽铁樵,并协助老师创办函授学校,执教于上海多所中医院校。1929 年,与徐衡之、章次公等创办上海国医学院,任教务长。后任中央国医馆学术整理委员,创办《中医新生命杂志》。1952—1953 年,参加上海市第一届中医进修班学习;1954 年,任上海市立第十一人民医院院长。曾任上海市卫生局中医顾问、中医学会主任委员。

在学术思想上以"中西医汇通"而著称,教学中采取中西医相结合,力图沟通疏证中医概念及中医术语。此外,重经方,轻医经,认为"医经所论,其言可闻,其效不可得见"。著作有《伤寒论今释》《金匮要略今释》《陆氏论医集》等。

严苍山(1898—1968),浙江宁海人。丁甘仁高足,丁氏学派第二代传人。1924 年,上海中医专门学校第四届毕业生,同年夏天,由四明公所名誉顾问曹颖甫介绍,四明医院戎明士亲自去闸北联谊善会施诊处考核合格后,聘任为四明医院内科医生;1929 年 6 月,因病辞职。

青少年时代秉承父命,在家乡独处深山古庙苦读三年,为《内经》《难经》《伤寒》等经典医书的学习打下坚实基础,后又赴上海就读中医专门学校,博览群书,通达大雅。在医学思想上,主张善取百家,在实践中参悟和发扬历代医学经典之精髓;在临床上善于把扶正达邪和法邪安正两种学术思想结合起来，灵活运用。在四明医院工作时，上海“流脑”猖獗，死者枕藉，西医束手无策，一时人心惶惶。医院住满这类患者，其积极开展救治，并对该病的中医机制证治展开研究。此病以发热和角弓反张为特点，属古“痉”病范畴，又相互传染，即称疫病，故正其病名曰“疫痉”。根据临床观察，病因上，天时乖戾乃外因；血弱阴虚、肝失濡养为内因。治法上创造许多新方：透邪清热用葛根栀豉汤；镇痉泄热用羚羊舒痉汤；平肝息风用菊花达巅饮；育阴柔肝用天麻二甲煎。这些按“疫痉”病情变化制订的新方，疗效卓著，挽回许多危重患者的生命，医院因之名声大振，得到当时不少社会贤达人士的推许和褒扬。笃信“医者存心，须视天下无不可治之病；其不治者，皆我之心未尽耳”。除治疫痉诸方外，还提出治温病“三护”，即护脑、护津、护肠，并将汗法、清法、下法归结为治温病三大基本方法，即无汗则发、有汗则清、腑结则下，此皆为前人所未言，确有疗效而经得起反复验证的疗法。治学严谨，重视临床，颇具卓识，于急重症和疑难病的治疗方面积累丰富的经验，并有独特见解。

著作有《疫痉治疗集》《汤头歌诀续集》等。

黄景霞(1909—1968)，福建莆田人。1931 年 7 月，毕业于上海南洋医学院，医学学士；1931 年 7 月—1941 年 7 月，在宁波华美医院任职、主治医师；1941 年 1—6 月，在上海大公医院任职，任外科、眼科主治医师；1941 年 6 月—1943 年 6 月，在上海南洋医院任外科主治医师。1943 年 7 月 1 日，由南洋医院调入四明医院任西医部主任；1944 年 9 月—1953 年，任四明医院副院长；1953—1960 年，任上海市立第十人民医院副院长；1960—1966 年，任曙光医院副院长。

医学造诣深厚，临床经验丰富，擅长普外科的各类手术。

周保康(1914—1968)，又名周大统，上海宝山人。1954 年，上海市卫生学校医学专修班毕业；1954—1960 年，就职上海市立第十一人民医院；1960—1963 年，任曙光医院中医内科副主任、工会主席；1963—1966 年，任曙光医院中医内科主任。1966 年 1 月，调入上海中医学院内科学教研组任副主任。

擅长治疗高血压病。1955 年，创造性地运用民间臭梧桐研究治疗高血压，疗效显著，并推广至全国。1957 年，参与撰写论文，并参与《二仙汤、臭梧桐治疗高血压病的中医理论和治疗》著作的编写工作。

秦伯未(1901—1970)，又名之济，号谦斋，上海人。1923 年，毕业于由江南名医丁甘仁创办的上海中医专门学校。1923—1927 年，开业行医。1927—1947 年，会同严苍山、王一仁、章次公、许半龙等有识之士创办上海中国医学院，先后担任教授、教务长、院长。1947—1954 年，继续开业行医。1954—1955 年，在上海市立第十一人民医院担任内科主任。1955 年，调任卫生部当顾问，同时当选为中华医学会副会长，兼任北京中医学院教授。

1942 年，编写中医教材《实用中医学》，之后，陆续出版《读内经记》《内经类证》《内经病机十九条之研究》《秦氏内科学》《清代名医医话精华》《清代名医案精华》《内经知要浅解》《金匮要略浅释》《中医临证备要》《中医入门》等著作。

孙　励(1923—1970)，女，又名孙琳，山东郯城人。1938—1940 年，进入山东五师战斗剧社训练班学习。1940—1941 年，新四军独立旅卫生部与休养所学员、护士长。1941—1947 年，滨海军区第五所、鲁南军区医院第四分院院部医政干事。1947—1951 年，华野 15 院院部药材股干事，药材股副股长、副科长。1951—1953 年，华东军区后勤部驻沪办事处药材科副科长。1953—1955 年，任职于上海市卫生局党委办公室。1955 年 9—12 月，上海市立第十一人民医院门诊部副主任；1956—1959 年 2 月，上海市立第十人民医院肃反办公室、正风办公室工作人员，人事科科长；1960—1962 年，曙光医院党总支副书记；1963 年，调入上海中医学院党委办公室。

章巨膺(1899—1972)，江苏江阴人。1919—1930 年，在上海商务印书馆任编辑，业余时间在江南名医恽铁樵先生处学习中医。1928 年，开始行医。1937—1954 年，在上海从业，兼任上海国医学院、中国医学院教员、教务长。中华人民共和国成立之初兼任上海中医进修班副主任、上海市第五门诊部特约医师。1954—1956 年，任上海市立第十一人民医院内儿科副主任。1956 年 6 月，调任上海中医学院教务主任。

从事中医事业 30 多年，有丰富的临床经验和理论水平，擅长中医内儿科。编写教材、著作有《儿病常识》《温病辨惑》《医林尚友录》《应用药物词典》《痧子新论》《中医学修习题解)《世外而医书按评》《伤寒疗养论》等。

程门雪(1902—1972)，又名振辉，江西婺源人。1921 年，毕业于上海中医专门学校。1922—1925 年，在名医丁甘仁门下。1925 年，开业行医。1926—1931 年，任上海中医专门学校教授、教务长。1929—1955 年，在上海自忠路开业。1955 年 1 月，任上海市立第十一人民医院内科顾问、内科主任。1956 年 9 月，调任上海中医学院院长。

早期师从安徽歙县名医汪莲石先生，后又拜孟河名医丁甘仁为师，在丁甘仁一派的学术中发挥了承前启后的重要作用。在临床上，对“异病同因”“异因同病”以及“复症多因”的复杂病证，能明辨证因，洞悉症结，从而制定攻补兼施、温凉同进、标本先后、主次逆从的各种治法。其处方，能取精用简，而又相互照顾，组成复方多法的剂型；其用药，以轻灵见长，较之前人更有新的发展。

著作有《金匮篇解》《金匮讲义》《伤寒论歌诀〉《校注未刻本叶氏医案》《妇女经带胎产歌诀》《程门雪医案》等。

缪连恩(1914—1972)，浙江宁波人。1931 年 9 月—1933 年 6 月，就读于上海圣约翰大学医学预科；1933 年 9 月—1937 年 6 月，就读于上海国立上海医学院；1937 年 7—12 月，在芜湖弋矶山芜湖医院实习；1938 年 1—7 月，任湖南辰溪第一陆军医院军医；1938 年 7 月—1945 年 2 月，任上海国

立红十字会第一医院眼科医师、主治医师；1945年3月—1946年1月，在芜湖自设诊所；1946年1—4月任上海市立第四医院眼科主任；1946年5月—1948年3月，任上海中国红十字会第一医院眼科主治医师；1948年4月—1950年6月，任无锡普仁医院眼科主任兼院长；1950年7—10月，任江西潘阳第一陆军医院任眼科主任医师；1950年11月—1955年10月，任上海裕民毛绒厂厂医，同时代理上海市立眼科医院主任；1955年10月—1956年2月，任上海市立眼科医院代理主任；1956年2月，进入上海市立市第十人民医院，任眼科主任医师。

长期从事青光眼的治疗与研究，并吸收苏联科恩(Koneh)教授在眼球后注射普鲁卡因治疗青光眼一例，根据这个报告结合巴甫洛夫原理做进一步系统的学习与研究，在国内首先创造普鲁卡因球后注射封闭疗法。1954年起，在兔眼上做角膜移植实验，并与同事合作不断实践多次，创造在人眼上运用的条件，后又亲自作眼睑固定器，手术时可以减轻患者眼内压力。1955年，开始为人眼做角膜移植，并且获得成功。

董珊云(1915—1974)，女，又名董三英，浙江宁波人。上海女子医学院毕业，1940年7月—1942年6月，在上海西门妇孺医院任职；1942年7月—1943年12月，在上海南洋医院任职；1944年3月—1960年，四明医院、上海市立第十人民医院任妇产科主任；1960—1966年，任曙光医院妇科主任；1972—1974年，任曙光医院妇科组长。

长期从事妇产科临床工作，对妇科疾病的治疗有独到之处。

陈育鸣(1907—1975)，山东乳山人。1930年，就学于莱阳第二乡村师范学校。1933年，加入中国共产党。1934年后，在夏村、海阳所等村以教学为掩护，从事革命工作；1937年春考入烟台国医学社。1938年，被分配到胶东军区卫生部工作；1942年后，历任下初医药研究社社长、桂山药房经理、胶东行署卫生局副科长、胶东社会卫生推进社社长等职。中华人民共和国成立后，历任烟台市人民政府卫生科科长兼工人医院(烟台山医院前身)、市立第一医院(毓璜顶医院前身)院长。1954年8月—1955年12月，任上海中医学院院长兼上海市立第十一人民医院院长兼党支部书记。1956年5月，调任卫生部中医司副司长。同年下半年参与筹建北京中医学院。1956年9月，任北京中医学院副院长兼党支部书记。1957年9月，调入甘肃卫生厅工作。

为建立发展卫生医疗事业，亲自举办中医中药培训班，提出中医科学化、西医中国化，实行中西医结合、改革中药剂型等医学主张。

刘鹤一(1901—1976)，号仁祚，江苏武进人。中医内科名老中医、教授。1917年，毕业于上海龙门师范。1917—1919年，在上海随伯父刘卓如学医。1919—1923年，师从上海名中医金伯川学医。1923—1954年，开业就诊。1952—1953年，参加上海第一届中医进修班学习。1954—1960年，任上海市立第十一人民医院中医内科副主任医师；1961—1963年，任曙光医院中医内科主任；

1972年,任中医内科副组长。

从事临床50余年,擅长于内科杂病。特别是对《伤寒论》研究有很深的造诣,认为该书的精髓在于严谨的辨证论治。对张仲景的方药颇有研究,遣方用药继承张仲景风格,精少量轻、灵活应用,临床上颇见奇效,深受患者的欢迎。其认为:方药之用,与天时、环境等因素关系甚大,切忌尽倍已方之验。为医者须知病有因药而效者,有因他故而愈者,为医不惟须知药能愈人之理,当知不药有意人之时尽信书,则不无书;尽信药,则不如无药。刘鹤一对《伤寒论》第一方桂枝汤的应用尤为得心应手,有“刘桂枝”之誉称。

吴涵秋(1900—1979),又名朝坤,字增荣,浙江鄞县人。16岁师从宁波名医范文虎。1937年,创办宁波中医专门学校,并任校长。1938年,举家迁沪设诊。1942年,受宁波同乡会推荐,出任四明医院院长。1945年7月,创办四明护校。1953—1960年,任上海市立第十人民医院院长;1955—1960年,任上海市立第十一人民医院院长;1960—1976年,任曙光医院院长。曾任上海中医学会常务委员、民主同盟上海中医学院支部主任、卢湾区政协委员等职。

善治伤寒病,又擅长于治湿病及虚弱症之调理,临床擅用经方。学术上“衷中参西”,主张发皇古义、融会新知、中西合参、扬长避短。

丁济民(1912—1979),江苏武进人。20世纪20年代师从丁甘仁。1954—1960年,任上海市立第十一人民医院副院长、上海中医学院医史教研室主任。1963年,任龙华医院副院长、上海光华医学杂志社编辑、中华医学会上海中医学会理事等职。曾任上海市政协第一届至第五届委员。

擅长以甘药益脾,对四君、建中、平胃、二陈诸方剂运用尤精。撰写《流行性乙型脑炎的中医治疗》《病毒性肝炎的中医辨证论治》等著作,参与第一版《辞海》中医条目的编写和第一版全国高等中医院校统编教材《中国医学史》的审订。

杨永璇(1901—1981),号静斋,上海南汇人。1952年,任上海中医门诊部特约医师。1954年起,历任上海市立第十一人民医院针灸科主任、上海市针灸研究所副所长、上海中医学院针灸系副主任。1960—1965年,任曙光医院针灸科主任;1972年,任曙光医院针灸科组长;1978年,任曙光医院针灸科顾问;1980年12月,聘为主任医师。曾任上海市中医学会常务理事,上海市中医学会针灸分会主任委员、顾问,中华全国针灸学会委员,上海市第三、四、五届政协委员等职。1955年,被评为上海市先进卫生工作者。其学术“师古但不泥古,传承而又创新”。其特色:针药并用、内外兼修;重视经络,四诊合参;注重脾胃,治病求本。其创制火罐,善用絜刺;调理情志，屡现疗效。如运用七星针叩打后加拔火罐，这既是多针浅刺，又是拔罐出血，是古代针法的综合改进。发表论文10余篇，撰写多部心得手稿，著有《针灸治验录》《杨永璇中医针灸经验选》等著作。1984年获上海市卫生局中医、中西医科研成果三等奖。2011年，“杨氏针灸”被列入“上海市非物质文化遗产扩展项目名录”。

黄文东(1902—1981)，字蔚春，江苏吴江人。14岁考入上海中医专门学校，受业于孟河名医丁甘仁先生门下，1921年毕业后返回原籍。1931年，应丁济万(丁甘仁先生之长孙)院长的邀请，返母校(是年学校改名为上海中医学校)执教，并任教务长之职。1954—1960年，任上海市立第十一人民医院、曙光医院内科主任；1960年，调任上海中医学院中医内科教研组主任、龙华医院中医内科主任；1978年，任上海中医学院院长。

1931年，在上海中医学校主讲《本草》《伤寒论》《金匮要略》《名著选辑》及中医妇、儿科学等课程。撰有《丁氏学派的形成和学术上的成就》《继承整理李东垣学说的体会》等论文20余篇。主编全国中医院校《中医内科学》教材和《著名中医学家的学术经验》等。

张发初(1905—1982)，浙江嵊县人。1924年，先后毕业于上海沪江大学和北京协和医学院，获医学博士学位。毕业后任职于南京卫生实验处、上海南洋医院。1950年9月，到四明医院工作。1956年，任上海市第二劳工医院(今杨浦区中心医院)放射科主任。同年，应邀赴莫斯科讲学、交流。1959年，卫生部授予其“继承发扬祖国医药学方面的积极成就”。1960—1966年，任曙光医院放射科顾问。

从事中药药理研究，发表《风湿热的临床研究》《中国人原发性肺癌的X线研究》《阿米巴肝脓疡的肺部和胸膜之X线研究》等论文10余篇，其中《阿米巴肝脓疡的肺部和胸膜之X线研究》一文被选入第十届远东热带病学会论文汇编。

杨述祖(1903—1983)，陕西华县人。1916年，在西安一中求学，次年又转入天津南开中学。1918年，东去日本留学。1928年，从日本名古屋医科大学医疗系毕业后，又考入东京帝国大学，为病理部研究生。1931年，获博士学位。1931—1942年，在上海自然科学研究所病理科历任助手、副研究员、研究员。1935—1944年，兼任上海东南医学院病理学教授。1945年3月，任四明医院西医部主任，兼任上海同德医学院病理学教授。1946年10月—1952年，任上海同济大学医学院病理学馆教授兼主任。1951年，随院系调整迁至武汉。历任中南同济医学院(后更名为武汉医学院、同济医科大学)病理解剖学教研室主任、基础医学部主任、一级教授，国务院学位评审委员会委员，中华医学会病理学会副主任委员。中华医学会武汉分会理事，病理学会主任委员，《中华病理学杂志》副总编辑等职。

病理学家，中国寄生虫病病理学的开拓者，从事病理学教学和病理活体组织检验工作。先后研究中华分支睾吸虫、姜片虫、绦虫、利什曼多诺万原虫、疟原虫等寄生虫病的病理；阐明黑热病患者的巨脾症是杜氏利什曼原虫刺激脾脏，引起网状组织增生所致。主编中国最大型的病理学参考书

《外科病理学》，该书成为病理诊断工作者必备的工具书。

金　濬(1900—1984)，又名金顿华，浙江桐乡人。1932年，毕业于北平大学医学院。1932年7月—1933年1月，在南京中央医院实习。1935年3月—1936年4月，在广西南宁省立医学院附属医院工作；1936年4月—1937年8月，上海市卫生局沪南卫生事务所工作；1938年6月—1939年2月，广西桂林省立医院卫生事务所任防疫股股长；1940年1月—1942年8月，在上海大公医院工作；1942年12月—1960年，在四明医院、上海市立第十人民医院工作；1960—1966年，任曙光医院西医内科副主任；1980年，晋升为主任医师。

长期从事西医内科临床工作，擅长胃肠系统疾病的诊治。20世纪40年代，在四明医院创办西医内科。1963年，师从黄文东，学习中医中药，在临床实践中能够运用中、西两法有效地论治内科疾患。

商文彝(1907—1984)，河北乐亭人。1932年7月，辽宁医学院毕业。1932年7月—1933年7月，任职于北京协和医院；1933年7月—1934年7月，任职于南京中央医院；1934年7月—1936年4月，任职于汉口平汉总医院；1936年6月—1942年2月，任职于北京协和医院；1946年6月—1948年9月，任职于北京陆军总医院；1949年3—12月，任上海南洋医院内科主任；1951年1月—1952年1月，任松江解放军二十四军卫生处医院内科顾问；1952年8月—1957年2月，任上海市立第五人民医院内科主任；1957年2月—1960年，任上海市立第十人民医院内科主任；1960—1966年，任曙光医院西医内科主任(兼)；1961年1月，任上海中医学院西医内科教研室主任兼曙光医院内科主任。

长期从事西医内科临床和教学工作，擅长心血管疾病的治疗与研究。

夏德馨(1922—1985)，上海人。1941年，毕业于上海中国医学院，随后私人开业，同时兼做银行、证券、杂粮号、信托公司、地产公司会计、营业员等职。1956年8月，被聘至上海中医学院任教员。1957年，参加中国民主同盟。1960年，进入曙光医院工作。1982年2月，晋升为副教授、主任医师。1985年，任上海中医学院中内科教研组副主任、副教授，附属曙光医院中医内科主任、主任医师。

长期从事临床与教学工作，有系统的中医理论基础知识，通晓古文。曾担任上海中医学院内经、伤寒、金匮、方药、温病等课程老师，教学和临床经验丰富。擅长肝脏疾病的诊治，有独特的见解和治疗各种肝病的有效方药，长期应用中医中药治疗HBSAg(乙肝表面抗原)阳性的乙型肝炎颇有成效，经常接受外院会诊，在院内外有一定的声誉。运用祖国医学各家学说，如泻下、温开、通阳、化瘀、厚土、升降等传统治法，治愈数以千计患者。同时，撰写医案医话，部分在刊物上发表。

郭　汾(1932—1985),辽宁辽阳人。1955年,毕业于武汉医学院,任上海第一医学院华山医院骨科主治医师。1965年,调入曙光医院工作,创建伤骨科病房,开展中西医结合治疗工作。1972—1979年,任骨伤科组长;1979—1984年,任骨伤科副主任;1980年12月,晋升副教授,同年,晋升为伤骨科副主任医师。

长期从事骨科工作,具有扎实的理论知识,技术操作熟练,开展难度较高的手术,如"椎体截除术"治疗胸椎巨细胞瘤,对腓骨血供、腰椎间盘术后复发、股骨颈骨折、前硬膜外造影等进行研究。撰写《带血管的游离腓移植在骨肿瘤治疗上的应用》《显微外科在腰间盘切除术中的应用》等多篇论文,发表在国内有影响的专业杂志上,其中部分论文译成外文在德国、日本有关专业杂志上刊载,受到国内外同行的重视。在临床上,坚持走中西医结合之路,制订中医治疗方案,如腰腿痛非手术综合治疗法以及骨膜切除术后改进膝关节功能等。

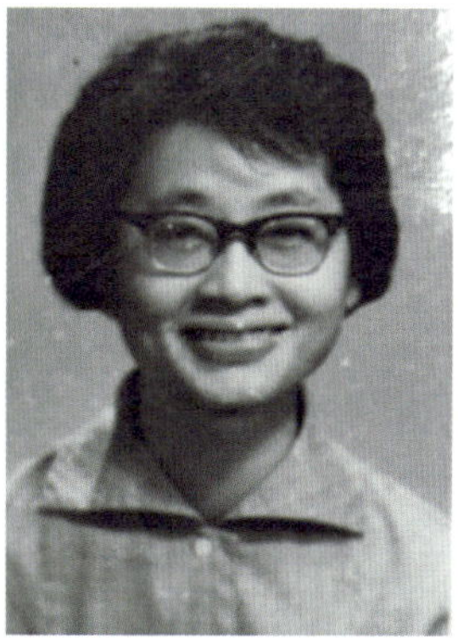

史　新(1940—1985),女,原名史莉莉,江苏丹阳人。1962年,毕业于上海第一医学院医疗系;1966年4月,进入曙光医院眼科工作。1974年5月—1975年5月,赴贵州参加巡回医疗,负责黔东南无杭县所属5个公社城镇和大队的眼底诊疗工作;1977年10月—1978年2月,参加上海市第一届眼科西学中班学习中医;1978年7月—1979年6月,脱产去上海第一医学院附属眼耳鼻喉科医院进修眼科。1982—1985年,任眼科副主任。

从事西医外科和眼科的临床工作。1980年,参与"研究青光眼、近视眼的中西医结合治疗""现代新技术检查探讨青光眼的辨证施治和中医病因""小剂量电流刺激治疗近视眼来探讨耳、皮肤、眼的相关原理"等科研课题研究。

张伯臾(1901—1987),别名相涛,上海川沙人。全国著名老中医,教授。1918—1920年,在浦东王文阶医师处学医。1921—1923年,就读于上海中医专门学校,毕业后又师从丁甘仁。1924—1956年,在上海浦东、市区私人开业行医。1952—1953年,参加上海第一届中医进修班学习。1956—1960年,就职于上海市立第十一人民医院。1960年,进入曙光医院,从事中医内科、妇科工作。1980年12月升为主任医师,1984年,被卫生部誉为"名老中医"。

擅长治疗内科急重病和杂病,主张热病入血应治以活血凉血等方法。20世纪70年代,开展心肌梗死的治疗研究,独创通下、温阳、益气等多种方法,取得明显效果。20世纪80年代,主要钻研冠心病,对外感病,主张伤寒与温病学派应融为一体,并在实践的基础上发展热病理论。撰写著作《张伯臾医案》、教学参考丛书《中医内科学》等。

徐剑清(1900—1988),江苏靖江人。1938年6月—1943年9月,任湖南乾城县卫生院院长;1943年10月—1946年7月,任湖南乾城八中校医;1946年8月—1947年7月,任上海市卫生局技

术室专员；1947 年 7 月—1950 年 7 月，任上海市洋泾卫生事务所所长；1950 年 7 月—1951 年 7 月，任上海市新成区人民政府卫生科卫生防疫站科长兼站主任；1951 年 8 月—1952 年 12 月，任上海市人民政府卫生局防疫科医师；1953 年 1 月—1954 年 1 月，任上海市卫生防疫队队长；1954 年 2 月，进入上海市立第十人民医院保健科工作；1960 年，任职曙光医院保健科。

长期从事防疫、防病等工作，利用专业知识，为职工服务。

余志鼎(1933—1988)，安徽凤阳人。1950 年参加工作，供职于江苏省卫生厅。1962 年，毕业于上海中医学院，同年分配至曙光医院。1981—1983 年，任中医内科副主任、肾病研究室主任、中医学院中医系二部主任、医院党总支委员。1983 年—1988 年 3 月，任曙光医院院长。1986 年 12 月，晋升为主任医师、教授。先后担任卫生部重大科技成果评审委员、国家教委卫生技术职务评审委员、全国中西医结合抢救专业委员会委员、上海市卫生局药品评审委员会中药分会副主任委员、上海中医学院学术委员会委员及辽宁、河南等地中医院校顾问。

擅长运用中医药治疗肾功能衰竭、肾小球肾炎、细菌性痢疾和厥脱等症。开展“中医基础理论与临床的发展规划的前期调研、预测、论证”科研课题。拟处方和设计剂型的“感冒退热冲剂”，1983 年，获国家银质奖。负责的“参附青注射液对邪毒内陷所致厥脱症的临床观察及实验研究”课题研究，1987 年，获卫生部重大科技成果甲等奖。先后撰写《慢性肾功能衰竭的中医治疗》《关于开展中医内科急症的经验》等 10 余篇论文。参与《中医学院教学及卫生技术人员的培训》著作编写工作。

沈楚翘(1909—1989)，上海青浦人。1956 年，进入上海市立第十一人民医院工作；1960 年，就职于曙光医院；1988 年晋升为主任医师。

擅长对外科疮病、皮肤、腺体疾病的治疗，提出以益气升提、补肾利尿法治疗前列腺增生和以利湿化瘀法治疗慢性前列腺炎，收到良好的疗效，并在其验方的基础上制成院内制剂“补肾利尿合剂”，广泛应用于临床。先后发表《颅骨黄色素瘤》《中医中药治疗带状疱疹 65 例临床观察》《当归六黄汤加味外科临床治疗经验》《乳痈证治》《前列腺增生症治疗经验》等学术论文 20 余篇。

徐　钢(1920—1990)，曾用名徐德钧，浙江缙云人。1942 年 7 月—1946 年 4 月，任浙江苍陇乡中心学校教员；1946 年 6 月—1947 年 1 月，任逢道诊所中医师；1947 年 1 月—1951 年 1 月，任平江教养院附小教员；1951 年 1 月—1953 年 1 月，任上海市公安局治保处干部；1953 年 8 月—1956 年 1 月，任上海干部疗养院中医师；1956 年 1 月，进入上海市立第十一人民医院中医内科工作；1960 年，任职于曙光医院。1986年12月，晋升为副主任医师。

善用中医中药治疗慢性肺部疾病，用活血化瘀法治疗哮喘。

徐仲才(1911—1991)，上海人。1954—1960年，任上海市立第十一人民医院副院长。1960年4月，调龙华医院任副院长。曾任上海中医学会副主任委员、儿科学会主任委员、中华医学会上海分会委员、全国儿科学会委员、上海市卫生工作者协会副主任委员、全国防痨协会上海分会理事等职。

擅长中医儿科。曾先后发表《徐小圃儿科经验简介》《健脾补肾在慢性气管炎临床上的应用》《治疗小儿哮喘临床经验》《附子在临床上的应用》等论文。

王玉润(1919—1991)，上海人。1939年，毕业于上海新中国医学院，师从沪上儿科名医徐小圃，后自设诊所行医。1959—1966年，任上海市立第十一人民医院、曙光医院儿科主任。1972—1978年，任儿科副组长；1978—1983年，任儿科主任；1984年，调上海中医学院任院长。历任国务院学位委员会委员、全国血吸虫病防治研究会副主任委员、中华中医学会上海分会理事长、香港中文大学中药研究中心名誉顾问、上海市第八届人大代表。

擅治内科杂病。20世纪60年代中期，从事血吸虫病防治研究工作，带队多次深入江、浙、皖、沪农村疫区，进行调查研究、设点治疗。同时，开展晚期血吸虫病所致的肝硬化的研究，运用活血化瘀法制定处方“桃红饮”，采取桃仁提取物治疗，卓有成效，其成果获上海市科技进步奖二等奖。主编上海市西医学习中医班《中医儿科学》和全国高等中医院校《儿科学》教材，参与《血吸虫病防治手册》《寄生虫病学》等著作的编写。发表《活血化瘀法复苏严重脑外伤、颅内血肿昏迷30天1例》《61例晚期血吸虫病患者辨证分型治疗的临床探讨》等论文。

董承琅(1899—1992)，浙江宁波人。1914年，考入沪江大学理学系。1918年毕业。1920年，赴美国密歇根大学医学院学习。1924年，获得密歇根大学医学博士学位。回国后，就职于北京协和医院，历任内科住院医师、内科助教、内科助理医师。1930年夏，获洛克菲勒基金会资助，由北京协和医学院选派，赴美国约翰·霍普金斯大学医学院和密歇根大学医学院进修心脏病学，曾师从国际著名心电学专家威尔逊(Frank Wilson)教授。1931年回国后，出任协和医学院内科副教授，兼任心脏病科主任。1941 年,在上海南京西路开设私人心脏病诊所。1943 年,在四明医院工作。1949 年 5 月,任上海第六人民医院内科主任,上海第二医科大学(今上海交通大学医学院)一级教授。

我国第一代心脏病学大师,中国心电学的奠基者。1958 年,受中华人民共和国卫生部委托,开办全国心脏病进修班,培训心脏病医生、专家。

陈泽超(1916—1992),又名陈梦渊,广东花县人。民主同盟会成员。1932—1945 年,在其舅父江岳岳开设的上海痔疮医院学习并工作;1938—1941 年,在上海中医专科学校学习;1941—1942 年,在刘民叔处学习内科;1945 年,在上海私人开业;1956 年,调到上海市立第十一人民医院工作;1960 年,就职于曙光医院中医外科;1986 年,晋升为主任医师。

擅长痔科,在临床一线工作 20 多年,先后为近 10 万例痔、瘘痨患者进行治疗。除直肠肿瘤外,首创内痔结扎疗法。同时结合临床经验,个人撰写或和其他医师合编病例分析、经验总结等论著,与兄弟单位合作拍摄的"常见肛门病的防治"教学电影获二等奖。发表论文《应用橡皮筋挂线疗法后切开疗法,治疗肛瘘 630 例的病例分析》《改进结扎疗法治疗内痔》等。

肖庆孚(1928—1992),湖南长沙人。1951 年 8 月—1956 年 10 月,就读于湖南医学院;1956 年 10 月—1958 年,任浙江医学院任住院医师;1958 年,任上海市立第十人民医院任住院医师;1960 年,进入曙光医院西医外科工作。1981 年 7 月,晋升为副主任医师。

长期从事临床医疗实践,具有丰富的临床医疗经验。除普外科各种手术外,还开展脑外伤及脊椎管内肿瘤手术,均收到良好的效果。

李静华(1930—1992),浙江宁波人。1958—1960 年,任上海市立第十人民医院副院长兼党支部书记;1960 年 4 月,任龙华医院副院长兼总支书记。后任上海中医学院党委委员、监委委员、党委常委等。1989 年,被评为副研究员。

1947 年 5 月,在南京参加中国共产党地下党组织。1948 年 2 月,受地下党组织的指派,赴上海南市区小东门地区六业联市联谊会从事革命工作,并先后担任上海参燕业工会主席、上海山海土产工会主席、上海市总工会第一届委员会候补委员、中国店员工会上海市委员常委、中共邑庙区委员会参燕业支部书记、上海市店员工会邑庙区委员会主任。1954 年 8 月,赴北京外交学院学习。

陈剑飞(1931—1992),曾用名陈瑞藻,浙江绍兴人。1946 年 4 月—1949 年 2 月,在上海哈巴特药厂做学徒;1949 年 2 月—1952 年 6 月,在上海哈巴特药厂做制药技工;1952 年 6 月—1954 年 7 月,任上海同德医院药剂室药剂士;1954 年 9 月—1961 年 9 月,就读于上海第二医科大学;1961 年 10 月,进入曙光医院耳鼻喉科;1969 年 5 月,进入曙光医院麻醉科。1987 年 6 月,晋升为副教授;同年,晋升为副主任医师。1981—1989 年,任麻醉科主任。

1987 年,发明"电子定时自动血压计",并获得国家专利"火星杯"创新奖。1988 年,获得老年发明"智力奖"。

张赞臣(1904—1993),江苏武进人。全国著名老中医、教授,第一批国家级名老中医。1921—1923 年,就读于丁甘仁主办的上海中医专门学校;嗣后又转学至谢利恒主办的上海中医大学深造,跟随曹颖甫、包识生等前辈临诊实习。1923—1926 年,就读于上海中医大学。1926 年起,开业行医。1926—1937 年,兼任上海医界春秋月刊社社长;1931—1934 年,兼任上海中国医学院教授;1935—1937 年,兼任上海新中国医学院讲师,曾任中央国医馆名誉理事、上海中医师公会常务理事、中医师学术研究会理事长;1952—1955 年,任上海卫生局中医门诊所副所长;1955—1956 年,任上海市公费医疗第五门诊部副主任;1956—1960 年,任上海市卫生局中医处副处长兼上海中医学院方药教研组长;1960—1978 年,任上海市中医文献研究馆副馆长;1978—1993 年,任曙光医院顾问兼上海中医学院五官科教研组顾问。历任上海市卫生工作者协会执行委员,中医学会副主任兼秘书长,中华医学会内科学会委员,上海分会医史学会委员兼学术组长,上海寄生虫病研究委员会副主任、中医组组长,上海中医杂志编委会副主任等职,以及上海市第五届和第七届人大代表,农工民主党上海市委副主任。

擅长中医内、外科,对中医喉科更有独特经验。主编的《医界春秋》杂志每月一期,共 123 期,不仅行销全国,且远达日本、朝鲜、东南亚及欧美各国,是 1949 年前历史久长、影响深远的中医刊物之一,对推动中医的发展起到极大的作用。主编《中医喉科集成》,著作有《咽喉病新镜》《本草概要科学注释》《中医外科诊断学》《经穴治疗学》《张赞臣医案》等。撰写的《中国诊断学纲要》《中国历代医学史略》被全国各地中医学校采为课本,多次再版。

顾伯华(1916—1993),上海人。全国著名老中医、教授。1932—1936 年,就读于上海中医学院;1936 年起,开业行医;1952—1956 年,在上海公费医疗第五门诊部任特约医师;1955—1964 年,兼任上海中山医院中医顾问;1956—1960 年,任上海市立第十一人民医院、曙光医院中医外科主任,兼任上海中医学院外科教研组主任;1960 年,调任龙华医院中医外科任主任,兼任上海市中医学会外科学会主任委员。第五、六、七届全国政协委员。

重视整体治疗，认为形之于外，必根于内，采用内治外治相结合。提出疮疡初起以消为贵、早消早治的方法；重视脾胃在治疗疮疡中的作用，认为脾胃乃后天之本。在辨证方面，认为疮疡论治首辨阴阳，发展前人对疮疡辨证的认识。著作有《外科经验》《中医外科临床手册》等，主编全国高等中医院校及中等中医专业学校统编教材《中医外科学》。

薛之祥（1925—1993），江苏昆山人。1944—1950 年，就读于同济大学医学院；1950—1951 年，上海市第二人民医院实习；1951 年 7 月—1952 年 3 月，参加上海市第二批抗美援朝志愿者医疗队；1952 年 3 月—1954 年 5 月，任华东医院外科住院医师；1954 年 5 月—1957 年 2 月，任仁济医院住院医师；1957 年 2 月—1958 年 10 月，任广慈医院主治医师；1958 年 10 月—1961 年 5 月，第二届西学中研究班学员；1961 年 5 月，进入曙光医院外科工作；1983—1986 年，任西医外科副主任。1986 年 12 月，晋升为主任医师。

长期从事西医外科临床工作，擅长中西医结合治疗胆道疾病的治疗与研究。

董基康（1913—1994），上海人。1928 年 2 月—1934 年 4 月，在上海山西北路，常德路广基、孙天德等药店当学徒；1934 年 5 月—1950 年 12 月，开业行医；1951 年 1 月—1954 年 8 月，任上海市长宁区人民政府第六办事处主任、卫生科副科长；1954 年 8 月—1955 年 10 月，在上海第一医学院华东卫生行政干部进修班学习；1954—1960 年，任上海市立第十一人民医院副院长兼党支部书记；分别于 1963—1967 年 1 月、1972 年 3 月—1978 年 10 月，任曙光医院副院长兼党总支副书记；1978 年 10 月，任上海中医学院党委统战部副部长。

擅长内科诊断治疗，在医院担任副院长兼党总支副书记达 16 年之久，熟悉医院管理与党务工作。

张伯讷（1929—1994），上海人。1954 年 8 月，就职于上海市立第十一人民医院。1964 年 3 月，任曙光医院医教办副主任；同年，调入上海中医学院，任伤寒温病教研组、中医基础理论教研室主任，基础医学部副主任。1981—1985 年，任上海中医学院副院长，分管教学工作。兼任卫生部药品评审委员会委员、上海市药品评审委员会副主任委员、中华中医学会理事、中医学会上海分会内科委员会副主任委员、《中医年鉴》主编等职。曾获得全国青年社会主义建设积极分子、上海市文教战线先进工作者和上海市劳动模范等称号，并享受国务院颁发的政府特殊津贴。

与金寿山教授首创“中医学基础”新的学科，主持编写各种层次的教材和教学参考书，中医基础学科被确定为国家中医药管理局和上海市高教局的重点学科，先后培养 30 余名博士研究生和硕士研究生，主持多项课题的研究。1993 年，“二仙汤及其拆方对大鼠下丘脑-垂体-性腺轴作用的实验研究”获得国家中医药管理局科技进步奖一等奖。

夏少农（1918—1998），字云岫，浙江德清人。1938 年，毕业于上海中国医学院。私人开业近 20 年。1956—1957 年，在上海公费医疗第五门诊部工作，同年，参加民主促进会，并任支部副主任委员。1957 年，任上海中医学院外科教研组负责人；1962—1966 年，任曙光医院中医外科副主任；1972—1978 年，任曙光医院中医外科副组长；1978—1984 年，任曙光医院中医外科副主任。1978 年，晋升为副教授。1981 年 12 月，晋升为中医外科主任医师。1977 年，获上海市科技先进工作者；1978 年，获全国医药卫生科技先进工作者称号；1995 年，被评为上海市名中医。

从事临床外科 40 余年，继承夏氏（四代）中外科学术经验，在诊治中医外科各种疾病方面积累丰富的经验并有所发展，曾与皮肤科协作，应用中医中药治疗皮肌炎、真型多型红斑等疾病，取得较显著的效果。撰写约 15 万字的著作及经验汇编等，并与弟夏涵合写《“夏氏四代”中医外科经验汇编》。擅长外科，精于疔、疖、痈、疽、流注、瘰疬等证治，重视整体，内外兼施。1982 年，荣获国家中医药管理局科技进步奖二等奖；1984 年，临床科研课题获上海市科技进步成果二等奖；1988 年，获国家中医药管理局科技成果奖。主持上海中医学院第一本《中医外科学》自编教材的编写工作。著作有《中医外科心得》《上海老中医经验选编》。发表论文有《益气养阴法治疗“甲亢”》《夏墨农学术经验》《气阴学说在外科的应用》等 10 余篇。

庞泮池（1919—1999），女，上海人。1938—1941 年，就读于上海中医学院；1941—1952 年，先后在重庆、上海等地开业行医；1952—1954 年，任上海市卫生局中医门诊部内科医师；1964—1966 年，任曙光医院妇科副主任；1978—1984 年，任曙光医院妇科主任；1980 年，晋升为主任医师；1987 年，取得教授资格，同年起任上海中医药大学专家委员会委员、博士生导师。1991 年，获优秀博士生导师称号；1992 年起，获国务院首批颁发的政府特殊津贴及荣誉证书。1995 年，被评为上海市名中医。曾 2 次被评为全国“三八红旗手”，4 次荣获上海市卫生系统先进工作者、上海市“三八红旗手”。1960 年，作为女中医代表与其他先进工作者一起，在上海受到周恩来的接见。

1954 年，开展妇科恶性肿瘤的临床中医辨证施治研究。20 世纪 60 年代，对因输卵管阻塞导致的原发性不孕症，应用中医理论创立的治血、化瘀、通管的“通管汤”进行治疗，此项临床研究荣获上海市科技成果奖。20 世纪 80 年代，开设中西医结合治疗妇科恶性肿瘤的专科门诊，研制“益气煎”。将经验方制成的中成药“养血止崩煎”“消炎煎”“丹芩逍遥煎”“子宫肌瘤Ⅰ号片”“清热消瘤煎”“益气养阴煎”“增免抑瘤冲剂”等广泛运用于临床。撰写并发表的《中西医结合治疗 12 例卵巢癌》《活血化瘀治疗子宫肌瘤》《中医中药与恶性肿瘤的防治》等论文几十篇，撰写的 20 万字的学术专集《庞泮池妇科论丛》在海外出版。

孙曙华（1941—1999），女，浙江镇海人。1959 年，毕业于上海市第六女中，同年 9 月，就读于上海第二医学院医疗系。1964 年，分配到曙光医院西医内科工作。1992 年，晋升为副主任医师。

1964 年参加工作之后，先后赴上海县新泾公社卫生工作和奉贤燎原农场防病小分队工作。

1978年，前往瑞金医院神经内科、脑电图室进修；承担病房、门急诊等工作，诊治内科常见病、多发病有自己的心得。还抽时间研究中医针灸，对针灸治疗面神经炎、震颤麻痹及对颅内血供的影响进行探索，撰写论文《针灸对颅内血供的效应》《应用中医中药治疗面肌痉挛的机制探讨》等，并在《上海中医药杂志》上发表。

许迺珊（1923—2000），江苏宿迁人。1948年，毕业于上海同德医学院，同年，在上海四明医院任职；1953年，就职于上海市立第十人民医院；1960年，在曙光医院工作，曾在胸内科、西学中研究班进修。1966—1978年，任内科副组长；1978—1984年，任内科主任。1980年12月，晋升为主任医师、教授。

从事内科临床工作30余年，擅长心血管疾病尤其是冠心病的诊治和危重患者的抢救。20世纪60年代，建立心电图室；20世纪70年代，建立心脏病监护室。1979年，全科全年写出49篇论文，其中11篇在上海中医学院举行的“国庆30周年学术交流”上宣读。撰写的《麦冬制剂对冠心病疗效的实验观察》《病毒性心肌炎的临床分析》等论文获得1980年上海中医学院科研成果三等奖。

张羹梅（1905—2001），又名张鼎，上海川沙人。1927年，在江苏省立第一师范学校学习6年。1928年，在当地县立小学担任教务主任及训育主任等职；1929年，随凌秀千、陈雪生二位中医师学习中医4年。1933—1956年，开业行医。曾兼任过小学校长、联合诊所所长、江宁区卫协执行委员及秘书长。1956年，进入曙光医院中内科工作。1981年，晋升为主任医师。

从事中医临床工作50余年，有丰富的临床经验，擅长于中医内科消化系统疾病的诊治。撰写医案、医话及论文共14篇，先后发表于中医杂志、上海市论文汇编及院内刊物。1979年，撰写《临证偶拾》由上海科技出版社出版，此书获上海市高教局国庆30周年科技成果奖。另外，上海中医学院编制的《张羹梅医案》获国庆30周年献礼科技成果奖；“张羹梅老中医诊治胃脘痛经验的计算机模拟”，1984年，被评为上海市中医、中西医结合科研成果三等奖。

吴竺天（1911—2001），浙江余姚人。1934年6月—1938年6月，就读于中国医学院；1938年10月—1946年6月，回原籍私人开业；1947年10月—1956年10月，在上海市南市区复兴东路1155弄4号私人开业；1956年10月—1957年4月，任沪东造船厂中医师；1957年4月—1959年4月，私人开业。1959年4月，进入曙光医院妇科工作；1988年12月，晋升为副主任医师。

善治中医内科的各种疾病，尤其对不孕不育、子宫肌瘤、卵巢囊肿等妇科疾病有独特的见解。

汪汝杏(1922—2001)，女，上海人。1940 年 6 月—1943 年 6 月，在汪如椿诊所学医；1943 年 7 月—1950 年 10 月，在青浦重固镇开业从医；1950 年 10 月—1958 年 12 月，在上海市卫生局医疗预防处任中医师；1959 年 1 月—1960 年 3 月，在上海市立第十一人民医院任秘书；1960 年 4 月—1979 年，任曙光医院内科中医师。1988 年，晋升为副主任医师。

从事中医临床工作，师从吴涵秋，从临床实践中结合个人经验诊治患者，尤其对肝病疾病有独特见解，积累较多的宝贵经验。撰写《中医治疗急慢性肝炎的初步体会》等论文。

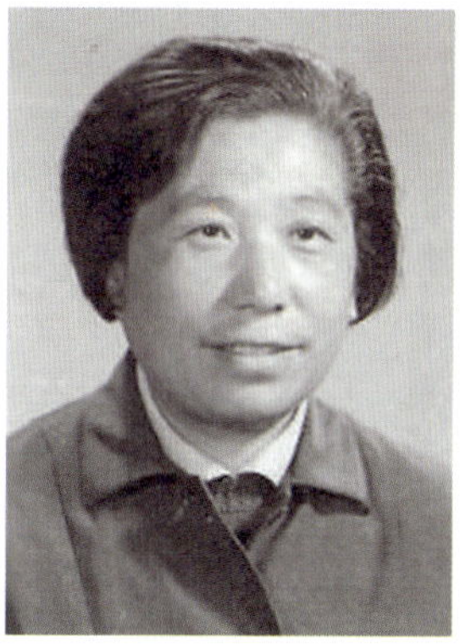

王星光(1927—2001)，山东高青人。1944 年 10 月—1947 年 10 月，在渤海二区任政治学员，后担任护士长。1947 年 10 月—1949 年 5 月，渤海七师司令部卫生所所长；1949 年 5 月—1952 年 8 月，任上海公安 16 师直属卫生队副队长；1952 年 8 月—1955 年 1 月，任志愿军解放军铁道司令部卫生所长；1955 年 2 月—1966 年 10 月，在海军后勤卫生部、政治处任助理员、主任；1976 年 5 月—1978 年 10 月，任海军 408 医院副政委；1978 年 11 月—1979 年 6 月，任曙光医院总支副书记；1979 年 6 月，任上海中医学院图书馆副馆长。

羔　萍(1928—2001)，江苏启东人。1944 年 8 月起，就读于苏中军区四分区新四军一师三旅的卫生学校。1958 年，入河北中医学院学习。1962 年毕业，回部队医院任军医。1964 年，到曙光医院工作。1965—1972 年，任曙光医院医教办公室主任；1972—1978 年，任曙光医院中医内科主任；1978—1982 年，任曙光医院医务科科长；1982—1989 年，任曙光医院副院长。

石光海(1915—2002),台湾宜兰人。1941年,毕业于日本昭和医科大学,而后师从日本长崎大学皮肤科教授驹屋,在皮肤科的临床和理论方面打下扎实的基础。回国后先后在上海、北京、天津、香港等地行医。中华人民共和国成立后进入上海市立第十人民医院工作,1960—1966年、1978—1985年,任曙光医院皮肤科主任。1978年,被聘为教授;1980年,晋升主任医师。参加进步组织台湾民主自治同盟,曾任上海市第五届政协委员;上海市第七、八、九届人大代表;上海市台联第一任副会长,第二、三、四届名誉会长。

早期,在日本驹屋银治指导下从事皮肤病、性病的相关研究工作,有关流行性颚口虫病的科研成果论文发表于日本医学杂志。运用中西医结合方法对系统性红斑狼疮做了大量研究工作,在国内外发表20余篇论文。20世纪70年代,对在江西、云南、贵州的上海知青进行皮肤病的调查与研究,相关科研课题获全国医药科学大会表彰。首创运用划破疗法治疗酒渣鼻500余例,荣获上海市卫生局科研成果奖。在20年的临床实践中,在鼻赘手术方面,如肥厚型酒渣鼻——鼻赘的病因学、流行病学、病理生理学诸方面深入研究,并在临床治疗方法上不断探索,取得不需要植皮、不留瘢痕、外形美观、接近自然的美容效果,得到国际上同行的高度评价,在国内外皮肤科学界学术交流中引起广泛的关注,1984年,获国家卫生部科技成果奖乙级奖。1998年9月15日,为促进医院和中医药事业的发展,从自己有限的个人储蓄中向医院捐赠了10万元人民币,设立“光华医学科研奖励基金”。

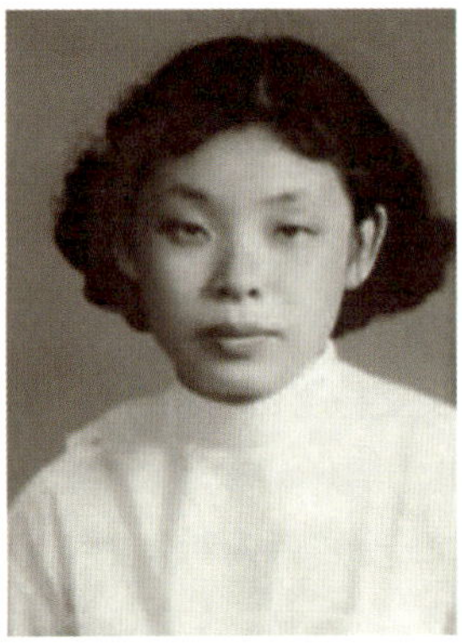

钟念文(1929—2002),女,浙江杭县人。1949年,毕业于浙江医学院,先后在上海沪东医院、鞍山职工医院担任医师。1952年,就职于上海四明医院,任中医内科中西医结合医师。1958—1961年,脱产在上海中医学院中医研究班学习。1981年,晋升为副主任医师。

长期从事中医及中西医结合临床及科研工作,1961年,与他人合作撰写的论文《肝硬化腹水的辨证施治》被评为上海市卫生局三等奖。1963年,参加慢性肾炎专题研究。1978年,主持慢性肾炎专题研究小组工作,撰写的3篇论文分别获得上海市卫生局、上海中医学院科研成果二等奖、三等奖。发表的论文有《慢性肾炎尿FDP测定的临床价值》《慢性原发性肾小球疾病的肾盂检查的临床价值》《中西医结合治疗成人原发性肾小球肾病及慢性肾炎肾病型134例临床分析》。

赵星如(1919—2003),安徽广德人。1946年,毕业于国立中央大学牙科专业,毕业后先后在兰州国立中央医院、南京医院、湖州福音医院、天津牙病医院、上海同济医院、上海市牙病防治所、上海市立第十人民医院从事口腔科工作。1960—1966年、1978—1984年,任医院口腔科主任;1980年,晋升为口腔科主任医师。

从事口腔专业达30余年,曾在著名口腔外科专家丁鸿才和著名整复外科专家张涤生指导下学习,掌握口腔颌面外科的基本技术操作,并成功解决许多口腔颌面外科的疑难病例,能施行口腔颌面部各种肿瘤手术及疑难拔牙术。经常去外院会诊,帮助解决口腔科的疑难病例。特别是在上海市立第十人民医院工作期间，亲自参与口腔科的筹备、建设工作，建立起一套较为完整、科学的管理机制、规章制度及临床操作规范要求。

夏　涵（1926—2003），原名夏小农，字云岚，浙江德清人。中学毕业后就跟随父亲行医。1947 年，上海大夏大学商学院毕业。1952 年，入选全国首届中医药专门研究人员班（北京医学院中西医结合班）。1958 年，毕业后就职于上海市立第十人民医院中医外科。1960 年，在曙光医院中医外科工作，任中医外科副主任。1980 年，晋升为副主任医师。1982 年，调任上海中医学院附属岳阳中西医结合医院工作。

擅长外科诸症，特别是在中西医结合诊治痛风性关节炎、皮肤病方面造诣深厚。著作有《外科历代文献简介》《外科夏墨农的学术经验》《试论三焦》《中医口腔病学》《中医外科护理》《甲皱微循环的变化与气血关系》等，此外还参与上海中医学院《中医外科学》教材的编写。在技术革新方面的建树有"中医外科刀法""特殊体征辨证""内痔'回'字结扎法""药烘疗法治疗皮肤病""医用美容系统化"等；临床经验方面倡导"健脾法治复发性口疮""益气养阴法治甲状腺病""麻黄桂枝汤治银屑病""当归拈痛汤治痛风"等。

吴志清（1939—2003），江苏无锡人。1957 年 9 月—1962 年 8 月，就读于上海第一医学院医疗系；1962 年 9 月，进入曙光医院西医内科工作；1982—1984 年，任心电图室负责人；1984—1989 年，任心电图室副主任；1989—1991 年，任心电图室主任。1993 年，晋升为副教授；1994 年，晋升为主任医师。

擅长于心血管病的治疗，尤其对心电图研究颇有心得。精通英语，根据爱德华（Edward K.）著的"Quick Reference to Cardiovascular Diseases"，自译《心律失常的诊断方法》《抗心律失常药物》《洋地黄的应用》等文献。

马永江（1914—2004），浙江杭县人。1936 年，毕业于燕京大学生物系。1941 年，毕业于协和医学院，获医学博士学位后任协和医学院外科医师。1946 年，赴美国密歇根州培琼医院进修。1948 年，回国任上海同德医学院教授。1949 年 4 月 1 日，任四明医院泌尿科主任。1950 年，调任上海第二医学院。

1949 年开展手术治疗阳痿。20 世纪 50 年代，在国内首先施行输尿管结肠移植术、经膀胱修膀胱阴道瘘手术、尿粪分路的直肠代膀胱手术等。1982 年，首次在动物实验中发现川芎对创伤性急性肾功能衰竭有预防作用。曾任《中国外科年鉴》主编。主编有《肾上腺外科学》《考的松类激素在临床的应用》《水和电解质平衡在外科上的应用》《泌尿学近展专题资料》《肾脏疾病治疗的进展和展望》《尿路感染诊断和治疗的进展》《外科考题解》《外科基础》《实用泌尿外科学》《中西医结合男科学》，均被上海图书馆收藏。

郭协勋(1916—2004)，江苏沙洲人。1943年，毕业于国立云南大学医学院。1943年9月—1949年，在军医署第六流动手术大队任代主任医师、代大队长等职务。1947年，在家乡开业行医。1951年，进入上海市第三人民医院工作，任内科总住院医师；1953年，晋升为主治医师；1957年，晋升为副主任医师。1956年，在上海市西医脱产学习中医班学习中医专业3年，同年，被评为先进工作者。1959年，调至上海中医学院工作，先后任内科学基础教研组、内科教研组、传染病教研组副主任，同时兼任龙华医院内科主任，中医学院临床研究室副主任、学院校务委员会委员，《上海中医学院学报》常务编辑等职。1959年，调回曙光医院。1980年，恢复中医内科副主任及中西医副主任医师职称。

从事内科工作近40年，擅长用现代医学理论知识及方法来研究中医中药的作用机制，在中医中药治疗心血管疾病(冠心病、高脂血症、心律失常)方面有较丰富的经验，撰写论文13篇。开展实验研究，通过大量动物实验探讨石膏、万年青、使君子、勾藤及某些活血化瘀药物的药理作用。1959年，主持设计及实验研究的《针刺足三里对兔胃运动功能影响及其机制的初步探讨》等论文，在全国经络会议上宣读，并获得卫生部奖。1963年，主编适合中医学院教学需要的《内科学基础》《内科学》《传染病学》等讲义，由上海中医学院付印，作为讲义。1973年，参与全国大学教材《中医内科学》部分章节的编写，同年，由人民卫生出版社出版。

张光正(1921—2004)，浙江上虞人。1945年，毕业于东南医学院。1948年7月—1953年，就职于四明医院；1953—1960年，就职于上海市立第十人民医院；1963—1966年，任曙光医院工会主席；1960—1966年、1978—1979年分任曙光医院西医外科主任，上海中医学院西医外科教研室主任；1984年12月，任上海中医学院专家委员会科研组副组长；1980年2月—1984年10月，任上海中医学院医院管理处处长。

擅长中药治疗急腹症和针刺麻醉施行手术。主要论文有《针刺麻醉胃大部切除术800例临床观察》《针刺麻醉胃大部切除术临床估价及中医辨证分型的研究》《针刺麻醉下如何做好腹腔手术》等。

吴翰香(1918—2005)，江苏太仓人。1932—1937年，在原籍随师马云宾学习中医5年，在太仓开业行医。1947年后，来上海继续开业行医；1952年，任职于宝山县罗店镇联合诊所，并任诊所副主任，7月，被北京医学院录取。1957年9月，毕业后被分配到上海市立第十一人民医院工作，任中医内科医师。1980年9月，晋升为副教授；1982年2月，晋升为主任医师兼任中医内科血液病研究室主任。

20世纪50年代末，开展血液病的研究，尤其是对“再生障碍性贫血”“白血病”的治疗有独到之处，首先提出用“健脾温肾法”治疗再生障碍性贫血及用中药“雄黄”治疗白血病，并获得良好效果。1964 年，在第一届全国血液病学术会议上宣读《中药“55”治疗白血病的初步观察》论文，同时介绍《47 例再生障碍性贫血——临床资料及疗效》论文，获得同行很高的评价。中医中药治疗再生障碍性贫血的疗效在当时处于国内外先进水平。1970 年，整理编写《中医血液病学》，作为上海中医学院 10 年校庆献礼。多年来结合临床整理约 60 万字的读书笔记及心得体会，整理编写《内经基础理论探讨》和《色脉舌诊》的相关章节，阐述《内经》中的理论精华，并在中医杂志及院内刊物上发表多篇论文。

朱寿椿（1919—2005），江苏无锡人。1945 年，毕业于上海东南医学院，就职于无锡普仁医院，任外科住院医生。1946 年，自行开设诊所，1950 年 8 月，进无锡益寿医院外科工作。1951 年，在上海四明医院外科工作。1960—1966 年，为曙光医院西医外科副主任。1972—1978 年，任曙光医院西医外科副组长；1978—1984 年，任曙光医院西医外科副主任。1980 年 12 月，晋升为西医外科副主任医师；1987 年，晋升为主任医师。

20 世纪 70 年代，运用中、西医二套方法处理外科急腹症。1979 年，撰写《80 例高位头静脉切开插管的临床应用》论文，获得上海中医学院科研成果三等奖。长期从事临床教学工作，曾担任第一医科大学、第二军医大学、安徽医学院、山东医学院、上海中医学院和曙光护校的外科教学任务。编写《胰腺脓肿的诊断与治疗》《小肠内固定术在治疗复发性粘连性肠梗阻中的应用》等论著。

张鸿祥（1919—2005），浙江镇海人。1939—1944 年，师从朱崇山学中医。1944—1959 年，自设诊所开业行医；1959—1960 年，任上海中医学院内妇科临床教研组教师。1960—1988 年，任上海市立第十一人民医院、曙光医院内科副主任医师、主任医师。1978 年，担任内科主任、医院专家委员会顾问、肝病研究室顾问，同年被选为上海市人民代表。曾任上海市中医学会第三届内科分会主任委员、上海市中医学会第三届理事会理事、上海市第七届人民代表。1978 年，被评为上海市教育系统先进工作者；1984 年，被评为医院先进工作者。

师从沪上名医秦伯未、余无言。擅长治疗中医内科肝病、病毒性心肌炎后遗症、类风湿关节炎、关节炎、妇科病。负责国家科委的攻关计划，并多次荣获上海市科委科技成果进步奖、上海市卫生局科研成果奖。在各类杂志发表论文有《运用炙甘草汤的经验》《临床医案 20 篇》《经前遗尿案》《眩晕病治疗经验介绍》《胸膜炎、胸膜积液的治疗》《红斑性狼疮治疗》《上消化道出血的疗效总结》《金匮要略方药新论》《支气管扩张咯血》《上消化道出血（黑便）》等。承担多项科研项目，如“慢性肝炎研究”“病毒性心肌炎后遗症用中医中药治疗的疗效分析”“多途径治疗上消化道出血”“支气管扩张咯血病房中医中药治疗”“中药归经研究”等课题。

何宗德（1923—2005），四川梁平人。大学文化，卫技 7 级。1949 年，毕业于前国防医学院，曾任第三野战军上海职工医院医师。1957 年 9 月，调入上海市立第十人民医院，组建耳鼻喉科。1960—1984 年，任医院耳鼻喉科主任。1975 年，进入上海市第六届西医脱产学习中医研究班学习。1980 年，晋升为主任医师。1981 年，参加农工民主党。

长期从事耳鼻喉科专业，精西通中。1960 年，开展颈动脉体切除治疗支气管哮喘取得成就。热心于中医药工作，通过实验证实针刺能影响内耳血管壁的渗透性。1964 年，开始用"耳中穴"插管治疗耳性眩晕，对耳性眩晕的发病机制和治疗方法有新的见解，并著文参加国内学术交流。承担继承和研究老中医张赞臣的学术经验，开设中医喉科门诊。根据中医辨证论治原则，结合西药的作用原理，采取内外合治、西药中用，创立多种耳鼻咽喉水针穴注射法。

1977 年，编成 25 万字的《中医耳鼻咽喉科学》讲义，这是我国第一本专供西医学习中医的专业书籍。还出版《现代中医耳鼻口齿科学》。主持卫生部科研课题"泽泻汤治疗耳源性眩晕的临床及实验研究"获上海市科委科技成果奖。撰写、发表多篇论著，翻译外文文摘 50 余篇。熟练掌握英、俄、日三国文字，具有一定教学水平，编写多部教材。

朱瑞群(1920—2006)，江苏吴县人。中共党员。主任医师。1939 年，高中毕业后考取上海新中国医学院，尚未毕业即拜师于海派名医徐小圃先生门下，成为海派徐氏儿科嫡系传承弟子。1943 年，大学毕业继续从师学技，3 年满师后从业。1954 年，应上海市卫生局聘请，参加上海市立第十一人民医院工作，任中医儿科医师。1959 年，执教于上海中医学院。1980 年，任上海中医学院教研室副主任、曙光医院中医儿科副主任、硕士生导师。1995 年，被评为上海市名中医，医院终身教授，上海市食疗研究会顾问。

1956 年起，从事中医儿科临床诊疗、科研及教学工作，善治小儿久咳、哮喘、厌食、腹泻、奶痨、佝偻病、贫血、紫癜等，发表学术论文 10 余篇，科研成果"益气补肾法治疗小儿佝偻病的探讨与白鼠实验研究"于 1986 年获上海市卫生局科技进步奖二等奖，"中药穴位敷贴治疗哮喘急性发作临床和实验研究"于 1989 年获上海市卫生局科技进步奖三等奖。发明中药复方"驱虫粉""蛲虫散"，该方为全国中医教材会议审定的《中医儿科讲义》所采用，并被 1979 年出版的《简明中医词典》收录。主持研究敷贴加离子导入法治疗哮喘，创制多种有效方剂治疗儿童佝偻病，获得上海市科技进步奖。善于培养中医人才，带教多名研究生。

"中药敷贴离子导入法防治哮喘"的开拓者，在其身体力行下，使冬病夏治"中药敷贴疗法防治哮喘"传遍华东各省及北京、大连、香港等地，惠及海外。

李志春(1934—2006)，上海川沙人。副主任医师。1955 年，毕业于上海第二医学院医疗系；1960 年，进入曙光医院泌尿外科工作。1987 年，晋升为副主任医师。

长期从事泌尿外科工作，开展泌尿外科新项目的研究。1971 年，改革操作步骤，研究出用小铜棒自制的小钩子，用于泌尿外科手术，切口小，只需缝 1 针，操作时间大大缩短，15～25 分钟就能完成泌尿外科小手术，减少患者痛苦。除一般泌尿外科手术外，不断改进止血方法，并开展前列腺硬化剂的注射工作及膀胱癌的膀胱全切除回肠代膀胱大手术。在科研方面善于总结临床经验，开展用中药"石莲汤"治疗乳糜尿的实验工作，治疗效果显著。对预防膀胱癌术后复发采用 BCG(卡介苗)、膀胱灌注及皮内注射法，取得一定的临床疗效。

万希文(1918—2007)，江西南昌人。主任医师。1933—1937 年，拜中医周海文为师学习中医。1937 年，在卡德路诊所开业行医。1938—1949 年，受雇于工部局华文处等单位。1949—1954 年，在黄陂南路自设诊所行医。1952—1954 年，先后在中医第一进修班和上海市卫校医学进修班学习。1954 年，进入上海市安当医院工作；1956 年 6 月，进入上海市立第十一人民医院；1960 年，就职于曙光医院；1981 年 4 月，晋升为医院内科副主任医师；1987 年 4 月，晋升为医院内科主任医师。

1956 年起，参加高血压病专题研究小组工作，通过实践总结出高血压病的证因脉治的规律与防治措施，提出高血压病的中医分类、分型法。在中医药治疗高血压病方面，造诣颇深，具有丰富临床经验，取得很好的临床疗效，并制定“高一方”至“高五方”等 5 个基本复方，其中“高三方”与“高五方”2 种流浸膏临床疗效显著、可靠。对中风后遗症有一定的经验，如“当归祛瘀片”对改善脑血管意外后遗症效果较好。曾发表《高血压病的中医理论和治疗》《中药治疗高血压病 328 例四年疗效评价》《早期高血压病的论治研究》《中医学对脑血管病的认识》等多篇论文。

叶舫瑞(1920—2007)，安徽黟县人。中共党员。副主任医师。1946 年毕业于上海私立东南医学院；1945—1946 年，进入四明医院临床实习；1960 年，就职于曙光医院。1986 年 12 月，晋升为儿科副主任医师，并担任医院图书资料室负责人。1984 年，任民盟上海市第八届委员会医药卫生委员会委员、上海少儿图书馆顾问。1985、1988 年，两次获民盟上海市委盟务积极分子称号；1988 年，获上海市卫生系统精神文明十佳称号。

对儿科急诊抢救非常娴熟。在报刊上发表科技文章达 30 余篇，如《原发性非典型肺炎 35 例临床观察》《对祖国医学中麻痹证治的初步点滴体会》《苦楝根皮驱蛔虫临床疗效 100 例》《骨髓输液及其并发症》等。热衷科普工作，在各类报刊上发表科普文章达 50 余篇。

丁乃时(1921—2007)，浙江杭州人。中共党员。主任医师。1938 年，考入上海同德医学院学习临床医学，1943 年，大学毕业后到上海仁济医院工作。解放战争爆发后，主动奔赴作战前线，为战士疗伤治病。中华人民共和国成立后，被分配到浙江省嘉兴省立医院工作，1953 年，在上海四明医院工作。1956 年 9 月 25 日，加入中国共产党；1957 年，被评为上海市先进工作者。1964 年，担任曙光医院放射科主任。1984 年，到美国佛罗里达州迈阿密大学附属医院留学。先后被聘为卫生部高等医药院校中医专业教材编审专家委员会委员兼内科组副主任，上海放射学分会副主任委员，中国中西医结合学会医学影像学专业委员会上海分会主任、顾问等学术职务。

20世纪80年代，编写全国高等医学院校使用教材《诊断学基础》中医专业用的“X线诊断”部分。先后完成“肺水肿动物实验”“肺部病变的基本病理基础——肺腺泡实变的研究”“X线心电同步摄影术临床研究”等多项科研课题，在《中华放射学杂志》等国内顶级学术期刊上发表《小剂量静脉滴注胆系造影》《心脏运动功能试验对冠心病的诊断价值》《针刺配合X线检查诊断慢性阑尾炎》《肺腺泡实变的X线表现及其在诊断上的意义》等多篇论文。

吴培新(1923—2007)，女，浙江吴兴人。中国民主同盟会成员。1946年，毕业于上海市同德医学院后进入上海市四明医院妇产科工作。1960年，就职于曙光医院。1980年，晋升为副主任医师。

从事妇产科学教学及临床工作几十年，先后师从董姗云和庞泮池二位老师，善于总结临床经验，刻苦钻研专业知识，专业技术娴熟，能熟练操作妇产科各类手术，悉心带教青年医师，传授中医理论和中医临床知识。

丁佳频(1959—2007)，女，江苏无锡人。1982年毕业于上海中医学院医疗系中医专业，毕业后分配到曙光医院皮肤科工作。2004年12月，晋升为主任医师。

从事中医及中西医皮肤科教学及临床工作20余年，对一些少见的疑难杂症有一定的认识，如应用“利湿先利小便”治疗急性湿疹；用“温经通脉”治疗寒冷性多形红斑；用“活血化瘀止痛”治疗带状疱疹等，并有4篇译文发表在《国外医学皮肤科》分册上。参与编写《银屑病防治》《红斑狼疮防治》《中西医结合防治糖尿病并发症》等著作；参与《实用中医大全》编写工作，担任“皮肤病”章节主编。发表医学论文10余篇。

李广塘(1924—2008)，广东顺德人。1943年9月—1946年，就读于沪东大学；1949年5月—1954年9月，分别在上海市军管会全市政教处、上海市中等学校政治教育研究会、上海市教育研究政治教育组工作；1955年1月—1964年5月，任上海市文教办公室秘书，在上海市教卫部理论教育处工作；1964年5月—1966年8月，上海中医学院宣传部长；1973年9月—1978年11月，曙光医院革委会副主任、副院长；1978年1月—1983年8月，任曙光医院副院长；1983年8月，任上海中医学院刊编室主任。

1943—1949年，参加中国共产党并参与地下党的工作。1949年之后，长期从事教育管理工作和医院管理工作。担任中医学院刊编室主任期间，改革开放刚刚起步，在院刊上发表思想解放、转变观念等内容的文章。

陆万仁(1940—2008),浙江湖州人。1960年9月—1965年8月,在浙江医科大学医疗系学习;1965年8月—1969年8月,任北京铁道兵司令部门诊部军医;1969年9月—1971年5月,任成都铁道兵西南指挥部司令部门诊部军医;1971年6月—1978年10月,就职于重庆铁道兵六师二十七团门诊部;1978年11月—1983年2月,就职于新疆铁道部五师二十二团门诊部;1983年3月,转业进入曙光医院工作。1996年11月,晋升为副主任医师。

善于运用中西医二套理论治疗和诊断内科疾病,尤其对神经科的面肌痉挛有独特体会,利用羚羊钩藤汤加减治疗面肌痉挛。

徐小洲(1919—2010),浙江宁波人。出身于中医世家,自幼习医,为川沙徐氏儿科第九代传人。1943年,毕业于上海中国医学院,之后随其父亲徐丽洲在诊所实习、应诊,潜心专研中医儿科。1949年后,参加闸北区第七联合诊所义务施诊。1954—1955年,参加上海市卫协举办的高级儿科进修班,学习现代医学,接触并了解现代儿科新知识、新动态。1956年,进入上海市立第十一人民医院(后更名曙光医院)。1977年,被医院评为名中医。1988年,晋升为主任医师。1983年,被评为上海市劳动模范;1984年,被评为上海中医学院先进工作者。

在临床上,遵循四诊合参,特别注重望、问、闻、切。望诊最注重察神色、望面色、观舌象。用药处处顾及"脾胃为后天之本"的要义,处方时采用的每一味药均认真推敲,强调组方的精炼。撰写30多篇论著及临床总结,拟定的"大青叶合剂""口疳八味散""常山合剂"等药方,对小儿急性扁桃体炎、溃疡性口腔炎、病毒性感冒有显著疗效,成为医院儿科应用最广泛的院内制剂。善治小儿麻疹,20世纪麻疹流行时,治愈一大批患麻疹的患儿。

王定恒(1951—2010),浙江宁波人。1968—1972年,江西省吉水县文峰公社知青;1972—1975年,上海中医学院学习;1975—1987年,进入曙光医院肛肠科工作;1987—1990年,停薪留职,自费去日本东京青山语言学校留学;1990年,回到曙光医院肛肠科。2000年4月—2002年,任曙光医院肛肠科副主任。2001年11月,晋升为副主任医师。

长期从事肛肠疾病的临床研究,擅长治疗各种肛肠疾病。

黄羡明(1920—2011),江苏无锡人。1938年,毕业于丁甘仁先生创办的上海中医专门学校;之后,在上海市中心区域开设针灸诊所。1952年,加入上海市卫生局直属中医门诊部,成为特邀医师;1954年,任上海市立第十一人民医院针灸科主任;1956年,调任上海市第一人民医院中医科主任。1964年,参与创建针灸经络研究所并任副所长、所长,其后还担任WHO国际针灸培训上海中

心主任。1991年，被评为全国名老中医，开始享受国务院政府特殊津贴。担任《上海针灸杂志》编委会主任、主编，卫生部医学科学委员会委员，中国针灸学会副会长，世界针灸学会联合委员会(WFAS)中方筹备委员和顾问。1983年，获秘鲁政府社会福利部授予的银质奖。

从医70年，对《内经》针刺法有深刻的研究。在针刺治疗中，强调用针贵在调气，调气必先治神。临床上擅用调气法通经接气，运用进气法治疗各种痹证，用纳气法以推动经气，用留气法治瘫痪瘸瘕，用较长时间的导气法以止痛解痛，用刺络法以治血瘀。1958年8月，与西医合作首创针刺麻醉应用于扁桃体切除术，取得成功。

赵蕴胄(1925—2011)，曾用名赵云周、赵愚若，河南商水人。1947年9月—1948年12月，在沪宁线桥头镇中华三育研究社半工半读；1949年1月—1950年8月，在香港九龙清水湾下杨中华三育研究社攻读。1950年8月—1952年4月，在上海基督复临安息日会中华总会担任秘书工作。1952年9月—1954年12月，在上海医学院药学专修科学习。1954年12月—1960年7月，任上海市立第十人民医院药师。1960年7月，进入曙光医院西药室工作；1960—1966年，任西药室副主任；1972—1978年，任西药室组长；1978—1985年，任西药室主任。1976年10月—1977年7月，赴唐山抗震救灾。1980年12月，晋升为主任药师。1957年，被评为上海市立第十人民医院先进工作者；1960年，被评为上海中医学院先进工作者及上海市文教战线先进工作者。

1972—1985年，参与筹建医院制剂室及化学分析实验室，开展注射剂及大型输液制剂、中草药注射剂的科研工作，并在医院扩建过程中负责中药药理及实验室的设计。

马光炎(1927—2011)，曾用名马约翰，浙江嵊县人。1943年，宁波三一中学毕业；1946年，进入上海四明医院病理检验科工作。1986年，晋升为副主任技师，曾任免疫室、中心实验室主任。

参与肾炎、慢支、肝炎、血液、皮肤科等专题科研项目，在疾病的诊断、分型、治疗、愈后和中医中药治疗上有自己见解。1974年，筹备和成立免疫实验室，开展“轻链”等实验项目，为肝炎、肾炎科等临床提供所需要的免疫指标，提高诊疗质量为临床诊疗工作提供可靠的依据。

雷永仲(1928—2011)，湖南长沙人。1954年，毕业于上海第一医学院。1964年，参加上海中医学院“脱产学习西学中研究班”学习。1981—1984年，任曙光医院肿瘤科副主任；1984—1990年，任曙光医院肿瘤科主任。1986年12月，晋升为主任医师。曾任上海中医学院教授、国家卫生部药品评审委员会委员、上海市肿瘤防治研究办公室副主任、中国抗癌协会传统医学委员会委员、中华全国中医学会上海分会理事、中国中西医结合研究会上海分会肿瘤防治专业委员会委员、中华医学会

上海分会肿瘤学会委员、美国雷氏癌症中医药临床研究中心主任、上海市中医学会理事、上海市中医药学会肿瘤分会委员、上海中西医结合学会肿瘤分会委员及《肿瘤杂志》编委等。曾获全国儿童先进工作者、上海市文教先进工作者、上海市科技先进工作者等称号。

从事西医妇产科工作，以抢救新生儿颅内出血、新生儿窒息及改革妇产科手术、常见应用腹膜外剖宫产而驰名。应用中西医结合治疗妇科病，特别是不育症、功能性子宫出血及子宫颈癌成绩显著。其后，主要从事以中医药为主、中西医结合治疗恶性肿瘤的临床研究，是我国最早以中医药为主治疗癌症的专家之一。1977 年，"中医药治疗晚期原发性肝癌存活一年以上 50 例的临床分析"获上海市重大科技成果奖。1988 年，"'肝舒乐'治疗 307 例肿瘤的临床疗效观察"获上海市卫生局科技成果奖二等奖。其主要著作有《肺癌》《催奶退奶及奶库》等，在《中医杂志》《上海中医药杂志》《中医药研究杂志》《云南中医杂志》《自然辩证法》等杂志共发表学术论文 48 篇。

盛其业（1929—2011），山东济阳人。1945—1949 年，分别在渤海二分区政工队，上海二分区电话局，渤海分校交通队，渤海纵队 3 师 3 团、纵队七师三炮兵、38 军 97 师 289 团 1 营等单位工作。1950—1972 年，分别在淞沪警备司令部、华东公安政治部宣传部、南京军区公安政治部宣传处、上海警备区政治部、上海警备区 69 团政治处、上海警备区 69 团、上海警备区 11 师司令部、上海警备区守备 9 团（叶挺团）等单位工作，并担任协理员、教导员、副科长、科长、副政委等职务；1971 年 2 月—1972 年 4 月，任华东政法学院军宣队负责人。1976 年 5 月—1978 年 12 月，在曙光医院任党总支副书记。1978 年 12 月—1986 年，任上海中医学院医疗系党总支书记；1986—1990 年，任研修部党总支书记。

在部队期间长期从事政治宣传工作。任医院党总支副书记期间，当职工遇到困难的时候总是伸出援手予以帮助，以其亲民、务实的工作作风，深受职工爱戴。

吴正翔（1932—2011），浙江衢州人。1962 年，毕业于上海中医学院，毕业后在衢卅叶佑生医师诊所及浙江省常山县防疫站工作，从事急性血吸虫病治疗、中医药治疗晚期血吸虫病肝硬化临床工作。1962 年，入曙光医院工作。1990 年，晋升为主任医师；1993 年，聘为教授；1997 年，聘为上海市癌症俱乐部血液系统康复指导中心特别医学顾问；2002 年 4 月，获医院授予行医 50 年荣誉证书。2011 年，被评为上海市名中医。

主张治疗外感热性病，在辨证论治中，必取伤寒六经与温病辨证卫气营血及其主治方药的综合运用。对治疗急慢性再障贫血有心得，如急、慢性白血病；恶性淋巴瘤；多发性骨髓瘤；特发性血小板减少性紫癜等，均从病机、脏腑病位阴阳偏胜探索治疗中取得有效方药。在为急诊治疗和大量急性抢救病例中，外感热性病诊治取伤寒六经、温病辨证卫气营血及其主治方药，治疗中暑温（乙型脑炎）等 62 例，治愈率达 98%。1981 年，医院血液病研究室成立之后，不断运用中医理论指导各类血液病治疗法则，取得有效经验。1980年，以健脾补肾法181例有效率91.4%、治愈率达到29.2%，获得上海市人民政府科技成果奖。

姚洁明(1933—2011)，上海人。1964年，毕业于上海中医学院医疗系，毕业后留曙光医院中医内科工作。曾任中医内科副教授、中医内科主任，1992年，晋升为主任医师。1977—1979年，参加上海市第三批赴西藏医疗队，担任分队长。1982年，被评为上海中医学院优秀工作者。

长期从事中医、中西医结合内科工作，在中医中药治疗消化系统疾病，以及风湿、慢性胃炎、类风湿关节炎、幽门螺杆菌等方面具有较高的造诣，并能运用中西医二套理论和方法治疗内科急危重症。曾担任《中医内科临床手册》的副主编、《上海市中医病证治疗常规》的编委，参与主编《中国医籍大字典·内科分册》。

徐美龄(1946—2011)，女，上海川沙人。1964年9月—1970年7月，就读于上海中医学院中医系。1972年5月—1977年5月，任宁波精神病医院医师；1977年6月—1987年10月，在宁波市卫生学校工作；1987年11月—1990年8月，任上海宝山县卫校主治医师。1990年9月，进入曙光医院从事儿科工作；1995年9月，晋升为副主任医师。

擅长用中西医结合的方法诊断治疗儿科常见疾病、多发病和儿科疑难杂症，尤其擅长治疗儿科呼吸道和小儿腹泻等疾病。

顾惠芳(1948—2011)，女，上海南汇人。1975年，毕业于上海中医学院。1988年，担任曙光医院人事科科长；1992年7月，任院办主任，并当选为医院党委委员。1996年，晋升为副研究员。

在担任人事科长期间，参与职称聘任与晋升工作、工资调整，以及院内各类人员的培养、考核、调配、人事档案管理等大量工作。1996年，任院长办公室主任之后，参与修订《医院各项规章制度》《医院各类人员职责》《医院临床科室分级管理》等管理制度。

蔡瑞桐(1920—2012)，女，上海人。1939年，毕业于上海中医专科学校；1944年，自行开设诊所，行医7年；1952年1月，在普缘社儿科担任医师工作；1954年2月，在上海内良针织厂担任中医师。1956年10月，进入上海市立第十一人民医院(后更名为曙光医院)，担任儿科中医师。1986年12月，晋升为副主任医师。

拜师海派名医徐小圃。在徐小圃诊所学习4年，继承徐氏儿科的学术思想。擅长小儿呼吸道疾病的诊治，对于小儿肺炎、哮喘等肺系疾病均有自己独到见解。参与《中医儿科临床手册》《赤脚医师手册》的编写工作，发表有关论文 2 篇。1973 年，参与撰写《农村常见疾病手册》。

孙济中（1925—2012），江苏宜兴人。先后就读于重庆歌乐山国立上海医学院与上海枫林桥国立上海医学院。1949 年，毕业后就业于南京中央医学院任眼科住院医师；1959 年，在上海市第六人民医院眼科任主治医师；1979 年 3 月，进入曙光医院眼科工作。1982 年 12 月，晋升为主任医师。1979—1982 年，任眼科副主任；1982—1989 年，任眼科主任。九三学社成员。

1952 年，首创并绘制 E 字形视力表，经国家鉴定采用，成为全国统一的视力表；改进小儿白内障手术方法，提高疗效，减少并发症。长期从事眼科临床工作，开展角膜移植手术，运用临床实践在角膜溃疡的病因和诊治方面进行研究。发表论文《绿脓杆菌所致的角膜溃疡》《肾上腺皮质激素治疗眼疾的初步报告》《读反复性前房积脓性虹膜睫状体炎病例报告后的一些意见》《研制碘化磷酰硫胆碱发生全身中毒及双眼视网膜脱落》等多篇论文。

吴传德（1925—2012），江苏昆山人。1951 年，毕业于上海东南医学院，毕业后先在上海中山医院学习 1 年，1952 年，进入上海市立第十人民医院。1982 年 2 月，晋升为外科副主任医师。

1959 年 10 月，参加上海市胸外科进修班学习，1 年后结业回院组建胸外科病房并开展工作。1964 年，参加中西医结合针麻胃切除术研究工作，对减少针刺穴位、针麻下加小剂量硬外麻醉用药及针麻下如何攻克腹下手术中的“三关”等专题作了大量探索；参与“针刺麻醉胃大部切除临床规律探讨”方面的研究。1988 年，获得上海市卫生局科技进步奖二等奖。发表论文 11 篇。

项立敏（1937—2012），福建福州人。1964 年，毕业于上海中医学院，之后进入曙光医院工作。1988—1994 年，任医院针灸科主任、针灸针麻研究室主任、针灸教研室主任。曾任全国针刺针麻研究会理事、上海市针灸学会理事。获上海市及各级科技成果奖 8 项。

从事针麻的应用及研究，曾拜著名针灸学家杨永璇为师，在治疗胃溃疡、胃窦炎、中风、小儿脑瘫等方面独树一帜，创新头针与经典刺法同用。参与针刺麻醉临床研究，撰写《甲状腺针麻手术 482 例总结》《针麻下胃大部切除术临床规律探讨》《针刺胃俞、足三里抗应激性损害的实验研究》《刺激杏仁核对大鼠胃内压和胃电的影响及其作用途径的研究》等 23 篇论文。

王春德（1912—2013），福建福清人。1937 年，毕业于上海东南医学院。1949—1953 年，任上海市沙眼中心防治所主任委员、工会主席；1954 年，进入上海市立第十人民医院工作；1956 年，任上海市立第十人民医院眼科主任。1960—1966 年，任曙光医院眼科副主任；1978—1979 年，任曙光医院眼科主任。1978 年 3 月，晋升为眼科主任医师。

参与建立健全上海市眼病防治的市区网络，对沙眼防治有自己的心得，撰写《沙眼防治》《先天性家族性视神经萎缩》等医学文章。

王惠芬(1919—2013)，女，浙江黄岩人。九三学社会员。1944 年 7 月，毕业于上海同德医学院；1944 年 8 月，进入上海宝隆医院实习；1945 年 9 月，进入上海市第四医院工作。1949 年后先后在上海市第四人民医院、上海市立儿童保健院、上海市立第十人民医院儿科工作。1960 年 3 月，调入曙光医院儿科工作；1960—1966 年，任儿科副主任(西医)；1972—1978 年，任儿科副组长；1982 年 2 月，晋升为儿科主任医师。

对小儿呼吸道、消化道疾病和小儿传染病的诊治有着丰富的临床经验。20 世纪 50 年代，开始采用肾上腺糖皮质激素隔日疗法治疗小儿微小病变型肾病综合征，提高该病的治愈率，减少肾病的复发率和激素的不良反应。20 世纪 60 年代初，根据微循环学说采用扩血管的药物抢救中毒性菌痢，降低患儿的死亡率。1966—1967 年，上海流脑大暴发，与科室医生收治流脑患儿 400 余例，对其中 115 例暴发型流脑病例应用肝素抗凝治疗，疗效显著。善于总结临床经验，制定《儿科诊疗常规》，运用中西医结合的方法治疗婴幼儿支气管炎、消化不良等病症取得了良好的效果。编写《赤脚医生手册》《中医儿科临床手册》等著作，发表《小儿尘螨过敏性哮喘的免疫疗法探讨》《氦氖激光穴位照射治疗小儿遗尿 100 例》等医学文章。

章经坤(1934—2013)，上海人。1961 年，毕业于上海第二医科大学医疗系，毕业后进入曙光医院从事儿科临床工作；1966—1972 年，任儿科组长；1984—1991 年，任儿科副主任；1991—1993 年，任儿科主任。1986 年 12 月，晋升为副主任医师。

精通外语，阅读大量的文献，并运用于临床。临床经验丰富，熟练各种有创操作，如腰穿、深静脉穿刺等。

俞锡铮(1936—2013)，浙江嵊县人。1964 年，就职于曙光医院，从事针灸临床工作。1990 年 11 月，晋升为副主任医师。曾担任卢湾区科协会、医药卫生学会等社会职务。被评为卢湾区科协、医药卫生协会先进个人。

擅长穴位注射疗法治疗风湿性心脏病、老年慢性支气管炎。在穴位注射疗法配合针刺治疗风

湿性心脏病期间，通过不断摸索和观察，研究出疼痛较轻的5组腧穴，并根据全身健康状况较差的心衰患者，加用辅酶A100U穴位注射，使患者感冒、咳嗽明显减少或消失，心功能有所改善。发表论文《徐长卿注射液治疗老慢支50例疗效总结》《穴位注射配合针刺治疗风湿性心脏病423例》等。

郑平东(1939—2013)，福建福州人。医学博士。1964年，从上海中医学院医疗系毕业，被分配到医院内科工作。1991年，晋升为主任医师。终身教授、博士生导师。1992—1999年，任医院党委书记、副院长，兼任肾病科主任。2004年，被评为上海市名中医。曾任中华中医药学会肾病专业委员会副主任委员、国家自然科学基金同行评审专家、中华中医药学会科学技术奖评审专家；上海市中医药学会内科分会副主任委员、肾病分会主任委员，上海市中医药肾病临床协作中心主任，上海市卫生局指定高级中医人才导师，上海市卫生局第二批“医苑新星”导师，上海市中医药学会常务理事及内科分会顾问，上海中医药研究院肾病研究所顾问，日本国立富山医科药科大学客座研究员，福州市人民医院顾问，上海中医药大学专家委员会委员，上海中医药大学学报编委等社会职务。

师从国医泰斗张伯臾，从事临床医疗和中医内科教学工作，潜心研究中医基础理论和张伯臾的临床经验。1982年4月—1986年7月，由国家教委第一批选派赴日本国立富山医科药科大学研修，从事慢性肾功能衰竭研究，获博士学位。20世纪80年代，拜日本著名教授大浦彦吉为导师，从事慢性肾功能衰竭的研究。先后承担多项各级课题，荣获国家教育部科技成果及上海市科技进步奖等8项。主编或参编专著6部。在国内外核心期刊发表论文60余篇。

张志洪(1945—2013)，上海崇明人。1970年，毕业于上海中医学院，毕业后进入曙光医院中医外科工作。1994年，晋升为副主任医师。

1973年，拜夏少农为师，对夏氏中医外科之独特医术精华有较为系统的研究和整理，特别对疮疡、甲状腺功能亢进、甲状腺腺瘤、肝脏血管瘤、乳房小叶增生等疾病有丰富临床经验。先后参与多项卫生局及国家级的临床科研课题。发表《夏少农应用白降丹的经验》《中药治疗甲亢愈后眼突症20例疗效观察》《中药治疗肝脏血管瘤34例》《消瘿合剂治疗甲状腺瘤103例疗效分析》等近10篇学术论文。其中，参与夏少农教授益气养阴法治疗甲亢疗效分析获国家中医药管理局二等奖。

童伯年(1926—2014),浙江慈溪人。曾在岑冠华中医师诊所、钱松年中医师诊所学习,又自己开设童伯年中医师诊所。在上海市卫生学校进修班学习,之后在上海市干部疗养院、气功疗养院、龙华医院气功门诊部担任中医师并在中医学院中医内科进修班学习。1965年,就职于曙光医院中医内科。1986年,晋升为副主任医师。1975年,被评为“上海中医学院优秀教师”;1984—1985年,被评为上海中医学院先进工作者。

对中医理论和医疗技术精益求精,长期刻苦钻研。特别在口腔溃疡治疗上有独到之处,临床上运用化湿法而获得显著功效。善于科学研究,特别是气功方面的研究。1962年,发表《气功治疗胃下垂》;1963年,在上海市中医学会的学术期刊上刊登《气功治疗慢性疾病200例》。1985年,撰写《遗尿的辨证论治》《教学工作有效病例报道》《口腔溃疡辨证论治》《胃脘痛论治八法》4篇论文,分别发表在《中国农村医学》《医学情报资料》等杂志上。

陈文明(1929—2014),山东文登人。1947年9月,在华东野战军9旅26师队学习;1947年9月—1948年11月,任华东野战军9旅26师队卫生员;1948年12月—1949年5月,任华东党校一部(南下干部学校)卫生员;1949年6月—1959年8月,在华东人民革命大学医院任护士;1959—1962年9月,分别担任上海中医学院干事、秘书、机要秘书、党支部书记;1962年10月—1965年5月,曙光医院人事科副科长;1966年9月—1981年,分别担任曙光医院党委会常委、材料组长、政工科科长、党总支副书记兼办公室主任。1981年10月起,调任上海中医学院保卫处副处长、处长。

沙诵芬(1932—2014),女,浙江镇海人。1950年3月—1958年12月,上海市黄浦区公安分局科员;1959年1月—1961年8月,上海县马桥公社党委干事;1961年9月—1962年10月,上海农学院农机系党总支秘书;1962年11月—1972年4月,上海财经学院会计统计系团总支书记、革委会委员;1972年5月—1973年,就职于上海中医学院基础医学院;1973—1981年3月,曙光医院政工科副科长、科长;1981年4月—1985年,任曙光医院党委副书记;1985—1988年,任曙光医院党委书记。

周慧琳(1939—2014),女,上海人。1958年12月—1961年8月,就读于上海中医学院附属推拿学校。毕业实习期间曾由刘开运带教小儿推拿。1961年9月,从上海中医学院附属推拿学校毕业后被分配到上海中医学院附属推拿门诊部。1984—1988年,任曙光医院推拿科主任。

长期从事临床工作,对小儿推拿手法力求简练,经常运用一指禅推法、揉法、拿法、捏脊法等,频率较快,取穴较少,治疗时间短。同时,坚持处方用药,把一些身在外地不能来沪推拿就诊的患者,纳入中药治疗组予以远程治疗和研究。还运用中药热敷与小儿推拿相配合,提高小儿斜颈等疾病的临床疗效。研发儿童保健功法，指导患儿和患儿的家长。在《大众医学》《为了孩子》等科普杂志上发表10余篇论文。曾被《康复》《文化与生活》《科学生活》等杂志，《新民晚报》《光明日报》报纸和上海人民广播电台等多次报道。

潘祥龙(1952—2014)，浙江镇海人。1978年，毕业于上海中医学院，进入曙光医院皮肤科，长期从事中西医结合治疗皮肤病性病临床、教学和科研工作。1994年，任曙光医院中医外科(皮肤)学教研室副主任，同年，考入上海中医药大学攻读在职硕士学位。1995年9月，晋升为副主任医师。2002年12月，晋升为主任医师。2003年，任皮肤科主任、硕士生导师。

从事中医和中西医结合治疗皮肤病及性病工作30余年，在治疗各种皮肤疑难杂症(如银屑病、湿疹、荨麻疹、皮肌炎、红斑狼疮、酒渣鼻、皮肤肿瘤)等方面独树一帜。发表《自拟清热活血方治疗寻常型银屑病30例》《划破法治疗酒渣鼻1 071例疗效分析》《中医薄棉片灸法治疗带状疱疹》《钙泊三醇软膏治疗寻常型银屑病32例疗效观察》《中药抗炎1号注射液对急性皮炎湿疹患者细胞免疫功能的影响》《中药抗炎1号注射液对急性湿疹疗效及血清IgE的影响》《中药狼毒方外洗治疗多发性掌跖疣》《中药抗炎1号注射液治疗105例急性皮炎湿疹疗效分析》《双黄连粉针剂治疗结节性红斑40例疗效分析》等多篇专业论文。

谢田夫(1921—2015)，曾用名谢定强，浙江宁海人。1938年5月，加入地下党组织，同年12月，加入中国共产党。1949年5月—1951年7月，任上海市公安局杨思分局局长；1951年8月—1952年6月，任上海市公安局闸北分局分局长；1952年7月—1954年3月，任上海市公安局经保处科长；1954年7月—1957年2月，任国营上海中华冶金厂支部书记兼厂长；1957年2月—1958年8月，任上海市东昌区人委副区长；1958年8月—1959年10月，任宝山县委、县人委书记兼县长；1978年6月—1982年6月，任曙光医院总支书记。1982年6月—1985年10月，任上海中医学院组织部部长。

汤晋阳(1923—2015)，上海人。1946年3月—1948年11月，拜师于夏紫阳，并在夏紫阳诊所学习；1948年11月—1959年3月，自行经营药店。1959年3月，进入上海市立第十一人民医院儿科，担任中医师。1986年12月，晋升为副主任医师。

长期从事儿科临床工作，对小儿癫痫及消化道疾病治疗有一定特长，并有自己独到的见解。在治疗上用药准、到位、大胆心细，敢用很多其他医师不敢用的方子和药物，解决很多疑难杂症。1961 年，与董圣康、张伯讷一起开展过石膏、石决明、牡蛎、灵磁石大剂量煎出液浓度对比的科研工作。1982 年，合作研究四物汤加味治疗小儿摇头症 4 例。发表过多篇学术论文，如《加味温胆汤治疗小儿癫痫》《连梅理中汤治疗婴幼儿泻泄 100 例》等。

任天洛(1925—2015)，四川万县人。1949 年 6 月—1953 年 1 月，任上海市贸易总公司、信托公司副科长、科长；1953 年，加入中国共产党。1953 年 2 月—1957 年 5 月，任上海市商业局人事处教育科副科长、宣传部教育科长；1957 年 5 月—1958 年 8 月，上海市财会专业学校政治理论教研室负责人；1958 年 8 月—1960 年 8 月，上海商业学校党委宣传部部长、办公室主任；1960 年 9 月—1964 年 11 月，上海财经学院党委宣传部、马列主义教研室主任，党总支书记；1966 年 8 月—1971 年 12 月，任上海财经学院贸经系主任。1972 年 1 月—1978 年 5 月，担任曙光医院党总支书记；1978 年 9 月，调入上海中医学院任宣传部长。

担任曙光医院党总支书记期间，带领职工解放思想、勇于改革。

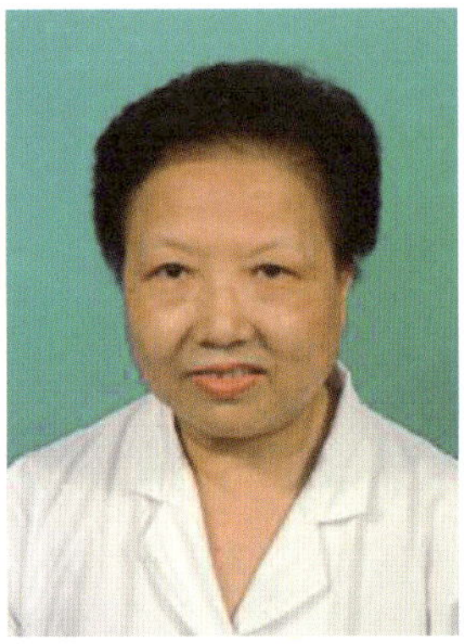

沈丽君(1940—2015)，女，浙江余姚人。1965 年，从上海中医学院医疗系毕业，留校担任指导员。1971 年 2 月，进入曙光医院妇科。1995 年，晋升为主任医师。1982 年起担任研究生导师；1987 年，担任博士生助教工作；1991 年，被聘任为博士生导师。1992 年，担任闸北区妇婴保健院顾问。

师从上海名中医庞泮池，在中医妇科临床医疗和教学工作 40 余年。能够熟练做全子宫、附件手术，人工流产术，钳刮术，引产、剖宫产，徒手剥离胎盘术，宫颈电灼活检，诊断性刮宫术，子宫输尿管造影术等手术。先后在《老中医经验汇编》《浙江中医杂志》《大众医学》《上海中医药杂志》《大众心理学》《中医杂志》《中医年鉴》等期刊发表文章，如《庞泮池治疗不孕症的经验》《艾灸隐白止崩》《用穴位吸引器治疗严重妊娠恶阻》《益气法治疗崩漏》《生山楂、鸡内金、刘寄奴为主药治疗闭经 35 例临床疗效观察》等论文。

谢凤鸣(1893—不详)，又名岐山，浙江象山人。1942 年，任四明医院总主任，曾任宁波青年会总干事。

张竺生(1894—不详),浙江镇海人。1942 年 8 月—1944 年 8 月,任四明医院副院长。

钟志和(1900—不详),浙江杭县人。毕业于浙江广济医学院专门学校。1943 年,在四明医院工作并任肺痨科主任。

朱决向(1900—不详),浙江余姚人。1943 年,任四明医院外科主任。毕业于浙江省立医专,曾任上海南洋医院医师。

孙茨如(1901—不详),江苏丹阳人。1940 年,任四明医院中医内科主任,曾任上海华商电气厂厂医。

唐惠民(1908—不详),江苏吴江人。毕业于国立上海医学院。1947 年 11 月,任四明医院儿科主任,先后就职于上海红十字会总院小儿科、南洋医院儿科。

俞松文(1909—不详),江苏太仓人。1930 年毕业于上海医学院,毕业后在上海延安医院任职。1947 年 1 月,任四明医院内科主任。1971 年 7 月,任昆明延安医院首任内科主任。

徐新贤(1911—不详),安徽安庆人。1941 年,任四明医院化验室主任。毕业于嘉兴福音医院实验专科,曾任中央化验所检验主任。

张光汉(1918—不详),福建罗源人。美国纽约州医学院、美国圣约翰大学医学博士。1945 年 6 月—1947 年 4 月,任四明医院外科住院主任。1947 年 4 月底,辞职赴美。

戎明士(生辰不详),浙江镇海人。1937 年 8 月—1942 年 7 月,任四明医院院长兼医药主任。

第二章 人物简介

任家潍(1925 年 4 月—),江苏吴江人。本科学历。主任医师。中共党员。1980—1983 年,任曙光医院副院长;1984—1987 年,任上海中医学院研修部副主任。1988 年,回曙光医院肝病科从事临床工作。1992 年起,享受国务院特殊津贴。

1951 年,毕业于上海同德医学院(六年制)。1951 年 9—12 月,参加长春中国人民解放军第三军医大学第一期野战外科训练班学习。1950 年上半年,参加嘉定驻军中国人民解放军血吸虫病治疗工作,获四等功 1 次。1953 年,在朝鲜中国人民志愿军工作期间,获朝鲜民主主义共和国军功章 1 枚,获评先进工作者 2 次。1980 年 6 月,转业至曙光医院工作。1983 年 10 月—1985 年 11 月,参加上海中医学院第二届西医学习中医研修班。

从事内科临床工作 40 余年,坚持中西医结合消化内科医教研工作 30 余载。1980 年,被评为中西医结合内科主任医师。1985 年起,致力于肝病研究工作。先后编写中西医教材 10 余种,公开发表论文 20 余篇,共 20 万余字。1964 年,在长海医院创制"吸取法胃黏膜活组织检查器"获得成功,并用于临床,属国内首创。论文及著作获奖 4 次,曾担任 4 名硕士研究生的导师,所参加的"七五"国家重点科研项目"慢活肝的中医治疗",该课题获上海市科委三等奖;课题"补肾法为主对乙肝病毒复制抑制作用的临床和实验研究"获得上海市卫生局二等奖。根据临床经验,自拟中药益肝抗纤复方,并制成"益肝抗"冲剂,临床应用取得良好效果。

程家正(1927 年 9 月—),浙江湖州人。本科学历。主任医师,教授。2004 年,被评为曙光医院名老中医;2011 年,被评为上海市名中医。2011 年,被医院聘为终身教授。曾担任曙光医院专家委员会委员,上海中医药大学附属岳阳医院儿科顾问,《儿科临床杂志》编委,《中医年鉴》编委,上海中医学会儿科分会副主任委员,常州孟河医派委员。

自幼受叔父程国树中医熏陶,1943 年,考入上海中医学院,跟师丁济万,深获薪传,得识孟河医派之医道。1952 年,考入卫生部中医师研究生班,跟随诸福棠院长等前辈学习西医儿科。1957 年,毕业于北京医科大学儿科系本科,分配在上海市立第十一人民医院(后并入曙光医院)。在徐仲才、王玉润等前辈带领下深得"徐小圃"学派的中医儿科诊治经验。1984 年,任儿科主任,在临床中总结麻疹、乙脑、菌痢、婴儿泄泻、哮喘、腮腺炎、流脑等诊疗思路与经验。学术思想方面,重视小儿疾病在肺、脾、肾三经的关系,尤其对婴幼儿腹泻、疳积、哮喘、肾炎与肾病(血尿与蛋白尿)等有专长。强调临证治疗肾脏病等慢性类型疾患时,因患儿病程持久,脾胃必伤,既及生化之能,更损害其制水之能,以致病情恶化、难以治愈,尤需维护胃气(脾土)。重视患儿自然体质为主在小儿肾病与肾炎治疗中的应用,并佐以驱邪之品,概括出"损有余而不足"是对"肾病与肾炎”治本的不二法门。辨证论治取得实效，临床反馈佳，深得病家信任。

发表论文20余篇。主编《中医儿科临床手册》(初版及第二版)、《中国医学大辞典——儿科分科》等著作。程家正与中药房合作制成寒咳糖浆、肺风糖浆、小儿咳嗽糖浆、健脾糖浆、驱蛲虫药及单味的山楂炭片、鸡内金片等，既方便患儿又有较好疗效。寒咳糖浆目前仍在临床使用，使用人数年逾1 000人次。并首次提出将离子导入引进“冬病夏治”中药穴位敷贴治疗中，1985年，获上海市科技进步奖，并被写入中医儿科教材。

长期担任上海中医学院儿科教研组教学及临床带教工作，包括本科生班、研究生班及解放军中医研究班等。传承所学医学知识，在儿科主任岗位上带领各级医生共同学习与工作，科内各医生均逐步由住院医生、主治医生升任为主任医师。参加硕士生的指导与毕业论文答辩工作。共培养儿科主任5届，培养博士2人、世界中医药学会理事2人、美国认证协会(ACI)国际注册企业内训师(CEIT)1人。

黄吉赓(1929年9月—　)，江苏南通人。大学本科。主任医师，曙光医院终身教授。1996年，被上海市人事局、卫生局、中医药管理局确定为继承老中医药专家学术经验指导老师。1997年，被人事部、卫生部、国家中医药管理局确定为全国老中医药专家学术经验指导老师。1977年，被评为上海市卫生战线先进工作者。2000年，被上海市卫生局聘为上海高层次中医药临床人才培训班指导老师。2010年，以其姓名命名的工作室为国家中医药管理局成立的第一批全国名老中医药专家传承工作室。2011年，获得“上海市名老中医”荣誉称号。2014年，被聘为“上海市中医文献馆馆员”。

1946年，考入由孟河名医丁甘仁的长孙丁济万先生开办的上海中医学院(前身为上海中医专门学校)，成为第三十届学员。毕业后曾自行创办诊所行医。1952年，考取卫生部中医药研究人员进修班，在北京医学院医疗系系统学习现代医学理论。1957年从北京医学院毕业，进入上海市立第十一人民医院(后并入曙光医院)中医内科工作，师从童少伯、黄文东等名医大家，开始行医生涯。在童少伯、黄文东、程门雪、张伯臾、张羹梅等诸位前辈名家指导下，注重经典结合临床，形成自己独特的学术思想：治咳喘首重痰饮，重用泽漆；治咳喘本“肾虚”，补肾益气调阴阳；完善“阴虚痰饮”系列脉证并治。重视肺脾肾及三焦气化的作用，在治疗中根据阴阳互根理论补肾益气治其本。擅用泽漆汤，并制成院内制剂“泽漆片”。活用射干麻黄汤，并将“平喘定哮二方”制成院内制剂“息喘冲剂”。擅用虫类药治疗顽咳，以“蝉衣、僵蚕”祛风止咳，配合小柴胡汤、止嗽散加减，制成院内制剂“蝉芩颗粒”，2010年，获“浦东新区名方”称号。研制“仙灵合剂”“地黄合剂”应用于临床。

重视对其“中、西医、药结合”科研思路的培养，并制定“肺系疾病诊治思路十二定”的教学思想，有助于形成便捷、高效的中医临证思路，促进肺系疾病中医诊断和治疗方法的传承和推广应用。积极开展临床基础研究，进一步探讨疗效机制。1978年，开展“慢支患者皮泡液巨噬细胞扫描电镜观察研究”，荣获全国医药卫生科学大会奖。1974—1978年，“用现代科学方法研究中医阴阳学说”的研究项目，1980年荣获卫生部科技成果奖甲级奖。主要著作有《慢性肾炎的中医理论和治疗》《中医临床内科手册》等7部；发表《泽漆片的临床应用》《老年慢性气管炎的肾虚本质及补肾药的疗效》等30篇论文。主持上海市科委“慢性支气管炎肾虚本质及补肾益气法的临床和实验研究”等课题研究。获全国科技成果奖等省部级奖励共3项。注重人才培养，共培养学术继承人8人，指导已毕业硕士生 8 人。

胡婉英（1931 年 6 月—　），女，浙江镇海人。终身教授、主任医师。1954 年，毕业于上海第二医科大学（现上海交通大学医学院）医疗系。2015 年，任上海中医药大学附属曙光医院中西医结合诊疗中心顾问、上海市名老中医药专家学术经验研究工作室导师，上海中医药大学、上海市中医药研究院专家委员会委员。曾任中国中西医结合研究会心血管专业委员会委员、中华医学会心血管上海分会委员等职。先后主持 11 项国家级、省市级课题的研究工作，并于 1990 年荣获上海市卫生局中医药科技进步奖三等奖；1991 年，获上海市科技进步奖三等奖；1999 年，获上海市卫生局中医药科技进步奖一等奖；2000 年，获上海市科技进步奖二等奖；2004 年，获中国人民解放军医疗成果二等奖。共编写著作 15 本，发表论文 70 余篇。培养研究生 20 人，其中博士、硕士各 10 人，出站博士后 1 人，培养高层次中西医结合科研人才 2 人。

在学术上，极其推崇中医的心肾相交理论，临床诊治心血管疾病以“心火肾水，坎离相济”为指导思想。根据心系疾病多高龄患者，病程缠绵难愈、久病慢病必致肾虚等临床特点，倡立心病以“治肾为先，缓图求本”的理论，或补肾强心，或滋肾泻心，或温肾活血，或心肾同治，为中医诊治心系疾病建立一条比较实用且临床效验的治法治则。

1993 年起，享受国务院政府特殊津贴。2001 年，获得中国中西医结合学会中西医结合贡献奖。

丁学屏（1935 年 4 月—　），浙江余姚人。教授。1962 年，毕业于上海中医学院医疗系，为首届毕业生。历任中华中医药学会糖尿病分会委员、副主任委员；世界中医药联合会糖尿病专业委员会副会长；中国中西医结合内分泌代谢病专业委员会委员；上海市中医学会糖尿病分会主任委员；中华中医药学会糖尿病分会特聘顾问，上海市中医学会糖尿病分会顾问。2011 年，评为上海市名中医，并被医院聘为终身教授。2013 年，担任全国名老中医药专家传承工作室导师。

1962—1972 年，在仁济医院中医内科及教研室工作，主要从事肾病临床研究和二医大中医教学。1972—1982 年，在上海第二医科大学附属后方古田医院从事内科临床并兼管中药制剂室。1982—1987 年，在第九人民医院从事急诊及心血管科临床。1988 年调入曙光医院。从事中医内科临床、教学、科研 50 余年，擅长诊治中医内科各种疑难重病及外感热病急症。曾先后师承程门雪、张耀卿、刘树农、陈道隆等多位中医名家，主要从事中医药防治糖尿病及其并发症、肥胖病、代谢综合征等内分泌代谢性疾病的临床工作，是上海中医内分泌的奠基人之一。在临床实践中始终恪守“阴阳，气血，脏腑，经络以平为期”的学术观点。倡导“复方多法、以平为期辨治糖尿病”，在国内率先提出湿热内蕴证作为一种新的糖尿病证型，获得国内专家广泛认同。总结历代消渴名方，结合多年临床实践，明察病因病机，标本虚实、阴阳气血津液、脏腑经络虚实，探索出治疗糖尿病的一系列有效的治疗方法。

在国内率先提出“内风窃络”理论诊治糖尿病周围神经病变。擅用虫类药，创制“灵异胶囊”等院内制剂治疗糖尿病周围神经病变，疗效确切。先后编著出版《糖尿病的中医治疗》《糖尿病中医研究进展》《中西医结合糖尿病学》等糖尿病学专著。2001 年，《糖尿病的中医治疗》获上海市科委成果认证和教育部认证。2005 年《中西医结合糖尿病学》获中华中医药学会著作三等奖。近年主编的专著还有《程门雪未刊医论选集》《陈道隆学术经验集》《张耀卿学术经验集》《分类颍川医案》《古方今释》《程评王九峰先生出诊医案》等。

从事教育工作近 50 年，共培养研究生 6 人，其中七年制硕士研究生 4 人。2004 年，成立名中医工作室，成员共 12 人，均为临床医疗、科研、教学骨干。其中，主任医师 4 人，副主任医师 3 人，医学博士 8 人。

柏连松(1936 年 1 月—)，江苏苏州人。现代中医肛肠病学奠基人之一，曙光医院终身教授，主任医师。上海中医药大学博士研究生导师，上海市名中医，第一、三、四、五批全国老中医药专家学术经验继承人导师。上海市老中医药专家学术经验继承人导师。1985 年，担任中华中医药学会肛肠分会副主任委员，上海中医药学会肛肠分会主任委员。1993 年，担任中医药管理局新药评审委员会主任。1995 年，被评为上海市名中医。

1953 年，师承全国著名老中医、中医外科名医夏少农。1958 年，出师后个体开业；1962 年，进入曙光医院工作，全面、系统地掌握夏氏外科的中医特色。主要学术思想：脾胃虚弱是肛肠病发生的内在病机；湿热之邪是肛肠病的主要致病因素，久病及术后多伴气血及肝肾不足；肛肠科疑难杂症以脾胃虚弱、运化失健为病之本，瘀、毒、湿、热为病之标；肛肠病形诸外而本诸内，将局部辨病与整体辨证相结合，注重内外并治，手术治疗与功能保护并重。

从事中医外科、肛肠科临床工作 50 多年，长期工作在医、教、研第一线，将夏氏外科传统疗法与现代医学的先进技术相结合，发明肛肠科新药和肛肠病诊疗技术。1985 年，发明的纯中药栓剂消痔锭获上海市优秀中成药新产品二等奖。先后主持多项科研课题，其中"炎宁灌肠液治疗非特异性结直肠炎的临床与实验研究"，1995 年，获国家中医药管理局科技进步奖三等奖；"痔科熏洗方抗炎、生肌作用的临床及实验研究"，1996 年，获上海市科学委员会科技进步奖三等奖。1989 年，研制"曙光一号"内痔注射硬化剂。还发明完善肛肠科诊疗技术，如混合痔"四联疗法""内痔三步注射法""高位肛瘘""双线切挂法""隧道法"等。

主编、参编《简明肛肠病学》《实用中医肛肠病学》《中医肛肠科学》《实用中医肛肠病学》《医籍精选》《中医治疗疑难病秘要》《海派中医夏氏外科》《柏氏肛肠病学》等多部著作，其中《中医肛肠科学》被上海市卫生局指定为肛肠科住院医师培养丛书之一，《实用中医肛肠病学》获上海市科技进步奖二等奖。发表论文 40 余篇。1988 年，聘为硕士生导师，带教硕士 12 人；1998 年，聘为博士生导师，带教博士 3 人。

唐为勇(1936 年 12 月—)，江苏建湖人。本科学历。主任医师，教授，硕士研究生导师。2011 年，被评为上海市名中医，同年，被医院授予终身教授。曾担任上海市中医儿科呼吸病医疗协作中心主任；上海市中医药学会儿科分会第六届主任委员，第七、八届顾问；上海中医学院第二届医疗事故鉴定委员会委员；上海市卢湾区医学会医疗事故技术鉴定专家库成员。

1964 年，毕业于上海中医学院医疗系，分配在曙光医院中医儿科。

1987 年，任中医儿科教研室主任。1992 年，晋升为主任医师并担任儿科主任。1994 年，晋升为教授，聘为硕士研究生导师。长期从事中医儿科医、教、研工作，对小儿呼吸道疾病见解独特，在医疗中倡导重护理的理念，医护结合，重在治未病，诊疗中主张同类古方、经方的联合使用。强化儿科五脏辨证，更显其对儿科疾病诊疗之导向作用。并自拟肺咳方宣肺化痰、止咳平喘；固表方健脾益肾、固表止汗；疏解方疏风解表、清热解毒；消导方消导化积、止吐止泻。上述方药随证加减化裁，有效可信。

先后发表论文 30 余篇，出版名中医经验集 2 部。1992 年，获中国药学会三等论文奖。2002 年，中国中医药管理局科研课题"补肾固表法治疗小儿反复呼吸道感染的临床与实验研究"，获上海市科技成果奖。2011 年，成立"工作室"以来，团队荣获上海中西医结合科学技术奖 1 项，申报专利 2 项。在理论教学及临床带教中，倡导按疾病发生发展规律进行教学，直观、易理解。强调领悟中医本质，走正传承方向；重视方剂辨证演绎，擅长方剂组合施治；提出儿科诊疗重点、百草方和"效"为先概念。该教学法曾以论文形式发表于《中医教育》，获中医学院教学成果三等奖。

共培养科主任 1 人，博士 2 人，世界中医药学会理事 2 人，美国认证协会(ACI)国际注册企业内训师(CEIT)1 人。

蔡　淦(1938 年 8 月—　)，安徽寿县人。大学本科。教授，主任医师，博士生导师，曙光医院终身教授，中国中医科学院博士后导师。1984—1993 年，任医院副院长。全国老中医药专家学术经验继承导师(第三、四、五、六批)，中华中医药学会内科分会顾问。兼任上海市中医脾胃病医疗协作中心主任，国家中医药管理局重点专科脾胃病学科带头人。1995 年，被评为上海市名中医，开始享受国务院特殊津贴。2006 年，获上海中医药大学教学名师称号。2007 年，获上海市高校教学名师称号。

1962 年，毕业于上海中医学院首届六年制本科医疗专业，一直在曙光医院工作。曾跟随上海一代名医童少伯、程门雪开展中医治疗慢性肾炎的研究，协助张伯臾、黄文东进行临床教学，编写全国高等中医药院校教材《中医内科学》；嗣后又师承张羹梅学习。在多年的临诊过程中荟萃众家之长，逐渐形成自己的学术思想和诊疗特色。提出诊治脾胃病的"三观"理论，即整体观、动态观、平衡观；根据东垣"内伤脾胃，百病由生"的理论，在治疗内科杂病时以脾胃为核心调摄五脏；在国内率先提出用益气健脾、清热活血和化痰解毒法治疗胃癌前病变，研制院内制剂"莪连颗粒"(原名乐胃煎、乐胃颗粒)，经多项循证临床研究证实，该方临床症状有效率为 88%，病理有效率为 76%。对于肠易激综合征，提出抑木扶土、柔肝缓急、酸敛收涩的治疗法则，荟萃古方精华研制了专方"肠吉泰"，临床疗效可达 87%。

20 世纪 70 年代，开始进行慢性胃炎中医证实质的科学研究、乐胃煎治疗胃癌前病变的临床和实验研究。20 世纪 80 年代，进行腹泻型肠易激综合征相关研究，获省部级以上科技进步奖 6 项，其中以第一完成人获上海市科技进步奖三等奖 3 次(1996 年，"慢性胃炎中医证实质研究"；2003 年，"从病理形态和细胞动力学角度观察乐胃煎治疗慢性萎缩性胃炎胃癌前病变作用机制"；2008 年，"腹泻型肠易激综合征从肝脾论治的临床实践及其作用机制")，获得上海市科技成果 1 项。

在中医教育和人才培养方面做出了突出的贡献，创立"三阶段案例教学法"，主编或参编专著 55 部，其中"高等中医院校教学参考丛书"中的《中医内科学》一书获国家科技进步奖和教委特等奖(1996 年)。主持或参与各级课题 20 余项，发表论文 113 篇。2014 年由中华中医药学会授予中医药发展学术成就奖。

1990—2015年，带教研究生，已培养研究生54人，其中硕士26人，博士27人，博士后1人。

王　左（1939年3月—　），上海人。大学本科。主任医师、教授。1991年起，享受国务院特殊津贴。1995年，被评为上海市名中医。曾担任国家中医药管理局医政司全国急症医疗中心主任，中华中医药学会急症医学分会副主任委员，上海中医药学会急症专业委员会主任委员，上海中医药学会内科分会常务委员，上海中医药学会理事，上海市医药学会危重病专业委员会顾问，上海市卫生局医疗质量管理专家咨询委员会委员，上海市卫生局急诊ICU质控中心专家委员会委员。

1965年，毕业于上海中医学院，一直在曙光医院工作。曾师从名医刘鹤一、夏德馨、韩哲仙。长期从事中医急症工作，以热、痛、血、哮、厥脱、中风证为主而主攻中风、厥脱及呼吸系急症。对厥脱证有深入研究，为全国厥脱证学术带头人。1989年，制定厥脱证诊治规范，带领全国厥脱急症协作组进行科研协作攻关。1991年，作为学科带头人，建设医院中医急症医疗中心。1996年，被国家中医药管理局批准为全国中医急症医疗中心，通过协作网络积极发挥"龙头"作用，推动中医急症发展。学术思想突出，治则上以扶正祛邪为救治原则，因社会、环境、心理等时代特征的变迁，而注重扶正疗法在急诊中的应用，更注重大病后调整脏腑气血阴阳平衡。治法上取各科之长，注重内病外治、上病下治、下病上治，及针灸、穴注导入等综合救治。用药上创导西药中用，以提高疗效并补中药急救药物之不足。

发表论文50余篇，编写全国高等院校规划教材《中医急诊学》(副主编)、主编《乡村常见急症的抢救》。主持课题12项。其中"参附青"注射液对邪毒内陷所致厥脱证的研究，1987年，获国家中医药管理局科技成果甲级奖；1992年，"平哮液"治疗支气管哮喘急性发作的研究获国家中医药管理局科技成果三等奖；1993年，抗休克中药肝细胞电生理效应的检测获上海市中医药研究院科技成果二等奖；1998年，复方葶苈注射液治肺动脉高压的临床和实验研究获上海市中医药科技成果二等奖，2000年，获上海市科学技术进步奖二等奖。

从事教育工作40年。1993年起为博士生导师，共培养研究生23人，其中硕士研究生7人、博士研究生15人、博士后1人。1998年，被上海中医药大学授予优秀研究生导师奖。2001年，被上海市教育委员会授予"教书育人、为人师表"，从事教育工作30年荣誉证书。

刘　成（1939年3月—　），江苏苏州人。大学本科。研究员，教授。1962年毕业于上海第一医学院，后分配至南通市人民医院任内科住院医师。1980年，调到上海中医研究所，从事中医理论研究。1984年，调入肝病研究室（肝病研究所前身），师承王玉润教授，开始了中医药防治慢性肝病的临床和实验研究，并以抗肝纤维化为重点，30多年来取得了一定的成果。

根据肝纤维化的主要病机是"血瘀阻塞肝络"，以"活血化瘀、行气通络"为基本治则，同时结合临床，治疗慢性肝病同时应注重"益气健脾"。在此理论的指导下，开展临床工作，逐渐形成了以中医辨证论治为基础，结合现代病原学、病理学、药理学的治疗方法，医治大量肝纤维化、肝硬化患者，并成功研制出抗纤维化新药——扶正化瘀胶囊，取得令人鼓舞的疗效。病理观察结果显示，肝纤维化这一难治性疾病获得58%的逆转。目前已经美国FDA批准，完成Ⅱ期临床观察，有望将该药推向世界。同时在延长肝癌患者生存期、提高生活质量，减轻慢性肝炎、脂肪肝病情，用中医药防治慢肝、肝硬化、肝癌等临床中形成了自己的特色。2004 年退休后，被聘为曙光医院终身教授。

20 世纪 80 年代初，在王玉润教授率领下，与研究室同道一起对中医药抗肝纤维化投入了开创性的研究。在坚持“辨证”与“求证”相结合，中医理论与现代研究手段相结合的研究思路下，领导及参与 8 项国家级课题，8 项部、局级课题的研究。通过“临床—实践—再临床”“复方—单药—复方”反复求证的研究道路，研究成功抗肝纤维化的新药，并多途径揭示中药抗肝纤维化机制。研究水平已深入分子生物学水平，使研究所在国内该领域中处于明显的领先地位。迄今已获得国家科技进步奖二等奖 1 项，上海市、中管局、中国高校中华医学会等市、部级科技进步奖或专利奖 17 项。1993 年起，享受国务院特殊津贴。

在研究生的培养中，立足于临床实际。坚持以中医理论为指导，充分利用现代先进实验手段与方法，将辨证与识病相结合，力求研究生毕业后不仅具有独立进行研究工作的能力，并具有较好的临床技能。迄今已培养了博士生 12 人，均表现突出，其中 2 名已在全国学术团体中担任主任或副主任委员。

严世芸（1940 年 5 月—　），浙江宁海人。大学本科。教授，主任医师，博士生导师。1995 年，被评为上海市名中医。1984—1985 年，任上海中医学院教务处处长兼教研室主任。1985—1998 年，担任上海中医学院副院长，主管教务工作。1998—2005 年，担任上海中医药大学校长。1983 年，获上海市劳动模范称号。2010 年，被上海中医药大学聘为终身教授。

生于中医世家，自幼受先父“海派名医”严苍山的医训。1958 年，就读于上海中医学院。1964 年，大学毕业后留校，在伤寒温病教研室任助教。1969 年，从事临床工作，去川沙县农村接触了大量急难重症患者。1973—1987 年，跟师张伯臾先生。1978—1984 年，致力于中医各家学说的研究和对中医学术发展史的研究，学术上提出“和”的中医学核心准则，认为“和”是保持和恢复人体的自身调节机制，使阴阳、营卫、气血、津液、脏腑等系统功能协调而维持正常的生理活动，贯穿于理法方药的全过程。其以“和”为基础形成兼收并蓄观、阴阳观、气血观、五脏观等独特的诊治观，并在临证中得以广泛运用。1998—2005 年，担任上海中医药大学校长期间，进行很多中医教学体制、教学方法、教学评估、师资培训、师资要求等方面的改革，在全国高等中医药教育中率先推行学分制教育管理制度，实现多规格、多模式地培养人才，促进学生的个性发展，实践高等中医人才“早临床、多临床、反复临床”的培养制度，建立临床基地网络和导师队伍，着意提高学生的临床实践能力转变体制。建立全校性的教学实验中心，以科研引领教学，组织学生开展综合性、设计性实验，努力培养学生创新意识、创新思路、动手能力。主动与各类综合性大学联合办学、办专业，多学科交叉融合地培养中医药的创新人才，大力加强学科建设。

发表论文论著 100 余篇。作为项目负责人主持并完成国家级、省部级科研项目 30 余项。1984 年，“心肌梗死的中医治疗”获上海市中医、中西医结合科技进步奖二等奖；1986 年，“张伯臾教授治疗冠心病的智能程序”获上海市中医、中西医结合科技进步奖二等奖；1995 年，“宋代医家学术思想研究”获国家中医药管理局中医药科技进步奖三等奖；2003 年，主编的新世纪普通高等教育“十五”国家级规划教材《中医各家学说》出版，并获 2005 年教育部全国高等学校医药优秀教材三等奖；2004 年，《中国医籍通考》（第一卷至第四卷，索引卷）获中华中医药学会科学技术三等奖；2005 年，《中医学术发展史》获中华中医药学会科学技术三等奖，《中国医籍大辞典》获教育部科技进步奖二等奖;2015 年,《中医藏象辨证论治学》获中华中医药学会科学技术一等奖。

从事临床、教育工作 50 余年。2008 年 8 月,被授予上海市教学名师称号。作为博士生导师,培养带教研究生,其中硕士研究生 8 人、博士研究生 34 人、博士后 4 人。2002—2015 年,担任全国第三、四、五批老中医药学术继承指导老师,共带教继承人 6 人。2013 年,担任上海市中医药领军人才指导老师,带教 3 人。

王灵台(1940 年 9 月—),浙江宁波人。大学本科。教授,主任医师,博士生导师,曙光医院终身教授。1963 年,毕业于上海医科大学医疗系,于上海医科大学附属华山医院工作。1965 年,调至曙光医院工作,师从名医夏德馨。1984—1993 年,先后任上海中医学院科研处副处长、医院管理处处长。1993—2002 年,任曙光医院院长。1992 年起,享受国务院特殊津贴专家。1995 年,被评为上海市名中医,全国名老中医学术思想继承班指导教师。1999 年,被评为全国医院优秀院长。2014 年,被聘为上海市中医文献馆馆员。兼任国务院学位委员会中西医结合评议组成员,国家中医临床研究基地中医药防治肝病临床研究联盟组长,中国民族医药学会肝病分会会长,中华中医药学会内科肝病专业委员会名誉副主任委员,上海中医药学会肝病、感染病专业委员会名誉主任委员。

自 20 世纪 70 年代开始从事中西医结合肝病临床及科研工作,提倡"病—证并重"的辨证思想,在全国率先提出以补肾法为主治疗慢性肝炎,创制巴菟补肾益肝冲剂。在全国率先开展慢性丙型肝炎的中医证候规律研究,建立清肝法治疗慢性丙型肝炎,取得良好的临床疗效;明确肝纤维化的中医证候分型,提出补虚化瘀法治疗肝纤维化,创制柔肝冲剂治疗慢性肝纤维化;建立清肝开窍法治疗亚临床肝性脑病,被国家中医药管理局作为积聚并发症的中医特色诊疗技术;研发外治法治疗胁痛的肝舒贴,能够显著改善患者症状;创新性提出"介黄"和"黄疸七分类"的治则治法,受到国内同行的一致认可。2009 年,以其姓名命名的名中医工作室被评为全国首届"先进名中医工作室"。

1982 年起,连续主持并参加了国家"六五""七五""八五""九五""十五"攻关项目,承担多项国家级重大科研项目,国家自然科学基金项目 2 项,省部级课题 28 项。1991—2012 年,先后获得多项教育部,上海市、中国中西医结合学会,中国中医药学会等科学技术成果奖;获得省部级科研奖励 15 项,授权发明专利 1 项。发表相关论文 190 余篇,主编或参编专著 8 部。

长期从事教学工作,1985—2015 年,共培养博士后 3 人、博士 12 人及硕士研究生 22 人。

石印玉(1942 年 11 月—),江苏无锡人。大学本科。教授,主任医师,博士生导师,曙光医院终身教授。我国著名骨伤流派"石氏伤科"代表性传承人、中医骨伤科专家。1984—1988 年,任骨伤科主任;1988 年 3 月—1993 年 10 月,任曙光医院院长。1990—2000 年,任上海中医药研究院骨伤研究所所长。1995 年,被评为上海市名中医。2009 年,被聘为上海文史馆馆员。先后任中华中医药学会骨伤科专业委员会副会长、秘书长,上海市中医药学会骨伤科分会主任委员,上海市中西医结合学会骨伤科分会副主任委员,上海市医学会骨质疏松专业委员会委员,国家新药审批委员会委员,国家自然科学基金评审专家。享受国务院特殊津贴。曾任上海市政协常委、民盟上海市委副主委、民盟上海中医药大学主委等职。

1964年，上海中医学院毕业，一直工作在中医药临床、教学、科研第一线。学生时期就耳濡目染父亲石幼山先生诊治骨伤疾患的景象，工作后经主管部门安排正式作为继承老中医经验的学员，跟随幼山先生学习中医伤科经典和石氏伤科理伤经验，并关注与临床有关的基础知识进展和各种实践经验的积累。20世纪80年代中期起，将以筋骨痹痛为主要表现的颈、腰、肩、髋、膝退行性疾病作为临床主要病种。在石氏伤科理论的基础上提出"治伤识人、以气为主、以血为先、复元图本；顾及兼邪、注重痰湿、内外并重、整体调治"的学术观点，综合石氏伤科药物、手法、针刺、练功等各种治疗方法，进行针对性的相关临床探索、研究和总结。对腰腿筋骨错缝的认识和诊治、膝骨关节炎针药并用的综合治疗临床疗效显著，成为科室的特色技术，并被纳入国家中医药管理局颁布的诊疗常规中。

凭借扎实的理论与临床功底，在20世纪90年代整理编撰《石筱山、石幼山治伤经验及验方选》，该书是"石氏伤科"理论研究和经验总结的重要著作，获得国家中医药管理局中医药基础研究三等奖。以常见老年性骨关节疾病作为研究攻关重点，牵头组建课题组，先后获得国家"863"项目、国家"九五"攻关课题、国家自然科学基金项目等研究项目资助，研究老年性的骨关节疾病的生物学基础及中医药作用的机制。以开展骨质疏松症临床和实验研究为例，系统研究骨质疏松症的中药治疗，研制成上市新药"芪骨胶囊"，相关研究获得上海市卫生局临床医学成果奖三等奖、上海市科委科技进步奖三等奖。研究成果之一"补肾中药综合改善骨骼质量作用优势的新认识"获得国家教育部科技进步奖自然科学一等奖。2005年，国际骨质疏松大会上被授予学科成就奖，以及中华医学会老年分会骨质疏松委员会颁发的"终身成就奖"。针对膝骨关节炎为代表的退行性关节病，制成新药"芍药舒筋片"，现已进入三期临床试验，前期相关研究成果获得国家中医药管理局中医药基础研究三等奖、上海市科技进步奖三等奖、上海市卫生局中医科技进步奖一等奖。

从教50余年来，主编的《中西医结合骨伤科学》等规划教材，被全国各大中医药高校引为中医骨伤科学教学的重要教材；作为国家级和市级老中医药专家学术经验继承工作指导老师，不囿门户，对学生知无不言，以家传医学技术倾囊相授。正是由于对于中医骨伤科事业的执着，对中医药的学术传承做出卓越贡献，2007年，中华中医药学会授予其首届"全国骨伤名师"称号。1989年，担任研究生导师。已培养硕士26人、博士17人、博士后2人，以及其他各类人才培育计划11人。

沈远东（1951年1月—　），浙江绍兴人。研究生。教授，研究员，硕士生导师。1975年，毕业于上海中医学院；2002年，中欧管理学院医院管理研究班毕业。1975—1983年，在曙光医院担任内科医生。1983—2001年，先后任曙光医院医务处处长、医疗管理副院长。2001—2009年，任曙光医院院长。2009—2012年，任上海市卫生局副局长、上海市中医药发展办公室主任。2009年，任国际标准化组织中医药技术委员会（ISO/TC 249）秘书长。兼任国家中医药管理局第二届改革与发展专家咨询委员会委员、国家中医药管理局中医药国际标准化专家咨询委员会副主任委员、国家中医药管理局中医服务评价研究室主任（重点研究室）、上海中医药大学中医药国际标准研究所所长、上海市医师协会中医师分会会长、上海市中医药标准化技术委员会会长。2004、2007年分别荣获全国优秀院长奖。

经过专业化的医院管理和EMBA教育，对医院发展战略和医疗质量管理颇有造诣，特别对现代化中医院的建设及传统医学学科发展与人才培养方面具有较深入的理论研究和较丰富的实践经验，在全国中医医院系统首次提出“创建研究型中医院”的理念和建设方案，使医院的医、教、研水平实现了跨越式的发展，并成功进入国家中医药研究临床基地规划。曾主持编制上海市“十二五”中医药事业发展规划和上海市中医药事业发展三年行动计划（2011—2013），先后发表医院管理著作和几十余篇管理论文。

自2001年开始专注于ISO质量体系管理的研究，在中医药国际化和国际标准化领域也有着丰富的经验，曾主持国家中医药国际标准化战略研究课题，并完成中医药国际标准化战略研究系列报告。在担任ISO/TC 249秘书长和副主席期间，积极推进中医药国际标准化工作。ISO/TC 249先后成立5个工作组、2个联合工作组，发展3个国际联络组织；共发布31项中医药国际标准，另外43项正在制定之中，实现中医药国际标准零的突破。除ISO/TC 249的工作外，还担任世界卫生组织传统医学顾问，负责国际疾病分类代码项目（WHO ICD－11 ICTM）中国专家组的工作，为中医药国际化和世界传统医学的发展做出重大贡献。

长期从事中医、中西医结合内科学临床医、教、研工作，擅长运用中医、中西医结合的方法诊治糖尿病及糖尿病并发症，并承担多项国家及上海市中医药防治糖尿病的重大科研项目。主持世界中医药学会联合会《国际中医药糖尿病诊疗指南》的编写工作，这是首部国际中医药专病诊疗指南。

曹菊香（1951年2月—　），女，江苏南通人。中专学历。1968年10月至1970年4月，任职于上海马桥公社旗忠大队；1972年10月，进入曙光医院从事护理工作；1998年5月，担任曙光医院护理部副主任。1979年，被评为医院新长征突击手；1980年7月，加入中国共产党；1981年，被评为上海中医学院先进工作者；1982、1985、1993、1999年，被为上海中医学院优秀党员、三八红旗手；1987年，获上海市劳动模范称号；1996年，晋升为主管护师；2003年，获上海市教育系统优秀党务工作者称号。

1986年，医院为缓解“住院难”而开设联合病房。在担任病房护士长时，认真抓好规章制度的同时，坚持组织业务学习，并经常进行帮教和示范，保证护理质量。勤奋工作、以身作则，被医务人员誉为“起到了一个共产党员的先锋作用”，被工务员赞为“是我们一样的普通劳动者”。在护理管理工作上一丝不苟，严格要求护士们不能因“陋”就“简”，要切实按规章制度做好护理工作。作为支部书记，将“一切为了患者，为了患者的一切”奉为护理支部的工作理念。在全面迎接抗非典型肺炎的战役中，主动请缨，要求上临床一线，服务患者。

陈建杰（1952年6月—　），广东番禺人。硕士研究生。第六批全国老中医药专家学术经验继承工作指导导师，上海市名中医，上海市领军人才，主任医师，教授，博士生导师。2002年12月，任曙光医院浦东肝病分院院长，上海市浦东新区传染病医院院长。医院大内科主任，医院感染病研究所（筹）负责人。2011年，被评为上海市名中医，并开始享受国务院特殊津贴。担任世界中医药联合会肝病专业委员会副会长，中国中西医结合学会传染病专业委员会副主任委员，中华中医药学会肝病分会顾问，上海市中医药学会肝病分会名誉主任委员。1991年，上海市银蛇奖提名奖；分别于1997、2001年2次入选上海卫生系统“百人计划”；2009年，评为全国卫生系统先进个人；2000 年，被评为上海市劳动模范；2011 年，荣获全国五一劳动奖章；2014 年，荣获第九届中国医师奖等荣誉。

1974—1977 年，就读于上海中医学院医疗系。1985—1988 年，就读上海中医学院研究生。1977—2015 年，一直工作在曙光医院临床第一线。1994—1995 年、1999—2000 年，分别赴澳大利亚悉尼大学 R. P. A. 医院、奥莫罗胃肠与肝脏中心（AW. MORROW GASTROENTEROLOGY AND LIVER CENTRE）做访问学者和高级访问学者、访问教授。从医 41 年来，致力于中医药防治传染病、慢性肝病及内科杂病的临床、科研及教学工作，年门诊量达 2 万人次。对于慢性肝病及新发、再发传染病等有着丰富的临床经验和独特见解。结合“温肾”“益肾”“补肾”的临床实践，提出“补肾为主，兼顾中州”治法，研制补肾方治疗慢性乙型肝炎，制定中医药治疗慢性乙型肝炎的临床路径；首次提出慢性丙型肝炎的中医辨证标准分型和客观标准，提出“扶正祛邪”的治疗原则，研制清肝冲剂；针对乙肝后肝硬化久病气阴虚损、瘀血阻络的临床特点，确立“益气养阴、活血化瘀”的治法，研制柔肝冲剂；基于“清腑解毒开窍”法，研制清开冲剂，治疗亚临床肝性脑病。以“清热解毒、扶正祛邪”治疗非典型肺炎，研制清瘟方；以“清热解毒”治疗甲型 H1N1 流感，研制清解方治疗疑似发热患者；提出“初期扶正祛邪、中后期补肾健脾”治疗艾滋病，并开展忍冬胶囊研制。

精于临床、勤于科研，先后承担国家科委、市科委、市局的科研项目 42 项，参加国家“六五”至“十二五”的重大攻关项目，并在“十五”至“十二五”中担任第一负责人。先后获国家、上海市科技进步奖等奖项 28 项。发表文章 378 篇，其中 SCI 13 篇；获授权专利 9 项；参编著作 27 本。

1991—2015 年，参加博士生、硕士生指导小组，已指导硕士研究生、博士生 23 人，1 名博士后已出站；指导博士生、硕士生共 58 人，25 位博士，33 位硕士。

徐德生（1953 年 6 月—　），浙江海宁人。1974 年 10 月—1978 年 1 月，就职于上海市卢湾区瑞金街道网系电讯器材厂。1978 年 2 月—1982 年 2 月，就读于上海中医学院药学系专业。1982 年，进入曙光医院。1999 年 6 月—2003 年 6 月，任上海中医药大学中药学院副院长；2003 年 6 月任上海中医药大学科技中心中药制药工程实验室主任。1998 年，取得主任药师资格。2007 年，晋升为教授。曾任中国执业药师副会长、中国药学会药剂专业委员会委员、上海市中西医结合学会药物分会主任委员等。1989 年，获上海市第二届银蛇奖；1996 年，上海市劳动模范；1998 年，获首届中国药师杰出新秀奖；2000 年，获吴阶平—保罗·杨森医学药学研究二等奖。

1987 年，开展中药剂型改革，用两年的时间就建立起中药剂型研究的实验基地，精心研究开发科研课题与担任国家“七五”“八五”攻关科技引导项目。1988 年底，建立制剂室，研制出一整套工艺流程，配合设计院完成设计任务，解决经费缺口，与药监办合作，使制剂室更具现代化。坚持科研、生产一起抓的方针，项目上针剂、片剂、散剂、胶囊、膏剂等品种齐全，正字号就有 200 多种药，试字号有 100 多种药。连续承担“清肝冲剂治疗慢性丙型肝炎的疗效及机制研究”项目，获 2003 年上海市科技进步奖二等奖（第三完成者）；“复方葶苈注射液治疗肺动脉高压的临床和实验研究”，获 2000 年上海市科技进步奖二等奖（第四完成者）。发表科技论文近 80 篇，其中 SCI2 篇。申请发明专利 12 项，4 项生效。主编《中药的合理应用》（2005 年）。

刘　平(1953年8月—　),江苏连云港人。医学博士。1993年,任教授、博士研究生导师。1998年11月—2014年3月,任上海中医药大学副校长、上海中医药研究院副院长。2004年,评为上海市名中医、上海高校中医内科学E-研究院首席研究员。2005年,教育部重点学科中医内科学学科负责人。2007年,疾病病证教育部重点实验室主任。兼任第九、十、十一届国家药典委员会委员,国家新药评审专家,中国中西医结合学会第六届理事会常务理事,中国中西医结合学会肝病专业委员会主任委员,第一、二、三届中华医学会肝病学会副主任委员,中国肝炎防治基金会"王宝恩纤维化研究基金"学术委员会顾问等。

1979年,毕业于南京中医学院。1986年,获上海中医学院首批中医博士学位。1986、1991年先后两次赴日本大阪市立大学从事研究工作。师从著名老中医刘树农教授及王玉润教授,长期从事中西医结合肝脏病的临床医疗和科研工作。为上海中医药大学肝病研究所的创始人,是我国中医药抗肝纤维化研究的开拓者之一。

提出"思维方法为魂、临床疗效为本"这一中医药传承与发展的核心,致力于中医药转化医学研究。在学术上,提出了"肝纤维化和早期肝硬化可以逆转"及"正虚血瘀""虚损生积"的肝纤维化、肝硬化的中医病机新理论;建立"病—证—效结合"辨证论治肝炎后肝硬化的综合评价模式;发明抗肝纤维化中药新药"扶正化瘀胶囊",并实现成果转化。已在美国完成扶正化瘀胶囊治疗丙肝肝纤维化的Ⅱ期临床试验。在中医药逆转肝纤维化、肝硬化研究方面,于国际上产生重要学术影响,为我国的肝病防治做出重要贡献。

先后主持国家"八五""九五""十五"科技攻关,国家"863"、"973"计划及国家自然科学基金项目20余项。其中,1998年,获"国家杰出青年科学基金"。2006年,担任国家科技部重点基础研究发展计划("973"计划)首席科学家。2013年,承担国家"重大新药创制"科技重大专项项目负责人。2005、2015年,两次主持国家自然科学基金重大计划重点项目。2003年,作为第一完成人,获得国家科学技术进步奖二等奖1项。2011年,获上海市科技进步奖一等奖1项、获省部级二等奖等科技成果奖励18项。2003年,实现科技成果转化2项。以第一作者和通讯作者身份发表论文300余篇,其中,SCⅠ期刊源83篇。主编《现代中医肝脏病学》《医学科研思路与方法》《病—证—效结合——中医药研究思路与实践》等著作9部。授权发明专利13项,其中,美国及欧盟专利各1项。

从事医、教、研工作近40年。1993年,被聘为博士研究生导师,共培养研究生82人,其中硕士学位39人、博士学位43人;培养博士后研究人员13人。1991年,获国务院学位委员会、国家教委授予首批"做出突出贡献的中国博士学位获得者",上海市科技精英提名奖,同年起享受国务院政府特殊津贴。1993年,获卫生部、国家中医药管理局全国"首届中青年医学科技之星"。1998年,获"全国优秀教师"称号,获得"国家杰出青年科学基金"。2002年,被评为上海市科技创业领军人物。2003年,入选国家人事部"百千万"人才工程第一层次。2008年,获卫生部"有突出贡献的中青年专家"。

徐列明(1954年3月—　),上海人。医学博士。2010年1月,被评为二级教授、研究员、博士生导师。2015年,任肝肾疾病病证教育部重点实验室(上海中医药大学)常务副主任、国家中医药局慢性肝病虚损重点研究室主任。兼任中国中西医结合学会肝病专业委员会常委,上海市中西医结合学会肝病专业委员会前任主委,中华医学会肝病分会肝纤维化学组和上海市医学会肝病学科分会顾问。2015 年起，享受国务院政府特殊津贴。

从事中医药抗肝纤维化的临床和基础研究 40 余年。1982 年，毕业于上海中医学院。1989 年，获得硕士学位；1992 年，获博士学位。1994—2000 年，先后在美国纽约退伍军人医院酒精研究和治疗中心、美国科罗拉多大学卫生科学中心肾病和高血压科、美国纽约大学西奈山医学院肝病实验室进行访学和博士后研究工作。

在国内最早将中医药研究引入以肝星状细胞为对象的实验研究中。在美国工作期间建立世界上第一株人肝星状细胞株，并以本人姓名拼音首字母命名为 LX-2，已被国内外数百家研究机构应用。在国内外学术刊物上已发表论文 140 余篇，授权发明专利 6 项，获国家科技进步奖二等奖等各级学术奖项 10 余项。

学术上继承发扬“治肝实脾”学说，重视“木克土”的关系和“肝气虚”，运用“健脾益气”为主治疗慢性肝病，取得较好的临床疗效。揭示肝硬化的“正虚”病机主要表现在气虚和肝肾阴精虚损两个方面，参与提出肝硬化“虚损生积”的病机理论假说并通过研究加以证实。发现中药复方（扶正化瘀方）有显著降低肝硬化食管胃底静脉破裂出血率的作用，研究成果被我国《2015 肝硬化门静脉高压食管胃静脉曲张出血的防治指南》推荐应用。

蒋　健（1956 年 4 月—　），江苏苏州人。医学博士，博士生导师，主任医师。2010 年 1 月，被评为二级教授。全国政协委员。中医药传承与创新“百千万”人才工程（岐黄工程）岐黄学者，第六批全国老中医药专家学术经验继承工作指导老师。2014 年，上海市领军人才，上海市重点学科负责人。2015 年，任全国中医药高等教育学会临床教育研究会副理事长，中华中医药学会临床药理分会副主任委员，世中联消化病专委会、中药上市后再评价专委会、医案专委会、临床联系评价专委会、伦理审查专委会副会长。

1982 年，本科毕业于南京中医学院，同年进入上海中医学院攻读中医内科学硕士学位。1982—1985 年，师从著名中医肝病专家夏德馨先生，继承与总结夏老“清化、调理、补益”的肝病诊疗经验。1993—1997 年，于日本国立山梨医科大学攻读医学博士学位，从事消化病及其形态学研究，毕业后任日本文部教官医学助手（公务员）。1999 年，归国后进入曙光医院，先后任中医内科教研室主任兼大内科副主任、科教处处长；2002—2015 年，任副院长（分管教学科研）兼临床药理科主任。崇奉“大内科”理念，具有中医临床全科诊疗技能。临证擅用经方，并着力挖掘时方验方的临床运用价值，例如四神煎治疗鹤膝风、苏沈九宝汤治疗喘咳、荆芥连翘汤治疗耳痛及头面五官疾病、墨宝斋血崩方治疗崩漏、过敏煎治疗“喉咳”及过敏性疾病、以虫类药及祛痰瘀药治疗神经纤维瘤等疑难杂症，均取得可靠疗效。提倡运用“亚型”归类证候执简驭繁辨证论治，认为“组方原则”结合君臣佐使处方更贴近临床实际。擅以创新理念治疗脾胃病及疑难杂症。例如首创“滞泄”病证，治以通因通用或通止兼用；主张以清肝健脾法治疗五更泻；提出胰腺疾病兼具脏腑属性，急性胰腺炎宜从腑导滞祛邪，恢复期宜从脏健脾益气扶正。根据当今疾病谱的变化，发皇古义，融会新知，创造性地对《黄帝内经》《伤寒杂病论》等经典著作有关郁证的因机症治作出深刻阐述，在传承基础上创新，系统构建郁证诊疗体系，提出“郁证脾胃病学”“无郁不作眩”“怪症必有郁”“郁证虚劳论”“郁证亚健康论”等一系列创新观点。努力创建“解郁派”，以期为现代海派中医发展注入新的时代元素。

连续承担科技部“十一五”“十二五”“十三五”重大新药创制项目（“十二五”为中国南方中医组组长）。发表学术论文310余篇(SCI论文25篇)。“郁证发微”系列论文自2015年8月起连续在《上海中医药杂志》发表。出版《伤寒论汤证新解》《金匮要略汤证新解》等学术著作26部。获得新药发明专利授权4项。曾获上海中医药科技奖著作奖、第一届上海中医药科技奖、上海市总工会优秀发明奖银奖等荣誉。

从事中医临床教学工作30余年。打造中医特色教学平台，2004年，创建全国首家临床医学院传统中医诊疗中心、国家级中医学实验教学示范中心，开设中医特色教学门诊等。2011年起，创办临床医学院“中医临证漫谈”系列讲座。两次主编国家卫计委“十二五”“十三五”国家规划教材《中医临床经典概要》，副主编全国中医药行业高等教育“十三五”规划教材《中医内科学》，主审上海市重点图书、“中医住院医师规培指导丛书”中《中医内科》《中医妇科》《中医儿科》《中医全科应知应会手册》4本。获教育部国家级教学成果奖二等奖（严世芸领衔）、上海市教学成果奖二等奖、上海市育才奖等教学奖项。共培养硕士、博士及博士后研究生约60人。

蔡定芳（1956年11月—　），浙江温州人。博士研究生。主任医师，教授。神经内科主任。先后荣获卫生部首届中青年医学科技之星、国家中医药管理局优秀中医临床人才、国家卫生计生委脑卒中防治突出贡献专家、上海市领军人才等奖项。2004年，被评为上海市名中医。担任中国中西医结合学会常务理事，中国医师协会中西医结合医师分会副会长，世界中医药学会联合会方药量效研究专业委员会副会长，中国中药协会脑病药物研究专业委员会副主任委员，上海市医师协会中西医结合医师分会会长，上海市中西医结合学会副会长，上海市中医药学会常务理事。

1988年，毕业于南京中医药大学，师从章肖峰、徐荣斋、孟澍江、姜春华、沈自尹等名医。1994—1995年，先后留学日本德岛大学、日本富山大学。潜心研究脑血管病、帕金森病、抑郁及睡眠障碍等领域疾病，作出成绩。在中风脑络经典中医理论指导下，制定了《中国急性缺血性脑卒中中西医结合诊治推荐意见》。采用随机双盲多中心安慰剂对照观察加减小续命汤治疗急性缺血性卒中临床疗效，并阐明祛风通络及其演变方药的神经血管单元保护作用及其机制。补肾养肝延缓帕金森病病程进展：将帕金森病定位于中医肝肾，病机是肝肾不足，制定《帕金森病—肝肾不足诊断量表》。治疗策略是补肾养肝，代表方剂是地黄饮子，有效药物是肉苁蓉及其提取物。采用随机双盲多中心安慰剂对照大样本临床研究并探讨可能机制。滋水清肝预防抑郁障碍复燃与复发：运用滋水清肝饮治疗抑郁障碍巩固期，有效降低了抑郁障碍的复燃与复发，并受命国家中医药管理局与中华中医药学会组织编写修改《抑郁症指南》。

在国内外医学期刊（含SCI）发表学术论文300多篇。系统整理海派中西医结合流派学术思想，主编《恽铁樵全集》《陆渊雷全集》《姜春华全集》《沈自尹全集》《南山书屋文集》等专著，以及《肾虚与科学》《中医与科学》《脑卒中防治》等16部。主持省部级及以上课题10项，作为第四完成人获得国家科技进步奖二等奖，作为第一完成人获得国家教育部科技进步奖二等奖、上海市科学技术进步奖三等奖、中国中西医结合学会科技进步奖二等奖、上海中医药科技奖一等奖。

从事教育工作30余年，主持编写《中医神志病学》《中医药学》。共培养研究生35人，其中硕士研究生 15 人，博士研究生 20 人。另培养博士后 1 人。

何立群(1959 年 8 月—　)，浙江宁波人。毕业于上海中医学院，医学博士。博士生导师，博士后合作导师，主任医师，教授。国家临床重点专科、国家中管局肾病重点学科和专科带头人，上海市重点学科(肾病)、上海市教委肾病创新团队带头人。2001 年，被评为上海市劳动模范，全国卫生系统优秀工作者；2009 年，被评为上海市领军人才。

长期从事中西医防治慢性肾脏疾病的临床和基础研究。1995—1996 年，在日本富山医科药科大学和汉药研究所作为客座研究员，进行大黄、麻黄等中药和降氮汤、温脾汤等复方治疗慢性肾衰、糖尿病肾病作用的研究。2006 年，以高级访问学者到美国 Baylor 医药院进行中医中药对慢性肾衰抗纤维化疗效及机制的研究。主持国家自然基金(4 项)、国家"十一五"支撑计划、科技部中医药行业专项、上海市重点研究项目等 16 项。在国内外核心期刊发表论文 350 余篇，SCI 收录 30 篇。获授权专利 6 项。主编著作 6 部。已培养硕、博士 100 余名。首创抗纤灵冲剂从瘀血、肾衰冲剂从热毒、健脾清化合剂从湿热，治疗慢性肾衰系列方药；提出和论证中医内外同治慢性肾脏病伴大量蛋白尿的优化方案，研究成果以第一完成者获教育部科技进步奖二等奖、上海市科技进步奖二等奖、中华中医药学会科学技术奖二等奖、中国中西医结合学会科学技术奖二等奖，以及上海市中医药学会和中西医结合学会一等奖各一项。被聘为中国民族医药学会肾脏病分会副会长，世界中医药联会会医案分会副会长和临床安全用药分会副会长，中国中西医结合学会肾病分会常委，上海中医药学会肾病分会主任委员，上海中西医结合学会肾病分会副主任委员等学术兼职。

周　华(1962 年 1 月—　)，上海人。硕士研究生。研究员、教授。1983 年，毕业于上海第二医科大学医疗系。1983 年，于上海第九人民医院工作。1986—1988 年，师从中西医结合名医胡婉英教授，攻读上海中医药大学中西医结合专业硕士学位并毕业。1988—1997 年，在曙光医院心血管内科工作。1997—2009 年，先后任上海中医药大学附属曙光医院医务处干事、副处长、处长、医疗副院长。2009 年，任医院院长。2014 年，获全国医院优秀院长称号。2015 年，被评为上海市领军人才，获评国家卫生计生委脑卒中防治工程模范院长。2010—2015 年，5 次获得上海市市级医院"院长年度绩效考核"优秀(A 级)。担任国家临床中医心血管重点专科学科带头人，国家中医药管理局重点学科(中医心血管、中医信息学)学科带头人。兼任全国中医医院医疗质量监测中心主任、世界中医药学会联合会标准化建设委员会会长、上海市医师协会中医科医师分会副会长、中国医师协会中西医结合医师分会心血管专业委员会副主任委员、中国中西医结合学会循证医学专业委员会副主任委员、上海市中西医结合学会循证医学专业委员会主任委员、上海中医药学会中青年学术研究分会主任委员等。

2009 年，担任院长期间，始终坚持"发展才是硬道理"的办医理念，坚持发挥医院的公益性，凸显中医特色优势，提高医院服务能力；同时，带领全院职工大力建设研究型中医院，实现了医院跨越式的发展，医疗、科研、教学、人才等方面均有质的提升，综合实力大幅增长。医院不断推动 WHO

国际疾病分类标准,发表ISO非经济效益类研究成果,制定传统医学国际标准体系,建立“中国—捷克中医中心”,成为中医药国际医疗合作的典范。

作为中西医结合心血管学科带头人,创造性地提出慢性心衰“从肾论治”的中医理论。根据慢性心衰的发展过程,通过中医证型大数据临床分析研究,提出慢性心衰分期论治方法:早期以气阴两虚为主,中期以肾虚血瘀为主,晚期以心肾阳虚为主。针对性提出平补阴阳(鹿角方)、益肾活血(鹿红方)、温补心肾(鹿芪方)治疗大法与方药。在国家级和省部级项目支持下,开展广泛深入的临床和基础研究,成果获中华中医药科学技术奖二等奖和上海市医学科技三等奖。2014年,实现专利成果转让。

作为中医信息学科带头人,以国家高技术研究发展计划(“863”计划)为抓手,通过研发结构化电子病历,建立综合性中医医院标准化智能信息平台,并成功推广应用。平台解决长期以来中医四诊信息客观化数据采集与电子病历系统不兼容问题;同时带领学科牵头制定《电子病历基本数据集》,由国家卫生计生委以行业标准在全国范围内颁布实施。2015年,获上海市科技进步奖二等奖。

2012年,作为重大疾病防治平台建设负责人,建立中医标准化数据交互平台、中医病案监测分析平台、中医知识库协作平台、中医临床诊疗知识库、中医临床决策支持系统。建立医疗、科研、教学的研究档案,运用大数据分析挖掘技术,获得心血管疾病、慢性肝病、肿瘤、新发突发传染病等重大疾病的循证医学证据,有效地推动了中医防治慢性疾病的临床和科研协同发展,研究成果获中华中医药学会政策研究奖。

2012—2015年,连续主持国家“863”项目、“十二五”和“十三五”重大专项项目,承担多项国家级重大科研项目、国家自然科学基金项目5项、省部级课题22项。2014年,获中华中医药学科学技术奖二等奖、上海医学科技奖三等奖,并获省部级科研奖励9项。发表论文94篇(SCI 6篇);主编专著《中医心脏病学》《古方临证新用》和《研究型医院建设的理论与实践》;制订国家标准1项;获软件著作权10项、专利3项,成果转化1项。2015年,获得上海市科学技术进步奖二等奖。

从事教育工作30余年,主持国家卫计委“十三五”规划教材《中西医结合传染病防治》部分内容。共培养研究生27人,其中硕士研究生19人、博士研究生8人。

胡义扬(1962年8月—),浙江武义人。医学博士。2010年1月,被评为二级教授,博士生导师。1998—2009年,任上海中医药大学肝病研究所副所长;2009—2015年,任曙光医院副院长。兼任中国中西医结合学会第八届肝病分会主任委员,中国中西医结合学会第十届肝病分会候任主委,世界中医药学会联合会肝病分会副会长,中国中西医结合学会理事,上海市中西医结合学会理事,上海市欧美同学会上海市留学人员联合会理事,上海中医药大学讲习教授,国家中医药管理局中医肝胆病重点学科带头人等职。曾先后获上海市优秀学科带头人(2006)、上海市优秀曙光学者(2007)、上海领军人才(2007)、新世纪百千万人才工程国家级人选(2008)、卫生部有突出贡献中青年专家(2012)等荣誉。2001年起,享受国务院政府特殊津贴。

1984年,于浙江中医学院本科毕业后在浙江武义第一人民医院任住院医师工作4年。1988年,考入上海中医学院硕士研究生,毕业后在上海中医药大学肝病研究所工作。1993—1996年,继续攻读博士学位。先后师从王玉润、刘成、刘平教授。2002—2003年，在美国杰弗逊大学医学院作为访问学者工作1年，主要从事中医药防治慢性肝病的临床诊疗与研究。2003年回国后，以酒精性和非酒精性脂肪肝以及肝病证候生物学基础研究为主攻方向。早年作为核心骨干，成功研发抗肝纤维化国家新药扶正化瘀胶囊，于2002年上市，并获国家科技进步奖二等奖。提出肠道是肝病治疗重要之腑、痰瘀互结是脂肪肝的基本病机、肝病证候有明确的生物学特征、舌象是肝病临床辨证的关键证素等学术观点。临床擅长于脂肪肝、慢性乙型肝炎、肝硬化、肝癌等中医药治疗。

承担国家科技重大专项3项、国家自然科学基金8项(其中重点项目1项)。以第一作者和通讯作者身份发表论文200余篇，其中SCI收录论文41篇。主编《肝病常用中药药理与临床》《脂肪肝的中西医结合治疗》《肝病患者必读》，副主编《系统生物学在中医研究中的应用》等著作。2015年，作为主编在编写《中医肝脏病学》中。曾获国家科技进步奖二等奖1项，部省级科技成果一等奖2项、二等奖11项(其中第一完成人4项)。已获授权专利9项。培养博士、硕士研究生44人，博士后1人。

詹红生(1964年5月—)，河南确山人。博士研究生。主任医师，教授。现任骨伤科主任、骨伤研究所所长。毕业于河南省信阳卫校、张仲景国医大学(河南南阳)、上海中医学院和上海中医药大学，获气功学硕士(导师储维忠)和中医骨伤科学博士(导师石印玉)学位。上海石氏伤科第五代学术传承人，全国首批优秀中医临床人才。2010年1月，被评为二级教授。

致力于慢性筋骨病损防治研究，擅长运用手法、针灸、中药、导引练功等中医药理论和技术，诊治颈肩腰腿痛症和脊柱源性疾病；提出“筋主骨从乃维系筋骨和合之本、筋为骨用是治疗慢性病损之策、四以相和为保全筋骨健康之法”的学术观点；创新病机认识、规范诊治技术、优化诊疗方案和临床路径。研究成果获教育部提名国家科技奖自然科学奖一等奖和上海市科技奖一等奖等14项，申请并获授权专利8项，发表论文193篇，出版专著12部。手法治疗颈椎病技术被国家中管局列入首批中医临床适宜技术项目，在20多个省市推广应用。

主编全国中医院校本科生规划教材《中医骨伤科学》《中西医结合骨伤科学》《中医筋伤学》《中医气功学》，国家住院医师规范化培训规划教材《中医骨伤科学》，国家级视频公开课《随处可见的筋骨损伤》，以及全国中医院校本科生规划教材《中医骨伤科学》。

高月求(1966年11月—)，安徽宿松人。博士研究生。主任医师，教授。现任医院副院长、临床免疫研究所所长、国家中管局细胞免疫实验室主任。兼任卫生部临床重点专科(中医肝病)主任、国家中医药管理局“十二五”中医肝病重点专科协作组组长、中华中医药学会肝胆病分会副主任委员、上海市中医药学会肝病分会主任委员。先后入选上海中医药大学中医肝病学术带头人、上海市浦东新区领军人才。2004年，上海市曙光学者；2010年，上海市优秀学科带头人；2010年，上海医学领军人才；2011年，上海市领军人才、国家中医药管理局第三批中医优秀临床人才；2015年，国家突出贡献中青年专家，同年起享受国务院特殊津贴。

1998年，毕业于上海中医药大学，师从上海市名医王灵台教授。2002—2003年，留学挪威奥斯陆大学。以中医、中西医结合防治慢性肝病的临床与免疫调控机制为主攻方向。在继承王灵台教授补肾为主治疗慢性乙型肝炎临床经验的基础上，通过大样本多中心临床研究，明确中国人群HBV感染的病理学和中医病机特点，建立“补肾健脾论治CHB”的治疗方案。“补肾健脾论治CHB”的治疗策略，可显著提高HBeAg的转阴率、降低HBV-DNA水平，明显改善肝脏炎症和纤维化程度。在证实临床疗效的同时，积极开展中医药调控慢性乙型肝炎免疫作用机制研究：“补肾健脾论治CHB”的免疫调节机制，主要与改善外周血T细胞亚群、树突状细胞(DC)、NKT细胞和NK细胞的功能有关。受国家中医药管理局与中华中医药学会委托，组织编写修改《中医药防治慢性乙型肝炎指南》。

作为第一负责人承担国家重大科技专项3项、国家科技行业专项2项、国家科技部“十一五”支撑计划1项、国家自然基金项目2项、部市级科研课题6项。发表学术论文108篇，其中第一作者或通讯作者65篇，SCI收录18篇。参与编写专著5部。以第一负责人身份先后获得上海市科技进步奖二等奖1项、上海市科技进步奖三等奖1项、上海市医学科技成果三等奖2项。获得发明专利公开4项。作为主要完成人获得国家教育部科技进步奖二等奖、中国中西医结合学会科技成果二等奖等奖项7项。

从事教育工作30余年，主持编写《中西医结合传染病学》《传染病学》等教材。共培养研究生32人，其中硕士研究生24人、博士研究生8人。培养博士后2人。

第三章　先进集体和个人

表 8-3-1　1985—2014 年国家、省部级集体奖项获奖情况表

年　份	获奖集体	奖项名称
1985	曙光医院	全国卫生先进集体
1985	曙光医院	全国省级中医院对口检查综合奖
1991	曙光医院	全国卫生先进单位
1997	曙光医院	卫生部中医药管理局“二五”普法先进集体
1997	曙光医院	卫生部《中国卫生杂志》社宣传通讯工作先进集体
1997	曙光医院检验部门急诊窗口	团中央全国青年文明号
1998	曙光医院	卫生部全国百佳医院
2001	曙光医院	卫生部《中国卫生杂志》社宣传通讯工作先进集体
2004	曙光医院	全国卫生系统先进集体
2005	曙光医院	全国文明委全国精神文明建设工作先进单位
2006	曙光医院	国家优质工程奖
2008	曙光医院传统中医科护理单元	中华中医药学会全国中医特色护理优秀科室
2008	曙光医院	全国医院文化建设先进单位
2008	曙光医院	“关注国民健康 传播医学知识”全国先进机构
2009	曙光医院	2009 年度全国企业文化建设先进单位
2010	曙光医院	上海世博会先进集体
2010	曙光医院	全国卫生系统卫生文化建设先进单位
2010	曙光医院工会	全国模范职工之家
2010	曙光医院严世芸名中医工作室	中华中医药学会全国先进名医工作室
2011	曙光医院	全国卫生系统医院文化建设创新奖
2011	曙光医院	全国中医药文化建设先进单位
2011	曙光医院东部肛肠科护理单元	第二届全国中医特色护理优秀科室
2011	曙光医院世博园区医疗保障队	与世博同行·全国青年文明号
2011	曙光医院工会	全国教科文卫体模范职工之家
2012	曙光医院	全国中医药系统创先争优先进集体
2012	曙光医院	城乡医院对口支援工作先进集体
2013	曙光医院	全国卫生系统先进集体
2013	曙光医院	全国中医医院优质护理服务先进单位

（续表）

年　份	获奖集体	奖项名称
2013	曙光医院 3B 病房	全国中医医院优质护理服务先进病房
2014	曙光医院	第一批社会管理和公共服务综合标准化试点项目单位
2014	曙光医院	全国节约型公共机构示范单位

表 8-3-2　1960—2014 年国家、省部级个人奖项获奖情况表

年　份	获奖者	奖项名称
1960	庞泮池	全国三八红旗手
1978	庞泮池	全国三八红旗手
1983	王元洪	全国工会优秀积极分子
1985	王元洪	全国职工体育工作先进个人
1986	王　左	全国内科急诊工作先进个人
1988	石印玉	全国卫生文明先进工作者
1993	王　左	全国中医急诊奖励基金奖
1993	方正龙	全国中医急诊奖励基金奖
1998	吕阿妹	全国卫生部模范护士
1997	何红梅	国家中医药管理局“二五”普法先进个人
1998	徐德生	首届中国药师周杰出新秀奖
1999	王灵台	全国优秀院长
1999	薛志祥	第一届世界创新医学奖
2003	叶伟成	中国民主促进会中央委员会优秀民进会员
2004	沈远东	中华医院管理学会 2004 年度优秀院长
2005	詹红生	中华中医药学会、中国青年科技工作者协会中国中医药十大杰出青年
2006	张雅丽	全国中医护理百名标兵
2006	桑　珍	中管局“十五”期间中医药继续教育先进个人
2006	蒋　健	民革全国参政议政工作先进个人
2007	余小萍	全国首届杰出女中医师
2007	沈远东	全国中医医院优秀院长
2008	郭　蔚	全国抗震救灾医药卫生先进个人
2008	刘成海	中国中西医结合医学科技奖
2008	朱抗美	人文管理荣誉奖
2008	朱抗美	全国优秀中医健康信使

（续表）

年　份	获 奖 者	奖 项 名 称
2008	胡晓颖	全国用户满意服务明星
2009	陈建杰	全国卫生系统先进个人
2009	沈晓红	2008 年度全国知识型职工先进个人
2009	胡晓颖	2008 年全国用户满意服务明星
2009	蔡俊萍	全国第二届中医护理标兵
2009	蒋　健	2009 年度全国归侨侨眷先进个人
2009	陈建杰	全国医药卫生系统先进个人
2010	马俊坚	第三届全国医院文化建设先进工作者
2011	马俊坚	全国中医药文化建设先进个人
2011	陈建杰	全国五一劳动奖章
2013	张　莉	全国中医医院优质护理服务先进个人
2013	刘　珉	2012—2013 年度中国医院优秀 CIO
2014	周　华	2014 年中国医院协会优秀院长
2014	陈建杰	第九届中国医师奖
2014	徐德生	2014 年度中国药学会优秀药师
2014	王耀萍	中国农工民主党 2010—2012 年社会服务工作先进个人

表 8-3-3　1984—2015 年市级集体奖项获奖情况表

年　份	获奖集体	奖 项 名 称
1984	曙光医院	上海市文明单位
1985	曙光医院	上海市文明单位
1986	曙光医院	上海市文明单位
1989—1990	曙光医院	上海市文明单位
1991—1992	曙光医院	上海市文明单位
1991—1992	曙光医院	上海市文明单位
1994	曙光医院	上海市卫生先进单位
1983	曙光医院儿科	上海市“三八红旗集体”
1985	曙光医院外科二楼护理组	上海市模范集体
1986	曙光医院二病区	上海市“三八红旗集体”
1987	曙光医院急诊内科	上海市模范集体
1989	曙光医院肛肠科	上海市模范集体

（续表）

年　份	获奖集体	奖项名称
1989	曙光医院二病区护理组	上海市新长征突击队
1994	曙光医院十四病区	上海百万青年最高荣誉奖——共青团号病区
1995	曙光医院	1993—1994 年度上海市文明单位
1995	曙光医院	上海市卫生先进单位
1995	曙光医院门急诊检验窗口	上海市共青团号、上海市新长征突击队
1996	曙光医院检验部	上海市百佳巾帼文明岗
1997	曙光医院	1995—1996 年度上海市文明单位
1997	曙光医院农工党支部	上海市党派工作先进集体
1998	曙光医院检验部	上海市劳模集体
1998	曙光医院团委	上海市“红旗团组织”
1998	曙光医院七病区	上海市共青团号、上海市新长征突击队
1998	曙光医院预检处	上海市总工会颁发“上海市红旗文明岗”
1998	曙光医院抗洪救灾医疗队	“为培养一支不撤走的医疗队”上海市教育系统 1998 年精神文明建设好事之一
1999	曙光医院	1997—1998 年度上海市文明单位
1999	曙光医院	1997—1998 年度上海市爱国卫生先进单位
1999	曙光医院呼吸科	上海市文明班组
1999	曙光医院检验部	上海市红旗文明岗
1999	曙光医院检验部	上海市总工会巾帼文明岗
1999	曙光医院教育处	上海市卫生局先进集体
1999	曙光医院冷冻机房	上海市卫生局先进集体
1999	曙光医院	上海市先进报刊发行站
2000	曙光医院	上海市尊老社会一条龙先进事迹
2000	曙光医院妇委会	1999—2000 年度上海市“三八红旗集体”
2002	曙光医院	上海市职业道德先进单位
2003	曙光医院	上海市第十一届(2001—2002 年度)文明单位
2004	曙光医院	上海市卫生系统“五十佳评选”优秀组织奖
2004	曙光医院	2001—2003 年上海市爱国卫生先进集体
2004	曙光医院工会	上海市医务工会 2002—2003 年度先进职工之家
2005	曙光医院	上海市第十二届(2003—2004 年度)文明单位
2005	曙光医院	上海市卫生系统第七届文明单位(2003—2004 年度)
2005	曙光医院	上海市卫生系统医院文化建设先进单位

（续表）

年 份	获奖集体	奖项名称
2005	曙光医院	2003—2004 年度上海市爱国卫生先进单位
2005	曙光医院团委	上海市“五四”特色团组织
2005	曙光医院志愿服务队	上海市优秀青年志愿服务队
2005	曙光医院检验科	2003—2004 年度上海市文明班组
2005	曙光医院高压氧舱治疗室	2003—2004 年度上海市卫生系统红旗文明岗
2006	曙光医院	上海市总工会 2005—2006 年度上海市文明班组
2006	曙光医院	上海市少儿住院基金管理办公室 2002—2004 年先进集体
2006	曙光医院工会	2004—2005 年度上海市医务工会“先进职工之家”称号
2006	曙光医院医务管理处	上海市卫生系统文明班组
2006	曙光医院保卫处	2006 年度治安保卫先进集体
2007	曙光医院	2005—2006 年度上海市文明单位
2007	曙光医院	2005—2007 年度上海中医药大学文明单位
2007	曙光医院	上海市卫生系统文明单位
2007	曙光医院	上海市卫生系统知识产权试点单位
2007	曙光医院医务管理处	2005—2006 年度上海市文明班组
2007	曙光医院东部中药窗口	2005—2006 年度上海市卫生系统红旗文明岗
2007	曙光医院检验科	2003—2005 年度上海市卫生系统先进集体
2007	曙光医院检验科	上海市劳模集体
2008	曙光医院工会	上海市模范职工之家
2008	曙光医院团委	上海市五四红旗团委
2008	曙光医院保卫处	2007 年度治安安全合格单位(浦东)
2008	曙光医院保卫处	上海市消防协会优秀单位会员(浦东)
2008	曙光医院	2007 年度财务会计信用等级 A 级单位
2008	曙光医院工会(职工素质档案)	上海市素质教育十佳品牌提名奖
2008	曙光医院检验科	上海市用户满意服务明星
2008	曙光医院“中医健康热线”	2007 年度上海市科教党委系统社会主义精神文明十佳好人好事提名奖
2008	曙光医院针刺麻醉	创下中医药神话——改革开放 30 周年“健康上海”十大成果
2009	曙光医院保卫处	2008 年度治安安全先进集体
2009	曙光医院	2007—2008 年度上海市文明单位

（续表）

年　份	获奖集体	奖项名称
2009	曙光医院	上海市卫生系统文明单位
2009	曙光医院	上海市卫生系统第二届医院文化建设先进单位
2009	曙光医院	迎世博优质服务贡献奖
2009	曙光医院	2007—2009 年上海市卫生系统院务公开民主管理先进单位
2009	曙光医院“曙光中医健康热线”	上海市卫生系统迎世博服务品牌奖
2009	曙光医院糖尿病诊疗中心	2006—2008 年上海市卫生系统先进集体
2009	曙光医院保卫处	2009 年度上海市先进保卫组织
2009	曙光医院援助都江堰第四批医疗队	优秀援建医疗队
2009	曙光医院“曙光中医健康热线”	2009 年度上海市医务职工精神文明十佳好事集体奖
2009	曙光医院工会	2006—2007 年度市卫生系统先进职工之家
2009	曙光医院工会	2008 年度工会信息工作先进单位
2009	曙光医院工会	上海市模范职工之家
2009	曙光医院工会	上海市第七届医工艺术节“十佳文化品牌”奖
2009	曙光医院工会	上海第七届医工艺术节团体总分第三名，优秀组织奖
2009	曙光医院内分泌科	上海市工人先锋号
2009	曙光医院内分泌科	上海市卫生系统工人先锋号
2009	曙光医院中医肝病研究团队	2007—2009 年上海市医务职工科技创新优秀团队提名奖
2009	曙光医院青年志愿者服务队	2007—2008 年度上海市优秀青年志愿服务集体
2009	曙光医院临床药理科	上海市卫生系统共青团号
2009	曙光医院肾内科护理组、3A（ICU）护理组	上海市卫生系统共青团号
2010	曙光医院	创先争优世博先锋行动“五好”基层党组织
2010	曙光医院世博医疗保障队	上海市工人先锋号
2010	曙光医院世博医疗保障队	上海世博工作优秀集体
2010	曙光医院糖尿病诊疗中心内分泌组	上海市青年文明号
2010	曙光医院	上海市卫生系统世博工作优秀集体
2010	曙光医院世博医疗保障队	上海市卫生系统世博工作优秀班组
2010	曙光医院护理部	上海市卫生系统世博工作优秀班组
2010	曙光医院世博 VIP 医疗保障值班组	上海市卫生系统世博工作优秀班组

（续表）

年　份	获奖集体	奖项名称
2010	曙光、仁济、华东、一妇婴联合党支部	上海医疗卫生对口支援都江堰灾后重建先进基层党组织
2010	中医大第八批援建医疗队临时党支部(曙光医院)	上海医疗卫生对口支援都江堰灾后重建先进基层党组织
2010	“曙光中医热线”市民免费健康顾问	2009年上海市教卫党委系统精神文明十佳好人好事提名奖
2010	曙光医院心理关怀志愿者	上海市卫生系统迎世博服务品牌奖
2010	曙光医院迎世博青年志愿服务队	上海市卫生系统迎世博600天行动优秀青年志愿者服务队
2010	曙光医院护理部	上海市护理学会志愿者服务风采奖
2010	曙光医院世博园区医疗保障队	上海市青年文明号争创集体
2010	曙光医院内分泌科	上海市工人先锋号
2010	曙光医院中医肝病研究团队	2007—2009年上海市医务职工科技创新优秀团队提名
2010	曙光医院东院急诊护理	上海市巾帼文明示范岗
2010	曙光医院西院急诊预检	上海市巾帼文明岗
2010	曙光医院眼科医生组	上海市巾帼文明岗
2010	曙光医院东部肝病二楼、肝病三楼	上海市教卫系统巾帼文明岗
2010	曙光医院	上海市医务职工职业道德建设十佳单位
2010	曙光医院工会	2008—2009年度先进职工之家
2010	曙光医院护理部	上海市医务职工科技创新星光计划一等奖
2010	曙光医院工会	上海市医务职工科技创新星光计划优秀组织奖
2010	曙光医院	上海市五一劳动奖状
2011	曙光医院	上海市文明单位
2011	曙光医院党委	上海市教卫党委系统先进基层党组织
2011	曙光医院	上海市卫生系统文明单位
2011	曙光医院	2010年上海世博会世博知识和文明观博全民宣传培训践行活动优秀团队奖
2011	曙光医院	“十一五”时期社会主义劳动竞赛先进集体
2011	曙光医院	上海市五一劳动奖状
2011	曙光医院检验科	上海市团队创先特色班组
2011	曙光医院肾病科护理组	上海市共青团号
2011	曙光医院保卫处	2010年度治安保卫工作先进保卫组织
2011	曙光医院保卫处	2010年世博安保先进保卫组织

（续表）

年　份	获奖集体	奖项名称
2012	曙光医院	2011年度上海市社区、企事业单位献血工作考核优秀集体
2012	曙光医院	上海市卫生系统“感动瞬间”医务人员职业风采摄影大赛优秀组织奖
2012	曙光医院妇委会	优秀妇女组织
2012	曙光医院乳腺科	上海市巾帼文明岗
2012	曙光医院3B护理组	上海市教卫系统巾帼文明岗
2012	曙光医院东院急诊护理组	上海市工人先锋号
2013	曙光医院	2011—2012年度上海文明单位
2013	曙光医院	上海市卫生计生系统“六五”普法知识竞赛优胜奖
2013	曙光医院内分泌科青年团队	上海市青年五四奖章集体
2013	曙光医院护理第六团支部	上海市五四红旗团支部
2013	曙光医院急诊科护理组	上海市青年文明号
2013	曙光医院检验科门急诊窗口	上海市青年文明号
2013	曙光医院临床药理科	上海市青年文明号
2013	曙光医院肾内科护理组	上海市青年文明号
2013	曙光医院医院办公室	上海市青年文明号
2013	曙光医院糖尿病诊疗中心内分泌青年组	2012年上海市“用户满意服务明星班组”
2013	曙光医院东院急诊护理组	上海市模范职工小家
2014	曙光医院	2014年度治安安全合格单位
2014	曙光医院	全国第一批节约型公共机构示范单位
2014	曙光医院	2011—2013年度上海市卫生系统先进集体
2014	曙光医院	2012—2013年度上海市劳动关系和谐、职工满意企事业单位
2014	曙光医院	2013年度上海市卫生计生行业十大青年公益项目
2014	曙光医院治未病中心	2012—2013年度上海市志愿服务先进集体
2014	曙光医院保卫处	2014年度上海市公安局先进保卫组织
2014	曙光医院检验科门急诊窗口	上海市青年文明号
2014	曙光医院教学处	上海市青年文明号
2014	曙光医院肾内科护理组(西院)	上海市青年文明号
2014	曙光医院糖尿病诊疗中心内分泌科	上海市青年文明号
2014	曙光医院工会	上海市卫生计生系统第八届文化艺术节优秀组织奖

（续表）

年　份	获奖集体	奖项名称
2014	曙光医院	2013—2014 年度上海市标准化工作先进集体
2014	曙光医院	2014 年度上海市公立医疗机构服务质量病人满意度测评“特优单位”
2014	曙光医院	第八届中国健康年度总评榜“上海最受欢迎三甲医院”
2014	曙光医院	第十二届(2013—2014 年度)上海市卫生计生系统文明单位
2014	曙光医院	2013—2014 年度上海市文明单位
2014	曙光医院	上海市卫生计生系统女性服饰风采大赛展示奖
2014	曙光医院肝病临床中心	上海市模范集体
2014	曙光医院工会	2012—2013 年度上海市医务工会先进职工之家
2015	曙光医院	2013—2014 年度上海市标准化工作先进集体
2015	曙光医院	2014 年度上海市公立医疗机构服务质量病人满意度测评“特优单位”
2015	曙光医院	第八届中国健康年度总评榜“上海最受欢迎三甲医院”
2015	曙光医院	第十三届(2014—2015 年度)上海市卫生计生系统文明单位
2015	曙光医院	2013—2014 年度上海市文明单位
2015	曙光医院	上海市卫生计生系统女性服饰风采大赛展示奖
2015	曙光医院	2015 年信息安全等级保护工作先进单位
2015	曙光医院肝病临床中心	上海市模范集体
2015	曙光医院工会	2012—2013 年度上海市医务工会先进职工之家
2015	曙光医院伦理委员会	首届上海市医学伦理学会“医学伦理先进集体”
2015	曙光医院退管会	上海市卫生和计生系统退管工作考核“优秀单位”
2015	曙光医院检验科门急诊窗口青年团队	上海市青年五四奖章集体
2015	曙光医院团委	上海市卫生计生行业特色团组织
2015	曙光医院妇产科	2012—2014 年上海市卫生计生工作先进集体
2015	曙光医院针灸科	2012—2014 年上海市卫生计生工作先进集体

表 8-3-4　1960—2015 年市级个人奖项获奖情况表

年　份	获奖者	奖项名称
1960	钱　娴	上海市先进儿童工作者
1977	张鸿祥	上海市教育战线先进工作者
1980	吴　霞	上海市优秀护士

（续表）

年　份	获奖者	奖项名称
1980	贾申妹	上海市优秀护士
1980	严小蓓	上海市表扬护士
1981	吴　霞	上海市“六好”妇女积极分子
1981	徐昌泰	上海市医务工会优秀积极分子
1984	王世惠	上海市高教局外国留学生先进工作者
1986	徐　正	上海市卫生系统优秀工会工作者
1987	程馥馨	上海市高教系统优秀教育工作者
1987	叶舫瑞	上海市卫生系统首届艺术节京剧清唱一等奖
1988	蒋绍芳	上海市表扬护士
1988	张福珍	上海市表扬护士
1988	徐　正	上海市卫生系统优秀工会工作者
1988	樊建开	上海市振兴中华读书活动优秀个人
1988	叶舫瑞	上海市卫生系统精神文明十佳奖
1989	吴大正	上海市卫生系统青年人才奖励基金会银蛇奖
1989	俞菊红	上海市卫生系统百日竞赛先进个人
1989	周幼兰	上海市卫生系统百日竞赛先进个人
1989	朱炜敏	上海市卫生系统百日竞赛先进个人
1989	葛孔培	上海市卫生系统百日竞赛先进个人
1989	李慧麟	上海市卫生系统百日竞赛先进个人
1989	俞菊红	上海市卫生系统十佳好事人物之一
1989	倪　征	上海市教卫系统优秀党务工作者
1989	徐　正	上海市储蓄工作优秀协储者
1990	陈英龙	上海市卫生系统后勤先进个人
1990	徐德生	上海市卢湾区十大英才、上海市卫生系统银蛇奖四等奖
1990	范　琳	上海市卫生局青年文明服务先进个人
1990	马秀琼	上海市卫生局青年文明服务先进个人
1990	许宇文	上海市卫生局青年文明服务先进个人
1990	蒋绍芳	上海市医务工会优秀积极分子
1990	夏德颐	上海市医务工会优秀积极分子
1990	马秋元	上海市医务工会优秀积极分子
1990	孙学芬	上海市医务工会优秀积极分子

（续表）

年　份	获奖者	奖项名称
1990	王继兰	上海市医务工会优秀积极分子
1990	徐　正	上海市卫生系统优秀政治思想工作者
1990	范兴发	上海市卫生系统十佳好事人物之
1990	唐建业	上海市高校先进实习指导教师
1991	陈建杰	上海市卫生系统银蛇奖表扬奖
1991	王榆坚	上海市卫生局百日竞赛先进个人
1991	李仁庆	上海市卫生局百日竞赛先进个人
1991	黄　群	上海市卫生局百日竞赛先进个人
1991	蔡益芳	上海市卫生局百日竞赛先进个人
1992	王　梅	上海市卫生系统文明服务标兵
1992	周必才	上海市卫生系统优秀退管会工作者
1992	董惠芳	上海市卫生系统优秀政治思想工作者
1992	黄　群	上海市卫生系统十佳好事人物之一
1993	陈　英	上海市邮电系统优秀报刊发行员
1993	陈兴华	上海市公安系统优秀驾驶员
1993	束兰娣	上海市卫生局住院医师培养先进个人
1993	万　鹏	上海市卫生系统银蛇奖三等奖
1993	董惠芳	上海市卫生局先进工作者
1993	张丽英	上海市卫生局先进工作者
1993	黄　群	上海市卫生局先进工作者
1993	葛林宝	上海市卫生系统优秀政治思想工作者
1993	朱聘倬	上海市卫生系统优秀政治思想工作者
1993	蒋绍芳	上海市卫生系统优秀政治思想工作者
1993	何红梅	上海市卫生系统优秀政治思想工作者
1993	周胜利	上海市卫生系统尊老一条龙服务先进个人
1993	殷志澄	上海市教卫系统社会治安综合治理先进个人
1994	周展红	上海市卫生系统优秀思想政治工作者
1994	张黎华	上海市卫生系统优秀青年护师
1995	张丽英	上海市“三八红旗手”
1995	马忠杰	上海市教委“育才奖”
1995	王　怡	上海市新长征突击手
1995	石光海	上海市侨联“爱国奉献奖”

（续表）

年　份	获奖者	奖项名称
1995	史荣盛	上海市教委系统优秀党员
1995	殷志澄	上海市教卫系统优秀社会综合治理先进个人
1996	徐德生	1995—1996年度上海市劳动模范
1997	李雅琴	上海市“三八红旗手”
1997	王　晨	上海市新长征突击手
1997	殷志澄	上海市教委系统社会治安综合治理先进个人
1997	王　晨	上海市教委系统优秀党务工作者
1997	黄　群	上海市优秀护士
1997	朱盛国	上海市教委“育才奖”
1997	徐美琴	上海市高校校报消息类三等奖、通讯类三等奖
1998	黄史亮	上海市总工会“三学状元”
1999	金为群	上海市1997—1998年度干部保健工作先进个人
1999	何立群	上海市教育系统精神文明委员会、中国教育工会上海市委“万名教师谈创新”征文优胜奖
1999	贾申妹	1997—1998年度上海市爱国卫生先进工作者
1999	曹民怡	1997—1998年度上海市爱国卫生先进工作者
1999	董惠芳	上海市归侨侨眷先进个人
1999	王　晨	上海市新长征突击手
1999	毕小利	上海市卫生局先进工作者
1999	史晓卿	上海市卫生局先进工作者
2000	陈建杰	1999—2000年度上海市劳动模范
2000	殷志澄	1999—2000年度上海市治保先进个人
2000	汪善冠	上海市尊老一条龙服务明星
2001	张黎华	上海市优秀护士
2001	朱抗美	上海市教育系统优秀党务工作者
2001	蒋梅先	上海市读书先进个人
2001	朱梅如	上海市教育系统教书育人先进个人
2002	黄鹤凤	上海市少儿住院基金先进工作者
2002	曹民怡	上海市献血工作先进个人
2003	沈晓红	2002年度上海市教育系统精神文明建设委员会社会主义精神文明十佳好事

（续表）

年　份	获 奖 者	奖 项 名 称
2003	蒋　健	民革上海市委2001—2003年三个文明建设服务先进个人
2004	金培琪　倪　静	上海市卫生系统“五十佳评选”提名奖
2004	沈远东	上海市医务工会2002—2003年度“支持工会工作好领导”
2004	何红梅	上海市医务工会2002—2003年度优秀工会工作者
2004	王继兰　崔　松	上海市医务工会2002—2003年度优秀工会积极分子
2004	余小萍	民盟上海市委会务工作积极分子
2004	余小萍	第二届颜德馨中医人才奖励基金抗非典型肺炎特殊贡献奖
2005	马俊坚	上海市卫生系统重视退管工作好领导
2005	余开颜	上海市优秀志愿者
2005	刘成海	上海市卫生系统第十届银蛇奖
2005	沈晓红	十年来上海市最有影响的青年志愿者
2005	沈晓红	上海市“三八红旗手”
2005	黄桂香	上海市优秀护士
2006	朱抗美	2005年度上海市科教党委系统优秀党务工作者
2006	朱抗美	上海市医务工会“支持工会工作好领导”
2006	周　华	2002—2005学年上海市少儿住院基金工作先进个人
2006	马俊坚	上海市医务工会2006年市卫生系统思研会鼓励奖
2006	马俊坚	上海市医务工会“优秀工会工作者”
2006	石重明	2003—2005年上海市统一战线(工作)先进个人
2006	俞锡铮	上海市医务工会2005年度市卫生系统精神文明双十佳好事个人奖
2007	叶伟成	上海市自强模范
2007	余小萍	2003—2005年度上海市卫生系统先进工作者
2007	刘成海	2003—2005年度上海市卫生系统先进工作者
2007	樊建开	上海市“三八红旗手”
2007	沈晓红	上海市总工会评选的“知识型职工”称号
2007	高建东	上海市第十一届银蛇奖提名奖
2008	周　华	“白内障贫困患者免费实施复明手术”先进个人
2008	缪晚虹	“白内障贫困患者免费实施复明手术”先进个人
2008	朱梅萍	2007年度上海市文化科技卫生“三下乡”活动先进个人
2008	张雅丽	上海市读书成才奖
2008	李　泉	2007年度上海市企事业单位先进个人

（续表）

年　份	获 奖 者	奖 项 名 称
2008	胡晓颖	上海市用户满意服务明星
2008	沈远东	上海市职工信赖的经营管理者
2008	何立群	上海市卫生系统科技创新标兵提名奖
2008	胡晓颖	上海市抗震救灾个人先进
2008	胡晓颖	全国、上海市服务明星
2008	王灵台	“大众医学健康传播”突出贡献奖
2008	潘祥龙	“大众医学健康传播”突出贡献奖
2009	马俊坚	2007—2008 年度上海市卫生系统精神文明建设优秀组织者
2009	陈建杰	2006—2008 年上海市卫生系统先进工作者
2009	何立群	2006—2008 年上海市卫生系统先进工作者
2009	曹月龙	上海市卫生系统第十二届银蛇奖三等奖、上海市卫生局先进工作者
2009	张雅丽	2009 年度上海市优秀护士
2009	张澄宇	上海市“三八红旗手”
2009	王继兰	2007—2009 年上海市卫生系统院务公开民主管理先进工作者
2009	陈　拥	上海市对口支援医疗队突出贡献
2009	陈　拥	上海市对口支援都江堰出色成绩奖
2009	杜培欣	优秀援建队员
2009	潘　新	优秀援建队员
2009	石　瑛	优秀援建队员
2009	袁培琼	优秀援建队员
2009	崔　松	优秀援建队员
2009	刘　珉	2009 年度上海市优秀 CIO
2009	傅佳沛	2008 年度上海市医务职工精神文明双十佳好事个人奖
2009	蒋海平	2008 年度上海市医务职工精神文明双十佳好事个人奖
2009	傅佳沛	2009 年市医务职工十佳好事(个人)称号
2009	蒋海平	2009 年市医务职工十佳好事(个人)称号
2009	赵咏芳	2008 年度巾帼奉献奖
2009	胡晓颖	2008 年上海市用户满意服务明星
2009	徐德生	第二十二届上海市优秀发明选拔赛金奖
2009	胡义扬	第二十二届上海市优秀发明选拔赛金奖

（续表）

年 份	获奖者	奖项名称
2009	石印玉	第二十二届上海市优秀发明选拔赛银奖
2009	蒋 健	第二十二届上海市优秀发明选拔赛银奖
2009	何立群	第二十二届上海市优秀发明选拔赛银奖
2009	高月求	上海市优秀学科带头人
2009	陶 枫	上海市科技启明星
2010	杨 乐	上海市世博工作优秀个人
2010	杨 乐	上海市卫生系统世博工作优秀个人
2010	葛旻垚	上海市世博工作优秀个人
2010	葛旻垚	上海市卫生系统世博工作先进个人
2010	赵 钢	“创先争优，世博先锋行动”“五带头”共产党员
2010	石 瑛	上海市世博园区服务保障先进个人
2010	石 瑛	上海市卫生系统世博医疗卫生保障工作先进个人
2010	沈 敏	上海市卫生系统世博工作优秀个人
2010	高建东	上海医疗卫生对口支援都江堰灾后重建优秀基层党组织书记
2010	包朝鲁	上海医疗卫生对口支援都江堰灾后重建优秀共产党员
2010	程 鑫	上海医疗卫生对口支援都江堰灾后重建优秀共产党员
2010	王 怡	中国2010年上海世博会优秀志愿者
2010	王 芳	上海职工迎世博窗口服务行业立功竞赛活动“世博服务风采奖”
2010	束翌斐	上海市卫生系统世博工作先进个人
2010	赵 钢	上海市卫生系统世博工作先进个人
2010	周维娜	上海市卫生系统世博医疗卫生保障工作先进个人
2010	沈 睿	上海世博会窗口服务先进个人
2010	沈 睿	上海市卫生系统世博医疗卫生保障工作先进个人
2010	孙 萌	上海市卫生系统世博医疗卫生保障工作先进个人
2010	麦静愔	上海市卫生系统世博医疗卫生保障工作先进个人
2010	刘宏杰	上海市卫生系统世博医疗卫生保障工作先进个人
2010	费雪洁	上海市卫生系统世博医疗卫生保障工作先进个人
2010	沙 粒	上海市卫生系统世博医疗卫生保障工作先进个人
2010	丁惠锋	上海市卫生系统世博医疗卫生保障工作先进个人
2010	陈俊艳	上海市卫生系统世博医疗卫生保障工作先进个人
2010	汤 琴	上海市卫生系统世博医疗卫生保障工作先进个人
2010	石一君	上海市卫生系统世博医疗卫生保障工作先进个人

（续表）

年　份	获 奖 者	奖 项 名 称
2010	王晓飞	上海市卫生系统世博医疗卫生保障工作先进个人
2010	雷　雯	上海市卫生系统世博医疗卫生保障工作先进个人
2010	张伟民	上海市治安先进个人
2010	段晨光	上海市卫生系统迎世博600天行动优秀青年志愿者
2010	陶乐维	2009年度上海市用户满意服务明星
2010	朱惠蓉	2008—2009年度支持工会工作好领导
2010	马俊坚	2008—2009年度优秀工会工作者
2010	詹红生	2007—2009年上海市医务职工科技创新新人奖
2010	王继兰	2010年上海市侨联系统先进个人
2010	陈建杰	2007—2009年上海市先进工作者
2011	朱惠蓉	2009—2010年度上海市卫生系统精神文明建设优秀组织者奖
2011	朱惠蓉	上海市优秀党务工作者
2011	朱惠蓉	2011年度上海市文化科技卫生“三下乡”先进个人
2011	朱抗美	上海市教卫党委系统“创先争优·医德标兵”
2011	马俊坚	上海市教卫党委系统纪检监察先进工作者
2011	包朝鲁	上海市对口支援都江堰灾后重建先进个人
2011	程　鑫	上海市对口支援都江堰灾后重建突出贡献个人
2011	郑昱新	上海市对口支援都江堰灾后重建突出贡献个人
2011	殷亦超	2011年度“优秀医联专管员”
2011	张雅丽	上海市护理科技奖二等奖
2011	赵咏芳	上海市卫生系统第十三届银蛇奖三等奖
2011	詹红生	上海市优秀学科带头人
2011	聂红明	上海市青年科技启明星计划
2011	周里钢	上海市浦江人才
2011	高月求	上海市领军人才
2011	刘成海	上海市领军人才
2011	王晓飞	上海市用户满意服务明星个人
2011	沈　敏	上海市优秀共青团干部
2011	徐美琴	上海市质量协会优秀女质量工作者
2011	蔡俊萍	上海市卫生系统优质护理服务优秀个人
2011	孙　荇	2008—2010年度上海市医务工会支持退管工作好领导
2012	张　珏	第二届上海市十佳医技工作者

（续表）

年 份	获奖者	奖项名称
2012	周 华	上海市质量管理优秀领导者
2012	张雅丽	上海市第一届左英护理奖
2012	张 莉	上海市优质护理服务先进个人
2012	吴 欢	上海市教卫党委系统创先争优优秀共产党员
2012	周 华	上海市职工信赖的经营管理者
2012	刘印文	上海市卫生系统星光计划二等奖
2012	詹松华	上海市卫生系统星光计划资助奖
2012	吴 欢	云南省优秀志愿者
2012	吴 欢	上海市优秀青年志愿者
2012	刘丽艳	上海市青年五四奖章
2012	吴 欢	上海杰出青年志愿者
2012	马俊坚	上海市卫生计生系统院务公开民主管理先进个人
2012	周 华	2011—2012 年度上海市卫生系统精神文明建设优秀组织者
2012	李 曼	第十二届上海市青年岗位能手
2012	孙学华	上海市卫生系统第十四届银蛇奖提名奖
2012	张雅丽	2011—2012 年度上海市医务职工科技创新能手
2012	张雅丽	2011—2012 年度上海市“三八红旗手”
2014	余志红	上海市第三届十佳执业药师
2014	余小萍	2013 年度上海市国防教育协会“突出贡献奖”
2014	徐满成	上海市青年五四奖章
2014	徐满成	上海市优秀团员
2014	徐满成	上海市卫生计生系统优秀团员
2014	赵春英	2012—2013 年度上海市优秀志愿者
2014	高 炬	2011—2013 年支持退管工作好领导
2014	余志红	上海市国防教育协会“2014 年先进工作者”
2015	周 华	2012—2013 年度上海市医务工会“支持工会工作好领导”
2015	马俊坚	2012—2013 年度上海市医务工会“优秀工会工作者”
2015	高 炬	2015 年度上海市公安局先进治安责任人
2015	关 鑫	首届上海市医学伦理学会“医学伦理青年人才”
2015	徐美琴	上海质量管理优秀推进者
2015	李 泉	2015 年治安保卫先进个人
2015	吴 欢	上海市优秀团干部

（续表）

年　份	获奖者	奖项名称
2015	曹　康	上海市卫生计生行业优秀团员
2015	李　曼	上海市卫生系统第十五届“银蛇奖”提名奖
2015	彭景华	第十三届上海市青年岗位能手
2015	余志红	上海市国防教育学会先进工作者
2015	冯　煜	上海市住院医师规范化培训优秀管理者
2015	秦保锋	喀什地区优秀援疆干部人才
2015	秦保锋	援疆期间先进工作者
2015	高月求	2012—2014年上海市卫生计生工作先进个人
2015	王　琛	2012—2014年上海市卫生计生工作先进个人
2015	詹红生	上海市十佳医生
2015	刘　力	上海市十佳医技工作者提名奖

专记

聚焦学科建设　引领学科发展

——记肝病临床中心

肝病临床中心成立于2003年，是上海市首批医学临床中心之一。2011年5月，肝病临床中心入选国家临床重点专科，由肝病科、肝硬化科和肝病研究所组成，实际开放床位156张。2010—2014年，平均年门诊30万人次，平均年出入院量7 000人次，平均年业务量达2.3亿元。中心人才辈出，拥有全国名老中医1人、上海市名中医2人、上海市领军人才4人、上海市优秀学科带头人1人、上海市医学领军人才2人、上海市中医领军人才2人、第三批全国中医临床优秀人才1人、第五批名老中医学术思想继承人1人、上海市科技启明星2人、上海市杏林新星2人、上海中医药大学杏林学者2人、上海市扬帆计划获得者2人、上海中医药大学后备专家2人、国家自然科学基金青年基金获得者11人，以及全国卫生系统先进工作者1人、上海市劳模2人。近5年来先后承担"十一五""十二五"国家科技重大专项8项，国家自然科学基金22项，省部级课题56项，科研经费达9 000余万元。获得省部级科研奖励11项，获得国家授权发明专利4项。发表论文92篇，其中SCI论文15篇，总的影响因子53.609分。肝病临床中心主任陈建杰荣获全国五一劳动奖章、中国医师奖；肝病临床中心2009—2011年获上海市卫生系统先进集体称号。

一、依托国家重点专科

肝病临床中心自2011年成功入选国家临床重点专科以来，始终注重专科建设和学科发展。在中央财政和医院匹配经费的资助下，临床中心的专科建设和学科发展均有跨越式发展。

在专科建设方面，2013年12月，成功入选上海市重中之重临床中心(中医肝病)。2014年12月，作为项目承担者联合上海市4家三级甲等医院、2家二级医院和5家社区服务中心成功入选上海市中医肝病临床基地建设项目，进一步促进肝病科的专科建设，更好地发挥肝病临床中心在上海市范围内的引领和辐射作用。依托专科建设经费，购置全自动核酸定量检测系统(罗氏COBAS ® AmpliPrep ®/TaqMan48 ®)和脂肪肝及硬度定量检测诊断仪(FibroScan ® 502 CAP™)，拓展临床业务范围，有利于提升专科实力，确保专科水平始终保持国内领先。

在学科建设方面，中医肝病是上海市首批医学领先学科之一，肝病临床中心是全国中医肝病中心建设单位。上海市名中医王灵台亲任学科带头人。20世纪70年代，王灵台带领同事们结合临床、博采众长，率先提出肝病重在"补肾"的学术观点，所研制的"补肾冲剂"对抑制病毒复制、缓解机体症状、提高免疫功能等方面卓有疗效。与此同时，试用于临床的"抗纤复方"对患者肝纤维也有抑制改善作用。经过三十几年临床观察，集思广益，20世纪90年代，当时担任科主任的陈建杰接过接力棒，继续深入研究，积累创新，进一步拓展中医治疗肝病的新领域，给更多的患者带来福音。2010年，高月求担任科主任后，在王灵台教授补肾治疗慢乙肝的基础上，进一步提出补肾健脾法治疗慢乙肝，并应用于国家科技部"十一五""十二五"重大专项中，经过多中心、双盲、随机、对照临床试验证明，补肾健脾方能够提高慢乙肝患者HBeAg及HBsAg的转阴率。

2013年，王灵台全国名老中医专家传承工作室成立。在王灵台的带领下，明确工作室建设的

图专-1-1　王灵台(第一排左二)、陈建杰(第一排左一)、高月求(第一排右二)和科室同事合影

三大目标：一是继承发扬王灵台的学术思想和诊疗经验，打造优势特色的肝病学科；二是从临床治疗难点出发，开展以王灵台学术思想与经验为主的科研项目；三是培养人才，造就新一代名中医，保证学科可持续发展。工作室不仅继承经典，更完善王灵台学术思想。王灵台从肾论治慢性乙型肝炎，益肾温肾为主、清化湿热为辅的治则来选方用药，拟定补肾方。在慢性丙肝中医辨证分型及清肝法治疗慢性丙型肝炎方面，提出早期清热解毒、中期舒肝健脾、晚期补肾抗纤，清热解毒应贯穿治疗始终的学术观点。对补虚化瘀法治疗肝纤维化，提出补虚化瘀法是肝纤维化治疗基本原则，创立柔肝方治疗肝纤维化。同时，运用清肝开窍法治疗亚临床肝性脑病，肝性脑病以热毒内蕴、痰蒙神明为多见，治疗应以清热解毒、豁痰开窍为主，创立治疗肝性脑病中药制剂——清开冲剂。另外，在外治法治疗慢性肝病的胁肋疼痛方面，提出慢性肝病胁肋疼痛治疗三大法则即益气、行气、活血化瘀。选用黄芪、夏枯草等药物，以益气活血、散瘀通络，形成治疗胁痛的治法和方药，并研制成功治疗慢性肝病胁肋疼痛中药穴位敷贴透皮剂肝舒贴。在"介黄"的治则治法，对"介黄"的辨治注重辨别湿热偏重，提出一辨舌苔的白腻或黄腻；二辨口渴思热饮或思冷饮；三辨大便的稀溏或干结；四辨黄疸的轻或重。"介黄"的基本病理因素为湿重于热，且有由热挟寒之趋势，清利湿热乃是"介黄"临证施治的首选之法。还须注意阳气的护扶，见微知著，发于先机，适量地应用温运阳气药物以护扶阳气，是防其传变以及治疗之要。

2011年，刘平上海市名中医工作室成立，系统总结学术思想，并系统论证肝硬化"虚损生积"基本病机理论；重视"证据"质量，大力推进中西医结合肝病研究；倡导优化肝纤维化、肝硬化的个性化治疗策略；指出肝纤维化的研究进入"整体创伤愈合反应"的新时代；运用"病—证—效"必须结合中医现代化发展思路。

同年，陈建杰上海市名中医工作室成立，在临床工作的基础上，承担包括国家攻关项目在内的科研项目 34 项，荣获包括国家、上海市科技进步奖等奖项 17 项。发表论文 212 篇，担任副主编或编委参与专著 20 本。承担国家“十一五”攻关项目子课题，担任国家中管局重点学科、重点研究室主要骨干，研究涉及慢性乙型肝炎、慢性丙型肝炎、艾滋病、结核病、新发突发传染病等领域。

肝病临床中心自 2012 年在西部设立肝病病房（十八病区）以来，克服各种困难，在确保医疗安全的前提下，实际开放床位达 121 张，保持门诊量和出入院量连续 4 年持续性增长。2015 年，肝病科门诊量为 20.59 万人次，出入院量为 4 401 人次，平均住院日为 6.33 天，床位使用率 100.79%。

二、促进临床科研相互结合

曙光医院肝病临床中心目前承担“十二五”国家科技重大专项 3 项（第一负责人），参与“十二五”国家科技重大专项 5 项。为进一步促进临床科研相互结合，提高临床医生和科研人员的主观能动性，以申报 2014 年度国家自然科学基金为契机，肝病临床中心率先开展临床科研相互结合模式，从临床治疗难点出发，运用现代免疫技术开展中医药作用机制研究。2014 年，共申报国家自然科学基金 15 项，中标 9 项，其中青年科学基金项目 5 项，面上项目 6 项，取得肝病临床中心历史上最好成绩。在上海市进一步促进中医药事业发展三年行动计划（2014—2016 年）项目申报中，该临床中心组织全科骨干力量积极申报，获得上海市中医肝病临床基地建设项目 1 项、上海市中医药创新性内涵项目 3 项、上海市中医药院内制剂在评价项目 2 项。获得其他省部级课题 9 项，2014 年度新增科研经费 1 612.00 万元。

在争取新的科研立项之外，肝病科不断注重加强科研成果的表达和专科的申请。2014 年共发表论文 55 篇，其中 SCI 论文 10 篇。获得上海市科技进步奖三等奖 2 项，教育部高等学校科技进步奖二等奖 1 项，中国中西医结合科技奖 1 项，中华中医药学会科学技术进步奖 1 项，上海市中西医结合学会科技奖三等奖 1 项。申报发明专利 2 项。

图专-1-2 刘平(中)与徐列明(左)、刘成海(右)合影

三、开展国际国内联合培养

肝病临床中心的发展与专业人才培养和研究团队建设息息相关。为此，中心开展国际国内联合培养，探索人才培养创新性模式。重点病种肝病学科研究团队梯队组成合理。

肝病临床中心研发的扶正化瘀胶囊于2007年起与美国加州大学圣迭戈分校合作，开展“扶正化瘀片抗丙型肝炎肝纤维化的美国Ⅱ期临床试验”，并获国家“十一五”支撑计划“中医药国际化示范项目”的支持。该项目已于2013年底、2014年初完成全部临床观察和揭盲。研究结果参加美国肝病年会和亚太肝病年会的大会交流和卫星会报告。2015年，准备申请进行美国Ⅲ期临床试验前注册研究。

2014年3月，中心选派李曼赴美国卫生研究院(NIH)高斌课题组开展中药有效组分防治肝损伤的免疫机制研究。课题组同时与香港中文大学陈力元课题组、中国科学院巴斯德研究所邓强课题组保持联系，开展相关研究，共同培养博士和硕士研究生。研究团队的专业实力和创新能力得到不断的增强。

肝病临床中心为中医治疗肝病疾病、开展高级别的科学研究，为中医中药的传承与发展作出重要贡献。

古老的针刺麻醉再创辉煌

——记曙光医院针刺麻醉走过57年的历程

2015年，是针刺麻醉“问世”57周年。从20世纪50年代的一个偶然发现，到70年代初美国《时代周刊》报道针刺麻醉，掀起针麻研究阶段性热潮；再到80年代后期至90年代，针刺麻醉的临床与科研工作发展缓慢；直至新世纪针麻再次兴盛、逐步走向世界舞台，医院作为针刺麻醉临床与理论研究的实践者，经历57年间针刺麻醉发展的起伏跌宕。

一、探索实践，临床工作创造奇迹

1958年9月5日的《解放日报》报道：“上海市第一人民医院耳鼻喉科和中医科合作，采用针灸代替药物麻醉，已获得成功。”此篇报道一出，在全国反响强烈，各地医院纷纷效仿。在老一辈针灸、外科、麻醉医师的倡导下，医院也于这一时期开展针刺麻醉的临床研究工作。1959年，医院顺利完成首例腋下皮脂腺针麻手术。1964年，国家准备从多方位开展针刺麻醉研究，医院也自此开始针刺麻醉系统研究工作。当时医院集中针灸、外科及麻醉多位医师及部分医技骨干组成针刺麻醉攻关组，开展针刺麻醉临床观察，同时与上海中医学院生理教研组、华东师范大学生物系合作，开展针刺麻醉临床研究工作，先后对多种手术病种进行针刺麻醉手术的探索，以胃大部切除手术为重点进行研究，成功进行首例针麻下胃大部切除术，成为全国针麻胃大部切除的组长单位，而医院老一代“针麻人”杨永璇、张光正、项立敏等也成为当时上海针刺麻醉的主要实践者。

20世纪70年代，是针刺麻醉研究的上升时期。1971年，新华社首次向全世界宣布中国医务工作者成功实施针刺麻醉的消息；1972年，中美建交期间，美国记者关于针灸的新闻报道更是在全球范围内掀起针灸的热潮。这一时期，医院针刺麻醉工作也如火如荼地展开。1973年，医院共进行700余例针麻手术，成功率达90%以上，且针刺麻醉率达全院总手术数的41.47%。1977年，开展“针麻胃大部分切除术的临床估价及中医辨证分型”的研究，获国家卫生部科技进步奖，标志着医院针刺麻醉工作获得业内肯定。

20世纪80年代，从发表论文的数量上就可以发现，针麻在中国的发展有所停滞。首先，20世纪80年代以前中国的针麻研究是“自上而下”的形式，其发展成就与国家政策的支持密不可分；其次，现代麻醉学的发展也是一个不容忽视的原因，麻醉药物和方法、设备不断的发展挤压针刺麻醉的空间，使得原先的许多针刺麻醉优势不再突出。然而，即使针刺麻醉在全国处于低谷阶段，医院这一时期仍进行大量工作。据1982年的统计，在1 200多例胃及十二指肠球部溃疡病人的手术中，针麻取得较好的效果。开展运用多种生理、生化指标及中医辨证分型，对针麻胃大部切除术进行术前预测、术后观察的实验研究，得出“阳虚证患者针刺麻醉效果为优”的初步结论，同时医院作为“全国针麻胃大部切除术协作组”组长单位，制定统一研究方案，供全国各协作单位采用。

20世纪90年代，一些复杂外科手术如新喉再造、肾移植、大脑功能区及深部肿瘤切除等在针刺麻醉下获得成功，针刺麻醉再次受到重视，国家层面陆续进行“八五”“九五”等重大科技攻关项目。1990年，医院承担国家自然科学基金资助项目“针刺对胃肠电活动的影响及其与大脑边缘系统的研究”，并于1993年获上海市科技成果三等奖。

进入新世纪后，医院又开始针刺麻醉的新征程。在对针刺麻醉充分评估的前提下，2006年，在时任院长沈远东的推动下，医院为了进一步提升针刺麻醉临床与研究工作，在原有的医院针刺原理研究室的基础上，构建由针灸科主任沈卫东、麻醉科主任傅国强、上海中医药大学针推学院沈雪勇领衔，包括医院神经外科、心胸外科、普外科、乳腺外科、肝胆外科、胃肠外科、胰胆外科、泌尿外科、骨科、中医外科、中医血管外科、肝肠外科、针灸科和麻醉科等各个学科骨干组成的多学科团队，正式成立针刺麻醉研究室。

同年，医院采用针刺麻醉辅助开展腹腔镜胆囊切除术、脑瘤手术、心脏手术等，均取得圆满成功。由神经外科顾国山教授领衔的针麻脑瘤手术经德国电视台报道后，在业内外引起轰动。之后医院又不断拓展针刺麻醉手术领域，妇科、肛肠科、泌尿科、普外科等科室都迅速开展起来，医院的针刺麻醉开始在同行中崭露头角。

2008年，医院受到长征医院的会诊邀请，请医院针刺麻醉医师去协助他们完成一例手术，原因是有个病人因过敏麻醉药不耐受。经过针麻医师和手术医生良好的协调配合，最终这个病人没有用任何麻醉药，顺利完成手术。

2009—2015年，为了探寻针刺麻醉在围手术期以及促进术后康复中的作用，医院针刺麻醉团队不仅在针刺对脏腑保护作用方面进行探索，同时开展针刺麻醉在围手术期的作用研究。院长周华建议将针麻应用从术中拓展到整个围手术期，从而凸显中医针灸在术后患者快速康复中的运用。针刺麻醉团队随即在原来针刺麻醉工作基础上做了系统延伸，在传统针药复合麻醉的基础上，创造性地开展无气管插管下，在浅睡眠、无疼痛、保持自主呼吸状态下进行心、肺、脑手术。与传统针刺麻醉相比，针药复合麻醉可以降低患者术前焦虑水平，减少应激，维持术中循环稳定，并减少术后的

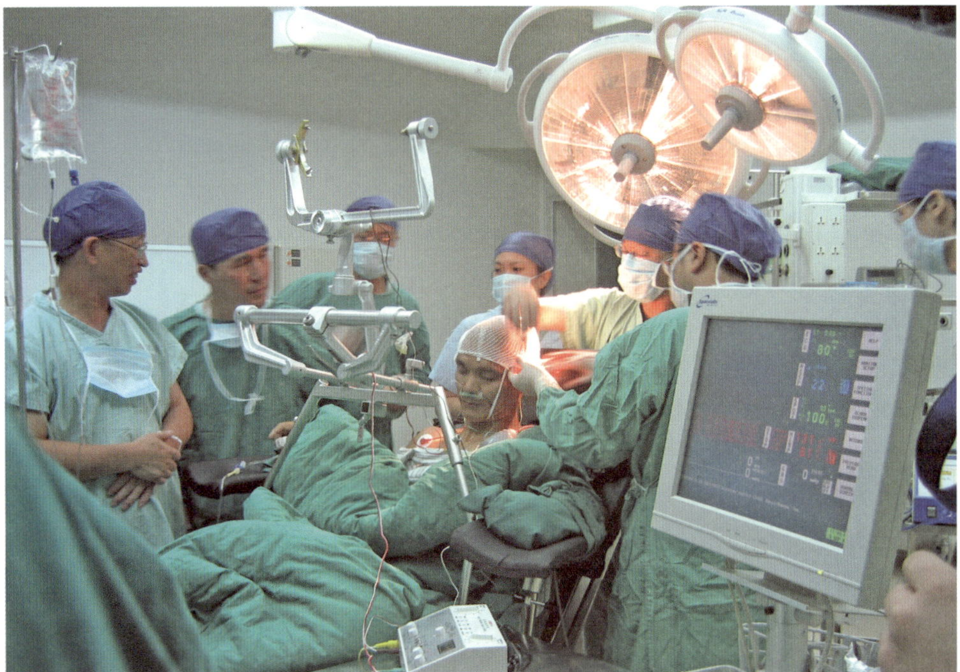

图专-2-1　2006年，顾国山(左二)领衔针麻脑瘤手术

并发症，使患者快速康复，提高其生活质量。同时，医院逐步开展针麻下甲状腺、胸部、腹部和盆腔、肛肠等部位的各型手术的围手术疗效及术后中医介入快速康复研究，涵盖神经外科、心胸外科、普外科、乳腺外科、肝胆外科、胃肠外科、胰胆外科、泌尿外科、骨科、中医外科、中医血管外科、肝肠外科等各学科，取得显著临床效果和社会效益。鉴于医院针刺麻醉工作的实绩，其申报项目“针刺麻醉，创下中医药的‘神话’”入选改革开放 30 周年“健康上海”十大成果。医院每年的针刺麻醉手术量也逐年上升，每年完成的各类针麻手术已超过 2 000 例。

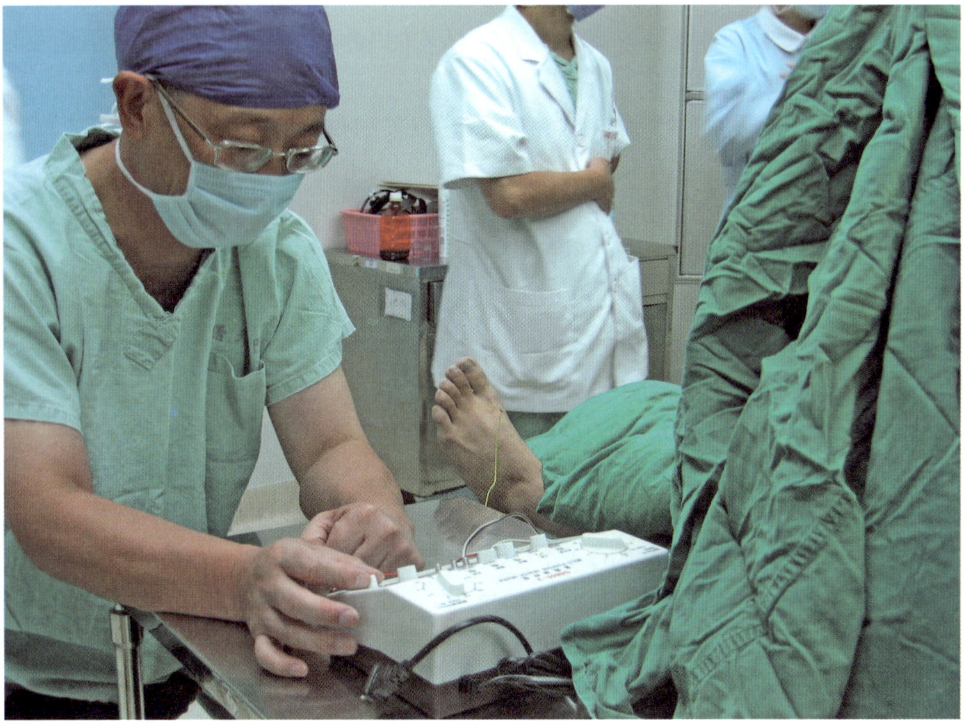

图专-2-2　2006 年，李国安（左一）运用针灸开展针麻脑瘤手术

二、硬核实力，科学研究不断创新

1964 年，自医院开展首例针麻下胃大部切除术以来，除了重视针麻适应证、穴位处方、辅助用药、个体差异性以外，也特别重视针刺方法的革新。由于手术是一个较长时间的连续过程，如承袭传统手法，针麻过程中就需要不断捻针刺激穴位，需花费很大的人力。为此，医院尝试设计一台机械运动形式的仪器来模仿人操作，最终，在与上海医疗器械研究所合作下，试制成功“ZZ-手法模仿仪”，试用于临床，效果较好，并发表研究文章《ZZ-手法模仿仪在针麻胃切除术中应用 381 例小结》。

20 世纪 70 年代初，时任针灸科主任项立敏提出“科学在发展，针灸学者除经验继承外，也当投身于科研的工作，致力于推动针灸学科的发展”。医院建立针刺麻醉研究室，由项立敏、叶强领衔，针麻科研工作迎来蓬勃发展的一个时期。针麻研究团队由针灸科医师、麻醉科医师及外科医师组成，并与华东师范大学、上海医学院、中科院上海生理研究所联合开展针麻基础研究，医院专门设置临床针刺麻醉手术室、动物针刺麻醉实验室，团队上午进行针麻临床手术，下午开展研讨及动物实验研究。1976年，参加上海市人体针刺镇痛会战组，并以医院为实验基地，分析纳洛酮对人体针刺镇痛效应的影响；1977年，开展的“针麻胃大部分切除术的临床估价及中医辨证分型”研究，获国家卫生部科技进步奖。这一时期又相继与上海师范大学生物系、上海中医研究所、中国科学院上海生理研究等单位合作，发表《刺激和损毁扣带回对于针刺镇痛效应的影响》《纳洛酮对人体针刺镇痛效应的影响——兼用信号侦察论分析》《胃大部切除病人耳壳痛觉敏感点变化规律的研究》一系列论文。除重点进行胃大部切除针麻研究之外，针麻团队还统计1979年6月前进行的甲状腺针麻手术482例，结果显示扶突穴优于其他穴，证实“经络所过，主治所及”的论点；进行“针刺胃俞，足三里抗应激性损害的实验研究”，证实“灵枢· 邪气脏腑病形”的“合治内腑”和《难经》“阴病引阳，阳病引阴”这两个著名针灸理论的客观意义。

1986年，参加由上海医科大学牵头的针麻“七五”攻关项目，所承担课题“提高胃大部切除术的针麻效果及规范化的研究”，获“七五”攻关表彰。1990年从1 200例的大样本下，进行“针麻下胃大部分切除术临床规律探讨”，结果显示足三里、上巨虚组优于其他组，手法捻针优于电针，阳虚组优于其他组，遂提出针药复合麻醉既具有针麻的优点，效果又好于硬膜外麻醉的观点。

2007年，国家科技部为中医针灸设立“973”项目，题目是“基于镇痛的针刺麻醉的研究”，鉴于上海中医药大学附属曙光医院在针刺麻醉方面的成就，经过层层筛选，医院针刺麻醉团队成功入选该项目，由主任沈卫东领衔，承担这个项目的子课题研究。

在“973”启动预备会上，医院首先提出针刺麻醉单纯研究“痛”是不够的，应该将研究范围延伸至术中脏器保护、术后反应等方面。然而一开始并未受到专家认同。随着研究的进展和深入，越来越多的专家认可医院的研究方向，当项目进入研究中期以后，针刺麻醉下的脏器保护成为这个项目的主要研究方向。2012年，在项目开始5年后，医院研究团队按时保质完成各项研究任务，在科技部组织专家的严格考评下顺利结题，并获得滚动资助，而由医院最早提出的“针麻在手术中对脏器保护”则成为该项目的一个亮点。

新世纪以来，针麻科研工作无论从课题立项、论文发表、学科建设、所获奖励来看，都迈入快速发展期。医院针灸科(针刺麻醉)先后成为上海市卫生局中医优势专科建设单位、国家中医药管理局重点专病专科。“针刺麻醉”团队获得多项科研项目资助，其中国家级项目12项，包括国家“973”课题2项，国家自然科学基金9项，国家中管局项目1项；上海市课题19项。发表论文160余篇，其中SCI论文19篇，影响因子超过55分，单篇影响因子最高为6.802分。授权专利37项，撰写针麻专著1部。先后获得上海市中西医结合科学进步奖一等奖、上海市医学科技三等奖、中国中西医结合学会科学技术奖三等奖。同时，曙光医院在原有针刺麻醉研究室基础上成立了针刺麻醉研究所，并出版上海中医药大学创新课程教材《针刺麻醉教程》(沈卫东主编)，成为针刺麻醉第一本教科书，书中对7个常见的针刺麻醉术式形成规范的SOP流程。

三、国际交流，走上世界舞台

针刺麻醉的实践不仅在中国医学舞台上展示其独特的魅力，也在世界许多国家的临床上得以运用。尤其在20世纪70—90年代，许多国家学习针刺麻醉技术，并运用于本国的手术麻醉中，甚至在个别手术的针刺麻醉数量超过我国，目前尚有部分国家仍在运用针刺麻醉，因此针刺麻醉的对外交流工作成为针灸外事交流的一个重要组成。早在20世纪60年代，以杨永璇、项立敏为代表的老一辈针刺麻醉实践者常常接受外事接待任务，在70—80年代，当时针刺麻醉成为外事参观交流的一个重要主题，由此带来国际上学习针灸的高潮，在医院针灸科国家针灸培训中心一直不断地有“洋学生”前来进行针灸和针刺麻醉技术的学习。

进入2000年以后，从英国广播公司（BBC）对针刺麻醉的报道开始，各种媒体报道接踵而至。从2006年开始，国内外媒体纷纷对医院针刺麻醉进行报道，如德国电视二台《开放的亚洲》对针刺麻醉进行跟踪报道；中央电视台CCTV10以“神奇的针刺麻醉”为题分两辑系统记录医院针刺麻醉的过程，并对医生和患者进行采访。上海中医药大学校长陈凯先院士在巴黎学术会议上展现的医院针刺麻醉的录像更是引起众多与会代表的交口称赞。此外中国香港电视台、法国电视台及国内外许多报刊都有相关报道。

同时，境外学者与临床工作者也纷至沓来。2005—2015年，有500多个境外学术团体或医院如美国中医学会、美国外科学会、英国医师公会等机构对我们的针刺麻醉情况进行交流和参观。医院根据国家中医药管理局、上海市卫计委等单位要求还对多个国家地区的相关人员进行培训，开设多次讲习培训课程。医院针刺麻醉团队也多次赴国外进行培训与操作，均取得良好的社会效益，也为中医针灸“一带一路”建设做出贡献。如马来西亚国家医疗总监来医院与沈卫东交流后，按照其提供的穴位与针刺麻醉方法，在马来西亚医院进行实践，仅用针刺麻醉、不用药物完成手术并将整个过程摄录下来在国际会议上发布，充分显示针刺麻醉的魅力。

医院针麻团队正在总结前期的临床与理论研究经验，以中国传统医学的核心理念为指导，充分发挥针刺麻醉在患者围手术期整体病理生理调控中的主导作用，带动多学科共同参与。以“中医快速康复流程、临床路径的研究”及“中西医结合治疗方案对外科应激代谢调控影响的规律探索”两个关键问题展开课题研究，在整个围手术期建立麻醉科、针灸科、外科、护理、康复等多学科协作的临床康复治疗体系；围绕多模式止痛、术后早期下床活动、术后早期进食饮水、避免或减少使用鼻胃管等方面促进患者术后快速康复，提高生活质量，缩短住院天数。力争构建针刺麻醉干预下具有中医特色的快速康复模式。

57年起伏跌宕，近一甲子风云变幻，医院针刺麻醉发展的57年，就是中国针刺麻醉57年发展史最真实的缩影。从之前小小的针麻研究室，到现在的针刺麻醉研究所，从最初每年几例针麻手术，到2015年3 000例，医院针刺麻醉始终走在全国的最前沿。展望未来，医院针麻团队将百尺竿头，更进一步，传承好针灸这一国之精粹，继续在针刺麻醉领域不断创新，开启针刺麻醉事业发展的新篇章。

服务国家战略　引领中医药国际标准

——记中医药国际标准化研究所

在经济全球化背景的推动下，中医药已经传播至全球180多个国家和地区，随着中医药国际化战略的实施，中医药走向世界步伐加快。为了更好地服务于国家战略，自2008年起，上海中医药大学附属曙光医院在中医药国际标准化领域内先后承担多个国际组织的秘书处工作，作为中医药国际标准制定的先驱者和引领者，在中医药国际标准化领域做出重大的贡献。

中医药国际标准化研究所成立于2015年6月，组织管理隶属于上海市中医药研究院，挂靠上海中医药大学附属曙光医院。由国际标准化组织/中医药技术委员会（ISO/TC 249）秘书处、世界卫生组织（WHO）传统医学国际疾病分类研究与服务评价中心和中医标准化中心等组成，并承担世界中医药学会联合会标准化建设委员会和上海市中医药标准化技术委员会秘书处工作。

一、服务国家战略，全球最权威国际标准化平台落户上海

2008年，院长沈远东接到世界卫生组织（WHO）传统医学处处长张小瑞的电话，从交谈中得悉WHO即将启动国际疾病分类代码第十一版（ICD－11）改版工作。新版本中将加入传统医学章节，这是以中医药为基础的传统医学第一次纳入WHO ICD管理体系，也是传统医学进入WHO主流

图专－3－1　2008年，国家中医药管理局国际合作司领导与曙光医院WHO ICD－11 ICTM项目组专家

医学管理体系的标志性工程。随即，沈远东立刻组织专家团队深入参与 WHO ICD-11 ICTM 项目。

2009 年，中国政府向国际标准化组织（ISO）总部申请成立中医药技术委员会，并于同年 9 月获得批准，委员会编号 TC 249，由中国承担秘书处工作。ISO 成立中医药技术委员会标志着中医药标准进入国际标准化体系，而谁承担技术委员会的秘书处工作也就掌握国际标准制定的话语权和引领权。时任上海市卫生局副局长的沈远东听到这个消息，不敢有丝毫懈怠。多年中医药管理经验告诉沈远东，这是中国中医药千载难逢的机遇。为争取 ISO/TC 249 秘书处落户上海，即刻向上海市政府提交了一份报告。市政府在收到报告之后，随即召开专题市长办公会，由副市长沈晓明和市政府副秘书长翁铁慧主持，市卫生局、教委、人社局、财政、技监局、市编委、申康医院发展中心、上海中医大等单位参加。会议提出“国家要做的事情就是上海要做的事情，创造一切条件力争 ISO/TC 249 秘书处落户上海”。经过与其他省市和相关组织机构之间的竞争性申请，经国家标准委和国家中医药管理局的会商，鉴于上海在中医药领域积累的大量制定国际标准和国际交往的经验以及市政府的全力支持，最终决定由上海承担 ISO/TC 249 秘书处工作，由沈远东教授出任秘书长。

图专-3-2 “国际标准化组织中医药技术委员会秘书处”铜牌

二、国际局势复杂，几经曲折的 ISO/TC 249 命名历程

ISO/TC249 成立之初，面临着非常复杂的国际形势，实际工作的开展也并非一帆风顺。2010 年 6 月，ISO/TC249 第一届全体成员国会议在中国北京召开。但是，就在这次会议上，一个看似不会有争议的议题却成了大会的焦点。那就是 ISO 中医药技术委员会正式的名称应该是什么？是“中医药 TCM”，还是“传统医药 TM”？一字之差，在于中国中医药的主导地位能否得到确立。

名称的争议，真正隐含的是国家利益、民族荣誉，任何与会代表都不会轻易让步。如果正式投票将 TM 作为名称，中医药就此在组织中失去主体地位。因为成员国之间对于名称问题始终存在着分歧，沈远东决定策略性地推进委员会的工作，提出暂时搁置名称争议，先开展技术标准的制定工作。在沈远东的带领下，秘书处团队深入中医药行业的相关单位调研，并广泛地研究中医药国际市场和海外需求的信息，与中国专家组反复讨论，最终推荐选择“针灸针”和“人参种子种苗”这两个在全球使用范围非常广泛的产品作为第一批提案。一方面，标准的制定稳步推进；另一方面，沈远东又与各成员国代表逐一沟通协商名称问题。

作为秘书处，既要保持中立，但又要推进中医药国际化发展。经过多年的协调与沟通，2015 年在 ISO/TC249 第六届全体会议上，名称问题再一次被提上了议事日程。会上，来自 12 个国家的代表通过投票的方式对名称进行表决。最终，大会以超过 2/3 的赞成票通过决议：正式确立“中医药”作为技术委员会的永久性名称。6 年来悬而未决的 ISO/TC 249 名称问题终于在这一时刻有了一个完美的结果。

图专-3-3 2015年，ISO/TC 249秘书处团队（左三为沈远东）

三、整合优势资源，创建中医药国际标准化研究所

由于ISO/TC 249平台的建立，为了更有利于国际组织间的合作和资源共享，2014年，世界中医药学会联合会（WFCMS）又将其标准化建设委员会秘书处设置于上海中医药大学附属曙光医院。至此，WHO ICD-11 ICTM项目、ISO/TC 249秘书处以及世界中联标准化建设委员会三个国际组织的标准化平台都汇聚到上海中医药大学附属曙光医院。

为了加强中医药国际标准化平台建设，2015年6月，上海中医药大学以ISO/TC 249为核心，整合WHO ICD-11 ICTM项目和世界中联标准化建设委员会，组建上海市中医药研究院"中医药国际标准化研究所"，研究所挂靠曙光医院，由沈远东担任所长，窦丹波和桑珍担任副所长。研究所成立后，加速推进中医药国际标准化的有关工作。经过6年努力，截至2015年，ISO/TC 249的成员国从最初的20个发展到了35个。已正式发布中医药国际标准5项，正在制作的国际标准提案32项，实现ISO领域中医药国际标准零的突破，对促进中医药国际贸易和中医药国际化有着深远的影响。

“一带一路”倡议让世界感受中医魅力

——记中国—捷克中医中心

2015年9月，作为中东欧首家政府支持的中医中心，国家推动“一带一路”建设的首个医疗项目“中国—捷克中医中心”正式落户捷克。“中国—捷克中医中心”是捷克乃至中东欧国家第一所由政府支持的中医中心，双方在中医药的临床治疗、教育培训和应用研究等方面开展合作，为推动中医药在捷克乃至中东欧国家应用和发展，真正融入当地医疗卫生体系奠定基础。

一、打造中医药走向世界的升级版

“中国—捷克中医中心”项目得到国家卫生和计划生育委员会、国家中医药管理局、上海市卫生和计划生育委员会、上海市中医药发展办公室的关心、指导和支持，同时也得到捷克政府的关注，捷克卫生部与捷中友好协会共同推动此项目建设。2015年3月，由上海市中医药发展办公室副主任张怀琼、医院副院长周嘉率领的中方代表团首次访问捷克卫生部、捷中友好协会及赫拉德茨-克拉洛韦大学医院，与捷方商谈中医药合作事宜。2015年4月22日，医院院长周华与捷克赫拉德茨-克拉洛韦大学医院院长罗曼·普利穆拉在上海市人民政府共同签署《中捷传统中医药领域合作谅解备忘录》。2015年6月17日，“中国—捷克中医中心”在捷克揭牌，中国国务院副总理刘延东、国家卫生和计划生育委员会主任李斌与捷克副总理别洛布拉代克、卫生部部长涅麦切克、医院党委书记马俊坚与捷克赫拉德茨-克拉洛韦大学医院院长罗曼·普利穆拉一同参加揭牌仪式，世界卫生组织总干事陈冯富珍到会并表示祝贺；2015年9月21日，国家中医药管理局规划财务司司长苏刚强、医院副院长高炬与捷克卫生部副部长伦卡·普塔奇克娃·麦利赫洛娃、捷克赫拉德茨-克拉洛韦大学医院院长罗曼·普利穆拉一同参加了捷克“中国—捷克中医中心”门诊部开张剪彩仪式；2015年9月24日，捷克总理索博特卡访问了中医中心门诊部；2015年11月24日，捷克总理索博特卡、卫生部长涅麦切克率领的捷克代表团访问医院；2015年11月27日，在国务院总理李克强、捷克总理索博特卡的共同见证下，捷克卫生部、赫拉德茨-克拉洛韦大学医院和医院在北京人民大会堂共同签署关于“中国—捷克中医中心”建设的谅解备忘录。

二、中医中心在捷克得到患者的高度认可

医院根据“中国—捷克中医中心”合作需求，派遣各类高水平中医专家赴捷克工作。中捷中医中心的医疗团队由医院派出的两名中医师，赫拉德茨-克拉洛韦医院派出的西医师和护士，以及中捷语翻译组成。通常，一名新患者就诊，先由捷克医师记录病情、病史，向中医师报告并提醒治疗过程中需要注意的风险。中医师则通过“望、闻、问、切”四诊合参进行诊断，然后制定出合理运用针刺、拔罐、草药、导引和按跷等传统中医方法的治疗方案。从就诊的患者病种看来，与国内针灸科相似，最多见的就是顽固性的颈肩腰腿痛和各种神经系统疾病。中国—捷克中医中心门诊部2015年12月开张，运行情况良好，病人络绎不绝。医院先后派遣3位中医师赴捷克开展诊疗工作，日均门

诊量达 50～60 人次，预约的患者排队至次年。病人大多来自捷克当地，多见顽固性颈肩腰腿痛和各种神经系统疾病，如头痛、神经炎、中风等，此外还有消化科、妇科、皮肤科疾病。

捷克为全民医保国家，患者看病全部免费，但是中医还不属于保险范围，病人看病完全自费。初诊含一次针灸收费 1 800 克朗(3.8 克朗相当于 1 元人民币)，复诊针灸一次 400 克朗，中医中心门诊部的收费标准在捷克的中医诊所里是相当高的，但是很少有患者因为价格因素放弃就诊的，这也说明患者对曙光医院医师团队的认可度很高。

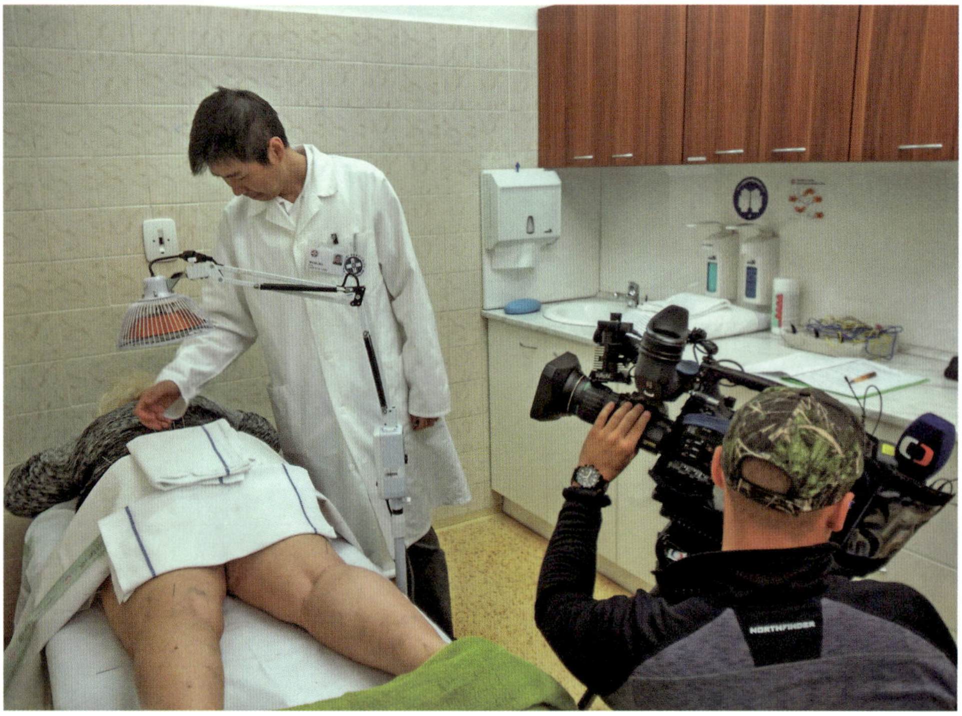

图专-4-1　2015 年 10 月 13 日，中国—捷克中医中心第一位针灸医生王波接受捷克国家电视台采访

三、宣传中医药文化，推动中医药在捷克的普及和运用

为更好地让广大捷克民众了解和熟悉中医，尤其是养生保健和文化，医院派遣的中医师利用业余时间向捷克民众义务开展中医小讲课、健身功法等中医科普活动，包括中医知识的讲解(比如中医经络学说、脏腑学说以及治未病的概念等)、健身功法的教学和集体练习(例如太极站桩、易筋经导引十二式以及八段锦)等，对此，当地民众给予一致好评。在捷工作的医院临床一线的医生，在繁忙的工作之余，利用休息时间，宣传中医文化和中华文明，用中医养生文化“授之以渔”。

派遣医生关鑫，除日常门诊工作外，还为患者传授易筋经、八段锦和太极站桩等集体功法，以辅助治疗。患者们在充满阳光的大厅里，随着舒缓的音乐，认真练习中国古老导引术的每一个动作。有一位来自布拉格的小伙儿丹尼尔患胃病已有两年，作为针刺治疗的辅助手段，练习易筋经让他受益匪浅，两个月里不仅胃病得到治愈，连困扰他十多年的过敏性鼻炎也在不知不觉中消失了。这位患者由衷地说，“中医和中国文化真的很有意思”。

图专-4-2 关鑫(右一)为患者与医护人员传授太极站桩

四、互联互通互学互鉴,医教研全面合作

中国—捷克中医中心成立后,医院与捷方先后在中医药临床诊疗、教学传输、科学研究及中医药法治化建设等领域实现阶段性建设成果。医院在中国—捷克中医中心举办学术讲座和学术会议,先后派遣海派传承石氏伤科张琥、针刺麻醉领域知名学者宋建钢、内分泌专家陆灏、肝病研究所徐列明、中西医结合肿瘤学专家李琦等团队,以"中国中医药的传承创新与医学魅力"为主题,从中医药智慧、中医药临床优势特色、中医药现代创新等多维度进行分享与探讨等开展学术活动。同时,加强临床及科研合作,在脑卒中后遗症、镇痛、肿瘤后不良反应等疑难病症领域开展中、西医结合联合攻关,并联合培养医学人才。双方互联互通、互学互鉴是中外医学文化交流的最佳载体,中医药的神奇魅力也将沿"一带一路"走出亚洲、走向世界重要平台。医院通过各种途径,如医疗展示、教学展示以及科研展示等形式,让外国人了解中医,补充西医存在的不足,为更多人的健康带来福音,让中医更好地传承下去。

与此同时,捷克方面派遣专家来医院进行学术交流,专家们到临床实地考察,参观石氏伤科、中医血管外科、肛肠科、肿瘤科、肝硬化科、肝病研究所等,亲身感受传统医学多种特色疗法及适宜技术,见证中医药的传承与当代发展。

中国—捷克中医中心着眼于医、教、研全面推进,以临床为本、医教结合、引入科研为主线,达到医、教、研三点一线的统一。医院作为项目承担单位,以科室建制(涉及中医内科、针灸科、推拿科、科研处等),搭建医、教、研 3 个平台;以临床疗效为实证基础,以科研合作为依据,积极探究在国外的合作模式,突破中医药进入捷克乃至更多欧洲国家的瓶颈,为海外中医中心的发展提供参考和依据。中国—捷克中医中心成为中国外交的中医药文化名片,亦是"一带一路"倡议中医药领域的标杆性旗帜。医院力争将此建设成为面向中东欧国家的医、教、研、企全面合作的中西医示范中心,并向"一带一路"沿线国家形成辐射。

中医药监测，一份中医药人的执着

——记全国中医医院医疗质量监测中心

中医药有着上千年的历史，中医药事业是我国医药卫生事业的重要组成部分。国家中医药管理局作为中医药主管部门非常重视中医药监测工作，关注数据对决策的支撑作用。1996年，经过多方专家论证，为了使监测工作纳入惯性运作，经研究决定成立"全国中医医院医疗质量监测中心"，并明确监测中心的名称、任务、组织领导、经费等，希望逐步建立和完善全国中医医院医疗质量监测网络、中医医疗质量评估体系和中医医院医疗质量管理信息库，全面、及时、动态地反馈中医医疗质量信息，培养高水平的中医医院管理队伍，有效地提高中医医疗机构的医疗质量管理水平，为加快中医医疗机构的改革与发展奠定基础，为各级中医药主管部门的科学决策和宏观调控提供依据。这项任务交给上海，交给上海中医药大学，交给了医院。1996年11月19日，对于中医药监测人来说是一个特别的日子，国家中医药管理局医政司司长陈士奎、上海市卫生局副局长张明岛、上海中医药大学副校长严世芸及来自全国的各位专家来到医院，参加揭牌仪式，各级领导高度重视，对监测工作提出殷切的希望。敢为人先、锐意进取、砥砺前行的曙光人勇挑重任，开始构建起全国中医药监测雏形，描绘中医药监测壮美蓝图，开创中医药监测的先河。

图专-5-1　1996年11月19日"全国中医医院医疗质量监测中心"揭牌仪式

一、不断耕耘，蓬勃发展

监测中心成立以后，医院领导高度重视，在医院用房紧缺、人手不够的情况下，不仅提供专门的工作场地，还专题讨论核心团队建设情况，最终确认以医院一把手王灵台院长为中心主任、下设常务副主任的运作模式，构建多学科人员参与的核心团队，同时聘请国内医院管理、卫生统计、卫生经济、信息管理、医疗保险等方面的专家，组成专家委员会，形成强大的技术支持。

随后，监测中心协助各省中医药管理部门成立省级中医药监测中心，2001 年第一个省级中医药监测中心在北京成立，截至 2015 年，国内 31 个省级行政区全部成立了省级中医药监测中心。面对新事物，在国家中医药管理局的指导下，在各级领导的支持下，监测中心不定期召开全国工作会议，通报上报情况，分析存在问题，开展业务培训，督导分中心顺利开展工作。

图专-5-2　2013 年，在武汉召开全国中医医疗管理统计报表制度培训会

图专-5-3　2009 年 2 月 17 日，召开重点研究室专家论证会

伴随着中医药监测的发展，现代信息技术也被不断应用于监测工作中，纸质资料的收集、电子邮件的传递已经不能满足监测的需要。在医院的大力支持下，2000年，监测中心研发第一个监测软件，之后搭建网络数据平台，拥有固定网址，通过数据直报，实现数据及时、完整、准确上报，提高数据上报效率和质量，为政府部门“用数据说话、用数据决策、用数据管理、用数据创新”奠定了基础。

作为中医药监测的开拓者，监测中心组建中医医疗服务评估重点研究室，承担世界卫生组织(WHO)“提供改进统计分析方法得到专用的反映中医医院管理和医疗服务情况”的项目，对《电子病历基本架构与数据标准》中医药标准内容进行补充修订，申请多项软件著作权和专利。监测中心建立标准，加强合作，提升内涵，不断地促进行业整体水平的提高。

二、立足上海，服务全国

二十多年来，经过几代医院领导的努力，监测中心本着一份真心、一份执着，默默耕耘，将“数据为依据，质量为抓手，聚焦中医药，管理数据化”作为工作准则，不断完善全国中医药监测体系，培养中医药监测队伍，规范中医药监测流程，加强数据质量控制，一次又一次开拓创新，提升监测内涵，为提高中医药管理水平添砖加瓦。

2015年，监测中心组织执行获得国家统计局批准的国家中医药管理局唯一部门统计调查项目“全国中医医疗管理统计调查制度”，开展全国中医类医院和基层医疗卫生机构中医药服务监测；负责国家中医重点专科监测和评估；负责国家重大疑难疾病中西医临床协作试点项目的监测评估；参与国家中医药管理局中医药发展战略规划纲要实施监测；参与医改监测，并及时为政府的各种医改管理需求提供数据支持和决策依据。实现中医类医院全监测，综合医院和专科医院部分监测，社区卫生服务中心、乡镇卫生院、社区卫生服务站全监测，村卫生室抽样监测，国家中医药管理局国家中医重点专科(医疗专业)全监测。

立足上海，辐射全国。经过几代监测人的努力和坚持，监测中心为中医药监测事业画上了浓墨重彩的一笔，成为中医药事业发展政策研究、决策咨询和卫生评估的主力军。

索引

表格索引

图片索引

编 后 记

《上海市级专志·曙光医院志》经过各行政部门、业务科室和修志办公室人员的共同努力,历时三年有余,终于编纂完成。

修志工作始于 2015 年 8 月,在院志编委会指导下,设院志办公室,各部门主任为第一责任人,负责本部门的审核工作;同时,各部门设有 1 名编写员,负责编写工作。院志办公室具体负责专志的编写及编辑工作。2015 年 12 月,为庆祝医院成立 110 周年,出版了《曙光医院志 2006—2015》、《百年记忆》图录,在此基础上,2016 年 1 月起,各科室全面收集历史资料。为了使专志更符合编志的要求,院志办公室做到规范化管理,每篇、每章、每节都形成统一格式,并在规定时间完成每一项工作。当临床科室与职能部门完成初稿后,先由科室主任确定,再上交院志办公室,院志办公室专人对每一篇稿件进行修改,反复核对,尽量做到还原历史的真实性。院志办确定初稿后,发上海市地方志办公室,由过文瀚、赵明明亲自审核,提出修改意见。院志办公室根据专志工作处的修改意见进行修改,最后形成初稿,作为内部审核稿,在医院历任党政领导、现任领导班子成员,以及各职能处室负责人、临床科室科主任(计 45 人)范围内,广泛征求意见,进行内部评审。院志办公室根据领导和编委员的修改意见进行修改,最后形成评议稿。2019 年 4 月 15 日,通过上海市地方志办公室评议。评议之后,医院党政领导十分重视,要求院志办公室针对评议专家指出的不足之处,逐一对书稿进行细致修改。2019 年 6 月 10 日,通过上海市地方志办公室审定;7 月 10 日,正式通过上海市地方志办公室验收。

院志的资料来源主要是上海市档案馆、上海图书馆、上海市卫生局档案馆、上海中医药大学档案馆以及医院档案室所藏档案和资料,还汲取上海中医药大学校志、上海卫生志等以及上级有关部门提供的资料。编写中坚持实事求是、尊重历史的态度,力求做到去伪存真、准确翔实。

编写过程得到上海市地方志办公室、上海中医药大学、上海市卫生健康委员会的大力支持,也凝聚了全体编写人员、科主任的心血和无私的奉献,在此一并表示诚挚的谢意。

编 者

2019 年 7 月

图书在版编目（CIP）数据

上海市级专志．曙光医院志 / 上海市地方志编纂委员会编．
—上海：上海科学技术文献出版社，2019
ISBN 978-7-5439-8018-1

Ⅰ．①上… Ⅱ．①上… Ⅲ．①上海—地方志②医院—
概况—上海 Ⅳ．① K295.1 ② R199.2

中国版本图书馆 CIP 数据核字（2019）第 218401 号

曙光医院志

编　　者：上海市地方志编纂委员会
责任编辑：徐　静
封面设计：严克勤
出版发行：上海科学技术文献出版社
上海市长乐路 746 号　邮编 200040
http://www.sstlp.com
排　　版：南京展望文化发展有限公司
印　　刷：上海中华商务联合印刷有限公司
开　　本：889 × 1194　1/16
印　　张：70.375
插　　页：25
字　　数：1 844 000
版　　次：2019 年 11 月第 1 版　2019 年 11 月第 1 次印刷
书　　号：ISBN 978-7-5439-8018-1
定　　价：800.00 元